Jürgen Finger,
Sven Keller,
Andreas Wirsching

Dr. Oetker
und der
Nationalsozialismus

Jürgen Finger,
Sven Keller,
Andreas Wirsching

Dr. Oetker
und der
Nationalsozialismus

Geschichte eines
Familienunternehmens
1933–1945

Verlag C. H. Beck

Mit 24 Abbildungen und 4 Tabellen

2. Auflage. 2013

Gesetzt aus der Adobe Garamond Pro und der Frutiger LT bei:
Janß GmbH, Pfungstadt
Druck und Bindung: Druckerei C. H. Beck, Nördlingen
Umschlagentwurf: Kunst oder Reklame, München
Umschlagabbildung: Firmenarchiv Dr. Oetker, Bielefeld
Gedruckt auf säurefreiem, alterungsbeständigem Papier
(hergestellt aus chlorfrei gebleichtem Zellstoff)
Printed in Germany
ISBN 978 3 406 64545 7

www.beck.de

Inhalt

Vorwort

Im Jahr 2009 beauftragte die Dr. August Oetker KG, Bielefeld, die Verfasser damit, die Geschichte der Firma in der NS-Zeit zu erforschen. Das Unternehmen finanzierte ein knapp dreijähriges Forschungsprojekt an der Universität Augsburg, das im Frühjahr 2012 abgeschlossen wurde. Als Ergebnis liegen zwei Berichte vor, die im Oetker-Firmenarchiv eingesehen werden können: Andreas Wirsching verfasste eine biographische Skizze zu Richard Kaselowsky, der prägenden Persönlichkeit an der Firmenspitze. Jürgen Finger und Sven Keller untersuchten eine Reihe von NS-spezifischen Fragestellungen sowie die Biographie des Firmenerben Rudolf-August Oetker. Beide Gutachten dienten als Grundlage der vorliegenden, deutlich erweiterten Studie.[1] Jeder der Verfasser hat zu allen Abschnitten beigetragen. Auch wenn es im Forschungs- und Schreibprozess natürlich Schwerpunktsetzungen gab, verantworten alle drei Autoren den gesamten Text.

Die Verfasser danken den Familien Oetker und Kaselowsky für das entgegengebrachte Vertrauen. Unsere Ansprechpartner waren Dr. h. c. August Oetker und Dr. Ingeborg von Schubert, die die Fortschritte des Projekts aufgeschlossen und mit Verständnis für den Modus wissenschaftlichen Arbeitens begleiteten. Der professionelle Abstand des Historikers blieb jederzeit gewahrt – er war gewünscht und wurde respektiert. Die Auftraggeber bekannten sich von vornherein zur Notwendigkeit einer Publikation, ohne zu wissen, welche Befunde die Quellenarbeit liefern würde. Es gilt zu würdigen, dass die Ergebnisse des Abschlussberichts und dieses Buch keiner Einflussnahme unterlagen.

Als unser Kontaktmann in Bielefeld und Projektkoordinator bei der Dr. August Oetker KG fungierte Dr. Jörg Schillinger, der als promovierter Mediävist die Probleme und Herausforderungen historischer Forschung kennt. Ihm gilt unser besonderer Dank, ebenso wie seinen Mitarbeiterinnen Eva Tatje und Janina Sturm sowie dem Firmenarchivar Jürgen Köppen. Aus der Vielzahl der hilfsbereiten Mitarbeiterinnen und Mitarbeiter von Institutionen und Archiven danken wir stellvertretend für viele andere: Dr. Jochen Rath (Stadtarchiv Bielefeld); Melanie Wicht (IHK Bielefeld); Dr. Hermann Niebuhr und Ralf Schumacher (LAV NRW OWL, Detmold); Barbara Koschlig und Helga Mügge (Staatsarchiv Hamburg); Kerstin Aasland (Handelskammer Hamburg); Thomas Käpernick (KZ-Gedenkstätte Neuengamme); Jochen Rees (Staatsarchiv Freiburg); Dr. Andreas Graul (Historisches Archiv der Commerzbank); Gabriele Unverfehrt (WWA Dortmund); Dr. Eva Moser und ihren Mitarbeitern (Bayerisches Wirtschaftsarchiv).

Die Universität Augsburg bot unserer Forschergruppe ein ebenso angenehmes wie produktives Arbeitsumfeld. Das begann mit der Betreuung und Unterstützung durch die Zentralverwaltung und endete bei der universitären Infrastruktur und der geräumigen Unterbringung auf dem Campus «Alte Universität».

Die Druckfassung der Studie konnte an den neuen Wirkungsstätten der Autoren, dem Institut für Zeitgeschichte, München-Berlin, und der Ludwig-Maximilians-Universität München, fertiggestellt werden. Auch den dortigen Kollegen gilt unser Dank.

Ohne Heidrun Kilian und Sabine Pielmann, die beiden Verwaltungsmitarbeiterinnen des Lehrstuhls in Ausburg, hätte sicherlich vieles nicht so reibungslos funktioniert im Lehrstuhl- und Forschungsalltag. Gleiches gilt für Annette Wöhrmann, die das Direktionssekretariat des Instituts für Zeitgeschichte München-Berlin besorgt. Für eine erste Sichtung der Archivbestände in Poznań danken wir Dr. Katarzyna Woniak, für unverzichtbare Übersetzungsdienste in Brno schulden wir Prof. Dr. Sarah Scholl-Schneider Dank. Last but not least haben unsere studentischen und wissenschaftlichen Hilfskräfte Dr. Peter Keller, Dr. Jörn Retterath und Arne Holverscheid viele kleine und große Beiträge zur Entstehung dieser Studie geleistet.

Wir danken außerdem dem Fach Geschichte der Universität Augsburg, Prof. Dr. Werner Plumpe, Frankfurt am Main, und Prof. Dr. Jan-Otmar Hesse, Bielefeld: Sie gaben uns dankenswerterweise in ihren Kolloquien und Tagungen Gelegenheit, unser Projekt vorzustellen.

Besonders freuen wir uns, dass der C. H. Beck Verlag sich bereitgefunden hat, unsere Studie in sein Verlagsprogramm aufzunehmen. Dr. Sebastian Ullrich hat mit Engagement die Entstehung des Buches begleitet – mit ebenso großer Sachkompetenz wie Geduld und Verständnis für die (Zeit-)Nöte des Wissenschaftlers. Dr. Angelika Königseder hat das Manuskript präzise, kenntnisreich und mit einem Auge fürs Detail gelesen und kommentiert. Carola Samlowsky hat die letzten Korrekturen am Buchsatz mit großer Sorgfalt und bewundernswerter Akribie erledigt. Die fachkundige Begleitung durch zwei Historiker hat das Manuskript aufgewertet, und die Autoren sind dafür überaus dankbar.

München, im April 2013 *Jürgen Finger, Sven Keller, Andreas Wirsching*

1. Einleitung

Offene Briefe, Flugblätter, meinungsstarke Pressekommentare und Leserbriefe, Demonstrationen und Teach-ins: Im Sommer und Herbst 1968 erlebte Bielefeld «die aufregendsten Tage seit der Währungsreform».[1] Mit etwas Verspätung hatten die jüngeren Bürger der ostwestfälischen Stadt ein Thema für «ihr» 1968 gefunden, mit dem sie die – in ihren Augen – in Ritualen erstarrte Kommunalpolitik und die bürgerliche Gesellschaft unter Druck setzten: Richard Kaselowsky.[2]

Der erfolgreiche Unternehmer war seit 1919 Teilhaber der Nährmittelfirma Dr. August Oetker und hatte die Witwe des Firmenerben geheiratet. Seit 1933 führte er die Geschäfte des Familienunternehmens weitgehend souverän, bis er im September 1944 bei einem Bombenangriff in Bielefeld ums Leben kam. Sein Stiefsohn und Nachfolger an der Firmenspitze, Rudolf-August Oetker, beschloss Ende der 1950er Jahre, seinen Ziehvater zu ehren: In Absprache mit dem Oberbürgermeister und dem Rat der Stadt stiftete er 1959 ein Museum für die Kunst der Moderne. Neun Jahre später wurde das «Richard-Kaselowsky-Haus – Kunsthalle der Stadt Bielefeld» eröffnet. Die Feierlichkeiten fielen in das Jahr der Jugendrevolte, und ein Ereignis, das in der frühen Bundesrepublik als Akt traditionellen unternehmerischen Mäzenatentums und wirtschaftsbürgerlicher Memorialkultur kaum Anstoß erregt hätte, rief 1968 einen Skandal hervor: War es angemessen, ein Museum nach einem Mann zu benennen, der als Mitglied des Freundeskreises Reichsführer-SS große Nähe zum NS-Regime bewiesen hatte?

Bei aller Polemik trafen die Gegner der Namensgebung einen wunden Punkt und stellten durchaus berechtigte Nachfragen: Neben der Freundeskreis-Mitgliedschaft, die den Unternehmer automatisch in die Nähe Himmlers und des Holocaust zu rücken schien, verwiesen sie auf seine Mitgliedschaft in der Nationalsozialistischen Deutschen Arbeiterpartei (NSDAP) und die Ehrung der Firma Oetker als Nationalsozialistischer Musterbetrieb 1937. In einer Festschrift zum 50-jährigen Firmenjubiläum 1941 präsentierte sich Dr. Oetker mit Kaselowsky an der Spitze als vorbildliches Familienunternehmen im «Dritten Reich» – dieses «Buch der Gefolgschaft» bot genügend Ansatzpunkte, um die Ehrung Kaselowskys infrage zu stellen.[3]

Der Versuch der Stadtoberen und der Firma Oetker, die Kritiker zu ignorieren und zu delegitimieren, war im Klima des Jahres 1968 zum Scheitern verurteilt. Vielmehr provozierte diese Strategie erst recht und machte die neue Kunsthalle zum lokalen Kristallisationspunkt gesamtgesellschaftlicher Konfliktlagen. Eine breitere Diskussion über die Nachwirkungen der NS-Vergangenheit für die gegenwärtige Gesellschaft und über das Demokratieverständnis der etablierten Parteien lagerte sich an den Konflikt um Kaselowsky an. Unbehagen erregte ein augenscheinlich enges Geflecht zwischen wirtschaftlichen und politischen Eliten, dessen verhängnisvolle Mechanismen die Kritiker schon im «Dritten Reich» am Werk vermuteten.

Genau besehen, kreiste die Diskussion 1968 nicht um die Person Richard Kaselowsky, sondern um drei verschiedene, ihm zugeschriebene Rollen: Rudolf-August Oetker verteidigte den Vater und Unternehmensführer. Als «Treuhänder» hatte Kaselowsky die Firma geschickt durch zwei wechselvolle Jahrzehnte manövriert. Nur um die Belange der Firma erfolgreich zu vertreten, sei er notwendige Kompromisse mit den Machthabern des «Dritten Reiches» eingegangen. Dieses Bild überbetonte die Gefahren und Zwänge, denen sich Unternehmer im NS-Regime ausgesetzt sahen, aber es wurde Mitte der 1960er Jahre mehrheitlich noch nicht infrage gestellt.[4] Viele Bielefelder sahen Kaselowsky als erfolgreichen Unternehmer sowie sozial engagierten Arbeitgeber und verwiesen auf die Verdienste der Familie Oetker um die Stadtgesellschaft. Sie konnten sich dadurch bestätigt fühlen, dass selbst der SPD-Oberbürgermeister und NS-Verfolgte Artur Ladebeck bereit war, über die politischen Verwicklungen Kaselowskys hinwegzusehen. Für die Jugendlichen und ihr Umfeld aber war Kaselowsky eine Chiffre, ein Prototyp des «Kapitalisten» und «Bourgeois», der den «Faschismus» unterstützt, ja mitverschuldet habe.[5] Diese Position war das Gegenteil der Familiensicht und verfiel ins andere Extrem. Sie blendete nicht nur den diktatorischen

Kontext aus, sondern postulierte die Kollektivschuld einer ganzen sozialen Gruppe über konkretes individuelles Verhalten und Verantwortung hinaus. Diese Widersprüche ließen sich im Sommer 1968 nicht auflösen. Als der Ministerpräsident von Nordrhein-Westfalen Heinz Kühn (SPD) seine Teilnahme wegen des Streits zurückzog, hatte der Skandal zu weite Kreise gezogen, um einfach zur Tagesordnung übergehen zu können. Die Feierlichkeiten zur Einweihung der Kunsthalle wurden abgesagt und die prominenten Gäste aus Politik und Gesellschaft ausgeladen. Der Name jedoch blieb. Er sorgte bis in die 1990er Jahre immer wieder für Diskussionen, die letzten Endes doch zur Umbenennung und zum Bruch mit dem Stifter führten.

Die Geschichte der Familie und der Firma Oetker im Nationalsozialismus sowie die Person Richard Kaselowsky stießen in Bielefeld nicht nur wegen des Kunsthallenstreits auf großes Interesse. Zunächst blieben die empirischen Erkenntnisse im Streit der 1960er Jahre jedoch begrenzt. Dass der Bielefelder Stadtarchivar Reinhard Vogelsang 1972 eine fundierte Studie über den Freundeskreis Reichsführer-SS veröffentlichte, war wohl kein Zufall; die Namen Kaselowsky oder Oetker fielen darin jedoch kaum.[6] Anfang der 1980er Jahre griff die damals noch junge Lokal- und Alltagsgeschichte das Thema auf und präsentierte auf der begrenzten Quellenbasis öffentlicher Archive erste wissenschaftliche Ergebnisse.[7] Auf der gleichen Grundlage legte Rüdiger Jungbluth 2004 eine Gesamtdarstellung zur Geschichte der Firma und Familie Oetker vor, die sich an ein breites Publikum richtete; er zeichnet trotz des fehlenden Zugangs zum Firmenarchiv ein bis auf Details verlässliches, wenn auch nicht immer vollständiges Bild.[8] In jüngster Zeit fand auch die Frau des Firmengründers, Karoline Oetker, genannt Lina, als langjährige Inhaberin der Firma Beachtung.[9]

Das sich wandelnde Bewusstsein für die Geschichte Dr. Oetkers steht im Kontext eines Paradigmenwechsels in der Unternehmensgeschichtsschreibung: In Abkehr von der Festschriften-Panegyrik der Chefetagen bildete sich seit den 1970er Jahren eine «Gegenöffentlichkeit». Lokale Geschichtsinitiativen, Mitglieder der Vereinigung der Verfolgten des Naziregimes (VVN) und Gewerkschafter spürten seit den 1980er Jahren überall in Deutschland der Geschichte «vor Ort» nach und interessierten sich besonders für die Zeit des Nationalsozialismus. Sie entdeckten lange vergessene oder verdrängte lokale Dimensionen der Verfolgung wieder, so etwa die «Arisierungen» jüdischer Firmen und den Zwangsarbeitereinsatz bei deutschen Unternehmen. Im sozialen Nahraum der Geschichtsinitiativen wirkten die neuen Erkenntnisse umso bedenklicher, als sie Fragen von Verantwortung und Profit konkretisierten und personalisierten.[10]

Zeitgleich verlor die umstrittene, ideologisch festgelegte Deutung des Kapitalismus als treibende Kraft hinter «Faschismus» und Nationalsozialismus immer mehr an Überzeugungskraft.[11] Der durch die Diskussion über Strukturen und politische Systeme, über «Faschismus» oder «Totalitarismus» bedingte Mangel an Differenzierung hatte für die bundesdeutschen «Kapitalisten» sogar Vorteile gehabt: Solange kollektivierend über die «Schuld» einer «Klasse» diskutiert wurde, wurde im Einzelfall manches Mal nicht so genau hingeschaut; wo doch belastende Fakten bekannt wurden, ließen sie sich notfalls als sozialistische Propaganda abtun. Die Grabenkämpfe um die Verantwortung einer sozialen Großgruppe der «Kapitalisten» hatten lange Zeit den Blick auf das konkrete Verhalten einzelner Unternehmen und Firmenlenker während des «Dritten Reiches» verstellt. Mit der zunehmenden Forschung zu «Arisierung», Zwangsarbeit und der Ausbeutung des besetzten Osteuropa wuchs nun das konkrete Wissen um deren (Fehl-)Verhalten.[12]

Zahlreiche Skandale befeuerten die gesellschaftliche Diskussion und die wissenschaftliche Forschung im Sinne einer neuen, methodisch reflektierten und kritischen Unternehmensgeschichte. Beide befruchteten sich gerade im Hinblick auf die NS-Zeit gegenseitig. In den 1990er Jahren wurden der Finanzwirtschaft der Umgang mit «herrenlosen» jüdischen Konten und Versicherungen sowie die Verwertung von «Raubgold» aus den Konzentrationslagern und dem besetzten Europa angelastet. Die ehemals in der Rüstungsindustrie tätigen Firmen gerieten vor allem wegen der Zwangsarbeit unter Druck. Nach dem Zusammenbruch des Ostblocks machten ehemalige Zwangsarbeiter Ansprüche geltend. Zwar wurde nach langer Debatte in Gestalt des Entschädigungsfonds der deutschen Wirtschaft («Stiftung Erinnerung, Verantwortung und Zukunft») eine Kollektivlösung gefunden. Die Nachweispflicht, die den Opfern auferlegt wurde, lenkte indes die Aufmerksamkeit gerade wieder auf den Einzelfall und generierte umfangreiches Quellenmaterial.[13] Spätestens, wenn ehemalige Zwangsarbeiter den Ort ihrer Ausbeutung besuchten, mussten sich die Unternehmen mit ihren ehemaligen «Mitarbeitern» auseinandersetzen. Vor allem bei großen Firmen und einflussreichen Unternehmerdynastien, die den Umbruch von 1945 überstanden hatten, wurde außerdem die Frage gestellt, ob nicht die Expansion im «Wirtschaftswunder» auf den Profiten aus der NS-Zeit aufbaute.

Die Familien Flick und Quandt waren die prominentesten Beispiele, die große mediale Aufmerksamkeit erfuhren. In beiden Fällen stand der Verdacht im Raum, dass erhebliche Teile des ererbten Familienvermögens aus Profiten stammten, die durch die Ausbeutung von Zwangsarbeitern im «Dritten Reich» erwirtschaftet worden waren. Dass beide Familien sich der Aufarbeitung der NS-Vergangenheit zunächst verschlossen, ließ die Fragen nach dunklen Geheimnissen umso brennender werden. Schnell zeigte sich, dass die Verweigerungshaltung Debatten nicht verhinderte, sondern selbst zum Skandalon werden konnte. Die Fernsehdokumentation «Das Schweigen der Quandts» wurde zum Menetekel dafür.

In beiden Fällen wurden von den Familien nachträglich wissenschaftliche Studien in Auftrag gegeben und finanziert.[14] Sie sind Teil eines Booms der Unternehmensgeschichtsschreibung zum Nationalsozialismus, der in erheblichem Maße von einer steigenden Nachfrage aus den Unternehmen selbst angeregt wurde.[15] Dort brach sich die Erkenntnis Bahn, dass die seriöse wissenschaftliche Aufarbeitung aus eigener Initiative die Chance bot, die Skandalisierung von außen zu vermeiden. Der Generationswechsel in den Führungsetagen und Familien begünstigte diese Einsicht.[16]

Auch bei der Firma Dr. August Oetker und in der namensgebenden Unternehmerdynastie gab es Anfang 2007 einen einschneidenden generationellen Umbruch: Der Patriarch Rudolf-August Oetker, der 1944 als 28-Jähriger an die Firmenspitze getreten war, starb im Alter von 90 Jahren. Im gleichen Jahr griff die «Financial Times Deutschland» den Tenor des Quandt-Filmes auf und fragte nach dem «Schweigen deutscher Firmen». Neben der Lufthansa, den Sparkassen und Siemens wurde dem Fall Oetker breiter Raum gewidmet. Vor allem ging es um die Frage, ob am Beginn des Getränkeimperiums der Familie nicht die «Arisierung» einer jüdischen Brauerei gestanden habe.[17]

Die Unternehmensforschung zur NS-Zeit hat sich zunächst schwerpunktmäßig mit Großkonzernen, der Rüstungsindustrie und der Finanzwirtschaft befasst.[18] Mit den großen Namen der deutschen Wirtschaft konnte sich Dr. August Oetker in den 1930er Jahren trotz der Bekanntheit seiner Marke freilich (noch) nicht messen: Zwar dominierte das Familienunternehmen sein Marktsegment, doch die Nährmittelbranche war überschaubar, die Möglichkeiten zur Expansion im Kerngeschäft bald nach dem Ersten Weltkrieg ausgeschöpft. Die dort erzielten Gewinne mussten in anderen Sektoren investiert werden; die Diversifizierung begann bereits in der Zwischenkriegszeit, der spätere Konzern der Bundesrepublik war jedoch erst in Ansätzen zu erkennen.

Zu Familienunternehmen und zur Konsumgüterindustrie im «Dritten Reich» liegen mittlerweile einige Studien vor, die zeigen, wie die Mechanismen der nationalsozialistischen Kriegswirtschaft auch außerhalb der Rüstungsindustrie griffen.[19] Auch Oetker agierte im Kontext des regulierten und gesteuerten NS-Wirtschaftssystems.[20] Darüber hinaus bewegte sich das Oetker'sche Back- und Puddingpulvergeschäft in einem stark politisierten Umfeld: Nach den Hungerwintern des Ersten Weltkriegs genossen die Lebensmittelversorgung und die «Volksernährung» im NS-Staat hohe Priorität. Weil ein neuerlicher Zusammenbruch der «Heimatfront» im kommenden Krieg verhindert werden sollte, war die «richtige» und ausreichende Ernährung eine Frage von hoher ideologischer wie praktischer Relevanz, für die sich selbst Hitler und Himmler interessierten. Die Soldaten an der Front mussten ebenfalls versorgt werden. So konnte auch ein Unternehmen wie Oetker, das nicht dem Rüstungssektor angehörte, kriegswichtig werden.

Dabei war die Existenz des Familienunternehmens nach dem Ersten Weltkrieg infrage gestellt: Rudolf Oetker, der einzige Nachkomme des Firmengründers, fiel 1916 vor Verdun. Dr. August Oetker selbst starb Anfang 1918, die Firma ging zunächst an seine Ehefrau Lina. Der erst nach dem Tod seines Vaters geborene Enkel Rudolf-August, der einmal an die Spitze des Unternehmens treten sollte, war gerade ein Jahr alt, seine Schwester Ursula nur wenig älter. Die «Kontinuität im Mannesstamm», der Normalfall der Nachfolge in Familienunternehmen, war prekär, die generationelle Lücke musste überbrückt werden.[21] Richard Kaselowsky, Spross einer Bielefelder Industriellenfamilie, war die Lösung: Er heiratete die Witwe Rudolf Oetkers, kümmerte sich um die Erziehung des Erben und trat in die Firma ein – immer in dem Selbstverständnis, das Unternehmen treuhänderisch und nur auf Zeit zu führen.

Nach einer ersten Phase der Bewährung wurde Richard Kaselowsky schnell zur bestimmenden Figur des Familienunternehmens. Seine Person, die Firma Dr. August Oetker und die Unternehmerfamilie waren seit den 1920er Jahren bis zu seinem Tod 1944 aufs Engste verknüpft. Seine Biographie, sein unternehmerisches Handeln und seine politischen Überzeugungen prägten maßgeblich die Geschichte der Firma im «Dritten Reich» – eine Geschichte, die nicht das «Schicksal» eines Unternehmens in der Diktatur beschreibt, sondern als wechselseitige Beziehungsgeschichte von Dr. Oetker und dem Nationalsozialismus erzählt werden muss.

Die Biographie Richard Kaselowskys ist deshalb ein Kernelement der Studie und von zentraler Bedeutung für die Analyse der Unternehmensentwicklung, der Einbindung in die nationalsozialistische Kriegswirtschaft sowie der politischen Verflechtungen und Netzwerke.[22] Kaselowsky führte das Unternehmen durch die Zwischenkriegszeit und den Zweiten Weltkrieg; die Unternehmensleitung war seit den 1930er Jahren auf ihn ausgerichtet. Bei seinem Tod war Dr. August Oetker längst mehr als nur eine Nährmittelfabrik in Bielefeld. Zum einen hatte das Unternehmen seit Jahrzehnten national und international expandiert und verfügte über Filialen in mehreren europäischen Ländern. Zum anderen gehörten zur Oetker-Gruppe zahlreiche Beteiligungen an branchenfremden Firmen, zunächst in Bielefeld und der Region, später im ganzen Deutschen Reich. Die Studie konzentriert sich auf den Kernbereich der Oetker'schen Unternehmungen. Das Beteiligungsgeflecht wird vor allem dort in den Blick genommen, wo es Aufschlüsse verspricht über Kaselowskys unternehmerische Strategien oder wo Themen wie Zwangsarbeit oder «Arisierungen» berührt werden. An beiden Tatkomplexen hatten Richard Kaselowsky und die Familie Oetker stärker über die Beteiligungen als im eigentlichen Kerngeschäft Anteil.

Ein zweiter biographischer Schwerpunkt ist dem Unternehmenserben Rudolf-August Oetker gewidmet, der während des «Dritten Reiches» seine politische und unternehmerische Sozialisation und Ausbildung erfuhr: Eine Banklehre bereitete ihn ebenso auf zukünftige Aufgaben vor wie sein Kriegsdienst im Heeresverpflegungsamt und in der Waffen-SS, bei der er eine Karriere als Führer des Wirtschafts- und Verwaltungsdienstes anstrebte und den Rang eines SS-Untersturmführers erreichte. Kaselowsky band ihn frühzeitig in die Firmenleitung ein; Oetker rückte im Herbst 1944 gut vorbereitet an die Spitze der Firma.

Die Quellengrundlage für eine Studie über die Firma Dr. August Oetker im Nationalsozialismus erwies sich als gut. Die Verfasser hatten uneingeschränkten Zugriff auf das Oetker-Firmenarchiv (OeFA), in dem sie über mehrere Monate hinweg völlig frei recherchieren konnten. Das Firmenarchiv wird der wissenschaftlichen Forschung in Zukunft offenstehen.

Das Gros der OeFA-Bestände dokumentiert die Entwicklung der Nahrungsmittelsparte seit den 1950er Jahren mit einem Schwerpunkt auf Werbemitteln und Verpackungen. Für die Zeit von der Gründung bis zum Ende des Zweiten Weltkriegs waren bisher vereinzelte, wenn auch durchaus ertragreiche Überlieferungen vorhanden. Gerade für das Stammwerk in Bielefeld fehlen Unterlagen der Werksleitung, insbesondere auch der Buchhaltung, der Personalabteilung, des Werbebüros oder des Betriebsrats/Vertrauensrats. Quellen zum Alltag im Betrieb fehlen leider weitestgehend. Das Archiv ging aus dem «Hausmuseum» der Firma hervor, das vornehmlich dingliche Archivalien (Werbemittel verschiedenster Art, Kuchenformen, Artefakte zur Geschichte des Backens) sammelte. Vermutlich wurde ältere Geschäftskorrespondenz nach dem Auslaufen von Aufbewahrungsfristen ausgesondert, auch sind Aktenverluste durch einen Bombentreffer 1945 überliefert, der das Auslandsarchiv vernichtete.[23] Allein die Akten des Firmenlabors sind geschlossen überliefert, möglicherweise weil sie Fragen der Rezeptur und Qualitätssicherung betrafen.

Bei Projektbeginn 2009 wurde den Bearbeitern in fast siebzig Umzugskartons die bisher separat verwahrte Registratur der Privatsekretariate Richard Kaselowskys und Rudolf-August Oetkers zur Verfügung gestellt. Sie umfasst die Korrespondenz der beiden Unternehmenschefs seit den 1920er Jahren. Nach einer groben Sichtung wurden die für die Studie relevanten Teile von den Bearbeitern geordnet und in 375 Aktenbänden erfasst (Bestand P15). Ohne diesen «Nachlass» aus der Führungsspitze des Familienunternehmens wäre das Forschungsprojekt in der vorliegenden Breite und Tiefe nur schwer durchführbar gewesen. Die dichten und umfangreichen Korrespondenzserien füllen für die auswärtigen Filialen, für Tochterunternehmen und strategisch relevante Beteiligungen Lücken des Altbestandes. Richard Kaselowsky neigte dazu, seine Entscheidungen gegenüber Geschäftsführern und Vertrauten zu reflektieren. Für die auswärtigen Niederlassungen erfolgte dies schriftlich und damit für den Historiker nachvollziehbar. Für das Stammwerk in Bielefeld fehlt eine entsprechende Überlieferung: Entscheidungsprozesse liefen häufig mündlich ab. Der Geschäftsverlauf in Bielefeld lässt sich deshalb gelegentlich nur schwer und auf Umwegen nachvollziehen.

Für die wichtigsten Unternehmensbeteiligungen hatten die Bearbeiter Zugriff auf das Archiv der ehemaligen E. Gundlach AG bei der Gundlach Holding GmbH und Co. KG, Bielefeld. Die Registratur der Chemischen Fabrik Budenheim AG, Budenheim, wurde bei einem Luftangriff am 28. März 1945 vernichtet; für Koch's Adler gibt es Überlieferungssplitter im Stadtarchiv Bielefeld. Für die Niederlassungen der Firma Oetker selbst wurden Anfragen an Archive im In- und Ausland gestellt. Neben den Beständen der einschlägigen Reichsbehörden und NSDAP-Stellen, die umfassend geprüft wurden, wurde insbesondere Material aus den örtlichen und regionalen Archiven Bielefelds und Nordrhein-Westfalens berücksichtigt; hinzu kamen Überlieferungen aus Wiedergutmachungs- und Entschädigungsverfahren. Eine ausführliche Liste der konsultierten Bestände und Archive findet sich im Anhang.

Die Suche der Familien Oetker und Kaselowsky nach Privatüberlieferungen blieb weitgehend ergebnislos, vieles dürfte bei dem Bombenangriff 1944 verloren gegangen sein, der die Villa Kaselowsky zerstörte. Rosely Schweizer stellte einzelne Dokumente aus dem Nachlass ihrer Mutter Marlene, der ersten Ehefrau Rudolf-August Oetkers, zur Verfügung, ebenso Arend Oetker aus dem Nachlass seiner Mutter Ursula Oetker. Für Interviews standen dankenswerterweise Dr. Ingeborg von Schubert, Hans-Joachim Kaselowsky, Dr. Alfred Oetker, Dr. Arend Oetker, Dr. h. c. August Oetker und Rudolf von Ribbentrop zur Verfügung. Als wichtige Quelle erwies sich das Erinnerungsbuch, das Rudolf-August Oetker unter Mitarbeit von Gina Thomas für seine Kinder und Enkel niederschrieb. Eine erste Fassung wurde 2006, im Jahr vor seinem Tod, gedruckt. Sie lag den Verfassern vor, zitiert wird nach der im Gehalt fast unveränderten, stilistisch überarbeiteten und teils neu illustrierten Fassung von 2009.[24]

2. Vom Unternehmer zur Marke: Der Aufstieg von Dr. August Oetker

August Oetker wurde am Dreikönigstag des Jahres 1862 in Obernkirchen als ältestes Kind des Bäckermeisters August Adolph Oetker und seiner Frau Bertha geboren. Von seinen neun Geschwistern – darunter fünf Brüder – starben drei noch im Kindesalter. Der Bäckerssohn absolvierte die Bürgerschule in Obernkirchen und das Gymnasium im nahe gelegenen Bückeburg, was für die Familie einige finanzielle Anstrengung bedeutete. Nach dem Abitur im Jahr 1878 trat der 16-jährige Oetker nicht in die Fußstapfen seines Vaters, sondern begann eine dreieinhalbjährige Lehre in der Ratsapotheke in Stadthagen, die er 1881 abschloss. Der Apothekersgehilfe arbeitete vermutlich seit 1884 in Hanau für die Erste deutsche Platinschmelze W. C. Heraeus, die unter anderem Apotheken, Laboratorien und die chemische Industrie belieferte. In Hanau lernte er seine spätere Frau Karoline Jacobi kennen, die Tochter seiner Zimmerwirtin, derentwegen August Oetker auch für seinen einjährig-freiwilligen Militärdienst beim Königlichen Infanterie-Regiment 97 in Hessen blieb.[1]

Das in der Prüfungsordnung für Apotheker vorgesehene naturwissenschaftliche Universitätsstudium absolvierte August Oetker in Berlin, anschließend promovierte er in Freiburg über ein botanisches Thema und bestand 1888 seine Doktorprüfung.[2] Am 20. März 1889 heirateten August Oetker und Karoline Jacobi in Hanau, am 17. November wurde der einzige Sohn Rudolf geboren; eine im März 1893 geborene Tochter starb noch im Säuglingsalter. Für einige Zeit lebte die junge Familie in Berlin, wo sich August an einer Firma beteiligte, die Einrichtungen für chemische Fabriken und Apotheken herstellte.[3] Anfang der 1890er Jahre kehrten sie in die westfälische Heimat Augusts zurück, genauer gesagt, in das nicht weit von seinem Geburtsort entfernte Bielefeld. Dort stand die Aschoffsche Apotheke zum Verkauf, und Dr. August Oetker erhielt im Januar 1891 die Konzession.[4] In späteren Jahren galt der 1. Januar 1891 als Gründungstag der Firma Dr. August Oetker.[5]

Neben der Herstellung von Arzneimitteln handelte Oetker – zeitüblich und durchaus erfolgreich – mit Artikeln wie Selterswasser, Saft und Brausepulver. Nach dem Erwerb der eigenen Apotheke war Oetker entschlossen, «etwas Besonderes zu leisten». Er dachte schon damals über den freien Beruf des Apothekers hinaus unternehmerisch, möglicherweise angeregt durch das Vorbild, das die Brüder seines Vaters boten: Louis Carl war Konditor in Hamburg und gründete dort die gut gehende Marzipanfabrik L. C. Oetker; Albert Ferdinand besaß eine Seidenfabrik in Krefeld und trug – wie August später selbst – den Titel eines preußischen Kommerzienrats.[6] In seinem Laboratorium experimentierte er mit «mancherlei Erzeugnissen», die er als seine «Spezialitäten» bezeichnete: Darunter befanden sich «Sanitätskakao, Präservativ-Creme für die Füße und Warzentinktur» oder «medizinische Weine».[7] Das Backpulver, das er im Sortiment hatte und dem er bald intensive Aufmerksamkeit widmete, war zunächst nur ein Drogerie-Artikel unter vielen.

Seine Idee, die gebräuchliche Backhefe durch ein chemisches Backtriebmittel zu ersetzen, war nicht neu: «Es stimmt schon, daß Dr. A. Oetker das Backpulver nicht selbst erfunden hat», räumte auch die Festschrift zum Oetker'schen Firmenjubiläum 1941 ein. Eben Norton Horsford, ein Schüler des Chemikers Justus von Liebig, erhielt schon 1856 in den USA das Patent für ein Backpulver. Oetker kannte das Produkt von Verwandten, die nach Amerika ausgewandert waren. Ohnehin kam der Ersatzstoff rasch auch in Deutschland auf den Markt: Eine Hungersnot in Ostpreußen veranlasste Liebig, die Idee seines Schülers weiterzuentwickeln. Am Ende stand das «Horsford-Liebig'sche Backpulver» auf der Basis von Natriumhydrogencarbonat und Monocalciumphosphat. Das neue Triebmittel konnte zwar die Hefe ersetzen, hatte jedoch erhebliche Nachteile: Es verdarb schnell, hatte einen starken Eigengeschmack, musste in den verkaufenden Apotheken jeweils frisch angemischt werden und zeitigte nicht immer die versprochenen Ergebnisse. Es eignete sich eher zum professionellen Einsatz als für die Hausbäckerei.[8]

Die Lösung dieser Probleme und die Verbesserung der Qualität machten das Oetker'sche Backpulver zum wichtigsten Erzeugnis und «Triebmittel» der späteren Nährmittelfabrik Dr. August Oetker. Man darf annehmen, dass gerade dieses Produkt «den Bäckerssohn natürlich ganz besonders fesseln» musste: Die Misch- und Backversuche der ersten Jahre in einem Hinterzimmer der Apotheke, das später als «Geheimfabrik» in die Familiengeschichte einging, und in einer nahe gelegenen Bäckerei wurden zum Gründungsmythos der Firma.[9] Maßgeblich zum Erfolg trug bei, dass Oetker die Verwendung des Pulvers für den Endverbraucher – also die Hausfrau – nachhaltig erleichterte: Er mischte das Produkt in großen Mengen an und füllte dann jeweils 20 Gramm in Papiertütchen – genau die Menge, die für ein Pfund Mehl benötigt wurde. Oetkers Leistung war also nicht die Erfindung des Backpulvers. Die eigentliche Innovation und unternehmerische Idee war die «praktische Verwirklichung», also die Verbesserung der Qualität und der Handhabung; die neue Darreichungsform in kleinen Päckchen erleichterte zudem den Vertrieb. Grundlage dafür waren die pharmazeutisch-chemischen Kenntnisse des Apothekers und die Erfahrungen des Bäckerssohnes, die sich mit einem «instinktiven Talent zur Werbung und zum Marketing» verbanden und so den Erfolg der Firma Dr. August Oetker begründeten.[10]

Begünstigt wurde deren Aufstieg freilich durch das insgesamt positive Wirtschaftsumfeld im Kaiserreich nach der scharfen Rezession von 1873. Seit den 1880er Jahren entwickelte sich angesichts sinkender Arbeitslosigkeit und steigender Reallöhne der private Konsum zu einer Stütze der ökonomischen Entwicklung. Ein wichtiger Profiteur dieses positiven Klimas, das tendenziell bis zum Ausbruch des Ersten Weltkriegs anhielt, war die noch junge Nahrungs- und Genussmittelindustrie, die um die Jahrhundertwende einen Technisierungs- und Kapitalisierungsschub erlebte. Zu deren aufstrebenden Neugründungen zählte auch die Firma Oetker.[11]

Oetkers zentrale Innovationen lagen in der Produktverbesserung durch eigene Forschung und in der geschickten Vermarktung; beide Elemente blieben ein konstant wichtiger Faktor in der weiteren Entwicklung der Firma. Auf dem 1900 bezogenen Fabrikgelände an der Lutterstraße in Bielefeld entstand ein großes chemisches Laboratorium, in dem die zur Verwendung in der Fabrik angelieferten Rohstoffe ebenso kontrolliert wurden wie die Qualität der fertigen Erzeugnisse. Gleichzeitig sollten die bereits eingeführten Artikel kontinuierlich verbessert und neue Produkte entwickelt werden. Eine Versuchsküche, in der mit Proben aus der Fabrikation Kuchen gebacken, Pudding gekocht und neue Mischungen ausprobiert wurden, ergänzte das Laboratorium. Seit den 1920er Jahren leitete eine Haushaltungslehrerin die Küche und entwickelte dort auch die Rezepte, die Dr. Oetker für die Werbung verwendete. Seit den 1960er Jahren avancierte mit Marie-Louise Haase die Leiterin der Oetker-Versuchsküche selbst zur Werbeikone.[12]

Rezepte und die praktische Anwendung spielten von Anfang an eine wichtige Rolle in der Reklame, mit der der Apotheker und Firmengründer den Absatz seiner neuen Produkte ankurbelte: 1893 erschienen erste Anzeigen, die das Backpulver priesen, darunter bereits Inserate mit Backanweisungen.[13] 1896 und 1898 präsentierte der Bielefelder Apotheker Kuchen, für die sein Backpulver verwendet worden war, auf Kochkunst-Ausstellungen in Berlin und Hamburg, wo das Produkt jeweils mit einer Goldmedaille ausgezeichnet wurde.[14] Viele der Werbeformen aus der Gründungszeit blieben über Jahrzehnte hinweg erhalten. Als besonders erfolgreich erwies sich seit der Jahrhundertwende die Idee, eigene Kochbücher aufzulegen. Die Vermittlung von Zubereitungsideen regte den Absatz an und hielt die Marke präsent; die Rezepte waren für die Backeigenschaften des eigenen Produkts optimiert, was das Geschäft von Konkurrenten und Nachahmern zumindest erschwerte. Seit Mitte der 1920er Jahre wurden in Geschäften Kostproben verteilt, und 1927 öffnete am Berliner Kurfürstendamm die erste Oetker- und Persil-Schule ihre Pforten. Sie machte Tausende Hausfrauen mit den Produkten der Markenfirmen Oetker und Henkel vertraut, ähnliche Einrichtungen folgten in weiteren Großstädten des Reiches. Seit 1931 fuhren Werbewagen durch die Lande, die über eine Küche, einen Kostprobenraum sowie Film- und Lautsprecheranlagen verfügten.[15] Neben der Reklame, die sich unmittelbar an die Verbraucher(innen) wandte, beschäftigte die Firma Oetker bald nach der Jahrhundertwende eigene Vertreter. Ihre Aufgabe war es, die Produkte an den Kaufmann zu bringen, also die Geschäftsinhaber vor Ort zu überzeugen, das Oetker'sche Nährmittelangebot vorteilhaft in den Regalen zu positionieren und besonders zu bewerben. Das Vertriebsnetz spannte sich bald über das gesamte Gebiet des Deutschen Reiches; der Ausbau der Verkehrsinfrastruktur kam der räumlichen Expansion entgegen. Die Knotenpunkte bildeten Auslieferungslager, die zunächst von Bielefeld aus bestückt wurden: 1904 gab es 19, 1906 bereits 30 dieser Lager. Diese Zahl blieb in etwa konstant: Später war das Vertriebsgebiet im Reich in 41 Bezirke mit 29 Lagern unterteilt.[16]

Der Apotheker Oetker vertrieb seine Erzeugnisse als Markenartikel. Schon die Bemühungen, der Hausfrau und Wirtschafterin – die Zielgruppe war damals noch klar abgegrenzt – die Handhabung zu erleichtern und das Gelingen zu garantieren, weisen in diese Richtung. Auch wenn eine klare Definition schon zeitgenössisch fehlte, gab es doch eine Reihe weithin anerkannter Kriterien:[17] Hersteller wie Konsumenten schreiben dem Markenprodukt Zuverlässigkeit, qualitative Konstanz, Kontinuität in Form, Verpackung und Ausstattung zu – noch heute wird das Oetker'sche Backpulver in Papiertütchen verkauft, deren Inhalt für ein Pfund Mehl ausreicht und für die mit einer Gelinggarantie geworben wird.[18] Daneben begründete die Marke ein Absatzsystem, zu dessen Grundpfeilern ein festgesetzter, nicht zu rabattierender und möglichst wenig schwankender Preis sowie Mindeststandards bei der Vermarktung (kein Markt-, Straßen- und Hausiererhandel) zählten, die gegenüber den Kolonialwarenhändlern und Drogisten erst durchgesetzt werden mussten. Der eigens ins Leben gerufene «Verband der Fabrikanten von Markenartikeln» verfolgte deshalb den Preis- und Vertriebsschutz als zentrales Ziel und kämpfte – allerdings erfolglos – gegen die Einführung von Handelsmarken durch Konsumgenossenschaften und Warenhäuser. Oetker gehörte 1903 zu den Mitbegründern des Verbandes.[19] Nicht zuletzt gehörte zur Marke auch ein einheitliches Signet, unter dem die Produkte vertrieben wurden: Ein erstes Markenzeichen wurde 1892 eingetragen und zeigte ein überschäumendes Kelchglas. Die Bezugnahme auf Mineralwasser und Brause ist ein Zeichen dafür, dass Oetker damals noch nicht erkannte, welche Rolle vor allem dem Backpulver für die Zukunft seiner Unternehmungen zukommen sollte. 1899 wurde schließlich der «Helle Kopf», später «Hellkopf», als Warenzeichen eingetragen, der – seither mehrfach modernisiert – die helle Silhouette eines Frauenkopfes vor dunklem oder farbigem Hintergrund zeigt. Nach Angaben des Firmengründers selbst ließ er sich beim Motiv von einer englischen Briefmarke mit dem Konterfei der Königin Viktoria inspirieren. Dieses vom Einzelprodukt abstrahierende Markenzeichen ist bis heute zentraler Teil des Oetker-Logos. Seit 1926 wurde es in dem ebenfalls noch heute gebräuchlichen ovalen Feld vereinheitlicht. Werbeslogans wie «Ein heller Kopf nimmt Dr. Oetker» zielten direkt auf den Wiedererkennungswert des Signets ab. Um zu verhindern, dass andere Marktteilnehmer diesen Effekt für sich nutzten, wurde der «Helle Kopf» in rund einem Dutzend Varianten als Schutzmarke eingetragen.[20] Zum Backpulver, das seit 1902 unter dem Markennamen «Backin» vertrieben wird, traten schnell wei-

Allerlei «helle Köpfe»: Dr.-Oetker-Schutzmarken

tere Produkte: 1894 wurden erstmals Vanillinzucker, Puddingpulver und «Einmachhülfe» auf der Basis von Salicylsäure beworben, 1898 kam Maisspeisestärke unter dem Namen «Gustin» hinzu. Diese fünf Kernprodukte bildeten das Fundament des anhaltenden Erfolgs der Firma Dr. August Oetker.[21]

Dieser Erfolg zeigte sich 1894 zunächst darin, dass der Apotheker Oetker zur Befriedigung der Nachfrage eine erste Mischmaschine anschaffen musste. Mit ihrer Hilfe konnte ein eigens eingestellter Mitarbeiter täglich bis zu 90 Pfund Backpulver produzieren. Das Portionieren in die Tütchen besorgten die «Abfüllerinnen» von Hand. 1899 beschäftigte Oetker bereits 20 junge Frauen für diese Aufgabe. Bald verkaufte nicht nur die Bielefelder Apotheke Backpulver und die übrigen Produkte, sondern Geschäfte in ganz Westfalen. Der Absatz nahm rasant zu und wuchs zwischen 1894 und 1899 von 600 000 auf 2 Mio. Päckchen.[22]

In diesen Jahren gab August Oetker das Apothekengeschäft auf und verlegte seinen Wohnsitz in ein repräsentatives Haus auf dem Bielefelder Johannisberg. Trotzdem wurden die Räumlichkeiten der Aschoffschen Apotheke wegen des kontinuierlichen Wachstums bald zu eng. Am 15. Mai 1900 siedelte die Firma Dr. August Oetker, die sich nunmehr ganz auf die Herstellung ihrer Kernprodukte Back- und Puddingpulver, Vanillinzucker, Einmachhilfe und Gustin konzentrierte, in einen neuen Fabrikbau am Stadtrand über – in Sichtweite der neuen Oetker-Villa. Schnell wurde jedoch auch dieses Gebäude zu klein. Bereits 1902 musste der Raum für die Produktion durch einen zweiten Fabrikbau erweitert werden. 1906/07 folgte ein Verwaltungsbau, 1911/12 und 1914 zwei neue Produktionsgebäude für die beiden Hauptprodukte: der «Backpulverbau» und der «Puddingpulverbau». Die rege Bautätigkeit nach der Jahrhundertwende belegt, dass im Geschäft mit Back- und Puddingpulver nicht nur der Warenumsatz schnell wuchs, sondern gute Gewinne erzielt wurden, die es zu reinvestieren galt. Die Nutzfläche auf dem Werksgelände stieg von 900 Quadratmetern im Jahr 1900 auf 8200 Quadratmeter im Jahr 1914 nach Fertigstellung des Puddingpulverbaus. Am Vorabend des Ersten Weltkrieges beschäftigte Dr. August Oetker rund 350 Personen.[23]

Belastbare Zahlen zum Geldumsatz oder zum Gewinn sind für die frühen Jahre des Unternehmens kaum überliefert.[24] Ein Schlaglicht auf die Margen und Gewinne, die der Bielefelder Backpulverfabrikant erzielte, scheint für das Jahr 1911 auf: In diesem Jahr verfügte Dr. August Oetker über ein Nettovermögen von rund 4,5 Mio. Mark und ein Nettoeinkommen von annähernd 900 000 Mark, was einer Rendite von fast 100 % des eingesetzten Kapitals entsprach.[25] Als Einzelunternehmer brauchte Oetker keine Geschäftszahlen zu veröffentlichen. Ein Indikator dafür, wie gut die Geschäfte liefen, ist jedoch die rege Bautätigkeit am Stammsitz in Bielefeld – offensichtlich erwirtschaftete der Betrieb genügend Überschüsse, um binnen weniger Jahre vier Fabrikations- und ein Verwaltungsgebäude zu errichten. August Oetker war in der Lage und willens, erhebliche Mittel in die Expansion seiner Firma zu investieren. Während in der Nahrungs- und Genussmittelindustrie um die Jahrhundertwende die Schere zwischen Kleinbetrieben und kapitalintensiven, meist als GmbH oder AG organisierten Großbetrieben immer weiter auseinanderging, gelang es Oetker weiterhin, als Einzelkaufmann das nötige Kapital zu mobilisieren und die eigene Marktstellung auszubauen.[26]

Der firmeninterne Maßstab für Produktion und Absatz, der alle wichtigen Produkte umfasste, war und blieb die Päckchenzahl; für den rückschauenden Betrachter hat dies den Vorteil, dass damit eine leicht zu vergleichende, von Faktoren wie Währungsschwankungen unabhängige Größe zur Verfügung steht (vgl. Anhang II).[27] 1913, am Vorabend des Ersten Weltkriegs, überschritt die Menge der produzierten Päckchen erstmals und deutlich die Schallmauer von 100 Mio. Der Kriegsausbruch beeinträchtigte das Wachstum der Firma Dr. August Oetker zunächst kaum: Die Produktion sank 1914 nur wenig, um im Folgejahr sogar deutlich anzusteigen. Nach einem weiteren kurzzeitigen Rückgang im Jahr 1917 produzierte die Bielefelder Nährmittelfabrik 1918 erstmals über 300 Mio.

Päckchen und setzte damit mehr als 32 Mio. Mark um. Die Herstellung hatte sich zwischen 1914 und 1918 fast verdreifacht und erreichte 1919 mit 371 Mio. Päckchen einen Höhepunkt. Die Firma hatte zwar während des Krieges mit erheblichen Schwierigkeiten bei der Beschaffung der notwendigen Rohstoffe zu kämpfen; wie das Beispiel der Speisestärke Gustin zeigt, konnten die veränderten Rahmenbedingungen jedoch auch zum Vorteil gereichen: Dem Oetker-Artikel gelang es erst im Weltkrieg, sich gegen die «ausländische», Konkurrenz durchzusetzen. Im Wettbewerb mit der amerikanischen Marke «Maizena» und der britischen «Mondamin» spielte Oetker die nationale Karte: Die Verpackungen wurden demonstrativ mit einer schwarz-weiß-roten Fahne versehen und die «Deutsche[n] Hausfrauen» aufgefordert, von nun an «nur noch deutsches Gustin» anstelle des «englischen Fabrikats Mondamin» zu verwenden.[28]

1920 ging der Absatz zwar zurück, blieb aber bis 1922 auf hohem Niveau (um 350 Mio. Päckchen). Während der Hyperinflation musste Dr. Oetker beim Gewerbeaufsichtsamt sogar Mehrarbeit beantragen: Die für den schnellen Verbrauch geeigneten, billigen Haushaltspackungen stießen auf eine wachsende Nachfrage – selbst in den üblicherweise schwächeren Sommermonaten: «Ich kann den Ansprüchen meiner Kundschaft nicht im Entferntesten gerecht werden», verkündete die Firmenleitung im damals üblichen personalisierten Sprachduktus. Diese Sonderkonjunktur fand mit dem Währungsschnitt im Herbst 1923 ein abruptes Ende.[29] Insgesamt brach der Absatz für das gesamte Jahr 1923 um fast ein Drittel ein – möglicherweise weil sogar ein Pfennigartikel wie Backpulver in

Ansicht des Bielefelder Werksgeländes der Firma Dr. August Oetker an der Lutterstraße, Bielefeld, Blick von der Bahnlinie im Westen (Bebauung Stand 1937)

Rentenmark plötzlich teuer war. Doch schon 1924 erzielte die Firma einen neuen Absatzrekord (436 Mio. Päckchen). Von nun an verzeichnete Oetker ein langsameres, aber kontinuierliches Wachstum, dem erst die Weltwirtschaftskrise Anfang der 1930er Jahre ein vorläufiges Ende bereitete; noch 1929 produzierte die Bielefelder Fabrik 510 Mio. Päckchen.[30] Nach Krieg und Inflationskrise setzte wieder rege Bautätigkeit ein: 1925 erhielt die Oteka KG, die Oetker'sche Papierverarbeitung, einen großen Neubau. Dieser Schritt steht stellvertretend für die frühen Bemühungen um eine vertikale Integration: Anstatt Tütchen und Packkartons einzukaufen, sollten sie möglichst selbst hergestellt werden.[31] 1927 folgte ein Konferenzzimmerbau, 1928 eine Tischlerei. 1935 kaufte Oetker ein an das Firmengelände angrenzendes Haus, das unter anderem die Werkschar und einen Gymnastikraum beherbergte. 1937 feierte man die Einweihung des letzten großen Neubaus vor dem Zweiten Weltkrieg, dem die beiden ältesten Fabrikgebäude hatten weichen müssen. Seit dem Ersten Weltkrieg verfügte Oetker außerdem – zuerst noch gemeinsam mit der benachbarten Spinnerei Vorwärts – über einen eigenen Gleisanschluss.[32]

Die Bautätigkeit war nicht nur Indikator für die Prosperität des Unternehmens, sondern auch für die Ausdifferenzierung der einzelnen Produktionszweige, die nach und nach eigene, auch räumlich voneinander getrennte Fertigungsstraßen erhielten. Hinzu kamen Bauten für Hilfsgewerke wie Tischlerei, Schlosserei, «Stromabteilung» und Wäscherei. Die Maschinisierung der Produktion hatte im Grunde bereits August Oetker mit der Anschaffung der ersten Mischmaschine noch in der Aschoffschen Apotheke eingeleitet. Die Technik wurde in den folgenden Jahren kontinuierlich verbessert; vor allem wurden die Maschinen leichter. Sie konnten 1914 im neuen Puddingpulverbau in den oberen Stockwerken aufgestellt werden, was einen vertikalen Herstellungsprozess erlaubte: Das Produkt wanderte von oben nach unten, über den Misch- und den Abfüllsaal zu Verpackung und Versand. Die halb fertigen Waren mussten nicht mehr aufwendig transportiert werden. Auch für die Abfüllung kamen seit 1906 Maschinen zum Einsatz, die die Personalintensität in diesem Fertigungsabschnitt verringerten. Die technischen Fortschritte wurden in der Festschrift von 1941 mit Stolz präsentiert – von «Wunder[n] der Technik» ist die Rede und der «verwirrenden» Komplexität der modernen Produktionsabläufe, die einen «so dumm» zurücklasse, als ginge einem «ein Mühlrad im Kopf herum». Gleichzeitig wird Apparaten wie der «Essenzen-Abfüllmaschine» eine «niedliche Gestalt» zugeschrieben, die dazu führe, dass «man sich förmlich zu ih[r] hingezogen» fühle.[33]

Diese Euphorie darf jedoch nicht darüber hinwegtäuschen, dass die Prozesse im Vergleich zu anderen Branchen nicht allzu komplex waren. Gleichwohl zeugt die Optimierung der Arbeitsabläufe von zunehmender Professionalisierung und Rationalisierung. In der Region zählte die Firma Oetker ausweislich eines Berichts des Gewerbeaufsichtsamts aus dem Jahr 1927 zu den wenigen «Schrittmachern», die «Fließ- oder Bandarbeit» eingeführt hatten.[34] Die Folgen wurden überwiegend positiv gewertet: Zwar seien 25 Arbeiterinnen überflüssig geworden, an deren Stelle jedoch zwei Männer zur Überwachung und Wartung der Maschinen eingestellt worden seien. In gesundheitlicher Hinsicht bewirkten vor allem die maschinelle Abfüllung und der Einbau von Entstaubungsanlagen eine Verbesserung: Früher hätten die Frauen mit Respiratoren gearbeitet, weil Backpulver Bestandteile enthält, die die Nasenschleimhäute reizten – «Nasenbluten und Unwohlsein […] gehörte keineswegs zu den Seltenheiten». Für die Firma seien außerdem die Einsparung von Produktions- und Lagerraum sowie ein beschleunigter Warenumlauf in der Fertigung von Vorteil.[35]

Wie sich angesichts von Rationalisierungsprozessen und wechselnden Konjunkturen die Zahl der Mitarbeiter in den Jahren der Weimarer Republik entwickelte, lässt sich nicht im Detail nachvollziehen; die für spätere Jahre vorliegenden Daten sind nicht ohne Widersprüche. So verzeichnet eine Aufstellung des Gewerbeamtes Bielefeld für das Jahr 1933 am Oetker-Standort Bielefeld insgesamt 895 Mitarbeiter – Oetker war damit der viertgrößte Arbeitgeber im Stadtgebiet. Übersandt wurde die Zahl im Dezember an das Preußische Statistikamt (vgl. Tabelle S. 65). Nur wenige Monate später, im März 1934, waren nach Angaben der Firma bei den Wahlen zum Vertrauensrat lediglich 691 Arbeiter und Angestellte wahlberechtigt.[36] Dass die Arbeiterschaft, auf das Jahr gesehen, um über ein Fünftel abgenommen hatte, ist angesichts einer um 12 % gestiegenen Päckchenproduktion wenig plausibel. Der erhebliche Einsatz von Saisonkräften erklärt die Schwankungen – vor allem in den Monaten vor dem Weihnachts- und Wintergeschäft, in denen die Nachfrage Spitzenwerte erreichte. Immerhin vermitteln die Zahlen einen Eindruck von der Größenordnung der Belegschaft. Eine weitere Besonderheit der Nährmittelfabrik war ein traditionell sehr hoher Anteil weiblicher Arbeitskräfte, der bei etwa zwei Dritteln lag. Die meist jungen Frauen wurden vor allem in der Back- und Puddingpulverproduktion beschäftigt und schieden in der Regel aus, sobald sie heirateten.[37]

Eine Mitarbeiterzahl von deutlich unter 1000 machte die Nährmittelfabrik Oetker für Bielefelder Verhältnisse keineswegs zu einem außergewöhnlich großen Betrieb. Maßgeblich geprägt war die Industriestadt vielmehr durch zwei andere Branchen: die Metall- und die Textilindustrie. Bei Ersterer war der Bau von Nähmaschinen und Fahrrädern von besonderer Bedeutung; Mitte der 1920er Jahre zählte die Firma Dürkopp als größter Arbeitgeber am Ort 6000 Werksangehörige, es folgten die Ankerwerke mit 2000 und Göricke mit 1500 Mitarbeitern, um nur die drei größten zu nennen. Der zweitgrößte Arbeitgeber war der Textilsektor. Bei den für die Stadt bedeutsamen Wäschefabriken war die Zahl fest angestellter Arbeitnehmer(innen) jeweils geringer; die Wäschefabrik Dornbusch hatte rund 750 Beschäftigte, eine Reihe von Firmen zwischen 100 und 220. Hinzuzuaddieren ist jedoch jeweils eine unbekannte Zahl an Heimarbeiterinnen. Firmen wie die Ravensberger Spinnerei, die Spinnerei Vorwärts oder die Mechanische Weberei, die die traditionsreiche Leinenweberei betrieben, beschäftigten noch immer Hunderte Arbeitskräfte, gerieten in der Mitte des Jahrzehnts jedoch in eine schwere Krise; auch die metallverarbeitende Industrie verzeichnete in den 1920er Jahren einen tiefen Einbruch.[38] Im Vergleich dazu entwickelte sich die Nährmittelfabrik Dr. August Oetker in ihrer Nische gut, auch wenn sie dem angespannten städtischen Arbeitsmarkt nur geringe Entlastung bieten konnte.

Neben dem Gebiet des Deutschen Reiches entdeckte die Firma Oetker früh die deutschsprachigen Regionen in den Nachbarländern als Absatzmarkt, allen voran Österreich. Um Transport- und Zollkosten zu sparen, entstand im böhmischen Aussig eine 1905 erstmals nachweisbare Niederlassung,[39] die 1908 nach Baden bei Wien verlegt wurde. Als Reaktion auf die Zerschlagung Österreich-Ungarns am Ende des Ersten Weltkriegs gründete die Badener Niederlassung eigene Zweigbetriebe in den Nachfolgestaaten der Habsburgermonarchie: in Brünn (Brno) für die Tschechoslowakei, in Marburg an der Drau (Maribor) für Jugoslawien und in Budapest für Ungarn. Das Werk in Baden bei Wien führte Gustav Hornberg, später sein Schwiegersohn Walter König, unternehmerisch selbstständig. Hornberg und seine Familienmitglieder hielten die Anteile; er selbst stammte aus Bielefeld und war 1900 in die Firma von August Oetker eingetreten. Der Bielefelder Mutterkonzern war lediglich über Lizenzabgaben am Gewinn beteiligt; dieses Schema wiederholte sich bei den Badener Ablegern.[40]

Auch die später gegründeten Zweigwerke im Ausland waren *de iure* als eigenständige Unternehmen organisiert. Anders als im Fall der ersten Gründung in Österreich lagen die Anteile jedoch in der Hand der Bielefelder Eigentümer, und die jeweiligen Firmenleitungen handelten nicht selbstständig. Zur Versorgung der ehemals deutschen und österreichischen Gebiete, die nach dem Ersten Weltkrieg an Polen abgetreten worden waren, wurde 1921 eine Niederlassung in Danzig-Oliva gegründet. Danzig seinerseits gründete 1933 eine Vertriebsgesellschaft in Warschau.[41] Der polnische Markt erwies sich in vielerlei Hinsicht als schwierig – beiderseitige nationale Ressentiments erschwerten den Marktzugang und schmälerten die Erfolgsaussichten der deutschen Marke. Gleiches galt für Frankreich. Nach dem Verlust von Elsass und Lothringen war die Verbindung zwischen der Bielefelder Zentrale und dem dortigen Bezirksvertreter Adolphe Ancel, selbst Elsässer, abgebrochen. Ancel nahm daraufhin auf eigene Initiative in Straßburg die Produktion auf. Er verkaufte unter seinem Namen und adaptierte das Oetker'sche Hellkopf-Markenzeichen, das nun den Kopf einer Elsässerin mit der typischen Schleifenhaube (*coiffe*) zeigte. In der Folge sollte zunächst auch hier das Badener Lizenzmodell zur Anwendung kommen; als die Zahlungen aus Straßburg ausblieben, weil die Firma Ancel in finanzielle Schieflage geraten war, wurde 1930 die Aktiengesellschaft Adolphe Ancel S.A. gegründet, deren Anteile zuletzt vollständig in der Hand einer Oetker-Beteiligungsgesellschaft lagen. Die Existenz der eigenen Marke und der elsässischen Firma war Voraussetzung dafür, in Frankreich erfolgreich Fuß fassen zu können. Als «französische» Aktiengesellschaft wurde Ancel samt der Betriebseinrichtung nach Kriegsbeginn 1940 aus Straßburg evakuiert, was sich als glückliche Fügung erwies: Ancel nahm seinen neuen Sitz in Limoges im nicht von den Deutschen besetzten Teil Frankreichs und konnte weiterhin den französischen Markt bedienen, während in den Straßburger Produktionsräumen ein direkt von Bielefeld abhängiges Zweigwerk installiert wurde.[42] Einen Abfüllbetrieb gab es außerdem seit 1925 in Saarbrücken im vom Völkerbund verwalteten Saargebiet, das nach den Bestimmungen des Versailler Vertrages von 1919 zum französischen Zollgebiet gehörte. Auch er diente der Umgehung der seit 1925 geltenden Zollgrenzen zu Deutschland. Wie lange die Saarbrücker Filiale existierte, ist unklar – möglicherweise bis zur Rückkehr des Saarlandes zum Deutschen Reich 1935.[43]

Weitere Niederlassungen im Ausland entstanden 1929 in Kopenhagen (Øtker A/S) und Brüssel (Usines Dr. A. Oetker S. A.), 1931 in Amsterdam (Inhama N. V.), 1933 in Mailand (Dott. A. Oetker S. A. I.) und schließlich 1935 in Oslo (Norsk Øtker A/S). Diese Gründungen erfolgten nach einer ähnlichen Logik wie im Deutschen Reich und seinen Nachbarregionen: Die nationalen Märkte wurden zunächst durch Vertreter erschlossen; nachdem das Potenzial bestätigt war, gründete Oetker eine Niederlassung. In Amsterdam übernahm die Firma nach einer eher enttäuschenden Entwicklung ähnlich wie in Straßburg das Geschäft in eigene Regie und erwarb die bereits bestehende Firma Inhama.[44]

Innerhalb des Deutschen Reiches gab es bis zur Eingliederung der ehemals im Ausland gelegenen Betriebe Baden, Straßburg und Danzig im Zuge der nationalsozialistischen Expansion lediglich ein einziges dauerhaftes Zweigwerk. Eine kurzlebige Ausnahme blieb ein Abfüllbetrieb in Kripp am linken Rheinufer südlich von Bonn. Er diente von 1922 bis 1924 der Versorgung der durch die französische Rheinlandbesetzung abgeschnittenen Gebiete.[45] Zusätzliche Produktionsstätten wurden also meist dort eingerichtet, wo sie wegen Zollgrenzen oder antideutscher Ressentiments zur Aufrechterhaltung des Vertriebs vorteilhaft und notwendig erschienen. Jedoch lag Bielefeld mit Blick auf die Grenzen des Reiches von 1871 oder 1918 wenig zentral. Außerdem war die Stadt zwar an das Eisenbahnnetz angeschlossen, besaß aber keinen direkten Zugang zu den Binnenwasserstraßen oder gar einen Hafen, die preisgünstigen Transport über lange Strecken versprachen. Als Mitte der 1920er Jahre eine Fabrikation in Altona eingerichtet wurde, stand dahinter nicht nur das Kalkül, bei Unglücksfällen über einen zweiten Produktionsstandort im Reich zu verfügen und nicht allein in Bielefeld zu investieren. Für den Standort in Altona direkt an der Elbe in einem alten Speicherbau gab vor allem die verkehrsgünstige Lage den Ausschlag. In der Folge wurden von der Hansestadt aus über den Kaiser-Wilhelm-Kanal und die Ostsee die Lager in Stettin, Danzig und Königsberg beliefert, über die Elbe Magdeburg und Dresden sowie über das brandenburgische Kanalsystem und die Oder Berlin, Breslau und Oberschlesien. Das Hamburger Zweigwerk war am engsten an das Mutterhaus angegliedert: Als einzige Niederlassung war sie schon vor 1938 juristisch nicht eigenständig.[46]

Parallel zu dieser Expansion reichten die Gewinne aus, um eine Reihe von Konkurrenzfirmen zu übernehmen und so die eigene Stellung in einem ohnehin schmalen Marktsegment weiter zu stärken. Bereits 1909 kaufte Oetker die Marke Dr. Crato & Co., unter der ein Bielefelder Apotheker dieses Namens seit 1900 die gleichen Produkte anbot und das Erfolgsmodell kopierte. 1912 schluckte Oetker die Nährmittelfabrik Hansa, Stahmer & Wilms, Hamburg, deren Mitinhaber Otto Stahmer ursprünglich Oetker-Vertreter gewesen war. Noch im gleichen Jahr folgte die größte Übernahme: Die 1900 gegründete Reese-Gesellschaft m. b. H. in Hameln hatte sich vor allem in Westdeutschland eine spürbare Marktposition erarbeitet. In der Rückschau erklärte der Bielefelder Verkaufsleiter Karl Schoregge die finanzielle Stärke der Firma Oetker im Gegensatz zu den drei übernommenen Unternehmen durch den Verzicht auf ruinöse Werbung: Zwar investierte auch Oetker erhebliche Summen für Reklame. Im Gegensatz zu den Konkurrenten verzichtete man aber auf Gutscheinsysteme und Prämienbons, die alle drei Firmen in finanzielle Schieflage gebracht hatten. Die Strategie, sich als Markenprodukt zu etablieren und sich nicht am Preiswettbewerb zu beteiligen, musste sich dadurch bestätigt sehen. Crato und Hansa sowie Stahmer & Wilms wurden nach einer kurzen Übergangsphase abgewickelt; die Marke Dr. Crato verwendete Oetker später teilweise für sein Geschäft mit Großpackungen. Reese blieb als von Oetker gesteuertes Unternehmen erhalten und vertrieb noch in der Bundesrepublik Produkte unter eigenem Namen.[47] Die letzte große Übernahme im Nährmittelsektor war im Jahr 1930 der Kauf der Firma Karl Fr. Töllner in Bremen.[48] Durch diese aktive Marktbereinigung vor allem in Norddeutschland konnte Oetker seine Vorherrschaft in der Backpulverindustrie ausbauen und sichern: Anfang der 1920er Jahre wurden rund 95 % der Produktion in Deutschland von der Bielefelder Firma hergestellt (90 %) oder kontrolliert (5 % Reese). 4 % entfielen auf die Firma Sinner in Karlsruhe, 1 % auf eine Vielzahl von Kleinstbetrieben.[49]

Die beherrschende Gestalt der ersten zweieinhalb Jahrzehnte des Unternehmens war ohne Zweifel der Firmengründer Dr. August Oetker – auch wenn man spätere Tendenzen zu Verklärung und «Heroisierung» berücksichtigt.[50] Von dem Bäckerssohn und Apotheker stammte das «Erfolgsrezept», und er verfügte über einen unternehmerischen Instinkt, der in der Familie verbreitet war. Über die Entscheidungsprozesse zu Lebzeiten August Oetkers ist wenig bekannt – etwa was den Ausbau und die Expansion des Unternehmens betrifft. Man darf aber davon ausgehen, dass er als letztverantwortlicher Alleinunternehmer die strategischen Entscheidungen traf – möglicherweise in Rücksprache mit seiner Gattin, die in seinen Anfangsjahren als Apotheker auch Kapital aus ihrem Erbe zur Verfügung gestellt hatte. In späteren Rückblicken wird indes übereinstimmend betont, wie stark der Gründer Einfluss auf die Entwicklung der Produkte, insbesondere aber auf die Vermarktungsstrategien genommen habe: Die Werbung betrachtete er auch nach Einrichtung einer eigenen Reklameabteilung 1908 als sein «ureigenste[s] Gebiet»[51]. Gleichwohl bedingte das Wachstum der Firma eine erste organisatorische Ausdifferenzierung, im Zuge deren verdiente Mitarbeiter und geeignete Personen von außen in Vertrauensstellungen und Leitungspositionen aufrückten: Die Werbeabteilung etwa wurde seit ihrer Gründung von Eduard Ladewig geleitet; den «Betrieb» – also die Fabrikation – überwachten Willy Merker und Gustav Hornberg, der später den Wiener Ableger gründete; der Buchhaltung stand Hermann Kandler vor. Eine Reihe weiterer Mitarbeiter, die später aufrücken sollten, traten in den Jahren zwischen der Jahrhundertwende und dem Ersten Weltkrieg in die Firma ein: Hermann Holle leitete seit 1924 das Kassenwesen, Karl Schoregge stand später dem Vertrieb vor, und Karl Höcker rückte an die Spitze des Einkaufs und des Betriebs.[52]

Noch vom Firmengründer eingestellt worden zu sein blieb ein wichtiges Distinktionskriterium – auch bei der Auswahl der Mitarbeiter wurden ihm genialische Züge zugeschrieben. Gerade in einem Familienunternehmen kam dieser Ebene persönlicher Legitimation besondere Bedeutung zu. Wichtiger noch waren freilich verwandtschaftliche Bande: August Oetker rekrutierte leitende Mitarbeiter gerne aus der Reihe seiner jüngeren Brüder. Das Laboratorium vertraute er seinem jüngsten noch lebenden, 1873 geborenen Bruder Eduard an. Eduard Oetker hatte nach dem Tod des Vaters seit 1893 bei August eine Apothekerlehre absolviert, anschließend studiert und promoviert, ehe er 1904 in die Firma eintrat. Offenbar spielten das Vertrauen und die gute Zusammenarbeit der Brüder, die beide die gleiche Ausbildung genossen hatten, eine erhebliche Rolle dabei, dass sich unter Dr. Eduard Oetkers Obhut das Labor als erste Abteilung zu einem «ziemlich selbständig[en]» Zweig des Werkes entwickelte.[53]

Zwei Jahre später trat auch Louis Oetker, der drittälteste der Brüder, in die Firma ein. Louis hatte in Stadthagen in einem Manufakturwarengeschäft gelernt und war anschließend zur Krefelder Seidenwarenfirma seines Onkels Albert gewechselt, für deren Berliner Vertretung er arbeitete. Nachdem er sein Einjährigen-Examen – die mittlere Reife – bestanden und seinen Militärdienst absolviert hatte, war er weiterhin für Albert Oetker tätig, der den begabten Kaufmann wiederholt ins europäische Ausland entsandte. Als August Oetker in der Phase des schnellen Wachstums «dringend Hilfe» brauchte, holte er seinen Bruder nach Bielefeld. Ab 1912 leitete Louis zusammen mit einem weiteren Geschäftsführer die gerade übernommene Firma Reese in Hameln.[54]

Noch vor Kriegsausbruch schloss 1914 auch Rudolf Oetker, der einzige Sohn und Erbe August Oetkers, seine Ausbildung ab und kehrte nach Bielefeld zurück. 1889 in Berlin geboren, hatte er nach der Übersiedlung seiner Eltern nach Bielefeld das dortige Ratsgymnasium besucht und dessen realgymnasialen Zweig 1908 abgeschlossen. Anschließend hatte er Chemie in Hannover, Bonn und Berlin studiert und seinen Militärdienst bei den Husaren geleistet. Am 4. März 1914 wurde er in Berlin promoviert. Einen Tag vor Kriegsausbruch, am 31. Juli 1914, heiratete er die Bielefelder Kaufmannstochter Ida Meyer. Der junge Reserveleutnant wurde sofort eingezogen. Zunächst war er als Ausbilder in Hannover tätig, vier Monate später wurde er an die Front verlegt. Im Mai 1915 kam

Die «Kommerzienrätin» Karoline Oetker, genannt «Lina», 1930

Ursula Oetker als erstes Kind auf die Welt, im September 1916 folgte mit Rudolf-August Oetker ein männlicher Erbe.[55]

Damit schien die familiäre Kontinuität und folglich der Bestand des Unternehmens gesichert. Letzteres befand sich vor dem Ersten Weltkrieg auf einem soliden Wachstumskurs, der – betrachtet man die betriebswirtschaftlichen Kennzahlen – durch die folgenden Kriegs- und Krisenjahre, wenn überhaupt, nur kurzzeitig ausgebremst wurde. Dennoch markiert das Jahrzehnt zwischen 1913 und 1923 für die Unternehmerfamilie und ihre Firma eine tiefe und existenzielle Krise. Bereits 1913 starb Eduard Oetker nach schwerer Krankheit. Während dieser Verlust allein – wenngleich schmerzlich – sich kaum als einschneidend erwiesen hätte, trafen zwei Todesfälle der Weltkriegsjahre Firma und Familie in ihrem Kern: Rudolf Oetker, der einzige Sohn, fiel im März 1916 bei einem Sturmangriff vor Verdun – noch ehe sein Sohn Rudolf-August im September zur Welt kommen sollte. Von diesem Schlag sollte sich der Kommerzienrat nicht mehr erholen: Nicht einmal zwei Jahre später starb der Firmengründer Dr. August Oetker nur wenige Tage nach seinem 56. Geburtstag am 10. Januar 1918. Eigentümerin der Bielefelder Back- und Puddingpulverfabrik war nun Karoline Oetker, im Familienkreis Lina genannt, ansonsten ehrfürchtig als «Kommerzienrätin» tituliert. Zwar gab es mit Rudolf-August Oetker die Hoffnung auf dynastische Kontinuität – es würde jedoch Jahrzehnte dauern, bis er an die Stelle seines Großvaters und Vaters treten und die Geschäfte eigenständig führen könnte. Sollte die Firma als Familienunternehmen fortbestehen, stand Lina Oetker vor der Aufgabe, diese Jahre zu überbrücken und ihrem Enkel sein Erbe zu erhalten. Das schwierige wirtschaftliche Umfeld der Nachkriegsjahre machte dies zu keiner leichten Aufgabe.[56]

3. Zwischen Gründer- und Enkelgeneration: Richard Kaselowsky an der Firmenspitze

Die Führung eines großen Familienunternehmens war in Richard Kaselowskys Lebensweg nicht vorgezeichnet. Er stammte aus einer wirtschaftsbürgerlichen Familie und hatte Vermögen geerbt. Vermutlich wäre aus ihm nach dem Ersten Weltkrieg ein erfolgreicher Justiziar oder Unternehmensvorstand geworden. Der Tod seines Jugendfreundes Rudolf Oetker im Schützengraben vor Verdun im März 1916 veränderte sein Leben jedoch nachhaltig. Richard Kaselowsky heiratete 1919 Rudolfs Witwe und trat damit in die Familie Oetker und in die Firma Dr. August Oetker ein.

Zu diesem Zeitpunkt war die Nährmittelfirma in ihrer Existenz als inhabergeführtes Familienunternehmen bedroht. Er übernahm in einer Zeit politischer, wirtschaftlicher und gesellschaftlicher Krisen und Verwerfungen Verantwortung, und er bewährte sich: Kaselowsky führte die Firma in zweiter Generation in dem Bewusstsein, dass sie seinem Ziehsohn Rudolf-August Oetker, dem Enkel des Firmengründers, versprochen war. Geschickt führte er diesen an seine zukünftigen Aufgaben heran und bewältigte ebenso erfolgreich die unternehmerischen Herausforderungen im Familienunternehmen: die Organisation des generationellen Übergangs, die Deckung des Kapitalbedarfs, die Sicherstellung eines professionellen Managements und die Fähigkeit zur Diversifikation – er brachte die Flexibilität mit, sich veränderten Marktbedingungen anzupassen, die Klugheit, neue Marktsegmente zu erschließen, und die Bereitschaft, sich notfalls von überkommenen Produkten und Techniken zu trennen.[1]

Dabei blieb Kaselowsky dem von August Oetker begründeten Kerngeschäft – den Nährmitteln – treu. Ihm galt sein Hauptaugenmerk. Unter seiner Ägide wurde die Organisation der Firma ausgebaut, professionalisiert und ausdifferenziert. Die Produktionsmengen wuchsen bis in den Zweiten Weltkrieg hinein fast ununterbrochen. Die Gewinne mussten in neue Branchen investiert werden, und so widmete er dem Beteiligungsgeschäft zunehmend Zeit und Energie. Diese Prozesse erfolgreich begleitet und vorangetrieben zu haben gehört zu Kaselowskys unternehmerischen Verdiensten.

Bei aller Modernisierung und Expansion war sich Richard Kaselowsky stets der Traditionen bewusst, die Dr. August Oetker begründet hatte; er führte sie fort und passte sie an die sich ändernden Zeitläufte an. Dieses Streben nach Kontinuität sowie die Anerkennung der «Kommerzienrätin» Lina Oetker waren Voraussetzungen dafür, dass sich Kaselowsky als Außenstehender in die Generationenerzählung des Familienunternehmens einfügen konnte.[2]

Der junge Kaselowsky

Richard Kaselowsky, geboren am 14. August 1888, stammte aus einer angesehenen und wohlhabenden Familie von Manager-Unternehmern in Kapitalgesellschaften. Diese war zwar erst in dritter Generation in Bielefeld ansässig, aber das war immerhin fast ein halbes Jahrhundert länger als der Apotheker Dr. August Oetker. Richards Großonkel Ferdinand Kaselowsky stammte aus einer Potsdamer Handwerkerfamilie. Nach einer technischen Ausbildung, Erfindungen für die Flachsverarbeitung und mehreren Auslandsaufenthalten wurde er 1842 Direktor eines staatlich-preußischen Musterbetriebs. Als erfahrener Techniker und Ingenieur wechselte er 1849 in die Privatwirtschaft und kam schließlich nach Bielefeld: 1855 gehörte er zu den Gründern der Ravensberger Spinnerei AG. Bis 1871 wirkte er dort als Technischer Direktor und Mitglied des Verwaltungsrats. Nach seinem Ausscheiden investierte er in die Bielefelder Fahrrad- und Nähmaschinenfabrik Dürkopp-Werke AG.[3] Sein Vermögen vermachte der kinderlose Industrielle seinem zwischenzeitlich aus Berlin übergesiedelten Neffen Richard Kaselowsky, dem Vater des späteren Oetker-Chefs. Jener übernahm 1876 die Position des Kaufmännischen Direktors bei Dürkopp; nach seinem Rückzug vom operativen Geschäft blieb er stellvertretender Vorsitzender des Aufsichtsrats.[4] Beide, Ferdinand und Richard Kaselowsky, stammten also nicht aus Bielefeld, trugen jedoch vor Ort maßgeblich zum Aufstieg zweier zentraler Branchen während der Industrialisierung in der zweiten Hälfte des 19. Jahrhunderts bei: Ferdinand vornehmlich mit seiner technischen Expertise, sein Neffe Richard als Kaufmann und mit der Kapitalbasis, die sein Onkel ihm als Erbe hinterlassen hatte. 1895/96 war Richard Kaselowsky einer der zehn wichtigsten Steuerzahler der Stadt, und mit der Heirat einer jungen Frau aus dem Bielefelder «Leinenpatriziat» gelang ihm der endgültige Eintritt in das etablierte städtische Wirtschaftsbürgertum: Elise Delius stammte aus einer Familie mit damals wie heute klingendem Namen.[5] Als Direktor und später im Aufsichtsrat bei Dürkopp übte er maßgeblichen Einfluss in einer der größten Bielefelder Fabriken mit mehr als 3000 Arbeitern und Angestellten aus. Im Vergleich dazu leitete August Oetker bis zum Ersten Weltkrieg nur eine kleine Fabrik mit etwa 200 Arbeiterinnen in einer eher randständigen Branche.[6]

Aus der Ehe Richard Kaselowskys mit Elise Delius gingen vier Kinder hervor: Richard, der den gleichen Vornamen trug wie sein Vater, die Schwester Maria, der 1916 in Frankreich gefallene Hans sowie Theo, das jüngste der Geschwister. Sie wuchsen in dem großbürgerlichen und gut situierten Umfeld der Kaselowsky'schen Villa am Rande der Bielefelder Altstadt auf. Heute befindet sich auf dem Grundstück die Kunsthalle Bielefeld. Die ersten Schuljahre absolvierte Richard in Bielefeld. Da sein Vater – wie zuvor schon der Großonkel Ferdinand – als Vertreter der Nationalliberalen dem preußischen Abgeordnetenhaus angehörte, siedelte die Familie 1899 nach Berlin um, wo der Junge das Joachimsthaler Gymnasium besuchte.[7] 1902 kehrten die Kaselowskys nach Bielefeld zurück. Hier beendete Richard Ostern 1907 seine realgymnasiale Schullaufbahn mit dem Abitur. Einer seiner Mitschüler war der Unternehmersohn Rudolf Oetker, mit dem er eng befreundet war. Auch dessen Vater, den Firmengründer August Oetker, kannte Kaselowsky seit dieser Zeit.[8]

Seine weitere Karriere verlief eher unstet; seine Zukunft war nicht vorgezeichnet wie die seines Jugendfreundes Rudolf Oetker. Die Familie besaß kein eigenes Unternehmen, sein Vater hatte sich als Rentier und preußischer Abgeordneter aus dem aktiven Geschäftsleben zurückgezogen. Interessen und Zukunftspläne wechselten zwischen akademischen und stärker praxisorientierten Vorlieben. Seit 1907 studierte Richard Kaselowsky Rechtswissenschaften in Bonn, Berlin und Freiburg i. Br. Nach eigener Aussage wollte er später als Justiziar einer Bank arbeiten, hatte im

Kern also keine unmittelbar unternehmerischen Ambitionen. Im Herbst des Folgejahres unterbrach er das Studium und nahm eine Banklehre bei der Rheinisch-Westfälischen Disconto-Gesellschaft in Bochum auf. Während seiner Zeit als Einjährig-Freiwilliger beim 7. Feldartillerie-Regiment in München 1910/11 studierte er nebenbei. Kaselowsky litt unter Kreislaufbeschwerden, die wohl auf einen angeborenen Herzfehler zurückgingen, und wurde als dauerhaft untauglich aus dem Militärdienst entlassen. Ab 1911 sammelte er weitere Berufserfahrung im Bankwesen: zunächst bei dem im Vorjahr durch eine Fusion entstandenen Bankhaus Delbrück, Schickler & Co. in Berlin, dann im letzten Jahr vor dem Krieg bei J. Henry Schroeder & Co. in London. Beide Unternehmen waren etablierte Akteure im Finanzierungs- und Anleihegeschäft, die Schroeder-Bank war eines der wichtigsten Bankhäuser der Londoner City.[9]

Während seines England-Aufenthalts vollzog Kaselowsky eine unvorhergesehene Volte. Schon als Kind hatte er sich für Geflügelzucht interessiert, eine Leidenschaft, die er mit seinem Bruder Theo teilte und der bereits frühere Generationen der Familie angehangen hatten.[10] Er besichtigte die Geflügelfarm von William H. Cook in Orpington (Kent), der die gleichnamigen Orpington-Hühner und -Enten gezüchtet und weltweit durch Vortragsreisen und Publikationen popularisiert hatte.[11] Was mit einem Ausflug begann, mündete in einen Berufswechsel: Kaselowsky beschloss, Geflügelzüchter zu werden, und erhielt dafür die Erlaubnis seines Vaters. Er ging bei Cook in die Lehre und schloss sie nach seiner Rückkehr nach Deutschland 1914 bei einer Geflügelzuchtanstalt in Erlangen ab. Danach erwarb er einen eigenen Geflügelhof bei Bad Nauheim im Großherzogtum Hessen und verfolgte das ehrgeizige Ziel, diesen als «Mustergeflügelhof» zur Zucht- und Lehranstalt auszubauen.[12] Damit brach er aus den Rollenmustern aus, die sein Großonkel und sein Vater ihm vorgelebt hatten.

Die Einberufung zum Kriegsdienst im Jahr 1916 unterbrach Kaselowskys neue Tätigkeit als Geflügelzüchter. Wegen seiner angeschlagenen Gesundheit war er nicht fronttauglich und diente in Frankfurt am Main beim Stellvertretenden Generalkommando des XVIII. Armeekorps, das für den Ersatz und die Ergänzung der Mannschaften sowie den Nachschub des an der Westfront kämpfenden Verbandes zuständig war. Der Offizier Kaselowsky nahm die Gelegenheit wahr, nach Dienstschluss wieder Vorlesungen an der Universität zu hören – dieses Mal in

Nationalökonomie. Nach Kriegsende legte er zunächst sein Examen als Diplom-Kaufmann ab; im Sommer 1919 wurde er mit einer Arbeit über den rheinisch-westfälischen Kuxenmarkt zum Dr. rer. pol. promoviert.[13]

Schon bei Kriegsbeginn hatte ihm sein Jugendfreund Rudolf Oetker das Versprechen abgenommen, sich im Falle seines Todes seiner jungen Frau und Familie anzunehmen.[14] Als der 27-jährige Unternehmenserbe 1916 fiel und die Kontinuität des Familienbetriebs Dr. Oetker bedroht war, fühlte sich Richard Kaselowsky in der Pflicht. Gegen Kriegsende kam es wohl auch zu einer persönlichen Annäherung zwischen ihm und der Witwe seines Freundes, Ida Oetker geb. Meyer.[15] Die beiden heirateten am 14. August 1919, an seinem 31. Geburtstag, auf dem Geflügelhof in Bad Nauheim. Zu diesem Zeitpunkt waren die beiden Kinder Ida Oetkers aus erster Ehe, Ursula und Rudolf-August, gerade einmal vier und knapp drei Jahre alt. Die Firma war seit dem Tod August Oetkers zu Beginn des Vorjahres im Besitz der «Kommerzienrätin» Lina Oetker.

Die politischen und wirtschaftlichen Aussichten waren alles andere als gesichert, als Kaselowsky und Ida Oetker heirateten. 1918 war das Jahr der Niederlage des Deutschen Reiches im Ersten Weltkrieg. Anfang November löste ein Matrosenaufstand in Kiel die Novemberrevolution aus. Am 9. November wurde in Berlin die Republik ausgerufen, und Kaiser Wilhelm II. dankte ab. In den Ländern stürzten die seit Jahrhunderten regierenden Dynastien. Die junge Republik hatte von Anfang an mit gesellschaftlichen Verwerfungen und ihren politischen Gegnern im Innern zu kämpfen. Der Versailler Friedensvertrag, der Deutschland die alleinige Kriegsschuld zuschrieb und erhebliche Gebietsverluste mit sich brachte, sowie die Forderung der Sieger nach Reparationen belasteten die Weimarer Demokratie. Die Republik blieb instabil und wurde immer wieder von Krisen erschüttert.

Unter diesen Umständen mochte Kaselowsky – inspiriert durch die Erfahrung von Krieg und Hungerwintern – zunächst gehofft haben, mit der Geflügelzucht und mit dem Kapital seiner eigenen Familie im Rücken ein sicheres Auskommen erwirtschaften zu können. Im Rückblick kokettierte er mit einer beschaulich-ländlichen Lebensperspektive: «Da meine Hühner mich mit Eiern, meine Schweine mich mit Fleisch und meine Ziegen mich mit Milch und Käse versorgten, glaubte ich, meiner Braut und den kleinen Kindern meines besten Freundes dadurch am sichersten zu helfen, dass ich meiner Braut den Vorschlag machte, mit ihren Kindern zu mir nach Bad Nauheim zu ziehen, wo wir dann eine bescheidene Existenz in der Geflügelzucht gefunden hätten. Ich hatte mich während meiner Lehrjahre [...] überzeugt, dass eine derartige Existenzmöglichkeit keineswegs eine Utopie war.»[16] Diese Erinnerung deckt sich jedoch so gar nicht mit der gleichzeitig abgeschlossenen staats- und wirtschaftswissenschaftlichen Promotion. Auch Kaselowskys Vater berichtete 1919 nüchtern der Tochter Maria von den Studienfortschritten ihres Bruders, der hoffe, als «Dr. rerum politicarum [...] eine leitende Stellung in der Industrie einnehmen zu können».[17]

Wie dem auch gewesen sein mag – der Plan einer ländlichen Existenz passte ohnehin nicht zu Kaselowskys neuer Lebenssituation. Er scheiterte an seiner Ehefrau Ida und am «energischen Widerstand» Lina Oetkers: Für diese kam es nicht infrage, dass ihre Schwiegertochter, deren neuer Mann und erst recht nicht die beiden Enkelkinder Bielefeld verließen. Zudem sollte sich Kaselowsky als neues Mitglied der Familie Oetker in den Dienst des Unternehmens stellen, bis der Enkel des Firmengründers, Rudolf-August Oetker, den Betrieb übernehmen könnte.[18] Seine «poultry farm» gab Kaselowsky deswegen an seinen Bruder Theo ab, der im Krieg als Flieger «so nervös geworden» war, dass seinem Vater eine «ländliche Beschäftigung» ratsam schien.[19] Schließlich bot der Geflügelhof – und das dürfte auch Kaselowsky im Gegensatz zu späteren Idealisierungen bereits damals klar gewesen sein – ohnehin keine ernst zu nehmende Perspektive: Schon ein Jahr später verkaufte Theo Kaselowsky ihn, da er nicht rentabel war.[20] Dessen ungeachtet behielt Kaselowsky sein Interesse für die Tierzucht zeitlebens bei. Allerdings waren es bald nicht mehr Hühner, sondern Rennpferde, für die er – mehr als nur ein Hobby – Zeit und nicht unerhebliche Geldsummen einsetzte.[21]

Bewährung in der Krise

Für den neuen Lebensabschnitt brachte Richard Kaselowsky nach eigener Einschätzung nur «eine gewisse theoretische Eignung» mit.[22] Das nicht unerhebliche Vermögen seiner Familie und seine in der Banklehre in Berlin und London erworbene Finanzexpertise genügten jedoch vollauf als Mitgift. Auch verfügte die Familie in Bielefeld über soziales

Kapital und hatte in der Textilindustrie und im Maschinenbau einen Namen. Als Lina Oetker und Ida Kaselowsky darauf bestanden, er möge «in der Fabrik nach dem Rechten sehen», war sich Richard Kaselowsky der Herausforderung sehr wohl bewusst.[23] Ausschlaggebend sei für ihn gewesen, dass er es Rudolf Oetker schuldig zu sein glaubte, «sich mit aller Kraft dafür einzusetzen, dass das Werk seines Vaters für seinen Sohn in unveränderter Form erhalten bliebe».[24] Damit deutete Kaselowsky das Motiv der Treuhänderschaft an, das bestimmend für sein Selbstverständnis und für seine Unternehmensführung werden sollte.[25]

Zum beträchtlichen finanziellen, gesellschaftlichen und kulturellen Kapital des kaufmännisch ausgebildeten, promovierten Fabrikantensohnes gesellte sich ein hoher Vertrauensvorschuss des Familienoberhaupts Lina Oetker. Mit der Heirat und dem Eintritt in die Firma begann Richard Kaselowskys eigentliche wirtschaftsbürgerliche Karriere, wenngleich diese von vornherein gewissen Einschränkungen unterlag: Kaselowsky war eingeheiratet. Er führte zwar einen Doktortitel, hatte aber den «falschen» Namen, war also kein «Dr. Oetker». Sein Stiefsohn Rudolf-August Oetker, damals noch ein Kind, war als Inhaber und Chef vorherbestimmt. Zwar stellte Lina Oetker eine Teilhaberschaft in Aussicht, und der Gesellschaftsvertrag der Firma sah die Möglichkeit – ohne namentliche Nennung – seit Anfang 1919 ausdrücklich vor. Ehe es so weit war, musste Kaselowsky aber eine fünfjährige «Bewährungsfrist» absolvieren. Dass die Firma diese fünf Jahre als Familienunternehmen überhaupt überleben würde, war jedoch nicht ausgemacht.[26] Vorerst musste sich der Newcomer mit den bewährten Führungskräften arrangieren und ein auskömmliches Miteinander finden, denn letztlich war der junge Kaufmann ein familiärer Protegé, der von außen in ein mittelständisches Unternehmen mit eingespielten Abläufen und Hierarchien kam.

Tatsächlich war man wohl über seinen Eintritt «an verschiedenen Stellen nicht sehr erbaut».[27] Entscheidend war jedoch, dass sich das Verhältnis zu Fritz Behringer zunächst zufriedenstellend entwickelte. Dieser hatte ursprünglich als Buchhalter in der Firma angefangen und war zu einem engen Vertrauten August Oetkers geworden. Über das Geschäftliche hinaus wurde ihm hoch angerechnet, dass er noch während des Krieges die Überführung des Leichnams von Rudolf Oetker von Verdun nach Bielefeld bewerkstelligt hatte. Zwei Wochen nach dem Tod des Firmengründers nahm ihn die Universalerbin Lina Oetker am 24. Januar 1918 als Teilhaber auf und kam so posthum einem Wunsch ihres verstorbenen Gatten nach. Behringer sollte die Geschäfte führen, im Gesellschaftsvertrag sicherte sich die Kommerzienrätin aber die «Oberleitung und Aufsicht» sowie ein Genehmigungsrecht in «wichtigen» Fragen. Behringer war neben Lina Oetker also die bestimmende Figur im Unternehmen, gerade im Alltagsgeschäft. Ein engeres Vertrauensverhältnis zwischen Behringer und Kaselowsky kam indes nicht zustande. Es scheiterte aus der Sicht Kaselowskys an dessen «etwas verschlossene[r] Natur»; seine geschäftlichen Sorgen habe Behringer «natürlich nur schwer mit jemandem teilen» können, «in dem er so etwas wie den jüngsten Lehrling des Geschäftes sehen mußte». Ansonsten erfuhr Kaselowsky bei den leitenden Angestellten überwiegend freundliche Aufnahme und Unterstützung.[28]

Zunächst musste der «Neue» tatsächlich noch einmal in die Lehre gehen. In seinem ersten Jahr wurde Kaselowsky als Assistent des altgedienten Betriebsleiters Willy Merker eingesetzt und lernte die Betriebsabläufe und die Tätigkeiten der überwiegend weiblichen Belegschaft kennen, die noch stark durch Handarbeit geprägt waren. Kritisch bewertete er die oftmals kurzfristig umgestellten Produktionslinien und Abläufe, die sich aus den «ganz falschen Vorstellungen» der Firmenleitung über den sinnvollen Einsatz der Betriebsmittel ergaben. Dort schielte man seiner Ansicht nach zu sehr auf möglichst große Produktionszahlen; Entscheidungen schienen eher an den kurzfristigen Zufälligkeiten der Rohstoffversorgung orientiert zu sein anstatt an der konkreten Nachfrage der Kolonialwarenhändler und Konsumenten. Als das Unternehmen 1920 in eine schwere Absatzkrise geriet, beriet er mit Lina Oetker immer wieder die offenkundigen Liquiditätsprobleme der Firma; die Kommerzienrätin forderte ihn auf, sich stärker in die Firmenleitung einzuschalten, insbesondere in Finanzfragen.[29] Noch wies Behringer jedoch Kaselowskys Ansinnen zurück, Einblick in die kaufmännische Leitung zu erhalten, obwohl Studium und Ausbildung ihn dafür prädestinierten. Vorerst musste sich Kaselowsky mit der Rationalisierung des Fuhrparks oder Verbesserungen bei den Arbeitsbedingungen der Arbeiterinnen begnügen. Tatsächlich begann ab 1920 bei Dr. Oetker ein Rationalisierungsprozess, der in der Folge nicht mehr abbrechen sollte.[30]

Die Finanzierungsprobleme wuchsen sich jedoch zur existenzbedrohenden Krise aus, die im Ersten Weltkrieg und der unmittelbaren Nachkriegszeit wurzelte und durch die krisenhaften ökonomischen Entwicklungen seit Kriegsende verschärft wurde: Die deutsche Wirtschaft musste von Kriegs- auf Friedenswirtschaft umgestellt werden; die enorme Staatsverschuldung, mit der Deutschland den Krieg finanziert hatte, führte zur Geldentwertung. Solange Zahlungen in der schwachen Papiermark abgewickelt wurden, wirkte «das Schmiermittel der Inflation» allerdings belebend und brachte einen Kostenvorteil, der vor allem dem Export zugutekam. Die deutsche Konjunktur erwies sich kurzzeitig sogar als robuster als die der Siegermächte. In dem Ausmaß, in dem die Mark an Wert verlor, wurden Rohstoffimporte, die in «harten» Devisen abgewickelt wurden, immer teurer.[31] In diesem schwierigen Marktumfeld beging Behringer schwere Managementfehler, die die feindliche Übernahme durch einen der eigenen Lieferanten zu einer realen Gefahr werden ließen.

Für die Backpulverproduktion wurde Pyrophosphat (künstlicher Weinstein, K-Weinstein oder kurz: Pyro) in großen Mengen benötigt, das in möglichst gleichbleibender Qualität für die industrielle Produktion vorerst nur aus den USA zu beziehen war. Oscar Neuberg, der Direktor der Chemischen Fabrik vorm. Goldenberg, Geromont & Cie AG aus Winkel bei Wiesbaden, hatte August Oetker auf diesen Stoff aufmerksam gemacht. Pyrophosphat sollte die Naturprodukte Weinsteinsäure und Cremor tartari als Triebmittel im Backpulver ersetzen. In den beiden letzten Vorkriegsjahren 1913/14 begann man in Bielefeld, die Produktion umzustellen. Da Goldenberg den K-Weinstein exklusiv in Europa vertrieb, wurde die Firma zu einem der wichtigsten Lieferanten Dr. Oetkers. Als während des Krieges der Nachschub aus den USA ausblieb, lieferte Goldenberg aus eigener Fabrikation ähnliche, aber qualitativ minderwertige Phosphat-Verbindungen. 1916 begründeten beide Firmen eine Interessengemeinschaft: Goldenberg wurde von Kommerzienrat August Oetker mit 20 % am Reingewinn beteiligt, im Gegenzug erhielt Oetker ein entsprechendes Aktienpaket und einen Sitz im Aufsichtsrat der Partnerfirma. Beide Unternehmenslenker hatten zudem gemeinsame Interessen und engagierten sich in der Förderung der Wissenschaften. So riefen Oscar Neuberg und August Oetker 1916 eine gemeinsame Stiftung zur Gründung eines Kaiser-Wilhelm-Instituts für Biochemie in Höhe von 2 Mio. RM ins Leben.[32]

Neuberg gelang es, sich für die Rohstoffversorgung der Firma Oetker unentbehrlich zu machen. Angesichts der Produktionssteigerungen im Krieg und des im Frühjahr 1919 einsetzenden Booms der deutschen Nachkriegswirtschaft ging Behringer hohe Abnahmeverpflichtungen für K-Weinstein ein, der nun wieder aus den USA geliefert werden konnte. Schriftliche Verträge gab es nicht; der Oetker-Teilhaber verließ sich auf mündliche Vereinbarungen und sagte Neuberg zu, er werde alles abnehmen, was dieser liefern könne. Angesichts der 1919 noch begrenzten Liefer- und Transportkapazitäten Goldenbergs erschien das Behringer vermutlich als unbedenklich, barg aber natürlich enorme Risiken.[33]

Bald schon konnte die Chemische Fabrik über die Niederlande immer größere Mengen Pyrophosphat aus den USA beschaffen und lieferte Mengen nach Bielefeld, die Oetker weder verarbeiten noch vertreiben konnte. Der Druck auf die Nährmittelfabrik wuchs und wurde noch dadurch gesteigert, dass sich die optimistischen Erwartungen hinsichtlich des Nachkriegswachstums als übertrieben erwiesen: Nachdem sich die Zahl der produzierten Päckchen zwischen 1914 und 1919 mehr als verdreifacht hatte, stagnierte das Wachstum: Der inflationsgetriebene Aufschwung kam vor allem dem Investitionsgüterbereich zugute, für die Konsumgüterindustrie waren die seit Beginn des Krieges sinkenden Reallöhne jedoch Gift. Die Kaufkraft schwand, und die steigenden Lebenshaltungskosten belasteten nicht nur die Masse der Konsumenten, sondern auch das Geschäft des Markenartiklers Oetker.

Die lange Zeit hohen Päckchen-Produktionszahlen hatten die Krise eher verschleiert, denn Dr. A. Oetker litt in doppelter Hinsicht: Back- und Puddingpulver waren ein «Pfenniggeschäft», das nur durch hohen Warenumsatz Ertrag brachte – und der brach in der Absatzkrise ein. Weil die Pyro-Lieferungen in amerikanischen Dollar zu begleichen waren, belastete der stetig steigende Dollar-Kurs die Backpulverkalkulation zusätzlich; die Stückkosten explodierten, während die Päckchenpreise nicht ohne Weiteres erhöht werden konnten. Nur teilweise und mit Verspätung konnte Dr. A. Oetker deshalb die Zahlungen an Goldenberg und deren niederländische Partnerfirma leisten: Die Unicheco – Universeele Chemische Export Cie., Amsterdam, stand unter der Leitung von Emil Neuberg, einem Bruder des Goldenberg-Direktors. Bis Herbst 1920 summierten sich die noch nicht beglichenen Akzeptkredite auf etwa 60 Mio. Mark, nach damaligem Kurs ca. 6 Mio. Goldmark. Hinzu kamen Steuerschulden in erheblichem Umfang.[34]

Oscar Neuberg suchte die Gunst der Stunde zu nutzen und unterbreitete im November 1920 ein Angebot: August Oetker hatte bis zu seinem Tod die Firma als Einzelkaufmann geführt, danach bildeten Lina Oetker und Fritz Behringer eine offene Handelsgesellschaft (oHG). Nun sollte das Familienunternehmen in eine Aktiengesellschaft umgewandelt und die Forderungen Goldenbergs in Aktien der neuen AG beglichen werden. Neuberg beanspruchte 51 % des Aktienkapitals von 10 Mio. Mark. Behringer unterstützte den Vorschlag, weil er vermutlich keinen anderen Ausweg aus der Finanzierungskrise sah. Neuberg lieferte in seiner Analyse der Lage eine durchaus zutreffende, konzise Beschreibung der außenpolitischen und -wirtschaftlichen Situation Deutschlands. Mit Blick auf die Überschuldung des Reiches, eine drohende Krise an der Ruhr und die wachsenden Lohnkosten rechnete er mit steigenden Inflationsraten und verwies auf den massiven Geldwertverlust in Sowjet-Russland, Ungarn und Österreich. Das deutsche Publikum erliege immer noch einer «Selbsttäuschung», da es nicht merke, «dass eine Papiermark in Wirklichkeit nur 10 Pfg.» sei. Der Preis eines Päckchens Backpulver würde also über kurz oder lang nicht mehr in Pfennigen, sondern in Mark gerechnet werden.[35] Kaselowsky musste im Rückblick einräumen, dass hinsichtlich der Valuta-Fragen von Neuberg durchaus hilfreiche Ratschläge kamen. So wies Neuberg mehrfach darauf hin, dass Mark eben nicht gleich (Gold-)Mark war und dass gerade im Geschäft mit den Pyrophosphat-Lieferungen, die vom Kurs des Dollars abhingen, besondere Vorsichtsmaßnahmen zu treffen seien. Über eine Inflation, die mit der bisherigen allgemeinen Teuerung nicht mehr vergleichbar war, und über die Probleme, die mit einer Valutaschuld einhergingen, hatte man sich bis dahin in Bielefeld kaum Gedanken gemacht.[36]

Neuberg betonte beredt die Finanzierungsvorteile der Kapitalgesellschaft und die Nachteile der Vollhaftung in der Personengesellschaft. Das Familienunternehmen Oetker stand mit seinen Problemen (Kapitalbeschaffung, Währungsrisiko, Substanzverlust des Geschäftskapitals, steigende Aufwendungen für Löhne, Gehälter und Material) nicht allein. Zahlreiche Unternehmerfamilien entschlossen sich zwischen Kriegsbeginn und Hyperinflation zur Umwandlung ihrer Firmen in eine Aktiengesellschaft. Schon im Krieg hatten sie erkennen müssen, dass Großunternehmen bei der Zuteilung von Kontingenten und bei der Finanzierung im Vorteil waren. Als in den Nachkriegsjahren die Kapitalbeschaffung über Bankkredite zunehmend stockte, bot die Einwerbung von Fremdkapital über die Börsen eine gangbare Alternative. Wegen des Geldwertverfalls wurde es zudem einfacher, Aktien an den Börsen zu platzieren, versprachen diese den Anlegern doch Investitionen in Sachwerte.[37]

Kaselowsky schien als Letzter von Neubergs AG-Vorschlag erfahren zu haben. Lina Oetker war wohl ab Anfang November 1920 informiert und wies zunächst die Zumutung einer Dr. Oetker AG unter fremder Kontrolle nicht gänzlich zurück. Die aufgelaufene Schuldensumme wirkte möglicherweise bedrohlich, noch dazu vor dem Hintergrund der unklaren gesamtwirtschaftlichen Lage und Zukunft. Nachdem die Kommerzienrätin bereits mehrfach Kapital aus ihrem Privatvermögen hatte nachschießen müssen, versprach Neubergs Plan wenigstens eine Perspektive. Kaselowsky dagegen drang darauf, dass auch andere Familienmitglieder in die anstehenden Besprechungen einbezogen würden, vermutlich in der Hoffnung, bei ihnen Rückhalt gegen Behringer und seine Pläne zu finden. Louis Oetker reiste aus Hameln an, wohin er sich 1912 nach einem Zerwürfnis mit seinem Bruder August zurückgezogen hatte und wo er die Firma Reese leitete. Der Marmeladenfabrikant Albert Oetker, ein weiterer Bruder, kam aus Hamburg nach Bielefeld und beriet die Familie.[38]

Verschärft und kompliziert wurde die Situation durch eine Absatz- und Qualitätskrise der Trocknungswerke Oetker & Co. GmbH, an der Behringer und Lina Oetker jeweils die Hälfte des Kapitals hielten. 1919 zunächst errichtet, um aus Molke Eiweiß für die Nährmittelproduktion zu gewinnen, entwickelte Behringer außerdem neue Produktlinien, um das schwächelnde Kerngeschäft zu flankieren: Dr. Oetker's Eiweißpulver, Schwarzer Tee und Küchensauer, den Milcheiweißzucker «Urkraft» und dergleichen mehr. Die Produkte waren nicht unumstritten. In der sich gerade als Wissenschaft etablierenden Ernährungsphysiologie hegte man starke Zweifel, und die zuständigen Aufsichtsbehörden zeigten nach Kriegsende immer weniger Neigung, derartige Präparate zu genehmigen. Zudem drohte die mangelhafte Qualität der Produkte, die nun nur noch schwer zu vermarkten waren, die Marke Oetker zu beschädigen. Behringer, der die Trocknungswerke maßgeblich forciert hatte, wollte an ihnen festhalten, während Kaselowsky und Lina Oetker bald erkannten, dass es sich um eine Fehlinvestition handelte. Behringer übernahm die Trocknungswerke schließlich selbst, und mittelfristig sollte der Markenname von den Produkten verschwinden. Als alleiniger Gesellschafter der Trocknungswerke stimmte Behringer 1920 einer stillen Beteiligung der Chemischen Fabrik Goldenberg in Höhe von 1,2 Mio. Mark zu, was Behringer noch enger an Goldenberg band. Als wissenschaftlichen Berater zog er zudem Prof. Carl Neuberg hinzu, einen Cousin des Goldenberg-Direktors und Abteilungsleiter für Biochemie im Kaiser-Wilhelm-Institut für experimentelle Therapie. Das bedeutete natürlich einen Interessenkonflikt, den man in der Familie Oetker zunächst aber noch nicht erkannte.[39]

Im Spätherbst 1920 erhielt Kaselowsky endlich Einblick in die Buchhaltung. Dort entdeckte er, dass die Trocknungswerke – mithin also Behringer – in erheblichem Maße bei Dr. Oetker verschuldet waren (7 Mio. Mark). Der Teilhaber hatte der Nährmittelfirma ohne das Wissen Lina Oetkers Liquidität entzogen. Die Kommerzienrätin verlor nun endgültig das Vertrauen zu Behringer. Der Vorgang bot die Gelegenheit, die offene Handelsgesellschaft aufzulösen. Beide Seiten verständigten sich darauf, dass Behringer die Trocknungswerke unter neuem Namen weiterführen und bis Jahresende 1921 als geschäftsführender Teilhaber bei Oetker ausscheiden würde. Im Gegenzug hätte ihm bis 1930 als Anerkennung für seine Dienste ein Anteil am Reingewinn von Oetker zugestanden. Am 9. Februar 1921 unterzeichnete Behringer den Aufhebungsvertrag; noch am selben Tag beging er Selbstmord.[40]

Damit war die zwischen Lina Oetker und Behringer geschlossene oHG aufgelöst, die Firma fiel vertragsgemäß mit allen Aktiva und Passiva an die Gründerwitwe zurück. Im März 1921 nahm sie Louis Oetker und Richard Kaselowsky als neue Teilhaber auf und verpflichtete sie auf den «Ausbau des Geschäfts». Außerdem hatten sie ausdrücklich «dafür einzutreten, dass die Firma Dr. A. Oetker in ihrer jetzigen Form den Enkelkindern ihres Begründers erhalten bleibt». Zugleich sicherte sich die «Kommerzienrätin» die letzte Entscheidung in allen Fragen und insbesondere das Recht, im Alleingang weitere Teilhaber aufzunehmen oder die Firma in eine Aktiengesellschaft umwandeln zu können – notfalls auch ohne Zustimmung ihres Schwagers und des Stiefvaters ihrer Enkel. Noch war diese Notlösung also nicht vom Tisch. Lina Oetker behielt sich auch vor, Teilhaber wieder auszuschließen, falls in zwei aufeinanderfolgenden Jahren kein Gewinn erwirtschaftet würde. Nach dem Fiasko mit Behringer sorgte sie also dafür, dass sie das Heft fest in der Hand behielt.[41] Die Trocknungswerke, die durch die abzuschreibenden Darlehen die Oetker-Bilanz schwer belasteten, wurden in der Folge liquidiert.[42] Kaselowsky übernahm im Goldenberg-Aufsichtsrat Behringers Platz.

Die Ablehnung der AG-Pläne war in der Familie inzwischen *communis opinio*, auch wenn man sich diesen Weg nicht vollends verschließen wollte. Insbesondere Kaselowsky legte eine gewisse Dickköpfigkeit an den Tag, obwohl ihm Ende 1920 noch völlig unklar zu sein schien, wie er der Überschuldung Oetkers begegnen sollte. Einerseits konnte Goldenberg die Firma in den Konkurs treiben; andererseits war man auf den Lieferanten weiterhin angewiesen. Auch die örtlichen Banken rieten nun dringend zur Umwandlung. Oscar Neuberg machte nach Behringers Selbstmord Anfang Februar 1921 sofort einen neuen Vorstoß. Neubergs ultimativ vorgetragene Forderungen nach sofortiger Begleichung der Schulden konnten abgewehrt werden, indem Albert Oetker und Richard Kaselowsky sen. Kapital zuschossen und so die Liquidität der Firma sicherstellten. Offenbar wollte Neuberg Oetker weder ruinieren, da Goldenberg damit einen seiner wichtigsten Abnehmer verloren hätte, noch wollte er die Firma aus dem Abhängigkeitsverhältnis entlassen, das die Geldforderungen konstituierten. Stattdessen versuchte er die Bande noch enger zu knüpfen und räumte der Nährmittelfabrik im Lauf des Jahres 1921 sogar weitere Lieferantenkredite ein, reduzierte die Abnahmeverpflichtung für Pyrophosphat und senkte den Preis deutlich; Goldenbergs niederländischer Partner Unicheco gewährte Dr. Oetker einen zusätzlichen Kredit über 10 Mio. Mark. Die plötzliche Großzügigkeit Neubergs beruhte auf einer strategischen Fehleinschätzung ausgerechnet auf dem Gebiet, auf dem er sich den Bielefeldern bisher klar überlegen gezeigt hatte: Er spekulierte – so spätere Informationen Kaselowskys – im Vertrauen auf vermeintliches Insider-Wissen seines Bruders aus den Niederlanden auf eine schnelle Stabilisierung der Mark; die nochmals erhöhten Schulden hätten dann Oetker endgültig in die Arme der Goldenberg-Unicheco-Gruppe getrieben. Der mit der Unicheco im April 1921 geschlossene Kreditvertrag lautete deshalb auf Mark, nicht etwa auf Goldmark oder eine ausländische Währung; der Pyro-Preis war damit erstmals vertraglich festgeschrieben. Gleichzeitig enthielt er Regelungen, die den Kontrollverlust des Hauses Oetker besiegeln sollten: Dr. Oetker bewilligte eine Hypothek auf den Immobilienbesitz der Firma, auch wenn Neuberg vorerst auf deren Eintragung verzichtete. Die Teilhaber verpflichteten sich zudem (auch namens künftiger Teilhaber), 80 % ihrer Privatvermögen als Betriebskapital zur Verfügung zu stellen, um das laufende Geschäft abzusichern.[43] Neuberg drang auch weiterhin auf die Umwandlung in eine AG. Dem verweigerte man sich in Bielefeld, was am Grundproblem – der Überschuldung – freilich nichts änderte.

Neuen Spielraum eröffnete erst das Angebot einer kleinen Chemiefabrik in der Nähe von Mainz, Dr. Oetker mit K-Weinstein zu beliefern. Kaselowsky wollte nach eigenen Angaben das Angebot der Chemischen Fabrik Budenheim AG (CFB) zunächst sogar ausschlagen. Louis Oetker aber war bereit, sich auf diesen Versuch einzulassen, während Kaselowsky sein – wie er selbst schrieb – «cholerisches Temperament» bei den Verhandlungen mit dem dortigen Direktor Heinrich Heidinger wohl erst einmal im Weg stand. Da die CFB die anfangs schlechte Qualität ihres Pyrophosphats steigern konnte und dazu noch ein besseres Angebot machte als Goldenberg, wurde sie zum Trumpf in der Hinterhand der Firma Oetker, der vor allem dem Verhandlungsgeschick Louis Oetkers zu verdanken war. Als Zugabe erfuhr man aus Budenheim außerdem, dass Goldenberg andere Kunden deutlich billiger belieferte als Oetker. In den Augen der Familie Oetker hatte Neuberg damit die – allerdings ungenau formulierte – Klausel zur «vorzugsweisen» Belieferung im Interessengemeinschaftsvertrag von 1916 verletzt.[44]

In der zweiten Jahreshälfte 1922 beschleunigte sich die Inflation in Deutschland. 1923 steigerte sich die Geldentwertung zur Hyperinflation. Der Kurs der Papiermark verfiel so rasch, dass Kalkulationen binnen kürzester Zeit Makulatur wurden. Zuletzt verloren die Tageseinnahmen einer Firma über Nacht ihren Wert. Anfang 1919 betrug der Kurs der Mark zum Dollar 1 zu 1,95. Ein Jahr später kostete ein Dollar 15,43 Mark. Ab Mitte 1922 stiegen die Wechselkurse stark: Im Juli waren für einen Dollar erstmals über 100 Mark zu bezahlen. Ein Jahr später explodierten die Kurse: Zwischen Juli und August verdreizehnfachte sich der Kurs und überstieg erstmals die Million, am Jahresende war ein Dollar eine Billion Mark wert.[45]

In dieser Situation musste Neuberg alles daransetzen, den bei Weitem nicht mehr realistischen, aber vertraglich festgeschriebenen Pyrophosphat-Preis auf eine Goldmark-Basis umzustellen. Nun ließen freilich die Bielefelder Neuberg auflaufen: Die Machtverhältnisse kehrten sich seit Ende 1922 völlig um. Der Bruch zwischen den ehemaligen Partnern trat offen zutage: Die Brüder Neuberg wussten sich nicht mehr anders zu helfen, als die Rückzahlung des (Mark-)Kredits der Unicheco in niederländischen Gulden und die Eintragung der im Mai 1921 bewilligten Sicherungshypothek zu verlangen. Ihren Forderungen und Krediten drohte die völlige Entwertung, doch die Gegenseite war nach den bisherigen Erfahrungen wenig geneigt, ihrerseits Entgegenkommen zu zeigen.[46] Die nachlassende Qualität des amerikanischen Pyrophosphats bot schließlich den Vorwand, ab Anfang 1923 die Abnahme der Rohwaren zu verweigern: Oetker zog den Trumpf CFB und wechselte den Lieferanten. Außerdem brachte man die überteuerte Belieferung zur Sprache und warf Goldenberg/Unicheco vor, Wucherpreise verlangt zu haben. Auch wenn Neuberg von Oetker tatsächlich höhere Preise verlangte als von anderen Kunden: Der Vorwurf, «Wucher» zu treiben, traf damals all diejenigen, die als «Inflationsgewinnler» wahrgenommen wurden. Das weithin fehlende Verständnis für die volkswirtschaftlichen Zusammenhänge begünstigte die Suche nach «Sündenböcken», die häufig eine antisemitische Stoßrichtung bekam. Auch Kaselowsky sah jüdische Spekulanten am Werk: 1927 beschuldigte er Neuberg in einem Ermittlungsverfahren, nicht nur Oetker, sondern «die Allgemeine [sic] des deutschen Volkes» geschädigt zu haben; 1936 freute er sich rückblickend über die erfolgreiche «Befreiung aus Judenhand».[47]

Seit Frühjahr 1922 hatte sich Kaselowsky bemüht, seinerseits in den Besitz weiterer Aktien der Chemischen Fabrik Goldenberg, Geromont & Cie. zu kommen. Von dem Goldenberg-Aktionär und stillen Gesellschafter Max Brings erwarb er ein Anteilspaket, um «den Einfluss meiner Firma so aus[zu]bauen, dass wir unter Umständen auch mal einen Druck auf die Herrschaften ausüben können».[48] Derart positioniert, konnte er am 8. Juni 1923 bei einer Sitzung des Goldenberg'schen Aufsichtsrates schließlich die Entflechtung der beiden Firmen und die Aufhebung aller Altverträge durchsetzen. Die Goldenberg-Seite erhielt zum Ausgleich zwar inflationssichere Wertpapiere aus dem privaten Portfolio Lina Oetkers. Die Forderungen der niederländischen Unicheco in Höhe von 10 Mio. Mark wurden jedoch in Papiermark beglichen.[49]

Damit war der Abstieg der Firma Goldenberg eingeleitet: Neuberg und sein Bruder, die Hauptaktionäre der Unicheco, hatten nach Kaselowskys Informationen die werthaltigen Teile der Chemiefirma zur Unicheco verschoben. Neuberg sah sich deswegen später mit einer Anklage wegen Untreue konfrontiert, vor der er nach Frankreich floh.[50] In den folgenden Jahren verhandelte Kaselowsky im Auftrag der Chemischen Fabrik Budenheim AG, des neuen Partners bei der Pyrophosphat-Belieferung, über den Erwerb der verbliebenen Immobilien, Anlagen und der Goldenberg-Quote am Weinsäure-Syndikat. Die Verhältnisse waren jedoch so verworren, dass er seine Bemühungen einstellte. Die Firma Dr. August Oetker nahm 1926 schließlich davon Abstand, nun ihrerseits die Chemische Fabrik vorm. Goldenberg, Geromont & Cie. zu übernehmen.[51]

Im Sommer und Herbst 1923 belastete die Hyperinflation zwar weiterhin die Liquidität der Firma Oetker, und Arbeitslosigkeit, sinkende Löhne und explodierende Lebenshaltungskosten drückten den Konsum. Ein Back- und Puddingpulverpäckchen war – dem Nennwert nach – bald Millionen wert; zeitweise tauchten Händler mit Waschkörben voller Geld in der Fabrik auf, um ihre Bestellungen zu bezahlen. Die Produktion der alten Kernprodukte wurde zum Verlustgeschäft und minderte die Substanz der Firma. Dass in der Hochphase der Inflation der Handel insgesamt ins Stocken geriet, war deshalb sogar von Vorteil: Ohne Aufträge ablehnen zu müssen, konnte die Produktion zurückgefahren und die Verarbeitung von Rohstoffen beschränkt werden. Andererseits konnten alte Geldforderungen der Lieferanten – wie die Goldenbergs – «prompt erledigt» und mit wertlosem Papiergeld beglichen werden. Wie viele andere Firmen überwinterte Dr. Oetker während der Hyperinflation, indem es die Produktion weitgehend einstellte, Mitarbeiter und Mitarbeiterinnen entließ oder in Kurzarbeit schickte: Das Geschäft schien «allmählich ganz einzuschlafen», so Kaselowsky.[52] Die Ausgabe der Rentenmark im Laufe des November 1923 besserte die Situation nachhaltig. Dr. Oetker, seine Lieferanten und der Einzelhandel konnten ihre Dispositionen wieder zu verlässlichen Bedingungen treffen.[53]

Der Erhalt des Familienunternehmens in der Form einer Personengesellschaft war nicht selbstverständlich. Viele Familienunternehmer entschieden sich in jenen Jahren für die Gründung einer Aktiengesellschaft – nicht so die Familie Oetker. Das Risiko dieses Kurses war hoch, die Gefahr, alles zu verlieren, durchaus realistisch. Richard Kaselowsky und Louis Oetker sahen sich jedoch in der Pflicht, das Erbe August Oetkers zu bewahren. Dabei wäre die Umwandlung in eine Aktiengesellschaft für Kaselowskys eigenes Fortkommen kurzfristig sogar günstig gewesen, da er als einer der Direktoren im Vorstand der künftigen AG vorgesehen war. Kaselowsky lehnte die Umwandlung trotzdem kategorisch ab und wollte notfalls lieber das Unternehmen verlassen und «mit meiner Frau und meinen Kindern dorthin zurückkehren, woher ich gekommen wäre».[54] Bei aller Selbststilisierung, die aus diesen Worten spricht: Anstatt sich als angestellter Manager in die Abhängigkeit eines fremden Hauptaktionärs zu begeben, trat Kaselowsky als Teilhaber in eine offene Handelsgesellschaft ein – und haftete folglich mit seinem gesamten Vermögen.

Bei aller Entschlossenheit hielt sich Lina Oetker dennoch im Gesellschaftsvertrag von 1921 eine Hintertür offen. Das war angesichts der hohen Schulden bei Goldenberg/Unicheco und der Tatsache, dass die Nährmittelfabrik seit geraumer Zeit von der Substanz und vom privaten Kapital der Kommerzienrätin lebte, auch durchaus sinnvoll. Die «unnachgiebige Haltung Karoline Oetkers» und ihrer beiden Mitteilhaber allein war sicherlich nicht ausreichend, um einen Weg aus der Krise zu finden.[55] Den Ausweg wies eine Kombination aus Währungsspekulation und Ausmanövrieren des Gegners – mit entsprechend hohem Risiko. Nicht zuletzt Kaselowskys ökonomischer Pragmatismus und seine Kenntnisse aus dem Banken- und Börsenwesen dürften nun von Vorteil gewesen sein. Auch in der Zukunft sollte er ein gutes Gespür für Chancen und Risiken finanzieller Transaktionen zeigen, wie etwa die Korrespondenz mit seinem Bruder Theo aus den frühen 1920er Jahren zeigt.[56] Das allein genügte jedoch nicht: Es brauchte auch die Erfahrung Louis Oetkers, der lange Jahre die Geschäfte der Firma Reese geführt hatte. Durch sein Verhandlungsgeschick gelang es, eine alternative Rohstoffquelle zu erschließen. Ohne die Chemische Fabrik Budenheim hätte Dr. Oetker die Trennung von Goldenberg nicht wagen können. Das Potenzial dieser Verbindung hatte Kaselowsky zunächst nicht erkannt.

Die Goldenberg-Krise offenbarte die Schwierigkeiten eines noch weitgehend auf dem nationalen Markt tätigen mittelständischen Betriebs, der nach dem Ende des Ersten Weltkriegs mit den Fährnissen des Welthandels und mit Währungsrisiken konfrontiert wurde. In Bielefeld war man sich

Anfang der 1920er Jahre der Probleme, die mit der Zahlung des K-Weinsteins in Dollar einhergingen, nicht bewusst – und umgekehrt hatte man das Potenzial der Inflation, das heißt einer Spekulation gegen die Mark, noch nicht erkannt. Kaselowsky, die Familie und die Firma wuchsen gerade in dieser Hinsicht an den Herausforderungen der Krise. Durch die Hyperinflation lösten sich die Probleme zwar nicht in Wohlgefallen auf: Aber in einer Zeit, in der sogar Briefmarken mit Nennwerten in Millionen- und schließlich Milliardenhöhe gedruckt wurden, verloren Schulden in zweistelliger Millionenhöhe ihren Schrecken.

Goldenberg und die Gebrüder Neuberg sicherten immerhin seit 1912 die Belieferung mit dem wichtigsten Rohstoff der Backpulverproduktion. Die eingespielte Kooperation wurde jedoch nach 1918 auf die Probe gestellt. Immer neue Lieferantenkredite fesselten Dr. Oetker an die Firma Goldenberg. Oscar und Emil Neuberg witterten eine Chance zur Expansion und zur vertikalen Integration, um die eigene Wertschöpfungskette bis zum Konsumenten zu verlängern. Außerdem galt es aus deren Sicht, unbedingt einem Ausfall der wachsenden Oetker-Kredite vorzubeugen: Je mehr Forderungen gegen Oetker sich anhäuften und je schneller die Inflation fortschritt, desto wichtiger war es, Mark-Kredite in eine Firmenbeteiligung umzuwandeln – also in Sachwerte. Betriebswirtschaftlich handelten die Neubergs also durchaus rational, denn letztlich waren auch sie durch die Lieferantenkredite an Oetker gebunden. Wie verhängnisvoll diese gegenseitige Bindung war, zeigte sich 1923 – zu Lasten der Firma Goldenberg. Im Rückblick bemerkte Kaselowsky gegenüber einem seiner Prokuristen etwas umständlich, der damalige Vertrag mit Goldenberg sei zumindest zeitweise «nicht durchaus ungünstig» gewesen. Die langfristigen Wirkungen seien aber nicht absehbar gewesen, weshalb man «niemals recht froh geworden sei».[57]

Kaselowsky selbst beschrieb sich im Rückblick als impulsiven Kaufmann, der um jeden Preis gewillt war, die Unabhängigkeit des Familienunternehmens zu gewährleisten, und damit Erfolg hatte. Noch bevor die vorgesehene Probezeit des «Lehrlings» abgelaufen war, nahm die Kommerzienrätin ihn und Louis Oetker als Teilhaber in die Firma auf. In den krisenhaften Jahren bis 1923 bewährte sich Kaselowsky und avancierte zur festen Größe in der Geschäftsführung. Während sich Louis Oetker dem Vertrieb zuwandte, war er für das Finanzwesen und die Verwaltung zuständig.[58]

Treuhänder

Seit Mitte der 1920er Jahre hatte Richard Kaselowsky also eine zentrale Stellung in der Nährmittelfabrik Dr. August Oetker inne. Dennoch waren ihm von Anfang an Schranken gesetzt, die seine Position klar definierten: Obwohl er seit 1921 an der Firma beteiligt war, blieb Lina Oetker die Mehrheitseignerin; sie behielt sich in strategischen Fragen die letzte Entscheidung vor. Kaselowsky und Louis Oetker waren auf die Sicherung und Erweiterung des Vermögens für die Enkel der «Kommerzienrätin» verpflichtet, für den designierten Firmenerben Rudolf-August Oetker und seine Schwester Ursula. Letzteres entsprach einer inneren Überzeugung Kaselowskys, der sich als Treuhänder der beiden verstand, und dieses Axiom hatte maßgeblichen Einfluss auf seine unternehmerische Strategie.[59] Lina Oetker dankte ihm diese Einstellung und seine Leistung, indem sie Kaselowsky in die Tradition ihres verstorbenen Mannes rückte: «Onkel Luis [sic] und Vater Richard haben sich selbstlos für mich und die Kinder eingesetzt, wie wäre es uns ergangen ohne die beiden. […] Stets hat er sich bewährt als er [sic] der treue Freund meines so früh dahingerafften, lieben Rudolf[,] der ihm seine Familie ans Herz gelegt hat bei seinem letzten Besuch in der Heimat. Daran wollen wir immer denken.»[60]

Die familiäre Konstellation war von Beginn an charakteristisch, auch wenn nach dem Ersten Weltkrieg Stief- oder «Patchwork»-Familien in Deutschland keine Seltenheit waren. Eine Adoption fand nicht statt und war im Bürgerlichen Gesetzbuch auch noch nicht vorgesehen; dessen Regelungen zielten vornehmlich auf die Erwachsenenadoption. Erbrechtlich wäre eine solche Annahme an Kindes statt zwar unproblematisch gewesen: Die Rechte gegenüber dem leiblichen Vater waren nicht betroffen, und den Adoptierenden erwuchsen keine Ansprüche. Die zwingende Übernahme des neuen Familiennamens oder gar ein Doppelname «Kaselowsky-Oetker» kamen aber nicht in Betracht: Ursula und Rudolf-August mussten Oetkers bleiben. Rechtlich notwendig war eine Adoption nicht, die elterliche Gewalt ging mit der Eheschließung ohnehin auf den neuen Ehemann über.[61] Abseits dieser juristischen Feinheiten trat Richard Kaselowsky für die beiden leiblichen Kinder seines gefallenen Jugendfreundes Rudolf Oetker nicht nur rechtlich an die Stelle des

Vaters, sondern es entwickelte sich ein echtes Vertrauensverhältnis.[62] Die beiden Oetker-Kinder nahmen in der neu gegründeten Familie eine Sonderstellung ein, die schon daran erkennbar war, dass die leiblichen Kinder von Richard und Ida selbstverständlich den neuen Familiennamen Kaselowsky trugen: Ilse (geb. 1920), Richard (geb. 1921), Theodor (genannt Theo, geb. 1922) und Ingeborg (geb. 1927). Mit Lina Oetker waren sie nicht einmal verwandt, sie waren die Nachkommen der Witwe ihres Sohnes mit einem anderen Mann. Für die Unternehmensnachfolge spielten sie zu keinem Zeitpunkt eine Rolle. Jahre später erinnerte sich Rudolf-August Oetker daran, welche innerfamiliären Spannungen die besondere Nähe Kaselowskys zu ihm gerade gegenüber seinem Halbbruder Richard hervorrief: «Zu mir verhielt er [Kaselowsky] sich anders, eben weil ich der Erbe war [...]. Er hielt sich eisern daran, daß seine eigenen Kinder keinen Anspruch auf die Firma haben sollten. Richard war sein Sohn, ich war es nicht. Trotzdem wurde ich vorgezogen.»[63]

Die Doppelfamilie Oetker-Kaselowsky fungierte als biographische Brücke für die Erbengeneration. Neben der Bereitschaft aller Beteiligten, im Privaten die besonderen Gegebenheiten zu akzeptieren, war das enge Vertrauensverhältnis zwischen der Haupteignerin Lina Oetker und Kaselowsky die zentrale Voraussetzung für das Gelingen dieses Modells. Von Kaselowsky ließ sie sich ausdrücklich zusichern, dass er sich aus der Geschäftsführung und Teilhaberschaft zurückziehen werde, sobald Rudolf-August Oetker sein 27. Lebensjahr vollendet hätte. Das Datum war allein historisch zu verstehen: Rudolf-August sollte symbolisch an die Stelle seines im Alter von 27 Jahren gefallenen Vaters Rudolf Oetker treten.[64] Bei wichtigen geschäftlichen Entscheidungen musste Kaselowsky die Zustimmung der «Kommerzienrätin» einholen, die keineswegs immer automatisch erfolgte oder nur Formsache war. Sie wollte zentrale strategische Entwicklungen nachvollziehen und musste gegebenenfalls überzeugt werden, etwa bei der Erweiterung von Filialen und Neubauten oder bei größeren Aktienkäufen. Schriftlich wurden die Ergebnisse dieser familiären Beratungen nicht festgehalten, der Fixierung bedurfte es nicht. Nur gelegentlich berief sich Kaselowsky gegenüber Mitarbeitern darauf, dass Lina Oetker seine Position teile.[65] Hinweise auf Uneinigkeiten oder gar Zwistigkeiten von Gewicht gibt es nicht – Lina Oetker trug Kaselowskys Entscheidungen mit, und schon Mitte der 1920er Jahre zeigte sich, dass Kaselowsky

Richard Kaselowsky, ca. 1938

über einen gewissen Spielraum für unabhängige Investitionsentscheidungen verfügte.[66]

Aus dem stabilen Vertrauensverhältnis zur Haupteigentümerin ergab sich für Kaselowsky eine starke und ansonsten autonome Stellung, auf die er durchaus stolz war und die sich von der Führungsposition in einer Aktiengesellschaft vorteilhaft abhob: «Ich frage höchstens meine Schwiegermutter, und wenn Rudolf[-August] einmal Inhaber der Firma wird, darf man annehmen, daß er überhaupt niemand[en] zu fragen braucht.»[67] Die «Kommerzienrätin» andererseits konnte sich aus dem operativen Geschäft heraushalten, das Richard Kaselowsky und Louis Oetker weitgehend souverän betrieben. Als Integrationsfigur und Symbol familiärer Kontinuität seit den Gründertagen war sie im Unternehmen gleichwohl immer präsent. Nach dem Tod Louis Oetkers am 23. September 1933 führte Kaselowsky die Firmengruppe weitgehend allein.

Dr. August Oetker unter Richard Kaselowsky

Der Modernisierungsprozess, der im Kernbereich der Firma Dr. August Oetker – der Nährmittelfabrikation – nach dem Ersten Weltkrieg begonnen hatte, setzte sich unter Richard Kaselowskys Führung während der 1920er und 1930er Jahre fort. Im Betrieb wurden Arbeitsabläufe rationalisiert, das Personal weiter qualifiziert und die Fabrikationsstätten ausgebaut. Aber auch die innere Organisation der Unternehmensführung änderte sich. Das Wachstum der Firma und deren vielfältige Geschäftsinteressen machten einen Ausbau der Verwaltung und die Ausdifferenzierung der Leitungsfunktionen notwendig. In den 1930er Jahren installierte Kaselowsky an zentralen Schnittstellen enge Vertraute, nicht zuletzt um sich selbst zu entlasten. Die Auswahl des Verwaltungs- und Führungspersonals war stark regional geprägt: Es stammte fast ausschließlich aus Bielefeld und Ostwestfalen. Nach 1933 setzte sich der Nationalsozialismus auch in der Prokuristen-Riege als herrschende Parteiorientierung durch. Über die politischen Netzwerke hinaus waren die Formen bürgerlicher Vergesellschaftung in der Region und die persönlichen, halb geschäftlichen, halb privaten Netzwerke Kaselowskys von großer Bedeutung.

Rationalisierung und Modernisierung

Schon 1920 hatte Richard Kaselowsky in seinen ersten Monaten bei Oetker begonnen, einzelne Schritte des Betriebsablaufs rationaler zu gestalten, solange Direktor Behringer ihn von den kaufmännischen Angelegenheiten fernhielt. Die Umorganisation der Herstellung mit einem Produktionsweg vom obersten Stockwerk nach unten, um die Schwerkraft auszunutzen (seit 1927), die fortgesetzte Maschinisierung in Herstellung und Verpackung, die Installation moderner Transportsysteme (Förderbänder und Tragekörbe) und der Ausbau des betrieblichen Vorschlagswesens machten Dr. Oetker seit 1920 zu einem Vorreiter der Rationalisierung in Bielefeld. In der Folge beschleunigte sich der Warenumlauf bei reduzierter Lagerhaltung. Einige einfache Arbeitsplätze (von Frauen) gingen verloren, wenige, aber qualifiziertere Stellen (für Männer) wurden neu geschaffen.[68]

Auf die absolute Zahl an beschäftigten Arbeitskräften hatte dies kaum Auswirkungen, Rationalisierungseffekte wurden durch das Wachstum mehr als ausgeglichen. Auch in den Kalkulationen bildeten sich die Folgen einzelner Rationalisierungsmaßnahmen nicht unmittelbar ab. Die Maschinisierung in der Verpackungsabteilung brachte beispielsweise Qualitätsvorteile und eine Arbeitserleichterung für die Arbeiterinnen, große Ersparnisse waren damit nicht unbedingt verbunden. Dies zeigt eine Rentabilitätsrechnung für eine Puddingpulverbeutel-Einschlagmaschine aus dem Jahr 1934 eindrücklich: Die Maschine wurde von vier Arbeiterinnen bedient und befüllte im Monat 1 584 000 Beutel. Fünf Arbeiterinnen hätten eine vergleichbare Menge in fast derselben Zeit geschafft, da die Monatsleistung eines einzelnen «Mädchens» mit jeweils 281 000 Beuteln (per Hand!) veranschlagt wurde. Die Verpackungskosten einschließlich aller Nebenkosten waren mit der Maschine sogar geringfügig höher (0,0426 Pfg. statt 0,04 Pfg. je Beutel).[69] Im Verlauf der 1930er Jahre machten sich Rationalisierung und Maschinisierung dennoch bezahlt. Die Lohnkosten sanken im Verhältnis zur Gesamtproduktion von 2793 RM je 1 Mio. Päckchen im Jahr 1930 auf 2176 RM im Jahr 1939 – in Hamburg-Altona war die Relation sogar noch günstiger (1939: 1987 RM).[70] Neben der Maschinisierung war dies sicherlich auch der gestiegenen Produktionsmenge und dem hohen Auslastungsgrad von Maschinen und Personal geschuldet. Von der Effizienzsteigerung profitierte die Firma vor allem in den Boomjahren 1936 bis 1941: Die Verdoppelung des Umsatzes spiegelte sich nur teilweise in den Mitarbeiterzahlen wider; deren Zunahme blieb hinter der Produktionssteigerung zurück.

Alle Produktlinien waren wenig lohnintensiv. Der Anteil der Löhne an den Gestehungskosten lag beispielsweise 1940 in der Filiale Danzig nur bei wenigen Prozent: bei den vor Ort hergestellten Umsatzbringern Puddingpulver (verschiedene Sorten) und Backin bei 1,2 % und bei Vanillinzucker bei 2,3 %. Nur einige Nebenprodukte erreichten Lohnanteile zwischen 2 und 9 %, da hier mehr Handarbeit bei Mischung und Verpackung anfiel. Die Verpackungskosten machten in der Regel ein Vielfaches der Löhne aus. Zumindest nach diesen für die Behörden bestimmten Kalkulationen fuhren die Nebenprodukte (Kaltschalenpulver, Backaromen) leichte Verluste ein, auf sie konnte aber nicht verzichtet werden, solange man das Sortiment komplett halten wollte. Bei Pud-

Tabelle: Mitarbeiter der Firma Dr. August Oetker, 1932–1944[71]

	1932	1933	1934	1935	1936	1937	1938	1939	1940	1941	1942	1943	1944
Dr. Oetker, Bielefeld		895						1146		1315	1094 1187	1227	972 1100
Papierverarbeitung						90	93	94	90				
Ver. Oetker-Werkstätten							50	52	52				
Hamburg-Altona										351	321	279	175
Bielefeld mit Altona						1433	1545	1656	1758	1462	1341	1373	1164
Danzig	83	94	100	117	121	127	170	195	241	290	278	341	

dingpulver war – möglicherweise wegen der starken Abhängigkeit von den Stärkekontingenten und der Preiskontrolle – kaum Spielraum für Verdienste. Bei diesem Massenprodukt erwirtschaftete Oetker unter dem Strich eine schwarze Null, zumindest wenn man Großhandelspreise ansetzte. Dagegen war die Verdienstspanne bei Vanillesoßenpulver, Gelierhilfe und Vanillinzucker mit etwa 1 RM je 100 Beutel, beim Umsatzbringer Backin mit sogar 2,55 RM deutlich besser.[72]

Neben den Maßnahmen der betrieblichen Sozialpolitik, die ebenfalls der Effizienzsteigerung dienten,[73] war die verstärkte Qualifizierung der Belegschaft ein wichtiger Teil des betrieblichen Modernisierungsprozesses, der wegen der Technisierung der Arbeitswelt und Ausdifferenzierung der Tätigkeiten unabdingbar geworden war. Einen ersten Versuch, 1936 die Lehrlingsausbildung entlang den Richtlinien des Deutschen Instituts für technische Arbeitsschulung (DINTA) zu formalisieren, gab das Unternehmen jedoch wieder auf. Die männlichen Lehrlinge sollten einen umfassenden Einblick in die Produktion erhalten, während die meist zu Hilfs- und Fließbandarbeiten eingesetzten weiblichen Lehrlinge primär in häusliche Arbeiten eingeführt wurden, um sie für das Eheleben nach der Berufstätigkeit vorzubereiten. «Weltanschauliche Schulung, körperliche Ertüchtigung» und die Vermittlungen allgemeiner Tugenden (Arbeitsamkeit, Ordnung, Sauberkeit usw.) rahmten das auf ein Vierteljahr kalkulierte Programm ein. Das aufwendige und teure Ausbildungsprogramm wurde im Folgejahr nicht mehr wiederholt.

Die zu Ostern eingestellten Schulabgänger wurden aber weiterhin in eigenen «Jugendstunden» besonders betreut; das Hauptaugenmerk lag dabei auf praktischen Fähigkeiten, einschließlich Rechtschreibung und Rechnen. Zumindest punktuell wurden auch ältere Arbeitnehmer fortgebildet.[74] Erst nach Kriegsbeginn wurde die Ausbildung des «Puddingwerkers» – wohlgemerkt nicht der zahlreichen Hilfsarbeiterinnen – wieder ausgebaut, vermutlich als Reaktion auf die kriegsbedingt wachsende Konkurrenz um qualifizierte Arbeitskräfte. So ließ sich zudem der Bedarf an Personal dokumentieren, das es vor der Einziehung zur Wehrmacht oder vor anderen Dienstverpflichtungen zu schützen galt. Die Ausbildung zielte nun neben handwerklichen Fertigkeiten stärker als zuvor auf das technische Verständnis der Produktionsabläufe. 1941 wurde eine zweimonatige Schulung konzipiert, die zweimal im Jahr neue Mitarbeiter in die verschiedenen Abteilungen einarbeiten sollte.[75]

Durch bauliche Veränderungen wurde der Betrieb nicht nur vergrößert, sondern auch die Effizienz erhöht. Zudem sollten die gestiegenen hygienischen und sozialpolitischen Standards umgesetzt und der Bielefelder Hauptsitz repräsentativer gestaltet werden. Kaselowsky ließ von dem Bielefelder Architekten Paul Griesser zwischen dem massiven Puddingpulverbau (der heutigen Dr.-Oetker-Welt) und der Bahnlinie nach Dortmund einen Fabrikneubau errichten. Das Gebäude mit seinem markanten «Fahnenturm», großen Fenstern und einem Lichthof schloss stilistisch und in seiner Funktionalität an die Neue Sachlichkeit an. Neben einem neuen Gefolgschaftssaal und Sanitärräumen befanden sich dort die Lehr-, Betriebs- und Versuchsküchen, das neue Labor, Büros und die Essenzenabteilung (Backaromen). Tägliche Betriebsbesichtigungen und Führungen für Hausfrauen waren von Beginn an eingeplant. Der Bau wurde 1937 mit großen Feierlichkeiten und in Anwesenheit des Gauleiters Alfred Meyer eingeweiht. Von Griesser stammte auch das neue Verwaltungsgebäude der Reese-Gesellschaft in Hameln. Beide Bauten wurden in zeitgenössischen Fachzeitschriften als vorbildliche Industriearchitektur präsentiert.[76]

Der 1937 eingeweihte Oetker-Neubau mit dem markanten Turm

Organisation

Die zunehmende Komplexität des Geschäfts und die Expansion der Firma in der Zwischenkriegszeit machten eine Ausdifferenzierung und Professionalisierung der Unternehmensverwaltung notwendig. Insbesondere gewannen die Fabrikationsbetriebe außerhalb Bielefelds immer mehr an Bedeutung: Im Wirtschaftsjahr 1941/42 stammte zwar noch die Hälfte der Produktionsmenge aus dem Stammwerk, vor allem Hamburg und Danzig hatten sich jedoch zu wichtigen Stützen des Geschäfts entwickelt.

Das «planmäßige Zusammenordnen von Menschen und [technischen] Einrichtungen», wie eine zeitgenössische betriebswirtschaftliche Studie die Aufgabe des Wirtschaftsführers definierte, war Voraussetzung dafür, dass Dr. Oetker weiter wachsen konnte und zugleich als Unternehmen steuerbar blieb.[78] Die ordnende Hand Kaselowskys zeigte sich beispielsweise in einer knappen Geschäftsordnung aus dem Jahr 1936. Zugleich dokumentierte diese seinen Anspruch, die Entscheidungsgewalt auch in Detailfragen zu wahren, selbst wenn das in der Praxis

Tabelle: Versandmengen von Fertigwaren im Wirtschaftsjahr 1941/42 (in Tonnen)[77]

Bielefeld	19 786	50,0 %
Hamburg	10 560	26,7 %
Danzig	4 305	10,9 %
Baden	2 634	6,7 %
Straßburg	1 400	3,5 %
Brünn	684	1,7 %
Marburg	182	0,5 %
Gesamt	39 551	

nicht zu erreichen war. Die Abteilungsleiter waren für ihre Bereiche persönlich und vollumfänglich verantwortlich, was sich nicht zuletzt in der persönlichen Zeichnung interner Rundschreiben ausdrückte. Die Genehmigungsgrenze für Anschaffungen setzte Kaselowsky mit 1000 RM eher niedrig an. Dem Prinzip nach behielt er sich die Personalhoheit in der Bielefelder Nährmittelfabrik (ohne die Nebenbetriebe) selbst vor – bis hinunter zur Hilfsarbeiterin. In der Praxis führte die häufige Abwesenheit Kaselowskys wohl dazu, dass er über die meisten Veränderungen beim Personal (Verehelichung, längere Krankheiten etc.) erst nachträglich informiert wurde. Über die Vorgänge im Bielefelder Hauptbetrieb wollte er immer umfassend informiert sein. Die zwingende Schriftform bei Aufträgen und Bestellungen, das Verbot geschäftlicher Erörterungen in privater Korrespondenz und ein Umlaufverfahren bei abteilungsübergreifenden Angelegenheiten trugen der zunehmenden Größe des Unternehmens Rechnung. Da solche Verfahrensweisen ausdrücklich betont werden mussten, liegt der Schluss nahe, dass sie in der Praxis noch nicht selbstverständlich waren.[79]

Die Zuständigkeiten in der wachsenden Führungsmannschaft wurden bereits 1933/34 neu und klarer als bisher abgegrenzt. Der Tod Louis Oetkers am 23. September 1933 und die Pensionierung des alten Betriebsleiters Willy Merker, der Kaselowsky 1919 angelernt hatte, machten eine umfangreiche Neuorganisation notwendig. Zudem trat 1934 Karl Oetker in die Betriebsleitung ein, der in Abwesenheit Kaselowskys als dessen persönlicher Stellvertreter fungierte.[80] Der Neffe des Firmengründers stammte gebürtig aus Altona, begann 1932 als Generalvertreter im Vertrieb und erhielt nur zwei Jahre später Einzelprokura, seit 1941 führte er den Titel eines Direktors. In Bielefeld war er für zehn Jahre der einzige Träger des Namens in dem Familienbetrieb, sieht man von kürzeren Praktika Rudolf-August Oetkers ab. Diese allein schon wegen des Namens herausgehobene Stellung zeigte sich am 1. Mai 1933. Die NS-Führung bemächtigte sich des «Tags der Arbeit», des traditionellen Kampftags der Gewerkschaften, und deutete ihn zum «Tag der *nationalen* Arbeit» um, ehe sie die Gewerkschaftsbewegung zerschlug. Seit dem Jahr der Machtübernahme organisierte das Regime am 1. Mai große Aufmärsche. In Bielefeld führte 1933 Karl Oetker neben Richard Kaselowsky die Delegation der Firma an, obwohl er damals «nur» Generalvertreter in Berlin war.[81]

Im Stammwerk waren eine Reihe von Abteilungen angesiedelt, die Aufgaben nicht nur für den dortigen Produktionsbetrieb, sondern für das Gesamtunternehmen Dr. August Oetker übernahmen. Dazu gehörten die Abteilungen Vertrieb und Verkauf (Carl Schoregge), Werbung (Paul Sackewitz), Labor (Dr. Rudolf Flebbe) und die Auslandsabteilung (Karl Liedl). Diese zählten zu Karl Oetkers Arbeitsgebiet. Daneben gab es Ressorts, die Funktionen nicht nur für die Nährmittelfirma, sondern für die Oetker-Gruppe als Ganzes einschließlich der Beteiligungen übernahmen. Der Finanzfachmann Hermann Kandler leitete die Personalabteilung, die Vermögensverwaltung und das Sekretariat sowie das gesamte Rechnungs-, Bilanz- und Steuerwesen unmittelbar und beaufsichtigte die Fachabteilung Geldverkehr, Banken und Devisen (Hermann Holle) und die Revisionsabteilung (Karl Lindenstromberg).[82]

Neben diesen zentralen Funktionsabteilungen stand der Produktionsbetrieb des Stammwerks, der ebenfalls der Oberaufsicht Karl Oetkers unterstand. Die eigentliche Leitung lag in den Händen von Karl Höcker und Johannes Weiler. Höcker hatte seit 1911 in verschiedenen Abteilungen (Reklame, Verpackung, Lohnbuchhaltung, Auslandsgeschäft) hinreichend Erfahrung gesammelt und kümmerte sich um die kaufmännischen Belange, während Johannes Weiler den technischen Produktionsprozess organisierte. Dieses Tandem erwies sich als Glücksgriff und wurde bis Ende der 1940er Jahre beibehalten. Die Nebenbetriebe Gleisanschluss, Papierverarbeitung und Oetker-Werkstätten wirtschafteten rechtlich eigenständig. Die Soziale Betriebsarbeit wurde zudem zu einer eigenständigen, wenn auch kleinen Abteilung aufgewertet, die Kaselowsky direkt unterstellt war. Ähnlich ausdifferenziert war die Struktur des Betriebs in Hamburg und wohl auch in den größeren Fabrikationsbetrieben Baden und Danzig; sie schlug sich bis in den Krieg hinein in zunehmend feingliedrigeren Organisationsplänen nieder.[83]

Die Niederlassungen Kopenhagen und Oslo wurden einer eigenen Skandinavien-Abteilung (Karl Liedl) unterstellt.[84] Ein Privatsekretariat wurde vom allgemeinen Sekretariat (Wilhelm Borgstedt) abgetrennt; Kaselowskys Bürochefin war seit 1936 Ilse Plücker. Bei ihr liefen alle Informationen zusammen, wie die umfangreichen Korrespondenzakten der Chef-Registratur im Oetker-Firmenarchiv zeigen.[85]

Ein «Büro Berlin» unter Hans Crampe kümmerte sich ab 1938 um die Rohstoffbeschaffung, bei der Kontaktpflege zu Partei, staatlicher Verwaltung und Wehrmacht wuchs ihm in den Jahren der NS-Kriegswirtschaft eine fundamentale Rolle zu. Außerdem betreute Crampe die Auslandsniederlassungen im besetzten Westeuropa, wohin er als Wehrmachtsoffizier vergleichsweise problemlos reisen konnte. Crampe war nicht nur der Herkunft nach eine Ausnahme in der Oetker-Führung. Er residierte in Berlin und korrespondierte in allen taktischen und strategischen Fragen direkt mit Kaselowsky. Da seine Lobbytätigkeit eine Querschnittsaufgabe war, agierte er im Vergleich zu den klassisch zugeschnittenen Ressorts seiner Kollegen abteilungsübergreifend: Kontingentierung (Beschaffung und Vertrieb), Preisfestsetzung (Kalkulation, Rechnungswesen und Steuern), Auslandsniederlassungen, Belieferung der Truppe, Gemeinschaftsunternehmen mit Wehrmacht und SS und sogar die Betreuung von Produktneuheiten und Innovationsprozessen (Versuchsküche und Labor). Die Distanz zwischen den Bielefelder Prokuristen und Crampe beruhte wohl auf Gegenseitigkeit: Crampe sah sich im Rückblick als «Ausländer» unter den altgedienten westfälischen «Herren». Er konnte sich jedoch als Berliner Statthalter zu Kaselowskys Stellvertretern zählen, sein Gehaltsniveau entsprach jedenfalls dem Karl Oetkers und Hermann Kandlers.[86] Nach dem Tod Kaselowskys zerbrach die Basis seiner herausgehobenen Stellung fast unweigerlich.

Eine weitere wichtige Neuerung war die Errichtung einer «Zentralstelle für die Zweigfabriken», die als Koordinierungsstelle Kaselowsky seit Anfang 1941 entlastete. Der Krieg führte zu einem erhöhten Abstimmungsbedarf des Stammhauses mit den Filialen sowie der Filialen untereinander.

Direkter Ansprechpartner der Filialleiter für Fragen des Alltagsgeschäfts sollte nur noch die «Verbindungsstelle» sein; wichtige strategische Fragen bearbeitete Kaselowsky nach wie vor selbst, entsprechende Schreiben wurden auch weiterhin direkt an ihn gerichtet. Eine zweite Ausnahme waren Fragen der Rohstoffbeschaffung, die direkt über Crampes Schreibtisch in Berlin liefen. Telefongespräche der Fachabteilungen mit den Filialen waren zu dokumentieren und als Aktennotiz der Verbindungsstelle mitzuteilen. Kaselowsky ging es darum, einen Erfahrungstransfer zwischen den Niederlassungen einzuleiten, nicht nur in technischen und kaufmännischen Angelegenheiten, sondern auch auf dem Gebiet der «Menschenführung», die er «einheitlich auszurichten» gedachte.[87]

Kaselowsky schwebte vor, ein ihm «direkt unterstelltes Art von Ministerium des Äußeren zu bilden, von dem alle Fragen bearbeitet werden, die sämtliche Oetker-Betriebe betreffen, die sich nicht in Bielefeld befinden». Die Produktionsstandorte des inzwischen verzweigten Konzerns sollten in ihrer Eigenständigkeit ernst genommen und nicht als bloße Anhängsel und Weisungsempfänger behandelt werden, was er seinen altgedienten Prokuristen nicht in jedem Fall zutraute: Für die Herren am Stammsitz werde «die Arbeit, die sie hier in Bielefeld im Betriebe zu leisten haben, [...] immer am wichtigsten sein. Infolgedessen bleibt wenig Zeit, sich mit den Sorgen der übrigen Unternehmen eingehend und ruhig zu beschäftigen.»[88] Dem 1909 geborenen Theodor Delius, der 1928 bei Oetker eingetreten war, traute Kaselowsky diese Aufgabe zu. Delius hatte sich als Vorstand der 1933 gegründeten Dott. A. Oetker SAI in Mailand mit dem Aufbau des italienischen Geschäfts erste Sporen verdient. Seit 1. Januar 1940 besaß er Prokura. In seiner neuen Funktion besetzte er einen zentralen Kommunikations- und Informationsknotenpunkt und wurde zu einem der wichtigsten Mitarbeiter Kaselowskys in Bielefeld, was sich auch in einem weiteren Aufstieg in der Unternehmenshierarchie niederschlug: Seit dem 1. Mai 1944 war er alleinzeichnungsberechtigt. Rudolf-August Oetker erinnerte sich später, Delius sei zuletzt der «erste Mitarbeiter» seines Vaters und «unter unseren Prokuristen primus inter pares» gewesen.[89]

Die Bielefelder Fabrik war in einem Organigramm von 1943 nur noch eine Hauptabteilung neben anderen. Alle Strukturen liefen in der graphischen Darstellung zentral auf den Betriebsführer Richard Kaselowsky und den vorerst noch wenig im Geschäft präsenten Rudolf-August Oetker

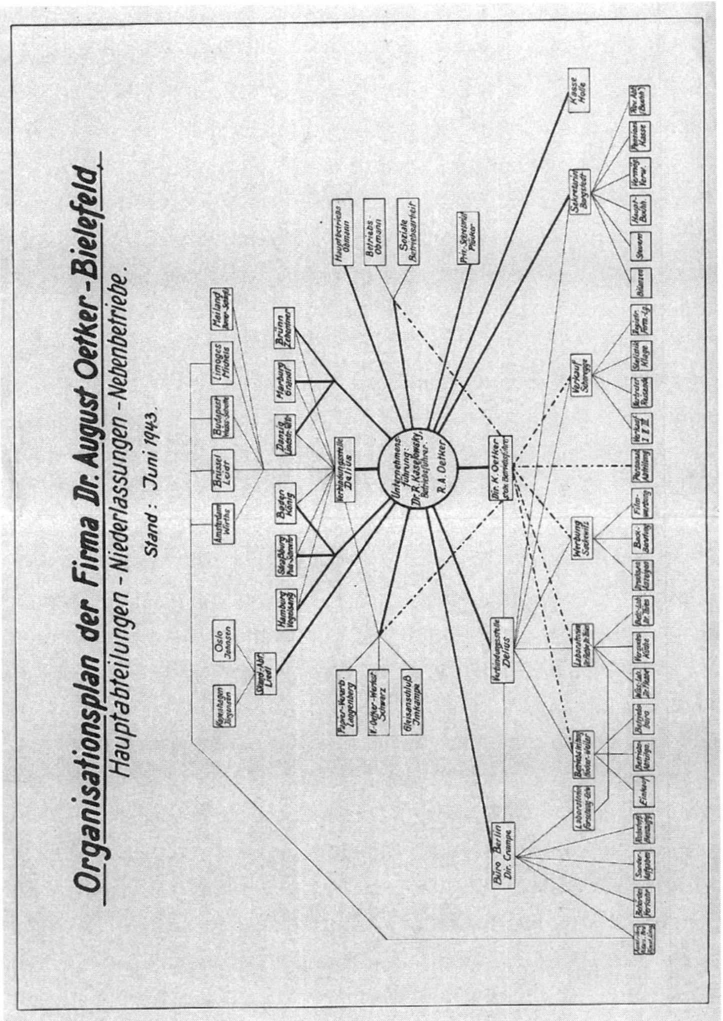

Kaselowsky im Zentrum: Organisationsplan der Firma Dr. August Oetker, Juni 1943

zu. Eine kollegiale Geschäftsführung gab es bei Oetker nicht – Kaselowsky regierte autokratisch.[90]

Besser als die älteren Organigramme, die meist den Bielefelder Mikrokosmos getrennt von Inlands- und Auslandsfilialen sowie Beteiligungen darstellten, illustriert das Organigramm von 1943, wie die gewachsenen historischen Strukturen in den 1930er Jahren und im Krieg um neue

Ebenen ergänzt wurden. Zwar waren alle Kommunikations- und Entscheidungsstrukturen in diesem Netzwerk auf Kaselowsky zugeschnitten. Doch wurden diese von Nebenzentren und Querverbindungen überlagert. Die Zuständigkeiten der verschiedenen Stellvertreter Kaselowskys überschnitten sich teilweise: Karl Oetker als Betriebsführer im Gründungswerk Bielefeld, dem das Duo Höcker/Weiler zuarbeitete; Hans Crampe, dessen Spielfeld in der Reichshauptstadt und in Westeuropa lag – ohne dessen Arbeit jedoch keine Rohstoffe mehr nach Bielefeld und in die anderen Werke geliefert wurden; Hermann Kandler für den buchhalterischen Zugriff auf alle Teile der Oetker-Gruppe; schließlich Theodor Delius, der den Überblick über alles Geschehen außerhalb Bielefelds behalten sollte.[91]

Personalpolitik

An den «leitenden Stellen unseres Unternehmens» wollte Kaselowsky Vertraute haben, «die wir kennen, und auf deren Angaben und Ratschläge wir uns hundertprozentig verlassen können». Dazu gehörten insbesondere Menschen, die über verwandtschaftliche Bande zu den Familien Oetker und Kaselowsky verfügten: Neben Karl Oetker waren das die Schwiegersöhne Louis Oetkers, Konstantin Brückner und Georg Wellershaus, die beide Anfang der 1930er Jahre Leitungsfunktionen bei Tochterfirmen innehatten: Brückner war seit 1929 im Vorstand der Druckerei E. Gundlach AG und Wellershaus seit 1933 Geschäftsführer bei der Reese KG.[92] Bei der Auswahl der leitenden Herren war es Kaselowsky in den 1930er Jahren wichtig, seinem Sohn in der Personalpolitik nicht langfristig die Hände zu binden. Am liebsten hätte er eine Altersgrenze für Prokuristen bei 60 Jahren gezogen, um zu vermeiden, dass sein Sohn «überalterte Verwaltungsmitglieder», die er «durch jüngere Herren» ersetzt sehen wollte, selbst würde entlassen müssen. Es werde «ihm sehr viel angenehmer sein, einen alten verdienten Herren zu bitten, doch noch weiter in der Verwaltung zu bleiben, wenn ihm dies erwünscht erscheint».[93]

Ursprünglich hatte Kaselowsky die Idee verfolgt, begabten jungen Kaufleuten aus Bielefeld die Chance zu bieten, sich in Auslandsniederlassungen und bei befreundeten Firmen zu bewähren, um so einen kleinen Pool tüchtiger junger Kaufmänner für die Spitzenpositionen der Firmenverwaltung zu gewinnen.[94] Im Bielefelder Werk jedoch waren die meisten Positionen seit 1920 besetzt, ohne dass es noch zu größeren Änderungen kam, die hohe Kontinuität in der dortigen Führungsetage blockierte Aufstiegschancen jüngerer Kaufmänner weitgehend. Der Weg über die auswärtigen Niederlassungen bot im Einzelfall eine Alternative, sowohl bei Theodor Delius, der das Italiengeschäft aufbaute, als auch bei Karl Lindenstromberg. Letzterer hatte sich als Revisor in den Jahren der Weltwirtschaftskrise das Vertrauen des Chefs erarbeitet, da er Kaselowsky einen unabhängigen Blick auf die von ihm geprüften Firmen erlaubte. Lindenstromberg qualifizierte sich so für die Aufgabe als Geschäftsführer in Danzig ab 1934.[95] Auf der anderen Seite war ein Mitarbeiter wie Albert Vogelsang eher eine Ausnahme: Er hatte das Backpulvergeschäft von der Pike auf gelernt und zeitweise in Bielefeld noch selbst an der Mischmaschine gestanden. In Hamburg stieg er zum Betriebsführer auf.[96] Die Mehrzahl der Prokuristen hatte dagegen nicht bei Oetker gelernt.

Ein Überblick über Herkunft, Ausbildung und Status des Führungspersonals der Oetker-Gruppe ist nur für Bielefeld möglich. Von den 22 Mitarbeitern der Geschäftsführung, die zwischen 1933 und 1945 über Einzel- oder Gesamtprokura verfügten, waren 15 vor der Jahrhundertwende geboren, einige vor 1890. Die Mehrzahl war in den 1920er Jahren in die Firma Oetker eingetreten, Einzelne noch zu Lebzeiten des Firmengründers (s. Anhang IV). Diese Altersstruktur war bedingt durch die starke Expansion seit der Jahrhundertwende und den damit einhergehenden Ausbau der Firmenhierarchie. Die meisten Prokuristen und späteren Geschäftsführer der Niederlassungen stammten – soweit aktenkundig – aus Bielefeld und Westfalen, in seltenen Fällen aus den Nachbarprovinzen. Alle waren Kaufmänner, nur ein Jurist und ein Chemiker hatten eine akademische Ausbildung. Berücksichtigt man das vertraglich festgelegte Rückzugsdatum Kaselowskys im Jahr 1946 und eine Übergangsfrist von wenigen Jahren, so war damit zu rechnen, dass sieben Prokuristen bis spätestens 1950 altersbedingt ausscheiden würden; bei sechs weiteren im Alter von dann 50 bis 60 Jahren war für den Erben ein Rückzug zumindest absehbar. Auch der seit Mitte der 1930er Jahre in der Vermögensverwaltung eingesetzte Konstantin Brückner (geb. 1884) und der altgediente Reese-Geschäftsführer Julius Ellerbrock (geb. 1881) würden sich wohl bald nach der geplanten Stabübergabe an Rudolf-August Oetker aus dem Geschäft zurückziehen.[97]

Insgesamt waren Anciennität und regionale Verwurzelung zentrale Faktoren in der Personalpolitik des Bielefelder Familienunternehmens. Die Fluktuation war unter Richard Kaselowskys Ägide gering.[98] Das war ganz im Sinne Kaselowskys, der ein hohes Maß an Loyalität von seinen leitenden Mitarbeitern verlangte. Die Bindung der «Herren» an das Unternehmen fand symbolischen Ausdruck in der Koppelung von Prokura-Verleihungen an familiäre oder firmeninterne Feierlichkeiten, etwa zum 50-jährigen Jubiläum 1941. Auch gab es eine interne Hierarchie, wer nach außen vorrangig als Zeichnungsberechtigter auftreten durfte und wer sich zurückhalten sollte. Die Zahl derjenigen, die mit «Dr. Oetker» zeichnen durften, sollte möglichst gering bleiben.[99] Die eingeforderte Loyalität sollte ungeteilt sein, und so verlangte Kaselowsky, dass leitende Angestellte etwaige eigene wirtschaftliche Ambitionen beschränkten. Das Gehalt, so Kaselowskys Maxime, sei großzügig genug bemessen. Wenn einer der Herren Kapital erübrigen könne und investieren wolle, dann solle er es auf einem Konto in der Firma gutschreiben lassen, um über die Verzinsung am Oetker'schen Geschäftserfolg beteiligt zu werden. «Wir möchten nicht, dass sie sich an anderen Unternehmungen beteiligen oder vielleicht an der Börse spekulieren, sich eventl. Sorge um die Wiedererlangung ihres Geldes machen müssen und dann davon abgelenkt werden, ihre ganze Arbeitskraft in den Dienst unseres Unternehmens zu stellen.»[100]

In den 1930er Jahren wurden in Bielefeld kaum noch neue Prokuristen aufgenommen. Die wenigen *homines novi* waren auf Grund ihrer jeweiligen Fachkompetenzen wichtig für die moderne, zunehmend komplexe Unternehmensführung. Diese Kompetenzen konnten aus dem Geschäftsbetrieb heraus nicht generiert, mussten also «importiert» werden. Ein Jurist wie Walter Kraak (1934 eingetreten, aus Bielefeld) war in der verrechtlichten Wirtschaftssteuerung der Nationalsozialisten unabdingbar, ebenso wie Hans Crampe (seit 1938, ein gebürtiger Thüringer) als gut vernetzter Lobbyist in Berlin, bei Behörden, Wehrmacht und SS.[101] Ähnlich lag die Sache bei Dr. Martin Alex, den Kaselowsky für die Reese-Gesellschaft angeworben hatte. Der Fachmann mit Organisations- und Behördenerfahrung war Mitarbeiter des Reichskuratoriums für Wirtschaftlichkeit gewesen und war Kaselowsky bei einer Betriebsprüfung bei Oetker aufgefallen. Er war nicht nur ein Rationalisierungsexperte, der im Laufe des Krieges eine neue Kostenrechnung für die Oetker-

Gruppe einführte. Ab 1942 vertrat er diese in den immer drängender werdenden Fragen der Preiskontrolle und Gewinnabschöpfung und unterstützte Crampe in Berlin.[102] Alfred Wittrich schließlich wurde 1934 als zweiter Geschäftsführer für Danzig engagiert, da er als vormaliger Mitarbeiter der dortigen Filiale der Deutschen Bank die schwierigen politischen und wirtschaftlichen Verhältnisse in der Freien Stadt gut kannte.[103]

Die geringe Fluktuation in der Oetker-Führung bedeutete aber nicht, dass Kaselowsky nicht bei Gelegenheit durchgriff, notfalls auch gegen langjährige Mitarbeiter. Besonders aufschlussreich waren drei Affären, die sich alle um ein Brüderpaar rankten, das seit Anfang der 1920er Jahre für Oetker in Danzig und Straßburg arbeitete. Walter und Reinhold Schell waren Geschäftsführer in Danzig – mit ihrem Schwager Paul Lindner als weiterem Prokuristen. Zumindest Walter Schell war offenbar mit Louis Oetker besser bekannt.[104] Die Familienbande in der Danziger Führung erwiesen sich als problematisch. Als Reinhold Schell Ende 1929 zu Ancel nach Straßburg geschickt wurde, zeigte sich, wie sehr die Brüder Danzig als ihren ganz persönlichen Einflussbereich verstanden. Wiederholt versuchten sie, von Kaselowsky freie Hand für die Berufung von Danziger Kandidaten auf den zweiten frei werdenden Geschäftsführerposten zu bekommen, während Kaselowsky die Entsendung eines Mitarbeiters aus Bielefeld bevorzugte und dabei wohl an Lindenstromberg dachte.[105] Im Folgejahr kam es zum Konflikt, weil Walter Schell die Gründung einer Hefefabrik in Danzig vorantrieb und nicht nur selbst Kapital investieren, sondern auch eine offene Beteiligung der Firma Oetker erreichen wollte. Das stieß bei Kaselowsky und erst recht bei Lina Oetker wegen des Schutzes der Marke auf vehemente Ablehnung.[106]

Oberflächlich nahm das Verhältnis zwischen Danzig und Bielefeld zunächst keinen Schaden. Kaselowskys hegte jedoch zunehmend Zweifel an der Personalie Walter Schell, der «wegen seiner durchaus unvornehmen Denkungsweise» zur Belastung des Markennamens werden könne.[107] 1934 kam es zum Eklat, als Schell für einige Stunden in Schutzhaft genommen wurde. Obwohl Schell überzeugter Anhänger der Nationalsozialisten war, war er aus Sicht Kaselowskys und Karl Oetkers nun nicht mehr tragbar.[108] Eine direkte Kündigung scheute Kaselowsky dennoch – wohl auch um weiteres Aufsehen oder gar juristische Auseinandersetzungen zu vermeiden. Stattdessen stellte er Schell für den Verbleib in der Firma Bedingungen, die dieser nach neun Jahren als Prokurist in Österreich und zwölf

Jahren als Generalbevollmächtigter in Danzig ebenso wenig akzeptieren wollte wie eine empfindliche Gehaltskürzung: Er sollte einen zweiten Geschäftsführer, faktisch einen «Aufpasser», an die Seite gestellt bekommen. Da Schell sich der Doppelspitze verweigerte, wurde er pensioniert und sein Vertrag im August 1934 nach langen Verhandlungen einvernehmlich aufgehoben. Die Lage hatte sich damit völlig verändert: Alfred Wittrich, der bereits als zweiter Mann vorgesehen war, erhielt einen neuen Kollegen: der Revisor Karl Lindenstromberg wurde kurzfristig nach Danzig entsandt; die beiden leiteten die Niederlassung bis Kriegsende.[109]

Der zweite Bruder, Reinhold Schell, war seit 1929 bei Ancel in Straßburg tätig und erregte ebenfalls Kaselowskys nachhaltiges Missfallen. Nach wiederholten Konflikten zwischen dem Straßburger Betriebsleiter und seinem Personal drangen Gerüchte über persönliches und geschäftliches Fehlverhalten bis nach Bielefeld. Kaselowsky entsandte deshalb im Frühjahr 1936 einen Buchhalter nach Straßburg, der offiziell eine Revision vornehmen sollte. Tatsächlich ging es aber vor allem darum, die Lage vor Ort zu ergründen, bis hin zur Bespitzelung Schells. Der Buchhalter schien sich in der Rolle des Spions zu gefallen: Er verlängerte den Aufenthalt immer wieder und horchte das Personal regelrecht aus. Unglücklicherweise war er außerdem ein vorbildlicher Nationalsozialist und besuchte mehrfach Parteiveranstaltungen auf der badischen Rheinseite. Prompt wurde er von französischen Grenzern unter Spionageverdacht festgesetzt und verhört. Kaselowsky ließ dem Revisor kündigen: Er hatte die Verschleierung der Straßburger Besitzverhältnisse vor den französischen Behörden gefährdet und die Spannungen bei Ancel nur noch verstärkt. Diese Form der Öffentlichkeit schätzte Kaselowsky nicht – schon gar nicht im Ausland. Die Klage des Revisors auf Widerruf der Kündigung beim Reichstreuhänder der Arbeit konnte Kaselowsky in dieser politisch sensiblen Sache indes auch nicht recht sein, denn man konnte die Geschichte auch ganz anders erzählen: Er hatte einen braven Parteigenossen vor die Türe gesetzt, weil er Parteiabende besucht hatte und von ausländischer Polizei schikaniert worden war.

Zwar einigten sich die Parteien 1937 auf einen Vergleich, der Buchhalter wollte die Sache aber dennoch nicht auf sich beruhen lassen.[110] Im Folgejahr versuchte er, ein Ehrengerichtsverfahren gegen den Betriebsführer Kaselowsky beim Reichstreuhänder der Arbeit in Westfalen und bei der DAF – direkt bei Reichsleiter Ley – anzustrengen. Das ging nun doch zu weit: Kaselowsky wandte sich persönlich an den Reichstreuhänder für das Wirtschaftsgebiet Westfalen, Dr. Karl Hahn, schilderte das Geschehen aus seiner Sicht und betonte die Notwendigkeit der Tarnung gegenüber den französischen Behörden. Weder der Reichstreuhänder noch die DAF waren bereit, ein Verfahren auch nur einzuleiten, und bestätigten Kaselowsky, korrekt gehandelt zu haben.[111]

Die Berichte des Buchhalter-Spions über die Straßburger Zustände bestärkten Kaselowsky jedoch in seinem Eindruck, dass das Geschäftsgebaren Reinhold Schells nicht seinen Vorstellungen entsprach. Vorerst hatte das jedoch keine Konsequenzen. Kaselowsky wartete ab, solange es keinen konkreten Anlass gab, der ein Einschreiten gerechtfertigt hätte. Durch die Konstruktion der Niederlassung als französische Aktiengesellschaft, die aus taktischen Gründen weitgehend unabhängig von Bielefeld agierte, war ein Eingreifen auch nicht so einfach.[112] Nach Kriegsbeginn wurde die französische Firma samt Maschinen 1939 nach Limoges evakuiert, und Schell kehrte als Deutscher nach Bielefeld zurück. Als nach dem deutschen Einmarsch ins Elsass eine Filiale des Haupthauses in Straßburg etabliert wurde, war es erneut Schell, der diese Aufgabe übernahm.[113]

Nur wenige Monate später bahnte sich in Straßburg jedoch ein weiterer Skandal an. Ein Mitarbeiter der neuen Niederlassung erhob Ende 1940 schwere Vorwürfe gegen Schell. Dass der Beschwerdeführer gleichzeitig NSDAP-Ortsgruppenleiter war, verlieh seinen Anschuldigungen besonderes Gewicht und eine politische Dimension. Er beklagte persönliche Unzulänglichkeiten Schells und Fehlverhalten im Privatleben, unberechenbares Gebaren als Betriebsleiter bis hin zu unschicklichen Verhältnissen im Betrieb. Was davon im Einzelnen tatsächlich zutraf, ist schwer nachzuvollziehen, war letztlich aber auch nicht relevant. Die schiere Vielzahl der Vorwürfe – die an die Affäre 1936 erinnerte – machte Schell endgültig untragbar. Ende 1940 empfahl Hans Crampe ihm, sich aus dem Tagesgeschäft zurückzuziehen; Anfang 1941 beurlaubte ihn Kaselowsky. Zwar strengte Reinhold Schell eine Untersuchung durch die DAF gegen sich selbst an, wohl in dem Glauben, die Firma Dr. Oetker werde es nicht auf eine detaillierte Prüfung ankommen lassen. Das Kalkül ging zwar nicht ganz auf, Schell kam aber glimpflich davon: Kaselowsky erhielt nach einer Anhörung die Bestätigung, dass das Vorgehen gegen Schell völlig gerechtfertigt sei. Die DAF empfahl gleichwohl eine Abfindung wegen der langen Zeit, die Schell in Oetker-

Diensten gestanden hatte. Der Vertrag Reinhold Schells wurde daraufhin einvernehmlich gelöst.[114]

In allen drei Fällen war Kaselowskys Verhalten von einer gewissen Uneindeutigkeit geprägt, wenn es darum ging, das gegenseitige Loyalitätsverhältnis zu den leitenden Mitarbeitern zu beenden. Entschieden handelte er erst, wenn Unternehmensinteressen, allen voran der gute Name der Firma, konkret gefährdet schienen. Die eigenen hohen Standards an gute Unternehmensführung setzte er bei den Gebrüdern Schell lange Zeit nicht durch, solange diese in Danzig und Straßburg akzeptable Ergebnisse lieferten und nicht allzu viel Aufsehen erregten. Auch wenn das Vertrauen zu Walter Schell in Danzig schon vor der Schutzhaft-Affäre erodiert war, war es erst der öffentliche Skandal, der seine fast dreißigjährige Karriere bei Oetker beendete. Nun halfen ihm auch seine zwölfjährige Erfahrung im schwierigen Umfeld der Freien Stadt Danzig und seine nationalsozialistische Einstellung nicht mehr. Auch gegen seinen Bruder Reinhold herrschten in Bielefeld Bedenken, ohne dass Kaselowsky Konsequenzen zog. Wieder handelte er erst, als die Anzeige durch einen Mitarbeiter, einen NSDAP-Ortsgruppenleiter noch dazu, Aufsehen zu erregen drohte.

Netzwerke

Die Familien Oetker und Kaselowsky waren im bürgerlichen Vereinswesen präsent. Dies dokumentierte nicht nur die Identifikation mit Heimatstadt und -region, sondern auch das eigene Ansehen im gesellschaftlichen Umfeld. Karl Oetker, der schon länger der Spielvereinigung Blankenese v. 1903 e. V. und dem Bielefelder Schwimmverein angehörte, trat beispielsweise 1934 nach seiner Übersiedlung nach Bielefeld dem Ravensberger Schwimmverein, der Bielefelder Schützengesellschaft und dem Jagdverein St. Hubertus bei und wurde noch im selben Jahr in einen örtlichen Honoratiorenverein, die Gesellschaft Ressource, kooptiert.[115] Die Prokuristen der Firma Oetker waren dagegen nur im Einzelfall Mitglied in Vereinen, in denen sie ihren persönlichen Hobbys nachgingen. Konstantin Brückner etwa gehörte gar keinem Verein an.[116]

Die wichtigste Person für die Pflege der gesellschaftlichen Beziehungen der Familie Oetker-Kaselowsky in Bielefeld und Umgebung stand jedoch außerhalb der Firma: der jüngere Bruder des Chefs, Theo Kaselowsky (1893–1980). Seine Biographie war der seines Bruders nicht unähnlich, sein wirtschaftlicher Wirkungskreis blieb aber begrenzt. Nach dem Abitur in Bielefeld und zwei Jahren Banklehre in Herford legte er 1914 seine Prüfung als Industriekaufmann ab und meldete sich nach Kriegsbeginn freiwillig. Bis 1918 Soldat, zuletzt bei den Fliegern, beteiligte er sich zunächst am Geflügelhof seines Bruders in Bad Nauheim. Nach diesem Intermezzo nahm auch er ein Studium auf und wurde 1923 mit einer Doktorarbeit über die rheinisch-westfälische Puddingpulverindustrie in Köln zum Dr. rer. pol. promoviert. Nach kurzzeitiger Selbstständigkeit trat er als Prokurist in die Firma seines Schwiegervaters Richard Ziegler ein; Wittkop & Co. produzierte Fahrradsättel. Bald stand er dem Verein Deutscher Fahrradsattelfabrikanten vor; nach dessen «Gleichschaltung» führte er die Fachuntergruppe für Fahrradsättel der Reichsgruppe Industrie.[117]

Theo Kaselowsky gehörte insgesamt 35 Vereinen an, von den Philatelisten über mehrere Gesangsvereine bis zu zahlreichen kulturellen und wissenschaftlichen Organisationen des Ravensberger Landes und Bielefelds. Nur in Teilen dürfte das seinen privaten Neigungen (Briefmarken, Taubenzucht, Gesang) auch tatsächlich entsprochen haben.[118] Er fungierte als Scharnier zur bürgerlichen Gesellschaft Bielefelds sowie der Region und übernahm aufgrund dieser innerfamiliären Arbeitsteilung diese Aufgabe auch gegenüber der NSDAP. Dabei war er für die Kontakte der Familie Oetker zu Partei und Politik im lokalen Nahbereich zuständig.[119] Theo übernahm jene Verpflichtungen, denen sich eine bedeutende Familie von Wirtschaftsbürgern nicht entziehen konnte, die Richard Kaselowsky jedoch nicht selbst ausfüllen wollte – mangels Neigung oder aus Arbeitsüberlastung. 1937 berief Oberbürgermeister Budde Theo Kaselowsky zum Ehrenbeamten der Stadt Bielefeld mit Sitz und Stimme im Kulturausschuss.[120]

Theo Kaselowsky lagen diese repräsentativen Aufgaben, während sein Bruder Richard sich um das Geschäft kümmerte.[121] In dieser Rolle übernahm er – wie sein Bruder ein «Märzgefallener» – schon früh eine Funktionärsposition in der NSDAP. Er wurde zum 1. Oktober 1933 auf Vorschlag des Kreisleiters von Bielefeld zum Kreiswirtschaftsberater der NSDAP berufen. Das Amt diente als Kommunikationskanal zwischen Partei und Wirtschaft und war zunächst ein klassisches Instrument der «Menschenführung», die die Partei als ihre vornehmste Aufgabe betrachtete. Anfangs bot es nur wenige Einflussmöglichkeiten, gewann nach der Verkündung des Vierjahresplans jedoch an Bedeutung, als Eingriffe in das Wirtschaftsleben häufiger wurden. Die Kreiswirtschaftsberater erlangten im Rahmen der Markt- und Preisüberwachung und bei kriegswirtschaftlichen Maßnahmen vor Ort erheblichen Einfluss. Als Koordinatoren und Gutachter bei «Arisierungen» spielten sie auch bei der «Ausschaltung» der deutschen Juden aus dem Wirtschaftsleben eine zentrale Rolle.[122]

Theo Kaselowsky füllte dieses Amt bis Kriegsende aus. Mit dieser Erfahrung und als Angehöriger einer der wichtigsten Industriellenfamilien am Ort qualifizierte er sich für höhere Weihen. Als der langjährige Präsident der Industrie- und Handelskammer Bielefeld, Heinrich Oberschelp, im Juli 1942 sein Amt abgeben musste, rückte zunächst Richard Kaselowsky als Interimspräsident nach; er war bereits seit 1934 Mitglied des Beirats und einer der Stellvertreter Oberschelps. Als die IHK in der neu geschaffenen Wirtschaftskammer Bielefeld aufging, sorgte Gauleiter Meyer dafür, dass der Reichswirtschaftsminister seinen Wunschkandidaten ernannte: Zum 1. April 1943 wurde Theo Kaselowsky deren neuer Präsident. Diese Lösung war ganz in Richard Kaselowskys Sinn. Er konnte sich der zwar ehrenvollen, aber auch zeitintensiven Aufgabe als Kammerpräsident entledigen und sich auf seine Kernaufgaben konzentrieren, während durch die Berufung seines Bruders der Einfluss der Familie gewahrt blieb und ihre zentrale Stellung im regionalen Wirtschaftsleben unterstrichen wurde.[123]

Das bedeutete freilich nicht, dass sich Richard Kaselowsky der politischen Betätigung gänzlich enthalten hätte. Er scheute lediglich arbeitsintensive oder mit vielen repräsentativen Pflichten verbundene Ehrenämter. Wegen seiner nicht immer stabilen Gesundheit musste er mit seinen Kräften haushalten. Deshalb lehnte er eine Berufung an das Landesarbeitsgericht ebenso ab, wie er Ende 1938 von seinem Amt als Ratsherr der Stadt Bielefeld zurücktrat, das er seit 1935 innehatte. Er engagierte sich vor allem dort, wo mit handfesten Vorteilen für die Geschäfte der Firma Oetker zu rechnen war (etwa in den Organisationen der gewerblichen Wirtschaft), und pflegte Netzwerke erst ab einer gewissen Ranghöhe selbst: etwa wenn es um Kontakte zu Gauleiter Meyer ging oder, natürlich, die Mitgliedschaft in einem exklusiven Zirkel wie dem Freundeskreis Reichsführer-SS. Gleichwohl war Richard Kaselowsky Mitglied vieler meist «gleichgeschalteter» Vereine aus dem bürgerlichen Spektrum und hatte auf diesem Weg an der bürgerlichen Vergesellschaftung der ostwestfälischen Industriestadt teil. Auf seine Mitgliedschaft in der «Gesellschaft Ressource», einem traditionsreichen und exklusiven bürgerlichen Geselligkeitsverein, legte er zweifelsohne viel Wert, wenn es auch keine Hinweise auf besondere Aktivität des Oetker-Chefs gibt.[124] Kaselowsky war darüber hinaus Mitglied des 1928 gegründeten Freundeskreises des Bielefelder Kunsthauses; wie die Firma war er auch persönlich einer der Stifter. Er begleitete im Beirat des Vereins die Einkaufs- und Ausstellungspolitik des Kunsthauses, deren Schwerpunkt vor 1933 auf zeitgenössischen Künstlern aus der Region und der klassischen Moderne lag (Feininger, Kollwitz, Kandinsky, Corinth, Liebermann u. a. m.). Dieselben Honoratioren, die zuvor eine aufgeschlossene Ausstellungspolitik gefördert hatten, unterstützten ab 1935 unter dem neuen Signum «Bielefelder Kunstverein» die nunmehr «zeitgemäßen Ausstellungen» im «gleichgeschalteten» Kunsthaus, die ganz der nationalsozialistischen Ästhetik entsprachen.[125]

Auch an den eher informellen Vergesellschaftungsformen des ostwestfälischen Wirtschaftsbürgertums nahm Kaselowsky teil. So gab es in der ersten Hälfte der 1930er Jahre eine Doppelkopf-Runde, an der neben Richard und Theo Kaselowsky die Gebrüder Schlichte von der gleichnamigen Brennerei in Steinhagen, Wilhelm Hoffmann von der Stärkefabrik in Bad Salzuflen und Johann Daniel Delius von C. A. Delius und Söhne in Bielefeld teilnahmen. Zu den gemeinsamen Bekannten gehörte auch der alte Feldmarschall August von Mackensen, der sich von den Nationalsozialisten zur konservativen Gallionsfigur und zum Repräsentanten der alten Armee stilisieren ließ.[126] Skat und Doppelkopf boten auch im Krieg eine Gelegenheit für die Bielefelder Honoratioren, sich ungezwungen zu treffen. Der Chef der mehrheitlich den Familien Kaselowsky und Oetker gehörenden Verlagsdruckerei E. Gundlach AG, Friedrich Schaarschmidt, organisierte beispielsweise 1942 einen Skatabend, zu dem Kaselowsky, dessen Bruder Theo, der Bielefelder Oberbürgermeister Friedrich Budde (NSDAP) und ein Major Schweighöfer geladen waren.[127]

Dass Kaselowsky als erfolgreicher Gestütsbesitzer Gelegenheit hatte, bei Pferderennen weitere Kontakte zu knüpfen, steht außer Zweifel. Ambitionen, darüber hinaus zu «netzwerken», hatte er wohl nur begrenzt. Gegenüber Hugo Henkel äußerte er sich 1936 eher ironisch-distanziert über Versuche, bei den zentralen Figuren der deutschen Wirtschaftspolitik Eindruck zu schinden: «Ich überlege mir daher ernstlich, ob ich nicht das Golfspielen anfangen soll, denn es wird zweifellos weder auf Schacht, noch auf Keppler, noch auf wenig wirtschaftsfreundlich eingestellte Volksgenossen einen schlechten Eindruck machen, wenn durch eine Indiscretion der Presse bekannt werden würde, dass wir beiden mit unserem blondgelockten Freunde Theunert [dem Leiter der Wirtschaftsgruppe Lebensmittel] eine Partie Golf in Bad Eilsen gespielt hätten. Was meinen Sie zu dieser Idee.»[128]

Kaselowskys Korrespondenz lässt einige Rückschlüsse auf ein eher überschaubares überregionales Netzwerk befreundeter Unternehmer und Geschäftsmänner zu. Er hielt Kontakt zu jenen Personen, die er samt ihren Familien manchmal bei seinen Kuraufenthalten traf und mit denen er offenbar auch privat gut auskam.[129] Eine ältere Verbindung, die in den 1930er Jahren einschlief, bestand zu Kommerzienrat Gustav Pielenz (1862–1944) aus dem Vorstand der C. H. Knorr AG. Pielenz kannte noch den Firmengründer August Oetker, mit dem er zu den Initiatoren des Markenverbandes gehört hatte, und war mit dem 1933 verstorbenen Louis Oetker befreundet.[130]

Ein besonders offenes Verhältnis pflegte Kaselowsky zu Hugo Henkel (1881–1952), mit dem er auch die politischen und wirtschaftlichen Zeitläufte diskutierte – bevorzugt im persönlichen Gespräch, weshalb darüber keine Quellen vorliegen.[131] Auf geschäftlicher Ebene ging die Verbindung vermutlich auf eine Initiative von Henkel & Cie. zurück, die sich Anfang 1929 für ein Nebenprodukt der Pyrophosphat-Produktion der CFB interessierte. Die beiden Markenartikler Hugo Henkel und Kaselowsky fanden schnell einen guten Draht zueinander, und Kaselowsky bot Hugo Henkel schon wenige Monate später an, die Kooperation durch Übernahme von CFB- oder Gundlach-Aktien zu vertiefen. Auch auf dem Verpackungssektor bestanden gemeinsame Interessen und die Chance zu Synergieeffekten. Als die CFB 1929 eine Kapitalerhöhung vornahm, sollte Henkel & Cie. die jungen Aktien übernehmen. Henkel wurde prompt in den Aufsichtsrat der CFB gewählt.[132] Kaselowsky kümmerte sich persönlich um die Verbindung zu Henkel und hielt es für erforderlich, «der Firma Henkel von Zeit zu Zeit besondere Aufmerksamkeiten zu erweisen», etwa die kostengünstige Anfertigung von Druckaufträgen bei der Oetker'schen Papierverarbeitung statt bei Gundlach.[133]

Besonders wichtig in Kaselowskys Netzwerk war Alexander Becker, der Vorstand der Metallgesellschaft AG, Frankfurt am Main. Die Korrespondenz war sehr offen, Kaselowsky vertraute dem ehemaligen Kriegskameraden von Rudolf Oetker.[134] Er holte ihn 1927 in den Aufsichtsrat der CFB, wo Becker vehement die Oetker'schen Interessen vertrat. Obwohl Becker 1933 noch nicht Parteigenosse war, hielt er sich ein gutes «Fingerspitzengefühl für die Notwendigkeiten der jetzigen Zeit» zugute. Offen ermahnte er Kaselowsky anlässlich des 25-jährigen Budenheim-Jubiläums Ende 1933, die Frage der Gratifikation großzügig zu lösen: «Die Belegschaft muss den Eindruck haben: unser Führer [also Kaselowsky!] geht mit dem nationalen Staat in jeder Richtung, aber er sieht ein, dass die beste Art und Weise, dies zu tun, ist, dass er zunächst für seine eigenen Leute sorgt.» Beide waren sich einig in der positiven Bewertung der neuen Herrschaftsverhältnisse.[135] Kaselowsky wünschte sich seinen Freund Becker als Namensgeber eines der Fangschiffe der Hermann Söhle KG, das ursprünglich nach ihm selbst benannt werden sollte. Ein Fischkutter «Richard Kaselowsky» war ihm jedoch wenig sympathisch; wenn, dann sollte es schon ein Passagierdampfer mit «lebende[n] Menschen» sein statt «tote[r] Fische». Er habe «jedoch einen lieben Freund», der «für eine solche Ehrung wohl Verständnis haben würde».[136]

Im Bielefelder Wirtschaftsleben war der Direktor der dortigen Dresdner-Bank-Filiale der wichtigste Kontaktmann. Albert Osthoff war nur zwei Jahre jünger als Kaselowsky und stammte aus einer Bielefelder Privatbankiersfamilie, deren Institut – über Zwischenstationen – in der Dresdner Bank aufgegangen war. Dort begann er 1911 seine Banklehre in Bielefeld; nach einer Tätigkeit in der Zentrale in Berlin wurde er schließlich Direktor der Filiale Bielefeld.[137] Die Dresdner Bank fungierte als Hausbank von Dr. Oetker, und Osthoff vertrat die Interessen der Firma in verschiedenen Aufsichtsräten. Er war zunächst stellvertretender Vorsitzender, dann Vorsitzender des Aufsichtsgremiums bei Gundlach.[138] Wie Kaselowsky war er ein «Märzgefallener», wurde formal zum 1. Mai 1933 in die NSDAP aufgenommen und war ebenfalls ab 1935 Ratsherr der Stadt Bielefeld.[139]

Kaselowskys Verhältnis zu Otto Stürken, einem Vorstand der Vereinsbank in Hamburg, blieb im Vergleich dazu eher professionell distanziert. Der Kontakt entstand wohl erst 1936 im Zuge der Privatisierung der Reederei Hamburg Süd, bot aber sogleich Gelegenheit, Rudolf-August Oetker als Lehrling bei der Vereinsbank unterzubringen; über Stürken lernte dieser seine erste Ehefrau Marlene Ahlmann kennen.[140]

Unternehmer

Werte und Leitbilder

Eine Reihe von unternehmerischen Grundüberzeugungen bildete die Basis für Kaselowskys unternehmerisches Handeln. Er reflektierte sie wiederholt gegenüber seinem Sohn Rudolf-August wie auch gegenüber den leitenden Herren, um ihnen einen Maßstab für die eigene Tätigkeit an die Hand zu geben. Vieles entsprach einem klassisch zu nennenden, bürgerlichen Wertehaushalt, der sich mit wenigen Schlagworten umgrenzen lässt: Mäßigung und Verantwortungsbewusstsein, Pflichtgefühl und Disziplin, Gesetzestreue und schließlich eine gewisse Härte gegen sich selbst und gegen andere. Auch hier konnte er sich in der Tradition zum Firmengründer sehen: August Oetker hatte seinen Mitarbeitern «zehn Gebote» mit auf den Weg gegeben, die 1908 in einem Kalender unter dem Titel «Beherzigenswerte Worte» gesammelt wurden. Dieser Kalender hing im Hause Kaselowsky an der Wand, und Rudolf-August Oetker erinnerte sich später, wie oft sich sein Vater darauf berufen hatte.[141] Allerdings folgte Kaselowsky solchen Leitlinien nicht rigoros und starr, sondern offenbarte eine Pragmatik, die im unternehmerischen Alltag ebenso nützlich wie unumgänglich war.

Übermäßigen Optimismus hielt er für unternehmerisches Wirken genauso für schädlich wie Zögern und Zaudern. Faktoren, die außerhalb seiner Einflusssphäre lagen, begegnete er mit demonstrativer Gelassenheit. Das galt etwa für volkswirtschaftliche Prozesse wie die Inflationskrise zu Anfang der 1920er Jahre: Als er wegen seines Herzfehlers im Schwarzwald kurte und die Mark dramatisch an Wert verlor, telegraphierte Louis Oetker und bat ihn, nach Bielefeld zurückzukehren. Kurz und bündig drahtete der damals noch junge Kaufmann nach familiärer Überlieferung zurück: «Kann Rutsch nicht aufhalten stop. Bleibe hier.»[142]

Um ein großes Unternehmen zu leiten, brauche man den Überblick über das Ganze, gleichzeitig aber auch die nötige Detailkenntnis, um die Folgen einmal gefasster Entschlüsse abschätzen zu können. Das war auch die Maßgabe für seine leitenden Angestellten und Prokuristen in Bielefeld und in den Filialen.[143] Für sie war Kaselowskys Vertrauen eine entscheidende Ressource, und nur auf dieser Basis verfügten sie über Freiräume auf ihrem Arbeitsfeld, in den Zweigwerken etwa bei der Führung des örtlichen Personals und bei der Organisation von Produktion und Vertrieb. Kaselowsky betonte zwar, dass eigentlich eine persönliche Aussprache mit den auswärtigen Geschäftsführern im Jahr ausreichen müsse, tatsächlich pflegte er mit den Filialen aber eine eher engmaschige Korrespondenz. Zur Vermeidung von «doppelte[r] Arbeit» wies er sie jedoch dezidiert darauf hin, dass «für die Erledigung der laufenden Dinge» seine Bielefelder «Herren» die ersten Ansprechpartner seien.[144] Dennoch ließ er sich ausführlich über die Entwicklungen vor Ort berichten, kommunizierte seine Einschätzungen und zeigte sich offen für die Überlegungen seiner Leute in den Filialen. Wenn er aber nicht überzeugt war, setzte er bei Meinungsverschiedenheiten seine Position durch.

Persönliche Durchsetzungskraft galt Kaselowsky als eine Grundvoraussetzung, um im «rauhen» Wirtschaftsgeschehen der Zwischenkriegszeit bestehen zu können. Sowohl bei Oetker als auch in den verschiedenen Aufsichtsräten versuchte er in der Regel, durch Überzeugung zu lenken. Im Einzelfall aber griff er auch ohne Vorwarnung durch, gerade wenn Zweifel an der Verlässlichkeit seines Gegenübers herrschten. So betrieben Kaselowsky und Louis Oetker zwischen 1924 und 1928 die schrittweise Verdrängung Hans Gundlachs aus dem Vorstand der gleichnamigen Druckerei. Ein Streit um die Besetzung des Chefredakteurspostens der bei Gundlach verlegten «Westfälischen Neuesten Nachrichten» eskalierte und entfremdete den Vorstand vom neuen Mehrheitseigner Kaselowsky. Mit Konstantin Brückner stand der Schwiegersohn Louis Oetkers bereit. Als Verwandter würde er künftig ohne Reibungen die gewünschte Geschäftspolitik durchsetzen.[145] Brückners Familie hatte in der Inflation ihr Vermögen weitgehend verloren, und seine eigene Karriere als leitender Angestellter war blockiert. Nun erhielt der Vierzigjährige die Chance, in den Vorstand eines Unternehmens zu wechseln.[146]

In der Weltwirtschaftskrise zu Beginn der 1930er Jahre hielt Kaselowsky eine unzweideutige Härte, ja sogar ein gewisses Maß an «egoistische[r] Brutalität» für überlebensnotwendig. Walther Naumann zu Königsbrück, der Aufsichtsratsvorsitzende der Seidel & Naumann AG, Dresden, war ihm «viel zu vornehm», um die für die Bewältigung der Krise erforderlichen harten Maßnahmen durchzusetzen.[147] Zwischen 1926 und 1928 hatte sich Kaselowsky in großem Stil an der Firma beteiligt, die Nähmaschinen, Schreibmaschinen und Fahrräder herstellte. Naumann und Kaselowsky verstanden sich zunächst gut, und Kaselowsky scheint in seinem Gegenüber einen kongenialen Unternehmer gesehen zu haben, der seine familienunternehmerischen Vorstellungen teilte. Kaselowsky poolte sogar die eigenen Aktien mit jenen der Gründerfamilie, um die Idee einer gemeinsamen Familien-Aktiengesellschaft zu realisieren. Der Versuch scheiterte indes in der Krise, als Naumann nicht die von Kaselowsky für notwendig erachteten Qualitäten aufbrachte: Für die Position des Aufsichtsratschefs brauche es eine Persönlichkeit, «die außer den sonstigen Eigenschaften auch die für die heutige Zeit erforderliche Energie und Robustheit mitbringt und weder Hemmungen kennt, noch Rücksichten zu nehmen braucht».[148]

Seidel & Naumann wurde für Kaselowsky seit 1929 immer mehr zur Geduldsprobe. Dass er dabei ständig Gefahr lief, seine Investitionen zu verlieren, lastete er neben dem führungsschwachen Naumann vor allem den Vorständen an. Kaselowsky traute den Managern nicht zu, eine substanzielle Verpflichtung gegenüber der Firma zu empfinden. Ihre Gehälter wertete er angesichts der gesamtwirtschaftlichen Lage als «Skandal» und sah sie als Menetekel einer mangelnden Ausgabendisziplin, die Seidel & Naumann zu ruinieren drohe.[149] Wie wenig er von den dortigen Vorständen hielt, demonstrierte er im Mai 1932: Als einer der Herren nach Bielefeld kam, empfing ihn Kaselowsky nicht persönlich, sondern verwies ihn an Brückner. Er habe für «Plauderstündchen» keine Zeit. Die Botschaft, dass «genügend Worte gewechselt sind und dass wir endlich Taten sehen müssen», war deutlich.[150]

Nervenstärke, Disziplin und Pflichtgefühl «auf dem Platz, auf den er gestellt ist», erwartete Kaselowsky auch in der eigenen Firma, von sich selbst und von seinen leitenden Mitarbeitern. Das galt erst recht im Krieg.[151] Von einer «lebenslangen Haltung der Härte», wie sie für Friedrich Flick diagnostiziert wurde, konnte bei Kaselowsky aber keine Rede sein.[152] Selbst in den seltenen Fällen von Fehlverhalten bei seinen leitenden Angestellten zeigte Kaselowsky anfangs gerade nicht die geforderte

«Brutalität», sondern machte zunächst nur seine Position klar, appellierte an das Verantwortungsbewusstsein und griff erst durch, wenn es zum offenen Eklat kam. Die Grenze war überschritten, wenn die Integrität des Markennamens Schaden zu nehmen drohte – sei es in der Öffentlichkeit oder bei den Behörden. Wenn Kaselowsky in solchen Fällen den direkten Kontakt mit dem Betroffenen zu meiden begann und «nur» noch einer seiner leitenden Mitarbeiter die Briefe zeichnete, war das ein untrügliches Zeichen dafür, dass er auf Distanz ging und sich zur Trennung entschlossen hatte.[153]

Kaselowskys Lob der Härte war wohl auch einem klaren Freund-Feind-Denken geschuldet, das er ins Wirtschaftsleben übertrug. Gerade in der Nährmittelbranche gelte es, die «einmal erlangte Stellung gegen alle möglichen Feinde und Neider erfolgreich [zu] verteidigen».[154] Das sollte in der Kommunikation nach außen vor allem durch die Qualität der eigenen Produkte geschehen – despektierliche Äußerungen über die Konkurrenz vertrugen sich nicht mit dem selbstbewussten und starken Auftreten eines Marktführers. Kaselowsky ermahnte seine reisenden Vertreter in einem Rundschreiben 1934 entsprechend scharf und unter Androhung der Entlassung: «Ich betrachte es als ein klägliches Armutszeugnis, wenn meine im Außendienst tätigen Herren, obwohl sie Erzeugnisse anzubieten haben, die im Laufe der Jahrzehnte in Milliarden von Päckchen von begeisterten deutschen Hausfrauen gekauft sind, es nötig zu haben glauben, meine Geschäftsfreunde mit Geschwätz über die Konkurrenz zu unterhalten.»[155] Vor äußeren Feinden musste vor allem die Marke «Dr. Oetker» geschützt werden. Die eigene Marktmacht und der wachsende Einfluss in den Organisationen der nationalsozialistischen Wirtschaftsverwaltung waren in den 1930er Jahren die beste Gewähr dafür. Aber auch im eigenen Einflussbereich drohte Gefahr. Kaselowsky zeigte sich als Anhänger des alten Sprichworts «Schuster, bleib bei deinem Leisten» und betonte, etwaige Nebeninteressen dürften keinesfalls zu viel Aufmerksamkeit beanspruchen.[156] Wiederum handhabte er auch diese Leitsätze in der Praxis pragmatisch, denn während der gesamten Zwischenkriegszeit tätigte er Investitionen in verschiedensten Branchen. Das war natürlich auch der Notwendigkeit geschuldet, die erwirtschafteten Gewinne zu reinvestieren, was sich im begrenzten und bereits von Dr. Oetker dominierten Back- und Puddingpulvermarkt als schwierig erwies.

Die Beschränkung der Marke «Dr. Oetker» auf das Kerngeschäft und die strikte Abtrennung aller anderweitigen Geschäftsinteressen gehörten zu den wichtigsten Maximen Kaselowskys. Die Erfahrungen mit den Trocknungswerken Oetker & Co. waren nach 1919/21 ein mahnendes Beispiel, den Markenauftritt nicht beliebig auf neue, noch nicht bewährte Produktlinien auszudehnen und damit das Image in der Substanz zu beschädigen. Man dürfe «nie wieder» der Versuchung erliegen, «Artikel, die nicht in den Rahmen des eigentlichen Oetker-Geschäftes hineinpassten, aufzunehmen».[157] Gerade weil «Dr. Oetker» so gut eingeführt und allgemein bekannt war, müsse man «außerordentlich vorsichtig sein, den Namen Oetker mit irgendeiner anderen Sache zu verquicken».[158] Die Bedeutung der Marke, die einen erheblichen Teil des Goodwill der Firma, also des immateriellen Firmenwerts ausmachte, vermittelte er systematisch seinem Stiefsohn.[159]

Mit dem Image der Marke vertrugen sich aus Kaselowskys Sicht auch keine moralisch fragwürdigen Geschäftspraktiken. 1935 gaben die Ermittlungen polnischer Steuerbehörden gegen die Oetker-Vertretung in Kattowitz Kaselowsky Gelegenheit, sich gegenüber dem Danziger Geschäftsführer Alfred Wittrich grundsätzlich zu den Themen Gesetzestreue und Steuerehrlichkeit zu äußern. Man könne in diesen Dingen «nicht peinlich und korrekt genug sein». Das hielt er nicht nur für eine Frage der Ehre, sondern auch der ökonomischen Rationalität: «Der Nutzen, den man aus irgendwelchen kleinen Vorteilen, die man sich zu verschaffen versucht hat, zieht, steht in gar keinem Verhältnis zu den unangenehmen Folgen», die ein Steuerdelikt nach sich ziehen könne. Außerdem sei «es für einen anständigen Menschen eine Selbstverständlichkeit [...], auch an diese Dinge einen Maßstab zu legen, wie man ihn sonst in allen Verhältnissen des gesellschaftlichen Lebens anlegt».[160] Hier stand er deutlich in der Tradition der deutschen Kaufmanns- und Unternehmerschaft des 19. Jahrhunderts und ihrer Vorstellungen vom ehrbaren Kaufmann, die Werner Sombart als «Moral beim» und «fürs Geschäft» umschrieb.[161]

Weniger die Forderung nach Gesetzestreue, als die Sorge um negative Auswirkungen auf das öffentliche Image der Marke in Polen führt denn auch zum Kern der Steueraffäre der Kattowitzer Vertretung. Das Ansehen der Marke hatte sich 1935 gerade erst von einer Boykottbewegung gegen deutsche Waren erholt, was zur Gründung einer Niederlassung in Warschau geführt hatte: Ziel war es, künftig betonen zu können, es handle sich um ein polnisches, nicht um ein deutsches Unternehmen. Wegen der Steueraffäre drohte nun die Beschlagnahme von Unterlagen, die Belege für die engen Beziehungen zwischen der polnischen Niederlassung und der Filiale in Danzig enthielten. Dass die polnischen Steuerermittler keinen Einblick in Firmeninterna fanden, war lediglich dem Oetker-Vertreter in Kattowitz zu verdanken, der vorsorglich die wichtigsten Unterlagen versteckt hatte. Nichtsdestotrotz ärgerte sich Kaselowsky über die Affäre und beklagte, dass sich bisher offenbar niemand ausreichend mit den polnischen Steuergesetzen auseinandergesetzt habe.[162]

Gesetzestreue und Steuerehrlichkeit als moralische, nicht utilitaristische Maßstäbe unternehmerischen Handelns bezogen sich ohnehin einseitig auf das Deutsche Reich. Die Wirtschaftsexperten der britischen Besatzungsbehörden stellten 1946 – nicht ohne Verblüffung – fest, Dr. Oetker habe sich gegenüber den deutschen Steuer- und Devisenbehörden «in jeder Hinsicht [...] einwandfrei» verhalten. Gegenüber den Behörden in Westeuropa und Skandinavien dagegen seien systematisch zu niedrige Gewinne ausgewiesen und im Gegenzug das von der CFB gelieferte Pyrophosphat zum doppelten Preis verrechnet worden. Was den britischen Prüfern nicht auffiel, waren die hohen Lizenzzahlungen der ausländischen Töchter an das deutsche Mutterhaus. Mit diesen Mitteln wurden die Steuerlast im europäischen Ausland gemindert und die Gewinne – und damit auch begehrte Devisen – an den ausländischen Finanzbehörden vorbei ins Reich transferiert.[163]

Innerhalb der Reichsgrenzen war Gesetzestreue eine Selbstverständlichkeit. Ebenso fühlte sich Kaselowsky dem politischen Imperativ «Gemeinnutz geht vor Eigennutz» verpflichtet. Das war allerdings verhältnismäßig einfach, solange er aus einer Position der Stärke heraus agieren und argumentieren konnte. Das Eigennutz-Argument ließ sich vielmehr gegen jene Konkurrenten wenden, die sich über die Oetker'sche Marktdominanz beschwerten. Aus der Sicht Kaselowskys sprach daraus nur der Neid auf die Leistungsfähigkeit der Bielefelder Firma, die doch gerade dem Gemeinwohl diene.[164] Die Interessen der Firma mit jenen der Branche gleichzusetzen und diese Interessenidentität mit nationalen Argumenten zu unterfüttern sollte sich gerade in den letzten Kriegsjahren als erfolgversprechende Strategie erweisen.

Lehren aus Erfolg und Scheitern

Über diese grundlegenden unternehmerischen Wertvorstellungen hinaus wurden Kaselowskys Entscheidungen maßgeblich von den Lehren beeinflusst, die er aus den Erfahrungen der 1920er und frühen 1930er Jahre zog. Vor allem die letztlich erfolgreich gemeisterte Goldenberg-Krise, die das Familienunternehmen beinahe die Unabhängigkeit gekostet hätte, prägte ihn. Auch eine Reihe kleinerer Fehlinvestitionen in den 1920er Jahren (etwa an der Ophtalma-Brillenglasschleiferei in Danzig im Jahr 1923) und wenig profitable Beteiligungen, die in der Weltwirtschaftskrise zum Totalverlust zu werden drohten (wie Seidel & Naumann), beinhalteten wichtige Lektionen für den Oetker-Chef.[165]

Die beiden wichtigsten Lehren aus der Goldenberg-Krise waren, sich erstens nie wieder fest an einen Lieferanten zu binden und zweitens immer liquide zu bleiben. Wenn überhaupt, so sollte Dr. Oetker als Kapitalgeber auftreten, die volle Kontrolle über sein Engagement behalten und Einfluss auf die Geschäftspolitik der anderen nehmen – und nicht umgekehrt. Pointiert formuliert: Das Problem an der Goldenberg-Krise war nicht etwa, dass die Brüder Neuberg als Gläubiger alles darangesetzt hatten, Dr. Oetker unter ihre Kontrolle zu zwingen. Das war gewissermaßen kapitalistische Normalität. Das Problem war, dass es nicht die Firma Oetker war, die als Gläubigerin aus einer Position eigener Stärke heraus die Regeln des Spiels bestimmte. Diese Situation sollte sich nicht mehr wiederholen.

Deshalb musste zuallererst die eigene Liquidität gesichert werden, darin waren sich Kaselowsky und Lina Oetker einig.[166] Bankschulden waren für Kaselowsky nichts Unvermeidliches oder «Gottgewolltes», vielmehr sei «eine Firma erst in dem Augenblick als wirklich fein zu bezeichnen, wenn sie über ein größeres Bankguthaben dauernd verfügt und von keinem Menschen abhängig ist».[167] Um die eigene Liquidität dennoch produktiv zu nutzen, vergab Oetker im großen Stil Kleindarlehen an Bielefelder Grundstücks- und Immobilienbesitzer. Wer in Bielefeld eine Hypothek aufnehmen wollte, so erinnerte sich Rudolf-August Oetker später, ging zu Kaselowsky anstatt zur Bank. Das mochte etwas übertrieben sein – aber tatsächlich gab Dr. Oetker zur Finanzierung des privaten Wohnungsbaus in der Zwischenkriegszeit rund 1500 Hypothekenkredite aus, die sich bis 1945 auf gut 10,7 Mio. RM summierten: Für das Hypothekengeschäft wurde eigens eine Gesellschaft für Treuhandgeschäfte und Wirtschaftsberatung mbH gegründet.[168] Die Firma konnte so einen Teil ihrer Mittel im überschaubaren regionalen Raum «parken» und wusste doch ihre Außenstände durch Sicherheiten gedeckt. Daneben verfügte Oetker durchweg über Bankguthaben in Millionenhöhe und über größere Barmittel, die in der Hauptverwaltung im Tresor lagerten. Als im Zuge der Bankenkrise im Juli 1931 der Ansturm auf die Geldhäuser zur Einstellung aller Zahlungen führte und die Reichsregierung die Banken für mehrere Tage schließen ließ, setzte Kaselowsky demonstrativ seinen Urlaub auf der Nordseeinsel Juist fort; er hatte in der Firma ausreichend Barvermögen gebunkert, um für ein bis zwei Monate Löhne und Rechnungen bezahlen zu können.[169] Diese hohe Liquidität war sogar Außenstehenden aufgefallen: Die sozialdemokratische «Volkszeitung» berichtete 1932 über das angebliche Netzwerk Oetker-Maizena-Stollwerck-Knorr und dessen gegenseitige Beteiligungen. Dr. Oetker selbst gehöre wohl zu den «liquidesten und kapitalkräftigsten [Konzernen] der Nahrungsmittelindustrie». Hugo Henkel sandte diesen Artikel an Kaselowsky und kommentierte die «außerordentlich erfreuliche Phantasie» der Journalisten süffisant: «Ihre Firma scheint ja zu einem der gefährlichsten internationalen Konzerne zu werden.»[170] Finanzielle Engpässe drohten bei Dr. Oetker auch in der Folgezeit nie. Bei Kriegsende verfügte die Firma über Bankguthaben von rund 19,6 Mio. RM. Die Privatvermögen der «Kommerzienrätin» und der anderen Teilhaber, die im Notfall angegriffen werden konnten, waren da noch gar nicht mitgerechnet.[171]

Die eigene Unabhängigkeit durch überbordende Liquidität zu sichern war eine Möglichkeit, andere Firmen zu kontrollieren eine andere. Die Oetker-Gruppe hielt seit der zweiten Hälfte der 1920er Jahre große Aktienpakete: die Seidel & Naumann AG; die Hoffmann's Stärke AG in Bad Salzuflen dominierte den deutschen Reisstärkemarkt und produzierte vor allem Wäsche- und Speisestärke; die Vogt & Wolf AG in Gütersloh war eine Großschlachterei, die Fleisch- und Wurstkonserven herstellte. Kaselowsky nahm für sich und die Familie Oetker in Anspruch, in diesen Firmen die Richtung vorzugeben. In der Weltwirtschaftskrise zeigte sich jedoch, dass diesem Anspruch Grenzen gesetzt waren. Die Handlungsspielräume waren durch hohe Verschuldung der beherrschten Firmen und eine ungünstige Kostenstruktur stark begrenzt und schrumpften unter den Bedingungen der Krise weiter.[172] Die Aktienpakete und die Verantwortung gegenüber den Firmen erwiesen sich nun als zeitaufwendige Herausforderung, die viel Arbeitskraft band. Das galt insbesondere, wenn – wie in Dresden und Bad Salzuflen – die Unternehmensführungen Kaselowskys Vorstellungen nicht teilten und andere Rezepte zur Krisenbewältigung bevorzugten. In den 1930er Jahren agierte Kaselowsky deshalb auch deutlich zurückhaltender bei der Ausweitung des Beteiligungsportfolios. Die Rendite sah er nicht mehr in einem günstigen Verhältnis zu den Verpflichtungen, die Mehrheitsbeteiligungen mit sich brachten: «Im allgemeinen bin ich kein Freund davon, Majoritäten zu haben, weil man sich dann die ganzen Sorgen und Nöte des betr. Unternehmens mit auflädt. Qualifizierte Minderheiten genügen vollkommen.»[173]

Eine Ausnahme von dieser Regel wollte Kaselowsky nur noch machen, wenn Oetker selbst den Großteil der Produktion abnahm, so «dass das Gewinnergebnis vollkommen von einem abhängt». Bei der Druckerei E. Gundlach AG, die Kaselowsky seit 1924 kontrollierte, war das nicht immer der Fall: Die Herstellung und der Druck von Verpackungen für Oetker machten nur einen relativ geringen Teil des Umsatzes aus. Deshalb dachte Kaselowsky Mitte der 1930er Jahre vorübergehend darüber nach, sich zurückzuziehen. Der Verlag hatte durch den Verkauf der «Westfälischen Neuesten Nachrichten» an die NSDAP, den er selbst forciert hatte, deutlich an Attraktivität verloren.[174] Die «Verantwortung, die man als Majoritätsbesitzer trägt», stand in keinem sinnvollen Verhältnis zum finanziellen Erfolg mehr. Zeit und Energie waren also besser in den eigenen Betrieb zu investieren.[175] Vorerst ergab sich aber keine Gelegenheit zum Verkauf. Als die Vereinsbank in Hamburg 1940 einen Interessenten für die Übernahme präsentierte, lehnte Kaselowsky doch ab. Die E. Gundlach AG war inzwischen stärker auf die Oetker-Bedürfnisse ausgerichtet und entsprach nun Kaselowskys Vorstellungen.[176]

Wenn überhaupt, wollte Kaselowsky also engere Bindungen nur noch zur vertikalen Integration eingehen. Deshalb war die Kontrolle über die Chemische Fabrik Budenheim AG auch weiterhin sinnvoll und gewünscht. Sie sicherte den für Backpulver unabdingbaren Rohstoff Pyrophosphat, nachdem das Modell der Überkreuzbeteiligung mit Goldenberg gescheitert war. Gerade die Erfahrung des Ersten Weltkriegs und der Nachkriegsjahre hatte gezeigt, dass ein verlässlicher Partner vonnöten war, um eine ausreichende und qualitativ konstante Versorgung mit Grundrohstoffen sicherzustellen.

Nachdem sich Louis Oetker und Richard Kaselowsky mithilfe der Chemischen Fabrik Budenheim aus der Abhängigkeit von Goldenberg gelöst hatten, übernahm Oetker seit 1923 im Zuge von Kapitalerhöhungen und Sanierungsmaßnahmen die Aktienmehrheit des Unternehmens, das mittlerweile als Chemische Fabrik Budenheim AG umgegründet worden war. In Absprache mit dem Vorstand verdrängte Kaselowsky 1926 die anderen Mitglieder des Gründungskonsortiums und übernahm deren Anteile. Oetker besaß damals ein Drittel der Aktien, sorgte jedoch für 85 % des Umsatzes. Die Drohung, Budenheim fallen zu lassen und sich bei billigeren Marktteilnehmern mit Pyrophosphat einzudecken, war ein wirksamer Hebel. Außerdem war Budenheim hoch verschuldet, und Oetker und die verschleierte Oetker-Beteiligungsgesellschaft Alfaha in den Niederlanden (Algemeene Fabriek en Handelsonderneming Mij. in s'Gravenhage, Den Haag) zählten zu den größten Gläubigern. Primärer Zweck der Alfaha war es, die Geschäfte der Auslandsniederlassungen zu finanzieren und gegebenenfalls als deren Teilhaber aufzutreten. Da die CFB ihr Pyrophosphat auch ins Ausland lieferte, lag die Abwicklung über die Alfaha nahe, an der wiederum die auswärtigen Oetker-Gesellschaften beteiligt waren.[177] Dieses Mal war es der Lieferant, der auf Gedeih und Verderb an den Abnehmer gebunden war – Kaselowsky hatte die Grundkonstellation der Goldenberg-Krise erfolgreich umgekehrt. Anfang der 1930er Jahre kontrollierte Dr. Oetker fast die gesamten Budenheim-Aktien, weniger als ein halbes Prozent befand sich noch in Streubesitz. Unter den Eigentümern dieser Splitteranteile waren der Budenheim-Vorstand und Alexander Becker, den Kaselowsky in den Aufsichtsrat holte. Der Großteil der Oetker-Anteile wurde bei der Indubeg, einer Holding, geparkt, kleinere Pakete lagen auch bei den eigenständigen Niederlassungen in Danzig und Baden, um deren Interessen zu dokumentieren: Die CFB belieferte auch alle Auslandsfirmen der Nährmittelfabrik.[178]

Da Budenheim in den Augen Kaselowskys vor allem eine dienende Funktion für Dr. August Oetker hatte, war er auch nicht bereit, allzu große Risiken einzugehen. Um hochwertiges Rohmaterial zu erhalten, stellte er allerdings Kapital für neue Anlagen zur Verfügung, etwa als Mitte der 1920er Jahre Qualitätsprobleme bei der CFB auftraten.[179] Eine Expansion in neue Geschäftsfelder oder ins Ausland lehnte er jedoch vehement ab. Wer in Budenheim glaube, in Oetker einen «unerschöpflichen Geldsack» gefunden zu haben, der Risiken im Zweifelsfall schon auffangen werde, täusche sich. 1933 stellte Kaselowsky die Aufgabe der CFB klar: Sie solle günstiges Pyrophosphat liefern und eine ordentliche Dividende ausschütten – immerhin verlange die CFB von den ausländischen Oetker-Töchtern einen Preis deutlich über dem Weltmarktniveau (was freilich der systematischen Gewinnverschiebung ins Inland diente).[180]

Weitere Schritte zur vertikalen Integration ergriff Kaselowsky indes nicht. Schon vor dem Ersten Weltkrieg war in der Firma die Frage nach einer eigenen Stärkefabrikation diskutiert worden. Mais-, Reis- oder Kartoffelstärke waren zwar wenig komplexe, für die Produktion aber unabdingbare Rohstoffe: Bei Pudding und süßen Soßen waren sie der Hauptbestandteil, beim Backpulver dienten sie als Trennmittel.[181] Letztlich überwog jedoch immer die Abneigung, sich in der landwirtschaftsnahen Grundstoffproduktion zu engagieren. Der Schwerpunkt der deutschen Stärkeproduktion lag in den östlichen Provinzen Preußens und in Mitteldeutschland (rd. 90 % der Kapazitäten) und umfasste vor allem die Herstellung von Kartoffelstärke – die unter Friedensbedingungen bei Oetker bestenfalls als schlechte Alternative zur Maisstärke galt. Insgesamt war der Markt zersplittert und dezentral organisiert, sodass sich die Firma ohne größere Probleme und zu günstigen Preisen auf dem Markt versorgen konnte. Nach 1933 wurden die Stärkefabriken dem Reichsnährstand unterstellt, der den Stärkemarkt kontingentierte und die Preise regulierte. Damit waren die Rahmenbedingungen für ein Investment auf dem Stärkemarkt noch ungünstiger geworden: Wenn man keinen direkten Zugriff auf die Produktion erhielt, sondern die Erzeugnisse erst abliefern musste, um dann auf Zuteilungen zu hoffen, machte der Betrieb einer eigenen Stärkefabrik erst recht keinen Sinn. Das war wenig attraktiv: Vor 1933 konnte man sich auf dem Markt günstig versorgen; nach 1933, als die Regulierung immer strikter wurde, bedeutete ein Engagement, sich noch stärker als bisher in das Kompetenzwirrwarr der nationalsozialistischen Wirtschaftsbehörden zu begeben. Selbst als sich im Krieg Übernahmechancen in verbündeten oder besetzten Ländern Osteuropas boten, zögerte Kaselowsky, da ihm die langfristige Perspektive zu unklar schien. Vielleicht müsse er ja seine Bedenken «in der heutigen Zeit» zurückstellen, aber eigentlich war es ihm «nicht besonders sympathisch […], eigene Rohstoffabriken zu betreiben».[182]

Umso wichtiger war es, ein auskömmliches Verhältnis zu jenen Stärkeproduzenten zu unterhalten, an denen auch Dr. Oetker nicht vorbeikam.

Neben der Hoffmann's Stärke AG, die de facto ein Monopol auf Reisstärke hatte, war dies die Deutsche Maizena Werke AG, der wichtigste Hersteller und Importeur von Maispuder, der seine Rohstoffe vor allem aus Übersee bezog. Der Maizena-Generaldirektor Erwin Dircks wurde zu einem verlässlichen Geschäftspartner Kaselowskys, mit dem er sehr vertraut allerlei geschäftliche Probleme besprach und auch gesellschaftlich verkehrte. 1938 litt darunter seine Beziehung zu Otto Künne, dem Generaldirektor der Hoffmanns's Stärke AG. Künne hegte diffuse, nationalistische Ängste vor einer kulturellen und wirtschaftlichen Amerikanisierung, war die Maizena doch der deutsche Ableger der amerikanischen Corn Products Refining Co. mit Sitz in New York. Während Künne versuchte, die NSDAP und die Behörden gegen den drohenden amerikanischen Einfluss zu mobilisieren, hatte für Kaselowsky die Versorgung mit Maispuder Priorität.[183] Selbst nach der deutschen Kriegserklärung an die USA am 11. Dezember 1941 dürfte Kaselowsky klar gewesen sein, dass Amerika mittelfristig ein wichtiger Handelspartner bleiben würde. Die Maizena galt nun als Feindvermögen, und Dircks setzte alles daran, das Eigentum seiner amerikanischen Partner zu schützen, indem er erfolgreich den Eindruck erweckte, er selbst kontrolliere das Kapital. Kaselowsky beglückwünschte seinen Geschäftsfreund zu diesem Manöver.[184] Immerhin war so die weitere gedeihliche Zusammenarbeit sichergestellt, die auch durch mehrere gemeinsame Beteiligungen dokumentiert wurde: Im Jahr 1942 verfügte Dr. Oetker zusammen mit der Maizena – zum Leidwesen Künnes – über eine Majorität bei Hoffmann's Stärke; die Nährmittelfabrik Karl Fr. Töllner GmbH in Bremen gehörte den beiden Firmengruppen je zur Hälfte; Maizena hielt inzwischen auch eine Sperrminorität an der Seidel & Naumann AG (25,6 %) und konnte zusammen mit dem 25 %-Anteil von Oetker die Firma kontrollieren.[185]

Die vertikale Integration war mit dem Erwerb der Mehrheit an der CFB abgeschlossen. Die Übernahme von Konkurrenten zur Marktbereinigung war kaum noch möglich, weil Oetker den Markt bereits dominierte. Deshalb sah sich Kaselowsky nach neuen Investitionsmöglichkeiten um und war bereit, auch größere Risiken einzugehen. Seit 1926 interessierte er sich für die Tankschifffahrt als zukunftsträchtiges Geschäft. Zusammen mit Albert Oetker von der Hamburger Marzipanfirma L. C. Oetker gründete er die Hansa Tank-Reederei GmbH, Hamburg. Diese erwarb 1927 in London einen Tanker, der auf den schönen

Namen «Winnetou» getauft und von der Atlantic Reederei GmbH, Hamburg, verchartert wurde. Die Bielefelder und Hamburger Oetkers traten also als Schiffseigner auf, überließen das Tagesgeschäft jedoch einem Partner. Kaselowsky war zusammen mit einem Hamburger Rechtsanwalt Geschäftsführer der neuen Reederei. Die Einlagen von 85 000 beziehungsweise 15 000 RM wurden ergänzt um einen Kredit, der über die Alfaha abgewickelt wurde. Insgesamt wollten Dr. Oetker 1,5 Mio. RM und Albert Oetker 200 000 RM investieren. Kaselowsky unterschätzte jedoch die Schwierigkeiten in dem stark volatilen Reedereigeschäft, zumal in der noch jungen Sparte der Tankschifffahrt. Das Risiko wie auch die Versicherungsprämien waren hoch, der Erfolg stark konjunkturabhängig. Häufige Reparaturen und die damit verbundenen Standzeiten drückten auf die Margen.[186] Dennoch liefen die Geschäfte nach einigen Anfangsschwierigkeiten rentabel. Anfang 1929 kamen Kaselowsky aber Zweifel an der Zukunftsfähigkeit der schwimmenden Wertanlage. Im Sommer 1930 trennte er sich schließlich von der Reederei, die von der Vereinsbank in Hamburg übernommen wurde.[187]

Die Oetker-Gruppe – (k)ein Konzern

Die strukturellen Grundlagen des Erfolgs wurden bereits in der zweiten Hälfte des 19. Jahrhunderts geschaffen: mit der Herausbildung eines nationalen Marktes, der Transportrevolution und der stärkeren Vernetzung der Wirtschaftsräume, mit dem Ausbau des Handels und vor allem der Entstehung eines flächendeckenden Kleinhandels, mit technischen Verbesserungen bei der Verarbeitung und Konservierung und schließlich mit veränderten Ernährungsgewohnheiten einer wachsenden Bevölkerung.[183]

Die ökonomische Ausgangsposition in der Zwischenkriegszeit war also trotz der Familien- und Unternehmenskrise zwischen 1916 und 1923 ausgezeichnet. Die Produkte der Nährmittelfabrik waren Teil der «zweiten Industriellen Revolution», mit der sich die moderne Konsumgesellschaft in der Breite zu etablieren begann.[189] In diesem Umfeld produzierte Oetker Konsumgüter in kleiner Stückelung, die auch für den schmalen Geldbeutel erschwinglich waren. Die Erzeugnisse waren praktische Hilfsmittel, die die Verarbeitung und Verfeinerung von Grundnahrungsmitteln (Milch, Mehl, Butter) ermöglichten und vereinfachten. Sie waren wie geschaffen für Zeiten, in denen noch nicht Fertiggerichte, sondern

Selbstgemachtes den Speiseplan prägte. Sowohl in Krisenzeiten als auch nach 1933, als unter den Bedingungen einer «budgetierten Volksgemeinschaft» Lohnniveau und Lebensstandard zugunsten von Autarkie und Rüstung gedeckelt blieben, versüßten Oetker-Produkte den Alltag, lange bevor moderne technische Konsumgüter überhaupt in der Masse der Haushalte angekommen waren.[190]

In den Jahren 1914 bis 1925 sowie 1936 bis 1941 boomte das Geschäft von Dr. August Oetker und erfuhr ein außergewöhnlich dynamisches Wachstum. In der ersten Phase vervierfachte sich der Warenumsatz fast, in der zweiten verdoppelte er sich noch einmal. Die dazwischen liegende Dekade verlief weit weniger dynamisch, brachte aber dennoch stetiges Wachstum bei Absatz und Umsatz. Selbst in den Jahren der Weltwirtschaftskrise zeigt die Entwicklung nur einen leichten Rückgang, die Firma verbuchte verhältnismäßig geringe Einbußen. Krieg und Krise schadeten dem Geschäft des Nährmittelproduzenten keineswegs (s. Anhang II). Auch im Vergleich zu anderen Branchen der Nahrungs- und Genussmittelindustrie waren diese Boomphasen außergewöhnlich.[191] In jedem Fall war Oetker am Ende der Weimarer Republik bereits der unangefochtene Marktführer in seiner Nische. Keiner der zahlreichen regionalen und lokalen Konkurrenten erreichte auch nur annähernd Oetkers nationale und internationale Marktposition. Und auch in der Region war Oetker in aller Stille zu einem Big Player geworden, der im Begriff war, die alten Industrien (Textil, Nähmaschinen, Fahrräder) zu überflügeln. Nicht ohne Stolz konstatierte Kaselowsky 1935, dass der Beitrag Oetkers zur Industrie- und Handelskammer Bielefeld etwa ein Viertel des Beitragsaufkommens ausmache, was allerdings auch der schwierigen Lage der anderen Branchen geschuldet war.[192]

Die wachsenden Erlöse aus dem Nährmittelgeschäft galt es seit den 1920er Jahren zu reinvestieren. Neben dem Ausbau der eigenen Firma und der vertikalen Integration kamen Beteiligungen in anderen Branchen in Betracht, wobei die konkreten Beziehungen weithin verschleiert werden sollten: Möglichst unbemerktes Wachstum im Stillen war ein weiterer, zentraler Baustein für Kaselowskys unternehmerisches Handeln. 1934 brachte Hugo Henkel diese Strategie auf den Punkt, als beide über eine mögliche Beteiligung an der Filmfirma Tobis Tonbild-Syndikat AG berieten, die auf Wunsch des Reichsministeriums für Volksaufklärung und Propaganda der Kontrolle niederländischer Kapitaleigner entzogen werden und auf ein Konsortium deutscher mittelständischer Markenunternehmen übergehen sollte. Henkel zeigte wenig Interesse, die Branche schien ihm zu starke Aufmerksamkeit auf sein Unternehmen zu lenken, dessen Beteiligungen teilweise in «peinliche[r] Öffentlichkeit» diskutiert worden seien. Kaselowsky habe es dagegen bisher «mit Geschick verstanden», dass seine Firma «ein Veilchen ist, was im Verborgenen blüht». Deshalb sei er in der Lage, seine «Beteiligungen so zu lenken, dass die Aufmerksamkeit nicht ungebührlich erregt wird».[193] Kaselowsky scheint dieses Bild sehr gut gefallen zu haben, pflegte er doch seinem Stiefsohn immer wieder zu sagen, Dr. Oetker solle «wie ein Veilchen im Verborgenen blühen».[194] Anfangs war Kaselowsky durchaus von der Idee angetan, in das glamouröse Filmgeschäft einzusteigen und sich so einen direkten Draht in das zukunftsträchtige Medium zu sichern. Letztlich schreckte ihn wohl, dass die Film-, Verlags- und Zeitungsbranche strenger politischer Kontrolle unterworfen waren und den branchenfremden Mittelständlern nur jeweils 5 % des Aktienkapitals zustehen sollte. Einfluss auf die Unternehmenspolitik war unter diesen Bedingungen praktisch ausgeschlossen. Für die Ziele «einige[r] ehrgeizige[r] Herren», wie Henkel es formulierte, wollte Kaselowsky die Liquidität der Firma Oetker nicht instrumentalisieren lassen.[195]

Durch seinen Veilchen-Vergleich fasste Henkel «durch die Blume» die Gepflogenheit Kaselowskys, seine Beteiligungen geschickt zu verschleiern und so öffentliche Aufmerksamkeit zu vermeiden. Das empfahl sich vor dem Hintergrund der wirtschaftspolitischen Diskussionen um den Status und die Rechtsform großer Unternehmen im «Dritten Reich». Einerseits war die auf ökonomische Effizienz, Autarkie und Rüstung getrimmte Wirtschaftspolitik der Nationalsozialisten auf große Konzerne angewiesen. Andererseits bestand vor allem an der NSDAP-Basis eine antikapitalistische Grundströmung fort, die zumindest propagandistisch bedient werden musste. Konzerne und generell Kapitalgesellschaften standen dort unter dem Generalverdacht nationaler und politischer Unzuverlässigkeit. Im Jahr der «Machtergreifung», vor der Niederschlagung des «Röhm-Putsches», war die Unsicherheit über die weitere Entwicklung des deutschen Wirtschaftssystems auch bei Kaselowsky mit Händen zu greifen: «Allzu groß und mächtig dastehende Unternehmen» würden sich «keines besonderen Wohlwollens erfreuen». Man tue daher gut daran, «sich in dem Rahmen, den man vom Schicksal erhalten hat, einigermaßen bescheiden einzurichten und möglichst ruhig zu verhalten».[196]

Richard Kaselowsky, dem persönlich haftenden Teilhaber eines Familienunternehmens, war es ein Anliegen, nicht mit anonymen Kapitalgesellschaften in einen Topf geworfen zu werden. Dabei war er sich durchaus darüber im Klaren, dass sich die ostwestfälische Nährmittelfirma unter seiner Ägide spätestens Anfang der 1930er Jahre zu einem Konzern entwickelte, unter dessen Dach sowohl Zulieferbetriebe als auch verschiedenste Firmenbeteiligungen zusammengefasst waren. In Ausnahmefällen verwendete er den Begriff sogar selbst.[197] Offiziell jedoch bestand er seit Mitte der 1930er Jahre auf einer Sprachregelung, die den Konzern-Begriff strikt vermied und durch Umschreibungen wie «Stammhaus», «Schwesterfirma» und Ähnliches ersetzte.[198] Demonstrativ und nicht nur aus taktischen Gründen betonte er gegenüber den NS-Behörden, «dass die Firma Dr. August Oetker als offene Handelsgesellschaft eine geschworene Feindin aller Konzerne wäre, und dass ich es immer ablehnte, etwa von einem Oetker-Konzern zu sprechen».[199] Auch Rudolf-August Oetker setzte im internen Schriftverkehr den Konzernbegriff in Anführungszeichen.[200] Passender schien der Begriff der «Oetker-Gruppe», der sich bis heute im Sprachgebrauch gehalten hat.[201]

Die Voraussetzungen dafür, «im Verborgenen zu blühen», waren bei Oetker freilich besonders günstig, da die Nährmittelbranche in ihrer überschaubaren Nische nur wenig öffentliche Aufmerksamkeit erhielt. Der allseits bekannte Markenname darf nicht darüber hinwegtäuschen, dass die Bielefelder Back- und Puddingpulverproduzenten nicht zur Wirtschaftsprominenz der 1930er Jahre zählten.

In seiner stillen Diversifizierungsstrategie war Kaselowsky nichts mehr zuwider als die Nennung Oetkers als Großaktionär oder in Verbindung mit Aktientransaktionen.[202] Der Kernbereich innerhalb der Reichsgrenzen war als inhabergeführte offene Handelsgesellschaft organisiert; Konzerntöchter waren der Muttergesellschaft direkt zugeordnet; die Niederlassung in Hamburg war rechtlich nicht eigenständig, sondern nur eine Abteilung der Bielefelder oHG. Um nach dem Ersten Weltkrieg nicht als deutsches Unternehmen zu gelten, wurden die Niederlassungen im europäischen Ausland aus taktischen Gründen in eine niederländische Holdinggesellschaft ausgegliedert: die Alfaha. Strohmänner fungierten als Eigentümer, die Geschäfte führte der belgische Kaufmann Edouard de Bary.[203]

Tabelle: Umsätze der Oetker-Betriebe im Ausland 1938[204]

Vertriebsgebiet	Umsatz in RM	
Danzig [West- und Ostpreußen, Polen]	2 238 944	27,8 %
Österreich	1 717 475	21,3 %
Tschechoslowakei	1 048 476	13,0 %
Belgien	957 673	11,9 %
Frankreich	826 620	10,3 %
Ungarn	317 520	3,9 %
Norwegen	268 114	3,3 %
Jugoslawien	183 670	2,3 %
Dänemark	159 492	2,0 %
Italien	158 477	2,0 %
Niederlande	138 153	1,7 %
Schweden	39 231	0,5 %
	8 053 845	

Das Auslandsgeschäft war in der Zwischenkriegszeit bereits gut aufgestellt. Im Jahr 1938 standen einem Umsatz von 46,1 Mio. RM im Inland immerhin 8,0 Mio. RM im Ausland gegenüber. Zu über 60 % betrafen diese Umsätze jedoch Gebiete, die bis zum Ersten Weltkrieg zum Deutschen Reich oder Österreich-Ungarn gehört hatten. Die Konsumenten dort schätzten offenbar auch weiterhin die Oetker-Produkte. Italien sowie die Benelux-Staaten, die primär von Brüssel aus beliefert wurden, zeigten ein gewisses Potenzial, während Ungarn, der Balkan und Skandinavien sich als schwierige Märkte erwiesen.[205] Die Esskultur – oder besser: die Backkultur – war in den europäischen Ländern sehr verschieden, ein Markt für Backpulver und Pudding musste teilweise erst geschaffen werden.

Ein Beispiel für einen solchen Markt mit starker deutscher Minderheit war das ehemalige Reichsland Elsass-Lothringen, das im Versailler Vertrag 1919 Frankreich zugesprochen worden war. Nach dem Ersten Weltkrieg wurde die Belieferung der Region mit Oetker-Produkten unter dem Namen des ehemaligen Oetker-Generalvertreters Adolphe Ancel fortgesetzt und nun der ganze französische Markt erschlossen. Das Markenlogo wurde leicht verändert, sein Ursprung dürfte aber für die Kundinnen erkennbar gewesen sein: Der «helle Kopf» trug nun eine elsässische Haube, eine *coiffe*. Das Kapital dafür stammte mehrheitlich von Oetker. Die Kontrolle über die Fabrique Alsacienne Adolphe Ancel S. A. in Straßburg wurde jedoch maskiert durch Strohmänner und -frauen, die treuhänderisch die Aktiengesellschaft gründeten; später ging das Kapital an die Alfaha über. Ancel wurde also als französisches Unternehmen mit niederländischem Kapital getarnt. Nach der Annexion des Elsass 1940 war es für Oetker ein Leichtes, die Straßburger Fabrikgebäude unter eigene Kontrolle zu bekommen und dort eine Außenstelle des Bielefelder Haupthauses einzurichten: Aus der Sicht der deutschen Besatzer war der deutsche Charakter der Fabrik eindeutig, an den wahren Eigentumsverhältnissen bestanden keine Zweifel.[206] Dieselbe Notwendigkeit zur Tarnung bestand in Polen. Bei der Gründung einer Hefefabrik durften die Namen Oetker und Kaselowsky auf keinen Fall auftauchen. Eine Kapitalgesellschaft mit Deckmännern als Gründer schien erneut der richtige Weg, Kapitalspritzen erfolgten anonymisiert durch die Alfaha. Ähnlich wollte Kaselowsky bei der Gründung einer Niederlassung in Warschau vorgehen – hier ließ es sich aber nicht vermeiden, den Markennamen in die Firmierung aufzunehmen.[207]

In der Familie lehnte man «alle Beteiligungen ab, bei denen wir persönlich in Erscheinung treten müssen».[208] Das galt erst recht außerhalb des Nährmittelsektors, neben der Muttergesellschaft wurde deshalb parallel zur ausländischen Alfaha eine weitere Holding ohne operatives Geschäft gegründet. Die Industriebeteiligungsgesellschaft mbH (Indubeg) bündelte zwischen 1928 und 1939 die innerdeutschen Kapitalbeteiligungen. Das sich entwickelnde Firmengeflecht war damit vordergründig vom Kerngeschäft isoliert, der Name Oetker blieb außen vor.[209] Bei Generalversammlungen sollten auf den Namen der Bielefelder Delegierten möglichst nur geringe Beträge gemeldet und größere Aktienpakete durch «neutrale Persönlichkeiten» vertreten werden, in der Regel Vertreter der Dresdner Bank. Der Name Oetker solle am besten gar nicht erwähnt werden, instruierte Kaselowsky seinen Schwager Brückner, der seit 1935 viele Beteiligungen betreute: Er solle nur von sich und seinen «‹Freunden› […] sprechen. Wer diese Freunde sind, kann sich dann ja jeder selbst überlegen.»[210] Aus demselben Grund war Kaselowsky in den 1930er

Jahren daran gelegen, nicht mehr selbst in den Listen deutscher Aufsichtsräte zu erscheinen. Die Nennung erwecke den Eindruck – ob zu Recht oder nicht –, dass Oetker die Unternehmungen beherrsche.[211] Da war es nur konsequent, dass bei Kriegsende 1945 an Firmen außerhalb des Kerngeschäfts die Firma Dr. August Oetker und die «Kommerzienrätin» zumindest pro forma in der Regel nicht beteiligt waren, sondern neben Kaselowsky nur Rudolf-August und Ursula Oetker.

Den Beteiligungsbestand (s. Anhang III) baute Kaselowsky seit Mitte der 1930er Jahre nochmals deutlich aus und erschloss neue Handlungsfelder für Dr. Oetker: In der Brauerei- und Getränkeindustrie erkannte Kaselowsky ab Mitte der 1930er Jahre einen Wachstumsmarkt. An drei mittelgroßen Aktiengesellschaften erwarb er jeweils einen signifikanten Anteil, wobei über die Beteiligung an der bekannten schlesischen Sektmarke Grempler & Co. AG, Grünberg, nichts weiter bekannt ist. Die Aktien der Klosterbrennerei AG im badischen Emmendingen und der Malzbierbrauerei Groterjan AG, die 1936 bis 1938 ins Oetker-Portfolio kamen, entstammten zwei «Arisierungen». In beiden Fällen erwarb Kaselowsky Aktienpakete deutlich über der Sperrminorität.[212] Hinzu kamen mit der Zeit kleinere Anteile an Großbrauereien, vor allem an der Dortmunder Actien-Brauerei (rd. 5,1 % von 17 Mio. RM) und der Schultheiss-Brauerei AG (rd. 3,7 % von 67,68 Mio. RM, einschließlich Vorzugsaktien). Gemessen am gesamten Aktienkapital dieser Brauereikonzerne, hielt sich der Einfluss der Oetker-Gruppe hier zwar noch in Grenzen, der nötige Kapitalaufwand überstieg jedoch deutlich die Summen, die zum Eintritt in die drei kleineren Aktiengesellschaften nötig waren.[213]

Das zweite Feld erschloss sich Kaselowsky im Rahmen der Reprivatisierung deutscher Reedereien durch das NS-Regime. Der Konzentrationsprozess der deutschen Seeschifffahrt hatte zeitgleich mit der Weltwirtschaftskrise seinen Höhepunkt erreicht, als die Hamburg-Amerikanische Packetfahrt-Actien-Gesellschaft und der Norddeutsche Lloyd zur Hapag-Lloyd-Union verschmolzen. Der Konzern war Ende 1932 mit der immensen Summe von 503 Mio. RM verschuldet und nur noch durch staatliche Kreditgarantien zu retten; im Gegenzug setzte das Reich einen Treuhänder ein und übernahm de facto die Kontrolle über die deutsche Handelsschifffahrt. Nach anfänglicher Unklarheit über die Schifffahrtspolitik der 1933 an die Regierung gekommenen Nationalsozialisten wurde die deutsche Seeschifffahrt wieder privatisiert und die Gelegenheit zur Dekonzentration genutzt: Vormals eigenständige Linien wurden wieder ausgegliedert, darunter die Hamburg-Südamerikanische Dampfschiffahrts-Gesellschaft AG (Hamburg Süd) und die Deutsche Levante-Linie AG, die später in die Bock, Godeffroy & Co. KG überging.[214]

Die Vereinsbank in Hamburg gehörte zu dem Konsortium, das 1936 das überwiegend im Besitz des Reiches befindliche Aktienkapital der Hamburg-Süd übernahm (Grundkapital 10 Mio. RM). Die Bank reichte 12 % des Kapitals an Kaselowsky weiter, der die Aktien bei der Indubeg parkte. Anfang 1937 wurde Richard Kaselowsky in den Aufsichtsrat der Reederei gewählt.[215] Im Juli 1942 übernahm zusätzlich Rudolf-August Oetker ein Mandat, nachdem Kaselowsky das Paket durch Zukäufe auf schließlich 19,7 % der Anteile erweitert hatte.[216] Diese Strategie wurde nach Kriegsende bereits 1946/47 fortgesetzt. In Absprache mit der Familie Oetker begann der Treuhänder der britischen Besatzer, Ernst Tüscher, umgehend, weitere Hamburg Süd-Aktien aufzukaufen. Im Laufe des Jahres 1946 erreichte er die Sperrminorität von 25 % der Aktien.[217]

Eine weitere Gelegenheit bot sich 1942 bei der Deutschen Levante-Linie, über deren Gründung seit 1934 verhandelt wurde, um den Levante-Dienst der Hapag zu übernehmen. Mit von der Partie waren erneut die Vereinsbank in Hamburg und die Dresdner Bank. Eine möglichst große Zahl von Aktien sollte bei Hamburger Geschäftsleuten untergebracht werden. Dagegen sträubte sich jedoch die Bremer Geschäftswelt. Deswegen wurden 1935 zwei Aktiengesellschaften gegründet, eine bremische und eine hamburgische.[218] Wann und wie Dr. Oetker die ersten Anteile an der Deutschen Levante-Linie AG aus Hamburg erwarb, ist unklar – vermutlich geschah dies wieder über die Vereinsbank und Otto Stürken. Kaselowsky verkaufte seine 5,45 % vom Grundkapital der AG an die 1942 neu gegründete Bock, Godeffroy & Co. KG, die den Levante-Dienst übernahm, trat als Kommanditist ein und brachte einen Teil des Kaufpreises als Einlage ein. Den Anteil von anfangs nur 4 % baute er bis 1944 aus. Rudolf-August Oetker erwarb noch im März 1945 weitere Anteile, sodass er zusammen mit seiner Schwester bei Kriegsende 12,5 % des Kapitals der KG kontrollierte.[219]

Unabhängig von den Privatisierungen wollte Kaselowsy vermutlich die steuerliche Förderung der deutschen Hochseefischerei durch das NS-Regime nutzen. 1936 beteiligte er sich mit 600 000 RM an der neu gegründeten Hermann Söhle KG aus Wesermünde. Die Grundlage der Firma war ein Fischdampfer, den der Reeder Wilhelm Söhle als Komplementär einbrachte. Neben Söhle und einer weiteren Kommanditistin stellte Oetker mit 600 000 RM Einlage gut die Hälfte des Kapitals und war zu 50 % am Gewinn beteiligt. Die KG wurde im Frühjahr 1938 ins Handelsregister eingetragen, die Kommandit-Anteile der Oetker-Gruppe verteilten sich nun auf Kaselowsky (120 000 RM), Rudolf-August und Ursula Oetker (je 240 000 RM). Drei neue Schiffe wurden beschafft. Nach dem Tod Kaselowskys übernahm Richard jun. die Anteile seines verstorbenen Vaters.[220]

Mit den beiden Reedereien und der Hochseefischerei strebte Kaselowsky ein langfristiges Engagement in einem neuen Betätigungsfeld an. Dafür sprechen einerseits die aufgewendeten Summen, andererseits die kommanditistischen Beteiligungen bei Hermann Söhle und Bock, Godeffroy & Co. Schließlich war man in Bielefeld sonst sehr darauf bedacht, nicht namentlich mit Investments in Verbindung gebracht zu werden. Brauereien und Reedereien waren wichtige Sprungbretter der zur Expansion ansetzenden Oetker-Gruppe. Allerdings waren die Schiffe nach Kriegsende verloren, sie waren von der deutschen Marine oder den Alliierten requiriert oder zerstört worden.

Als 1941/42 eine Meldepflicht für nach Kriegsbeginn erworbene Aktienwerte eingeführt wurde, mussten auch Dr. Oetker und die Eigner ihre Aktienkäufe seit dem 1. September 1939 an die Reichsbank melden. Da mehr Anteile gekauft als verkauft worden waren, drohte der zwangsweise Umtausch in Schatzanweisungen des Reiches, mit denen das NS-Regime diesen Zuwachs zugunsten der Kriegsfinanzierung abschöpfen wollte. Deswegen definierte Kaselowsky einige unverkäufliche, strategisch wichtige Werte: Die Hamburg Süd war eine Beteiligung für die Zukunft und wichtig für das Verhältnis zur Vereinsbank in Hamburg; mit Knorr und der Schwartauer Werke AG verbanden Dr. Oetker gemeinsame Interessen auf dem Lebensmittelmarkt; Koch's Adler war ein «alte[s] Bielefelder Unternehmen», eine Fahrrad- und Nähmaschinenfabrik, an der man seit den 1920er Jahren maßgeblich beteiligt war. «An den übrigen Werten hängen wir nicht.»[221] Das berücksichtigte allerdings die Aktienkäufe vor 1939 nicht – tatsächlich war die Liste der für Oetker «wertvolle[n] Gesellschaftsrechte» deutlich länger. In einem nicht datierten, vermutlich vorsorglich entworfenen

Vertrag zwischen Kaselowsky, Ursula und Rudolf-August Oetker wurden «Mehrheitsrechte oder bedeutsame Minderheitsrechte» aufgelistet, die bei der Firma verwahrt werden sollten und für die sich die Partner gegenseitig ein Vorkaufsrecht zusicherten. Das umfasste neben den neuen Interessengebieten auch einige der großen, älteren Beteiligungen.[222]

Neben der Vielzahl an kleineren Aktienpaketen und Anleihen im umfangreichen Portfolio war das die Ausgangsbasis für die Entwicklung der Oetker-Gruppe nach 1945. Zu den westfälischen Gesellschaften und den befreundeten Firmen aus dem Nahrungsmittelgewerbe hatten sich neue sektorale (Getränke) und regionale Schwerpunkte (Hamburg) gesellt.[223]

Privatmann

In der klassischen Unternehmertypologie Joseph Schumpeters entsprach Richard Kaselowsky wohl am ehesten dem «Fabrikherrn», bei dem Unternehmerfunktion und Kapitalbesitz in einer Person zusammenfielen.[224] In seinem Selbstverständnis und Habitus war er ein Fabrikherr im Sinne des 19. Jahrhunderts und des Frühkapitalismus, der autokratisch sein Industrieunternehmen leitete und – ganz Patriarch – Wert auf ein unmittelbares, nicht rechtlich vermitteltes Verhältnis zu seinen Arbeitern und Angestellten legte. Wie sich zeigen wird, kam ihm hier die nationalsozialistische Ideologie der «Betriebsgemeinschaft» entgegen.

Kaselowsky vereinte alle zentralen Unternehmerfunktionen in sich. Als Teilhaber war er selbst Kapitalgeber, gleichzeitig übte er entscheidenden Einfluss auf Lina Oetker als Haupteignerin aus, die ihm in unternehmerischen Entscheidungen schließlich voll vertraute. Er verfügte über kaufmännische Expertise und verantwortete – ab 1933 praktisch alleine – das operative Geschäft und die strategische Ausrichtung der Firma. Die technische Leitung hatte er zwar weitgehend delegiert, wegen der im Vergleich geringen Komplexität der Produktionsverfahren konnte er in diesem Bereich aber durchaus die Oberaufsicht und den dafür notwendigen Sachverstand für sich beanspruchen. Er legte von Beginn an Wert darauf, dass Dr. Oetker ein inhabergeführtes Unternehmen war und blieb; dem sollte das Selbstverständnis der leitenden Angestellten entsprechen. Die Erwartungen hinsichtlich Loyalität und Betriebstreue waren hoch.

In der Zwischenkriegszeit erweiterte Kaselowsky sukzessive sein Handlungsfeld. Die Wachstumsmöglichkeiten im Bereich der Süßspeisen waren jedoch begrenzt. Der Ausbau des Sortiments erfolgte vor allem über neue Geschmacksrichtungen; neben den klassischen Aromen Schokolade, Vanille, Nuss und Mandel hatten exotische Varianten wie Pflaume oder Ananas eher ergänzenden, teils auch experimentellen Charakter. Der Backpulvermarkt stieß an gleichsam natürliche Grenzen, wenn erst einmal jeder Haushalt Oetker-Produkte nutzte. Selbst wenn während der Kriegsjahre über diätetische Lebensmittel, Gemüsepulver und andere Produktinnovationen (z. B. kalt anzurührende Süßspeisen) nachgedacht wurde: Die Möglichkeiten waren limitiert, und die Marke, die mit Süßspeisen und Backen fest verbunden war, ließ sich nicht ohne Weiteres auf andere Lebensmittel übertragen.

Die Explosion der Päckchenproduktion und die durch schieres Umsatzwachstum generierte Liquidität trieben indes den seit Mitte der 1920er Jahre ungebrochenen Expansions- und Diversifizierungsprozess an. Dieser setzte anfangs noch zaghaft und tastend ein. Man investierte in Branchen, die man kannte, oder in Firmen in der Region. Dem folgten erste Ausbruchsversuche aus diesen Begrenzungen. Der Tanker «Winnetou» war ein eindrückliches Sinnbild einer Strategie von Versuch und Irrtum. Ab Mitte der 1930er Jahre erschloss Kaselowsky zunehmend die Bereiche Brauereien und Getränke sowie Reederei für Dr. Oetker. Seitdem befand sich die Firma in einem Übergangsstadium vom mittelständischen Industrieunternehmen zum Familien-«Konzern», auch wenn Kaselowsky den Begriff nicht schätzte. Die beiden Holdings für Inlands- und Auslandsbeteiligungen, die Alfaha und die Indubeg, dienten primär dem Zweck, diese Entwicklung für Außenstehende zu verschleiern. Zudem trennten sie das Beteiligungsgeschäft von der Muttergesellschaft und der Marke Oetker.

Diesen wachsenden Konzern leitete Richard Kaselowsky seit 1933 gleichsam autokratisch, abgesehen vom Genehmigungsvorbehalt der Kommerzienrätin in zentralen Fragen. Der zunehmende Arbeitsanfall prägte auch seinen Alltag. Gleichwohl legte er Wert darauf, sich Freiräume zu schaffen und sich immer wieder den Rückzug aus dem Betriebsalltag zu ermöglichen. Dazu gehörten auch zahlreiche Reisen. Kaselowsky war natürlich geschäftlich unterwegs, besuchte die Filialen, nahm an Aufsichtsratssitzungen teil und erledigte Behördengänge in

Berlin. Nach seiner Aufnahme besuchte er die allmonatlichen Treffen des Freundeskreises Reichsführer-SS in der Reichshauptstadt und fuhr darüber hinaus auch öfter mit seinem Bruder Theo nach Berlin. Seiner Frau Ida missfielen diese Ausflüge, die mit geschäftlichen Verpflichtungen wenig zu tun hatten.[225] Hinzu kamen alljährliche Ferienaufenthalte mit der Familie auf der Nordseeinsel Juist, wo Theo ein Haus besaß, und häufige Kuraufenthalte. Einmal im Jahr ließ er sich im Glottertal im Schwarzwald für mehrere Wochen wegen seines Herzfehlers behandeln.[226] Wichtige Post wurde ihm zwar nachgeschickt, aber prinzipiell übernahmen in diesen Zeiten seine Stellvertreter und Bevollmächtigten die Leitung.[227] Das System Oetker funktionierte also weitgehend reibungslos – auch wenn der Chef nicht vor Ort war.[228]

Zusätzlich zu seinem Herzfehler war Kaselowsky auch sonst nicht von robuster Gesundheit. Zwischen Februar und April 1932 litt er an einer langwierigen und schmerzhaften Nierenkolik, die ihn fast völlig vom Geschäftsbetrieb fernhielt. Ein Jahr später fesselte ihn im Februar eine langwierige Grippe ans Bett, die ihm «aufs Herz schlug» und ihn zu einem erneuten Aufenthalt im Glotterbad motivierte.[229] Das war vermutlich mit ein Anlass, sich stärker aus dem Alltagsgeschäft zurückzuziehen und sich weniger als in den vorangegangenen Krisenjahren in die operativen Geschäfte der von ihm kontrollierten Firmen einzumischen. Wie er selbst es ausdrückte, wollte er zukünftig «etwas weniger autokratisch […] lenken».[230] Der Tatwille des Unternehmers stieß hier an seine gesundheitlichen Grenzen, dessen war sich Kaselowsky bewusst. Auch Lina Oetker musste dies 1941 erkennen: «Und heute noch setzt Vater Richard seine ganze Kraft ein, wenn es ihm auch gesundheitlich manchmal nicht ganz leicht wird.»[231] Möglicherweise lag hier auch der tiefere Grund für die organisatorischen Änderungen in der Betriebsführung ab 1933, die Kaselowsky nach dem Tod Louis Oetkers entlasten sollten.[232]

Nichtsdestoweniger hatte Kaselowsky weiterhin einen gut gefüllten Terminkalender und zahlreiche Verpflichtungen. Das passte gar nicht zu dem «angeborenen Hang zur Beschaulichkeit»[233], den er sich selbst attestierte. Als Ausgleich nahm er bereits in den 1920er Jahren seine züchterischen Ambitionen wieder auf, die er 1919 vorerst hatte aufgeben müssen. Sobald die Geschäfte nach der Goldenberg-Krise wieder in Gang gekommen waren, widmete er sich wieder der Tierzucht. Mit Hugo Henkel korrespondierte er über Geflügelzucht und freute

Kaselowsky mit Rennpferd und Jockey

sich sichtlich, als der Chemie-Unternehmer ihm Bruteier zukommen ließ.[234]

In den Vordergrund rückte indes die Pferdezucht, die weit mehr als ein Hobby für Kaselowsky war und die er mit beträchtlichem finanziellen und zeitlichen Aufwand verfolgte. Die lange Niederschrift seiner diesbezüglichen Erfahrungen enthielt die «Leidensgeschichte einer Passion».[235] Mittelpunkt dieser Aktivitäten war das Gestüt Ebbesloh, das Kaselowsky 1926 erworben hatte. Es war eines von mehreren landwirtschaftlichen Gütern, die die Familie in der Zwischenkriegszeit ihr Eigen nannte. In Ebbesloh hielt sich die Familie häufig auf, im Krieg wurde der Hof zum Rückzugsort der Familienmitglieder.[236] Von der Lokalpresse als «musterhafter Pferdezuchtbetrieb» gelobt, erwartete den Besucher Kaselowskys Wahlspruch: «Wer kein Herz hat für die Tiere, der meide stets des Stalles Türe.»[237] In einem auf den ländlichen Raum und auf sportliche Leistung derart fokussierten politischen System wie dem

«Dritten Reich» bot Ebbesloh zudem eine gute Kulisse für die Selbstrepräsentation des Unternehmers. Bei einer Rundreise der «Alten Garde» der NSDAP durch Westfalen war das Gestüt eine der Stationen einer Leistungsschau, die die langjährigen Parteigenossen beeindrucken sollte.[238]

An wichtigen Pferderennen, bei denen seine Tiere antraten, nahm Kaselowsky häufig selbst teil. Alexander Becker ironisierte diese großbürgerliche Form der Freizeitgestaltung: «Du hasts gut: Du sitzest in Berlin, siehst schöne Sachen an, erweckst Klassenhass und meinen Neid und schickst mir dazu noch ein Bild meines Freundes Nanuk» – eines Trakehner-Hengstes.[239] Neben Becker war zeitweise Max Brings ein wichtiger Korrespondenzpartner, bei dem sich Geschäftliches und Pferdesport mischten. Mit dem jüdischen Geschäftsfreund Brings stand Kaselowsky seit Anfang der 1920er Jahre in engem Kontakt, seit dieser ihn beim Erwerb von Goldenberg-Aktien und später bei der Übernahme der Chemischen Fabrik Budenheim unterstützt hatte.[240] Bis mindestens Ende 1932 hatte Kaselowsky seine Pferde bei Brings untergestellt, wenn sie in Berlin-Hoppegarten antraten, ehe er dort möglicherweise einen eigenen Stall erwarb.[241] Für die eher zur Sparsamkeit neigende Ida Kaselowsky war die Pferdezucht ihres Ehemanns ein unnötig kostspieliges Hobby; deshalb schien es ihm geraten, ihr vom Kauf eines weiteren Rennstalls, des Stalls Sparrenburg, erst gar nichts zu erzählen.[242] Als ihm dann noch ein Schuldner, M. J. Oppenheimer, der bereits Pferde an Kaselowsky verpfändet hatte, sein Gestüt «Erlenhof» bei Bad Homburg zur Tilgung der Schulden anbot, war Kaselowsky zwar zunächst nicht abgeneigt, am Ende aber doch erleichtert, dass Heinrich von Thyssen-Bornemisza ihm zuvorkam.[243]

Anders als Ida Kaselowsky hatte Lina Oetker kein Problem mit seinem kostspieligen Hobby. Da er sich während der Iffezheimer Rennsaison häufig in Baden-Baden aufhielt, beabsichtigte Kaselowsky, sich ein Domizil in der Kurstadt zuzulegen. Ida war von der Idee wenig begeistert, fürchtete sie doch, sich um einen weiteren Haushalt kümmern zu müssen. Die Kommerzienrätin beendete den Streit pragmatisch: Ihr war die Aktienmehrheit der Parkhotel Brenner AG angeboten worden. Die Familie wohnte traditionell in dem Haus, das seit Kriegsbeginn wegen ausbleibender Gäste in finanzielle Schieflage geraten war. Lina Oetker erwarb 1940 die Aktienmehrheit, und Richard Kaselowsky richtete sich im Hotel eine Wohnung ein. Fortan verfügte er über eine feste Bleibe in Baden-Baden, die keinen Komfort vermissen ließ und seiner Frau keine Arbeit machte.[244]

Gegenüber Brings, der zu Beginn der 1930er Jahre in der Weltwirtschaftskrise in geschäftliche Schwierigkeiten geriet und bei ihm Schulden hatte, machte der Oetker-Chef klar, dass er sich von seinen Pferden trennen müsse. Falls nötig, müsse alles Mögliche flüssig gemacht werden, um das Geschäft weiterzuführen. Man könne alles wieder zurückkaufen; gehe jedoch das Geschäft ein, lasse sich der Schaden nicht wiedergutmachen.[245] In der Weltwirtschaftskrise hatte Kaselowsky diesen Ratschlag selbst beherzigt und sich auf Ebbesloh eingeschränkt – freilich war er immer noch liquide genug und willens, Brings sechs Pferde abzukaufen.[246] Zu einem allzu großen Verlustgeschäft wollte Kaselowsky seine Passion ohnehin nicht werden lassen; dazu war er wohl in geschäftlichen Dingen auch zu ehrgeizig. Rudolf-August Oetker erinnerte sich später, dass sein Vater immer versuchte, mit «plus minus null» auf Ebbesloh zu wirtschaften, und bei Defiziten Pferde verkaufte.[247] Dazu passt, dass Kaselowsky nebenbei auf dem Gestüt eine kleine Schweinemast betrieb. Die Tiere fütterte er mit den Abfällen der Puddingpulver-Herstellung, sodass sich die Haltung auf jeden Fall rentierte.[248] Gleichwohl war die Pferdezucht vermutlich ein Zuschussgeschäft, auch wenn der Erfolg bei Rennen nicht ausblieb: Ebbesloh gehörte in den 1930er Jahren zu den aufstrebenden jüngeren Gestüten im Reich. Ein Höhepunkt war zweifelsohne der zweimalige Sieg in Berlin-Hoppegarten, als Kaselowskys Pferde 1937 und 1940 die Rennen um die «Goldene Peitsche» gewannen. 1937 überreichte ihm Göring persönlich den Preis.[249]

Ebbesloh war zweifelsohne ein Ersatz für die 1919 aufgegebene «ländliche Existenz», der Kaselowsky nicht ohne Koketterie in späteren Jahren nachtrauerte. Tatsächlich fand er in der Führung der Firma Dr. Oetker Erfüllung, ging darin aber nicht vollständig auf. Das verhinderte nicht nur seine Leidenschaft für Rennpferde. Kaselowsky war außerdem ein Familienmensch und verfügte auch über eine romantische Ader. Noch 1944 versuchte er mit großem Aufwand, ein Pony und einen Wagen als Geburtstagsgeschenk für seine Gattin aufzutreiben.[250] Im Krieg äußerte er gegenüber engen Geschäftsfreunden die Sorge um seine Söhne und Töchter.[251] Ilse war mit ihrem Mann in die besetzten Niederlande gezogen; das Nesthäkchen Ingeborg war bei einer Laienspielschar dienstverpflichtet. Richard jun. hielt sich derweil auf Gut Götz auf und gewöhnte sich an den Gedanken, statt einer Offizierskarriere eine Laufbahn als Landwirt einzuschlagen.[252] Kaselowskys leiblicher Sohn war 1941 an der

Richard Kaselowsky erhält die «Goldene Peitsche» aus den Händen Hermann Görings

Ostfront schwer verwundet worden, und die Genesung zog sich über Jahre hin. Seine Pläne, in der Panzertruppe zu dienen, wurden vereitelt. Dass alle Versuche, die Militärbehörden 1944 doch noch zu seiner Reaktivierung zu bewegen, um die Offizierslaufbahn einschlagen zu können, ohne Erfolg blieben, dürfte Kaselowsky als positiv empfunden haben: Die schwere Verletzung seines leiblichen Sohnes belastete ihn sehr; sein zweiter Sohn Theodor war bereits 1930 im Alter von sieben Jahren an einer Mittelohrentzündung gestorben.[253]

Von einer einseitigen Ausrichtung auf das Unternehmen, gar von «Bereitschaft zur Monomanie», kann in Kaselowskys Fall nicht die Rede sein.[254] Kaselowsky war in zunehmendem Maße bereit, Aufgaben und Entscheidungskompetenzen zu delegieren, und schuf sich dadurch notwendige Freiräume und Entlastung. Die Kontrolle gab er freilich nicht aus der Hand. Dabei mag ihm geholfen haben, dass er – sosehr er sich auch mit seiner Aufgabe identifizierte – ein Unternehmenslenker auf Abruf war. Als Treuhänder für den eigentlichen Firmenerben gestaltete er eine Übergangszeit, und dessen blieb er sich bewusst. Es spricht vieles dafür, dass er sich zu gegebener Zeit von der Leitung der Firma Dr. August Oetker zurückgezogen und seinem Sohn ein wohlbestelltes Erbe übergeben hätte – soweit der Krieg und die Niederlage dies zuließen. Kaselowsky hätte sich vermutlich mit der Existenz des großbürgerlichen Rentiers begnügt. Sein Privatleben, das neben der Firma auch andere Leidenschaften kannte, hätte ihm zweifelsohne diesen Übergang erleichtert. Letztlich muss diese Frage jedoch hypothetisch bleiben: 1944 machte das Schicksal die ausgeklügelten Pläne zur Stabübergabe zur Makulatur, als Richard Kaselowsky, seine Frau Ida und die zwei Töchter Ingeborg und Ilse bei einem Bombenangriff in ihrer Villa ums Leben kamen.

4. Oetker, Kaselowsky und der Nationalsozialismus

Seit der «Machtergreifung» sind bei Richard Kaselowsky deutliche ideologische Sympathien für den Nationalsozialismus erkennbar. Ihre politischen Wurzeln liegen im Dunkeln – wie viele andere scheint Kaselowsky sich von einem eher nationalliberalen Standpunkt aus nach rechts orientiert zu haben. Die Republik von Weimar und mit ihr das demokratisch-pluralistische System hatten für ihn spätestens in der Krise seit Ende der 1920er Jahre ihre Legitimation verloren; die nationalsozialistische Alternative erschien als Chance. Die Weltanschauung der Nationalsozialisten war nach vielen Seiten anschlussfähig und bot auch Kaselowskys Überzeugungen zahlreiche Anknüpfungspunkte, angefangen bei der Revision des Vertrages von Versailles und dem Wunsch nach einem starken Führer. Nach der Machtübernahme flossen der erfolgreichen NS-Bewegung und insbesondere ihren Sozialwerken erhebliche Spendensummen zu, und Kaselowsky trat als «Märzgefallener» der Partei bei. Obwohl er selbst kein genuiner Rassenantisemit war, setzte er die Verfolgungsmaßnahmen des Regimes in seinem Einflussbereich um und war bereit, die NS-Propaganda in sein Weltbild zu integrieren. Antisemitischen Stereotypen hing er durchaus an.

Große Übereinstimmung gab es auf dem Gebiet der Sozial- und Gesellschaftspolitik, wo ältere Traditionen der Firma Oetker eine Verbindung mit dem Modell der nationalsozialistischen «Volksgemeinschaft» eingehen konnten. Kaselowsky war entschlossen, ihre Grundsätze bei Oetker umzusetzen: Er sah sich als «Betriebsführer» an der Spitze seiner «Betriebsgemeinschaft» – der «Hellkopf-Familie». In der betrieblichen Sozialpolitik, die seit den Tagen des Firmengründers großen Stellenwert in Bielefeld besaß, entwickelten Kaselowsky und seine Frau Ida seit Ende der 1920er Jahre das neue Instrument der «Sozialen Betriebsarbeit». Das

Konzept bot eine für die NS-Sozialpolitiker attraktive Form, die Arbeitsbeziehungen unter dem Signum der «Volksgemeinschaft» zu organisieren. Sie fügte sich nahtlos in nationalsozialistische Vorstellungen und wurde später durch die NS-Frauenschaft adaptiert. Dieses Engagement wurde vom Regime honoriert: 1937 gehörte Oetker zu den ersten Firmen, denen die Auszeichnung eines «Nationalsozialistischen Musterbetriebs» verliehen wurde. Daneben förderte Kaselowsky die ländliche Kleinsiedlung für Arbeiter und interessierte sich für die Bauernsiedlung im «Osten». Dabei verbanden sich sozialreformerische und kulturkritische Züge mit einem nationalistisch-völkischen Moment.

Zum Wohle der NSDAP war Kaselowsky sogar bereit, ökonomische Opfer zu bringen. Wie in vielen anderen Gauen auch darbte in Ostwestfalen das regionale Parteiblatt. Mit den «Westfälischen Neuesten Nachrichten» kontrollierte er das wichtigste Konkurrenzblatt der bürgerlichen Presse. Auf eine Bitte des Gauleiters hin war er sofort bereit, die gutgehenden WNN an die Partei abzutreten. Auch wenn sich die Verhandlungen hinzogen, ließ Kaselowsky keine Zweifel aufkommen, dass er den Willen der Partei zu erfüllen wünschte.

Als ganz besondere Auszeichnung empfand es Kaselowsky zweifelsohne, als er Aufnahme in den Freundeskreis Reichsführer-SS fand. Auch wenn dies nicht bedeutete, dass er fortan direkten Zugang zu Himmler gehabt hätte oder damit politischer Einfluss einhergegangen wäre: Die regelmäßigen Treffen der hochrangigen Mitglieder aus Wirtschaft, Staat und SS eröffneten ihm Zugang zu einem exklusiven Netzwerk. Neben Kontakten und geschäftlichen Chancen genoss der Oetker-Chef das damit verbundene Sozialprestige.

Ankunft im Nationalsozialismus

Welchem politischen Lager die Familie Oetker und Richard Kaselowsky in den Jahren der Weimarer Republik zuneigten, lässt sich aus den Quellen nur schwer nachzeichnen. Seine 1936 verfassten «Erinnerungen» über die ersten 15 Jahre seiner Tätigkeit als Teilhaber der Firma Dr. August Oetker schweigen dazu. Am ehesten verrät noch seine Darstellung der Revolution 1918/19 bürgerlich-konservative Ansichten. Er erinnerte sich an «kommunistische Aufstände und Unruhen» sowie an «Nachrichten von Überfällen, Fabrikplünderungen» und «Hungerrevolten». Die unzweifelhaften Chancen, die der demokratische Umbruch von 1918/19 gerade auch dem Bürgertum eröffnete, scheint er nicht gesehen zu haben.[1] Dieser bürgerlich-nationale Konservatismus war gegenüber der demokratischen Republik grundsätzlich kritisch eingestellt.

Immerhin steht fest, dass Kaselowsky aus einem nationalliberal geprägten Haus stammte. Sein Vater Richard Kaselowsky (sen.) saß von 1899 bis 1903 als Abgeordneter der Nationalliberalen im Preußischen Landtag, ebenso wie schon dessen Onkel Ferdinand Kaselowsky, der jedoch 1877 nur wenige Monate nach seinem Einzug ins Parlament gestorben war. In der Familie wird überliefert, dass Kaselowsky in der frühen Weimarer Republik ein Anhänger der Deutschen Demokratischen Partei gewesen sei, später dann aber unter dem Eindruck Gustav Stresemanns die Deutsche Volkspartei gewählt habe.[2] Das ist nicht unwahrscheinlich, und nimmt man eine solche politische Haltung als gegeben an, dann entspräche es einer breiteren Strömung im deutschen (evangelischen) Bürgertum, wenn sich Kaselowsky seit ungefähr 1930 allmählich dem Nationalsozialismus annäherte und möglicherweise vorhandene Reserven gegenüber der Radikalität Hitlers und seiner Partei abbaute.[3] Nach dem Tode Stresemanns im Oktober 1929 vollzog die DVP einen scharfen Rechtsruck, der sich durch eine wachsende Gegnerschaft gegen die Sozialdemokratie und die Freien Gewerkschaften, zunehmend aber auch insgesamt gegen den Weimarer Parteienparlamentarismus äußerte. Seit 1930 bewegte sich der deutsche Liberalismus immer weiter nach rechts.

Dies galt auch für den Großteil der Unternehmer und ihrer Verbände. Mit dem Willen, einen «vernünftigen» Modus Vivendi mit der Republik zu finden, war es zu Beginn der 1930er Jahre längst vorbei.[4] Seit etwa 1928/29 wandten sich führende Vertreter der bürgerlichen Parteien und der Wirtschaftsverbände zunehmend gegen den Weimarer Sozialstaat, gegen die Mitwirkung der Sozialdemokratie und gegen gesellschaftlichen und politischen Pluralismus. Andererseits sprachen sich vor 1933 nur wenige Vertreter der Wirtschaftselite offen für Hitler und die NSDAP aus. Die vulgärmarxistische These, wonach das «Kapital» die «faschistische» NSDAP gewissermaßen «gekauft» habe, ist längst widerlegt. Auch sind Spenden aus der Wirtschaft an die NS-Bewegung vor dem 30. Januar 1933 nur in geringem Umfang geflossen.[5]

In dem Maße, in dem der aus DDP und DVP bestehende liberale Pfeiler im Weimarer Parteiensystem erodierte, traten bürgerliche Teilidentitäten mit der NS-Bewegung in den Vordergrund. Die nationalsozialistische Parole des «Antimarxismus» mit seiner Frontstellung nicht nur gegen Kommunisten, sondern ebenso gegen Sozialdemokratie, Freie Gewerkschaften und die «Systemparteien» überhaupt, gewann in dieser Situation auch im Bürgertum an Sympathien. Schließlich bestand auch unter Liberalen eine klare Tendenz zum Antipluralismus, der die legitime Repräsentation gesellschaftlicher Einzelinteressen infrage stellte, stattdessen lieber die nationale Einheit beschwor und auf die scheinbar überparteiliche Integrationskraft des nationalen Machtstaates vertraute. Übereinstimmung herrschte zudem in der unversöhnlichen Abneigung gegen das Versailler System und der Hoffnung auf nationalen Wiederaufstieg, die auch bei den Liberalen von völkischen Untertönen nicht immer frei war.

Innerhalb dieses Spektrums bewegten sich auch Kaselowskys politische Auffassungen bis 1933. Er dachte 1926 über einen künftigen Anschluss Österreichs nach und sinnierte über das wegen Südtirol gespannte Verhältnis zu Italien.[6] In der Auflösungsphase der Weimarer Republik zeigte er lebhaftes Interesse an den politischen Vorgängen. Während der ersten Regierung Brüning machte die Lage in Berlin auf ihn einen «außerordentlich verworrenen und führerlosen Eindruck».[7] Und Anfang 1931, also nach dem ersten großen Wahlsieg der NSDAP im September 1930, schrieb er an einen befreundeten Unternehmer, den er bald zu treffen gedachte: «Es ist ja auch sonst in der letzten Zeit soviel in Deutschland passiert, was einen beschäftigt, dass es uns an Gesprächsstoff sicherlich nicht fehlen wird.»[8] Gerhard Spellmeyer, der dem jungen Rudolf-August Oetker als Erzieher beigegeben war, erinnerte sich später, in der Familie sei «ausgiebig» über das politische Tagesgeschehen gesprochen worden: über Brüning, Stresemann und Rapallo, den Dawes- und den Young-Plan – und auch über die Nationalsozialisten.[9] Dabei hatte Richard Kaselowsky – wie auch sein Bruder Theo – zur Weimarer Republik ein distanziertes Verhältnis. Die erste deutsche Demokratie hatte in ihren Augen ein politisches «Vakuum» aufgerissen und sich als unfähig erwiesen, «Zucht und Ordnung» zu gewährleisten.[10] «Die Demokratie hatte abgewirtschaftet und die Kommunisten wollten wir um keinen Preis», fasste Rudolf-August Oetker diese Haltung später zusammen. Deshalb sei man der Nazi-Partei «bei allen Vorbehalten […] anfangs freilich nicht völlig abgeneigt» gewesen – so die vorsichtig-zurückhaltende Formulierung in der Rückschau.[11] Eine ganze Reihe von Zielen der NS-Bewegung stießen auf die Zustimmung der Familie Kaselowsky: Das Sozialprogramm, der Reichsarbeitsdienst und antibürokratische Tendenzen fanden ebenso Beifall wie die «Zurückdrängung ausländischer Einflüsse» und, allem voran, das Bestreben nach einer Revision des «Diktats» von Versailles, von dem Rudolf-August Oetker noch am Ende seines Lebens überzeugt war, ihm sei «die ganze Nazi-Misere» zu verdanken gewesen.[12]

Ab wann sich Kaselowsky aktiv und offen auf die Seite der NS-Bewegung schlug und in welcher Form er dies zuerst tat, muss offenbleiben. Der westfälische Gauleiter Alfred Meyer würdigte den Oetker-Chef später als jemanden, der schon vergleichsweise früh mit dem Nationalsozialismus sympathisiert habe. In seiner Laudatio anlässlich der Auszeichnung zum NS-Musterbetrieb erinnerte Meyer daran, «dass Dr. Kaselowsky zu den Betriebsführern gehöre, die schon vor der Machtergreifung Verständnis für die NSDAP und ihre Ziele gezeigt und bewiesen hätten».[13] 1941, zum 50-jährigen Firmenjubiläum, wiederholte der Gauleiter sein Lob: «Es gab eine Zeit, da es nicht populär und auch nicht zweckdienlich war, sich zur Partei zu bekennen. Damals schon tat es Euer Betriebsführer, [...] in den Zeiten, als die Partei in schweren Kämpfen stand.»[14] Fritz Kranefuß dagegen, der Organisator des Freundeskreises Reichsführer-SS, der Kaselowsky ebenfalls gut kannte, schrieb nach dessen Tod: «Herr Dr. Kaselowsky gehörte bekanntlich dem Freundeskreis an und hat sich, wenn er auch nicht einer unserer alten Freunde aus der Zeit vor der Machtübernahme war, dort außerordentlich bewährt. In menschlicher wie sachlicher Hinsicht ist er, wie man es nur von sehr wenigen Wirtschaftsführern sagen kann, ein Vorbild gewesen.»[15]

Indes müssen sich beide Aussagen nicht widersprechen. Meyers Lob, Kaselowsky habe «Verständnis» für den Nationalsozialismus gezeigt, ist durchaus vereinbar mit Kranefuß' Einschränkung. Wenn also Kaselowsky auch bis 1933 sicherlich kein militanter und ideologisch überzeugter Nationalsozialist, kein Parteimitglied oder gar Freund von Himmlers SS war, so spricht doch vieles dafür, dass er in der Auflösungsphase der Weimarer Republik mit der NSDAP zu sympathisieren begann und in Hitler den überzeugendsten Ausweg aus einer immer verworreneren Situation sah. Damit würde er eine politische Entwicklung vollzogen haben, die er mit Millionen Deutschen teilte.

Kaselowskys Verhalten unmittelbar nach der nationalsozialistischen «Machtergreifung» stützt diese These. Denn nun zögerte er keinen Augenblick, sich dem neuen Regime auch offen anzudienen. Als sogenannter «Märzgefallener» trat er der NSDAP, Ortsgruppe Bielefeld, bei und erhielt zum 1. Mai 1933 die Mitgliedsnummer 2 473 997.[16] Sein Bruder Theo wurde zum gleichen Datum aufgenommen, Ida Kaselowsky folgte erst zum 21. Mai 1937, Ursula Oetker am 1. Januar 1940.[17] Dass sich die Firma Oetker 1933 an den Veranstaltungen des Regimes zur Feier des 1. Mai beteiligte, ist kaum anders zu erwarten; sie hätte sich kaum entziehen können. Unabhängig davon hatte Kaselowsky gegen die Ausschaltung der Gewerkschaften am darauffolgenden Tag ohnehin keine Einwände, war doch die neue, freilich erzwungene Einheit ganz in seinem Sinne. Von dieser Maifeier existiert ein Foto, das den Oetker-Chef beim Hitler-Gruß zeigt – noch etwas ungeübt und nicht gerade stramm, doch durchaus entschlossen und wegweisend.[18] Auch die Marke wurde umgehend im neuen ideologischen Umfeld präsentiert: 1933/34 beschickte die Bielefelder Nährmittelfabrik mehrere «Braune Messen», die als eine Art gewerbliche Leistungsschau unter völkischen Vorzeichen die Deutschen aufforderten, nur «deutsche» Waren zu kaufen, und von antisemitischer Propaganda begleitet wurden.[19]

Auch das soziale Engagement in Gestalt von Spenden und individuellen Unterstützungsleistungen, das in der Familie Oetker einen erheblichen Stellenwert einnahm, rückte nun in die Nähe des Regimes.[20] Das geschah selbst dann, wenn die Zuwendungen mit den Passionen von Familienmitgliedern in Verbindung standen und möglicherweise nicht ausdrücklich als eine Unterstützung für NS-Formationen gedacht waren: Im November 1934 etwa finanzierte die Firma der Flieger-Ortsgruppe Bielefeld ein Flugzeug zu Ausbildungszwecken im Wert von 20 000 RM. Der 1933 verstorbene Louis Oetker war ein leidenschaftlicher Flieger gewesen, und die Ortsgruppe hatte schon in früheren Jahren wiederholt große Sach- und Geldspenden erhalten. Im Folgejahr wurde das Bielefelder Fliegerheim nach Louis Oetker benannt, und fortan grüßten «von den Wänden […] die Bilder Adolf Hitlers und Hermann Görings und die des Kommerzienrats Oetker und Louis Oetker[s]».[21] Anders als von der Unterstützung der Bielefelder Flieger zeigte sich Kaselowsky gleichzeitig von der Aufforderung Görings, für dessen Repräsentationsprojekt «Haus der Flieger» in Berlin mindestens 10 000 RM zu spenden, wenig

Karl Oetker und Richard Kaselowsky (r.) während des Aufmarsches zum 1. Mai 1933

begeistert.[22] Der passionierte Pferdezüchter unterstützte lieber die SS-Reiterei regelmäßig mit «verhältnismäßig große[n] Summen».[23]

Spätestens seit 1933 wurden lokale Parteigliederungen von den einzelnen Zweigwerken – und vermutlich auch in Bielefeld – mit finanziellen Zuwendungen bedacht. In Hamburg nutzte die Ortsgruppe Altona-Othmarschen in den Vorkriegsjahren die Barkasse der dortigen Niederlassung für die alljährliche Ausfahrt der Politischen Leiter der NSDAP.[24] Und natürlich bedachte Kaselowsky als Mitglied des «Freundeskreises Reichsführer-SS» Heinrich Himmlers «Sonderkonto S» mit größeren Beträgen: 1943 und 1944 etwa mit jeweils 40 000 RM.[25]

Die dorthin fließenden Gelder nehmen sich indes gering aus gegenüber den Summen, die dem nationalsozialistischen Winterhilfswerk zugingen. Für seine Kampagne 1934/35 erhielt das WHW eine Großspende von insgesamt 600 000 RM. Die «Kommerzienrätin» Lina Oetker dankte damit für die zuvor erfolgte Verleihung der Ehrenbürgerwürde durch die Stadt Bielefeld. Dies entsprach älteren Gepflogenheiten; auch 1931/32 hatte die Bielefelder «Winterhilfe» anlässlich des 65. Geburtstages von Louis Oetker eine Spende erhalten – sie war in der Wirtschaftskrise mit 10 000 RM jedoch deutlich niedriger ausgefallen. Die Höhe der Spende aus dem Jahr 1934/35 war kein Einzelfall: Im folgenden Winter gingen sogar 700 000 RM an das WHW. Das Nährmittelunternehmen aus Bielefeld steuerte damit allein fast ein Prozent der Summe bei, die in diesem Winter reichsweit von Firmen und Organisationen gespendet wurde.[26]

Dass gerade das Winterhilfswerk von den Großspenden profitierte, lässt die Bedeutung der sozialen Verbrämung der NS-Ideologie für die Haltung Richard Kaselowskys und der Firma Oetker zum Regime erahnen – davon mehr in den folgenden Kapiteln. Darüber hinaus erlag Kaselowsky, wie viele andere, dem Charisma des «Führers», den er für seine Leistungen bewunderte. Die Spenden für das WHW waren ihm angesichts der «Großtaten des Führers» nur «ein kleiner Teil des Dankes, den wir ihm schuldig sind».[27] Umgekehrt erfuhr auch der Bielefelder Nährmittelindustrielle Anerkennung für sein finanzielles Engagement: Für den 28. Januar 1937 wurde er zu einem Empfang der Wirtschaftsführer in das Haus des Reichskanzlers eingeladen. Dies ist das einzige Treffen, bei dem Kaselowsky nachweislich mit seinem «Führer» einige Worte wechselte. Geradezu enthusiastisch schrieb er wenig später in einem Brief, dass er und seine Frau an diesem Abend vom Reichsbeauftragten für das Winterhilfswerk dem «Führer» vorgestellt worden seien. Hitler habe sich über «die tatkräftige Unterstützung, die die Firma Dr. Oetker dem W. H. W. immer hätte zuteil werden lassen, [...] natürlich sehr gefreut».[28] Kaselowsky sah darin zweifelsohne eine besondere Auszeichnung, durch seine besondere (finanzielle) Unterstützung des Regimes hatte er sich eine – wenn auch begrenzte – Nähe erkauft, die er sichtlich genoss.

Eine weitere Gelegenheit, bei der Kaselowsky Hitler unmittelbar und aus nächster Nähe erlebte, war Görings Rede am 17. Dezember 1936 im Berliner Preußenhaus. Vor 150–200 Vertretern der Wirtschaft erläuterte Göring den Vierjahresplan. Nachdem Göring geendet hatte, strebten die Herren bereits dem Ausgang zu, als überraschend das Erscheinen Hitlers angekündigt wurde. Nach andauernden Ovationen sprach er etwa eine Stunde lang. Deutschland, so resümierte Kaselowsky, «sei darauf angewiesen, seinen Lebensraum zu vergrößern», und «der Führer befürchte, dass Deutschland […] um eine Auseinandersetzung mit dem Bolschewismus nicht herumkomme». Angesichts dieser Aussichten seien seine «eigenen Nöte und Sorgen» doch «klein und bedeutungslos».[29]

Kaselowsky dürfte Hitler noch bei anderen Gelegenheiten unmittelbar erlebt haben – so bei der Erhebung zum NS-Musterbetrieb, bei einer Rede Hitlers vor den Betriebsführern der NS-Musterbetriebe am 30. April 1939 oder bei seinen Besuchen auf dem Reichsparteitag.[30] Über weitere persönliche Gespräche hätte er aber vermutlich mit dem gleichen Stolz berichtet wie über den WHW-Empfang 1937. Seine Begeisterung für den «Führer» und sein Wirken fand auch anderweitig Ausdruck: So verschenkte er signierte Ausgaben von «Mein Kampf», und ein Hitlerbild hing in seinem Arbeitszimmer und blickte ihm entgegen, wenn er am Schreibtisch saß.[31]

Weltanschauung

Es ist deutlich geworden, dass Richard Kaselowskys Motive für den Beitritt zur NSDAP, für die Großspenden und für sein ostentatives Bekenntnis zur NS-Bewegung seit dem Jahr der «Machtergreifung» über bloßen Opportunismus weit hinausgingen. Mangels Ego-Dokumenten aus den 1920er Jahren kann über die Anfänge und Ursprünge dieser weltanschaulichen Affinitäten zwar nur spekuliert werden. Allerdings müssen sie mindestens in Vorformen bereits vor 1933 existiert haben: Ein Dokument wie das nachfolgend zitierte Rundschreiben wäre sonst kaum denkbar.

Auf die ersten antijüdischen Maßnahmen der Nationalsozialisten, insbesondere den Boykott gegen jüdische Geschäfte in den ersten Apriltagen 1933 und das Gesetz zur Wiederherstellung des Berufsbeamtentums vom 7. April, gab es zunehmend Proteste im Ausland, auch Pläne zu einer Art Gegenboykott. Initiativen in dieser Richtung nahm wiederum das NS-Regime zum Anlass, gegen die angeblich jüdisch inspirierte und antideutsche «Greuelpropaganda» im Ausland zu hetzen.[32] In diesem Umfeld gab ein Rundschreiben der Firma Dr. Oetker «an meine Geschäftsfreunde im Ausland» am 25. April 1933 der Sorge Ausdruck, die in aller Öffentlichkeit anhebende Judenverfolgung könnte zu Vergeltungsmaßnahmen gegen deutsche Firmen führen. Vor diesem Hintergrund machte sich die Oetker-Führung die Diktion der NS-Propaganda vollumfänglich zu eigen. Es sei zwar bedauerlich, wenn «viele z. T. angesehene Juden ausgeschaltet» würden. Deren überproportionaler Anteil an wichtigen Berufsgruppen müsse aber reduziert werden – das verlange das «Gerechtigkeitsempfinden». Und weiter:

> «Der Judaismus hat durch seine Kapitalmacht einen starken, z. T. aber schädigenden Geisteseinfluss durch Presse und Literatur gewonnen, und es bedeutet deshalb eine an sich beispiellose Tatentschlossenheit, wenn die junge deutsche Erneuerungsbewegung den Kampf mit dieser Macht aufgenommen hat. Der übrigens nur eintägige Boykott jüdischer Geschäfte in Deutschland war lediglich nur eine Demonstration gegen hauptsächlich von jüdischen und kommunistischen Kreisen im Auslande aus Antipathie gegen die jetzige nationale Regierung betriebene Greuelpropaganda. Von einer ‹Judenverfolgung› in bössinniger Weise kann überhaupt nicht gesprochen werden. Dagegen muss aber darauf hingewiesen werden, dass die ausländische ungeheuerliche Greuelpropaganda vergleichbar ist mit dem Lügen- und Greuel-Feldzug gegen Deutschland im Weltkrieg. Dabei ist sehr zu beachten, dass gegen die unerhörten Vergewaltigungen, die im russischen Sowjetstaat an vielen Tausenden von Menschen immer wieder ausgeübt werden, sich keine Stimme internationaler Abwehr erhoben hat, während gegen das um seine Existenz und seinen Aufstieg ringende Deutschland ein fanatischer Hass sich in entstellendem, lügenhaften Angriff ergeht. […] Ich bin fest davon überzeugt, dass die Wahrheit zuletzt doch zum Siege geführt werden wird, und ich möchte hiermit an alle meine ausländischen Geschäftsfreunde, an die ich dieses Rundschreiben richte, die Bitte aussprechen, dass sie an ihrem Teil mit dazu beitragen, den Lügenfeldzug und der Verhetzung entgegenzutreten, damit die Menschen untereinander in gegenseitiger Achtung und in gutem Willen und edlem Wettstreit miteinander und füreinander leben, sodass auch die unentbehrlichen gegenseitigen Handelsbeziehungen eine neue und erfreuliche Belebung erfahren.
>
> *Dr. August Oetker.*»[33]

Dieses Dokument folgt dem damals noch üblichen Stil firmenoffizieller Schreiben, in dem zeichnungsberechtigte Mitglieder der Unternehmensleitung unter dem Namen der Firma in der Ich-Form formulierten. Bei einem derart autoritativen Rundschreiben, gerichtet an ausländische Geschäftspartner und mit brisantem Inhalt, ist ausgeschlossen, dass es ohne die Kenntnis und Zustimmung der geschäftsführenden Teilhaber Richard Kaselowsky und möglicherweise auch Louis Oetker versandt wurde. Vielmehr dürfte Kaselowsky selbst an der Formulierung maßgeblich beteiligt gewesen sein. Das Dokument reproduziert zentrale

Kernbereiche der nationalsozialistischen Ideologie: Antisemitismus, Antibolschewismus, den sozialdarwinistischen Verweis auf den «Existenzkampf» des deutschen Volkes. Auch die larmoyant-nationalistische Klage über ausländische «Greuelpropaganda» fügt sich nahtlos in die NS-Rhetorik ein. Zwar sind Nuancierungen zu beachten: Insbesondere besaßen die guten Geschäftsbeziehungen höchste Priorität; sie bildeten ein gemeinsames Fundament, auf dem man – unbeschadet politisch-ideologischer Dissonanzen – wieder ungestört den gemeinsamen Geschäften nachgehen wollte, sobald sich nur die vermeintlich ungerechtfertigte Aufregung gelegt hätte.[34] Insgesamt entspricht das Schreiben im Gehalt und in seiner übersteigerten Rhetorik den Intentionen des Regimes. Auch wenn die NS-Führung von der Resonanz des Boykotts in der Bevölkerung enttäuscht war, verfing doch dessen nationalistisch aufgeladene Propaganda: Selbst wer den Boykott missbilligte, mochte doch nicht auf der Seite der angeblichen Greuelpropaganda stehen. Nur in Ausnahmefällen kam es zu Solidaritätsbezeugungen gegenüber Juden oder politisch Verfolgten. Die vorherrschende Haltung der Zeit war letztlich die bewusste Entscheidung zur Indifferenz.[35]

Über diese verbreitete Indifferenz ging das Schreiben deutlich hinaus. Allerdings finden sich derart geballte, von der Sprache des «Dritten Reiches» durchdrungene antisemitische und nationalistische Äußerungen im Geschäfts- und Privatschriftgut Richard Kaselowskys sonst nicht. Er war kein antisemitischer Rassenideologe, die antijüdische Politik des Regimes konnte er gleichwohl bruchlos in sein Weltbild integrieren. Zu Zweifeln an der nationalsozialistischen Bewegung führte sie jedenfalls nicht. Seit seinem Parteieintritt präsentierte er sich als überzeugter Nationalsozialist. Wenn auch insgesamt bruchstückhaft, können seine politischen Einstellungen rekonstruiert werden, zu denen auch antisemitische Stereotype und Deutungsmuster zählten. 1936 etwa ließ er in einer Erinnerungsschrift seine frühen Jahre in der Firma Oetker Revue passieren. Ein wichtiges Ereignis aus dieser Zeit war die Abwehr des Übernahmeversuchs durch die Firma Goldenberg. Im Rückblick spitzte er die Episode antisemitisch zu und notierte über den kostspieligen Erfolg im Jahr der Hyperinflation 1923: «Durch diesen Vergleich war die Firma Oetker zwar aller ihrer ‹Goldreserven› […] beraubt, aber ihre Befreiung aus Judenhand war gelungen.»[36] Damit nahm er privat jene Interpretation vorweg, die fünf Jahre später beim 50-jährigen Jubiläum der Firma Teil der offiziösen Firmengeschichte wurde: Nach dem Ersten Weltkrieg habe man «fast wieder von vorn beginnen müssen», so Kaselowsky übertreibend in einer Rede, «zumal jüdischer Einfluß sich unheilvoll bemerkbar gemacht habe und ausgeschaltet werden mußte».[37] Die umfangreich überlieferten Akten zur Auseinandersetzung mit der Firma Goldenberg aus den 1920er Jahren enthalten dagegen noch keine antisemitischen Untertöne.[38]

Auch im Briefverkehr mit beziehungsweise über jüdische Geschäftspartner äußerte sich Kaselowsky nicht rassistisch. Nach 1933 wuchs jedoch die Distanz. Geschäftsbeziehungen wurden im Einzelfall gelöst, wobei sich Kaselowsky gegenüber jüdischen Geschäftspartnern, die nach 1933 in Schwierigkeiten gerieten, durchaus um pragmatische Lösungen bemühte. Letztlich waren Dauer und Tiefe der persönlichen und geschäftlichen Beziehungen wichtiger als die jüdische Herkunft der Personen. Das lässt sich in zwei Fällen beobachten, in denen es Geschäftspartnern schwerfiel, ihre 1930 bei Kaselowsky aufgenommenen Darlehen zu bedienen, zunächst wegen der Weltwirtschaftskrise, dann ab 1933 wegen der zunehmenden Ausgrenzung der Juden aus dem Wirtschaftsleben.

Im ersten Fall hatte Kaselowsky dem jüdischen Besitzer der Mitteldeutschen Mechanischen Papierwarenfabrik, Moritz J. Oppenheimer, ein Darlehen über 100 000 RM gewährt, gegen Rennpferde als Sicherheit. Als Oppenheimer unter dem Druck der Nationalsozialisten 1933 in geschäftliche Schwierigkeiten geriet, bat Kaselowsky den befreundeten Direktor der Metallgesellschaft AG, Alexander Becker, um die Wahrnehmung seiner Interessen. Von dessen Seite finden sich in der Korrespondenz vom Herbst 1933 regelmäßig offen antisemitische Ausfälle, die der Oetker-Chef seinerseits ebenso regelmäßig ignorierte: Kaselowskys Briefe blieben im Ton immer sachlich, auch wenn er sich sichtlich ungern selbst mit der Angelegenheit befasste.[39] Oppenheimer ging im Herbst 1933 in Konkurs und wurde verhaftet, Kaselowsky erhielt aus der Konkursmasse nur noch einen Teil des Darlehens zurück. Rückblickend ließ Kaselowsky, den mit Oppenheimer sonst keine gemeinsamen geschäftlichen Interessen verbanden, dann doch noch seinen Vorurteilen freien Lauf und beklagte die «orientalische Beredsamkeit» seines ehemaligen Geschäftspartners.[40]

In einem zweiten Fall war Kaselowsky dagegen bereit und sogar bemüht, eine lange etablierte Geschäftsbeziehung trotz finanzieller Schwierigkeiten des jüdischen Partners über Jahre hinweg aufrechtzuerhalten. Dem jüdischen Unternehmer und langjährigen Geschäftspartner Max Brings hatte er zwei Darlehen über insgesamt mehr als 200 000 RM gewährt; die Darlehen waren – wie im Fall Oppenheimer – mit Brings' Rennpferden abgesichert. Brings' Firma Lyssia lieferte anfangs Vanillin an Dr. Oetker; als ab 1. Januar 1933 C. F. Boehringer & Söhne, Mannheim-Waldhof, die Vanillinbelieferung der Oetker-Fabriken übernahm, wurde der Warenweg gleichsam umgedreht: Brings' Firma wurde nun als Vehikel benutzt, um überschüssiges Vanillin auf den Markt zu bringen. Da Brings ab 1932 immer wieder mit der Bedienung seiner Darlehen in Verzug geriet, setzte Kaselowsky seinen Geschäftspartner zwar unter Druck; indem er Brings anbot, die Rückzahlung des Darlehens mit den Erlösen aus der Vanillinverwertung zu verrechnen, eröffnete er ihm jedoch die Möglichkeit, im Geschäft zu bleiben. Noch 1937 machte sich Kaselowsky Gedanken über die Verlängerung des Vanillinvertrages mit der Lyssia bis 1941.[41] Im Gegensatz zu Oppenheimer war Brings ein langjähriger Geschäftspartner, der schon an der Bewältigung der Goldenberg-Krise und am Erwerb der Majorität an der Chemischen Fabrik Budenheim AG 1926 beteiligt gewesen war. Noch dazu teilten beide die Leidenschaft für den Pferdesport. Das mag erklären, weshalb Kaselowsky in diesem Fall den Kontakt zu seinem Geschäftspartner aufrechterhielt – persönlich und nicht über einen Mittelsmann.[42] Ende 1938 wurde Brings nach Polen ausgewiesen. Die persönliche wie geschäftliche Bindung war damit beendet. Als Brings' Firma 1938/39 unter anderem durch die Firma Boehringer «arisiert» wurde, war Kaselowsky daran nicht beteiligt.[43]

Die Zuschreibung antisemitischer Stereotype durch Kaselowsky war offenkundig selektiv und traf Oppenheimer, nicht jedoch Brings. Das darf nicht darüber hinwegtäuschen, dass er entsprechende Vorurteile internalisiert hatte und im Zweifelsfall auch aktivieren konnte. Das zeigt *in extremis* das Beispiel eines «arischen» Konkurrenten, der das Missfallen Kaselowskys dadurch erregte, dass er ihm bei einer «Arisierung» zuvorkam: Wiard Popkes, der bereits die Puddingfabriken System A. J. Polak AG in Weener/Ems «arisiert» hatte, machte sich nach dem deutschen Überfall auf die Niederlande daran, auch deren Muttergesellschaft in Groningen unter seine Kontrolle zu bringen. Zu allem Überfluss forderte er eine Erhöhung der Kontingente kleinerer Nährmittelfabriken – zulasten von Dr. Oetker. Kaselowsky empörte sich: «Wenn dieser Mann sich jetzt darauf beruft, dass es ihm gelungen sei, die Firma Polak zu arisieren, so hat man aus seinem Schreiben doch sehr den Eindruck, dass es umgekehrt den früheren jüdischen Inhabern dieser Firma gelungen ist, die Mentalität des Herrn Popkes mit jüdischen Gedankengängen zu verseuchen. Das Mäntelchen nationalsozialistischer Weltanschauung, das Herr Popkes sich umzuhängen versucht, steht ihm jedenfalls sehr schlecht zu Gesicht.»[44] Eine solche Äußerung offenbart Kaselowskys Auffassung vom ehrbaren Kaufmann im Gegensatz zum angeblichen jüdischen «Geschäftemacher». Nachdem er ihn derart eingeordnet hatte, fand Kaselowsky nichts dabei, den missliebigen Konkurrenten zu diskreditieren und sein Berliner Büro zu instruieren, Popkes' Pläne zu hintertreiben – in dem sicheren Bewusstsein, der weitaus bessere Nationalsozialist zu sein.[45]

Auch innerbetrieblich hatte Kaselowsky keine Bedenken, in seinem ganz persönlichen Wirkungsbereich den «jüdischen Einfluss» auszuschalten. Er beteiligte sich damit aktiv am Ausschluss der Juden aus dem deutschen und europäischen Wirtschaftsleben. Es gibt zwar keine Hinweise, dass in den Oetker-Werken im Reichsgebiet Juden gearbeitet hätten und nach 1933 entlassen worden wären. Das mag daran liegen, dass für die Personalabteilung jegliche Quellenüberlieferung fehlt. Es darf jedoch angenommen werden, dass Kaselowsky nach 1933 Juden in seiner eigenen «Gefolgschaft» nicht dauerhaft geduldet hätte – forderte er doch die Entlassung jüdischer Mitarbeiter von Firmen, die Oetker kontrollierte. 1935 mahnte er gegenüber der Karl Friedrich Töllner GmbH, Bremen, die Entlassung eines «nicht arischen» Vertreters an. Dabei ging es ihm sichtlich darum, im Sinne der im öffentlichen Leben mittlerweile vielfach wirksamen «Arierparagraphen» zu verfahren. Deshalb fand er die Weiterbeschäftigung des Mannes auch «vollkommen in Ordnung», als er erfuhr, dass es sich bei ihm um einen im Ersten Weltkrieg schwer verwundeten Kriegsfreiwilligen von 1914 handelte.[46] Das entsprach gängigen Ausnahmeregelungen, wie sie etwa das Gesetz zur Wiederherstellung des Berufsbeamtentums vorsah und die bis zur Verabschiedung der «Nürnberger Rassegesetze» 1935 Gültigkeit behielten. Wenngleich von Haus aus kein Rassenantisemit, war Kaselowsky doch eifrig bemüht, die antisemitischen Vorgaben der NS-Judenpolitik umzusetzen.

Polnische jüdische Mitarbeiter und Geschäftspartner konnten auf solche vorübergehenden Ausnahmen und Rücksichten am wenigsten hoffen. Schon im April 1933 war Kaselowsky bei dem Gedanken unwohl, dass «4/5 des ganzen polnischen Geschäfts in den Händen der Juden» lag. Angesichts der «Maßnahmen, die von der Deutschen Regierung z. Zt. durchgeführt werden» – gemeint war der Boykott –, werde man die Tätigkeit von Juden für die polnische und Danziger Tochterfirma besser einschränken. So ohne Weiteres waren die jüdischen Mitarbeiter freilich nicht zu ersetzen – die Produktion von koscherem Backpulver stellte man allerdings sofort ein.[47] Als Hermann Göring am 17. Dezember 1936 vor Wirtschaftsführern über den Vierjahresplan sprach und dabei *en passant* forderte, auch in den Auslandsvertretungen der deutschen Industrieunternehmen keine jüdischen Angestellten mehr zu beschäftigen, sah sich Kaselowsky in der Pflicht: Umgehend ordnete er gegenüber dem Danziger Geschäftsführer an, dass die Firma «auch hier nach und nach die Richtlinien unserer Staatsführung durchsetzen» müsse und «bei Neubesetzungen unter gar keinen Umständen jüdische Herren» einstellen dürfe. Diese Regelung war indes nicht nur die willfährige Reaktion auf Görings Forderung, sondern entsprach ganz den Vorgaben, die Kaselowsky schon früher gemacht hatte: Spätestens seit 1935 hatte er nachdrücklich darauf gedrängt, sich endlich von «nichtarischen» Vertretern zu trennen.[48]

Selbst enge Mitarbeiter konnten sich nach Kriegsbeginn ihrer Stellung nicht mehr sicher sein, wenn ihr Verhalten Anlass gab zu Zweifeln an ihrer nationalen und völkischen Verlässlichkeit. Das galt erst recht, wenn persönliche und geschäftliche Beziehungen bereits erodiert waren. Edouard de Bary war ein langjähriger Vertrauter, der über die niederländische Oetker-Holding Alfaha Mij. das Auslandsbeteiligungsgeschäft maßgeblich mitverantwortet hatte. Doch die Alfaha war zu Kriegsbeginn bereits in Liquidation, und Oetker kontrollierte die Auslandsfirmen nun direkt. Als Kaselowsky erfuhr, dass de Barys Söhne die belgische Staatsbürgerschaft angenommen und einer von ihnen eine «Nichtarierin» geheiratet hatte, war es für ihn 1940 selbstverständlich, dass deren Vater sein Aufsichtsratsmandat bei der Chemischen Fabrik Budenheim AG abgeben musste. Er forderte Edouard de Bary auf, sich zurückzuziehen. Kaselowsky nutzte die Gelegenheit, ein Aufsichtsratsmitglied mit unsicherem politischen Hintergrund loszuwerden, mit dem man nicht in Verbindung gebracht werden wollte und gegen das noch dazu ein Devisenstrafverfahren lief. Zugleich bot sich ihm die Chance, ein politisches Zeichen zu setzen: Er übertrug das frei werdende Mandat dem Organisator des Freundeskreis Reichsführer SS, SS-Oberführer Fritz Kranefuß.[49]

Keinesfalls war Kaselowsky geneigt, ablehnende Meinungen zum nationalsozialistischen Deutschland zu dulden. Als ihm aus der Schweiz ein mit mahnenden Worten versehenes Exemplar des Buches «Die Moorsoldaten» von Werner Langhoff über seine «Schutzhaft» im Emslandlager Börgermoor zugeschickt wurde, lieferte er es prompt bei der Gestapo ab.[50] Offen artikulierte politisch-weltanschauliche Abweichung führte auch bei leitenden Angestellten und sogar bei Familienmitgliedern zu Maßregelungen durch den Oetker-Chef. Gegenüber Heinz Oetker zum Beispiel, von 1930 bis zu seinem Tode 1940 stellvertretendes Vorstandsmitglied der Chemischen Fabrik Budenheim AG,[51] hegte Kaselowsky erhebliches politisches Misstrauen, seit ihm 1937 gemeldet worden war, dass dieser sich kritisch über den NS-Staat geäußert habe. Es gehe nicht an, so Kaselowsky, ihn auf seinem Posten zu belassen, wenn er «nicht mit seiner ganzen Person hinter dem Führer steht […]. Leute, die erklären, dass sie international eingestellt seien, kann man auf einem verantwortungsvollen Posten innerhalb eines Betriebes nicht gebrauchen.» Obwohl Kaselowsky Heinz Oetker zunächst aufforderte, selbst die Konsequenzen zu ziehen, konnte Letzterer als Familienmitglied seinen Posten behalten, nachdem es zu einer Aussprache gekommen war.[52]

Andere erhielten die Kündigung, erst recht wenn die Gefahr bestand, dass ein Fehlverhalten öffentlich werden könnte; die Distanzierung von einem eventuellen Abweichler war hier wichtiger als gewachsene Loyalitäten. Walter Schell hatte fast 30 Jahre für Oetker gearbeitet, davon rund 20 Jahre als Geschäftsführer der Filialen in Baden bei Wien und dann in Danzig. Als er 1934 wegen einer Denunziation für einige Stunden in «Schutzhaft» genommen wurde, förderte dies das schon länger gärende Misstrauen Kaselowskys. Schells politische Zuverlässigkeit schien ihm nicht mehr gesichert – erst recht nicht in der Danziger Filiale, deren Aktivitäten in Polen dauernden Konfliktstoff bargen: «Ihre Fähigkeiten als Geschäftsmann und die Erfolge, die Sie für unser Haus in Danzig erzielt haben», teilte Kaselowsky ihm mit, «erkenne ich dankbar an. Andererseits bin ich mir darüber im Klaren, dass Sie sich als

Führer [sic] eines Oetker-Betriebes in einem nationalsozialistischen Staate nicht eignen.»[53]

Eine Ausnahme machte Kaselowsky allerdings im Fall August Wackers. Wacker war seit Langem der Fahrer Lina Oetkers und stand der Familie nahe. Im Juli 1943 äußerte er sich in einem Luftschutzkeller kritisch über das NS-Regime und wurde bei der Gestapo denunziert. Das Sondergericht Bielefeld verurteilte ihn wegen «Heimtücke» zu einer mehrmonatigen Haftstrafe. Richard Kaselowsky setzte sich danach für eine Begnadigung ein.[54]

Welche politischen Ansprüche Kaselowsky grundsätzlich an sein Personal richtete und wie es insbesondere um die Überzeugungen in seiner Führungsriege bestellt war, ist mangels überlieferter Äußerungen nicht zweifelsfrei zu klären. Als Maß kann die Mitgliedschaft in der NSDAP dienen:[55] Von 22 Prokuristen waren zu Beginn des Zweiten Weltkriegs 15 nachweislich Parteimitglied, die meisten waren allerdings erst vergleichsweise spät eingetreten: 1933 traten neben Kaselowsky nur der Buchhalter Carl Schoregge und der Hamburger Geschäftsführer Albert Vogelsang bei.[56] Vor der Machtübernahme war nur ein Vertreter der Oetker-Führung Parteigenosse: August Langenberg war einer der acht Mitgründer der Bielefelder NSDAP im Jahr 1925. Der «alte Kämpfer» (Mitgliedsnummer 28 035) war Geschäftsführer der Oteka Papierverarbeitung KG.[57]

Das war durchaus typisch: Während der erweiterte Führungskreis teilweise noch zurückstand, schloss sich die Chefetage schnell der NSDAP an. Geschäftliches Kalkül spielte dabei eine Rolle, was weltanschauliche Nähe im Einzelfall keineswegs ausschloss: Die Erfolge Hitlers lockten weite Teile der bürgerlichen Funktionseliten in die Partei, die im Laufe der Jahre geradezu verbürgerlichte.[58] Seit April 1933 verhinderte jedoch eine Aufnahmesperre zunächst weitere NSDAP-Beitritte. Nur zwei Oetker-Prokuristen, Theodor Delius in Mailand und Karl Lindenstromberg in Danzig, konnten als Deutsche im Ausland die Aufnahmesperre umgehen, weil der Beitritt als besonderes Bekenntnis zur NSDAP gewertet wurde.[59] Als 1937 die Aufnahmesperre gelockert wurde, wurden sechs Prokuristen zum 1. Mai 1937 aufgenommen, nach der Eroberung Polens folgten im Jahr 1940 weitere vier. Ein Mindestmaß «nationalsozialistische[r] Haltung und Betätigung» war zwar Voraussetzung, die lokale Parteihierarchie achtete jedoch oft mehr auf Beitragseinnahmen als ideologische Festigkeit.[60] Die leitenden «Herren» wurden Mitglied einer Massenintegrationspartei, die ab 1937 ihre Eintrittstore weit geöffnet hatte und deren Mitglieder nach Millionen zählten.[61] Sieben Prokuristen wurden nicht Parteimitglied.[62] Mit einer Quote von rund zwei Dritteln Parteimitgliedern lag die Oetker-Führungsmannschaft weit über dem Bevölkerungsdurchschnitt. Die Motive für oder gegen einen Parteibeitritt bleiben im Dunkeln: Er dokumentierte jedenfalls eine mindestens formale Identifikation mit der NS-Bewegung – egal, ob der Beitritt nun aus Überzeugung, dem Wunsch nach Anpassung oder wegen einer Erwartungshaltung der Firmenleitung erfolgte.

Während der Jahre nach 1933 gibt es keinen einzigen Beleg dafür, dass sich Richard Kaselowsky selbst in irgendeiner Weise kritisch oder auch nur distanziert gegenüber dem Regime geäußert hätte. Seine geschäftliche und teilweise halb private Korrespondenz ist häufig auch dort von dezidierten Sympathiebekundungen für Hitler und den Nationalsozialismus geprägt, wo dies nicht aus taktischen Überlegungen unbedingt nahelag. In der Korrespondenz mit dem langgedienten Chef der Oetker-Tochter Reese KG in Hameln, dem «lieben Ellerbrock», lässt sich die Entwicklung zu Beginn des «Dritten Reiches» an der Grußformel nachzeichnen: Im Oetker-Werk war der Hitler-Gruß bereits seit August 1933 gefordert. Wenige Monate später schlich sich die Politik auch in die Korrespondenz mit dem Vertrauten Ellerbrock ein: Aus dem «freundl. Gruß» vom November 1933 wurden im Dezember Weihnachtswünsche «mit deutschem Gruß» und schließlich im Frühjahr 1934 ein knappes «Heil Hitler!»[63] Anfang 1934 beendete Kaselowsky einen halb geschäftlich, halb privat gehaltenen Brief an Alexander Becker mit der überschwänglichen Schlussformel: «Mit Sieg-Heil froh und kampfbereit, in die erwachte neue Zeit!»[64] Dem entsprach eine tiefe Verehrung, die Kaselowsky dem «Führer» bis an sein Lebensende entgegenbrachte.[65] Daran änderte weder die Entfesselung des Zweiten Weltkriegs etwas, mit dem er die Hoffnung auf neuen «Lebensraum» für das deutsche Volk sowie auf wirtschaftliche Chancen verband, noch die im weiteren Verlauf sich zuspitzende Kriegslage.

Wie geläufig Kaselowsky ideologisch aufgeladene Formulierungen aus der Feder flossen, zeigen die gelegentliche Berufung auf die «Volksgemeinschaft» und die Verwendung des dazugehörenden Wortfeldes von «Volks»-Begriffen: So sprach er 1926 von der «Unterdrückung unserer Volksgenossen» in Polen, griff die Rede von den «Volksgenossen» 1933 in einem Schreiben an Alexander Becker und Hugo Henkel wieder auf und beschwor im Herbst 1933 die «Volksgemeinschaft» gegenüber seiner ehemaligen Sozialen Betriebsarbeiterin.[66] Ein Aushang für das Bielefelder Werk forderte Anfang 1934 die Lust an der und den Stolz auf die Arbeit ein: So werde «der Wille des Chefs [Kaselowskys] erfüllt, dass wir alle zusammen eine große Hellkopf-Familie bilden und daher auch eine echte Arbeits- und Volksgemeinschaft im neuen Deutschen Reiche».[67] Die «Volksgemeinschaft» war in den 1920er Jahren nicht exklusiv nationalsozialistisch und beschrieb Ideen von sozialer Ordnung, die anstelle von Pluralismus und Klassengegensätzen Harmonie versprachen. Solche Vorstellungen waren über das völkische Lager hinaus attraktiv und trugen nach der «Machtergreifung» viel zur gesellschaftlichen Mobilisierung bei.[68] Das zeigte sich im Falle Kaselowskys vor allem in dessen sozialpolitischen Vorstellungen; die «Volksgemeinschaft» dachte er bald nur noch in ihrer nationalsozialistischen Form. Seine Bewertung des Gesetzes zur Ordnung der nationalen Arbeit von 1934 macht das deutlich.[69] Dieses bilde für die «Herstellung wahrer Betriebsgemeinschaften auf kameradschaftlicher Basis» den Rahmen, der mit gutem Willen von allen Seiten gefüllt werde müsse. Entscheidend sei, «die Menschen zu wahren Nationalsozialisten des Herzens zu erziehen».[70] Im Falle Kaselowskys waren solche Formeln keine leeren Worthülsen, sondern sie zeugen von einer hohen Identifikation mit zentralen Programmpunkten des Nationalsozialismus, insbesondere mit dem Führergedanken, der Sozialpolitik und einer expansiven Außenpolitik.

Der starken Identifikation Kaselowskys mit dem nationalsozialistischen Deutschland entsprachen auch die Wahrnehmung von außen und die Anerkennung durch das Regime. Bereits Ende 1934 galt er als «bekanntes Parteimitglied», von dessen Unterstützung man sich bei Lobbytätigkeiten in Berlin «besonderen Nachdruck» versprach.[71] Die Berufung in Ausschüsse der Reichsgruppe Industrie, die sich seinen weltanschaulichen Steckenpferden Siedlungspolitik und Sozialwirtschaft widmeten, bedeutete umgekehrt eine Anerkennung seiner eindeutigen politischen Positionierung und seiner politischen Interessen.[72] Auch die häufigen Besuche von Parteiführern im Werk dienten der Distinktion: 1934 besichtigte die Reichsfrauenführerin Gertrud Scholtz-Klink die Fabrik und zeigte sich an der Sozialen Betriebsarbeit interessiert; 1937 folgte Robert Ley, der im neuen «Gefolgschaftsraum» eine Rede hielt, die reichsweit

Reichsorganisationsleiter und DAF-Leiter Robert Ley besucht 1937 die Firma Dr. Oetker

im Rundfunk übertragen wurde. Daneben wohnten Gauleiter Meyer und die regionale Parteiprominenz mehrfach Betriebsappellen und Festveranstaltungen bei, etwa 1937 zur Einweihung eines modernen Neubaus und 1941 zum 50-jährigen Firmenjubiläum.[73]

Die Würdigung seiner wirtschaftlichen Leistungen und politischen Verlässlichkeit, sicherlich aber auch die Anerkennung der von der Firma geleisteten Großspenden zeigten sich schließlich in Kaselowskys politischer Karriere in der Region. In der Industrie- und Handelskammer Bielefeld wurde er 1933 im Zuge der «Gleichschaltung» der IHK Mitglied der Vollversammlung sowie des Außenhandels- und Steuerausschusses, 1934 wurde er zum Vizepräsidenten der IHK bestellt.[74] 1942 fungierte er deshalb qua Amt vorübergehend als deren Präsident, ehe sein Bruder Theo als Wunschkandidat des Gauleiters Alfred Meyer zum ordentlichen Nachfolger ernannt wurde.[75] 1935 wurde Richard Kaselowsky in den Kreis der Ratsherren der Stadt Bielefeld berufen, womit er in die Spitzengruppe der lokalen Honoratioren Eingang fand. Allerdings schied er auf eigenen

Wunsch Ende 1938 aus gesundheitlichen Gründen wieder aus dem Ratsgremium aus.[76] Unter geänderten politischen Vorzeichen stand er damit formal in der Tradition August Oetkers und seiner eigenen Vorfahren, die politische Wahlämter in der Kommune und im Land Preußen innegehabt oder angestrebt hatten. Unter den Bedingungen des nationalsozialistischen Führerstaates stand jedoch nicht mehr die politische und administrative Arbeit, sondern die Auszeichnung einer Persönlichkeit im Vordergrund, die zweifellos viel geleistet, aber eben auch politisch und weltanschaulich im Nationalsozialismus angekommen war. Den Gipfel der Wertschätzung seiner Person durch das NS-Regime erklomm Kaselowsky freilich mit der Berufung in den exklusiven Freundeskreis des Reichsführers-SS, Heinrich Himmler.

Richard Kaselowsky war demnach weder ein Parteiaktivist noch ein radikaler Antisemit. Antisemitische Stereotype waren ihm zwar geläufig, und er aktivierte sie auch gelegentlich. Außerdem war er bereit, die nationalsozialistische Judenpolitik auf seinem ureigenen Gebiet zu unterstützen, im Wirtschaftsleben. Im Gegensatz zu rassistischen Antisemiten blieb Kaselowskys Haltung jedoch flexibel; sie war keine ideologische Prinzipienfrage, sondern abhängig von situativen Momenten, vom individuellen Grad der Vertrautheit, von der Nationalität und von der Zugehörigkeit zur eigenen sozialen Gruppe. Letztlich waren alle Beziehungen zu jüdischen Geschäftspartnern nach 1933 prekär und unterlagen einer klaren Grenze: Sobald er Schaden für das eigene Image und das der Firma Oetker als nach nationalsozialistischen Grundsätzen geführten Betrieb, erst recht seit 1937 als «NS-Musterbetrieb», fürchtete, griff er ein und kappte nötigenfalls die Verbindungen. Das galt auch, wenn nur der Anschein von Kritik am Regime erweckt wurde. Die Identifikation mit dem Nationalsozialismus war genuin, und Kaselowsky übersetzte sie in unternehmerische Handlungen. Das wusste das NS-Regime zu würdigen.

Kaselowsky als Siedlungsunternehmer

In den Jahren 1934/35 plante die Firma Dr. August Oetker die Errichtung einer neuen Fabrikationsstätte in einer möglichst dünn besiedelten Gegend der Mark Brandenburg. Neben dem Ausbau der Fabrikation sollten politische Ziele der Reichsregierung unterstützt werden, die in den Anfangsjahren des «Dritten Reiches» kurzzeitig auf der Tagesordnung standen: Arbeitsbeschaffung, Dezentralisierung und aktive Strukturpolitik für den ländlichen Raum. Dazu suchte die Firma die Unterstützung der zuständigen Reichs- und Parteibehörden.[77] Richard Kaselowsky schwebte das «Projekt einer gewissen Umsiedlung (Gründung eines Hellkopf-Dorfes)» vor: Neben angelernten, meist weiblichen Arbeitskräften aus der Region sollten vor allem junge Männer aus bestehenden Oetker-Werken in Bielefeld und Hamburg eingesetzt werden. Ein kleines Eigenheim und Gartenland sollten ihnen den Wechsel aufs Land schmackhaft machen. Das Projekt stand und fiel jedoch mit dem notwendigen Anschluss der neuen Fabrik an Bahn- und Wasserwege.[78]

Tatsächlich erwarb die Familie Oetker 1935 zu diesem Zweck das Lehngut Götz zwischen Groß Kreutz und Brandenburg/Havel. Vermutlich ging dies auf einen Hinweis des Siedlungsunternehmers Silvio Broedrich zurück, der im nahe gelegenen Jeserig eine Lehrwirtschaft betrieb. Letztlich wurden die neue Fabrik und das Umsiedlungsprojekt aber nicht verwirklicht. Die ungünstige Verkehrslage und hohe Erschließungskosten machten den Plan vermutlich wirtschaftlich uninteressant. Zwar zeigten die Behörden grundsätzliches Interesse, doch das bedeutete nicht, dass sie für die Kosten der infrastrukturellen Erschließung aufkamen.[79] Ohnehin verlor das Leitbild der industriellen Aufwertung des ländlichen Raumes rasch an Attraktivität, da die Wirtschaft im Zeichen des Vierjahresplanes zunehmend auf Ressourceneffizienz und schnelles Wachstum der Produktivität getrimmt wurde. Nach einer kurzen Phase lautstarker Großstadtkritik zielte die Praxis des NS-Wohnungsbaus außerdem nicht auf eine Umsiedlung aufs Land, sondern vielmehr auf neue Bauformen in den Städten. Kaselowsky schien hier die antiurbanistische Propaganda von der «Auflockerung» der Großstädte ernster zu nehmen als viele regionale NS-Führer, deren industriepolitische und städtebauliche Anstrengungen gerade den Industriestädten und Gauhauptstädten galten.[80]

In dem Projekt «Hellkopf-Dorf» konvergierten zwei Stränge der siedlungspolitischen Aktivitäten Richard Kaselowskys und der Firma Oetker, die ins Zentrum eines der zentralen, ideologisch stark aufgeladenen Handlungsfelder des neuen Regimes führen: die Förderung des Arbeiterwohnungsbaus, der eine sozialreformerische Komponente hatte, und die

«Neubildung deutschen Bauerntums» durch Bodenreform und Schaffung neuer Bauernstellen, möglichst im Osten des Deutschen Reiches, um dort angeblich brachliegenden Raum urbar zu machen. Dies entsprach siedlungspolitischen Überzeugungen, die im deutschen Bürgertum schon in den 1920er Jahren verbreitet waren. Nach der nationalsozialistischen «Machtergreifung» schien das politische Umfeld günstig, um zügiger und umfassender als zuvor derartige Ideen umzusetzen, da sie nun weltanschauliche Priorität besaßen. Mit privatwirtschaftlichen Instrumenten und mit dem Kapital der Firma Oetker ergriff Kaselowsky in den Jahren 1933 bis 1935 mehrmals die Initiative, um eigene Ideen zu verwirklichen und so zugleich die agrar- und siedlungspolitischen Ziele des NS-Regimes zu unterstützen.

Die Siedlungstätigkeit der Firma Oetker war zunächst eine direkte Reaktion auf den akuten Wohnungsmangel zu Zeiten der Weimarer Republik.[81] In den Jahren von Krieg und Inflation war der private Wohnungsbau fast völlig zum Erliegen gekommen, sodass auch in Bielefeld der Bedarf der wachsenden Stadtbevölkerung nicht mehr gedeckt werden konnte. Deshalb begann die Stadt Anfang der 1920er Jahre, kommunale und genossenschaftliche Wohnungsbauprojekte zu forcieren, wobei sich die Inflation sogar als hilfreich erwies. Mitte der 1920er Jahre wurden die Mittel knapper, und mit der Weltwirtschaftskrise verschärfte sich die Wohnungskrise erneut. In diesem Umfeld begann die Firma Oetker noch zur Hochzeit der Wirtschaftskrise mit den Planungen und dem Bau einer neuen Arbeitersiedlung in Bielefeld – lange bevor 1933 unter dem Vorzeichen der Arbeitsbeschaffung der «soziale Wohnungsbau» durch die öffentliche Hand wieder forciert wurde.[82] Kaselowsky hielt den Aufbau eines eigenen Bestandes an Werkswohnungen aus betriebswirtschaftlichen Gründen für wenig sinnvoll, da diese in Krisenzeiten Liquidität banden. Die Gewährung von Darlehen mit niedrigen Zinsen versprach dagegen, Arbeitskräfte an die Firma zu binden. Außerdem wollte Kaselowsky die Eigenverantwortung der Bauherren fördern, die eigenes Kapital und vor allem ihre Arbeitskraft beisteuern sollten. Die Häuschen mit großen Gärten sollten den Arbeitern «das Gefühl der Verbundenheit mit der Scholle» vermitteln, und nebenbei wirkten solche Bauprojekte als Arbeitsbeschaffungsmaßnahme.[83]

Die Planung ähnelte einem 1931 vom Reich angestoßenen Kleinsiedlungsprogramm, das sich primär an Erwerbslose richtete und niedrige

Ansprüche und Baukosten mit einem hohen Eigenbeitrag und standardisierten Bauformen verband.[84] In der Konzeption der neuen Oetker-Kolonie als Gartensiedlung spiegelten sich zeitgenössische weltanschauliche Vorannahmen: Der Hochschätzung des ländlichen Raumes und landwirtschaftlicher Arbeit entsprach die Idee, die der «Scholle» entfremdeten Industriearbeiter aus den Städten zurück aufs Land zu führen.[85] Entsprechend wurde als Baugrund ein Areal in der Gemeinde Senne I gewählt, wo bereits August Oetker ein größeres Gartengrundstück erworben hatte. Die Senne lag jenseits des Teutoburger Walds, etwa 5 km vom Werk entfernt, war aber mit einer Straßenbahn bequem erreichbar. Ab 1931 wurde dort eine Kleinsiedlung errichtet. Da mit staatlicher Förderung in den Jahren unmittelbar nach der Weltwirtschaftskrise nicht zu rechnen war, übernahm die Firma die anfallenden Infrastrukturkosten und räumte den Siedlern erstrangige Hypothekenkredite ein.[86] Schon 1933 wurde ein zweiter Bauabschnitt begonnen. Bis 1940 entstanden in Senne I insgesamt rund 100 Häuser im Wert von jeweils 5500 bis 7500 RM, bevorzugt für kinderreiche Familien. Der große Garten mit rund 1000 Quadratmetern und ein Stall dienten der von Kaselowsky angestrebten Verwurzelung auf der «Scholle»; in diese Richtung zielte auch die Schulung von Arbeiterinnen «in Gartenbau und Führung eines ländlichen Haushalts» für den Fall, dass sie später als Bäuerinnen auf eine Siedlerstelle wechselten.[87] Die Darlehensvergabe berücksichtigte ab 1934 die natalistische, auf Steigerung der Geburtenrate zielende Politik der Reichsregierung: «Um die Absichten des Führers nach unseren Kräften zu unterstützen», gewährte Kaselowsky für jedes Kind, das in einem von Oetker finanzierten Haus geboren wurde, einen Zinsnachlass.[88]

Das Konzept der Gartensiedlung außerhalb des Stadtraums war allerdings kein Selbstläufer. Die standardisierte Bauweise in zwei relativ einfach gestalteten Haustypen mit Klosett im Stall entsprach nicht immer den Wünschen und Ansprüchen der Interessenten – gerade nicht jener Bauherren, die in der Lage waren, das geforderte Eigenkapital von rund einem Drittel der Bausumme (2–3000 RM) aufzubringen.[89]

Eine zweite Siedlung mit 31 Häusern entstand 1933 am Kupferhammer in der Nachbargemeinde Brackwede. 1938 erwarb die Firma außerdem im Wege der «Arisierung» ein Grundstück in Ummeln südlich von Bielefeld mit dem Plan, dort eine weitere Kleinsiedlung zu errichten, die vermutlich kriegsbedingt nicht mehr realisiert wurde.[90] Auch in den Zweigwerken bemühte sich Oetker früh um den Arbeiterwohnungsbau; so beteiligte sich die Hamburger Niederlassung 1932/34 an Stadtrandsiedlungen in Osdorf und Eidelstedt. Als die Hamburger Fabrik 1939 wegen des geplanten Umbaus des gesamten nördlichen Elbufers verlegt werden musste, wurde anfangs ein Gelände gesucht, das Raum für eine Mustersiedlung direkt neben der neuen Fabrik bot. Für die Chemische Fabrik Budenheim bei Mainz strebte Kaselowsky ebenfalls ein Siedlungsprogramm an.[91]

Zudem gewährte Oetker auch privaten Bauherren im ganzen Stadtgebiet günstige Baukredite. Um die bald in die Hunderte gehenden Hypothekenverträge abzuwickeln, gründete die Firma Oetker die Gesellschaft für Treuhandgeschäfte und Wirtschaftsberatung mbH, die der Oetker-Steuerberater und Wirtschaftsprüfer Fritz von Kuhlmann leitete. Die Vereinigten Oetker-Werkstätten GmbH sollte zum Selbstkostenpreis die Bauherren unterstützen. Entsprechend der weltanschaulichen Präferenzen für die Landsiedlung lagen nur 25 % der von der Treuhandgesellschaft geförderten Bauvorhaben direkt in Bielefeld – was nebenbei half, Grundstückspreise und Erschließungskosten zu drücken.[92]

Über die Gesellschaft für Treuhandgeschäfte und Wirtschaftsberatung mbH wurden die hohen Erlöse der 1930er Jahre auch in Bauprojekte anderer Organisationen investiert. Die Gesellschaft reichte bis 1938 gegen erstrangige Hypotheken Gelder in Höhe von insgesamt 1,25 Mio. RM an gemeinnützige Wohnungsunternehmen und private Bauherren weiter. Dazu kamen die vergünstigten Hypotheken für die Angehörigen des Bielefelder Betriebs in Höhe von 836 000 RM. Dabei finanzierte die Firma auch kleinere Projekte: Oetker unterstützte etwa die Bodelschwingh'schen Anstalten, die zwei Bauernhöfe in der Nähe der Arbeitskolonie Freistatt schaffen wollten, wo Bethel Fürsorgeerziehungsheime unterhielt. Die Siedlung Sprekelshorst im Freistätter Moor wurde zu Bedingungen (Darlehnszins 2 %, Tilgung 1 % p. a.) finanziert, wie Oetker sie den eigenen Arbeitnehmern gewährte.[93] Ungleich größer war das Fördervolumen dagegen bei der Evangelischen Wohnungsnotgemeinschaft Bielefeld GmbH, bei der die Firma außerdem als Teilhaber auftrat: Die Nährmittelfirma gewährte über eine halbe Million RM an Hypotheken; bis 1940 hatte die Gesellschaft 50 Wohnhäuser mit insgesamt 263 Wohnungen realisiert.[94] Nach dem – vermeintlich siegreichen – Krieg sollte die Wohnungsbauförderung sogar ausgebaut werden: Zum 50-jährigen Jubiläum 1941 verkündete Kaselowsky, dass eine weitere halbe Million RM zu diesem Zweck zur Verfügung gestellt werde.[95]

Mit seinem Interesse für Siedlungsfragen bewegte sich Kaselowsky im agrarisch-antiurbanen siedlungspolitischen Mainstream der Zwischenkriegszeit. Das belegen auch andere Beispiele aus Bielefeld. Möglicherweise war es der liberale Justizreformer Alfred Bozi, von dem im Kontext der betrieblichen Sozialpolitik noch die Rede sein wird, der Kaselowsky auch auf diesem Gebiet anregte: Bozi plädierte im Jahr der «Machtergreifung» für die Kombination einer «landwirtschaftliche[n] Siedlung zur Förderung der Rückwanderung auf das Land» mit einer «vorstädtischen Kleinsiedlung zur Erweiterung und Festigung der Existenzunterlagen für die in den Fabrikbetrieben tätige Arbeiterschaft» – ganz im Sinne der Projekte «Hellkopf-Dorf» und Senne I.[96] Auch der langjährige parteilose Bürgermeister und Oberbürgermeister Bielefelds (1910–1932), Rudolf Stapenhorst, engagierte sich in dieser Richtung. Ihm ging es nicht nur darum, Arbeiter zurück aufs Land zu verpflanzen; er wollte zugleich Industriebetriebe in der Fläche ansiedeln. Kaselowsky fand das «recht beachtenswert». Die von Stapenhorst 1934 ausgearbeiteten und 1935/36 bei staatlichen Stellen ventilierten Pläne waren jedoch in der zweiten Hälfte der 1930er Jahre schon überholt. Anders als zu Zeiten der Massenarbeitslosigkeit konnte die deutsche Wirtschaft in der Rüstungskonjunktur auf Arbeitskräfte und industrielle Effizienz nicht mehr verzichten. Kleinbauern und dezentrale Industrieansiedlungen waren nicht mehr gefragt.[97] Die Beispiele Kaselowsky, Bozi und Stapenhorst belegen, wie weit in bürgerliche Kreise hinein Siedlungsfragen nicht nur unter sozialreformerischen Gesichtspunkten diskutiert wurden, sondern dass diese immer auch mit konservativem, kulturkritischem Gedankengut hinterlegt waren. Werturteile über Urbanisierung und Landflucht, Arbeiterschaft und Bauerntum, moderne Gesellschaft und traditionelle Arbeits- und Lebensformen wurden immer mittransportiert. Agrarromantische Motive waren eingebettet in ältere bürgerliche Traditionen der Heimatbewegung, Volkskunde und -geschichte einerseits und boten andererseits «Kontaktstellen» für nationalistische und völkische Variationen.[98]

Eine neue Zielrichtung erhielt Richard Kaselowskys Interesse an Siedlungsfragen im Jahr der «Machtergreifung». Die Siedlungspolitik war eines der zentralen politischen Handlungsfelder des neuen Regimes, und so schienen sich neue Spielräume zu eröffnen, um das eigene Engagement zu intensivieren. Mit seinem Interesse für die Siedlung im Osten stand Kaselowsky in der Firmenzentrale in der Lutterstraße nicht allein. Auch Louis Oetker engagierte sich als «Förderer der Neubildung deutschen Bauerntums».[99]

Bereits bestehende Kontakte aus dem Bereich der Arbeitersiedlung dürften hilfreich gewesen sein, um sich schnell in diesem Feld zu orientieren. Ein Ansprechpartner war der vormalige Bochumer Stadtbaurat Franz Knipping, Professor der Technischen Hochschule Darmstadt. Kaselowsky besichtigte eine von Knipping konzipierte Arbeitersiedlung in Essen.[100] Neben Knipping war außerdem Geheimrat Professor Max Sering vom Deutschen Forschungsinstitut für Agrar- und Siedlungswesen eine Anlaufstelle. Sering war bis zur «Machtergreifung» eine zentrale Figur der deutschen Agrarwissenschaft, sein Institut lieferte sowohl Grundlagenforschung als auch Politikberatung. Die Koppelung von ländlicher Siedlung («innerer Kolonisation»), vorstädtischer Kleinsiedlung und Dezentralisierung der Industrie, wie sie auch in Bielefeld als vorbildlich galt, ging letztlich auf Sering zurück. Dessen nationalökonomisch orientierte Schule wurde jedoch nach 1933 marginalisiert, das Institut 1934 abgewickelt.[101] Kaselowsky selbst wurde Mitglied der Forschungsstelle für Siedlungs- und Wohnungswesen e. V. bei der Universität Münster mit Arbeitsschwerpunkt in Westfalen. Die Forschungsstelle nutzte eine Exkursion durch das Ravensberger Land im Mai 1935 für eine Besichtigung der Oetker-Siedlung in Senne.[102] Außerdem sprach sich Kaselowskys Beschäftigung «gerade mit den Fragen der Raumordnung, der Reichs- und Landesplanung» bis nach Berlin herum: Jedenfalls entsandte ihn 1936 die Wirtschaftsgruppe Lebensmittelindustrie als Vertreter in den Wohnungs- und Siedlungsausschuss der Reichsgruppe Industrie.[103]

Schon im Frühsommer 1933 fiel in Bielefeld die Grundsatzentscheidung, eine halbe Million RM in die Förderung der deutschen Siedlung im Osten zu investieren, möglichst direkt in einzelne Siedlungen. Außerdem stellte Kaselowsky weitere kleinere Beträge zur Verfügung und unterstützte etwa Sering bei einem Projekt zur «Bodenkartierung des deutschen Ostens» mit 30 000 RM. Hermann Tholens, beim Reichsarbeitsdienst (RAD) und im Reichsarbeitsministerium für die Arbeitsdienstlager in den emsländischen Mooren zuständig, versuchte, Kaselowsky für die Finanzierung der dortigen Kultivierungsarbeiten zu gewinnen. Dieser stimmte dem Vorschlag, fünf oder sechs dieser Lager im Emsland zu finanzieren, grundsätzlich zu.[104] Vorher wollte er sich aber über die Ergebnisse der bisherigen Maßnahmen informieren, da seit Anfang der 1930er Jahre der Freiwillige Arbeitsdienst (FAD) in der Gegend tätig war. Deshalb wurde für Herbst 1933 eine Besichtigung unter Führung des RAD-Wirtschaftsdirektors in Börgermoor, Bromme, vorbereitet. Falls die Fahrt wie geplant stattfand, traf Kaselowsky am 11. September Bromme in Papenburg am Bahnhof. Was genau er im Anschluss besichtigte, ist unbekannt. In unmittelbarer Umgebung Papenburgs befanden sich neben den RAD-Lagern aber mehrere der berüchtigten «Emslandlager», darunter die frühen Konzentrationslager Börgermoor, Esterwegen und Neusustrum.[105]

Die Bemühungen Tholens', Kaselowsky für das Emsland zu interessieren, schienen jedoch nicht zu verfangen. Sehr viel größer war sein Interesse an der Siedlung im deutschen Osten. Im Sommer 1933 war sich Kaselowsky jedoch noch nicht sicher, was die Form des Engagements betraf. Um den Wünschen des Regimes möglichst genau zu entsprechen, bemühte er sich um Übereinstimmung mit dem zuständigen Reichsernährungsminister Walther Darré.[106] Dessen Sonderbeauftragter für die Fragen der Neubildung deutschen Bauerntums, Kurt Kummer, begrüßte zwar den Wunsch der Firma Oetker, bei der «großen staatspolitischen Aufgabe» mitzuwirken, hoffte aber vor allem, in Bielefeld eine zusätzliche Geldquelle für seinen Minister erschließen zu können: Mit einem Seitenhieb auf die «bisherige rein kaufmännische Einstellung der Siedlungsgesellschaften» schlug Kummer statt eigener Projekte eine Spende für die «Gesamtsiedlungs- und Wirtschaftsplanung» und die Einrichtung eines Wohlfahrtsfonds zu Händen des Reichsministers vor. Damit hätte Kaselowsky jede Kontrolle über den Einsatz der Geldmittel verloren. Das kam dann doch nicht infrage, da ihn das Thema persönlich interessierte und er deshalb gerade die direkte Beteiligung an einer Siedlungsgesellschaft anstrebte. Als Zeichen des guten Willens stellte er gleichwohl 100 000 RM für Planungszwecke zur Verfügung und überließ Darré vermutlich einen Betrag in ähnlicher Höhe für überschuldete Siedler. Die verbleibenden 300 000 RM sollten jedoch unbedingt direkt in Siedlungsprojekte fließen. Während die neuen Machthaber im Reichsernährungsministerium hofften, die privaten Siedlungsgesellschaften endgültig abzuwickeln, zeigte man sich in Bielefeld gerade von den Vorzügen privatwirtschaftlichen Engagements überzeugt.[107]

Über Geheimrat Sering wurde Kaselowsky auf Silvio Broedrich aufmerksam, der als kompetenter Partner für die Durchführung konkreter Projekte erschien. Broedrich beeindruckte Kaselowsky, und es entwickelte sich ein Vertrauensverhältnis: Ein Engagement machte Kaselowsky in der Folge von der Beteiligung Broedrichs abhängig; außerdem, so die zweite Bedingung Kaselowskys, sollten angesichts der 1933 noch hohen Arbeitslosigkeit möglichst Siedler aus Westfalen mit Bauernstellen versorgt werden. Hohe Renditeerwartungen bestanden dagegen nicht, mögliche Gewinne sollten reinvestiert oder schwierigere Siedlungsvorhaben quersubventioniert werden. Dass Broedrichs Vorfahren aus Westfalen stammten, mochte Kaselowsky für ihn eingenommen haben. Wichtiger dürfte jedoch gewesen sein, dass Broedrich als erfahrener Siedlungsunternehmer bekannt war. Nach ersten Aktivitäten in Kurland war er während des Ersten Weltkrieges – wie Sering – an den Planungen für die Siedlung in den besetzten Ostgebieten beteiligt gewesen; in den 1920er Jahren widmete er sich der Siedlung in den Ostprovinzen Preußens sowie in Mecklenburg und leitete die Reichsstelle für Siedlerberatung.[108] 1915 veröffentlichte er die schmale, aber einflussreiche Schrift «Das neue Ostland». Schon bei der ersten Kontaktaufnahme traf Broedrich offenbar den richtigen Ton: Gegen den «‹Blutdruck› der fremden Rasse» hülfen nur großflächige Siedlung und eine Bodenreform, um aus Ostelbien ein «Bauernland» zu machen, «stark und widerstandsfähig» gegen die «polnische Gefahr» und um nicht noch weiteren «Heimatboden [zu] verlieren».[109] Dass die Norddeutsche Ansiedlungs-AG, für die Broedrich 1933 arbeitete, in Kobrow (Mecklenburg) den Versuch unternahm, «aus der Industrie stammende Erwerbslose, die mit der Landwirtschaft früher in Verbindung gestanden hatten, wieder aufs Land zu verpflanzen», war ebenfalls eine attraktive Perspektive – verfolgte Kaselowsky doch zeitweise ähnliche Ziele.[110] In der antipolnischen Stoßrichtung, die seit dem Kaiserreich in bürgerlichen Kreisen weit verbreitet war, konnte sich Kaselowsky außerdem durch Kurt Kummer bestätigt sehen. Mit dem üblichen grenzlandpolitischen Alarmismus der Nationalsozialisten betonte dieser gegenüber dem Oetker-Teilhaber die wehrpolitische Dimension der Siedlungspolitik: «Dem Vorschieben des Polentums gegen unsere Grenzen sei ein starker Damm wehrfähiger Bauern im Osten entgegenzusetzen», der aus jungen Landwirten bestehen sollte, die länger in der Reichswehr gedient hätten.[111]

Antipolnische Ressentiments sprechen auch aus einem umfangreichen Bericht über die «Siedlungsbesichtigungsfahrt», die Richard Kaselowsky und Fritz von Kuhlmann im Frühsommer 1935 antraten. Zwei Wochen dauerte die «Reise durch den deutschen Osten», durch Mecklenburg, Schlesien und Ostpreußen. Die beiden besichtigten Dutzende Siedlungsprojekte und Dörfer, wie ein ausführlicher Reisebericht dokumentiert: Die Wirtschaftlichkeit der Siedlungen und die Amortisation der eingesetzten Kredite wurden kritisch beäugt und die bescheidenen Wohnverhältnisse und hygienischen Zustände mal herablassend, mal gönnerhaft kommentiert. Bei der Fahrt durch den «polnischen Korridor» urteilten die Reisenden, die Gegend sei «außerordentlich ärmlich, was einen über ihren Verlust einigermaßen trösten kann». Immerhin: «Von der Bevölkerung werden wir zum Teil mit dem Hitler-Gruß begeistert begrüßt.»[112]

Als Vehikel für die Investitionen der Firma Dr. Oetker brachte Broedrich zunächst seinen bisherigen Arbeitgeber ins Spiel, die Norddeutsche Ansiedlungs-AG. Diese hatte zwar schon mehrere Siedlungsverfahren in Mecklenburg erfolgreich abgeschlossen, musste ihre Aktivitäten jedoch zwischenzeitlich wegen Liquiditätsproblemen zurückfahren; die AG war überschuldet und schloss das Jahr 1934 sogar mit Verlust ab. Gegenüber einer Bilanzsumme von 2,2 Mio. RM (per 31. 8. 1933) war das Eigenkapital von 100 000 RM deutlich zu niedrig und fest in Siedlungen investiert, auf denen hohe Siedlungskredite öffentlicher Banken lasteten. Es bot sich also an, die Anteilsmehrheit bei der Norddeutschen Ansiedlungs-AG durch Aktienkäufe und eine Kapitalerhöhung zu übernehmen und Broedrich an leitender Stelle zu installieren.[113]

Kaselowsky erwarb in der Folge über die Beteiligungsgesellschaft Indubeg kleinere Aktienpakete, die anvisierte einseitige Kapitalerhöhung durch Oetker blieb jedoch aus. Wahrscheinlich trafen die Norddeutsche Ansiedlungs-AG die neuen Vorschriften über die Zuverlässigkeitsprüfung, die zu einer «Auslese» und Reduzierung der Zahl der Siedlungsträger führen sollte. Vermutlich entfiel also die Anerkennung der Gemeinnützigkeit, ohne die die Norddeutsche Ansiedlung keinen Zugriff auf die günstigen Kredite der Deutschen Siedlungsbank bekam.[114] Außerdem benötigte die Ansiedlungs-AG eine Zulassung für das Land Mecklenburg, und auch hier gab es Probleme. Das Vorhaben geriet zwischen die Fronten eines Machtkampfes um die Hoheit in der Siedlungsfrage, der zwischen dem Reichsernährungsministerium, dem Land Mecklenburg und dem Reichsnährstand entbrannt war, in dessen Verlauf außerdem der operative Einfluss der Firma Oetker auf die Verwendung ihres Kapitals und die Personalie Broedrich infrage gestellt wurden. Beides war für Kaselowsky *conditio sine qua non.* Zum Jahreswechsel 1933/34 war die Beteiligung an der Norddeutschen Ansiedlungs-AG offensichtlich gescheitert. Die Gesellschaft wurde liquidiert, die investierte Summe war verloren.[115]

Die siedlungspolitischen Hoffnungen Kaselowskys waren also zunächst enttäuscht. Dass die nationalsozialistischen Siedlungspolitiker zwar Interesse am Kapital der Firma Oetker zeigten, deren Einflussnahme aber ablehnten, brachte Kaselowsky trotz weiterer entsprechender Signale nicht von seinen Ambitionen ab.[116] Silvio Broedrich schlug vor, sich alternativ an der neu gegründeten Nordsiedlung GmbH zu beteiligen, mit der die Länder Württemberg, Baden und Hessen versuchten, Bauern aus ihrer kleinteilig strukturierten Landwirtschaft nach Norddeutschland umzusiedeln. Erneut beteiligte sich die Indubeg und zahlte bis Sommer 1934 ihren Anteil am Geschäftskapital in Höhe von 300 000 RM ein (37,5 %). Die Nordsiedlung kaufte damit mehrere Güter; insgesamt wollte man fast ein Dutzend Rittergüter erwerben.[117]

Dass sich Kaselowsky nicht nach dem ersten Rückschlag zurückgezogen hatte, erwies sich bald als Fehler. Schon nach einem halben Jahr musste Fritz von Kuhlmann, Kaselowskys Vertreter im Verwaltungsrat, nachhaken, wie es um den Gang der Geschäfte stehe und weshalb bisher nur Württemberger und nicht – wie zugesagt – auch Westfalen mit Siedlerstellen bedacht worden seien. Der Vorsitzende des Verwaltungsrats, der württembergische Wirtschaftsminister Oskar Lehnich, wiegelte Anfang 1935 ab, deutete aber an, dass die württembergischen Stellen das Interesse an der Gesellschaft ohnehin bald verlieren könnten: Da das Reich im Begriff war, die «Auslese» der Siedler zu zentralisieren und stärker an erbbiologischen Faktoren auszurichten, sah man die Chancen schwinden, württembergische Siedler zu bedienen.[118]

Dass Bielefeld keinen Einfluss auf die Geschäfte der Nordsiedlung würde nehmen können, wäre absehbar gewesen. Entgegen seiner üblichen

Praxis hatte sich Kaselowsky auf einen Gesellschaftsvertrag eingelassen, in dem die Majorisierung Oetkers von vornherein angelegt war – vermutlich in dem Glauben, die beteiligten staatlichen Stellen verfolgten die gleichen Ziele wie er. Zwar hatte er Broedrich als Geschäftsführer durchgesetzt, aber die Firma Dr. August Oetker hielt mit 300 000 RM nicht die Mehrheit des Stammkapitals; der Rest verteilte sich auf zwei öffentlich-rechtliche Träger aus Württemberg: Die Württembergische Landeskreditanstalt verfügte über 400 000 RM, die Württembergische Landwirtschaftskammer über 100 000 RM. Von den neun Mitgliedern des Verwaltungsrats stellte Oetker nur einen Vertreter; fünf stammten satzungsgemäß aus Württemberg. Selbst in der Gesellschafterversammlung war Oetker durch eine Bevorzugung der öffentlich-rechtlichen Geldgeber benachteiligt und verfügte nicht einmal über die Stimmenzahl, die dem eingesetzten Kapital entsprochen hätte. Anfängliche Pläne, zusätzlich wenigstens den westfälischen Landesbauernführer Albert Kost als Gegengewicht zu den Württembergern in den Verwaltungsrat der GmbH zu entsenden, scheiterten.[119]

Wieder war Dr. Oetker für die Nordsiedlung GmbH und ihre württembergischen Initiatoren wenig mehr als ein willkommener Geldgeber. Von verantwortlichem Einfluss auf die verfolgten Projekte konnte keine Rede sein. Vorsorglich kündigte Kaselowsky die Gesellschaft zum Ende des Jahres 1935. Auch Silvio Broedrich schied als Geschäftsführer der Nordsiedlung aus. Da die Württemberger ebenfalls ihr Interesse verloren, ging die Nordsiedlung GmbH 1940 ebenfalls in eine langjährige Liquidation; durch den Verlust der Aktiva in der SBZ war sie ein Totalverlust.[120]

Selbst dieser zweite Fehlschlag entmutigte Kaselowsky nicht. Ungefähr zeitgleich zu den beginnenden Konflikten um die Nordsiedlung entwickelte er Interesse an einer dritten Investitionsvariante. Seit spätestens 1935 stand er in lebhaftem Kontakt mit einem Siedlungsführer des Bundes Artam e. V., Martin Reibisch. Die Verbindung hatte vermutlich wiederum Broedrich geknüpft, dessen frühere Siedlungsgesellschaft der von Reibisch geleiteten Artam-Gruppe zwei Güter zur Verfügung gestellt hatte.[121] Hinter dem Kunstwort «Artam» sammelte sich eine in der Weimarer Republik entstandene Jugendbewegung, die das Führerprinzip sowie völkische und lebensreformerische Überzeugungen mit Vorstellungen bäuerlich-germanischer Siedlung im Osten verknüpfte. Ende der 1920er Jahre war die Bewegung von einer starken Nähe zur NSDAP geprägt; für die frühe SS galten die Artamanen als Rekrutierungspool. Heinrich Himmler war 1928/29 kurzzeitig deren Gauführer in Bayern und fungierte als Verbindungsmann der NS-Führung. Die Ideen der Artamanen waren einer der Traditionsstränge, aus denen sich Inhalte und Stil der SS-Ideologie speisten: die Verbindung von Rassismus und Ostsiedlung («Blut und Boden»), das Selbstverständnis als elitärer Orden mit strikter Auslese der Mitglieder und Führer, ein aktivistisches Führer-Ideal sowie die ideelle und kultische Rückbesinnung auf die «Germanen» und gegebenenfalls die Erfindung «germanischer» Traditionen. Zu Anfang des «Dritten Reiches» war die zersplitterte Bewegung jedoch marginalisiert, obwohl mit dem inzwischen zum Reichsführer-SS aufgestiegenen Himmler oder Walter Darré einige wichtige NS-Führer zu ihren früheren Förderern gehört hatten.[122]

Während bei klassischen Siedlungen so schnell wie möglich Einzelbauern in ihre Stellen eingewiesen wurden, betrieben die völkischen Artamanen eine sogenannte Gruppensiedlung. Die Aufteilung in einzelne Siedlerstellen sollte erst nach einer mehrjährigen Phase der gemeinschaftlichen Zwischenwirtschaft erfolgen, während der die jungen Siedler in einer Art landwirtschaftlicher Kommune unter einfachsten Lebensbedingungen zusammenlebten und mit möglichst geringem Krediteinsatz die Kosten für Land und Inventar selbst erwirtschafteten. Solche Projekte waren von ökonomischer Naivität geprägt. Sie entsprangen der ab 1928 lancierten Idee einer «Ostsiedlung» durch Wehrbauern, einer Weiterentwicklung des ursprünglichen Ansatzpunktes der Artamanen, die zunächst nur mit jungen Freiwilligen die «polnischen Wanderarbeiter» aus dem Osten des Reichs verdrängen wollten. Antislawische und antiurbane, agrarromantische Momente gingen auch bei den Artamanen Hand in Hand.[123] Anlässlich der «Siedlungs-Besichtigungsfahrt» von 1935 lobte der Autor des Reiseberichts – wahrscheinlich Kaselowsky selbst – die «besonders sympathische Form der Siedlung, weil junge Menschen auf diese Weise ihre Arbeitskraft in Kapital umsetzen können. Jungens und Mädels machen glänzenden Eindruck: straffe Figuren, frohe Gesichter, helle Augen. Viele ‹Artamanen erster Absaat› [sic, gemeint sind Kinder], da schon viele auf ihre Stelle hin geheiratet haben.»[124]

Die Artamanen hofften, Unterstützung im Reichsernährungsministerium, in der SS und in der DAF zu finden. Auch der Verwaltungsratsvorsitzende der Deutschen Siedlungsbank, der mecklenburgische Landesbauernführer und zeitweise Ministerpräsident Walter Granzow, unterstützte die ungewöhnliche Siedlungsform. Reibisch betonte vehement den Erfolg der von ihm geleiteten Artam-Mustersiedlung Koppelow sowie der kleineren Siedlungen in Augustenberg und Groß-Ridsenow. Beobachter waren dennoch skeptisch. Wirtschaftsprüfer kamen zu dem Schluss, dass die Methode zwar grundsätzlich funktionieren könne – letztlich aber mit dem geltenden Siedlungsgesetz kollidiere; das Siedlungsverfahren dauere zu lange und hänge zu stark von zwischenmenschlichen Faktoren ab. Ohne staatliche Anerkennung war den Artamanen der Zugang zu den Krediten der Siedlungsbank versperrt, die sie aber benötigten – sollten doch gerade junge Männer mit wenig Geld angesiedelt werden.[125]

Hier kam nun das Oetker'sche Kapital ins Spiel. Tatsächlich zeigte der Oetker-Chef starkes Interesse an den Artamanen. Im Sommer 1935 besuchte er Martin Reibischs neues Siedlungsprojekt auf Groß-Ridsenow, «um einmal mit Ihnen zu überlegen, ob für uns als Privatleute die Möglichkeit besteht, die Artamanen-Siedlung irgendwie zu fördern».[126] Konkrete Formen gewann diese Unterstützung vorerst in Form freihändig vergebener Zuschüsse Kaselowskys für Bekleidung und Studiengelder. Von Kaselowsky selbst stammte der Vorschlag, durch ein Darlehen den Erwerb eines weiteren Gutes zu ermöglichen und Reibisch damit eine finanzielle Grundlage für seine ehrenamtliche Tätigkeit zu geben. Bis zu 90 000 RM wollte Kaselowsky als zinsfreies Darlehen auf 20 Jahre zur Verfügung stellen. Die steigenden Bodenpreise erschwerten jedoch die Suche nach einem geeigneten landwirtschaftlichen Betrieb.[127] Für Reibischs Idee, darüber hinaus eine Artam-Siedlung GmbH zu gründen, konnte sich Kaselowsky indes nach zwei gescheiterten Versuchen mit klassischen Siedlungsgesellschaften nicht mehr erwärmen.[128]

Reibisch wurde allerdings im Juli 1935 vom Bund Artam e. V. ausgeschlossen. Der Bund selbst löste sich zum Jahresende auf und die Mitglieder wurden in den Landdienst der HJ überführt; die Ostsiedlungsarbeit trat in den Hintergrund.[129] Der anfangs vielversprechende Kontakt verlor damit für Kaselowsky, der sonst immer nach der Anerkennung von Partei und Staat strebte, seinen Reiz.

Es gibt keine Hinweise, dass Kaselowsky über die Korrespondenz mit Reibisch hinaus mit den Artamanen in Verbindung gestanden oder sie finanziell unterstützt haben könnte. Kaselowskys Kontakte zu dieser völkischen Bewegung setzten augenscheinlich zu einem relativ späten Zeitpunkt ein, als nur noch ein harter Kern von Aktivisten versuchte, das Artam-Projekt in den NS-Staat hinüberzuretten. Mochte er für die eigenwillige Bewegung auch Sympathien hegen, so unterschieden sich die Überzeugungen Kaselowskys und Reibischs doch erheblich. Der antikapitalistische Duktus des Artamanen-Führers und die privatwirtschaftliche Denkweise des Bielefelder Fabrikanten passten nicht zusammen.[130] Der kapitalintensive, schnellere und mutmaßlich effizientere Weg über die Siedlungsgesellschaften entsprach Kaselowsky eher, auch wenn die Aushandlung von Macht- und Richtungsfragen nach der «Machtergreifung» sein Engagement behindert hatte.

Der Kontakt zu Reibisch riss Ende 1935 ab. Auf ein vereinzeltes Schreiben des Artamanen, in dem dieser 1944 Pläne für eine Siedlung im Warthegau oder im Generalgouvernement präsentierte, reagierte Kaselowsky nur knapp. Mehr als warme Worte für den «Kulturpionier im Osten» und ostentative Siegeszuversicht enthielt Kaselowskys Antwortschreiben im letzten Kriegsjahr nicht mehr.[131]

Die Siedlungspolitik bot Richard Kaselowsky ein Betätigungsfeld, das wie nur wenige geeignet war, sich und die finanziellen Möglichkeiten der Firma Oetker in den Dienst der Sozial- und Volkstumspolitik des Nationalsozialismus zu stellen. Die Förderung von Arbeitersiedlungen war seit Ende der 1920er Jahre eine Konstante der Firmenpolitik und wurde in den 1930er Jahren weiter ausgebaut. Die Orientierung in den ländlichen Raum beschränkte sich hier noch auf Stadtrand- oder Kleinsiedlungen mit guter Verkehrslage zu den Oetker-Werken; die Idee eines «Hellkopf-Dorfes» samt Fabrik war schon Mitte der 1930er Jahre nicht mehr zeitgemäß.

Nach der «Machtergreifung» investierte Kaselowsky dann sowohl Geld als auch Zeit und persönliche Energie, um die «Neubildung deutschen Bauerntums» im Osten des Deutschen Reiches zu unterstützen. Wie viele andere Zeitgenossen, die selbst meist wenig mit bäuerlicher Landwirtschaft zu tun hatten, stemmte er sich gegen den «langen Abschied vom Agrarland» im 20. Jahrhundert.[132]

Dass Kaselowskys Engagement 1935 abflaute, hatte wohl weniger mit nachlassendem Interesse als mit dem Scheitern seiner Ambitionen zu tun. Das hochideologisierte Handlungsfeld wurde von starken politischen Interessengegensätzen und Machtkämpfen geprägt und befand sich im Umbruch hin zu zentralistischer Steuerung und einer weitgehenden Entökonomisierung. Der zunehmende Mangel verwertbarer landwirtschaftlicher Flächen und steigende Grundstückspreise taten ab Mitte der 1930er Jahre ein Übriges, sodass das Feld für nichtstaatliche Akteure an Attraktivität verlor.[133] Kaselowskys Versuch, sich mit privatwirtschaftlichen Methoden in den Dienst der «Volksgemeinschaft» zu stellen, stand ohnedies im Widerspruch zur von Darré vertretenen, oftmals bizarren Variante der nationalsozialistischen Agrarideologie. Über kurz oder lang war dem NS-Regime daran gelegen, die Verbindung zwischen Landwirtschaft und Siedlungsarbeit einerseits und privaten Kapitalinteressen andererseits zu kappen.[134] 1936 kam Richard Kaselowsky zu der Erkenntnis, dass die Siedlung im «Osten» in den nötigen Dimensionen nur durch den Staat geleistet werden könne: Die Bemühungen der Firma Oetker, «bei der Schaffung neuen deutschen Bauerntums mitzuwirken», seien «im großen und ganzen als negativ anzusehen».[135]

«Soziale Betriebsarbeit» und «NS-Musterbetrieb»

Sozialpaternalistische Traditionen: Die «Hellkopf-Familie»

«Soziale Gesinnung ist bei Oetker alte Überlieferung», vermerkte nicht ohne Stolz die Festschrift zum 50-jährigen Jubiläum der Firma Oetker – und diese «soziale Gesinnung», übersetzt in sozial- und gesellschaftspolitische Aktivitäten, waren ein wichtiges Gebiet, auf dem Richard Kaselowsky sich in Einklang mit dem Nationalsozialismus sah. Im Jubiläumsjahr 1941 konnte er auf eine Reihe von Erfolgen und Ehrungen durch das Regime zurückblicken – etwa auf die Auszeichnung als «Nationalsozialistischer Musterbetrieb», von der noch die Rede sein wird. So ist es nicht erstaunlich, dass das «Buch der Gefolgschaft» den sozialen Einrichtungen des Betriebes breiten Raum widmete, beginnend bei Dr. August Oetker selbst. Die Haltung des Firmengründers gegenüber seinen Mitarbeitern wurde durch eine Fülle von Anekdoten illustriert, die ihn nicht nur als «genialen Geschäftsmann», sondern auch als «Menschenfreund» charakterisieren: Er verbesserte die Arbeitsbedingungen kontinuierlich, minderte die Belastungen für seine Mitarbeiterinnen und Mitarbeiter in der Produktion oder ließ Wannenbäder und Duschbrausen installieren, die den Arbeitern in der Arbeitszeit zur Verfügung standen. Ein Allgemeinarzt und ein Zahnarzt kamen einmal pro Woche in die Firma; sie untersuchten die Beschäftigten reihum und konnten im Krankheitsfall konsultiert werden. Zur ästhetischen Verschönerung der Werkshallen ließ Oetker von seinem Gartengut in der nahe gelegenen Senne Schnittblumen liefern, ein Teil der dortigen Obsternte wurde an die Arbeiter verteilt. Der Firmengründer habe über die Verhältnisse seiner Mitarbeiter stets «gut Bescheid gewusst», einen Sinn für ihre «Wünsche und Nöte» gehabt und auch bei «persönlichen Anliegen mit Rat und Tat» geholfen.[136]

Tatsächlich konnte die betriebliche Sozialpolitik[137] der Firma Oetker im Jahr 1941 auf eine lange Tradition zurückblicken, und den Mitarbeitern wurde ein umfangreicher Katalog sozialer Leistungen geboten. Eine Anlage zur Betriebsordnung, die am 1. Januar 1938 in Kraft trat, umfasst eine zweieinhalbseitige Auflistung. Die insgesamt 90 Einträge sind zwar kleinteilig und nicht ohne Überschneidungen, decken aber ein breites Spektrum ab. Es finden sich Maßnahmen zur Verbesserung des Arbeitsumfeldes, die von der Bereitstellung besonderer Stühle und Korkmatten in den Maschinensälen (für bequemeres Sitzen und gegen kalte Füße) über die Versorgung mit Milch, Kaffee und Brauselimonade bis hin zu «vorbildlichen Toiletten» reichen. Verschiedene betriebliche Einrichtungen wurden finanziert – etwa die Werksküche, die die Arbeiter mit einem warmen Mittagessen versorgte. Die Arbeitnehmer erhielten Zulagen zum Lohn und konnten Sonderleistungen in Anspruch nehmen: Dazu zählten Weihnachtsgeld und Ferienzuschuss ebenso wie Sonderzahlungen zu verschiedenen Anlässen. Schwangeren wurde 1937 für je sieben Wochen vor und nach der Geburt Wochengeld bezahlt – je eine Woche mehr als gesetzlich vorgesehen. Schließlich finden sich zahlreiche Angebote, die im weitesten Sinne die Freizeit- oder Pausengestaltung betrafen: Auf kulturellem Gebiet bot die Firma ihren Mitarbeitern eine Werkbücherei mit rund 3000 Bänden, Zeitungen lagen aus, und Filmvorträge wurden veranstaltet. Es gab Chor, Orchester, Sing- und Tanzkreise sowie eine Laienspielgruppe, auch Theater- und Konzertbesuche

Die «Mädchen» des Tanzkreises beim Betriebsausflug 1938 auf der Hohensyburg

außerhalb der Firma wurden durch finanzielle Zuschüsse gefördert. Der Erholung diente eine Parkanlage, der körperlichen Ertüchtigung ein eigener Sportplatz, außerdem wurden Turn- und Gymnastikstunden angeboten. Ein Betriebsausflug gehörte zum Jahresablauf.[138]

Eine wichtige Bezugsgröße für die quantitative Bewertung der betrieblichen Sozialleistungen ist der Arbeitslohn, den Oetker seinen Arbeiterinnen und Arbeitern zahlte. Er richtete sich nach dem Tarif für Nahrungs- und Genussmittel-Industriearbeiter und war ursprünglich mit einem Verband der christlichen Gewerkschaften vereinbart. Der letzte abgeschlossene Tarifvertrag datierte vom 25. Mai 1932; er blieb während des «Dritten Reiches» in Kraft. Facharbeiter im Alter über 23 Jahren erhielten einen tariflichen Stundenlohn von 77,5 Pfennigen, den Oetker durch eine gestaffelte Dienstalterszulage nach jeweils fünf Jahren auf bis zu 92,5 Pfennige aufstockte. Hilfsarbeiter verdienten maximal 81,5 Pfennige; die automatischen Lohnzuwächse galten nicht für die Saisonarbeiter(innen). Der durchschnittliche Stundenlohn für einen Industriearbeiter im Deutschen Reich lag im September 1933 bei knapp 70 Pfennigen, in der Süß-, Back- und Teigwarenindustrie bei etwa 50 Pfennigen. Junge Frauen und Mädchen stellten die Mehrheit der Oetker-Belegschaft. 1938 beschäftigte die Firma in Bielefeld 254 Männer mit einem Durchschnittsalter von 38 Jahren, aber 540 Frauen, die im Schnitt nur 24 Jahre alt waren. Während die Altersstruktur der männlichen Belegschaft weitgehend ausgeglichen war, dominierten die jungen Mädchen: Ein Fünftel der Arbeiterinnen war zwischen 14 und 18 Jahre alt, ein weiteres Viertel zwischen 19 und 23 Jahre – beide Altersgruppen machten zusammen fast die Hälfte der weiblichen und etwa ein Drittel der Gesamtbelegschaft aus. Weniger als 10 % der Frauen bei Oetker waren älter als 43 Jahre.[139] Ab ihrem 16. Geburtstag erhielten die Frauen einheitlich einen tariflichen Stundenlohn von 43,5 Pfennigen, der nach einem Jahr Betriebszugehörigkeit um 7 Pfennige aufgestockt wurde. Dazu kamen gegebenenfalls ein Maschinenakkord oder sonstige Zulagen zwischen zwei und 15 Pfennigen, sodass der Gesamtlohn bis zu 65 Pfennige betrug. Bei einer Wochenarbeitszeit von 40 Stunden verdienten männliche Oetker-Arbeiter also zwischen 140 und 160 RM pro Monat, weibliche zwischen 90 und 135 RM. Nach der sukzessiven Anhebung der Wochenarbeitszeit auf 48 Stunden stiegen die Monatslöhne entsprechend an, während die Stundenlöhne weitgehend stagnierten. Oetker garantierte auf Basis der regulären Wochenarbeitszeit Mindestlöhne, die unabhängig von der Arbeitsauslastung waren.[140]

In vielen Fällen lässt sich nicht mehr nachvollziehen, wann Sozialleistungen im Einzelnen eingeführt, ausgebaut oder gegebenenfalls reduziert wurden. Konjunkturelle Auswirkungen auf die Sozialleistungen oder der Einfluss gesellschaftlicher und politischer Entwicklungen sind deshalb nur schwer nachzuvollziehen; gleichwohl ist es möglich, Veränderungen anhand einiger Beispiele zu verfolgen. Die jährliche Weihnachts-Sonderzahlung etwa gab es schon in den Jahren der Betriebsgründung, als die Arbeiter noch aus der Hand Dr. August Oetkers selbst je ein Goldstück empfingen – so erinnerte sich eine Arbeiterin später. In den Jahren 1908 bis 1911 erhielten die Mitarbeiter eine festgelegte Zuwendung, deren Höhe sich nach dem Lohn und der Dauer der Betriebszugehörigkeit richtete; zwischen 1924 und 1933 lag die Höhe der Zahlung zwischen 10 und 40 RM. Seit 1934 wurden, unabhängig von der Betriebszugehörigkeit, 40 bis 50 % eines Monatslohnes als «Weihnachtsgeschenk» ausbezahlt.[141] Wie andere Unternehmer versuchte auch Oetker, durch Fürsorgeleistungen die «sozialpolitischen Lücken» zu schließen, die die Lohnkürzungen und der Rückbau des Sozialstaats während der ökonomischen Krisenjahre am Ende der Weimarer Republik hinterlassen hatten: 1930/31 waren etwa beim Krankentagegeld für Arbeiter per Notverordnung drastische Kürzungen vorgenommen worden. Die Firma glich diese aus, zahlte den vollen Lohn an den drei Karenztagen und stockte das gesetzliche Tagegeld von nur noch 50 % des Grundlohnes für die vollen sechs Wochen auf 90 % auf. Da die Kürzung des Tagegelds auch im «Dritten Reich» nicht zurückgenommen wurde, geriet die anfängliche Kompensation zur Dauerleistung.[142]

Nach der Überwindung der ökonomischen Krise wurden die sozialen Leistungen seit 1934 unter der Ägide Richard Kaselowskys in erheblichem Maße ausgeweitet. Ein Ferienzuschuss, dessen Höhe sich zunächst nach dem Familienstand und der Zahl der Kinder richtete, wurde eingeführt: Ledige erhielten 40 RM, Verheiratete 75 RM, hinzu kamen 20 RM für das erste und je 10 RM für jedes weitere Kind. Im gleichen Jahr gewährte die Firma erstmals im Herbst in Anlehnung an die traditionelle Bevorratung für den Winter einen «Einkellerungszuschuss» in Höhe von zuletzt 50 % eines Monatsgehalts.[143] Das bereits übliche Kindergeld belief sich zunächst auf 1 RM monatlich. 1935 wurde es auf 3 RM, dann auf 15 RM je Kind erhöht, und ab dem vierten Kind zahlte Oetker 25 RM. Die weiblichen Mitarbeiter erhielten nach mindestens fünfjähriger Betriebszugehörigkeit ein Hochzeitsgeschenk, das 1935 auf 250 bis 500 RM angehoben wurde; im Regelfall sollte dies den Abschied aus dem Arbeitsleben in die Familie versüßen. Zahlreiche kleinere Posten kamen hinzu. In den Zweigwerken der Firma existierten vergleichbare Sozialstandards.[144] Allein mit den genannten regelmäßigen Leistungen kam ein verheirateter Familienvater mit drei Kindern und einem Grundgehalt von 150 RM gegen Ende der 1930er Jahre auf etwa 14 Monatsgehälter. Freilich boten solche monetären Sozialleistungen auch dem Unternehmer handfeste Vorteile: Die nationalsozialistische Lohnpolitik zementierte faktisch den Stand der Weltwirtschaftskrise. Dagegen herrschte bei den betrieblichen Sozialleistungen zumindest bis Kriegsbeginn 1939 eine gewisse Flexibilität. Sie boten so eine Möglichkeit, die Arbeitnehmer auch ohne formelle Lohnerhöhung am Unternehmenserfolg teilhaben zu lassen und sich in der Konkurrenz um die zunehmend knapper werdende Ressource Arbeitskraft erfolgreich gegen andere Firmen durchzusetzen.[145]

Die Firma Oetker bot hier deutlich mehr als andere Firmen, zumal nach der Expansion der freiwilligen betrieblichen Sozialleistungen seit 1934. Für den Zeitraum bis 1938 lässt sich die Entwicklung in Zahlen fassen: Hatten die Aufwendungen für finanzielle Zulagen 1934 noch 8,5 % der Grundlohnsumme betragen, waren es 1938 über 22 %; die Kosten für sonstige Einrichtungen und Angebote sowie die Pensionskasse waren darin noch nicht enthalten.[146] Die Summe, die Dr. Oetker insgesamt aufwandte, ist also noch höher anzusetzen: Bei einer Grundlohnsumme von 1,58 Mio. RM im Bielefelder Werk gab Oetker 1938 insgesamt 865 000 RM für freiwillige Zahlungen und sonstige Sozialkosten aus. Zu Letzteren zählten verschiedenste Posten: So wurden 63 000 RM für Arbeitskleidung, 35 000 RM für Betriebsausflüge und -feiern, 20 000 RM für einen neuen Sportplatz sowie 16 000 RM für die Gesundheitspflege verbucht. Selbst wenn die Zahlen zum Zweck der Selbstdarstellung aufgerundet worden sein sollten und sich – wie etwa für den Sportplatz – einmalige Ausgaben darunter befanden: Der Betrag, den Dr. Oetker 1938 insgesamt für freiwillige soziale Leistungen aufbrachte, betrug annähernd das Sechsfache der gesetzlich vorgeschriebenen Sozialausgaben und entsprach einem Drittel der Gesamtlohnsumme.[147] Dieser Wert ist vergleichsweise hoch: Bei der I. G Farben, die bereits eine Spitzenstellung einnahm, machten die freiwilligen Sozialleistungen im Jahr 1936 21,3 % der Gesamtlohnsumme aus, bei den Siemens-Schuckert-Werken 9,0 %, bei Krupp 8,5 %. Im Sektor der Nahrungs- und Genussmittelindustrie lag im Jahr 1938 der Anteil der zusätzlichen Sozialleistungen im Schnitt bei 8,8 % der Gesamtlohnsumme.[148]

Nicht in dieser Summe enthalten war zudem ein finanziell gewichtiger sozialpolitischer Baustein: 1935 wurde eine «Alters-Vorsorge-Kasse» eingerichtet, die zum 1. Januar 1938 zur «Pensionskasse» umgewandelt und mit einem Gründungskapital von 4,5 Mio. Reichsmark ausgestattet wurde. Die Mitarbeiter hatten nach zehnjähriger Betriebszugehörigkeit einen Pensionsanspruch von 25 % des letzten Arbeitslohnes, ohne dass sie dafür selbst einzahlen mussten. Aus Anlass des 50. Betriebsjubiläums wurden die Leistungen drei Jahre später nochmals erheblich ausgebaut: Mit jedem weiteren Jahr im Betrieb stieg der Anspruch um ein Prozent bis zu einer Höchstgrenze von 40 % des letzten Arbeitslohnes. Zusätzliche Rentenzahlungen gab es außerdem bei Invalidität, und auch nach dem Tod des Anspruchsberechtigten konnten die Hinterbliebenen eine gewisse Zeit auf Weiterzahlung rechnen.[149]

Solche Fürsorglichkeit war Ausdruck eines weit gefassten unternehmerischen Patriarchalismus. Er war ein «persönlich-hausrechtlich autoritäre[s]» System der Unternehmensführung, das seine Legitimität maßgeblich aus dem Selbstverständnis und der Selbstinszenierung des Unternehmers bezog: aus der Omnipräsenz, der Allgewalt und dem Hausrecht im Betrieb, aber auch aus Nahbarkeit und Anteilnahme an den persönlichen Verhältnissen der Arbeiter.[150] Damit wurde die Beziehung zwischen Arbeitgeber und Arbeitnehmer der Sphäre des rein Ökonomischen mit ihren arbeitsvertraglich festgelegten, wechselseitigen Leistungsvereinbarungen enthoben. In Analogie zum bürgerlichen Familienbild wurde der Unternehmer seinen Mitarbeitern zum «Vater». Auch Oetker konnte sich den Realitäten moderner Arbeitsverhältnisse nicht entziehen, vor denen jedoch die Fassade des vormodernen «ganzen Hauses» errichtet wurde.[151] Die Vaterrolle war im Familienunternehmen Dr. Oetker gewissermaßen eine doppelte, die private fand in der unternehmerischen ihr Gegenstück und konstruierte eine besonders enge Verbindung zwischen der bürgerlichen Familie auf dem Johannisberg und der Betriebs-«Familie» zu dessen Füßen. An deren Spitze stand zunächst August Oetker und dann, als Statthalter in beiden Funktionen, Richard Kaselowsky. War die Basis dieses Beziehungsgefüges zunächst noch der direkte persönliche Kontakt, traten mit zunehmender Mitarbeiterzahl Ersatzinszenierungen und die symbolische Aufladung monetärer Zuwendungen an dessen Stelle und stärkten die wechselseitigen Bindungen. Geldzahlungen an die Belegschaft wurden nicht nur mit Firmenjubiläen, sondern – noch häufiger – mit feierlichen Anlässen in der Eigentümerfamilie verknüpft. 1927 etwa zahlte Lina Oetker aus Anlass ihres 60. Geburtstages je 20 Reichsmark auf die Betriebssparbücher der Belegschaft ein. 1938 erhielten die Mitarbeiter gelegentlich des 50. Geburtstages von Richard Kaselowsky eine Sonderzahlung. Der «Einkellerungszuschuss» feierte 1939 die Hochzeit Rudolf-August Oetkers, im Jahr 1942 den 75. Geburtstag der Kommerzienrätin. Aus Anlass des 50. Firmenjubiläums 1941 erhielten die Mitarbeiter eine Gratifikation, die je nach Betriebszugehörigkeit zwischen einem halben und einem vollen Monatslohn betrug.[152]

Die enge Verflechtung zwischen Unternehmerfamilie, Familienunternehmen und Unternehmensfamilie entfaltete identitätsstiftendes und integrierendes Potenzial; als Teil der Oetker'schen Unternehmenskultur wurde sie seit Mitte der 1930er Jahre von Richard Kaselowsky auf sprachlicher Ebene gezielt forciert. Die bereits gängige Verwendung des Markenzeichens in der innerbetrieblichen Kommunikation («Hellkopfheim», «Hellkopf-Kameradschafts-Abend») wurde systematisiert und mit der Familienmetapher verbunden.[153] Nun war von der «Hellkopf-Familie» die Rede; der Betriebsführer selbst stand als «Hellkopfvater» an der Spitze, dementsprechend waren die Mitarbeiter die «Hellkopfkinder», für die er sogar ein «Hellkopf-Dorf» errichten wollte.[154] Diese Metaphorik fand sich von nun an auch in der Außendarstellung, Kaselowsky verwendete sie in privater wie geschäftlicher Korrespondenz. Während der Festansprachen zum 50-jährigen Firmenjubiläum bildete sie – gerade im Zusammenhang mit der betrieblichen Sozialpolitik – ein Leitmotiv, das auch der Obmann der Deutschen Arbeitsfront aufgriff.[155] Den Anstoß gab Kaselowsky selbst beim Betriebsappell zur Einweihung des 1937 fertiggestellten Neubaus auf dem Bielefelder Firmengelände: «Wenn jemand zu mir etwas besonderes [sic] Freundliches sagen will, so spricht er vom ‹Hellkopfvater›.» Er wollte die Anrede als «ein Zeichen» verstanden wissen, «wie der Geist des Gründers in seinem Werke weiterlebt», für den die Anrede als «Vater» ebenfalls überliefert ist.[156] Der Rückbezug wirkte traditionsstiftend und legitimierend, und er enthielt ein Element der Selbstverpflichtung. Richard Kaselowsky, der Treuhänder, der seit 1933 allein an der Firmenspitze stand, stellte sich durch das von ihm geschaffene Sprachkonstrukt in die direkte Kontinuität des Firmengründers.

Richard und Ida Kaselowsky – Soziale Fürsorge und «Volksgemeinschaft»

Ohne Zweifel spielten für die Expansion der Sozialleistungen seit Mitte der 1930er Jahre verschiedene Faktoren eine Rolle. Durch ihre zeitliche Koinzidenz und einen Mangel an Quellen sind sie nur schwer voneinander abzugrenzen und in ihrer Bedeutung gegeneinander abzuwägen: Die Erholung des wirtschaftlichen Umfeldes nach der Krise zu Beginn des Jahrzehnts schuf finanziellen Spielraum, und unter dem veränderten politischen Kontext nach der nationalsozialistischen «Machtergreifung» war unternehmerisches soziales Engagement gefordert. Im Bielefelder Raum konkurrierte Oetker mit einer ganzen Reihe von großen

Textilunternehmen um die vorwiegend weiblichen Arbeitskräfte. Da signifikante Lohnerhöhungen von den Treuhändern der Arbeit nicht genehmigt wurden, um das Lohn- und Preisniveau künstlich niedrig zu halten, war der Ausbau der Sozialleistungen sicherlich auch ein Mittel, die Attraktivität der Firma Oetker als Arbeitgeber zu steigern. Wenn Kaselowsky bewusst den «Geist des Gründers» evozierte und sich auf die von diesem grundgelegte und geübte Praxis berief, konnte er das nicht ohne die Zustimmung der «Kommerzienrätin» tun, die im Hintergrund als Oberhaupt der Familie und letzte Entscheidungsinstanz über Familie und Unternehmen wachte.[157] Zusammen mit seiner Frau Ida war er gleichwohl der *spiritus rector* und die treibende Kraft hinter der drastischen Expansion der Oetker'schen Sozialpolitik in den 1930er Jahren.

Die genuin sozialfürsorgerische Grundhaltung Richard und Ida Kaselowskys war ethisch begründet, und sie wollten diese auch ihren Kindern – und insbesondere dem Erben Rudolf-August Oetker – vermitteln.[158] Aus dieser Gesinnung entsprang die Selbstverpflichtung, «sich zu kümmern», die eigenen Beschäftigten über den reinen Arbeitslohn hinaus abzusichern und ihnen in besonderen Notlagen beizustehen – auch jenseits ökonomischer Rationalität, die sich von Sozialleistungen primär Leistungssteigerungen versprach.[159] Dies war die eine Seite des patriarchalischen Gesellschaftsbildes. Im Gegenzug leitete der Unternehmer aus der «väterlichen» Fürsorge einen Anspruch auf Gehorsam und Loyalität der Arbeiter in der Rolle der «Hellkopfkinder» ab. Sie wurden gegenüber dem «Hellkopfvater» zu Unmündigen – das Bemühen, sie durch «pädagogische» Angebote gewissermaßen zu erziehen, unterstreicht dies noch. Die Arbeiterinnen und Arbeiter waren Objekt der unternehmerischen Sorge, keinesfalls jedoch Subjekt der Unternehmenspolitik etwa im Sinne eines gleichberechtigten Tarif- und Sozialpartners. Dies zeigte sich schon in den Arbeitskämpfen zu Beginn der Weimarer Republik: Nach anfänglichem Entgegenkommen, als auch reichsweit in der Zentralarbeitsgemeinschaft noch ein Ausgleich zwischen den Tarifparteien gesucht wurde, zeigte Dr. Oetker in Arbeitskämpfen ab 1921 wieder Härte. Lohnerhöhungen waren prinzipiell denkbar; sie wurden jedoch gewährt, nicht auf Augenhöhe vereinbart.[160] Als 1927 ein Konflikt im Zweigwerk Hamburg drohte, wollte Kaselowsky allenfalls mit der betrieblichen Arbeitnehmervertretung sprechen, nicht aber mit dem Deutschen Nahrungs- und Genussmittelarbeiter-Verband.[161] Dass eine Gewerkschaft von außen Einfluss auf die Arbeitsbeziehungen bei Dr. Oetker nehmen und sich damit quasi in «Familienangelegenheiten» einmischen könnte, war für Kaselowsky geradezu ungehörig. Sollte es 1932 gar eine Gruppe der Revolutionären Gewerkschafts-Opposition (RGO) bei Oetker gegeben haben, war ihm das sicherlich ein Dorn im Auge.[162]

Auch wenn der «Betriebsführer» ein offenes Ohr hatte, sich sorgte und im Notfall kümmerte, blieben die Angestellten in der Rolle des Empfängers «gewährter», jederzeit widerrufbarer sozialer Leistungen oder gar in der Rolle des Bittstellers. Zahlungen waren an Bedingungen geknüpft, ihr Entzug diente als Mittel der Disziplinierung. Gründe für eine Kürzung oder Streichung waren etwa Bummelei, die Überziehung des Urlaubs oder ein «Ungenügend» im Berufsschulzeugnis.[163] Mitbestimmung war nicht vorgesehen, die Stellung des Betriebsführers – seit 1933 Richard Kaselowsky allein – blieb unumschränkt; der Vertrauensrat und der Betriebsobmann der DAF traten kaum in Erscheinung. Insofern war das bei Oetker praktizierte innerbetriebliche Herrschaftsmodell Patriarchalismus in seiner paternalistischen Variante, ein Modell des 19. Jahrhunderts, das gerade in Familienunternehmen noch lange Überhänge kannte.[164]

Diesem unternehmerischen Selbstverständnis kamen die «Gemeinschafts»-Ideen entgegen, die seit dem Ersten Weltkrieg auch auf die Arbeitswelt übertragen wurden. Vorstellungen von «Arbeits-», «Werks-» oder «Betriebsgemeinschaft» sollten schon in den Jahren der Weimarer Republik die sozialen Spannungen überwinden und den Wirtschafts- und Arbeitsfrieden sichern helfen. An die Stelle von gewerkschaftlicher Klassenpolitik einerseits und nur an betriebswirtschaftlichen Faktoren ausgerichteter Unternehmerpolitik andererseits sollte die Gemeinschaft treten, innerhalb deren die widerstreitenden Interessen möglichst konfliktfrei ausgeglichen werden sollten.[165] Kaselowsky stand solchen Ideen nahe: Er war Teilnehmer eines Gesprächskreises, der unter dem Rubrum «soziale Geselligkeit in Bielefelder Privathäusern […] sozial denkenden Arbeitgebern und weitsichtigeren Arbeitnehmern» die Möglichkeit zu «sozialpolitischen Erörterungen» abseits der politischen Arena bot. Initiator dieses Zirkels war der Amtsrichter und Justizreformer Alfred Bozi, der bereits während des Ersten Weltkriegs im Zeichen des «Burgfriedens» Liberale,

Sozialdemokraten und sozialfürsorgerisch Tätige zu Diskussionen über sozialpolitische Themen versammelt hatte.[166]

Von diesen harmonisierenden, letztlich jedoch einseitig wirtschaftsfriedlichen Konzepten waren die sozial- und gesellschaftspolitischen Vorstellungen und Ziele des NS-Regimes nicht weit entfernt. Das Regime griff die Betriebsgemeinschaftsideen der 1920er Jahre auf, die vor allem aus der Schwerindustrie stammten: Gewerkschaften und Arbeitgeberverbände wurden als Klassenorganisationen verpönt und durch Organisationen von Partei und Staat ersetzt. Die Deutsche Arbeitsfront (DAF) und die Treuhänder der Arbeit griffen nicht mehr nur punktuell in die sozialen Beziehungen in der Privatwirtschaft ein, sondern reklamierten grundlegende Zuständigkeiten und Regelungskompetenzen für sich.

Neben der Familie galt der Betrieb als Basiseinheit, in der es die nationalsozialistischen Vorstellungen vordringlich umzusetzen galt. Die Grundordnung der postulierten «Betriebsgemeinschaft» war das «Gesetz zur Ordnung der nationalen Arbeit» (AOG) vom 20. Januar 1934. Dem «Führer des Betriebes» wurde die praktisch unbeschränkte Entscheidungsgewalt zugesprochen. Ihm wurde auferlegt, «für das Wohl der Gefolgschaft» zu sorgen, die ihrerseits ihrem «Betriebsführer» die «Treue» zu halten hatte.[167] Darin fand sich das paternalistische Prinzip der alleinigen Entscheidungsgewalt des Unternehmers wieder, der im Gegenzug für seine Fürsorge umfassende Loyalitätsforderungen geltend machen konnte. Die «Betriebsgemeinschaft» richtete dieses System nun auf den Nutzen für «Volksgemeinschaft» und Staat aus und etablierte das «Führerprinzip» im Unternehmen. Fortan war das «Gefolgschaftsmitglied» zum Gehorsam verpflichtet, während die «Betriebsführer» über ihr Unternehmen hinaus das nationalsozialistisch definierte Gemeinwohl zu berücksichtigen hatten.[168]

Die harmonisierende Dimension der «Betriebsgemeinschaft» entpuppte sich bei genauerem Hinsehen als sozial pazifizierende Ideologie. Während die innerbetriebliche Machtposition der Unternehmer und ihre gesamtgesellschaftliche Relevanz in einer dem Grunde nach immer noch privatwirtschaftlichen Wirtschaftsordnung gestärkt wurden, war die Interessenartikulation der Arbeitnehmer weitgehend delegitimiert. Deshalb wurde das Gesetz in der deutschen Wirtschaft allgemein begrüßt. Auch Kaselowsky und die Bielefelder Unternehmerschaft sahen

Die «Betriebsgemeinschaft» marschiert: die Oetker-«Gefolgschaft» und die Betriebsführer mutmaßlich bei einem der Aufmärsche zum 1. Mai (vor 1936)

den Einfluss der Betriebsräte gerne gebrochen. Daran änderten auch gegenläufige, auf eine nationalsozialistische Arbeitervertretung zielende Tendenzen innerhalb der DAF nur wenig, die von der auf Aufrüstung und Rationalisierung ausgerichteten NS-Führung nur in engen Grenzen zugelassen wurden. Das AOG war insofern ein Erfolg der eher wirtschaftsnahen, 1933 in ihre Ämter gekommenen Beamten in den Reichsministerien für Wirtschaft und Arbeit und ihres Versuchs, den Einfluss der DAF in den Betrieben zurückzudrängen. Stattdessen wurden reichsweit «Treuhänder der Arbeit» installiert, die dem Arbeitsministerium unterstanden. Sie sollten in Streitfällen zwischen Arbeitnehmern und Arbeitgebern schlichten und erhielten Überwachungs- und Ordnungskompetenzen, insbesondere im Bereich der Lohnpolitik. Für die Unternehmer bedeutete dies einen überschaubaren Eingriff in ihre Autonomie. Die Arbeitnehmerseite aber wurde praktisch entmündigt. Für sie brachte die Gemeinschaftskonzeption eine insgesamt wenig vorteilhafte Mischung aus «Zugeständnisse[n] und Zwangsmaßnahmen».[169]

Diese funktionale Sicherung des patriarchalisch grundierten Herrschaftsanspruchs einerseits, sowie die Gemeinwohlorientierung und die ehrliche Überzeugung, «sich kümmern» zu müssen, andererseits, waren für

Kaselowsky beileibe kein Widerspruch. Für dieses Selbstverständnis gibt es eine Reihe von Beispielen: Während der Wirtschaftskrise suchte er innerhalb seiner unternehmerischen Einflusssphäre nach Möglichkeiten, einen Beitrag zur Bekämpfung der Arbeitslosigkeit zu leisten. 1931 entwickelte er den Plan, Mitarbeiter im Alter von über 65 Jahren in den Ruhestand zu verabschieden und stattdessen jüngere Erwerbslose einzustellen. Die Älteren, so Kaselowskys Vermutung, arbeiteten ohnehin nur noch, weil ihnen ihre Rente keinen auskömmlichen Lebensabend ermöglichte. Deshalb wollte er die Bezüge aus der staatlichen Rentenkasse auf monatlich 100 RM aufstocken und so annähernd verdoppeln, wobei die Kosten dafür zumindest teilweise durch die zunächst geringeren Löhne der Neueingestellten gegenfinanziert wurden.[170]

Die Kampagnen gegen das «Doppelverdienertum», also weibliche Berufstätigkeit nach der Hochzeit, die während der Wirtschaftskrise nicht nur in Deutschland, sondern international Konjunktur hatten, betrafen die Firma Oetker zunächst kaum, da die Arbeiterinnen meist mit der Heirat aus dem Unternehmen ausschieden.[171] Gleichwohl wollte Richard Kaselowsky einen Beitrag leisten und die Arbeitslosigkeit bekämpfen, indem er die weibliche Berufstätigkeit verringern half. Auf Antrag konnten deshalb arbeitslose Ehemänner und Verlobte den Platz ihrer Partnerin im Betrieb einnehmen. Dieser Austausch wurde bis 1935/36 in rund 70 Fällen durchgeführt; allerdings stellte man bei Oetker bald fest, dass der Wechsel erhebliche Probleme nach sich zog. Die Männer mussten langwierig angelernt werden und zeigten sich oftmals weniger geschickt und «flink» als ihre Frauen.[172] Während bei anderen Firmen solche «Arbeitskräfteaustausch»-Aktionen, die vor allem die Basis der NS-Bewegung in den ersten Jahren nach der «Machtergreifung» forcierte, auf wenig Gegenliebe stießen, ergriff Oetker selbst die Initiative.[173] Auch bei der Versorgung der «Alten Kämpfer», also der altgedienten Veteranen aus Partei und SA, mit Arbeitsstellen und Versorgungsposten kooperierte die Firma vorbildlich mit den zuständigen Arbeitsämtern und SA-Fürsorgestellen.[174]

Sowohl Richard als auch Ida Kaselowsky hatten sozialpolitische Projekte, die ihnen besonders am Herzen lagen. Im Einklang mit traditionellen Rollenvorstellungen bemühte sich Ida Kaselowsky besonders um Themen, die «weiblich» konnotiert waren. Dazu zählte etwa die Erholung, und so kümmerte sie sich um die Ferienheime der Firma Oetker.

Das erste Ferienhaus, der Sternhof, befand sich unweit von Bielefeld im Teutoburger Wald; später kamen weiter entfernte Häuser hinzu: ein Ferienheim im Seebad Ahlbeck auf Usedom und 1941 das «Haus Ilse» am Timmendorfer Strand im Ostseebad Niendorf, das der Familie Kaselowsky zuvor als privates Ferienheim gedient hatte. Für Fahrten in die verschiedenen Erholungsheime gewährte die Firma großzügige Reisekostenzuschüsse.[175] Der ganze Stolz dürfte aber Schloss Tutzing gewesen sein, das Ida Kaselowsky 1938 privat von der Industriellenfamilie Hackelsberger-van Eyck erwarb. Schon seit Jahren hatte man nach einer größeren, repräsentativen Immobilie, etwa einem preußischen Rittergut, gesucht und war nun in Bayern fündig geworden. Als «Ferienheim für Familie, Freunde und Gäste» sollte Schloss Tutzing besonders «bewährten Gefolgschaftsmitgliedern» nach mindestens zehn Jahren Unternehmenszugehörigkeit offenstehen.[176]

Maßnahmen, die sich besonders an die Mitarbeiterinnen richteten, waren angesichts ihres hohen Anteils an der Belegschaft ein wichtiges Betätigungsfeld. Dabei folgte die Firma einem traditionellen, bürgerlichen Familienleitbild: Sowohl das Hochzeitsgeschenk für Frauen als auch das Kindergeld sollten es den Mitarbeiterinnen ermöglichen, nach der Eheschließung ihre Rolle als Hausfrau und Mutter wahrzunehmen. Zu saisonalen Produktionsengpässen griff die Firma auf dieses Reservoir an angelernten Aushilfskräften zurück.[177] Seit der Zeit vor dem Ersten Weltkrieg gab es Kurse in Säuglingspflege und Kochkurse in einer eigens eingerichteten Lehrküche, die verlobten «Mädchen» vor der Heirat und dem Ausscheiden aus dem Betrieb die Kenntnisse und Fertigkeiten vermittelten, die sie – so die zeitbedingte Sicht – für ihre spätere Rolle als Hausfrau und Mutter brauchten. Der Säuglings- und Kleinkinderpflege hatte sich bereits Lina Oetker besonders angenommen. Seit 1919 finanzierte die Kommerzienrätin in einem Bielefelder Arbeiterviertel die «Oetker-Krippe», in der zwölf Säuglinge und 25 Kleinkinder von qualifiziertem Personal betreut werden konnten. Anfang 1940 richtete Lina Oetker auf dem Fabrikgelände die «Hellkopf-Krippe» ein, die 14 Plätze bot und insbesondere den eigenen Arbeitnehmerinnen zugutekommen sollte. Diese Krippen standen keineswegs im Konflikt mit dem klassischen Familienbild, auf das die anderen Leistungen zielten: 11 der 14 dort untergebrachten Kinder waren unehelich geboren. Sie wurden dort dauerhaft betreut, lediglich mittwochs und samstags war Besuchszeit, sonntags konnten die Mütter ihre Babys und Kleinkinder mit nach Hause nehmen, wenn sie dies wollten.[178] Der Gedanke, verheiratete Frauen weiterhin im Betrieb zu halten, stand nicht im Vordergrund, sehr wohl sollten aber ledige Mütter weiter erwerbstätig bleiben, wovon bei zunehmendem Arbeitskräftemangel im Krieg auch die Firma profitierte.

Dieses seit August Oetker geförderte Familienbild war im Kern bürgerlich, gleichzeitig aber nicht weit entfernt vom völkisch-ideologischen Frauen- und Mutterbild des Nationalsozialismus. Das Hochzeitsgeschenk wirkte ähnlich und verfolgte teils identische Ziele wie das staatlicherseits im Juni 1933 eingeführte «Ehestandsdarlehen»; der oben erwähnte «Ehefrauenaustausch» war ebenfalls ganz im Sinne des NS-Regimes.[179] Auch andere Firmen entdeckten im Sommer 1933 dieses Feld als Möglichkeit, «sich nach oben hin Liebkind zu machen» – wie Richard Kaselowsky es kritisch formulierte. In selbstbewusster Abgrenzung dazu erklärte er, die Firma Oetker habe auf diesem Gebiet keinerlei Nachholbedarf. Seit er selbst an der Spitze der Firma stehe – also seit Anfang der 1920er Jahre –, sei in rund 300 Fällen das Hochzeitsgeschenk an ausscheidende Mitarbeiterinnen gezahlt worden: «Ich bin daher der Meinung», so der Oetker-Lenker, «dass wir es nicht nötig haben, noch durch besondere Maßnahmen […] unsere Gefolgschaft zur Staatsführung zu beweisen.»[180]

«Soziale Betriebsarbeit»

Tatsächlich sah sich die Firma Oetker im Bereich der sozialen Betreuung der weiblichen Gefolgschaftsmitglieder zu Recht als Vorreiter. Unter der Federführung von Richard und Ida Kaselowsky förderte das Unternehmen maßgeblich ein neues Instrument der betrieblichen Sozialpolitik, das in Bielefeld seit etwa 1925 entwickelt wurde und nach 1933 bruchlos Aufnahme in die NS-Sozialpolitik fand. Die Idee der «Sozialen Betriebsarbeit» ging – so überliefert es das Buch der Gefolgschaft – auf den Gesprächskreis um Alfred Bozi zurück.[181] Richard Kaselowsky nahm die Anregungen auf, die vor allem Betrieben mit großer weiblicher Belegschaft galten. Dort sollten «Soziale Betriebsarbeiterinnen» angestellt werden, die einerseits eine Ausbildung und «Erfahrung in Sozialarbeit» hatten. In Abgrenzung von der klassischen, seit der

Jahrhundertwende praktizierten «Fabrikpflege» und «Werkfürsorge»[182] sollten sie jedoch andererseits die Arbeit der ihnen anvertrauten Frauen «zunächst in praktischer Tätigkeit kennenlernen», um auf diese Weise in möglichst «enge Beziehung zu der Belegschaft [zu] treten» und aus erster Hand «deren Wünsche und Nöte» zu erfahren. Ziel war es, die «Sozialen Betriebsarbeiterinnen» in eine Mittlerposition zwischen Arbeiterinnen und Führungsebene zu rücken, in der sie «bei der Gefolgschaft Verständnis für die Leitung» wecken, zugleich aber auch «Wünsche und Anregungen der Arbeitnehmer an die richtige Stelle» weitergeben konnten.[183]

In Bielefeld wurde ein «Ausschuss für Soziale Betriebsarbeit» gebildet, der die Idee propagierte. Ihm gehörten vor allem Unternehmer und Gewerkschafter an, aber auch Honoratioren wie Alfred Bozi.[184] Die Funktion des Ausschusses war vergleichbar mit der eines «Mutterhauses» in der evangelischen Diakonie: Er sorgte für die Ausbildung und Vermittlung der «Sozialen Betriebsarbeiterinnen», und die Betriebe schlossen mit ihm eine Art Entsendevertrag. So entstand ein Dreiecksverhältnis, in dem die Frauen direkt von dem Unternehmen, in dem sie tätig waren, den dort üblichen Arbeitslohn erhielten, während der Ausschuss den Aufschlag für die soziale Tätigkeit auszahlte. Diese Konstruktion sollte den Betriebsarbeiterinnen eine gewisse Unabhängigkeit vom Unternehmer sichern. An der patriarchalisch-paternalistischen Grundausrichtung änderte die «Soziale Betriebsarbeiterin» indes wenig. Mochte der (Selbst-)Anspruch der Betriebsarbeiterinnen auch ein anderer sein und sie sich genuin als Ansprechpartnerin und Vertreterin der Arbeiterinnen im Betrieb verstehen, verhinderte das zugrunde liegende konsensuale Gemeinschaftsmodell, dass sich eine Form von wirkungsfähiger und nötigenfalls konfliktstarker Interessenvertretung entwickeln konnte. Im Gegenteil: Die Betriebsarbeiterin agierte unabhängig von Betriebsrat und Gewerkschaften. Eher wird man die «Soziale Betriebsarbeiterin» als eine Art Abteilungsleiterin für Betriebliche Sozialpolitik betrachten können, die gerade bei Oetker in enger Fühlung mit der Unternehmensspitze agierte; wie weit die Nähe und Kameradschaft zu den «normalen» Arbeiterinnen in der Praxis reichte, ist schon für Zeiten der Weimarer Republik fraglich. Zumal unter den Bedingungen des Gesetzes zur Ordnung der nationalen Arbeit die maßgebliche Entscheidungsgewalt nach 1934 beim Unternehmensführer lag.

In der Praxis waren die beiden bedeutendsten Exponentinnen des «Bielefelder Modells» Lotte Jahn und Ilse Ganzert. Beide waren freigewerkschaftlich verwurzelt und zunächst im ADGB organisiert; Erstere stand als Tochter eines protestantischen Pastors darüber hinaus der Diakonie nahe.[185] Seit Mitte der 1920er Jahre war Lotte Jahn als «Soziale Betriebsarbeiterin» bei Oetker tätig, wo die neue Form der betrieblichen Sozialarbeit «zuerst entwickelt» und in die Praxis umgesetzt wurde.[186] Zunächst hatte der Bielefelder Ansatz jedoch nur begrenzten Erfolg: Bis 1933 übernahmen kaum mehr als eine Handvoll Firmen das Konzept.

Nach der «Machtergreifung» gelang es den Bielefeldern jedoch, führende Frauen der NS-Bewegung für die «Soziale Betriebsarbeit» zu gewinnen. 1934 wurde innerhalb der Deutschen Arbeitsfront (DAF) ein Frauenamt eingerichtet, dessen Leitung die Reichsfrauenführerin Gertrud Scholtz-Klink in Personalunion übernahm und das sich um alle werktätigen Frauen über 21 Jahren kümmern sollte.[187] Dort wollte man die eigene Zuständigkeit für frauenbezogene betriebliche Sozialpolitik gegenüber anderen Institutionen der DAF und der NS-Volkswohlfahrt (NSV) behaupten.

Das «Bielefelder Modell» bot ein Grundkonzept, das im nationalsozialistischen Sinne weiterentwickelt werden konnte. Es betonte Erziehung und sozialpädagogische Ansätze gegenüber der Fürsorge, ohne dabei die paternalistischen Grundüberzeugungen aufgeben zu müssen. 1929 formulierte Ilse Ganzert programmatisch die Schaffung einer betrieblichen «Gemeinschaft» als Ziel: Dem Klassenwiderstreit zwischen Arbeitgebern und Arbeitnehmern wurde ein harmonisches, als «unpolitisch» verstandenes Modell entgegengestellt, innerhalb dessen «sozial kranke [...] Elemente» gewissermaßen geheilt werden konnten. Auch wenn dabei zunächst nicht an rassistische Ausgrenzung und Verfolgung gedacht war, waren diese Ideen an nationalsozialistische, dem «Volks-gemeinschafts»-Gedanken verpflichtete Vorstellungen höchst anschlussfähig.[188] 1933/34 stellte sich die «Soziale Betriebsarbeit» auf den Boden der NS-Ideologie, und ihre konzeptionelle Vordenkerin Ilse Ganzert wechselte ins Frauenamt der DAF. Dort war sie zunächst als Sachbearbeiterin, später als Abteilungsleiterin für die «Soziale Betriebsarbeit» zuständig.[189] In der Rückschau verklärte sie 1943 die Bedeutung der nationalsozialistischen «Revolution»: Die «Sozialen Betriebsarbeiterinnen» seien von den mangelhaften Fortschritten während der Weimarer Republik enttäuscht gewesen; der Staat habe die Bedeutung ihres Anliegens «nicht erkannt» und es nicht zu seiner «eigenen Aufgabe gemacht». Dies sei «dem Nationalsozialismus vorbehalten» geblieben. Aus seiner Weltanschauung habe sich die Notwendigkeit der «Sozialen Betriebsarbeit» von selbst ergeben. Offenbar war es für Ilse Ganzert und ihre Mitstreiter und Mitstreiterinnen auch kein Problem, sich im Gegenzug für die Anerkennung den politischen Vorgaben des NS-Staates unterzuordnen – neben den wirtschaftlichen namentlich den «völkisch-biologischen».[190]

Zusammen mit Anna Maria Hanne (später Hanne-Braun), die als Stellvertreterin von Gertrud Scholtz-Klink die Hauptstelle Schulung im Frauenamt der DAF leitete, adaptierte Ganzert das Konzept für die neuen Verhältnisse. Das Frauenamt trat an die Stelle des Bielefelder Ausschusses und strebte nach der Kontrolle über Ausbildung, Einstellung und Einsatz der Betriebsarbeiterinnen in den einzelnen Firmen. Auch das vertragliche Dreiecksverhältnis – nun zwischen Frauenamt, Einsatzbetrieb und Sozialarbeiterin – sollte erhalten bleiben. Gegen diese Konzeption leistete die Reichsgruppe Industrie nachhaltigen Widerstand: Während sie gegen die ideologische Schulung und weltanschauliche Zuverlässigkeitsprüfung nichts einzuwenden hatte, legte die Reichsgruppe Wert darauf, die Einflussmöglichkeiten der DAF im Betrieb zu begrenzen und sicherzustellen, dass der Betriebsführer auch im Bereich der betrieblichen Sozialarbeit die letzte und allein maßgebliche Instanz blieb. Mit einem Abkommen zwischen dem Vorsitzenden der Reichsgruppe Industrie, Ernst Trendelenburg, und der Reichsfrauenführerin wurde am 9. Dezember 1935 ein Kompromiss erreicht, der freilich prekär blieb: Immer wieder versuchten die regionalen und lokalen DAF-Organisationen ihre Einfluss- und Kontrollmöglichkeiten in den Betrieben auszudehnen.[191]

Diese Annäherung an das NS-Regime tat dem langjährigen Engagement der Firma Oetker für die Idee der «Sozialen Betriebsarbeit» keinen Abbruch. Im Kompetenzgerangel mit der Nationalsozialistischen Betriebszellenorganisation, die neben der DAF zunehmend entmachtet und 1935 aufgelöst wurde, unterstützte Richard Kaselowsky Ilse Ganzert und die NS-Frauenschaft durch ein Empfehlungsschreiben, das Ganzert vorformulierte und Kaselowsky mit nur geringfügigen Änderungen im Oktober 1933 unterzeichnete: Es betonte einleitend die positiven Erfahrungen, die man bei Oetker mit dem Einsatz einer «sozialpädagogisch geschulten Frau» gemacht habe. Sie habe «Hetzereien politischer Art» – gemeint war zweifelsohne von links – vorgebeugt. Nun, nach der «Machtergreifung», könne sie außerdem ihre «politische Neutralität fallen» lassen und «ganz bewußt und offen im nationalsozialistischen Sinne» wirken. So könne sie der «gerade unter den Frauen» noch weitverbreiteten «alte[n] Gesinnung» entgegentreten und «das Werden einer Betriebsgemeinschaft» befördern. Ganz «im nationalsozialistischen Sinne» wolle er, Kaselowsky, sich auch über seinen Betrieb hinaus für die «Soziale Betriebsarbeit» einsetzen, «weil ich glaube, daß durch ihre Verbreitung der Erziehung zur Volksgemeinschaft ein Dienst geleistet wird».[192] Tatsächlich investierte Kaselowsky in dieses Projekt Zeit: Bis zu seinem Tod 1944 war er Mitglied des Sozialwirtschaftlichen Ausschusses und des Arbeitskreises Soziale Betriebsarbeiterin der Reichsgruppe Industrie.[193]

Schon in den 1920er-Jahren hatten angehende «Soziale Betriebsarbeiterinnen» bei Oetker dreimonatige Praktika absolviert. Die Annäherung an die NS-Frauenschaft zeigte sich auch auf diesem Gebiet: Als im November 1933 im Oetker-eigenen Ferienheim Sternhof das «erste Schulungslager für die Praktikantinnen der Sozialen Betriebsarbeit im Gau Westfalen-Nord» stattfand, hielten Gaufrauenschaftsleiterin Elisabeth Polster und der Gauwirtschaftsberater Christian Franke die ersten Vorträge. Im Anschluss sprach Richard Kaselowsky über «Arbeitgeber und Soziale Betriebsarbeit». An einem der Folgetage referierte Friedrich Schaarschmidt, Direktor bei Gundlach; Lotte Jahn wie auch die Gundlach-Betriebsarbeiterin Marga Spitta boten Arbeitsgemeinschaften an. Auch später hielt Jahn Vorträge in Schulungslagern der Gaufrauenschaft. Solange sie bei Oetker tätig war – 1938 wechselte sie ebenfalls ins Frauenamt der DAF –, wurden in der Nährmittelfirma rund 300 Praktikantinnen der «Sozialen Betriebsarbeit» ausgebildet. Jahns Nachfolgerin Maria Contzen, die 1940 in den Betrieb eintrat, setzte diese Tätigkeit fort.[194]

Aus den Briefen, die Lotte Jahn 1934 mit der Gaufrauenschaftsführerin wechselte, spricht ein vertrauensvolles Verhältnis, und sie belegen, dass Ida Kaselowsky selbst sich im Rahmen der NS-Frauenschaft engagierte. Lange bevor das Regime das Pflichtjahr für Mädchen einführte, entwickelte die Unternehmergattin im Frühjahr 1934 just dieselbe Idee: Junge Mädchen sollten nach der Schule ein Jahr entweder in einem

Haushalt oder auf dem Land verbringen.[195] Am 19. September 1934 fand in der Ausstellungshalle und der Rudolf-Oetker-Halle in Bielefeld die Gautagung der NS-Frauenschaft statt; tags darauf besichtigte die Reichsfrauenführerin Scholtz-Klink die Oetker-Werke und ließ sich bei einem Frühstück das Konzept der «Sozialen Betriebsarbeit» erklären.[196]

Das «Bielefelder Modell» hatte von Anfang an volkspädagogische Elemente umfasst. Nun folgte die inhaltliche Ausrichtung der Ausbildung und zumal die weltanschauliche Schulung der «Sozialen Betriebsarbeiterinnen» den Vorgaben aus dem Frauenamt der DAF. Wie diese aussahen, erläuterte Gertrud Scholtz-Klink am 15. Mai 1936 in einem Vortrag vor dem Sozialwirtschaftlichen Ausschuss der Reichsgruppe Industrie, dem auch Richard Kaselowsky angehörte. Die mangelhafte Erziehung, so die Reichsfrauenführerin, habe bisher dazu geführt, dass Frauen den «revolutionären Gedanken» des Nationalsozialismus noch nicht ausreichend verinnerlicht hätten. Im Gegensatz zur «alten Frauenbewegung» gehe es nicht mehr darum, bestimmte Rechte zu erringen. Vielmehr sollten «die Kräfte der Frau auf allen Gebieten des Lebens ihrem Volksganzen nutzbar» gemacht werden. Ziel sei, dass die Frau zwar «ebenbürtig» neben dem Mann stehe, aber doch «ihre Grenzen einhält». Die Arbeiterinnen sollten in der Fabrik und an der Wiege die von ihnen erwartete Leistung für das deutsche Volk erbringen – angeleitet von den «Sozialen Betriebsarbeiterinnen». Als zentrales Tätigkeitsfeld galten Scholtz-Klink denn auch die Rassenhygiene und die Bevölkerungspolitik: Gewissermaßen «von Frau zu Frau» sollten die Betriebsarbeiterinnen sicherstellen, dass die ihnen anvertrauten Frauen die Grundsätze der Rassenreinheit verstanden und bereit waren, nötigenfalls an sich selbst Maßnahmen bis hin zur Sterilisation vornehmen zu lassen, wie sie etwa das Gesetz zur Verhütung erbkranken Nachwuchses vorsah.[197]

Die ideologische Speerspitze der Arbeiterinnen sollten die «Werkfrauengruppen» bilden. Dieses Pendant zu den «Werkscharen» der männlichen Arbeiter – die es bei Oetker auch gab – sollte aus mindestens sechs ideologisch besonders gefestigten Arbeiterinnen bestehen, die die «Soziale Betriebsarbeiterin» bei ihren fürsorgerischen und gestalterischen Aufgaben unterstützten. Bereits 1935 gründete Lotte Jahn auf dem Sternhof die Werkfrauengruppe der Firma Oetker, wenig später verpflichtete die Gaufrauenschaftsleiterin die Mitglieder in einer feierlichen Zeremonie. Ihre Hauptaufgabe sahen sie in der «Förderung der Betriebsgemeinschaft und in der Festigung des nationalsozialistischen Geistes innerhalb des Betriebes»; um sie zu erfüllen, nahmen sie regelmäßig an politischen Schulungen und Vorträgen teil. Thema war mehrfach die Vererbungslehre und damit die rassistische Grundlage der NS-Ideologie.[198]

Die «Soziale Betriebsarbeit» war als Konzept seit Mitte der 1920er Jahre entstanden. Zunächst war es keineswegs völkisch oder nationalsozialistisch ausgerichtet, spätestens nach der «Machtergreifung» erfolgte jedoch eine konsequente, aus eigener Initiative getragene Selbstnazifizierung. Das Konzept wurde der NS-Frauenschaft angedient, und Ilse Ganzert wechselte als programmatische Vordenkerin in das neu gegründete Frauenamt der DAF. Die Grundlage waren weltanschauliche Schnittmengen: Das rassistisch-biologistische Fundament der «Volksgemeinschafts»-Utopie erwies sich als kompatibel mit den Vorstellungen von «Gemeinschaft», die der «Sozialen Betriebsarbeit» bei Oetker zugrunde lagen.

Nach Kriegsende, so vermerkt eine knappe Notiz lapidar, wurde die Einrichtung der Sozialen Betriebsarbeiterin bei der Firma Dr. August Oetker «auf allgemeinen Wunsch» hin abgeschafft.[199]

NS-Musterbetrieb

Die Etablierung der nationalsozialistischen «Betriebsgemeinschaft» und die Zusammenführung der Tarifparteien in der Einheitsorganisation der DAF sollten die Konflikte zwischen Arbeitnehmern und Arbeitgebern endgültig obsolet machen. Das übergeordnete Ziel war dabei nicht in erster Linie die Verbesserung von Arbeiterrechten und Arbeitsbedingungen, sondern die soziale Pazifizierung unter den Vorzeichen der nationalsozialistischen «Volksgemeinschaft» und die Erhöhung der betrieblichen Produktivität im Zeichen der Rüstung. Der Klassenkampf wurde durch Wettbewerbe ersetzt, die – wie seit 1934 der Reichsberufswettkampf – Leistungsanreize boten und die «Betriebsführer» und «Gefolgschaft» nun idealerweise gemeinsam bestreiten sollten. Das galt in besonderem Maße für den «Leistungskampf der deutschen Betriebe», den Hitler auf Betreiben Robert Leys 1936 verkündete. Ausgezeichnet werden sollten Unternehmen, «in denen der Gedanke der nationalsozialistischen Betriebsgemeinschaft im Sinne des Gesetzes zur Ordnung der nationalen Arbeit und im Geiste der Deutschen Arbeitsfront vom Führer und seiner

Gefolgschaft auf das vollkommenste verwirklicht ist». Für die Dauer eines Jahres wollte Hitler solchen Betrieben den Ehrentitel «Nationalsozialistischer Musterbetrieb» verleihen, wobei eine Mehrfachauszeichnung in aufeinanderfolgenden Jahren ausdrücklich vorgesehen war.[200]

Für Ley war der Leistungskampf ein Hebel, um der zunächst ins Hintertreffen geratenen und inzwischen zur Massenorganisation angewachsenen DAF wieder stärkeren Einfluss auf die Regelung der Arbeitsbeziehungen zu verschaffen. Als der Rüstungsboom zu einem Arbeitskräftemangel führte, bot der Wettbewerb eine Möglichkeit, die Arbeitsbedingungen zu verbessern – an den Treuhändern der Arbeit und ihrer restriktiven Lohnpolitik vorbei. Aus der Sicht der teilnehmenden Firmen bot dies die Chance, publikumswirksam die eigene Leistungsfähigkeit in der Produktion und im Sozialen unter Beweis zu stellen. Voraussetzung für den Erfolg sei, so der zuständige DAF-Amtsleiter Theodor Hupfauer, «ein Betriebsführer, der aus Gemeinschaftsgeist, aus innerer Überzeugung gegenüber seinen Volksgenossen und Arbeitskameraden, aus dem Gefühl der völkischen Zusammengehörigkeit heraus Sozialpolitik betreibt». Denn allein «Menschenführung und Menschenbetreuung, nationalsozialistisch verstanden», seien «der unversiegbare Quell deutscher Schaffenskraft». So werde der Betrieb zur «Lebenszelle» des Volkes und wecke die «guten Kräfte», die der zukünftige «Kampf um Leben und Raum» erfordere.[201] Gerade die Groß- und Rüstungsindustrie hielt sich indes zurück, und innerhalb des Regimes bestanden erhebliche Bedenken, der «Leistungskampf» könne die Rüstungsziele des Vierjahresplans gefährden, die Arbeitskosten erhöhen und der DAF zu tiefe Einblicke und Einflussmöglichkeiten gewähren. Kleinere und mittlere Unternehmen zeigten dagegen mehr Interesse und hofften zu Recht auf geschäftliche Vorteile: Schließlich durfte die Auszeichnung in Gestalt eines «goldenen Zahnrads» werbewirksam im Briefkopf geführt werden, und Musterbetriebe wurden bei der Vergabe öffentlicher Aufträge bevorzugt. Unter den dreißig im Jahr 1937 ausgewählten Firmen waren mittelständische Betriebe und die Sektoren Nahrungs- und Genussmittel, Textil und Landwirtschaft jedenfalls besonders stark vertreten.[202]

Eine dieser dreißig Firmen, die symbolträchtig am 1. Mai 1937 erstmals und von Hitler selbst als «Nationalsozialistischer Musterbetrieb» ausgezeichnet wurden, war die Firma Dr. August Oetker.[203] Für den Prachtband, der die Betriebe einzeln vorstellte, steuerte der NS-Betriebs-

DER FÜHRER

Ich verleihe auf Vorschlag des Reichsorganisationsleiters der NSDAP. und Leiters der Deutschen Arbeitsfront dem Betrieb

Dr. August Oetker

Bielefeld

heute am Nationalfeiertag des Deutschen Volkes die Bezeichnung

NATIONALSOZIALISTISCHER MUSTERBETRIEB

Die Auszeichnung erfolgt auf Grund von Verdiensten im Sinne meiner Verfügung vom 29. August 1936 über nationalsozialistische Musterbetriebe. Mit der Überreichung dieser Urkunde erhält die Betriebsgemeinschaft das Recht, die Flagge der Deutschen Arbeitsfront mit goldenem Rad und goldenen Fransen zu führen.

Berlin, den 1. Mai 1937

Die Urkunde zur Auszeichnung als NS-Musterbetrieb, verliehen durch Adolf Hitler am 1. Mai 1937

zellenobmann Otto Krüger einen Text bei, der die sozialen Leistungen pries: Schon der Titel hob die «Hellkopf-Familie» als sinnbildlichen Ausdruck der «Betriebsgemeinschaft» und die «Soziale Betriebsarbeit» als Oetker'sche Innovation hervor. Gerade die «Sorge um das Wohl des einzelnen», die schon «lange Jahre vor der Machtübernahme» Tradition gewesen sei, habe zu «einer Betriebsgemeinschaft [...] im wahrsten Sinne unserer nationalsozialistischen Weltanschauung» geführt. «Wenn es sein muß», so die denkwürdige Formulierung, hole man «gemeinsam den Teufel aus der Hölle».[204]

Bei der Auswahl der Betriebe war die DAF Herrin des Verfahrens. Wirtschaftliche Faktoren spielten dabei weniger eine Rolle, und auch soziale Leistungen allein reichten nicht aus. Sie mussten dezidiert verbunden sein mit einem «Einschwenken in die Volksgemeinschaftsideologie».[205] Intern legte die DAF Wert darauf, solche Unternehmen auszuzeichnen, die die «Zielsetzung der nationalsozialistischen Bewegung und ihres Staates» von sich aus förderten, die zuverlässig und vertrauensvoll mit der DAF und der NSDAP zusammenarbeiteten und damit als vorbildhafte «Schrittmacher für andere Betriebe» dienen konnten.[206]

So war es ohne Zweifel das soziale Engagement bei Oetker, das der Firma die prominente Auszeichnung einbrachte. Gerade das Engagement bei der Entwicklung und ideologischen Adaption der «Sozialen Betriebsarbeiterin» prädestinierte die Bielefelder Nährmittelfirma geradezu.[207] Entscheidend waren jedoch die Umsetzung der nationalsozialistischen «Betriebsgemeinschaft», die Präsenz der NS-Weltanschauung und die Erfüllung entsprechender Vorgaben der DAF, und sie waren ebenso wenig aufgesetzt oder vorgeschützt wie die soziale Tradition.

Zum 1. August 1934 wurde die Betriebsordnung nicht nur an die Führer- und Gefolgschaftsterminologie der neuen nationalsozialistischen Arbeitsordnung angepasst, sondern sie argumentierte nunmehr auch biologistisch: Wer nicht «gesunde Erbanlage[n]» besitze, komme für die Aufnahme in die «Betriebsgemeinschaft» nicht infrage.[208] Zum 2. August 1935 wurde ein Absatz eingefügt, der für Neueinstellungen die Mitgliedschaft in der DAF zur Bedingung machte. Selbstverständlich spiegelte sich in der Firma die Untergliederung der Arbeitsfront selbst: Es gab Zellen und Blocks, ein Betriebsjugendwalter, ein «Kraft durch Freude» (KdF)-Wart, eine KdF-Feierabendgemeinschaft und ein KdF-Sportwart. Es existierte eine Werkschar als nationalsozialistischer «Stoßtrupp» der «Betriebsgemeinschaft», von der Werkfrauenschar war bereits die Rede. Führerreden wurden gemeinschaftlich im Radio gehört, jeden Montag war ein Betriebsappell über die Lautsprecheranlage zu hören. Die täglich ausgegebenen Sinnsprüche waren meist nationalistisch und nationalsozialistisch; gelegentlich stammten sie von Goethe oder Schiller, Fichte oder dem Freiherrn vom Stein – häufiger jedoch von Hitler, Goebbels, Ley, Scholtz-Klink oder Hindenburg.[209] Am Beginn der Tätigkeit für Oetker stand die feierliche «Übernahme in die Betriebsgemeinschaft», der Richard Kaselowsky sowie die Geschäfts- und Werksleitung beiwohnten. Für die Lehrlinge begann jeder Ausbildungstag mit der «Flaggenparade» und Frühsport und endete mit dem abendlichen Einholen der Flagge.[210]

Disziplinarische Verstöße wurden nun explizit als Vergehen gegen die «Betriebsgemeinschaft» aufgefasst. In einer Rede auf einem Betriebsappell Anfang 1938 machte Kaselowsky klar, was er darunter verstand. Er betonte das gegenseitige Vertrauensverhältnis im Betrieb: Die «größte

Sicherung» gegen einen Missbrauch der üppigen Sozialleistungen sah er «im Anstandsgefühl aller meiner Arbeitskameraden und Arbeitskameradinnen», deren «Stolz» auf ihre «Arbeitsheimat» er einforderte. Wenn doch einmal «jemand durch sein Benehmen zeigen sollte, dass er in unsere Arbeitsgemeinschaft nicht hineinpasst», werde er «mit unerbittlicher Härte dafür sorgen, dass er diese Arbeitsgemeinschaft verlässt».[211]

Dementsprechend peinlich waren Kaselowsky Situationen, in denen die von ihm verantworteten Unternehmen diesen hohen Ansprüchen nicht genügten und in Gefahr gerieten, vonseiten des Staates diszipliniert zu werden. Als die von Oetker kontrollierte Fleischwarenfabrik Vogt & Wolf 1939 nach einem zweijährigen Rechtsstreit über die staatlich überwachte Preiskalkulation unterlag, wog der Schaden an der Reputation schwerer als die Geldstrafe: Der Firma wurde eine eben erst errungene Auszeichnung, das Gaudiplom, entzogen. Kaselowsky musste mit dem Gauleiter telefonieren, der sich verständnisvoll zeigte und die Firma rehabilitierte.[212] Angesichts des immer komplexeren Wirtschaftsrechts im «Dritten Reich» war die Einhaltung der zahlreichen Vorschriften manchmal schwierig. Da aber der nationalsozialistische Anspruch (wenn auch nicht immer die Realität) in einer Art Ökonomie der Ehre Gesetzestreue, Gemeinschaftsdenken und politische Zuverlässigkeit miteinander verknüpfte, waren Regelverstöße ein ernst zunehmendes Problem für Kaselowsky, der sich dem Ideal des «NS-Musterbetriebs» verpflichtet fühlte.

Ohne die Unterlagen der Personalverwaltung lässt sich die Disziplinierung der Oetker-Belegschaft im NS-Musterbetrieb nicht systematisch nachvollziehen. Einige Einzelfälle aus den Kriegsjahren zeigen jedoch, dass mit Nachsicht kaum zu rechnen war. Der Ausschluss aus der Betriebsgemeinschaft fand betriebsöffentlich statt. Die Maßnahmen wurden – mit Namensnennung – durch Aushang am Schwarzen Brett gegenüber der «Betriebsgemeinschaft» bekannt gemacht. So galt Diebstahl als schwerster und unverzeihlicher Vertrauensbruch und führte zur Entlassung sowie zur Einschaltung der Kriminalpolizei. Ein «Mädchen», dem mehrfaches Fernbleiben vom Arbeitsplatz, Lügen und das Schwänzen der Berufsschule vorgeworfen wurde, erhielt ebenso die Kündigung. Dabei zeigt die Diktion des entsprechenden Aushangs, wie stark das dichotomische Volksgemeinschaftsdenken in den Betriebsalltag Eingang gefunden hatte: Die Betroffene habe sich, so die

Betriebsappell im Zweigwerk Hamburg mit einer Ansprache des Betriebsleiters Albert Vogelsang anlässlich einer «Hakenkreuznagelung» im Frühjahr 1934. Gegen Spenden durften Nägel eingeschlagen werden

Vorstellung, durch ihre Taten «selbst aus unserer Betriebsgemeinschaft aus[geschlossen]».[213] Nach demselben Muster funktionierten in Wort und Praxis die Exklusionsmechanismen des Regimes gegen «Arbeitsscheue» und «Asoziale» aus der «Volksgemeinschaft».[214] Wenn das «pflichtwidrige Fernbleiben» einer Arbeiterin zu einer Meldung beim Reichstreuhänder der Arbeit – also einer außerbetrieblichen Stelle – führte, war das sicherlich ein Makel für den «Musterbetrieb», die Frau jedoch wurde der Disziplinierung durch das Regime ausgesetzt. Kleinere Vergehen bestrafte Oetker intern durch Kürzungen der monetären Sozialleistungen.[215]

Nicht nur die Verinnerlichung und Umsetzung der nationalsozialistischen Gesellschaftsideologie im Betrieb prädestinierte die Firma Oetker zum «NS-Musterbetrieb». Auch das Verhältnis zwischen der DAF und der Firma Oetker sowie ihrem «Führer» Richard Kaselowsky war ausgezeichnet. Im Frühjahr 1934 schlug die NS-Arbeitsorganisation den Oetker-Chef als Unternehmer-Beisitzer für das Landesarbeitsgericht Bielefeld vor – ein klarer und früher Vertrauensbeweis.[216] Und Kaselowsky war spürbar stolz auf die Auszeichnung als «NS-Musterbetrieb»: In dem bereits erwähnten Betriebsappell zum neuen Jahr 1938 erklärte er, die 1937 erhaltene «Auszeichnung vom Führer» sei die «schönste Freude [...], die einer Gemeinschaft schaffender Menschen überhaupt bereitet werden kann».[217] Firmen- und Niederlassungsleitern empfahl er die Zeitschrift «Schönheit der Arbeit» mit warmen Worten zum Abonnement, von einem repräsentativen Band über die NS-Musterbetriebe hatte er eine größere Zahl erworben und verschenkte sie, und er hoffte, dass Betriebe aus der Oetker-Gruppe wie Vogt & Wolf auch bald als NS-Musterbetriebe ausgezeichnet würden. Mindestens der Niederlassung in Baden bei Wien gelang dies 1941 auch.[218] Andere Zweigwerke erhielten im «Leistungskampf» immerhin ein «Gaudiplom» oder eines der Sonderleistungsabzeichen, die für «vorbildliche Sorge um die Volksgesundheit» oder für «vorbildliche Förderung von Kraft durch Freude» vergeben wurden. Die Hamburger Filiale wurde noch 1945 zum «Kriegsmusterbetrieb» ernannt.[219]

Es war der Firma Oetker wichtig, ihr soziales, NS-kompatibles Selbstverständnis zu dokumentieren und zu kommunizieren – sowohl nach innen, gegenüber der eigenen Belegschaft, als auch nach außen.[220] Die Verknüpfung der langen Tradition betrieblicher Sozialpolitik mit den jüngeren gesellschafts- und sozialpolitischen Initiativen des NS-Regimes war nicht nur ein der Zeit und der Diktatur geschuldetes Lippenbekenntnis: Gerade ihre spezifische, durchaus innovative Ausprägung seit der zweiten Hälfte der 1920er Jahre war zu nationalsozialistischen Ordnungsvorstellungen in diesem Bereich höchst anschlussfähig. In diesem Politikfeld war die Nähe Richard Kaselowskys zum NS-Regime und zur nationalsozialistischen Ideologie am stärksten. So ist es denn auch kein Zufall, dass das einzige überlieferte ausführliche Zeitungsinterview des Bielefelder Nährmittelfabrikanten die «soziale Aufgabe des Unternehmers» betraf. Ein halbes Jahr nach der Erhebung zum «NS-Musterbetrieb» erläuterte er in der «Deutschen Allgemeinen Zeitung», warum sein Betrieb die Auszeichnung erhalten hatte: Die «nationalsozialistische Revolution» habe den Weg frei gemacht für die Entfaltung der sozialen Traditionen, die in der «Geschichte unseres Hauses» seit Langem angelegt gewesen seien. Im Grunde, so Kaselowsky, müsse man den Gründer Dr. August Oetker «als einen Nationalsozialisten des Herzens» begreifen. Ohne Zweifel hatte er dabei auch sich selbst im Sinn.[221] Zugleich verwies die Formel auf weltanschauliche Traditionsstränge und Ordnungsvorstellungen, aus denen der Nationalsozialismus schöpfen konnte und die er sich anverwandelte, etwa die Ideologie einer Betriebs- und Leistungsgemeinschaft.

Zwei Jahre später befand sich auch der NS-Musterbetrieb im Krieg, und zahlreiche männliche Gefolgschaftsmitglieder wurden zur Wehrmacht einberufen.[222] Auch hier bemühte sich die Firma Oetker, die Soldaten mustergültig zu betreuen: Sie und ihre Angehörigen galten weiterhin als Gefolgschaftsmitglieder und Teil der «Hellkopf-Familie». An die Eingezogenen versandte die eigens eingerichtete «Soldatenbetreuungsstelle» regelmäßig Feldpostpäckchen. Die in den ersten beiden Kriegsjahren teils wöchentlich verschickten Pakete enthielten nicht nur Oetker-Produkte und andere Nahrungsmittel, sondern auch Alkohol, Rauchwaren, Bücher, Rasierapparate oder Spiritus. Im Laufe der Jahre wurde es freilich zusehends schwieriger, die Päckchen adäquat auszustatten. Begleitet wurden die Gaben von Briefen, die von Richard Kaselowsky als Betriebsführer oder seinem Stellvertreter Karl Oetker unterzeichnet waren. Neben Dank für die Opferbereitschaft und Endsieghoffnungen enthielten die Briefe an die Männer im Feld vor allem Nachrichten von der «Heimatfront» und aus dem Betrieb. Anfang 1943 erreichte die Soldaten gar die Bitte, Erinnerungsstücke an die Felddienstzeit für eine entsprechende Sammlung im Firmenarchiv zu schicken. Viele Frontsoldaten antworteten ausführlich, auch wenn Karl Oetker immer wieder mahnte, Einzelne hätten gar nicht zurückgeschrieben, und mancher habe nur Änderungen seiner Feldpostnummer mitgeteilt.[223] Die Beantwortung der Briefe übernahm die Werkfrauengruppe, die sich in der Soldatenbetreuung stark engagierte. 1943 fertigte die Gruppe warme Kleidung für die «Kameraden aus dem Osten [sic]» mit der Hoffnung, dass es «Euch […] recht warm werde, wenn Ihr an uns denkt». Die Damen vergaßen nicht zu erwähnen, dass allein «unsere Frau Kommerzienrat […] 8 Pullover und 2 Lungenschützer strickte».[224] Für die Soldatenkinder bastelten sie Spielzeug, und jeder Angehörigen der Werkfrauengruppe oblag die Betreuung einer Anzahl von Soldatenfamilien, denen die alle zwei Monate verteilten Produktpäckchen für «Gefolgschaftsmitglieder» weiterhin nach Hause zugestellt wurden.[225]

Kaselowsky sorgte sich auch um die politisch-weltanschauliche Bildung seiner im Feld stehenden Mitarbeiter: Seit 1939 wurden den Soldaten regelmäßig der «Illustrierte Beobachter» und «Das schwarze Korps» übersandt, die Wochenzeitungen von NSDAP und SS. Insbesondere das «Organ der Reichsführung-SS» hielt Kaselowsky für sehr geeignet.[226] Wie sehr ihm die Soldatenbetreuung auch ein persönliches Anliegen war, zeigt, dass der «Hellkopfvater» zu Weihnachten 1943 selbst zur Dichterfeder griff:

> «Und wieder ist ein Jahr vergangen, / in dem wir viel an Euch gedacht,
> und viele Grüsse sind empfangen, / die uns daheim hier froh gemacht.
> Ihr hieltet und schuft uns zu Hause / dadurch von Eisen einen Wall
> und emsig's Schaffen – wenig Pause / das war der Heimat Widerhall,
> Arbeit ist Leben für uns alle / und für die Arbeit leben wir
> de[m] Arbeitsplatz in jedem Falle / gilt drum des Feinds Zerstörungsgier.
> Und wird zerstört auch manchmal einer / wir bauen auf – das wird man sehn –
> Kameraden, uns kann wirklich keiner, / wenn wir nur fest zusammenstehn.
> Manch Päckchen das sich eingefunden / und das wir gern Euch bieten dar,
> zeigt Front und Heimat eng verbunden / für dieses neue Schicksalsjahr.
> Mag englisches Propagandageld / für ‹Pax Britannica› springen,
> soll Vierundvierzig trotzdem der Welt / den ‹Deutschen Frieden› bringen.»[227]

Der Verkauf der «Westfälischen Neuesten Nachrichten» an die NSDAP

Zum Zeitpunkt der Machtübernahme 1933 verfügte die NSDAP in Ostwestfalen über keine konkurrenzfähige Zeitung. Gerade im stark von der Arbeiterbewegung geprägten Bielefeld musste dem abgeholfen werden; deshalb bemühten sich die Nationalsozialisten noch 1933, die Zusammenlegung des eigenen «Westfälischen Beobachters» mit dem größten bürgerlichen Konkurrenzblatt zu erreichen: die «Westfälischen Neuesten Nachrichten» (WNN), die in der E. Gundlach-Verlag AG erschienen.[228]

Gauleiter Alfred Meyer nahm zu Richard Kaselowsky Kontakt auf, der als Vertreter der Mehrheitseigner den Vorsitz im Aufsichtsrat führte und der Idee aufgeschlossen gegenüberstand.[229] Während einer Besprechung im «Braunen Haus» in München schlug der Gundlach-Vorstand

Friedrich Schaarschmidt den zuständigen Parteistellen eine territoriale Aufteilung unter Beibehaltung zweier Zeitungen vor. Damit war die Parteiverwaltung in München jedoch nicht einverstanden. Stattdessen sollte ein einheitliches Blatt erscheinen, das zwar als offizielle Parteizeitung gekennzeichnet werden, doch weiterhin unter dem gut eingeführten Namen «Westfälische Neueste Nachrichten» erscheinen sollte. Der Einfluss der Partei sollte gesichert werden, indem sie die Stelle des politischen Redakteurs besetzte.[230]

Die Angelegenheit wollte wohlüberlegt sein: Für Gundlach bedeutete der Verlust des Zeitungsverlages einen erheblichen Einschnitt. Die WNN steuerten monatlich zwischen 50 000 und 60 000 RM zum Umsatz des Unternehmens bei, was etwa 10 % des Gesamtumsatzes entsprach; durch die hohen Abonnentenzahlen war die Zeitung ein verlässlicher Posten in der Kalkulation des Verlages.[231] Unabhängig von den ökonomischen Folgen fragten sich einzelne Aufsichtsräte, ob ein bürgerliches Blatt im NS-Staat überhaupt eine Zukunft habe. Die Frage war, ob nicht ohnehin «sämtliche bürgerliche Zeitungen auf die Dauer verschwinden» würden und es deshalb nicht besser wäre, jetzt zu Konditionen zu verkaufen, auf die man selbst noch Einfluss nehmen konnte.[232]

Ende Juni 1933 lagen konkrete Planungen für einen Zusammenschluss der beiden Blätter in einer GmbH auf dem Tisch.[233] Danach trat die Angelegenheit erst einmal lange auf der Stelle. Offenbar setzte die Partei zwischenzeitlich auf eine Alternative: Wie überall im Reich war auch in Bielefeld die sozialdemokratische Presse «ausgeschaltet» worden. Nun erwarb die NSDAP die Bielefelder «Volkswacht» von der Konzentration AG, in der die sozialdemokratische Parteipresse seit 1925 zusammengefasst war – vermutlich zu einem Spottpreis.[234] Seit dem 14. Dezember 1933 wurde auf den ehemaligen «Volkswacht»-Maschinen das «NS-Volksblatt» gedruckt. Obwohl die NSDAP auf diese Weise günstig zu einer eigenen Druckerei gekommen war, scheiterte auch dieses Zeitungsprojekt an einer zu geringen Kapitaldecke, an Fehlern in der Geschäftsführung und der Übermacht der WNN. Eine hohe Fluktuation in der Hauptschriftleitung dürfte ebenfalls nicht förderlich gewesen sein. Im Winter 1934 konnte nur noch der Gauleiter selbst den Konkurs verhindern, indem er in Berlin einen Kredit in Höhe von 110 000 RM erwirkte. Das Blatt blieb gleichwohl höchst unrentabel. Die neuerliche

Kapitalspritze verpuffte wirkungslos, die Zeitung drohte zu einem «Fass ohne Boden» zu werden.[235]

Vor diesem Hintergrund griff die Partei die Überlegungen zu einer Fusion von WNN und nationalsozialistischer Parteizeitung wieder auf. Dieses Mal schaltete sich Max Amann in die Verhandlungen ein, der als NSDAP-Reichsleiter für die Presse mit weitgehenden Befugnissen ausgestattet war. Ihm oblag die Kontrolle über sämtliche NS-Gauzeitungen, die dem Zugriff der regionalen Parteigranden entzogen werden sollten.[236] Von nun an spielte die Münchner Parteizentrale bei den Verhandlungen eine maßgebliche Rolle. Mit Edgar Brinkmann, dem Leiter von Amanns Verwaltungsamt, hatte Kaselowsky Anfang 1935 eine Unterredung, vermutlich wenig später auch Konstantin Brückner, der Schwiegersohn Louis Oetkers. Brückner war wie Schaarschmidt Vorstand bei Gundlach und stand der Fusion skeptisch gegenüber, allerdings nicht aus politischen Erwägungen: Er hielt die ökonomischen Folgen für Gundlach – und damit für die Familie Oetker – für unkalkulierbar.[237] Nichtsdestotrotz folgte der Gundlach-Aufsichtsrat Mitte April in einer nicht unumstrittenen Entscheidung dem «ausdrücklich[en]» Willen Kaselowskys, der «auf alle Fälle [...] die Wünsche der Partei» erfüllt sehen wollte.[238] Der Vorstand Friedrich Schaarschmidt und der stellvertretende Aufsichtsratsvorsitzende Albert Osthoff, Direktor der Dresdner-Bank-Filiale in Bielefeld, wurden mit Fusionsverhandlungen betraut.

Die Belegschaft, der die neuerlichen Gespräche nicht verborgen blieben, zeigte sich tief beunruhigt, obwohl Kaselowsky als einer der «sozialsten Betriebsführer» galt.[239] Mitglieder des Vertrauensrats versuchten bei Schaarschmidt zu intervenieren und baten ihn, eine Fusion zu verhindern. Von Existenzvernichtung und einem «Verrat an der Arbeitskameradschaft» war die Rede, während der Vorstand versicherte, es gehe nur darum, einen Ausweg zu finden, ohne die NSDAP vor den Kopf zu stoßen.[240] Das Gegenteil war indes der Fall: Schaarschmidt wollte den Verkauf und nutzte die Ängste der Mitarbeiter geschickt, um sich vom Gauleiter Unterstützung für die Beschaffung von Ersatzaufträgen für die Druckerei zusichern zu lassen. Angesichts der zur Reduzierung der Kosten unausweichlichen Entlassungen bei der Zusammenlegung der Zeitungsverlage entlockte er Meyer immerhin das Versprechen, «die Behörden und die Partei» würden sich «außerordentlich stark für die Unterbringung der Leute bemühen [sic]».[241] Nun musste die Partei nur noch die in der Zwischenzeit erneut aufgelaufenen Verluste der NS-Zeitung ausgleichen.

In der Aufsichtsratssitzung am 15. Mai 1935 referierte Osthoff die grundlegenden Ergebnisse der Verhandlungen. Geplant war die Gründung einer GmbH, an der die Partei 51 % und Gundlach 49 % halten sollten. In Aufmachung und Charakter sollte das neue Blatt den WNN entsprechen und 85 % des Personals übernehmen. Gegen diese Konstruktion bestanden im Aufsichtsgremium in Abwesenheit Kaselowksys «erhebliche juristische und wirtschaftliche Bedenken», vor allem Konstantin Brückner erhob erneut Einwände. Dass gerade er in dieser Sitzung mit erneuten Verhandlungen betraut wurde, belegt, dass er mit seinen Bedenken nicht alleine stand.[242]

Bereits am Tag darauf traf sich Brückner mit dem NSDAP-Kreisleiter und Bielefelder Bürgermeister Friedrich Budde und erklärte rundheraus seine Ablehnung des Zusammenschlusses.[243] Der weitere Fortgang der Zeitungsfrage ist gut dokumentiert, weil Kaselowsky am 19. Mai 1935 eine zweiwöchige Siedlungs-Besichtigungsfahrt im Osten des Deutschen Reiches und in den ehemals deutschen Gebieten in Polen antrat. Die Beteiligten aufseiten der Gundlach AG standen deshalb permanent mit dem abwesenden Entscheidungsträger in Korrespondenz und informierten ihn ausführlich über die Ereignisse und ihre jeweiligen Standpunkte, während Kaselowsky selbst seine Entschlüsse nach Bielefeld übermittelte und begründete. Just in den Tagen nach Kaselowskys Abfahrt gerieten die Verhandlungen in schwieriges Fahrwasser.[244]

Bei der NSDAP rief Brückners ablehnende Haltung – wie nicht anders zu erwarten – Verwirrung und Unmut hervor: Während Kaselowsky seinen Willen zur Fusion deutlich bekundet und Schaarschmidt und Osthoff eine Lösung ausgehandelt hatten, sandte der nunmehr mit weiteren Verhandlungen betraute Vorstand Brückner vollkommen entgegengesetzte Signale. In München wollte man wissen, woran man mit Gundlach war. Am 20. Mai stellte Amtsleiter Brinkmann telefonisch Albert Osthoff ein Ultimatum: «Bis Sonnabend, 25. Mai 1935, 12 Uhr mittags» erwarte er Antwort aus Bielefeld, ob man dort «das entgegenkommende Angebot des Ministers Hess [sic]» entweder annehmen oder ablehnen wolle.[245] Heß hatte als Stellvertreter des Führers Kabinettsrang und stand an der Spitze der Reichsleitung der NSDAP. Nach Ablauf dieser Frist könne, so Brinkmann, die Offerte nicht aufrechterhalten werden, denn sie widerspreche der am 24. April 1935 erlassenen Anordnung Amanns «zur Wahrung der Unabhängigkeit des Zeitungsverlagswesens».[246] Deren Artikel 2 untersagte es Kapitalgesellschaften, als Zeitungsverleger aufzutreten – die neu zu gründende GmbH fiel unter diese Regelung. Ausnahmegenehmigungen waren zwar möglich (Artikel 5), doch war nicht nur die geplante GmbH, sondern auch die bestehende Aktiengesellschaft bedroht: Das Prinzip «je Zeitung ein verantwortlicher Verleger oder Besitzer» betraf die Gundlach AG unmittelbar.[247] Brückner sah zwar gute Chancen auf eine Ausnahmegenehmigung, da das Kapital «nicht eigentlich anonym», sondern «zu 86 % in den Händen der arischen Familie Oetker» sei, «die ihre Treue zum nationalsozialistischen Staat und ihre Opferbereitschaft für die Sache der NSDAP bei jeder sich bietenden Gelegenheit unter Beweis stellt».[248] Garantie war dies indes keine, solange keine Erfahrungen mit der Entscheidungspraxis der Reichspressekammer bei der Handhabung der neuen Regelung vorlagen. Brinkmann erhöhte durch das Zeigen der Instrumente gezielt den Druck, und das Kalkül ging auf: Osthoff berichtete noch am gleichen Tag Kaselowsky von dem Telefonat. Er vergaß nicht, den Unwillen des Gauleiters zu erwähnen: Es gehe nicht an, dass man «mit den Herren der Partei ‹wie mit Schachfiguren spiele›».[249]

Die Amann'schen Anordnungen waren das scheinlegale Mäntelchen zur «Liquidierung des größten Teils der bürgerlichen Presse», die Bedrohung für Gundlach also durchaus real.[250] Ausschlaggebend war jedoch, dass Kaselowsky längst – letzlich seit 1933 – entschlossen war, in dieser Angelegenheit «der Partei zu dienen»[251] und «die Sache der Partei nach besten Kräften [zu] fördern»[252]. Dies stand auch 1935 außer Frage. Die durch die Amann-Anordnungen geschaffenen neuen Risiken für Gundlach in dem ohnehin seit 1933 stark regulierten Segment der Tagespresse waren jedenfalls für Kaselowsky zweitrangig. Für andere Aufsichtsratsmitglieder immerhin war die Abwägung der Chancen einer Fusion gegenüber den Risiken weiteren Zuwartens von erheblicher Bedeutung.[253] Kaselowskys politischer Wille, strategische Erwägungen und die Interessen des Unternehmens ließen sich also durchaus in Einklang bringen.

Brückner indes bestätigte gegenüber Budde noch einmal seine Bedenken. Er betonte die Bedeutung des Zeitungsverlags für die Gundlach AG, sorgte sich um die Weiterbeschäftigung der Mitarbeiter und bezweifelte, dass man ausreichend Ersatzaufträge akquirieren könne: Das alles stehe «in keinem Verhältnis zu den Vorteilen, die durch eine Zusammenlegung erreicht werden könnten». Grundsätzliche Bedenken gegen eine Zusammenarbeit mit der NSDAP waren das freilich nicht. Er wollte lediglich andere Lösungen. Seiner Ansicht nach lag es eher «im eigensten Interesse der Partei», die WNN als selbstständiges Blatt zu erhalten, das «anerkannt gut geleitet» sei und seinen «ganzen Einfluss in den Dienst des dritten [sic] Reiches gestellt» habe.[254]

Während Brückner weiter taktierte, schrieb sein Vorstandskollege Schaarschmidt an Kaselowsky. Er referierte nochmals die Voraussetzungen des von ihm und Osthoff vorgeschlagenen und mit dem Gauleiter abgestimmten Plans: Die frei gewordenen Gefolgschaftsmitglieder müssten untergebracht, Aufmachung und Inhalt der WNN beibehalten und die Bilanz des «NS-Volksblatts» ausgeglichen werden.[255] Tags darauf meldete sich auch Brückner bei Kaselowsky – allerdings nicht aus Bielefeld, sondern aus Berlin, wo er inzwischen eigenmächtig in der Sache antichambrierte. Er hatte sich an seinen Vetter, den Rechtsanwalt und preußischen Staatsrat Rüdiger Graf von der Goltz, gewandt, der seine Hilfe zusagte.[256] Drei Tage später berichtete Brückner an Osthoff, der Graf habe «persönlich beim Stellvertretenden Führer [sic]» vorgesprochen. Heß habe von der Goltz erklärt, er «sei an der Angelegenheit verhältnismäßig wenig beteiligt» und habe den bisherigen Plänen nur zugestimmt, weil er annahm, man sei sich einig. Er werde einen Ausstieg aus den Verhandlungen «nicht verübeln», die Entscheidung stehe Gundlach «völlig frei».[257]

Dabei war Kaselowskys Entscheidung längst gefallen, und er hatte sie unterdessen Gauleiter Meyer mitgeteilt. Geradezu überschwänglich bedankte sich Meyer daraufhin am 24. Mai für den «hochherzigen Entschluss». Er habe es sich auch «nicht vorstellen können, dass das ausgezeichnete Verhältnis zwischen der Partei und Ihnen auf einmal und auf so unverständliche Weise hätte getrübt werden sollen».[258] Noch am selben Tag erfuhr Meyer jedoch von der Intervention bei Heß. Meyer, Budde und Osthoff trafen sich abends in der Wohnung des Gauleiters, der tags darauf, am 25. Mai, erneut an Kaselowsky schrieb. Der Direktor Brückner müsse doch gar nicht zustimmen – maßgeblich sei allein der «sehr geehrte Herr Dr. Kaselowsky, als de[r] eigentliche Inhaber der Zeitung». Die Zusammenlegung sei ein «politisches Erfordernis», und der «sehr geehrte Parteigenosse Dr. Kaselowsky», so betonte Meyer nochmals, könne «der Bewegung einen sehr großen Dienst [...] erweisen». Nach all dem Lob ließ Meyer seinen Parteigenossen dann aber doch wissen, wie sehr ihn die Angelegenheit pikierte: «Selbstredend» werde er die Ansicht Heß' über Brückner einholen – was Kaselowsky denn selbst davon halte?[259]

Drei Tage später, am 28. Mai, teilte Brückner Kaselowsky mit, er werde der Fusion die Zustimmung verweigern. Man stehe nicht unter Druck und handle «vollkommen freiwillig», wiederholte er unter Bezugnahme auf das Gespräch von der Goltz' mit Heß. Abschließend bat er darum, seine Gegnerschaft «nicht persönlich, sondern rein sachlich» zu nehmen – in einem Telefonat hatte ihn «Idchen», also Kaselowskys Frau, darauf hingewiesen, dass ihr Mann «über die ganze Zeitungsmisere ärgerlich» sei.[260] Für derartige Beschwichtigungsversuche war es freilich zu spät. Während Brückner seine Zeilen an Kaselowsky zu Papier brachte, tagte in Bielefeld der Gundlach-Aufsichtsrat. Brückner wurde von seiner Vorstandstätigkeit entbunden und «bis auf weiteres» beurlaubt.[261] In der gleichen Sitzung, in der Brückner kaltgestellt wurde, autorisierte das Gremium «in Übereinstimmung mit den Anweisungen des z. Zt. abwesenden Vorsitzenden» den schnellstmöglichen Vertragsabschluss durch Schaarschmidt und Osthoff.[262]

Am 12. Juni 1935 war Richard Kaselowsky von seiner Rundreise zurück und antwortete dem Gauleiter. Er habe ja schon 1933, als Meyer ihn erstmals auf die Zeitungsangelegenheit ansprach, «sofort erklärt, dass ich gerne bereit wäre, alles zu tun, was in meinen Kräften stände, um die Partei in dieser Angelegenheit zu unterstützen». Daran habe sich nichts geändert. Gleichwohl formulierte Kaselowsky noch einmal die ihn seit Beginn der Verhandlungen leitenden Maximen: Er müsse sicherstellen, dass «*die Wirtschaftlichkeit der E. Gundlach-A. G.* [...] nicht gefährdet» werde; schließlich sei er nicht persönlicher Inhaber der Zeitung, sondern übe den Aufsichtsratsvorsitz «nur treuhänderisch» aufgrund des Aktienbesitzes seiner Familie aus. Auch könne er es nicht «verantworten [...], wenn *die Zukunft langjähriger treuer Mitarbeiter*» infrage gestellt werde. «Wenn diese beiden Hauptpunkte befriedigend geregelt» seien, werde der Vertragsabschluss «kein unlösbares Problem» sein.[263]

Zwei Tage später informierte eine ausführliche Aktennotiz Kaselowsky über den Stand der Verhandlungen, die Friedrich Schaarschmidt mit dem «NS-Volksblatt»-Verlagsleiter führte. Die von Kaselowsky formulierten Kriterien spielten dabei tatsächlich eine zentrale Rolle. Die Verhandlungspartner kalkulierten, dass in beiden Verlagen zusammen 66 Angestellte und Arbeiter ihre Arbeitsstelle verlieren würden. Vorrangig sollte das Personal von Gundlach übernommen werden, das teils seit über 25 Jahren im Betrieb arbeitete, während das «Volksblatt» erst seit eineinhalb Jahren bestand. Für Gundlach rechnete man mit einer zunächst nachteiligen wirtschaftlichen Entwicklung, die die Partei aber durch die Zuteilung von Druckaufträgen auszugleichen versprach. Ein weiterer Verhandlungspunkt war die desaströse Finanzsituation des «NS-Volksblatts», das Schulden von 328 000 RM angehäuft hatte. Auch die Bindung der bisherigen Abonnenten an die WNN schien gefährdet: Offenbar hatten allein die Gerüchte einer Fusion eine erhebliche Zahl von Kündigungen zur Folge gehabt. Die Majorisierung der Gundlach-Beteiligung von 49 % sollte durch eine Dreiviertel-Mehrheitsregelung im Aufsichtsrat der GmbH verhindert werden.[264]

Auf Ebene der beiden Vertragspartner vor Ort war man sich grundsätzlich einig. Nun prüfte für die NSDAP-Presseleitung die Cura Revisions- und Treuhand-Gesellschaft m.b.H. den angestrebten Gesellschaftsvertrag und stellte weitere Bedingungen, die der Gundlach-Vorstand «als unannehmbar» ablehnte.[265] Die Fusion drohte auf der Zielgeraden an der Entschuldung des «NS-Volksblattes» zu scheitern. «Die Leute», so vermerkte Schaarschmidt intern nicht ohne Süffisanz, haben «natürlich kein Geld», und nun solle Gundlach nicht nur die Zeitung mitbringen, sondern auch noch die Altschulden ausgleichen.[266] Er habe diese Zumutung abgelehnt. Es sei aber zu erwarten, dass die Partei Kaselowsky nun persönlich um das notwendige Geld angehe.

Dieser hatte offensichtlich genug von der Hängepartie und war bereit, auch Geld in die Hand zu nehmen. Eine Woche später erfuhr der Aufsichtsrat, dass die Firma Dr. August Oetker die neu zu gründende GmbH mit einem Darlehen ausstatten werde – die Gundlach-Seite brachte damit nicht nur den eigenen Verlag in das Gemeinschaftsunternehmen ein, sie finanzierte auch die Beteiligung der Partei. Schaarschmidt gab sein Unbehagen zu Protokoll: Man gebe «einen wesentlichen Bestandteil» von Gundlach «sozusagen ohne Gegenleistung» weg, zumal mit erheblichen Einbußen in der Bilanz – 70 000 RM im ersten, 50 000 RM im zweiten Jahr – zu rechnen sei. «Nach den Grundsätzen der Wirtschaftlichkeit» könne er dieses Geschäft «nicht billigen», er sehe es aber als seine «selbstverständliche Pflicht, wie vereinbart zu handeln». Kaselowsky und Osthoff bekundeten Verständnis für Schaarschmidts Vorbehalte, betonten aber ihrerseits, dass «im Interesse des Deutschen Reiches [...] Opfer gebracht werden» müssten.[267]

Am 17. Juli 1935 war die Gründung der neuen «Zeitungsverlag für Westfalen GmbH» unter Dach und Fach. Das Gesellschaftskapital betrug 40 000 RM, von denen Gundlach 19 600 RM hielt, Gauleiter Meyer 11 000 RM und die Standarte Druckerei- und Verlagsgesellschaft 9400 RM. Außerdem gewährte die Firma Dr. Oetker der GmbH ein Darlehen über 110 000 RM.[268] Vorerst sollte kein Hinweis auf die neuen Eigentumsverhältnisse im Kopf des Blattes erscheinen. Erst nach einigen Monaten, «wenn für den Bestand des Blattes keine Gefahr daraus entsteht», sollte die Bezeichnung «Amtliches Organ des Gaues Westfalen-Nord» aufgenommen werden. Während diese Rücksichtnahme auf die Abonnenten der Erfolgssicherung des Projektes vermutlich dienlich war, war die Außenwirkung für die NSDAP wenig erfreulich. Der Gaupresseamtsleiter vermerkte konsterniert, man spreche allgemein davon, «dass das Parteiorgan von einer bürgerlichen Zeitung übernommen» werde.[269]

Unter den Verhandlungspartnern trübten solche Einwände die Stimmung freilich nicht. Der Kreisleiter und Bürgermeister Budde drückte Kaselowsky für seine «verständnisvolle und opferbereite Förderung [...] persönlich den Dank der Bewegung» aus. Kaselowsky replizierte bescheiden und verwies auf die Freude, «etwas aktive Arbeit für die Partei» geleistet zu haben.[270] Am 9. August befasste sich der Gundlach-Aufsichtsrat noch einmal mit dem Thema, wobei Schaarschmidt betonte, nach Lage der Dinge sei ohnehin nicht damit zu rechnen gewesen, dass «die Zeitung als gewinnbringender Teil der Firma Gundlach hätte aufrecht erhalten werden können. Erkundigungen bei den höchsten maßgebenden Stellen» hätten dies bestätigt. Zum Ausgleich der Einbußen bei Umsatz und Gewinn wolle man weitere Zeitschriften akquirieren, darunter auch Blätter von «nicht arischen Verlegern». Eine Absicht, die umgehend in die Tat umgesetzt wurde.[271] Zum 15. August 1935 war die Fusion vollzogen, die erste Ausgabe des Blattes im neuen Zuschnitt erschien.[272]

Einen Monat später waren auch in der NSDAP die Bedenken und Einwände hinsichtlich des vermeintlichen Imageverlustes verschwunden. Stattdessen freute man sich an verantwortlicher Stelle des neuen Zeitungsverlags, «dass wir fast sämtliche Leser der beiden früheren Zeitungen [...] behalten haben».[273] Aufseiten Gundlachs dauerte es deutlich länger, bis 1937, ehe der Verlust des Zeitungsgeschäfts in der Bilanz kompensiert war. Immerhin hatte man an der Beteiligung an der neuen Zeitungsgesellschaft nun einige Freude. Für das erste Halbjahr 1937 wurde ein Gewinn von 100 000 RM erwartet.[274]

Für Konstantin Brückner bedeuteten seine Querschüsse gegen Kaselowskys Willen dagegen das Ende seiner Karriere als Vorstand bei Gundlach. Kaselowsky hielt mit seiner Verstimmung nicht hinter dem Berg, wurde doch zwischenzeitlich der Streit zwischen den beiden Vorständen offen ausgetragen.[275] Schaarschmidt blieb bei Gundlach und wurde alleiniger Vorstand; Brückner wurde im Rahmen der Indubeg mit der Verwaltung des Vermögens der Familie Oetker betraut – eine Aufgabe, die ihn in die Aufsichtsgremien verschiedener Firmen führte. Brückner, dem keine wirkliche Alternative blieb, akzeptierte diese Entscheidung; angesichts der fortgesetzten Diversifikation der Oetker-Gruppe erwies sich das neue Aufgabengebiet im Nachhinein als durchaus attraktiv.[276]

Von langer Dauer war die Konstruktion der «Zeitungsgesellschaft für Westfalen» nicht. Als Kaselowsky im Juni 1939 zur Gesellschafterversammlung und dem traditionell anschließenden Abendessen mit dem Gauleiter eingeladen wurde, liefen vermutlich schon die Verhandlungen über die Abtretung der GmbH-Anteile aus dem Gundlach-Portfolio an die Partei. Die E. Gundlach AG ging zunächst mit einer Forderung von 600 000 RM nach Steuern in die Verhandlungen. Die Gespräche zogen sich hin, denn offenbar hatten die ostwestfälischen Nationalsozialisten ihre Fähigkeiten überschätzt, die Steuer zu umgehen oder nach ihrem Willen freihändig festzusetzen. Erst ein Jahr später, Ende Mai 1940, konnten der neue Gundlach-Aufsichtsratsvorsitzende Osthoff und Vorstand Schaarschmidt verkünden, man habe sich nun mit der Reichsleitung für die Presse auf einen Nettobetrag von 449 252 RM geeinigt.[277] Warum Gundlach – und damit Kaselowsky – von der NSDAP 1939/40 aus der Zeitungsgesellschaft herausgekauft wurde, ist nicht genau zu klären. Wahrscheinlich sollte der Standarte Verlag als Holding aller NS-Gauzeitungen die alleinige Verfügungsgewalt erhalten.

Nach dem Krieg benutzten sowohl Brückner als auch Schaarschmidt die tatsächlichen und vermeintlichen Konflikte mit der NSDAP in ihren

Entnazifizierungsverfahren. Dabei betonten sie geschickt jene Episoden und Dokumente, aus denen sich ein Druck der NSDAP ableiten ließ, um sich selbst zu entlasten oder gar zu Vertretern des Widerstands zu stilisieren. Überhaupt bot die Abgabe der Zeitung an die NSDAP eine überaus willkommene Gelegenheit, die Firma Gundlach als Opfer sowohl nationalsozialistischen Drucks als auch einsamer Entscheidungen ihres zwischenzeitlich verstorbenen Mehrheitseigners und Aufsichtsratsvorsitzenden zu inszenieren. Im Februar 1946 sandte Schaarschmidt zur Vorbereitung eines Besuchs bei der Militärregierung eine Schilderung der Ereignisse an den Oetker-Treuhänder Ernst Tüscher.[278] Diese Version kann bestenfalls als einseitig bezeichnet werden und diente ganz offensichtlich vor allem der eigenen Entlastung: Im Entnazifizierungsverfahren musste sich Schaarschmidt gegen den Vorwurf der Belegschaft verteidigen, er trage maßgebliche Verantwortung dafür, dass die WNN in die Hände der Partei gelangt sei.[279] An Schaarschmidts Version der Dinge hielt man sich auch 1947 anlässlich der Hundertjahrfeier der Gundlach AG. Der neue Direktor Hans Warneke betonte in seiner Festrede, dass man 1935 die Zeitung «auf Anordnung von höherer Stelle in parteiamtlichen Besitz» habe überleiten müssen.[280] Auch Konstantin Brückner machte sich seine damals rein ökonomisch begründete Ablehnung der Zeitungsfusion während seines Entnazifizierungsverfahrens zunutze: In seinem Fragebogen gab er an, er sei bei Gundlach wegen «Differenzen mit der Partei» entlassen worden. Auf dieser Grundlage gelang es ihm, als nur nominelles Parteimitglied und gar als «Gegner des Nationalsozialismus» durchgewunken zu werden.[281]

Eine Spruchkammerakte (diejenige Max Amanns) war es auch, die Oron James Hale in seiner 1965 erschienenen, wegweisenden Studie zur NS-Pressepolitik die Ereignisse in Bielefeld falsch beurteilen ließ. Darin hatte er Brinkmanns Ultimatum vom Mai 1935 gefunden, und ohne Kenntnis der weiteren Zusammenhänge las er den Brief *à la lettre*: Die «scharfe[n], in diktatorischem Ton» abgefassten Zeilen machten, so Hale, den «Fall der liberalen *Westfälischen Neuesten Nachrichten*» zu einem «typische[n] Beispiel» für die zwangsweise Säuberung der Presse in der Provinz.[282] Tatsächlich war genau das Gegenteil der Fall. Auch wenn die Initiative zur Zusammenlegung der unrentablen und kaum gelesenen nationalsozialistischen Gauzeitung mit den erfolgreichen «Westfälischen Neuesten Nachrichten» auf Gauleiter Alfred Meyer zurückging, so lässt sich zu keinem Zeitpunkt erkennen, dass Kaselowsky unter Zwang gehandelt hätte. Der allein maßgebliche Repräsentant der Mehrheitseigner war vielmehr nicht abgeneigt, ja geradezu begierig, der NSDAP in dieser Sache zu Diensten zu sein. Die ausschlaggebenden Verhandlungen fanden dabei auf regionaler Ebene statt. 1935 hatte Rudolf Heß, der Stellvertreter des Führers, eine Grundsatzentscheidung gefällt, die die Fusion ermöglichte.[283] Es spricht viel für die Vermutung, dass Richard Kaselowsky für seine Unterstützung der NSDAP vor allem die regionale Ebene im Gau Westfalen-Nord im Blick hatte. In jedem Falle war die Abgabe der Zeitung gewollt und erfolgte freiwillig.

Daran ändert auch die Tatsache nichts, dass von Anfang an Überlegungen eine Rolle spielten, ob die Fortführung des bürgerlichen Blattes unter den Rahmenbedingungen des Nationalsozialismus für die E. Gundlach AG überhaupt möglich und erfolgversprechend sei. Die wiederholte Erwähnung der drohenden Gefahr, das Blatt so oder so zu verlieren, diente nicht zuletzt der Legitimation und Akzeptanzsteigerung für Kaselowskys Entscheidung gegenüber den anderen Aufsehern der Gundlach AG. Seine – einsame – Entscheidung war nämlich im Aufsichtsrat sowie unter den beiden Vorständen durchaus umstritten. Die ökonomisch begründeten Zweifel, ob Gundlach die Herauslösung der WNN verkraften könne, waren nicht grundlos – immerhin steuerten die WNN rund 10 % des Unternehmensumsatzes und einen guten Teil des Gewinns bei. Dieser Problematik waren sich auch Kaselowsky und seine Verhandlungsführer Albert Osthoff und Friedrich Schaarschmidt bewusst. Sie erwiesen sich jedenfalls für die NSDAP als durchaus unbequeme Verhandlungspartner und artikulierten deutlich die Interessen der Firma, auch noch nach der von Brückner provozierten Krise Ende Mai 1935. Am Ende erhielt die Partei, was sie wollte: die WNN samt Mehrheit in der neu geschaffenen Zeitungsgesellschaft und dazu als stille Einlage der Firma Oetker ein erkleckliches Darlehen, gleichsam die Mitgift für die neu gestiftete Ehe. Aufseiten Gundlachs mochte das für manche eine Vernunftehe sein – mit Blick auf die Zukunft der WNN in der Presselandschaft des «Dritten Reiches». Kaselowsky selbst sah die Verbindung zweifellos als Liebesheirat; dafür war er bereit, auch finanzielle Opfer zu bringen.

Alles in allem konnten beide Seiten mit dem Fusionsprojekt zufrieden sein. Kaselowsky ließ seinem Willen, der Partei zuzuarbeiten,

Taten folgen. Gundlach erholte sich nach rund zwei Jahren von den Einbußen, die mit der Ausgliederung einhergingen. Und die Partei erhielt eine gut eingeführte Zeitung. Den Partnern gelang es, die Zahl der Abonnements konstant zu halten; die Zeitungsgesellschaft warf bald Gewinne ab. Auf der Habenseite konnte Kaselowsky zudem verbuchen, dass sich sein bereits gutes Verhältnis zur westfälischen NSDAP weiter verbesserte.

Die regionalen Parteifunktionäre wurden nicht müde, die Bedeutung des geleisteten Dienstes an der NSDAP zu betonen. Anlässlich des Betriebsjubiläums 1941 lobte Gauleiter Meyer den Oetker-Chef, er habe sich «damals mit einer jungen nationalsozialistischen Zeitung verbunden, Schulter an Schulter mit uns diese Zeitung zu einer beachtlichen Höhe gebracht, und […] dann, in der Erkenntnis, daß Parteiorgane völlig frei und unabhängig ihren Aufgaben der Erziehung des deutschen Volkes und der Propaganda dienen müssen, Ihren Anteil an dieser Zeitung zur Verfügung gestellt. Das verknüpft Sie mit dem Schicksal der Partei. Wenn heute hier im Minden-Ravensberger Land die Partei über dieses große, stolze, schöne Organ, die Westfälischen Neuesten Nachrichten, verfügen kann, dann dankt sie es in erster Linie Ihnen, Pg. Dr. Kaselowsky.»[284]

Denkbar ist, dass Kaselowskys Entgegenkommen über solche öffentlichen Würdigungen hinaus honoriert wurde. Denn seit dem 30. April 1936 durften Kapitalgesellschaften – analog zur Regelung im Zeitungswesen – auch keine Zeitschriften mehr verlegen. Gundlach gelang es jedoch, eine Ausnahmegenehmigung zu erhalten, deren Fortbestehen die Reichspressekammer «stillschweigend sanktionierte».[285] Ob dabei die Zeitungsangelegenheit überhaupt von Bedeutung war, ist nicht zu klären. Dagegen spricht, dass man sich in Bielefeld zu keinem Zeitpunkt sicher fühlte und die jährlich zu verlängernde Ausnahmegenehmigung prekär blieb. Verlässliche Absprachen gab es jedenfalls nicht: Um die eigene Position zu verbessern, beschloss der Aufsichtsrat im Oktober 1936, im Streubesitz befindliche Aktien zurückzukaufen. Dadurch sollte den NS-Instanzen ein möglichst kleiner verantwortlicher Kreis an Aktionären präsentiert werden.[286] Seit 1939 wurden außerdem konkrete Planungen für eine Ausgliederung des Zeitschriftenverlages aus der Aktiengesellschaft aufgenommen, um mittels eines Strohmanns das Verbot notfalls zu umgehen.[287]

Gauleiter Meyer zeigte seine Verbundenheit darüber hinaus auf besondere Weise: Er sorgte dafür, dass Kaselowsky als «Ehrengast des Führers» zum Reichsparteitag eingeladen wurde, vermutlich zum «Reichsparteitag der Ehre» im Herbst 1936. Nachweislich fuhr Kaselowsky auch 1937 und 1938 nach Nürnberg.[288] Privilegierten Zugang zu Hitler zog das freilich nicht nach sich. Der Kreis der Ehrengäste umfasste etwa beim Reichsparteitag 1937 die Minister des Reichskabinetts, jene höheren Parteichargen, die nicht ohnehin qua Amt eine hervorgehobene Rolle spielten, die Gattinnen der Gauleiter und NS-Funktionäre, Generale der Wehrmacht und deutsche Diplomaten. Die Liste der deutschen Ehrengäste umfasste über 500 Einträge, hinzu kamen rund 250 ausländische Vertreter und in vielen Fällen die Gemahlinnen – auch Kaselowsky wurde von seiner Frau Ida begleitet.[289]

«Etwas ganz besonderes» und «eine ganz besondere Auszeichnung»[290], wie Hitler dies wünschte, war die Einladung als Ehrengast des Führers für den Unternehmer aus Bielefeld gleichwohl. Er fand sich unter die illustre Schar der Würdenträger des «Dritten Reiches» eingereiht. Während die Parteielite bei Hitler im Kaiserhof untergebracht war und die staatliche und militärische Elite im Grand Hotel nächtigte, logierten Richard und Ida Kaselowsky im Bamberger Hof. Dort war immerhin die zweite Reihe der Ehrengäste untergebracht, aber auch Eva Braun und Leni Riefenstahl, während andere mit Quartieren außerhalb Nürnbergs vorliebnehmen mussten. Die Gruppe der Wirtschaftsführer war vergleichsweise klein, aber prominent besetzt und überschnitt sich größtenteils mit den Mitgliedern des Freundeskreises Reichsführer-SS, dem Kaselowsky bald angehören sollte. Meyers Initiative war vermutlich der Grund für die erstmalige Berücksichtigung Kaselowskys als Ehrengast des Führers. Da diese nur in Ausnahmefällen wiederholt eingeladen werden sollten, dürften die weiteren Besuche in Nürnberg auf dem Ticket des Freundeskreises Reichsführer-SS erfolgt sein, dessen Mitglieder gleichsam «gesetzt» waren. Denkbar ist, dass Kaselowskys erste Teilnahme beim Reichsparteitag eine Rolle bei der Aufnahme in den Freundeskreis Reichsführer-SS spielte – zweifelsohne traf Kaselowsky dort auf dessen Mitglieder.

Freundeskreis Reichsführer-SS

Am Morgen des 12. Dezember 1943 erreichte der Sonderzug des Reichsführers-SS Heinrich Himmler die Station Hochwald in der Nähe von Großgarten (Pozezdrze). An Bord befanden sich die Mitglieder des «Freundeskreises Reichsführer-SS». Sie hatten sich am Vortag am Hauptsitz der Braunkohle-Benzin AG (Brabag) in Berlin getroffen und waren auf Einladung Himmlers zu einem Besuch in dessen Feldkommandostelle Hochwald (Deckname «Schwarzschanze») aufgebrochen. Vom Bahnhof ging es mit dem Autobus zum Hauptquartier Himmlers, wo die Gäste nach einem Weißwurst-Frühstück eine Führung erhielten. Der Hausherr stieß erst mittags für eine knappe Stunde zu ihnen und hielt eine kurze Ansprache. Nach dem Mittagessen, einer Filmvorführung und dem Konzert eines SS-Chores klang die Veranstaltung mit einem gemütlichen Beisammensein aus: Bei einer Tasse Tee erwies Himmler den Mitgliedern seines Freundeskreises nochmals für eine Stunde die Ehre. Danach kehrten die Teilnehmer mit dem Zug nach Berlin zurück.[291] Unter den Gästen befand sich auch Richard Kaselowsky. Die Einladung Himmlers zu der mehrtägigen Reise war für den Bielefelder Unternehmer zweifellos ein Ereignis. Er durfte sich zu dem illustren Kreis von Wirtschaftsführern zählen, die sich in der besonderen Wertschätzung des mächtigen Reichsführers-SS sonnen durften.

Direkte Vorgängerorganisation des Freundeskreises war ein von Wilhelm Keppler, dem Wirtschaftsbeauftragten Hitlers, 1932 gegründeter «Studienkreis für Wirtschaftsfragen», der als «Keppler-Kreis» bekannt wurde. Er bot Unterstützern der NS-Bewegung aus der Wirtschaft ein Forum, um Fragen der künftigen Wirtschafts- und Finanzordnung des Deutschen Reiches zu diskutieren und Einfluss auf das nationalsozialistische Wirtschaftsprogramm zu nehmen. Fritz Kranefuß, ein Neffe und enger Mitarbeiter des Mittelständlers Keppler, fungierte von Anfang an als Sekretär des Kreises und baute sukzessive ein breites Netzwerk in Wirtschaft, Staat und Partei auf. 1934 wurde er in den Vorstand der Brabag berufen und besetzte fortan eine Scharnierposition zwischen Politik und Wirtschaft. Die Loyalität des späteren SS-Brigadeführers galt zuvorderst Himmler und der SS, an die er auch die Tantiemen abführte, die ihm aus seinen zahlreichen Aufsichtsratsposten zuflossen. Als Himmler

Treffen des Freundeskreises Himmler in der Feldkommandostelle Hochwald; Bild oben: Wilhelm Keppler (links) und Richard Kaselowsky, am Fenster Carl Vincent Krogmann (ehemaliger Erster Bürgermeister von Hamburg); Bild unten: am Kopfende des Tisches Heinrich Himmler, im Uhrzeigersinn der Bankier Kurt von Schröder, Richard Kaselowsky, Hellmut Rönert (Rheinmetall-Borsig AG), Karl Blessing (Kontinentale Öl AG) und Emil Helfferich (Hapag-Lloyd)

den Keppler-Kreis 1934 an sich zog, organisierte Kranefuß fortan die Zusammenkünfte, teilweise zusammen mit Karl Wolff, dem Chefadjutanten des Reichsführers-SS und späterem Führer seines Persönlichen Stabes. Kranefuß gehörte damit zu den engen Vertrauten Himmlers. Auf ihn geht wohl auch die Neubenennung des Kreises zurück: Es heißt, beim Reichsparteitag von 1934 seien die reservierten Plätze mit dem Schild «Freundeskreis Reichsführer-SS» markiert worden.[292]

Manager von Banken und Versicherungen, Reedereien, chemischer, Schwer- und Elektroindustrie repräsentierten im Freundeskreis die großen Namen der deutschen Wirtschaft. Eigentümer-Unternehmer wie Kaselowsky waren die große Ausnahme. Vertreten waren außerdem hohe Beamte und SS-Funktionäre.[293] Im Allgemeinen kam die Mitgliedschaft durch Empfehlungen aus dem Kreis selbst oder von Fritz Kranefuß zustande. Eine eingehende Prüfung «auf Loyalität und politische Zuverlässigkeit» verstand sich von selbst. Mitglieder, die nicht der NSDAP angehörten, wurden 1937 aufgefordert beizutreten. Darüber hinaus achtete Kranefuß darauf, dass die neuen «Freunde» auch gesellschaftlich kompatibel waren: Sie sollten den bereits etablierten Mitgliedern «kongenial» sein.[294]

Wann genau und warum Kaselowsky in diese illustre Runde aufgenommen wurde, ist nicht eindeutig zu rekonstruieren. Mit großer Wahrscheinlichkeit lässt sich immerhin sagen, dass Himmler den Bielefelder Nährmittelfabrikanten zwischen Anfang 1937 und Ende 1938, spätestens Anfang 1939 in seinen elitären Zirkel berief. Für ein Treffen am 8./9. Februar 1937 existiert eine Teilnehmerliste, die erst vor wenigen Jahren in Moskau im Terminkalender Himmlers aufgefunden worden ist. Auf dieser erscheint Kaselowskys Name nicht, was vermuten lässt, dass er zu diesem Zeitpunkt noch nicht Mitglied war. Er blieb den meist in Berlin stattfindenden Treffen nur ausnahmsweise fern; und am fraglichen Termin war er nicht verhindert.[295] Am Reichsparteitag 1937 nahm Kaselowsky erneut als Ehrengast teil.[296] Die Einladung als «Ehrengast des Führers» im Vorjahr war noch auf die Initiative des Gauleiters Alfred Meyer zurückgegangen, eine in der Regel einmalige Ehrung. Deshalb spricht manches dafür, dass er im Herbst 1937 bereits Mitglied des Freundeskreises war, dessen Angehörige alljährlich als Ehrengäste nach Nürnberg reisten.[297] Spätestens am 10. Mai 1939 gehörte Kaselowsky dem Kreis definitiv an, weil er an einem «Kameradschaftsabend beim Reichsführer-

SS» teilnahm. Um das Treffen mit Himmler nicht zu versäumen, bat er eigens darum, eine Aufsichtsratssitzung der Firma C. H. Knorr zu verschieben. Auch auf einer Adressenliste vom 30. November 1939 ist Kaselowskys Name verzeichnet.[298]

Kaselowskys Aufnahme fällt damit in eine Phase zwischen Anfang 1937 und Anfang 1939, in der Himmler und Kranefuß ein Revirement und eine Verjüngung im ehemaligen Keppler-Kreis vornahmen.[299] Die Umstände und konkreten Gründe für Kaselowskys Berufung liegen jedoch im Dunkeln. Ob Himmlers ausgeprägtes Interesse für Ernährungsfragen oder die westfälische Herkunft Walter Kepplers und Fritz Kranefuß' eine Rolle spielten, muss Spekulation bleiben. Jedenfalls war Kaselowsky als einziger Vertreter der Konsumgüterindustrie im Freundeskreis eine Art Solitär. Unter den Wirtschaftsvertretern dominierten die Bankiers und die Manager rüstungsrelevanter Konzerne.[300] Umso mehr konnte Kaselowsky die Berufung als eine in seinem Umfeld außergewöhnliche Auszeichnung betrachten.

Abgesehen vom offensichtlichen Reputationsgewinn ist die Bewertung der Freundeskreis-Mitgliedschaft Kaselowskys schwierig. Zum einen stand er dem Nationalsozialismus ohnehin weltanschaulich nahe und unterstützte die Partei vor allem in seiner Heimatregion. Zum anderen suggeriert zwar die Bezeichnung «Freundeskreis Reichsführer-SS» eine intime und geheimnisvolle Bekanntschaft mit Heinrich Himmler persönlich; dieser nahm an den Treffen jedoch keineswegs regelmäßig teil.

Für die Wirtschaftsführer diente der Kreis vor allem als «Elite-Netzwerk», in dem sie sich mit Vertretern von Obersten Reichsbehörden und hohen SS-Funktionären informell trafen und Kontakte knüpften.[301] Politisch versprach die Mitgliedschaft in dem Kreis erhebliche Vorteile: Sie eröffnete einen Zugang zur nationalsozialistischen Machtelite und signalisierte Regimetreue, stellte also gewissermaßen einen «braunen Persilschein» aus.[302] Vom informellen Austausch bis hin zur Geschäftsanbahnung in dem exklusiven Herrenclub profitierten natürlich auch die anwesenden Staats- und SS-Funktionäre, die die ökonomische und technologische Kompetenz der Wirtschaftsvertreter abschöpfen und ihrerseits Einfluss nehmen konnten.[303]

Auch für Himmler selbst war es von Vorteil, ein an seine Person gebundenes Netzwerk zur Wirtschaft zu knüpfen. Görings Aufstieg zum

«Wirtschaftsdiktator» in der zweiten Hälfte der 1930er Jahre machte den Reichsluftfahrtminister und Beauftragten für den Vierjahresplan zumindest informell zum zweiten Mann nach Hitler und zum Schwergewicht in der Rüstungspolitik. Dass Kranefuß die Aktivitäten des alten Keppler-Kreises ab 1937 intensivierte und diesen personell umbaute, war kein Zufall.[304] Neben dem politischen Nutzen profitierte Himmler von «seinem» Freundeskreis auch finanziell: Er erschloss dem Reichsführer-SS eine ergiebige Finanzquelle. Die Mitglieder spendeten regelmäßig hohe Summen für Himmlers persönlichen Verfügungsfonds, der nicht der Aufsicht des Reichsschatzmeisters der NSDAP unterstand. Wie viel sich Kaselowsky die Mitgliedschaft im Freundeskreis kosten ließ, zeigen Spendenlisten für die Jahre 1943 und 1944; er überwies jeweils 40 000 RM. Damit lag das Unternehmen Oetker im Mittelfeld der Spendenbeträge, die sich auf 1,1 Mio. RM summierten. Die Gelder wurden vornehmlich für Himmlers geschichtspolitische und wissenschaftliche Steckenpferde ausgegeben und finanzierten Unterstützungszahlungen für SS-Offiziere.[305]

Mehrmals im Jahr, seit 1939 immer am zweiten Mittwoch des Monats, trafen sich die «Freunde» meist im Berliner «Haus der Flieger», dem ehemaligen preußischen Landtag. Die Anlässe waren eher gesellschaftlicher Art: Man hörte Vorträge, sah Filme und dinierte. Zu den Reichsparteitagen fuhren die Mitglieder als Ehrengäste des Führers; Himmler lud sie abends zum traditionellen SS-Biwak ein, wo die Wirtschaftsführer auf das Diplomatische Korps, das Reichskabinett, die Reichs- und Gauleiter der NSDAP sowie die Wehrmachtsführung trafen.[306] Auch zum wichtigsten Gedenktag der NS-Bewegung wurden sie als Ehrengäste geladen: Alljährlich wohnten sie am 9. November zum Jahrestag des Hitler-Putsches der feierlichen Vereidigung von SS-Anwärtern vor der Münchner Feldherrnhalle bei.[307]

Quellenbelege dafür, dass bei den Treffen politisch sensible Informationen ausgetauscht worden wären, sind selten. Allzu offene Lobbytätigkeit für eigene Interessen war nicht erwünscht, ebenso wenig politisch brisante Themen wie etwa die Kriegslage, die sich seit Ende 1941 nicht wunschgemäß entwickelte. Während der Keppler-Kreis noch wirtschaftspolitische Ambitionen und Einflussmöglichkeiten im Kielwasser der aufstrebenden NS-Bewegung gehabt hatte, verfolgte Himmler mit seinem Freundeskreis keine ordnungspolitischen Ziele mehr.[308] Sehr wohl konnte man aber übers Geschäft reden. SS-Obergruppenführer

Oswald Pohl hielt es in einer Aussage gegenüber alliierten Ermittlern sogar für «voellig ausgeschlossen, ja falsch», dass Himmler Wirtschaftsfragen im Gespräch ausdrücklich verboten hätte. Gerade deswegen sei er selbst ja von Himmler in den Freundeskreis gebeten worden.[309]

Worüber Kaselowsky mit Himmler sprach, kann nur vermutet werden. Nostalgischen Gesprächsstoff boten vielleicht die Erfahrungen, die beide in der Hühnerzucht gesammelt hatten, ehe ihre Karrieren den westfälischen Kaufmann und den bayerischen Diplom-Landwirt weit vom Geflügelhof weggeführt hatten. Vielleicht unterhielten die beiden sich auch über die deutsche Siedlung im Osten und über Kaselowskys Kontakt zu den Artamanen, deren Gauführer in Bayern Himmler 1929 kurzzeitig gewesen war.[310] Mit Sicherheit waren jedoch Himmlers ernährungspolitische Vorstellungen ein Thema und damit die Kernkompetenz des Oetker-Chefs gefragt. Himmler machte ihn auf ein Büchlein über «Deutsche Gewürze» eines SS-Autors aufmerksam. Kaselowsky war begeistert: Prompt sandte er seinem Hamburger Betriebsführer ein Exemplar «mit der Bitte, einen Anbau der hauptsächlichen deutschen Gewürze bei Ihnen zu erwägen, damit diese in möglichst großem Umfange in der dortigen Betriebsküche Verwendung finden und auch sonst verbreitet werden».[311]

Über die gesellschaftlich-kulturelle Dimension und den Netzwerkaspekt hinaus erlaubten die Treffen den Wirtschaftsführern Einsichten in das nationalsozialistische Herrschafts- und Terrorsystem. Der Inszenierungscharakter der Zusammenkünfte und ein «Einblick in den brutalen Terror-Apparat der SS», der über das Wissen der Allgemeinheit hinausging, waren kein Widerspruch:[312] Bei der Besichtigung der Konzentrationslager Dachau (1936) und Sachsenhausen (1939) führte Himmler persönlich die Gruppe.[313] 1936 war Kaselowsky noch nicht Mitglied, ob er an dem Besuch in Sachsenhausen teilnahm, ist nicht zu erhärten. Angesichts seiner Begeisterung für Termine des Freundeskreises ist die Wahrscheinlichkeit jedoch hoch. Auch hatte er schon früher auf Einladung des Gauleiters Alfred Meyer zusammen mit anderen norddeutschen Wirtschaftsführern das Lager Papenburg besichtigt – Berührungsängste gab es also nicht.[314]

1937 erhielten die Mitglieder bei einer zweitägigen Veranstaltung im Geheimen Staatspolizeiamt einen Überblick über die Bekämpfung der Feinde der «Volksgemeinschaft»: Führende Offiziere von Sicherheitspolizei und Sicherheitsdienst der SS (SD) hielten Vorträge über Juden, Kommunisten, Homosexuelle und Freimaurer; abends inspizierten die Wirtschaftsführer die Leibstandarte-SS Adolf Hitler.[315] Im Februar 1943 sprach der Chef des SD, SS-Gruppenführer Otto Ohlendorf, vor dem Freundeskreis über seinen «Einsatz auf der Krim». Als Befehlshaber der Einsatzgruppe D hatte er in der Südukraine die Ermordung von rund 90 000 Menschen, überwiegend Juden, verantwortet. Seinen Vortrag illustrierte er mit vor Ort gedrehtem Filmmaterial. Dabei gab er wohl kaum einen ungefilterten Einblick in die Mordpraxis der Einsatzgruppen, wohl aber lieferte er «eine gezielte, sicherlich sprachlich codierte und begrenzte Offenbarung des Terrors».[316] Ähnliches dürfte für ein Treffen im Juli 1944 gelten, als das Freundeskreis-Mitglied SS-Brigadeführer Hermann Behrends über die Lage auf dem Balkan referierte. Der Höhere SS- und Polizeiführer in Serbien, Montenegro und dem Sandschak war für zahlreiche «Aktionen» gegen jugoslawische Partisanen und Repressalien gegen die Zivilbevölkerung verantwortlich.[317] Kranefuß selbst war in der Ukraine Augenzeuge von Kriegsverbrechen geworden. Als Verbindungsmann der SS zur Reichsbahn war er direkt in die Organisation der Deportationen involviert. Er wie auch andere gelegentlich anwesende SS-Führer waren tief in die deutsche Besatzungs- und Vernichtungspolitik verstrickt; Gelegenheit zum Gespräch über diese Themen gab es also immer wieder.[318]

Kaselowsky wird im Gespräch mit den anwesenden SS-Führern mindestens die Grundzüge der deutschen Besatzungspolitik im Osten erfahren haben. Zweifelsohne waren die Gespräche im Freundeskreis eher vertraulicher Natur, und Kaselowsky hielt sich daran. Zwar erwähnte er seine Mitgliedschaft gelegentlich in Briefen, über Details äußerte er sich jedoch so gut wie nie. Wie viel er von den Dimensionen und den Details der deutschen Vernichtungspolitik erfuhr, muss also letztlich offenbleiben. Sicher war er nicht schlechter informiert als die vielen Reichsbürger, die nicht Mitglied des Freundeskreises waren und dennoch zumindest so viel vom Holocaust und der nationalsozialistischen Verbrechen im Osten ahnten, dass sie nicht mehr wissen wollten.[319]

Die Mitgliedschaft in dem illustren Kreis und die Einladungen nach Berlin schmeichelten Kaselowsky offensichtlich so sehr, dass er kein Treffen verpassen wollte.[320] Er genoss den damit verbundenen Status-

und Reputationsgewinn. Dass er darüber hinaus konkreten Nutzen aus der Mitgliedschaft zog, ist punktuell zu erschließen. Soweit bei den Treffen Geschäftskontakte angebahnt wurden, geschah dies mündlich, und die Mitglieder kannten sich häufig ohnedies aus anderen Zusammenhängen des Gesellschafts- und Wirtschaftslebens. Nur selten lassen sich Versuche politischer Einflussnahme durch die Wirtschaftsvertreter konkret nachweisen, wie im Fall des Vorstandsvorsitzenden der Münchener Rückversicherungs-Gesellschaft, Kurt Schmitt, der Attacken des SS-Blattes «Das Schwarze Korps» auf die Allianz-Versicherung abzuwenden versuchte. Verschiedene Kooperationen zwischen Unternehmen, Behörden und SS aus dem Umfeld des Freundeskreises belegen aber, dass sich immer wieder Chancen zu wirtschaftlicher Zusammenarbeit eröffneten. Das betraf auch den Einsatz von KZ-Häftlingen als Zwangsarbeiter, um den sich Pohl persönlich kümmerte, wenn er die Gesprächspartner kannte. Nennenswerten Einfluss auf die Politik der SS hatten die «Freunde» nicht, ebenso wenig individuellen Zugang zu Himmler, der nur selten an den Treffen teilnahm. Hauptansprechpartner der Mitglieder war Kranefuß, der als Scharnier und Kontaktmann zum SS-Komplex fungierte.[321]

Für Kaselowsky erwies sich vor allem der Kontakt zu SS-Obergruppenführer Oswald Pohl als hilfreich. Der Chef des späteren SS-Wirtschafts- und Verwaltungshauptamts wurde 1937/38 etwa zur gleichen Zeit wie Kaselowsky in den Freundeskreis gebeten. 1944 bemühte sich die Gundlach AG, einen Experten der SS anzuwerben. Ein Hinweis Kaselowskys auf seine Bekanntschaft mit Pohl genügte, um bei den nachgeordneten Stellen des WVHA dessen Freigabe zu erreichen.[322] Als beim Bau einer Zellstoff-Fabrik der Phrix AG, an der Dr. Oetker wegen eines gemeinsamen Nährhefeprojektes interessiert war, dringend Arbeitskräfte benötigt wurden, stellte Pohl KZ-Häftlinge aus Neuengamme bereit. Dabei griffen verschiedene Netzwerke ineinander: Initiator der Häftlingszuteilung war der Berliner Oetker-Lobbyist Hans Crampe; am Ende stand die Aufnahme der SS in das Hunsa-Nährhefe-*Joint-Venture,* das im Zusammenhang von Krieg und Profit näher untersucht wird. Auch wenn Crampe sich bei einer gemeinsamen Besichtigung der Fabrik gegenüber Pohl zweifelsohne auf die Freundeskreis-Mitgliedschaft seines Chefs berufen konnte, verfügte er selbst über ein exzellentes Netzwerk und hervorragende Fachkompetenz, die auch Pohl beeindruckten. Nicht ohne Grund warb dieser den Reserveoffizier der Wehrmacht in der Endphase des Krieges für die SS ab. Während Crampe sich um die operative Seite der Hunsa-Kooperation kümmerte, schuf die Bekanntschaft zwischen Kaselowsky und Pohl die nötige Vertrauensbasis; dass zwei Aufsichtsräte des dritten Partners, der Phrix AG, ebenfalls Mitglied des Freundeskreises waren, komplettiert das Bild.

Über diese Kooperation freute sich der Unternehmer Kaselowsky ganz besonders: Bei allem sozialen Kapital, das der Freundeskreis versprach, sollte das Geschäft nicht zu kurz kommen: «Es ist sicher wichtig für die Firma Oetker, nicht nur im Freundeskreis des Reichsführers SS vertreten zu sein, sondern auch mit dem Wirtschaftsamt der SS in enger Fühlung zusammenzuarbeiten, denn das muss ja schließlich das Ergebnis aller freundschaftlichen Beziehungen sein, dass sie sich in einer fruchtbringenden Gemeinschaftsarbeit auswirken.»[323] Um solche nutzbringenden Querverbindungen zu fördern, sorgte Kaselowsky 1940 dafür, dass Fritz Kranefuß in den Aufsichtsrat der Chemischen Fabrik Budenheim AG berufen wurde.[324]

Der Besuch in der Feldkommandostelle Hochwald Ende 1943 zeigt, dass die Wirtschaftsführer keine allzu konkreten Renditeerwartungen an solche Treffen stellen durften. Die Reise offenbart den Doppelcharakter des Freundeskreises Reichsführer-SS: Die «Freunde» erhielten im Vergleich zu anderen Unternehmern oder einfachen Reichsbürgern eine Sonderstellung zugewiesen, die jedoch deutliche Grenzen hatte. Programm und Atmosphäre der Veranstaltung erinnerten an einen Betriebsausflug. Über einen seichten Plausch beim Tee hinaus gab es keine Gelegenheit zum persönlichen Gespräch mit Himmler. Privilegierte Informationen über die weiteren Planungen der Reichsführung oder den krisenhaften Kriegsverlauf gab es nicht. Für Otto Steinbrinck von der Flick KG etwa war der Besuch rückblickend eine «grenzenlose Enttäuschung»; Emil Helfferich empfand das Treffen «trotz der Weißwürste, die uns in der damaligen Zeit gut mundeten [...], matt».[325] Wenn Himmlers persönlicher Referent Rudolf Brandt resümierte, die Gäste hätten «viel Positives» mitgenommen, meinte er gerade nicht die Diskussion von Sachfragen. Angesichts der Kriegslage ging es um die Mobilisierung und Rückversicherung der Freundeskreis-Mitglieder.[326] Himmlers Vortrag war dementsprechend. Er orientierte sich weniger an den ökonomischen Interessen der Wirtschaftsführer, sondern spiegelte die Themen, die den Reichsführer-SS gerade beschäftigten und anhand deren er sich als zuverlässiger Macher und wichtige Stütze des Regimes präsentieren konnte: «Sicherheitslage unserer Arbeiter», die «Aufgaben als Innenminister», «Defaitismus» und «Front in Russland».[327] Eine offene Analyse der militärischen Lage im Beisein von Außenstehenden war von Himmler nicht zu erwarten; vielmehr dürfte er den Anwesenden Zuversicht vermittelt und ihnen nahegebracht haben, wie all diese Probleme gemeistert werden sollten. Nach der Ansprache erübrigte der vielbeschäftigte Multifunktionär Himmler nur eine gute Stunde für die fast vierzig Anwesenden; das ließ kaum Zeit für mehr als ein kurzes Gespräch an jedem Tisch. Immerhin boten das Programm und vor allem die lange Zugfahrt Gelegenheit, wenigstens innerhalb der Gruppe der Wirtschaftsführer und Verwaltungsfachleute Kontakte zu pflegen.[328]

Anders als Steinbrinck und Helfferich – deren negative Bewertungen wohlgemerkt aus der Zeit nach 1945 stammten – vermochte Kaselowsky dem zeitintensiven Ausflug zu Himmlers Feldkommandostelle in der Tat «Positives» abzugewinnen. Zumindest bei ihm scheint die Veranstaltung ihren Zweck erfüllt zu haben. Er schöpfte innere Kraft aus Himmlers Präsentation, die er prompt an einen Vetter weiterzugeben suchte: «Nach Ansicht des Reichsführers SS steht uns ja noch eine Zeit harter Kämpfe und Prüfungen bevor, bei denen wir alle die Ohren gehörig steif halten müssen. Aber der Reichsführer hat den festen Glauben, dass am Ende des Kampfes auch der deutsche Sieg stehen wird, der unsere Zukunft sicherstellen soll. Wir wollen diesen Glauben in unsere Herzen pflanzen und ihn uns durch die vielen Schwierigkeiten des täglichen Lebens nicht zerstören lassen.»[329] In der für ihn typischen, so stereotypen wie überzeugten Durchhalterhetorik konnte sich Kaselowsky demnach von Heinrich Himmler bestätigt sehen.

Noch über eines der letzten Treffen, an dem er wenige Monate vor seinem Bombentod teilnahm, schrieb Kaselowsky in dem Pathos, das vielen seiner politischen Äußerungen eigentümlich war. Die Kriegslage führte indes dazu, dass sich der Überschwang auf seltsame Weise mit Melancholie mischte: «Der schöne Abend, den wir im Kasinogarten der Reichsbank wie in einer Oase des Friedens inmitten einer in Trümmer gegangenen Welt verleben konnten, wird mir eine dauernde Erinnerung sein.»[330]

Richard Kaselowsky: rationaler Unternehmer und «Nationalsozialist des Herzens»

Richard Kaselowsky identifizierte sich mit dem Nationalsozialismus und unterstützte weite Teile seines Programms. Beides fand in geschäftlichen wie (soweit nachvollziehbar) privaten Äußerungen und Handlungen Ausdruck. Der Unternehmer und die Firma Oetker, die er führte und die er repräsentierte, kommunizierten diese Unterstützung auf vielfältige Weise sowohl nach innen, in die «Betriebsgemeinschaft» hinein, als auch nach außen. Zu «Nationalsozialisten des Herzens» wollte Kaselowsky schon 1934 alle seine Mitarbeiter «erziehen».[331] Später münzte er dieses Diktum auch auf den Firmengründer Dr. August Oetker und meinte damit gleichzeitig sich selbst. Richard Kaselowsky setzte damit in einem Zeitungsartikel einen sprachlichen Markstein, der symbolisch die Familien- und Firmentradition mit der NS-Weltanschauung verknüpfte.

Neben der alltäglichen Präsenz des Nationalsozialismus im «NS-Musterbetrieb» war ein Höhepunkt die Feier des 50-jährigen Firmenjubiläums. Sie bot Gelegenheit, der politischen Übereinstimmung mit dem Regime in einem Maße Ausdruck zu verleihen, das weit über das vielleicht Notwendige hinausging. Die Feierlichkeiten wurden nicht nur in Anwesenheit der regionalen NS-Elite begangen, sie waren darüber hinaus Teil des offiziellen Festprogramms zum ebenfalls 1941 begangenen zehnjährigen Jubiläum des Gaus Westfalen-Nord. Das erlaubte aufwendigere Festlichkeiten, als ansonsten in Kriegszeiten statthaft gewesen wären. Vor allem aber war es Zeichen der tiefen Verbundenheit sowohl Kaselowskys persönlich wie auch des «NS-Musterbetriebs» mit dem Gau und seinem Gauleiter.[332] Zugleich bot Dr. Oetker den Parteifunktionären eine Bühne zur politischen Selbstdarstellung. Das galt auch für die anderen Niederlassungen: Als der Filiale Baden bei Wien 1941 die «Goldene Fahne» eines «NS-Musterbetriebes» verliehen wurde, hielt der Gauleiter von Niederdonau, Hugo Jury, einen festlichen Betriebsappell ab.[333]

Selbstverständlich beteiligte sich Dr. Oetker auch an den unternehmerischen Leistungsschauen des Regimes: Schon unmittelbar nach der «Machtergreifung» hatte Dr. Oetker seine Produkte im nationalsozialistischen Umfeld positioniert. Die Firma beschickte die «Braunen Messen», die von der Nationalsozialistischen Handwerks-, Handels- und

Gruppenbild mit Parteiprominenz beim Betriebsjubiläum 1941: 1. Reihe: Gauleiter Alfred Meyer, Richard Kaselowksy in Betriebsführeruniform; 2. Reihe: Karl Oetker in Betriebsführeruniform, Soziale Betriebsarbeiterin Lotte Jahn, DAF-Gauobmann Schürmann; 3. Reihe: Kreisleiter Gustav Reineking, DAF-Betriebsobmann Otto Krüger

Familie mit Gauleiter: von links nach rechts: Karl Oetker, Ida Kaselowsky, Rudolf-August Oetker in Wehrmachtsuniform, Gauleiter Alfred Meyer, dahinter halb verdeckt Richard Kaselowsky, im weißen Kittel im Hintergrund Karl Höcker, KdF-Betriebsobmann Julius Freudenau

Der Oetker-Stand auf der «Braunen Messe» in Braunschweig 1933

Gewerbe-Organisation (NS-Hago) organisiert wurden und die vor allem auf den Mittelstand zielten. 1939 präsentierte sich die Bielefelder Industrie bei der Westfalen-Fahrt der «Alten Garde», also jenen «Alten Kämpfern», die schon 1923 Mitglied der NSDAP gewesen waren oder gar am «Hitler-Putsch» teilgenommen hatten. Deren Konvoi fuhr an einer Reihe von «lebenden Bildern» vorbei, von denen zwei von der Firma Oetker stammten. Ein weiteres Bild befand sich außerhalb der Stadt auf Gut Ebbesloh, wo Kaselowsky stolz seine Pferdezucht vorführte.[334]

Richard Kaselowsky sah sich zweifelsohne als Nationalsozialist. Doch was bedeutete das? Der Nationalsozialismus war eine in vielerlei Hinsicht offene, oft wenig kohärente und nicht abschließend formulierte Weltanschauung. Zwar forderte er in zentralen Feldern wie der Rassenideologie zumindest die stillschweigende Akzeptanz als Minimalkonsens. Darüber hinaus aber war das Weltbild vieler seiner Anhänger oftmals nur in Teilbereichen deckungsgleich mit der NS-Programmatik, die viele

Strömungen integrierte und nicht frei von Widersprüchen war. Allumfassende weltanschauliche Übereinstimmung war nicht notwendig. Innerhalb des «politisch kontrollierte[n], aber intellektuell offene[n] Meinungsfeld[es]», das der «Nationalsozialismus» war, konnte auch Kaselowsky eigene Schwerpunkte setzen und sich für jene Themen besonders engagieren, die seinen eigenen Grundüberzeugungen und Interessen entsprachen.[335]

Die Machtübernahme der Nationalsozialisten versprach die Rückkehr eines starken Staates, den auch Kaselowsky wünschte. Die vermeintlich ineffizienten politischen Konflikte und pluralistischen Aushandlungsprozesse der Weimarer Republik sollten überwunden werden, indem vor allem der Einfluss der Arbeiterbewegung eingeschränkt, wenn nicht beseitigt wurde. Während viele Unternehmer und Manager auf größere unternehmerische Freiheit hofften, war die Massenbasis der NS-Bewegung zwar durchaus kapitalismuskritisch gestimmt, doch die Revolution blieb aus. Stattdessen wurde die unternehmerische Verfügungsgewalt im Betrieb noch gestärkt, indem sich die NSDAP das in den 1920er Jahren in Wirtschaftskreisen entwickelte Konzept der «Betriebsgemeinschaft» aneignete. Auf seiner Grundlage wurde die Beziehung zwischen Arbeitgebern und Arbeitnehmern geregelt. Statusunterschiede und das Machtgefälle zwischen «Betriebsführer» und «Gefolgschaft» wurden so zementiert. Die Sicherung der innerbetrieblichen Autorität kam Kaselowskys Führungsstil entgegen, ebenso wie deren propagandistisch verstärkte Verschleierung durch die nationalsozialistische Sozialpolitik, die Ausgleich und Harmonie betonte, ohne den Arbeitern Mitwirkungs- oder gar Mitbestimmungsrechte einzuräumen. Vor diesem Hintergrund forcierte Dr. Oetker unter Kaselowskys Leitung die seit den Zeiten des Firmengründers verfolgte betriebliche Sozialpolitik. Was der Hamburger Betriebszellenobmann 1934 «Sozialismus der Tat» nannte, war nichts anderes als eine paternalistische Fürsorgepolitik, die sich auf Gratifikationen und Sonderleistungen stützte.[336] Diese Form des gewährten, nicht des ausgehandelten sozialen «Ausgleichs» war gleichermaßen Inszenierung, Machtdemonstration und Ausdruck eines genuinen Gefühls sozialer Verantwortung. Die betriebliche Sozialpolitik brachte durchaus konkrete Verbesserungen der Arbeitsbedingungen sowie des eigentlich festgeschriebenen Lohnniveaus durch die Hintertür, in Form monetärer Zusatzleistungen. Zugleich wurde die Belegschaft an das Unternehmen gebunden; Dr. Oetker war ein attraktiver Arbeitgeber. Bei der reichsweiten Verbreitung des Konzepts der Betrieblichen Sozialarbeit kam Dr. Oetker und Kaselowsky die Rolle des sozialpolitischen Vorreiters zu, eine Rolle, die mit hohem Kapitalaufwand erkauft wurde. Das entlang der Idee einer nationalsozialistischen «Volksgemeinschaft» runderneuerte soziale Engagement der Firma und der Familie Oetker wurde honoriert: auf lokaler Ebene mit der Ehrenbürgerwürde für Lina Oetker und auf Reichsebene mit der Erhebung zum NS-Musterbetrieb 1937.

Auf einem anderen, seit 1933 ähnlich stark politisierten Handlungsfeld wurden Kaselowsky dagegen deutlich die Grenzen der wirtschaftsbürgerlichen Eigeninitiative aufgezeigt: Im hochpolitisierten Feld der Agrar- und Siedlungspolitik waren betriebswirtschaftliche Expertise und privatwirtschaftliche Formen nicht Mittel der Wahl. Als Geldgeber war Dr. Oetker gern gesehen, nicht jedoch als interessierter Investor, der mitbestimmen wollte. Beide Felder, Sozialpolitik und Siedlung, zeugen davon, wie Kaselowsky ureigene Interessengebiete weiterverfolgte, die sich bietenden Handlungsmöglichkeiten zu nutzen suchte und sich die Ziele des NS aktiv anverwandelte. Im Falle der Betrieblichen Sozialarbeit war das ein wechselseitiger Prozess: DAF und NS-Frauenamt adaptierten das kompatible Konzept für die eigene Arbeit.

Die Volksgemeinschafts-Ideologie entfaltete für Kaselowsky große Anziehungskraft. Er war damit nicht allein: Viele Deutsche hielten im Kontrast zur konfliktbeladenen, individualistisch geprägten liberal-pluralistischen Gesellschaft der Weimarer Republik die Gemeinschaftskonzepte für attraktiv, die seit den 1920er Jahren in allen politischen Lagern entwickelt worden waren, und fanden so Anschluss an die NS-Weltanschauung. Bei dem Bielefelder Fabrikanten lag der Schwerpunkt auf den inklusiven, sozial integrierenden und ausgleichenden Momenten. Aber auch die «Volksgemeinschaft» im Kleinen, die in der «Betriebsgemeinschaft» der «Oetker-Familie» realisiert werden sollte, war ohne Disziplinierung und Exklusion nicht zu denken. Die Betriebsordnungen und die paternalistische Praxis der betrieblichen Sozialmaßnahmen zeigen deutlich, dass das Gegenstück zur Förderung der Leistungsfähigen und Tüchtigen der Ausschluss der Untüchtigen und der sich nicht konform verhaltenden Mitarbeiter war, wenn nötig, mit «unerbittlicher Härte». Die nationalsozialistische Volksgemeinschaftsutopie entsprach weitgehend Kaselowskys eigenem Weltbild. Sie «zielte auf die Formierung einer ideologisch homogenen, sozial angepassten, leistungsorientierten und hierarchisch gegliederten Gesellschaft». Dazu diente einerseits die «Erziehung der ‹gut Gearteten›» und andererseits die «‹Ausmerze› der angeblich ‹Ungearteten›».[337]

Neben der Volksgemeinschaftsideologie war der Antisemitismus eine zentrale Säule der NS-Weltanschauung. Ein Rassenantisemit war Kaselowsky nicht. Allerdings stellte er die vom NS-Regime betriebene Ausgrenzungs- und Verfolgungspolitik auch nicht infrage. Antisemitische Stereotype waren Teil seines Weltbilds, auch wenn er ihnen nur selten Ausdruck gegeben zu haben scheint. Er zögerte nicht, jüdische Vertreter zu entlassen; zugleich zeigte er sich im Umgang mit jüdischen Geschäftspartnern und Bekannten flexibel, wenn die Betreffenden geschäftlich oder gesellschaftlich auf Augenhöhe agierten. Den vom NS-Staat im Reich gesetzten Ordnungsrahmen verließ er dabei nicht – ein Ordnungsrahmen, der den Handlungsspielraum der deutschen Juden nicht zuletzt im Wirtschaftsleben zusehends einschränkte. Auch die Verfolgung politischer und weltanschaulicher Gegner des Nationalsozialismus riefen keine erkennbaren Bedenken hervor. Egal, ob er das KZ Papenburg besichtigte oder einem Verwandten die Kündigung nahelegte, weil jener im Verdacht stand, Hitler kritisiert zu haben: Kaselowsky war ein überzeugter Anhänger der nationalsozialistischen Regierung und des «Führers»; Kritik duldete er in seinem Einflussbereich nicht und wies sie scharf zurück.

So wie Beamte und Parteifunktionäre auf allen Ebenen gehalten waren, «dem Führer entgegen zu arbeiten»,[338] entsprach es auch Kaselowskys Wunsch, «die Sache der Partei nach besten Kräften [zu] fördern».[339] Er war bereit, die gutgehenden «Westfälischen Neuesten Nachrichten» der NSDAP zu überlassen – notfalls auch zu ungünstigen Bedingungen und gegen Widerstände aus Vorstand und Aufsichtsrat. Strategisch war es zweifelsohne die richtige Entscheidung, sich aus dem vom Propagandaapparat zunehmend regulierten Zeitungsgeschäft zurückzuziehen. Zugleich verpflichtete er sich durch sein weites Entgegenkommen den Gauleiter Alfred Meyer, zu dem die Familie gute Beziehungen unterhielt. Darin drückte sich auch die gesellschaftliche Anerkennung aus, die sich die neue politische Elite und der Vertreter einer bereits etablierten, aber noch vergleichsweise jungen Industriellenfamilie gegenseitig zollten.

Ungleich näher ans Zentrum der Macht rückte Kaselowsky mit seiner Aufnahme in den Freundeskreis Reichsführer-SS. Zwar entstand daraus kein regelmäßiger oder gar vertraulicher Kontakt zu Heinrich Himmler persönlich. Doch brachte das exklusive Netzwerk dem Bielefelder Unternehmer hohen Statusgewinn im Kreis der Bekannten und Geschäftspartner. In dem Zirkel konnte er Kontakte zu einigen der einflussreichsten Managern der deutschen Wirtschaft und zu führenden Vertretern von Staat, Partei und SS knüpfen. Kaselowsky war nicht nur mit Blick auf seine Branche, sondern auch mit Blick auf Umsatzzahlen und Betriebsgröße dort ein Solitär. Der klingende (Marken-) Name, den er vertrat, darf nicht darüber hinwegtäuschen, dass die im Freundeskreis versammelten Wirtschaftsführer meist Konzernen und Firmengruppen vorstanden, die in ganz anderen finanziellen Dimensionen agierten als Dr. Oetker. Umso mehr durfte sich Richard Kaselowsky von der Berufung in den illustren Kreis um Himmler geschmeichelt fühlen, umso mehr stach er aus der Gruppe heraus. Die persönliche Begeisterung, die die Mitgliedschaft in ihm auslöste, zeigte sich am augenfälligsten in seiner zuverlässigen Präsenz: Anders als viele seiner Freundeskreis-Kollegen versäumte er kaum ein Treffen.

Da war es fast schon eine Selbstverständlichkeit, dass Kaselowsky ein glühender Verehrer des «Führers» war. Ganz im Bann des NS-spezifischen «Hitler-Mythos», ging seine Bewunderung über die gängigen Hitler-Porträts in den Büroräumen hinaus.[340] Sie fand ihre Grundlage in den Erfolgen Hitlers bei der Revision des Vertrags von Versailles, der «friedlichen» Expansion bis 1939 und in den anfänglich siegreichen Feldzügen des Krieges. Die außen- und rüstungspolitischen Ziele und Maßnahmen des «Dritten Reiches» entsprachen dem nationalen Standpunkt, der in der Familie vorherrschte. Die offen auf einen Krieg zielende Rüstungspolitik und die Errichtung einer Großraumwirtschaft stießen nicht auf Widerspruch. Im Gegenteil: Kaselowsky bezog sie mit der ihm eigenen Vorsicht in sein unternehmerisches Kalkül mit ein. Dass er bis zuletzt immer wieder seiner Überzeugung Ausdruck verlieh, der Krieg werde sich für das Deutsche Reich doch noch zum Besseren wenden und zu einem siegreichen Ende geführt werden, lag zweifelsohne auch in seiner Bewunderung für Hitler begründet.

5. «Arisierung» und «Germanisierung»

Die wirtschaftliche Verdrängung war eines der ersten Ziele der nationalsozialistischen Judenpolitik. Schon unmittelbar nach der «Machtergreifung» setzte der Boykott jüdischer Geschäfte, Praxen und Kanzleien vom 1. April 1933 ein wichtiges Zeichen. Aufsehenerregende Aktionen dieses Zuschnitts wiederholten sich – zumindest reichsweit – vorerst jedoch nicht. Auf lokaler Ebene, in einzelnen Branchen und innerhalb der Firmen wurden seit 1933 die Betätigungsmöglichkeiten von Juden jedoch immer weiter eingeschränkt, ohne dass es dazu im Einzelfall immer eines Gesetzes oder direkter politischer Einflussnahme bedurft hätte: Juden wurden aus Aufsichtsräten verdrängt; Unternehmensvorstände wurden «gleichgeschaltet» sowie politisch und ethnisch «gesäubert»; jüdische Mitarbeiter wurden gekündigt und die Beziehungen zu jüdischen Geschäftspartnern abgebrochen; jüdische Marktteilnehmer wurden durch lokale Boykottmaßnahmen oder Pressekampagnen unter Druck gesetzt; in vermeintlich «überbesetzten» Branchen – etwa dem Einzelhandel im Allgemeinen oder dem Kunsthandel im Besonderen – erfolgte die Marktbereinigung auf Kosten der jüdischen Geschäftsleute. Der ökonomische Druck auf die deutschen Juden nahm kontinuierlich zu. Die Marginalisierung bis hin zum Ausschluss der Juden aus dem Wirtschaftsleben war ein zentraler Aspekt der systematischen Verfolgungs- und Entrechtungspolitik des Regimes und sollte möglichst viele jüdische Deutsche zur Auswanderung bewegen. Nach dem «Anschluss» Österreichs im März 1938 und den Novemberpogromen 1938 im ganzen Deutschen Reich nahm die Gewalttätigkeit dieses Prozesses, die nach 1933 nie ganz verschwunden war, sprunghaft zu.[1] Die «Arisierungen» – die Ausplünderung jüdischer Eigentümer – waren ein breites, gesamtgesellschaftliches Phänomen, das sich zu einem wahren «Bereicherungswettlauf» entwickelte.[2] Zahlreiche Privatleute und Unternehmer beteiligten sich daran. Newcomer und Aufsteiger nutzten die Chance, um sich rasch und günstig im Wirtschaftsleben zu etablieren; Alteingesessene strebten nach Expansion oder Beseitigung missliebiger Konkurrenz. Partei- und Finanzbehörden sowie nicht zuletzt die Banken koordinierten den Prozess und schöpften Arisierungsgewinne und Tantiemen ab.[3]

Auch die Firma Dr. Oetker war an dieser Ausplünderung der Juden beteiligt. Wiederholt wurden Angebote von außen an die Firma wie an Kaselowsky persönlich herangetragen und in einigen Fällen wahrgenommen – häufig aber auch nicht weiter verfolgt. Das galt besonders für die Anfangsjahre des Zweiten Weltkriegs, in denen die «Arisierung» gleichsam in eine zweite Runde ging und in den besetzten Gebieten jüdisches Eigentum in den Fokus der expansionswilligen deutschen Finanzwirtschaft und Industrie geriet.[4] Neben Angeboten von außen hielt man auch in Bielefeld und den Niederlassungen aktiv Ausschau nach günstigen Gelegenheiten. Die Firma, ihre Beteiligungsgesellschaft Indubeg oder die Mitglieder der Familien Oetker und Kaselowsky übernahmen seit Mitte der 1930er Jahre Firmenbeteiligungen aus jüdischem Besitz. Besonderes Interesse galt Mehrheitsbeteiligungen aus dem Kerngeschäft der Nährmittelindustrie und bei Lieferanten von Verpackungen. So versuchte man, in die Niederlande zu expandieren und im besetzten Osten die vertikale Integration voranzutreiben. Im privaten Bereich bot die Emigration zweier jüdischer Ehepaare Gelegenheit, in Hamburg eine standesgemäße Villa samt Gartengrundstück für den Unternehmenserben zu erwerben. Die Verdrängung jüdischer Unternehmer eröffnete der Gundlach AG die Chance, Verlagsrechte zu übernehmen oder konkurrierende Zeitschriften vom Markt zu nehmen. Schließlich ermöglichte die «Arisierung» von Unternehmensanteilen den – vorerst noch zaghaften – Einstieg in neue Branchen wie die Getränkeindustrie. Durch die soziale und wirtschaftliche Verdrängung der deutschen Juden wurden jedenfalls in vielen Bereichen die Karten neu gemischt; ein paar Trümpfe wollte Kaselowsky auch für Dr. Oetker sichern.

Chancen zur Integration und Expansion im Reich und in Europa

Unter den Angeboten, die vor allem Banken an Oetker herantrugen, befanden sich immer wieder Firmen aus dem Spektrum der Nahrungsmittelindustrie. So bot die Vereinsbank Hamburg 1938 Kaselowsky den Kauf der zur «Arisierung» anstehenden Malzfabrik KG vorm. Brüder Pick in Niedersedlitz bei Dresden an. Kaselowsky schlug die Offerte aus – warum, lässt sich aus der floskelhaften Antwort kaum erkennen.[5] Interesse zeigte er dagegen Anfang 1938 an der Deback – Deutsche Backmittel GmbH in Hamburg. Hier kam ihm jedoch ausgerechnet der Geschäftsführer der zum Oetker-Konzern gehörenden Reese AG in Hameln zuvor. In der irrtümlichen Annahme, in Bielefeld sei man nicht interessiert, hatte Georg Wellershaus auf eigene Rechnung 50 % der Deback erworben. Das führte zu einigen Irritationen: nicht etwa wegen der «Arisierung» als solcher, sondern weil Kaselowsky es nicht schätzte, wenn seine leitenden Angestellten wirtschaftliche Interessen außerhalb ihrer Pflichten gegenüber der Familie Oetker verfolgten.[6]

Puddingfabriek A. J. Polak

Als wirkliche Niederlage empfand Kaselowsky dagegen, dass er 1941 bei der «Arisierung» der Puddingfabriek A. J. Polak im niederländischen Groningen das Nachsehen hatte. Polak war der wichtigste Akteur auf dem niederländischen Markt, der seit den 1920er Jahren erfolgreich in Deutschland expandierte und einer der wenigen ernst zu nehmenden Konkurrenten Oetkers in Norddeutschland war.[7] Im Mai 1940 hatte das Deutsche Reich die Niederlande besetzt. Der rührige Hans Crampe, der das Oetker-Büro in Berlin leitete, berichtete Kaselowsky im Herbst 1940, die Wirtschaftsgruppe Lebensmittelindustrie habe ihm signalisiert, dass Oetkers Interessen berücksichtigt würden, sobald ein Treuhänder für Polak eingesetzt worden sei. Diese sogenannten Treuhänder agierten natürlich nicht im Sinne der bisherigen jüdischen Eigentümer. Sie waren mit der Durchführung der «Arisierung» betraut und hatten damit eine hervorragende Ausgangsposition, um die Firmen schließlich selbst zu übernehmen.[8] Wenig später meldete Crampe den Startschuss für die «Arisierungen» in den

Niederlanden: Er habe gehört, dass nun «der Arier-Paragraph für die Wirtschaft in Norwegen, Holland und Belgien bald in Kraft treten» werde.[9] Die Reaktionen Kaselowskys auf Crampes Briefe sind nicht überliefert; zwischen beiden herrschte aber enges Einvernehmen. Der Wunsch, bei der «Arisierung» von Polak zum Zuge zu kommen, ist unverkennbar. Im Mai 1941 sprach Crampe deswegen mit Staatssekretär Wilhelm Keppler aus dem Wirtschaftsministerium, den Kaselowsky aus dem Freundeskreis Reichsführer-SS kannte.[10] Keppler indes reagierte überraschend reserviert: Er sei, abgesehen von einigen Schlüsselunternehmen, dagegen, die Firmen durch deutsche Interessenten übernehmen zu lassen. Kaselowsky war erstaunt, hatte er doch selbst bereits mit Keppler über die Angelegenheit gesprochen und geglaubt, dessen Unterstützung gewonnen zu haben. Erklären konnte er sich den Sinneswandel nur dadurch, dass Keppler kein Freund der großen Unternehmen sei. Die Inhama, die Oetker-Niederlassung in Holland, über die die Transaktion laufen sollte, sei aber doch eine kleine Firma, gab er gegenüber Crampe die Argumentationslinie vor.[11]

Der Vorgang ist eine der seltenen Gelegenheiten, anhand deren sich nachvollziehen lässt, dass und wie Kaselowsky seine Kontakte in die Führungsetage des Regimes zur Durchsetzung der eigenen Interessen nutzte. Gleichzeitig offenbart er jedoch die Grenzen, die dem Bielefelder Nährmittelproduzenten dabei gesetzt waren. Denn trotz des Versuchs, sich einflussreicher Fürsprecher in Berlin zu versichern, scheiterte Oetker mit seinen Bemühungen, die niederländische Firma Polak zu «arisieren». Zum Zuge kam nämlich Wiard Popkes, der als deren früherer Direktor bereits die Puddingfabriken System A. J. Polak AG in Weener/Ems, die deutsche Tochterfirma nahe der holländischen Grenze, «arisiert» hatte. Mit dem Konkurrenten hatte sich Oetker schon mehrfach im Streit befunden.[12] Die Kontrolle über die niederländische Polak hätte die Chance geboten, Popkes und die deutsche Polak an die Kandare zu nehmen, da dieser vertraglich und durch Lizenzen an die niederländische Konzernmutter gebunden war. Großer Beliebtheit erfreute sich Popkes in Bielefeld jedenfalls nicht, und 1941 gab es parallel zur Arisierungskonkurrenz Konflikte zwischen Reese und Popkes über die Zuteilung von Rohstoffen. In einem Brief an den Reese-Geschäftsführer Julius Ellerbrock echauffierte sich Kaselowsky über «die Zumutungen des Herrn Popkes» und bediente sich sogar antisemitischer Stereotype, um seiner Verachtung Ausdruck zu verleihen: Nicht Popkes habe Polak «arisiert», vielmehr gewinne man «doch sehr den Eindruck, dass es umgekehrt den früheren jüdischen Inhabern dieser Firma gelungen ist, die Mentalität des Herrn Popkes mit jüdischen Gedankengängen zu verseuchen.[13]

Popkes wurde als Treuhänder des niederländischen Unternehmens eingesetzt, scheiterte aber trotz lebhafter Bemühungen bis 1945 mit dem Versuch, die Firma auch formell zu übernehmen. Das lag einerseits an einem lange schwebenden Devisenstrafverfahren gegen Popkes, andererseits am politischen Willen, Firmen in den besetzten Gebieten für Frontkämpfer zu reservieren.[14] Auch Kaselowsky kam aus diesem Grund nicht zum Zug.

Danziger Verpackungsindustrie

Bei der «Arisierung» von Polak war Kaselowsky also gescheitert. Aus seiner Sicht günstiger verlief die Übernahme der Danziger Verpackungsindustrie AG (DVI), die Oetker bereits Mitte der 1930er Jahre in die Wege leitete. Um vertikale Integration bemüht, schlugen Anfang 1936 die beiden Leiter des Danziger Zweigwerkes Kaselowsky vor, sich an der Firma zu beteiligen, die die Niederlassung seit Langem mit Verpackungsmaterial belieferte. Vorbild waren sicherlich die Gegebenheiten im Stammwerk selbst, wo mit der Oteka ein eigener Papierverarbeitungsbetrieb bestand. Karl Lindenstromberg und Alfred Wittlich hielten die Gelegenheit für «erstklassig»: Das Gesamtkapital der DVI betrug 200 000 Danziger Gulden (DG); Anteile von 90 000 DG bzw. 20 000 DG befanden sich in den Händen von Konsul Isbert Adam und Regierungsbaumeister Artur Goldfarb-Behrendt, der Rest verteilte sich auf die Deutsche Bank (50 000 DG), die Aktiengesellschaft für Kartonagenindustrie, Dresden (25 000 DG), und Streubesitz (15 000 DG). Adam und Goldfarb-Behrendt waren Juden und hätten, so die beiden Manager, ihren Rückzug angekündigt. Deshalb war nun die Aktienmehrheit zum Preis von 80 000 DG zu haben, also zu einem Kurs von rund 73 % des Nennwertes von 110 000 DG. Der tatsächliche Marktwert sei dagegen auf 132 % zu taxieren. Deshalb sei das Angebot «*äußerst günstig*».[15]

Kaselowsky teilte diese Einschätzung. Am 26. Januar 1936 genehmigte er den Aktienkauf durch die Danziger Niederlassung. Kaselowskys Grundüberzeugungen entsprechend, trat die Firma Oetker selbst nicht in Erscheinung, sondern ließ die neue Beteiligung treuhänderisch verwalten. Organisatorisch wurde die DVI der Niederlassung in Danzig-Oliva angeschlossen. Auch ein Jahr später war dort die Begeisterung darüber, «wie wirklich günstig die jetzigen Aktionäre in den Besitz des Aktienkapitals der Gesellschaft gelangten», nicht abgeklungen – der reale Kurswert betrage mindestens 160 %.[16]

Den politischen Hintergrund dieses Aktienkaufs bildete die spezifische Situation in der Freien Stadt Danzig: Bei der Wahl vom 28. Mai 1933 errangen die Nationalsozialisten die absolute Mehrheit im Danziger Senat, 1935 konnten sie diese noch weiter ausbauen. Obwohl der Status der Völkerbundsverwaltung zunächst unangetastet blieb und die Verfassung die Rechte der Juden schützte, zeigten sich im Alltag und im Behördenhandeln sofort Auswirkungen des politischen Kurswechsels. Auch wenn es zunächst keine systematischen Verdrängungsmaßnahmen gab, gerieten die Danziger Juden unmittelbar unter «erheblichen Druck». Immer wieder überfielen SA-Einheiten jüdische Bürger, und Gauleiter Albert Forster ließ keine Gelegenheit aus, «um zum Boykott jüdischer Unternehmer und Firmen in Danzig aufzurufen».[17] Vor allem Juden mit polnischer Staatsangehörigkeit verließen die Stadt, und als Honorarkonsul (für Kuba) war Isbert Adam darüber hinaus politisch besonders missliebig.[18] Mit Blick auf die Ereignisse im Reich 1933 und insbesondere das Berufsbeamtengesetz vom 7. April 1933 dürfte sich auch der zweite jüdische Aktionär, Regierungsbaumeister Goldfarb-Behrendt, bewusst gewesen sein, dass seine Position im öffentlichen Dienst der Freien Stadt Danzig unter nationalsozialistischer Führung prekär war.

Weitere Möglichkeiten im Ausland

Schon das Bemühen, bei der jüdischen Firma Polak in den Niederlanden zum Zuge zu kommen, hat gezeigt, dass Richard Kaselowsky und die Firma Oetker in den besetzten Gebieten Chancen zur Expansion erkannten, die sie nutzen wollten – gegebenenfalls auf Kosten der «nichtarischen» Eigentümer. Das war kein Einzelfall: Sowohl von außen als auch aus den Firmen der Oetker-Gruppe wurden wiederholt entsprechende Vorschläge an Kaselowsky herangetragen. So schlug im November 1939 die Böhmische Union Bank, ein im Zuge der «Neuordnung» des Bankwesens im Reichsprotektorat Böhmen und Mähren der Deutschen

Bank zugeschlagenes Institut, Dr. Oetker ein Engagement im Protektorat vor. Immerhin sei man dort schon durch das Zweigwerk in Brünn vertreten. Gerade in der Nahrungsmittelbranche stünden nun viele interessante Betriebe zur «Arisierung» an, und nach der Annexion der «Resttschechei» und dem Sieg über Polen 1939 sei die Lage inzwischen stabil, die nötige Investitionssicherheit damit gegeben. Die Bank verband die freundlichen Hinweise auf Arisierungsobjekte mit einem Finanzierungsangebot.[19] Kaselowsky zeigte indes kein Interesse, schon gar nicht an einer Fremdfinanzierung: Dr. Oetker und die Niederlassung in Brünn waren über die Maßen liquide. Drei Monate später, im März 1940, kam die Frage nach «Arisierungen» im Protektorat just aus diesem Grund wieder auf den Tisch, da die Gewinne der dortigen Fabrik nicht aus dem Protektorat ins Reich transferiert werden durften. Hier bot die «Arisierung» eines Betriebes – also die Investition der Überschüsse vor Ort und in fremder Währung – eine Möglichkeit, die sogar das Reichsernährungsministerium empfahl. Angeboten wurde unter anderem die Brauerei Pilsener Urquell. Eine Reaktion Kaselowskys ist nicht überliefert, und es gibt keine Hinweise, dass sich Dr. Oetker tatsächlich an «Arisierungen» im Protektorat beteiligt hätte.[20]

Auch der Vorstand der im Besitz von Oetker befindlichen Fleisch- und Wurstwarenfabrik Vogt & Wolf AG aus Gütersloh hoffte schon wenige Wochen nach dem deutschen Überfall, «eine Fleischwarenfabrik in Polen, vielleicht aus jüdischer Hand», übernehmen zu dürfen. Er warb bei Kaselowsky für sein Vorhaben mit dem Argument, man könne so verstärkt an der Versorgung von Besatzungstruppen und -verwaltung verdienen.[21] Dieser war indes skeptisch: Polen erschien ihm als Investitionsraum noch zu unsicher, viel Aufbauarbeit sei noch nötig. Zudem hatte Vogt & Wolf die ganze Zwischenkriegszeit hindurch mit Überkapazitäten zu kämpfen gehabt. Mit der Demobilisierung der Truppen nach Kriegsende – das man damals in naher Zukunft erwartete – drohten erneute Absatzprobleme und damit Gefahren für die Rentabilität der Fleischfabrik. Vogt & Wolf war aus der Sicht Kaselowskys nicht «gesund und krisenfest» genug, um an Expansion zu denken.[22]

In Frankreich dagegen sah Kaselowsky selbst eine «Arisierung» als probaten Weg, für Adolphe Ancel S.A. einen neuen Firmensitz zu finden. Die verschleierte Straßburger Niederlassung der Firma Oetker war als französische Aktiengesellschaft während der *drôle de guerre* vom

Elsass nach Limoges evakuiert worden. Nach dem deutschen Einmarsch und der Annexion des Elsass übernahm Oetker das Straßburger Werk selbst und führte es als unselbstständige Niederlassung unter der eigenen Hellkopf-Marke. Die in Frankreich eingeführte Marke «Ancel» sollte jedoch nicht aufgegeben werden. Kaselowsky plädierte dafür, Ancel von Südfrankreich in die französische Hauptstadt überzusiedeln. Er gab Anweisung, dafür nach geeigneten Grundstücken Ausschau zu halten, die wegen der nun auch in Frankreich zu erwartenden «Arisierungen» günstig erworben werden könnten. Tatsächlich ließ sich Ancel im Laufe des Jahres 1943 in Paris, in der Rue de l'Entrepôt 25 im 10. Arrondissement, nieder. Ob dieses Grundstück tatsächlich aus jüdischem Besitz stammte, konnte nicht geklärt werden.[23]

Wellpappen- und Kartonagenfabrik Rawitsch

Der von Oetker «arisierten» Danziger Verpackungsindustrie bot sich nach dem deutschen Angriff auf Polen die Gelegenheit zu weiterer Expansion – dieses Mal nicht durch «Arisierung», sondern auf Kosten eines polnischen Unternehmers. Indem Oetker die Kontrolle über die Wellpappen- und Kartonagenfabrik Rawitsch (50 Kilometer nördlich von Breslau/Wrocław gelegen) anstrebte, beteiligte sich das Unternehmen im neuen «Reichsgau Wartheland» an der «Germanisierung» der polnischen Wirtschaft. Abgesehen von der niederländischen Polak war dies die einzige Firma im besetzten Europa, bei der Oetker nachweislich konkrete Schritte zur Übernahme einleitete – doch auch hier scheiterte das Vorhaben letzten Endes. Die Initiative für den Erwerb ging von der Geschäftsleitung der Danziger Verpackungsindustrie aus. Walter Feilgenhauer und Gerhard Kohrig sahen für ihre Firma mit der «Rückkehr Danzigs zum Altreich», der «restlose[n] Zerschlagung Polens» und der Rückführung «erheblich[er] […] Gebiete in das Wirtschaftsgebiet des Großdeutschen Raumes» ab 1939 enorme Expansionsmöglichkeiten. Die nationalsozialistische Politik des deutschen «Lebensraums im Osten» im Hinterkopf, erwarteten sie, dass Danzig «von der östlichen Peripherie des Reiches in ein kommendes Zentrum dieses Wirtschaftsgebietes» rücken werde.[24] Im August 1940 setzten die beiden DVI-Vorstände Kaselowsky auseinander, dass sich Investitionen in einen Ausbau der Wellpappenfabrikation unbedingt lohnten: Die Absatzmöglichkeiten hätten sich erheblich verbessert, seit im Krieg zur Holzeinsparung bevorzugt Wellpappe als Verpackungsmaterial zum Einsatz komme. Nach erfolgreicher Produkteinführung war damit zu rechnen, dass die Kundschaft auch unter Friedensbedingungen nicht zur schweren Holzkiste zurückkehren würde. Deshalb regten die Danziger Herren die Pacht der Rawitscher Wellpappen- und Kartonagenfabrik an.[25]

Dieser Betrieb stammte aus vormals polnischem Besitz und war von der Haupttreuhandstelle Ost (HTO) beschlagnahmt worden. Die nach der Besetzung Polens noch 1939 gegründete Behörde war zuständig für die treuhänderische Verwaltung und Veräußerung ehemals polnischen Vermögens. Vorbild war die «Arisierung» jüdischen Vermögens, deren Verfahren nun, entsprechend weiterentwickelt und adaptiert, bei der «Germanisierung» der neu eroberten und ins Reich eingegliederten, vormals polnischen Gebiete Anwendung finden sollten.[26] Um ihre Aufgabe zu bewältigen, arbeitete die Treuhandstelle eng mit Heinrich Himmler in seiner Funktion als «Reichskommissar für die Festigung deutschen Volkstums» zusammen. Die Masse der Vorgänge machte eine organisatorische Dezentralisierung mit mehreren Regionalstellen nötig. Die beschlagnahmten Vermögenswerte sollten zunächst vorrangig an «Volksdeutsche» aus den Ostgebieten weiterveräußert werden; Reichsdeutsche sollten nur dann zum Zuge kommen, wenn sie als Soldaten im Felde standen oder gestanden hatten. Neben solchen volkstumspolitischen Zielen sollte die HTO auch sicherstellen, dass das Reich angemessen an den Germanisierungserlösen beteiligt wurde – analog zur Abschöpfung der Arisierungsgewinne in Österreich und im Altreich. Kleinunternehmen bis zu einem Wert von 50 000 Reichsmark konnten die Regionalstellen nach diesen Vorgaben ohne Einschaltung der Haupttreuhandstelle abwickeln. Im Fall der Fabrik in Rawitsch war die Treuhandstelle Posen zuständig.[27]

Die DVI war auf den Betrieb wohl durch die Wirtschaftsgruppe Papierverarbeitung aufmerksam geworden. Zunächst gab es jedoch mehrere Konkurrenten um den Treuhänderposten und damit um die beste Ausgangsposition für die spätere Übernahme: Karl Oestreicher, ein junger Volksdeutscher, dessen Vater vor Ort einen eigenen Papierverarbeitungsbetrieb geleitet hatte und «von den Polen ermordet» worden war, wurde als erster Treuhänder eingesetzt, ganz auf der Linie der volkstumspolitischen Vorgaben. Als Oestreicher sich freiwillig zur Waffen-SS meldete und zur SS-Totenkopf-Standarte einrückte, wurde der Werkmeister Max Gründer zum stellvertretenden Treuhänder bestellt.[28]

Der ehemalige polnische Eigentümer der Rawitscher Kartonagen- und Wellpappenfabrik war noch mindestens bis Juni 1940 in dem Unternehmen tätig, das ihm bisher gehört hatte. Der über 70-jährige Franz Durczewski hatte nicht nur die Enteignung seiner Firma hinnehmen müssen, auch seine Wohnung war durch die Wehrmacht beschlagnahmt. Da Oestreicher als Treuhänder dauernd abwesend war, leitete im Prinzip weiterhin Durczewski die Geschäfte. Immerhin eröffnete ihm diese Regelung einige, wenn auch bescheidene Spielräume: Er konnte viel reisen und seine Tochter weiterhin im Büro beschäftigen, er erhielt ein monatliches Salär, und Oestreicher erwirkte seine Rückstellung von der Deportation ins Generalgouvernement, wohin die polnische Bevölkerung des Warthegaus zwangsumgesiedelt wurde.[29] Feilgenhauer nutzte genau diesen Pragmatismus Oestreichers zur Diskreditierung seines Konkurrenten in einem Wirtschaftsprüfbericht für die Treuhandstelle Posen: Der Betrieb liege in Wahrheit immer noch in polnischen Händen, Durczewski habe die Firma heruntergewirtschaftet, und der junge Treuhänder verfüge nicht über genügend Erfahrung. Oestreicher trat zugunsten seines Dienstes in der Waffen-SS Anfang März 1940 von seinem Amt als Treuhänder zurück und wurde Anfang Juni durch Walter Feilgenhauer ersetzt.[30] Es ist anzunehmen, dass Durczewskis Tätigkeit in der Firma mit Feilgenhauers Amtsantritt sofort ein Ende fand. Im Oktober 1941 lebte der polnische Vorbesitzer im Generalgouvernement in der Nähe von Warschau, sein weiteres Schicksal ist unbekannt.[31] Damit war die Ausgangssituation für einen Erwerb durch die DVI günstig. Feilgenhauer übernahm die Treuhänderschaft offenbar nur unter der Bedingung, dass die Firma später der DVI zum Erwerb angeboten würde. Gleichzeitig entsandte die DVI einen bewährten Angestellten nach Rawitsch, der zusammen mit einem dort bereits tätigen Reichsdeutschen den Betrieb leitete.[32]

Solange die Aussichten auf eine Übernahme der Rawitscher Fabrik unklar waren, dachte man in Danzig auch über Alternativen nach. Kohrig und Feilgenhauer entwickelten in einem ausführlichen Exposé einen Ersatzplan, den sie Kaselowsky im Februar 1941 übersandten. Er sah die Errichtung eines zweistöckigen Anbaus auf dem Betriebsgelände der DVI sowie die Verlegung eines Anschlussgleises vor, wofür samt Inventar Kosten von 660 000 RM veranschlagt wurden. Erwartet wurden im Gegenzug ein Mehrumsatz von 480 000 RM und ein Mehrertrag von 51 360 RM jährlich. Eine Reaktion aus Bielefeld ist nicht überliefert; Feilgenhauers Bestellung zum Treuhänder, die sich schon vor der eigentlichen Ernennung abgezeichnet hatte, machte es indes überflüssig, diese Option weiterzuverfolgen.[33]

Zunächst genehmigte Kaselowsky, den Betrieb zu einem Zins von maximal 500 RM monatlich zu pachten. Anschließend trat «auf Wunsch der Firma Dr. Oetker» am 29. Oktober 1941 der Aufsichtsrat der Danziger Verpackungsindustrie zusammen, um den Erwerb zu prüfen. Kohrig erklärte den Aufsichtsräten das Prozedere: «Frühere polnische Betriebe» könnten «im Osten durch volksdeutsche Interessenten und auch durch Kriegsteilnehmer erworben werden». Zuständig sei die Treuhandstelle Posen, an deren Spitze der Gauleiter und Reichsstatthalter im Wartheland, Arthur Greiser, stehe.[34] Wie es der Zufall wolle, sei er, Kohrig, ein alter Marinekamerad des Gauleiters und habe ihm bereits geschrieben. Greiser habe sich einverstanden erklärt, dass er als Teilnehmer «des Weltkrieges und auch des jetzigen Krieges» den Betrieb übernehmen und dazu notfalls auf Mittel der DVI – letztlich also des Mehrheitseigners Oetker – zurückgreifen könne. Moralische Bedenken waren in der weiteren Diskussion nicht von Belang; erörtert wurde vielmehr, welche Rolle die beiden DVI-Geschäftsführer Kohrig und Feilgenhauer nach dem Erwerb in Rawitsch spielen sollten: Kohrig musste auf Grund seines Frontsoldatenstatus und seines direkten Zugangs zu Greiser als Erwerber auftreten, während Feilgenhauer als Treuhänder bereits die Schlüsselposition im Unternehmen besetzt hielt.[35]

Kaselowsky war inzwischen von dem Kaufvorhaben überzeugt und ließ der DVI-Führung bei der weiteren Anbahnung des Geschäfts freie Hand. Im Juni 1941 schrieb Kohrig an den «liebe[n] Greiser» und beklagte die Schwierigkeiten, die die Treuhandstelle Posen mache.[36] Grund dafür waren vermutlich die Richtlinien der HTO für den Verkauf treuhänderischen Vermögens, die erst nach der Übernahme der Treuhänderschaft durch Feilgenhauer und der damit verbundenen Zusage eines informellen Vorkaufrechts ergangen waren. Demnach durfte die DVI erst an dritter Stelle nach Volksdeutschen und Kriegsteilnehmern zum Zuge kommen. Ohnehin hatte die HTO in Berlin zwischenzeitlich erkannt, dass Kohrig lediglich als Strohmann auftrat, und forderte deshalb, er müsse seine Vorstandstätigkeit bei der DVI beenden, nach Rawitsch übersiedeln und dürfe sich beim Erwerb nicht des Kapitals der DVI bedienen. Von den Berliner Einwänden war Gauleiter Greiser indes nicht beeindruckt und antwortete dem «liebe[n] Kohrig» umgehend und knapp: Er habe sich «die Unterlagen kommen lassen und sie genauestens nachgeprüft. Daraufhin habe ich der Treuhandstelle in Posen mein Einverständnis dazu gegeben, Ihrem Antrage [...] stattzugeben.»[37]

Ein halbes Jahr später, Anfang Januar 1942, resümierten Kohrig und Feilgenhauer den Stand der Dinge in Sachen Rawitsch. Tatsächlich war inzwischen Bewegung in die Angelegenheit gekommen. Der Zustand der Fabrik wurde als «stark veraltet» eingestuft, und die Investitionskosten für neue Maschinen wurden auf 35 000 bis 40 000 RM geschätzt. Nach einem kriegsbedingten Einbruch betrug der Umsatz 1941 bereits wieder 603 000 RM, wobei die Kapazitäten des Betriebs erst zu etwa drei Vierteln ausgeschöpft waren. Damit wurde ein Fabrikationsüberschuss von über 150 000 RM vor Steuern erwirtschaftet. Auf der Grundlage einer Zwischenbilanz zum 30. Juni 1941 ermittelte die Treuhandstelle die Eckzahlen für den Verkauf: Etwa 188 000 RM sollte die lastenfreie Übernahme des Betriebes kosten. Der Vorstand der DVI empfahl noch einmal den Kauf, «da es sich hier [...] um eine Betriebsstätte handelt, die im Rahmen des Ostaufbaus in der nationalsozialistischen Wirtschaft brauchbar ausgestaltet werden kann».[38] Wie günstig die DVI – und damit Oetker – durch die «Germanisierung» der Wellpappen- und Kartonagenfabrik in Rawitsch zusätzliche Produktionskapazitäten einkaufen wollte, zeigt der Vergleich mit den Kosten des kurzzeitig angedachten Neubaus auf dem eigenen Betriebsgelände. Für diese Erweiterungslösung war bei einer Investitionssumme von 660 000 RM mit einer Umsatzsteigerung von jährlich 480 000 RM kalkuliert worden. Rawitsch dagegen erzielte 1941 bereits mit den alten Maschinen einen Jahresumsatz von 603 000 RM und war damit noch nicht annähernd ausgelastet, während die Investitionssumme einschließlich der Aufwendungen für neue Anlagen gerade einmal 228 000 RM betragen sollte. Anders gewendet: Für den Neubau hätte Oetker pro Reichsmark Umsatzsteigerung 1,38 RM investieren müssen; in Rawitsch hingegen bestand Aussicht, jede zusätzliche Reichsmark Umsatz für nur 38 Pfennige einzukaufen.

Kaselowsky bevorzugte zwar den direkten Erwerb des Rawitscher Unternehmens durch die DVI. Ohne den Frontsoldaten Kohrig als

Käufer war das Vorhaben jedoch nicht realisierbar. Um ihn einigermaßen glaubhaft als Strohmann einschalten zu können, sollte die DVI eine Kapitalerhöhung durchführen, bei der Kohrig nominell 30 000 RM und Feilgenhauer 20 000 RM Anteile zeichnen sollten. Die dafür notwendigen Mittel sollten sie durch ein langfristiges Darlehen von Oetker erhalten. Anschließend sollte Rawitsch in der DVI aufgehen und zu einem reinen Filialunternehmen umgestaltet werden. Damit gab sich die Treuhandstelle Posen jedoch nicht zufrieden, sie monierte nun die Anonymität der Gesellschaftsform – die DVI war eine Aktiengesellschaft. Schließlich erklärte sich die Behörde mit der Gründung einer Kommanditgesellschaft einverstanden, der Kohrig, Feilgenhauer und die DVI angehören sollten; dies galt bereits als Entgegenkommen, für das die Treuhandstelle im Gegenzug den Kaufpreis auf 266 378 RM erhöhte. Davon sollten knapp 40 % sofort fällig, der Rest in fünf gleichen Jahresraten beglichen werden. Entlang dieser Eckpunkte lag nach zwei Jahren Verhandlungen am 15. April 1942 der Entwurf eines Kaufvertrags vor.[39] Mitte Mai machte Karl Lindenstromberg, der Betriebsleiter des Oetker-Betriebs in Danzig-Oliva, den Herren von der DVI, Kohrig und Feilgenhauer, klar, wie auf Kaselowskys Wunsch der Einfluss der Oetker-Gruppe in der zu errichtenden KG abgesichert werden sollte: Ein Aufsichtsrat sollte gebildet und genauso besetzt werden wie das Gremium der DVI. Außerdem sollte die Kapitaleinlage von 100 000 RM zur Hälfte von der DVI und nur zu je einem Viertel von Kohrig und Feilgenhauer eingezahlt werden.[40] Am 20. Mai 1942 stimmte der Aufsichtsrat der DVI dem Erwerb der Rawitscher Fabrik zu, am 21. August wurde der Gesellschaftsvertrag der neuen Kommanditgesellschaft entsprechend den Vorgaben Kaselowskys geschlossen.[41]

Damit war vonseiten der Firma Oetker, ihrer Zweigniederlassung Danzig-Oliva und deren Tochter DVI der Weg bereitet für den Kauf der ehemals polnischen Kartonagenfabrik. Dennoch scheiterte das Vorhaben. Am 18. Dezember des Jahres 1942 klagte Lindenstromberg in einem Brief an Kaselowsky, der Kaufvertrag mit der Treuhandstelle Posen habe noch immer nicht geschlossen werden können. Neuerdings stelle die Industrie- und Gewerbeaufbaustelle beim Reichsstatthalter im Warthegau kaum zu erfüllende Forderungen.[42] Zwischenzeitlich hatte auch Gauleiter Greiser seine Zustimmung zurückgezogen, als er darüber informiert wurde, dass Kohrig lediglich zu 25 % an Kapital und Gewinn der neuen Gesellschaft beteiligt sei, während 50 % an einen «Konzern» gingen und die Gewinne zu 100 % aus dem Warthegau flössen, da keiner der Beteiligten nach Rawitsch überzusiedeln gedachte.[43] Dies entsprach weder den Richtlinien für die «Germanisierung» und ihren volkstumspolitischen Zielen noch den wirtschaftlichen Interessen Greisers und seines Gaues. Die Treuhandstelle formulierte neue Bedingungen: Kohrig müsse als Betriebsführer der DVI ausscheiden, und an die Stelle des Nicht-Kriegsteilnehmers Feilgenhauer müsse ein Kriegsteilnehmer treten; einer von beiden müsse nach Rawitsch übersiedeln; Kohrig müsse das überwiegende Stimmrecht in der Gesellschafterversammlung haben, und die Beteiligung der DVI solle im Laufe einiger Jahre erlöschen. Dies, so das Fazit von Lindenstromberg, kam «praktisch einer völligen Ablehnung» gleich.[44] Kaselowsky sah das genauso und bemerkte lakonisch: «Es will mir doch so scheinen, als wenn die Firma Oetker kein Interesse mehr hätte.»[45]

Tatsächlich markierten die unrealistischen Forderungen der Treuhandstelle Posen das Scheitern der Bemühungen, die Rawitscher Wellpappen- und Kartonagenfabrik zu erwerben, auch wenn Kohrig noch einmal – vergeblich – beim Gauwirtschaftsberater des Gaues Wartheland intervenierte. Das Ende der Bemühungen und der Sinneswandel des Gauleiters mochten mit einer Anfang 1942 angeordneten Verkaufssperre für kleinere polnische Betriebe in Zusammenhang stehen, deren Verkaufswert auf weniger als 100 000 RM taxiert war. Die Sperre war auf Druck der Wehrmachtsführung erlassen worden, die fürchtete, die immer noch an der Front stehenden Soldaten könnten bei der Verteilung der Beute tatsächlich nicht mehr zum Zuge kommen. Offenbar brachten Gerüchte Unruhe in die Truppe, die Beuteverteilung in den polnischen Gebieten verlaufe nicht korrekt, und die Frontsoldaten würden benachteiligt.[46] Angesichts der Kungelei mit dem Gauleiter, mittels deren Oetker durch den Strohmann Kohrig die Rawitscher Fabrik erwerben wollte, war diese Sorge wohl durchaus berechtigt. Ein Sachbearbeiter erinnerte sich 1944, dass der Verkauf an Kohrig gescheitert sei, als Greiser erfuhr, dass hinter seinem Marinekameraden die Firma Oetker stand: «Konzernbildungen» habe der Reichsstatthalter «nicht befürworte[t]».[47] Greiser und die zwischenzeitlich aufgebaute Bürokratie des Reichsgaus Wartheland legten bei der Ausbeutung des eigenen Territoriums inzwischen wohl keinen Wert mehr auf ostwestfälische Beteiligung.[48]

Chancen für Gundlach

Auch die Druckerei E. Gundlach AG, die mehrheitlich der Firma Oetker und der Familie Oetker/Kaselowsky gehörte, war am Erwerb von Unternehmen aus «nichtarischem» Vorbesitz interessiert. Am 12. Dezember 1940 berichtete Direktor Friedrich Schaarschmidt dem Aufsichtsrat über seine Bemühungen, die Deutsche Preßcartonnagen-Industrie G.m.b.H. in Dresden zu übernehmen. Das Unternehmen sei «branchenmäßig dem unseren bestens anzugliedern» und eine «wertvolle Ergänzung und auch Erweiterung mit besten Aussichten». Letztlich scheiterte der Kauf, für den rund 100 000 RM kalkuliert waren, an «örtliche[n] und regionale[n] Interessen».[49]

In der ersten Jahreshälfte 1941 besichtigte der Gundlach-Vorstand die D. L. Mendels Cartonnagenfabriek im niederländischen Almelo. Die Wirtschaftsgruppe Papierverarbeitung hatte sie zum Kauf angeboten. Allerdings verlief die Besichtigung derart «enttäuschend», dass die Bielefelder Großdruckerei kein Interesse an einer Übernahme hatte. Die Einschätzung der Wirtschaftsgruppe, der Betrieb sei «ausbau- und entwicklungsfähig», fand man nicht bestätigt; allenfalls könne man darüber nachdenken, «Teile unserer Fabrikation (evtl. Tüten und Beutel) von Bielefeld nach Almelo zu verlegen, um auf diese Weise den holländischen Markt zu erschließen und die scheinbar noch reichlich vorhandenen [...], vorwiegend männlichen Arbeitskräfte auszunutzen».[50] In einem Brief an den Aufsichtsratsvorsitzenden Albert Osthoff nahm Schaarschmidt kein Blatt vor den Mund: Die Firma sei «eine traurige Bruchbude». Man habe sich deshalb «etwas zurückgezogen».[51] Hinweise, dass sich Gundlach bei der «Arisierung» der Mendel'schen Fabrik tatsächlich engagiert hätte, liegen nicht vor. Interesse an der «Arisierung» jüdischer Betriebe in den Niederlanden bestand jedoch nach wie vor: Im Juli 1943 wurde dem Aufsichtsrat berichtet, dass in Den Haag eine Druckerei angeboten worden sei, die aber, noch ehe man das Angebot habe prüfen können, bereits anderweitig verkauft worden sei.[52]

Günstige Gelegenheiten: Eine Villa in Hamburg und ein Acker in Ummeln

Ein Einzelfall, der nicht das geschäftliche Interesse, sondern die private Sphäre betraf, sticht bei den «Arisierungen» hervor. Dabei stand kein Unternehmen aus jüdischem Vorbesitz zum Verkauf, sondern zwei Grundstücke in Hamburg. Im Jahr 1938 erwarb die Firma Oetker, vertreten durch Rudolf-August Oetker, in der Hansestadt ein Grundstück samt Villa an der Bellevue 15. 1940 konnte der junge Unternehmenserbe den Immobilienbesitz durch Zukauf eines Nachbargrundstückes an der Schefflerstraße nochmals deutlich erweitern.[53]

Im November 1937 trat Rudolf-August Oetker seine Lehre bei der Vereinsbank in Hamburg an. Zunächst wohnte er ein halbes Jahr lang im Hotel «Vier Jahreszeiten», ehe er eine Mietwohnung in der Gellertstraße, Ecke Bellevue bezog. Bald darauf bot sich nur wenige hundert Meter entfernt die Chance zum Erwerb einer Villa mit großem Grundstück. Oetker teilte seinem Vater mit, er wolle an der Bellevue 15, also direkt an der Hamburger Außenalster, ein Haus kaufen, «das einem zur Auswanderung entschlossenen Direktor von Reemtsma gehörte».[54]

Rudolf-August Oetker war sich über die Hintergründe des Verkaufs im Klaren: Vorbesitzer war der Jude Kurt Heldern, der als rechte Hand Philipp F. Reemtsmas Teilhaber der bekannten Zigarettenfirma war.[55] Richard Kaselowsky habe, so erinnerte sich Oetker später, gerade wegen dieser speziellen Umstände auf den Plan des Villenkaufs zunächst ablehnend reagiert: «Das kommt überhaupt nicht in Frage», habe er gesagt, «an diesem Haus kleben Tränen.»[56] Erst nachdem mit Heldern im Falle seiner Rückkehr ein Rückabwicklungsrecht vereinbart worden sei, habe er zugestimmt. Allerdings hatte Kurt Heldern Deutschland bereits im Mai 1938 in Richtung Sydney/Australien verlassen.[57] Der Kauf der Immobilie erfolgte erst ein halbes Jahr später im Oktober von der H. F & PH. F. Reemtsma Grundstücksverwaltung Altona-Bahrenfeld, die das Grundstück ihrerseits von Heldern erworben hatte.[58] Mit Heldern selbst können also keine Vereinbarungen getroffen worden sein; für eine Rückabwicklungsvereinbarung gibt es denn auch keinerlei Hinweise. Im Gegenteil, die Firma Oetker reagierte 1948 auf den Rückerstattungsantrag Helderns abwehrend: Es habe sich seinerzeit um einen «Kauf zu normalen Preisen» gehandelt – eine Zusatzabsprache erwähnten beide Seiten nicht.[59]

Die Verkaufsvorgänge des Anwesens an der Bellevue zunächst von Kurt Heldern an die Firma Reemtsma und weiter an die Firma Oetker fanden zu einer Zeit statt, als der Verkauf von Grundstücken aus jüdischem Besitz noch freihändig erfolgen konnte, also offiziell nicht der Kontrolle durch Staat und Partei unterlag. Entsprechend fehlen auch Akten aus den später üblichen Genehmigungsverfahren.[60] Der Kaufvertrag zwischen der Reemtsma-Grundstücksverwaltung und Dr. August Oetker datiert vom 11. Oktober 1938. Die Firma wurde durch den Firmenerben vertreten, der künftig in der Villa wohnen sollte. Rudolf-August Oetker war die treibende Kraft hinter der Transaktion; er bezeichnet sich selbst als Käufer – eine Sprachregelung, die den Verhältnissen entspricht. Der Kaufpreis für das 3911 Quadratmeter große Anwesen betrug 150 000 RM.[61] Die beiden Vertragspartner bewegten sich in diesem Fall ohne Zweifel auf Augenhöhe. Es ist kaum anzunehmen, dass die Reemtsma-Verwaltung die Immobilie in bester Lage signifikant unterhalb des damals marktüblichen Preisniveaus verkauft hätte. Weiter spricht auch nichts für die Annahme, dass Reemtsma seinerseits versucht haben könnte, Haus und Grundstück von Heldern besonders günstig zu erwerben. Im Gegenteil, die Firma und insbesondere Philipp F. Reemtsma taten seit Ende 1937 alles, um dem Teilhaber, Vertrauten und Freund die Ausreise unter akzeptablen Bedingungen zu ermöglichen.[62]

Das Anwesen an der Bellevue wechselte den Besitzer wohl für einen Kaufpreis, der angesichts des Marktumfeldes realistisch war – realistisch niedrig. Heldern hatte das Grundstück 1922 geerbt, den Neubau einer Villa erst 1936 fertiggestellt und dafür 111 000 RM investiert. Schon der Einheitswert des Grundes allein betrug 93 400 RM.[63] Es war absehbar, dass Heldern beziehungsweise Reemtsma diese Summen beim Verkauf nicht würden realisieren können. Dahinter stand nicht zuletzt der Mechanismus von Angebot und Nachfrage: Die Weltwirtschaftskrise hatte den städtischen Immobilienmarkt hart getroffen, und Mitte der 1930er Jahre war die Lage immer noch prekär. Viele Immobilienbesitzer waren – unabhängig von der Judenverfolgung – in finanzielle Schwierigkeiten geraten. Wenn nun die soziale und wirtschaftliche Diskriminierung jüdischer Eigentümer und die NS-Verfolgungspolitik dazu führten, dass «tausende von Grundstücken aus jüdischem Besitz zum Kauf angeboten wurden», dann hatte dies ein Überangebot auch qualitativ hochwertiger Immobilien in guter Lage zur Folge, und dies wiederum «wirkte sich auf den lokalen Immobilienmarkt und die Immobilienpreise einschneidend aus».[64] Diese Erfahrung machte Reemtsma auch mit den anderen unbebauten Grundstücken, die man für Heldern verwertete: Die Grundstücksverwaltung hatte Heldern jeweils den Einheitswert bezahlt und machte beim Weiterverkauf sogar noch Verlust.[65] Die Möglichkeit zum Erwerb von Villa und Grundstück zu einem sehr günstigen Preis stellte also eine gute Gelegenheit dar.

Trotz dieser besonderen Umstände – Reemtsma trat als loyaler Vertreter bei marktüblichen Preisen auf – handelte es sich bei dem Erwerb des Anwesens an der Bellevue 15 um eine «Arisierung». Selbst wenn sich in diesem Fall eine «arische», im NS-Staat gut vernetzte Firma wie Reemtsma bemühte, die bestmöglichen Bedingungen für den jüdischen Verkäufer zu gewährleisten, war der Verkauf des elterlichen Grundstücks für Heldern nicht nur mit schwer zu ermessenden ideellen, sondern auch mit materiellen Verlusten verbunden. Zumindest pro forma handelte es sich um einen freihändigen Verkauf. Die Begleitumstände waren für den aus Deutschland flüchtenden Manager immerhin noch deutlich günstiger als in vergleichbaren Fällen. Dennoch kann dies nicht darüber hinwegtäuschen, dass der Verkauf letzten Endes nur aufgrund des allgemeinen Zwanges erfolgte, den die nationalsozialistische Verfolgungs- und Ausplünderungspolitik generierte. Die Juden in Deutschland sahen sich einem permanent steigenden Auswanderungsdruck ausgesetzt, und die ständig höher werdenden finanziellen Hürden der Emigration bedrohten jüdisches Eigentum jeglicher Art.

Noch deutlicher unterstreicht dies der zweite Arisierungsfall, der das neue Heim an der Bellevue betraf. Anfang 1940 ergab sich für Rudolf-August Oetker, mittlerweile Student der Volkswirtschaftslehre, abermals eine günstige Gelegenheit. An die Rückseite seines Anwesens grenzte ein unbebautes, zur Scheffelstraße hin gelegenes Gartengrundstück, das dem jüdischen Ehepaar Carl und Ellie Lipmann gehörte. Die Lipmanns bewohnten eine Villa an der Bellevue 13 und waren damit direkte Nachbarn Oetkers.[66] Carl Lipmann war Inhaber der Firma Carl Lipmann & Co., Darm-Im- & Export und Sortieranstalt, der weltweit größten Darm-Sortierfabrik, die vor 1933 etwa 700 Mitarbeiter beschäftigte. Der

Italiener Paolo Panniza wurde 1937 ohne Einlage Teilhaber und im Jahr darauf Alleininhaber. Nach eigenen Angaben übernahm Panniza die Firma, um sie für die jüdischen Inhaber zu retten. Gleichwohl wurde das Unternehmen 1941 liquidiert. Nach Kriegsende übertrug Panniza die noch vorhandenen Aktiva und Passiva auf Ellie Lipmann zurück.[67]

Verschiedene Emigrationsversuche der Eheleute Lipmann scheiterten. Erst im August 1939 erhielten sie ein Visum für England, wohin sich bereits ihre fünf Kinder hatten retten können. Durch die fiskalischen und bürokratischen Schikanen, die das NS-Regime errichtet hatte, verzögerte sich die Ausreise und wurde durch den Kriegsbeginn schließlich unmöglich gemacht. Daraufhin hofften die Lipmanns, über Italien nach Uruguay flüchten zu können. Unmittelbar in diese Phase der verzweifelten Auswanderungsbemühungen fällt der Grundstücksverkauf. Wegen des italienischen Kriegseintritts im Juni 1940 scheiterte das Vorhaben erneut. Das jüdische Ehepaar verließ Deutschland schließlich im Dezember 1940 und erreichte Montevideo im April des Folgejahres nach einer wahren Odyssee durch Russland, China und Japan. Carl Lipmann verstarb im März 1944 in Südamerika.[68]

Rudolf-August Oetker erstand das Grundstück an der Scheffelstraße mit Kaufvertrag vom 21. März 1940. Ellie und Carl Lippmann mussten bereits die obligatorischen diskriminierenden Mittelnamen «Sara» und «Israel» führen und wurden durch einen Makler vertreten. Der Kauf erfolgte wiederum auf Rechnung der Firma Oetker, jedoch für die private Nutzung. Eigentlicher Käufer war erneut Rudolf-August Oetker. Der Grund war unbebaut, hatte eine Größe von rund 3250 Quadratmetern und war von Carl Lipmann 1925 zu einem Preis von 36 RM pro Quadratmeter gekauft worden. Lipmann hatte das Gelände von dem bekannten Lübecker Gartenarchitekten Harry Maasz gestalten, einen Tennisplatz errichten und Edelobstbäume pflanzen lassen.[69]

Bei der «Arisierung» von jüdischem Grundbesitz war seit der «Verordnung über den Einsatz des jüdischen Vermögens»[70] vom 3. Dezember 1938 eine staatliche Genehmigung einzuholen – anders als noch bei der Villa. In Hamburg war dafür die Senatsverwaltung für Handel, Schiffahrt und Gewerbe zuständig, die als «administratives Vollzugsorgan» des Gauleiters und Reichsstatthalters Karl Kaufmann fungierte. Im Regelfall begutachtete der Gauwirtschaftsberater den Kaufvertrag, ehe die Senatsverwaltung den Kauf genehmigte und gegebenenfalls den

Kaufpreis nach unten korrigierte.[71] Im Falle des Lipmann'schen Grundstückes erfolgte eine Preiskorrektur: Der Kaufvertrag sah eine Kaufsumme von 58 000 RM, also 18 RM pro Quadratmeter, vor. Das lag deutlich über dem Einheitswert, der auf 45 500 RM festgesetzt war.[72] Die Senatsverwaltung senkte von Amts wegen den Preis auf diese Summe ab. Dagegen legten die Lipmanns Einspruch ein. Damit beauftragten sie den Juristen Ernst Kaufmann – einen Rechtsbeistand, der als Jude im NS-Staat nicht mehr als Rechtsanwalt praktizieren, sondern als «Rechtskonsulent» nur noch jüdische Klienten beraten durfte. In einem Entwurf argumentierte Kaufmann, «der Käufer Oetker» habe den Preis «nach längeren Verhandlungen bewilligt»; in der abgesandten Fassung hieß es schließlich, die Firma Oetker erhalte durch die Absenkung «einen von ihr selbst gar nicht ins Auge gefaßten und als unangemessen angesehenen Vermögensvorteil».[73]

Der Zweck des Schreibens – die Durchsetzung des bereits mit Oetker ausgehandelten höheren Kaufpreises – erschwert die Einordnung der vorgebrachten Argumente. Der «Rechtskonsulent» musste den Spagat versuchen, den höheren Kaufpreis als angemessen niedrig erscheinen zu lassen, zugleich die sich bessernde Marktlage als Argument für einen Preis über dem Einheitswert anführen, und dies, ohne sich dem Vertragspartner Oetker gegenüber illoyal zu zeigen und ohne diesen bei den Behörden zu desavouieren.[74] Der von Oetker gebotene Kaufpreis – 27 % über dem Einheitswert – dürfte zumindest in der Nähe des Verkehrswerts des Grundstücks gelegen haben.[75] Wenig überraschend lehnten die nationalsozialistischen Behörden den Einspruch ab. Die Senatsverwaltung sah keinen Anlass, den Einheitswert zu überschreiten, und blieb bei ihrer üblichen Genehmigungspraxis.[76] So konnte Rudolf-August Oetker die Größe seines Anwesens zu einem günstigen Preis beinahe verdoppeln.

Wie schon im Fall der Villa Kurt Helderns muss man auch hier den Verfall der Grundstücks- und Immobilienpreise in Ansatz bringen, der den auf dem Markt erzielbaren Erlös begrenzte, der aber zugleich nicht losgelöst von der NS-Judenpolitik betrachtet werden kann. Diese war neben den Verwerfungen durch die Weltwirtschaftskrise vielmehr ursächlich für den allgemeinen Preisverfall: Wie viele andere standen die Lipmanns unter enormem Druck und handelten unter dem Zwang, die Immobilie schnellstmöglich liquidieren zu müssen. Der Verkauf des Grundstückes fiel in die Wochen unmittelbar vor der geplanten Emigration über Italien nach Südamerika und diente möglicherweise der Begleichung von Reisekosten, Reichsfluchtsteuer und anderen Zwangsabgaben. Was das bedeutete, musste europaweit tätigen Unternehmern klar sein: Die Reichsfluchtsteuer von 1931 entwickelte sich ab 1933 mit dem Einsetzen der jüdischen Auswanderungswelle zu einer Sondersteuer für jüdische Emigranten. Dazu kamen die Fallstricke der nationalsozialistischen Devisenkontrolle, mit der auch die Bielefelder Nährmittelfirma regelmäßig konfrontiert war. Die «Dego-Abgabe» schöpfte die Vermögen ab, die auf Auswanderersperrkonten eingezahlt werden mussten. Beim Umtausch der Guthaben in Devisen wurde ein Disagio zugunsten der Deutschen Golddiskontbank (Dego) fällig, das im März 1934 bei 65 % lag, im Oktober 1936 auf 81 % erhöht wurde und ab September 1939 sogar 96 % betrug. Emigranten wurden also faktisch enteignet.[77]

Im ersten Kriegsjahr duldete die Flucht aus Deutschland schließlich keinen Aufschub mehr, und die Eheleute Lipmann wären wohl sogar bereit gewesen, ihr Eigentum zu einem noch niedrigeren Preis zu veräußern als mit ihrem Nachbarn vereinbart. Wie sich diese Verhandlungen abspielten, lässt sich auf der Grundlage der Aktenüberlieferung nicht nachvollziehen. Denkbar ist, dass Rudolf-August Oetker sein Angebot subjektiv als eine Form der Hilfestellung verstand.[78] Gleichwohl: Der Unternehmenserbe und Bankkaufmann profitierte durch den Ankauf des Grundstückes seiner bedrängten jüdischen Nachbarn objektiv erneut von der Verfolgungspolitik des NS-Regimes. Diesmal mussten ihm die Umstände, unter denen die Transaktion stattfand, noch deutlicher vor Augen stehen: Die Betroffenen waren seit eineinhalb Jahren seine direkten Nachbarn; ihre Kinder lebten bereits außer Landes, und sie selbst versuchten verzweifelt, aus dem Deutschen Reich zu flüchten.

Hinweise darauf, dass Rudolf-August Oetker direkt oder indirekt das Eingreifen der Senatsverwaltung verursacht haben könnte, gibt es nicht. Die Preiskorrektur war keineswegs ungewöhnlich, sondern eher der Regelfall. Sie fügte sich in den Rahmen der in Hamburg üblichen Praxis der Grundstücksarisierung, und die maßgeblichen NS-Instanzen bedurften kaum eines besonderen Impulses von außen.[79] Spätestens seit der Ende 1938 eingeführten Genehmigungspflicht waren Eingriffe in Verträge bei jüdischen Immobilienverkäufen üblich. Genehmigt wurde in

Hamburg der Einheitswert, bestenfalls der 10 % höher angesetzte mäßige Verkehrswert. Selbst der Einheitswert wurde «bei vielen Grundstücken [...] noch deutlich unterschritten». Hamburg bildete dabei keine Ausnahme, wie Studien zur Grundstücksarisierung in anderen Städten zeigen.[80] Es gibt deshalb auch keinen Grund, für die gängige Herabsetzung des Kaufpreises in diesem Fall eine besondere, auf Oetker zielende Begründung zu konstruieren. Weder hatte Oetker durch die Instrumentalisierung besonderer Kontakte einen außergewöhnlichen Coup gelandet noch sich besonders «krass» bereichert oder – verglichen mit anderen Erwerbern – von Sonderkonditionen profitiert.[81] Ebenso wenig gibt es Anzeichen, dass die Firma die Immobilie im Wege eines westfälisch-hamburgischen Kompensationsgeschäftes mit besonderem Preisvorteil zugeschanzt bekam, wie teilweise in der Literatur vermutet wurde.[82] Vielmehr handelte es sich um einen alltäglichen, gerade in seiner «Normalität» bezeichnend beklemmenden Fall einer «Arisierung». Der deutsche Käufer profitierte ohne Bedenken, der NS-Staat und die regionale Parteiorganisation schöpften ihren Anteil am Gewinn ab, während die verfolgten jüdischen Verkäufer über keine Alternativen verfügten und alles daransetzten, aus Deutschland fliehen zu können.

Ein weiterer Fall von Grundstücks-«Arisierung» belegt ebenfalls diese Konstellation, er betraf 1938/39 einen Acker in Ummeln bei Bielefeld, den die jüdische Vorbesitzerin Emma Katz verkaufte.[83] Oetker plante, auf dem nicht ganz ein Hektar großen Gelände eine Kleinsiedlung zu errichten. Nachdem der Landrat und der Gauwirtschaftsberater zugestimmt und sich mit dem Kaufpreis von 0,60 RM pro Quadratmeter (insgesamt 5185 RM) einverstanden erklärt hatten, genehmigte der Regierungspräsident in Detmold das Geschäft am 11. März 1939. Nach dem Krieg meldete die Firma Dr. Oetker das Grundstück, auf dem sich mittlerweile Behelfsheime befanden, als aus jüdischem Vorbesitz stammend.[84] Ende 1950 erhob die Jewish Trust Corporation (JTC) Rückerstattungsansprüche, und Mitte 1951 besuchte ein Vertreter der JTC den Kreisbeauftragten für gesperrte Vermögen. Der Beamte vermerkte, dass die «Ariseure» von Grundstücken der Emma Katz in einer ganzen Reihe von Fällen «erheblich renitent sind unter Hinweis auf den normalen Kaufablauf».[85] Auch die Firma Oetker wehrte sich in diesem Fall gegen die Eintragung eines Sperrvermerks im Grundbuch: Es liege keine ungerechtfertigte Entziehung vor, weil Emma Katz gewerbsmäßig mit Grundstücken gehandelt und man marktübliche Preise bezahlt habe. Dem hielt die JTC entgegen, Katz habe nur wegen der antijüdischen Maßnahmen in Deutschland verkauft und über den Erlös nicht mehr frei verfügen können.[86] Tatsächlich räumte Katz' Neffe Berthold durchaus ein, dass das Ehepaar Katz Grundstücksgeschäfte betrieben habe; ortsübliche Preise seien aber spätestens seit 1936 nicht mehr zu erzielen gewesen. An Oetker, so Berthold Katz, sei «weit unter einem regulären Preis» verkauft worden, um zu «retten, was vor der Auswanderung noch möglich war».[87] Dass zum Zeitpunkt des Grundstücksgeschäfts – nach den Novemberpogromen 1938 – der Auswanderungsdruck massiv war, war kaum von der Hand zu weisen.[88] Ende Juli 1952 unterbreitete die Wiedergutmachungskammer beim Landgericht Bielefeld schließlich einen Vergleichsvorschlag, den beide Seiten annahmen: Gegen eine Zahlung von 2500 DM verzichtete die JTC auf ihren Rückerstattungsanspruch.[89]

Verlagsumbau: Neue Zeitschriften für Gundlach

Mitte 1935 war der Verkauf der «Westfälischen Neuesten Nachrichten» an die NSDAP absehbar, und der Vorstand der Gundlach AG machte sich Gedanken, wie die daraus resultierenden Verluste ausgeglichen werden könnten. Fündig wurde man auf dem Zeitschriftenmarkt. Eine Zeitschrift sei bereits gekauft worden, wie Vorstand Friedrich Schaarschmidt dem Aufsichtsrat im August berichtete. Mit zwei Blättern, die bisher beim NS-Volksblatt-Verlag gedruckt würden, werde verhandelt. Eines davon dürfte das noch im gleichen Jahr bei Gundlach erscheinende «Gaublatt des Deutschen Frauenwerkes unter Führung der NS-Frauenschaft Gau Westfalen-Nord» gewesen sein. Darüber hinaus habe man die Blätter von «3 nicht arischen Verlegern, die ihre Zeitungen abgeben müssen», im Auge; darunter sei ein «ziemlich bedeutendes» und rentables Blatt.[90]

Tatsächlich war das Marktumfeld für einen expansionswilligen und liquiden Verlag wie Gundlach günstig. Jeder Kulturschaffende im Deutschen Reich unterlag seit 1933 der Zwangsmitgliedschaft in der Reichskulturkammer. Verleger mussten der untergeordneten Reichspressekammer beitreten. Da «Nichtariern» die Mitgliedschaft verwehrt blieb, wurden faktisch rund 1500 Verlegern die Verlagsrechte an ihren Zeitschriften entzogen. Am 15. April 1936 bekräftigte Max Amann als Präsident der Reichspressekammer ausdrücklich in einer Anordnung, dass nur Mitglied der Reichspressekammer sein könne, wer seine «arische» Abstammung bis zum Jahr 1800 nachzuweisen in der Lage sei.[91] Das verschärfte den Druck nochmals. Jüdische Verleger befanden sich schon seit 1933 in Zwangslagen, mit denen bald alle nicht «arischen» Gewerbetreibenden, Freiberufler und Immobilienbesitzer konfrontiert waren. Die Rechte an Zeitschriften, die von jüdischen Verlegern oder Gegnern des NS-Regimes herausgegeben wurden, waren deshalb billig zu erwerben.

Gundlach geriet 1936 durch die Amann-Anordnung zur Wahrung der Unabhängigkeit des Zeitschriftenverlagswesens als Kapitalgesellschaft selbst in Gefahr, seine Verlagsrechte abgeben zu müssen: Das NS-Regime forderte eine natürliche Person als Verleger. Im Vorstand sah man indes nicht nur das Risiko, sondern auch die Chancen: Die Restriktionen des Regimes würden dazu führen, dass Gundlach interessante Objekte zukaufen könne. Tatsächlich wurde das Portfolio bei Gundlach in den Jahren ab 1936 erheblich erweitert.[92]

Ein zweijährlich erscheinendes Kompendium verzeichnete 1935 lediglich drei Zeitschriften aus dem Verlag der E. Gundlach AG: den «Büromaschinenmechaniker», die «Deutsche Nähmaschinen-Zeitung» und «Radmarkt und Reichsmechaniker»;[93] hinzu kam das illustrierte «Westfalen im Bild», das in dem Nachschlagewerk fehlte. Vier Jahre später listete die letzte während des «Dritten Reichs» erschienene Ausgabe von «Sperlings Zeitschriften- und Zeitungs-Adreßbuch» zehn Titel auf. Neu hinzugekommen waren das «Dental-Magazin», «Die Lokomotive», das bereits erwähnte «Gaublatt der NS-Frauenschaft», «Die Gummibereifung», die «Deutschen Orient-Nachrichten» sowie «Rheinland in Wort und Bild».[94] Dies war das Ergebnis einer Reihe von Zukäufen und Verschmelzungen, mit denen Gundlach sein Zeitschriften-Sortiment deutlich ausbaute. Weitere Zeitschriften waren zugekauft, dann jedoch eingestellt, mit anderen Titeln zusammengelegt oder weiterveräußert worden.

Die erste Gelegenheit, die der Gundlach-Verlag im Rahmen der nationalsozialistischen «Bereinigung» des Zeitschriftenmarktes nutzte, war die Übernahme der Chronos-Zeitschriften GmbH in Berlin im

Jahr 1935. Dabei handelt es sich wahrscheinlich um einen der von Schaarschmidt etwa zeitgleich erwähnten «3 nicht arischen Verleger». Dafür spricht auch, dass die Chronos unter Aufsicht der Reichspressekammer liquidiert wurde.[95] Gundlach vereinnahmte nicht nur die Rechte an den drei dort verlegten Zeitschriften, sondern auch deren Berliner Büroräume: Ab sofort firmierte in der Potsdamer Straße 21a, der alten Adresse der Chronos, eine neue Niederlassung des Bielefelder Verlages.[96] Alle drei ehemals dort verlegten Blätter erhielten neue Titel und ein verändertes Layout. Mittelfristig konnte der Gundlach-Verlag allerdings keine der Zeitschriften halten: «Der Rohproduktenhandel» ging in dem neuen Blatt «Das Rohprodukten-Gewerbe. Der Alt- und Abfallstoff» auf, das ab 1939 im Werk-Verlag Dr. Edmund Banaschewski, Berlin, erschien.[97] Ähnlich verhielt es sich mit «Die Röhrenindustrie. Rohr und Armatur», deren Nachfolgeblatt als «Röhren- und Armaturen-Zeitschrift. Eisen und Stahlhandel» bald an den Vulkan-Verlag Dr. Ernst Classen, Essen, abgegeben wurde. Wenig Freude hatte Gundlach auch an der «Metallbörse. Chemisch-Metallurgische Zeitschrift». Das zuvor von Dr. Joachim Stern herausgegebene Blatt kehrte als «Metall-Woche. Metall und Chemie» wieder und erwies sich als unrentabel. Nach nicht einmal einem Jahr wurde es eingestellt.[98] Abgesehen vom neuen Berliner Gundlach-Büro hatte die Investition also kaum dauerhafte Folgen gezeitigt.

Ebenfalls 1935 übernahm die E. Gundlach AG das «Dental-Magazin» aus dem Vorbesitz der Louis Borchardt-Verlagsgesellschaft mbH, einem jüdischen Verlagshaus.[99] Die Geleitworte zur ersten Neuausgabe sprachen vom «Gemeinschaftsgedanken im Dentalfach» und davon, dass eines der «bedeutendsten Gebiete der Volksgesundheit» fortan von «gegnerischen Einflüssen» geschützt werden müsse.[100] Der Relaunch des Zahntechnik-Blattes unter Gundlachs Ägide stand also ganz im Zeichen der dentalen «Volksgemeinschaft». Mit dem Magazin machte das Bielefelder Verlagshaus im Jahr 1936 einen Umsatz von 11 908 RM und erzielte einen Gewinn von 1025 RM. Damit war das Blatt der drittstärkste Titel im Verlagsprogramm, das deutlich von «Radmarkt und Reichsmechaniker» angeführt wurde (8830 RM Überschuss). Doch auch mit dem Dental-Magazin war Gundlach kein dauerhafter Erfolg beschieden: Bis 1938 brachen Umsatz und Gewinn dramatisch ein. Schaarschmidt klagte 1939, man habe das Blatt mit 5000 RM zu teuer gekauft. Fraglich ist indes, ob tatsächlich der Preis zu hoch gewesen war oder ob nicht die Zeitschrift erst unter seiner Ägide einen erheblichen Niedergang verzeichnen musste. Mit der Übernahme war nämlich auch eine Änderung des Geschäftsmodells einhergegangen: Zuvor war das Fachblatt gratis an die Zielgruppe der Zahnmediziner, Dentaltechniker und Händler verteilt worden und finanzierte sich aus der Reklame. Die Klientel war aber offenbar nicht bereit, die bislang kostenlose Zeitschrift auch zu abonnieren.[101]

Im Jahr 1938 boten sich mit dem «Anschluss» Österreichs und der dortigen Einführung der im Deutschen Reich geltenden Regelungen weitere Gelegenheiten zur Arrondierung des eigenen Zeitschriftenportfolios. Gundlach «arisierte» die Verlagsanstalt Oskar Fischer in Wien.[102] Von den sechs Titeln, die dort noch 1937 erschienen, passten fünf gut zum eigenen Programm. Der Aufkauf bot die Gelegenheit, den österreichischen Markt zu bereinigen und potenzielle Konkurrenzblätter auszuschalten: So wurde beispielsweise die «Österreichische Nähmaschinen- und Fahrrad-Zeitung», die seit dem «Anschluss» 1938 als «Deutschösterreichische Nähmaschinen- und Fahrradzeitung» titelte, mit der «Deutschen Nähmaschinenzeitung» und mit «Radmarkt und Reichsmechaniker» verschmolzen.[103] Anders verhielt es sich hingegen bei der Zeitschrift «Die Lokomotive»: Sie passte gut ins Portfolio, besaß aber kein Bielefelder Gegenstück. Sie wurde weitergeführt und entwickelte sich zur einzigen im Kontext der «Arisierung» erworbenen Zeitschrift, deren Übernahme später positiv bewertet wurde.[104]

Unabhängig von den politisch motivierten Umwälzungen im Verlagswesen erweiterte die Gundlach AG seit Mitte der 1930er Jahre ihr Programm um eine Reihe weiterer Zeitschriften. Weitere Arisierungsfälle sind – soweit überprüfbar – nicht darunter. 1934 erwarb der Verlag die «Kontor-Rundschau», im Folgejahr vom Reichsverband der Reifenhändler und Vulkaniseure «Die Gummibereifung».[105] Die ebenfalls seit 1935 bei Gundlach erscheinende Halbmonatsschrift «Orient-Nachrichten» war das Organ des Deutschen Orient-Vereins e. V. mit Sitz in Berlin. Hier ist eine «Arisierung» ebenso auszuschließen wie im Falle der Zeitschrift «Rheinland in Wort und Bild», die 1936 nach dem Vorbild der hauseigenen, sehr erfolgreichen Publikation «Westfalen im Bild» bei Gundlach selbst neu aufgelegt wurde.

Gundlach investierte Mitte der 1930er Jahre vor allem in Titel, die sich als Verbandszeitschriften für die im NS-Staat teils neu errichteten, teils «gleichgeschalteten» Standesvertretungen der Industrie eigneten und damit einen einigermaßen sicher kalkulierbaren Markt boten.[106] Die angestrebte Neuausrichtung war durchaus erfolgreich, auch wenn nicht alle Zeitschriften die Erwartungen erfüllten und manche eingingen: Waren die Geschäfte 1936, ein Jahr nach der Ausgliederung der Tageszeitung WNN, noch als «nicht befriedigend» eingestuft worden, trug sich die Verlagssparte 1937 «in etwa selbst», und Anfang 1939 bilanzierte der Aufsichtsrat eine «günstig[e]» Entwicklung.[107] Ein Blick auf die Umsatzzahlen des Jahres 1938 zeigt, dass die darin aufgeführten acht Titel des Verlagsprogramms einen Gesamtumsatz von 185 129,30 RM erreichten und dabei einen Überschuss von 14 980 RM, also eine Umsatzrendite von rund 8 % erzielten. Jeweils rund die Hälfte von Umsatz und Gewinn erwirtschaftete ein einziges Blatt: «Radmarkt und Reichsmechaniker» war zweifelsohne das Flaggschiff des Gundlach-Verlagsprogramms, mit einigem Abstand gefolgt von der Zeitschrift «Westfalen im Bild», die etwa ein weiteres Sechstel beisteuerte. Auf Rang drei folgte mit nur noch gut 8 % Anteil am Umsatz das «Gaublatt der NS-Frauenschaft»; die «Orient-Nachrichten» steuerten 6 % bei.[108] Die Blätter, die im Wege der «Arisierung» erworben wurden, spielten demgegenüber eine untergeordnete Rolle – allenfalls «Die Lokomotive» schien wirtschaftlich tragfähig gewesen zu sein. Ansonsten dienten die Ankäufe häufig lediglich dazu, Konkurrenzblätter eingehen zu lassen oder mit eigenen Titeln zu verschmelzen.

Geldanlagen und strategische Investitionen in neue Geschäftsfelder

Um die Gewinne und Ausschüttungen aus dem florierenden Nährmittelgeschäft anzulegen, investierte Oetker auch in «arisierte» Unternehmen außerhalb der Nährmittelbranche: die Schuhfabrik Salamander, die Malzbierbrauerei Groterjan und die Klosterbrennerei Emmendingen. Die Beteiligungen erfolgten gezielt, Oetker war jedoch nicht der unmittelbare «Ariseur». Die Firmenanteile gelangten vielmehr über Konsortien von «Ariseuren» und Banken in das Bielefelder Portfolio; zumindest in einem Fall bestanden die Kontakte allerdings bereits zu einem frühen Zeitpunkt, als die «Arisierung» noch nicht abgeschlossen war. Bei Groterjan und der Klosterbrennerei wurde jeweils ein größeres Aktienpaket erworben, um maßgeblichen Einfluss auf die Unternehmensführung zu gewinnen; beide Beteiligungen in der Getränkeindustrie sind der erweiterten Lebensmittelbranche zuzurechnen und galten als strategisch wichtig. Offerten, die nicht in die Unternehmensstrategie passten, wurden häufig nicht weiter verfolgt: So bot etwa die Deutsche Bank & Disconto-Gesellschaft in Hamburg Kaselowsky die Übernahme eines Aktienpakets der Musikhalle Conventgarten in der Hansestadt an. Den jüdischen Besitzern war der Verkauf nahegelegt worden, da sonst ein Verbot des Besuchs dortiger Veranstaltungen drohte. Kaselowsky ließ das Objekt zwar begutachten; letztlich unterblieb jedoch der Kauf, möglicherweise weil der Preis von 210 000 RM noch als zu hoch eingeschätzt wurde, vielleicht weil dem Nährmittelfabrikanten das Geschäftsfeld doch eher fremd war.[109]

Nach 1945 griff bei allen drei genannten Firmen eine juristische Sonderregelung, die es erlaubt, anhand der Wiedergutmachungsakten die Zusammenhänge zu rekonstruieren. Die Restitutionsgesetze in den Westzonen nahmen üblicherweise die Anteile an börsennotierten Kapitalgesellschaften von der Restitutionspflicht aus, da die Provenienz einzelner, an der Börse gehandelter Stücke in der Regel nicht rekonstruiert werden konnte. Alle drei Firmen gehörten jedoch zu jenen familiengeführten Gesellschaften, bei denen das Kapital zuvor in einer oder wenigen Händen konzentriert war und erst im Laufe der «Arisierung» in den Börsenhandel gelangte – gegebenenfalls wurde die Rechtsform einer AG sogar erst im Zuge der «Arisierung» gewählt. Das Familienunternehmen Oetker beteiligte sich also mit Vorliebe an (zumindest bis zur «Arisierung») ebenfalls familiengeführten Firmen. Die jeweils überschaubare Eigentümerstruktur vor der «Arisierung» hatte Folgen: Nicht nur war die Herkunft der Anteile eindeutig rekonstruierbar; den Beteiligten wurde gerade bei substanziellen, größeren Aktienpaketen außerdem unterstellt, dass sie von der Herkunft der Papiere hätten wissen müssen. Es gilt im Einzelfall den Weg der vormals «jüdischen» Firmenanteile zu untersuchen, die in der zweiten Hälfte der 1930er Jahre Aufnahme in das Oetker-Portfolio fanden.[110]

Salamander

Von strategischen Investitionen abzugrenzen sind Fälle, bei denen Kaselowsky, Mitglieder der Familie oder die Firma kleinere Pakete von Wertpapieren erwarben; sie dienten nicht der Neuausrichtung und Diversifikation, sondern allein der Geldanlage. Zwar anonymisierte der Kauf über den Börsenhandel mit möglicherweise mehreren Zwischenstationen gleichsam die Herkunft der Papiere. Bei prominenten Firmen, die im Fokus der antisemitischen Propaganda standen, ist es gleichwohl schwer, Gutgläubigkeit anzunehmen.

Eine solche kleinere Geldanlage war ein Aktienpaket der Salamander AG aus Kornwestheim. Die 1891 von Jakob Sigle und Max Levi gegründete Firma Jakob Sigle & Cie., die seit 1916 als Aktiengesellschaft verfasst war und nach dem Zusammenschluss verschiedener Teilfirmen seit 1930 als Salamander AG firmierte, war der größte deutsche Schuhproduzent und mit 2000 Filialen und Alleinverkäufern auch der größte Händler. Die Firmenanteile waren je zur Hälfte im Besitz der Familie Sigle und der jüdischen Familie Levi/Rothschild. Eine geschickte Geschäftspolitik – die Verbindung einer industrialisierten Schuhproduktion mit einem dichten Filialnetz und einer eingängigen Marke – machte Salamander zur Zielscheibe häufig antisemitisch gefärbter Angriffe durch mittelständische Fabrikanten, selbstständige Einzelhändler und Schuhmacher. Anfang April 1933 gehörten die Salamander-Filialen, von denen rund ein Viertel in jüdischem Besitz war, deshalb zu den Zielen des «Judenboykotts» der SA, und die Aktiengesellschaft sah sich zudem einem Presseboykott ihrer Werbeanzeigen ausgesetzt. Der damalige Vorstandsvorsitzende Alex Haffner deutete die Übergriffe von Mittelstandsvertretern auf Filialen der Firma noch als Angriffe der Kleinen und weniger Tüchtigen auf die Erfolgreichen. Die sich darin offenbarende antisemitische Dynamik unterschätzte er.[111]

Ab 1933 mussten die jüdischen Mitglieder aus Vorstand und Aufsichtsrat der Salamander AG ausscheiden. Ebenfalls noch im Jahr der «Machtergreifung» wurde vielen jüdischen Alleinverkäufern gekündigt und ihre Salamander-Vertretung in die Hand «arischer» Besitzer überführt; auch jüdische Geschäftspartner wurden nach und nach ausgeschaltet.[112] Die Gesellschafter gaben bereits 1933 die bislang praktizierte Kapitalparität der alleinbesitzenden Familien Sigle und Levi auf. Um nach außen die «arische» Kontrolle des Unternehmens zu dokumentieren, übertrug die Levi-Seite Firmenanteile im Wert von 1 Mio. RM (Stammkapital 32 Mio. RM) an die Sigle-Familiengruppe. Die meisten Angehörigen der Familie Levi wanderten 1933/34 aus. Bis April 1937 musste die ursprünglich gleichberechtigte Familie fast 7,2 Mio. RM an Anteilen sowie weitere 10 % der Stimmen abgeben und vertrat nun weniger als ein Fünftel der Stimmen. Aktien im Wert von mehreren Millionen RM gelangten über die Deutsche Bank, die Commerzbank und die Familie Sigle in den Handel, ein kleineres Paket von 260 000 RM lancierte der Stuttgarter Privatbankier Joseph Frisch. Anteile der Salamander AG wurden erstmals 1938 an der Börse gehandelt.[113]

Vor diesem – gerade wegen des Boykotts von 1933 damals weithin bekannten – Hintergrund erwarben Richard Kaselowsky, Rudolf-August und Ursula Oetker nach 1937 ein Aktienpaket von 105 000 RM (nom.). Der Kaufkurs der Salamander-Aktien ist nicht bekannt. Die Papiere stammten von dem Stuttgarter Bankhaus Frisch. Allerdings ging man beim Bankhaus Frisch nach 1945 davon aus, dass die Stücke über mindestens zwei weitere Zwischenstationen von einer Berliner Bank kamen, die – wohl im Ostsektor der Stadt – inzwischen «ruhte» und abgewickelt werde. Mit zusammen 105 000 RM besaßen die neuen Inhaber nicht einmal ein halbes Prozent des Stammkapitals.[114] Kontrollrechte wurden bei einem derart kleinen Paket nicht angestrebt, der Erwerb diente allein der Geldanlage. Es war nicht das erste Mal, dass man über den Bankier Frisch Anteile «arisierter» Firmen bezog – und andere Transaktionen waren von deutlich größerem Volumen.

Malzbierbrauerei Groterjan

Schon im Vorjahr hatte Dr. Oetker, vermittelt durch Frisch, eine erste Tranche von Aktien der Berliner Malzbierbrauerei Groterjan AG erworben. Der Privatbankier vermittelte Kaselowsky auch in diesem Fall Wertpapiere aus vormals jüdischem Eigentum, eine strategische Investition größeren Ausmaßes.[115] In den Jahren 1936/38 erwarb die Industrieholding Indubeg für fast 875 000 RM Anteile an der Malzbierbrauerei Groterjan AG in Berlin. Anders als bei Salamander lag die Bielefelder Beteiligung hier deutlich über der Sperrminorität.[116] Wieder übernahm Dr. Oetker die Geschäftsanteile nicht direkt von den «Ariseuren»; dieses

Mal lagen mehrere Jahre zwischen dem «Arisierungs»-Geschehen und dem Kauf über verschiedene Banken. Die Aktien hatten mithin bereits mehrmals den Besitzer gewechselt.

Da die Groterjan AG zu einem der größten Brauereikonzerne der Zwischenkriegszeit gehörte, dessen Kern die Engelhardt AG bildete, muss die Darstellung beim Schicksal des jüdischen Brauerei-Unternehmers Ignatz Nacher und seiner Firmengruppe ansetzen.[117] Gleich nach der Machtübernahme der Nationalsozialisten wurde Nachers unternehmerischer Handlungsspielraum rapide beschränkt bis hin zum schrittweisen Entzug seiner Brauereibeteiligungen. Die «Arisierung» des Brauereikonzerns gilt als «einer der brutalsten Fälle in der Frühzeit der nationalsozialistischen Herrschaft überhaupt».[118] Hier zeigte sich das «gesamte Repertoire an Zwangsmaßnahmen und Verdrängungsimpulsen», das schon 1933/34 mobilisiert werden konnte.[119] Zusammen mit den umfangreichen Akten der Wiedergutmachungsverfahren lässt sich die Entwicklung bei der Malzbierbrauerei Groterjan AG gut rekonstruieren.[120]

Ein angeblicher Bestechungsskandal wegen eines Grundstücksgeschäfts am Alexanderplatz zwischen einer von Nacher kontrollierten Gesellschaft und der Stadt Berlin lieferte den Hintergrund für das Entziehungsgeschehen.[121] Nach der NS-Machtübernahme wurden, angestoßen durch die Anzeige eines Firmenmitarbeiters mit eigenen Interessen und orchestriert durch die (Partei-)Presse, staatsanwaltschaftliche Ermittlungen aufgenommen. Bestechungszahlungen Nachers an Amtsträger waren nicht nachweisbar, dennoch erreichte die Staatsanwaltschaft einen Schuldspruch: Nacher wurde aufgrund eines konstruierten Nebendelikts verurteilt.[122] Dass das Reichsgericht das Urteil später aufhob, war für die «Arisierung» bedeutungslos. Noch während des Verfahrens hatten sich verschiedene Interessenten darangemacht, den Brauereikonzern unter ihre Kontrolle zu bringen.

Lokale Parteiführer, die Dresdner Bank und manch leitender Angestellter des Engelhardt-Konzerns witterten die Chance, von Nachers Fall zu profitieren. Da die Dresdner Bank als Hausbank seit 1932 mit Nacher wegen der Verschuldung des Konzerns im Konflikt war, nutzte sie die Gelegenheit und wandte Methoden an, «die nur unter den Bedingungen der nationalsozialistischen Herrschaft denkbar waren».[123] Boykottmaßnahmen gegen das «Judenbier» von Engelhardt, Aktionen der Nationalsozialistischen Betriebszellenorganisation (NSBO) im Konzern und die neuen Machthaber in der Stadtverwaltung erhöhten den Druck auf Nacher. Die Vorwürfe gegen Nacher gaben schließlich der Berliner Gauleitung und dem NSDAP-«Staatskommissar z. b. V. beim Oberbürgermeister», Julius Lippert, einen Hebel an die Hand, um Nacher den Konzern Schritt für Schritt zu entreißen. Die Drohung mit «Schutzhaft» und Konzentrationslager sowie mit Straf- und Zivilprozessen, deren Ausgang für Nacher unter den Bedingungen des NS-Staates nicht mehr kalkulierbar war, verfehlte ihre Wirkung nicht. Nacher wurde gezwungen, der Stadt Berlin als Ausgleich für den angeblich durch Korruption entstandenen Schaden Engelhardt-Aktien im Wert von 2,5 Mio. RM (nom.) zu übertragen, die die Kommune später an die Dresdner Bank weiterverkaufte. Weil Nacher durch die angeblichen Bestechungszahlungen und ebendiese erzwungene Entschädigung seinen eigenen Konzern geschädigt habe, musste er der Engelhardt AG weitere 930 000 RM Aktien überlassen.[124]

Dadurch sank Nachers Kapitalanteil erheblich. Die Dresdner Bank und die Stadt Berlin verfügten nun gemeinsam über die Aktienmehrheit bei der Engelhardt AG. Der bisher allein zeichnungsberechtigte Generaldirektor Nacher musste aus dem Vorstand ausscheiden. Mehrere Familienmitglieder mit Leitungspositionen und alle Aufsichtsräte jüdischer Herkunft wurden zum Amtsverzicht genötigt; in den Aufsichtsrat wurden Nationalsozialisten zugewählt, die die «Gleichschaltung» und «Arisierung» des Konzerns auf allen Ebenen vorantrieben – darunter auch Vertrauensleute der Dresdner Bank. Nacher stemmte sich bis Ende 1933 vergeblich gegen den Einflussverlust in dem von ihm begründeten Unternehmen. Im November erlitt er einen Nervenzusammenbruch und suchte ein Sanatorium in Garmisch-Partenkirchen auf, wo er am 17. November 1933 verhaftet und nach Berlin überstellt wurde. Eine Woche später wurde der zuckerkranke Nacher wegen Haftunfähigkeit freigelassen. In der Generalversammlung der Engelhardt AG vom 28. Februar 1934 folgte dann eine weitere Machtdemonstration: Der neu installierte Vorstand und der gleichgeschaltete Aufsichtsrat attackierten den Großaktionär und früheren Generaldirektor; SA-«Ordner» begleiteten die Versammlung, deren Leitung offen parteiisch war; am Ende kam es zu gewalttätigen Ausschreitungen gegen einen Vertrauten Nachers.[125]

Bis Sommer 1934 wurden gegen Nacher immer neue Vorwürfe vorgebracht, der sich jedoch weiterhin weigerte, sich endgültig aus dem Konzern zurückzuziehen und seine Anteile an anderen Brauereien aufzugeben. In dieser verfahrenen Situation trat im Sommer 1934 eine zweite, süddeutsche Interessentengruppe auf den Plan, die der Dresdner Bank Konkurrenz zu machen drohte; das führte zu einer weiteren Zuspitzung.[126] Am 28. August 1934 wurde Nacher ohne Angabe von Gründen auf seinem Landsitz in Bad Tölz ein zweites Mal festgenommen und in das Polizeigefängnis Berlin überführt. Auch Nachers Sekretärin und einer seiner engsten Vertrauten, zugleich Testamentsvollstrecker und Generalbevollmächtigter, wurden im Polizeipräsidium am Alexanderplatz inhaftiert. Nacher wurde erst nach drei Wochen entlassen. Seiner Sekretärin machte er «einen völlig veränderten körperlich und seelisch gebrochenen Eindruck». Er habe sich erst geweigert, seine restlichen Brauerei-Aktien zu verkaufen, am Ende seiner Kräfte aber schließlich nachgegeben. Für seine Freilassung habe er außerdem eine Barzahlung von 150 000 RM leisten müssen.[127]

Diese Darstellung vermischt allerdings zwei Handlungsstränge. Was genau im Umfeld dieser zweiten Verhaftung geschah, bei der auch die hier interessierenden Groterjan-Aktien ihren Inhaber wechselten, kann nur ansatzweise rekonstruiert werden. Offenbar hatten interessierte Kreise aus München versucht, Nacher zur Abgabe der ihm verbliebenen Aktien zu bewegen – unabhängig von den seit Monaten laufenden Bemühungen der Berliner Stellen. Vermutlich war zuerst ein gewisser Anton Karl als Unterhändler an Nacher herangetreten. Karl war ein wichtiger Akteur im Firmenimperium der DAF und an zentraler Stelle in einen der «verzweigtesten und eklatantesten Korruptionsfälle des ‹Dritten Reiches›» verwickelt, der 1937 aufgedeckt wurde.[128] Er vertrat ein Arisierungskonsortium, dessen Mitglieder Nacher wohl auch in Bad Tölz aufsuchten, wo sie mit ihren politischen Beziehungen und – ultimativ – mit der Einweisung ins KZ drohten. Dieses Konsortium führte der Münchner Privatbankier Georg Eidenschink an, gefolgt von seinem Teilhaber Adolf Fischer und Wilhelm Schmidhuber.[129]

Diese Münchner Ränke sollten vermutlich durch die Verhaftung Nachers und seine Verlegung nach Berlin durchkreuzt werden. Tatsächlich gelang es der Dresdner Bank, bei dieser Gelegenheit eine weitere Tranche Engelhardt-Aktien aus Nachers Besitz günstig zu erwerben. An den kleineren Brauereien schien sie nicht interessiert.[130] Bei der Gestapo angestoßen hatte die Verhaftung möglicherweise der Engelhardt-Aufsichtsratsvorsitzende und «Industrieberater» der Dresdner Bank Hilar Giebel. Dabei ging es dem Geldinstitut vor allem um die finanzielle Sanierung des Brauereikonzerns und die Reduzierung der an Engelhardt ausgegebenen Kreditlinien.[131]

Das scheinbar aus dem Feld geschlagene Münchner Konsortium war allerdings politisch ähnlich gut vernetzt wie die Dresdner Bank: Der SS-Untersturmbannführer und Leiter des Führerschutzkommandos Johann Rattenhuber[132] suchte Nacher in seiner Berliner Zelle auf und bot ihm seine Freilassung an. Dafür sollte Nacher eine «Aufwandsentschädigung» von 150 000 RM – faktisch also Lösegeld – zahlen und vertraglich zusichern, seine verbliebenen Brauerei-Aktien nur über das Bankhaus Eidenschink zu verkaufen. Nacher musste darauf eingehen. Die Münchner Konsorten holten Nacher im Gefängnis ab und warteten mit ihm in seiner Wohnung, bis die «Aufwandsentschädigung» als Scheck vorlag. Am 7. Oktober 1934 wurde Ignatz Nacher im Hotel Vierjahreszeiten in Berlin gezwungen, einen Vertrag über die Hergabe der Groterjan-Aktien an das Eidenschink-Konsortium abzuschließen. Nachers Holdings Borussia AG und Bayerische Braubank AG mussten ihre jeweiligen Groterjan-Aktienpakete zu einem Kurs von 83 % abgeben.[133] Im Restitutionsverfahren vermutete der Rechtsvertreter der Nacher-Erben wohl zu Recht, das Eidenschink-Konsortium habe sich mit dem kleineren Teil der Beute, also Groterjan und einigen süddeutschen Brauereien, begnügen müssen, nachdem die Dresdner Bank ihm zuvorgekommen war.[134]

Bei dieser zweiten Etappe der «Arisierung» des Engelhardt-Konzerns wurden auch die Groterjan-Aktien entzogen, die später in den Besitz der Familien Oetker und Kaselowsky gelangten. Schon zuvor hatte zudem der innerbetriebliche Gleichschaltungsprozess bei der Malzbierbrauerei begonnen. Neue, politisch verlässliche Mitglieder wurden in den Aufsichtsrat zugewählt oder kooptiert, die zwar kaum Kapital, als Vertreter der Berliner NSDAP jedoch den Zeitgeist hinter sich wussten. Am 19. März 1934 tauschte der «gleichgeschaltete» Aufsichtsrat den Vorstand aus: Der Vorsitzende des Gremiums, auch hier Hilar Giebel, entzog dem Vorstand Ludwig Jacobssohn, einem nahen Verwandten Nachers, das Vertrauen. Sein Verbleib sei «geschäftsschädigend», da man drohe, als «jüdisch geleitetes Unternehmen» zu gelten. Auch andere jüdische Mitarbeiter der Firmenleitung mussten Groterjan verlassen, ebenso der tschechische Betriebsleiter.[135]

Ignatz Nacher unterschätzte wie viele deutsche Juden 1933/34 die Gefahr, die vom NS-Regime ausging. Nachdem er die Kontrolle über seinen Brauereikonzern verloren hatte, blieb er in Berlin. 1939 emigrierte er in die Schweiz, wobei der nationalsozialistische Staat den größten Teil seines verbliebenen Vermögens durch die mittlerweile üblichen Zwangsabgaben raubte. Ignatz Nacher starb noch im gleichen Jahr, am 15. September 1939.[136] Die meisten Mitglieder seiner Familie, die in Deutschland geblieben waren, wurden deportiert und ermordet.[137]

Über mehrere Zwischenstationen gelangten die 1934 durch die Eidenschink-Gruppe entzogenen Groterjan-Aktien in das Portfolio der Oetker'schen Indubeg. Eine größere Tranche von 600 000 RM (nom.) bezog Oetker, wie erwähnt, 1936 vom Bankhaus Joseph Frisch zu einem Kurs von 127,7 % – also deutlich über dem Kurs, den die «Ariseure» um Eidenschink gezahlt hatten. Eine zweite, kleinere Tranche kam 1938 vom Bankhaus George (85 000 RM nom., Kurs 127,75 %). Nach einer Kapitalberichtigung Ende 1941 (Erhöhung um 30 %) betrug der Depotbestand zum 29. Juni 1943 891 000 RM (nom.), also gut 34 % des Stammkapitals der Brauerei. Die – «arisierte» und «gleichgeschaltete» – Engelhardt-Brauerei war mit 52,62 % jedoch weiterhin die entscheidende Größe bei Groterjan und damit indirekt die Dresdner Bank, die auf dem Umweg über die Bank für Brauindustrie Engelhardt kontrollierte.[138] Nach der Liquidation der Indubeg gingen die Aktien an Ursula und Rudolf-August Oetker sowie Richard Kaselowsky über, Ende 1947 dann an die Firma Dr. A. Oetker. 1948 war zunächst geplant, die Aktien im Zuge der Nachlassauseinandersetzung an Ursula Oetker zu übergeben; das unterblieb jedoch, da Rudolf-August Oetker die Brauereiinteressen bald als neues Geschäftsfeld für seine Firmengruppe entdeckte.[139]

Klosterbrennerei Emmendingen

Anteile einer weiteren vormals in jüdischem Familienbesitz befindlichen Firma übernahm Oetker 1937 – wiederum aus der Hand des Bankhauses Frisch. Man beteiligte sich maßgeblich an einer der führenden Weinbrennereien Deutschlands, der Klosterbrennerei – Erste Badische Wein- und Edelbranntweinbrennerei AG, Emmendingen. Die 1861 gegründete

J. M. Wertheimer OHG mit rund 50 Mitarbeitern und 25 Vertretern befand sich in den 1930er Jahren in dritter Generation im Besitz der jüdischen Familie Wertheimer.[140] Inhaber waren zu gleichen Teilen Leopold Wertheimer und seine Neffen Louis und Alfred. Die OHG belieferte Gastwirte und den Einzelhandel direkt. Daneben fungierte, unter dem Namen der Handelsmarke, die Erste Badische Wein- und Edelbranntwein-Brennerei, Klosterbrennerei GmbH Wertheimer & Cie. seit 1909 als Vertriebsgesellschaft für den Großhandel. Die Geschäftstätigkeit der Marabu Brennerei GmbH für den Vertrieb von Likören ruhte.

Offenbar konnte die Klosterbrennerei bis 1937 relativ unbehelligt agieren. Erst in diesem Jahr forderte «Der Stürmer», die antisemitische Wochenzeitung des Nürnberger Gauleiters Julius Streicher, die «Arisierung» der Firma. Zeitgleich versuchten Vertreter der DAF, möglicherweise auch der Betriebsobmann, Einfluss auf die Geschäftsführung zu gewinnen. Anonyme Briefe unterstellten den Wertheimers Devisenvergehen und komplettierten das Bild antisemitischer Agitation gegen die Eigentümerfamilie. Dieser politische Kontext der «Arisierung» der Klosterbrennerei wurde nach 1945 von den «Ariseuren» und den restitutionsbeklagten späteren Eigentümern der Aktien zu keinem Zeitpunkt infrage gestellt.[141]

Über die genauen Umstände des Verkaufsvorgangs gingen nach 1945 die Meinungen freilich auseinander. Munition erhielten beide Seiten durch zwei Wertgutachten aus dem Jahr 1937, deren Ergebnis unterschiedlicher nicht hätte sein können. Nachdem sich die Familie Wertheimer 1936/37 zur Emigration entschieden hatte, gab sie ein Gutachten bei einem Wirtschaftsprüfer in Auftrag. Zur Abwicklung des Verkaufs wandte sie sich an den Bankier Joseph Frisch, der als «gewerbsmäßiger Ariseur» galt. Dieser begnügte sich aber nicht mit der Vermittlung des Geschäfts, sondern bemühte sich aktiv, den Wert zu drücken. Deshalb ließ er ein eigenes Wertgutachten erstellen. Von dem anfangs ermittelten Goodwill – also dem immateriellen Firmenwert – von 661 000 RM blieb dabei nichts übrig. Die wertvollen Lagerbestände alter Brände und Liköre, die steuerlich schon weitgehend abgeschrieben waren, setzte der von Frisch beauftragte Revisor weit unter Wert an. Dabei war Frisch wie auch seinem Gutachter bewusst, was die Firma wert war und dass ein gutes Geschäft winkte: Umsätze und Bilanzgewinne stiegen seit 1933 stetig. Im Jahr der «Arisierung» wies die Klosterbrennerei 2 Mio. RM

Umsatz und einen Gewinn von 302 000 RM aus und erwirtschaftete mithin eine Umsatzrendite von etwa 15 %. Der den «Ariseuren» zuarbeitende Revisor erwartete künftig nach Abzug der Steuern eine Dividende von bis zu 8 % je Aktie.[142] Die Firma sollte nämlich im Zuge der «Arisierung» in eine Aktiengesellschaft umgewandelt werden, deren Aktien es an interessierte Investoren weiterzugeben galt.

Tatsächlich wurde die Klosterbrennerei durch den Kaufvertrag vom 3. November 1937, der sich an dem niedrigen Ansatz des zweiten Gutachtens orientierte, weit unter Wert verkauft. Frisch habe, so später die Geschädigten, «durch offene und versteckte Drohungen zu erkennen gegeben [...], dass die Inhaber bei längerem Zögern und bei Nichtannahme seiner ‹wohlgemeinten Arisierungsofferten› gar nichts erhalten würden».[143] Da es nach 1945 nie zu einem streitigen Verfahren kam, wurden die Anschuldigungen nicht gerichtlich untersucht. Die Familie Wertheimer betonte in ihrem Restitutionsantrag jedoch – und das war entscheidend –, dass sie ohne die antijüdische Politik niemals das vom Großvater gegründete Familienunternehmen verkauft hätte. Käufer der J. M. Wertheimer OHG mit ihren beiden Tochterunternehmen, aller Anlagen, Lagerbestände und Markenrechte sowie des Grundbesitzes aus Privatvermögen war vorderhand ein Konsortium unter Führung des Stuttgarter Bankhauses Joseph Frisch (Frisch selbst, sein Bruder Baurat Otto Frisch und der Bankdirektor Otto Essele), zusammen mit dem Bankier Paul Rueff (Bankhaus Paul Kapff) sowie dem Privatier Guido Daur.[144] Vom ohnehin niedrig angesetzten Kaufpreis wurden noch die Verbindlichkeiten abgezogen (263 437,71 RM). Der verbleibende Betrag von 1 589 534,36 RM wurde nur etwa zur Hälfte sofort beglichen (854 400 RM), die Restsumme sollte in elf monatlichen Raten gezahlt werden. Mit einer weiteren zwölften Rate sollten Außenstände und langfristige Verbindlichkeiten gedeckt werden – alles Maßnahmen zu Lasten der Eigentümer, die bis dahin längst das Reich verlassen haben würden.[145]

Bis zum Vertragsschluss war die Firma Oetker nach außen hin nicht in Erscheinung getreten; sie erwarb ihre Anteile erst in einem zweiten Schritt. Die Konsorten gründeten die Klosterbrennerei – Erste Badische Wein- und Edelbranntweinbrennerei AG, Emmendingen. Das Geschäft wurde von Frisch – wie dieser sich 1950 gegenüber dem Bielefelder Prokuristen Ernst Tüscher erinnerte – an Richard Kaselowsky herangetragen: «Wie Sie wissen, habe ich seinerzeit dieses Geschäft der Firma

Oetker gebracht.»[146] Im August 1937, als in Emmendingen noch verhandelt wurde und der Verkauf noch nicht abgeschlossen war, signalisierte Kaselowsky Bereitschaft, sich über die Indubeg Industrie-Beteiligungs-Gesellschaft mbH mit 250 000 RM an der neu zu gründenden Klosterbrennerei AG zu beteiligen. Am 4. November 1937, einen Tag nach Unterzeichnung des Kaufvertrags zwischen der Familie Wertheimer und dem Konsortium, übernahm die Firma Dr. Oetker Aktien im Wert von 250 000 RM vom Bankhaus Frisch bei einem Stammkapital von 1,2 Mio. RM; der Anteil wurde am 31. Dezember 1941 nochmals um 50 000 RM aufgestockt. Die Bielefelder Industriellenfamilie kontrollierte damit 25 % des Kapitals direkt, verfügte also über die Sperrminorität. Vermutlich weitere 120 000 RM Aktien erwarben Konstantin Brückner, seine Kinder und seine Schwiegermutter Minna, die Witwe Louis Oetkers.[147] Brückner vertrat auf Bitten Kaselowskys alle Anteile der «Gruppe Oetker» (420 000 RM nom.) im Aufsichtsrat. Zusammen mit dem Privatier Guido Daur (301 000 RM nom.), mit dem vor wie nach 1945 enges Einvernehmen bestand, ließ sich so in der Hauptversammlung eine komfortable Stimmenmehrheit organisieren.[148]

Kaselowsky war also seit August 1937 direkt, über die Indubeg oder über Konstantin Brückner, in den Verkaufsprozess eingebunden. Bei der Klärung der Wiedergutmachungsansprüche im Jahr 1948 gab sich Brückner zwar demonstrativ zuversichtlich, man habe «in jeder Weise menschlich und geschäftlich fair» gehandelt.[149] Das mochte subjektiv sogar stimmen. Letztlich konnten sich Brückner und die anderen Beteiligten in Bielefeld aber nicht über die Umstände des Verkaufs und der AG-Gründung hinwegtäuschen: Ihnen war die Emigrationsabsicht der Wertheimers genauso bekannt wie die Tatsache, dass die Emmendinger Unternehmerfamilie ihren gesamten Besitz – also auch den Verkaufserlös der Firma – zur Reichsfluchtsteuer anmelden musste.[150] Für erfahrene Wirtschaftsleute war also absehbar, dass die Familie Wertheimer nach Abzug aller Steuern und der Dego-Abgabe von damals 81 % nicht einmal ein Fünftel des Verkaufserlöses erhalten würde. Diese Facette der Beraubung der Juden zugunsten des Reichsfiskus hatten natürlich Kaselowsky oder Brückner nicht zu verantworten. Bedenken wegen des ihnen bekannten Kontextes, in dem der Kauf der Klosterbrennerei zustande kam, hatten sie indes nicht.

Genauso war sich Joseph Frisch des Drucks bewusst, unter dem die Mitglieder der Familie Wertheimer als Juden vier Jahre nach der Machtübernahme der Nationalsozialisten standen. Frisch deutete dies gegenüber der jüdischen Familie 1937 sogar kryptisch an, vermied aber allzu konkrete Bezüge auf das Zeitgeschehen: Die Wertheimers sollten überzeugt sein, dass alle Beteiligten «Ihre Situation voll und ganz verstehen. [...] In der Tat hat es sich ja lediglich darum gehandelt, aus gegebenen Verhältnissen die Konsequenz zu ziehen.»[151] Seine Bemühungen, den Wert der Firma auch noch kleinzurechnen, zeigen jedoch, dass er sich die «gegebenen Verhältnisse» durchaus zunutze zu machen wusste.

Tatsächlich war die «Arisierung» der Klosterbrennerei nur der erste, privatwirtschaftliche Schritt in einem langen Prozess der Beraubung der Familie Wertheimer im Zuge ihrer Emigration. Die vormaligen Eigentümer der Klosterbrennerei konnten bei der Auswanderung nur eingeschränkt über ihr Vermögen verfügen. Judenvermögensabgabe und Reichsfluchtsteuer in sechsstelliger Höhe waren zu entrichten, Wertpapiere weit unter Marktpreis zu verkaufen oder auf Sperrkonten zu deponieren (auch hier fiel die Dego-Abgabe an); teilweise mussten Mobiliar, Bankguthaben und Aktien zurückgelassen werden. Das Vermögen verfiel dem Reich, dessen Verfolgungsinstrumente – Polizeibehörden wie Finanzamt – Hand in Hand arbeiteten.[152] Allein die Witwe des noch 1937 in Deutschland verstorbenen Fabrikanten Leopold Wertheimer und ihr Sohn Alfred mussten zusammen 531 662,50 RM aus dem Verkaufspreis dem NS-Staat überlassen. Louis Wertheimer, der sich in den USA Werth nannte, verfügte nur noch über ein bescheidenes Einkommen; wegen einer Herzerkrankung war er nicht mehr erwerbsfähig.[153]

Geschäftsmäßige Gleichgültigkeit

Als Rudolf-August Oetker in Hamburg die Villa des jüdischen Reemtsma-Managers Kurt Heldern erwerben wollte, soll Richard Kaselowsky zunächst gezögert haben, denn daran «kleben Tränen».[154] Zu Kaselowskys tatsächlichem Agieren mag diese Äußerung nicht recht passen. Denn für die Frage, ob jüdischer Besitz durch die Firma Oetker, durch die Familie Kaselowsky/Oetker oder durch eine der Konzerntöchter «arisiert» werden sollte, spielten moralische Bedenken oder empathische Regungen keine Rolle. In der Überlieferung findet sich dafür kein Hinweis – im Gegenteil: In den Fällen, in denen sich die Motive nachvollziehen lassen, spielten allein ökonomische und unternehmensstrategische Erwägungen eine Rolle, sowohl für das Interesse an Übernahmekandidaten als auch für die Ablehnung von «Arisierungs»-Offerten. Blindes Zugreifen war nicht Kaselowskys Sache. Das Geschäft musste mit seinen grundlegenden Unternehmens- und Investitionsstrategien in Einklang stehen. Wenn das Kaufobjekt dann – wie die Verlagsrechte, die Danziger Verpackungsindustrie oder die Kartonfabrik in Rawitsch – auch noch ein echtes Schnäppchen versprachen, war das umso besser. Dass nicht alle «Arisierungsbemühungen» von Erfolg gekrönt waren, zeigt zweierlei: Erstens waren im NS-Regime auch gute Verbindungen auf Reichsebene noch keine Garantie für Erfolg; die Handlungs- und Machtlogiken vor Ort, gerade in den besetzten Gebieten und Reichsgauen neuen Typs, waren oft mindestens genauso wichtig. Zweitens belegen gerade die gescheiterten Übernahmebemühungen in den Niederlanden (Polak) und im Warthegau (Rawitsch), dass den Beziehungen und Einflussmöglichkeiten der Firma Oetker deutliche Grenzen gesetzt waren.

Die «Arisierung» von Vermögenswerten jüdischer Vorbesitzer und die «Germanisierung» von Unternehmen im besetzten Europa boten also Chancen, die die Firma Oetker, ihre leitenden Mitarbeiter und Richard Kaselowsky an der Spitze kontinuierlich im Auge behielten und zu nutzen bereit waren. Das Bewusstsein für die Verbindung zwischen jüdischem Vorbesitz, niedrigen Einstandspreisen und kaufmännischer Rationalität war bei allen Akteuren vorhanden. Bei kleineren Aktienbeteiligungen, die über Banken oder an der Börse erworben wurden, lag es in der Natur der Sache, dass die Herkunft der Inhaberpapiere gerade bei größeren Publikumsgesellschaften oft im Dunkeln blieb – dem Wortsinn einer *société anonyme* entsprechend. Auch Amerikaner und Briten konzedierten später, dass Käufer gutgläubig gehandelt hatten, wenn sie die Papiere im regulären Geschäftsverkehr, also über den Börsenhandel, erworben hatten. Diese Argumentation griff aber bei den untersuchten Fällen nicht: Über die Herkunft von Anteilen eines reichsweit bekannten Familien- und Markenunternehmens wie der Salamander AG, die bis 1938 nicht einmal an der Börse gehandelt wurden, wusste man natürlich auch bei Oetker Bescheid. Überhaupt ist kaum anzunehmen, dass Oetker in größerem Umfang in ein Unternehmen investierte, ohne sich zuvor umfassend über dessen Hintergrund informiert zu haben. Die Emigrationsabsicht der jüdischen Eigentümer der Klosterbrennerei AG in Emmendingen lag offen zutage. Die Nacher/Engelhardt-Affäre hatte große Wellen in der deutschen Öffentlichkeit geschlagen. Schließlich mahnte Kaselowsky, in Frankreich auf der Suche nach einem neuen Fabrikgelände auch zur «Arisierung» anstehenden Grundbesitz in Erwägung zu ziehen, der gegebenenfalls preiswert zu haben sei.

Erst recht waren der Hintergrund der NS-Judenpolitik und ihre Folgen für die Betroffenen beim Erwerb der Immobilien an der Bellevue 15 in Hamburg bekannt. Rudolf-August Oetker und Richard Kaselowsky wussten beim Kauf der Villa, dass der jüdische Vorbesitzer Kurt Heldern wegen der nationalsozialistischen Verfolgungspolitik emigriert war. Zwar wurde die Villa nicht direkt vom Vorbesitzer, sondern von der Grundstücksverwaltung der Firma Reemtsma erworben. Um einen Fall von «Arisierung» handelte es sich gleichwohl, weil Heldern unter anderen Umständen sein Anwesen schwerlich veräußert hätte. Dies galt umso mehr, als der Immobilienmarkt Mitte der 1930er Jahre eindeutig ein Käufermarkt war – nicht zuletzt, weil das Angebot aus «nichtarischem» Vorbesitz verfolgungsbedingt hoch war. Auch als Rudolf-August Oetker 1940 seinen Grundbesitz an der Außenalster durch Zukauf des Nachbargrundstückes nahezu verdoppelte, muss er gewusst haben, warum das Ehepaar Lipmann zum Verkauf gezwungen war. Dass der zwischen den beiden Parteien vereinbarte, ohnehin niedrige Kaufpreis von den zuständigen Stellen des NS-Staates noch einmal gedrückt wurde, erfolgte ohne Zutun vonseiten Oetkers. Weder Rudolf-August Oetker noch Kaselowsky übten selbst aktiv Druck aus oder initiierten ihn an anderer Stelle. Der Verfolgungs- und Emigrationsdruck, den das Regime bis Anfang 1940 aufgebaut hatte, war vollkommen ausreichend.

Die doppelte «Arisierung» an der Außenalster wie auch die Erwerbungen von Unternehmensanteilen zeigen deutlich: Es ging um das Wahrnehmen guter Gelegenheiten. Höchstens ein Nebenaspekt waren dagegen die Schicksale derer, auf deren Rücken der NS-Staat die guten Gelegenheiten eröffnete. Sollte es moralische Bedenken wegen der damit verbundenen «Tränen» gegeben haben, so wurden sie nicht handlungsleitend, nicht einmal im Falle eines Privathauses für den Unternehmenserben.

Folgt man der von Frank Bajohr entwickelten Typologie der «Ariseure», dann gehörten Richard Kaselowsky und die Firma Oetker zu den Erwerbern, die «ihren persönlichen Vorteil» einstrichen, sich darüber hinaus aber nicht exponierten, und die bestrebt waren, «die Eigentumsübertragung in äußerlich korrekten Formen abzuwickeln», ohne «im Bündnis mit den Genehmigungsinstanzen den eigenen Vorteil möglichst rücksichtslos durchzusetzen».[155] Die Bielefelder Käufer hegten keine erkennbaren Bedenken, sich auf dem üblichen, «ordentlichen» Wege und in geschäftsmäßiger Gleichgültigkeit einige der guten Gelegenheiten zu sichern, die die «Arisierung» bot und die das NS-Regime seinen «stillen Teilhabern» eröffnete.[156]

6. Dr. Oetker in der Wehr- und Kriegswirtschaft

Unmittelbar nach der nationalsozialistischen Machtübernahme nahm das Regime «die Gestaltung der Volkswirtschaft im Frieden für den Krieg unter militärischen Gesichtspunkten» in Angriff und ergriff erste Maßnahmen, um die eigenen wirtschaftspolitischen Vorstellungen umzusetzen.[1] Im Zentrum dieser Wehrwirtschaft standen Autarkie und Aufrüstung, und damit die Vorbereitung auf einen neuen Krieg. Hitlers «Besessenheit von dem Thema Nahrungsmittel» wurzelte in den Erfahrungen des Ersten Weltkriegs: Die englisch-französische Blockade, die verbreitete Unterernährung und die sprichwörtlichen «Hungerwinter» erhielten ihre besondere politische Virulenz durch die Verknüpfung mit dem angeblichen «Dolchstoß» der Heimatfront.[2] Diesen galt es in einem neuen Krieg unbedingt zu verhindern. Die Etablierung der noch jungen Ernährungswissenschaften, Forschungen über Mangelerkrankungen und Vitamine, schließlich die Entwicklung neuer Lebensmittel und Ersatzstoffe waren Konsequenzen dieser Erfahrung. In den Jahren der Weltwirtschaftskrise wurde das Thema Mangelernährung aktualisiert. Vor diesem Hintergrund bescherte das Streben nach Autarkie der Ernährungspolitik – und damit auch der Ernährungswirtschaft – hohe politische Relevanz. Die Alternative durfte nicht sein: «Kanonen *statt* Butter», wie Goebbels' Propaganda forderte. Wenn beides nicht gleichzeitig bereitgestellt werden konnte, musste es wenigstens heißen: «Kanonen *und* Margarine».[3]

Die Defizite in der Ernährungspolitik und -wirtschaft wurden nach 1918 durchaus erkannt, doch erst nach und nach kristallisierte sich heraus, welche Lehren die Nationalsozialisten daraus gezogen hatten. Zur Effizienzsteigerung wurden gezielt privatwirtschaftliche Elemente in die NS-Wirtschaftsordnung integriert, allerdings eingebettet in ein als

«Selbstverwaltung» deklariertes System von Wirtschaftsbürokratien. Während des Krieges dann wurde die Heimat konsequent auf Kosten des eroberten Europa geschont und entlastet: Die Wehrmacht versorgte sich aus den besetzten Gebieten, die außerdem zur Aufrechterhaltung eines möglichst hohen Versorgungsniveaus im Reich systematisch ausgeplündert wurden. Die nationalsozialistische Ernährungspolitik war vor allem im Osten Europas eine Hungerpolitik, die integraler Teil der deutschen Vernichtungsabsichten war und den Tod von Millionen Menschen kühl einkalkulierte.[4]

Zunächst war indes keineswegs absehbar, wohin sich die NS-Wirtschaftsordnung entwickeln würde, und das machte die ersten Jahre nach der nationalsozialistischen Machtübernahme für Richard Kaselowsky zu «hochinteressanten Zeiten».[5] Sosehr die große Mehrheit der deutschen Unternehmer viele sozial- und arbeitsmarktpolitischen Maßnahmen des Regimes begrüßte, so sehr sorgte mancher wirtschaftspolitische Ansatz der neuen Regierung auch für Unbehagen, gerade bei den eng mit dem Weltmarkt verbundenen Branchen.[6] Schon im Sommer 1934 befand sich das Reich «am Rande einer wirtschaftlichen Katastrophe», weil Hitler und Reichsbankpräsident Hjalmar Schacht die Reichsmark nicht abwerten wollten und die Devisenreserven der Reichsbank auf ein Minimum geschrumpft waren. Der «Neue Plan» Schachts steuerte dem durch strikte Importregulierungen und bilaterale Verrechnungsabkommen gegen. Außerdem wurde durch einen «ausgeklügelten Unterbau aus Unternehmensverbänden, Kartellen und Preiskontrollen» das «strukturelle Fundament» der nationalsozialistischen Wirtschaftsverwaltung gelegt, die bis in die Endphase des Zweiten Weltkriegs funktionierte. Devisen waren knapp, und gerade für die Konsumgüterindustrie blieb es schwierig, selbst die notwendigsten Importe aus dem Ausland zu finanzieren.[7]

Im August 1936 befahl Hitler in einer geheimen Denkschrift den sogenannten zweiten Vierjahresplan, der die Rüstungspriorität endgültig festschrieb. Auf Dauer könne das deutsche Volk nur überleben, wenn es zusätzlichen «Lebensraum» und die notwendigen Rohstoffvorkommen erobere. Ein baldiger Krieg mit der Sowjetunion sei unvermeidlich, so der «Führer», und deshalb müssten Wehrmacht und Wirtschaft binnen vier Jahren kriegsbereit sein. Am 18. Oktober 1936 wurde Hermann Göring zum «Beauftragten für den Vierjahresplan» berufen und mit umfangreichen Kompetenzen ausgestattet. Er schuf eine neue Bürokratie, die «Vierjahresplanbehörde», um Rohstoffkontingentierung, Investitionen und Arbeitseinsatz umfassend zu steuern.[8]

Am 17. Dezember 1936 lud Göring führende Wirtschaftsvertreter ins Berliner Preußenhaus, den ehemaligen preußischen Landtag. In seiner Rede schwor er sie auf die Ziele des Vierjahresplans ein und sprach unverblümt über die Rüstungs- und Kriegsvorbereitungen des Regimes. Unter den Zuhörern war auch Kaselowsky, der in seinem Gedächtnisprotokoll notierte: «Göring verkündete sozusagen die wirtschaftliche Mobilmachung. Er betonte, dass wir uns mitten im Krieg befänden, wenn auch noch nicht geschossen würde.» Die Gefahr späterer Überkapazitäten müsse, so die Mahnung des Beauftragten für den Vierjahresplan, hingenommen werden, um den gegenwärtigen Heeresbedarf zu befriedigen, alles andere trete zurück. Nachdem Göring geendet hatte, erschien – für die Anwesenden offenbar überraschend – Hitler und wandte sich seinerseits in einer einstündigen Ansprache an das Publikum. Aus dieser Führerrede kondensierte Kaselowsky zuverlässig den Kern von Hitlers außenpolitischen Überzeugungen, die hinter dem Vierjahresplan standen, und das Konzept der Großraumwirtschaft: Man müsse «in einem geradezu wahnsinnigen Tempo aufrüsten», denn die Auseinandersetzung mit dem Bolschewismus sei unausweichlich. Zur Versorgung des Volkes seien das Reichsgebiet zu klein und der Außenhandel unzureichend. Die Großmächte schotteten sich zunehmend ab. Es gelte folglich, die «Rohstoff- und Ernährungsfreiheit» Deutschlands herzustellen und den «Lebensraum zu vergrößern». Kaselowsky war von seinem «Führer» und dessen Ausführungen merklich beeindruckt und stimmte gänzlich mit ihm überein.[9]

Die von Hitler skizzierte Politik brachte für die Firma Oetker zahlreiche Probleme mit sich. An der Zustimmung Kaselowskys änderte das freilich nichts. Dabei mussten dem gelernten Bankkaufmann die grundlegenden Widersprüche der nationalsozialistischen Wirtschaftspolitik ebenso klar sein wie den anonymen Autoren einer «Denkschrift rheinisch-westfälischer Industrieller zum Vierjahresplan», die 1937 in Bielefelder Wirtschaftskreisen zirkulierte und zu mehreren Verhaftungen führte.[10]

Der Back- und Puddingpulverproduzent musste in einem zunehmend schwierigen Umfeld im Ausland Rohwaren (vor allem Maisstärke, Kakao und Vanille) einkaufen oder auf im Inland verfügbare Rohstoffe oder industriell gefertigte Ersatzstoffe ausweichen (z. B. Kartoffelstärke, Vanillin oder sogar Aethylvanillin als Ersatz des Ersatzstoffes). Wie die Devisen für den Außenhandel unterlag im Binnenhandel die Preiskalkulation der staatlichen Kontrolle. Um Einfluss auf die politischen Entscheidungsträger und die wirtschaftliche Steuerungsbürokratie nehmen zu können, engagierte sich Kaselowsky in den neu eingerichteten Organisationen der gewerblichen Wirtschaft. Oetker eröffnete in Berlin ein Büro, dessen Leitung mit Hans Crampe ein gut vernetzter Lobbyist übernahm. Crampe hatte sich durch kreative Rohstoffbeschaffung im Ausland empfohlen, war als Prokurist bald allein zeichnungsberechtigt und wurde Kaselowskys rechte Hand in der Reichshauptstadt.

Die Mitarbeit in den Unterorganisationen der Reichsgruppe Industrie (RGI) – namentlich in der Fachgruppe Nährmittelindustrie und deren Fachabteilung Back- und Puddingpulverindustrie – diente indes nicht nur der Rohstoffbeschaffung. Der Marktführer nutzte sie auch, um die eigene Position gegenüber der Konkurrenz zu stärken und bei den staatlichen Kontroll- und Überwachungsbehörden Regelungen durchzusetzen, die den eigenen Interessen entgegenkamen. Dass ausgerechnet der Oetker-Chemiker Rudolf Flebbe als Experte für die Fachabteilung gutachtete, war kein Zufall. Übergeordnetes Ziel war der Schutz der Marke Oetker, der unter anderem durch Preisschutzbestimmungen und Wettbewerbsüberwachung gewährleistet werden sollte. Auch hier konnte sich Kaselowsky in der Tradition des Firmengründers sehen: Dr. August Oetker hatte 1903 zu den Gründern des Markenverbands gehört, der sich schon im Kaiserreich just diese Ziele auf die Fahne geschrieben hatte.[11]

Am Anfang dieses Kapitels steht jedoch ein kleiner Exkurs zu einer Episode, die für die Firmenleitung von Dr. Oetker Anfang der 1930er Jahre kaum mehr als ein lokales Ärgernis gewesen sein dürfte. Für manchen bundesrepublikanischen Beobachter jedoch wurde der Fall der Malvine Fortomárovic zu einem Beispiel dafür, wie die Firma Oetker (angeblich) mithilfe des NS-Regimes ein kleines Konkurrenzunternehmen ausgeschaltet und dabei das Handeln der Mächtigen bis in die höchsten Kreise beeinflusst und sogar kontrolliert habe.

Malvine Fortomárovic – ein Opfer Oetkers?

1957 titelte das Nachrichtenmagazin «Der Spiegel» mit einer Bildmontage, die im Vordergrund den Pfeife rauchenden Rudolf-August Oetker und im Hintergrund ein aus Oetker-Desserts modelliertes Schiff in einem Meer aus Schokoladenpudding, beschienen von einer Sonne mit dem bekannten Hellkopf-Logo der Firma, zeigt. «Zu Wasser, zu Lande und in der Luft» beherrsche der «Puddingprinz» einen Konzern, so der Tenor des Artikels, der sein Wachstum vor allem Lobbyismus, Steuertricks und Rücksichtslosigkeit verdanke. Autor des Artikels war Bernt Engelmann. Eines der Beispiele, an dem der Journalist seine Kritik festmachte, war das der Malvine Fortomárovic. In den 1930er Jahren habe der Bielefelder Backpulverproduzent die gebürtige Österreicherin aus dem Markt gedrängt, indem er seine weitverzweigten politischen Kontakte zum Nationalsozialismus genutzt habe: «Auf Veranlassung der Firma Oetker», so fasste Engelmann die Vorgänge zusammen, «schaltete sich die Abteilung für Berufsmoral beim ‹Stellvertreter des Führers› ein, und die – allerdings selbst mit wenig lauteren Mitteln operierende – Fabrikantin Malvine Fortomárovic wurde als lästige Ausländerin des Reichsgebiets verwiesen».[12] Woher Engelmann von dieser Episode wusste, ist nicht bekannt. Bei näherer Betrachtung erweist sich der «Fall» Fortomárovic jedenfalls als komplizierter und weniger eindeutig, als der «Spiegel»-Autor seine Leser glauben machen wollte. Eine genauere Untersuchung zeigt zum einen, welche Möglichkeiten einem wichtigen Marktteilnehmer in der nationalsozialistischen Wirtschaftsordnung auch ohne politische Einflussnahme zur Verfügung standen; sie relativiert zum anderen Andeutungen über die angebliche Machtstellung eines Konzerns, der in den 1930er Jahren noch eher überschaubar war.

Die 1888 geborene Malvine Fortomárovic wanderte Mitte der 1920er Jahre von Österreich nach Brasilien aus. Die begeisterte Sozialistin aus dem Umfeld der Wiener reformpädagogischen «Kinderfreunde» war mittellos, nachdem sie mit dem Projekt einer Arbeiterhochschule gescheitert war.[13] Zusammen mit ihrem Lebensgefährten und einem weiteren Partner gründete sie die Firma Forto, Kruse & Cía., die die Untervertretung der Bielefelder Firmen Dr. August Oetker, Dr. August Wolff und Arnold Holste Wwe. für den Bundesstaat Rio Grande do Sul erhielt – nicht etwa von den Bielefelder Firmen direkt, sondern von deren brasilianischer Generalvertretung. Anfang der 1930er Jahre prozessierte sie gegen die Bielefelder Unternehmen und warf ihnen vor, durch obskure Machenschaften ihre Firma in Südamerika ruiniert zu haben.[14] In Wirklichkeit hatten sich ihre Kompagnons angesichts der auflaufenden Verluste nicht anders zu helfen gewusst, als Fortomárovic unter einem Vorwand zu einer Reise nach Deutschland zu veranlassen und die aus diesem Anlass erteilte Generalvollmacht zur Auflösung der gemeinsamen Gesellschaft zu nutzen.[15]

Dies war das Ergebnis der von Engelmann erwähnten Verhandlung vor der «Abteilung zur Wahrung der Berufsmoral» beim Stab des Stellvertreters des Führers, die sich 1934 tatsächlich mit dem Streit Oetker gegen Fortomárovic befasste. Grund dafür war indes eine Eingabe der Österreicherin selbst, die sich am 10. April 1934 an den «Führer» gewandt hatte, und eben nicht die guten politischen Verbindungen der Firma Oetker. Die Parteistelle war nicht an strafrechtliche Tatbestände gebunden und entschied «nach gesundem Rechtsempfinden»; das war für Fortomárovic wenigstens eine Chance, ihre Position durchzusetzen, nachdem die ordentlichen Gerichte ihre Klagen allesamt als unbegründet abgewiesen hatten.[16] Die Abteilung zog Erkundigungen ein und erfuhr, dass in Brasilien gegen die Beschwerdeführerin wegen Beleidigung der Justizbehörden ermittelt wurde. Gestützt auf die Aussage ihres Lebensgefährten, kam sie zu dem Schluss, «daß Frl. Malvine Fortomarowic [...] die Konstruktionen ihrer Phantasie mit dem Anschein innerster Überzeugung als Tatsachen» ansehe und deswegen «mit ihren Anklagen gegen Personen und Behörden mit [...] Leichtfertigkeit» vorgehe.[17] Die Eingabe wurde abgewiesen.

Doch zurück zum Ende der 1920er Jahre, wo sich parallel zur Südamerika-Geschichte ein zweiter Strang des Konflikts mit Oetker entspann: Nach ihrer Rückkehr aus Brasilien war Malvine Fortomárovic in Deutschland gestrandet. Als Vertreterin hatte sie vermutlich hinreichend Kenntnisse über die Nährmittelproduktion erworben, sodass sie 1930 damit beginnen konnte, just in Bielefeld eine eigene Backpulver- und Vanillinzucker-Fabrikation aufzubauen. Über bescheidene Anfänge scheint sie damit nicht hinausgekommen zu sein.[18] Dennoch gingen die Firma Oetker und die Bielefelder Industrie- und Handelskammer dagegen vor: Parallel zu Fortomárovics Klagen gegen die drei Bielefelder

Firmen bemühte sich die Kammer, die Firmierung «Tante Forto» gerichtlich untersagen zu lassen, da die Firma des Einzelunternehmens damals üblicherweise den bürgerlichen Namen der Kauffrau hätte enthalten müssen. Beim Registergericht in Bielefeld hatte die Beschwerde Erfolg; das Kammergericht Berlin hob diese Entscheidung allerdings auf und sah einen gewissen Spielraum für den abgekürzten Familiennamen.[19] Bei Oetker war man damit nicht einverstanden und vermutete, Fortomárovic wolle nur ihren ausländisch klingenden Namen verbergen. Auch die Werbung für «Tante Forto's Wiener [sic] Backpulver» bot Anlass zu einem Vorgehen gegen die Konkurrentin beim 1933 errichteten Werberat der deutschen Wirtschaft. Gegen Formulierungen wie «hinterläßt unter Garantie in den Backwaren weder Nachgeruch noch Nachgeschmack» schritt Oetker unter Berufung auf das Wettbewerbsrecht auch bei anderen Konkurrenten regelmäßig ein.[20] 1934/35 schwebte darüber hinaus ein Ausweisungsverfahren gegen die österreichische Staatsbürgerin, das jedoch augenscheinlich ergebnislos blieb. Des Reiches verwiesen, wie Engelmann meinte, wurde sie jedenfalls nicht.[21]

Im März 1935 übersiedelte Fortomárovic nach München, unterließ aber die Abmeldung ihres Wohnsitzes in Bielefeld. Die Stadtverwaltung verfügte deshalb im Herbst ihre polizeiliche Abmeldung, nachdem sie mehrere Monate lang keine Miete mehr bezahlt hatte. Möglicherweise fasste Fortomárovic diese polizeiliche Abmeldung als eine Art «Landesverweisung» oder als Ergebnis des schwebenden Ausweisungsverfahrens auf. Ihre spätere Schilderung der «Verfolgungen» und des «Ausweisungsfeldzuges» in einem 1950 gestellten Wiedergutmachungsantrag lässt sich jedenfalls nicht ansatzweise mit der in den Akten nachweisbaren Chronologie in Einklang bringen.[22] Wiederholt schilderte sie 1950, wie ihr wohlgesinnte Vertreter von Staat, Partei und Justiz durch die Einflussnahme der Firma Oetker von ihren Posten entfernt worden seien, immer kurz bevor diese zu ihren Gunsten entscheiden oder intervenieren wollten: Am Bielefelder Landgericht sei der zuständige Richter durch einen Juristen namens Sommer ersetzt worden, dessen Bruder «Leiter des Braunen Hauses in München» gewesen sei. Auch sei der Landgerichtspräsident mit dem Leiter der Auslandsabteilung bei Oetker verwandt gewesen. Bei der Abteilung für Berufsmoral habe deren Leiter in ihrem Sinne entschieden, sei dann aber binnen 24 Stunden durch einen «Generaldirektor Kreke» ersetzt worden.[23] Bei einer «Schutzstelle für Arbeit» habe ihr Fall großes Interesse geweckt, weil sie gegen einen Konzern kämpfte. Im «Braunen Haus» in München habe ihr ein Abteilungsleiter versprochen, dass sie in der bayerischen Landeshauptstadt vor den Nachstellungen Oetkers sicher sei, auf den die Ausweisung aus Preußen zurückgehe. Als sie sich einmal bei der Bielefelder Polizei habe melden müssen, habe sie auch dort ein Polizist gewarnt. Der Polizist sei daraufhin nach Erfurt versetzt, der Abteilungsleiter des «Braunen Hauses» abgesetzt worden. Just in diesen Tagen, so vermerkt Fortomárovic, hätten die Zeitungen eine Spende Oetkers an das Winterhilfswerk (WHW) in Höhe von 500 000 RM gemeldet – eine Information, die in der Sache zutraf und die sie den «Westfälischen Neuesten Nachrichten» entnommen haben dürfte.[24] Nach den Vorstellungen Fortomárovics hätte die Bielefelder Backpulverfabrik also nicht nur in lokalen Behörden über Einfluss verfügt, sondern gar in Nacht-und-Nebel-Aktionen die Personalpolitik der Reichs- und preußischen Ministerien der Justiz und des Innern sowie die Behörde des Stellvertreters des Führers bestimmt.

In München geriet sie bald mit der dortigen Industrie- und Handelskammer in Konflikt. Die Hauptvereinigung der deutschen Getreidewirtschaft (HV Getreide) und der Getreidewirtschaftsverband Bayern hatten diese regulär über die geplante Betriebsverlegung von Bielefeld nach München unterrichtet. Die Kammer besichtigte den Betrieb, zog Erkundigungen ein, ob die Ansiedlung einer weiteren Nährmittelfabrikation wünschenswert sei, und holte Auskünfte über die Inhaberin bei der Polizeidirektion München und der Bielefelder Industrie- und Handelskammer ein.[25] Während der Betriebsbesichtigung klagte Fortomárovic wiederholt über die Machenschaften der Firma Oetker und berichtete über ein Gespräch mit Hitler persönlich, das ihr als Mitglied der NS-Frauenschaft gewährt worden sei und in dem der «Führer» höchstselbst in ihrem Sinne entschieden habe.[26]

Zwischenzeitlich hatte die Münchner Kammer Antworten auf ihre Anfragen erhalten, darunter auch ein Schreiben der Bielefelder IHK, die anregte, weiterhin gegen die Firmierung «Tante Forto» vorzugehen, und zutreffend darauf hinwies, dass eigentlich nicht die HV Getreide, sondern die Hauptvereinigung der deutschen Kartoffelwirtschaft (HV Kartoffel) zuständig sei. Auch ein Rechtsanwalt der Firma Oetker meldete sich und schilderte die wettbewerbsrechtlichen Bedenken hinsichtlich Marke und Werbung. In München kam man zu dem Schluss, dass ohnehin für den neuen Betrieb kein Bedarf und an der persönlichen Eignung der Inhaberin erhebliche Zweifel bestünden. Die IHK sprach sich dagegen aus, die Genehmigung zur Betriebsverlagerung zu erteilen. Der Getreidewirtschaftsverband stimmte allerdings der Übersiedelung zu. Am 26. März 1936 meldete Malvine Fortomárovic ihr neues Gewerbe in einem Hinterhof am Münchner Marienplatz 28/29 an. Fünf Tage später reagierte die IHK und beantragte die Einleitung eines Ordnungsstrafverfahrens wegen der umstrittenen Firma «Tante Forto».[27]

Ein Jahr danach suchte Fortomárovic für eine Klage gegen die IHK München beim Landgericht München um das Armenrecht nach – beantragte also Prozesskostenhilfe. Erneut verwies sie auf eine Reihe von Unterstützern ihrer Sache, etwa den «Reichsrevisor des Reichsnährstandes» oder die «stellvertretende Frauenschaftsleiterin vom Obersaltzberg [sic]». Wieder sei es «Dr. Kaselowsky» gewesen, der «als ehemaliger Freimaurerlogen-Meister» deren Hilfszusagen zu hintertreiben gewusst und sich als führendes IHK-Mitglied in Bielefeld der Münchner Kammer als Werkzeug bedient habe.[28] Das Landgericht München verweigerte das Armenrecht, Fortomárovic beantragte es jedoch ein halbes Jahr später erneut. Klagegegner waren wiederum die IHK und dieses Mal außerdem zwei Gläubiger, die sie zur Finanzierung ihrer Münchner Unternehmung gewonnen hatte. Diesen waren schnell Zweifel an der Seriosität ihrer Geschäftspartnerin und an der Sicherheit ihrer Einlagen gekommen. Ein Investor erwirkte bereits zwei Wochen nach seinem finanziellen Engagement eine Pfändung, die zweite Geldgeberin tat es ihm wenig später gleich. Auch dafür machte Fortomárovic letztlich ihren Gegner in Bielefeld verantwortlich: Die DAF habe einen ihrer Geldgeber eingeschüchtert, um die «Weltfirma Dr. Oetker» zu schützen. Der Investor erklärte dagegen unter Eid, dass Fortomárovic ihn «unrichtig informiert» habe.[29]

Erneut scheint Fortomárovic mit ihrer Klage gescheitert zu sein. Damit endet die aus zeitgenössischen Archivalien der 1930er Jahre nachzuvollziehende Spur der Österreicherin. Ihr Wiedergutmachungsantrag, den sie 1950 in Bielefeld einreichte, trägt nur wenig zur Aufhellung der weiteren Vorgänge bei. Die «Familie Oppenheim-Oetker als fünfte Kolonne» habe angeblich weitere «Rassen- bzw. Ausweisungsmanöver» unternommen, ihr «den Münchner Gerichtspsychiater auf [ge]hetzt», «einen Vergiftungsanschlag» versucht und «als Vorsitzender in allen Banken» ihr Geld unterschlagen.[30] Fortomárovic verwies auf ein Strafverfahren gegen sie in München und eine zeitweise Inhaftierung. Jedenfalls wanderte sie schließlich erneut nach Südamerika aus, diesmal nach Argentinien – verlässliche Angaben lassen sich der wirren Schilderung jedoch kaum entnehmen.

Ein halbes Jahr nach ihrem Wiedergutmachungsantrag stellte Malvine Fortomárovic am 20. November 1950 noch einen Rückerstattungsantrag und forderte den Gegenwert von insgesamt 202 000 RM.[31] In ihrer weiteren Korrespondenz mit dem Wiedergutmachungsamt beklagte sie außerdem «Rasse- und Glauben und Nationalitätverfolgung [sic]» und wollte «in die Leitung der Firma Oetker eingesetzt» werden. «Kaselovsky [sic]» sei «unter den 57 Hauptkriegsverbrechern und somit wohl aus dem Industrieleben ausgeschaltet» – dass er seit Jahren tot war, wusste sie offenbar nicht. Sie selbst könne mittlerweile eine Produktqualität garantieren, «die sowohl vom Kriegsministerium unter Roosevelt für Nordamerika, als auch jetzt von der argentinischen Regierung als wertvollstes Nährmittel für die 426 000 000 hungernden Kindern [sic] in der Welt d. h. von der UN bestempfohlen ist». Am 13. November 1951 wies das Wiedergutmachungsamt beim Landgericht Bielefeld Fortomárovics Anträge als unbegründet zurück.[32]

Eine abschließende Bewertung des Falles Fortomárovic fällt nicht leicht. Wahrscheinlich fühlte sich Fortomárovic subjektiv verfolgt. Ihre Selbstwahrnehmung war jedoch höchst problematisch: Sie verstand sich als überaus erfolgreiche, ja geniale Unternehmerin, und machte für ihr mehrmaliges Scheitern in der Zwischenkriegszeit immer Dritte verantwortlich. Spätestens in München täuschte sie dabei nicht mehr nur sich selbst, sondern auch andere, um Kapital einzuwerben. Umringt von Gegnern, die sich scheinbar gegen sie verschworen hatten, machte Malvine Fortomárovic seit ihrer Rückkehr aus Brasilien vor allem die Firma Dr. Oetker und Richard Kaselowsky für alle Misserfolge, Rückschläge und bürokratischen Hindernisse verantwortlich, beginnend mit der Auflösung ihrer Firma in Brasilien, die ihre eigenen Geschäftspartner betrieben hatten, und endend bei den Hürden, die in der NS-Wirtschaftsordnung der unternehmerischen Initiative gesetzt waren.

Einen realen Kern gab es freilich: die juristische Auseinandersetzung wegen Brasilien Anfang der 1930er Jahre, ein Ausweisungsverfahren und das wettbewerbsrechtliche Vorgehen der Firma Oetker gegen die Konkurrentin. An diesen Kern lagerte sich jedoch viel Phantastisches an: In ihre schon chronologisch nur schwer nachvollziehbare Darstellung flocht Fortomárovic zahlreiche möglichst hochrangige Personen und Institutionen des NS-Staates nach einem immer gleichen Muster ein; zunächst wohlgesinnte Vertreter wurden zum Schweigen gebracht oder durch mysteriöse Personalrochaden auf Betreiben Oetkers von einem auf den anderen Tag versetzt. Die Übergänge zwischen verifizierbarer Faktenbasis, Konstruktionen und Erfindungen sind dabei fließend bis hin zu einem angeblichen Treffen mit Hitler selbst.

Oetker und die IHK Bielefeld – und hier wird man durchaus Absprachen und gegenseitige Information voraussetzen dürfen – gingen gegen die zweifellos unbequeme, wirtschaftlich aber zu vernachlässigende Konkurrentin vor. Die Industrie- und Handelskammer München wurde im Rahmen ihrer Aufgaben und durch den üblichen Geschäftsgang auf Malvine Fortomárovic aufmerksam. Dabei gab es gerade hier eine tatsächliche Querverbindung, die Fortomárovic jedoch übersah: Die Abteilung zur Wahrung der Berufsmoral unterstand Albert Pietzsch als Beauftragtem für Wirtschaftsfragen beim Stellvertreter des Führers. Dieser war gleichzeitig Präsident der Münchner Kammer.[33] Die Münchner Kammer bat in Ostwestfalen um Amtshilfe, und die IHK in Bielefeld, die Stadtverwaltung sowie ein Anwalt der Firma Oetker gaben bereitwillig Auskunft über die Zugezogene. Das Bild, das sie zeichneten, war nicht gerade positiv, genauso wie der Spruch der Abteilung zur Wahrung der Berufsmoral, der den Münchnern aus Bielefeld übersandt wurde.

Natürlich war es im Interesse des Marktführers, die geschäftliche Tätigkeit der unbequemen Konkurrentin möglichst zu behindern oder gar zu unterbinden – erst recht in Bielefeld am eigenen Standort. Dass Fortomárovic durch mehrere Instanzen gegen Oetker klagte und nach ihren juristischen Niederlagen gar eine Dienststelle des Stellvertreters des Führers einschaltete, dürfte die Geschäftsführung in Bielefeld kaum nachsichtiger gestimmt haben. Dr. Oetker reagierte, tat das aber weder mit NS-spezifischen Instrumenten noch mit obskuren Verbindungen in die NS-Führung. Die Firma nutzte die Möglichkeiten, die das Wettbewerbsrecht ihr eröffnete, während sich Fortomárovic im komplexen nationalsozialistischen Wirtschaftsrecht verfing. Sicherlich profitierte Dr. Oetker von seinem Netzwerk, um Informationen zu beschaffen oder zu lancieren. Doch es war gerade Fortomárovic, die Parteiinstanzen involvierte und durch entsprechende Verweise Eindruck zu machen suchte.

Die Fachverbände der gewerblichen Wirtschaft: Steuerung durch Organisation

Die Causa Fortomárovic dürfte der Oetker-Leitung in Bielefeld keine allzu großen Kopfschmerzen bereitet haben. Mehr Energie verwandte Kaselowsky nach der «Machtergreifung» darauf, die Firma Oetker möglichst vorteilhaft in dem neuen, nach ständischen Prinzipien gegliederten System der Wirtschaftsorganisationen zu positionieren. Eine entsprechende Neuordnung stand wegen der – allerdings wenig eindeutigen – programmatischen und propagandistischen Äußerungen zu erwarten, die vor 1933 aus der NSDAP drangen.[34] Ein erster Schritt in diese Richtung war die Selbstgleichschaltung des Reichsverbands der Deutschen Industrie (RDI) und der Vereinigung Deutscher Arbeitgeberverbände (VDA), die sich zum «Reichsstand der Deutschen Industrie» zusammenschlossen.[35]

Um sich in Erwartung der Neuordnung früh und effektiv zu positionieren und selbst politisch Einfluss nehmen zu können, gründeten vier große Unternehmen am 20. Juli 1933 unter dem Dach des Reichsstands einen Verein: den Reichsverband der Back- und Puddingpulverindustrie. Zur Gründungsversammlung erschienen Vertreter der Nährmittelfabriken Dr. August Oetker, Reese und Karl Fr. Töllner sowie der Mondamin-Gesellschaft. Kaselowsky gründete den Verein also weitgehend mit sich selbst, denn Reese und die Hälfte der Gesellschaftsanteile von Töllner befanden sich im Besitz der Familie Oetker. Hinter den Kulissen wirkte sein guter Geschäftsfreund Erwin Dircks von der Deutschen Maizena AG: Er kontrollierte die Mehrheit der Mondamin-Gesellschaftsanteile (75 %) und über Mondamin die andere Töllner-Hälfte. Minderheitsgesellschafter bei Mondamin (25 %) war die C. H. Knorr AG unter Kommerzienrat Gustav Pielenz, der wiederum ein alter Geschäftsfreund August und Louis Oetkers war. Wenig überraschend fiel der Vorsitz an Richard Kaselowsky, den stellvertretenden Vorsitz übernahm Dr. Hans Miede von Mondamin. Der Verein erklärte seinen Beitritt zur Fachuntergruppe Süßwarenindustrie der Fachgruppe Lebensmittelindustrie im Reichsstand der Deutschen Industrie, deren Syndikus, Hansgeorg Riese, auch zum Geschäftsführer des neuen Reichsverbandes bestellt wurde. Die anderen Firmen der Branche wurden zum Beitritt aufgefordert. Als Mitgliedsbeitrag waren halbjährlich 150 RM sowie weitere 10 Pfennig je verbrauchter Tonne Stärke abzuführen.[36]

Eine undatierte Liste, die aber aus dem näheren zeitlichen Umfeld der Gründung stammt, verzeichnet fast 30 Mitgliedsfirmen.[37] Auf uneingeschränkte Begeisterung stieß der neue Verband nicht, gerade kleinere Unternehmen zeigten sich über das Vorgehen irritiert. So war zwar der Geschäftsführer der Firma Josef Hösl, Hannover, «mit Freuden» zum Beitritt bereit, nicht aber der Inhaber, der nicht einsehen wollte, warum Kaselowsky so schnell zum Präsidenten gewählt worden war. Georg Rügemer, der Geschäftsführer, schrieb deshalb an den Oetker-Chef, er möge Herrn Hösl noch einmal informieren, «dass bei der Wahl des Vorsitzenden lediglich das Führerprinzip maßgebend» gewesen sei. Dann werde Hösl schon «anstandslos» beitreten.[38] Kaselowsky schrieb selbst und kündigte zum 10. Oktober 1933 eine Vollversammlung an, in der ein Bericht über die Vereinsgründung gegeben und die Ziele des Verbandes vorgestellt werden würden. Er solle den überwiegenden Teil der Industrie organisieren und die «Preisschleuderei energisch bekämpfen».[39]

Es galt, einen ruinösen Preiswettbewerb oder gar Dumpingpreise in den eigenen Reihen zu verhindern. Langfristiges Ziel des Verbands war es sogar, insgesamt ein höheres Preisniveau durchzusetzen – eine Intention, die vor allem den bekannten Marken entgegenkam. Durch möglichst geschlossenes Auftreten sollten Maßnahmen zur Preiskontrolle verhindert werden, falls – so die durchaus berechtigte Befürchtung – die neuen Machthaber versuchen sollten, durch eine Senkung der Verbraucherpreise ihre Anhängerschaft zu befriedigen. Riese wurde deshalb im Reichsernährungsministerium und beim Agrarpolitischen Amt der NSDAP vorstellig. Kaselowsky und er wollten das Ende 1933/Anfang 1934 herrschende Kompetenzgerangel zwischen dem Reichswirtschafts- und dem Reichsernährungsministerium ausnutzen, da die Lebensmittelindustrie im Schnittfeld der Zuständigkeiten von Reichsstand der deutschen Industrie und Reichsnährstand lag. Unterdessen sollte ein aus Unternehmersicht wünschenswertes Preisniveau kalkuliert und bei möglichst vielen Produzenten durchgesetzt werden. So wollte man die Bürokratie vor vollendete Tatsachen stellen und das höhere Preisniveau rechtzeitig als Ausgangspunkt für eine etwaige Festsetzung etablieren. Eine vollständige Nivellierung, einen Einheitspreis gar, erwartete freilich auch Kaselowsky nicht, schließlich bildete die Preisdifferenz ja auch einen Qualitätsunterschied ab. Er rechnete damit, dass weiterhin Firmen «unter Wasser schießen», also das allgemeine Preisniveau unterbieten würden, hoffte aber, dass sie wenigstens in Relation die Preise ebenfalls erhöhten «und nur so viel unterbieten, wie sie das heute auch tun».[40]

Einfach war es jedoch nicht, alle Back- und Puddingpulverproduzenten im Reich vom Vorteil höherer Preise zu überzeugen und ein informelles Preiskartell durchzusetzen. Schließlich schielte so mancher Unternehmer zunächst auf die Konkurrenz und wollte sich nicht als Erster aus der Deckung wagen. Ein solcher Fall war die Braunschweiger Nährmittelfabrik Brunsviga, die zwar Mitglied des Verbandes war, über die aber Anfang April 1934 dennoch beim Reichsverband Klage geführt wurde, sie verkaufe deutlich unter den vereinbarten Mindestpreisen. Bei Brunsviga zeigte man sich unentschlossen, «weil ja noch lange nicht alle Nährmittelfabriken Deutschlands dem Verband angehören». Erst wenn alle Firmen beigetreten wären und sich zu Preiserhöhungen bereiterklärt hätten, werde man mitmachen. Kaselowsky hielt dem entgegen, dass über kurz oder lang ohnehin mit einem Organisationszwang zu rechnen sei, also alle Firmen ihren jeweiligen Verbänden würden beitreten müssen. Solange es die «ganz straffe Organisation» der «zwangsweise[n] Regelung» noch nicht gebe, könne er nur an «Anständigkeit und Treue der Mitglieder» appellieren.[41] Ob ein höheres Preisniveau überhaupt wünschenswert sei, war indes auch innerhalb der Oetker-Gruppe umstritten: Julius Ellerbrock von Reese plädierte vielmehr dafür, weiterhin den Billigmarkt abzudecken, was Reese über ein Gutscheinsystem teilweise auch praktizierte. Ellerbrock bediente sich einer Analogie, von deren Zugkraft bei Kaselowsky er wohl ausging: Hitler habe bei der Eröffnung der Internationalen Automobilausstellung die Notwendigkeit der Massenproduktion zu niedrigen Preisen betont, weil «möglichst billige Fabrikate» dafür sorgten, «dass der Verbrauch ein wesentlich größerer wird».[42]

Überhaupt traf Kaselowsky als Verbandspräsident auf zahlreiche Probleme bei dem Versuch, die Branche zu einen. Die kleineren Konkurrenten kämpften verbissen um ihre schmalen Marktanteile – ein Problem, das sich für den Chef des unangefochtenen Marktführers gar nicht erst stellte. Kaselowsky investierte indes noch aus einem weiteren Grund Zeit und Energie in den Reichsverband. Indem er sein Bielefelder Labor und seinen Chefchemiker Dr. Rudolf Flebbe als gutachterliche Instanz für den Verband installierte, konnte er hoffen, Konflikte verbandsintern zu lösen und selbst immer mehr in eine neutrale Schiedsrichterposition zu rücken. Das bot den konkreten Vorteil, staatliche Instanzen außen vor halten zu können. Vor allem Streitigkeiten über die Produktqualität hatten das Potenzial, Kontrollbehörden weit über den Einzelfall hinaus auf den Plan zu rufen. In einem erbittert über Preis und Qualität geführten Streit zwischen den Mitgliedsfirmen Hösl und Brunsviga warnte Kaselowsky die Brunsviga-Seite eindringlich vor den Konsequenzen, falls sie sich an staatliche Stellen wenden sollte: Nicht nur werde ein amtliches Gutachten wahrscheinlich ungünstig für Brunsviga ausfallen, weil die verwendeten konservierenden Zusatzstoffe als «Verfälschung im Sinne des Nahrungsmittelgesetzes» anzusehen seien. «Darüber hinaus aber würde ein solcher Vorgang möglicherweise Anlass bieten, dass das Gesundheitsamt sich mit den Anforderungen an Cremepulver ganz allgemein beschäftigt», was «womöglich zu sehr weitgehenden Beschränkungen für unsere ganze Branche» führen könne.[43]

Angesichts solcher Konflikte drohte der freiwillige Reichsverband der Back- und Puddingpulverindustrie als Fehlschlag zu enden. Im Juli 1934 schrieb Georg Rügemer an Kaselowsky, dass die meisten Fabrikanten es für völlig zwecklos hielten, «die von dem anscheinend ohnmächtigen Verband festgelegten Richtpreise einzuhalten». Falls, wie von Geschäftsführer Riese erhofft, die Richtpreise des Verbands von höherer Stelle sanktioniert würden, müsse dies bald geschehen, wenn «der Verband nicht auseinander fallen» solle. Kaselowsky war optimistischer: Über kurz oder lang sei mit einer Pflichtmitgliedschaft zu rechnen, dann werde die Ohnmacht ein Ende haben und die geleistete Arbeit Früchte tragen.[44] An Rügemer und seinem – wenn auch etwas pessimistischen – Enthusiasmus für die Verbandsidee fand Kaselowsky Gefallen: Er holte ihn als Beisitzer in seinen «Führerbeirat». Der Oetker-Chef selbst wurde neben seiner Führerposition im Back- und Puddingpulververband zum stellvertretenden Führer der übergeordneten Fachgruppe Nährmittelindustrie berufen.[45]

Kaselowskys Optimismus hatte gute Gründe. Schon am 27. Februar 1934 hatte das «Gesetz zur Vorbereitung des Organischen Aufbaus der deutschen Wirtschaft» eine zentralistische Neuorganisation angekündigt. Es erlaubte dem Reichswirtschaftsminister, Wirtschaftsverbände «zu errichten, aufzulösen oder miteinander zu vereinigen», den «Führergrundsatz einzuführen», sie als «alleinige Vertretung ihres Wirtschaftszweiges anzuerkennen» und «Unternehmungen an Wirtschaftsverbände anzuschließen» – die juristische Grundlage für eine systematische Erfassung des Wirtschaftslebens und eine Pflichtmitgliedschaft war damit gelegt. Bis zur Umsetzung dauerte es jedoch noch einige Monate. Im November folgte die erste Durchführungsverordnung, die eine hierarchische Gliederung vorsah, ausdifferenziert nach fachlichen Gesichtspunkten. Die Sektoren der Wirtschaft wurden unterhalb der Reichswirtschaftskammer in Reichsgruppen zusammengefasst. Ihnen waren die Wirtschaftsgruppen, Fachgruppen und Fachuntergruppen nachgeordnet, in denen einzelne Branchen organisiert wurden. Diese Unterorganisationen ihrerseits wurden nach Wirtschaftsbezirken horizontal gegliedert. Gemeinsam mit den weiter bestehenden Industrie- und Handelskammern bzw. Handwerkskammern bildeten sie die regionalen Wirtschaftskammern.[46]

Ende 1934 ging der Reichsstand der Deutschen Industrie in der neu gebildeten Reichsgruppe Industrie (RGI) der Reichswirtschaftskammer auf. Auch seine Untergliederungen wurden in die neue RGI überführt. Aus der Fachgruppe Lebensmittelindustrie wurde die Wirtschaftsgruppe Lebensmittelindustrie, geleitet von Hugo Theunert, dem Generaldirektor der Kathreiner GmbH (Malzkaffee); Hauptgeschäftsführer blieb Hansgeorg Riese. Darunter wurde die Fachgruppe Nährmittelindustrie gebildet. An ihrer Spitze stand Julius Zaiser von der Fa. Wilhelm Hensel GmbH (Teigwaren), dessen Stellvertreter Kaselowsky wurde. Die Geschäfte führte Eugen Löhr, und als Bezirksobmann in Westfalen fungierte Karl Oetker. Schließlich fand auch der 1933 gegründete Reichsverband seine Entsprechung: Er wurde zur Fachuntergruppe bzw. Fachabteilung Back- und Puddingpulverindustrie, weiterhin geführt von Richard Kaselowsky. Wie der Oetker-Chef vorhergesagt hatte, kam mit der Neuordnung auch die Pflichtmitgliedschaft – aus dem «ohnmächtigen» Verein wurde ein Organ der nationalsozialistischen Wirtschaftspolitik, dem 1939 fast 300 Firmen angeschlossen waren.[47]

Die ökonomische Relevanz der Fachuntergruppe Back- und Puddingpulverindustrie war naturgemäß begrenzt. Zwar war die volkswirtschaftliche Bedeutung der Nahrungs- und Genussmittelindustrie als Ganzes – zu der auch die Schwergewichte Brauereien und Tabakindustrie beitrugen – hoch: Mit 8,7 % Anteil an der gesamten Industrieproduktion war sie 1936 nach der Bauwirtschaft die zweitgrößte Industriegruppe. Auch bei den Beschäftigtenzahlen war sie mit fast 550 000 Mitarbeitern bedeutend (6,9 % aller Beschäftigten in der Industrie).[48] Im

Die Organisation der gewerblichen Wirtschaft im NS-Staat

Vergleich dazu war der schmale Teilbereich der Nährmittelindustrie fast zu vernachlässigen. Zu den 94,1 Mio. RM Nettoproduktionswert trugen neben Pudding- und Backpulverherstellern noch die Soßen-, Suppen- sowie Nudelhersteller bei. Von den 10 908 im Nährmittelsektor Beschäftigten war immerhin etwa ein Zehntel bei Dr. Oetker angestellt.[49]

Die Firma Oetker blieb – im Rahmen ihrer Möglichkeiten – in den Organisationen der gewerblichen Wirtschaft also auch nach der Neuorganisation an strategischen Positionen vertreten. Kaselowsky machte das zur Chefsache und übernahm selbst Ämter. 1939/40 zog er sich etwas zurück und übergab seine Führungsposition in der Fachabteilung Back- und Puddingpulver zunächst kommissarisch, dann endgültig an Julius Ellerbrock von Reese – das Amt blieb also gewissermaßen in der Firmenfamilie. Als Julius Zaiser Anfang 1943 sein Amt niederlegte, brachte sich Kaselowsky als neuer Leiter der Fachgruppe Nährmittelindustrie ins Gespräch, übte aber Zurückhaltung: Man solle ihn nicht missverstehen, er sei «nicht scharf auf ein Amt». Nachfolger wurde denn auch Direktor Karl Wölffing von Maggi, der bisher zusammen mit Kaselowsky Stellvertreter gewesen war. Als Wölffing ein Jahr später überraschend starb, musste die Nachfolgefrage erneut geklärt werden. Wiederum befasste sich Kaselowsky «naturgemäß sofort mit der Frage der Wiederbesetzung», denn der Posten müsse unbedingt «in den Händen eines bewährten Markenartikelfachmanns» bleiben. Dafür komme, so schrieb er an den befreundeten Unternehmer Alexander Knorr, nur ein Vertreter von Oetker, Maggi oder eben Knorr infrage. Das sei umso wichtiger, als auch Geschäftsführer Löhr in absehbarer Zeit aus Altersgründen ausscheiden werde. Da er glaubte, dass Maggi aktuell über keine geeignete Persönlichkeit verfüge und Hans Crampe ausgelastet sei, schlug er Knorr vor, den dortigen Direktor Hanns Hesse zu entsenden.[50]

Kaselowsky ging also davon aus, dass die Interessen der großen Markenartikler weitgehend deckungsgleich waren, etwa in der Frage eines stabil hohen Preisniveaus. Ein wichtiges Instrument für den Markenschutz war außerdem der Kampf gegen irreführende Werbung und mindere Qualität, und die Fachabteilung besaß dazu die Machtmittel und die nötige Legitimation. Wie schon zuvor im Reichsverband galt Flebbe weiterhin als der Sachverständige schlechthin für Back-, Creme- und Puddingpulver. Alle Veröffentlichungen der Fachabteilung, später auch der Fachgruppe, die technisch-fachliche Fragen berührten, mussten ihm im Entwurf vorgelegt werden. In den folgenden Jahren war er fortlaufend gutachtlich tätig. Auch beim Reichsgesundheitsamt war Flebbe als Fachmann gefragt, wenngleich man wegen des offensichtlichen Interessenkonfliktes «Bekundungen der Firma Oetker gegenüber sich etwas zurückhaltend verhalten» wollte.[51] Flebbe bemängelte immer wieder die Produktqualität der Konkurrenz, fand aber auch in der Reklame «Anpreisungen und Behauptungen [...], die zweifellos irreführend sind und unlauteren Wettbewerb darstellen». So sei es beispielsweise völlig überflüssig und diene nur dem Zweck der Diskreditierung anderer Erzeugnisse, wenn mit Selbstverständlichem geworben werde – etwa dass ein Backpulver keinen Beigeschmack habe oder kein Sodbrennen auslöse.[52] Manch Konkurrent argwöhnte vermutlich nicht ohne Grund, dass die Entscheidungen Flebbes einer gewissen «Inspirierung durch die Fachschaftsleitung» – also durch Kaselowsky – unterworfen seien.[53] Unter dem Deckmantel des fairen Wettbewerbs und des Verbraucherschutzes verbargen sich freilich die Interessen der Firma Oetker, das Engagement in der Fachabteilung diente ganz konkreten Zwecken: dem Schutz des eigenen Kernprodukts, der eigenen Marke und der eigenen Marktposition. Backpulver allgemein und Backin im Besonderen sollten nicht einmal indirekt in den Verdacht geraten, unerwünschte Nebenerscheinungen zu haben; Reklame, die entsprechende Ängste auslöste, oder die allzu schlechte Qualität eines Konkurrenzerzeugnisses drohten den Ruf des eigenen Kernprodukts zu schädigen. In einem wirtschaftlichen Umfeld, in dem NS-Organisationen Hefegebäck im Vergleich zu Gebäck aus Backpulver als vitaminreicher deklarierten und in dem ideologisch unerwünschte Zusatzstoffe als «artfremd» etikettiert wurden, war demonstrative Qualitätssicherung überlebenswichtig.[54]

Der Preiskommissar: Preisbildung und Gewinnabschöpfung

Auch das Problem der «Schleuderpreise» war 1935 nach wie vor nicht gelöst.[55] Die Frage der Preisgestaltung wurde aber zunehmend akut, als das NS-Regime die Verbraucherpreise einer immer strikteren Kontrolle unterwarf. Die expansive Kreditpolitik, mit der Arbeitsbeschaffung und Aufrüstung finanziert wurden, kurbelte die Binnenkonjunktur an. Unter freien Marktmechanismen hätte dies zu einer Inflation mit steigenden Preisen und Löhnen geführt. Dies sollte jedoch verhindert werden: Um die Kosten der Rüstungspolitik nicht noch weiter in die Höhe zu treiben, wurden die Löhne festgeschrieben. Eine Mehrbelastung der Bevölkerung durch höhere Lebenshaltungskosten konnte nun nicht mehr durch Tariferhöhungen ausgeglichen werden, deshalb mussten auch die Preise kontrolliert und gedeckelt werden. Die Anfänge einer solchen Preispolitik reichten bis in die Regierungszeit Heinrich Brünings zurück, der zur Unterstützung seiner Deflationspolitik im Dezember 1931 den Leipziger Oberbürgermeister und späteren Widerstandskämpfer Carl Goerdeler zum Reichskommissar für die Preisüberwachung berufen hatte. Zwischenzeitlich entlassen, setzten ihn die Nationalsozialisten Ende 1934 wieder ein und weiteten seine Kompetenzen aus.[56]

Die Fachgruppe Back- und Puddingpulverindustrie meldete Goerdeler den empfohlenen Mindestpreis, der im Februar 1934 festgesetzt worden war. Von weiteren direkten Regulierungen blieb die Nährmittelbranche, anders als die Land- und Ernährungswirtschaft, bei der in die Preisgestaltung für zentrale Grundprodukte wie Getreide, Kartoffeln, Fleisch oder Milch, aber auch für Düngemittel oder Verarbeitungsprodukte wie Butter bereits 1933 regulierend eingegriffen wurde, zunächst verschont. In der Ernährungswirtschaft wurden die Erzeugerpreise jedoch in der Regel nicht gesenkt, sondern sogar erhöht. Dies lag teils in der nationalsozialistischen Blut-und-Boden-Ideologie begründet, teils diente es dem politischen Ziel, die für Autarkiebestrebungen wichtige Erzeugung von Grundnahrungsmitteln und Fetten auch wirtschaftlich attraktiver zu gestalten. Da gleichzeitig die Verbraucherpreise stabil bleiben sollten, wurde der Anstieg mit staatlichen Subventionen finanziert. Von dieser Preissteuerung im Bereich der landwirtschaftlichen Grundprodukte war die Back- und Puddingpulverindustrie, deren wichtigster Grundstoff die Stärke war, vorerst nur indirekt betroffen.[57]

Dies änderte sich Ende 1936. Im Oktober wurde Goerdeler durch Gauleiter Josef Wagner (Gau Westfalen-Süd) ersetzt, der nun als Reichskommissar für die Preisbildung einen Apparat regionaler Preisbildungsstellen kontrollierte. Am 26. November 1936 erfolgte ein umfassender Preisstopp für alle Produkte, der die Mechanismen von Angebot und Nachfrage auf dem freien Markt endgültig aushebelte. Preisanpassungen blieben zwar möglich, bedurften aber der ausführlichen Begründung und anschließenden Genehmigung. Dieses System blieb auch im Krieg erhalten. Zusammen mit dem Rohstoffamt bildete das Reichskommissariat für die Preisbildung «die wichtigste Geschäftsgruppe der Vierjahresplanbehörde» und war damit ein Pfeiler der ökonomischen Rüstungs- und Kriegsanstrengung.[58]

Zunächst wurden nach der Stoppverordnung die Preise überprüft. Wagner ließ die Reichsgruppe Industrie wissen, dass an Preiserhöhungen nur zu denken sei, wenn sie durch Preissenkungen auf anderem Gebiet kompensiert würden; das gelte auch für Markenartikel, bei denen ohnehin eine «Erstarrung» eingetreten sei. Von den einzelnen Wirtschafts- und Fachgruppen erwartete der Preiskommissar bis Ende Juli 1937 Vorschläge, die zu einer spürbaren Entlastung der Verbraucher führen müssten.[59] Wenig überraschend kamen die Fachbeiräte der Abteilungen zu dem Ergebnis, dass Preissenkungen «unter gar keinen Umständen» infrage kämen.[60] Ebenso wenig überraschend zeigte sich der Preiskommissar davon nicht beeindruckt und fand «die bisherigen Vorschläge absolut unzulänglich». Er zeigte den widerspenstigen Unternehmern gleichsam die Folterinstrumente: Wenn von der Industrie keine Vorschläge kämen, werde er Fragebogen versenden, «in denen bis ins einzelne die Verhältnisse der Firma, Steuer- und Handelsbilanz, Gewinn- und Verlustrechnung […], Gesamtumsatz und Bewegung des Umsatzes, Kalkulation der einzelnen Marken, Angabe der Handelsspannen, Bewegung der Gefolgschaft und Löhne» abgefragt würden.[61] Damit traf er natürlich den wunden Punkt der Unternehmer, die kein Interesse daran haben konnten, ihre Geschäftsinterna offenlegen zu müssen. Die Herren lenkten ein und versuchten lediglich, den Schaden möglichst gering zu halten. Mitte November übersandte Kaselowsky im Namen der Fachabteilung ein Kalkulationsbeispiel für Backpulver an die Wirtschaftsgruppe, das von 200 Mio. Päckchen ausging (die tatsächliche Jahresproduktion 1937 lag etwas höher) und mit einer Senkung des Verbraucherpreises um 1 Pfennig rechnete. Für die Hausfrau bedeute dies eine Ersparnis von 2 Mio. RM, für Oetker einen Einnahmeausfall von 1,4 Mio. RM. Weitere 260 000 RM Ersparnis ergäben sich bei Reese, noch einmal dieselbe Summe bei den Konkurrenten, die, so vermerkte Kaselowsky ausdrücklich, in etwa die gleiche Menge Backpulver produzierten wie die kleine Oetker-Schwester aus Hameln. Das sei, so Kaselowsky, ein so bedeutender Nachlass, dass für andere Produkte der Preis nicht mehr gesenkt werden könne. Andernfalls, so hoffte der Oetker-Chef den Preiskommissar endgültig zu überzeugen, könnten kleinere Firmen, die vor allem von weniger wichtigen Erzeugnissen wie Vanillinzucker lebten, gegen den Bielefelder Platzhirsch nicht mehr bestehen.[62] Unmittelbar vor Beginn des Zweiten Weltkriegs lag der Preis für ein Päckchen Backin damit bei 8 Pfennigen.[63]

Die Kriegswirtschaftsverordnung vom 4. September 1939 leitete die wirtschaftliche Mobilmachung ein. Sie brachte neben einer Erhöhung der Einkommens- und Körperschaftssteuern und später weiteren Zuschlägen Regelungen zur Preisgestaltung in der «kriegsverpflichteten Volkswirtschaft».[64] In Abgrenzung zum Preis- und Bewirtschaftungssystem des Ersten Weltkriegs, das als defizitär wahrgenommen und zumindest teilweise für die Nachkriegsinflation verantwortlich gemacht wurde, sollte nun jene «totale Preispolitik» für Stabilität sorgen, die bereits in der Vorkriegszeit angelegt war.[65] Für Oetker hatte dies zunächst keine weiteren Preissenkungen zur Folge. Im Frühjahr 1940 fragte die Geschäftsleitung von Knorr vertraulich bei Kaselowsky an, ob es stimme, dass eine Reihe von Markenfirmen – darunter Henkel und Oetker – ihre Großpackungen deshalb weiterhin zu Vorkriegspreisen verkaufen könnten, weil sie einen gewissen Betrag an die Preisüberwachungsstellen abführten. Bei Henkel, so hatte Kaselowsky gehört, wurden tatsächlich Abgaben geleistet. Da die Produkte dort nicht mehr in Friedensqualität hergestellt werden könnten, entstünden bei der Produktion Einsparungen, die als «zusätzlicher Kriegsgewinn» abzuführen seien. Bei Oetker sei gerade das nicht der Fall: Die Rezepturen seien «im großen und ganzen die gleichen geblieben wie vor dem Kriege». Allerdings verhandle man mit dem Preiskommissar, ob nicht zum Zwecke der Rohstoffeinsparung eine Absenkung des Packungsinhalts möglich sei. Während Henkel also schlechtere Qualität lieferte, wollte Oetker lieber den Inhalt reduzieren. Ob es dazu kam, ist unklar. Die – tatsächlichen oder geplanten – kriegsbedingten Verschlechterungen wären jeweils zulasten des Verbrauchers gegangen, dem der Preiskommissar die eigentlich gerechtfertigte Preissenkung vorenthielt. Hauptsächlich profitierte so der Staat, der die Zusatzgewinne abschöpfte bzw. hoch besteuerte und damit im Reichshaushalt Einnahmen verbuchen konnte, die wiederum der Kriegsfinanzierung zur Verfügung standen. Die Unternehmer konnten im Gegenzug ihren Umsatz konstant halten und wenigstens einen Teil der Produktionsersparnisse als Gewinn einstreichen. Außerdem war, wie sich die Herren von Knorr ausdrückten, der abzuführende «‹Nutzen› ein dehnbarer Begriff», und auch bei Oetker kalkulierte man nicht zum eigenen Nachteil.[66]

Die Zielrichtung der Preis- und Gewinnkontrolle war nicht nur eine stabilitätspolitische, sondern auch eine ideologische: Sie wurzelte in kapitalismuskritischen Überzeugungen, die bei vielen Nationalsozialisten bis hin zu Hitler selbst, aber auch bei hohen Militärs wie etwa General Georg Thomas, dem Chef des Wehrwirtschafts- und Rüstungsamtes im OKW, verbreitet waren. Gerade im Krieg schienen ökonomischer Eigennutz und unternehmerisches Gewinnstreben dem völkischen «Gemeinnutz» und den allgegenwärtigen Opferappellen in besonderer Weise entgegenzustehen. Sprichwörtliche «Kriegsgewinnler», die seit dem Ersten Weltkrieg einen schlechten Leumund hatten, sollten durch eine strikte Preiskontrolle und die Deckelung sowie Abschöpfung der Gewinne ausgebremst werden. Letzteres wurde allerdings nicht mit großer Konsequenz durchgeführt.[67]

Zuständig für die Gewinnabschöpfung war der Reichskommissar für die Preisbildung, erst 1942/43 wurde die bürokratisch komplexe Praxis des Preiskommissars durch die Mehrgewinnsteuer ersetzt und in die Hände der Reichsfinanzverwaltung überführt. Zunächst musste aber die Behörde des Preiskommissars unter enormem Aufwand ein System von Ermittlungsrichtlinien aufstellen, um diesen Mehrgewinn überhaupt im Einzelfall definieren zu können. Bei Oetker wurde man im Januar 1941 auf die drohende Gefahr aufmerksam, und Kaselowsky hoffte, mit Wagners Apparat zu einer Einigung zu gelangen. Einerseits sollten hohe Gewinne von Haus aus verhindert, andererseits aber nicht die unternehmerische Initiative erstickt werden, die an die Aussicht auf höhere Umsätze und Gewinne geknüpft war. Übermäßigen Profit – so Kaselowsky pflichtbewusst – könne die Industrie in Kriegszeiten freilich nicht anstreben, aber es müsse endlich Klarheit herrschen und die Unternehmer Sicherheit für ihre Entscheidungen erhalten. Deshalb übersandte er selbst dem Preiskommissar Anfang Februar 1941 vorsorglich eine Aufstellung über Umsätze und Gewinne seit 1936, die belegen sollte, dass die Gewinnsteigerung hinter der Umsatzsteigerung zurückgeblieben war. Außerdem befand sich sein Berliner Lobbyist Hans Crampe zusammen mit Rudolf-August Oetker in steter Verhandlung mit der Behörde Wagners. Mitte Februar berichtete er zufrieden von der dort gewonnenen Einsicht, dass je nach Branche besondere Richtlinien notwendig seien, die in Zusammenarbeit mit den Fachgruppen erarbeitet werden sollten. Insgesamt vertraue der dort zuständige Sachbearbeiter Claahsen darauf, dass die Wirtschaft selbst wisse, was über das rechte Maß hinausgehe, und der Preiskommissar nicht als «Feldwebel» angesehen werden solle.[68]

Die Entwicklung war grundsätzlich erfreulich, im Detail gestalteten sich die weiteren Verhandlungen aber dennoch schwierig. Einen ersten Vorschlag der Wirtschaftsgruppe, 7 % Nettogewinn zu erlauben, lehnte der Preiskommissar ab. Für Oetker selbst hätte diese Zahl sogar noch Spielraum nach oben bedeutet: Aus einer internen Kalkulation geht hervor, dass Oetker 1940 einen Nettogewinn – also nach Abzug von 65 % Einkommensteuer und Kriegszuschlag – von 4,5 % erwirtschaftet hatte. Vor dem Krieg, und damit bei niedrigerer Einkommensteuer, hatten die Gewinne in der Branche bei 15 % und mehr gelegen. Anfang Juli 1941 genehmigte Wagner der Fachgruppe Nährmittelindustrie schließlich einen Nettogewinn von 5 % vom Umsatz.[69]

Unabhängig davon setzte der Preiskommissar gleichzeitig seine Bemühungen fort, bei einzelnen Produkten die Preise zu drücken. Zwischen 9. und 28. Juni 1941 hatte die Firma Oetker in Bielefeld unliebsamen Besuch gehabt: Wirtschaftsprüfer des Preiskommissars führten eine Betriebsprüfung durch und kamen zu dem Ergebnis, dass bei zahlreichen Artikeln eine Preissenkung möglich sei. Besonderen Wert legte die Behörde darauf, «dass solche Artikel im Preis gesenkt werden, die im großen Umfang hergestellt und vertrieben werden», und bat um Vorschläge.[70] Kaselowsky antwortete in einer ausführlichen Stellungnahme, dass in der Breite des Produktspektrums an Preissenkungen nicht zu denken sei: Viele Artikel – wie etwa Puddingpulver in Großpackungen – lägen bereits unter dem genehmigten Kalkulationspreis, Übergewinne an anderer Stelle glichen dies lediglich aus. Außerdem sei die schwierige Rohstofflage ein unkalkulierbares Risiko, das dazu führe, dass viele Produktlinien nur noch in unrentablen Kleinstmengen produziert werden könnten. Kaselowsky schien sich aber im Klaren zu sein, dass sich ein substanzielles Zugeständnis nicht vermeiden ließ. Wie schon 1937 bot er dem Preiskommissar «eine Möglichkeit von wirklich volkswirtschaftlichem Gewicht»: einen Nachlass beim Backpulver. Diesmal sollte der Verbraucherpreis um weitere 2 Pfennige gesenkt werden. Das bedeute, so Kaselowsky, bezogen auf die Gesamtproduktion an Backpulver in Deutschland, für die Hausfrau Einsparungen in Höhe von (großzügig berechneten) 14 Mio. Reichsmark – eine Zahl, die sicherlich auch «propagandistisch verwertet werden» könne. Am 13. Mai 1942 nahm die Behörde den Vorschlag an und bestätigte auf Nachfrage, dass davon nicht nur die Firma Oetker, sondern alle Backpulverhersteller betroffen seien. Im September nahm Dr. Oetker die Preissenkung vor. Der Ladenpreis für Backin sank damit auf 6 Pfennige.[71]

Die HV Kartoffel: Rohstoffmangel und Kontingentierung

Wie wichtig die kontinuierliche Versorgung mit Rohstoffen von ausreichender Qualität für das Überleben der Firma Dr. August Oetker war, hatte der Familienbetrieb bereits im Ersten Weltkrieg und in den Anfangsjahren der Weimarer Republik erfahren müssen. Damals war künstlicher Weinstein, der Grundstoff für Backpulver, aus den USA importiert worden, ehe es durch das Pyrophosphat aus der Oetker-eigenen Chemischen Fabrik Budenheim ersetzt werden konnte. Doch auch danach mussten nach wie vor Rohwaren importiert werden: Kakao und Vanille etwa, vor allem aber Maisstärke. Sie war der bevorzugte Trägerstoff für Back- und Puddingpulver, Mais wurde in Deutschland aber noch nicht in nennenswertem Umfang angebaut. Schon während der Weltwirtschaftskrise wurden solche Rohstoffimporte zunehmend schwieriger, als sich das Reich mehr und mehr von der Weltwirtschaft abkoppelte. Seit 1931 wurde der Devisenverkehr staatlich kontrolliert. Regionale Devisenbewirtschaftungsstellen erfassten die Fremdwährungsbestände und teilten sie zu. Die Nationalsozialisten übernahmen dieses System der Devisenbewirtschaftung und verschärften es. Die Autarkie- und Aufrüstungspolitik stellte für Importe zu Konsumzwecken nur noch sehr begrenzt Mittel zur Verfügung.[72]

Dem nationalsozialistischen Streben nach Autarkie entsprach es, nach Möglichkeit Rohstoffe, die aus dem Ausland importiert werden mussten, durch im Inland verfügbare Äquivalente zu ersetzen. Schon im Juli 1933 erhielt Kaselowsky – gerade frisch zum Vorsitzenden des Reichsverbandes der Back- und Puddingpulverindustrie gewählt – eine Einladung vom Agrarpolitischen Amt der NSDAP. Dort wollte man mit ihm als «Fachmann und Parteigenosse», nicht als Chef der Firma Oetker, über die Verwendung von Kartoffelstärke zur Herstellung von Puddingpulver sprechen. Offenbar war den NS-Agrarfunktionären daran gelegen, die übliche Maisstärke durch das heimische Produkt zu ersetzen; dagegen hatte man sich bei Oetker bisher gewehrt, weil Qualitätseinbußen drohten. Kaselowsky nahm gleichwohl die mit der Einladung verbundene Aufgabe an.[73] Als Experte sollte er die Eignung der Kartoffelstärke klären. Dass man im Agrarpolitischen Amt einen positiven Bescheid wünschte, dürfte ihm klar gewesen sein, und die Firma beschritt deshalb einen Mittelweg. Das Oetker-Labor führte unter der Leitung von Rudolf Flebbe Versuche durch, an deren Ende eine verbesserte Kartoffelspeisestärke stand, die sich für die Beimengung in Puddingpulver eignete. Eine Denkschrift hielt jedoch fest, dass «über einen Prozentsatz von 25 nicht hinausgegangen werden und dieser auch nur für bestimmte Erzeugnisse» so hoch angesetzt werden könne; Aromastoffe würden sonst durch das «Puddingmehl» beeinflusst. Kaselowsky zeigte sich dennoch bereit, auch «ohne behördliche Anregung» stärker auf den heimischen Grundstoff zurückzugreifen, betonte aber, dass damit «ein sehr erhebliches Risiko» verbunden sei – nicht nur für den eigenen Betrieb, sondern auch aus volkswirtschaftlicher Perspektive. Nur «Spezial-Sachverständige und die in der Puddingpulverindustrie jahrelang erfahrenen Fabrikanten» könnten die Auswirkungen auf die Produkte richtig einschätzen. Dementsprechend warnte er vor einem höheren Anteil in aller Deutlichkeit: «Volkswirtschaftlich fällt selbst eine vollständige Umstellung in der Puddingpulverindustrie auf Puddingmehl für die Kartoffelstärke-Industrie nicht erheblich ins Gewicht, sie würde aber den Ruin der Puddingpulverindustrie bedeuten.»[74]

Obwohl die Fachabteilung Back- und Puddingpulver nicht müde wurde zu betonen, Kartoffelstärke sei kein vollwertiger Ersatz des Maisprodukts, wurde der Preis der eigentlich billigeren importierten Maisstärke an den steigenden Preis des heimischen Kartoffelgrundstoffs gekoppelt. Die zuständige Wirtschaftsvereinigung der Stärkeindustrien erklärte, nur so könne die Verwendung des deutschen Rohstoffs gesichert werden. Die Strategie, durch Zwangsmaßnahmen die Kartoffelstärke wettbewerbsfähig zu machen, fand auch die Unterstützung des Reichsernährungsministeriums. Kaselowsky war davon wenig begeistert: Er war der Ansicht, durch seine Bereitschaft zur Beimengung von Kartoffelstärke und die Einführung neuer Produkte auf der Basis von Kartoffelstärke (Bauernfleiss-Puddingpulver, Flammerikchen) bereits genug Entgegenkommen gezeigt zu haben.[75]

Mit einiger Aufregung beobachteten die Fachverbände der Nährmittelindustrie im Januar 1935 die Einführung der Rohstoffkontingentierung für die Teigwarenindustrie. Sie war ein schlechtes Omen auch für die anderen Nährmittelbranchen. Deshalb müsse, so Fachgruppenleiter Zaiser in einer Besprechung der Fachabteilungsleiter, bei den zuständigen Stellen nachhaltig protestiert werden: Derart «einschneidende Maßnahmen» dürften nicht erfolgen, «ohne dass wirkliche Sachverständige gehört» würden – gemeint waren die versammelten Vertreter der betroffenen Industrien, die allesamt Großbetriebe repräsentierten, darunter Kaselowsky. Nach lebhafter Diskussion wurde eine Eingabe an das Reichsernährungsministerium gerichtet.[76] Mit solchen Eingaben war aber kaum gegen den mächtigen Trend zur Marktsteuerung anzukommen, der insbesondere die Ernährungswirtschaft betraf. Am 18. April

1935 wurde sie jedenfalls durch die nationalsozialistische Marktordnung erfasst. Zuständig war fortan die Hauptvereinigung der deutschen Kartoffelwirtschaft (HV Kartoffel) im Reichsnährstand.[77] Zunächst betonte die HV Kartoffel zwar, es sei nicht beabsichtigt, Vorschriften zur anteiligen Verwendung von Kartoffelstärke zu erlassen oder gar ein Zuweisungssystem einzuführen: Es bleibe «jedem einzelnen Hersteller überlassen, nach der Maßgabe der Versorgungsmöglichkeit diejenigen Stärkeerzeugnisse zu verwenden, die ihm geeignet erscheinen».[78]

Ab 1937 änderte sich dies aber, und gerade die Zuteilung von Rohstoffen entwickelte sich zum Zankapfel zwischen der HV Kartoffel und der Fachabteilung Back- und Puddingpulverindustrie, also zwischen dem Reichsnährstand und der Industrieorganisation, die dem Reichswirtschaftsministerium unterstand. Als Ende 1936 die Vorbereitungen für die Kontingentierungen begannen, war die Fachabteilung immerhin involviert. Sie bildete einen Verteilungsausschuss, in den auch die Industrie vier Mitglieder entsenden durfte, darunter sowohl Kaselowsky als auch Ellerbrock, außerdem Rügemer, mit dem Kaselowsky auf gutem Fuße stand, sowie ein Vertreter einer kleineren Nährmittelfabrik aus Brandenburg. Die Runde komplettierten Löhr und ein Rechtsreferendar. Kaselowsky konnte also einigermaßen sicher sein, dass die Vorschläge des Ausschusses der Firma Oetker nicht allzu sehr zum Nachteil gereichten. Zugrunde gelegt wurden die Verbrauchszahlen von Anfang 1934 bis zum dritten Quartal 1936.[79] Über die Gesamtmenge wurde mit der HV Kartoffel verhandelt, die nicht nur für Kartoffelstärke, sondern auch für Mais- und Reisstärke zuständig war. Mit dem branchenintern Zuteilungssystem zeigte sich Kaselowsky zufrieden: «Gerade aus der Tatsache, dass niemand mit den Schlüsselzahlen zufrieden ist und ein jeder sich benachteiligt fühlt», ließen sich die «Sorgfalt und Überparteilichkeit» des Ausschusses ablesen.[80] Verkompliziert wurde die Sache dadurch, dass die Rohstofflager der einzelnen Firmen berücksichtigt werden mussten und dem Ausschuss im Laufe der Wochen erhebliche Zweifel an den entsprechenden Angaben so mancher Firma kamen. Die HV Kartoffel wurde aufgefordert, entsprechende Prüfungen vorzunehmen: Jedes Unternehmen sollte grundsätzlich einen Monatsbedarf an Rohmaterial lagern dürfen. Außerdem wurden Härteregelungen für kleine Firmen getroffen.[81]

Dennoch kam es im Frühjahr 1937 zu Engpässen bei der Versorgung mit Stärke. Kaselowsky klagte im April bei der HV Kartoffel, dass einzelne Betriebe bereits stilllägen, und erreichte die Zusage, dass umgehend Bezugsscheine ausgestellt würden.[82] Ein weiterer Vorstoß im Mai, unter Verweis auf eine gestiegene Nachfrage wegen des herrschenden Fett- und Obstmangels eine weitere Freigabe zu erreichen, scheiterte indes.[83] Daran änderte vermutlich auch nichts, dass Kaselowsky an die HV Kartoffel Probepackungen seiner Puddingpulver zur Verteilung an die Gefolgschaft übersandte. Ohne Zweifel war dies ein nicht gerade subtiler Versuch, den Einfluss der Fachabteilung auf die Rohstoffzuteilungspraxis zu erhöhen. Eugen Löhr hegte indes erhebliche Zweifel an der Taktik. Zwar wäre es eine Erleichterung, wenn die Industrie die Verteilung der Stärkemengen eigenverantwortlich regeln könnte. Die HV werde das aber sicherlich ablehnen, und schon deshalb sei es besser, erst einmal mündlich vorzufühlen, ehe man «mit der Tür ins Haus» falle.[84]

Erfolg war dieser Initiative nicht beschieden, und auch weitere vertrauensbildende Maßnahmen – wie die Einladung des Leiters der Hauptverwaltung zum Ley-Besuch im Oetker-Werk am 25. Juni 1937 – fruchteten nicht.[85] Anstatt der Fachabteilung mehr Einfluss einzuräumen, nahm die HV Kartoffel im August 1937 die neuen Rohstoffzuteilungen direkt an die einzelnen Unternehmen vor und überging die Fachabteilung ganz. Eugen Löhr schrieb alarmiert an seinen Vorsitzenden Kaselowsky, aufgrund fehlender «Sachberatung und Kenntnis» sei mit «offenbare[n] Ungerechtigkeiten» zu rechnen, für die die Fachabteilung jede Verantwortung ablehnen werde. Das sah Kaselowsky ähnlich: Es sei an der Zeit, diesbezüglich «einmal vorstellig zu werden». Die Besprechung verlief, so Löhr, «außerordentlich befriedigend und sachlich», was nicht zuletzt daran lag, dass zunächst ausreichend Rohstoffe zur Verteilung verfügbar schienen.[86] Von den zugesagten 40 000 Tonnen Stärkepulver wollte die HV Kartoffel jedoch schon bald nichts mehr wissen, stattdessen war von nur noch 32 000 Tonnen die Rede.[87]

Tatsächlich gelang es der Firma Oetker im Frühjahr und Sommer 1937 nicht, ihren Rohstoffbedarf zu decken; die steigende Nachfrage konnte sie deshalb nicht voll befriedigen, wie Kaselowsky beklagte. Selbst als Leiter der Fachabteilung Back- und Puddingpulverindustrie war er gegenüber der HV Kartoffel nur ein Bittsteller. Um seine Interessen durchzusetzen, zog er zunächst die nationale Karte: Er habe Belege, dass die in ausländischem Besitz befindlichen Gesellschaften Maizena und Mondamin ihre Kunden voll beliefern könnten, während der «deutsche Markenartikel Gustin einen schweren Rückschlag erleiden» werde, wenn Oetker nicht genügend Maisstärke zugeteilt bekomme und deshalb die Nachfrage nach Gustin nicht befriedigen könne.[88] Pikant war daran, dass Erwin Dircks mit der Maizena und deren Tochtergesellschaft Mondamin sonst zu den guten Geschäftspartnern Kaselowskys gehörte. 1937 wurde jedenfalls endgültig klar, dass ohne direkten Zugang zu den Berliner Behörden auch für Dr. Oetker kein Staat mehr zu machen war.

Hans Crampe und das Büro Berlin

Schon im Dezember 1936 hatte Kaselowsky an den befreundeten Alexander Becker geschrieben: Es komme «eine sehr interessante, wenn auch sorgenvolle Zeit. Wir haben augenblicklich große Schwierigkeiten, die Rohware herbeizuschaffen, da man sowohl den Mais, wie die Kartoffel lieber verfüttert, als dass man sie der Stärkeindustrie zur Verarbeitung in Stärke für die Puddingpulverindustrie zur Verfügung stellt.»[89] Also suchte die Bielefelder Firma nach neuen, kreativen Wegen, den eigenen Rohstoffbedarf zu decken. Dabei stieß Kaselowsky auf einen wahren Tausendsassa des Organisierens und Netzwerkens: Hans Crampe.

Crampe war Anfang 1935 Direktor der Pomosin-Werke in Frankfurt am Main, einer Firma, mit der sich Oetker in einer Konkurrenzsituation im Auslandsgeschäft mit den Niederlanden und Belgien befand. Diese konnte durch Verhandlungen ausgeräumt werden, wobei der Pomosin-Direktor auf Kaselowsky Eindruck machte. Auf einen Tipp Löhrs hin bat Kaselowsky Crampe Anfang 1937, die Anbahnung eines Kompensationsgeschäftes zur Einfuhr von Mais- und Kartoffelstärke aus dem Ausland zu übernehmen. Eine deutsche Firma, die Rohstoffe aus dem Ausland benötigte, aber von den zuständigen Bewirtschaftungsstellen nicht die erforderlichen Devisen zugewiesen bekam, kaufte bei solchen Kompensationsgeschäften im Inland deutsche Waren, die sie mit Reichsmark bezahlen konnte. Die Waren wurden dann ins Ausland exportiert und für den Gegenwert der gewünschte Rohstoff importiert. Crampe hatte darin offenbar einige Erfahrung, denn er konnte Kaselowsky detailliert auf die damit verbundenen Schwierigkeiten und die Notwendigkeit hinweisen, von verschiedensten Stellen des NS-Staates Genehmigungen und informelle Unterstützung einzuholen. Das Geschäft kam zwar nicht zustande. In den folgenden Monaten wuchs Crampe dennoch aufgrund seiner Expertise und seiner Kontakte in die verschiedensten Berliner Ministerien in eine zentrale Stellung bei Fragen der Rohstoffbeschaffung hinein.[90] Dabei verstand er es geschickt, seine Leistung und Problemlösungskompetenz im Umgang mit den obersten Reichsbehörden besonders zu akzentuieren. Er hob die eigenen Verdienste hervor und machte sich unersetzlich. Es scheint ganz so, als habe Crampe gezielt versucht, bei Oetker in Anstellung zu kommen – dass er für seine Tätigkeit zunächst auf Entlohnung und Provision verzichtete und sich nur seine Spesen ersetzen ließ, war strategisch geschickt. Kaselowsky bedankte sich 1937 geradezu überschwänglich und bestand darauf, dass er «selbstverständlich» nicht nur für die Auslagen aufkommen werde; tatsächlich erhielt Crampe, der damals noch Pomosin-Direktor war, einmalig eine Prämie von 5000 RM.[91]

Zum 1. Januar 1938 trat Hans Crampe bei der Firma Dr. August Oetker ein, und Kaselowsky schenkte ihm eine Ausgabe von Hitlers «Mein Kampf», die er mit einer persönlichen Widmung versehen hatte.[92] Nach einer Einarbeitungszeit in Bielefeld sollte Crampe in der Reichshauptstadt residieren, um dort die «Vertretung der Interessen des ‹Oetker-Konzerns› bei den amtlichen Stellen in Berlin» wahrzunehmen. Das «Berliner Büro» wurde in der Passauer Straße 34 eingerichtet, als dessen Leiter sich Crampe rasch auf einer Stufe mit den beiden Stellvertretern Kaselowskys in Bielefeld, Karl Oetker und Hermann Kandler, befand. Bald führte er den Direktorentitel und war für die Auslandsgesellschaften in Frankreich, Belgien und den Niederlanden zuständig. 1938 leitete er nach dem «Anschluss» Österreichs zu Kaselowskys größter Zufriedenheit die Verhandlungen zur Rückübernahme der bis dahin eigenständigen Niederlassung in Baden bei Wien und wurde in der Folge auch mit der Aufsicht über dieses Zweigwerk und dessen Filiale in Brünn betraut.[93]

Direktor Hans Crampe wurde zur rechten Hand Kaselowskys in Berlin. Dass sich für die Jahre ab 1938 im Bielefelder Firmenarchiv nur noch sporadisch Akten zu Fragen der Rohstoffbeschaffung, der Verbandsarbeit oder der Interessenvertretung finden, dürfte daran liegen, dass diese Aufgabenfelder nun maßgeblich von Crampe erledigt wurden. Die Akten des Berliner Büros gingen vermutlich bei einem Bombenangriff 1943 verloren.[94] Dafür lässt sich die übrige Tätigkeit des Berliner Statthalters an vielen Stellen nachvollziehen, da er Kaselowsky ausführlich berichtete, etwa bei den Kooperationen mit der Wehrmacht und der Waffen-SS. Seine Kontakte zur Wehrmacht hatte Crampe schon 1937 als Köder benutzt, indem er Kaselowsky mit zwei Männern bekannt machte, die maßgeblich für die Ernährung der Truppe zuständig waren: Regierungsrat Wilhelm Ziegelmayer und dessen Vorgesetzter, Geheimrat Ernst Pieszczek, Chef des Heeresversorgungs- und Beschaffungsamtes im OKH. 1940/41 nahm Crampe in Berlin außerdem Rudolf-August Oetker unter seine Fittiche und sorgte dafür, dass der Unternehmenserbe auf einen sicheren Posten im OKH eingezogen wurde.[95] Auch als Crampe selbst im November 1939 als Wehrwirtschaftsberater einberufen wurde, legte der Oberleutnant der Reserve Wert darauf, dass dies «im Einvernehmen» mit Kaselowsky geschah. Dem zuständigen Wehrkreiskommando erklärte er ganz offen, dass er gedenke, «den größten Teil meiner Zeit weiter für die Firma Dr. Oetker» zu arbeiten.[96] Das tat der Wehrwirtschaftsführer Crampe, der 1940 zum Hauptmann und 1942 zum Major aufstieg, denn auch mit einiger Konsequenz.[97]

Für die Firma Oetker war seine Tätigkeit bei der Wehrmacht mit einer ganzen Reihe von Vorteilen verbunden. Crampe war für das Ernährungsamt des OKH tätig, an das Oetker Pudding und Backpulver lieferte; in dessen Auftrag fungierte er als Geschäftsführer der Gesellschaft für Nährwerterhaltung, eines Gemeinschaftsunternehmens der Wehrmacht mit verschiedenen Unternehmen der Privatwirtschaft, an dem auch Oetker beteiligt war. Darüber hinaus befand sich Crampe in einer Position, die es ihm erlaubte, das Bielefelder Unternehmen und seine Tochtergesellschaften direkt und unmittelbar an der Beute zu beteiligen, die es im eroberten Europa einzubringen galt. Das Buch der Gefolgschaft drückte das etwas verklausuliert so aus: Der Krieg habe es mit sich gebracht, «daß ein großer Teil des europäischen Auslandes in der Ernährungswirtschaft stark von Deutschland abhängig ist», und auch unter diesem Gesichtspunkt habe «die Berliner Stelle eine außerordentlich große Bedeutung für alle Oetker-Unternehmungen».[98]

Gelegenheit, aus den Kriegszügen der Wehrmacht Vorteil zu ziehen, bot sich zum Beispiel nach dem Einmarsch in Frankreich. Crampe trat im Auftrag des OKW und in Begleitung des Unternehmenserben Rudolf-August Oetker eine vierzehntägige Reise durch das besetzte Frankreich an, kaum dass der Waffenstillstand von Compiègne am 25. Juni 1940 unterzeichnet war. Seine Aufgabe war es, «Rohphosphat oder [...] Saures Natriumpyrophosphat für die deutsche Wirtschaft zu beschlagnahmen» – also just jene Rohstoffe, die Oetker für die Backpulverproduktion benötigte. Um möglichst effizient vorgehen zu können, holte sich Crampe Rat bei der Chemischen Fabrik Budenheim, die Teil des Oetker-Konzerns war. Dort, so hoffte er, sei man «über die hier in Betracht kommenden Industrien informiert». Die Kollegen in Budenheim waren gerne behilflich, weil sie hofften, im Gegenzug an der Beute beteiligt zu werden: «Wenn wir mit oder ohne Mitwirkung der Reichsstelle Chemie größere Mengen Rohphosphat erhalten würden, so wäre uns das angenehm.» Doch nicht nur Rohwaren, sondern auch Ersatzteile waren in der deutschen Kriegswirtschaft knapp, und so gab die Budenheim-Leitung Crampe noch eine präzise Bestellung mit auf den Weg: «Wir konnten in Erfahrung bringen, dass die französische Gesellschaft Kuhlmann in ihrem Werk in Rieme/Gent zwei Filterapparate seit einigen Jahren in Betrieb hat, die für unsere Zwecke infrage kämen. Es wurde deshalb hier der Gedanke erwogen, [...] diese Filter auszubauen und nach Budenheim zu übernehmen.» Die Herren teilten auch gleich mit, wonach man genau suchen musste: «Um die Nachforschungen zu erleichtern, geben wir noch den Spezialausdruck für Bandfilter bekannt: ‹filtre à bond›.»[99]

Während es für viele ebenfalls interessierte Firmen schon schwierig war, überhaupt eine Einreiseerlaubnis in die gerade erst besetzten Benelux-Länder und Frankreich zu erhalten, brauchte sich Crampe darüber keine Gedanken zu machen, da er im Auftrag des OKH und in Uniform nach Frankreich reiste; Dr. Oetker hatte so gewissermaßen den ersten Zugriff.[100] Auch vom grünen Tisch in Berlin aus konnte Crampe seinen Informationsvorsprung im Heeresverpflegungsamt nutzen: Kaum zurück aus Frankreich, schrieb der Hauptmann «dringend» an Kaselowsky und unterrichtete ihn, dass der Oberquartiermeister des Heeres für Belgien 2000 Tonnen Zucker beschlagnahmt habe. Auf Crampes Betreiben sollte dieser Zucker «dem Verpflegungsmagazin Minden zur Verfügung gestellt werden, ohne dass die Hauptvereinigung der deutschen Zuckerwirtschaft etwas davon erfährt». Crampe hoffte also, durch die Wehrmacht das Bewirtschaftungs- und Kontingentierungssystem zu umgehen. Das Einverständnis seines Vorgesetzten Pieszczek vorausgesetzt, wollte er der Firma Oetker «einige hundert Tonnen» von diesem Zucker zukommen lassen, «ohne Mitteilung an die Hauptvereinigung», wie er nochmals betonte.[101] Ob Oetker tatsächlich Zucker erhielt, muss offenbleiben; an Pieszczek dürfte es aber kaum gescheitert sein, da zwischen diesem, Crampe und Ziegelmayer bestes Einvernehmen herrschte. Auch bei Ziegelmayer, *dem* Fachmann für die Truppenversorgung in der Wehrmacht und Verfechter einer engen Kooperation mit der Lebensmittelindustrie, konnte Crampe auf Verständnis für die Bedürfnisse der Firma Oetker rechnen.[102]

Crampe verfügte nicht nur über ein hervorragendes Netzwerk, das er intensiv pflegte und nutzte. Er galt auf dem Gebiet der Ernährungswirtschaft als ausgewiesener Experte, der bei diesbezüglichen Fragen regelmäßig zurate gezogen wurde. Als Konsequenz wurde Crampe zum 1. Juni 1943 von Reichsmarschall Hermann Göring als Bevollmächtigter für Nahrungsmitteltechnik in den Reichsforschungsrat berufen und leitete fortan die Arbeitsgemeinschaft für Nahrungsmitteltechnik. Crampe übte damit maßgeblichen Einfluss bei der Vergabe von Forschungsgeldern im Feld der Ernährung aus und gab die Richtung bei der Entwicklung neuer industrieller Nahrungsmittel vor. Das hieß freilich nicht, dass alle Oetker'schen Entwicklungsvorhaben automatisch genehmigt wurden. Crampe regte im Zweifel aber Verbesserungen an und gab Tipps, wie Anträge eine bessere Chance auf Bewilligung hatten.[103] Die Geschäftsstelle der Arbeitsgemeinschaft befand sich seit 1. Oktober 1943 in Baden-Baden. Dorthin übersiedelte auch Crampe, nachdem im November 1943 das Berliner Büro in der Passauer Straße durch einen Bombenangriff zerstört worden war.[104] Über eine weitere Tätigkeit des Berliner Büros ist nichts bekannt; vermutlich stellte es nach der Zerstörung der Geschäftsstelle und Crampes Umzug ins Badische seine Tätigkeit ein.

Noch im Oktober 1944 berief Rudolf-August Oetker nach dem Tod Richard Kaselowskys Crampe in einen persönlichen Beirat, der ihn bei der Übernahme der Firmenleitung unterstützen sollte.[105] Danach kam es jedoch zur Entfremdung zwischen dem Oetker-Erben und Crampe, der spätestens im Januar 1945 an den Bodensee ausgewichen war und dort zunächst auf der Insel Reichenau, dann in Konstanz auf das Kriegsende wartete. Die Unzufriedenheit in Bielefeld stand in Zusammenhang mit Crampes Tätigkeit – oder vielmehr Untätigkeit – als Geschäftsführer der Nährwertgesellschaft, über deren Aktivitäten und insbesondere den

Finanzstatus man sich bei Oetker nicht mehr ausreichend informiert fühlte.[106] In der unmittelbaren Nachkriegszeit verfolgte man bei Oetker Crampes Schicksal aufmerksam und bemühte sich, den Kontakt wiederherzustellen. Auch Rudolf-August Oetker korrespondierte nach seiner Entlassung aus der Internierung zunächst weiterhin mit ihm. Crampe blieb aus Furcht vor der strengeren Entnazifizierung in den anderen Besatzungszonen lange Zeit in Konstanz, wo der Wehrwirtschaftsführer tatsächlich kaum behelligt wurde. Nach einer Vernehmung durch die französischen Behörden 1946 kümmerten sich die Besatzer nicht weiter um ihn; 1948 kam auch der zuständige Entnazifizierungsausschuss in Konstanz zu dem Schluss, dass Crampes Tätigkeit gewiss «für die Volksgemeinschaft [sic] bedeutsam», aber unpolitisch, «rein fachwissenschaftlich» gewesen sei, und stufte ihn als Mitläufer ein.[107]

Bis Mitte 1946 versuchten Crampe und die Firma Oetker unter der Leitung des von den Briten bestellten Treuhänders Ernst Tüscher voneinander zu profitieren: Während die Bielefelder Firmenleitung Crampe als Vertreter der eigenen Interessen in der französischen Zone einsetzen wollte, bemühte sich dieser, die Ergebnisse der von ihm vorangetriebenen Hefeforschung anzudienen. Er strebte danach, als Direktor in eine ähnliche Vertrauensstellung zurückzukehren, wie er sie unter Kaselowsky besessen hatte. Dazu kam es jedoch nicht: Kaselowsky war tot, und das Verhältnis zu Tüscher blieb distanziert. Crampes besondere Expertise und sein Netzwerk zur Partei, zu den Reichsbehörden und zur Wehrmacht war wertlos geworden, seine gelegentlichen Eigenmächtigkeiten und sein in einer Vielzahl von Projekten sich verzettelnder Aktivismus waren nicht mehr gern gesehen. Unter den Bielefelder Herren war er aufgrund seiner früheren Ausnahmestellung ohnehin nicht gut gelitten. In späteren Jahrzehnten verfiel er einer Art *damnatio memoriae*: Obwohl er zwischen 1937 und 1945 eine zentrale Rolle in der Firma Dr. Oetker eingenommen hatte, außerhalb Bielefelds zeitweise als zweiter Mann hinter Richard Kaselowsky angesehen werden musste und in Rudolf-August Oetkers Berliner Zeit eine wichtige Rolle gespielt hatte, konnte oder wollte sich bald niemand mehr an ihn erinnern. Das mag auch daran liegen, dass er wie kein zweiter Mitarbeiter die Verbindungen zum NS-Regime personifizierte.[108]

Kriegsstrategien: Marke, Marken, Monopol

Kaselowskys Engagement in den Wirtschaftsorganisationen der Back- und Puddingpulverindustrie diente von Anfang an den genuinen Interessen der Firma Oetker, nicht zuletzt dem Schutz der eigenen Marke. Dazu gehörte der Kampf gegen Schleuderpreise ebenso wie der Versuch, auch bei Mitbewerbern einen Mindestpreis und eine gewisse Produktqualität sicherzustellen und irreführende Werbung zu verhindern. Ein Preiskampf, möglicherweise gar auf Kosten der Produktqualität, hätte über kurz oder lang das Renommee der Marke und die dominierende Position der Bielefelder beschädigt. Die Vorgaben und Einschränkungen bei der Rohstoffversorgung gefährdeten schon in den Friedensjahren die Verfügbarkeit und gleichbleibende Qualität des Oetker'schen Markensortiments. Bei Kriegsausbruch kündigte Preiskommissar Josef Wagner an, dass selbstverständlich auch im Markensegment mit einer «Beschränkung der Typen- und Sortenzahl» zu rechnen sei, um «neben der Deckung des eigentlichen Kriegsbedarfs die Versorgung der Zivilbevölkerung mit lebenswichtigen Verbrauchsgütern sicherzustellen».[109]

Eine Folge dieser Einschränkungen war, dass Produkte wie Vanillinzucker zumindest vorübergehend eingestellt wurden: Vanillin und andere Aromastoffe galten nicht als kriegswichtig, weshalb die Zulieferindustrie dafür keine Arbeitskräfte und Kohlen erhielt und die Produktion zugunsten anderer Produkte umstellte.[110] Natürliche Vanille, die importiert hätte werden müssen, war im Krieg nicht zu erhalten. Nicht viel besser war die Lage beim Kakao. Um dieser Entwicklung entgegenzusteuern, bemühte sich Dr. Oetker, die eigenen Produkte möglichst umfassend als kriegswichtig anerkennen zu lassen. Erfolgversprechend war das etwa beim Pudding, der an die Wehrmacht geliefert wurde, und bei Gustin, das mit Vitamin B versetzt und unter der Bezeichnung Vita-Gustin als Kindernährmittel beworben wurde.[111]

Das System der Lebensmittelrationierung bedeutete auf den ersten Blick eine Einschränkung, konnten doch die Verbraucher bestimmte Lebensmittel nicht mehr in beliebigen Mengen kaufen; die Markenbindung drohte zu erodieren, wenn altgewohnte Packungsgrößen, Qualitäten und Geschmacksrichtungen nicht mehr immer und überall verfügbar waren.[112] Unmittelbar nach Kriegsbeginn erfuhr Crampe, dass die Speisestärkemarken Gustin, Mondamin und Maizena in Zukunft wohl nur noch auf Lebensmittelkarte abgegeben werden würden, womöglich würden sie sogar als Nährmittel für Säuglinge und Kleinkinder reserviert. Mitte September 1939 berichtete er alarmiert, Puddingpulver werde schon binnen neun Tagen, ab 25. September, nur noch auf Marke erhältlich sein. Unternehmen könne er im Moment nichts, da er offiziell davon noch gar nichts wissen dürfe. Crampe vermutete, hinter der zunächst als bedrohlich empfundenen Entwicklung stecke die HV Kartoffel. Wenig später kannte Kaselowsky bereits Details: Kinder bis zu sechs Jahren sollten alle 14 Tage ein Päckchen Gustin, Mondamin oder Maizena erhalten. Für jeden Erwachsenen gab es 50 Gramm Puddingpulver. Nun erkannte der Oetker-Chef die Chancen, die die Rationierung brachte: Andere Lebensmittel würden knapp werden, folglich das Interesse der Verbraucher an den Produkten steigen, die auf Lebensmittelmarke verfügbar waren. Für Gustin rechnete er mit einer Verdoppelung der bisherigen Produktion, und auch bei Pudding kalkulierte er mit einem erheblichen Zuwachs. Vorteilhaft war zudem, dass für Lebensmittel, die auf Marke ausgegeben wurden, von den Kontingentierungsstellen auch die notwendigen Rohstoffe zugewiesen werden mussten. Immerhin 73,6 % des gesamten Stärkekontingents der Nährmittelindustrie sollten 1940 laut Plan allein auf die Oetker-Gruppe einschließlich ihrer Ableger Reese und Töllner entfallen. Eine Garantie für ausreichende Rohstoffversorgung war das freilich nicht: Schon im April 1940 wurde beispielsweise die Zuteilung für Puddingpulver halbiert, weil Stärkepulver knapp wurde. Aber eine gewisse Planungssicherheit brachte es doch.[113]

Im Bereich des Backpulvers dominierte Oetker traditionell den Markt: Annähernd 90 % der deutschen Gesamtproduktion stammten aus der Bielefelder Nährmittelfabrik oder von den Töchtern Reese und Töllner. Aus Rationalisierungsgründen erhielt das Unternehmen im Krieg zeitweise sogar ein Monopol: Ab 1. Januar 1942 war Dr. Oetker die einzige Firma im Reich, die noch Backpulver produzierte. Crampe hoffte, man werde auch Backpulver, faktisch also «Backin», künftig in das System der Lebensmittelmarken aufnehmen lassen können. Inzwischen hatte er den Vorteil dieser neuen, zusätzlichen Form der Regulierung erkannt, die eine Marktbereinigung ermöglichte: Das neue System arbeite nach dem Prinzip der Leistungsfähigkeit, kleine «Waschküchen-Betriebe» müssten eben schließen. Diese protestierten naturgemäß vehement. Wann und warum die Monopolisierung wieder aufgehoben wurde, ist unklar; jedenfalls gab es 1944 wieder andere Backpulverproduzenten. Möglicherweise hatte die Dezentralisierung der Produktion mit mehreren Herstellern im vierten Kriegsjahr Priorität; schließlich war die Hamburger Filiale durch einen Bombentreffer zeitweise ausgefallen.[114]

Doch selbst die Marktmacht Oetkers garantierte nicht die ausreichende Versorgung mit Rohstoffen. Auch die Anerkennung der Firma Oetker als «kriegswirtschaftlich wichtige[r] Betrieb» im Mai 1942 – gerade rechtzeitig, als die umfassende Ressourcenmobilisierung für die «totale» Kriegswirtschaft einsetzte – half da nur begrenzt weiter. Seitdem war die Fertigung zwar als «nicht einschränkbar» deklariert und die Gefahr, dass Arbeitskräfte für die Rüstungsindustrie entzogen würden, vorerst gebannt.[115] Deswegen wuchsen aber die Rohstoff-Kontingente noch lange nicht, obwohl die Produkte zur Befriedigung einer steigenden, vom Regime selbst geschaffenen Nachfrage beitrugen. Die Grundstoffzuteilungen für Backpulver sanken 1943 sogar auf einen Stand, der nicht einmal mehr die Hälfte der Menge von 1941 erreichte – zweifelsohne auch eine Folge der sich nachteilig entwickelnden Kartoffelproduktion.[116] Überhaupt erwies sich die unzureichende Versorgung mit landwirtschaftlichen Grundprodukten immer mehr als Achillesferse der nationalsozialistischen Ernährungspolitik. Die schwankenden Rohstoffzuteilungen erschwerten die Produktion selbst einfachster Nährmittel. Das Produktionsprogramm wurde teilweise mehrmals täglich umgestellt, der Betriebschemiker Flebbe musste die Rezepturen immer wieder anpassen, je nachdem, welche Rohstoffe gerade in welcher Kombination zur Verfügung standen.[117] In dieser Situation struktureller Planungsunsicherheit waren unausgegorene Ideen aus dem Reichsernährungsministerium völlig unrealistisch, mit Nährmitteln Versorgungslücken in anderen Bereichen zu stopfen: Im Januar 1943 informierte man Crampe, dass auf Wunsch des Staatssekretärs im Reichsernährungsministerium Herbert Backe Sonderzuteilungen von Puddingpulver geplant seien, da im Frühjahr das Gemüse knapp werde; Oetker solle so viel Puddingpulver liefern wie möglich. Nicht bedacht hatte man in den ministerialen Schreibstuben, dass Oetker dann neben Stärke auch zusätzliche Aromastoffe und die Hausfrauen Zucker und Milch benötigten – alles nicht verfügbare Mangelprodukte. Dennoch wurde der Plan weiterverfolgt, wenngleich der Pudding bald nicht mehr Gemüse ersetzen, sondern als «Ausgleich für die Herabsetzung der Fleischration» dienen sollte.[118]

Unabhängig davon wurde 1943 die Situation für Oetker immer prekärer. In Bielefeld entstand deshalb eine Denkschrift über die «kriegswirtschaftliche Bedeutung der Hausbäckerei und der ausreichenden Versorgung mit Backpulver». Der Autor ist nicht genannt – es spricht einiges dafür, sie Kaselowsky zuzuschreiben; gekannt und gebilligt hat er sie zweifelsohne. Systematisch wurde darin eine Reihe von Argumenten aufbereitet, die die Bedeutung von Backpulver und anderen Produkten für die Ernährung unterstrichen.[119]

Auch die Denkschrift kam nicht ohne Bezug auf das Gemeinwohl aus. Einleitend heißt es, im Krieg habe «das Notwendigste Vorrang vor dem Erwünschten», und deshalb sei die Hausbäckerei von eminenter Bedeutung. Die Nachfrage nach Backpulver sei in der Heimat seit Kriegsbeginn stark gestiegen, könne aber nicht voll befriedigt werden, und das, obwohl «die Produktion weit über dem Friedensstand» liege. Die gleiche Entwicklung habe man schon im Ersten Weltkrieg beobachtet; damit wurde angedeutet, dass Backpulver in Kriegszeiten schon damals eine wichtige Ersatzfunktion gehabt habe. Tatsächlich wiesen die Zahlen bei Oetker steil nach oben: 1938 hatte die Firma noch 247 Mio. Päckchen geliefert, 1941 bereits 553 Mio., und der Autor spekulierte, 1942 hätte man wohl auch eine Milliarde Päckchen absetzen können, hätte man über die nötigen Rohstoffe verfügt.

Dabei spreche man, so die Argumentation, nicht über ein Luxusprodukt: Vielmehr sei die gesteigerte Nachfrage in einem direkten Zusammenhang mit dem Mangel zu sehen, der im Bereich der Ernährung herrsche. Die «Verwendung von Backpulver» ermögliche «eine bessere Ausnutzung der vorhandenen Lebensmittel», wie nicht zuletzt die «Zeitgemäßen Rezepte» belegten, mit denen Oetker in den Kriegsjahren warb. Sie zeigten der Hausfrau, wie sie mit wenig Fett und Eiern schmackhafte Kuchen zubereiten könne. Backpulver (und die Firma Oetker, so konnte der Leser gedanklich ergänzen) trügen so erheblich zur Einsparung knapper Nahrungsmittel bei und erleichterten den Umgang mit der Mangelwirtschaft im Alltag.[120] Aber die Frauen büken auch mehr, weil sie den Wunsch hätten, «ihren im Felde stehenden Männern, Söhnen und Brüdern Liebesgaben in Form von Gebäck zu senden». Dies sei wichtig für die «Verbundenheit zwischen Front und Heimat», und

Oetkers «Zeitgemäße Rezepte» im Krieg: Kuchen backen ohne Zutaten

bekanntlich habe «der Feldsoldat [...] ein ausgesprochenes Bedürfnis, ja einen Heißhunger auf Süßigkeiten und Süßspeisen». Viele Heimaturlauber ließen sich vor der Rückkehr an die Front «noch einen Kuchen zum Mitnehmen backen», und dafür seien Trockenkuchen auf Backpulverbasis besonders gut geeignet, weil sie «den oft langen Weg ins Feld gut überstehen». Dafür gab Oetker sogar eigene Rezepthefte heraus.[121] Auch an der Heimatfront selbst sei Backpulver unentbehrlich: Es erlaube der Hausfrau, ihrer Familie auch in Kriegszeiten «einmal eine kleine Freude durch einen selbstgebackenen Kuchen zu bereiten», und das sei umso wichtiger, als «viele Frauen und Mütter im Arbeitsprozess» stünden. Einschränkungen hätten unweigerlich «eine[n] starken Stimmungsabfall» zur Folge: «Der Einzelhändler weiß ein Lied von der Empörung der Hausfrauen zu singen, wenn sie trotz wiederholter Nachfrage kein Backpulver bekommen.» Für Dr. Oetker war «Backpulver auch in der heutigen Zeit ein unbedingt notwendiges Erzeugnis».

Wer Adressat dieser Denkschrift war, ist leider nicht zu klären. Angesichts der Ausführlichkeit und des betriebenen dokumentarischen Aufwands wird man an das Reichsernährungsministerium denken können. Aus Sicht der Firma Dr. August Oetker war das 1943 alles ernst gemeint: Ohne Backpulver litten Soldaten und Hausfrauen, fehlende häusliche Backwaren würden die Stimmung an der Heimatfront untergraben. Zumindest der letzte Punkt war nicht ganz aus der Luft gegriffen. So berichteten sogar die «Meldungen aus dem Reich» des Sicherheitsdienstes der SS (SD) über Unruhe unter jungen Müttern, weil Kindernährmittel wie Gustin nicht lieferbar waren.[122] Und in dem Bemühen, Normalität vorzuspiegeln, berichtete der «Angriff», die Gauzeitung der Berliner NSDAP, noch im Januar 1945 über eine «Puddingprüfung», der zufolge «die Hausfrauen in erster Linie eine frische, lebhafte und angenehme Farbe verlangen und erst dann Geschmack und Schnittfestigkeit beachtet werden».[123]

Großer Erfolg war der Denkschrift vermutlich nicht beschieden – es gab schlicht nicht mehr Rohstoffe zu verteilen. Jedenfalls brach die Zahl der bei Oetker produzierten Päckchen in den Jahren 1943 und 1944 dramatisch ein. Allein beim Backpulver halbierte sich die Zahl der Päckchen von 372 Mio. 1942 auf 193 Mio. 1944.[124] Der Rohstoffmangel betraf nicht nur das Backtriebmittel, aber da es nach wie vor eines der wichtigsten Produkte war, traf der Rückgang die Firma hier am härtesten. 1942 enthielt über ein Drittel aller von Oetker verkauften Produktpäckchen Backin.

Dieser Einbruch führte im August 1944 zu einem weiteren Memorandum, das ebenfalls zweifellos Kaselowsky und seinem Umfeld zuzuschreiben ist und sich an das Reichswirtschaftsministerium richtete. Die darin entwickelten Ideen müssen für das Bielefelder Familienunternehmen als geradezu grundstürzend bezeichnet werden: Oetker bot an, auf die Marke zu verzichten.[125]

Natürlich waren an dieses Angebot Bedingungen und Erwartungen geknüpft. Offenbar hatte man im Unternehmen erkannt, dass mit einer Besserung der Rohstofflage nicht mehr zu rechnen war, sondern befürchtete eher noch Schlimmeres. Die Argumentation von der Wichtigkeit der Hausbäckerei war ins Leere gelaufen. Um nicht nur das eigene Überleben zu sichern, sondern gleichzeitig die Ausgangsposition für eine absehbare, wie auch immer gestaltete Nachkriegszeit zu verbessern, wurde ein «Plan zur Einsparung von Arbeitskräften und Material in der Back- und Puddingpulverindustrie» entwickelt. Demnach sollten nur noch die «leistungsfähigsten Betriebe unserer Branche unter Ausnützung ihrer Höchstkapazitäten zur Produktion herangezogen werden». Während Back- und Puddingpulver sowie Vanillinzucker unabdingbar seien, könne auf Backaromen und Soßenpulver verzichtet werden – ein Verzicht freilich, der vor allem die Konkurrenz traf. Unter den «10–20 […] leistungsfähigsten Firmen», auf die die Rohstoffzuteilungen konzentriert werden sollten, verortete die Denkschrift nicht weniger als zehn Oetker-Betriebe, darunter alle Zweig- und sogar die Ausweichwerke auf Reichsgebiet. Auf diese Weise könne Oetker die reichsweite Produktion von Backpulver zu 100 % und von Puddingpulver zu 50–60 % übernehmen. Damit verbunden sei ein Effizienzgewinn, da mit den modernen Oetker-Maschinen und größeren Chargen Rohmaterial gespart werde. Zur Verteilung der hergestellten Waren wollte Oetker sein ausdifferenziertes, das gesamte Reichsgebiet erfassendes Netz von Lagern und Vertretungen zur Verfügung stellen.

Damit hätte Oetker weite Teile der Back- und Puddingpulverindustrie monopolisiert und die meisten noch existierenden kleinen Konkurrenten auf einen Schlag vom Markt verdrängt. Eine solche Marktbereinigung unter dem Deckmantel der Kriegsrationalisierung hatte mehrere Vorteile, aber auch einen hohen Preis. Nicht nur wären die knappen Rohstoffe in die Oetker'schen Maschinen umgeleitet und damit kurzfristig die Auslastung der Werke gesichert worden. Die allermeisten Mitbewerber hätten diesen Schnitt kaum überlebt und wären nach Kriegsende schwerlich in der Lage gewesen, die Produktion wieder aufzunehmen. Ein solcher Plan war nur schwer durchzusetzen, er musste den zuständigen Stellen und den wenigen Konkurrenten schmackhaft gemacht werden, die groß genug waren, um ebenfalls ein Stück vom Kuchen zu fordern. Oetker bot deshalb «ein erhebliches Opfer» an: Sämtliche Markennamen sollten ruhen und Back- und Puddingpulver nur noch in rationellen Einheitsverpackungen geliefert werden. Ein endgültiger Verzicht war das freilich nicht: In Bielefeld ging man unter der Hand davon aus, dass der Markenname wieder auferstehen würde, sobald die Lage sich änderte. Die neutrale Einheitsverpackung konnte man sogar als Vorteil interpretieren, da Händler und Hausfrauen schlechte Qualität und ausbleibende Lieferungen nicht mehr dem guten Markennamen Oetker zurechnen würden.

Das Memorandum blieb erst einmal ein halbes Jahr unbeachtet. Dann wurde die Fachgruppe Nährmittelindustrie um eine Stellungnahme gebeten. Nicht einmal dort wollte man die von Oetker lancierte radikale Neuordnung des Marktes befürworten. Im Gegenteil, diese lief allen Bemühungen um Dezentralisierung der Produktion entgegen, mit denen die Wirtschaftsbürokratie auf den Luftkrieg und die Zerstörung der Verkehrs- und Transportnetze reagierte. Das allzu offensichtlich angestrebte Monopol entspreche «nicht den geltenden wirtschaftspolitischen Anschauungen», von denen man auch im Krieg nicht abweichen wolle. Einzig der Vorschlag einheitlicher Produktpackungen stieß auf Interesse, man werde entsprechende Vorarbeiten beginnen.[126] Das allerdings hätte ein klassisches Eigentor für Oetker bedeutet: den Verzicht auf die Marke ohne das Quasimonopol.

Immerhin erregte die zugespitzte Behauptung, noch 400 Firmen seien in der Branche tätig, doch die Aufmerksamkeit des Reichswirtschaftsministeriums. Tatsächlich handelte es sich noch um immerhin 333 «Puddingpulverbetriebe», die grundsätzlich auch mit Stärke beliefert würden – davon zahlreiche handwerkliche Kleinstbetriebe oder Stärkefabriken der HV Kartoffel, die Puddingmehl herstellten. Ein Teil war durch «Feindeinwirkung» ausgefallen, ein Teil lag im Osten des Deutschen Reiches und damit inzwischen in Feindesland.[127] Zu einer Neuordnung des Marktes kam es jedoch nicht mehr. Zum Jahreswechsel 1944/45 war die Umsetzung solcher Vorschläge wegen der Kriegslage letztlich viel zu aufwendig. Die Verkehrsprobleme erforderten vielmehr pragmatische Improvisation, um in einzelnen Regionen überhaupt noch die Versorgung aufrechtzuerhalten. In diesen Bereich gehörte etwa die Idee, dass Oetker und Mondamin gegenseitig ihre Produkte abfüllen und in den jeweils näher liegenden Verkaufsgebieten vertreiben sollten. Aber selbst dieser Plan wurde wahrscheinlich nicht mehr umgesetzt.[128]

Trotz aller taktischen Überlegungen, die sich hinter dem Angebot verbargen, die Marke «Dr. Oetker» aufzugeben: Allein dass darüber nachgedacht wurde, zeigt, dass Kaselowsky die Lage Mitte 1944 als höchst kritisch einschätzte. Die Oetker-Führung war offensichtlich willens, durch unorthodoxe Gedankenspiele das Überleben der Firma zu sichern, und gleichzeitig umsichtig genug, dabei möglichst große Vorteile für das eigene Unternehmen herauszuschlagen.

7. Krieg und Profit

Als das Deutsche Reich am 1. September 1939 seinen polnischen Nachbarn überfiel, kam der Kriegsausbruch für Richard Kaselowsky nicht überraschend. Für die Familie Oetker bedeutete der neuerliche Krieg eine Aktualisierung des Traumas von 1916/18: Wieder gab es nur einen männlichen Erben, der im wehrfähigen Alter stand, abermals schien die Familienkontinuität bedroht. Eilig heiratete Rudolf-August Oetker und wurde als Soldat an sicherer Stelle im Heeresverpflegungsamt untergebracht. Gleichwohl war Kaselowsky überzeugt, dass dem Deutschen Reich keine Alternative zur militärischen Auseinandersetzung blieb, die – so die Diktion der nationalsozialistischen Propaganda – den Deutschen aufgezwungen worden war. Rudolf-August Oetker erinnerte sich später, dass das Vorgehen der neuen Machthaber gegen das «Diktat» des Versailler Vertrages einer der Faktoren war, die den Nationalsozialismus für Kaselowsky attraktiv erscheinen ließen. Diesen Revisionismus teilten weite Teile der Bevölkerung, und die außenpolitischen Erfolge, die Hitler seit Mitte der 1930er Jahre erzielte, stießen auf große Zustimmung, stabilisierten das Regime und festigten den «Führer-Mythos».[1] Auch wenn Kaselowsky nach wie vor hoffte, «der Wunsch des Führers» möge sich erfüllen und die «Regierungen Englands und Frankreichs doch noch eine Einsicht haben», verlieh Kaselowsky wenige Tage nach Kriegsbeginn dem Willen Ausdruck, seinen Teil zum «Existenzkampf des Deutschen Volkes» beizutragen.[2]

Im Bereich des Kerngeschäfts erkannten Kaselowsky und der Berliner Prokurist Hans Crampe früh die sich durch die nationalsozialistische Aufrüstung und den Krieg bietenden Chancen. Schon vor Kriegsbeginn arbeitete die Firma Oetker eng mit dem Heeresverpflegungsamt zusammen, um die Wehrmacht als Großabnehmer für die Kernprodukte – vor allem Puddingpulver – zu gewinnen. Trotz schlechter Erfahrungen und finanzieller Misserfolge im Ersten Weltkrieg beteiligte sich Oetker bald an Gemeinschaftsunternehmungen mit Wehrmacht und SS: Das Ziel der «Gesellschaft für Nährwerterhaltung» war es, durch Trocknung Obst und Gemüse haltbar zu machen und so die Versorgung und gesunde Ernährung der Truppe zu sichern. Dem gleichen Zweck diente die Zusammenarbeit mit der SS in den Hunsa- und Toq-Gesellschaften, die durch die Züchtung von Nährhefe die «Eiweißlücke» schließen sollten. Vertreten durch Hans Crampe, spielte Oetker dabei jeweils eine führende Rolle.

Deutlich erkennbar ist, dass Kaselowsky bei seinem Engagement jeweils auch die Zeit nach dem Krieg und den Nutzen für die spätere Zivilproduktion im Blick hatte. Nachdem der Feldzug gegen Polen nicht zu einer Beendigung des Kriegs geführt hatte, rechnete Kaselowsky während des «Sitzkrieges» im Westen durchaus damit, dass die Kämpfe «noch einige Zeit» dauern würden. Nach dem Sieg über Frankreich schien ihm im Herbst 1940 der «Endsieg» jedoch nur noch eine Frage der Zeit, und er schob deshalb unternehmerische Entscheidungen auf, um erst einmal «die Gestaltung des Großdeutschen Reiches nach siegreicher Beendigung des Krieges ab[zu]warten».[3] Obwohl Kaselowsky hoffte, «dass es mit England nicht mehr allzu lange dauert», blieb der Friedensschluss aus; stattdessen überfiel das Deutsche Reich im Juni 1941 die Sowjetunion. Auch hier führten die frühen Erfolge der Wehrmacht dazu, dass Kaselowsky im Herbst für die Zeit nach dem siegreichen Feldzug plante.[4] Anfang 1942 wünschte er, im neuen Jahr «eine für Deutschland glückliche Beendigung des gewaltigen Ringens» zu erleben, «das für lange Zeit dem deutschen Menschen eine seinen Fähigkeiten entsprechende Geltung in der Welt bringen wird».[5] Denn die Geduld zum Abwarten, die der andauernde Krieg dem Unternehmer abverlangte, fiel Kaselowsky sichtlich schwer: Er sah sich «in der Situation eines Jagdhundes, der an der Kette liegen muss, während sein Herr auf Jagd geht und der deshalb sein Temperament nur schlecht zügeln kann». Auch diese ungewöhnliche Metapher kam nicht ohne den obligatorischen Hinweis auf den baldigen Sieg und auf die neuen Aufgaben aus, die das NS-Regime den Wirtschaftsführern stellen werde: Sobald der unternehmerische Jagdhund wieder «seiner von der Natur gegebenen Bestimmung» folgen könne, wolle er es «wie diese Vierfüssler machen» und sich «nach der aufgezwungenen Pause umso mehr bewähren, wenn wir wieder auf den entsprechenden Fährten angesetzt werden».[6]

Die Zeit für die große Jagd schien Kaselowsky indes vor dem «Endsieg» nicht gekommen. Neugründungen von Niederlassungen und Zweigwerken gab es während der Expansion NS-Deutschlands in Europa nicht. Gleichwohl profitierte der Bielefelder Nährmittelkonzern in großem Umfang: In allen besetzten Ländern stiegen die Umsätze stark an – in Belgien etwa auf das Fünffache. Offenbar fanden die bekannten Oetker-Markenprodukte bei den Besatzern in der Fremde großen Anklang.[7]

Der Krieg dauerte jedoch an und brachte Kaselowsky in einen seltsamen Zwiespalt aus nationalistisch-patriotischem Pathos und unternehmerischer Rationalität – etwa wenn er sich zwar über eine neue, kriegsbedingte «große Produktionsaufgabe» freute, die ihm Crampe als Beitrag zur Verbesserung der «Ernährungslage des Volkes» anpries, sich aber gleichzeitig darum sorgte, dass die Qualität den hohen Ansprüchen der Marke Oetker gerecht werden müsse.[8] 1943 schrieb er Crampe, dass ihn «trotz aller Freude, [...] dass die Engländer immer eine prompte Antwort von uns bekommen», die zunehmenden Luftangriffe doch «mit großer Sorge» erfüllten, weil sich «Europa [in] ein immer größeres Trümmerfeld» verwandle.[9]

Doch ehe Niederlagen und militärische Dauerkrisen die deutsche Kriegführung beherrschten, war Kaselowsky Optimist. Rohstoffe und Fabrikanlagen in den besetzten Gebieten wurden zur Kriegsbeute, die zur Deckung des eigenen Bedarfs herangezogen werden konnten.[10] Wie bei den «Arisierungen» und «Germanisierungen» sowie der Rohstoffversorgung zu sehen war, spielten moralische Bedenken dabei keine Rolle; im Vordergrund standen nüchtern-indifferente betriebswirtschaftliche Erwägungen. Gleiches galt auch für einen zentralen Punkt der Kooperation vieler Unternehmer mit dem NS-Regime: Zwangsarbeiter kamen in der Nährmittelfabrik selbst kaum zum Einsatz, aber in erheblichem Umfang in den Beteiligungsfirmen wie Gundlach oder Koch's Adler.

Pudding für die Wehrmacht: Die Zusammenarbeit mit dem Heeresverpflegungsamt

Die nationalsozialistische Politik der Aufrüstung barg nicht nur für Firmen der klassischen Rüstungswirtschaft erhebliche Chancen. Auch andere Branchen konnten auf lohnenswerte Geschäfte hoffen. Die Einführung des Reichsarbeitsdienstes, die personelle Aufstockung des Militärs seit 1933 und die Wiedereinführung der Allgemeinen Wehrpflicht 1935 schufen Chancen für die Lebensmittelindustrie. Die Soldaten der Wehrmacht mussten verpflegt werden, und in der Heeresverwaltung wusste man: «Ernährung ist so wichtig wie Munition.»[11] Bei Dr. August Oetker erkannte man, dass sich hier ein vielversprechendes Geschäftsfeld eröffnete, und suchte nach Innovationen, um den (para-)militärischen Anforderungen gerecht zu werden.

Spätestens seit Oktober 1937 kümmerte sich Direktor Hans Crampe neben der Rohstoffversorgung um die Geschäfte mit dem Militär. Über ihn lief der Kontakt zum Geheimen Regierungsrat und Generalstabsintendanten Ernst Pieszczek, der im Heeresverwaltungsamt des Oberkommandos des Heeres für das Verpflegungs- und Beschaffungswesen zuständig war (OKH-HVA, Amtsgruppe V III). Im März 1937 war Pieszczek seinerseits sehr daran interessiert, sich mit dem Bielefelder Nährmittelfabrikanten Kaselowsky auszutauschen. Er verlängerte deshalb eine Generalstabsreise um einen Tag, um in Bielefeld die Oetker-Werke besichtigen zu können. Außerdem unterstützte das Pieszczek unterstehende Heeresverpflegungsamt (Amt V III B) mit Dr. Wilhelm Ziegelmayer an der Spitze nach Kräften die Aufnahme Oetkers «in die Liste der lebensnotwendigen Betriebe».[12] Daraufhin entwickelte die Bielefelder Nährmittelfirma auf Wunsch des OKH und ausschließlich für den Gebrauch von Wehrmacht und Reichsarbeitsdienst einen «Oetker-Trunk», der auf Soja- und Kakaobasis in Form einer wasserlöslichen Presstablette hergestellt wurde.[13] In erster Linie jedoch belieferte Oetker das Heeresverpflegungsamt mit seinen klassischen Produkten, also Back- und Puddingpulver. Zu diesem Zweck erhielt die Firma Stärke aus Wehrmachtskontingenten.

Oetker vertrieb seine Großpackungen traditionell unter der Firmierung Dr. Crato. Davon riet Crampe jedoch ab: Aus den Soldaten würden später Familienväter, die sich «dann an die guten Oetker-Puddinge erinnern» und diese auch zu Hause konsumieren würden. Zur Stärkung des Markenbewusstseins regte Crampe außerdem an, die Zahlmeister und Köche des Heeres im Rahmen ihrer Aus- und Weiterbildung besonders auf Oetker-Produkte hinzuweisen, die eigene Werbung also in die Wehrmacht hineinzutragen. Daraus wurde eine auf den militärischen Abnehmer hin zugeschnittene Vermarktungsstrategie entwickelt, die eine ganze Reihe von Methoden adaptierte, die sich auf dem zivilen Markt bei der Werbung um die Gunst der Hausfrauen bewährt hatten. Vorbild waren die Rezepte, die seit Jahrzehnten in Zeitungen und Kochbüchern die Verwendung von Oetker-Produkten nahelegten, die eigene Versuchsküche, die Backschulen und die «Kochpropaganda».[14]

Da die Großküchen der Wehrmacht bisher nur wenig Erfahrung im Puddingkochen hatten und das Produkt nicht auf die Verwendung in Feldküchen ausgelegt war, wurden 1938/39 Kochversuche in der Lehr- und Wirtschaftsküche der Heeresverwaltungsschule in München angestellt. Da mit Schwierigkeiten bei der Zubereitung in großen Eisenkesseln gerechnet wurde, sollten geeignete Rezepturen und Kochanweisungen entwickelt und so das garantierte Gelingen der Süßspeisen sichergestellt werden – analog zu den Zubereitungsversuchen für den zivilen Normalverbraucher im Stammwerk. Dazu, so Crampes Vorschlag, sollten eine Dame aus der Versuchsküche und ein Chemiker für acht Tage nach Süddeutschland entsandt werden. Nicht ohne Stolz vermeldete der Berliner Statthalter, es sei das erste Mal, dass die Wehrmacht auf diese Weise mit einem Unternehmen zusammenarbeite, und das OKH erwäge, «Pudding-Speisen und süße Suppen als Abend-Mahlzeit» einzuführen.[15]

Die Versuche verliefen zur Zufriedenheit des Heeres. Oetker konnte hoffen, dass ein erklecklicher Teil der Stärke, die die Wehrmacht zum Missfallen des Reichsernährungsministeriums für den eigenen Bedarf beanspruchte, nach Bielefeld geleitet werden würde. Bei Kriegsbeginn waren die Rezepturen jedoch noch nicht fertig, und Pieszczek und Ziegelmayer drängten, weil «Süßspeisen als zusätzliche Nahrung für die Neueingezogenen von größter Wichtigkeit» seien.[16] Im Rezeptbuch für die Großküchen der Wehrmacht wurde das neue Puddingrezept ganz offen unter dem Namen der Firma Oetker geführt. Offenbar war das Gleiche zunächst auch für die an einen größeren Adressatenkreis gerichteten «Kochanweisungen für die Feldküche» vorgesehen; hier entschied

Pieszczek jedoch in letzter Minute, das Blatt neutral zu gestalten; offenbar sollte die enge Verbindung mit der Bielefelder Firma dann doch nicht zu deutlich dokumentiert werden. Crampe betonte aber, dass die maßgeblichen Einkäufer dennoch wüssten, dass es sich um ein Oetker-Rezept handelte – und darauf kam es schließlich an.[17] Die Rezepte wurden später nicht nur bei der Wehrmacht, sondern auch in anderen Großküchen verwendet, etwa in RAD- und HJ-Lagern. Seit dem 12. Januar 1942 waren außerdem alle Gaststätten des Reiches verpflichtet, montags und donnerstags ein Feldküchengericht anzubieten. Dadurch sollte die Verbindung zwischen Front und Heimat gestärkt und belegt werden, dass in der Feldküche nicht die «grausame Monotonie des Eintopfes» herrschte; Pudding und «süße Tunken» standen ebenfalls auf dem Speiseplan. Auch später versäumte es Pieszczek nicht, auf «die Bedeutung der Nachspeisen» hinzuweisen.[18] Für Oetker bedeutete dies eine Vergrößerung des Adressaten- und potenziellen Kundenkreises sowie eine effiziente Werbung.

Seit Mitte Oktober 1939 erhielt die Truppe Stärke nicht mehr in reiner Form, sondern vor allem als Puddingpulver. Wenigstens die nicht unmittelbar an der Front stehenden Soldaten sollten daraus einmal in der Woche eine Süßspeise erhalten. Das Bielefelder Kalkül war aufgegangen, und nicht ohne Schadenfreude vermeldete Crampe, die für die Rohstoffverteilung eigentlich zuständige HV Kartoffel sei gar nicht entzückt, dass die Heeresaufträge einseitig nach Ostwestfalen gingen. Oetker hatte jedoch die maßgeblichen Entscheidungsträger auf seiner Seite: Ziegelmayer betonte, dass die Idee schließlich von jener Firma komme, die außerdem kostenlos die Kochanweisungen entwickelt habe. Pieszczek äußerte ganz offen, er wolle den Auftrag am liebsten von Oetker ausgeführt sehen, und zeigte sich von einer weiteren Bielefelder Innovation begeistert: Dort hatte man vorgeschlagen, Puddingpulver gleich mit Magermilchpulver zu mischen, schließlich sei frische Milch an der Front Mangelware. 1943 dachte Oetker sogar darüber nach, dieses Trockenmilch-Puddingpulver in Tablettenform zu pressen. Für Oetker war außerdem von Vorteil, dass der Verbrauch der Wehrmacht nicht auf die zivilen Stärkekontingente angerechnet wurde. Die von der Wehrmacht erhaltenen zusätzlichen Rohstoffe mussten also nicht an anderer Stelle eingespart werden, sondern bedeuteten ein echtes Plus.[19]

Pudding für die Front

Für die Wehrmachts-Großpackungen kalkulierte die Firma Oetker mit 5 % Gewinn bei einem Preis von 57 RM für 100 kg Puddingpulver mit Vanillegeschmack. Diese Zahlen meldete jedenfalls Kaselowsky an die HV Kartoffel; ob dies so akzeptiert wurde und wie viel versteckter Gewinn sich möglicherweise in der Kalkulation verbarg, muss offenbleiben.[20] Als der Preiskommissar die Berechnungen für einige Tonnen Wehrmachts-Schokoladenpudding überprüfen und Einsicht in die Selbstkostenrechnung, Bilanzen, Gewinn- und Verlustrechnungen nehmen wollte, widerstrebte es Kaselowsky sichtlich, diese «geheimsten Dinge» preiszugeben, «die wir ja wie unseren Augapfel hüten» und die «kaum über den Kreis der Inhaber hinausgehen».[21] Einen gewissen «Gestaltungsspielraum» dürfte es allemal gegeben haben.

Trotz des Aufwandes, der in die Anbahnung des Lieferantenverhältnisses zur Wehrmacht investiert wurde, blieb die Bedeutung der Lieferungen für die Truppe insgesamt gering. Mit ausgewiesenen 3,2 % vom Gesamterlös der Firma im Jahr 1942 war ein solitärer Höchststand er-

Tabelle: Anteil der Wehrmachtslieferungen am Gesamterlös der Fa. Dr. August Oetker (ohne Ungarn), 1940–1944[22]

	1940	1941	1942	1943	1944
Gesamterlös (RM)	69 826 333	71 081 775	62 410 874	58 752 101	41 602 816
– davon Wehrmacht	479 725	785 025	2 022 123	918 497	292 920
– entspricht Anteil	0,7 %	1,1 %	3,2 %	1,6 %	0,7 %

reicht, der sich aus einem deutlichen Rückgang der zivilen Produktion bei gleichzeitigem Höchststand der Heereslieferungen ergab. Ansonsten bewegten sich die prozentualen Anteile während des Krieges zwischen 0,7 und 1,6 %. Lieferungen an die Waffen-SS sind nicht aktenkundig. Gegebenenfalls wurden sie vermutlich ebenfalls unter «Wehrmacht» verbucht; entscheidend war die Differenzierung zwischen zivilen und militärischen Abnehmern.

Die Zahlen entstammen dem internen Berichtswesen der Firma und umfassen auch die Niederlassungen mit der Ausnahme von Budapest. Die dortige Produktion für die Wehrmacht und die Honvéd, die Armee des ungarischen Verbündeten, ist nicht erfasst. Grund dafür war wahrscheinlich, dass Budapest nach wie vor als rechtlich selbstständige, ungarische Gesellschaft geführt wurde und die dort in der Landeswährung Pengö erzielten Gewinne nicht ohne Weiteres ins Reich übertragen werden konnten. Angesichts der Kriegslage bemühte sich die Budapester Niederlassung dennoch in der zweiten Jahreshälfte 1944, erhebliche Geldsummen auf Umwegen zu transferieren. Auf rund eine halbe Million Reichsmark bezifferte der Niederlassungsleiter nach dem Krieg die Gewinne aus den Verkäufen an Wehrmacht, Honvéd und Waffen-SS, die sich vermutlich über mehrere Jahre angesammelt hatten. Zwar hatte der Niederlassungsleiter, der sich nach dem Krieg im Streit von der Firma trennte, erhebliches Eigeninteresse daran, die Gewinne gerade dieses Geschäftszweigs möglichst hoch anzusetzen, weil er die Zusatzgeschäfte mit dem Militär auf seine eigene Initiative zurückführte. Unbestreitbar war er dabei jedoch erfolgreich: Noch 1944 gelang es ihm, eine Liefervereinbarung außerordentlichen Volumens mit dem SS-Wirtschafter beim Höheren SS- und Polizeiführer (HSSPF) Ungarn zu schließen. Ab Juni sollten Pudding- und Backpulver für rund 200 000 Pengö (etwa 120 000 RM) monatlich geliefert werden.[23]

Wie hoch die zusätzlichen Umsätze aus Budapest zu veranschlagen sind, ist letztlich nicht mehr genau zu klären. Das Gesamtbild – die Relation zum Gesamterlös – ändern sie nicht: Die Erlöse, die Oetker durch Lieferungen an die Wehrmacht erzielte, blieben im Vergleich zum Zivilgeschäft sehr überschaubar. Gleichwohl lohnten sich für Oetker die Investitionen in das Geschäft mit der Truppe gleich mehrfach. Das Verpflegungsamt bemühte sich geradezu, dem Bielefelder Pudding ein Monopol einzuräumen. Dementsprechend erhielt das Unternehmen, anders als die Konkurrenz, zusätzliche Rohstoffe, die nicht auf zivile Kontingente angerechnet wurden. Das zivile Geschäft wurde also nicht beeinträchtigt, und die Wehrmachtsprodukte trugen zur Auslastung der Fabrik bei. Bei sparsamem Einsatz der Rohstoffzuweisungen der Wehrmacht konnte Material für die Zivilproduktion abgezweigt werden. Außerdem gab es natürlich die Erwartung, der fest in der Heeresverpflegung etablierte Betrieb würde eher als kriegswichtig anerkannt und von Rohstoffkürzungen oder Personalabzug verschont.

Das Verhältnis zwischen der Firma Oetker, ihrem Vertreter in Berlin und dem Heeresverpflegungsamt blieb jedenfalls dauerhaft eng. Schon in den Wochen unmittelbar vor Kriegsbeginn, als alle Reichsbehörden «recht nervös» waren, funktionierte der Informationsfluss vom OKH über Crampe nach Bielefeld hervorragend. Als dieser im November 1939 als Wehrwirtschaftsberater zum Verpflegungsamt eingezogen wurde, musste er seine Haupttätigkeit für Oetker nicht aufgeben, sondern konnte seine Lobbyarbeit direkt im HVA, gleichsam von innen, weiterbetreiben. Im Februar 1940 hielt er vor dem Chef des Oberkommandos der Wehrmacht, Generaloberst Wilhelm Keitel, einen Vortrag «über die Einfuhr von Lebensmitteln aus dem neutralen Ausland». Im Juli erfuhr er von der Beschlagnahmung von über 2000 Tonnen Zucker in Frankreich und bemühte sich, an der Hauptvereinigung der deutschen Zuckerwirtschaft vorbei «einige hundert Tonnen für die Firma Dr. August Oetker» abzuzweigen.[24] Als Rudolf-August Oetker im Juli 1940 eingezogen wurde, fand er ebenfalls einen sicheren Posten in Pieszczeks Abteilung. Die sich daraus ergebenden Interessenkonflikte und Chancen auf Einflussnahme sind offensichtlich.

Die Frage, ob sich der Generalstabsintendant und der Oberregierungsrat außer von Oetkers Engagement bei der Entwicklung von Puddingrezepturen auch durch andere Zuwendungen beeindrucken ließen, muss letztlich offenbleiben. Belegt sind kleine Aufmerksamkeiten: Oberregierungsrat Ziegelmayer erhielt 1940 von Oetker die Miniatur einer Kanone aus dem 17. Jahrhundert im Wert von 250 RM, begleitet von dem Wunsch, er möge das Geschenk «so auffassen wie es gemeint ist», als «kleines Zeichen unserer Dankbarkeit».[25] Auch war Geheimrat Pieszczek im Herbst 1942 vermutlich in Brenners Parkhotel zu Gast, denn er ließ Kaselowsky über Crampe danken: «Geheimrat P. fühlte sich in B[aden]-B[aden] besonders wohl und war für die Fürsorge dankbar.»[26]

Gegen Wilhelm Ziegelmayer wurde 1942 wegen des «dringende[n] Verdacht[s] korrupter Beziehungen» ein Strafverfahren geführt. Es wurde schließlich eingestellt und hatte mit Oetker nichts zu tun.[27] Bei der SS verfolgte man das Verfahren gegen Ziegelmayer indes aufmerksam: Von der Ernährung der Truppe hatte man eigene Vorstellungen und wollte das Heeresverpflegungsamt und seinen wichtigsten Protagonisten «ausbooten». Möglicherweise spielte hier eine Rolle, dass Ziegelmayer vor 1933 aktiver Sozialdemokrat gewesen war. Als potenziellen Nachfolger, der «auch für die Soldatenkost die umwälzenden Erkenntnisse neuzeitlicher Ernährungswissenschaft wirksam» machen werde, schlug Oswald Pohl dem Reichsführer-SS niemand anderen vor als Hans Crampe.[28] Ziegelmayer blieb jedoch bis Kriegsende in seiner Position. Der Mediziner und ehemalige SS-Obersturmbannführer Ernst Günther Schenck bewertete seine Tätigkeit nach dem Krieg positiver als Pohl: Er habe einen ganzen Stab «ausgezeichneter Fachleute um sich versammelt», seine «Phantasie» sei in Versorgungsfragen «auf vollen Touren» gelaufen, was unter anderem die Einführung neuer Verfahren und Methoden begünstigt habe. Da Ziegelmayer vor allem ein effizienter Technokrat war, fiel es ihm leicht, nach 1945 in der Ernährungsverwaltung der SBZ Fuß zu fassen.[29]

An den Bemühungen zur Rationalisierung und qualitativen Verbesserung der Truppenverpflegung hatte Oetker erheblichen Anteil. Dies äußerte sich vor allem in der Gründung der Gesellschaft für Nährwerterhaltung und in einer großzügigen Spende für die Einrichtung eines neuen Forschungsinstituts. Am 31. Oktober 1941 wurde an der Goethe-Universität in Frankfurt am Main das Institut für Kochwissenschaft als ein «Gemeinschaftswerk des Oberkommandos des Heeres und der Hermann-Esser-Forschungsgemeinschaft für Fremdenverkehr» aus der Taufe gehoben. Das Institut sollte durch «wissenschaftliches Kochen» die Massenverköstigung in Großküchen unter Berücksichtigung medizinischer, lebensmittelchemischer und technologischer Aspekte optimieren und wirtschaftlich gestalten.[30] Oswald Pohl fand auch das «lächerlich», wie er Himmler gegenüber beißend spottete: Das Institut sei nur eingerichtet worden, «damit Herr Ziegelmayer Professor und der alte greisenhafte Geheimrat Pietschek [sic] [...] vor seinem Tode noch Doctor humoris causa [sic] dieses erleuchteten Institutes wird». Darüber hinaus wusste er dem Reichsführer-SS – zutreffend – zu berichten, die Einrichtung sei «mit einer Spende von 100 000.– RM (der Fa. Oetker) gegründet» worden.[31] Andere Vertreter der Lebensmittelbranche beteiligten sich ebenfalls, allerdings nicht mit einer derart großen Anschubfinanzierung, sondern mit einem jährlichen Beitrag von 5000 RM, den Oetker ebenfalls bezahlte.[32]

Die gute Zusammenarbeit mit der Wehrmacht ließ sich Richard Kaselowsky also einiges kosten. Dies gilt umso mehr, wenn man die Gewinnmarge von durchschnittlich 5 % als realistisch annimmt. Dann hätte Oetker während des gesamten Krieges durch die Geschäfte mit der Wehrmacht nur rund 224 000 RM verdient. Zu dem Zeitpunkt, als die Entscheidung für die Spende gefallen sein muss – spätestens im Frühsommer 1941 –, rechnete Kaselowsky vermutlich nicht mehr mit einer langen Kriegsdauer. Man hoffte in Bielefeld also, aus der Kooperation mit der Wehrmacht auch in der kommenden Friedenszeit unter den Auspizien des NS-Regimes Nutzen ziehen zu können: In den Betrieben werde die «Stullenwirtschaft» aufhören, so prophezeite Hans Crampe durchaus richtig. Stattdessen werde es in Betriebskantinen für jedes Gefolgschaftsmitglied ein warmes Mittagessen geben.[33] Daneben war der Aspekt des kollektiven Erlebens, etwa in den vielen Lagern der «Volksgemeinschaft» abseits des Verfolgungsapparates (Hitlerjugend, Reichsarbeitsdienst, Schulungslager für verschiedenste Berufsgruppen, KdF-Reiseangebote) oder bei Massenveranstaltungen, für den Nationalsozialismus von großer Bedeutung. Das Geschäft mit den Großpackungen versprach auch nach dem «Endsieg» profitabel zu bleiben, wenn man einen entscheidenden Vorsprung vor der Konkurrenz erlangen konnte und sich in der Verpflegung der dann siegreichen Truppe bewährt hatte. Die Verbindung der Truppenverpflegung mit dem Thema Gemeinschaftsverpflegung und Fremdenverkehr in dem neuen Institut bot vor diesem Hintergrund viele aussichtsreiche Perspektiven.

Gemeinschaftsunternehmen mit der Wehrmacht: Gesellschaft für Nährwerterhaltung

Erste Erfahrungen mit Lebensmitteln, die durch Eiweiß- oder Vitaminbeigaben aufgewertet oder durch Verwendung von Ersatzstoffen hergestellt wurden, machte die Firma Dr. August Oetker schon im Ersten Weltkrieg. Molkeeiweiß für Süßspeisen, Dr. Oetker's Eiweißpulver, Dr. Oetker's Küchensauer und angereicherter Schwarzer Tee kamen auf den Markt. Gegen manche Präparate wie Milcheiweißzucker gab es teils erhebliche Widerstände der Behörden, die gegen die technisch verarbeiteten, «künstlichen» Nährmittel Bedenken anmeldeten. Die Produktinnovationen wurden damals weitgehend unter der Ägide Fritz Behringers eingeführt und erwirtschafteten keine Gewinne; nicht zuletzt deshalb trennte sich Richard Kaselowsky von diesem Engagement so schnell wie möglich.[34]

Lange Zeit sah Oetker keine Veranlassung, sich erneut mit derartigen Produkten und Herstellungstechniken zu befassen. Synthetische Lebensmittel und die Gewinnung von naturidentischen oder natürlichen Zusatzstoffen war höchstens dann ein Thema, wenn die Versorgung mit Aromastoffen, insbesondere Vanillin, gefährdet war.[35] Alternative Herstellungsverfahren und Ersatzstoffe stießen in Bielefeld erst wieder nach Beginn des Zweiten Weltkriegs auf Interesse. Dabei fand die Firma Dr. Oetker für zwei unterschiedliche Projekte jeweils starke Partner: Im ersten Fall kooperierten Dr. Oetker und eine Reihe weiterer Firmen der Lebensmittelindustrie mit der Wehrmacht. Die Truppe war in den Kriegsjahren der Hauptabnehmer der von der «Gesellschaft für Nährwerterhaltung mbH» in aufwendigen Trocknungsverfahren hergestellten Obst- und Gemüsepulver. Im zweiten Fall tat sich Dr. Oetker mit einem SS-Unternehmen und dem Zellstoffproduzenten Phrix zur «Hunsa-Forschungs-Gesellschaft mbH» zusammen, um aus einem bei der Zellstoffherstellung gewonnenen Nebenprodukt einen Nahrungsmittelergänzungsstoff auf Hefebasis zu gewinnen. In beiden Fällen wurde neben der Kriegsproduktion die Entwicklung marktfähiger neuer Erzeugnisse für die Friedenszeit von vornherein mitgedacht. Diese Innovationen sollten sich im Einklang mit ideologisch unterfütterten Vorstellungen von Gesundheit und Ernährung befinden, und beide Male übernahm der Berliner Oetker-Direktor und Chef-Lobbyist Hans Crampe an zentraler Position die Führung der Geschäfte und die Vertretung der Interessen der Firma Dr. Oetker.

Die Gründung der Gesellschaft für Nährwerterhaltung mbH war eine unmittelbare Reaktion auf den Kriegsbeginn, mit dem von einem Moment auf den anderen nahezu kein Weißblech mehr für Konservendosen zur Verfügung stand – die Rohstoffe wurden in der Rüstungsindustrie gebraucht.[36] Deshalb suchte die Wehrmacht nach Alternativen zur Haltbarmachung und zum Transport von Lebensmitteln, insbesondere von Obst und Gemüse. Eine solche Möglichkeit versprach das «Sardik-Verfahren». Es war Thema einer Besprechung, die am 27. Oktober 1939 unter Beteiligung der Herren Pieszczek, Ziegelmayer und Crampe, Vertretern des Heeresnachschubamts, des Direktors Wilhelm Schmitz-Scholl von der Firma Emil Tengelmann, Mülheim/Ruhr, und des Trocknungsspezialisten Dr. Georg A. Krause stattfand. Mit dem in den USA patentierten Verfahren konnte Lebensmitteln schonend die Flüssigkeit entzogen werden. Ziel des Heeresverpflegungsamts war es, eine eigene, äquivalente Methode zu entwickeln. Erneut scheint der umtriebige Crampe die Idee aufgebracht zu haben; er unterstrich gleichzeitig das Interesse der Firma Dr. Oetker an getrocknetem Obst. Erste Versuche liefen unter der Obhut des Nachschubamts im OKH unter der Bezeichnung «Edeltrocknung».[37]

Wenige Tage später übersandte Richard Kaselowsky das Gesprächsprotokoll an die befreundete Firma C.H.Knorr und lud zur Mitarbeit ein. Er schlug eine Kooperation vor, um den Konkurrenten Maggi außen vor zu halten und die Beziehungen zur Wehrmacht weiter zu verbessern. Knorr zeigte sich tatsächlich interessiert und kündigte an, sich mit Crampe in Verbindung setzen zu wollen. Als der Oberleutnant der Reserve wenige Wochen später als Wehrwirtschaftsberater zum Heeresverpflegungsamt eingezogen wurde, sollte unter anderem die «Trocknungsangelegenheit» zu seinen Zuständigkeiten bei der Wehrmacht gehören. Nicht nur in dieser Sache hatte Oetkers Mann also erheblichen Einfluss im OKH.[38]

Die ersten Ergebnisse der Trocknungsversuche waren vielversprechend, und am 24. Januar 1940 erfolgte die Gründung der Gesellschaft für Nährwerterhaltung mbH. Gesellschafter waren mit Anteilen von zunächst je 30 000 RM die Firmen Oetker, Knorr und Tengelmann. Im

Bielefelder Stammwerk herrschte offenbar höchste Geheimhaltung: Außer Crampe und Kaselowsky wusste im Unternehmen niemand davon, und auch der Kauf der Anteile war durch einen Strohmann der Reichs-Kredit-Gesellschaft (RKG) erfolgt.[39] Den Beirat bildeten unter dem Vorsitz von Pieszczek und seinem Stellvertreter Ziegelmayer die Herren Wilhelm Schmitz-Scholl für Tengelmann, Kurt Bertsch für Knorr und ein Repräsentant des Reichsernährungsministeriums. Oetker wurde seit Frühjahr 1941 von Rudolf-August Oetker vertreten, der darüber hinaus immer wieder für die Nährwertgesellschaft operativ tätig war. 1942 erhielt Hermann Jannsen, stellvertretender Vorstand der RKG, ebenfalls auf dem Oetker-Ticket einen Sitz im Aufsichtsgremium – ob in der Nachfolge des Unternehmenserben, ist nicht zu klären. Crampe selbst wurde zum Geschäftsführer bestimmt, und die neu gegründete Gesellschaft nahm ihren Sitz unter der gleichen Adresse, unter der auch Oetkers Büro Berlin firmierte.[40]

In den Wochen nach der Gründung wurden Trocknungsmaschinen beschafft, Obst- und Gemüsekontingente bei der Hauptvereinigung Gartenbau angemeldet und Produktionsstätten in den befreundeten Ländern Ungarn und Bulgarien sowie in den im Mai 1940 besetzten Niederlanden vorbereitet – also in den Regionen im deutschen Machtbereich, in denen die begehrten Gemüse vor allem angebaut wurden. Dabei wurden erhebliche Investitionen getätigt, um Tomaten, Dill, Petersilie, Lauch und Zwiebeln zu trocknen. Anfang April 1940 konnte Kaselowsky erstmals Tomatenpulver verkosten, und im November waren bereits vier Anlagen in Betrieb. Nun sollten auch andere Gemüse und Früchte getrocknet werden, darunter Paprika, Pfirsich, Himbeere, Erdbeere und Aprikose, außerdem Apfelmus und Kartoffelpüree. Untersuchungen zum Vitamingehalt hätten die hohe Qualität der getrockneten Produkte gezeigt. Nach einem Probeessen für den bulgarischen Landwirtschaftsminister Iwan Bakrianoff wurde im Frühjahr 1941 eine bulgarische Tochtergesellschaft gegründet, die Topa AG.[41] Mit der Margarine-Verkaufs-Union (deutsche Unilever-Gruppe) und Kaffee Hag stießen zwei weitere Firmen zum Kreis der Nährwert-Gesellschafter, und das Kapital wurde erhöht.[42] Beim OKH war man zufrieden: In einem internen Memorandum wurde im Sommer 1941 die «hervorragende Qualität» der Produkte gelobt, die das Pharmazeutisch-Chemische Institut der Militärärztlichen Akademie bestätigt habe. Die privatwirtschaftliche Organisationsform habe sich bestens bewährt, und auch wenn die Gesellschaft bis auf Weiteres nur an die Wehrmacht liefern dürfe, müsse man doch bereits jetzt für den Frieden planen.[43]

Im Herbst des Jahres 1941 – die deutschen Truppen befanden sich auf dem Weg nach Moskau – machte sich auch Hans Crampe Gedanken über das weitere Schicksal der Nährwertgesellschaft nach dem in Bälde erwarteten siegreichen Kriegsende. Im Zentrum standen die Fragen, wie die beteiligten Firmen im Frieden von den geleisteten Investitionen und den gewonnenen Erkenntnissen profitieren konnten, und wo genau die Interessen der Firma Dr. August Oetker lagen. Die Denkschrift ist eine der seltenen Quellen zu strategischen Überlegungen innerhalb des Unternehmens und gibt Aufschluss über die Zukunftserwartungen eines der engsten und ideenreichsten Mitarbeiter Kaselowskys, der ganz ohne Zweifel wie wenige andere in dessen eigene Überlegungen eingeweiht war. Crampe war überzeugt, dass es nach dem Krieg einen Markt für neue und bessere Süßspeisen geben werde. Da sich die Reichsgesundheitsführung und der Reichsnährstand jedoch gegen die Verwendung von «synthetischen Aromen und Geschmacksträgern» wandten, würden vermutlich, sobald es die Rohstofflage zulasse, «alle artfremden chemischen Stoffe, die Nahrungsmitteln zugesetzt werden», bekämpft werden. Das war der Hintergrund für Oetkers Interesse an den Trocknungsverfahren und an der Zusammenarbeit mit Wehrmacht und SS. Sie dienten auch einer behutsamen strategischen Neuausrichtung des Oetker'schen Produktsortiments, das auch vor den Grundpfeilern nicht haltmachen durfte: Selbst gegen «Backin» gebe es Einwände, «dass Backpulver ein chemisches Erzeugnis sei, artfremd [sic] dem Mehl». Deshalb sei zu erwägen, ob nicht zusätzlich auch Trockenhefe als Backtriebmittel angeboten werden solle und ob nicht Backpulver, Puddingpulver und Kindernährmittel mit Nährhefe statt Stärke als Trennmittel versetzt werden könnten. «Der Reichsnährstand, die Frauenschaft etc. könnten uns dann nicht mehr angreifen, denn wir hätten dann im Backpulver ein natürliches B-Vitamin und einen hochwertigen Eiweißstoff.»[44] Aus diesem Gedanken entspann sich die enge Kooperation mit der SS.

Mit Blick auf die Tätigkeit der Nährwertgesellschaft fuhr Crampe in seiner Denkschrift fort, dass man erstmals «anständige» Trockenpulver zuwege gebracht habe. Allerdings müsse Oetker die Erkenntnisse der Nährwert außerhalb des Gemeinschaftsunternehmens nutzen können.

Am besten geschehe dies zusammen «mit Firmen, die ähnliches suchen und doch keine Konkurrenz» seien. Dabei regte er eine möglichst optimale Ausnutzung der im Rahmen des Verarbeitungsprozesses anfallenden Produkte in vertikaler Hinsicht an: Während Oetker vor allem an Fruchtpulvern Interesse habe, könne man beim Trocknungsprozess hochwertige Säfte gewinnen; aus den Abfallstoffen ließen sich Futtermittel herstellen. Vor allem für die Säfte hatte Crampe schon mehrere Kooperationspartner im Auge. An erster Stelle stand dabei die SS, die den Auftrag habe, «alkoholfreie, rein natürliche, ohne Konservierungsmittel hergestellte Getränke zu suchen»; deshalb solle man – neben anderen – eine Kooperation mit Oswald Pohl und dem Wirtschafts-Verwaltungshauptamt der SS anstreben.[45] Tatsächlich trat Oetker in entsprechende Verhandlungen mit der SS ein. Oetker wollte die reinen Fruchtsaftkonzentrate als Markenprodukt exklusiv vertreiben und die getrockneten Pulver zur Herstellung von Pudding- und Soßenpulvern verwenden. Die SS wiederum plante, die Konzentrate mithilfe der von ihr kontrollierten Mineralwasser-Quellen verdünnt als Fruchtsaftgetränk zu vertreiben: Die Nährwert belieferte die Sudetenquell GmbH, Berlin, mit Konzentraten; die Sudetenquell, eine hundertprozentige Tochter der SS-Holding «Deutsche Wirtschaftsbetriebe GmbH» (DWB), versorgte größtenteils die Truppen von Waffen-SS und Wehrmacht mit ihren Mineralwassern.[46]

Er sei außerdem, so fuhr Crampe in seiner Denkschrift fort, beauftragt worden, Milch zu trocknen. In der Schweiz habe er eine Möglichkeit gefunden, mit der auch in kaltem Wasser völlig lösliche Milch gewonnen werden könne; Wehrmacht und SS hätten bereits große Bestellungen getätigt, 60 Tonnen Trockenmilchpulver seien von den Eidgenossen schon geliefert. Er fahre demnächst mit Oswald Pohl in das Nachbarland, um das Verfahren einzukaufen. Auf der Basis dieses Pulvers habe er Milchpuddinge gesehen, die auch Kaselowsky «begeistert hätten». Endlich habe man eine Lösung für das Problem gefunden, dass Milch binnen Stunden sauer werde. Das was in Zeiten vor der allgemeinen Verbreitung von Kühlschränken tatsächlich ein erhebliches Problem. Ohne Zweifel sei das überaus praktisch «für die sicher auch in Zukunft sehr beschäftigte Hausfrau», die «jede ihr gegebene Erleichterung in der Zubereitung der Speisen und Getränke begrüßen» werde.[47] Mit solchen Überlegungen, die die spätere Verbreitung von teilfertigen Lebensmitteln und Fertiggerichten in der Bundesrepublik (*convenience food*) vorwegnehmen, gehörte Crampe zweifellos zu den innovativsten Managern der deutschen Lebensmittelindustrie. Dass Crampe außerhalb des traditionsbewussten Bielefelder Mikrokosmos agierte, erleichterte dabei die Entwicklung solcher – für das Unternehmen – ungewöhnlicher Ideen.

Die Planungen für die Zeit nach dem Sieg erwiesen sich 1941 freilich als verfrüht. Mit Fortdauer des Krieges forderte die Wehrmacht den weiteren Ausbau des Trocknungsvolumens. Crampe schlug deshalb im März 1942 vor, das Kapital der Gesellschaft zu verdoppeln und weitere Kredite aufzunehmen. Zu diesem Zeitpunkt hielten Oetker und die vier übrigen beteiligten Firmen – Knorr, Tengelmann, Margarine-Union und Kaffee Hag – jeweils 100 000 RM Anteil am Gesamtkapital; außerdem hatte jeder der Gesellschafter der Nährwert ein Darlehen über 100 000 RM eingeräumt. Die Verdopplung der Kapitaleinlage wurde durchgeführt; zu mehr war Kaselowsky indes nicht mehr bereit. Neben den nun insgesamt 1,5 Mio. RM an Einlagen der Gesellschafter war die Reichs-Kredit-Gesellschaft Anfang August 1942 mit einer Kreditlinie von 9,9 Mio. RM engagiert.[48]

Diesen Investitionen stand 1942 bereits eine Jahresproduktion im Gegenwert von rund 20 Mio. RM gegenüber. Im Vergleich zu 1941 bedeutete dies eine Vervierfachung, wie Crampe in einer Denkschrift an Pieszczek nicht ohne Stolz festhielt. Analog dazu entwickelte sich auch der Reingewinn: Hatte die Bilanz für 1941 noch einen Überschuss von 80 000 RM ausgewiesen, war der Gewinn für das Folgejahr auf 305 000 RM angestiegen. Eine vorläufige Bilanz zum 31. Oktober 1943 wies einen Gewinn von 1,7 Mio. RM aus.[49] Unter den Bedingungen der Kriegswirtschaft, mit bevorzugten Darlehen der RKG und mit der Wehrmacht als einzigem Kunden, waren die Produktionskapazitäten der Nährwert in kürzester Zeit aus dem Boden gestampft worden. Für Crampe war das aber kein Grund innezuhalten: Im Dezember 1942 müsse nun, so der Geschäftsführer zum Zeitpunkt der größten Expansion des «Dritten Reiches», die Entscheidung getroffen werden, ob die Organisation im Südosten expandieren wolle oder ob nicht doch die «Möglichkeiten auf dem Boden des von unserer Wehrmacht freigemachten Osten» genutzt werden sollten.[50]

Damit war der Zenit jedoch überschritten. Mit den militärischen Rückschlägen seit der Jahreswende 1942/43 trübten sich die Aussichten auch für die Gesellschaft für Nährwerterhaltung ein. Ablesen lässt sich dies nicht zuletzt daran, dass es immer schwieriger wurde, die weiteren Investitionen in die Trocknung zu finanzieren. Die RKG wollte ihr

Engagement begrenzen und auch andere Kreditinstitute beteiligen. Tatsächlich trat neben die RKG, die ihre Kreditlinie für die Nährwert auf 7,5 Mio. RM senkte, das Bankhaus Hardy & Co., eine Kommandite der Dresdner Bank, bei der Rudolf-August Oetker im Aufsichtsrat saß. Auch die Dresdner Bank selbst signalisierte Bereitschaft, sich zu engagieren.[51] Dennoch nahm mit der Verschlechterung der Kriegslage auch die Finanzierungsbereitschaft der Geldgeber ab: Im Oktober 1943 mussten sich die Gesellschafter gegenüber den Banken verpflichten, hinter deren Ansprüche – auch im Konkursfalle – zurückzutreten.[52] Crampe selbst ließ nur einmal leise Skepsis anklingen, als er die Umsatzprognose für 1943 nur «unter den üblichen Vorbehalten» wagte, die «man heute hinzufügen» müsse.[53]

Mitte des Jahres 1943 galt die Nährwertgesellschaft freilich noch als Erfolg, und Crampe wurde zum 1. Juni 1943 von Reichsmarschall Hermann Göring als Bevollmächtigter für Nahrungsmitteltechnik in den Reichsforschungsrat berufen. Die Gesellschafter der Nährwert erklärten sich auch sofort bereit, sich finanziell an der neu eingerichteten Arbeitsgemeinschaft für Nahrungsmitteltechnik zu beteiligen. Crampes neue Position bedeutete freilich nicht, dass alle Oetker'schen Vorhaben in Sachen Lebensmittelinnovation von nun an zum Selbstläufer wurden. Im Dezember 1943 bemühte sich das Bielefelder Unternehmen, ein neuartiges, «durststillendes, in kaltem Wasser lösliches» Marschgetränk für die Wehrmacht entwickeln zu dürfen. Gedacht war an Tabletten aus «Früchtepulver, Fruchtsäuren und Traubenzucker».[54] Dahinter stand zweifelsohne der Gedanke, die Erzeugnisse der Nährwertgesellschaft, die während des Krieges noch ausschließlich für den militärischen Verbrauch bestimmt waren, später im eigenen Betrieb gewinnbringend weiterverarbeiten zu können. Crampe, der das Vorhaben im Reichsforschungsrat befürworten musste, leitete den Antrag jedoch gar nicht erst weiter: Der erforderliche Rohstoff – gedacht war vor allem an Apfelpulver – sei momentan nicht im erforderlichen Umfang zu beschaffen. Stattdessen regte er an, «fermentierte deutsche Teeblätter» als Grundlage zu verwenden – ein Vorschlag, den Kaselowsky dankbar aufnahm. Die Entwicklung solcher Teetabletten befürwortete nun auch Crampe, der empfahl, Muster an die zuständigen Stellen einzusenden.[55]

Zum 1. Oktober 1943 zog Crampe im Rahmen seiner neuen Aufgabe nach Baden-Baden um. Sein dortiger Dienstsitz diente gleichzeitig als

Ausweichquartier der Nährwert-Geschäftsführung.[56] Außerdem wurde im November 1943 das Berliner Büro durch einen Bombenangriff zerstört. Im März trat Crampe als Geschäftsführer der Nährwert zurück, wurde aber gleichzeitig zum «Delegierten der Gesellschafter bei der Geschäftsführung» bestimmt, der die «Gesellschafter ständig zu vertreten und die dauernde Fühlung der Gesellschafter mit der Geschäftsführung aufrecht zu erhalten» hatte. Crampes Nachfolger, Ernst Hennig, konnte kaum glücklich darüber sein, seinen Vorgänger als permanenten Aufpasser zugeteilt zu bekommen.[57]

Ihm blieb im Grunde nur noch Krisenmanagement. Kaselowsky beobachtete die Entwicklung mit Sorge: Nach dem Zusammenbruch der Ostfront im Sommer 1944 verlangte er auch im Namen der übrigen Gesellschafter Auskunft darüber, welche Folgen und finanziellen Verluste zu erwarten seien. Im November drohten in Bulgarien Abschreibungen über 1,8 Mio. RM und in Ungarn über 1,6 Mio. RM, die immerhin zu 90 % über Hermes-Bürgschaften abgesichert waren.[58] Im Januar 1945 bemühte sich Crampe, die Gesellschaft zu liquidieren.[59] Dazu kam es offensichtlich nicht. Oetker machte zwar 1948 gegenüber dem Finanzamt geltend, man habe die eigene Beteiligung von 200 000 RM per Bilanz vom 31. 12. 1944 auf 1 RM abgeschrieben, als die Gesellschaft mit dem Kriegsaustritt Bulgariens und Ungarns ihr Einsatzgebiet verloren habe. Die finanzielle Situation der Gesellschaft war Anfang 1945 jedoch zunächst nicht dramatisch gewesen. Die Nährwert verfügte noch über erhebliche Liquidität, sogar das Darlehen über 100 000 RM, das jeder Gesellschafter zur Verfügung gestellt hatte, wurde zurückgezahlt. Tatsächlich waren auch sämtliche Bankschulden getilgt, und es bestand sogar ein siebenstelliges Guthaben beim Bankhaus Hardy & Co.[60]

Gemeinschaftsunternehmen mit der SS: Hunsa-Forschungs-Gesellschaft mbH

Eines der großen ernährungswissenschaftlichen Themen der NS-Zeit war die «Eiweiß-Lücke»: Das Deutsche Reich produzierte schon unter Friedensbedingungen, aber vor allem während des Krieges zu wenig eiweißhaltige Nahrungsmittel. Gleichzeitig dienten große Teile des Eiweißimports als Futtermittel für die Fleischproduktion. Die Hungererfahrungen aus dem Ersten Weltkrieg hatten sich tief eingebrannt; sie sollten sich in einem weiteren Krieg auf keinen Fall wiederholen. Die Suche nach technisch innovativen Lösungen für die «Eiweiß-Lücke» war Teil des Strebens nach «Nahrungsmittelfreiheit» und Autarkie, die eine ausreichende Versorgung von Front und Heimatfront im Krieg garantieren sollten.[61] Große Hoffnungen verbanden sich mit Hefen als Nahrungsergänzungsmittel.

Da natürliche Hefen wie die Bierhefe rar waren, begegneten die Deutschen schon im Ersten Weltkrieg dem Eiweißmangel mit sogenannter Nährhefe. Die geringen Kapazitäten der traditionellen Herstellungsmethoden ließen Bäckereien und die chemische Industrie um diese industriell hergestellten Hefen konkurrieren. Die Gewinnung von Hefe auf der Basis bisher nicht genutzter Roh- oder Abfallstoffe, die «Verwertung des Wertlosen», war deshalb in den 1930er Jahren ökonomisch attraktiv und politisch erwünscht.[62] Vielversprechend erschienen chemische Verfahren zur Umwandlung von Nebenprodukten und Abfällen der Zellstoffproduktion. Erste Versuche, die 1938 unter anderem bei der Zellstofffabrik Waldhof-Mannheim stattfanden, zielten zunächst auf die Produktion von «Futterhefe». Schon bald entdeckten jedoch die Ernährungsexperten der Wehrmacht industriell hergestellte Hefe als Nahrungsergänzungsmittel, und auch andere Staats- und Parteistellen, etwa der Reichsführer-SS oder das Reichsernährungsministerium, waren höchst interessiert.[63] Als das Thema im Krieg immer brisanter wurde, führten die Ernährungswissenschaftler der Wehrmacht unter anderem in einem deutschen Konzentrationslager im besetzten Belgien, Versuche an Menschen durch, um die Eignung der Nährhefe für die menschliche Ernährung zu prüfen. Ziel war die Entwicklung eines Nahrungsergänzungsmittels mit hohem Eiweiß- und Vitamin-B-Anteil für die Wehrmacht und für die zivile Versorgung. Optimisten aus Wissenschaft, Wehrmacht und SS hofften, mit dem synthetischen Eiweißersatz bis zu 80 000 Tonnen Fleisch jährlich einzusparen.[64]

Die Phrix-Werke AG in Hamburg entstanden 1941 durch den Zusammenschluss mehrerer Zellstoffproduzenten. Als letzter der großen Zellstoffkonzerne entwickelte die Phrix in den ersten Kriegsjahren ein eigenes Verfahren zur Hefegewinnug, das auf der Vorhydrolyse von Stroh und Fichtenholz und deren Veredlung durch einen Hefepilz (*Torula utilis*) basierte.[65] Dieses Verfahren, das in den Phrix-Werken in

Wittenberge, Küstrin und Hirschberg angewandt werden sollte, war der Anknüpfungspunkt für ein Gemeinschaftsunternehmen zwischen der Phrix-AG und der Firma Dr. Oetker, dem sich später die SS-eigene Deutsche Versuchsanstalt für Ernährung und Verpflegung (DVA) anschloss: die Hunsa-Forschungs-Gesellschaft mbH.[66]

Die Erforschung eines Verfahrens zur Nährhefeproduktion wurde zunächst von der Firma Phrix allein vorangetrieben. Ziel war es, die Rentabilität der Zellstoff- und Kunstfaserherstellung durch zusätzliche Produktlinien zu erhöhen, auch um Alternativen für den Fall zu haben, dass die Attraktivität von Kunstfaserstoffen nach Kriegsende einbrechen sollte. Vermutlich war es wieder Hans Crampe, der Berliner Resident der Firma Oetker, der auf das von Phrix entwickelte neue Verfahren im Rahmen seiner Tätigkeit für das Heeresverwaltungsamt aufmerksam wurde. Wie bei der Nährwertgesellschaft brach sich auch beim Nährhefeprojekt der Innovationsdrang Crampes Bahn. In seiner bereits zitierten Denkschrift vom 28. Oktober 1941 über die Zukunft der Nährwertgesellschaft berichtete er am Rande von ersten Geschäftserfolgen mit der Phrix-Nährhefe. Er pries Kaselowsky die Hamburger Firma als künftig größten Nährhefehersteller des Reiches an. Seine Kenntnis bezog er aus einer Abnahmevereinbarung des OKH und der SS mit Phrix, die er als Wehrwirtschaftsberater selbst ausgehandelt hatte. Sie betraf die gesamte projektierte Produktion aus dem Phrix-Werk Wittenberge für mehrere Monate – obwohl dort bis dato lediglich eine Versuchsanlage existierte.

Für Crampe waren Phrix und Oetker geeignete Partner. Er versuchte, Kaselowsky und den Oetker-Chemiker Flebbe von der Verwendung der «fast geschmacklos[en], ein wenig gelblich[en]» Zutat zu überzeugen. Dabei dachte er an die Beimengung von Vitamin-B-haltiger Nährhefe zum Puddingpulver oder an den Einsatz als Trennmittel im Backpulver.[67] Von einer Firmengründung oder gar einer Beteiligung der SS war damals noch keine Rede; selbst ob Nährhefe überhaupt ins Oetker-Sortiment integriert werden sollte, war Ende Oktober 1941 in Bielefeld noch nicht geklärt. Möglicherweise nutzte Kaselowsky in diesem Entscheidungsprozess seine Kontakte im Freundeskreis Reichsführer-SS. Der Generaldirektor der Phrix, Richard-Eugen Dörr, war als ehemaliger BASF- und I.-G.-Farben-Manager eng mit hochrangigen Vertretern von Staat, Partei und Wirtschaft vernetzt, darunter mit mehreren Mitgliedern des Freundeskreises: Karl Rasches Dresdner Bank war der Hauptgläubiger der Phrix-Werke, Hans Kehrl und Kurt Freiherr von Schröder waren Mitglieder des Aufsichtsrats der Phrix AG.[68]

Auch Hans Crampe brachte sein Netzwerk ein: Bis Anfang 1942 hatte er für Phrix den Kontakt zu Franz Wirz vom NSDAP-Hauptamt für Volksgesundheit, zu Wilhelm Ziegelmayer vom OKH und zur Gruppe Ernährung beim Beauftragten für den Vierjahresplan hergestellt. Über Wirz lief der entscheidende Kontakt zu Herbert Backe, dem Staatssekretär im RMfEL. Außerdem «weckte» Crampe «das Interesse der SS» und vermittelte Dörr einen Termin bei SS-Gruppenführer Oswald Pohl, dem Chef des SS-Wirtschafts-Verwaltungshauptamtes. Schließlich sorgte er dafür, dass Flebbe und Georg A. Krause, der Erfinder des gleichnamigen Trockenapparats und Partner bei der Nährwertgesellschaft, das Phrix-Forschungslabor in Hirschberg unterstützten. Zuletzt stellte er den Kontakt zur C. H. Knorr AG her, die an der Phrix-Hefe als Würzmittel interessiert war.[69]

Die Phrix mochte das Verfahren zur Hefeherstellung eigenständig entwickelt haben und Dörr wirtschaftspolitisch gut vernetzt gewesen sein: Für die Verwertung im Nahrungsmittelsektor war der Zellstoffproduzent auf die Kontakte Crampes angewiesen. Er und die Firma Oetker brachten das nötige Know-how und die Vertriebserfahrung mit. Umgekehrt konnten die Bielefelder hoffen, dass sich die Verbindung mit der Phrix und der Zugang zu deren chemischer Expertise in der Zukunft auszahlen würden. Von Beginn an artikulierte Crampe, der zuallererst die Firma Oetker vertrat, deren Interessen deutlich. Die Verwertung der Hefe als Trennmittel für Backpulver, als Stärketräger im Puddingpulver und möglicherweise als eigenständiger Nahrungsmittelzusatz in Haushaltspackungen setzte die exklusive Belieferung Dr. Oetkers für den gesamten europäischen Markt voraus. Lieferungen an die befreundete Firma Knorr sollten immer über Bielefeld abgerechnet werden. Langfristig waren für Oetker außerdem Versuche zur Herstellung von Vanillin und Pektin aus der Zellstoffproduktion von höchstem Interesse.[70] Bei einem Erfolg dieser langfristigen Projekte wären zwei zentrale Probleme der Rohstoffversorgung beseitigt worden. Für die Herstellung von Vanillinzucker, Vanillepudding und Gelierhülfe war man auf die Lieferung von Vanillin und Pektin aus dem Ausland, auf teure ausländische Lizenzen oder auf Monopolisten wie die I. G. Farben angewiesen. Pektin war zudem ein Naturprodukt mit all seinen Unwägbarkeiten. Der direkte

Zugriff auf Verfahren und Produktionsanlagen zur industriellen synthetischen Herstellung mit gleichbleibender Qualität musste ungemein attraktiv erscheinen. Das Potenzial dieser Entwicklungsarbeit wäre vergleichbar gewesen mit der Umstellung der Backpulverproduktion vom Importprodukt K-Weinstein auf Natrium-Pyrophosphat in den 1920er Jahren nach dem Erwerb der Chemischen Fabrik Budenheim AG.

Gegenüber Crampes Optimismus, mit der Nährhefe nicht nur ein gutes Geschäft zu machen, sondern auch einen Beitrag zur Volksernährung zu leisten, zeigte sich Kaselowsky skeptisch. Insbesondere bezweifelte er Anfang 1942, dass das Produkt in wenigen Monaten zur Marktreife geführt werden könne. Doch Crampe wusste den Oetker-Chef bei der nationalen Ehre zu packen: Mediziner und amtliche Stellen, so argumentierte er Ende des Jahres, befürworteten die Phrix-Hefe «unter allen Umständen»: «Dieser Gedanke, mit dazu beizutragen, die Ernährungslage des Volkes zu verbessern, hat mich bei meiner Arbeit geleitet. Dass das Produkt gut ist, sagt mir der hohe Eiweißgehalt, ob es ein Geschäft für Oetker wird, kann ich jetzt noch nicht beurteilen», so Crampe.[71] Im Widerstreit von nationalem und kaufmännischem Denken lenkte Kaselowsky ein, betonte aber seine Sorge, dass die Nährhefe auch nach dem Ende des Krieges marktfähig bleiben müsse – anders als etwa die Produkte der Trocknungswerke Oetker nach dem Ersten Weltkrieg: «Wegen des Artikels ‹Speisehefe› bitte ich Sie, mich nicht misszuverstehen. Ich begrüße es sehr, dass wir auf diese Weise eine neue große Produktionsaufgabe bekommen, aber ich möchte gern erreichen, dass wir einen Artikel herausbringen, der in seiner Qualität von keiner anderen Firma übertroffen werden kann und der so gut ist, dass er auch in der Friedenszeit in unserem Produktionsprogramm bestehen bleibt.»[72]

Seit spätestens Herbst 1941 wurde bei Oetker also auf der Führungsebene über die Kooperation mit der Phrix nachgedacht; Ende 1942 war der Entscheidungsprozess abgeschlossen. Zwischenzeitlich war die Entwicklung der Nährhefe so weit gediehen, dass Kaselowsky bereit war, sich an die Phrix zu binden. Im Februar 1943 wurde die Hunsa-Handels-Gesellschaft mbH gegründet. Jeweils vier Vertreter der Phrix AG und der Firma Oetker hielten 51 % bzw. 49 % des Kapitals. Aufgabe der Gesellschaft waren die Verwertung und der Vertrieb der gemeinsam zu entwickelnden Lebensmittel. Der Verkauf «von Grammpackungen für den Hausfrauenbedarf» blieb der Firma Oetker ohne Lizenzgebühren überlassen, der zudem ein Vorkaufsrecht auf die anderen Produkte eingeräumt wurde.[73]

Immer noch war von einer Beteiligung der SS keine Rede. Der Name «Hunsa» war gleichwohl eine Reverenz an Himmler. Er ging zurück auf ein 1942 erschienenes Buch von Ralph Bircher, dem Sohn des schweizerischen Ernährungsforschers Max Bircher-Benner, über ein pakistanisches Gebirgsvolk: «Hunsa. Das Volk, das keine Krankheit kennt». Dessen Bericht über die fleischarmen Ernährungsformen des Hunsa-Volkes mit viel frischem und getrocknetem Obst und Gemüse sowie deren vollständige Autarkie entsprach den Ernährungsidealen, die Himmler für seine SS-Mannschaften anstrebte.[74] Aus ähnlich esoterischen Quellen bezog der Reichsführer-SS immer wieder Inspiration; so las er in einem Buch über Dschingis Khan über die Bedeutung von Trockenfleisch und -milch bei asiatischen Reitervölkern und setzte prompt den Apparat des SS-WVHA auf die Umsetzung dieser Idee für die Ernährung der kämpfenden Truppe an – mit ungenießbarem Ergebnis.[75] Im Januar 1943, im Vorfeld der Verhandlungen über den Gesellschaftsvertrag, setzte sich auch Richard Kaselowsky mit dem Buch Birchers auseinander. Angesichts der eigenen Produktpalette stellten sich bei der Lektüre jedoch gemischte Gefühle ein: Der Puddingpulverproduzent fragte sich selbstkritisch, ob man «stolz darauf sein könne, durch unsere Erzeugnisse so erheblich zum Zuckerverbrauch in Deutschland beizutragen», umso mehr, als «wir ja leider nicht den Verbrauch des natürlichen Fruchtzuckers, sondern gerade den des ‹entmineralisierten, entvitaminisierten› Fabrikzuckers fördern».[76]

Zum Zeitpunkt der Gesellschaftsgründung erfuhr das gesamte Hefeprogramm des Reiches seine erste große Krise, von der die Baustellen bei den Phrix-Fabriken in Küstrin und Wittenberge besonders betroffen waren. Trotz politischer Schützenhilfe gab es seit dem Jahreswechsel 1942/43 Probleme bei der Versorgung mit Baumaterialien und Arbeitskräften. Karl Krauch, Generalbeauftragter für Sonderfragen der chemischen Erzeugung im Vierjahresplan, plädierte gar für die Stilllegung der Phrix-Baustelle in Wittenberge. Anfang 1943 begann deswegen eine intensive Lobbytätigkeit bei den Entscheidungsträgern von Staat und Partei, die im März 1943 sogar in eine Entscheidung Hitlers zur Fortsetzung der Bauprojekte des «Hefeausbauplans» mündete.[77]

Hans Crampe wandte sich an Oswald Pohl und warb nochmals für das Nährhefeprojekt. Die SS hatte an der Fertigstellung Wittenberges inzwischen starkes Eigeninteresse: Erstens war die Nährhefe für die Pläne einer SS-Konzentratverpflegung unabdingbar, weshalb die Abnahme von 75 % der künftigen Wittenberger Produktion bereits vereinbart war. Zweitens galt es für die SS und Himmler, einen Rückstand gegenüber der Wehrmacht aufzuholen, die seit Kriegsbeginn Verträge mit vielen Unternehmen der Zellstoffbranche über die Lieferung von Nährhefe geschlossen hatte. Die Nährhefe des Newcomers Phrix bot endlich eine Gelegenheit gleichzuziehen.[78] Drittens dürfte eine Beteiligung an der Phrix-Hefe für die SS schlicht betriebswirtschaftlich interessant gewesen sein.[79] Tatsächlich arbeiteten neben einer großen Zahl von «Zivilarbeitern» aus zahlreichen europäischen Ländern seit Februar 1942 internierte polnische Juden in Wittenberge, ab August 1942 auch Häftlinge aus dem KZ Neuengamme. Damit gehörte das Phrix-Werk zu den ersten rein privatwirtschaftlichen Unternehmungen, das über ein eigenes KZ-Außenlager verfügte. Die Phrix-Führung war jedoch mit der Zahl, der Ausbildung und der Arbeitsleistung der geschwächten Häftlinge unzufrieden.[80]

Crampe, der als Ernährungsfachmann inzwischen über beträchtliches Renommee bei Pohl verfügte, verhandelte mit der SS-Führung und erreichte einen Besuch Pohls auf der Baustelle in Wittenberge am 4. März 1943. Dieser habe, so berichtete Crampe zufrieden an Kaselowsky, «das Versprechen abgegeben, dass die Arbeitersorgen von ihm aus behoben werden, und dass er seinen ganzen Einfluss bis zum Reichsführer geltend machen wird, damit endlich die Hefefabrik fertig wird».[81] Tatsächlich erhielt die Phrix AG innerhalb kürzester Zeit auch für den Bau der Fabrik in Küstrin von der «Reichsführung SS» zusätzlich zu den bisherigen Zwangsarbeitern KZ-Häftlinge aus Neuengamme zugewiesen. In Wittenberge wurde die Zahl der KZ-Häftlinge auf bis zu 500 aufgestockt. Zwar monierten die Phrix-Verantwortlichen bei der SS den schlechten Gesundheitszustand der Häftlinge und deren mangelnde Qualifikation; grundsätzliche Bedenken gegen deren Einsatz bestanden jedoch nicht. Nur der massive Einsatz von Zwangsarbeitern und KZ-Häftlingen ermöglichte die zügige Errichtung der Zellwoll-Fabriken und der Hefe-Produktionslinien in Küstrin und Wittenberge.[82]

Kaselowsky zeigte sich zufrieden. Dabei musste ihm klar sein, dass es sich bei den Arbeitskräften, die die SS besorgen wollte, nur um KZ-Häftlinge handeln konnte; es ist auch schwer vorstellbar, dass er über die

Dimensionen des Einsatzes von Zwangsarbeitern, internierten polnischen Juden und KZ-Häftlingen in Wittenberge nicht informiert war: «Es ist ja recht erfreulich», so Kaselowsky, «dass Herr Pohl versprochen hat, die Arbeitersorge zu beseitigen und sich beim Reichsführer dafür einzusetzen, dass die Hefefabrik endlich fertig wird. Hoffentlich kommt diese Sache nun bald in Ordnung.»[83] Da die Rüstungsbürokratie die Hefeprojekte nur bedingt unterstützte, war es umso wichtiger, das Interesse der SS und insbesondere Himmlers zu wecken, um die Unternehmung voranzutreiben.

Der Preis, den Kaselowsky und Dörr dafür zu zahlen bereit waren, war die Hereinnahme der SS in ein zweites, neu zu gründendes Gemeinschaftsunternehmen. Pohl wünschte sich «eine Beteiligung der SS oder ein[en] größere[n] Einfluss» der SS an dem Projekt, das er so nachhaltig förderte.[84] Schon wenige Wochen nach der Gründung wurde deshalb die Hunsa-*Handels*-Gesellschaft mbH im April 1943 in Toq Handels-Gesellschaft mbH umbenannt – auch dies eine Anspielung auf Birchers Buch. An den Gesellschaftsverhältnissen innerhalb der Toq änderte sich nichts. In einem neu geschaffenen Beirat saßen Dörr und Adolf Grom von der Phrix sowie Kaselowsky und Rudolf-August Oetker. Der Name «Hunsa» war damit frei für ein neues Gemeinschaftsunternehmen, die Hunsa-*Forschungs*-Gesellschaft mbH.[85]

Die Hunsa-Forschungs-Gesellschaft wurde von der Phrix GmbH, der Dr. August Oetker OHG und für die SS von der Deutschen Versuchsanstalt für Ernährung und Verpflegung (DVA) mit einem paritätisch einzubringenden Stammkapital von 180 000 RM gegründet. Zweck der Gesellschaft war die «Förderung der Forschung auf dem gesamten Gebiet des Nahrungsmittelwesens und der Grundstoffe für die Erzeugung von Nahrungsmitteln, insbesondere auf dem Gebiete der Weiterverarbeitung von in der Industrie sich ergebenden Neben- u. Restprodukten». Ein Beirat versammelte zentrale Personen des Forschungsfeldes und der einschlägigen Parteidienststellen, die Crampe bereits für das Projekt interessiert hatte: Franz Wirz, Ernst Schenck, Georg Lörner, Fritz Koch und Georg A. Krause.[86]

An der Aufgabenteilung zwischen Phrix und Oetker änderte sich nichts: Phrix hatte das Produktionsverfahren entwickelt und sollte die Nährhefe herstellen, welche die Toq – also Oetker und Phrix gemeinsam – vertreiben würde. Was dagegen die genaue Rolle der Hunsa war, bleibt unklar. Die Befragung eines Mitarbeiters des SS-WVHA durch die Amerikaner nach Kriegsende deutet auf einen Zusammenhang zu Forschungen an einer Konzentratverpflegung für die Waffen-SS hin.[87] Tatsächlich entwickelte Ernst Schenck für Himmler eine solche «eiserne Ration»; ob die Phrix oder die Hunsa – über die Lieferung vitaminhaltiger Nährhefe hinaus – daran beteiligt waren, lässt sich quellenmäßig nicht erhärten. Es ist vielmehr äußerst zweifelhaft, ob die Hunsa-Gesellschaft jemals das operative Geschäft aufnahm. Bis Januar 1944 hatten nur Oetker und Phrix ihren Kapitalanteil wenigstens teilweise einbezahlt. Die Eintragung ins Handelsregister erfolgte frühestens im Frühsommer 1944, da der Anteil der DVA weiterhin ausstand. Hugo Koch und Crampe, die als Geschäftsführer vorgesehen waren, übten ihr Amt seit dem 1. Oktober 1943 zwar aus, waren im Sommer 1944 aber noch immer nicht ordentlich bestellt, da die Zustimmung des SS-WVHA fehlte.[88] Die SS hatte offenbar kein dringendes Interesse mehr an der Umsetzung der Pläne, vermutlich hatten sich die Prioritäten bei der SS-Führung verschoben. Ein zentraler Faktor war zweifelsohne, dass die Phrix AG entgegen ihren hochgesteckten Produktions- und Renditeprognosen nach Bauverzögerungen und einem Bombentreffer in Wittenberge die Massenproduktion der Phrix-Hefe nie aufnehmen konnte. Außer den Erzeugnissen kleiner Versuchsanlagen gab es nichts, was vertrieben und erforscht werden konnte.[89]

Während die Phrix die angestrebten Produktionsraten nicht annähernd erreichte, hatte man in Bielefeld mit den Vorbereitungen für den Vertrieb von Nährhefeprodukten unter der Bezeichnung «Dr. Oetker Speisehefe» schon im Sommer 1942 begonnen. Aus der Versuchsanlage in Wittenberge erwartete die Firma die Lieferung von rund einer Tonne Nährhefe monatlich, nach Beginn der Großfabrikation rechnete man mit Chargen von 8–20 Tonnen. Typisch für Oetker-Produkte, ließ Kaselowsky Rezepte vorbereiten; Krankenhäuser und Lazarette, aber auch Hausfrauen sollten kostenlose Muster erhalten. Weil man mit der Skepsis der Verbraucher rechnete, musste der Eindruck eines «Ersatz»-Lebensmittels unbedingt vermieden werden. Wichtig war dafür eine präzise Gebrauchsanweisung, weil die Hefeflocken keinesfalls mitgekocht werden durften – sonst drohte nämlich ein petroleumartiger Geschmack die Speise zu verderben.[90]

In Fachzeitschriften und der Tagespresse wurde das neue Produkt – allerdings ohne Bezug zu Oetker – bereits vorgestellt. Das Reichsgesundheitsamt erteilte die lebensmittelrechtliche Genehmigung, und die

Reichsgesundheitsführung sagte die Verleihung ihres Gütezeichens zu. Die anfängliche Absicht, den Vitamin-B-Gehalt der Hefe zu betonen, musste allerdings aufgegeben werden, weil eine Konkurrenzstellung zum Lieblingsprojekt von Franz Wirz nicht geraten schien, der mit dem NSDAP-Hauptamt für Volksgesundheit Vollkornbrot als Vitamin-B-Quelle propagierte.[91] Die Platzierung des neuen Produkts wurde also generalstabsmäßig vorbereitet, auf den Markt kam es gleichwohl nie.[92]

Nur kleinere Chargen Nährhefe kamen in Umlauf. Die «Großversuchsanlage» in Wittenberge lieferte geringe Mengen, und auch in den Phrix-Werken in Küstrin und Hirschberg wurde mit der Eiweißproduktion in geringem Umfang begonnen. Rund die Hälfte der Monatsproduktion von 8–10 Tonnen wurde entsprechend älterer Vereinbarungen an die Wehrmacht und die Waffen-SS geliefert. Der Rest ging an Dr. Oetker und an Werksküchen.[93]

Tatsächlich produzierte Phrix nur einen kleinen Anteil der im Deutschen Reich vertriebenen Industriehefen. Das Gros der 1944 in deutschen Zellstofffabriken gewonnenen Hefen wurde aus Sulfitablaugen hergestellt – also nach einem anderen Verfahren.[94] Während über die Verwendung der Phrix-Hefe keine näheren Angaben möglich sind, gelangten vergleichbare Produkte aus der Zellstoffindustrie vor allem über Großküchen und Kantinen bereits auf die Teller von Soldaten wie Zivilisten – meist ohne dass diese das überhaupt bemerkten. Suppen- und Soßenpulver wurden mit Hefeflocken angereichert und in den Lehrküchen der DAF Kochversuche durchgeführt. Ansonsten fiel jedoch fast die gesamte deutsche Hefeproduktion (einschließlich der Naturhefen) an die Wehrmacht, die sie als Futterhefe oder als Hefeextrakt und Würzmittel verwendete.[95] Der Fleisch- und Fettkonzern A. Aengeneyndt KG, Köln, beantragte beispielsweise Ende 1943 auf Anweisung des OKH ausdrücklich die Zuteilung sogenannter Sulfitablaugehefe für die Truppenverpflegung. Die Firma Maggi wollte sie zur Herstellung von Suppenwürze nutzen. Im Juni 1944 wurden allein 480 Tonnen Hefe aus der Zellstofffabrik Waldhof in Mannheim zur Lieferung an fünf große Nahrungsmittelfirmen freigegeben.[96] Möglicherweise waren solche Hefen sogar schon in Apotheken erhältlich. Der Einsatz von Hefepräparaten – unabhängig von der Herstellungsart – blieb jedoch kriegsbedingt begrenzt; mangels ausreichender Produktion kam eine direkte Belieferung der Zivilbevölkerung über den Einzelhandel nie in Betracht.[97]

Verschiedene Autoren haben vermutet, ein Teil der Nährhefen aus Phrix-Produktion sei auch in Konzentrationslagern eingesetzt worden. Dieser Verdacht geht letztlich auf eine einzige journalistische Arbeit zurück, die anführt, die Phrix-Hunsa-Hefe sei in Mauthausen unter unmenschlichen Bedingungen getestet worden.[98] Ernährungswissenschaftliche Menschenversuche in Mauthausen sind nachgewiesen und wurden nach dem Krieg von Beteiligten eingestanden und verharmlost. Günther Schenck, der Ernährungsinspekteur der Waffen-SS, versuchte etwa, sich nachträglich als Menschenfreund zu präsentieren, und verteidigte die Versuche auf zynische Weise. Schließlich habe man «hochwertiges Eiweiß Menschen zugängig gemacht [...], die es am meisten benötigten». Aus der Darstellung von Schenck geht aber deutlich hervor, dass es sich hier nicht um ein Produkt der Hunsa/Phrix handelte, deren Produktion nie richtig in Gang kam. Die «Pilzwürste» stammten vielmehr aus der Deutschen Zellwolle-Ring-Verkaufsgemeinschaft unter der Führung des thüringischen Staatsrats und Gauwirtschaftsberaters Walther Schieber, die in offener Konkurrenz zum Oetker/Phrix-Projekt stand.[99] Die archivalischen Quellen belegen also, dass die Zurechnung *dieser* ernährungsphysiologischen Menschenversuche auf das Konto Dr. Oetkers und der Hunsa auf einer Verwechslung beruht.

Innerhalb des Schieber-Konzerns hatte die eigens gegründete Biosyn-GmbH den Vertrieb der Hefe übernommen. Auch dieses Projekt stand in Kontakt mit der SS. Der NS-Wirtschaftsfunktionär Walther Schieber, der den Rang eines SS-Brigadeführers bekleidete und wie Kaselowsky Mitglied des Freundeskreises Reichsführer-SS war, hatte Himmler von der «fabelhaften Erfindung» vorgeschwärmt, aus Sulfitablauge, dem Abwasser der Zellstoffproduktion, durch einen «Bazillus» Eiweiß zu gewinnen. An der Produktion dieser vermeintlich «unerhört nahrhafte[n], wohlschmeckende[n] wurstartige[n] Paste» beteiligte sich die SS auf Befehl ihres Chefs.[100] Himmler und das SS-WVHA unterstützten also neben der Hunsa/Toq ein zweites Projekt mit vergleichbarer Zielsetzung, das aber auf einem anderen Verfahren beruhte. Biosyn produzierte im Zellstoffwerk Lenzing (Oberösterreich); dort gab es ein eigenes Außenlager des rund 80 km entfernten KZ Mauthausen.[101]

Durchaus analog zur Hunsa/Toq sollte für den Vertrieb dieser so erzeugten Biosyn-«Vegetabil-Wurst» unter Beteiligung einer Reihe von weiteren Zellstoffproduzenten und verschiedener Reichsstellen die Bionahr AG gegründet werden.[102] In den letzten Kriegsjahren befassten sich die Reichsbehörden immer wieder mit dem Biosyn-Produkt und diskutierten intensiv die mangelnde Verträglichkeit und die irreführende Bezeichnung («Wurst»).[103] Das Reichsgesundheitsamt stellte unmissverständlich fest, dass das Produkt schlicht ungenießbar sei. Der Ernährungsbeauftragte der Reichsgesundheitsführung, Franz Wirz, äußerte nach anfänglicher Zustimmung ebenfalls Bedenken, nicht zuletzt wegen der hohen Schwermetallkonzentrationen, die aus der Sulfitablauge stammten. Im Reichsernährungsministerium sah man das Verfahren noch in den Kinderschuhen stecken.[104] Das hinderte die SS und die Biosyn/Bionahr-Gesellschaft aber nicht daran, in den Jahren 1943/44 ihre «Vegetabil-Wurst» an einigen Hundert Häftlingen des KZ Mauthausen zu testen: Das Produkt war nur ausnahmsweise auf Antrag des Ernährungsinspekteurs Schenck für einen Großversuch in verschiedenen Konzentrationslagern zugelassen worden.[105] Die bisher in der Literatur zitierten Ernährungsversuche mit Biosyn-«Wurst» in Mauthausen standen demnach nachweislich in keiner Beziehung zur Phrix-Nährhefe oder zu den Hunsa- oder Toq-Gesellschaften.[106] Damit gab es auch keine Verbindung zur Firma Dr. Oetker, obwohl man dort die Konkurrenz beobachtete und durchaus wusste, dass deren Produkte an «K. Z. Läger» abgegeben wurden.[107]

Allerdings fand auch die Phrix-Hefe ihren Weg in ein Konzentrationslager der SS – jedoch auf anderem Weg, als bisher bekannt. Ob und wie detailliert man in Bielefeld darüber informiert war, ist unklar. Der Standortarzt des KZ Neuengamme notierte unter dem 29. März 1945 jedenfalls knapp: «Versuche mit Phrix-Hefe werden *zur Zeit* nicht durchgeführt. Die vorhandene Phrix-Hefe wird an die kranken Häftlinge zusätzlich verteilt.»[108] Nach der Aussage eines Phrix-Prokuristen im Curio-Haus-Prozess gegen die Haupttäter von Neuengamme wurden zwischen Juni 1943 und Januar 1945 monatlich etwa 150 kg Hefe in das KZ geliefert, auf Rechnung des SS-Wirtschafts- und Verwaltungshauptamtes.[109]

Dieses Dokument wird durch Nachkriegsaussagen von Häftlingen bestätigt. Die Hefe war demnach das einzige Nahrungsmittel, das im Krankenrevier ausreichend über die kargen Häftlingsrationen hinaus zur Verfügung stand. Zwei polnische Häftlingsärzte beurteilten im Rückblick die Wirkung unterschiedlich: Während ein Arzt sich erinnerte, die Kranken hätten die Hefe gerne genommen und an Gewicht zugelegt, gab ein zweiter im Neuengamme-Hauptprozess vor einem britischen Militärgericht zu Protokoll, es sei kein Effekt sichtbar gewesen. Über die Ernährungsversuche, die der Lagerarzt Dr. Wilhelm Jäger über mehrere Monate hinweg an 250 Ödemkranken durchführte, ist nichts Näheres bekannt.[110]

Ob nun Versuche die Ursache für die Gründung der Hunsa-*Forschungs*-GmbH waren, ist zweifelhaft.[111] Sie kann aus dem zeitlichen Zusammenhang zwischen der Firmengründung und den Versorgungsproblemen mit Rohstoffen und Arbeitskräften ausreichend und schlüssig erklärt werden, zumal die Hunsa wohl nie das operative Geschäft aufgenommen hat. Ein eigenes Unternehmen für die Durchführung von Versuchen in den Konzentrationslagern zu gründen war außerdem nicht nötig und auch nicht üblich. Von einer Forschungsgesellschaft bei der Biosyn-Wurst ist zum Beispiel nichts bekannt. Schließlich war 1944/45 die getrocknete Nährhefe aus den Phrix-Werken längst bei Wehrmacht und Waffen-SS im Einsatz; zuvor war sie in den Labors in Wittenberge und Bielefeld ausführlich untersucht und für gut befunden worden. Oetker war immerhin bereit, das Präparat unter seinem Markennamen zu vertreiben.

Als Rudolf-August Oetker im Herbst 1944 die Leitung der Firma Dr. Oetker übernahm, stellte er fest, dass über die Geschäfte der Hunsa- und Toq-Gesellschaften in Bielefeld kaum Informationen vorlagen. Nicht einmal Geschäftsberichte waren auffindbar. Bei einer Besprechung mit den Hamburger Geschäftspartnern im März 1945 wurde der gegenwärtige Stand der Unternehmungen diskutiert: Offenbar war die Oetker-Phrix-SS-Kooperation von Crampe weitgehend an der Oetker-Hauptverwaltung vorbei betrieben worden. Vermutlich hielt er nur Kaselowsky selbst auf dem Laufenden. Phrix und Oetker waren sich einig, dass Crampe, der sich schon Monate vor Kriegsende nach Konstanz zurückgezogen hatte und zu dem kaum noch Kontakt bestand, der Rücktritt als Geschäftsführer nahegelegt werden sollte. Da die Massenfertigung der Nährhefe ausblieb, machte die Toq kaum Umsätze und schloss das Geschäftsjahr 1944 mit Verlust ab. Während sich der Zweite Weltkrieg seinem Ende zuneigte, machte sich Phrix-Generaldirektor Dörr, weiterhin vehementer Verfechter dieser Geschäftsidee, Gedanken über die Entwicklung neuer Gefrier- oder Dosenkonserven mit Hefe-Eiweißzusatz. Dörr hoffte auf geneigte Konsumenten in Friedenszeiten und identifizierte schon richtig die künftigen Vorbilder: «Die Anregung dazu kommt aus Amerika, wo tafelfertige Speisen in Büchsenform usw. bereits heute ein gängiger Artikel sind.»[112]

Geschäftlicher Erfolg war weder der Hunsa noch der Toq beschieden. Die minimale Versuchsproduktion deckte nicht einmal die Unkosten. Nach Kriegsende wurden beide Firmen abgeschrieben. Da die Phrix AG den Kontakt zu ihren Werken im Osten verlor – nicht zuletzt auch nach Wittenberge am Ostufer der Elbe –, war an eine Wiederaufnahme der Hefefabrikation ohnehin nicht zu denken. Ende Juli 1945 wurde die Liquidierung der Toq erörtert, um künftige Kosten zu vermeiden.[113] Hans Crampe, der nach Kriegsende erst einmal in der französischen Besatzungszone festsaß, war von der Trockenhefe indes weiterhin überzeugt und versuchte – vergeblich – den Oetker-Treuhänder Ernst Tüscher von einer weiteren Zusammenarbeit zu überzeugen.[114]

Das Verhältnis der Firma Dr. Oetker und Richard Kaselowskys zur SS und ihrem Reichsführer erhielt durch die Hunsa-Gesellschaft eine neue geschäftliche Dimension. Die institutionalisierten Geschäftsbeziehungen mit dem SS-WVHA empfand der Oetker-Chef als wichtige Ergänzung der Mitgliedschaft im Freundeskreis Himmler.[115]

Arbeitskräftemangel, Zwangsarbeit und Rüstungsproduktion

Für Zwangsarbeit in der Nährmittelfabrik Dr. August Oetker in Bielefeld gibt es nur wenige Belege; ihr Umfang war sowohl hinsichtlich der Zahl der Arbeitskräfte als auch des Einsatzzeitraums begrenzt. Für den 1. September 1944 etwa vermerkt ein Bericht des Gewerbeaufsichtsamts Bielefeld ausdrücklich, dass sich unter den insgesamt noch 236 Angestellten und 606 Arbeitern keine Zwangsarbeiter befanden, also weder Kriegsgefangene noch «Ostarbeiter» oder sonstige ausländische Zivilarbeiter.[116] Gleichwohl erinnerten sich 1998 zwei Mitarbeiterinnen an einige «Russinnen», die in der Küche gearbeitet und im Zwangsarbeiterlager auf dem Johannisberg gewohnt hätten. Außerdem arbeiteten vermutlich ab Januar 1945 einige ausländische Arbeitskräfte unbekannter Nationalität und unbekannten Status in den Abfüllsälen. Der Leiter des

Einkaufs, Karl Höcker, notierte 1951, etwa ab Januar 1945 seien 20 bis 30 «Russenmädchen» eingesetzt worden, die von den Benteler-Werken ausgeliehen waren. Dort seien sie untergebracht und entlohnt worden. Je zwei der Arbeiterinnen seien in der Küche, an der Gustin-Maschine und im Puddingpulver-Siebsaal, eine weitere in der Tischlerei beschäftigt gewesen. Die meisten der «Mädchen» leisteten Aufräumarbeiten in der stark zerstörten Papierverarbeitung (Oteka).[117]

Bei der Oteka waren bereits 1942/43 Zwangsarbeiter eingesetzt. Die russische Studentin Tamara Smoljakowa berichtete 1947 im Entnazifizierungsverfahren des Oteka-Geschäftsführers August Langenberg, sie habe in diesem Zeitraum mit 19 weiteren Russinnen dort gearbeitet und sei sehr gut behandelt worden. Als das Arbeitsamt sie im Herbst 1943 abzog, hätten sie Oetker «nur ungern, ja widerwillig» verlassen. Smoljakowa berichtete, dass sie und ihre Schicksalsgenossinnen eingekleidet worden seien und entgegen den üblichen Gepflogenheiten und Vorschriften die gleiche Verpflegung wie die deutschen Arbeitskräfte erhalten hätten.[118] Höcker berichtet in seinen Erinnerungen, dass die 1945 zu Aufräumarbeiten eingesetzten Zwangsarbeiterinnen an Arbeitstagen aus der Werksküche verpflegt wurden; am Wochenende (also sonntags) und an Feiertagen habe eine Fremdfirma ein Eintopfgericht geliefert, gegen dessen schlechte Qualität man protestiert habe. 1945 entrichtete Oetker einen Stundenlohn von 30 Pfennigen, von dem 18 Pfennige für die Verpflegung und 4 Pfennige für Verwaltungskosten der Benteler-Werke abgezogen wurden.[119]

Für das Zweigwerk in Hamburg gibt es keinen sicheren Nachweis für die Ausbeutung von Zwangsarbeiterinnen und Zwangsarbeitern. Zwar vermerkt das Online-Kartenwerk «Zwangsarbeit in Hamburg», Dr. August Oetker habe in der Hansestadt «nachweislich Zwangsarbeiter beschäftigt», auch wenn die genauen Lagerstandorte unbekannt seien. Wahrscheinlich liegt jedoch eine Verwechslung mit der Marzipanfabrik L. C. Oetker-Werke GmbH Altona-Bahrenfeld vor, die am Friesenweg 5 in Hamburg-Altona ein eigenes Zwangsarbeiterlager unterhielt.[120]

Ein Hinweis auf das Hamburger Zweigwerk findet sich indes in den Erinnerungen des KZ-Häftlings M. Ziehmanis, der Vorarbeiter eines Häftlings-Räumkommandos war, das für das Telegrafenamt Kabelschächte von Bombenschutt befreien musste. An einem nicht näher bestimmten Tag zwischen Ende 1944 und Frühjahr 1945 kamen die KZ-

Häftlinge entlang der Straße «Am grünen Deich» vor dem Oetker'schen Werk zum Einsatz, und Ziehmanis wollte mittags für seinen Trupp Nahrungsmittel organisieren. Im Einverständnis mit dem Kommandoführer machte er dem Pförtner den Vorschlag, dass zwei Häftlinge die Straßenzufahrt zum Werk räumen würden, wenn die Firma im Gegenzug ein Mittagessen zur Verfügung stelle. Tatsächlich erhielt das Häftlingskommando aus der Hand von «zwei Frauen aus der Fabriksküche» einen «große[n] Kessel mit der appetitlichsten, schmackhaftesten Suppe [...], die man sich überhaupt nur vorstellen konnte. Die Suppe war so reichlich bemessen, dass es gewisse Anstrengungen erforderte, den Kessel zu leeren. Frisches Schweinefleich hatten wir seit erdenklichen Zeiten nicht mehr genossen! Die Sonderarbeiten und die schönen Suppen gab es von nun an jeden Tag.»[121]

Belegt ist der Einsatz von Zwangsarbeitern für die Danziger Verpackungsindustrie (DVI), die dem Zweigwerk in Danzig angegliedert war. Die beiden Leiter berichteten Ende 1942 an Kaselowsky, dass es bei der DVI durch die Einberufung regulärer Mitarbeiter und die ersatzweise «Beschäftigung äußerst billiger Zivilgefangener» zu Einsparungen an Löhnen und Gehältern gekommen sei. Am 30. September 1943 arbeiteten neun männliche und elf weibliche, zur Jahresmitte 1944 vier männliche und fünf weibliche Gefangene in der Verpackungsfabrik. Für andere Niederlassungen oder deren Tochterbetriebe gibt es keine Hinweise, die auf den Einsatz von Häftlingen oder Zwangsarbeitern hindeuten.[122]

Warum die Firma Oetker wenig am Zwangsarbeitssystem partizipierte, ist nicht eindeutig zu klären. Eine Rolle spielte wohl der traditionell hohe Anteil junger Frauen an der Belegschaft: 1941 waren von 800 Mitarbeitern 576 weiblich, von diesen wiederum fast zwei Drittel (367) zwischen 14 und 28 Jahren alt. Im August 1944 waren unter den 606 Arbeitern und Arbeiterinnen 154 erwachsene Männer und 330 erwachsene Frauen; die 122 Jugendlichen dürften zum überwiegenden Teil Mädchen und junge Frauen gewesen sein. Die meisten Einberufungen trafen Oetker bereits 1940, als 65 Männer zum Kriegsdienst eingezogen wurden.[123]

Dies bedeutete jedoch nicht, dass die Firma von der kriegsbedingten Arbeitskräfteknappheit nicht betroffen gewesen wäre. Im September 1941 beschwerte sich Hans Crampe beim Reichsministerium für Ernährung und Landwirtschaft über den zunehmenden Mangel gerade an weiblichen Arbeitskräften. Oetker geriet deshalb in Konflikt mit dem

Arbeitsamt Bielefeld, weil immer mehr Arbeiterinnen ausfielen oder zusätzlich belastet wurden. Frauen mit Kindern, deren Männer im Feld standen, hörten auf zu arbeiten und verwiesen auf nicht arbeitende kinderlose Frauen. Junge Arbeiterinnen fielen wegen des Reichsarbeitsdienstes und des anschließenden Kriegshilfsdienstes aus oder wurden zugunsten von Rüstungsbetrieben abgezogen.[124] Der Betriebsleiter Karl Höcker erinnerte sich später an viele nur halbtags und wenig motiviert arbeitende, meist verheiratete Frauen. Mangelnde Motivation bei oft wenig attraktiven Arbeitsbedingungen und Verdienstmöglichkeiten verdeutlichen allerdings die Strukturprobleme und ideologischen Widersprüche weiblicher Erwerbstätigkeit im Nationalsozialismus, die nicht nur Oetker betrafen, sondern sich nach Kriegsbeginn zu einem Problem für die NS-Rüstungs- und Kriegswirtschaft insgesamt auswuchsen.[125]

Bis Ende Februar 1942 hatten sich mehrere Gauleitungen über Lieferengpässe bei Nährmitteln für Kleinstkinder beschwert – auch das Oetker'sche Gustin zählte dazu. Verantwortlich dafür war neben mangelnden Rohstoffen der Abzug von Arbeitskräften bei den Herstellern, obwohl das Rüstungsministerium angeordnet hatte, die Nährmittelindustrie nicht zu gefährden. Gleichwohl wurden die Ernährungsbetriebe durch die Arbeitsämter 1941/42 bei der Verteilung der Arbeitskräfte zugunsten der Rüstungsindustrie benachteiligt.[126] Auch im Reichsministerium für Ernährung und Landwirtschaft wurde der Abfluss an Arbeitskräften mit Besorgnis beobachtet. Verschärft wurde das Problem dadurch, dass gegen den Einsatz von Zwangsarbeitern in der Lebensmittelindustrie zunächst aus ideologischen Gründen Bedenken herrschten. Nach Besprechungen mit dem Reichsministerium für Ernährung und Landwirtschaft stimmte das OKW im August 1941 schließlich dem Einsatz zunächst französischer, ab 17. Februar 1942 auch belgischer und serbischer Kriegsgefangener «unter Beachtung aller abwehrmäßigen und sanitären Belange» zu.[127] Der Bedarf vor allem an fachlich ausgebildeten Kräften wie Metzgern und Bäckern konnte jedoch immer noch nicht gedeckt werden, sodass das Ernährungsministerium Anfang Mai 1942 um eine Ausweitung des Rekrutierungspotenzials ersuchte. Das OKW lehnte dieses Ansinnen Ende des Monats aus Sicherheitsgründen ab. Entsprechende Einschränkungen galten zunächst auch für zivile ausländische Arbeitskräfte: Laut einer Anordnung des Generalbevollmächtigten für den Arbeitseinsatz, Fritz Sauckel, durften russische Arbeiterinnen und Arbeiter nur in der Rüstungsindustrie und in der Landwirtschaft eingesetzt werden. Ernährungsministerium und Reichsnährstand sahen auch deshalb im Juli 1942 die Versorgung der Bevölkerung in Gefahr und wollten den Einsatz von «Ostarbeitern» erlauben, sofern beim Reichsführer-SS und im Innenministerium «vom hygienischen und Abwehrstandpunkt» keine Einwände bestünden.[128]

Reichsinnenminister Frick und besonders Himmler schienen zu diesem Zeitpunkt etwaige Bedenken bereits zurückgestellt zu haben. Die Großschlachterei Vogt & Wolf, an der Kaselowsky beteiligt war, erhielt im gleichen Monat einige «Ostarbeiterinnen» zugeteilt.[129] Allerdings ist nicht bekannt, in welchen Bereichen des Betriebs die Frauen eingesetzt wurden. Die «Ostarbeiterinnen» im Oetker-Stammwerk wurden 1942/43 zunächst nur in der Papierverarbeitung beschäftigt – möglicherweise auch das ein Ausdruck ideologischer Vorbehalte, die in Begriffe wie «Hygiene» gekleidet wurden. Prinzipielle oder moralische Vorbehalte gegen den Einsatz von Zwangsarbeitern gab es bei Oetker / Kaselowsky jedenfalls nicht: Es kamen sowohl auf dem Oetker'schen Gut Götz in Brandenburg als auch auf dem Gestüt Kaselowskys in Ebbesloh einzelne «Ostarbeiter» zum Einsatz.[130]

Zwangsarbeit weit größeren Ausmaßes als im Stammwerk oder auf den familieneigenen Gütern verantworteten Richard Kaselowsky und die Familie Oetker in den Firmen, die sie kontrollierten oder an denen sie beteiligt waren. In der Chemischen Fabrik Budenheim AG, Mainz, die zu 100 % in Oetker'schem Besitz war und deren Aufsichtsrat Kaselowsky vorsaß, arbeiteten ausweislich der Bilanzen seit dem dritten Quartal 1941 Kriegsgefangene und ausländische Arbeiter. Die genaue Zahl der Zwangsarbeiter ist nicht bekannt. Ende des Jahres übersandte der Vorstand seinem Aufsichtsratsvorsitzenden Kostenvoranschläge für Baracken zur Unterbringung. Der Bau werde sich lohnen, so die Manager, die ein baldiges siegreiches Kriegsende erwarteten und kalkulierten, dass auch danach «zweifellos mit dem Einsatz ausländischer Arbeiter zu rechnen sein werde».[131]

Die meisten Zwangsarbeiter innerhalb des von Oetker direkt kontrollierten Beteiligungsbesitzes arbeiteten in Bielefeld bei der Koch's Adler Nähmaschinenfabrik AG. Die Aktienmehrheit befand sich im Besitz der Familie, und Louis Oetkers Schwiegersohn Konstantin Brückner führte den Vorsitz im Aufsichtsrat. Grund für die hohe Zahl an Zwangsarbeitern war zweifelsohne, dass Koch's Adler in großem Umfang für die Rüstungsindustrie produzierte.[132] Gefertigt wurden Gussteile für Maschinengewehre (MG 42), Nadellager für Panzerketten und Stahlgussgranaten für Feldhaubitzen. Als Rüstungsbetrieb profitierte Koch's Adler sowohl von der Zuweisung ausländischer Arbeitskräfte als auch von der Stilllegung nicht kriegswichtiger Betriebe: Im März 1944 übernahm man nach deren Teilstilllegung die Arbeiter der Bielefelder Spinnereimaschinenfabrik Seydel & Co.[133]

Spätestens seit Oktober 1941 bestand bei Koch's Adler ein Lager für ausländische Arbeitskräfte; das Rüstungskommando Bielefeld hatte außerdem dafür gesorgt, dass das Unternehmen bei der benachbarten Glasgroßhandlung Voltmann Lagerräume zur Beherbergung pachten konnte. Im Mai 1942 waren dort 42 Männer untergebracht. 1944 zählte das Gewerbeaufsichtsamt Bielefeld bei Koch's Adler 332 «Ostarbeiter», davon 246 Frauen, sowie 230 weitere ausländische Arbeiter, davon 27 Frauen. Bis zu 800 Zwangsarbeiter waren gleichzeitig in der Firma tätig. Zur Unterbringung vermerkte der im Anschluss verfasste Bericht, die Ausländer stünden unter militärischer Bewachung. Die Unterkünfte entsprächen jedoch «zum größten Teil in keiner Weise den Vorschriften [...]. Die Belegung der Räume war viel zu dicht; z. T. waren keine Tagesaufenthaltsräume vorhanden; die Sauberhaltung ließ sehr zu wünschen übrig.» Neue Baracken seien «auf Drängen des Gewerbeaufsichtsamtes» gebaut worden.[134]

Nach dem Krieg wurden wegen der schlechten Behandlung der Zwangsarbeiter vonseiten der Belegschaft Vorwürfe gegen den Direktor der Fabrik, Richard Hermann, erhoben, der «seine Stellung stets im Geiste nationalsozialistischer Ideologie im Sinne des Führerprinzips geführt [sic]» habe. Nahrungsmittel für die Zwangsarbeiter wurden, so die Berichte, für das Leitungspersonal abgezweigt; ein Streik wegen des ungenießbaren Essens wurde von Werkschutzleuten gewaltsam gebrochen, die die Arbeiter mit Dachlatten schlugen und in die Fabrikräume trieben. Im «Bunker», in dem Maschinengewehrteile lagerten, wurden unbotmäßige ausländische Arbeiter bis zu 24 Stunden ohne Nahrung eingesperrt. Nach einem Fluchtversuch wurden zwei russische Zwangsarbeiter der Gestapo gemeldet und von Beamten im Speisesaal so schwer misshandelt, «dass das Blut nachher von den Wänden abgewischt werden musste». Ein Belgier wurde wegen eines behelfsmäßigen Messers, das er sich zum Gebrauch bei der Arbeit angefertigt hatte, ebenfalls gemeldet und musste einige Wochen in Gestapohaft verbringen.[135] Das alles war für Konstantin Brückner, der nach 1945 als Aufsichtsratsvorsitzender im Amt blieb, nicht «im entferntesten hinreich[end]», um das Ausscheiden des Direktors Hermann zu rechtfertigen.[136]

An dem Nährmittelproduzenten C.H.Knorr AG war Oetker mit 14,3 % des Aktienbesitzes beteiligt, und Richard Kaselowsky nahm in der befreundeten Firma ein Aufsichtsratsmandat wahr. 1942 liefen die Arbeitsverträge von 30 Serbinnen aus, und die Firma beantragte die Zuweisung von 80 weiblichen und 10 männlichen ausländischen Arbeitern, die Frischgemüse verarbeiten und Trockengemüse herstellen sollten. Zugewiesen wurden keine «Ostarbeiter», sondern 86 weibliche und 17 männliche Zwangsarbeiter aus dem Protektorat Böhmen und Mähren. Ende Oktober wurde Kaselowsky im Rahmen seines Mandats darüber informiert, dass auf dem Werksgelände in Heilbronn mehrere Holzbaracken aufgestellt worden waren, um «Russinnen und Tschechinnen» unterzubringen. Auch im Bayreuther Werk war eine Wohnbaracke als Unterkunft für «40 ausländische weibliche Arbeitskräfte» errichtet worden.[137] Immerhin rund 32 % der 3545 Knorr-Mitarbeiter waren im Frühjahr 1943 Zwangsarbeiter, allein im Stammhaus waren 268 ausländische Arbeitskräfte aus 16 Nationen eingesetzt. Im Juni 1944 sprach ein Verwaltungsratsprotokoll von einer «zunehmenden passiven Resistenz fremder Kräfte» – eine Passage, die am Rand mit einer Markierung versehen war, die vermutlich von Kaselowsky selbst stammt.[138]

Eine große, allerdings nicht näher bestimmbare Zahl von Zwangsarbeitern war auch in der Gummiwarenfabrik Phoenix in Hamburg-Harburg tätig, an der die Familie Oetker/Kaselowsky mit knapp über 10 % der Aktien beteiligt war.[139]

Dass bei Oetker in Bielefeld nicht in größerem Umfang Zwangsarbeiterinnen zum Einsatz kamen, hatte vermutlich zwei maßgebliche Gründe. Anders als viele Firmen des Beteiligungsbesitzes war der Nährmittelproduzent selbst kein Teil der Rüstungsindustrie, die bei der Zuteilung von ausländischen Arbeitskräften deutlich bevorzugt wurde. Der – spürbare, wenngleich begrenzte – Abzug von eigenen Arbeiterinnen und Arbeitern scheint lange Zeit weder das Produktionswachstum noch den Fortbestand der Firma gefährdet zu haben. Hier machte sich vermutlich bemerkbar, dass die Versorgung der «Heimatfront» lange Zeit hohe Priorität genoss und ebenfalls als kriegswichtig galt; noch dazu offerierte Oetker ein Produkt, das auch unter den Bedingungen der Mangelwirtschaft Versorgungslücken überdecken konnte. Es bestand für die Bielefelder Geschäftsführung schlicht kaum eine Notwendigkeit, auf ausländische Zivilarbeiter oder Kriegsgefangene zurückzugreifen.[140]

Der Einsatz von Zwangsarbeitern war ohnedies nicht in jedem Fall attraktiv. Ob und in welchem Umfang deutsche Unternehmen davon finanziell profitierten, wurde während der Debatte um deren Entschädigung zur Jahrtausendwende diskutiert.[141] Die Verantwortlichen bei Vogt & Wolf und bei der Danziger Verpackungsindustrie waren in ihren Berichten an Kaselowsky zwar davon überzeugt, dass «die erhöhte Beschäftigung ausländischer Arbeitskräfte» zur jeweils positiven Entwicklung beigetragen habe und sich der Einsatz «äußerst billiger Zivilgefangener» lohne.[142] In welchem Umfang die Familie Kaselowsky/Oetker im Kerngeschäft oder über die Beteiligungen aus der Zwangsarbeit finanzielle Gewinne erwirtschaftete, lässt sich aus den spärlich vorliegenden Informationen nicht bestimmen.

Bei Vogt & Wolf arbeitete ab Juli 1942 eine nicht bekannte Zahl «Ostarbeiterinnen». Im Oktober 1942 hoffte die Firma auf die Zuweisung von 25 Schlachtern aus den Niederlanden, was sich allerdings nicht erfüllte; stattdessen erhielt Vogt & Wolf nur vier ungelernte Arbeiter zugewiesen und fürchtete, die «Ostarbeiterinnen» wieder abgeben zu müssen. Im Januar 1943 beschäftigte die Firma 160 Personen, davon waren 48 nicht näher definierte «betriebsfremde Hilfskräfte». Damit war der kriegsbedingte Verlust an Arbeitern – die Großschlachterei beschäftigte vor Kriegsbeginn 170 Arbeitnehmer, 1941 nur noch 115 – zumindest zahlenmäßig fast wieder ausgeglichen.[143] Vergleicht man die Kennzahlen von 1941 – vor dem Einsatz der Zwangsarbeiter – mit denen von 1943, ergibt sich ein deutlicher Rückgang der Unkosten von 18,4 auf 13,9 % des Umsatzes, während sich der Gewinn verdreifachte. Doch dabei kamen zweifelsohne auch andere Faktoren zum Tragen: So war 1943 der Umsatz insgesamt höher und die Fabrik besser ausgelastet; mit fehlenden Aufträgen hatte Vogt & Wolf seit der Weltwirtschaftskrise erheblich zu kämpfen gehabt. Auch von staatlicher Seite verlängerte Arbeitszeiten, gedeckelte Löhne und ein reduziertes Sortiment halfen, die Unkosten zu senken. Hinzu kommt, dass das Vergleichsjahr 1941 einen Tiefpunkt beim Gewinn markierte, der wohl ganz erheblich auf einen Sonderfaktor zurückzuführen war: Wehrmachtsaufträge hatte Vogt & Wolf nur mit gravierenden Verlusten ausführen können, die durch die ohnehin mageren Überschüsse aus dem zivilen Geschäft ausgeglichen werden mussten.[144] Und trotz der starken Steigerung im Vergleich zum Vorjahr war der anteilige Gewinn des Jahres 1942 kaum höher als im Jahr 1938. Auch bei Vogt & Wolf waren folglich die Kostenvorteile beim Einsatz ausländischer Arbeitskräfte wahrscheinlich gering.

Zwar waren Zwangsarbeiter, allen voran Polen und «Ostarbeiter», in Sachen Entlohnung deutlich schlechter gestellt als ihre deutschen Kollegen. Die eingesparte Lohndifferenz verblieb jedoch nicht bei den Unternehmen, sondern war an den Fiskus abzuführen. Der Staat achtete darauf, finanzielle Vorteile weitgehend abzuschöpfen. Sparen konnten die Betriebe allerdings bei den freiwilligen Sozialleistungen und den Zuschlägen für Mehr-, Sonntags- und Feiertagsarbeit. Auf der anderen Seite waren Kosten zu verbuchen, die den Firmen bei deutschen Arbeitern nicht entstanden – etwa für Unterbringung und Bewachung; außerdem waren sie in der Regel nicht adäquat ausgebildet.[145]

Soweit die Akten im Oetker-Firmenarchiv darüber Aufschluss geben, war der Grund für den Einsatz von Zwangsarbeitern vor allem der zunehmende Arbeitskräftemangel seit Kriegsbeginn, nicht ein Kalkül der Gewinnmaximierung. Gelernte Arbeitskräfte wurden zur Wehrmacht, zur Rüstungsproduktion oder zur Erfüllung anderer Dienstpflichten abgezogen. Unter diesen Bedingungen war der Einsatz von Zwangsarbeitern eine Möglichkeit, den für die Produktion und insbesondere für Staatsaufträge nötigen Pool an Arbeitskräften zu füllen und so die Fortexistenz der Firma im Krieg zu sichern. Diesem Ziel dienten zum Teil auch Rüstungs- und Wehrmachtsaufträge, die nicht zwangsläufig ein gutes Geschäft waren. Manchmal wurden sogar zeitweilige Verluste hingenommen, wie das erwähnte Beispiel Vogt & Wolf zeigt, wo Wehrmachtsgeschäfte 1941 einen Großteil des Umsatzes ausmachten und sich als Verlustgeschäft erwiesen. Der Vorstand regte an, die Aufträge zumindest teilweise abzulehnen, obwohl er die Gefahr sah, letztlich zur Annahme der Aufträge gezwungen und noch dazu anderweitig benachteiligt zu werden. Der Aufsichtsrat entschied, die Aufträge weiterhin zu akzeptieren. Es galt, *coûte que coûte*, durchzuhalten, um sich eine gute Ausgangsposition für den «Neuanfang nach dem Kriege» zu sichern.[146] Auch der Einsatz von ausländischen Arbeitskräften diente an erster Stelle diesem Ziel.

Auch bei der E. Gundlach AG stand der Kostenfaktor nicht im Vordergrund. Im Dezember 1942 erörterte der Aufsichtsrat unter dem Vorsitz von Richard Kaselowsky die Lage des Unternehmens, die aufgrund der unerwartet langen Kriegsdauer als schwierig eingeschätzt wurde. Schuld daran seien die «bis in die jüngste Zeit rückläufige Entwicklung des Personals, der ständige Abgang zur Wehrmacht und vor allem auch die Abrufe durch das Arbeitsamt». Vor allem Letzteres wurde zum Problem, als 1941 gewinnbringende, aber nicht kriegswichtige Produktionslinien eingestellt werden mussten, namentlich die Taschenkalender-Abteilung und der Druck von Zigaretten-Sammelbildern für die Firma Reemtsma. Daraufhin kündigte das Arbeitsamt an, kurzfristig das frei werdende, gut ausgebildete Personal abzuziehen. Vorstand und Aufsichtsrat sahen Druckerei und Verlag in ihrem Bestand gefährdet und gingen daran, möglichst schnell kriegswichtige Aufträge zu akquirieren. Gedruckt wurden Lebensmittelkarten sowie Taschenkalender und Notizbücher für die Truppe, außerdem im «Egulan»-Verfahren Produkte wie Pläne und Montageanweisungen. Dabei wurde das auf Papier bzw. Pappe gedruckte Erzeugnis vergleichbar dem heutigen Laminierverfahren mit einer Schutzschicht überzogen, die es robuster und haltbarer machte. Außerdem übernahm der Betrieb Unteraufträge der Lohmann-Werke AG, Bielefeld, die Motoren herstellte, und der Arntzen-Leichtbau KG, Brackwede, die für die Luftwaffe arbeitete. Offenbar hoffte man im Reichsluftfahrtministerium, das knappe Leichtmetall Aluminium durch Egulan zumindest teilweise ersetzen zu können. So gelang es, den Status eines «geschützten Betrieb[s]» zu erhalten, was vor weiterem Arbeitskräfteabzug schützen sollte.[147]

Das Engagement insbesondere in der Luftrüstung führte dazu, dass Gundlach Ende 1942 105 «Ostarbeiter» und 80 weibliche «Strafgefangene» zugewiesen bekam, die im Gemeinschaftslager Nr. 97 in der Rohrteichstraße untergebracht wurden. Die erkennbare Freude darüber währte jedoch nur kurz: Bereits Ende März 1943 wurden drei Viertel der gerade angelernten «Ostarbeiter», für die man zwischenzeitlich ein eigenes Lager eingerichtet hatte, wieder abgezogen. Schon im Monatsverlauf war die Zahl leicht auf 96 gesunken, ehe sie im Folgemonat auf 39 zurückging und danach bis August 1944 zwischen 25 und 32 betrug.[148] Nach dem Krieg wurden in einer anonymen Eingabe an den Entnazifizierungsausschuss verschiedene Vorwürfe gegen den Gundlach-Vorstand

Friedrich Schaarschmidt erhoben: Eine Russin sei auf seine Veranlassung und in seinem Beisein wegen Diebstahls von der Gestapo schwer misshandelt worden. Außerdem habe er geduldet, dass ein Aufseher die Ausländer misshandelt und über Nacht in der Zementgasschleuse eingesperrt habe.[149]

Als Ersatz für die «Ostarbeiter» schickte das Arbeitsamt 1943 deutsche Arbeitskräfte, allerdings nur etwa die Hälfte. Außerdem war der Einsatz deutscher dienstverpflichteter Kräfte mit Problemen verbunden: Nach einigen Monaten klagte Schaarschmidt in einer Aufsichtsratssitzung darüber, wie nachteilig sich die Halbtagsarbeit der deutschen Frauen auswirke. Selbst das Engagement in kriegsrelevanten Bereichen bot in einem Arbeitsamtsbezirk wie Bielefeld, in dem es eine hohe Konzentration an Rüstungsproduktion gab, keinen zuverlässigen und dauerhaften Schutz. Das zuständige Rüstungskommando regte im April 1943 sogar an, einen zwischenzeitlich akquirierten Unterauftrag des parteieigenen Franz Eher-Verlags zur Produktion von monatlich 50 000 Exemplaren von Hitlers «Mein Kampf» an eine Firma in einem anderen Bezirk zu vergeben, um die dadurch bei Gundlach gebundenen 60 Arbeiter freizusetzen.[150] Spätestens jetzt waren sich Aufsichtsrat und Vorstand darüber im Klaren, dass Gundlach sich «voll und ganz auf den ‹totalen Krieg› einstellen und jede einschränkungsfähige Fertigung fallen lassen müsse». Es galt nun nur noch, «den Bestand des Unternehmens zu sichern»: Auf eine Rückkehr zur Friedensproduktion sollte ebenso wenig Rücksicht genommen werden wie auf die Erträge. Auf Kosten des Gewinns sollten auch unrentable Aufträge beibehalten werden, wenn auf diese Weise Angehörige des Stammpersonals vor dem sofortigen Abzug durch das Arbeitsamt geschützt werden konnten.[151]

Auch bei Dr. August Oetker wurde im Zweigwerk Hamburg im Hochsommer 1944 eine nicht näher bekannte «Rüstungsfertigung» aufgenommen. Kaselowsky war davon wenig begeistert und beklagte in einem privaten Schreiben, das werde die Firma «für längere Zeit [...] in eine ganz andere Bahn drängen».[152] Im Bielefelder Stammwerk gab es nachweislich bis Spätsommer 1944 keine Rüstungsproduktion, wenngleich Richard Kaselowsky klagte, die «Maßnahmen des totalen Krieges» würden sich allmählich auch bei Dr. August Oetker auswirken, und er habe – im fünften Kriegsjahr wohlgemerkt – «wenig Hoffnung, dass wir bis zur siegreichen Beendigung des Krieges bei unserem alten Programm der Back- und Puddingpulver, der Konservierungsmittel und des Vanillinzuckers bleiben können».[153] Auch Mitte September 1944 war Oetker nachweislich noch «kein Rüstungsbetrieb».[154] Zu einem nicht näher bestimmbaren Zeitpunkt im Spätherbst oder Winter 1944 änderte sich dies jedoch, wie eine Quelle indirekt zeigt: Im Februar 1945 nämlich sah sich die Betriebsleitung unter der Führung Rudolf-August Oetkers veranlasst, «weitere Fremdarbeiten» zu übernehmen, weil immer weniger Stärke zur Verfügung stand. Von nun an sollten monatlich 100 000 Minenzünder bei Oetker produziert werden. Außerdem hatte man Aufträge der Asta-Werke, einer chemischen Fabrik in Brackwede, akquiriert und hoffte, Tabletten für die pharmazeutische Industrie pressen zu können.[155] Abgesehen von diesen späten Arbeiten für die Rüstungsindustrie war über den gesamten Krieg hinweg die Nährmittelproduktion das Hauptgeschäft der Firma Oetker.

Schon im Herbst 1943 war bei Oetker damit begonnen worden, für den Fall von Kriegszerstörungen über «luftsichere» Ausweichstandorte nachzudenken. Dabei geriet der mögliche Einsatz von ausländischen Arbeitern zum Standortargument. Ein möglicher Kandidat war die stillgelegte Argenta Schokoladenwerke GmbH in Wernigerode. Hans Crampe betonte die Vorteile bei der Beschaffung von Arbeitern und von Baracken im Vergleich zum Sudetenland, das als Standort einer Ausweichfabrikation ebenfalls im Gespräch war.[156] Letztlich fiel die Entscheidung dennoch für den Sudetengau und Althabendorf bei Liberec im heutigen Tschechien. Ausländische Arbeitskräfte standen dort nur noch für Rüstungsbetriebe zur Verfügung, weshalb die nötigen Umbauten in einer ehemaligen Spinnerei durch Bielefelder Mitarbeiter erledigt werden mussten. Neben Althabendorf bestanden Ausweichproduktionsstätten in Halle/Westfalen und Borgholzhausen. Zwangsarbeiter scheinen dort nicht zum Einsatz gekommen zu sein, die Werke wurden mit eigenen Arbeitskräften aus Bielefeld und Hamburg beschickt.[157]

Damit bestätigen Dr. August Oetker und die Firmen aus dem Beteiligungsbesitz, bei denen Kaselowsky und Dr. Oetker als Hauptaktionäre oder wenigstens signifikante Anteilsbesitzer Einfluss auf das operative Geschäft hatten, die ökonomischen Logiken des Zwangsarbeitereinsatzes, die die Forschung in den letzten Jahren herausgearbeitet hat. Die Umstellung auf Kriegs- und Rüstungsproduktion verengte die Handlungsspielräume der Unternehmen: Kriegsbedingt und beschleunigt durch staatliche Maßnahmen bei der Regulierung von Rohstoffen und Arbeitsmarkt, war eine Schwerpunktverlagerung weg von der zivilen Fertigung vielfach ohne Alternative, wenn die eigene Firma in ihrem Bestand erhalten bleiben sollte. Ausländische «Zivilarbeiter» und Kriegsgefangene waren unter diesen Umständen eine willkommene, oft die einzige Möglichkeit, die deutschen Mitarbeiter und Mitarbeiterinnen zu ersetzen, die in großer Zahl zur Wehrmacht eingezogen oder anderweitig dienstverpflichtet wurden. Die Rahmenbedingungen des Zwangsarbeitseinsatzes gab dabei der NS-Staat vor; die Unternehmer waren auf diesem Gebiet eher «Juniorpartner des NS-Regimes», und Mark Spoerer hat aus der Allgegenwart des Einsatzes von ausländischen Arbeitern auf «gewisse Zwangslagen» geschlossen.[158] Die Existenz solcher impliziten Zwangslagen und Logiken bedeutet freilich nicht, dass offener staatlicher Zwang im Sinne einer amtlichen Einsatzverordnung nötig gewesen wäre. Die Unternehmer handelten aus freiem Entschluss, ihr Dilemma ergab sich aus genuin betriebswirtschaftlichen Zielsetzungen, etwa dem Erhalt des Unternehmens oder der Konkurrenzfähigkeit im Markt – nicht selten bereits die Zeit nach einem siegreichen Kriegsende im Blick. Dabei war den Unternehmern und Managern der trotz «formaler Legalität [...] illegitime Charakter» des Fremdarbeiter-Programms durchaus bewusst; sie waren sich, so Spoerer, im Klaren, dass die meisten ihrer ausländischen Arbeitskräfte – zumal unter den gegebenen Bedingungen – keineswegs freiwillig im Reich arbeiteten. Gleichwohl «konkurrierten sie [...] aktiv» um entsprechende Zuweisungen.[159]

Der Einsatz von Zwangsarbeitern war aus betriebswirtschaftlicher Sicht logisch, auch wenn es ausweislich der vorliegenden Quellen weniger um Profitmaximierung als um Bestandserhaltung ging. Es finden sich auch keine Hinweise darauf, dass Richard Kaselowsky, die Vorstände und Geschäftsführer oder die von ihm geführten oder dominierten Aufsichtsgremien ethische Bedenken wegen des Zwangsarbeitereinsatzes gehabt hätten. Auch vom Zwangseinsatz von Konzentrationslagerhäftlingen im Rahmen der Hunsa-Kooperation mit der SS wusste Kaselowsky und hatte keine Einwände.[160]

Gegenüber dem Schicksal der Zwangsarbeiter herrschte weitgehende Indifferenz, die von den hierarchischen Strukturen größerer Unternehmen und der damit zunehmenden – auch räumlichen – Distanz der

Führungsebene begünstigt wurde. Zwar wurden bei Dr. August Oetker selbst augenscheinlich einige der existierenden Handlungsspielräume zur Verbesserung der Lebensbedingungen der wenigen ausländischen Arbeiterinnen und Arbeiter genutzt. Dafür jedoch, dass sich Kaselowsky als Mehrheitseigner für die katastrophalen Unterbringungsbedingungen der Zwangsarbeiter bei Koch's Adler interessiert hätte, gibt es keinen Hinweis. Was die Lebensbedingungen von Zwangsarbeitern insgesamt und den Umfang des nationalsozialistischen Zwangsarbeitsprogramms angeht, so konnte er sich darüber kaum täuschen: In der Nachbarschaft der Oetker- und Kaselowsky-Villen auf dem Johannisberg befand sich auf dem Festplatz der Stadt das größte der zahlreichen Zwangsarbeiterlager Bielefelds.[161]

8. Der Unternehmenserbe: Rudolf-August Oetker

Am 30. September 1944 starb Richard Kaselowsky bei einem schweren Bombenangriff auf Bielefeld im Keller seiner Villa auf dem Johannisberg. Mit ihm kamen seine Frau Ida Kaselowsky, verwitwete Oetker, und die gemeinsamen Töchter Ilse und Ingeborg ums Leben.[1] Von den Halbgeschwistern Ursula und Rudolf-August Oetkers entging nur Richard diesem Schicksal, der nicht im Keller Schutz gesucht hatte. Der Firmenerbe selbst war nicht in Bielefeld, und auch Rudolf-Augusts zweite Ehefrau Susanne Oetker und ihr kleiner Sohn August hielten sich an diesem Tag im Sternenhof auf, einem der Erholungsheime der Firma nahe Paderborn.[2] Lina Oetker, die «Kommerzienrätin» und nach wie vor Mehrheitsgesellschafterin, überlebte in ihrer benachbarten Villa. Wie im Ersten Weltkrieg musste die Familie einen schweren Schicksalsschlag hinnehmen.

Doch anders als zwanzig Jahre zuvor überlebte der erwachsene Erbe des Unternehmens. Er trat, kaum 28-jährig, die Nachfolge seines Stiefvaters an und übernahm damit die Aufgabe, auf die er seit seiner Kindheit vorbereitet worden war. Richard Kaselowsky hatte ihn an die Firma herangeführt und schrittweise in die unternehmerische Entscheidungsfindung eingebunden; eine Lehre bei der Vereinsbank in Hamburg, der Besuch verschiedenster Auslandsniederlassungen, die Mitarbeit im Berliner Büro und die Übernahme erster Aufsichtsratsmandate garantierten einen breiten Einblick in das Wirtschaftsleben und die Aufgaben des Unternehmers. Daneben absolvierte der junge Oetker den Reichsarbeitsdienst und genügte seiner Wehrpflicht. 1940 wurde er zur Wehrmacht eingezogen und war zunächst beim Verpflegungsamt des Oberkommandos des Heeres in Berlin tätig, ehe er einige Zeit bei einem Versorgungsdepot in Litauen eingesetzt wurde. Er meldete sich freiwillig zur Waffen-

SS und absolvierte seit 1942 mehrere Lehrgänge, an deren Ende kurz vor dem Tod seines Stiefvaters die Ernennung zum SS-Untersturmführer des Wirtschafts- und Verwaltungsdienstes stand. Auf Grundlage dieser biographischen und historischen Erfahrungen bestimmte Rudolf-August Oetker seit 1944 als geschäftsführender Inhaber die Geschicke des Familienunternehmens.

Kindheit und Jugend

Rudolf-August Oetker wurde am 20. September 1916 als Sohn Rudolf und Ida Oetkers in Bielefeld geboren. Seine ältere Schwester Ursula war am 26. Mai des Vorjahres zur Welt gekommen. Die Familie und das Unternehmen befanden sich zu diesem Zeitpunkt in einer schweren Krise: Am 8. März 1916 war der Vater Rudolf Oetker vor Verdun gefallen. Am 14. August 1919 heiratete dessen Witwe in zweiter Ehe Richard Kaselowsky, der in den folgenden zweieinhalb Jahrzehnten das Erbe des heranwachsenden Rudolf-August treuhänderisch verwalten und ihm ein Ersatz für den Vater werden sollte, den er nie kennengelernt hatte. Bald nannte er ihn aus innerer Überzeugung «Vater».[3]

Rudolf-August Oetker war der einzige männliche Nachkomme. Ursula Oetker würde zwar Anteile erben, kam aber als Frau für die Führung der Firma nicht in Betracht. So war Rudolf-August Oetker von Geburt an für die Position an der Spitze des Familienunternehmens ausersehen und fand sich schnell in der «Kronprinzenrolle» wieder: Richard und mehr noch Ida Kaselowsky lebten in der ständigen Sorge, die Geschichte könne sich wiederholen. Oetker erinnerte sich, dass er als Heranwachsender «die übertriebene Fürsorge als lästig empfand, wo ich doch bloß mit meinen Kameraden spielen wollte wie jedes Kind. Stattdessen wurde mir immer eine Sonderrolle zugewiesen. […] Von Anfang an flößte mir meine Mutter ein: ‹Du mußt Deinem Vater würdig nachfolgen›. Keiner von uns hat das in Frage gestellt. Ich habe es für eine Selbstverständlichkeit gehalten.» Diese Grundkonstellation prägte Kindheit und Jugend Rudolf-August Oetkers nachhaltig.[4]

Seine Mutter sei «eine sehr bestimmende, praktische und fürsorgliche Person» gewesen, so Oetker, «die immer zuletzt an sich selbst dachte». Sie entstammte einer alteingesessenen Bielefelder Familie, ihre Eltern betrieben ein Weißwarengeschäft in prominenter Lage. Nach der mittleren Reife absolvierte sie eine Ausbildung zur Krankenschwester. «Liebevoll» sei sie gewesen, «aber überaus streng» und habe immer «zur Ordnung und zur Sparsamkeit» gemahnt. Neben Mutter und Vater war die Großmutter Lina Oetker die wichtigste Bezugsperson des Jungen; ihre Enkel nannten sie liebevoll «Omiske» oder «Omischke», während sie in der Firma nicht ohne Ehrfurcht als «Kommerzienrätin» tituliert wurde. Sie wohnte in unmittelbarer räumlicher Nähe zur Familie Kaselowsky auf dem Bielefelder Johannisberg. Ihr Enkel Rudolf-August wurde von ihr «maßlos verwöhnt», und im Gegensatz zur sparsamen Mutter Ida genoss Lina Oetker ihr Vermögen und gab vor allem für Stiftungen und Geschenke «von Herzen gerne Geld aus». Bei aller Freude an repräsentativem Lebensstil und Großzügigkeit führte Lina Oetker penibel Buch und ließ sich von ihrem Enkel oft dabei helfen. Ursula und Rudolf-August aßen häufig bei ihrer Großmutter zu Mittag und spielten mit ihr Karten. Als sie sich Mitte der 1920er Jahre eine neue Villa errichten ließ, erhielten beide eigene Zimmer, und im Keller entstand ein «Radauzimmer» für die Kinder. Oetker erinnerte sich später, er sei es «gewohnt» gewesen, von seiner Großmutter «bevorzugt» zu werden, und sei für «Luxus» immer zu haben gewesen. Bald habe er es «mühelos» verstanden, seine Großmutter «um den kleinen Finger [zu] wickeln».[5]

Wie seine Schwester Ursula besuchte Rudolf-August zunächst eine Bielefelder Privatschule. Bald jedoch entschied die Familie, den Erben auf eine der städtischen Bürgerschulen zu schicken, also auf eine öffentliche Volksschule, auf die die «Kinder der einfachen Leute» gingen. Oetker vermutete später, dass seine Mutter den Schulwechsel bei seiner Großmutter mit dem Argument durchgesetzt hatte, er solle «die Menschen kennenlern[en], mit denen [er] es später in der Firma zu tun» bekomme. Diese Umschulung war tatsächlich ungewöhnlich, war doch der Besuch einer (oft privaten) Vorschule – einer Schulform, die 1925 abgeschafft wurde – bei Kindern mit bürgerlichem Hintergrund die Regel. Danach sorgte das sozial selektive höhere Bildungssystem Preußens dafür, dass das Stadtbürgertum und der aufstrebende Mittelstand auf dem Bielefelder Gymnasium weitgehend unter sich blieben.[6] Ab der Quarta – das entsprach der heutigen siebten Klasse – mehrten sich bei Rudolf-August die Schwierigkeiten, der Junge erhielt regelmäßig Nachhilfe: «Ich war wirklich ein unbegnadeter Schüler. In meinem Zeugnis stand: ‹Trotz größter Bemühungen reichte es nur zu mäßigen Leistungen›. [...] Der Ruf, fleißig, aber unbegabt zu sein, ging mir voraus.» Dass man ihm «immer unter die Arme griff, damit ich über die Runden kam», war zweifelsohne ein weiteres Privileg des Firmenerben.[7] Mit Oetkers Klassenlehrer Hermann Hartwig stand Richard Kaselowsky in späteren Jahren in Kontakt und hielt ihn gelegentlich über seinen ehemaligen Schüler auf dem Laufenden; man grüßte herzlich «von Haus zu Haus». Hartwig hatte etwas Kapital bei Oetker angelegt und erhielt den Auftrag, die Festschrift zum 50-jährigen Firmenjubiläum 1941 zu schreiben, das «Buch der Gefolgschaft».[8]

1929 engagierte Ida Kaselowsky einen eigenen Nachhilfelehrer für den damals zwölfjährigen Rudolf-August. Die Wahl fiel auf Gerhard Spellmeyer, einen Absolventen des Bielefelder Ratsgymnasiums, der Theologie, Altphilologie und Geographie an der Universität Greifswald studierte. Dessen ehemaliger Griechischlehrer, Gustav Köhler, schrieb ihm am 11. Februar 1929, er habe «etwas Ideales» für den jungen Bielefelder, der sein Studium finanzieren musste: Vor einigen Tagen sei «Frau Dr. Kaselowski [sic], eine wirklich nette und liebevolle Frau», bei ihm gewesen und habe ihn gebeten, «einen netten Studenten für ihren Jungen zu besorgen». Es folgte eine Einschätzung des Charakters des Jungen: Rudolf-August sei «ein liebevoller und liebebedürftiger Junge, einer meiner nettesten Schüler, ohne jeden Stolz, dabei gut erzogen. Gesundheitlich ist er etwas schwach u[nd] muß deshalb hin u[nd] wieder in der Schule fehlen. [...] Seine Leistungen sind in Latein u[nd] Deutsch genügend (reichlich), Rechnen, Erdk[unde], Naturk[unde], Relig[ion] gut. Dabei ist R[udolf]. sehr strebsam und fleißig.» Nicht nur, dass der Junge «ein idealer Schüler» für Spellmeyer sei, das «Idealste» sei, dass Ida Kaselowsky «ihre Dankbarkeit auch durch die Tat» beweisen wolle, indem sie dem Studenten das Studium finanziere. Es komme, so Köhler, der Mutter «darauf an, daß dieser Jüngling – das sind Sie – ihrem Rudolf ein wirklicher Freund würde», ein «Freund und Führer».[9]

Jahrzehnte später schrieb Spellmeyer, er habe in Rudolf «den empfindsamen und labilen Schüler» nicht erkannt, der ihm beschrieben worden sei. Oetker sei ein «gesunde[r] Junge im Anfangsstadium der Pubertät mit der für dieses Lebensalter charakteristischen Schulabscheu» gewesen, über die «er Eltern und Lehrer mit listigen Schlichen nach der

Art Tom Sawyers zu täuschen sich bemühte».[10] Es sei «dann auch ganz gut» gegangen: «Der Junge war intelligent, seine Merkfähigkeit besser als durchschnittlich.» Nach dem schulischen Pensum «politisierten [sie] ausgiebig» oder sprachen über andere Dinge; manches Mal aß Spellmeyer mit der Familie zu Abend. Er wurde für Rudolf-August zu einem «älteren Freund», spielte mit ihm Skat und brachte ihm das Pfeiferauchen näher – später ein Charakteristikum Oetkers.[11]

Spellmeyers Erinnerung an den «gesunden Jungen» zum Trotz sorgte sich die Familie ständig um die Gesundheit des Unternehmenserben. Im Alter von 15 oder 16 Jahren erkrankte er an Scharlach, und alle seien, so erinnerte er sich, «aufs Höchste besorgt» gewesen. Sechs Wochen verbrachte er zu Hause unter Quarantäne, betreut von einer eigens engagierten Krankenschwester, und wurde «noch mehr gehätschelt als sonst». Damals lernte er, dass die Sorge und das Mitleid seiner Eltern «ein fabelhaftes Druckmittel» waren. Andererseits aber hatte «diese Arie von ‹dem armen Jungen›» auch ihre Nachteile: So durfte er etwa an Schulausflügen nicht teilnehmen, weil er als zu schwach galt, und musste zur Kräftigung mit einem Lehrer Radtouren unternehmen, ehe sogar ein eigener Sportlehrer eingestellt wurde. Immerhin gelang es ihm, der Großmutter einzureden, wegen seiner Schwäche brauche er ein Fahrrad mit Hilfsmotor, das schließlich durch ein – nicht zu leistungsstarkes – Motorrad ersetzt wurde. Ohnehin war er sportlich interessiert, mit zwölf Jahren begann er im Bielefelder Reitclub mit dem Pferdesport, außerdem spielte er im Bielefelder Tennis Turnier Club.[12]

Die Großmutter teilte Rudolf-Augusts Freude an motorisierten Fahrzeugen; sie selbst fuhr aktuelle Mercedes-Modelle, die sich der Enkel später gerne lieh.[13] Zum 15. Geburtstag erhielt er einen kleinen, dreirädrigen «Goliath», für den er keinen Führerschein brauchte. Zwei Jahre später sorgte die «Kommerzienrätin» dafür, dass Rudolf-August ein Jahr früher als vorgesehen die Führerscheinprüfung absolvieren konnte, indem sie dem Regierungspräsidenten in Minden erklärte, ihr Enkel müsse sie chauffieren. Nach bestandener Fahrprüfung schenkte ihm Lina Oetker ein zweisitziges BMW-Cabriolet zu Weihnachten, später einen BMW 327. Mit diesem Wagen plante er eines Tages, an einem Autorennen im Teutoburger Wald teilzunehmen – eine Anekdote, die in bezeichnender Weise über das Selbstbild und Rollenverständnis sowohl Richard Kaselowskys als auch seines Sohnes Aufschluss gibt. Als ihm der Vater die

Lina Oetker, Rudolf-August Oetker und August Wacker, der Fahrer der «Kommerzienrätin» (von rechts), ca. 1933

lebensgefährlichen Konsequenzen seines Tuns vor Augen führte und demonstrativ mit dem Sortieren seiner Briefmarkensammlung begann, statt sich der Unternehmensführung zu widmen, gab Rudolf-August sein Vorhaben auf. Mit der Einberufung zum Reichsarbeitsdienst (RAD) erwies sich ein Sportwagen als unpraktisch. Standesgemäße Motorisierung musste dennoch sein, weshalb sich der Enkel von seiner Großmutter eine BMW 500 schenken ließ. Die alte Dame wusste offenbar nicht, dass sich hinter der Typenbezeichnung ein Motorrad verbarg. Wenig später fand Oetker einen Zettel auf seinem Nachttisch mit der Bitte, nicht mehr Motorrad zu fahren – am nächsten Tag verkaufte er die Maschine. Dafür wurde er mit einem Pferd entschädigt.[14]

Schon in seiner Kindheit und Jugend befand sich der heranwachsende Oetker in einer Sonderstellung, gewissermaßen im Zentrum des familiären und unternehmensdynastischen Kosmos. Ihm blieb dadurch kaum ein Wunsch unerfüllt. Vor allem die Großmutter Lina konnte ihrem einzigen männlichen Enkel kaum einen Wunsch abschlagen. Der junge Rudolf-August wiederum wusste die großmütterliche Zuneigung und ihre finanzielle Großzügigkeit zu schätzen und zu stimulieren. Einen Gegenpol bildete die zur Sparsamkeit neigende Mutter, die ihrem Sohn Bescheidenheit und Wertschätzung für die eigene Lebensstellung vermittelte. Dazu gehörte neben dem zeitweisen Besuch der Volksschule auch, dass der Firmenerbe während der Weltwirtschaftskrise in einer öffentlichen Volksküche den Notleidenden Suppe austeilte.[15] Aber die Sonderstellung hatte eine Kehrseite: Von Kindheit an stand Oetker unter intensiver Beobachtung – und die allgegenwärtige Sorge seiner Familie um sein Wohlergehen und sein Fortkommen blieb ihm nicht verborgen. Die Grenzen, die ihm dadurch gesetzt waren, muss er gelegentlich als einengend, die hohe Verantwortung, die man ihm aufbürdete, als Last empfunden haben. «Mir war schon früh bewußt: Das wertvollste, was ich geerbt habe, ist der Name Oetker», leitete er ein Dreivierteljahrhundert später seine Erinnerungen ein.[16] Rudolf-August Oetker war sich also im Klaren darüber, dass mit diesem Namen Verpflichtungen und ein vorgezeichneter Lebensweg einhergingen, auf die bereits in Kindheit und Jugend vieles, wenn nicht alles ausgerichtet war.

Reichsarbeitsdienst und Wehrdienst

Nach dem Abitur rückte Rudolf-August Oetker zum Reichsarbeitsdienst (RAD) ein. Die Zeit, die er vom 1. April bis 26. September 1936 zusammen mit rund 120 anderen jungen Männern im RAD-Lager 6/202 im westfälischen Warendorf verbrachte,[17] blieb ihm in positiver Erinnerung, weil er dort «ganz andere Menschen in ihrer Mentalität» kennengelernt habe. Dies sei «eine ausgezeichnete Voraussetzung für die Entwicklung von Führungsqualitäten» gewesen. Arbeit und Routine im Lager fielen ihm nicht schwer, aber sie veränderten ihn: Vorher, so meinte er rückblickend, sei er «eher zart» gewesen; erst durch den Arbeitsdienst sei ein «richtiger Kerl» aus ihm geworden. Alexander Becker von der Metallgesellschaft AG, ein Vertrauter und Freund Kaselowskys, bestätigte diesen Eindruck. Er ließ den Vater im Oktober 1936 nach einem Besuch «von Rudi» wissen, dass er die Entwicklung des Neunzehnjährigen «höchst erfreulich» fand; «neben dem Körperlichen» habe er «erhebliches Männlicherwerden und größere Straffheit» festgestellt.[18] In solchen Einschätzungen spiegeln sich zeitgenössische Männlichkeitsideale wie körperliche und charakterliche Härte, Durchsetzungsstärke und Willenskraft, die auch die Erwartungen an den jungen Unternehmenserben prägten.

Ein Arbeitsdienstleistender wie jeder andere war Oetker freilich nicht – dies zeigen die Anekdoten, die er aus seiner Zeit im Warendorfer RAD-Lager zu berichten wusste: Richard Kaselowsky hatte von Gauleiter Alfred Meyer zwei Ehrenkarten für die Olympischen Sommerspiele erhalten, die er an seinen Sohn weitergab. Rudolf-August erhielt von seinem Oberfeldmeister zwei Wochen Urlaub und nahm diesen im Gegenzug mit nach Berlin. In neuer Ausgehuniform fuhr er mit dem großen, von Großmutter Lina geborgten Mercedes in die Reichshauptstadt, wo er «im Konvoi der hohen Generalität und Parteileute über die großen Alleen» kreuzte, an Abendveranstaltungen – etwa einem Diner im Hotel Adlon – teilnahm und die Sportveranstaltungen besuchte. Am Ende der sechsmonatigen Dienstzeit machte er seinen Kameraden eine besondere Freude: Für die große Abschlussfeier fehlte den jungen Männern die weibliche Begleitung. Der junge Oetker sorgte per Anruf in der Firma dafür, dass 200 junge Mitarbeiterinnen als Tanzpartnerinnen nach Warendorf gefahren wurden. Noch 70 Jahre später erinnerte er sich an «ein lustiges Fest».[19]

Vier Wochen nach Ende des Reichsarbeitsdienstes trat Rudolf-August Oetker im Herbst 1936 in die Aufklärungs-Abteilung (mot.) 6 in Münster ein, um seine zweijährige Wehrpflicht abzuleisten. Dort wurde ihm gestattet, sein eigenes Auto mitzubringen, was ihm erneut einen gewissen Sonderstatus unter den Rekruten einbrachte.[20] Außerdem speiste der junge Soldat gelegentlich «im Hause von Gauleiter Dr. Meyer», der, so das Urteil Oetkers noch Jahrzehnte später, «privatim ‹ein netter Mann›» gewesen sei.[21] Kurz nach Abschluss des sechsmonatigen Grundwehrdienstes erkrankte Oetker schwer. Als er im Fieber zu halluzinieren begann und das Leiden lebensgefährlich zu werden drohte, wurden seine Eltern benachrichtigt. Beide eilten nach Münster und zogen einen Medizin-Professor hinzu. Außerdem übernahm die resolute, als Krankenschwester ausgebildete Ida Kaselowsky im Münsteraner Lazarett das Kommando und pflegte Rudolf-August persönlich. Die Diagnose einer «lymphatischen Reaktion» blieb eher vage, doch acht Wochen später wurde der Sohn entlassen. Auf Grund seiner Krankheit schied der Oberschütze Rudolf-August Oetker am 22. Dezember 1937 aus der Wehrmacht aus.[22]

Hamburg und Berlin: Ausbildung und Familiengründung

Nach dem Willen Richard Kaselowskys wurde Rudolf-August Oetker nicht wie sein leiblicher Vater Rudolf als Chemiker ausgebildet. Aus ihm sollte vielmehr «ein Kauf- und Finanzmann» werden, wie auch Kaselowsky selbst es war: Sein Sohn solle «alle kaufmännischen Dinge und alle finanziellen Angelegenheiten [...] selbständig und allein erledigen können.[23] Diese Grundsatzentscheidung spiegelte die veränderte strategische Position der Oetker-Gruppe in den 1930er Jahren: Während bei Rudolf Oetker in der Nachfolge des Firmengründers der Schwerpunkt der Ausbildung noch auf dem Produktionsprozess gelegen hatte, war nun kaufmännischer Sachverstand bei der Verwaltung der wachsenden Unternehmensbeteiligungen gefragt. Für die technischen Probleme der Produktion gab es inzwischen Fachleute, außerdem das hochspezialisierte Labor unter der Leitung des Betriebschemikers. Zunächst sollte der junge Oetker eine Lehre bei der Hamburger Handelsfirma Nottebohm & Co. absolvieren. Die Inhaber waren im Südamerikahandel engagiert, stammten ursprünglich aus Bielefeld und waren hervorragend vernetzt.[24] Dazu kam es jedoch aus unbekannten Gründen nicht. Stattdessen trat Rudolf-August Oetker am 10. November 1937 eine Banklehre bei der Vereinsbank in Hamburg an.[25] Mit der Bank und besonders deren Vorstandsvorsitzendem und Inhaber Otto Stürken stand Richard Kaselowsky in Geschäftsbeziehungen: Die Bank war 1936 Mitglied des Konsortiums, das im Zuge der Reprivatisierung der verstaatlichten Reedereien Aktien der Hamburg-Südamerikanischen Dampfschiffahrts-Gesellschaft AG (Hasüda) vom Reich übernahm, und Kaselowsky erwarb seinerseits Anteile. Gerade einmal fünf Jahre später sollte Oetker neben seinem Vater, mit seinem ehemaligen Lehrherrn Stürken und seinem Fast-Lehrherrn Carl Ludwig Nottebohm, dessen Firma schon länger an der Hasüda interessiert war, ein Mandat im Aufsichtsrat der Reederei wahrnehmen.[26]

Zunächst aber war er ein Banklehrling, für den der Wechsel aus Bielefeld in die Großstadt eine Erweiterung des Erfahrungshorizonts bedeutete. Während der Ausbildung wohnte Rudolf-August Oetker zunächst im Hamburger Hotel «Vier Jahreszeiten», dann in einer großzügigen Mietwohnung in der Gellertstraße/Ecke Bellevue. Schließlich erwarb er die Villa des Reemtsma-Managers Kurt Heldern an der Bellevue. Als der jüdische Manager emigrieren musste, übernahm eine Tochterfirma des Zigarettenkonzerns die Immobilie, kümmerte sich um die Verwertung und verkaufte die «arisierte» Villa an Oetker weiter.[27] Schon der Wohnsitz an der Außenalster verdeutlicht den großzügigen Lebensstil, den Rudolf-August Oetker in Hamburg pflegte; zu seinen Nachbarn gehörte beispielsweise der Hamburger Bürgermeister Carl Vincent Krogmann, den sein Vater aus dem Freundeskreis Himmler kannte.[28] Es war erneut die Großmutter, die dafür sorgte, dass «dem Jungen» ein angemessenes Domizil und Fahrzeuge zur Verfügung standen. Darüber hinaus begleitete ihn das frisch verheiratete Ehepaar Haase in die Hansestadt. Frau Haase war als Haushaltshilfe und Köchin, Herr Haase als Chauffeur und Hausmeister angestellt. Dieses Arrangement fand Oetker «herrlich», obwohl er vermutete, dass beide auch als «Aufpasser» fungierten.[29]

Oetker war gerade 21 Jahre alt geworden, als er nach Hamburg wechselte – und er genoss die Unabhängigkeit. Nachdem er das «Vier Jahreszeiten» verlassen hatte, führte er seinen eigenen Haushalt. Der Bielefelder fand schnell Zugang zur Hamburger Gesellschaft. Als Türöffner fungierte die Familie Dircks. Mit Erwin Dircks, dem Generaldirektor der Deutschen Maizena Werke AG, stand Richard Kaselowsky schon lange in regem geschäftlichen Kontakt. Nachdem Rudolf-August Oetker zu dessen alljährlichem Neujahrsempfang geladen und dort «allseits beguckt und offenbar für passabel gehalten» worden war, machte er «innerhalb kurzer Zeit in Hamburg die Runde».[30] Neben dem Uhlenhorster Reitverein war er bald Mitglied im Club an der Alster, wo Hockey und Tennis gespielt wurde, im Norddeutschen Regattaverein, dem Hamburger Golf-Club und dem Hamburger Schleppjagd-Club.[31] Für angemessenes Auftreten sorgte erneut die Großmutter, nachdem Dircks Kaselowsky angerufen und auf die unzureichende Garderobe hingewiesen hatte. Umgehend fuhr Lina Oetker nach Hamburg, um den Abituranzug durch Smoking, Frack und Stresemann zu ersetzen.[32]

Die Wochenenden verbrachte Rudolf-August Oetker mit seinen Freunden häufig in den mondänen Ostseebädern Travemünde und Heiligendamm oder auf der traditionsreichen Pferderennbahn Bad Doberan. Dort begegnete er Hermann Göring, der ihm nach dem Sieg eines Pferdes aus dem Stall Kaselowskys den Preis überreichte. In Heiligendamm traf er auf Joseph Goebbels im Kreise seiner Familie. Der offene Rudolf-August Oetker hatte auch prominenten Nationalsozialisten gegenüber keine Berührungsängste, begrüßte den Propagandaminister, stellte sich vor und tauschte mit ihm einige «freundliche Worte».[33]

Im Februar 1939 bestand Oetker das Kaufmannsgehilfenexamen bei der Handelskammer Hamburg.[34] Im Anschluss daran führte ihn eine Mittelmeerkreuzfahrt von Genua nach Ägypten, über den Libanon, die Türkei und Griechenland nach Venedig. Wegen des Einmarsches deutscher Truppen in die «Rest-Tschechei» herrschte unter den Passagieren Unruhe, und das Schiff wurde zeitweise von einem französischen Kriegsschiff begleitet. Anschließend besuchte er verschiedene Zweigwerke und Niederlassungen: Baden bei Wien, Budapest und die skandinavischen Dependancen in Dänemark, Norwegen und Schweden. Danach war er kurzzeitig als stellvertretender Betriebsführer in der Zweigniederlassung in Hamburg tätig.[35]

Die Nachricht vom Kriegsbeginn erreichte Rudolf-August Oetker an der schwedischen Grenze.[36] In Sorge um die Dynastie und geprägt vom eigenen Trauma des Ersten Weltkriegs, drängte die Familie den jungen Erben «nun, da Krieg sein würde, zur Heirat».[37] Zu diesem Zeitpunkt war Oetker bereits mit Marlene Ahlmann verlobt, deren verwitwete Mutter Käthe Ahlmann die Eisengießerei Carlshütte in Büdelsdorf bei Rendsburg führte.[38] Kennengelernt hatten sich beide in Hamburg, nun studierte Marlene in Wien Musik. Ein längerer Arbeitsaufenthalt Oetkers im nahe gelegenen Badener Werk bot Gelegenheit, die Beziehung zu vertiefen. «Dann ging alles auf Betreiben meiner Familie [...] sehr schnell», so Oetker in der Rückschau. Das große Hochzeitsfest fand am 14. Oktober 1939, dem Geburtstag Lina Oetkers, in Marlene Ahlmanns Heimatort Rendsburg statt. Die Hochzeitsreise führte das Paar nach Berlin. Danach zogen die frisch Vermählten zunächst nach Wien und wohnten dort direkt gegenüber der Oper. Oetker studierte Volkswirtschaft, war aber davon bald «schrecklich gelangweilt».[39] Bereits nach wenigen Wochen bezog das Paar Oetkers Hamburger Villa an der Bellevue. Für das erste Trimester des Jahres 1940 immatrikulierte er sich an der Universität der Hansestadt. Besonders ernsthaft scheint Oetker das Studium, das ihm keine Freude bereitete, nicht betrieben zu haben; auch schrieb er sich für kein weiteres Trimester mehr ein.[40]

Spätestens seit Anfang April 1940 hielt sich Rudolf-August Oetker regelmäßig in Berlin im dortigen Oetker-Büro auf, wo er auch ein Zimmer hatte. Marlene blieb in Hamburg oder besuchte ihre Mutter. Das

Ehepaar ging zusehends getrennte Wege. Zwar hatten sich die generativen Erwartungen der Bielefelder Familie erfüllt: Am 16. Juli 1940 kam Rosely Oetker zur Welt. Doch bereits bei der Geburt der Tochter waren Rudolf-August und Marlene zur Trennung entschlossen. Offenbar rächte sich nun trotz zweifelsohne vorhandener Sympathien, dass die beiden 1939 unter dem Eindruck des Kriegsausbruchs und elterlicher Erwartungen überstürzt geheiratet hatten.[41] Käthe Ahlmann hatte schon im Vorfeld der Eheschließung Zweifel geäußert, und Ida Kaselowsky wusste trotz seiner «Reife und Auffassungsgabe» in geschäftlichen Angelegenheiten um manche andere «Schwächen» ihres Sohnes.[42] Die Ehescheidung wurde am 8. Februar 1941 durch Urteil des Landgerichts Berlin in Abwesenheit beider Parteien vollzogen; nach damaligem Recht war es notwendig, einen Schuldigen zu benennen – ein Part, den Oetker vor dem Gesetz bereitwillig übernahm. Gleichwohl erfolgte die Trennung in beiderseitigem Einvernehmen.[43]

Wie schon in Hamburg war Rudolf-August Oetker auch in Berlin nicht ohne Anleitung und Aufsicht: Die Haases waren mit in die Reichshauptstadt gezogen, und geschäftlich befand er sich nun in der Obhut von Hans Crampe, dem Leiter des «Berliner Büros». Der enge Vertraute Kaselowskys berichtete Ende April 1940, «die Zusammenarbeit» mit Rudolf-August bereite ihm «viel Freude». Am 15. April waren Crampe und sein Schützling von einer gemeinsamen Reise nach Sofia zum Ankauf von Maisstärke zurückgekehrt, auf der sich die beiden «viel gezankt, aber immer gleich wieder vertragen» hätten.[44]

Nach Oetkers Tour durch verschiedene Niederlassungen im Jahr 1939 wollte Kaselowsky, dass sich der Erbe mit den schwierigen Fragen der Rohstoffbeschaffung vertraut mache und Kontakte in der Reichshauptstadt knüpfe. In der Obhut des versierten Lobbyisten Crampe sollte er in Berlin «mit den augenblicklich wichtigsten Ministerien in engere Fühlungnahme» treten.[45] Der junge Oetker wurde strategisch im Beirat der Gesellschaft für Nährwerterhaltung platziert, einem Gemeinschaftsunternehmen mit der Wehrmacht. Die Übernahme erster Aufsichtsratsmandate wird man zumindest teilweise als Mittel zur Etablierung im überregionalen deutschen Wirtschaftsleben deuten können: Neben der bereits erwähnten Hasüda waren das insbesondere die Dresdner Bank-Kommandite Hardy & Co., Berlin, und die weitgehend familieneigene Aktiengesellschaft Chemische Fabrik Budenheim (seit 1943).[46]

Vater und Sohn korrespondierten seit Kriegsbeginn in geschäftlichen Dingen direkt miteinander, und gerade diese Schreiben zeigen, wie Kaselowsky seinen Sohn in die Führung des Unternehmens einbezog und ihn auf die Nachfolge vorbereitete. Die Bandbreite der Themen war groß, und der Nachfolger vertrat eigene Ansichten, machte Vorschläge und scheute auch nicht davor zurück, in einzelnen Punkten Kritik an der Firmenpolitik zu formulieren.[47] Eine offizielle Funktion bekleidete er in dieser Zeit in der Nährmittelfirma jedoch nicht. Die Einberufung Oetkers zur Wehrmacht im Juni 1940 änderte an dieser Konstellation nichts; solange er für das OKH in Berlin tätig war, konnte er weiterhin nebenbei für die Firmengruppe arbeiten.

Auch in Berlin fand Oetker schnell gesellschaftlichen Anschluss. Er hielt sich so oft wie möglich in der Reichshauptstadt auf, denn «das Leben [war] in Berlin natürlich amüsanter und interessanter als in Bielefeld». Die Stimmung beschrieb er später so: «Wir wußten ja nie, was der nächste Tag bringen würde. Deswegen lebten wir aus dem Vollen.» Ohnehin darf man nicht vergessen, dass 1940/41 das Alltagsleben in weiten Teilen des Deutschen Reiches noch nicht sehr stark vom Krieg geprägt war. Oetkers Hauptanlaufstelle war der Tennisclub Blau-Weiß in Charlottenburg-Wilmersdorf; die Mitglieder seien weniger prominent gewesen als im Grunewalder Club Rot-Weiß, man habe dort aber immer «alte Freunde und junge Damen» treffen können. Tatsächlich lernte er dort Susanne («Susi») Jantsch kennen, die – nach ihrem Stiefvater – Susanne Schuster genannt wurde. Oetker war von der lebensfrohen, geselligen Achtzehnjährigen entzückt. Sie wurde im Februar 1943 seine zweite Ehefrau.[48]

Zum Berliner Freundeskreis Oetkers gehörte auch Rudolf von Ribbentrop, der Sohn des Reichsaußenministers. Oetker und von Ribbentrop lernten sich im Herbst oder Winter 1940 kennen; SS-Untersturmführer Ribbentrop war als Kompanieführer der Waffen-SS-Kampfgruppe Nord verwundet worden und befand sich seit September im SS-Lazarett Hohenlychen, 100 km nördlich von Berlin. Während seiner Rekonvaleszenz fuhr er regelmäßig am Wochenende in die Reichshauptstadt. Oetker lernte den Sohn des Reichsaußenministers über seine spätere Ehefrau Susi kennen, die einstmals Ribbentrops «Tanzstundenliebe» gewesen war.[49] Aus der Bekanntschaft entwickelte sich eine Freundschaft, und die beiden blieben auch in Kontakt, nachdem Ribbentrop im Frühjahr

1942 zur neu aufgestellten Panzerabteilung der 1. SS-Panzer-Grenadierdivision «Leibstandarte Adolf Hitler» versetzt wurde. Ein einziges Mal, so erinnerte sich Oetker später, sei er durch Rudolf von Ribbentrop «im Außenministerium zu Gast» gewesen; bei dieser Gelegenheit lernte er auch den Reichsaußenminister und dessen Frau kennen.[50]

Rudolf-August Oetker und der Nationalsozialismus

Über die politischen Interessen und Betätigungen des jungen Rudolf-August Oetker gibt es nur vereinzelte Informationen. Er habe sich, so schreibt er in seinen Erinnerungen, wie seine Freunde «sehr für Politik» interessiert und sei «in die Bielefelder Viehhalle zu allen politischen Veranstaltungen» gegangen – «ganz egal, wer da redete». Freilich hätten sie damals «nicht viel davon» verstanden und alles «mehr als Theater» betrachtet. Ganz so unpolitisch war der Schüler, der im Jahr der «Machtergreifung» 17 Jahre alt wurde, freilich nicht: Als Primaner, so berichtet er weiter, hätten er und seine Freunde oft versucht, Carl Severing abzupassen. Mit dem SPD-Politiker und ehemaligen Reichs- und preußischen Innenminister, der nach der Entmachtung der preußischen Landesregierung durch den «Preußenschlag» vom 20. Juli 1932 nach Bielefeld zurückgekehrt war, wollten sie über den Zusammenbruch der Weimarer Republik sprechen.[51] Mit seinem Hauslehrer Spellmeyer unterhielt er sich ebenso ausgiebig über das politische Tagesgeschehen wie mit seinem Vater, mit dem er nicht nur über Brüning, Stresemann und Rapallo sowie den Dawes- und den Young-Plan sprach, sondern auch über die Nationalsozialisten. Diesen sei man «bei allen Vorbehalten [...] anfangs freilich nicht völlig abgeneigt» gewesen – so die vorsichtig-umständliche Formulierung.[52] Auf den ersten Blick scheint es also folgerichtig, dass der junge Oetker seit 1933 einer NS-Organisation angehörte: der Reiter-SA, genauer dem SA-Reitersturm 1/174. Als politisches Statement ist diese Mitgliedschaft indes kaum zu werten: Nachdem er im Alter von zwölf Jahren – also 1928/29 – in den Bielefelder Reitclub eingetreten war, wurde der Verein im Zuge der «Gleichschaltung» 1933 in die SA überführt.[53] In diesen Jahren nahm Oetker mehrfach an Reitwettbewerben teil.[54] Oetker blieb Mitglied der Reiter-SA, auch wenn er sich nach seinem Umzug nach Hamburg nicht mehr bei der dortigen Standarte meldete. Der Grund dafür war jedoch nicht politischer Natur, sondern der schlichten Tatsache geschuldet, dass der junge Mann keine Lust mehr auf die langwierigen Dienste und das frühe sonntägliche Aufstehen hatte.[55]

Der Reichsarbeitsdienst, die Olympischen Spiele, die Mittagessen bei Gauleiter Alfred Meyer – gerade solche anekdotischen Episoden, die Oetker in seinen Erinnerungen schildert, zeigen, wie stark der Alltag im «Dritten Reich» politisiert war und wie weit der Nationalsozialismus die deutsche Gesellschaft durchdrang. Die Auswirkungen der NS-Herrschaft registrierte der junge Mann durchaus: Es war ihm unangenehm, in SA-Uniform gekleidet auf dem Heimweg vom sonntäglichen Dienst dem «alten jüdischen Bankier» zu begegnen, der ebenfalls am Johannisberg wohnte; auch wusste er, «daß es Konzentrationslager gab».[56] Bei deren Bewertung hielt er sich jedoch an die Linie des Regimes: «Es hieß doch: in den KZ's sitzen nur Verbrecher, Schwule, Zeugen Jehovas und Freimaurer, die wollen nichts mit unserem Staat zu tun haben. Die bringen nur Unruhe. Die nehmen wir in Schutzhaft. Das haben wir zur Kenntnis genommen. Wir haben uns nichts weiter dabei gedacht. Denn wer aus dem KZ herauskam, der sagte ja auch nichts.»[57] Das entsprach einem von der NS-Propaganda präsentierten Bild der Konzentrationslager, die der Absonderung und Erziehung von angeblich für die «Volksgemeinschaft» gefährlichen «Volksschädlingen» dienen sollten. Dieses Propagandabild von «sauberen» Lagern und «bösen» Häftlingen erleichterte der Mehrheitsgesellschaft das «Wegsehen». Die Bevölkerung wusste durchaus um den terroristischen Zweck der KZ und die Vorgänge darin.[58]

Auch die Emigrationsbemühungen der jüdischen Bevölkerung blieben Oetker nicht verborgen – war doch sein Banknachbar im Ratsgymnasium eines Tages unter den Auswanderern. In seinem Hamburger Freundeskreis, so berichtet Oetker selbst, habe es «Juden und Halbjuden» gegeben, die «alle unter den Repressalien gelitten haben müssen». Dennoch spielte «das Thema für uns keine Rolle».[59] Dass das Thema im Alltag der jungen Leute kaum zur Sprache kam, lässt auf alltägliche Verdrängungsmechanismen schließen. Diese mussten jedoch versagen, als am 9. November 1938 die nationalsozialistische Judenpolitik in offenen, reichsweiten Pogromen eskalierte.[60] Schon beim Kauf der Heldern-Villa an der Bellevue auf dem Umweg über die Reemtsma-Grundstücksverwaltung wusste er um den Zwang, der Heldern in die Emigration getrieben hatte; dass das Geschäft zwischen zwei deutschen Firmen geschlossen wurde, mochte das zunächst verdecken. Wenig später erwarb er jedoch zusätzlich ein Gartengrundstück von seiner jüdischen Nachbarin Ellie Lipmann, die zum Verkauf gezwungen war, um ihre Ausreise zu finanzieren. Letzten Endes war ihm in beiden Fällen klar, dass es die nationalsozialistische Verfolgungspolitik und der vom Regime gezielt erhöhte Auswanderungsdruck waren, die die Vorbesitzer zur Aufgabe ihres eigenen Hauses nötigten.[61]

Rudolf-August Oetker erinnerte sich gern an seine Hamburger Jahre; für den Anfang 20-Jährigen waren sie unbelastet von den existenziellen Bedrohungen der Judenpolitik des NS-Regimes.[62] Er war kein Rassenantisemit, doch das Schicksal der Juden und anderer NS-Verfolgter bedrückte ihn auch nicht besonders – selbst wenn es Freunde und Bekannte betraf, für die er im Hamburger Kontext Beispiele nennt. Sowohl die jugendliche Unbekümmertheit als auch die daran anknüpfende Schilderung Jahrzehnte später rücken diese Haltung in die Nähe der Indifferenz und des Nicht-wissen-wollens. Diese Haltung war in der deutschen Gesellschaft nach 1933 weit verbreitet.[63] Am 4. November 1939, kurz nachdem der allgemeine Aufnahmestopp aufgehoben worden war, beantragte Rudolf-August Oetker die Mitgliedschaft in der Nationalsozialistischen Deutschen Arbeiterpartei und wurde zum 1. Juli 1940 als Parteigenosse Nr. 8.488.212 aufgenommen.[64]

Die politische Unwissenheit, ja Naivität, die Oetker in seinen Erinnerungen für sich in Anspruch nimmt, ist nicht nur kritisch zu hinterfragen, sie ist auch zweischneidig. Bedeutet sie doch zugleich, dass sich während des «Dritten Reiches» keinerlei Anzeichen für Einwände oder wenigstens eine punktuelle Ablehnung nationalsozialistischer Politik erkennen lassen. Die Betonung, vom verbrecherischen Charakter des NS-Regimes nichts gewusst zu haben, die Beschwörung unpolitisch-idyllischer Bielefelder Provinzialität und der Unbekümmertheit der Hamburger *jeunesse dorée* verdeckt, dass im Hause Kaselowsky/Oetker eine deutliche Affinität zum Nationalsozialismus bestand. Eine Teilidentität der Interessen in gesellschafts- und nationalpolitischen Fragen räumte auch Rudolf-August Oetker ein. In biographischer Hinsicht kam dies nicht nur im Eintritt in die NSDAP 1939 zum Ausdruck; im zweiten Kriegsjahr meldete sich der mittlerweile 25-jährige Oetker freiwillig zur Waffen-SS.

Wehrmacht

Bei Kriegsausbruch wurde Rudolf-August Oetker zunächst vom Wehrdienst zurückgestellt. Am 18. Juni 1940 wurde er nachgemustert und als kriegsverwendungsfähig, aber nicht zum Einsatz in der Infanterie geeignet, zur Wehrmacht eingezogen.[65] Die Familie war nach der traumatischen Erfahrung des Ersten Weltkriegs darauf bedacht, das Leben des einzigen männlichen Erben nicht erneut an der Front zu riskieren. Hans Crampe nutzte deshalb seine hervorragenden Kontakte im Heeresverpflegungsamt des OKH und sorgte schon im Vorfeld der Musterung dafür, dass Rudolf-August Oetker zu dieser Dienststelle kommandiert wurde. Die Amtsgruppe Heeresverpflegungs- und Beschaffungswesen des OKH forderte Oetker beim zuständigen Wehrbezirkskommando VI in Berlin am 13. Juni an und begründete, dass «die Einstellung einer Persönlichkeit notwendig» sei für die «Zusammenarbeit mit der Nährwertgesellschaft». Dafür sei Rudolf-August Oetker bestens geeignet, «der bisher schon von Fall zu Fall zur Dienstleistung herangezogen worden ist».[66] Diese Interessenkollision wurde ebenso wenig problematisiert wie im Falle Hans Crampes selbst, der seinem «Betriebsführer» in Bielefeld «vertraulich» eine Abschrift des dienstlichen Schreibens aus dem OKH über die sichere Unterbringung Oetkers zukommen ließ. Kaselowsky zeigte sich dankbar für diese «gute Lösung».[67] Auch als Rudolf-Augusts Halbbruder Richard im Sommer 1941 einen Oberschenkelschuss erlitt und sich die Wunde entzündete, half Crampe: Die Mutter Ida erhielt auf Vermittlung des OKH eine Einreisegenehmigung ins Generalgouvernement, um ihn zu pflegen.[68]

Am 5. Juli 1940 trat Oetker seinen Dienst in der Wehrmacht an.[69] Schon vorher war er an Puddingkochversuchen im OKH beteiligt gewesen und hatte unmittelbar zuvor Hans Crampe auf einer Beschaffungsreise durch das gerade besetzte Frankreich begleitet.[70] Im Rückblick erinnerte sich Oetker vor allem an eine Einkehr im berühmten «Maxim's», inspiriert von Franz Lehárs «Die Lustige Witwe». Dort begegnete er zum zweiten Mal Hermann Göring, der sich tatsächlich an ihn erinnerte.[71] Fast ein Jahr blieb Rudolf-August Oetker im Heeresverpflegungsamt eingesetzt. Im Rahmen seiner Aufgaben reiste er viel: Vom 1. bis 6. Oktober 1940 hielt er sich in Budapest auf, wo er Zeit fand, mit Oetker-Vertretern Rundfahrten zu unternehmen und die Probleme der dortigen Niederlassung zu diskutieren, ehe er nach Wien weiterreiste. Dort gab er im Namen der Nährwertgesellschaft – nach wie vor nur im militärischen Rang eines einfachen Soldaten – ein Essen für den bulgarischen Ernährungsminister, an dem auch Vertreter des Reichsministeriums für Ernährung und Landwirtschaft teilnahmen. Wien war nicht die letzte Station dieser Reise: Erst am 23. Oktober wurde er «aus Frankreich zurückerwartet». Am Samstag, den 15. November, hielt sich Oetker in Straßburg auf, am folgenden Sonntag in Baden-Baden, am Montag in Budenheim, ehe er am Dienstag in Bielefeld eintraf. Danach begleitete er Crampe, den der dortige Generalintendant angefordert hatte, nach Brüssel.[72] Wie der Hauptmann Crampe konnte auch der Soldat Oetker weiterhin die Aufgaben der Firma problemlos wahrnehmen und befasste sich zum Beispiel mit der Frage, ob für die Niederlassung in Danzig ein Umzug in den Warthegau, nach Posen, vorteilhaft wäre.[73] Der Wehrdienst bedeutete kaum eine Einschränkung, im Gegenteil: Der militärische Status erleichterte im Krieg Reisen ins Ausland erheblich.[74]

Am 1. Dezember 1940 wurde Rudolf-August Oetker zum Gefreiten befördert. Im gleichen Monat absolvierte er einen Lehrgang an der Heereslehrküche I der Heeresverwaltungsschule München, wofür er – für einen einfachen Soldaten eher ungewöhnlich – im Hotel Continental Quartier genommen hatte.[75] Am 1. Mai 1941 erfolgte die Beförderung zum Unteroffizier. Offenbar war er für die Laufbahn eines Wehrmachtsbeamten im gehobenen Dienst vorgesehen: Im Juni wurde Oetker nach Guben zur 3. Kompanie des Infanterie-Ersatzbataillons 122 versetzt, um dort an einem Lehrgang für Wehrmachtsbeamte der Zahlmeisterlaufbahn teilzunehmen.[76] Nach Abschluss des Lehrgangs erfolgte die Ernennung zum Kriegsverwaltungsinspektor (KVI).

Zum 24. Dezember 1941 wurde der frisch ernannte Wehrmachtsbeamte Oetker zur Heeresverpflegungsdienststelle (HVD) 723 versetzt, die im litauischen Varėna stationiert war. An Reisen durch das besetzte West- und Südosteuropa war erst einmal nicht mehr zu denken.[77] Das

Städtchen Varėna liegt im Südosten Litauens, nicht weit von der weißrussischen Grenze an der Eisenbahnlinie Warschau – Białystok – Vilnius – Leningrad. Die Aufgabe Oetkers und seiner Dienststelle war die Versorgung der in Richtung Ostfront durchziehenden Truppen, wofür große Vorräte an Nahrungsmitteln sowie Futter für die Nutztiere bereitgehalten wurden. Einquartiert war der junge Kriegsverwaltungsinspektor bei einer polnischen Schneiderin, die Deutsch sprach. In seinen Erinnerungen schildert Oetker einige Anekdoten – wie den Wodkakonsum während des kalten Winters oder einen «lustige[n] Eierwettbewerb» an Ostern 1942. Dass er sich in Varėna durchaus wohlfühlte, legen einige verstreute Hinweise nahe.[78] Zu Anfang waren fünf Heeresverwaltungsbeamte dort tätig. Als die Wehrmacht im Nordabschnitt der Ostfront 1942 in die Defensive geriet und ihre offensiven Bemühungen auf den Kaukasus konzentrierte, gab es wegen der damit einhergehenden Truppenverlagerung nach Süden für die HVD 723 nur noch wenig Beschäftigung. Zuletzt tat Oetker allein mit einigen Wachmannschaften für die Warenlager Dienst, ehe die Depots aufgelöst und die Bestände abtransportiert wurden.

In der einzigen öffentlichen Äußerung über seinen Militärdienst hat Oetker für die Zeit in Varėna drastische Formulierungen gefunden: Der Wirtschaftsjournalist Hans Baumann berichtete, sein Interviewpartner habe sich in der Rückschau «[ge]wundert […], daß er überhaupt noch lebt», denn das Dorf habe «mitten in einem Partisanengebiet» gelegen.[79] Partisanenaktivität hat es in Litauen – und wohl auch in der Gegend um Varėna – in der Tat gegeben; allerdings kämpften die baltischen Freischärler vor allem 1940/41 und 1944/45 gegen die sowjetische Besatzung und nicht gegen die Deutschen.[80] So wusste Oetker trotz seines mehrmonatigen Aufenthalts denn auch nicht aus eigener Erfahrung von Partisanen zu berichten. Stattdessen übertrug er entweder das spätere «Partisanenproblem» an der Ostfront auf seine Zeit in Litauen, oder er saß noch vierzig Jahre später der nationalsozialistischen Sprachregelung auf, die auch innerhalb der Wehrmacht weit verbreitet war: die «postulierte Identität von Partisanen, Bolschewisten und Juden».[81] Der Begriff des «Partisanen» und des «Partisanenhelfers» diente als Euphemismus für die Auslöschung der jüdischen Bevölkerung und das brutale Vorgehen gegen die einheimische Bevölkerung in den besetzten Gebieten im Osten, so auch in Litauen. So war Anfang Juli 1941 das Einsatzkommando (EK) 9 unter dem Befehl von Albert Filbert durch Varėna gezogen;[82] im September wütete das EK 3 in dem Ort. Für den 10. September 1941 verzeichnet der berüchtigte Bericht des SS-Standartenführers Karl Jäger die Ermordung von 831 Juden in Varėna, darunter 141 Frauen und 149 Kinder.[83] Oetker kam einige Wochen nach dem Ende der Mordaktionen in Litauen ins Baltikum. Ob und wie viel er von den Massenmorden erfuhr, die die SS-Einsatzkommandos vor seinem Eintreffen verübt hatten, kann nur vermutet werden. Es ist schwer vorstellbar, dass er monatelang in einer Gemeinde mit weniger als 2000 Einwohnern und in dem von ihm geschilderten engen Kontakt mit der einheimischen Bevölkerung gelebt haben konnte, ohne zu erfahren, was kurz zuvor dort geschehen war.[84]

Waffen-SS

Anfang Juni 1942 kehrte Oetker aus Litauen zurück und schied im Sommer oder Herbst aus der Wehrmacht aus.[85] Bereits ein Jahr vorher, zum 1. Juli 1941, war der damalige Unteroffizier Rudolf-August Oetker «als Freiwilliger für die Waffen-SS» akzeptiert worden.[86] Bereits seit Anfang 1941 hatte das persönliche Sekretariat Richard Kaselowskys erhebliche Anstrengungen unternommen, um die notwendigen Nachweise für die große Ahnentafel zu beschaffen, die SS-Anwärter vorzuweisen hatten; sie sollte die «arische» Abstammung bis zu den Urgroßeltern belegen. Rudolf-August Oetker hatte sich also spätestens im Januar 1941 entschlossen, der Waffen-SS beizutreten.[87] Dass er erst am 23. Oktober 1942 als SS-Unterscharführer zur Waffen-SS übertreten konnte, lag wohl daran, dass er von der Wehrmacht zunächst seine Freigabe erhalten musste.[88]

Den ersten Schritt auf seinem Karriereweg in der Waffen-SS machte Rudolf-August Oetker Anfang 1943 als Führeranwärter. Er absolvierte vermutlich den zweimonatigen Lehrgang für Unterführer des Wirtschafts-Verwaltungsdienstes der Waffen-SS in der SS-Führerschule Dachau. In dieser Zeit heiratete er am 26. Februar 1943 seine Berliner Verlobte, Susanne Jantsch, in München. Möglicherweise fiel er beim ersten Anlauf durch das Examen, da er sich Anfang Mai 1943 noch immer in München aufhielt.[89] Ende des Monats konnten ihn seine Frau Susi und sein Vater dann im deutlich näher gelegenen Braunschweig besuchen:

Dort befand sich eine SS-Junkerschule, wo er einen «Zugführerlehrgang f[ür] Sonderdienst» absolvierte.[90] Nach bestandener Abschlussprüfung wurde Rudolf-August Oetker zum SS-Standartenoberjunker der Reserve ernannt, bekleidete also die oberste Rangstufe eines Offiziersanwärters in der Waffen-SS. Oetker absolvierte die Ausbildung als Reserveführer, weil er bei seinem Eintritt in die Waffen-SS bereits älter als 23 Jahre war; darüber hinaus war er nur eingeschränkt tauglich, und auch die für den aktiven Dienst notwendige Bereitschaft, das SS-Führeramt als «lebensberufliche Laufbahn» anzutreten, dürfte nicht bestanden haben.[91]

Während Oetkers viermonatiger Ausbildung in Braunschweig legten zwischen dem 25. Juli und dem 3. August 1943 britische und amerikanische Bomberverbände in fünf Nacht- und zwei Tagangriffen Hamburg in Schutt und Asche. Während der ersten Angriffe der «Operation Gomorrha» wurde Oetkers Villa an der Bellevue zerstört; er erhielt deshalb einige Tage Urlaub. Da sein Haus unbewohnbar war, nächtigte er im Hamburger Zweigwerk der Firma. Im dortigen Bunker überlebte er zusammen mit 130 Mitarbeitern den Nachtangriff vom 27. auf den 28. Juli 1943: «Der Angriff dauerte etwa vierzig Minuten, aber wir hatten noch lange danach den Eindruck, daß weitere Bomben fielen. In Wahrheit waren es die Maschinen, die von einem Stockwerk ins nächste stürzten. Wir trauten uns erst um neun Uhr morgens auf die Straße. Sie lag noch in Dunkelheit. So etwas Schreckliches habe ich nie gesehen. Überall lagen Tote. Unser Luftschutzkeller war als einziger stehengeblieben.» Für seine Hilfe bei den Aufräumarbeiten erhielt er das Kriegsverdienstkreuz 2. Klasse mit Schwertern.[92]

Nach Abschluss der Junkerschule erhielt Rudolf-August Oetker mehrere Monate Arbeitsurlaub und wohnte zunächst in der obersten Etage seines Elternhauses, ehe er mit seiner Frau nach Berlin-Grunewald zog.[93] Für die in der Führerausbildung der Waffen-SS vorgesehene praktische Verwendung zwischen den Lehrgängen gibt es keine Hinweise in den Quellen, möglicherweise wurde sie durch den Arbeitsurlaub und die praktische Tätigkeit für die Firma abgegolten.[94] Die Dienstbefreiung dauerte Ende März 1944 an, und Kaselowsky hoffte, dass diese «noch etwas verlängert werden wird». Das war indes nicht der Fall, denn ab dem 17. April 1944 besuchte Oetker den 40. Kriegs-Reserve-Junker-Lehrgang an der SS-Führerschule des Wirtschafts-Verwaltungsdienstes in Arolsen.[95] Als der Lehrgang am 27. Oktober offiziell endete, wurde

Rudolf-August Oetker zum SS-Untersturmführer der Reserve befördert. Praktisch hatte dies jedoch kaum noch Bedeutung. Am 30. September 1944 war Richard Kaselowsky ums Leben gekommen. Mit einem Rundschreiben an die Gefolgschaft vom 18. Oktober 1944 übernahm Oetker die Betriebsführung.[96] Er war zwar nach wie vor Mitglied der Waffen-SS, erhielt aber erneut Arbeitsurlaub, der bis zum Kriegsende andauern sollte.[97]

Der Truppenteil, dem Oetker nach seiner Ausbildung laut seiner SS-Stammkarte zugeordnet wurde, war das SS-Wirtschafts-Verwaltungshauptamt der SS in Berlin. Das Aufgabenspektrum des WVHA war breit: Es reichte von der Truppenverpflegung der Waffen-SS über die Konzentrationslager bis hin zu der schier unüberschaubaren Vielzahl an wirtschaftlichen Unternehmungen und Interessen der SS. An seiner Spitze stand SS-Obergruppenführer Oswald Pohl, der auch Mitglied des Freundeskreises Reichsführer-SS war. Rudolf-August Oetker sollte in der Amtsgruppe B, Truppenwirtschaft unter SS-Brigadeführer Georg Lörner eingesetzt werden.[98] Lörner stand mit der Firma Oetker und Hans Crampe in Sachen Nährhefekooperation in Verbindung und war auch an der Gründung der Hunsa beteiligt. Der SS-Brigadeführer hatte sich schon in den Jahren zuvor durchaus zugänglich gezeigt, was Vergünstigungen für Oetker im Dienste des Bielefelder Unternehmens anging. Er, Crampe, werde mit Lörner sprechen, «ob er eine Dienstreise nach Ungarn ermöglicht».[99] Innerhalb der Amtsgruppe B war Oetker dann Ende 1944 nicht für das – angesichts seiner Herkunft und vorangegangenen Tätigkeit bei der Wehrmacht naheliegende – Verpflegungsamt (B I) vorgesehen, sondern für das Amt B V, das für das Transportwesen zuständig war. Auf Grund seiner Beurlaubung hatte die Zuordnung aber ohnehin rein formalen Charakter.[100]

Warum sich Rudolf-August Oetker freiwillig zur Waffen-SS meldete, kann nicht sicher geklärt werden. Nach dem Krieg sah er sich mehrfach veranlasst, diesen Beitritt zu erklären und zu rationalisieren. Er präsentierte dabei in verschiedenen Kontexten unterschiedliche Erklärungsmodelle, aus denen sich zwei grundlegende Argumentationsmuster destillieren lassen. Im Zuge seines Entnazifizierungsverfahrens erläuterte er, er sei nach seinem Einsatz in Litauen aus der Wehrmacht «entlassen» worden und habe sich anschließend «bei der Ergänzungsstelle der Waffen-SS in Berlin melden sollen».[101] Vor dem Entnazifizierungsausschuss erklärte er: «Als die [Wehrmachts-]Beamten teilweise entlassen wurden und zur kämpfenden Truppe versetzt wurden, kam ich zur Waffen-SS, und zwar zur Verwaltung, und zwar nicht auf Grund eigener Meldung, sondern ich wurde dorthin kommandiert.»[102]

Bei der Waffen-SS sei er, so Oetker, «nicht, wie es meinem Rang als Kriegsverwaltungsinspektor entsprochen hätte, als Untersturmführer, sondern als Unterscharführer eingestuft», gleichsam also vom Offizier zum Unteroffizier degradiert worden.[103] Dieser Rangverlust war der Ausgangspunkt für die Erklärung seiner Karrierebemühungen um einen Offiziersrang in der Waffen-SS: Ihm sei gesagt worden, er «könne nur Betriebsführer werden, wenn er Reserve-Offizier werde».[104] Auch in seinen Erinnerungen schrieb er später, «man» habe «unbedingt einen Offizier aus [ihm] machen» wollen. Wer sich hinter diesem «man» verbarg, blieb freilich im Vagen; die Begründung, dass «keiner Betriebsführer sein durfte bei einer großen Firma wie unserer, der nicht Offiziersrang hatte», war jedoch die gleiche. Deshalb sei ihm der Rang eines SS-Untersturmführers «hinterhergeworfen» worden, als er die Firma im Oktober 1944 überraschend übernehmen musste.[105]

Zweifellos war die Ansicht, dass ehemalige Offiziere über besondere, auch im Geschäftsleben nützliche Führungsqualitäten verfügten, weit verbreitet, und es steht zu vermuten, dass in der Familie deshalb ein Offizierspatent als wünschenswert erachtet wurde; damit stand er immerhin in der Tradition seines leiblichen Vaters und Richard Kaselowskys, zu dessen engerem Umfeld darüber hinaus zahlreiche ehemalige Offiziere zählten.[106] Doch auch im «Dritten Reich» war ein Offiziersrang zu keinem Zeitpunkt offizielle oder auch nur informelle Voraussetzung dafür, ein privatwirtschaftliches Unternehmen, egal, welcher Größe, führen oder übernehmen zu können. Zudem erfolgte die Beförderung zum Untersturmführer der Waffen-SS im Oktober 1944 nicht, weil Oetker von einem Tag auf den anderen die Firmenleitung innehatte, sondern weil er die entsprechenden Lehrgänge just zu diesem Zeitpunkt erfolgreich abgeschlossen hatte.

Ein zweiter Erklärungsversuch für den Übertritt zur Waffen-SS findet sich in dem Manuskript von Dirk Bavendamm, das zu erheblichen Teilen auf Gesprächen mit Oetker Mitte der 1990er Jahre basiert, später aber nicht autorisiert wurde. Grundlage ist eine nur in den ersten Kriegsjahren gültige Vorschrift über die einzigen Söhne von Weltkriegsgefallenen, deren Erklärungswert hier aber über Gebühr strapaziert wurde. Bei Bavendamm wird daraus die Behauptung, Oetker habe wegen seines in Verdun gefallenen Vaters «weder eingezogen» werden «noch [...] sich freiwillig melden» können. Die «unglaubliche Anziehungskraft der Wehrmacht» habe jedoch auf ihn wie auf viele junge Deutsche gewirkt, allein, ihm sei die Teilnahme am Krieg verwehrt geblieben, «weil er letzter Namensträger seiner Familie war».[107] Daran anschließend liefert Bavendamms Resümee seiner Gespräche mit Rudolf-August Oetker vor allem einen Grund für den Eintritt in die Waffen-SS: Während sich andere – wie sein schwer verwundeter Halbbruder Richard – an der Front beweisen konnten, wurde er daran gehindert, seiner nationalen Pflicht nachzukommen. Deshalb – so Bavendamm ganz offen – «faßte Oetker den verhängnisvollen Entschluß, sich freiwillig zur Waffen-SS zu melden». Damit wäre die Entscheidung letztlich ein «verzweifelter Versuch» gewesen, der bereits erwähnten «Sonderstellung zu entkommen».[108]

Es ist durchaus denkbar, dass Rudolf-August Oetker sein Einsatz in der Heimat und in der Etappe unangenehm war: Tatsächlich verbrachte er die Jahre 1940/41 fernab des eigentlichen Kriegsgeschehens.[109] Die Verwundung und sich über Jahre hinziehende Rekonvaleszenz seines Halbbruders dürfte ihm das deutlich vor Augen geführt haben, ebenso die mehrfachen Verwundungen und Auszeichnungen seines Freundes Rudolf von Ribbentrop; auch Gerhard Spellmeyer, inzwischen zum Priester ordiniert, kämpfte mit einiger Begeisterung an der Front.[110]

Dieser im zweiten Erklärungsmodell bemühte Wunsch, sich wie seine Altersgenossen an der Front zu beweisen, deutet auf eine emotionale Ebene hin. Doch Bavendamms Erklärungsversuch ist schon chronologisch problematisch: Als wichtigen Motivationsfaktor führt er die Niederlage bei Stalingrad Anfang 1943 an. Der Entschluss, sich freiwillig zur Waffen-SS zu melden, war aber spätestens Anfang 1941 gefallen, wie die Bemühungen um den «Ariernachweis» und die Annahme des Gesuchs durch die Waffen-SS zum 1. Juli 1941 zeigen. Selbst die schwere Verwundung seines Halbbruders Richard im Juli 1941 kann daher für die Entscheidung keine Rolle gespielt haben.[111] Gegen Bavendamms Hinweis auf eine Frontsehnsucht als treibendes Motiv für den Wechsel spricht, dass sich in den Quellen keine Hinweise auf Kritik oder gar Widerstand aus der Familie finden, was angesichts der stets herrschenden Sorge um den Erben zu erwarten gewesen wäre. Die Erklärung hierfür dürfte sein, dass die angestrebte Karriere in der Waffen-SS grundsätzlich der bereits eingeschlagenen Wehrmachtslaufbahn entsprach und damit ähnliche Sicherheiten bot: Oetker wechselte die Uniform, blieb aber dem Verwaltungsdienst treu. An die Front brachten ihn die Lehrgänge ab Anfang 1943 jedenfalls nicht. Dagegen wäre eine entsprechende Freiwilligenmeldung zur kämpfenden Truppe sowohl in der Wehrmacht als auch in der Waffen-SS sehr wohl möglich gewesen. Es liegt nahe, dass auch in der Waffen-SS die persönlichen Kontakte ins SS-WVHA – bis hin zu Oswald Pohl an dessen Spitze – genutzt wurden, um gerade einen Einsatz an der Front zu vermeiden. Es war sicherlich kein Zufall, dass Rudolf-August Oetker nach Abschluss der Führerausbildung nicht zu einem Truppenteil versetzt wurde, sondern seinen Dienst im WVHA in Berlin antreten sollte. Schließlich hatte die Firma Oetker auch mit der SS zwischenzeitlich gemeinsame geschäftliche Interessen.[112]

Allerdings bot der Verweis auf die Frontsehnsucht Oetkers Mitte der 1990er Jahre die Chance einer «ehrenhaften» Begründung der Entscheidung für die Waffen-SS.[113] Eineinhalb Jahrzehnte nach den Gesprächen mit Bavendamm war dem Beitritt zur Waffen-SS nichts Positives mehr abzugewinnen. In den Erinnerungen, die in Zusammenarbeit mit Gina Thomas für vornehmlich innerfamiliäre Zwecke entstanden, wird die Freiwilligenmeldung nicht mehr gerechtfertigt, sondern bestritten. Dem Duktus des Bandes entsprechend, dominierten nun anekdotische Episoden die Erzählung vom Krieg.[114]

Das erste Rechtfertigungsmodell aus dem Kontext des Entnazifizierungsverfahrens – und damit auch das zeitnahste – bot noch eine rational nachvollziehbare Motivation. Es verwies auf vermeintlich objektive Notwendigkeiten, ja sogar auf eine Zwangslage, indem es den Offiziersrang zur Voraussetzung für die Übernahme der Betriebsführung machte. Die Entnazifizierung legt natürlich eine taktische Aussage nahe, und tatsächlich konnte von einer Bindung der Nachfolge an einen Offiziersrang keine Rede sein. Einen realen Kern könnte jedoch auch dieses Erklärungsmodell haben: die Aussicht auf eine «echte» Offizierslaufbahn, auf das damit verbundene Renommee und den erhofften Erwerb von Führungskompetenzen. Ein Bericht des ehemaligen Leiters der Budapester Oetker-Niederlassung weist jedenfalls in diese Richtung.[115] Während Oetker als Kriegsverwaltungsinspekteur in der Wehrmacht zwar im Rang eines Leutnants stand, blieb er doch letztlich Beamter – ein Status von deutlich geringerem Sozialprestige mit bürokratischer Anmutung. Dass seine Vorgesetzten beim Heeresverpflegungsamt in Berlin keine Offiziere, sondern Wehrmachtsbeamte (Generalstabsintendant Pieszczek, Oberregierungsrat Ziegelmayer) waren, unterstrich dies noch.

Anders in der Waffen-SS: Die SS-Verwaltung hatte stärker «militärische[n] Charakter»[116], ihre Verwaltungsführer waren «gleichermaßen Offizier wie Beamter»[117], sie trugen keine Beamten-, sondern SS-Führerränge und waren «im Offizierskreis voll akzeptiert».[118] Ein Laufbahn-Merkblatt der Waffen-SS betonte, die SS-Führer des Verwaltungsdienstes hätten «dieselben Fortkommensmöglichkeiten wie bei allen übrigen Offizierslaufbahnen (Uniform, Besoldung, Versorgung, Aufstiegsmöglichkeiten [...])».[119] Darin lag auch der Grund, dass Oetker zunächst nicht als SS-Untersturmführer, sondern nur als SS-Unterscharführer übernommen wurde: Infolge dieses Selbstverständnisses reichte die Ausbildung zum Verwaltungsbeamten der Wehrmacht, die er in Guben absolviert hatte, eben nicht aus, um in einen Führerrang der SS einzurücken. Dazu bedurfte es einer klar definierten Reihe von Lehrgängen an den SS-Führer- und Junkerschulen. Neben dem höheren Sozialprestige des SS-Führers mag eine derart umfangreiche Ausbildung ein weiterer Aspekt gewesen sein, der den Weggang von der Wehrmacht attraktiv erscheinen ließ: Bereits die Zeit beim RAD hatte Oetker als Gewinn empfunden, weil sie ihn abgehärtet habe. Genau dies versprachen auch die Führerlehrgänge der Waffen-SS; die Spezialisierung auf den Wirtschafts-Verwaltungsdienst ermöglichte es ihm zudem, zumindest in einem der Lebensmittelindustrie nahen Arbeitsfeld tätig zu sein.

Als Absolvent der SS-Schulen erhielt Oetker nicht nur eine militärische Formal- und Gefechtsausbildung. Erheblichen Anteil am Lehrprogramm hatte die «weltanschauliche Schulung» der angehenden SS-Führer. So umfasste der Unterricht im Fach «Philosophie – Weltanschauung» Themen wie «Aufgaben der Rassenpolitik», «Volksordnung» oder «Zellenlehre». Behandelt wurden die gegnerischen Weltanschauungen, namentlich das «christliche», «liberalistische» und «marxistische» Weltbild. Weitere Fächer waren «Geopolitik», «Rassekunde» und «Bevölkerungspolitik». In Prüfungen mussten die Absolventen auf dieser Basis zu ideologischen Fragen Stellung nehmen.[120] Am 19. Juni 1944 erhielt die Schule in Arolsen Besuch von SS-Obergruppenführer und General der Waffen-

SS Josias zu Waldeck und Pyrmont, Höherer SS- und Polizeiführer im Wehrkreis IX, für den ein detailliertes Programm ausgearbeitet wurde, an dem auch der Lehrgang von Rudolf-August Oetker mit einer Unterrichtseinheit zur weltanschaulichen Schulung teilnahm.[121]

Vor allem wegen seines Aufenthalts in der SS-Führerschule des Wirtschafts-Verwaltungsdienstes in Dachau scheint Rudolf-August Oetker im Rückblick bewusst gewesen zu sein, dass seine Ausbildung und Tätigkeit in der SS die Frage nach seinem Wissen um die Verbrechen des Regimes nahelegte. In der Familie war lediglich bekannt, dass sich Oetker in Dachau aufgehalten hatte.[122] Im Gespräch mit Bavendamm bestand Oetker darauf, dass die dortige Schule von dem benachbarten Häftlingslager «abgeschirmt» gewesen sei; «von den dortigen Torturen» habe er «nichts bemerkt».[123] Die Verwaltungsführerschule gehörte allerdings zur SS-Kaserne, die wiederum zusammen mit dem Häftlingslager das Konzentrationslager Dachau bildete.[124] Angesichts des weltanschaulichen Ausbildungsprogramms, das an den SS-Führerschulen erheblichen Stellenwert hatte, kann der grundlegende Charakter des NS-Regimes und der nationalsozialistischen Ideologie Oetker, der zum Zeitpunkt seiner Ausbildung etwa 27 Jahre alt war und über erhebliche Weltläufigkeit und Erfahrung verfügte, nicht entgangen sein. Auch ist davon auszugehen, dass er in direkten Kontakt mit Konzentrationslagerhäftlingen kam: Die Arbeitskraft der Häftlinge wurde gerade im KZ Dachau in mehreren Einrichtungen und Firmen des SS-Wirtschafts-Verwaltungshauptamtes ausgebeutet, die für die Teilnehmer des Verwaltungsdienst-Lehrgangs von besonderem Interesse gewesen sein dürften. Führerschulen wie Arolsen verfügten über eigene KZ-Außenkommandos oder griffen auf nahe gelegene Lager zurück, um ihren Arbeitskräftebedarf zu decken.[125] Die Häftlinge mussten an den Schulen Zwangsarbeit leisten, etwa die Stuben der Lehrgangsteilnehmer reinigen. Genauso verhielt es sich in Dachau: «In der Zeit» seines Aufenthaltes dort «kamen die Häftlinge und haben bei uns saubergemacht», schrieb Oetker in seinen Erinnerungen. Sie hätten aber «nicht schlecht ernährt» gewirkt, und man hätte «mit ihnen reden» können: «Ich vermute, das wurde absichtlich gemacht, damit die Menschen, die mit ihnen in Berührung kamen, sagten, so schlimm sei es nicht mit den Konzentrationslagern.» Die Vorstellung, die SS hätte ausgerechnet für ihre eigene angehende Führerelite Potemkinsche Dörfer errichtet, ist indes wenig überzeugend. Es ist kaum nachzuvollziehen, dass er keinerlei Ahnung vom Regime im Lager gehabt haben könnte oder davon, «daß [die Häftlinge] zu Schaden kommen würden».[126]

Unternehmensnachfolge

Dreizehn Monate nach der Hochzeit von Rudolf-August Oetker und Susanne Jantsch kam am 17. März 1944 der ersehnte männliche Erbe zur Welt, der nach dem Urgroßvater und Firmengründer den Namen August erhielt: «Alle waren zu Tränen gerührt, daß es einen Nachfolger gab»,[127] und Richard Kaselowsky bekundete seine Freude über die «kleine Hoffnung auf die Erhaltung der Tradition in unserem Unternehmen»[128].

Rudolf-August Oetker selbst befand sich Mitte der 1940er Jahre in einem Alter, in dem der Wechsel an die Firmenspitze anstand. Die Einzelheiten der Nachfolge wurden seit Mitte 1939 durch wiederholte Änderung des alten Gesellschaftsvertrages von 1926 und des Testaments von Lina Oetker vorbereitet. Eine nicht in Kraft gesetzte Vertragsfassung vom März 1941 sah ihr Ausscheiden als Gesellschafterin rückwirkend zum 31. Dezember 1940 vor; ihre Anteile sollten je zur Hälfte auf Rudolf-August und Ursula Oetker übergehen. Dieser Punkt fehlte jedoch in dem tatsächlich in Kraft getretenen Gesellschaftsvertrag vom 23. Dezember 1941. Enthalten blieben die Regelungen zur Geschäftsführung: Rudolf-August erhielt das Recht, nach Abschluss seiner Ausbildung neben Kaselowsky als Geschäftsführer einzutreten. Für den Fall, dass Rudolf-August Oetker ohne männlichen Erben stürbe, sollte Ursula Oetker die ganze Firma erben und im Mannesstamm der eigenen Familienlinie weiterreichen. Diese Vorsichtsmaßnahmen waren den Erfahrungen des Ersten Weltkriegs und dem 1941 andauernden Kriegsgeschehen geschuldet.[129] Zugleich begann damit eine vertraglich festgelegte Übergangsphase, deren Ende klar definiert war: Zum 28. Februar 1946 sollte Kaselowsky ausscheiden und Rudolf-August Oetker die alleinige Leitung übernehmen.[130]

Lina Oetker war es wichtig, ihrem Enkel mit Vollendung seines 27. Lebensjahres den Eintritt in die Geschäftsleitung zu ermöglichen – also in dem Alter, in dem ihr Sohn Rudolf gefallen war.[131] Ihr Enkel feierte seinen 27. Geburtstag im Oktober 1943. Schon im Jahr zuvor waren er und Ursula als persönlich haftende Gesellschafter eingetreten, und im August 1943 wurde Rudolf-August im Handelsregister zur Vertretung und Geschäftsführung ermächtigt, von der seine Schwester ausgeschlossen blieb.[132] Zu diesem Zeitpunkt war er jedoch Soldat der Waffen-SS und ein Ende des Krieges nicht abzusehen. Ende Mai 1943 wurde der Gesellschaftsvertrag deshalb nochmals geändert und das Datum für Kaselowskys Ausscheiden aus der Geschäftsführung um fast fünf Jahre auf den 31. Dezember 1950 verschoben.[133] Der Bombenangriff auf Bielefeld und der Tod Richard Kaselowskys am 30. September 1944 machten diese Pläne zur Makulatur. Sechs Jahre früher als geplant, ohne gemeinsame Übergangsphase und mitten in einem Krieg, dessen Ende in einer katastrophalen Niederlage absehbar war, übernahm Rudolf-August Oetker die Leitung der Firma. Am 6. Oktober wurden die notwendigen Änderungen im Handelsregister eingetragen. Zwei Wochen später, am 18. Oktober, wandte sich Rudolf-August Oetker in einem Rundschreiben an die «Gefolgschaft» und kündigte an, nach dem Tod seines Vaters nunmehr den Betrieb zu führen. Im November wurde er in Nachfolge Kaselowskys zum Vorsitzenden des Aufsichtsrats der Chemischen Fabrik Budenheim gewählt, dessen Mitglied er bereits seit 1943 gewesen war. Zu einer Zuwahl in den Aufsichtsrat der Firma Knorr kam es trotz entsprechender Bemühungen vor Kriegsende nicht mehr.[134]

Obwohl der Zeitpunkt überraschend kam und die tragischen Ereignisse den jungen Mann ohne Zweifel stark belasteten, war Rudolf-August Oetker durchaus auf seine Aufgaben vorbereitet. Die Banklehre hatte ihm wichtige kaufmännische und finanztechnische Grundlagen vermittelt. Im Anschluss besuchte er die Auslandsniederlassungen und Zweigwerke und arbeitete in Hamburg als stellvertretender Betriebsführer. Während seiner Zeit in Berlin nahm ihn Hans Crampe unter seine Fittiche, und er sammelte Erfahrungen in Bereichen, die für das Unternehmen von entscheidender Bedeutung waren, darunter die Sicherung der Rohstoffversorgung und die Festigung der Marktposition mittels Kontakten zu den einschlägigen Ministerien und Wirtschaftsbehörden sowie die Kooperation mit der Wehrmacht. Er schloss die Ausbildung zum SS-Wirtschafts- und Verwaltungsführer ab und erhielt zwischen den Lehrgängen monatelang «Arbeitsurlaub», eine Zeit, in der er für das Unternehmen tätig war. Im Rahmen beider militärischer Verwendungen, bei Wehrmacht wie Waffen-SS, arbeitete er in den wirtschaftsnahen

Versorgungs- und Verpflegungsabteilungen. Darüber hinaus gehörte er mehreren Aufsichtsräten an. War er nicht in Bielefeld, korrespondierte er mit seinem Vater ausführlich über geschäftliche Fragen.

Schon in seiner Jugend war er gezielt auf die Aufgabe vorbereitet worden, die ihm einmal zufallen musste. Seit er 14 oder 15 Jahre alt war, pflegte sein Vater mit ihm jeden Sonntag nach dem Frühstück spazieren zu gehen. Dabei erzählte er ihm von der Arbeit in der Firma und «weihte [...] mich behutsam in die Geschäfte ein», wie Oetker sich später erinnerte. Der immer gleiche Rundweg, der den Johannisberg hinunter über den Johannisfriedhof zu den Gräbern der Familien Oetker und Meyer führte, dauerte etwa eine Stunde, und der Sohn hegte lange den Verdacht, dass Kaselowsky die Spaziergänge mehr seiner selbst wegen unternahm, um laut nachzudenken und Ärger loszuwerden. Für Kaselowsky war es wichtig, seinen Sohn früh genug in alle Fragen einzuweisen, um ihm die nötige Detailkenntnis, Übersicht und Verantwortungsfreude zu vermitteln.[135] Erst später, als Oetker 1944 unerwartet die Nachfolge antreten musste, wurde ihm klar, dass gerade diese sonntäglichen Spaziergänge bewirkt hatten, dass er «in vieles eingeweiht» war, was er «sonst mühsam hätte erlernen müssen».[136] Der «Welt am Sonntag» sagte Oetker 1998 in einem Interview, «einen besseren Lehrherrn» und Vater als Kaselowsky könne er sich nicht vorstellen.[137]

Hinzu kam, dass sich Oetker nach dem Tod Kaselowskys auf eine eingespielte Führungsriege an loyalem Personal verlassen konnte und bereit war, Ratschläge anzunehmen. Er entschied sich dafür, sich «die Erfahrung Dritter zunutze [zu] machen», und richtete Mitte Dezember 1944 eine Art Beirat ein. In dieses Gremium berief er Persönlichkeiten, «die mit der Tradition unseres Hauses vertraut» waren und von denen er sich «wertvolle fachliche Anregungen» erhoffte.[138] Dem Kreis sollten neben anderen Hans Crampe und Theodor Delius angehören. Letzterer wurde zum wichtigsten Mentor des neuen Firmenchefs. Oetker nannte ihn den «erste[n] Mitarbeiter» seines Vaters, der «unter unseren Prokuristen primus inter pares» und «mein Lehrmeister und meine Stütze in der Anfangszeit» gewesen sei. Nach dem Tod Kaselowskys habe der nur sieben Jahre ältere Delius «eine väterliche Rolle» für ihn gespielt. Neben Delius war für das Tagesgeschäft auch die Privatsekretärin Kaselowskys, Ilse Plücker, von zentraler Bedeutung, die Oetker übernahm. Sie war «schon sehr lange bei meinem Vater gewesen und wußte alles», kannte Lieferanten, Kunden und Personal.[139]

Zu Hans Crampe, der den jungen Oetker zuvor in Berlin, bei der Wehrmacht und auf mehreren Auslandsreisen eng betreut hatte, kühlte das Verhältnis merklich ab.[140] Bald war von Crampe in Bielefeld trotz – oder gerade wegen – seiner zentralen Stellung während der kritischen Jahre 1937 bis 1944 nicht mehr die Rede. Selbst in den Erinnerungen Rudolf-August Oetkers fällt der Name nicht.[141]

Auf diese Weise vorbereitet und unterstützt, führte Rudolf-August Oetker die Firma während der letzten Kriegsmonate. Mit der Übernahme der Geschäfte durch den Enkel des Firmengründers war die Gefahr, dass die Geschichte sich wiederholen könnte, aber noch nicht gebannt. Der Krieg tobte weiterhin, und die Zukunft schien ungewiss.

9. Besatzungszeit und Wiederaufbau

Eine Reihe von Faktoren prägten den jungen Unternehmenserben Rudolf-August Oetker bis Kriegsende: die zentralistisch organisierte, staatlich gesteuerte Marktordnung, die primär an den Notwendigkeiten der Kriegswirtschaft und weniger an betriebswirtschaftlicher Funktionalität ausgerichtet war; eine starke Abhängigkeit unternehmerischen Handelns von den Entscheidungen der Staats- und Parteibehörden aller Ebenen, von der Gemeinde bis zum Reich, von der Arbeitsverwaltung bis zur Kontingentierung von Rohstoffen; die politische «Gleichschaltung» und politische Kultur des dauernden Ausnahmezustands; nicht zuletzt seine militärische Ausbildung und Einarbeitung in die Versorgungsapparate von Wehrmacht und Waffen-SS.

Die Übernahme der Geschäfte fiel in eine Zeit erheblicher Unsicherheiten über die Zukunft der Firma sowie der Wirtschafts- und Gesellschaftsordnung Deutschlands insgesamt. Niederlage, alliierte Besatzung und der aufkeimende Ost-West-Konflikt waren die bestimmenden Faktoren einer sich erst allmählich abzeichnenden Nachkriegsordnung. Für das Jahr 1945 lieferte auch die Situation von 1918/19 keine Erfahrungswerte. Langfristige Planungen waren unmöglich, und die anfängliche Abschottung der Besatzungszonen, die Teilung der Rohstoff- und Absatzmärkte, Internierung, Vermögenskontrolle und Entnazifizierung bedeuteten für viele Unternehmen einen Kontrollverlust gerade in den entscheidenden Monaten und Jahren des Übergangs von der Kriegs- zur Friedenswirtschaft. Die Gefahr, das Familienunternehmen Dr. Oetker aufgeben zu müssen, stand im Raum.[1]

Auf diese schwierige Situation war der junge Oetker nur begrenzt vorbereitet. Doch es gab Kontinuitäten über den Tag der Kapitulation am 8. Mai 1945 hinaus. Das System der Rationierung blieb – gerade im Ernährungssektor – vorerst in Kraft, ja sogar der organisatorische Rahmen des Reichsnährstands bestand fort. Die solide und umfassende kaufmännische Ausbildung Rudolf-August Oetkers lieferte ein letztlich neutrales Handwerkszeug, das sich auch unter den Bedingungen eines gewandelten politischen Systems anwenden ließ. So mühelos und kreativ sich die Mehrzahl der deutschen Unternehmer dem nationalsozialistischen «System der neomerkantilistischen Zuckerbrot- und Peitsche-Politik, bestehend aus staatlichen Anreizen und Reaktionen der Unternehmen», angepasst hatte, so elegant gelang ihnen auch die Rückkehr in die Marktwirtschaft.[2] Rudolf-August Oetkers Weltgewandtheit schließlich, die er in Hamburg und Berlin, bei seinen zahlreichen privaten, geschäftlichen und sogar militärischen Reisen in Europa gewonnen hatte, erleichterte den Umgang mit den Besatzungsbehörden und insbesondere mit deren Offizieren. Die gemeinsame militärische Sozialisation – wenn auch auf der jeweils gegnerischen Seite – war dabei durchaus förderlich.

Oetker in der Kriegsendphase

Als Rudolf-August Oetker im Oktober 1944 die Leitung der Firma Dr. August Oetker übernahm, hatten amerikanische Truppen bei Aachen erstmals die Westgrenze des Deutschen Reiches überschritten. Im Osten stand die Rote Armee an der Weichsel. Das Jahr 1944 hatte für die deutsche Kriegsführung katastrophale Rückschläge gebracht, allen voran die erfolgreiche Landung der Alliierten in der Normandie und den Zusammenbruch der Heeresgruppe Mitte an der Ostfront. Die alliierten Luftangriffe zeigten mittlerweile deutlich spürbare Auswirkungen auf die Rüstungs- und Kriegswirtschaft.[3] Auch bei der Firma Oetker machten sich bei Rohstoffanlieferung und Produktvertrieb die Schäden an der Verkehrsinfrastruktur bemerkbar.[4]

Bielefeld selbst blieb von Luftangriffen nicht verschont. Dem verheerendsten fielen am 30. September 1944 Richard Kaselowsky, seine Frau Ida und zwei ihrer Töchter zum Opfer. Auch das Betriebsgelände der Firma Oetker wurde getroffen. Anders als auf dem Johannisberg hielten sich an dessen Fuß die Schäden in Grenzen: Brandwache und Feuerlöschtrupp bewährten sich, unterstützt durch herbeigeeilte Werksangehörige. Ihnen standen der eigene Feuerlöschteich sowie zwei Motorspritzen zur Verfügung, außerdem waren über das Gelände verteilt Wasserfässer aufgestellt worden, die zum Löschen kleinerer Brände ausreichten. Dächer und zu Bruch gegangene Fensterscheiben konnten behelfsmäßig repariert werden, und trotz erheblicher Verluste an Rohmaterialien nahm das Werk die Produktion bereits am 4. Oktober wieder auf. Der Gesamtschaden belief sich auf etwa 530 000 RM. Bei zwei weiteren Luftangriffen wurde das Werk ebenfalls beschädigt: Am 29. Januar 1945 wurden Teile des Oteka-Baus und eines Lagergebäudes zerstört, am 24. Februar erhielt das Tischlereigebäude leichte Treffer.[5]

Die schweren Schäden am Oteka-Bau blieben ohne Auswirkungen auf die Produktion, weil die Papierverarbeitung bereits im Sommer 1942 nach Augustdorf bei Bielefeld ausgelagert worden war. Später waren noch eine ganze Reihe weiterer Ausweichstandorte eingerichtet worden: Gustin wurde seit Ende 1943 unter dem Dach der Kakao- und Schokoladenfabrik Bodeta in Oschersleben bei Magdeburg abgefüllt. Die Essenzenabteilung war in eine alte Fabrik in Halle/Westfalen verlagert worden. In der Honigkuchenfabrik Heinrich Schulze im nahe gelegenen Borgholzhausen kam 1944 eine Abfüllanlage für Puddingpulver unter, die am 10. Oktober – also unmittelbar nach dem Großangriff auf Bielefeld – ihren Betrieb aufnahm. Ab dem 1. Januar 1945 konnte noch für einige Wochen in der Ausweichfabrik in Althabendorf (Stráž nad Nisou, bei Reichenberg / Liberec) im Sudetenland produziert werden.[6]

Durch die Ausweichstätten gelang es, Produktionsausfälle zumindest teilweise zu kompensieren: Die Abfüllung in Borgholzhausen etwa steuerte zwischen Oktober 1944 und Mai 1945 rund ein Fünftel der Puddingpulverproduktion bei. Das genügte freilich bei Weitem nicht, um nach dem Bombenangriff vom 30. September ein Abfallen der Gesamtproduktion an Puddingen um insgesamt ein Drittel von 15 auf 10 Mio. Päckchen zu verhindern. Im Vergleich dazu aber war die Lage beim anderen Kernprodukt der Firma desolat: Die Produktionszahlen für Backpulver brachen regelrecht ein – von 12,7 Mio. Päckchen im September auf 3,4 Mio. im Oktober und nur noch 1,1 Mio. im November 1944; erst danach erholte sich die Backpulverproduktion wieder ein wenig. Welchen Einschnitt der Großangriff auf Bielefeld und die späteren Bombardements für die Firma Oetker bedeuteten, zeigen die Gesamtzahlen: Hatten im September 1944 noch 64 Mio. Päckchen die verschiedenen

Produktionsstätten verlassen, waren es im Oktober weniger als die Hälfte und im November nicht einmal mehr ein Drittel. Zum Erliegen brachten den Betrieb weniger die direkten Schäden als vielmehr die häufigen Fliegeralarme, während der die Belegschaft die Schutzräume aufsuchen musste, die tagelangen Stromausfälle nach den Angriffen und die kaum noch auszugleichenden Verluste an Rohstoffen. Hinzu kam, dass die Schäden an der Verkehrsinfrastruktur im ganzen Reich die Lieferung der Rohstoffe und den Absatz erschwerten. Mit Beginn der letzten großen alliierten Offensiven im Januar 1945 und der Eroberung des Reichsgebiets durch die feindlichen Truppen wurde zudem das Absatzgebiet immer kleiner. Nach einer kurzen Erholung um die Jahreswende war der Tiefpunkt im Mai 1945 erreicht, als gerade einmal 8 Mio. Päckchen produziert wurden.[7]

Rudolf-August Oetker erinnerte sich später nur noch schemenhaft an die Monate vor der Kapitulation: Man sei «irgendwie [...] über die Runden» gekommen, der Betrieb sei klein gewesen, und man habe sich vor allem mit Aufräumarbeiten befasst.[8] Spätestens in den beiden letzten Märzwochen muss auch Oetker und seinen leitenden Mitarbeitern klar geworden sein, dass die feindliche Besetzung nicht mehr abzuwenden war und dass diese unmittelbar bevorstand: Am 7. März war den Alliierten bei Remagen eine intakte Rheinbrücke in die Hände gefallen. Das hatte eher symbolische Bedeutung: Die bestens ausgerüsteten Amerikaner und Briten waren zur Überquerung des Stromes, an den viele Deutsche ihre letzten Verteidigungshoffnungen knüpften, auf Brücken nicht angewiesen. Mitte des Monats standen die Alliierten auf ganzer Linie am Rhein und stießen am 23./24. März von ihren rechtsrheinischen Brückenköpfen aus vor. Zur Umfassung und Einkesselung des gesamten Ruhrgebiets brauchten zwei amerikanische Armeen gerade einmal eine Woche: Am 1. April, dem Ostersonntag, schloss sich der «Ruhrkessel» um die Heeresgruppe B mit 21 deutschen Divisionen. Wenige Tage später näherten sich die amerikanischen Truppen auch Bielefeld. Sie rückten beiderseits der Reichsautobahn von Süden her durch den Teutoburger Wald vor. Bielefeld selbst wurde nicht verteidigt, und die Amerikaner nahmen die Stadt ohne nennenswerten Widerstand am 4. April 1945 ein.[9]

In den Wochen zuvor machte man sich bei Oetker Gedanken, wie die nach wie vor erheblichen Rohstoffvorräte auf dem Bielefelder Fabrikgelände vor einer Beschlagnahmung durch die Besatzer geschützt werden könnten. Gleichzeitig war angesichts der Lage erkennbar, dass das geltende System der Nahrungsmittelbezugsscheine unmittelbar vor dem Zusammenbruch stand; Oetker konnte also nicht mehr hoffen, im Gegenzug für vereinnahmte Bezugsscheine weiterhin Rohwaren geliefert zu bekommen. Obwohl auch nicht absehbar war, wie sich der Wert der Reichsmark entwickeln würde, entschloss sich Rudolf-August Oetker, die noch vorhandenen Rohstoffe sofort verarbeiten zu lassen. Von Oberbürgermeister Budde erhielt die Firma eine Notstandsbescheinigung, die ihr den freien Abverkauf der vorhandenen Vorräte erlaubte. «Ganz Bielefeld hat sich zwei Tage lang mit Puddingpulver und Backpulver vollgesogen», erinnerte sich Oetker später.[10] Danach verfügte die Firma Oetker über große Mengen an Bargeld, die während der Ostertage in einem ungenutzten Schornstein eingemauert wurden. In kluger Voraussicht fuhr Oetker außerdem noch einmal nach Steinhagen. Er kannte dort einen Spirituosenfabrikanten – Kaselowsky hatte sich früher öfter mit den Gebrüdern Schlichte zum Doppelkopf getroffen – und besorgte 30 Flaschen Steinhäger-Schnaps, von dem er annahm, er würde sich in den kommenden Wochen als nützlich erweisen. Tatsächlich bewirtete er damit die drei amerikanischen Offiziere, die bei ihm einquartiert waren und mit denen der ehemalige SS-Untersturmführer des Wirtschafts- und Verwaltungsdienstes «die deutsche Armee umkrempeln und [...] gegen die Russen» marschieren wollte.[11]

Internierung Rudolf-August Oetkers

Schon wenige Tage nach der Besetzung übergaben die amerikanischen Kampftruppen das Gebiet an die Briten; Bielefeld lag in deren Besatzungszone. Die britische Militärverwaltung etablierte sich schnell und ergriff gegen die Anhänger und Protagonisten des untergegangenen NS-Regimes eine Reihe von Maßnahmen.[12]

Oetker fiel als SS-Untersturmführer unter die Kriterien des *automatic arrest*, der ohne Ansehen der Einzelperson allein nach formalen Kriterien verhängt wurde. Die Maßnahme betraf alle Politischen Leiter der NSDAP bis hinunter zum Ortsgruppenleiter, alle Angehörigen der Gestapo und des SD, hohe Beamte und alle Unterführer und Führer der Allgemeinen SS und der Waffen-SS – also auch den SS-Untersturmführer Rudolf-August Oetker.[13] Die amerikanischen Agenten des Counter Intelligence Corps (CIC) begannen üblicherweise direkt nach der Besetzung eines Ortes mit den Verhaftungen. Es ist deshalb anzunehmen, dass die Offiziere, die bei Oetker einquartiert waren, zunächst gar nicht wussten, dass sie bei einem Offizier der Waffen-SS logierten. Oetker selbst dürfte es tunlichst vermieden haben, sich als solcher zu erkennen zu geben; er konnte sich stattdessen ja als ehemaliger Verwaltungsbeamter der Wehrmacht und unabkömmlicher Unternehmer ausgeben.[14]

Oetker erinnerte sich später, er sei am 18. Mai 1945, dem Freitag vor Pfingsten, von einem britischen Hauptmann zum Verhör gebeten worden; auf die Frage, wie lange es wohl dauern werde, erhielt er den Rat, einen kleinen Koffer mitzunehmen. Nachdem er sich ins Hauptquartier der Bielefelder Militärregierung begeben hatte, erfuhr er dort, dass er am nächsten Tag ins Internierungslager Staumühle gebracht werden sollte.[15] Bis dahin wurde er zusammen mit weiteren Internierten in einer stillgelegten Fabrik – dem Präzisionswerk an der Detmolder Straße – festgehalten. Als es Nacht geworden war, so schilderte Oetker die weiteren Ereignisse in seinen Erinnerungen, «erschienen plötzlich irgendwelche Kerle, die wild auf uns einprügelten. Später hieß es, es seien Polen gewesen, aber keiner wußte es genau. Ich habe auch nicht viel mitbekommen, weil ich gleich einen Schlag auf den Kopf erhielt und bewußtlos wurde.»[16] In der Folge wurde der schwer verletzte Oetker nach Staumühle gefahren, ohne das Bewusstsein wiedererlangt zu haben. Dort ließ ihn einer der Internierten, der ihn erkannte, im Lagerlazarett versorgen. Als Oetker erwachte, war er gelähmt. Daraufhin wurde er in ein Lazarett auf Schloss Velen verlegt, westlich von Münster wenige Kilometer von der niederländischen Grenze entfernt.[17]

Dort erhielt er Besuch von seiner Frau Susanne. Es gelang ihr regelmäßig, einen Koffer voll Waren in das Wasserschloss zu schmuggeln, die die Insassen beim jeweils vorangegangenen Besuch bestellt hatten – Lebensmittel, Tabak, Spiele, Schokopuddingpulver und knappe Medikamente, die sie bei der Bielefelder Arzneimittelfirma Dr. Wolff besorgte. Während seines mehrmonatigen Aufenthalts auf Velen hatte Rudolf-August Oetker Zugriff auf die Bibliothek des Schlosses. Unter anderem las er Thomas Manns «Buddenbrooks». Die Geschichte der Lübecker

Kaufmannsfamilie muss ihn mit ihrem generationellen Dreischritt aus Aufbau, Erhalt und Niedergang an seine eigene Situation als Firmenerbe erinnert haben; schließlich war er just der Vertreter jener scheiternden dritten Generation. Jedenfalls hat ihn nach eigenem Bekunden die Lektüre von Manns Meisterwerk «sehr deprimiert».[18]

Nicht nur mit den regelmäßigen Nahrungsmittellieferungen wurde dem kranken Oetker der Aufenthalt auf Schloss Velen erleichtert. Gleichzeitig gab es in Bielefeld vielfältige Bemühungen, den Betriebsführer aus dem britischen Gewahrsam zu befreien. Mitte Juli versuchte Theodor Delius, bei der Militärregierung in Unna eine Unbedenklichkeitsbescheinigung zu erhalten, die diese jedoch unter Verweis auf den Dienstgrad Oetkers verweigerte.[19] Entscheidend für die Verhaftung wie auch die Aufrechterhaltung der Internierung war also Oetkers Rang als SS-Untersturmführer, während er selbst später fälschlich annahm, er habe sich als Stellvertreter seines toten Vaters gewissermaßen in «Sippenhaft» befunden.[20] Im August reichten zehn Oetker-Mitarbeiter ein Freilassungsgesuch ein; außerdem wurden Unterschriften ehemaliger Konzentrationslagerhäftlinge in Bielefeld und Hamburg gesammelt. Auch Pastor Friedrich von Bodelschwingh – die von Bodelschwingh'schen Anstalten in Bethel befinden sich in unmittelbarer Nachbarschaft des Firmengeländes – wurde mobilisiert, hielt eine Intervention jedoch «für wenig aussichtsreich». Karl Jaspersen, Leitender Arzt der Psychiatrischen und Nervenabteilungen der Diakonissenanstalt «Sarepta» in Bethel, erklärte sich immerhin bereit, einen hochrangigen britischen Feldgeistlichen zu kontaktieren. Am 17. Januar 1946 – also nach acht Monaten Internierung – wurde Rudolf-August Oetker entlassen.[21]

Entnazifizierung

Nach seiner Rückkehr aus der Internierung auf Schloss Velen konnte Rudolf-August Oetker zunächst nicht an die Spitze der Firma zurückkehren. Zum einen war er nach wie vor erheblichen gesundheitlichen Beeinträchtigungen infolge des gewalttätigen Übergriffs zu Beginn seiner Internierung unterworfen. Er litt als Folge von Schlägen auf den Rücken an einem Hämatom am Rückenmark und konnte noch monatelang nur an Krücken gehen.[22] Zum anderen sorgte sein Rang als SS-Untersturmführer dafür, dass mit der Internierung nach den Kriterien des *automatic arrest* auch die automatische Entlassung aus seiner beruflichen Stellung einherging. Mindestens bis zum Abschluss seines Entnazifizierungsverfahrens, in dessen Verlauf diese Beschränkungen gegebenenfalls bestätigt oder aufgehoben werden konnten, unterlag Oetker einem Beschäftigungsverbot.[23] Mitte August 1946 reichte er seinen Entnazifizierungsfragebogen ein.[24] Anhand dieser umfangreichen Fragebögen sollte die Belastung einzelner Personen überprüft werden.

Anfang 1946 war in der britischen Zone ein dreigliedriges System von deutschen Entnazifizierungsausschüssen eingerichtet worden. Die unterste Instanz bildeten die Unterausschüsse; sie übernahmen anhand der Fragebögen die erste Überprüfung der großen Masse an Einzelfällen. Für die Wirtschaft waren Unterausschüsse bei den Industrie- und Handelskammern zuständig, bei großen Unternehmen wurden eigene Gremien eingerichtet, so auch bei Dr. August Oetker. Die Mitglieder mussten selbstverständlich selbst unbelastet sein und sowohl die verschiedenen Parteien des politischen Spektrums als auch die jeweiligen Mitarbeitergruppen eines Unternehmens repräsentieren. Bei Oetker wurde Mitte Mai 1946 ein fünfköpfiger Unterausschuss nach einer Absprache zwischen Betriebsrat und Firmenleitung gebildet. Ein Arbeiter und ein Vorarbeiter standen der KPD bzw. der SPD nahe, und ein Büroangestellter repräsentierte das kleinbürgerliche Spektrum. Dazu gesellte sich der Sozialdemokrat und frühere Betriebsratsvorsitzende August Wacker, der 1943 von der Gestapo festgenommen und vom Sondergericht Bielefeld wegen «Heimtücke» verurteilt worden war. Als Ausschussvorsitzender fungierte der Prokurist Karl Höcker, der die leitenden Angestellten und die bürgerlichen Parteien vertrat.[25]

Der Unterausschuss bewertete die Betroffenen anhand der Fragebögen und der Kenntnisse, die man vor Ort über deren Verhalten in der NS-Zeit besaß. Er konnte die Entlassung oder die Weiterbeschäftigung empfehlen. Die weitere Prüfung oblag dem Entnazifizierungs-Hauptausschuss für den Stadtkreis Bielefeld, vor dem gegebenenfalls die Verhandlung stattfand und der seinerseits eine Empfehlung abgab. Die Entscheidung traf letztlich die *Public Safety Special Branch* der Militärregierung. Ab Anfang 1946 erfolgte die Einstufung nach dem bekannten Modell, das von Kategorie I (Hauptschuldige) über II (Belastete), III (Minderbelastete) und IV (Mitläufer) bis hin zur Kategorie V für Unbelastete und Entlastete reichte. Während sich seit der Einführung der Kategorien die Militärregierung die Einstufung in die Kategorien I und II vorbehielt, entschied der Hauptausschuss für die Gruppen III, IV und V nun eigenständig.[26] Binnen 14 Tagen konnte gegen eine Entscheidung des Hauptausschusses Berufung eingelegt werden; dann wurde der Fall an den Berufungsausschuss verwiesen.

Rudolf-August Oetker legte am 23. November 1946 vor dem Berufungsausschuss in Bielefeld Einspruch gegen seine automatische Entlassung aus der Geschäftsführung ein. Dem Antrag wurde stattgegeben, und am 9. April 1947 wurde sein Fall vor dem zuständigen Entnazifizierungs-Unterausschuss der Firma Oetker verhandelt. Wenig überraschend folgten die Ausschussmitglieder bereitwillig Oetkers Rechtfertigung hinsichtlich seines Rangs als SS-Untersturmführer und erklärten, er sei eigentlich dienstuntauglich gewesen, aber dennoch zur Waffen-SS kommandiert worden. Darüber hinaus, so der Unterausschuss weiter, gebe es keinerlei Belastungszeugen, weil «man von einer politischen Betätigung des O[etker] nichts bemerkt» habe.[27]

Unbelastete Firmenangehörige aus Bielefeld und Hamburg sagten zu seinen Gunsten aus, zahlreiche «Persilscheine» – also eidesstattliche Versicherungen, Leumundszeugnisse und Ehrenerklärungen – wurden ins Feld geführt. Als Fürsprecher trat etwa Otto Stürken auf, sein ehemaliger Lehrherr in Hamburg und Geschäftsfreund Kaselowskys, der vor Kriegsende wegen jüdischer Wurzeln aus dem Vorstand der Vereinsbank in Hamburg hatte austreten müssen. August Wacker attestierte Oetker, er habe ihn in seinem «Heimtücke»-Verfahren unterstützt und seine spätere Wiedereinstellung zugesagt. Auch Pastor Karl Pawlowski, der bei der Übergabe Bielefelds an die Amerikaner eine zentrale Rolle gespielt hatte, setzte sich für den jungen Unternehmenschef ein. Carl Severing, der die Jahre der NS-Herrschaft in seinem ehemaligen Wahlkreis Bielefeld verbracht hatte, bescheinigte dem jungen Oetker, er habe der Annäherung seines Vaters Kaselowsky an die Nationalsozialisten kritisch gegenübergestanden; seine Parteimitgliedschaft sei sicher von der NSDAP und der Familie erzwungen worden.[28]

Auch der britische Militärgeheimdienst in Bielefeld hatte keine Bedenken mehr gegen eine Entlastung Oetkers – anders als Anfang 1946, als man noch einen nachteiligen Effekt auf die öffentliche Meinung befürchtet hatte. Am 9. Juli 1947 verkündete der Entnazifizierungs-Hauptausschuss für den Stadtkreis Bielefeld, dass der zuständige Militärkommandeur Land Lippe Oetkers Entlassung aufgehoben habe. Am 26. des Monats teilte ihm die Militärregierung mit, dass er in alter Funktion wieder in die Firma eintreten könne. Drei Wochen später erhielt er sein Entlastungszeugnis, Oetker wurde in Kategorie V als unbelastet entnazifiziert.[29]

Rudolf-August Oetker war freilich nicht der einzige Fall, mit dem sich der firmeninterne Entnazifizierungs-Unterausschuss befasste. Zwischen Juli 1946 und April 1948 wurden insgesamt 284 Fragebögen überprüft.[30] Betroffen waren ein großer Teil der Firmenführung und überproportional viele Angestellte; auch sie überstanden mit wenigen Ausnahmen das Verfahren glimpflich. Ein Beispiel dafür ist Theodor Delius, einer der engsten Vertrauten sowohl Rudolf-August als auch Ursula Oetkers. Er wurde zügig entnazifiziert; schon im Dezember 1946 hob die Militärregierung das Beschäftigungsverbot auf. Delius gab an, kein aktiver Nationalsozialist gewesen zu sein. Noch Ende 1944 habe sich sein Ortsgruppenleiter bei Rudolf-August Oetker beschwert, Delius sei «interessenlos und nicht einsatzbereit».[31]

Gegen Karl Oetker, der der NSDAP 1937 beigetreten war, lag außer der nominellen Zugehörigkeit zur Partei nichts vor, und er wurde entlastet.[32] Er ließ sich unter anderem vom sozialdemokratisch geführten Betriebsrat bestätigen, dass er nur unter dem Druck der Firmenleitung – also Kaselowskys – und des Betriebsobmanns Otto Krüger der Partei beigetreten sei. Verschiedentlich wurden ihm offene Unmutsäußerungen und Witze über das Regime attestiert; die Personalabteilung habe unter seiner Leitung einen unpolitischen Kurs verfolgt. Einer der Gewährsmänner übertrieb die Distanzierung zum Nationalsozialismus jedoch allzu sehr: Dass Karl Oetker und die Geschäftsleitung zu nationalen Feiertagen weniger aufwendig hätten beflaggen wollen, war mit Blick auf die frühe und weitgehende Nazifizierung des Alltags in der Firma und auf die Feierlichkeiten zur Neubau-Einweihung und zum Betriebsjubiläum wenig glaubhaft.[33]

Orchestriert von den üblichen «Persilscheinen» der Freunde und Kollegen, kam der Entnazifizierungsausschuss auch im Fall der übrigen Oetker-Prokuristen durchweg zu der Überzeugung, dass diese politisch nicht hervorgetreten, nur «nominell» Mitglied der NSDAP, keinesfalls jedoch «Aktivisten» gewesen seien. Dass Unternehmer und Manager sich aus Zeitmangel nur selten aktiv politisch betätigt hatten, war nun hilfreich, ebenso wie die Tatsache, dass Oetker kein Rüstungsbetrieb war.[34]

Außergewöhnlich war der Fall August Langenberg, des Geschäftsführers der Oteka Papierverarbeitung, der eine für frühe Parteigenossen nicht untypische politische Biographie vorzuweisen hatte. Als Gründungsmitglied der Bielefelder NSDAP, «alter Kämpfer», Träger des Goldenen Parteiabzeichens und Ortsgruppenleiter brauchte es einigen argumentativen Aufwand, um sich vom Nationalsozialismus zu distanzieren. Er fiel unter die Bedingungen des *automatic arrest,* wurde interniert, vor dem Spruchgericht in Benefeld-Bomlitz angeklagt und schließlich in Bielefeld entnazifiziert. Weil er 1943 sein Amt als Ortsgruppenleiter niedergelegt hatte, gelang es ihm, eine angeblich zunehmende Distanz zum Nationalsozialismus geltend zu machen. Schließlich wurde er – nach Berufung und Beschwerde – als «Mitläufer» (Kategorie IV) im Wortsinn «entnazifiziert».[35] Über sein Verhalten im «Dritten Reich» sagte das freilich nichts aus, sehr viel hingegen über den geschwundenen Willen zur Aufarbeitung in der Spätphase der Entnazifizierung. NSDAP-Mitglieder, ja selbst Parteifunktionäre waren offenbar kaum jemals überzeugte Nationalsozialisten – ein Befund, zu dem auch andernorts die Ausschüsse und Spruchkammern regelmäßig kamen. Letztlich erlauben die hier verwendeten Entnazifizierungsakten, die selten mehr sind als eine Mischung aus formalistischer Annäherung (Fragebogen) und einseitiger Apologetik (eidesstattliche Versicherungen), kein abschließendes Urteil über die Beweggründe zum Beitritt in die NSDAP oder zum Verhalten der «Pg.s» während der zwölf Jahre des «Dritten Reiches».

Auch die Familien Oetker und Kaselowsky waren von der Entnazifizierung nicht ausgenommen. Mit Richard und – in geringerem Grad – Ida Kaselowsky waren jedoch die Protagonisten, bei denen die formale und politische Belastung am eindrücklichsten war, bereits verstorben. Anders als etwa in der amerikanischen Zone führten die Briten Verfahren nicht posthum durch. Auch Rudolf-August Oetkers Schwester Ursula war Parteimitglied gewesen. Nach dem Sieg über Polen hatte sie gemeinsam mit ihrem Mann Ernst Oetker, der einem anderen Familienzweig entstammte, im November 1939 die Aufnahme in die NSDAP beantragt; sie wurde zum 1. Januar 1940 vollzogen. Wie häufig bei Frauen, die kein Amt bekleidet hatten, wurde gegen sie kein Verfahren geführt.

Ihr Ehemann, der keinerlei Funktion ausgeübt hatte, wurde reibungslos entnazifiziert. Ursulas und Rudolf-Augusts Halbbruder Richard Kaselowsky war nicht in die Partei eingetreten.[36]

Ihr Onkel Theo Kaselowsky, der Bruder des Oetker-Firmenchefs, fiel dagegen wegen seiner Parteifunktion unter den *automatic arrest.* Wie seine langjährige Tätigkeit als Kreiswirtschaftsberater der NSDAP jedoch bewertet werden sollte, war zunächst unklar. Während andere die Rolle der Gau- und Kreiswirtschaftsberater kleinredeten und entpolitisierten sowie insbesondere ihre Beteiligung bei der «Arisierung» tunlichst zu vertuschen suchten, bezeichnete sich Theo Kaselowsky bei der Vernehmung durch die Ankläger vor dem Spruchgericht Bielefeld etwas ungeschickt selbst als Kreisamtsleiter für Wirtschaft und Abschnittsleiter der NSDAP. Polizeiliche Ermittlungen ergaben jedoch, dass er nur selten in Parteiuniform aufgetreten war.[37] Die von ihm beigebrachten Leumundszeugen aus dem ostwestfälischen Wirtschaftsleben beschrieben seine Tätigkeit als Kreiswirtschaftsberater und IHK-Präsident als rein sach- und wirtschaftsorientiert. Als unauffälliger Parteigenosse und «reine[r] Idealist» sei er keinesfalls ein «Exponent des Nationalsozialismus» gewesen. Er habe sich für Gegner des Regimes, Zwangsarbeiter und die jüdischen Geschäftsleute der Stadt eingesetzt. Von den Verbrechen des Regimes wollte er nichts gewusst haben. Dabei kannte er vor allem die ökonomischen Aspekte der NS-Judenpolitik aus eigener Anschauung, war er doch qua Amt an den «Arisierungen» in Bielefeld beteiligt.[38] Solche Distanzierungsversuche und ostentatives Nichtwissen waren notwendig, um nicht als Mitglied des Führerkorps der NSDAP verurteilt zu werden, das in Nürnberg als verbrecherische Organisation eingestuft worden war.[39] Für die Angehörigen dieser Organisationen bestanden in der britischen Zone sechs besondere Spruchgerichte, eines davon in Bielefeld. Als die Anklagebehörde 1948 endlich eine recht kurze Anklageschrift gegen Theo Kaselowsky beim Spruchgericht einreichte, war der Elan der Entnazifizierung bereits erlahmt: Da mit einer Verurteilung nicht zu rechnen sei, lehnte es die zuständige Kammer ab, eine Verhandlung durchzuführen.[40] Im darauffolgenden Verfahren vor dem Entnazifizierungs-Hauptausschuss der Stadt Bielefeld fand Theo Kaselowsky milde Richter; er wurde in die Kategorie IV (Mitläufer) eingereiht.[41]

Konstantin Brückner, Schwiegersohn Louis Oetkers und Parteimitglied seit 1933, nutzte seine ablehnende Haltung beim Verkauf der «Westfälischen Neuesten Nachrichten», um sich nach 1945 in ein besseres Licht zu rücken. Er gab an, der NSDAP nur beigetreten zu sein, um die zu erwartenden Kontrollansprüche der Partei über das Zeitungs- und Verlagswesen abzufedern. «Versuche aus den WNN ein parteiamtliches Blatt zu machen», habe er zunächst verhindert, schließlich habe ihn Kaselowsky jedoch beurlaubt, um den Vertrag mit der NSDAP unter Dach und Fach zu bringen. Tatsächlich hatten Brückners Ablehnung rein betriebswirtschaftliche Motive zugrunde gelegen.[42] Seine verwandtschaftlichen Beziehungen zu Angehörigen des bürgerlichen und militärischen Widerstands um den 20. Juli 1944 erlaubten es ihm sogar, vage «Persilscheine» aus dem Umfeld Dietrich Bonhoeffers und Paul von Hases beizubringen.[43] Der Entnazifizierungsausschuss folgte 1947 Brückners Argumentation. Er sei höchstens ein nominelles Mitglied der NSDAP, ja gar ein Gegner der Nationalsozialisten gewesen – gleichwohl galt er wegen seiner frühen Parteimitgliedschaft zunächst als «Mitläufer». Auf seine Beschwerde hin wurde der Spruch dann auf «entlastet» korrigiert.[44]

Brückners Strategie, möglichst viel Verantwortung auf Richard Kaselowsky zu schieben, war kein Einzelfall. Auch Karl Oetker hatte sich auf Kosten des verstorbenen Oetker-Chefs entlastet. Und selbst Rudolf-August Oetker verwies zur Erklärung der hohen Spendensummen an die Partei und das Winterhilfswerk auf die alleinige Entscheidungsgewalt Kaselowskys in der Firma, der ohne Rücksprache mit den Gesellschaftern gehandelt habe. Der Verweis auf innerbetriebliche und innerfamiliäre Zwänge erlaubte es auf einfache Weise, das eigene Verhalten während des «Dritten Reiches» in einem möglichst günstigen Licht erscheinen zu lassen. Dem verstorbenen Kaselowsky konnte die Verantwortung für individuelle politische Positionierungen problemlos angelastet werden, da er die Geschicke der Firma souverän geleitet und keine politischen Uneindeutigkeiten oder gar offene Systemkritik in der Geschäftsführung geduldet hatte. Man darf also durchaus annehmen, dass er das Bekenntnis seiner Führungskräfte zum nationalsozialistischen Deutschland zumindest goutierte, möglicherweise auch ermutigte. Ähnliches galt – bis zu dessen frühem Tod – für Louis Oetker: Carl Schoregge, altgedienter Buchhalter und «Parteigenosse» seit 1933, behauptete später, er «wäre wohl nie der NSDAP beigetreten, wenn nicht die Leitung der Firma Oetker (Herr Luis [sic] Oetker) mich veranlasst hätte, ihr beizutreten».[45] Hätte es sich dabei um eine reine Entlastungsbehauptung gehandelt, hätte Schoregge wahrscheinlich eher Kaselowsky genannt als den Namensträger des Familienunternehmens, dem er seit 1907 gedient hatte. Voraussetzung für eine Führungsaufgabe war der Parteibeitritt dennoch nicht: Die meisten Prokuristen traten erst 1937/38 oder 1940 nach dem Polenfeldzug ein. Immerhin ein Drittel der Bielefelder Führungsebene war wahrscheinlich zu keinem Zeitpunkt Parteigenosse.[46]

Der Strategie, Kaselowsky zu belasten, bediente sich auch Friedrich Schaarschmidt, der langjährige Vorstand der Druckerei E. Gundlach AG und Vertraute des Hauptaktionärs. Das verhinderte in seinem Falle freilich nicht, dass die Entnazifizierung nicht so reibungslos verlief wie meist üblich. Eine Reihe von anonymen Eingaben, aber auch große Teile der Gundlach-Belegschaft nahmen ihm immer noch den Verkauf der WNN übel. Ihm wurde zudem vorgeworfen, die Misshandlung von «Ostarbeitern» zumindest geduldet zu haben. Nach Kriegsende führte Schaarschmidt die Geschäfte bei Gundlach zunächst weiter. Von den Briten wurde er sogar als Experte in die Abteilung *Paper Control* der Militärregierung in Detmold berufen. Dieser glatte Übergang in die neue Zeit ging manchem im traditionell gewerkschaftlich stark organisierten Verlags- und Druckereigewerbe dann doch zu schnell. Schaarschmidts Verteidigungsstrategie, die er schon im August 1946 schriftlich niedergelegt hatte, bestand darin, Vorwürfe zu leugnen oder auf eigene Zwangslagen zu verweisen. Der bei Gundlach eingerichtete Entnazifizierungsausschuss ließ sich aber nicht überzeugen, dass der Gundlach-Direktor beim Parteibeitritt überrumpelt und zu Propagandareden erpresst worden sei. Dass er nach 1945 an vormaligen NSDAP-Mitgliedern und Amtsträgern im Betrieb festhielt und diesen sogar herausgehobene Funktionen anvertraute, trug nicht zur Entspannung der Situation bei, und Schaarschmidt musste seinen Posten verlassen.[47] Seine Leumundszeugen bescheinigten ihm später, dass er sich «gegen den als Nationalsozialisten bekannten Hauptaktionär der Firma Gundlach A.G.» – also Kaselowsky – «sowie die sich im Betrieb aktiv betätigenden Nationalsozialisten» nicht habe durchsetzen können. Versuche des Oetker-Treuhänders Ernst Tüscher, beim Betriebsrat die Wiederzulassung Schaarschmidts noch vor Abschluss des Berufungsverfahrens durchzusetzen, wirkten auf dessen innerbetriebliche Gegner eher provokant.[48] Letzten Endes wurde Schaarschmidt zwar nur als «Mitläufer» eingestuft. Für eine weitere Tätigkeit bei Gundlach war er nach den schweren innerbetrieblichen Auseinandersetzungen gleichwohl untragbar geworden; auch die britische Militärverwaltung verzichtete fortan auf seine Dienste. Im Gundlach-Aufsichtsrat und unter den Prokuristen trauerte man Schaarschmidt noch lange nach, wollte seinetwegen aber keinen Konflikt mit den Gewerkschaften riskieren.[49]

Das Geschehen bei Gundlach war dabei weniger eine Form des «Klassenkampfs» mit anderen Mitteln als vielmehr ein Ringen um Deutungshoheit: Es ging um die Konsequenzen aus der unmittelbaren Vergangenheit, auch wenn die Frontlinie durchaus entlang der alten Klassengrenzen und entlang politischer Orientierungen verliefen. Bei der Nährmittelfirma Oetker gab es keine vergleichbare Frontstellung: Die Belegschaft war nur schwach gewerkschaftlich organisiert; soweit sie überhaupt politisiert und «links» orientiert war, tendierte sie eher zum sozialdemokratischen Lager. Insgesamt richteten sich Entnazifizierungsmaßnahmen meist gegen Manager, nur selten gegen die Eigentümer.[50] Hinzu kam, dass mit Richard Kaselowsky der langjährige Hauptverantwortliche verstorben war. Der junge Erbe taugte eher als Hoffnungsträger für die Zukunft und Garant des Wiederaufbaus denn als Feindbild. Rudolf-August Oetker war aus der Sicht der Zeitgenossen letztlich einer von vielen Veteranen der Wehrmacht und der Waffen-SS im Nachkriegsdeutschland. Zudem wirkte das fest etablierte paternalistische Regime in der Firma auch hier konfliktmoderierend: Über alle politischen Brüche hinweg fühlten sich große Teile der Belegschaft eng mit der Familie Oetker und ihrem Unternehmen verbunden. Nicht zuletzt hatte Rudolf-August Oetker keinerlei Berührungsängste gegenüber Vertretern der Sozialdemokratie. Das reichte vom früheren Betriebsratsvorsitzenden August Wacker über den Nachkriegs-Oberbürgermeister Arthur Ladebeck bis hin zu Carl Severing. Als Kurt Schumacher Ende April 1947 einen Gewerkschaftskongress in Bielefeld besuchte, der im ehemaligen Gefolgschaftsraum der Firma Oetker stattfand, entspann sich ein langes, verständnisvoll-freundliches Gespräch zwischen ihm und Rudolf-August Oetker, bei dem sie sich im Angesicht eines großen Bismarck-Porträts in ihrem Selbstverständnis als Preußen einig waren.[51]

Rudolf-August Oetker unterlag zu diesem Zeitpunkt noch dem Beschäftigungsverbot, das bei seiner Internierung gegen ihn verhängt worden war. Die geschäftliche Zwangsabstinenz empfand Oetker als «frustrierend». Er bewohnte mit seiner Frau Susanne das Gästehaus des

Familienanwesens in der Bielefelder Senne, vertrieb sich die Zeit mit Lesen und war – in seiner Mobilität noch lange Zeit eingeschränkt – bemüht, sich im Rahmen des Möglichen nützlich zu machen. Die große Parkanlage wurde in den Nachkriegsjahren landwirtschaftlich genutzt: Susanne Oetker hielt Hühner, Enten und Gänse, sogar Tabak wurde angepflanzt. Als Oetker sich besser fühlte, machte er ausgiebige Spaziergänge – zunächst mit Krücken, später «an der einen Hand August und die Ziege, an der anderen zwei Schafe». August Oetker, damals drei Jahre alt, verband mit der Zeit in der Senne den Eindruck eines ländlichen Idylls, in dem seine Eltern eine insgesamt «glückliche Zeit» verbracht hätten. 1946 und 1948 kamen mit Bergit und Christian Oetker zwei weitere Kinder zur Welt.[52]

Wenig mehr als ein halbes Jahr hatte Rudolf-August Oetker während der letzten Kriegsmonate an der Spitze der Firma gestanden, die sein Großvater gegründet hatte, bevor er Mitte Mai 1945 interniert und aus dem Unternehmen entfernt worden war. Nach einem Interregnum von mehr als zwei Jahren nahm er seinen Platz in der Geschäftsführung zum 1. August 1947 wieder ein.[53] Die physische Beeinträchtigung durch den Überfall zu Beginn der Internierung besserte sich, und letztendlich hatte er den politischen Umbruch vom «Dritten Reich» in die Nachkriegszeit ohne bleibende politische Belastung überstanden. Die Nähe zum Regime war nicht zuletzt durch Kaselowskys Tod vergessen gemacht. Lediglich ein letzter, wenn auch wichtiger Schritt blieb Anfang August 1947 noch abzuwarten, ehe Rudolf-August Oetker wieder souverän und uneingeschränkt über sein Erbe verfügen konnte: die Aufhebung der Sperre, der sein Vermögen nach wie vor unterlag, und der damit verbundenen Zwangsverwaltung der Firma durch einen Treuhänder. Auch dieser Schritt sollte nicht mehr lange auf sich warten lassen.

Property Control: Oetker unter Treuhänderschaft

Rudolf-August Oetkers Rang als Untersturmführer der Waffen-SS hatte neben der Internierung und dem Tätigkeitsverbot in der Firma eine dritte Folge, die potenziell die größte Gefahr für das Familienunternehmen in sich barg: Weil er als politisch belastet galt, verlor er die Kontrolle über seine Firmenanteile. Bereits im September 1944 hatte das alliierte Oberkommando SHAEF das Gesetz Nr. 52 erlassen, das die Vermögen des Reiches, aller Gebietskörperschaften, der NSDAP und ihrer Organisationen sowie der möglicherweise politisch belasteten Unternehmen und Privatpersonen einer umfassenden Kontrolle unterwarf; automatisch betroffen waren alle, die in Haft oder Internierung genommen wurden.[54] Was mit dem unter Kontrolle gestellten Vermögen letztlich geschehen würde, war 1945 unklar. Unter diesen Auspizien war es ein doppeltes Unglück, dass Lina Oetker am 9. April 1945 im Alter von 77 Jahren auf Gut Ebbesloh verstarb; nach dem für die Familie so tragischen Bombenangriff vom 30. September 1944 war sie nicht noch einmal nach Bielefeld zurückgekehrt. Rudolf-August und Ursula Oetker, die beide – wie auch Richard Kaselowsky – zuvor jeweils 10 % der Unternehmensanteile gehalten hatten, beerbten nun die «Kommerzienrätin»: Während ihr Erbe zu je 35 % an beide Geschwister aufgeteilt wurde, erhielt Rudolf-August außerdem die Anteile aus dem Nachlass Kaselowskys, für die Richard Kaselowsky jun., der Alleinerbe seiner Eltern, ausbezahlt wurde.[55] Rudolf-August Oetker war damit Eigner von 55 % des Kapitals, seine Schwester Ursula besaß die restlichen 45 %.

Die Vermögenswerte Rudolf-August Oetkers wurden im Oktober 1945 an die britische *Property Control* gemeldet. Experten der Deutschen Bank hatten der Bielefelder Geschäftsleitung um Theodor Delius bereits im Juli erklärt, dass mit der Vermögenssperre über einen Gesellschafter einer offenen Handelsgesellschaft automatisch das gesamte Firmenvermögen der Sperre unterliege; Ursula Oetker könne aber weiterhin Einnahmen aus der Firma beziehen.[56] Zur Sicherheit wurden noch im September die bisher auf den Gesellschafterkonten der oHG zentral verwalteten Wertpapierbestände aufgeteilt und den Bankdepots der jeweiligen Eigentümer gutgeschrieben. Kurzzeitig wurde als *ultima ratio* sogar erwogen, Rudolf-August Oetker aus der Gesellschaft zu entlassen, um die Einsetzung eines Treuhänders zu vermeiden; doch auch dazu wäre die Zustimmung der Militärregierung notwendig gewesen.[57]

Am 23. November 1945 wurde die Vermögenskontrolle gegen Rudolf-August Oetker und die Firma Dr. August Oetker verhängt.[58] Als Treuhänder wurde Ernst Tüscher eingesetzt, der bis zum 20. September 1947 Sachwalter der britischen Militärregierung in der Firma Oetker blieb.[59] Der 1903 geborene promovierte Jurist war zuvor in der Rechtsabteilung und als Sekretär des *board of directors* bei dem Bergbaukonzern The Henckell von Donnersmarck-Beuthen Estates Ltd. tätig gewesen und hatte Kontakte zum liberalen Widerstand um die Robinsohn-Strassmann-Gruppe unterhalten. Er stammte aus Halle in Westfalen, war mit den ostwestfälischen Gegebenheiten also durchaus vertraut.[60] Näheres ist über die Biographie Tüschers und die Hintergründe seiner Berufung nicht bekannt.

Am 3. Dezember stellte sich Tüscher den Inhabern und der Geschäftsleitung vor: Ursula Oetker war mit ihrem Ehemann Ernst anwesend, außerdem Karl Oetker und Theodor Delius, die die Firma in Abwesenheit Rudolf-August Oetkers geleitet hatten, schließlich der Rechtsanwalt Wilhelm Diekmeyer. Tüscher gab den Anwesenden die Verfügung der Militärregierung bekannt und kündigte an, ab sofort als leitender Direktor im Unternehmen tätig zu sein. Die Treuhänderschaft bestand also nicht nur in einer reinen Kontrollfunktion; im Rahmen der von den britischen Behörden verfügten Zwangsverwaltung nahm Tüscher vielmehr das operative Geschäft persönlich in die Hand und traf fortan die strategischen Entscheidungen. Er selbst sprach davon, positiv mitarbeiten zu wollen – eine Formulierung, die zweifelsohne auch der Beruhigung der Anwesenden dienen sollte.[61]

Zunächst verschaffte sich Tüscher einen Überblick über das Unternehmen und die Vermögensverhältnisse.[62] Der junge Rudolf-August Oetker hatte sich nach der Übernahme der Verantwortung auf ein kollegiales Führungsgremium altgedienter leitender Angestellter aus Bielefeld gestützt. Nach seiner Verhaftung lag die Leitung des Unternehmens zunächst in der Hand dieser Gruppe mit Karl Oetker (dem stellvertretenden «Betriebsführer») und Theodor Delius an der Spitze. Daneben waren Karl Höcker (Personal und Einkauf), Carl Schoregge (Verkauf), Paul Sackewitz (Werbung), Hans Weiler (technische Leitung), Wilhelm Borgstedt (Rechnungswesen und Steuer), Dr. Walter Kraak (Buchhaltung), Dr. Wilhelm Thies und später Dr. Günther Becker (Stellvertreter bzw. Nachfolger des 1945 pensionierten Rudolf Flebbe im Labor) und Karl Liedl (Oteka) regelmäßige Mitglieder der Runde. Der Treuhänder bediente sich dieses Gremiums zumindest während des ersten Halbjahrs seiner Tätigkeit, übernahm darin jedoch sofort die Führungsrolle – trat mithin an die Stelle des vorerst internierten, später noch von der Betriebsführung ausgeschlossenen Rudolf-

August Oetker. Ob Tüscher dieses kollegiale Element nach dem Frühjahr 1946 weiterhin pflegte, ist unklar. Möglicherweise trat jedoch ein anderes, inoffizielles Führungsinstrument an dessen Stelle: das Einverständnis mit den Eigentümern.[63]

Nicht ganz zwei Monate nachdem Tüscher sein Amt angetreten hatte, wurde Rudolf-August Oetker aus der Internierungshaft entlassen. Wenn auch noch infolge seiner Verletzung von schwacher Konstitution, blieb seine Präsenz vor Ort nicht ohne Konsequenzen. Wenige Tage nach Oetkers Rückkehr in die Bielefelder Senne bat der Treuhänder um einen Gesprächstermin, um mit dem gesperrten Unternehmer eine ganze Reihe strategischer Fragen zu besprechen: Die Tochtergesellschaften, die Forschungsarbeiten und die Einrichtung von Abfüllbetrieben in den amerikanischen und französischen Besatzungszonen sollten Thema sein. Oetker seinerseits sprach umgehend eine Einladung an den zuständigen Offizier der britischen Militärverwaltung aus, die Tüscher weitergab. Der britische Captain D. C. Lee sagte auch prompt für den Abend des 28. Januar 1946 zu. Der Treuhänder und der von der Unternehmensführung eigentlich ausgeschlossene Eigentümer stimmten sich im Vorfeld des Termins ab und erörterten ihre Strategie gegenüber dem Besatzungsoffizier. Es ist anzunehmen, dass Tüscher und Oetker während des ganzen Jahres 1946 Rücksprache über wichtige Fragen der Unternehmensentwicklung hielten.[64]

Für diese Praxis hatte Tüscher im Grundsatz die ausdrückliche Genehmigung der Militärregierung in Bielefeld. Als Vorwürfe laut wurden, seine Treuhänderschaft orientiere sich zu sehr an den Wünschen und Vorstellungen Rudolf-August Oetkers, berief er sich darauf.[65] Erhoben hatte diese Anschuldigung Ernst Schulte, der ehemalige Leiter der Budapester Filiale, der nach seiner Flucht mittellos war. Angesichts der früheren Verdienste um die Firma, die er offensiv geltend machte, und der erlittenen Verluste fühlte er sich von Oetker mit einem monatlichen Wartegeld von 150 RM nur unzureichend alimentiert und wurde in Bielefeld mehrfach vorstellig. Dort behandelte man den Fall dilatorisch und hielt Schulte hin. Im Rahmen der Vermögensdeklaration war man im Frühjahr 1946 jedoch auf ihn angewiesen: Die Firma musste nachweisen, dass eine halbe Million Reichsmark, die 1944 auf Umwegen von Ungarn ins Reich transferiert worden war, rechtmäßiges Eigentum der Gesellschafter war und nicht etwa Auslandsvermögen, das der Beschlagnahme unterlag. Die Angelegenheit war in mehrfacher Hinsicht pikant: Erstens stammte das Geld aus Gewinnen der Budapester Niederlassung aus Lieferungen an die Wehrmacht, die Honvéd und die Waffen-SS. Allein deswegen fürchtete man in Bielefeld, es könnte als Kriegsgewinn beschlagnahmt werden. Bei den Gewinnen der ausländischen Tochterfirma handelte es sich zweitens selbstverständlich um deutsches Auslandsvermögen. Drittens hatte im August 1944 die zuständige Devisenstelle beim Oberfinanzpräsidenten in Münster den Transfer abgelehnt. Deshalb suchte der umtriebige Hans Crampe einen Weg, das Geld an den offiziellen Kanälen vorbei ins Reich zu schleusen, und er fand ihn dank seiner guten Kontakte zur SS: Die Oetker-Niederlassung übergab dem SS-Wirtschafter beim Höheren SS- und Polizeiführer (HSSPF) in Ungarn 800 000 Pengö in bar; im Gegenzug zahlte das SS-Führungshauptamt in Berlin im Januar 1945 den Gegenwert – 487 211 RM – auf das Reichsbankkonto der Bielefelder Firma ein. Zu einem späteren Zeitpunkt wurden weitere 600 000 RM transferiert; dieses Mal erfolgte die Einzahlung in Ungarn in Form von Sachleistungen der dortigen Niederlassung. Es ist unklar, ob dieser zweite Betrag bei Oetker in Bielefeld tatsächlich noch ankam. Faktisch waren damit jedenfalls die gesamten flüssigen Vermögenswerte der Dr. Oetker A. kft. ins Reich übertragen worden.[66]

Da man nun also auf den ehemaligen Niederlassungsleiter angewiesen war, um die Herkunft der Gelder zu verschleiern, lud man ihn zum Gespräch nach Bielefeld. Tüscher erklärte ihm, so erinnerte sich Schulte, es liege «im Interesse der Firma», die halbe Millon Reichsmark «den Gesellschaftern zu erhalten».[67] Nach fruchtlosen Diskussionen entschied Tüscher selbst schließlich über das weitere Vorgehen: Die Summe sollte als Lizenzforderung getarnt werden. Dieses Ergebnis wurde in einer förmlichen Erklärung Schultes festgehalten. Offenbar hatte ihm die Bielefelder Geschäftsleitung im Gegenzug zugesichert, seine Forderungen mindestens teilweise zu erfüllen: Vor dem Treffen hatte er seine Ansprüche in einem nicht abgesandten Schreiben auf rund 225 000 RM beziffert.[68]

Die Firma Oetker hatte mit der Erklärung offensichtlich ihre Ziele erreicht. Vermutlich empfand sie Schultes Forderungen ohnehin als überzogen. In der Folge zeigte sich jedenfalls der ehemalige Budapester Geschäftsführer mit den Kompensationsangeboten des Unternehmens nicht zufrieden.[69] Im September wandte er sich an die *Property Control Commis-*

sion in Düsseldorf, bezichtigte sich selbst, eine falsche Erklärung abgegeben zu haben, und berichtete detailliert über die NS-Nähe der Firma und ihres Führungspersonals: Von Kaselowskys Mitgliedschaft im Freundeskreis Reichsführer-SS und den Spenden an Himmler über den freiwilligen Übertritt Rudolf-August Oetkers zur Waffen-SS und die Rolle Hans Crampes bis hin zu den zahlreichen Parteimitgliedern in der Führungsetage zeigte er sich gut informiert. Darüber hinaus spekulierte er, dass erhebliche Vermögenswerte in Argentinien und in der Schweiz in Sicherheit gebracht worden seien.[70] Aufgrund seiner «internen Kenntnisse» bot er an, bei der «Überprüfung der bei Ihnen vorliegenden Vermögensaufstellung» behilflich zu sein. Zuletzt berichtete er von einer «Wiedererstarkung und Wiedergewinnung des Einflusses des [...] Herrn Rudolf Oetker» auf die Geschäfte, der nur «für die Außenwelt zurückgezogen auf seinem Gut unmittelbar in der Nähe der Stadt» lebe, «in Wirklichkeit» aber «bei allen Planungen und Entscheidungen einen ausschlaggebenden Einfluss» ausübe. Die «Treuhänderschaft des Herrn Dr. Tüscher» erweise sich als allein «positiv für die Gesellschafter», jedoch «negativ für die Militärregierung».[71]

In einem Brief an seinen Bruder Erich charakterisierte Schulte den Treuhänder Tüscher im Oktober 1946 als einen «nicht zu unterschätzende[n] Gegner» in einem «Schachspiel», der «tunlichst alles vermeidet, was ihn später einmal belasten könnte». Delius selbst habe ihm gegenüber angedeutet, dass Tüscher aufseiten der Gesellschafter stehe. Es gehe, so Schulte, längst nicht mehr nur um Geld, sondern «um die Erhaltung eines für Oetker günstig eingestellten Treuhänders, der allerhand für die Firma oder deren Inhaber zu leisten vermag». Tüscher verfolge einen eindeutigen Kurs: Er wälze alle Schuld auf den toten Kaselowsky ab, der nur als Privatmann gehandelt habe, während Rudolf-August Oetker als Mitläufer dargestellt werde.

Die Motive Schultes reichten bis in die Kriegsjahre zurück: Damals hatte es erhebliche Spannungen sowohl mit Hans Crampe, dem er unterstellt war, als auch mit Richard Kaselowsky selbst gegeben, weil Schulte mit seiner letztlich untergeordneten Stellung und den Einmischungen aus Bielefeld und Berlin unzufrieden war. Sein erklärtes Ziel war nun, zunächst «selbst Treuhänder zu werden» und dann mit einer «englischen Wettbewerbsfirma» eine «deutsch-britische Interessengemeinschaft» zu bilden. Am Ende sollte die «Ausschaltung des Finanzeinflusses des Hauses

Oetker» stehen, das durch seine «übertrieben pro-nationalsozialistische Tätigkeit nicht mehr zur Führung dieses Großunternehmens berechtigt» sei.[72]

Schulte verfolgte also eindeutig eigennützige Ziele. Seine Einschätzung der Situation in Bielefeld und der Loyalitäten Tüschers entsprach im Großen und Ganzen allerdings der Realität. Zwar kam der britische Militärgeheimdienst nach einer Befragung Schultes zu dem Schluss, dass seine Aussagen gegen Tüscher und Oetker jeglicher Grundlagen entbehrten. Er sei ein unzufriedener ehemaliger Mitarbeiter, der aus Rache handle.[73] Das war sicherlich ein, wenn nicht das Motiv Schultes, die Deutung griff aber zu kurz. Die Ermittler vom britischen *Joint Special Financial Detachment* (J.S.F.D.), die mit der Materie besser vertraut waren, waren Anfang 1947 denn auch skeptischer: Die Kontrolleure klagten, Rudolf-August Oetker habe «in den letzten Wochen eigenmächtigerweise» gehandelt und würde «schalten und walten, wie er will». Er habe «zweifellos irgendwo einen starken Rückhalt und glaubt, ohne Gefahr sehr eigenmächtig handeln zu können». Der Treuhänder, dem dabei offensichtlich eine zentrale Rolle zukomme, sei «in all seinen Handlungen sehr vorsichtig und man kann ihm schwer etwas nachsagen». Die angebliche Lizenzforderung über 500 000 RM sei mit Wissen Tüschers «klar frisiert» worden; für die von Schulte behauptete Verschiebung von Vermögenswerten ins Ausland hatte die J.S.F.D. dagegen keinerlei Anhaltspunkte. Bei den britischen Finanzermittlern schien eine gewisse Frustration zu herrschen. Man habe nun zwei Möglichkeiten: Entweder «wir erklären uns mit allem einverstanden»; das erspare viel Arbeit. Oder man ergreife die Initiative und sehe «der Firma Oetker bei allen ihren Transaktionen scharf auf die Finger» – und bürde sich damit viel Arbeit auf.[74] Wie sich das J.S.F.D. letztlich entschied, geht aus den Akten nicht hervor; da es aber zu keinen größeren Konflikten kam, dürfte man sich für arbeitssparende Zurückhaltung entschieden haben. Nur Einzelfragen standen zur Diskussion, wie etwa der Umgang mit den teils beträchtlichen Guthaben der Auslandsniederlassungen, die beim Stammhaus lagen. Besonders umstritten war die Frage, ob es sich bei der Niederlassung in Danzig-Oliva um eine eigenständige Firma oder einen reinen Zweigbetrieb gehandelt habe und ob infolgedessen das Danziger Guthaben beim Stammhaus nach Militärregierungsgesetz Nr. 53 beschlagnahmt werden müsse oder nicht.[75]

Zur Abberufung Tüschers kam es jedenfalls nicht. Immerhin forderte die Militärregierung, Oetker «aus der Geschäftsleitung zu entfernen», also ihn strikter von den Entscheidungsprozessen fernzuhalten und den regelmäßigen Informationsfluss zu unterbinden. Möglicherweise empfand Oetker kurzzeitig Tüschers laxe Auslegung der Kontrollregelungen mehr als Gefahr denn als Chance.[76] Das erneuerte Misstrauen der britischen Kontrollbehörde bedeutete jedenfalls eine Bedrohung, da just in diesen Wochen die Berufungsverhandlung in Oetkers Entnazifizierungsverfahren anstand. Zugleich kam es vermutlich zu einem folgenschweren Missverständnis: Die von den britischen Behörden bereits zum Jahreswechsel 1945/46 angeordnete Erteilung von Einzelprokura für den Treuhänder musste – wohl aufgrund einer Mahnung des Registergerichts – zum Jahreswechsel 1946/47 ins Handelsregister eingetragen werden. Offenbar erfuhr Rudolf-August Oetker auf Umwegen von dieser Maßnahme, bevor Tüscher die Gesellschafter informieren konnte.[77] Es lag nahe, dass Oetker dahinter zunächst ein einseitiges Vorgehen des Treuhänders in einer ohnehin kritischen Phase vermutete. In einem Schreiben an Tüscher bestätigte Oetker am 1. Februar 1947 zwar ausdrücklich die von den Briten gewünschte Distanzierung: Es sei ihm «untersagt, sich um Geschäftsangelegenheiten zu kümmern, und er werde dieser Anordnung Folge leisten. Ich kann daher keinerlei Anteil an der Geschäftsführung nehmen.»[78] Sein Schwager Ernst Oetker vertrete bei Besprechungen nur die Interessen seiner Schwester Ursula, sollte also nicht als Strohmann Rudolf-Augusts wahrgenommen werden. So weit konnte das Schreiben natürlich der Tarnung und der Absicherung gegen Vorwürfe dienen, wie sie Schulte erhoben hatte. Doch Oetker fuhr fort und nahm nun Bezug auf das Binnenverhältnis zu Tüscher: Er forderte diesen auf, künftig ausdrücklich mit «Der Treuhänder» zu zeichnen – also nicht *per procura*. Davon rückte er später wieder ab.[79]

Weiterhin erklärte Oetker dem Treuhänder, er könne das Angebot, ihn nach dem Ende der Vermögenskontrolle in leitender Position zu übernehmen, nicht aufrechterhalten – schließlich sei er nun nicht mehr in der Lage, sich über seine Tätigkeit zu informieren.[80] Dass Rudolf-August Oetker und Ernst Tüscher sich 1946, also bevor ihr Verhältnis Anfang 1947 zeitweilig abkühlte, über den Verbleib des Treuhänders in der Firma geeinigt hatten, zeigt, dass sich die beiden Männer mindestens auf geschäftlicher Ebene gut verstanden; zudem gingen beide offenbar davon aus, dass Oetker die Kontrolle über sein Eigentum zurückbekäme. Dieses Arrangement war bezeichnend für die Loyalitäten Tüschers: Im Gegenzug für eine wohlwollende Verwaltung und Kontrolle bot Oetker dem alliierten Treuhänder eine attraktive Zukunftsperspektive.

Es gelang den Beteiligten rasch, ihr Verhältnis zu klären und die vorübergehende Vertrauenskrise zu beenden. Als die Vermögenskontrolle Mitte September 1947 aufgehoben wurde, verzichtete Oetker auf die eigentlich übliche Buchprüfung; Tüscher verblieb im Unternehmen und behielt seine Prokura.[81] Oetker erinnerte sich später äußerst positiv an ihn: Er habe «etwas vom Unternehmertum verstanden» und «seine Sache sehr ordentlich gemacht». Deshalb habe er ihn anschließend weiterbeschäftigt. Sie hätten «noch viel zusammen unternommen, bis er sich irgendwann mit der Gründung einer eigenen Firma in Wiesbaden selbständig machte».[82]

Rudolf-August Oetker übernahm nach Abschluss seines Entnazifizierungsverfahrens Anfang August 1947 wieder die Leitung der Firma. Am 20. September 1947 endete die Treuhänderschaft Ernst Tüschers offiziell.[83] An seinem 31. Geburtstag war der Enkel August Oetkers nach mehr als zwei Jahren der Internierung und des Tätigkeitsverbots nun endgültig wieder Herr im eigenen Haus.

Verlust, Mangel, Improvisation: Vor dem Neuanfang

Der einschneidende politische Umbruch, den die bedingungslose Kapitulation am 8. Mai 1945 bedeutete, war in vielerlei Hinsicht keine tiefgreifende Zäsur. Dazu gehörte auch die ökonomische Situation in dem Besatzungsgebiet, das einmal das Deutsche Reich gewesen war.[84] Freilich änderte sich manches: Reisebeschränkungen begrenzten die Bewegungsfreiheit, und die zunächst kaum durchlässigen Zonengrenzen zerschnitten etablierte Wirtschaftsbeziehungen und unterbrachen Rohstoff- und Warenströme. Völlig neu war das freilich nicht: Schon in den letzten Kriegsmonaten hatten alliierte Luftangriffe die Kommunikations- und Verkehrsinfrastruktur in weiten Teilen des Reiches stark beschädigt und mancherorts gänzlich zum Erliegen gebracht. Viele Unternehmen hatten den Kontakt zu Niederlassungen und Filialen vor allem im Osten verloren, und die Zukunft war ungewiss: Wie die Alliierten mit der deutschen Industrie verfahren würden, der viele mindestens eine Mitschuld, wenn nicht gar die Hauptverantwortung für das NS-Regime und seinen Angriffskrieg gaben, war lange Zeit auch in den westlichen Besatzungszonen keineswegs sicher. Deindustrialisierung, die Sozialisierung von Schlüsselindustrien, Dezentralisierung und Demontagen drohten auch hier.[85]

Bei Oetker lief die Produktion bald nach der Besetzung Bielefelds wieder an. Die Firma erhielt am 23. Mai 1945 ein *production permit* und konnte damit die Fertigung wieder aufnehmen. Der Umfang blieb zunächst bescheiden: Im Juni 1945 wurden nur rund 10 Mio. Päckchen hergestellt; 1944 hatten die Zahlen im Vergleichsmonat noch annähernd zehnmal so hoch gelegen. Erst in der zweiten Jahreshälfte 1945 pendelten sich die Werte immerhin bei 25 Mio. ein.[86] Trotzdem war der Betrieb in Bielefeld über Monate und Jahre hinweg nur zu rund einem Viertel ausgelastet. 1946 sank die Produktion selbst im Vergleich zu den ohnehin schon niedrigen Zahlen des Vorjahrs noch einmal um fast ein Viertel auf nur noch 195 Mio. Päckchen im Jahr, ehe 1947 ein vorsichtiger Aufwärtstrend einsetzte.

Ein Teil des Einbruchs 1945/46 war dem Verlust der Danziger Niederlassung, die nun in Polen lag, sowie sämtlicher Auslandstöchter geschuldet.[87] Genaue Informationen über das Schicksal der anderen Filialen trafen in Bielefeld lange Zeit nur spärlich ein. Man war auf mündliche Berichte von Personen angewiesen, die selbst vor Kurzem noch vor Ort gewesen waren oder das Privileg hatten, über Zonengrenzen hinweg reisen zu dürfen. Die unversehrte Niederlassung in Brünn und der Ausweichbetrieb in Althabendorf im Sudetenland wurden im November 1945 unter die Aufsicht eines tschechoslowakischen «Nationalverwalters» gestellt und ein Jahr später beschlagnahmt.[88] Der Betrieb in Baden bei Wien blieb bei der sowjetischen Besetzung im Kern unzerstört, Gleiches galt für die Filialen in Budapest und Marburg an der Drau. Sie wurden alle in den Nachkriegsjahren enteignet. Auch die französische Firma Ancel fiel an den französischen Staat und wurde von deren ehemaligen leitenden Angestellten zurückgekauft. Die neuen Eigentümer bemühten sich um die Wiederaufnahme von Geschäftsbeziehungen mit Bielefeld – nach dem Vorbild der Zwischenkriegszeit in Form von Lizenzverträgen über die Markennutzung.[89]

Über die Filiale Baden bei Wien, die nun in der sowjetischen Besatzungszone Österreichs lag, berichteten zwei noch während des Krieges dorthin entsandte Hamburger Mitarbeiterinnen nach ihrer Rückkehr von Vergewaltigungen und der Einquartierung von Rotarmisten im Gefolgschaftshaus; die Rohstoffvorräte waren vor Kriegsende von der Bevölkerung geplündert worden. Da die Maschinen unversehrt waren, wurde die Produktion bald wieder aufgenommen; ein früherer Betriebsingenieur leitete unter Aufsicht des Wiener Ernährungsamtes die Firma. Der Betrieb wurde 1946 in sowjetisches Eigentum überführt.[90]

Der Verlust betraf nicht nur die Produktionsstätten, sondern auch die Markenrechte. In der Tschechoslowakei verkaufte Oetker Brno zunächst weiterhin unter dem Markennamen und verwendete das Hellkopf-Logo, um die Märkte zu erschließen, die von Bielefeld aus nicht mehr erreichbar waren. Ende 1948 ging Oetker Brno jedoch in dem neu gebildeten Staatsbetrieb Amylon auf, die deutsche Marke wurde aufgegeben.[91] Zum 31. Dezember 1945 wurden alle Niederlassungen im Ausland in den Oetker-Bilanzen abgeschrieben. Verloren gingen außerdem andere Vermögenswerte, etwa Aktienbeteiligungen in der Sowjetischen Besatzungszone und den ehemaligen östlichen Reichsgebieten, die Beteiligung an der Nährwertgesellschaft oder das Gut Götz in Brandenburg, das im Zuge der Bodenreform enteignet wurde.[92]

Da Hamburg und die Reese KG ebenfalls in der britischen Besatzungszone lagen, war die Aufrechterhaltung der Geschäftsbeziehungen vergleichsweise einfach.[93] Gleichzeitig war es jedoch auch ein erhebliches Problem, dass alle drei noch verfügbaren Produktionsstätten in derselben Zone lagen, keine jedoch in der französischen oder amerikanischen. Innerhalb der drei westdeutschen Besatzungszonen war damit rund die Hälfte der Einwohner vorerst von Oetker-Produkten abgeschnitten. Um die zunächst noch undurchlässigen Zonengrenzen zu überwinden, versuchte die Bielefelder Firma, sich an das Rezept zu halten, das sich schon nach Ende des Ersten Weltkriegs nach der Neuziehung der deutschen und österreichischen Grenzen bewährt hatte: In möglichst allen Besatzungszonen sollten Fertigungs- und Abfüllstandorte von Dr. Oetker eingerichtet werden, um eine entsprechende Belieferung sicherzustellen. Tatsächlich gelang es 1946, in der französischen Zone einen Nebenbetrieb unter dem Dach der Chemischen Fabrik Budenheim einzurichten. Auf eine zunächst angestrebte Produktionsstätte in der SBZ verzichtete

Oetker schließlich, weil dort die Rohstofflage noch ungewisser war als in den westlichen Besatzungszonen. Ohnehin hatte man wegen der Gefahr der Demontage von Maschinen dort nur die Abfüllung per Hand erwogen, so wie in der Gründungsphase des Unternehmens. In der amerikanischen Zone konnte die Süddeutsche Oetker m. b. H. in Passau nach langwierigen Verhandlungen mit der Besatzungsbürokratie frühestens 1947 die Arbeit aufnehmen.[94]

In Bielefeld selbst galt es, zahlreiche Alltagsprobleme zu lösen. Mit der Militärregierung wurde verhandelt, um Ersatz für einen schweren Lastkraftwagen zu erhalten, den die Wehrmacht während des Krieges beschlagnahmt hatte. Das Fahrzeug war bereits bestellt, doch nicht nur die IHK musste die Motorisierung befürworten, sondern auch die Militärregierung die Lieferung ausdrücklich genehmigen. Anfang 1946 klagte Tüscher, die Beschlagnahmung von Büromaterial und Schreibmaschinen durch die Besatzungsverwaltung habe ein solches Ausmaß angenommen, dass der Betrieb kaum aufrechterhalten werden könne. Ein Teil der Büroräume auf dem Bielefelder Fabrikgelände war an andere Bielefelder Firmen vermietet, die schwerer von den Bombenangriffen betroffen waren.[95]

Das alles überlagernde Problem in den Jahren 1945 bis 1947 war jedoch die Rohstoffbeschaffung. Schon in der Wehr- und Kriegswirtschaft des «Dritten Reiches» war die Versorgung mit Grundstoffen von zentraler Bedeutung gewesen; nun, in den ersten Monaten und Jahren der Besatzungszeit, brach sie weitgehend zusammen. Das betraf den gesamten Ernährungssektor. Die deutsche Bevölkerung hatte über weite Teile des Krieges von der Ausplünderung der besetzten Gebiete profitiert, und das Regime hatte die Versorgung lange Zeit auf vergleichsweise hohem Niveau halten können, um die Stabilität der «Heimatfront» zu garantieren. Erst im letzten Kriegsjahr war es zu schwerwiegenden Engpässen gekommen; die Ernte 1944 und die Aussaat 1945 gestalteten sich schwierig. Mit dem Verlust der ehemaligen Reichsgebiete im Osten gingen nicht nur einträgliche Märkte, sondern auch große landwirtschaftliche Überschussgebiete verloren. 90 % der deutschen Stärkeproduktion lagen in der sowjetischen Besatzungszone beziehungsweise in den nun polnischen und sowjetischen Gebieten Preußens. Gerade einmal 7 % der Kapazitäten waren in der britischen Zone, und um deren Industriestärke konkurrierte der Nährmittelbetrieb mit zahlreichen anderen Industrien (Textil,

Klebstoff, Papier, Eisen, Leder). Getreide wie auch Kartoffeln dienten primär dem unmittelbaren Verzehr, die teilweise importierten Lebensmittel standen nicht für die Verarbeitung zur Verfügung. Erst ab 1947 wurden die Importe von Getreide regelmäßiger, die Stärkeherstellung in den Westzonen lief wieder an; ab 1948 wurden die verschiedenen Stärkesorten auch wieder importiert.[96]

Die starke Bevölkerungszunahme durch Flucht und Vertreibung verschärfte das Versorgungsproblem noch; 1949 lebten auf dem Gebiet der drei Westzonen trotz der Millionen von Kriegstoten gut 20 % mehr Menschen als zu Kriegsbeginn. Es ging um das nackte Überleben: Die Kalorienzahl, die einem Deutschen in der stark industriell geprägten britischen Zone durchschnittlich zur Verfügung stand, hatte im Mai 1945 noch bei 1945 kcal gelegen. Im Laufe des «Hungerwinters» 1945/46 sank sie auf 1042 kcal (April 1946) ab.[97]

Angesichts des fortdauernden Mangels und der schwierigen Versorgungslage behielten die Besatzungsbehörden im Nahrungsmittelbereich das bestehende, von den Nationalsozialisten eingeführte Bewirtschaftungssystem einschließlich der Organisation des Reichsnährstandes bei; allenfalls stark belastetes Führungspersonal wurde ausgewechselt. Für Rohstoffzuteilungen und Absatzkontrolle, für Bezugsscheine und Lebensmittelkarten waren in der britischen Zone nun die Landesernährungsämter (LEA) zuständig, die in der Nachfolge der aufgelösten Hauptvereinigungen standen.[98]

Während das NS-Regime aus Sorge um die Stimmung an der «Heimatfront» noch die Verfügbarkeit von einfachen Süßspeisen für wichtig gehalten hatte, waren die britischen Besatzer zunächst keineswegs davon überzeugt, dass Backpulver, Puddingpulver oder Vanillinzucker besonders wichtige Diätbausteine für die Bevölkerung ihrer Besatzungszone seien. Im Vordergrund stand zunächst die Versorgung mit Grundnahrungsmitteln. Für Vanillinzucker etwa gab es 1945 einmalig ein Zuckerkontingent, die nächste Zuweisung erfolgte erst 1947.[99] Die Bemühungen, beim LEA Unna Rohstoffe für Puddingpulver zu erhalten, verliefen im Herbst 1945 ähnlich frustrierend: Die Militärbehörde war der Ansicht, «daß P[udding-]P[ulver] für die Ernährung nicht wichtig sei», und ein Offizier hielt Pudding «als Kindernährmittel gewissermaßen [für] gefälscht», man solle besser «die Stärke den Kindern direkt» zuführen. Der Versuch, die Briten durch Größe zu beeindrucken – also dadurch, «daß die Firma Oetker dominierend [gewesen sei] und das ganze Reich mit Nahrungsmitteln versorgt habe» –, verfing als Gegenargument (natürlich) nicht: Die Artikel, die Oetker herstelle, seien «heute überhaupt nicht notwendig», und wenn es «Fabrikationsschwierigkeiten» gebe, dann sei «die Fabrikation einfach einzustellen».[100] Drastischer ließ sich die existenzielle Bedrohung, mit der sich die Firma Oetker in der Phase der Treuhänderschaft konfrontiert sah, kaum formulieren.

Um das Überleben in der unmittelbaren Nachkriegszeit zu sichern, orientierte sich die Firma an Strategien, die im Umgang mit der Wirtschaftsbürokratie bereits in der NS-Zeit Erfolg gehabt hatten. Die Lobbytätigkeit, die während des Krieges Hans Crampe in Berlin geleistet hatte, konzentrierte sich nun auf die westfälische Provinz und war Sache Ernst Tüschers und der zuständigen Bielefelder Prokuristen.[101] So schemenhaft die künftige Wirtschaftsordnung vorerst blieb, so wichtig war es, durch organisierte Interessenvertretung auf die Entscheidungen der alliierten und deutschen Behörden Einfluss zu nehmen. Schnell wurde deshalb eine Nachfolgeorganisation für die aufgelösten ständischen Fachgruppen auf den Weg gebracht. Anfang Januar 1946 fand in Detmold die Gründungsversammlung des «Fachverbands der Nährmittelindustrie für die englische Zone» statt, in dem Oetker der Fachabteilung «Kindernährmittel, Back- und Puddingpulver» angehörte.[102] Auch die Argumente, die gegenüber den Besatzungsbehörden vorgebracht wurden, blieben die gleichen wie vor 1945: So war Anfang 1946 «Backpulver [...] in der franz. Zone nicht erwünscht», weil die Militärregierung der Ansicht war, dass die Lebensmittelzuteilungen ohnehin «nicht ausreichen, um Kuchen zu backen». Deshalb galt es nachzuweisen, dass man gerade durch die Verwendung von Backpulver «weiterkommt als wenn ausschließlich Brot gebacken wird».[103] Ganz wie früher Kaselowsky die Bedeutung der Hausbäckerei in Krisenzeiten hervorgehoben hatte, betonte auch Tüscher gegenüber den Besatzungsbehörden, dass die Hausfrau angesichts des Mangels an Fett und Eiern ohne Backpulver die ihr zustehende geringe Menge an Mehl gar nicht angemessen verarbeiten könne.[104]

Ein besonderer Verkaufserfolg während des Krieges war das mit Vitamin B angereicherte Vita-Gustin gewesen. Da es als Kindernährmittel auf Lebensmittelkarte bezogen werden konnte, war der Absatz drastisch in die Höhe geschnellt. Auch diese Strategie behielt Oetker in der Nachkriegszeit bei. Ende August 1947 gelang es, eine Genehmigung zur Lieferung von 4,5 Tonnen Kindernährmitteln an den Berliner Magistrat zu erhalten.[105] Als im September 1947 erstmals gemeinsame Lebensmittelkarten für die britische und die amerikanische Zone herausgegeben werden sollten (die im Übrigen bei Gundlach gedruckt wurden), kalkulierte man in Bielefeld sofort das Potenzial: Für die britische Zone sei mit 2,2 Mio. Kindern und werdenden Müttern zu rechnen, die alle vier Wochen 250 Gramm Kindernährmittel erhalten müssten – das entsprach 550 Tonnen Stärkepulver.[106]

Gerade weil sich die Versorgung mit Rohstoffen im Allgemeinen und mit Stärke im Besonderen zu einem der größten Probleme der Nährmittelfirma überhaupt entwickelt hatte, war die Perspektive, wieder in großem Stil Produkte auf Lebensmittelkarten absetzen zu können, interessant. Auch die anderen Kernprodukte basierten auf diesem Grundstoff, und wie im Krieg war mit dem Vertrieb auf Lebensmittelkarte die Möglichkeit zum Bezug der entsprechenden Rohstoffe verbunden. Die bevorzugte, besonders feine Maisstärke war schon vor dem Krieg Mangelware gewesen, doch auch die stattdessen vermehrt verwendete Kartoffelstärke war angesichts der grassierenden Hungersnot im Besatzungsgebiet nicht mehr zu haben: Kartoffeln wurden gegessen, nicht mehr zu Stärke weiterverarbeitet. Überhaupt wurde in den Jahren zwischen 1945 und 1947 vor allem Getreidestärke zu Oetker-Produkten verarbeitet. Auch Kindernährmitteln wurde nun Feingries oder gemahlener Zwieback beigemengt.[107] Die Umstellung auf Getreidebasis führte jedoch dazu, dass Oetker ins Hintertreffen geriet: Die Konkurrenten Crespel & Deiters, Ibbenbüren, und Hoffmann's Stärke, Bad Salzuflen, wurden Alleinhersteller von Kinderstärkenährmitteln, weil sie mit ihren Produkten Weizenin und Ricena größere Erfahrung bei der Verarbeitung von Getreidestärke besaßen; zudem war es schlicht überflüssig, mit Oetker einen weiteren Verarbeitungsbetrieb einzuschalten, wenn das Kindernährmittel direkt aus der Stärkefabrik geliefert werden konnte. Wenigstens erhielt Oetker im Januar 1946 die Auskunft, zukünftig würden jedem Bezugsberechtigten auf Lebensmittelkarte 90 Gramm Puddingpulver zugeteilt, für das Stärkemarken im Wert von 100 Gramm zu entrichten waren. Deshalb bekam Oetker Bezugsscheine für insgesamt 250 Tonnen Rohwaren.[108] Die britische Geringschätzung des Puddingpulvers schien sich also Anfang 1946 gelegt zu haben.

Gleichwohl war und blieb die Rohstoffversorgung prekär. Leitende Angestellte von Oetker fuhren in den Jahren 1945 und 1946 im wahrsten Sinne des Wortes kreuz und quer durch Westfalen, um Grundstoffe und Verbrauchsmaterialien zu organisieren. Man benötigte nicht nur Stärke, sondern Papier für die Päckchen, Säcke, Heu und Stroh, Chemikalien, Molke und Milchzucker, Eier und Soda sowie Kohle und Brennholz. Die Firma organisierte eine Altpapiersammlung und betrieb die Errichtung einer großen Getreidemühle in Bielefeld, um den Nachschub an Getreidestärke vor Ort zu sichern. Wieder versuchte man, begehrte Waren im Zuge eines Kompensations- oder Tauschgeschäfts zu erwerben, also eigene Produkte oder überschüssige Bestände anzubieten; auch im Geschäftsverkehr zwischen Firmen war in der Schwarzmarktwirtschaft der Besatzungszeit die Kaufkraft der Reichsmark nicht mehr sonderlich hoch. So erreichte die Quote der Schwarzmarkt- und (halb legalen) Kompensationsgeschäfte in der britischen Zone im Winter 1946/47 ihren Höhepunkt und machte – mit Schwankungen – wohl die Hälfte der Wirtschaftsleistung aus. Tüscher verhandelte beispielsweise mit dem Burda-Verlag, Offenburg, über die Lieferung von Verpackungen und Prospekten gegen Backpulver und bemühte sich, seine Beziehungen zum Kohlebergbau aus seiner Zeit bei Henckell von Donnersmarck-Beuthen zu nutzen.[109]

Als sehr erfolgreich erwies sich die Idee, das eigene Vertriebsnetz auch für die Rohstoffbeschaffung zu aktivieren: Die Oetker-Vertreter kauften bei ihren Abnehmern vorhandene Grundmaterialien auf oder tauschten sie gegen Oetker-Produkte ein. Dafür erhielten sie von Oetker eine Provision.[110] 1947/48 half schließlich Hans Crampe, der sich gelegentlich noch ins Spiel zu bringen versuchte, Lohnveredelungsgeschäfte mit der Schweiz anzuschieben. Die Zürcher «Christliche Nothilfe» stellte alle Rohstoffe für Back- und Puddingpulver sowie Kuchenmehl bereit, die dann als Liebesgaben der Nothilfe in eigens hergestellten Päckchen ausgegeben wurden. Trotz der letztlich geringen Mengen brachte das Oetker eine bessere Auslastung, Werklohn – auch in Naturalien – sowie Rohstoffe, von denen man etwas für die eigene Produktion abzweigen konnte, während die Nothilfe die Gestehungskosten ihrer Hilfspakete senken konnte.[111]

Die Kompensationsgeschäfte und die Suche nach neuen, möglichst nicht bewirtschafteten und der Preiskontrolle unterliegenden Produkten entsprachen den Strategien vieler Unternehmer nach 1945 auf der «Flucht aus der Bewirtschaftung».[112] Da die Rohstoffversorgung und die Absatzmöglichkeiten für die traditionellen Kernprodukte ungewiss waren, wurden die Suche nach Ersatzstoffen sowie die Entwicklung und Herstellung von Ersatzprodukten intensiviert.[113] Auch diese Strategie war nicht neu und wurzelte in der Kriegszeit. Während jedoch viele Ideen vor 1945 nicht über das Planungsstadium hinausgekommen waren, erlangte das «Ersatz»-Thema in der Besatzungszeit eine bislang nicht erreichte Bedeutung. Das firmeneigene Labor war die zentrale Schnittstelle für solche Entwicklungen. Nachdem der langjährige Leiter Rudolf Flebbe im März 1945 in den Ruhestand getreten war, stand für einige Monate Flebbes Stellvertreter Wilhelm Thies an dessen Spitze, ehe mit Günther Becker ein Nachfolger gefunden war. Das Labor prüfte beispielsweise, ob Vollei als Stärkeersatz geeignet war, und analysierte die Produkte anderer Firmen, um Strategien und Rezepturen der Konkurrenz zu erkunden – etwa um Aufschluss über die Verwendung von Alaun als Säurekörper bei Backpulver zu gewinnen.[114] Zeitweise versuchte Oetker wegen der Stärkeknappheit, anstelle von Stärke Trocken-Magermilchpulver als Basis für Puddingpulver zu verwenden. Das hätte es erlaubt, auch Pudding als Kindernährmittel zu deklarieren und damit auf Lebensmittelkarte anbieten zu können; die verbrauchten Rohstoffe wären auf die Milchkontingente statt auf Stärke angerechnet worden. Das Vorhaben scheiterte jedoch daran, dass Kinder Anspruch auf die knappe Vollfrischmilch hatten und das ebenfalls rare Trockenmilchpulver wiederum für Erwachsene reserviert blieb.[115] Rudolf-August Oetker brachte diese Zeit später auf den Punkt: «Wir haben die komischsten Sachen hergestellt [...]. Die Mitarbeiter waren sehr erfinderisch. Wenn einer Rohware hatte, stellten unsere Chemiker etwas daraus her.»[116]

Große Hoffnung setzte die Betriebsleitung in die Herstellung von Kräutertee-Tabletten. Mit Kräutertee und der Tablettierung hatte man Erfahrung. Auch der Vertrieb der eigenen Kernprodukte in Tablettenform war bereits getestet worden, da er auf Einsparungen bei der Verpackung und den Trägerstoffen hoffen ließ – mit schlechten Resultaten: Die Tabletten waren steinhart, bröselig und nicht ausreichend löslich.[117] Seit Ende 1943 befasste man sich jedoch erneut mit der Technik, nachdem man vom OKH den Auftrag erhalten hatte, ein in klarem Wasser lösliches Marschgetränk zu entwickeln. Spätestens bis zum Herbst 1944 brachte Dr. Oetker daraufhin Kräutertee-Tabletten auf den Markt. Die Maschinen und Kapazitäten erlaubten es dann, auch für Fremdfirmen Tabletten zu pressen und so die Auslastung zu steigern. Im Februar 1945 verhandelte Dr. Oetker deswegen mit der Firma «Cepha», und im August begann man, für die Bielefelder Arzneimittelfirma Dr. August Wolff Wurmtabletten zu pressen.[118]

Das Geschäft mit trockengepressten Produkten sollte aber auch auf eigene Rechnung ausgebaut werden, zunächst vor allem mit den Kräutertees, für die die Firma im Juli 1945 eigens per Zeitungsinserat einen Teemischmeister suchte. Ein Schlaglicht darauf, wie klein die Welt auch für Dr. Oetker geworden war, zeigt sich nicht zuletzt an den Ideen, wie man an die Tee-Grundstoffe kommen könnte: Die Betriebsleitung plante, die lokale «Schuljugend für unsere Zwecke nutzbar zu machen» und eine «Heilkräutersammelaktion» anzuregen. Das knüpfte an entsprechende Schulsammelaktionen während des «Dritten Reiches» an, und bei Oetker hoffte man, das Ergebnis – man rechnete mit bis zu 14 Tonnen pro Saison – in den Landkreisen Bielefeld-Stadt und -Land verwerten zu können, weil man über die entsprechenden Trocknungsmöglichkeiten verfügte.[119]

Um den Geschmack zu optimieren und weitere Produkte zu entwickeln, begann eine Kooperation mit Dr. Wilhelm Bohnsack aus Holzminden, der bereits an Anträgen beteiligt gewesen war, die Oetker 1944 über Crampe beim Reichsforschungsrat eingereicht hatte. Bohnsack stellte den Kontakt zu dem Botaniker Wilhelm Hennis her, der in Hildesheim lebte und zuvor auf Plantagen in Rowno im deutsch besetzten sowjetischen Gebiet Gewürzkräuter gezüchtet hatte. Im Februar 1946 wurde zwischen der Firma Oetker, Bohnsack und Hennis ein Vertrag geschlossen, der die Herstellung von Tabletten für Salat- und Küchenwürze und allerlei Soßenpulver vorsah; auch mit der Herstellung von Limonadetabletten wurde experimentiert.[120] Die Kernprodukte – also Back- und Puddingpulver – hielt man jedoch weiterhin für ungeeignet für das Verfahren. Anstatt sie in Tabletten- oder Würfelform zu pressen, sollten lieber sparsamere Verpackungsformen für die überlieferte und am Markt eingeführte Pulverform entwickelt werden.[121] Auch Rudolf-August Oetker hielt die Kräutertabletten als neues Produkt für so wichtig, dass er sie in seiner Ansprache zum Wiedereintritt in die Firma im August 1947 explizit erwähnte.[122] Ihrer realen Bedeutung entsprach das freilich schon zu diesem Zeitpunkt nicht mehr, die Absatzzahlen waren nach anfänglichen Erfolgen eingebrochen: Nach rund 780 000 Beuteln à zehn Tabletten im Jahr 1945 setzte Oetker schon 1946 nur noch ein Fünftel davon ab, und 1947 fand nur noch die verschwindend geringe Menge von 14 920 Beuteln einen Abnehmer.[123]

Die neuen Produkte und Ersatzstoffe hatten ihre Berechtigung bei der Überbrückung des Mangels und der Notsituation in der unmittelbaren Nachkriegszeit, als es galt, die Kapazitäten des Betriebs auf jede erdenkliche Weise auszulasten und die Marke präsent zu halten. Eine Zukunft hatten sie nicht, genauso wenig wie nach dem Ersten Weltkrieg die Produkte der Oetker'schen Trocknungswerke. Die «überdurchschnittlich entwickelte Fähigkeit» der deutschen Wissenschaft und Industrie, «aus ungeeigneten Ressourcen mit hohem Aufwand Zweitklassiges herzustellen», war bald nicht mehr gefragt.[124] Schon die zweite Winterkrise 1946/47, die sich insbesondere als Krise des Bewirtschaftungssystems entpuppte, wirkte als «Katalysator» für die Abkehr vom Lenkungsdenken, das in der unmittelbaren Nachkriegszeit bei den Alliierten und teilweise auch den deutschen Verantwortlichen vorgeherrscht hatte. Gleichwohl erwies sich auch der Winter 1947/48 noch als schwierig; Entspannung brachte erst das Jahr 1948.[125] Als sich dann mit der Währungsreform 1948 auch für Oetker «die Lage schlagartig» änderte, verschwanden die «ausgesprochene[n] Kriegserzeugnisse» schnell wieder aus dem Sortiment.[126]

Der wirtschaftliche Aufschwung nach der Währungsreform erreichte die Firma Oetker unmittelbar, die Absatzzahlen explodierten förmlich: Schon 1950 übertraf die Menge der abgesetzten Päckchen mit 1,25 Milliarden sogar die bisherige Höchstmarke aus dem Jahr 1941 um rund 50 Mio. Zwar war das breite Warensortiment, das nach der Geldumstellung für den privaten Konsum plötzlich wieder erhältlich war, längst nicht für alle erschwinglich. Aber die Firma Oetker mit ihren für kleine Beträge zu erwerbenden Produkten profitierte davon, dass es gerade im Bereich der Nahrungsmittel nach den Hungerjahren der Kriegs- und Nachkriegszeit ein starkes nachholendes Konsumbedürfnis gab.[127] Pudding- und Backpulver – wegen der großen Marktmacht handelte es sich meist um Oetker-Produkte – waren nach einer Umfrage des Instituts für Demoskopie in Allensbach vom August 1954 in den meisten deutschen

Haushalten vertreten.[128] Allerdings begann Mitte der 1950er Jahre der Erfolg der langjährigen Umsatz- und Gewinnbringer der Firma Dr. August Oetker schon wieder abzuklingen: Weibliche Erwerbstätigkeit und veränderte Konsumgewohnheiten (Fertigprodukte und Bäckerkuchen) führten zu einem Rückgang der Hausbäckerei.[129] An die Seite der Traditionsprodukte, die stark auf die selbst backende und kochende Hausfrau als Kundin abzielten und noch auf lange Zeit den Markenkern bildeten, mussten neue Produkte treten, die diesen veränderten Gewohnheiten Rechnung trugen: 1970 begann bei Oetker der Siegeszug der Tiefkühlpizza.

10. Die Selbstmobilisierung eines Familienunternehmers: Ein Fazit

Die neue Richard-Kaselowsky-Kunsthalle war in Bielefeld das Symbol der 1968er-Revolte und weckte erstmals das Interesse an der Geschichte des Unternehmens und am Verhalten des Firmenlenkers im Nationalsozialismus. Die lokale Auseinandersetzung wurde zum überregional beachteten und kommentierten Ereignis, das auch die Medien der DDR und der Sowjetunion aufgriffen. Mancher Beobachter argwöhnte deshalb, der Protest werde von Ost-Berlin gesteuert, und vermutete eine Desinformationskampagne.[1]

Tatsächlich versuchte die DDR in den 1960er Jahren, die Bundesrepublik zu destabilisieren, indem echte und auch vermeintliche NS-Kontinuitäten angeprangert und bundesdeutsche Industrielle und Politiker mit Hinweisen auf ihre NS-Vergangenheit kompromittiert wurden. Noch im 1968 in dritter Auflage erschienenen «Braunbuch» hatte man in der DDR von Kaselowsky und Oetker allerdings keine Notiz genommen.[2] Auch danach spielte Oetker in der Ost-Berliner Agitation nur eine untergeordnete Rolle, obwohl das Unternehmen und sein Netzwerk entlang der Theorie des Staatsmonopolistischen Kapitalismus («Stamokap») analysiert wurde, die die BRD zu einem «faschistischen» Staat erklärte. Dass Oetker mit dem Reese-Betriebsleiter Alexander Elbrächter (zunächst DP, später CDU) aus Ost-Perspektive gewissermaßen über einen eigenen Bundestagsabgeordneten verfügte, schien die These zu belegen, Rudolf-August Oetker sei ein «Hauptdrahtzieher im staatsmonopolistischen System» der Bundesrepublik.[3] Das Familienunternehmen mit seinen eindeutigen, im Markennamen sichtbaren Eigentumsverhältnissen eignete sich besonders gut, den Kapitalismus als Steigbügelhalter und eigentliche Triebkraft des «Faschismus» exemplarisch zu personifizieren.

Besonderes Kochbuch: DDR-Tarnschrift «Das Goldene Pulver – Erfolgsrezepte der Firma Dr. August Oetker»

Das Ministerium für Staatssicherheit (MfS) führte eine Akte, in der zuständigen Abteilung «Aktive Maßnahmen» blieben die Kenntnisse über die Konzernstrukturen und die Inhaber jedoch begrenzt. Sie basierten auf publiziertem Material und wenigen Aktensplittern.[4] Die Stasi und die Ost-Presse bestätigten sich gegenseitig das, was sie ohnehin zu wissen glaubten: eine «Oetker'sche Familientradition» enger Bindungen nach rechts.[5] Bei der Verwertung erwiesen sich die realsozialistischen Propagandisten allerdings als durchaus kreativ bei der Gestaltung ihres «Aufklärungsmaterials»: Eine aufwendig und professionell gestaltete Tarnschrift orientierte sich in Layout und Stil an den verbreiteten Oetker-Rezeptheften. Unter dem Titel «Das Goldene Pulver» führte sie in die Geheimnisse des Kapitalismus ein und erläuterte die «spezielle[n] Erfolgsrezepte» des Hauses Oetker – wie man den Namen «Kaselowski» richtig schrieb, wusste man in Ost-Berlin allerdings nicht. Überhaupt durchschaute man die Verhältnisse in Bielefeld nur ansatzweise.[6]

In der Bundesrepublik blieb das Thema «Oetker und der Nationalsozialismus» auch in den 1970er Jahren vornehmlich beim linken Publikum präsent. Insbesondere Bernt Engelmann variierte seinen alten «Spiegel»-Artikel von 1957 in zahlreichen Dokumentationen und Romanen, in denen er die Verflechtungen der bundesdeutschen Eliten und die Kontinuitäten seit dem «Dritten Reich» anprangerte. Offenbar konnte er sich darauf verlassen, dass eine interessierte Leserschaft die Verbindung von Dokumentation, Kolportage und Sozialkritik zu schätzen wusste.[7] Engelmann stand zwar mit offiziellen Stellen in der DDR in regem Kontakt und erhielt Informationen für seine Rechercheprojekte zugespielt, nach heutigem Kenntnisstand verpflichtete er sich jedoch nicht konkret zur Mitarbeit.[8] Angesichts des begrenzten Wissensstandes beim MfS liegt es vielmehr nahe, Engelmanns Hauptquellen in Bielefeld zu vermuten: Seine Kenntnis interner, teils sogar privater Zusammenhänge und gern erzählter Anekdoten Rudolf-August Oetkers spricht dafür. Auch der politische Essayist und Rowohlt-Lektor Hermann Peter Piwitt wählte Kaselowsky in seinem halb dokumentarischen Collage-Roman «Rothschilds» (1972) als exemplarischen Repräsentanten des Freundeskreises Himmler und deutete ihn als «Hausmeister» der Familie – vielleicht meinte Piwitt ja auch «Hausmeier»: Das wäre ein durchaus treffender Rückbezug zu den mächtigen Verwaltern der frühmittelalterlichen Merowinger-Könige gewesen.[9]

Die Mitgliedschaft Kaselowskys im Freundeskreis blieb lange der einzige konkrete Vorwurf, der die bundesrepublikanische Kritik am Verhalten der Familie im Nationalsozialismus speiste. Rudolf-August Oetkers Waffen-SS-Mitgliedschaft wurde dagegen kaum einmal aufgegriffen. Der 1967 durch den «Spiegel» lancierte Hinweis auf zwei Begegnungen Oetkers mit Funktionären der drei Jahre zuvor gegründeten Nationaldemokratischen Partei Deutschlands (NPD) blieb weithin unbeachtet, auch wenn «Die Zeit» Oetker in eine lange Reihe illustrer Förderer der Nationaldemokraten einreihte, die allesamt dementierten.[10]

Weitergehende Hinweise auf das tatsächliche Fortdauern alter Netzwerke über den politischen Umbruch hinweg kannten die Zeitgenossen nicht, doch es gab sie: Am deutlichsten war die diskrete Kontinuität wirtschaftlich-politischer Seilschaften bei der Privatbank Hermann Lampe. Rudolf-August Oetker erwarb das Bankhaus 1949, wandelte es in eine Kommanditgesellschaft um und verlegte den Sitz von Minden nach Bielefeld. Als Komplementär und Geschäftsführer gewann er Hugo Ratzmann, der seine Erfahrungen aus den Jahren vor 1945 einbrachte: Ratzmann hatte zunächst bei der Dresdner Bank Karriere gemacht und war seit 1937 Geschäftsführer bei der Dresdner-Bank-Kommandite Bankhaus Hardy & Co., bei der Rudolf-August Oetker während des Krieges im Aufsichtsrat saß. Besondere Erfahrungen sammelte Ratzmann in der Wirtschaftsverwaltung im besetzten Polen: Zwischen Ende 1939 und 1941 leitete er die Treuhandstelle Posen und organisierte die «Arisierung» und «Germanisierung» von jüdischem und polnischem Immobilien- und Firmenbesitz.[11] Ratzmann holte weitere Mitarbeiter der Posener Treuhandstelle zu Lampe: seinen damaligen Stellvertreter Udo Milbradt als Prokuristen und den Hauptreferenten und Hardy-Syndikus Dr. Carl Melien als Generalbevollmächtigten.[12]

Nach Ratzmanns Tod 1960 wurde 1964 Rudolf von Ribbentrop einer von zwei geschäftsführenden Direktoren bei Lampe. Oetker und Ribbentrop waren seit 1940 befreundet, und der Unternehmer brachte den Sohn des ehemaligen Reichsaußenministers nach dessen Rückkehr aus der Kriegsgefangenschaft zunächst in einer Handspielpuppen-Fabrik im bayerisch-schwäbischen Mindelheim unter, an der er sich beteiligt hatte. Der hochdekorierte Panzer-Kommandeur holte eine bürgerliche Berufsausbildung nach; gleichzeitig pflegte er alte Netzwerke in der Waffen-SS. 1957 versuchte er, den vormaligen SS-Wirtschafts-Verwaltungsführer Rudolf-August Oetker für finanzielle Hilfen zugunsten von Veteranen der Leibstandarte Adolf Hitler zu gewinnen, die wegen des Massakers an amerikanischen Soldaten im belgischen Malmedy verurteilt, bis 1956 aber sämtlich freigekommen waren. Oetker war grundsätzlich dazu bereit, wollte von direkten Zahlungen aber absehen: Es sei «immer [...] ein gewisser Weg einzuhalten», um das Ganze auch steuerlich absetzbar zu gestalten. Deshalb habe man «hier im Hause bisher irgendwelche Gelder, die für ähnliche Zwecke abgezweigt wurden», stets über den Verein «Stille Hilfe für Kriegsgefangene und Internierte e. V.» laufen lassen.[13]

Ratzmann und Ribbentrop waren herausragende, vermutlich aber singuläre Beispiele für die Integration «alter Kameraden» in den expandierenden Konzern. Im Fall Ribbentrops sah Oetker dies zweifelsohne als Freundschaftsdienst. Berührungsängste hatte er jedenfalls nicht, und wenn es um Kunst oder Architektur ging, sah Oetker – wie auch andere

Unternehmer – keine Veranlassung, auf die Dienste von im NS-Regime prominenten Vertretern ihrer Zunft wie Arno Breker oder Cäsar Pinnau zu verzichten.[14]

Die Elitenkontinuität zwischen «Drittem Reich» und Bundesrepublik war nicht nur bei Oetker hoch und die Kritik der Protestbewegung im Umfeld von 1968 insofern berechtigt.[15] Die Vorwürfe zielten auf Kaselowsky als Vertreter einer sozialen «Klasse», sein individuelles Verhalten trat demgegenüber in den Hintergrund.

Bürgerlich, rechts im Sinne von konservativ und national denkend, ohne extreme Ansichten – dies war die politische Ausgangsposition Richard Kaselowskys wie überhaupt vieler Angehöriger der bürgerlichen Funktionseliten im «Dritten Reich»: des Groß- und Wirtschaftsbürgertums, der Entscheidungsträger in Politik, Verwaltung, Justiz und Wissenschaft. Nach der Machtübernahme arrangierten sie sich mit dem Nationalsozialismus, der von einer so misstrauisch wie fasziniert beobachteten, lange als kleinbürgerlich-proletarisch unterschätzten «Bewegung» zur staatstragenden Partei geworden war. Schnittmengen bei Weltanschauung und Zielen hatte es schon immer gegeben, man dachte national und antimarxistisch, gesellschaftspolitisch war die Sehnsucht nach der «Volksgemeinschaft» weit verbreitet. Ein erheblicher Teil der Eliten befürwortete das neue Regime. Dass Hitler seinen konservativen Bündnispartnern zunächst große Zugeständnisse zu machen schien und sein Kabinett als «Regierung der nationalen Einheit» firmierte, erleichterte den Übergang. Das gewaltsame Vorgehen gegen Linke störte dabei ebenso wenig wie der Antisemitismus. Viele Angehörige des Bürgertums begannen, sich – vermittels althergebrachter Überzeugungen – mit der NS-Weltanschauung zu identifizieren. Dass sie ihren Lebensstil und ihren Habitus nicht aufgeben mussten, war dafür Voraussetzung: Allen sozialistischen Anwandlungen und antibürgerlichen Ressentiments der frühen NS-Bewegung zum Trotz konnte ein erfolgreicher Unternehmer weiterhin die Insignien des wirtschaftlichen Erfolgs genießen, von der Villa auf dem Johannisberg bis hin zu den Rennpferden.[16]

In der Biographie Richard Kaselowskys verschränken sich der Unternehmer, der Privatmann und der politische Mensch, und jede dieser Dimensionen hatte ihr eigenes Gewicht.[17] Das Privatleben war nicht nur funktional auf Erholung und Regeneration des vielbeschäftigten Unternehmers bezogen; das Politische diente nicht nur dem Firmeninteresse, sondern gründete in eigenen Vorstellungen. Für beides war der Erfolg als Unternehmer das Fundament. Kaselowskys Biographie ist nicht ohne die Firma und ohne die Familie Oetker zu denken. Er stand der Familie Oetker/Kaselowsky als Vater wie auch dem Familienunternehmen als «Hellkopfvater» vor. Umgekehrt ist die Geschichte der Familie Oetker in der ersten Hälfte des 20. Jahrhunderts nicht von der Person Richard Kaselowsky zu trennen. Auch wenn er selbst kein Oetker war, wurde er doch Teil der Familie. Die Firmeneignerin Lina Oetker vertraute ihm die Familie, ihre Enkel und das Unternehmen an; er übernahm als Treuhänder und Familienvater in jeder Hinsicht die Rolle seines gefallenen Freundes Rudolf Oetker. Der einzige und doch entscheidende Unterschied war, dass er nicht sein eigenes Erbe, sondern das Erbe Rudolf-August Oetkers verwaltete. Daran richtete er sein Handeln aus, ohne eigene Ansprüche zu erheben – selbst um den Preis der Zurücksetzung seiner leiblichen Nachkommen. Deshalb gab es keine nachweisbaren Konflikte mit Lina Oetker, weder im Privaten noch im Unternehmerischen oder Politischen. Selbst wenn sie die Nationalsozialisten und ihr proletarisches Auftreten nicht goutiert haben sollte – mit der Ausrichtung des Unternehmens durch Kaselowsky war sie zweifelsohne einverstanden.[18]

Der Frage nach dem Politischen kommt bei der Betrachtung der zwölf Jahre des «Dritten Reiches» besonderes Gewicht zu, und sie stellt sich selbstverständlich nicht nur für Richard Kaselowsky, sondern für viele seiner Zeitgenossen. Er handelte in einem Spannungsfeld von politischen Überzeugungen, bürgerlichem Wertekanon und unternehmerischer Rationalität. Letztere war und blieb die übergeordnete, aber nicht die einzige Richtschnur in einem vielschichtigen Prozess der «Selbstmobilisierung».[19] Kaselowskys Nähe zum Nationalsozialismus entsprach nicht nur betriebswirtschaftlichem Kalkül, sondern eigener weltanschaulicher Überzeugung. Er erkannte in den Zielen der nationalsozialistischen Gesellschafts-, Staats- und Wirtschaftsordnung ein übergeordnetes Interesse, für das er im Einzelfall durchaus bereit war, auf unternehmerische Vorteile zu verzichten; insgesamt verlor er aber die eigenen ökonomischen Zwecke nicht aus dem Blick. Aus seiner Sicht bestand ohnehin kein Widerspruch: Was gut für Oetker war, musste für das nationalsozialistische Gemeinwesen nicht schlecht sein; das galt auch umgekehrt.

Zwar war der Nutzen bei Kaselowskys Engagement in den Organisationen der gewerblichen Wirtschaft eher aufseiten der Bielefelder Firma. Beim Verzicht auf die «Westfälischen Neuesten Nachrichten» war die Motivlage komplexer: Das Entgegenkommen diente sicherlich auch dazu, die guten Beziehungen zur NSDAP-Gauleitung zu festigen. In erster Linie wollte Kaselowsky jedoch «die Sache der Partei nach besten Kräften fördern»[20], und dafür nahm er zumindest kurzfristig auch geschäftliche Nachteile in Kauf. Die betriebliche Sozialpolitik war ein geeignetes Instrument, um als Arbeitgeber gerade in Zeiten des Arbeitskräftemangels attraktiv zu bleiben. Zugleich wurzelte sie in genuin fürsorgerisch-paternalistischen Vorstellungen und war Kaselowskys Beitrag zur Umsetzung der nationalsozialistischen Gemeinschaftsideologie. Kaselowsky engagierte sich vor allem dort, wo er sich selbst für kompetent hielt und aufgrund seiner Stellung für die Verwirklichung der «Volksgemeinschaft» verantwortlich fühlte. An die Grenzen der eigenen Mobilisierungsfähigkeit ging Kaselowsky 1944 mit dem Vorschlag, auf die Marke «Oetker» zu verzichten. Der Schritt, der sich den Wirtschaftsbehörden gegenüber als großes Opfer und als Beitrag zur Versorgungssicherheit im fünften Kriegsjahr darstellen ließ, hätte Oetker freilich effektiv eine Monopolstellung verschafft.

Diese Form der Selbstmobilisierung ist per se nicht NS-spezifisch. Auch in anderen politischen Systemen engagieren sich Unternehmer, suchen die Nähe zur «Macht», vertreten ihre Interessen, spenden Geld und verfolgen wirtschafts- und gesellschaftspolitische Ziele. Diese Ähnlichkeiten dürfen jedoch nicht über die Unterschiede der politischen Systeme hinwegtäuschen. Hier griffen die erwähnten älteren Kontinuitäts- und Faschismusmodelle zu kurz. Weder war das NS-Regime ein Instrument des Kapitalismus, noch beschreiben Begriffe wie Indienstnahme, Missbrauch oder Zwang adäquat das Verhältnis von Wirtschaft und Politik in den Jahren zwischen 1933 und 1945. Der Modus dieses Verhältnisses ist vielmehr die Interaktion der Akteure: Ökonomie und Politik waren «Ressourcen füreinander».[21]

Sowohl die Zeit als auch das von Kaselowsky, der Firma und der Familie Oetker in diesem Bezugssystem investierte Geld lohnten sich: Reputation sowie gesellschaftliche und staatliche Anerkennung stiegen; das unternehmerische und politische Netzwerk wuchs. Dies alles erweiterte Handlungsspielräume und eröffnete ökonomische Chancen.

Wohlverhalten und Handeln im nationalsozialistischen Sinne, aktive betriebliche Sozialpolitik und Spenden, etwa für die Partei oder das Winterhilfswerk, wurden vom NS-Regime anerkannt und belohnt. Die Firma Dr. Oetker und auch Kaselowsky persönlich wurden durch die Verleihung des Status als «NS-Musterbetrieb» oder die Mitgliedschaft im Freundeskreis Reichsführer-SS gegenüber anderen Unternehmen hervorgehoben und ausgezeichnet. Der Oetker-Chef suchte die Nähe zum Regime und genoss den Statusgewinn, erzählte begeistert von Veranstaltungen mit Hitler und pflegte ein gutes Verhältnis zum Gauleiter.

Im Gegenzug konnte das Regime die betriebswirtschaftlichen und technischen Ressourcen und Kompetenzen der Industrie und des Finanzwesens erschließen, um die eigenen politischen Ziele zu verwirklichen. Das galt natürlich besonders für den Rüstungssektor, aber auch für die kleine Branche der Back- und Puddingpulverindustrie. Nach den Erfahrungen des Ersten Weltkriegs und des vermeintlichen «Dolchstoßes» hatte Versorgungssicherheit auch und gerade im Nahrungsmittelbereich hohe politische Priorität.

Die Selbstmobilisierung war nicht NS-spezifisch – wohl aber waren es die Ziele, die das Regime verfolgte und die der Bezugspunkt dieser Mobilisierung sein mussten. Die nationalsozialistische Wirtschaftspolitik priorisierte Aufrüstung und Autarkie und steuerte auf einen neuen Krieg zu. Spätestens seit 1936 war das in der deutschen Wirtschaft ein offenes Geheimnis. Der Unterstützung, die der Nationalsozialismus aus ihren Reihen erfuhr, tat dies keinen Abbruch. Auch Richard Kaselowsky war mit der Kriegspolitik des Regimes einverstanden, und die Firma Oetker leistete ihren Beitrag, indem sie an der Versorgungssicherheit mitarbeitete und durch ihre Sozialpolitik die nationalsozialistische Gesellschaftsordnung stützte.

Kaselowskys nationale und gesellschaftspolitische Anschauungen ließen ihn zu einem überzeugten Nationalsozialisten werden. Eine Voraussetzung für die «Hineinverwicklung»[22] in die Verbrechen des «Dritten Reiches» war das nicht: Viele Unternehmer und Manager behandelten die «abnormen Geschäftsmöglichkeiten», die ihnen das Regime bot, als «normale und akzeptable» Gelegenheiten.[23] Sie verfolgten ihre Unternehmensziele – Profit, Expansion und den Erhalt des Unternehmens – in einem Umfeld, das zunehmend von neuen, genuin nationalsozialistischen Werten und Maßstäben geprägt war und in dem etwa für Juden traditionelle wirtschaftsethische Standards nicht mehr galten.[24] Die Profitmöglichkeiten und Mitnahmeeffekte, die die Politik eröffnete, nutzten die Unternehmer bedenkenlos: Dazu zählten zuvorderst die «guten Gelegenheiten» bei der «Arisierung» jüdischen Eigentums, die Chancen, die ein deutsch dominierter, den ganzen europäischen Kontinent umfassender Großwirtschaftsraum versprach, oder die Möglichkeit, das Überleben eigener Unternehmen durch Rüstungsaufträge und den Einsatz von Zwangsarbeitern zu sichern. Kaselowsky hatte keine moralischen Bedenken, auf diese Weise von der verbrecherischen Politik der Nationalsozialisten zu profitieren; er beteiligte sich, solange alles in scheinbar geordneten Bahnen ablief und kompatibel mit seinen Strategien war.

Viele Ziele des NS-Regimes machte sich Richard Kaselowsky explizit zu eigen, zumal dann, wenn sie sich mit älteren Überzeugungen deckten: nationaler Wiederaufstieg, soziale Pazifizierung und Gemeinschaftsvorstellungen. Der Rassenantisemitismus war keiner dieser weltanschaulichen Schnittpunkte, auch wenn ihm antisemitische Denkmuster nicht fremd waren. Die Verfolgungsmaßnahmen «des Staates» gegen die Juden stellte er nicht infrage und handelte in seinem Zuständigkeitsbereich entsprechend der ideologischen Vorgaben. Zweifelsohne setzte Kaselowsky bei seiner Selbstmobilisierung eigene Schwerpunkte, letztlich unterstützte er damit aber immer das Regime und seine Politik als Ganzes. Mit dem nationalsozialistischen Deutschland war er insgesamt einverstanden, seine Schattenseiten nahm er in Kauf. Viele Aspekte seiner Selbstmobilisierung mochten unternehmerischer Normalität entsprechen, wie sie auch in anderen politischen Kontexten geläufig ist. Gerade durch die Verbindung dieses Normalverhaltens mit festen, regimekonformen Überzeugungen leistete Kaselowsky bis zu seinem Tod einen wichtigen Beitrag zur Stabilisierung der NS-Diktatur.[25]

Kaselowsky und mit ihm die Familie und die Firma Oetker trugen Verantwortung für das politische System, in dem sie lebten. Sie waren Stützen der NS-Gesellschaft, suchten die Nähe des Regimes und profitierten von dessen Politik. Für Richard Kaselowsky gilt dies in besonderer Weise: Er sah sich als «Nationalsozialist des Herzens»[26] und wollte die nationalsozialistische Volksgemeinschafts-Utopie verwirklichen. Er war Mitglied im Freundeskreis Reichsführer-SS. Dort war er eine Ausnahmeerscheinung, denn er repräsentierte ein zwar in seiner Nische dominantes, aber volkswirtschaftlich vergleichsweise unbedeutendes Familienunternehmen. Dass er im Freundeskreis neben den Großen aus Industrie und Finanzwelt saß, erklärt sich wohl vor allem durch das besondere Interesse der SS und Himmlers an Ernährungsfragen. Seine weltanschauliche Zuverlässigkeit war Voraussetzung, wäre allein aber nicht hinreichend gewesen. Er genoss die Auszeichnung und die Nähe zur Macht – die freilich die Nähe zum SS-Terrorapparat und seinen Funktionären und Verbrechen einschloss. Daraus ergab sich zweifellos eine wenn auch begrenzte Mitwisserschaft an den Verbrechen des Regimes. Selbst das führte nicht dazu, dass sich Kaselowsky distanzierte oder wenigstens zurückzog. Im Gegenteil: Der Einsatz von KZ-Häftlingen für das gemeinsame Hunsa-Projekt mit der SS war ihm willkommen. Er war und blieb vom Nationalsozialismus überzeugt: Von einer «Flucht in den Betrieb», also einer Fixierung auf innerbetriebliche Abläufe und Maßstäbe bei gleichzeitigem Desinteresse an politischen Fragen, kann bei Kaselowsky keine Rede sein.[27]

In diesem Umfeld wuchsen der Oetker-Erbe Rudolf-August Oetker und seine Schwester Ursula auf. Beide wurden in den 1930er Jahren politisch sozialisiert und teilten die weltanschaulichen Überzeugungen ihres Vaters.[28] Distanz oder Konflikte lassen sich auch hier nicht erkennen. Rudolf-August Oetkers Werdegang in jungen Jahren war geprägt von der Vorbereitung auf das Erbe und von den üblichen Stationen der politischen Vergemeinschaftung vieler junger Männer im «Dritten Reich»: Reichsarbeitsdienst, Wehrdienst, NSDAP. Im Sommer 1940 wurde Rudolf-August Oetker zum Heeresverpflegungsamt im OKH einberufen, seit Ende 1941 diente er als Kriegsverwaltungsinspektor für ein halbes Jahr in Litauen in der Etappe. Schon zu Jahresbeginn 1941 hatte er sich freiwillig zur Waffen-SS gemeldet, wo er zwischen Oktober 1942 und Oktober 1944 als SS-Führer im Wirtschafts-Verwaltungsdienst ausgebildet wurde. Beim OKH und in der SS war er bei Dienststellen eingesetzt, in denen er seine betriebswirtschaftlichen Kenntnisse und Erfahrungen ausbauen konnte. Insbesondere im Heeresverpflegungsamt konnte er die Geschäfte der Firma Oetker fördern.

Seit seiner Jugend und verstärkt nach seiner Banklehre hatte ihn Kaselowsky informell an der Unternehmensführung beteiligt. So war der Erbe gut vorbereitet, als er im Herbst 1944 nach dem Bombentod des Vaters überraschend an die Spitze des Familienunternehmens treten musste. Der junge SS-Untersturmführer, der eben seine Ausbildung beendet hatte, kam nicht mehr zum Kriegseinsatz bei der Waffen-SS, sondern wurde umgehend freigestellt. Er führte das Unternehmen durch die letzten Kriegsmonate, wurde bald nach Kriegsende jedoch von den Briten interniert, die vorübergehend einen Treuhänder für Dr. Oetker einsetzten. Trotz einiger Verluste und Hindernisse überstanden Rudolf-August Oetker selbst wie auch das Unternehmen die ökonomische Transitionsphase und den politischen Übergang zwischen «Drittem Reich» und Bundesrepublik weitgehend unbeschadet. Beide befanden sich so 1948/49 in einer hervorragenden Ausgangsposition für den Start ins «Wirtschaftswunder».

Anhang

I. Stammbaum

II. Päckchen- und Reichsmark-Umsatz

III. Firmenbeteiligungen

IV. Mitarbeiter der Geschäftsführung 1933–1945

I. Stammbaum

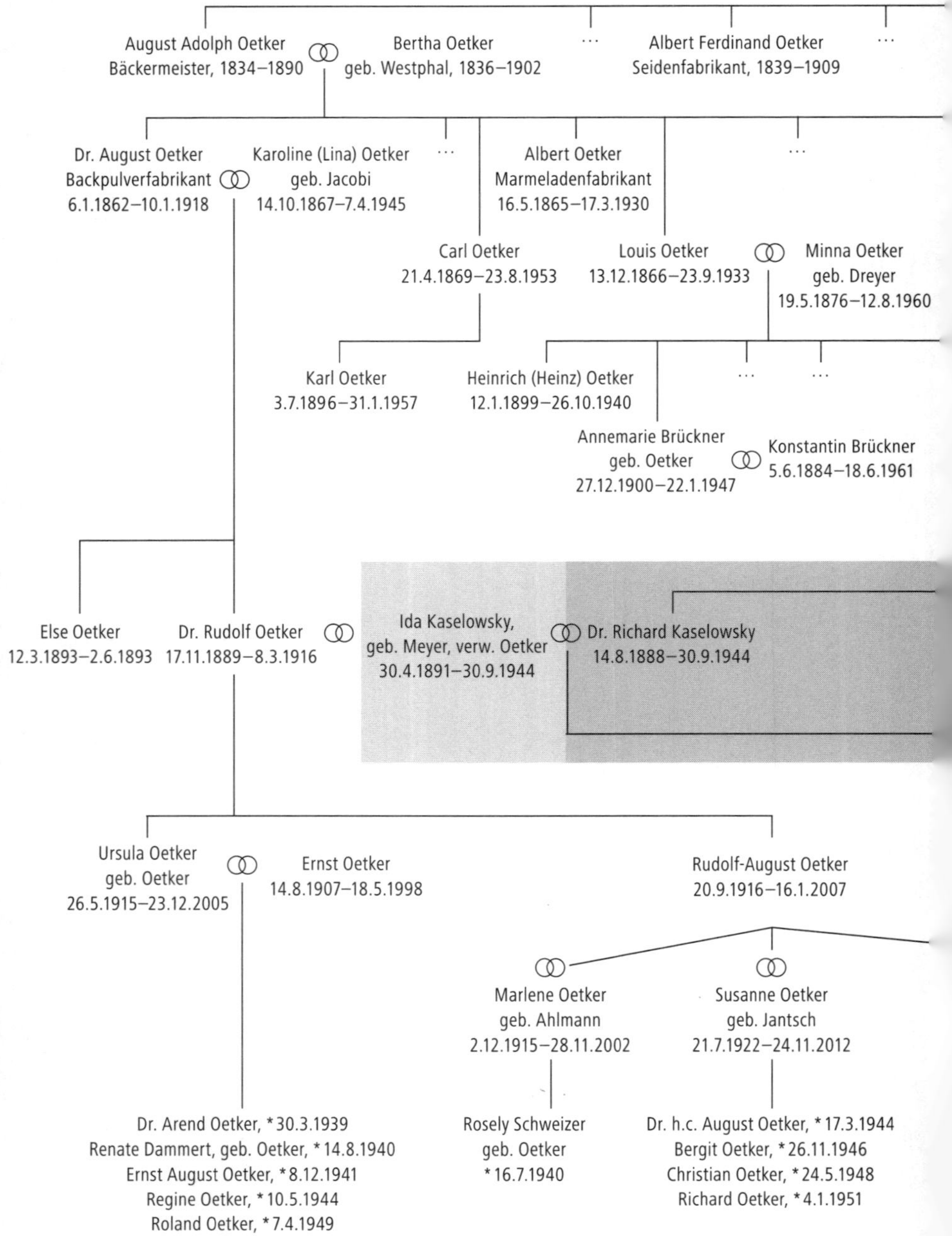
August Adolph Oetker
Bäckermeister, 1834–1890
Bertha Oetker
geb. Westphal, 1836–1902
...
Albert Ferdinand Oetker
Seidenfabrikant, 1839–1909
...
Dr. August Oetker
Backpulverfabrikant
6.1.1862–10.1.1918
Karoline (Lina) Oetker
geb. Jacobi
14.10.1867–7.4.1945
...
Albert Oetker
Marmeladenfabrikant
16.5.1865–17.3.1930
...
Carl Oetker
21.4.1869–23.8.1953
Louis Oetker
13.12.1866–23.9.1933
Minna Oetker
geb. Dreyer
19.5.1876–12.8.1960
Karl Oetker
3.7.1896–31.1.1957
Heinrich (Heinz) Oetker
12.1.1899–26.10.1940
...
...
Annemarie Brückner
geb. Oetker
27.12.1900–22.1.1947
Konstantin Brückner
5.6.1884–18.6.1961
Else Oetker
12.3.1893–2.6.1893
Dr. Rudolf Oetker
17.11.1889–8.3.1916
Ida Kaselowsky,
geb. Meyer, verw. Oetker
30.4.1891–30.9.1944
Dr. Richard Kaselowsky
14.8.1888–30.9.1944
Ursula Oetker
geb. Oetker
26.5.1915–23.12.2005
Ernst Oetker
14.8.1907–18.5.1998
Rudolf-August Oetker
20.9.1916–16.1.2007
Marlene Oetker
geb. Ahlmann
2.12.1915–28.11.2002
Susanne Oetker
geb. Jantsch
21.7.1922–24.11.2012
Dr. Arend Oetker, * 30.3.1939
Renate Dammert, geb. Oetker, * 14.8.1940
Ernst August Oetker, * 8.12.1941
Regine Oetker, * 10.5.1944
Roland Oetker, * 7.4.1949
Rosely Schweizer
geb. Oetker
* 16.7.1940
Dr. h.c. August Oetker, * 17.3.1944
Bergit Oetker, * 26.11.1946
Christian Oetker, * 24.5.1948
Richard Oetker, * 4.1.1951

Louis Carl Oetker
Marzipanfabrikant, 1844–1884

…

Dr. Eduard Oetker
26.8.1875–24.1.1913

…

Theodor Kaselowsky
1822–1904

Ferdinand Kaselowsky
1816–11.2.1877

Richard Kaselowsky ⚭ Elise Delius
16.6.1852–6.4.1921 1862–19.5.1940

Margarete Wellershaus
geb. Oetker
29.6.1909–27.4.1984

⚭

Georg
Wellershaus
4.5.1905–5.7.1974

aria de la Trobe
b. Kaselowsky
).1890–5.3.1947

⚭

Frederik de la Trobe
11.10.1889–21.10.1944

Hans Kaselowsky
2.11.1891–10.10.1916

Theodor Kaselowsky
2.11.1893–12.3.1980

Ilse Broelemann
geb. Kaselowsky
14.8.1920–30.9.1944

Richard Kaselowsky
29.9.1921–11.3.2002

Theodor Kaselowsky
3.12.1922–16.1.1930

Ingeborg Kaselowsky
20.6.1927–30.9.1944

⚭

Maja Oetker
geb. von Malaisé
*30.12.1934

Dr. Alfred Oetker, *13.7.1967
Carl Ferdinand Oetker, *3.10.1972
Julia Oetker, *26.1.1979

II. Päckchen und Reichsmark-Umsatz

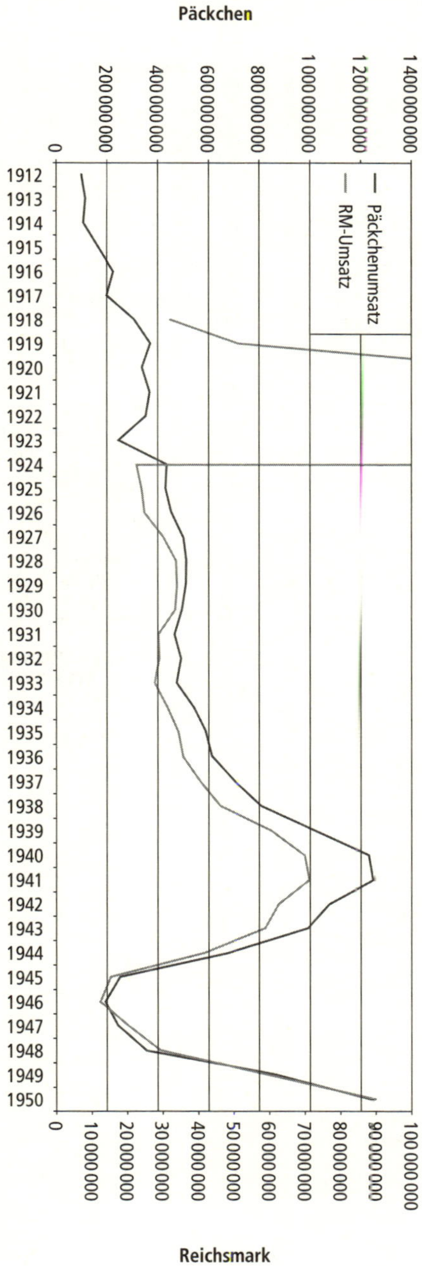

III. Firmenbeteiligungen

Bielefelder Organgesellschaften

Vereinigte Oetker-Werkstätten GmbH, Bielefeld
StK RM 20 000
100 %

Oetker-Gleisanschluss GmbH
Bielefeld
StK RM 20 000
100 %

Stammhaus

Dr. August Oetker (OHG)
Bielefeld (mit Hamburg-Altona)
Lina Oetker: 70 %

Richard Kaselowsky: 10 %
Rudolf-August Oetker: 10 %
Ursula Oetker: 10 %

1945: Rudolf-August Oetker 55 %
Ursula Oetker 45 %

Bielefelder Nebenbetriebe

vorm. Trocknungswerke
Oetker & Co. GbR
StK RM 207 920
100 %

Oteka Oetker'sche
Papierverarbeitungsges. KG
StK RM 700 000
100 %

Stand 1.1.1941

Produktionsbetriebe

Dr. A. Oetker,
Marburg a. d. Drau
StK Dinar 100 000
100 %

Dr. A. Oetker OHG
Baden b. Wien
100 %

→ Dr. Bachmann & Co.
Baden b. Wien
100 %ige Tochter

Dr. A. Oetker OHG
Brünn
StK Kč 3 200 000
100 %

Dr. August Oetker OHG
Danzig-Oliva
100 %

⇢ Danziger Verpackungs-industrie AG, Danzig
StK RM 140 000
1936: 55 %

⇢ Dr. A.Oetker GmbH
Warschau
StK Zł 75 000
100 %

Internationale Handel Mij. voor Verbruiksartikelen
(Inhama) N.V., Amsterdam
StK hfl 49 000 – 100 %

Adolphe Ancel S.A.
Straßburg
StK Ffrs 2 500 000
100 %

⇢ Dr. A.Oetker GmbH Warschau

Norsk Øtker A/S
Oslo
StK nkr 50 000
100 %

Usines Dr. A. Oetker S.A.
Brüssel
StK bfrcs 3 000 000
100 %

⇢ Dr. A.Oetker GmbH Warschau

Øtker A/S
Kopenhagen
StK dkr 95 000
100 %

Dr. Oetker, A. Kft.
Budapest
StK Pg 250 000
100 %

Ges. für Treuhandgeschäfte
u. Wirtschaftsberatung mbH
StK N.N.
100 %

Dott. A. Oetker S.A.I.
Mailand
StK Lire 316 000
100 %

Lehngut Götz
Landwirtschaftlicher Betrieb
(Mark Brandenburg)
100 %

Vorlage: Bericht «Der Oetker-Konzern», 25. 3. 1946, in: TNA: PRO, FO 1013-2476; Aktienaufstellung [1945/46], Übersicht über die Beteiligungen [Dezember 1945], in: OeFA, P15/55; Vermögensaufstellung Rudolf-August Oetker, 6. 12. 1945, in: OeFA, P13/4841, mit eigenen Ergänzungen und Berechnungen.

Ausgewiesen sind alle Beteiligungen über 10 %. Der Anteilsbestand von 1941 blieb in der Regel bis Kriegsende unverändert, ggf. sind kleinere Aktienpakete weiterer Familienmitglieder berücksichtigt.

Das Stammkapital (StK) ist in der Landeswährung ausgewiesen. Prozentzahlen sind gerundet.

Die früher bei den meisten Tochtergesellschaften und Beteiligungen zwischengeschalteten Holdinggesellschaften Indubeg – Industriebeteiligungsgesellschaft mbH und Alfaha – Allgemeene Fabriek en Handelsoderneming Mij. waren 1941 bereits liquidiert.

Nährmittel und Lieferanten

Chemische Fabrik Budenheim AG, Mainz StK RM 4 000 000 99,3 %	Reese Gesellschaft KG Hameln StK RM 1 740 142 100 %	Hoffmann's Stärkefabriken AG, Bad Salzuflen StK RM 4 000 000 29,2 %
K.Fr. Töllner GmbH Bremen StK RM 400 000 50 %	Stärkefabrik Möckern GmbH Möckern StK RM 150 000 100 %	↓ Bega-Werke GmbH Bad Salzuflen StK RM 150 000 100 %ige Tochter

Regionale Beteiligungen

E. Gundlach AG, Bielefeld StK RM 1 900 000 61,4 %	Koch's Adler Nähmaschinen- Werke AG, Bielefeld StK RM 2 805 000 51,4 %	Vogt & Wolf AG, Gütersloh StK RM 400.000 – 64 % 1945: 6,1 %; weitere 64,25 % über die E. Gundlach AG

Überregionale Interessen

C.H. Knorr AG Heilbronn StK RM 16 200 000 14,3 %	Schwartauer Werke AG Bad Schwartau StK RM 3 150 000 34,5 %	Gebr. Stollwerck AG Köln StK RM 9 000 000 10,88 %
Malzbierbrauerei Groterjan AG, Berlin StK RM 2 600 000 34,3 %	Klosterbrennerei AG Emmendingen StK RM 1 200 000 25 %	Grempler & Co. AG Grünberg StK RM 600 000 12,5 %
Hamburg-Südamerikanische Dampfschiffahrts AG, Hamburg StK RM 20 000 000 1945: 19,7 %	Hermann Söhle KG Wesermünde StK RM 1 130 000 53,1 %	Bock, Godeffroy & Co. KG Hamburg StK RM 5 000 000 – 5,0 % 1945: 12,5 %
Seidel & Naumann AG, Dresden StK RM 6 500 000 1936: 25,6 % 1941: 16,7 %	Brenner Hotel AG Baden-Baden StK RM 1 800 000 58,2 %	Vereinigte Gothania-Werke AG Gotha StK RM 1 125 000 35,6 %
		Harburger Gummiwarenfabrik Phoenix AG, Hamburg StK RM 12 150 000 10,4 %

Beteiligungen mit politischem Hintergrund

Nordsiedlung GmbH (i.L.) Berlin StK RM 400 000 37,5 %	Ges. für Nährwerterhaltung GmbH, Berlin StK RM 1 000 000 20 %	Toq-Handels-Gesellschaft KG, Hamburg StK RM 100 000 49 %
		Hunsa-Forschungs-Ges. mbH Hamburg StK RM 180 000 33,3 %

IV: Mitarbeiter der Geschäftsführung 1933–1945

Ausgewiesen sind die Mitarbeiter der Geschäftsführung in Bielefeld und der direkt vom Stammwerk abhängigen Produktionsbetriebe. Soweit nicht anders angegeben, hatten die Mitglieder der Geschäftsführung Gesamtprokura für das Werk in Bielefeld, für eine der Filialen oder für die gesamte Firmengruppe. Die Arbeitsbereiche und deren Zuschnitt konnten im Einzelfall (auch mehrfach) wechseln – auf einen Nachweis im Detail wurde verzichtet. Außen vor bleiben die Gesellschafter und

Prokuristen in Bielefeld

Name	Arbeitsbereich	Ausbildung	Geburtsjahr und -ort		Eintritt und Ausscheiden in Fa. Dr. Oetker		Aufnahme in die NSDAP
Borgstedt, Wilhelm	Rechnungswesen, Steuern, Sekretariat Prokura 1941	Kfm.	1900	Bielefeld	1920/21 1925	1962	1.4.1940
Crampe, Hans	«Büro Berlin», Auslandsgeschäft, Direktor Prokura 1938 Einzelprokura 1943	Kfm.	1896	Hecklingen (Anhalt)	1938	1946	1.4.1940
Delius, Theodor	Geschäftsführer in Italien; Leiter der Verbindungsstelle, Einzelprokura 1944	Kfm.	1901	Bielefeld	1928	1966	1.6.1934
Flebbe, Rudolf (Dr. phil.)	Laboratorium Prokura 1931	Chemiker Apotheker	1880	Detmold	1920	1945	[19.7.1940]
Höcker, Karl	kaufmännischer Betriebsleiter in Bielefeld, Einkauf Prokura 1930	Kfm.	1885	Bielefeld	1911	1951	kein Pg[1]
Holle, Hermann	Kasse, Banken und Devisen Prokura 1924	Kfm.	1880	Minden	1904	1945	
Imkampe	Gleisanschluss						
Kandler Hermann	Buchhalter, zeitweise Stellvertretender Betriebsführer, Aufsicht über die Organgesellschaften (Gleisanschluss, Oteka und Werkstätten), Personal, Rechnungswesen und Bilanzen, Steuern, Vermögensverwaltung und Sekretariat 1941 Direktor, seit 1934 vertretungsberechtigt für die Indubeg Prokura 1920, Einzelprokura 1934	Kfm.	1880	Bielefeld	1902	1942	
Kraak, Walter (Dr. iur.)	Prokura 1941	Jurist Kfm.	1906	Mülheim (Rheinprov.), Schulbesuch in Bielefeld	1934		[1.5.1937]
Langenberg, August	Buchhalter und Abteilungsleiter 1940 Geschäftsführer der Oteka Prokura 1941	Kfm.	1903	Osnabrück (Prov. Hannover)	1923	1945	Mai 1925

Prokuristen aus Baden bei Wien, Brünn sowie Straßburg bzw. Paris, wo das Geschäft weitgehend von Lizenznehmern betrieben wurde.

Wo bekannt und angegeben, beruht das Datum der Aufnahme in die NSDAP auf den Angaben der NSDAP-Reichskartei bzw. -Ortsgruppenkartei im Bundesarchiv Berlin, Bestand ehemaliges Berlin Document Center. In einigen Fällen ist in eckigen Klammern das Datum des Aufnahmeantrags genannt.

Liedl, Karl	u.a. Oteka, Auslandsabteilung, Skandinavien	Kfm.	1888	Simbach (Niederbayern)	1928	1954	1.5.1937
Lindenstromberg, Karl	Revision ab [1935] Geschäftsführer in Danzig Prokura seit 1943		1895		1929		1.5.1936
Oetker, Karl	Stv. Betriebsführer Bielefeld; Geschäftsführer der Trocknungswerke Oetker & Co.; Aufsicht über Verkauf, Werbung, Laboratorium, Auslandsabteilung, Personalabteilung, zeitweise die Organgesellschaften vertretungsberechtigt für die Indubeg 1934 Einzelprokura 1934	Kfm.	1896	Altona (Prov. Holstein)	1932	[1949][2]	1.5.1937
Puls, Gustav	Baden bei Wien; dann Leiter der Filiale Straßburg (Fabrikation und Betriebsführung), Prokura 1943	Dipl.-Kfm.	1902	Bielefeld	1929		1.5.1937
Sackewitz, Paul	Werbung	Kfm.	1885		1925		
Schell, Reinhold	Filiale Danzig; Filiale Straßburg (Vertrieb)		1898		[nach 1920]	1941	1.1.1940
Schell, Walter	Prokura für Danzig				[1904][3] 1913 1922	1934	Vermutlich Pg.[4]
Schoregge, Carl	Buchhalter, Verkauf Prokura	Kfm.	1884	Bielefeld	1907		1.5.1933
Schröter, Friedrich	Betriebsleiter Straßburg 1944				1942/43		
Schwarz, Hugo	Geschäftsführer Oetker Werkstätten GmbH Prokura	Kfm.					
Vogelsang, Albert	Betriebsleiter Filiale Hamburg seit 1924 Prokura 1943	Kfm.	1890		1913		1.5.1933
Weiler, Johannes	techn. Betriebsleiter in Bielefeld Prokura 1941	Kfm.	1903	Bielefeld	1923		1.5.1937
Wittrich, Alfred	Filiale Danzig Prokura 1934				1934	1934	Vermutlich Pg.[5]

Wichtige Funktionsträger außerhalb der Bielefelder Geschäftsleitung

Name	Arbeitsbereich	Ausbildung	Geburtsjahr und -ort		Eintritt und Ausscheiden in Fa. Dr. Oetker		Aufnahme in die NSDAP
Brückner, Konstantin *	Kaufm. Direktor und Mitglied des Vorstands der E. Gundlach AG bis 1935; ab 1935: Vermögensverwaltung: zahlreiche Aufsichtsratsmandate, Direktor der Oetker'schen Güterverwaltung		1884	Meiningen (Thür.)			1.5.1933
Ellerbrock, Julius	Geschäftsführer Fa. Reese, Hameln	Kfm.	1881	Spenge (Prov. Westf.)	1904	1949	[1.5.1933][6]
Hornberg, Gustav	nach seinem Ausscheiden in Bielefeld: Teilhaber der Niederlassung Baden bei Wien (Kommerzienrat)	Kfm.	1874	Bielefeld	1900	1907	
Oetker, Heinz *	Stellvertretendes Vorstandsmitglied Chemische Fabrik Budenheim	Bielefeld	1899	Bielefeld		1940	
Wellershaus, Georg *	Bielefeld, Danzig, Hamburg (L.C. Oetker), ab 1933 Geschäftsführer der Reese KG		1905	Olpe (Prov. Westf.)	1.4.1929		1.5.1933

* Sohn (Heinz Oetker) bzw. Schwiegersöhne Louis Oetkers.

Quellen: Buch der Gefolgschaft, S. 76–78, 141 f., 208–213, 293; Todesanzeige in: P1/238; OeFA, P15/102; Personalbuch der Angestellten, o. D. [v. a. vor 1930], in: OeFA, P1/285; Personalliste, 10. 10. 1933, in: OeFA, P1/289; Aufstellung Gehälter der kaufmännischen Angestellten, 1931–1939, in: OeFA, P1/287; Review of Business per 31. 12. 1945, 15. 2. 1946, in: OeFA, P1/794; Chronik der Chemischen Fabrik Budenheim (CFB), in: OeFA, P1/834; Foto-Alben der Mitarbeiter [1941], in: OeFA, OS1/61; BArch Berlin, ehem. BDC, NSDAP-Ortsgruppenkartei, 3200/C0002, Bild 1612; / C0039, Bild 0285; / C0078; / D0010, Bild 0949; / E0059, Bild 0497; / L0065, Bild 0270; / N0038, Bild 2750; / N0043, Bild 2729 f.; / Q0021, Bild 0530; / Q0046, Bild 1294; / R0034, Bild 1814; / T0028, Bild 1021; / Y0060, Bild 1958; BArch Berlin, ehem. BDC, NSDAP-Reichskartei, 3100/D0019, Bild 1036 f.; / G0011, Bild 1208; / Q0019, Bild 2422 f.; / S0110, Bild 164 f.; BArch Koblenz, Z 42 II, 393; Kurzbiographien wichtiger Mitarbeiter finden sich auch bei Hartwig, Das Buch der Gefolgschaft.

Soweit die Zuständigkeit von Entnazifzierungsausschüssen im Land Nordrhein-Westfalen gegeben war, wurden die entsprechenden Verfahrensakten geprüft: Konstantin Brückner (LAV NRW R Düsseldorf, NW 1057-Econ 7, 4304), Walter Kraak (LAV NRW R Düsseldorf, NW 1057-RFT, 82); Karl Liedl (LAV NRW R Düsseldorf, NW 1057-RFT, 382); Theodor Delius (LAV NRW R Düsseldorf, NW 1057-RFT, 384); Karl Oetker (LAV NRW R Düsseldorf, NW 1057-RFT, 389); August Langenberg (LAV NRW R Düsseldorf, NW 1037-BV, 2474; LAV NRW R Düsseldorf, NW 1073, 593 und LAV NRW R Düsseldorf, NW 1057-RFT, 3208, sowie dessen Spruchgerichtsverfahren in: Ermittlungsverfahren gg. Langenberg, August, 1 Sp. Js 580/47 – Sp. Ss. 2127/48–1 Sp. Ls. 15/48, in: BArch Koblenz, Z 42 II, 393); Carl Schoregge (LAV NRW R Düsseldorf, NW 1037-BV, 2444; LAV NRW R Düsseldorf, NW 1073, 963).

Anmerkungen

Vorwort

1 Vgl. Wirsching, Andreas, Richard Kaselowsky (1888–1944). Eine biographische Skizze (unveröffentlichtes Ms.), Augsburg 2012; Finger, Jürgen/Keller, Sven, Handlungsspielräume und Systemzwänge unternehmerischen Handelns. Das Familienunternehmen Dr. Oetker im NS-Regime. Abschlussbericht zu NS-spezifischen Problemkomplexen der Firmengeschichte und zur Biographie Rudolf-August Oetkers (unveröffentlichtes Ms.), Augsburg 2012.

1. Einleitung

1 «Nach dem Wirbel», in: Westfalen-Blatt, 30. 9. 1968.

2 Vgl. zum «Kunsthallenstreit» ausführlich: Finger/Keller, Mäzenatentum, Memoria und NS-Vergangenheit; Below, «Um Schaden von unserer Stadt und allen Beteiligten abzuwenden»; Below, Die Kunsthalle Bielefeld – ein ‹großer Gedenkstein› für Täter und Opfer?

3 Hartwig, Das Buch der Gefolgschaft.

4 Henke, Die Dresdner Bank im Dritten Reich; Scherner, Das Verhältnis zwischen NS-Regime und Industrieunternehmen; Hayes, Corporate Freedom of Action in Nazi Germany; Buchheim/Scherner, Corporate Freedom of Action in Nazi Germany; Scherner, Anreiz statt Zwang.

5 Vgl. zum Hintergrund der klassischen marxistischen Sicht: Osterloh, Die Monopole und ihre Herren.

6 Vgl. Vogelsang, Der Freundeskreis Himmler, S. 73, beide Male in der Verschreibung «Kaselowski».

7 Vgl. vor allem Sawicki, Das Unternehmen Oetker in der Zeit des Nationalsozialismus. Danach folgten erst deutlich später eine Reihe von Wortmeldungen im Kontext des wieder aufgeflammten Kunsthallenstreits: vgl. Below, «Um Schaden von unserer Stadt und allen Beteiligten abzuwenden».

8 Vgl. Jungbluth, Die Oetkers, leider ohne wissenschaftlichen Apparat. Zu vernachlässigen ist dagegen Jung, August Oetker.

9 Vgl. Böcker-Lönnendonker, Die Ehrenbürgerin, hier mit wissenschaftlichem Apparat; Böcker-Lönnendonker, Karoline Oetker; Böcker-Lönnendonker, «Meine geliebte Heimatstadt».

10 Schanetzky, Jubiläen und Skandale, der Begriff der «Gegenöffentlichkeit» S. 70, 74; zur Entwicklung hoher wissenschaftlicher Standards in der Unternehmens-

geschichte vgl. knapp: Pierenkemper, «Moderne» Unternehmensgeschichte auf vertrauten (Irr-)Wegen?

11 Banken, Vom «Verschweigen» über die «Sonderkonjunktur» hin zur «Normalität»?, o. P. [Abschnitt 1]; Sachse, Revisited, S. 48–56.

12 An der Schnittstelle dieses Prozesses vgl. Gall/Pohl, Unternehmen im Nationalsozialismus. Zur stärkeren Akteurszentrierung: Sachse, Revisited, S. 56–60.

13 Vgl. Jansen/Saathoff, «Gemeinsame Verantwortung und moralische Pflicht».

14 Vgl. Bähr u. a., Der Flick-Konzern im Dritten Reich; Frei u. a., Flick; Scholtyseck, Der Aufstieg der Quandts. Nicht von der Familie Flick finanziert ist die Studie von Priemel, Flick.

15 Friedländer u. a., Bertelsmann im Dritten Reich; Werner, Kriegswirtschaft und Zwangsarbeit bei BMW; Soénius/Danylow, Otto Wolff; Lorenzen, BMW als Flugmotorenhersteller; Köster, Hugo Boss.

16 Vgl. Plumpe, Unternehmen im Nationalsozialismus; Banken, Kurzfristiger Boom oder langfristiger Forschungsschwerpunkt?; Buchheim, Unternehmen in Deutschland; Frei/Schanetzky, Unternehmen im Nationalsozialismus; Banken, Vom «Verschweigen» über die «Sonderkonjunktur» hin zur «Normalität»?, o. P. [Abschnitt 2]. Zur Frage der Legitimität von Auftragsforschung vgl. Reckendrees, Was du darfst, darf ich auch?; Mentel, Zeithistorische Konjunkturen: Auftragsforschung und NS-Aufarbeitung.

17 Dohms, Das Schweigen deutscher Firmen zur NS-Vergangenheit. Zur «Arisierung» der Malzbierbrauerei Groterjan vgl. S. 238.

18 Vgl. z. B. Gall u. a., Die Deutsche Bank 1870–1995; die drei Studien von Bähr, Wixforth und Ziegler zur Dresdner Bank im Dritten Reich sowie den Abschlussband Henke, Die Dresdner Bank im Dritten Reich; Feldman, Die Allianz; Hayes, Die Degussa im Dritten Reich; Rauh, Schweizer Aluminium für Hitlers Krieg?

19 Aktuelle Studien zu Familienunternehmen sind: Friedländer u. a., Bertelsmann im Dritten Reich; Bräutigam, Mittelständische Unternehmer; Soénius/Danylow, Otto Wolff; Berghoff, Zwischen Kleinstadt und Weltmarkt; Lindner, Die Reemtsmas; Jacobs, Rauch und Macht.

20 Vgl. Blaich, Wirtschaft und Rüstung; Herbst, Der Totale Krieg und die Ordnung der Wirtschaft; Barkai, Das Wirtschaftssystem des Nationalsozialismus; Bähr/Banken, Wirtschaftssteuerung durch Recht; Tooze, Ökonomie der Zerstörung; Scherner, Die Logik der Industriepolitik im Dritten Reich.

21 Schäfer, Familienunternehmen und Unternehmerfamilien, S. 101; vgl. Stamm/Schmiade/Kohli, Von Generation zu Generation; Kollmer-von Oheimb-Loup/Wischermann, Unternehmernachfolge in Geschichte und Gegenwart.

22 Vom gestiegenen Interesse an einer reflektierten Unternehmergeschichte zeugt Plumpe, Unternehmer – Fakten und Fiktionen.

23 Schoregge, Der Werkluftschutz der Firma Dr. August Oetker, 28. 2. 1948, in: OeFA, P1/411, S. 16.

24 Vgl. Oetker/Thomas, Vom Glück verwöhnt [2006] und Oetker/Thomas, Vom Glück verwöhnt [2009]. Wenig ergiebig, in seinem Duktus hagiographisch und nicht ohne Fehldeutungen des NS-Regimes war das Ergebnis eines Auftrags zur Erstellung einer Familien- und Firmengeschichte, den Rudolf-August Oetker in den 1990er Jahren Dirk Bavendamm erteilte; Oetker war mit dem Manuskript nicht zufrieden. Vgl. Bavendamm, Die Oetkers in Bielefeld. Beides ist im OeFA

nicht verfügbar. Neben den Erinnerungen Rudolf-August Oetkers haben eine Reihe von Prokuristen ausführliche Berichte über ihre Tätigkeit bei Oetker hinterlassen, die zur Unterrichtung ihrer Nachfolger dienen sollten. Vgl. Carl Schoregge, Erinnerungen aus meiner Tätigkeit bei der Firma Dr. August Oetker Bielefeld, 1907–1947, in OeFA, P1/429 (mit Anlagenband); Karl Höcker, Erinnerungen aus meiner Tätigkeit bei der Firma Dr. August Oetker Nährmittelfabrik GmbH 1911–1951, [Juli 1951], in: OeFA, P1/168a, Anlagen in: P1/168b; Paul Sackewitz, Die Werbung der Firma Dr. August Oetker von 1891–1948, in: OeFA, P1/459.

2. Vom Unternehmer zur Marke: Der Aufstieg von Dr. August Oetker

1 Vgl. das Material in OeFA, P1/41, dort insb. die Erinnerungen von Augusts Schwester Helene; außerdem die Lehrlings- und Gehilfenzeugnisse August Oetkers, in: OeFA, P1/244, 245, 247 und die Beurteilung seines Militärdienstes in P1/246. Vgl. auch Hartwig, Das Buch der Gefolgschaft, S. 10–13; Pollard/Möller, Dr. August Oetker; Jungbluth, Die Oetkers, S. 38–44.

2 Vgl. Oetker, Zeigt der Pollen in den Unterabtheilungen der Pflanzen-Familien charakteristische Unterschiede?; Diplom-Urkunde, 1888, in: OeFA, P1/248; Vorläufiges Zeugnis des bestandenen Doktor-Examens, 10. 12. 1888, in: OeFA, P1/36; Berendes, Das Apothekerwesen, S. 245–253.

3 Hartwig, Das Buch der Gefolgschaft, S. 13.

4 Vgl. Öffentliche Bekanntmachung der Erteilung der Konzession zum Betrieb der Saul-Aschoffschen Apotheke an Dr. August Oetker, 12. 1. 1891, in: OeFA, P1/558; Erteilung der Konzession durch den Regierungspräsidenten in Minden, 12. 1. 1891, in: OeFA, P13/137. Bei dem Namenszusatz «Saul» handelt es sich um eine Verschreibung. Der Vorinhaber trug den Namen Saal. Vgl. die Übertragungs-Anzeige des Apothekers J. Saal, in: Bielefelder Tageblatt, 31. 1. 1891, abgedr. in: Hartwig, Das Buch der Gefolgschaft, S. 12; Niedergerke, Zur Geschichte der Aschoffschen Apotheke.

5 Vgl. Betriebsordnung, 1937, in: OeFA, P15/52, S. 1; Hartwig, Das Buch der Gefolgschaft, S. 10. Insgesamt zur Frühgeschichte der Firma und zur Durchsetzungsphase bis 1923 durchaus informativ, wenn auch nicht frei von Stilisierung die Dissertation des Bruders von Richard Kaselowsky: Kaselowsky, Die rheinisch-westfälische Back- und Puddingpulverindustrie. Zu Theo Kaselowsky vgl. S. 79–81.

6 Vgl. Kaudelka-Hanisch, Preußische Kommerzienräte.

7 Hartwig, Das Buch der Gefolgschaft, S. 15.

8 Vgl. ebd., S. 15; Das Horsford-Liebig'sche Backpulver; Schwedt, Liebig und seine Schüler, S. 213 f.

9 Hartwig, Das Buch der Gefolgschaft, S. 17 f. Auf der Internetseite des Unternehmens heißt es: «In der Hinterstube einer Bielefelder Apotheke fängt im Jahre 1891 alles an: Der junge Apotheker Dr. August Oetker hantiert bis spät in die Nacht mit Apothekerwaage, Mörser und verschiedenen Pülverchen. Was er da in hartnäckiger Forscherarbeit entwickelt, revolutioniert das Backen.», in: Dr. Oetker, Unternehmen, Geschichte 1890–1899. Die Bewertung von Oetkers Versuchen ist umstritten. Folgt man jedoch der Ansicht, Oetker habe keine signifikanten Änderungen an der Rezeptur des Backpulvers vorgenommen, ist es schwierig, die unabhängig belegten, über einen längeren Zeitraum andauernden

Backversuche zu erklären. Ob die Backpulverversuche indes im Labor der Apotheke oder, wie der Mythos es will, in einer kleinen «Geheimkammer» vonstattengingen, mag dahingestellt bleiben. Vgl. Jungbluth, Die Oetkers, S. 54 f., der diesen Widerspruch nicht auflöst.

10 Pollard/Möller, Dr. August Oetker, S. 361.

11 Wixforth, Ostwestfalen, S. 53 f.; Burhop, Wirtschaftsgeschichte des Kaiserreichs 1871–1918; Ellerbrock, Geschichte der deutschen Nahrungs- und Genußmittelindustrie 1750–1914, S. 237–326.

12 Hartwig, Das Buch der Gefolgschaft, S. 133–142. Vgl. zu Marie-Louise Haase: Liebold, «Marie-Louise Haase bürgt für Qualität».

13 Zwei Werbeanzeigen aus dem Jahr 1893 in OeFA, P13/1371, zwei weitere in OeFA, P13/1338 und 1391. Für die Apotheke und ihre Produkte hatte Oetker freilich schon früher geworben und tat dies zunächst auch weiterhin, vgl. OeFA, P13/1311–1315, 1325–1337.

14 Vgl. Diplom zur Goldenen Fortschrittsmedaille der Allgemeinen Ausstellung für Volksernährung und Gesundheitspflege, Kochkunst, Brauerei und Wirtschaftswesen, Hamburg, 2. 10. 1898, in: OeFA S2/280; Anzeige: «Goldene Medaille Berlin 1896 für Dr. Oetker's Backpulver», in: OeFA, P13/1371.

15 Vgl. insbesondere Paul Sackewitz, Die Werbung der Firma Dr. August Oetker von 1891–1948, o. D., in: OeFA, P1/459, der seit 1925 die Werbeabteilung leitete und den Auftritt der Firma bis zur Jahrhundertmitte prägte, anfangs zusammen mit Louis Oetker; Hartwig, Das Buch der Gefolgschaft, S. 143–168; Conrad, Werbung und Markenartikel; Pollard/Möller, Dr. August Oetker, S. 362–368.

16 Vgl. die Akte des Gewerbeaufsichtsamtes Bielefeld, in: LAV NRW OWL Detmold, D 3 Bielefeld, Nr. 576; Karte der Auslieferungslager, in: OeFA, P8/42; Erinnerungen Ellerbrock, o. D., in: OeFA, P1/800; Pollard/Möller, Dr. August Oetker, S. 366 f.

17 Für den Markenbegriff fehlt eine einheitliche Definition; vgl. Hansen, Der Markenartikel. Für die Zeit 1910 bis 1945 weist eine Dissertation aus dem Jahr 1963 25 verschiedene Definitionen nach, aus denen der Verfasser eine Reihe von konstitutiven Kriterien eines Markenartikels destilliert. Die folgenden Ausführungen orientieren sich an dieser Aufstellung. Vgl. Kühn, Der Markenartikel, Wesen und Begriff, S. 202; Conrad, Werbung und Markenartikel, S. 32–37. Anderen Definitionen galt der Markenartikel vor allem als «Absatzsystem». Auch aus dieser Perspektive war das Oetker'sche Backpulver ein Markenprodukt; vgl. Findeisen, Die Markenartikel im Rahmen der Absatzökonomik der Betriebe, S. 31–47.

18 Abgesehen von den Jahren der Inflation schwankte der Päckchenpreis für Backin in den Weimarer Jahren zwischen 7 und 10 Pfennigen; vgl. Schoregge, Erinnerungen, 1947, S. 58 f., in: OeFA, P1/429. Die Angabe von Pollard/Möller, Dr. August Oetker, S. 366, der Preis habe 70 Jahre lang konstant 10 Pfennige betragen, ist falsch und sitzt vermutlich einer Selbststilisierung auf. Schon allein aus Gründen der allgemeinwirtschaftlichen Entwicklung und angesichts von Krisen und Inflation wäre dies kaum möglich gewesen.

19 Vgl. Deutscher Markenverband e. V., Fünfzig Jahre Markenverband, S. 9 f.; Schoregge, Erinnerungen, 1947, S. 79–82, in: OeFA, P1/429; Kaselowsky, Die rheinisch-westfälische Back- und Puddingpulverindustrie, S. 30 ff. Zu den Boykottkämpfen vor allem gegen Einkaufs- und Konsumvereine (z. B. Edeka) zwischen 1907 und 1912, vgl. Spiekermann, Basis der Konsumgesellschaft, S. 538–549.

20 Vgl. in der Fassung «Ein heller Kopf verwendet nur Dr. Oetker's Backpulver à 10 Pfg., weil es das beste ist» bereits in einer Zeitungsannonce von 1899, in: Hartwig, Das Buch der Gefolgschaft, S. 38; mit einem Auszug aus einem Schreiben August Oetkers an den Verfasser: Hermann, Markenschutz und Schutzmarken, S. 123 f. Die erste Briefmarke der Welt, die «One Penny Black» von 1840, zeigte die junge englische Königin Viktoria im Profil, weiß vor schwarzem Grund.

21 Vgl. die Materialsammlung zur Entstehung des Markenzeichens in OeFA, P1/152 sowie anhand der Entwicklung des Briefkopfes, die sich z. B. in den Akten des zuständigen Gewerbeaufsichtsamtes nachvollziehen lässt: LAV NRW OWL Detmold, D 3 Bielefeld, Nr. 576; zur Vereinheitlichung vgl. Höcker, Erinnerungen, 1951, S. 11, in: OeFA, P1/168a; Schoregge, Erinnerungen, 1947, S. 81 f., in: OeFA, P1/429; Hartwig, Das Buch der Gefolgschaft, S. 18–43; Conrad, Werbung und Markenartikel, S. 47 f., 54–57, 100–108.

22 Vgl. Fakten und Daten aus der Geschichte der Firma Dr. August Oetker, gesammelt von Berndt von Nolcken, in: OeFA, P1/140. Wie belastbar diese Zahlen sind, ist fraglich; laut dem Erinnerungsbericht des zuständigen Managers «liegen feste Zahlen über die Umsätze vor 1907 nicht mehr vor». Vgl. Schoregge, Erinnerungen, 1947, S. 2, in: OeFA, P1/429.

23 Vgl. Hartwig, Das Buch der Gefolgschaft, S. 44–71; zur Entwicklung des Werksgeländes auch: Höcker, Erinnerungen, Anlage 201: Erinnerungsblatt, 1925, in: OeFA, P1/168b; Carl Schoregge, Der Werkluftschutz der Firma Dr. August Oetker, Anlage 5: Gesamtansicht der Werksanlagen, in: OeFA, P1/411; zur Mitarbeiterzahl: Fakten und Daten aus der Geschichte der Firma Dr. August Oetker, gesammelt von Berndt von Nolcken, in: OeFA, P1/140.

24 Vgl. ebd. sowie die Überlegungen bei Pollard/Möller, Dr. August Oetker, S. 369, die vor allem auf den Angaben von Nolckens beruhen.

25 Die genauen Zahlen verdanken sich der ersten Bewerbung August Oetkers um den Titel des Kommerzienrats im Jahre 1911. Vgl. ebd., S. 375.

26 Vgl. Ellerbrock, Geschichte der deutschen Nahrungs- und Genußmittelindustrie 1750–1914, S. 244–258, 276–290.

27 Entsprechende Zahlen finden sich vor allem in OeFA, P13/4568.

28 Zitiert nach Conrad, Werbung und Markenartikel, S. 128; Schoregge, Erinnerungen, 1947, S. 15, in: OeFA, P1/429; Paul Sackewitz, Die Werbung der Firma Dr. August Oetker von 1891–1948 [o. D.], in: OeFA, P1/459.

29 Vgl. die Anträge zwischen dem 3. 3. 1922 und dem 22. 8. 1923, in: LAV NRW OWL Detmold, D 3 Bielefeld, Nr. 576, Bl. 135, 138, 140, 142, 144, 146, 151–158, das Zitat Bl. 146 (vom 8. 7. 1922).

30 Umsatzübersicht 1911–1947, in: OeFA, P13/4568.

31 Zuvor hatte die Firma Papier und Kartonagen aus dem ganzen Reich bezogen. Vgl. Höcker, Erinnerungen, 1951, S. 31–38; Hartwig, Das Buch der Gefolgschaft, S. 183–192.

32 Vgl. Hartwig, Das Buch der Gefolgschaft, S. 75–83; Fabrikneubau Dr. August Oetker, Bielefeld, in: Moderne Bauformen, 36 (1937), Heft 12, S. 607–620, in: OeFA, P13/18.

33 Vgl. Hartwig, Das Buch der Gefolgschaft, S. 85–114, Zitate S. 100.

34 Bericht des Gewerbeaufsichtsamtes zur Rationalisierung, 1927, in: LAV NRW OWL Detmold, D 3 Bielefeld, Nr. 34; abgedruckt in: Paul/Pingel, Unter dem Faschismus, S. 164–168, zu Oetker S. 166 f.

35 Ebd. Vgl. zur Bekämpfung der «Staubplage» auch Hartwig, Das Buch der Gefolgschaft, S. 113 f., die zur Folge gehabt habe, dass vor Einführung der Verbesserungen «täglich [...] Mädchen während der Arbeit ‹schlapp machten›». Vgl. z. T. wortgleich Jahresberichtsfrage über den Arbeiterschutz in rationalisierten Betrieben [Dezember 1927], in: LAV NRW OWL Detmold, D 3 Bielefeld, Nr. 27.

36 Gewerbeaufsichtsamt Bielefeld an Preußisches Statistisches Landesamt, 12. 12. 1933, in: LAV NRW OWL Detmold, D 3 Bielefeld, Nr. 122; Höcker, Erinnerungen, Anlage 48: Ergebnis der Mitarbeiterzählung anlässlich der Vertrauensratswahlen, 25. 4. 1934, in: OeFA, P1/168b. In den Zahlen sind die Mitarbeiter der eigenständig betriebenen Vereinigten Oetkerwerkstätten und der Oetker'schen Papierverarbeitung Oteka enthalten.

37 Höcker, Erinnerungen, Anlage 101: Bericht über einen Besuch des Gewerbeaufsichtsamtes, 6. 11. 1940, S. 1, in: OeFA, P1/168b.

38 Vgl. Vogelsang, Geschichte der Stadt Bielefeld, Bd. 3, S. 85–89; Schoneweg, Das Buch der Stadt; Wixforth, Ostwestfalen, S. 44–53, 99–104.

39 Die Begriffe Zweigwerk, Niederlassung, Filiale u. Ä. werden im Text synonym verwendet; dies entspricht der Verwendung in den Quellen, die ebenfalls nicht – etwa nach der organisatorischen Anbindung an das Stammhaus – unterscheiden.

40 Das genaue Gründungsdatum der Niederlassung in Aussig scheint spätestens in den 1930er Jahren auch firmenintern in Vergessenheit geraten zu sein. Das Firmenarchiv enthält keine entsprechenden Dokumente, und sowohl in den Erinnerungen Schoregges als auch in der Jubiläumsfestschrift bleiben die Angaben vage. Vgl. Akt des Gewerbeaufsichtsamtes Bielefeld, in: LAV NRW OWL Detmold, D 3 Bielefeld, Nr. 576; Schoregge, Erinnerungen, 1947, S. 87 f., in: OeFA, P1/429; Karte der Auslieferungsläger, in: OeFA, P8/42; Hartwig, Das Buch der Gefolgschaft, S. 195 f.; Dossier: Der Oetker-Konzern, 25. 3. 1946, S. 10 ff., in: TNA: PRO, FO 1013–2476.

41 Vgl. zum Zweigwerk in Danzig-Oliva OeFA, P15/72–92; Schoregge, Erinnerungen, 1947, S. 91 f., in: OeFA, P1/429; Hartwig, Das Buch der Gefolgschaft, S. 202–205.

42 Zur Firma Ancel und zum Zweigwerk in Straßburg vgl. OeFA, P1/770, P13/4914, P15/66; AD du Bas-Rhin, Straßburg, 683 D, 6 und 13; Répertoire analytique du commerce et des sociétés, 1940, in: AD de la Haute-Vienne Limoges, 13 U 369; Schoregge, Erinnerungen, 1947, S. 89 f., in: OeFA, P1/429; Dossier: Der Oetker-Konzern, 25. 3. 1946, S. 22 f., in: TNA: PRO, FO 1013–2476.

43 Schoregge, Erinnerungen, 1947, S. 90, in: OeFA, P1/429, dort der einzige Hinweis auf die Abfüllstätte in Straßburg, insb. Anlage 213: Vertrag zwischen Fa. Dr. August Oetker und Wilhelm Hepp, 31. 3. 1930.

44 Vgl. Dossier: Der Oetker-Konzern, 25. 3. 1946, S. 14–21, in: TNA: PRO, FO 1013–2476; Schoregge, Erinnerungen, 1947, S. 90 und 95 ff., in: OeFA, P1/429; zu Mailand die Akte OeFA, P13/4903.

45 Vgl. Schoregge, Erinnerungen, 1947, S. 90, in: OeFA, P1/429; zu Kripp die Akte OeFA, P15/337.

46 Das Zweigwerk bezog seine Räume an der Großen Elbstraße am 19. 6. 1924, nachdem zuvor schon rund sechs Wochen in den Räumen der Marzipan-Fabrik L. C. Oetker produziert worden war. Deren Gründer, Louis Carl Oetker (1844–1884), war ein Bruder Dr. August Oetkers. Vgl. zum Zweigwerk Hamburg OeFA, P15/128–131; Schoregge, Erinnerungen, 1947, S. 92 ff., in:

OeFA, P1/429; Dossier: Der Oetker-Konzern, 25.3.1946, S.10ff., in: TNA: PRO, FO 1013–2476; Vogelsang/Philipowitz, 25 Jahre Dr. Oetker Nährmittelfabrik GmbH Zweigwerk Hamburg; Hartwig, Das Buch der Gefolgschaft, S.197–201.

47 Vgl. Schoregge, Erinnerungen, 1947, S.10ff., in: OeFA, P1/429; zu Reese vgl. Julius Ellerbrook, Erinnerungen, 1949, in: OeFA, P10/59. Theo Kaselowsky schätzte den Werbeaufwand bei Oetker vor dem Ersten Weltkrieg auf 20 bis 25 Prozent des Umsatzes, was jedoch auf Dauer nicht durchzuhalten gewesen sei. Vgl. Kaselowsky, Die rheinisch-westfälische Back- und Puddingpulverindustrie, S.19, zur Übernahme der Konkurrenten S.28ff.

48 Vgl. zur Übernahme von Töllner die Akten in: OeFA, P15/331.

49 Vgl. Kaselowsky, Die rheinisch-westfälische Back- und Puddingpulverindustrie, S.116–123.

50 Vgl. Priemel, Wider die Typologie, S.139–145; Priemel, Heldenepos und bürgerliches Trauerspiel; allgemeiner: Bourdieu, Die biographische Illusion.

51 Hartwig, Das Buch der Gefolgschaft, S.33.

52 Vgl. ebd., S.207–213; Personalbuch der Angestellten, o.D., in: OeFA, P1/285; Personalliste 10.10.1933, in: OeFA, P1/289; Gehälter der kaufmännischen Angestellten, nach Abteilungen geordnet [1931]–1939, in: OeFA, P1/287. Vgl. die Aufstellung im Anhang IV.

53 Vgl. Hartwig, Das Buch der Gefolgschaft, S.133–136, Zitat S.136; vgl. auch die Korrespondenzen zwischen den beiden Brüdern zu chemischen Problemen in OeFA, P1/37. Vgl. auch: Prokuraerteilung an Dr. Eduard Oetker und Gustav Hornberg, 30.12.1904, in: OeFA, P1/798; Erinnerungen von Frau Gersdorff, o.D., in: OeFA, P1/170.

54 Vgl. Hartwig, Das Buch der Gefolgschaft, S.227–230, Zitat S.228; vgl. auch eigenhändiger Lebenslauf Louis Oetker, 1910, in: OeFA, P13/1842.

55 Vgl. Hartwig, Das Buch der Gefolgschaft, S.213f.; Heiratsanzeige, 1.8.1912, in: OeFA, P13/270. Ursula war zwar hinsichtlich der Anteile am Unternehmen gleichberechtigte Erbin; für die Führung des Unternehmens kam sie als Frau jedoch nicht infrage.

56 Vgl. Hartwig, Das Buch der Gefolgschaft, S.214–223, sowie die Kondolenzschreiben in OeFA, P1/40; zum Tod und zur Überführung des Leichnams P13/3732. Zu Lina Oetker vgl. Böcker-Lönnendonker, Die Ehrenbürgerin.

3. Zwischen Gründer- und Enkelgeneration: Richard Kaselowsky an der Firmenspitze

1 Vgl. Schumann, Buddenbrooks revisited, S.223f.

2 Vgl. zur Relevanz generationeller Erzählparadigmen in Familienunternehmen, die allgemein stärker als Kapitalgesellschaften von ihrer Historizität zehren: Priemel, Heldenepos und bürgerliches Trauerspiel; Hesse, «Familieninteresse geht vor Eigeninteresse», S.150f.

3 Vgl. Lundgren, Ferdinand Kaselowsky, S.163–187; Gerstein, Lemma «Kaselowsky, Ferdinand». Richard Kaselowsky sen. hatte außerdem fünf Schwestern. Vgl. Erinnerungen von Hedwig und Luise Kaselowsky an ihre Kindheit, 1932/33 (Abschrift), in: Privatarchiv Ingeborg von Schubert.

4 Vgl. Beaugrand/Krull, Nikolaus Dürkopp, S.310f., sowie den Artikel: Die Familie Kaselowsky.

5 Vgl. zum Begriff des «Leinenpatriziats» Mooser, Maschinensturm und Assoziation, S. 295; Kocka/Vogelsang: Einleitung, S. 1–6.

6 Das galt auch im Vergleich mit den anderen großen Fabriken der Textil- und Maschinenbauwirtschaft in Bielefeld: vgl. Ditt, Industrialisierung, S. 163, 170 f., 184.

7 Für die frühe Biographie Kaselowskys vor seinem Eintritt in das Unternehmen ist die Quellenlage ausgesprochen schwierig. Die wichtigste Grundlage sind – soweit nicht anders vermerkt – seine eigenen autobiographischen Aufzeichnungen: Richard Kaselowsky, Erinnerungen [über die ersten 15 Jahre als Teilhaber der Fa. Dr. August Oetker], 1. 3. 1936, in: OeFA, P1/62 (künftig zitiert als: Kaselowsky, Erinnerungen); Richard Kaselowsky, Eigenhändiger Lebenslauf vom 3. 9. 1940, in: OeFA, P15/6; ergänzend: Hartwig, Das Buch der Gefolgschaft, S. 231–233. Vgl. zu den Abgeordnetenmandaten: Kühne: Handbuch der Wahlen zum preußischen Abgeordnetenhaus, S. 391–395.

8 Vgl. Kaselowsky, Erinnerungen, S. 1, in: OeFA, P1/62, wo er Bezug nimmt auf Gespräche zwischen Rudolf Oetker und dessen Vater, deren Zeuge er war.

9 Richard Kaselowsky, Eigenhändiger Lebenslauf vom 3. 9. 1940, in: OeFA, P15/6; Hartwig, Das Buch der Gefolgschaft, S. 231 ff. Zu Delbrück, Schickler & Co. sowie J. Henry Schröder & Co. vgl. Gall u. a., Die Deutsche Bank, S. 3 f.; Pohl, Handbook on the History of European Banks, S. 380–383; Roberts, Schroders. Merchants & Bankers.

10 Hans-Joachim Kaselowsky im Gespräch mit Andreas Wirsching, 1. 2. 2011.

11 Knappe firmengeschichtliche Anmerkungen finden sich in: Thompson, The Orpington Ducks.

12 Richard Kaselowsky, Eigenhändiger Lebenslauf vom 3. 9. 1940, in: OeFA, P15/6.

13 Richard Kaselowsky, Der rheinisch-westfälische Kuxenmarkt, Berlin 1920.

14 So erinnerte sich Lina Oetker später: Lina Oetker an Ernst Oetker (Abschrift), 14. 1. 1941, in: Privatarchiv Ingeborg von Schubert; vgl. Oetker, Vom Glück verwöhnt, S. 5.

15 Vgl. die Überlegungen zum Verhältnis von Pflicht und Gefühl bei: Finger/Keller, Erhalt als Erfolg.

16 Kaselowsky, Erinnerungen, S. 2, in: OeFA, P1/62. Vgl. in offenkundiger Abhängigkeit von diesem Bericht: Oetker, Vom Glück verwöhnt, S. 5.

17 Richard Kaselowsky senior an Maria [Kaselowsky], 15. 5. 1919, in: Privatarchiv Ingeborg von Schubert.

18 Vgl. Kaselowsky, Erinnerungen, S. 2, in: OeFA, P1/62.

19 Richard Kaselowsky sen. an Maria Kaselowsky, 15. 5. 1919, in: Privatarchiv Ingeborg von Schubert.

20 Vgl. Lebenslauf Theo Kaselowsky, 14. 8. 1947, in: BArch Koblenz, Z 42 IV, 1142; Hans-Joachim Kaselowsky im Gespräch mit Andreas Wirsching, 1. 2. 2011; demnach wurde der Geflügelhof eine Zeit lang von beiden Brüdern geführt, bevor sich Richard zurückzog und nach Bielefeld zurückkehrte.

21 Nach Roeingh, Das deutsche Pferdebuch, S. 177 ff., 196 f., wurde Kaselowsky auch durch den erfahrenen Züchter Paul Niemöller, dessen Gestüt Ravensberg in der Nähe von Bielefeld lag, an die Pferdezucht herangeführt. Niemöller sei ein Onkel Kaselowskys gewesen.

22 Kaselowsky, Erinnerungen, S. 2, in: OeFA, P1/62.

23 Kaselowsky, Erinnerungen, S. 2, in: OeFA, P1/62. Vgl. Oetker, Vom Glück verwöhnt, S. 5.

24 Kaselowsky, Erinnerungen, S. 5, in: OeFA, P1/62.

25 Vgl. Finger/Keller, Erhalt als Erfolg.

26 Vgl. Kaselowsky, Erinnerungen, S. 2; Gesellschaftsvertrag, 8. 2. 1919, in: OeFA, P13/93. Dieser Gesellschaftsvertrag sicherte der Kommerzienrätin das Recht zu, einseitig neue Teilhaber nach einer fünfjährigen Probezeit in die Gesellschaft aufzunehmen; das zielte auf Kaselowsky.

27 Hermann Kandler an Richard Kaselowsky, 14. 8. 1944, in: OeFA, P15/1.

28 Kaselowsky, Erinnerungen, S. 2 f., in: OeFA, P1/62; vgl. Notarielle Urkunde über den Gesellschaftsvertrag zwischen Dr. August Oetker (vertreten durch seine Witwe als Universalerbin) und Fritz Behringer, 24. 1. 1918, in: OeFA, P13/93. Behringer brachte eine Einlage von 100 000 Mark ein; ihm wurden eine Verzinsung und ein Anteil am verbliebenen Reingewinn von 5 %, mindestens jedoch 20 000 Mark garantiert, ohne an den Verlusten teilzuhaben. Bei Ausscheiden oder Todesfall sollte das Geschäft mit allen Aktiva und Passiva an die Kommerzienrätin oder ihre Erben, die Enkel Ursula und Rudolf-August zurückfallen. In einem weiteren Vertrag ein Jahr später wurde die Dauer der Gesellschaft bis 1930 verlängert. Die Enkel sollten nach dem Tod der Witwe Oetker von der Geschäftsführung bis zu ihrem 25. Lebensjahr ausgeschlossen bleiben, ebenso bis zu deren Volljährigkeit ihre gesetzlichen Vertreter. Vgl. Gesellschaftsvertrag, 8. 2. 1919, in: OeFA, P13/93. Die wachsende Bedeutung Behringers für die Firma zeigte sich wiederum ein Jahr später in der Erhöhung seines Anteils am Reingewinn auf 10 %. Vgl. Vereinbarung zwischen Lina Oetker und Fritz Behringer, 20. 3. 1920, in: OeFA, P13/93.

29 Kaselowsky, Erinnerungen, S. 4. Willy Merker war am 1. 11. 1911 bei Dr. August Oetker eingetreten. Nach kurzer Einarbeitungszeit übernahm er Ende 1912 zusammen mit Julius Ellerbrock die Leitung der frisch erworbenen Reese GmbH, Hameln, bevor er wieder zu Oetker zurückkam. Merker wurde Ende 1932 pensioniert. Vgl. Höcker, Erinnerungen 1911–1951, S. 1–6, in: OeFA, P1/168a; Gehälter der kaufmännischen Angestellten, nach Abteilungen geordnet 1931/39, S. 2, in: OeFA, P1/287.

30 Kaselowsky, Erinnerungen, S. 5; vgl. Jahresberichtsfrage über den Arbeiterschutz in rationalisierten Betrieben [A. Oetker], Dezember 1927, in: LAV NRW OWL Detmold, D 3 Bielefeld, Nr. 27.

31 Vgl. Wehler, Deutsche Gesellschaftsgeschichte, Bd. 4, S. 244–246; Holtfrerich, Die deutsche Inflation, S. 193–202, das Zitat S. 193; Feldman, The Great Disorder, S. 218 ff.; Büttner, Weimar, S. 166–177; kritisch zur Inflationskonjunktur: Knortz, Wirtschaftsgeschichte der Weimarer Republik, S. 63–66.

32 Vgl. Aussage Richard Kaselowskys vor dem Untersuchungsrichter beim LG Wiesbaden, 11. 3. 1927, in: OeFA, P15/306; Aufsichtsratsprotokoll Chemische Fabrik Goldenberg, Geromont & Cie. AG, 19. 4. 1917 (Erhöhung des Aktienkapitals um 500 000 Mark), in: OeFA, P15/300.
Da der größere Anteil der «Goldenberg-Oetker-Stiftung» aus den Kriegsgewinnen der Firma Goldenberg stammte, strebte Neuberg für sich auch ein Mitspracherecht bei der Berufung des Direktors an – und dachte dabei an seinen Cousin, den Chemiker Carl Neuberg. Der Chemiker und Apotheker August Oetker setzte damit seine Förderung der KWG fort, die er seit ihrer Gründung 1911 als Förderndes Mitglied unterstützt hatte. 1912 stellte er 100 000 Mark zur Anstellung junger Wissenschaftler am neuen Kaiser-Wilhelm-Institut für experimen-

telle Therapie zur Verfügung, von dessen Forschungen Aufschluss über Fragen im Schnittpunkt von Chemie und Biologie zu erhoffen waren. Vgl. Conrads/Lohff, Carl Neuberg, S. 57 f. und 75–87; 1. Jahresbericht der Kaiser-Wilhelm-Gesellschaft zur Förderung der Wissenschaften, Berlin 1912, S. 43 und 48; 2. Jahresbericht der Kaiser-Wilhelm-Gesellschaft zur Förderung der Wissenschaften, Berlin 1913, S. 33, in: MPG-Archiv.

33 Richard Kaselowsky an Emil Neuberg, 27. 10. 1922, in: OeFA, P15/308. Auf der Suche nach schriftlichen Vereinbarungen kam man nach Behringers Tod zu dem Ergebnis, dass die Abnahmeverpflichtungen allein auf einem nach Kriegsende von Behringer mündlich gegebenen Auftrag beruhten, Goldenberg solle so viel liefern, als möglich sei. Daran fühlte man sich in Bielefeld weiterhin gebunden.

34 Vgl. Kaselowsky, Erinnerungen S. 6–10; Holtfrerich, Die deutsche Inflation, S. 202; Knortz, Wirtschaftsgeschichte der Weimarer Republik, S. 63.
Alle anderen Schilderungen der Goldenberg-Krise, insbesondere auch Hartwig, Das Buch der Gefolgschaft, S. 224–226, 234–239, sowie damit auch Jungbluth, Die Oetkers, S. 109–119, sind quellenmäßig von diesem Dokument abhängig. Die Erinnerungen stützen sich auf eine Zeugenaussage Kaselowskys aus dem Jahr 1926 in einem Ermittlungsverfahren gegen Oscar Neuberg: Aussage Richard Kaselowskys vor dem Untersuchungsrichter beim LG Wiesbaden, 11. 3. 1927, in: OeFA, P15/306. Den Erinnerungen fehlen über weitere Strecken exakte Datierungen. Die Chronologie konnte teilweise aus verstreutem Schriftverkehr im OeFA rekonstruiert werden.
Oetker verkaufte 1919 einen Teil der Goldenberg-Aktien (300 Stück, zu einem Kurs von 300 %) an ein nicht näher genanntes Konsortium, um den Erlös als stille Einlage bei Goldenberg einzubringen; die restlichen Aktien (250 Stück) wurden als Sicherheit bei der Aktiengesellschaft selbst hinterlegt. Die Aktienbeteiligung wurde somit teilweise in eine Gewinnbeteiligung umgewandelt, damit ging allerdings eine Reduzierung des Mitspracherechts in der Goldenberg-Hauptversammlung einher. Vgl. Vertrag zwischen der Chemischen Fabrik vorm. Goldenberg, Geromont & Cie. und der oHG Dr. A. Oetker und ihren Teilhabern, 8. 12. 1919, in: OeFA, P15/300.

35 Vgl. Oscar Neuberg an Fritz Behringer, 9. 11. 1920 (hier das Zitat), 25. 11. 1920, 3. 12. 1920, 10. 12. 1920, in: OeFA, P15/301.

36 Vgl. Kaselowsky, Erinnerungen, S. 21 f.

37 Vgl. Schäfer, Herren im eigenen Haus, S. 159 ff.; Schäfer, Familienunternehmen und Unternehmerfamilien, S. 181–185; eher pessimistisch wegen des mittelfristig geringen Erfolgs dieser Strategie bleibt Wixforth, Industriekredit und Kapitalmarktfinanzierung, S. 31 f. Allgemein waren die Börsen bis 1923 geprägt von einer Flucht in Sachwerte, die phasenweise zu einer regelrechten «Panikhausse» führte; vgl. Geyer, Verkehrte Welt, S. 253 f.

38 Vgl. Kaselowsky, Erinnerungen, S. 8–12; Hartwig, Das Buch der Gefolgschaft, S. 227–230. Louis Oetker aus Obernkirchen trat 1906 in die Geschäftsleitung ein. Seine Ausbildung hatte er teilweise in der Firma seines Onkels Albert Oetker erhalten, bei Deuß & Oetker, Krefeld, in deren Auftrag er auch mehrfach Geschäftsreisen ins Ausland unternahm. Er war maßgeblich am Erwerb der Konkurrenzfirmen Dr. Crato und der Reese-Gesellschaft mbH 1906 und 1910 beteiligt.

39 Nach Angaben Kaselowskys wurden die Trocknungswerke erst 1919 mit einem Kapital von nur etwa 20 000 Mark gegründet. Vgl. Aussage Richard Kaselow-

skys vor dem Untersuchungsrichter beim LG Wiesbaden, 11. 3. 1927, in: OeFA, P15/306; Kaselowsky, Erinnerungen, S. 4, 11–15 und 18. Zu den Diskussionen um «Urkraft» und andere Produkte vgl. Prof. Wassermann und Prof. Carl Neuberg an Fritz Behringer, 26. 7. 1920, sowie insg. Schriftwechsel Fritz Behringer und Prof. Carl Neuberg, Juni bis November 1920, in: OeFA, P15/212; Vertrag zwischen Fritz Behringer und der Fa. Goldenberg, Geromont & Cie., o. D. (Entwurf), in: OeFA, P15/300, sowie in einer weiteren Fassung in: OeFA, P15/297. Der Gewinnanteil der Chemischen Fabrik vorm. Goldenberg, Geromont & Cie. wurde auf 20 % festgesetzt, neben einer Verzinsung der Einlage von 5 % p. a. Goldenberg erhielt zudem ein Vorkaufsrecht für die Trocknungswerke. Dieser sollte zukunftsfähige neue Produkte für die Trocknungswerke entwickeln und bei deren Markteinführung beraten. Die etwas wahllos anmutenden Produktideen, die Behringer und Prof. Neuberg in dringlichen Schreiben austauschten, konkretisierten sich nie.

40 Später stellte sich heraus, dass Behringer zur Rückzahlung einer ersten Tranche der Trocknungswerke-Schulden einen Kredit bei der Darmstädter Bank aufgenommen hatte. Die Bürgschaft dafür hatte er selbst in seiner Eigenschaft als Teilhaber der Firma Oetker übernommen: Dr. Oetker bürgte also für das Darlehen, mit dem Behringer seine Schulden an Dr. Oetker zurückzahlen wollte. Als seine Versuche scheiterten, über den Goldenberg-Aktionär Max Brings den Betrag anderweitig aufzubringen, schien Behringer – so die Vermutung Kaselowskys – keinen anderen Ausweg als Selbstmord zu erkennen. Vgl. Kaselowsky, Erinnerungen, S. 16–25 und 35; Vertrag zwischen Louis Oetker, Richard Kaselowsky und Fritz Behringer (Entwurf), Februar 1921, in: OeFA, P1/267. Max Brings unterstützte bei anderen Gelegenheiten die Position Kaselowskys gegenüber Neuberg und verzichtete etwa auf die Regulierung von 100 000 Mark der Schulden der Trocknungswerke. Darauf basierten offenbar die langjährigen guten Beziehungen mit dem jüdischen Geschäftsmann bis weit in die 1930er Jahre hinein. Vgl. Aussage Richard Kaselowskys vor dem Untersuchungsrichter beim LG Wiesbaden, 11. 3. 1927, in: OeFA, P15/306.

41 Vgl. Gesellschaftsvertrag vom 12. 3. 1921, in: OeFA, P13/93 sowie P1/265. Louis Oetker brachte sein bisheriges Guthaben als Kapital ein, Kaselowsky 50 000 Mark. Der Anteil am Reingewinn betrug 10 %, bei Kaselowsky vorerst 5 %, jährlich um einen Prozentpunkt zu erhöhen bis auf 10 %. Die Enkel Ursula und Rudolf-August wurden als stille Gesellschafter mit einer Einlage von jeweils einer Viertelmillion Mark aufgenommen.

42 Vgl. Kaselowsky, Erinnerungen, S. 38 ff. Lizenzrechtliche Probleme mit der Metallgesellschaft AG, Frankfurt, die den Krause-Trocknungsturm für die Trocknungswerke geliefert hatte, konnte Kaselowsky ausräumen, vermutlich mithilfe Alexander Beckers, eines Kriegskameraden Rudolf Oetkers.

43 Vgl. Kaselowsky, Erinnerungen, S. 26–33; Vertrag zwischen der Chemischen Fabrik vorm. Goldenberg Geromont & Cie, der Unicheco und Dr. A. Oetker, 26./27. 4. 1921; Ergänzender Vertrag, 24. 5. 1927, in: OeFA, P15/297. Schon Ende 1920, als Neuberg erkennen konnte, dass die AG-Pläne nicht auf Gegenliebe stießen, machte er unmissverständlich deutlich, dass der Kapitalbedarf von Dr. A. Oetker dann eben aus dem Privatvermögen der Kommerzienrätin zu decken war. Vgl. Oscar Neuberg an Fritz Behringer, 10. 12. 1920, in: OeFA, P15/301. Ohne weitere Zuschüsse der Teilhaber war der Kapitalbedarf allerdings

kaum zu decken; Bankkredite zur Finanzierung der laufenden Geschäfte waren 1921/22 nicht zu erhalten. So zögerte etwa nach Behringers Tod die Dresdner Bank mit der Ausweitung der Kreditlinie und gestand schließlich nur die Hälfte des benötigten Betrages zu. Die weiteren Geschäftsverbindungen zur Unicheco sind quellenmäßig nicht zu erfassen; offenbar wurden über die Niederlande verschiedene Rohstoffgeschäfte (z. B. Maispuder) finanziert und abgewickelt.

44 Vgl. Kaselowsky, Erinnerungen, S. 38–43; vgl. auch Richard Kaselowsky an Oscar Neuberg, 18. 9. 1922 (Abschrift) in: OeFA, P15/306.

45 Vgl. Feldman, The Great Disorder, S. 385–452; Büttner, Weimar, S. 169.

46 Vgl. Kaselowsky, Erinnerungen, S. 35–45. Die Unicheco versuchte ihrerseits, auf dem Klageweg die Begleichung ausstehender Zahlungen in Dollar und die Eintragung einer Hypothek zu erzwingen, allem Anschein nach aber ohne Erfolg: Klageschrift an das LG Bielefeld, Kammer für Handelssachen, in Sachen Unicheco gegen Dr. A. Oetker und deren Gesellschafter, 6. 4. 1923, in: OeFA, P15/306.

47 Vgl. Kaselowsky, Erinnerungen, S. 45–48, Zitat S. 49. Vgl. hier S. 125 f.; Aussage Richard Kaselowskys vor dem Untersuchungsrichter beim LG Wiesbaden, 11. 3. 1927, in: OeFA, P15/306, S. 17; zu den damals geläufigen Wucher-Diskussionen und zur Verbindung von «Wucherrhetorik und Antisemitismus» vgl. Geyer, Verkehrte Welt, S. 182–195 und 279–288; Büttner, Weimar, S. 175 f.

48 Richard Kaselowsky an Max Brings, 3. 3. 1922, in: OeFA, P15/118 sowie passim.

49 Kaselowsky, Erinnerungen, S. 48 ff.; Vergleich zwischen den Firmen Goldenberg und Unicheco einerseits und Dr. A. Oetker andererseits [Mai 1923], in: OeFA, P15/297. Kaselowsky zog sich nach der Genehmigung des Vergleichs durch den Goldenberg-Aufsichtsrat aus diesem zurück: vgl. Richard Kaselowsky an [Rudolf] Wolfskehl [Deutsche Vereinsbank, Frankfurt a. M.], 13. 6. 1923, in: OeFA, P15/298.

50 Vgl. Kaselowsky, Erinnerungen, S. 52 f.; Aussage Richard Kaselowskys vor dem Untersuchungsrichter beim LG Wiesbaden, 11. 3. 1927, in: OeFA, P15/306. Zum Niedergang der Firma Goldenberg siehe auch Heinig, Querschnitt durch die industriellen Selbstkosten, S. 764 ff.

51 Vgl. Edouard de Bary an Richard Kaselowsky, 14. 12. 1926, in: OeFA, P15/344; Richard Kaselowsky an Heinrich Günther, 11. 7. 1927, in: OeFA, P15/341; Instrumente dieses Plans sollten die inzwischen zur Oetker-Gruppe gehörende Chemische Fabrik Budenheim sowie eine Auslands-Holding der Firma Oetker sein, die Alfaha aus Den Haag.

52 Richard Kaselowsky an Emil Neuberg, 27. 10. 1922, in: OeFA, P15/308; Knortz, Wirtschaftsgeschichte der Weimarer Republik, S. 56–60.

53 Vgl. Kaselowsky, Erinnerungen, S. 50 f.; Wehler, Deutsche Gesellschaftsgeschichte, Bd. 4, S. 246 f.

54 Kaselowsky, Erinnerungen, S. 12 und 14 f. Das mochte nachträgliche Stilisierung sein; nach eigenen Angaben hatte er das bereits bei den Verhandlungen 1920 angekündigt.

55 So die Deutung von Böcker-Lönnendonker, Die Ehrenbürgerin, S. 30.

56 Intensiv und sorgfältig verfolgte er die finanziellen Angelegenheiten im Betrieb und in der Familie und gab seinem Bruder immer wieder Ratschläge für private Aktiengeschäfte. Vgl. z. B. Richard Kaselowsky an Theo [Kaselowsky], 2. 1. [1922] sowie weiterer Schriftwechsel in: OeFA, P15/363, Bd. 1.

57 Richard Kaselowsky an Hans Crampe, 16. 8. 1943, in: OeFA, P15/107.

58 Änderung des Gesellschaftsvertrags (Abschrift des Notariatsprotokolls), 13.12. 1926, in: OeFA, P1/271. Beide erhielten zehn Prozent p.a. vom verbliebenen Reingewinn des Gesamtunternehmens, also auch der Tochterfirmen, auf die ihr Jahresgehalt von 180 000 Reichsmark anzurechnen war.

59 Vgl. Finger/Keller, Erhalt als Erfolg; zur politischen Aufladung des Begriffs «Treuhänder» im «Dritten Reich» vgl. Kopper, «Effizienz» der ideologischen Postulate in der Ökonomie, S. 42.

60 Lina Oetker an Ernst Oetker, 14.1.1941 (Abschrift), in: Privatarchiv Ingeborg von Schubert.

61 Vgl. § 1758 BGB, a.F. in Verbindung mit § 1697 (Fassung von 1.1.1900, gültig bis 1958, vgl. URL: <http://lexetius.com/BGB/1758#2>, 2.1.2013). Die vertraglich zu regelnde «Annahme an Kindes statt» diente damals weniger dem Kindeswohl, sondern sollte primär Kinderlosen die Möglichkeit bieten, einen Erben zu bestimmen. Deshalb war das Mindestalter für den Annehmenden auf 50 Jahre festgesetzt; eine Befreiung war nur auf Antrag möglich. Vgl. insgesamt die Vorschriften der §§ 1741–1772 BGB a.F. Bei Rechtsakten vertrat Ida Kaselowsky ihre Kinder vor dem Notar. Um Zweifel an dieser Vertretung auszuräumen, wurde 1928 ihre Bestellung als Pflegerin von Ursula und Rudolf-August beantragt und genehmigt. Vgl. Niederschrift über eine Verhandlung vor dem Notar Dr. Otto Cramer am 31.1.1928, 3.2.1928, in: OeFA, P13/93.

62 Vgl. S. 340, 351.

63 Oetker, Vom Glück verwöhnt, S. 54.

64 Vgl. Böcker-Lönnendonker, Die Ehrenbürgerin, S. 30; Oetker/Thomas, Vom Glück verwöhnt, S. 7 f.

65 Vgl. etwa Louis Oetker an Heinrich Heidinger, 28.8.1923, Richard Kaselowsky an Heidinger, 4.5.1925, in: OeFA, P15/215, sowie Kaselowsky an Heidinger, 11.1.1926, in: OeFA, P15/216 (hier wegen der Übernahme der CFB); Walter Schell an Geschäftsleitung Bielefeld, 3.6.1927, Kaselowsky an Walter Schell, 9.6.1927, in: OeFA, P15/78 (Erweiterung Danzig); Kaselowsky an C. U. Meyer, [1927], in: OeFA, P15/128 (Erweiterung Hamburg); Kaselowsky an Erwin Dirks, 29.4.1936, in: OeFA, P15/167 (hier wegen nom. 600 000 RM Aktien der Seidel & Naumann AG).

66 Das galt etwa bei der Investition in das Tankschiff «Winnetou», die von Louis und Lina Oetker kritisch gesehen wurde, vgl. S. 96 f.

67 Richard Kaselowsky an Alexander Becker, 30.9.1936, in: OeFA, P15/13.

68 Vgl. Jahresberichtsfrage über den Arbeiterschutz in rationalisierten Betrieben [Dr. A. Oetker], Dezember 1927, LAV NRW OWL Detmold, D 3 Bielefeld, Nr. 27, sowie die Zusammenfassung durch das Gewerbeaufsichtsamt Bielefeld, abgedruckt in: Klönne/Vogt, Demokratie im Klassenkonflikt, S. 164–168; vgl. zu den Effekten in der gesamten Branche: Verband der Nahrungs- und Getränkearbeiter, Die Nahrungs- und Genußmittelindustrie, S. 7–14.

69 Vgl. Rentabilitätsrechnung der 5 Beutel-Einschlagmaschinen, 14.3.1934, in: OeFA, P1/168b, Anlage 13.

70 Vgl. Höcker, Erinnerungen, 1951, S. 61, sowie die Aufstellungen zum Maschinenpark, S. 49 f.

71 Die Daten für Bielefeld in den 1942–1944 enthalten möglicherweise auch die Organgesellschaften; je nach Stichdatum und Herkunft der Zahlen variieren die Angaben und weichen mitunter voneinander ab. Für 1940 liegen auch Zahlen

vor für: Brünn – 90, Baden – 233, Mailand – 30–35; die Belegschaft von Adolphe Ancel Limoges/Paris wird für 1944 mit 51 Personen angegeben. Vgl. die für die nachfolgende Tabelle ausgewerteten Daten in: Gewerbeaufsichtsamt Bielefeld an das Preußische Statistische Landesamt, 12.12.1933, in: LAV NRW OWL Detmold, D 3 Bielefeld, Nr. 122; Pionier-Baustab Ruhr an Gewerbeaufsichtsamt Bielefeld, 3.10.1942, mit daraufhin angefertigten Statistiken, in: LAV NRW OWL Detmold, D 3 Bielefeld, Nr. 124; Übersicht über die Zahl der Mitarbeiter, 1941–1944, in: TNA: PRO London, FO 1013–2476; Dr. Oetker Danzig an Richard Kaselowsky, Zwischenbilanz per 30.6.1943, in: OeFA, P15/91; Fakten und Daten aus der Geschichte der Firma Dr. August Oetker, gesammelt von B. v. Nolcken, in: OeFA, P1/140; Leistungswettkampf der Danziger Betriebe 1938/39 (Bewerbung), in: BArch Berlin, NS IV/229; Dr. Oetker Danzig: Sozialbericht für das Jahr 1941, in: OeFA, P15/89; Übersicht: Der Oetker-Konzern, Konzernplan per 1.1.1941, in: TNA: PRO London, FO 1013–2476; Personal-Bestand [Ancel] per 31. Dezember 1943, 27.3.1944, in: OeFA, P13/4914.

72 Das zeigen etwa Kalkulationen aus Danzig, die allerdings im Detail mit Vorsicht zu genießen sind, da sie zur Weitergabe an den Regierungspräsidenten in Danzig gedacht waren: Dr. Oetker Danzig an Richard Kaselowsky, 5.7.1940 (mit Anlagen), in: OeFA, P15/88. Die Kalkulation wird in etwa bestätigt durch eine Kalkulation von 1934: Eine Abteilung im Backpulversaal stellte mit vier Maschinen und acht Maschinenmädchen, zwei Hilfsarbeiterinnen und einer Jugendlichen im Januar 1934 198 400 Päckchen her – für insgesamt 54,24 RM Lohn einschließlich aller sozialen Lasten. 1000 Päckchen Backpulver kosteten also 27,3 Pfennig Lohn. Vgl. Höcker, Erinnerungen, 1951, S. 50.

73 Vgl. S. 150.

74 Vgl. Höcker, Erinnerungen, 1951, S. 83–86, sowie Anlagen, S. 162–168. Zumindest anfangs wurde die Schulung in Zusammenarbeit mit der «Vereinigung für Lehrlings-Ausbildung und Nachwuchsschulung e.V.» der Bielefelder Textilindustrie vorgenommen, von der wohl auch die Anregung kam.

75 Vgl. Ausbildungsgang des Puddingwerkers [1941], in: OeFA, P15/76.

76 Vgl. Hartwig, Das Buch der Gefolgschaft, S. 246; Fabrikneubau Dr. August Oetker, S. 607–616; Verwaltungsgebäude der Reese-Gesellschaft, S. 621 f.; die dort abgedruckten Fotos sowie die Bilder in: OeFA, OS1/262 illustrieren die spezifische Modernität der Industriearchitektur des «Dritten Reiches».

77 Vgl. Grafik «Versandmengen von Fertigwaren im Wirtschaftsjahr 1941/42», in: OeFA, P8/42 (eigene Berechnungen).

78 Vgl. Schultze, Organisatoren und Wirtschaftsführer, S. 51 (Zitat), 26–29, 56–60, wobei Schultze den «Wirtschaftsführer» mit volkswirtschaftlichen Verpflichtungen im Auge hat, weniger den nur auf eigene Rechnung arbeitenden Betriebswirt. Die Organisationsleistung bezieht sich also mindestens auf die eigene Branche.

79 Vgl. Rundschreiben Richard Kaselowsky «An meine Mitarbeiter in leitenden Stellungen», 22.7.1936, in: OeFA, P1/1057; Höcker, Erinnerungen, 1951, S. 5 f.

80 Vgl. Kaselowsky an Walter Schell, 8.3.1934, in: OeFA, P15/82, wonach bei einem längeren Urlaub «besondere Korrespondenzen» an Karl Oetker zu senden waren.

81 Karl Oetker wurde am 3.7.1896 in Altona geboren, besuchte dort bis 1912 das Realgymnasium und machte eine Lehre in einer Großhandelsfirma für Kolonialwaren (1912–1914). Bei Ausbruch des Ersten Weltkrieges meldete er sich als

Freiwilliger (Feldartillerie-Regiment 45); mehrfach verwundet, wurde er mit dem Eisernen Kreuz ausgezeichnet. Nachdem er an der Front verschüttet worden war, endete seine militärische Laufbahn. Zwischenzeitlich in einer Elektromotorenfabrik in Hamburg tätig, trat Oetker nach Kriegsende angesichts kommunistischer Unruhen in das Zeitfreiwilligenkorps «Groß-Hamburg» ein (Freiwillige Wachabteilung Bahrenfeld), eine Einwohnerwehr in Bahrenfeld, der unter anderem auch der Historiker und spätere Chronist des OKW-Kriegstagebuchs Percy Ernst Schramm angehörte. Das Korps war unter anderem an der Niederschlagung der Oster-Unruhen in St. Pauli 1919 beteiligt, wurde teilweise im Sommer 1919 in die Reichswehr übernommen und war 1920 am Kapp-Putsch beteiligt. Karl Oetker war nach eigenen Angaben nur einige Wochen im Jahr 1919 aktiv. Tatsächlich schieden zahlreiche Mitglieder gerade aus der Kaufmannschaft vor der Überführung in die Reichswehr aus. Nach dem Tod seines Schwiegervaters 1922 übernahm er die Geschäftsführung der Fa. Max Leonhardt & Co., Ottensen/Altona, wechselte 1932 aber als Generalvertreter zu Dr. August Oetker. 1934 trat er in die Geschäftsführung ein. Oetker beantragte am 30. 9. 1937 seinen Parteieintritt und wurde rückwirkend zum 1. 5. 1937 aufgenommen. 1941 wurde er zum Direktor ernannt. Vom Wehrdienst im Zweiten Weltkrieg war er uk gestellt. Karl Oetker blieb bis 1948 stellvertretender Betriebsführer, ohne Teilhaber der Firma zu werden, und wechselte dann zur Reese-Gesellschaft nach Hameln; nach anderen Angaben blieb er bis 1951 im Betrieb. Karl Oetker starb am 31. 1. 1957.

Vgl. Hartwig, Das Buch der Gefolgschaft, S. 76–78; OeFA, P1/165; Höcker, Erinnerungen [1951], S. 5 f., in: OeFA, P1/168b; Aufstellung über die Arbeitsgebiete der Betriebsführung, 12. 2. 1934, in: ebd., Anlage 5; Dähnhardt, Die Bahrenfelder, S. 15–18, 26–31, 37, 48–65, 69, 72 f., 85–111; Schramm, Neun Generationen, Bd. 1, S. 503–520; zur Teilnahme am 1. Mai 1933 vgl. hier S. 120 f.; Handelsregister, Umschreibungen per 13. 2. 1934, in: WNN 17. 2. 1934; Angaben zur Person in: OeFA, OS1/61; BArch Berlin, ehem. BDC, NSDAP-Ortsgruppenkartei, 3200/Q0021, Bild 0530; Fragebogen Karl Oetker, 29. 6. 1946, in: LAV NRW R Düsseldorf, NW 1057-RFT, 389; Aufstellung Wirtschaftsgruppe Lebensmittelindustrie, Bezirksobleute, 1. 3. 1936, in: BArch Berlin, R 13 XXVI/421; Organigramm des Aufbaus der deutschen Nahrungswirtschaft (Reichs- und Fachgruppen), 12/1942, in: OeFA, P1/75.

82 Vgl. Verfügung (Neuordnung der Arbeitsgebiete nach dem Eintritt Karl Oetkers), 12. 2. 1934, in: OeFA, P1/168b, Anlage 5.

83 Vgl. etwa Höcker, Erinnerungen, 1951, S. 3–6, in: OeFA, P1/168; sowie Verfügung Richard Kaselowskys (über die Betriebsleitung), 20. 12. 1933; Verfügung Kaselowskys (über die Zusammenarbeit der Abteilungen), 20. 12. 1933; Verfügung Kaselowskys über die «Organisatorische Ordnung des Betriebes», 15. 10. 1933; Aufstellung der Arbeitsgebiete nach Person, 2. 1. 1934; Verfügung (Neuordnung der Arbeitsgebiete nach dem Eintritt Karl Oetkers), 12. 2. 1934, in: OeFA, P1/168b, Anlagen 1–5. Vgl. auch die verschiedenen Struktur- und Organisationspläne der Fabrikationsabteilungen in Bielefeld und Hamburg: Organigramm Dr. August Oetker Nährmittelfabrik, 1. 1. 1941, in: OeFA, P1/1058; Organisationsplan der Firma Dr. August Oetker – Bielefeld, Juni 1943, in: OeFA, P13/5018; Organigramm Zweigwerk Hamburg [1945], in: OeFA, P15/131.

84 Zu den Niederlassungen in den skandinavischen Ländern gibt es im OeFA so

gut wie kein Quellenmaterial, auch die Korrespondenz Kaselowskys erwies sich als unergiebig. Das liegt möglicherweise daran, dass diese Angelegenheiten vor allem von Liedl bearbeitet wurden.

85 Vgl. Oetker/Thomas, Vom Glück verwöhnt, S. 102 f.: «Fräulein Plücker war schon sehr lange bei meinem Vater gewesen und wußte alles. Sie kannte die Lieferanten, die Kunden, das Personal. Ich habe sie ständig gefragt: ‹Wie hat mein Vater das gemacht?›»

86 Vgl. Hans Crampe an Ernst Tüscher, 30. 6. 1947, in: OeFA, P1/795; Crampes Gehalt lag bei seinem Eintritt 1938 bei 1400 RM, ab 1939 bei 2000 RM. Die anderen Prokuristen in Bielefeld verdienten zwischen 1000 und 1400 RM (1938) beziehungsweise um 1600/1700 RM ab 1939. Vgl. Aufstellung Gehälter der kaufmännischen Angestellten, 1931–1939, in: OeFA, P1/287. Crampe sollte als Beweis von Kaselowskys Wertschätzung während des Krieges (vermutlich 1943) auch Einzelprokura eingeräumt werden: Richard Kaselowsky an Hans Crampe, 25. 12. 1942, in: OeFA, P15/106.

87 Richard Kaselowsky an Dr. Oetker Danzig-Oliva, 7. 3. 1941, in: OeFA, O15/89; vgl. Denkschrift Richard Kaselowsyks, 25. 1. 1941, in: OeFA, P15/2; Richard Kaselowsky an Gustav Puls, 7. 3. 1941, in: OeFA, P15/66; Memorandum an Kandler, Borgstedt und Kraak, 5. 6. 1941, in: OeFA, P15/76; Rundschreiben v. 6. 6. 1941, in: OeFA, P15/76.

88 Richard Kaselowsky an Rudolf-August Oetker, 4. 2. 1941, in: OeFA, P15/2.

89 Oetker/Thomas, Vom Glück verwöhnt, S. 101 f. Vgl. Aktennotiz betr. Niederlassung in Italien, 4. 1. 1938, in: OeFA, P13/4903; mit weiteren Lebensdaten: LAV NRW R Düsseldorf, NW 1057-RFT, 384.

90 Richard Kaselowsky an Alexander Becker, 30. 9. 1936, in: OeFA, P15/13.

91 Organisationsplan der Firma Dr. August Oetker – Bielefeld, Juni 1943, in: OeFA, P13/5018.

92 Richard Kaselowsky an Alexander Becker, 30. 9. 1936, in: OeFA, P15/13.

93 Richard Kaselowsky an Fritz von Kuhlmann, 23. 2. 1939, in: OeFA, P15/277; vgl. auch Richard Kaselowsky an Wilhelm Hoffmann, 20. 1. 1934, in: OeFA, P15/274.

94 Vgl. Richard Kaselowsky an Walter Schell, 12. 11. 1929, in: OeFA, P15/79.

95 Vgl. Schriftwechsel Richard Kaselowsky mit Wilhelm Hoffmann, 17. 1. 1934, 20. 1. 1934, in: OeFA, P15/275; Kaselowsky an Walter Schell, 1. 11. 1930, in: OeFA, P15/79. Zu Lindenstromberg etwa Richard Kaselowsky an Walther Naumann zu Königsbrück, 23. 2. 1931, 27. 2. 1931 (hier der Begriff des «Vertrauensmanns»), in: OeFA, P15/166.

96 Vgl. Hartwig, Das Buch der Gefolgschaft, passim für die Biographien anderer Prokuristen.

97 Vgl. die Belege in Anhang IV.

98 Die Führung der Firma Oetker verließen im Untersuchungsraum nur wenige Mitarbeiter: Ein gewisser Paul Kuhlmann (geb. 1909, 1928–1937) verließ die Firma aus unbekannten Gründen; Kuhlmann (möglicherweise ein Verwandter des Steuerberaters der Firma) war außer in einer Personalliste im OeFA nicht aktenkundig. 1934 gingen Walter Schell und 1941 sein Bruder Reinhold Schell im Streit.

99 Vgl. Hartwig, das Buch der Gefolgschaft, S. 290. Die Koppelung und Abstufung der Zeichnungsberechtigten im Auftreten nach außen behielt Rudolf-August Oetker bei. Vgl. Rundschreiben Rudolf-August Oetker, 17. 12. 1956, in:

OeFA, P1/1059; Richard Kaselowsky an Heinrich Heidinger, 27. 12. 1938, in: OeFA, P15/229 (hier das Zitat). Beim «Anschluss» der Filiale Baden bei Wien an das Bielefelder Mutterhaus 1938 wurde eine seit dem Kaiserreich bestehende Anomalie beendet. Die Marke «Oetker» war für den österreichischen Markt an die familienfremden Teilhaber der dortigen Firma lizenziert worden, ohne direkte Durchgriffsrechte zu sichern. Entsprechend groß war Kaselowskys Freude, dass der Kreis derjenigen, die mit dem Firmennamen «Dr. August Oetker» zeichnen durften, schrumpfte.

100 Richard Kaselowsky an Reinhold Schell, 17. 2. 1926, in: OeFA, P 15/77.

101 Die Ergänzung der Betriebsleitungen in Danzig (1934, Wittrich) und Straßburg (Schröter, 1942/43) ergab sich aus sachlichen Notwendigkeiten. Friedrich Schröter war Gebietsvertreter, dann als Oberstleutnant bei der Wehrmacht und wurde nach seiner Dienstentlassung erst in Bielefeld und Hamburg eingesetzt. Vgl. Richard Kaselowsky an Albert Vogelsang, 22. 1. 1943, in: OeFA, P15/130. Zur juristischen Dimension der Unternehmertätigkeit im «Dritten Reich» vgl. allgemein: Bähr/Banken, Wirtschaftssteuerung durch Recht im Nationalsozialismus; Gosewinkel, Wirtschaftskontrolle und Recht.

102 Vgl. Personalakte Gustav Kötter (v. a. Aktenvermerke und Schreiben v. 30. 4. 1943, 22. 5. 1943, 28. 5. 1943), in: HADrB, E.320; Reichskuratorium für Wirtschaftlichkeit (Dr. Alex) an Dr. Oetker, 8. 7. 1938, in: OeFA, P15/181; Alex war spätestens seit Frühjahr 1941 für Reese tätig: Reese-Gesellschaft an Richard Kaselowsky, 3. 4. 1941, in: OeFA, P15/54; Schriftwechsel Martin Alex mit Richard Kaselowsky, 30. 12. 1941, 16. 11. 1942, 25. 6. 1943, 23. 12. 1943, in: OeFA, P15/171. Auch hier folgte Rudolf-August Oetker seinem Vorbild, als er den Betriebsprüfer des Finanzamts Bielefeld abwarb, der 1948 die neue DM-Eröffnungsbilanz prüfen sollte. So kam einige Zeit später Rudolf Stelbrink zur Oetker-Gruppe, der vom Leiter der Buchhaltung zu einem von drei Generalbevollmächtigten aufstieg. Vgl. Oetker/Thomas, Vom Glück verwöhnt, S. 130.

103 Kaselowsky an Konsul Knigge, 5. 5. 1934, Knigge an Richard Kaselowsky, 8. 4. 1934; Richard Kaselowsky an Alfred Wittrich, 11. 5. 1934, in: OeFA, P15/82.

104 Vgl. Richard Kaselowsky an Walter Schell, 12. 11. 1929, in: OeFA, P15/79; Walter Schell an Louis Oetker, 4. 2. 1926, in: OeFA, P15/77.

105 Vgl. Schriftwechsel zwischen Walter Schell, Reinhold Schell und Dr. A. Oetker, 6. 11. 1929, 12. 11. 1929, 14. 11. 1929, 15. 11. 1929, in: OeFA, P15/79.

106 Vgl. Walter Schell an Louis Oetker, 18. 9. 1930; Richard Kaselowsky an Walter Schell, 22. 9. 1930, in: OeFA, P15/79. Das Projekt wurde wohl nicht weiter verfolgt, stattdessen plante man, die Konkurrenzfirma «Luba» schlicht aufzukaufen. Vgl. Schriftwechsel Walter Schell mit Dr. Oetker Bielefeld, 4. 1. 1933, 5. 1. 1933, in: OeFA, P15/79.

107 So Kaselowsky rückblickend: Richard Kaselowsky an Rechtsanwalt Heise, 15. 5. 1934, in: OeFA, P15/82.

108 Vgl. Rechtsanwalt Heise an Richard Kaselowsky, 17. 4. 1934; Karl Oetker an Walter Schell, 24. 4. 1934; in: OeFA, P15/82. Zur Rolle der Politischen Polizei in Danzig vgl. Sodeikat, Die Verfolgung und der Widerstand der Juden, S. 118–122; Schenk, Hitlers Mann in Danzig, S. 51, 61; Levine, Hitler's Free City, S. 67 f., 86.

109 Vgl. den umfangreichen Schriftwechsel zwischen Richard Kaselowsky, Karl Oetker, Walter Schell und Rechtsanwalt Kurt Heise, 15. 5. 1934 bis 9. 8. 1934, in: OeFA, P15/82.

110 Vgl. den gesamten Vorgang in: OeFA, P15/99 (1936/38), hier u. a. Kündigungswiderrufs-Klage, 30. 11. 1936; dazu den umfangreichen, auch das Privatleben Schells berührenden Bericht an Richard Kaselowsky, 28. 3. 1936, in: OeFA, P1/359.

111 Vgl. Schriftwechsel Reichstreuhänder der Arbeit für das Wirtschaftsgebiet Westfalen mit Richard Kaselowsky, 7. 6. 1937, 18. 6. 1937, 1. 7. 1937; DAF-Gauwaltung Westfalen-Nord an Kaselowsky, 26. 8. 1937 (mit Anlage), in: OeFA, P15/99.

112 Schreiben Richard Kaselowskys, 31. 3. 1936, in: OeFA, P15/99. In seiner Einschätzung konnte sich Kaselowsky 1939 durch Karl Lindenstromberg bestätigt sehen, der Pläne, Schell in Warschau einzusetzen, unter Verweis auf die schlechten Erfahrungen in Danzig abwehrte. «Aus Schilderungen der Gefolgschaftsmitglieder weiß ich, dass Herr Reinhold Schell ähnlich wie sein Bruder Walter Schell dazu neigt, nach Wegen zu suchen, gesetzliche Vorschriften zu umgehen bezw. außer acht zu lassen, sofern ihm dieselben hinderlich sind. Ich befürchte insbesondere mit Rücksicht hierauf, dass der sowieso etwas moralisch gelockerte Osten kein geeignetes Tätigkeitsfeld für Herrn Reinhold Schell ist.» Karl Lindenstromberg an Richard Kaselowsky, 1. 12. 1939, in: OeFA, P15/87.

113 Vgl. insgesamt die Vorgänge in OeFA, P15/66.

114 Vgl. Hans Crampe an Richard Kaselowsky, 2. 12. 1940, in: OeFA, P15/104; Aktenvermerk Crampe über eine Besprechung am 12. 12. 1940, 14. 12. 1940; Schriftwechsel zwischen Kaselowsky und Crampe, 16. 1. 1941 bis 29. 4. 1941; Schriftwechsel zwischen Schell und Crampe, 28. 1. 1941, 31. 1. 1941; Aktennotiz [Crampes] für Herrn Dr. Kaselowsky und Herrn Rudolf Oetker, 10. 3. 1941; Schreiben des Leiters der Geschäftsstelle Berlin der DAF (Nussbruch), 24. 2. 1941; Nussbruch an Crampe, 24. 6. 1941, mit Anlage: Protokoll: Verhandelt Berlin, am 7. Mai 1941, in: OeFA, P15/105.

115 Vgl. Fragebogen Karl Adolf Albert Oetker, 29. 6. 1946, in: LAV NRW R Düsseldorf, NW 1057-RFT, 389.

116 Vgl. LAV NRW R Düsseldorf, NW 1057-Econ 7, 4304.

117 Vgl. Theo Kaselowsky an Reichswirtschaftsminister betr. Personalien/Lebenslauf, 8. 12. 1943, in: BArch Berlin, R 3101/9839; Formblatt zum Protokoll der Vernehmung Dr. Theo Kaselowsky, 14. 8. 1947, mit Anlage: Lebenslauf Theo Kaselowsky, 14. 8. 1947, in: BArch Koblenz, Z 42 IV, 1142, Bl. 23–28. Vgl. auch Fragebogen Theo Kaselowsky, o. D., in: LAV NRW R Düsseldorf, NW 1057-Econ 15, 4443. Kaselowsky studierte Tierzucht, Landwirtschaft, Jura und Volkswirtschaft in Gießen, Wien und Köln; vgl. Kaselowsky, Die rheinisch-westfälische Back- und Puddingpulverindustrie (1923).

118 Vgl. Fragebogen Dr. Theo Kaselowsky, o. D., in: LAV NRW R Düsseldorf, NW 1057-Econ 15, 4443. Einige Vereine hatten aber auch reichsweite Bedeutung, etwa wenn es um sein Faible, die Geflügelzucht, ging. Ähnlich engagiert war etwa der Direktor der Dresdner-Bank-Filiale in Bielefeld: vgl. Fragebogen Albert Osthoff, Oktober 1947, in: LAV NRW R Düsseldorf, NW 1057-F, 437.

119 Vgl. Gespräch der Verfasser mit Dr. Arend Oetker am 6. 9. 2012.

120 Vgl. Entnazifizierungs-Fragebogen Theo Kaselowsky, o. D., in: LAV NRW R Düsseldorf, NW 1057-Econ 15, 4443.
Die Berufung in den Beirat der Rudolf-Oetker-Halle ging zurück auf eine Beschwerde Kaselowskys wegen einer KdF-Veranstaltung mit Variété- und Kabarett-Nummern, die nicht zum Zweck der Stiftung als «Pflegstätte der Musik zur Erinnerung an Dr. Rudolf Oetker und seine im Weltkrieg gefallenen Bielefelder

Mitbürger» passe. Mitglied war außerdem Albert Osthoff von der Dresdner Bank in Bielefeld, der Hausbank der Firma. Vgl. Richard Kaselowsky an den Magistrat der Stadt Bielefeld, 15. 4. 1935, in: OeFA, P1/189; LAV NRW OWL Detmold, M 1 I P, Nr. 1177.

121 Vgl. Gespräch der Verfasser mit Dr. Arend Oetker, 6. 9. 2012; Oetker/Thomas, Vom Glück verwöhnt, S. 45.

122 Vgl. ausführlich zu Entstehung und Rolle der Gau- und Kreiswirtschaftsberater der NSDAP: Kratzsch, Der Gauwirtschaftsberater im Gau Westfalen-Süd, S. 173–182; Kratzsch, Der Gauwirtschaftsapparat der NSDAP, S. 29–34; Roth, Parteikreis und Kreisleiter der NSDAP, S. 126. Vgl. auch die Hinweise zur Entnazifizierung Theo Kaselowskys hier auf S. 382.

123 Vgl. Oetker/Thomas, Vom Glück verwöhnt, S. 45 f.; Vorsitzender der IHK Bielefeld an den Preuß. Minister für Wirtschaft und Arbeit, 13. 7. 1934, in: BArch Berlin, R 3101/9422; Preuß. Minister […] an IHK Bielefeld, 1. 8. 1934, in: WWA Dortmund, K3, Nr. 990; Vermerk betr. Abberufung IHK-Präsident Oberschelp, 24. 7. 1942; Heinrich Oberschelp an den Reichswirtschaftsminister, 11. 7. 1942, in: BArch Berlin, R 3101/9424, Bl. 162 f.; Sartorius an den Beirat der IHK Bielefeld, 17. 7. 1942; Sartorius an Stelbrink, 30. 12. 1942, in: IHK Bielefeld, 1101.2 (Präsidenten der IHK), Präsidium Oberschelp (alte Reg.: 1140/4). Auf dem letztgenannten Dokument findet sich der handschriftliche Vermerk, dass «Theo Kaselowsky» auf «Wunsch von Gauleiter D[r.] Meyer» Präsident der IHK werden solle. Oberschelp, dem ein Wirtschaftsdelikt vorgeworfen wurde, sollte «sofort abberufen» werden und «Weder Dank noch Anerkennung» erhalten. Meyer wollte die Bielefelder Kammer möglicherweise strenger kontrollieren; vgl. Stremmel, Kammern der gewerblichen Wirtschaft, S. 229, 271.
Seit 1. Mai 1943 war Theo Kaselowsky als Mitarbeiter der Rüstungskommandos Bielefeld und des Rüstungsstabes in Münster auch Wehrwirtschaftsführer. Qua Amt als Kammerpräsident war er auch Vorstandsmitglied der Gauwirtschaftskammer Westfalen-Nord, wo er vornehmlich das Finanzdezernat betreute. Vgl. Fragebogen Theo Kaselowsky, o. D., in: LAV NRW R Düsseldorf, NW 1057-Econ 15, 4443.

124 Mitglied der Gesellschaft Ressource waren aus dem Umfeld der Firma außerdem Karl Oetker (seit Ende 1935), Friedrich Schaarschmidt (seit 1928), Albert Osthoff (seit 1919, zeitweise Vorstand), Theo Kaselowsky (seit 1927). Vgl. allgemein Buchner, Geschichte der Gesellschaft Ressource; zur Frühgeschichte: Tenfelde, Die Gesellschaft Ressource von 1795. Da Richard Kaselowsky nicht entnazifiziert wurde, fehlen hier die umfassenden Selbstauskünfte, die in dem Verfahren nötig waren.

125 Vgl. Vogelsang, Geschichte der Stadt Bielefeld, Bd. 3, S. 114; Freundeskreis des Bielefelder Kunsthauses, Ausstellung aus Bielefelder Privatbesitz, S. 6 f., 10 f.; ähnlich nochmals im Rückblick Becker, Das Städtische Kunsthaus in Bielefeld, S. 2 ff.; wie andernorts auch brachten die Jahre bis 1937/38 eine «Säuberung» der Sammlungsbestände und die Einziehung, Zurschaustellung und meist Vernichtung der modernen Kunstwerke. Vgl. Vogelsang, Geschichte der Stadt Bielefeld, Bd. 3, S. 198 ff., 240–243; Vogelsang, im Zeichen des Hakenkreuzes, S. 79–82; Zuschlag, «Entartete Kunst», S. 107 ff. Mitglieder des Freundeskreises waren aus dem Umfeld der Firma und Familie Oetker Theo Kaselowsky, der Steuerberater Friedrich von Kuhlmann, Friedrich Schaarschmidt und der Kunst- und Buchhändler und spätere Kunstberater Rudolf-August Oetkers, Paul Herzogenrath. Mitglieder des Beirats waren unter anderem Richard Kaselowsky, Albert Osthoff, August Klasing und Wolf Delius. Vgl. neben dem oben zitierten Freundeskreis-Katalog von 1930 die Nachweise in: Entnazifizierungs-Fragebogen Albert Osthoff, o. D., in: LAV NRW R Düsseldorf, NW 1057-F, 437; Entnazifizierungs-Fragebogen Friedrich Schaarschmidt, o. D., in: LAV NRW R Düsseldorf, NW 1073, 920.

126 Vgl. Schriftwechsel zwischen Wilhelm Hoffmann und Richard Kaselowsky, 20. 1. 1934, 29. 1. 1934, 11. 8. 1934, in: OeFA, P15/274 sowie vom 11. 8. 1934, 25. 6. 1935, in: OeFA, O15/275. Vgl. Schwarzmüller, Zwischen Kaiser und «Führer», S. 296–326, 424 zur Instrumentalisierung des «Reichstafelaufsatzes» und «Edel-Preußen» (Otto von Habsburg) des «Dritten Reiches».

127 Vgl. Friedrich Schaarschmidt an Richard Kaselowsky, 23. 3. 1942, in: OeFA.

128 Vgl. Richard Kaselowsky an Hugo Henkel, 24. 9. 1936, in: OeFA, P15/311.

129 Nachweisbar sind solche Aufenthalte mit Hugo Henkel, Friedrich Schaarschmidt, Heinrich Heidinger, Alexander Becker, vgl. Richard Kaselowsky an Heinrich Heidinger, 20. 2. 1933, in: OeFA, P15/223; Kaselowsky an Walter Schell, 8. 3. 1934, in: OeFA, P15/82; Friedrich Schaarschmidt an Richard Kaselowsky, 23. 3. 1942, in: OeFA, P15/142; Richard Kaselowsky an Hugo Henkel, 18. 5. 1932, in: OeFA, P15/311.

130 Louis Oetker an Richard Kaselowsky, 9. 7. 1930, in: OeFA, P14/1168.

131 Vgl. die zahlreichen Andeutungen im Schriftwechsel Richard Kaselowsky mit Hugo Henkel, 14. 6. 1933, 20. 11. 1933, 21. 11. 1933, 17. 1. 1935, in: OeFA, P15/311, sowie vom 28. 3. 1934, in: OeFA, P15/160, in denen die Schreibenden jeweils ein Gespräch anregen.

132 Vgl. Schriftwechsel Richard Kaselowsky mit Edouard de Bary, 18. 3. 1929, 30. 3. 1929, 24. 5. 1929, 23. 11. 1929, in: OeFA, P15/344; sowie Schriftwechsel Richard Kaselowsky mit Hugo Henkel zwischen 1. 2. 1929 und 5. 2. 1930, in: OeFA, P15/31; Bericht des Buch- und Rechnungsprüfers Dr. Geisler über die auf Anordnung des Finanzamts Mainz I vom 10. März 1930 vorgenommene Buch- und Betriebsprüfung bei der Firma Chemische Fabrik Budenheim, A. G. in Mainz, 30. 5. 1931, in: OeFA, P15/347.

133 Vgl. Friedrich Schaarschmidt an Karl Liedl, 25. 3. 1930; Richard Kaselowsky an Schaarschmidt, 27. 3. 1930, in: OeFA, P15/201.

134 Vgl. Kaselowsky, Erinnerungen, S. 35. Becker (1879–1939) war seit 1910 stellvertretendes, seit 1920 Vorstandsmitglied der Metallbank und Metallurgischen Gesellschaft; nach deren Fusion mit der Metallgesellschaft 1928 wurde er ordentliches Vorstandsmitglied. Vgl. Knetsch, Das konzerneigene Bankinstitut, S. 112.

135 Alexander Becker an Richard Kaselowsky, 21. 9. 1933, in: OeFA, P15/12; vgl. Korrespondenz Richard Kaselowsky und Alexander Becker, 2. 9. 1933 und 27. 2. 1934, in: OeFA, P15/12.

136 Vgl. Fotografie [1937], in: OeFA, P15/189; Heinrich Günther an Richard Kaselowsky, 26. 7. 1937, Antwort Kaselowskys v. 28. 7. 1937 (hier das Zitat), in: OeFA, P15/186.

137 Vgl. zu biographischen Daten den Fragebogen in den Entnazifizierungsunterlagen, in: LAV NRW R Düsseldorf, NW 1057-F, 437; Aktennotiz, o. D. (Lebenslauf), in: HADrB, 103901. Der Vater Osthoffs war Mitinhaber der Privatbank Osthoff u. Brinkhoff, Bielefeld. Diese wurde 1895 von der Westfälischen Bank

AG, Bielefeld übernommen, die wiederum in die Rheinisch-Westfälische Discontogesellschaft eingegliedert wurde (die Lehrherrin Kaselowskys), deren Rechtsnachfolge wiederum die Dresdner Bank antrat.

138 Vgl. Mandatskarte Albert Osthoff, in: HADrB, 12430–2001.

139 Vgl. Personalakte des Ratsherrn Albert Osthoff, in: StABi, 103,02/Hauptamt, Nr. 57a; vgl. BArch Berlin, ehem. BDC, NSDAP-Ortsgruppenkartei, 3200/Q0033, Bild 0566; Osthoff kam als «Mitläufer» problemlos durch das Entnazifizierungsverfahren. Ab 1947 arbeitete er wieder in der Bank, seit 1949 als Direktor. Vgl. Aktennotizen 13. 2. 1947, 14. 2. 1947, sowie: Dresdner Bank an Albert Osthoff, 30. 3. 1948, in: HADrB, 103901; Einreihungsbescheid Kategorie III und IV, o. D.; Case Summary, 22. 11. 1946; Military government, Fragebogen Action Sheet, 16. 6. 1946, in: LAV NRW R Düsseldorf, NW 1057-F, 437.

140 Vgl. Oetker/Thomas, Vom Glück verwöhnt, S. 71, 84, 121 f., sowie verstreuter Schriftwechsel mit Stürken im OeFA. Stürken, der einen jüdischen Großvater hatte und deshalb noch kurz vor Kriegsende sein Vorstandsamt aufgeben musste, stellte seinem ehemaligen Lehrling Oetker auch einen Persilschein aus: Bestätigung Otto Stürkens, 15. 8. 1946, in: LAV NRW R Düsseldorf, NW 1073, 715, Anlage 15 zum Fragebogen.

141 Vgl. Oetker, Vom Glück verwöhnt, S. 9 f.

142 Zitiert nach: Berndt von Nolcken, Dr. Richard Kaselowsky. Mitinhaber und Sachwalter des Hauses Oetker 1921–1944, S. 26, in: OeFA, P1/163.

143 Vgl. Richard Kaselowsky an Rudolf-August Oetker, 21. 6. 1941, in: OeFA, P15/2.

144 Richard Kaselowsky an Walter Schell, 25. 11. 1933, in: OeFA, P15/81. Anlass waren Unstimmigkeiten zwischen Walter Schell in Danzig und seinem Prokuristen Paul Lindern, einem Schwager Schells, einerseits und Dr. Rudolf Flebbe dem Laborchef in Bielefeld, andererseits. Vgl. weitere Korrespondenz zwischen Danzig und Bielefeld im November 1933, in: OeFA, P15/81.

145 Vgl. insgesamt den umfangreichen Schriftwechsel zwischen Kaselowsky, Louis Oetker und Konstantin Brückner der Jahre 1924 bis 1929 in: OeFA, P15/134 und 135, hier resümierend, aber die eigenen Verdienste betonend: Brückner an Kaselowsky, 8. 5. 1929, in: OeFA, P15/135

146 Vgl. Schriftwechsel Konstantin Brückner mit Richard Kaselowsky, 29. 9. 1924, in: OeFA, P15/134. Nachdem Brückner im Zuge der Übergabe der «Westfälischen Neuesten Nachrichten» an die NSDAP seinen Vorstandsposten bei Gundlach aufgeben musste, führte er ab 30. Oktober 1935 die Industriebeteiligungs-Gesellschaft mbH (Indubeg), die die Beteiligungen der Oetker-Gruppe verwaltete. Vgl. Entwurf eines Vertrages zwischen Dr. Oetker und Konstantin Brückner, 12. 12. 1942, in: OeFA, P15/109.

147 Richard Kaselowsky an Walther Naumann zu Königsbrück, 3. 6. 1931, in: OeFA, P15/166; dem schloss sich Konstantin Brückner vorbehaltlos an, als er mit dem Vertreter der Dresdner Bank im Aufsichtsrat, Kurt Krahmer, wegen der Berufung eines neuen Aufsichtsratsvorsitzenden verhandelte: Konstantin Brückner an Krahmer, 9. 7. 1931, in: ebd.

148 Richard Kaselowsky an Walther Naumann zu Königsbrück, 25. 5. 1932, in: OeFA, P15/166. Der Poolvertrag war bis 1940 befristet, sollte also eine starke Kontinuität in die Beziehungen der beiden Familien Naumann und Oetker bringen. Allerdings gab Kaselowsky damit wichtige Druckmittel gegen Walther Naumann zu Königsbruck und den Vorstand der Gesellschaft auf – insbeson-

dere die Möglichkeit, Kapitalanteile frei zu verkaufen und in den Gremien der Gesellschaft notfalls Mehrheiten gegen Naumann zu organisieren. Schon zwei Jahre später einigten sich beide Seiten, den Vertrag zu lösen. Vgl. Pool-Vertrag zwischen Walther Naumann zu Königsbruck, Richard Kaselowsky, Fa. Dr. August Oetker und Louis Oetker, 9. 8. 1926; Walther Naumann zu Königsbrück an Richard Kaselowsky, 7. 2. 2013, in: OeFA, P15/166.

149 Vgl. Richard Kaselowsky an Walther Naumann zu Königsbrück, 3. 6. 1931, in: OeFA, P15/166.

150 Richard Kaselowsky an Walther Naumann zu Königsbrück, 25. 5. 1932, in: OeFA, P15/166.

151 Richard Kaselowsky an Paul Jung, 7. 9. 1939, in: OeFA, P15/151.

152 Frei u. a., Flick, S. 750.

153 Das gilt für das später erörterte Beispiel Walter und Reinhold Schell und die damit verbundene Revisoren-Affäre in Straßburg, aber etwa auch für die Suche nach Distanz gegenüber dem ehemaligen Geschäftsfreund Moritz J. Oppenheimer. Auch Naumann zu Königsbrück verwies Kaselowsky 1931 brüsk an Konstantin Brückner, als er keine gemeinsame Zukunft bei Seidel & Naumann mehr sah. Entgegen seinen sonstigen Gewohnheiten schickte er keinen langen Brief, sondern ein knappes Telegramm: «Lehne auf das Entschiedenste ab mich in irgendeiner Weise mit der Angelegenheit zu befassen. Bitte alle Verhandlungen ausschließlich mit Brückner zu führen.» Richard Kaselowsky an Walther Naumann zu Königsbrück, 7. 7. 1931, in: OeFA, P15/166.

154 Richard Kaselowsky an Alexander Becker, 30. 9. 1936, in: OeFA, P15/13.

155 Brief-Entwurf «An meine Vertreter und Reisenden!», Anlage zum Schreiben Richard Kaselowsky an Julius Ellerbrock (Fa. Reese), 2. 8. 1934, in: OeFA, P15/170.

156 Richard Kaselowsky an Max Brings, 19. 8. 1932, in: OeFA, P15/119, dort auch mit Hinweisen zur notwendigen Beschränkung der eigenen Aktivitäten.

157 Kaselowsky, Erinnerungen, S. 36.

158 Kaselowsky, Erinnerungen, S. 77.

159 Oetker, Vom Glück verwöhnt, S. 7.

160 Richard Kaselowsky an Alfred Wittrich, 3. 8. 1935, in: OeFA, P15/83.

161 Vgl. Burkhart, Eine Geschichte der Ehre, S. 38–42; Rischbieter, «Er würde, wie man so sagt, kaltgestellt», S. 170 f. Klassisch zur «Geschäftsmoral»: Sombart, Der Bourgeois, S. 160–163, der die «kaufmännische Solidität», die «Moral beim Geschäft», unterscheidet von einer «Moral fürs Geschäft», einer «sittlichen Lebensführung», die den Kredit hebt. Vgl. zur Anschlussfähigkeit etablierter, zum Stereotyp neigender Ordnungsvorstellungen des Wirtschaftslebens (schaffendes versus raffendes Kapital, Unternehmer versus Kapitalist) an nationalsozialistische Wirtschaftsnormen: Turner, Die Rolle der Banken, S. 25–29. Zur Erosion der «Normen traditioneller Kaufmannsmoral» vgl. Barkai, Die «stillen Teilhaber» des NS-Regimes, S. 117 und passim; sowie Ziegler, Erosion der Kaufmannsmoral.

162 Vgl. Alfred Wittrich an Geschäftsleitung Bielefeld, 31. 7. 1935, in: OeFA, P15/83; zur Boykottbewegung gegen Dr.-Oetker-Produkte in Polen vgl. die Korrespondenz 1933/34 in OeFA, P15/81 und 82.

163 Vgl. Übersicht: Der Oetker-Konzern (der Besatzungsbehörde), Konzernplan per 1. 1. 1941 (zwei Fassungen), hier S. 7 f., in: TNA: PRO London, FO 1013–2476.

164 Vgl. Richard Kaselowsky an Hans Crampe, 24. 2. 1942, in: OeFA, P15/107.

165 Zur Ophtalma vgl. OeFA, P15/336.

166 Vgl. Richard Kaselowsky an Edouard de Bary, 5.12.1928, 14.1.1929, in: OeFA, P15/344. Kaselowsky betonte Ende 1928 ausdrücklich mit Blick auf die Alfaha, die Holding der Auslandsbeteiligungen, dass diese das Privatvermögen der Kommerzienrätin und deren Enkel verwaltete. «Es sind also sozusagen Mündelgelder. Deshalb kann die Alfaha nur Geschäfte machen, wie sie auch für Sparkassen in Frage kommen.»

167 Richard Kaselowsky an Konstantin Brückner, 28.11.1936, in: OeFA, P15/167.

168 Vgl. Übersicht: Der Oetker-Konzern, Konzernplan per 1.1.1941, S. 7, in: TNA: PRO London, FO 1013–2476.

169 Vgl. Oetker/Thomas, Vom Glück verwöhnt, S. 50 ff.; zur Bankenkrise vgl. Pressler, Die erste Weltwirtschaftskrise, S. 139–143; Büttner, Die überforderte Republik, S. 428–425.

170 Konzerne in der Nahrungsmittelindustrie, in: Volkszeitung, 9.12.1932; Hugo Henkel an Richard Kaselowsky, 19.12.1932, sowie die Antwort Kaselowskys am 21.12.1932, in: OeFA, P15/311. Kaselowsky vermutete, der Artikel stamme von einem ehemaligen Mitarbeiter der für die Branche zuständigen Gewerkschaft.

171 Vgl. Property Control: Earnings Statement for 45 and Balance Sheet per Dec 31st 45, Anlagen Bl. 11, in: OeFA, P13/4925; Rudolf August Oetker nennt ein Guthaben von 13,5 Mio RM. Vgl. Oetker/Thomas, Vom Glück verwöhnt, S. 118.

172 Vgl. die umfangreichen Korrespondenzserien für alle drei Unternehmen in: OeFA, P15/148–150, 166, 272 f., 292. 1921/22 begannen auch Richard und Theo Kaselowsky privat, zugunsten des Nachlasses ihres Vaters Richard Kaselowsky sen. Aktien von Hoffmann's Stärke zu erwerben. Vgl. Kaufbelege in: OeFA, P15/271.

173 Richard Kaselowsky an Dr. Oetker-Danzig, 10.2.1936, in: OeFA, P15/93.

174 Vgl. S. 178.

175 Vgl. Otto Stürken an Richard Kaselowsky, 26.8.1937, Richard Kaselowsky an Otto Stürken, 30.8.1937, in: OeFA, P15/23; das Zitat in: Richard Kaselowsky an Dr. Oetker Danzig, 10.2.1936, in: OeFA, P15/93.

176 Vgl. Schriftwechsel Richard Kaselowsky mit Otto Stürken, 13.3.1940, 15.3.1940, in: OeFA, P15/24.

177 Vgl. Kaselowsky an Heidinger, 28.6.1923, in: OeFA, P15/215; Kaselowsky an Schreiber-Fastell, 16.1.1926; Vereinbarung zwischen Oetker und den übrigen Mitgliedern des Konsortiums, 23.1.1926, in: OeFA, P15/216; sowie die weiteren Vorgänge in: OeFA, P15/215 und 216. Zur Sanierung Budenheims vgl. Bericht über die Finanzengpässe bei CFB, Januar 1926, in: OeFA, P15/216; Kaselowsky an Walter Schell, 26.1.1926, 17.2.1926 (die Zahlen für das abgelaufene Geschäftsjahr seien «geradezu katastrophal»), in: OeFA, P15/77. Zu den weiteren Kapitalerhöhungen vgl. die Verhandlungen mit Edouard de Bary namens der Alfaha Mij, in: OeFA, P15/344; Aufstellung Kapitalerhöhung Budenheim per 3.1.1930 (Verteilung der jungen Aktien), in: OeFA, P15/220. Vgl. zur Verflechtung der Alfaha und der Oetker-Gesellschaften: Wertpapierbestand der Dr. Oetker Danzig am 10. Juli 1937, in: OeFA, P15/72: demnach standen nom. 180 000 hfl. Alfaha-Aktien in der Bilanz Danzigs, zum Kurswert von 523 080,– RM per 30.6.1937. Vgl. auch die «Definition» der Alfaha durch den Oetker-Steuerberater Fritz von Kuhlmann: «Die Alfaha Mij. ist […] ein Bankinstitut für Unternehmen im In- und Auslande, die in freundschaftlicher Beziehung zu der Firma

Dr. August Oetker stehen. Als solches gewährt sie derartigen Unternehmen unter den üblichen Bankbedingungen kurzfristige Kredite.» Fritz von Kuhlmann an Kaselowsky, 16.12.1933, in: OeFA, P15/330.

178 Vgl. Beteiligungs- und Dividendenübersicht CFB (Dividendenzahlungen à C. F. B.-Aktien per 1931), 25.5.1932, in: OeFA, P15/222.

179 Vgl. Richard Kaselowsky an Walter Schell, 17.2.1926, in: OeFA, P15/77.

180 Vgl. Richard Kaselowsky an Alexander Becker, 18.11.1933, in: OeFA, P5/12. 1932 wurde für das abgelaufene Geschäftsjahr immerhin 15 % Dividende ausbezahlt. Vgl. Aufstellung Dividendenzahlung a/ C. F. B.-Aktien pro 1931, 25.5.1932, in: OeFA, P15/222.
Schon Mitte der 1920er Jahre verfügte der Budenheim-Vorstand durch eine Kapitalerhöhung über erhebliche flüssige Mittel, da Kaselowskys Plan, Goldenberg zu übernehmen, scheiterte. Die Versuche des Vorstands, das Geld anderweitig zu investieren, behagten ihm nicht. Die Manager seien von den flüssigen Mitteln «geradezu hypnotisiert» und versuchten überall, «sogenannte ‹günstige Umstände› ausfindig zu machen». Richard Kaselow an RA Heinrich Günther, 11.7.1927, in: OeFA, P15/341.

181 Vgl. Oscar Neuberg an Fritz Behringer, 3.12.1920, in: OeFA, P15/301.

182 Richard Kaselowsky an Hans Crampe, 13.9.1939, in: OeFA, P15/103. Vgl. zum Kontext des deutschen Stärkemarktes: Ellerbrock, Im Räderwerk der deutschen Geschichte, S. 33–50; Ellerbrock, Auf Stärke gebaut, S. 134–143; Götze, Die westdeutsche Stärkewirtschaft, Tabelle 1.

183 Vgl. Otto Künne an Justizrat Sauer, 8.3.1938, 11.3.1938, 15.3.1938; Aktennotiz Gespräch Richard Kaselowsky mit Künne, 8.3.1938; in: StABi, 300,7/Kleine Erwerbungen, Nr. 753; Aktenvermerk Otto Künne, 24.2.1939; Aktennotiz über eine Besprechung mit Dr. Kaselowsky, 6.3.1939, in: StABi, 300,7/Kleine Erwerbungen, Nr. 754; sowie den umfangreichen Schriftwechsel Künne/Kaselowsky, in: OeFA, P15/277.

184 Vgl. Memorandum Erwin Dircks' betr. Gesfürin/Maizena, November 1942; Richard Kaselowsky an Erwin Dircks, 14.12.1942, in: OeFA, P15/332; zur Behördensicht: BArch Berlin, R 2107 I/319.

185 Vgl. Schema Maizena-Beteiligungen, 22.8.1942, in: BArch Berlin, R 2107 I/319.

186 Vgl. L. C. Oetker an Albert Oetker, 27.1.2012; Schreiben RA Heinrich Günther an Kaselowsky, 13.1.1927; Albert Oetker an Kaselowsky, 13.1.1927; Gesellschaftsvertrag der Hansa Tank-Reederei (Entwurf) und Schriftverkehr zur Eintragung ins Handelsregister; Schriftwechsel RA Heinrich Günther mit Richard Kaselowsky, 27.4.1926, 26.4.1927, u.a.; Hansa Tank-Reederei an Dr. Oetker, 6.8.1927, in: OeFA, P15/341; Alfaha an Hansa Tank-Reederei, 21.3.1927; Alfaha an Albert Oetker, 14.7.1927; in: OeFA, P15/344; Geschäftsbericht über die Geschäftsjahre 1927 und 1928 der Hansa Tank-Reederei, 7.2.1929, in: OeFA, P15/342. Mit Fotos der «Winnetou», sowie eines Modells, das sich Kaselowsky beim Verkauf ausbedungen hatte: OeFA, S1/605.

187 Vgl. Schriftwechsel Kaselowsky/De Bary, 8.11.1929, 14.11.1929, 22.11.1929, in: OeFA, P15/344; Geschäftsbericht über die Geschäftsjahre 1927 und 1928 der Hansa Tank-Reederei, 7.2.1929; Geschäftsbericht über das Geschäftsjahr 1929 der Hansa Tank-Reederei; Schriftwechsel Kaselowsky mit Günther, 30.7.1930, 26.8.1930; verschiedene notarielle Urkunden, 23.9.1930, in: OeFA, P15/342.
Ein weiteres «Abenteuer» Kaselowskys hielt sich im Vergleich zu den hier aufge-

wendeten Summen eher in Grenzen. 1923 engagierte er sich mit einigen Hundert Dollar (immerhin zur Zeit der Hyperinflation) an einer Brillenglasschleiferei in Danzig (Fa. Ophtalma). Vgl. OeFA, P15/336.

188 Vgl. Haupt, Konsum und Handel, S. 29–65; Spiekermann, Basis der Konsumgesellschaft; Hirschfelder, Europäische Esskultur, S. 180–191.

189 Ditt, Zweite Industrialisierung und Konsum, S. 4–8.

190 Vgl. Tooze, Ökonomie der Zerstörung, S. 167–181, v. a. S. 167 zum Begriff der «budgetierten Volksgemeinschaft». Erst in den 1950er Jahren stieß dieses Erfolgsmodell in der entwickelten Konsumgesellschaft an seine Grenzen, als moderne Haushalts- und Unterhaltungstechnik für die Masse erschwinglich wurde und die Erwerbstätigkeit von Frauen weiter zunahm. Die Wiederaufbau- und Wirtschaftswunderjahre markierten die Hochzeit und zugleich das Ende des Wachstums der ursprünglichen Nährmittelfabrik.

191 Vgl. die allerdings nicht vollständigen Zahlenreihen bei Hoffmann, Das Wachstum der deutschen Wirtschaft, S. 380–385. Bei der Reese-Gesellschaft in Hameln, mit der Dr. Oetker dem Konsumenten gleichsam Wettbewerb mit sich selbst vorspiegelte, sah die Entwicklung etwas anders aus. In den Jahren 1925 bis 1932 vervierfachte sich der Reichsmark-Umsatz (von rd. 919 000 RM auf 4,4 Mio. RM), nach einer Wachstumsdelle 1932/34 setzte auch hier erneut dynamisches Wachstum ein. Die Reichsmarkumsätze stiegen auf bis zu 9,1 Mio. RM (im Jahr 1941), vervielfachten sich also im Faktor 2,4. Auch hier war die Entwicklung von RM-Umsatz und Warenumsatz (in Päckchen) fast deckungsgleich. Vgl. Umsatzaufstellungen Reese KG 1924–1945, in: OeFA, P13/4513.

192 Richard Kaselowsky an Hansgeorg Riese (Geschäftsführer der Wirtschaftsgruppe Lebensmittelindustrie), 7. 5. 1935, in: OeFA, P15/177.

193 Hugo Henkel an Richard Kaselowsky, 13. 3. 1934, in: OeFA, P15/311.

194 Oetker, Vom Glück verwöhnt, S. 230.

195 Vgl. Vertraulicher Bericht der Reichs-Kredit-Gesellschaft AG an Richard Kaselowsky, 24. 1. 1934; Richard Kaselowsky an Hugo Henkel, 5. 2. 1934; Henkel an Kaselowsky, 10. 2. 1934; Kaselowsky an Henkel, 8. 3. 1934, in: OeFA, P15/160, sowie weiterer Schriftverkehr zwischen den beiden zwischen Januar und März 1934. Die RKG suchte nach Investoren für die Aktien, die sich bisher im Besitz der Internationalen Tobis Maatschappij N. V., Amsterdam befanden. Die Entsendung eines Vertreters des Reichsministeriums für Volksaufklärung und Propaganda in den Aufsichtsrat wurde von Beginn an angekündigt, voraussichtlich Staatssekretär Walther Funk. Offenbar war es Kaselowsky, der anfangs versuchte, andere Markenartikler zu interessieren, darunter neben Hugo Henkel auch Ludwig Roselius (Kaffee HAG) und Peter Paul Mülhens (4711). Distanz vom Filmgeschäft zu halten war offensichtlich die richtige Entscheidung: Die Tobis machte dauerhaft Verluste und bestand aus einem schwer zu durchschauenden Geflecht von Firmen im In- und Ausland, auf die sich Patente, Lizenzen, Aufführungsrechte usw. verteilten. Vgl. BArch Berlin, R 55/491, 492, 494.

196 Richard Kaselowsky an Alexander Becker, 18. 11. 1933, in: OeFA, P15/12; zu Einzelmaßnahmen, die eine Einschränkung unternehmerischer Freiheit bedeuteten, Straßer, Wirtschaftliches Sofortprogramm der N.S.D.A.P., S. 15–31.

197 Vgl. Richard Kaselowsky an Alexander Becker, 30. 1. 1931, in: OeFA, P15/122; Kaselowsky an Alexander Becker, 27. 2. 1934, in: OeFA, P15/12; eher distanziert in Anführungszeichen: Kaselowsky an Hans Crampe, 27. 11. 1937, in: OeFA, P15/102.

198 Richard Kaselowsky an Dr. Oetker Danzig, 7. 5. 1935, in: OeFA, P15/83: «Der Ausdruck ‹Konzern› ist mir nicht sympathisch. Ich möchte Sie deshalb bitten wenn von Bielefeld die Rede ist, den Ausdruck ‹Bielefelder Stammhaus› zu gebrauchen, während auf andere Oetker-Unternehmen vielleicht ‹Schwesterfirma› oder ‹befreundete Gesellschaft› anzuwenden wäre.»

199 Richard Kaselowsky an Hans Crampe, 12. 2. 1941, in: OeFA, P15/105, im Gespräch mit einem Mitarbeiter der Hauptvereinigung der deutschen Kartoffelwirtschaft.

200 Vgl. Rudolf-August Oetker an Richard Kaselowsky, 8. 8. 1940, in: OeFA, P15/2.

201 Erstmals in: Richard Kaselowsky an Edouard de Bary, 23. 11. 1929, in: OeFA, P158/344; Richard Kaselowsky an die Fachgruppe Nährmittelindustrie, 27. 5. 1942, in: OeFA, P15/183. Der Begriff wurde von seinen Mitarbeitern aufgenommen: Dr. Martin Alex an Kaselowsky, 23. 12. 1941, 16. 11. 1942, in: OeFA, P15/171.

202 Richard Kaselowsky an Konstantin Brückner, 28. 11. 1936, in: OeFA, P15/167.

203 Vgl. Anhang III.

204 Vgl. Umsatz der Betriebe im Ausland 1938 (Aufstellung vom 29. 7. 1958), in: OeFA, P13/4517.

205 Vgl. für den reichsdeutschen Vergleich: Umsatzübersicht 1911–1947, in: OeFA, P13/4568.

206 Vgl. den Vorgang in: Archives départementales du Bas-Rhin Straßburg, 683 D, 6, hier v. a. die Darstellung der Hintergründe in: Dr. A. Oetker Bielefeld an den Chef der Zivilverwaltung im Elsaß, Finanz- und Wirtschaftsabteilung, 20. 11. 1940 (Bl. 17); Richard Kaselowsky an den Reichstreuhänder der Arbeit, 7. 6. 1938, in: OeFA, P15/99. Der Reichskommissar für das reichs- und volksfeindliche Vermögen im Elsass eröffnete dementsprechend gar kein formelles Verfahren, sondern gab das Firmenvermögen und insbesondere das Fabrikgelände innerhalb weniger Wochen frei. Zur Marke für den französischen Markt vgl. Fritsch, Les séductions de Miss Ancel, S. 95–98.

207 Vgl. Richard Kaselowsky an Walter Schell, 22. 9. 1930, in: OeFA, P15/79; Kaselowsky an Schell, 5. 4. 1933, in: OeFA, P15/81.

208 Richard Kaselowsky an Walter Schell, 22. 9. 1930, in: OeFA, P15/79.

209 Vgl. Aufstellung der Aktienbeteiligungen der Indubeg, 3. 1. 1936, in: OeFA, P15/110. Die bedeutendsten Pakete (Nominalwerte) der insgesamt 22 Gesellschaften waren: 1 310 400 RM Koch's Adler Nähmaschinenwerke AG, Bielefeld; 651 300 RM Gebr. Stollwerck AG; 614 250 RM C. H. Knorr AG, Heilbronn; 467 100 RM Schwartauer Werke AG, Bad Schwartau; 436 120 RM Seidel & Naumann AG, Dresden; 400 000 RM Rheinmetall Borsig; 275 000 RM Harburger Gummiwarenfabrik Phoenix AG, Hamburg; 232 800 RM Dortmunder Actien-Brauerei AG, Dortmund.

210 Vgl. Richard Kaselowsky an Brückner, 28. 11. 1936, in: OeFA, P15/167. Anlass war der Wunsch, Brückner als Aufsichtsratsvorsitzenden bei Seidel & Naumann zu installieren, ohne dass die Öffentlichkeit davon allzu viel erfuhr.

211 Vgl. Kaselowsky an Otto Künne, 9. 2. 1937, in: OeFA, P15/277. Kaselowsky schlug deshalb hier im Fall der Hoffmann's Stärkefabriken AG vor, dass er sich aus dem Aufsichtsrat zurückziehen werde und an seiner Stelle Vertrauensmänner berufen werden sollten.

212 Vgl. zu Grempler nur die kursorischen Erwähnungen in: OeFA, P1/278 sowie P13/4841.

213 Vgl. Aufstellung der Aktienbeteiligungen der Indubeg, 3.1.1936, in: OeFA, P15/110 (232 800 RM nom. Dortmunder Actien-Brauerei). Pläne zum Erwerb von Schultheiss-Aktien gab es spätestens seit 1940; 1943 waren dann Schultheiss-Papiere mit einem Nominalwert von 1,2 Mio. RM im Besitz der Oetker-Gruppe, das «rechtfertigt ja immerhin einen Besuch der G. V. [Generalversammlung]», so Richard Kaselowsky an Hans Crampe, 16.2.1943, in: OeFA, P15/107; vgl. Crampe an Kaselowsky, 19.2.1940, in: OeFA, P15/104.

214 Vgl. zur Vorgeschichte Kiekel, Die deutsche Handelsschifffahrt, S. 56–74.

215 Vgl. Schriftwechsel Vereinsbank in Hamburg mit Dr. August Oetker sowie Richard Kaselowsky, 11.9.1936, 26.9.1936; Kaselowsky an Wilhelm Huth, 29.9.1936; Satzung der Hamburg Süd [1936], in: OeFA, O15/197; «Hamburg-Süd nach der Reprivatisierung», in: Hamburger Fremdenblatt, 1.7.1937; Kiekel, Die deutsche Handelsschifffahrt, S. 94 f., 407; Scholl/Matthies, 100 Jahre Vereinsbank in Hamburg, S. 132; sowie die Presseausschnittsammlung im Archiv der Handelskammer Hamburg: Handelskammer Hamburg, Archiv, A 59448. Teil des Privatisierungskonsortiums waren neben der Vereinsbank die Commerz- und Privatbank sowie die Firmen Nottebohm & Co., Schroeder Gebrüder & Co. sowie Theodor Wille. Offen muss bleiben, ob es zur Familie Nottebohm bereits zuvor Kontakt gegeben hatte, da die Familie aus Bielefeld stammte: vgl. Krause, Die Commerz- und Disconto-Bank, S. 114 f.; Frey, «Eine geistig ungemein lebendige, hochgebildete Frau».

216 Vgl. Kiekel, Die deutsche Handelsschifffahrt, S. 94 f. Der Bestand lag Anfang 1941 bei 1,7 Mio. RM. Karl Diederichsen in Fa. Theodor Wille, der Vorsitzende des Aufsichtsrats, berichtete zum Jahreswechsel 1940/41, dass ein nicht bekannter westfälischer Industrieller über eine kleine Privatbank im großen Stil Aktien zu erwerben versuche; er teilte Kaselowsky seine Sorge mit, dass jemand versuchen könne, die Majorität zu erwerben – schien aber die Möglichkeit nicht zu bedenken, dass Kaselowsky der besagte Industrielle sein könnte. Vgl. Schriftwechsel Karl Diederichsen mit Richard Kaselowsky, 20.12.1940, 7.1.1941, 9.1.1941.

217 Vgl. Schriftwechsel Ernst Tüscher mit Otto Stürken zwischen 5.12.1946 und 3.1.1947 [über das Aktienpaket und die angemessene Vertretung im Aufsichtsrat], in: OeFA, P15/199; Walter Kraak, Interner Jahresrückblick 1946, 25.7.1947, in: Privatarchiv Arend Oetker; leider ohne genaue Angaben zur Frühphase des Engagements. Rudolf-August Oetker, Mein Weg in die Seeschiffahrt (Entwurf), in: OeFA, P1/753.

218 Vgl. Alfred Olscher an Carl V. Krogmann, 8.10.1934, mit Anlagen; Gesandter Eiffe (Vertretung Hamburgs in Berlin) an Walter Keppler, 20.10.1934; Keppler an Georg Ahrens, 22.10.1934; Hermann Reemtsma an Ahrens, 24.10.1934, sowie weiterer Schriftverkehr in: StA Hamburg, 622–1/153, C 23a/6; Niederschrift über eine Sitzung im Reichsverkehrsministerium am 5.3.1935; Aktenvermerk Ministerialrat Schaefer [August 1935], in: BArch Berlin, R2/16035M; Roth, Ökonomie und politische Macht, S. 96 f. Die Bremer und die Hamburger Gesellschaft waren allerdings durch einen Pool-Vertrag und eine gemeinsame Betriebs-GmbH miteinander verbunden.

219 Vgl. die Handelsregistereinträge und Gesellschaftsverträge in: Handelskammer Hamburg, Archiv, A 49025; Aktennotiz, 8.12.1941, in: BArch Berlin, R2/16035; Otto Stürken an Richard Kaselowsky, 6.6.1942; Aktennotiz betr. Umwandlung

der Levante-Linie AG, 10. 7. 1942; Wilhelm Huth an Kaselowsky, 16. 6. 1943, sowie Antwort vom 21. 6. 1943 sowie die Protokolle der Gesellschafterversammlungen der KG in: OeFA, P15/190; Wilhelm Hut an Richard Kaselowsky, 20. 3. 1944, und Antwortschreiben 22. 3. 1944; Schriftwechsel Bock, Godeffroy & Co. mit Rudolf-August Oetker, März bis Juli 1945; «Jetzige Beteiligung bei Bock, Godeffroy & Co.», 31. 12. 1945; Aktenvermerk «Bock, Godeffroy & Co.» [Entwicklung der Anteile], 4. 4. 1946, in: OeFA, P15/191. Eine kleinere Tranche (125 000 RM) kam über den Nachlass Ilse Kaselowskys (verh. Broelemann) an deren Witwer. Weitere Aktien, die Rudolf-August Oetker im späteren Verlauf des Jahres 1945 angeboten wurden, konnte er wegen des britischen Gesetzes Nr. 52 vorerst nicht kaufen.

220 Vgl. Gesellschaftsvertrag über die Hochseefischerei Hermann Söhle KG, 23. 4. 1936, in: OeFA, P1/758, sowie: OeFA, P15/186; Urkunde über die Eintragung der Hochseefischerei Söhle KG in das Handelsregister, 4. 5. 1938, in: OeGA; P15/186; RA Heinrich Günther an Rudolf-August Oetker, 17. 3. 1949, in: OeFA, O15/187.
Nach dem Ausscheiden der dritten Gesellschafterin 1950 vertrat der persönlich haftende Gesellschafter Wilhelm Söhle nur noch 5 % des Kapitals, Rudolf-August Oetker 95 %. 1953 schied Söhle aus, und Rolf Kersten wurde persönlich haftender Gesellschafter; schon zwei Jahre später schied auch dieser wieder aus, und Rudolf-August Oetker trat persönlich als Komplementär auf. Vgl. die Gesellschaftsverträge v. 24. 8. 1950, 12. 9. 1953, 1. 7. 1955, in: OeFA, P1/758.

221 Vgl. Richard Kaselowsky an Otto Stürken, 19. 6. 1942; Kaselowsky an Wilhelm Huth, 13. 7. 1942, in: OeFA, P15/25 (mit Anlagen). Zur Rechtsgrundlage: vgl. Verordnung über den Aktienbesitz, 4. 12. 1941, in: RGBl. I, 1941, S. 744 f.; Erste Verordnung zur Durchführung der Verordnung über den Aktienbesitz, 2. 1. 1942, in: RGBl. I, 1942, S. 23 f.; Zweite Verordnung zur Durchführung [...], 9. 6. 1942, in: RGB. I, 1942, S. 383 f.; Ausführungsanweisung zur Ersten Durchführungsverordnung zur Verordnung über den Aktienbesitz, 3. 3. 1942, in: OeFA, P15/29; Kahn, Die Steuerung der Wirtschaft durch Recht, S. 11. Ziel dieser und weiterer Verordnungen war die Integration des Aktienwesens in das System der Zwangsbewirtschaftung. Da auch der Reichswirtschaftsminister die Eigentümer zum Umtausch von Aktien gegen Schatzanweisungen des Reiches verpflichten konnte, diente das Verfahren mittelbar auch der Kriegsfinanzierung.

222 Vgl. im Folgenden: Vertrag, o. D. in zwei Fassungen (1: mit hs. Vermerk «Entwurf geblieben» und genehmigt von Ursula Oetker; 2: mit dem hs. Vermerk «Oetkers Testament»), in: OeFA, 1/278.

223 Die Firmen in Grünberg und Dresden mussten jedoch abgeschrieben werden, da sie in der Sowjetischen Besatzungszone beziehungsweise in Polen lagen. Zur Sektkellerei Grempler, die verstaatlicht wurde, liegen keine Akten vor. Zu Seidel & Naumann vgl. etwa: Aktennotiz betr. Abtransport Produktionsanlagen Seidel & Naumann [durch russische Truppen], 12. 12. 1945, in: OeFA, P15/55, sowie weitere Unterlagen zur Beschlagnahmung der Firma durch die Sowjetische Militäradministration in Deutschland Ende 1945 und die Einsetzung einer Treuhandverwaltung 1946 in: OeFA, P15/167.

224 Vgl. Schumpeter, Lemma «Unternehmer», S. 484.

225 Oetker/Thomas, Vom Glück verwöhnt, S. 44 f.

226 Vgl. etwa Walter Schell an Richard Kaselowsky, 20. 12. 1930, in: OeFA, P15/79; Richard Kaselowsky an Walter Schell, 20. 7. 1920, in: OeFA, P15/81.

227 Richard Kaselowsky an Walter Schell, 8. 3. 1934, in: OeFA, P15/82.

228 Eine der wenigen Ausnahmen waren die stockenden Verhandlungen mit der NSDAP über den Verkauf der «Westfälischen Neuesten Nachrichten» 1935, während deren es zu einem Kommunikationsproblem zwischen dem auf Siedlungs-Besichtigungsfahrt in Ostpreußen weilenden Kaselowsky und seinen Bevollmächtigten in Bielefeld kam. Vgl. S. 144.

229 Vgl. Hugo Henkel an Richard Kaselowsky, 13. 2. 1932, in: OeFA, P15/311, sowie zur Nierenkolik die mehrfachen Schreiben der damaligen Privatsekretärin, Fräulein Zippe (z. B. 17. 2. 1933, 4. 3. 1932 u. a. m.), und verschiedener Filialleiter in: OeFA, P15/81; Richard Kaselowsky an Heinrich Heidinger, 20. 2. 1933, in: OeFA, P15/223.

230 Richard Kaselowsky an Heinrich Heidinger, 1. 2. 1933, in: OeFA, P15/223.

231 Lina Oetker an Ernst Oetker, 14. 1. 1941 (Abschrift), in: Privatarchiv Ingeborg von Schubert; Richard Kaselowsky an Rudolf-August Oetker, 4. 2. 1941, in: OeFA, P15/2: «Wozu bei mir noch kommt, dass mir auch aus dem Physischen gewisse Grenzen gesetzt sind»; zum Begriff des «Tatwillens»: Plumpe, Funktionen der Unternehmerschaft, S. 46.

232 Vgl. diverse Briefwechsel Februar/März 1938, in: OeFA, P15/102; Richard Kaselowsky an C. H. Knorr, 29. 4. 1939, in: OeFA, P15/154. Am 10. 5. 1939 beispielsweise reiste er von der Gundlach-Aufsichtsratssitzung in Bielefeld zu einem Kameradschaftsabend beim Reichsführer-SS nach Berlin, dann am nächsten Tag weiter nach Linz, um am 12. 5. eine Aufsichtsratssitzung der C. H. Knorr AG in Wels/Oberösterreich zu besuchen.

233 Richard Kaselowsky an Hugo Henkel, 16. 10. 1930, in: OeFA, P15/310.

234 Schriftwechsel Richard Kaselowsky und Hugo Henkel, 27. 5. 1929, 28. 5. 1929, 17. 6. 1929, in: OeFA, P15/310.

235 Vgl. Oetker/Thomas, Vom Glück verwöhnt, S. 52 f.; Manuskripte Richard Kaselowskys über die Pferdezucht, 1938–1942, in: OeFA, P 13/3787–3789. Als Fragment gedruckt: Die Leidensgeschichte einer Passion. «Ebbesloh», Bielefeld 1994, Zitat S. 3, in: OeFA, P13/81. Die Pferdezucht hatte in Kaselowskys Familie Tradition: Schon sein Großonkel Ferdinand hatte Kutsch- und Reitpferde gehalten und die Pferderennbahn besucht. Sein Vater Richard hatte diese Leidenschaft übernommen. Auch auf der Oetker-Seite lag die Unterstützung des Pferdesports in der Familie: August Oetker war lange Jahre Vizepräsident des Ravensberger Rennvereins gewesen. Vgl. Erinnerungen von Hedwig und Luise Kaselowsky an ihre Kindheit (Abschrift), 1932/33, in: Privatarchiv Ingeborg von Schubert, S. 8, 11; «Pferdezucht ist Dienst an der Wehrkraft», in: WNN, 22. 7. 1944.

236 So hielt sich hier Richard Kaselowsky nach seiner schweren Verwundung zur Genesung auf. Lina Oetker starb 1945 auf Ebbesloh. Nach seiner Freilassung aus der Internierung wurde Theo Kaselowsky nach Ebbesloh entlassen. Das Gestüt wurde testamentarisch Richard Kaselowsky jun. zugesprochen.
Lina Oetker hatte für ihre Enkel Anfang der 1930er Jahre zwei Güter erworben, Söderhof bei Hildesheim für Ursula, Pattensen (bei Hannover) für Rudolf-August Oetker. Rudolf-August Oetker musste Pattensen 1938 verkaufen, da das Reich Ausgleichsflächen für Bauern suchte, die ihr Land durch den Bau des neuen Volkswagenwerks (Wolfsburg) verloren hatten. Ursula und Ernst Oetker gehörte seit 1939 außerdem Gut Bleckendorf in der Magdeburger Börde; im sel-

ben Jahr erhielten sie von Lina Oetker Gut Hornoldendorf bei Detmold. Seit 1935 gehörte außerdem Lehngut Götz in Brandenburg der Familie, wo Kaselowsky anfangs eine ländliche Arbeitersiedlung mit Fabrikation plante. Vgl. Oetker/Thomas, Vom Glück verwöhnt, S. 71; OeFA, P15/2; Übersicht: Der Oetker-Konzern. Konzernplan per 1. 1. 1941, S. 4, 8, in: TNA: PRO London, FO 1013–2476.

237 Vgl. «Rundgang durch Ebbesloh», in: WNN, 5. 1. 1934; «Preisgewinner besuchen Gut Ebbesloh», in: WNN, 7. 7. 1934; Ida Kaselowsky an Landrat Bielefeld, 9. 4. 1943, in: LAV NRW OWL Detmold, M 2 Bielefeld, Nr. 930; Oetker/Thomas, Vom Glück verwöhnt, S. 13 f.; Roeingh, Das deutsche Reiterbuch, S. 177–179. Verwaltet wurde das Gestüt von Herbert und Reinhardt Lechtermann. Ida Kaselowskys Schwester, Paula Siedentopf, leitete die Wirtschaft des Hofes.

238 Vgl. Programm, Fahrt der «Alten Garde», o. D., in: StABi, 103,2/Hauptamt, Nr. 262, Bl. 29 (11. Bild).

239 Alexander Becker an Richard Kaselowsky, 6. 2. 1934, in: OeFA, P15/2. Auf dem Trakehner-Hengst Nanuk gewann Irmgard von Opel im Jahr 1934 als erste Frau überhaupt das deutsche Springderby.

240 Vgl. OeFA, P15/118, 119 sowie 13a.

241 Vgl. Richard Kaselowsky an Max Brings, 7. 11. 1932, in: OeFA, P15/119.

242 Vgl. Oetker/Thomas, Vom Glück verwöhnt, S. 52 f.

243 Vgl. Schriftwechsel Alexander Becker mit Richard Kaselowsky, 17. 7. 1933, 22. 7. 1933, 14. 10. 1933, 16. 10. 1933, 1. 11. 1933, 16. 11. 1933, 23. 11. 1933, 24. 11. 1933, in: OeFA, P15/211.

244 Vgl. Bavendamm, Die Oetkers in Bielefeld, Kap. 4, S. 47; Grobecker, 120 Jahre Brenner's Park-Hotel, S. 48 ff.

245 Vgl. Richard Kaselowsky an Max Brings, 1. 6. 1930, in: OeFA, P15/119.

246 Vgl. Kaselowsky an Edouard de Bary, 1. 10. 1931, in: OeFA, P15/345; Schriftwechsel Richard Kaselowsky mit Max Brings, 1. 3. 1931, 2. 3. 1931, 25.3.193[1], in: OeFA, P15/119.

247 Vgl. Oetker/Thomas, Vom Glück verwöhnt, S. 52.

248 Richard Kaselowsky an Hans Vogt, 22. 6. 1929, in: OeFA, P15/148. 1935 hatte er auf einer Besichtigungsfahrt in Ostpreußen und Polen die Idee, Zuchtbullen und Muttertiere zu importieren, es gibt aber keine Hinweise, dass er das umgesetzt hätte. Vgl. Protokoll «Siedlungs-Besichtigungsfahrt», o. D., in: OeFA, P1/65, S. 6.

249 Heinz Oetker an Richard Kaselowsky, 14. 6. 1937; Richard Kaselowsky an Heinz Oetker, 21. 6. 1937; Schreiben Dresdner Bank an Richard Kaselowsky, 22. 6. 1937, in: OeFA, P15/228; vgl. Roeingh, Das deutsche Reiterbuch, S. 126 f. 1937 gewann die Stute «Feurige», 1940 der Hengst «Kumbuke». Ein weiteres Erfolgspferd war Anfang der 1930er Jahre «Agalire», die unter anderem 1934 in Baden-Baden gewann. «Adlerfee» siegte 1937 im Ratibor-Rennen des Union-Club, und «Elritzling» 1939 errang den Großen Preis der Reichshauptstadt. Vgl. Sieger und Platzierte der Rennen um die Goldene Peitsche; «Ebbesloher Stute siegt in Baden-Baden», in: WNN, 1. 9. 1934. Vgl. Chales de Beaulieu, Der klassische Sport, S. 241, 246.

250 Vgl. Oetker/Thomas, Vom Glück verwöhnt, S. 8–11, 15 ff.; verschiedener Schriftverkehr in: OeFA, P15/1.

251 Vgl. Richard Kaselowsky an Anton Heringer, 29. 9. 1942, in: OeFA, P15/7; Ka-

selowsky an Ilse Heuser, Hannover, 5. 5. 1943: «Freuen Sie sich nur, dass Ihre beiden Jungens nicht älter sind. [...] Die Jungens selbst können es ja im allgemeinen nicht abwarten, bis sie Soldat werden, aber für die Eltern ist es doch sehr schwer.»

252 Vgl. Richard Kaselowsky an Rita Delius, 18. 7. 1944, in: OeFA, P15/1.

253 Vgl. Richard Kaselowsky an Konstantin Brückner, 4. 8. 1941, 13. 8. 1941, in: OeFA, P15/109; Richard Kaselowsky an Ilse Heuser, 5. 5. 1943, in: OeFA, P15/6; Richard Kaselowsky an Dr. Hans Richter, 22. 3. 1944; Richard Kaselowsky an Dr. Walter Schwarz, 22. 8. 1944, in: OeFA, P15/1. Richard jun. begann 1944 dann auf Gut Götz eine landwirtschaftliche Ausbildung. Vgl. zu weiteren biographischen Daten: LAV NRW R Düsseldorf, NW 1058, 2421; Oetker/Thomas, Vom Glück verwöhnt, S. 15.

254 Plumpe, Funktionen der Unternehmerschaft, S. 56.

4. Oetker, Kaselowsky und der Nationalsozialismus

1 OeFA, P1/62, 1. 3. 1936 [S. 2]. Zur Bewertung der Revolution von 1918/19 vgl. zusammenfassend Wirsching, Die Weimarer Republik, S. 51–54.

2 Vgl. Kühne, Handbuch der Wahlen zum preußischen Abgeordnetenhaus, S. 391–395, 603–608. Diese Angaben beruhen auf mündlicher Überlieferung, für die es keinen unabhängigen Beleg gibt. Vgl. Oetker, Vom Glück verwöhnt, S. 68. Die Angabe bei Vogelsang, Geschichte der Stadt Bielefeld, Bd. 3, S. 119, Kaselowsky sei Mitglied der DDP gewesen, geht auf Schütz, Machtergreifung und Gleichschaltung, S. 11, zurück, konnte jedoch nicht verifiziert werden.

3 Vgl. hierzu: Kurlander, The price of exclusion. Vgl. auch Müller, Hans Kehrl, S. 197 f.

4 Hierzu vgl. zuletzt Plumpe, Der Reichsverband der Deutschen Industrie; Pyta, Vernunftrepublikanismus in den Spitzenverbänden der deutschen Industrie; Tooze, Ökonomie der Zerstörung, S. 127–135.

5 Klassisch hierzu Turner, Die Großunternehmer und der Aufstieg Hitlers.

6 Richard Kaselowsky an Walter Schell, 2. 3. 1926, in: OeFA, P15/77.

7 Richard Kaselowsky an Hugo Henkel, 30. 8. 1930, in: OeFA, P15/310.

8 Richard Kaselowsky an Hugo Henkel, 2. 1. 1931, in: OeFA, P15/310.

9 Vgl. Gerhard Spellmeyer, eigenhändige Bestandseinführung zum Nachlass [ca. 1975–1980], in: LkA EKvW, Bielefeld, Bestand 3.54, Nachlass Gerhard Spellmeyer, 19.

10 Hans-Joachim Kaselowsky im Gespräch mit Andreas Wirsching, 1. 2. 2011.

11 Oetker/Thomas, Vom Glück verwöhnt, S. 87.

12 Ebd., S. 70.

13 WNN, 26. 6. 1937, zit. nach: Otto, Der Fabrikdirektor Kaselowsky, S. 75.

14 Rede Gauleiter Meyer, abgedr. in: Hartwig, Buch der Gefolgschaft, S. 281. Ein Indiz für eine gewisse Offenheit gegenüber der NS-Bewegung könnte die Genehmigung der Direktion der E. Gundlach AG sein, eine Zelle der Nationalsozialistischen Betriebszellen-Organisation (NSBO) im Werk Wiedenbrück zu gründen, die erste Zelle im Kreis Gütersloh überhaupt. Das könnte aber genauso gut auf taktischen Motiven beruhen: Aus der Sicht der Geschäftsführung und vermutlich auch der Kapitaleigner dürfte der Aufbau einer Konkurrenzorganisation zu den im Verlagswesen starken freien und kommunistischen Gewerkschaften durchaus erwünscht gewesen sein. Allerdings macht eine Festschrift der NSDAP Bielefeld eine vage Andeutung, dass dort spätestens 1932 in allen größe-

ren Betrieben NS-Betriebszellen bestanden hätten. Demnach wäre die Gründung der Betriebszelle eher der Regelfall gewesen. Vgl. Unser Werk Wiedenbrück, in: Egapost 1 (34), 3, 25.9.34, in: Gundlach FA, G 52; Hiemisch, Der nationalsozialistische Kampf um Bielefeld, S. 71.

15 Fritz Kranefuß an Rudolf Brandt, 14. 10. 1944, in: BArch Berlin, ehem. BDC, PK F-29.

16 Karteikarte Richard Kaselowsky, in: BArch Berlin, ehem. BDC, NSDAP-Reichskartei, 3100/L0043, Bild 2256 f. Für die Angabe bei Klee, Das Personenlexikon zum Dritten Reich, S. 300, Kaselowsky sei Mitglied der SS gewesen und habe als SS-Gruppenführer sogar Generalsrang bekleidet, konnten keinerlei Hinweise gefunden werden; sie kann angesichts intensiver Recherchen als falsifiziert gelten.

17 Karteikarten Theo Kaselowsky, Ida Kaselowsky und Ursula Oetker, in: BArch Berlin, ehem. BDC, NSDAP-Ortsgruppenkartei, 3200/K0011, Bild 0187, 3200/K0011, Bild 0184 und 3200/Q0021, Bild 0538, sowie NSDAP-Reichskartei, 3100/L0043, Bild 2266 f.

18 Fotos in: OeFA, S1/602 und S1/589. Vgl. die Berichterstattung in den WNN 27.4.–2. 5. 1933; Bericht des Polizeipräsidenten in Bielefeld an den Regierungspräsidenten in Minden betr. 1. Mai 33, 2. 5. 1933, in: LAV NRW OWL Detmold, M 1 P, Nr. 601, Bd. II. Vgl. auch StABi, 103,2/Hauptamt, Nr. 9.

19 Vgl. die Fotos von Oetker-Messeständen auf den «Braunen Messen» in Braunschweig, Frankfurt an der Oder und Soest, 1933/34, in: OeFA, S1/947, S1/964 und S1/1684. Vgl. Bajohr, «Arisierung» in Hamburg, S. 35.

20 So erhielt die unverschuldet in Not geratene Witwe eines jüngst verstorbenen «Erbhof»-Bauern im März 1934 auf Bitten des Kreisbauernführers 1000 RM. Vgl. Hilfe in der Not, in: WNN, 24. 3. 1934. Zur Spendentradition bei Oetker vgl. auch Finger/Keller, Mäzenatentum, Memoria und NS-Vergangenheit.

21 «Louis-Oetker-Fliegerheim» soll dein Name sein!, in: Westfälische Zeitung, 13. 5. 1935; vgl. Fa. Dr. Oetker an Finanzamt Bielefeld (Entwurf), 28. 11. 1933, in: OeFA, P15/330; Louis-Oetker-Fliegerheim, in: WNN, 13. 5. 1935; «Flugspende für das Flugzeug ‹Stadt Bielefeld›», 1932, in: OeFA, P13/284.

22 Korrespondenz Richard Kaselowsky mit Direktion Chemische Fabrik Budenheim AG, 11 und 12/1935, in: OeFA, P15/226.

23 Geschäftsführung Danzig-Oliva an Richard Kaselowsky, 25. 3. 1938, in: OeFA, P15/86.

24 Halbjahresbericht Zweigwerk Danzig-Oliva, 30. 6. 1934, in: OeFA, P15/82; vgl. auch Geschäftsleitung Danzig-Oliva an Kaselowsky, 10. 7. 1939, in: OeFA, P15/87; Richard Kaselowsky an Geschäftsleitung Straßburg, 25. 2. 1942, in: OeFA, P15/66; Richard Kaselowsky an Geschäftsleitung Vogt & Wolf, 3. 1. 1934, in: OeFA, P15/150; Georg Wellershaus (Fa. Reese) an Richard Kaselowsky, 10. 8. 1939, in: OeFA, P15/171; Direktion Chemische Fabrik Budenheim an Richard Kaselowsky, 11. 10. 1934 und 11. 10. 1939, in: OeFA, P15/230 und 23. 8. 1941, in: OeFA, P15/232; NSDAP-Ortsgruppe Altona-Othmarschen an Oetker Hamburg-Altona, 12. 7. 1937, in: OeFA, P15/129.

25 Vgl. Beitragseingänge auf Sonderkonto «S», 1943, in: BArch Koblenz, Z 42 IV, 1142; Aufstellung Spenden auf Sonderkonto «S» im Jahr 1944 [Mai 1944], in: IfZ-Archiv, Nürnberger Dokumente, NI 3809.

26 Vgl. 600 000 RM für die Winterhilfe, in: WNN, 22. 10. 1934; Aktenvermerk

vom 14.12.1931, in: StABi, 101,3/Geschäftsstelle III, Nr. 29,1; Spendenurkunde «Für deutsche Not», WHW 1935/36, o. D., in: OeFA, S2/282; Erinnerungen Karl Höcker, Anlagen 141, 144, 146, 148 (Bekanntmachungen vom 15.10.1935, 2.4.1937, 20.4.1938, Nr. 10/1939, daraus das Zitat), in: OeFA, P1/168b. Nicht in den genannten Zahlen enthalten war das sogenannte Opfer von Lohn und Gehalt, das die Betriebe den Beschäftigten während der Wintermonate automatisch vom Verdienst abzogen. Zum WHW vgl. Vorländer, Die NSV, darin zur Aufschlüsselung des Spendenaufkommens S. 236 f., aus der hervorgeht, dass Firmen und Organisationen 1935/36 rund 75 Mio. RM spendeten. Das gesamte WHW-Spendenvolumen betrug in diesem Winter 364 Mio. RM.

27 Erinnerungen Karl Höcker, Anlage 148 (Bekanntmachung Nr. 10/1939, daraus das Zitat), in: OeFA, P1/168b.

28 Richard Kaselowsky an Heinrich Heidinger, 11.2.1937, in: OeFA, P15/228; vgl. Einladung, 28.1.1937, in: OeFA, P1/74.

29 Bericht Kaselowskys über die Teilnahme an der Sitzung im Preußenhaus am 17.12.1936, in: OeFA, P1/66; vgl. Rundschreiben der Wirtschaftsgruppe Lebensmittelindustrie Nr. 300/V/36, in: OeFA, P15/178.

30 Vgl. Rede Hitlers vor den Betriebsführern der NS-Musterbetriebe, in: BArch Berlin, NS 5/IV/205.

31 Richard Kaselowsky an Hans Crampe, 23.12.1937, in: OeFA, P15/102; Albert Vogelsang an Richard Kaselowsky, 16.3.1938, in: OeFA, P15/129. Die Gundlach AG druckte 1943/44 monatlich 50 000 Ausgaben von Hitlers Buch im Auftrag des Eher-Verlags. Vgl. Rüstungskommission Bielefeld, Bericht über eine Besprechung wg. Arbeiten im Druckergewerbe, 30.4.1943, in: BArch-MA Freiburg, RW 21–7/13; Richard Kaselowsky an Hans Crampe, 16.1.1941, in: OeFA, P15/105.

32 Vgl. Friedländer, Das Dritte Reich und die Juden, Bd. 1, S. 31–36; Barkai, Vom Boykott zur «Entjudung», S. 27; Longerich, «Davon haben wir nichts gewusst!», S. 55–74.

33 Dr. August Oetker. Nährmittelfabrik Bielefeld, An meine Geschäftsfreunde im Ausland, 24.4.1933, in: OeFA, P15/374.

34 Richard Kaselowsky an Walter Schell, 5.4.1933, in: OeFA, P15/81. Tatsächlich berichtete der Danziger Geschäftsführer Schell im Herbst 1933, dass in einigen polnischen Gebieten der Umsatz gegenüber dem Höchststand von 1930/31 um 50 % eingebrochen sei, was nicht nur auf die allgemeine wirtschaftliche Krise zurückzuführen sei. In Polen war die Boykottbewegung auf besonders fruchtbaren Boden gefallen, da deutsche Produkte dort bereits länger Ziel von Boykotten geworden waren – was auch Dr. Oetker erfahren musste.

35 Vgl. Wirsching, Die deutsche «Mehrheitsgesellschaft», S. 22 f.; Kershaw, German Popular Opinion. Longerich, «Davon haben wir nichts gewusst!», S. 45 f., 328, betont den ostentativen Charakter dieser «Flucht in die Unwissenheit», die nicht mit Desinteresse verwechselt werden dürfe; darin seien bereits die Grundlagen für die «Verdrängung» nach 1945 gelegt. Ähnlich betont Ulrich Herbert, dass es sich um einen bewussten Prozess der «Ausblendung und Ignorierung der antijüdischen Politik des Regimes» in der «Mitte der Gesellschaft» gehandelt habe; selbst bei der politischen Linken sei die Relevanz und Reichweite der Judenverfolgung unterschätzt worden: Herbert, Vernichtungspolitik, S. 38 ff.

36 Kaselowsky, Erinnerungen, S. 25.

37 Ein Tag der Ehre und der Freude. Gauleiter Dr. Meyer bei der 50-Jahrfeier der Firma Dr. August Oetker, in: WNN, 14. 1. 1941; bei der ausführlichen Darstellung der Affäre im «Buch der Gefolgschaft» wird der Name der Firma «X» (Goldenberg) zwar verschlüsselt und als amerikanische «Gefahr» gedeutet. Aber in der Wiedergabe von Richard Kaselowskys Rede wird auch hier die entsprechende Deutung mitgeliefert, verbunden mit dem Vorwurf des Kriegsgewinnlertums gegen Goldenberg («die Unabhängigkeit gegenüber jüdischen Rohstofflieferanten, die es verstanden hatten, sich während des Krieges Einfluss zu verschaffen»); man habe sich den Herausforderungen der Zeit gestellt und «zunächst einmal den jüdischen Einfluß ausgeschaltet». Vgl. Hartwig, Das Buch der Gefolgschaft, S. 224 ff., 234–239, die Zitate S. 276 f.

38 Vgl. OeFA, P15/295–312.

39 Vgl. Darlehnsvertrag vom 6. 1. 1930; Richard Kaselowsky an Alexander Becker, 20. 6. 1933; Becker an Kaselowsky, 21. 6. 1933, in: OeFA, P15/12. Hier auch die weitere Korrespondenz mit Alexander Becker in dieser Sache; Becker war unter anderem Mitglied des Aufsichtsrats der Chemischen Fabrik Budenheim AG.

40 Kaselowsky berichtet über die Geschäfte mit Oppenheimer wegen der Rennpferde in nicht datierten und uneinheitlichen Manuskripten über die Entwicklung des Gestüts Ebbesloh [teilweise 1942], S. 16–22, das Zitat S. 17, in: OeFA, P13/3787 und 3788. Weitere Erkenntnisse zu Oppenheimer und zur Übernahme des Gestüts Erlenhof durch Heinrich von Thyssen-Bornemisza wird die Doktorarbeit von Felix de Taillez, Ludwig-Maximilians-Universität München über «Politik in/mit der Öffentlichkeit: Fritz und Heinrich Thyssen» bringen.

41 Siehe die Korrespondenzen in OeFA, P15/119 und 120.

42 Vgl. zu früheren Geschäftskontakten OeFA, P15/18; Richard Kaselowsky an Heinrich Heidinger, 28. 6. 1933, in: OeFA, P15/215.

43 Folgerichtig weigerte sich Kaselowsky, der Ehefrau Brings', die keinen Zugang zur Lyssia mehr bekam, Geschäftsunterlagen zur Verfügung zu stellen. Vgl. Richard Kaselowsky an Frau Brings, 1. 6. 1939, in: OeFA, P15/120; dort und in OeFA, P15/122 alle Vorgänge zur Löschung der von Brings eingeräumten Hypothek. Die Lyssia-Werke wurden im Herbst 1939 in eine Kommanditgesellschaft umgewandelt, bestehend aus dem Wiesbadener Kaufmann Gustav Goertz als persönlich haftendem Gesellschafter sowie als Kommanditisten die Firmen C. F. Boehringer & Söhne GmbH, Mannheim-Waldhof, und DIWAG Chemische Fabriken Dr. Joachim Wiernik & Co AG, Berlin-Waidmannslust. Die KG beglich die niedrige Restschuld Brings'.

44 Richard Kaselowsky an Julius Ellerbrock, 29. 5. 1941, in: OeFA, P15/171.

45 Vgl. zum Vorgang insgesamt Hans Crampe an Richard Kaselowsky, 1. 10. 1940, 29. 10. 1940, in: OeFA, P15/104; Crampe an Kaselowsky, 21. 5. 1941, 23. 5. 1941, 16. 8. 1941, in: OeFA, P15/105; Julius Ellerbrock an Kaselowsky, 30. 5. 1941, in OeFA, P15/171. Popke versuchte bis kurz vor Kriegsende, die «Arisierung» in trockene Tücher zu bringen. Da Frontkämpfer in den Niederlanden bevorzugt bedacht werden sollten, nutzte ihm auch die Schützenhilfe der NSDAP aus Weser-Ems wenig. Noch dazu hatte er ein Devisenstrafverfahren am Hals, das die Besatzungsbehörden in den Niederlanden zögern ließ. Vgl. die Korrespondenz vom Februar 1945 in: BArch Berlin, R 3101/34444, Bl. 103–122, 128.

46 Vgl. Schriftwechsel Richard Kaselowsky mit Wilhelm Trull (in Fa. Karl Fried-

rich Töllner GmbH, Bremen), 12. 7. 1935, 13. 7. 1935, 15. 7. 1935 (hier das Zitat), in: OeFA, P15/331.

47 Richard Kaselowsky an Walter Schell, 7. 4. 1933, in: OeFA, P15/81; vgl. Dr. Oetker Danzig-Oliva an Richard Kaselowsky, 11. 11. 1940, in: OeFA, P15/88.

48 Vgl. Karl Lindenstromberg und Alfred Wittrich an die Geschäftsleitung Bielefeld, 14. 10. 1935, in: OeFA, P15/83; Richard Kaselowsky an die Geschäftsleitung Danzig-Oliva, 21. 12. 1936, in: OeFA, P15/84. Zu Kaselowskys begeisterter Aufnahme der Vierjahresplan-Reden Görings und Hitlers vgl. S. 253. In den Tochtergesellschaften war man sich dieser Leitlinie bewusst. Die Danziger Verpackungs-Industrie AG meldete beispielsweise 1939 unaufgefordert Vollzug: Auch in Polen gebe es keine jüdischen Mitarbeiter mehr. Vgl. Karl Lindenstromberg und Alfred Wittlich an Richard Kaselowsky, 12. 4. 1939, in: OeFA, P15/94.

49 Vgl. Richard Kaselowsky an Heinrich Heidinger, 30. 5. 1940; Kaselowsky an Fritz von Kuhlmann, 16. 5. 1940, in: OeFA, P15/231; von Kuhlmann an Kaselowsky, 3. 9. 1940, in: OeFA, P15/330.

50 Vgl. Stapostelle Bielefeld, Lagebericht Juni 1935, in: LAV NRW OWL Detmold, M 1 I P, Nr. 631, Bl. 295.

51 Vgl. Chronik der Chemischen Fabrik Budenheim von der Gründung bis Ende des Jahres 1958, S. 40 f., in: OeFA, P1/334.

52 Richard Kaselowsky an Heinz Oetker, 2. 3. 1937; Oetker an Kaselowsky, 5. 3. 1937, 8. 5. 1937, in: OeFA, P15/228. Heinz Oetker war sich bewusst, dass seine Position bei der CFB dadurch gefährdet war, und war um eine Richtigstellung bemüht. Offenbar gab es unabhängig von der politischen Frage aber auch ein Kommunikationsproblem zwischen Kaselowsky und Heinz Oetker.

53 Richard Kaselowsky an Walter Schell, 25. 5. 1934, in: OeFA, P15/82; in fast ähnlicher Wendung: Karl Oetker, an Walter Schell, 24. 4. 1934, in: ebd. Dabei konnte sich Kaselowsky bis dahin – wohl zustimmend – des tiefen Antipolonismus und Nationalismus Schells sicher sein. Vgl. Walter Schell an Richard Kaselowsky, 3. 3. 1930, in: OeFA, P15/79; Kaselowsky an Schell, 7. 4. 1933; Schell an Kaselowsky, 7. 4. 1933, in: OeFA, P15/81. Zu den Umständen der Schutzhaft Walter Schells vgl. Rechtsanwalt Kurt Heise an Richard Kaselowsky, 17. 4. 1934, und weitere Korrespondenz zu dem Vorgang, in: ebd. Die Versuche Heises, die «Schutzhaft» als Fehler zu deuten, den auch die Danziger Behörden und der Gauleiter inzwischen eingesehen hätten, verfingen nur teilweise.

54 Richard Kaselowsky an Staatsanwaltschaft beim Sondergericht Bielefeld (12 Ks. Sond. 28/43), 26. 1. 1944, in: OeFA, P1/108; Oetker/Thomas, Vom Glück verwöhnt, S. 115.

55 Vgl. die Angaben im Detail sowie Quellen in Anhang IV.

56 In Hamburg übernahm Vogelsang offensichtlich jene Aufgaben der Repräsentation und Kontaktaufnahme zur Partei, für die in Bielefeld Theo Kaselowsky abgestellt war. Dazu gehörte auch die Durchdringung der Hamburger Filiale mit nationalsozialistischer Propaganda oder die Übernahme von Funktionärsposten in den Organisationen der gewerblichen Wirtschaft und in der Kriegswirtschaft. Vogelsang war seit 1936 Mitglied des Arbeitsausschusses Süßwaren der DAF, Gau Schleswig-Holstein (Ernennungsurkunde, 9. 4. 1936, in: OeFA, P15/128) und wurde nach den verheerenden Zerstörungen, die die britischen Bomberverbände im Juli/August 1943 durch die Großangriffe der «Operation Gomorrha» der Hansestadt zufügten, zum Industrieblockleiter berufen. Er kam damit in

eine Schlüsselposition für den Wiederaufbau der Industrie im Gebiet um das Oetker-Werk. Vgl. Roth, Ökonomie und Macht, S. 118–122.

57 Vgl. Hiemisch, Der nationalsozialistische Kampf um Bielefeld, S. 8, 71; Die NSDAP und ihre Gliederungen, 17. 4. 1937: Verzeichnis der Führer von Parteiorganisationen in Bielefeld, in: StABi, 103,2/Hauptamt, Nr. 12; Anschriftenverzeichnis der Ortsgruppe des Kreises Bielefeld-Halle [1945], Bl. 5 f., in: StABi, 103,2/Hauptamt, Nr. 413; Vorschlagsliste der Ratsherren, 9. 5. 1934, in: StABi, 103,02/Hauptamt, Nr. 57.

58 Vgl. etwa Gehrig, Nationalsozialistische Rüstungspolitik, S. 153; Bräutigam, Mittelständische Unternehmer im Nationalsozialismus, S. 365 ff.; zum Moment der «Verbürgerlichung» der NSDAP vgl. Haar, Zur Sozialstruktur und Mitgliederentwicklung, S. 70–73; Turner, Unternehmen unter dem Hakenkreuz, S. 23.

59 Vgl. zum Gau Ausland der NSDAP bzw. NSDAP-AO (Auslandsorganisation): Koop, Hitlers Fünfte Kolonne, S. 15–18; Eidesstattliche Versicherung Theodor Delius, 10. 6. 1946, in: LAV NRW R Düsseldorf, NW 1057-RFT, 384.

60 Vgl. zur Mitgliedersperre Wetzel, Die NSDAP zwischen Öffnung und Mitgliedersperre, S. 74–82; Weigel, «Märzgefallene» und Aufnahmestopp. Bei den meisten Prokuristen entsteht, soweit die Angaben in den Entnazifizierungsakten ein mehr als formales Urteil erlauben, der Eindruck einer gewissen Politikferne. Über eine wie auch immer geartete politische Betätigung – auch nicht bei anderen Parteien vor 1933 – ist beispielsweise bei keinem der fünf 1937 Beigetretenen etwas bekannt. Karl Oetker und Karl Liedl waren 1934 bzw. 1935 der DAF beigetreten. Walter Kraak hatte sogar bis 1937 einer christlichen Studentenverbindung angehört, der DAF trat er erst in diesem Jahr bei – kaum ein taugliches Beispiel für den «aktiven Einsatz», den Rudolf Heß von den Bewerbern verlangte. Vgl. Fragebogen Walter Kraak, 19. 6. 1946, in: LAV NRW R Düsseldorf, NW 1057-RFT, 82; Anordnung 24/37 des Stellvertreters des Führers, zit. nach Wetzel, Die NSDAP zwischen Öffnung und Mitgliedersperre, S. 76.

61 Vgl. zum Charakter der NSDAP als Massenintegrationspartei: Falter, Jürgen W./Kater, Michael H., Wähler und Mitglieder der NSDAP, in: GG 19 (1993), S. 155–177; sowie den Literaturüberblick bei Bavaj, Die Ambivalenz der Moderne, S. 81–84. Spätere Behauptungen einzelner Betroffener, sie seien nur Anwärter gewesen und hätten gar keine Mitgliedsnummern erhalten, werden durch die Reichskartei und die Ortsgruppenkartei der NSDAP widerlegt; der Status eines Anwärters war ohnehin eine Übergangserscheinung der Jahre 1937 bis 1939. Vgl. Wetzel, Die NSDAP zwischen Öffnung und Mitgliedersperre, S. 74–82.

62 Für sich genommen sind zwar weder die Entnazifizierungsunterlagen im Landesarchiv NRW in Düsseldorf noch die Ortsgruppen- und die Reichskartei der NSDAP im Bundesarchiv in Berlin (ehem. Berlin Document Center) vollständig; gleicht man alle drei Quellen miteinander ab, ergibt sich jedoch ein relativ verlässliches Bild.

63 Vgl. Richard Kaselowsky an Julius Ellerbrock, 17. 11. 1933, 21. 12. 1934, 8. 3. 1934, in: OeFA, P15/170. Zur Einführung des «deutschen Grußes» in der Firma vgl. Höcker, Erinnerungen, Anlage 135: Bekanntmachung, 26. 8. 1933, in: OeFA, P1/168b.

64 Richard Kaselowsky an Alexander Becker, 27. 2. 1934, in: OeFA, P15/12.

65 So war die Formel «unser Führer» in der ganzen Familie gebräuchlich; vgl. Hans-Joachim Kaselowsky im Gespräch mit Andreas Wirsching, 1. 2. 2011.

66 Vgl. Richard Kaselowsky an Ilse Ganzert, 26. 10. 1933, in: LAV NRW W Münster, NS-Frauenschaft Westfalen Nord, Nr. 214; der Begriff des «Volksgenossen» etwa auch in: Kaselowsky an Alexander Becker, 18. 11. 1933, in: OeFA, P15/12; Kaselowsky an Hugo Henkel, 24. 9. 1936, in: OeFA, P15/311.

67 Vgl. Höcker, Erinnerungen, Anlage 4: Aufstellung der Arbeitsgebiete [Anweisungen zur Betriebsordnung], 2. 1. 1934, in: OeFA, O1/168b.

68 Zum Begriff der «Volksgemeinschaft» und zur Debatte um dessen Verwendung als Analysekategorie der Forschung vgl. Bajohr/Wildt, Volksgemeinschaft; Schmiechen-Ackermann, «Volksgemeinschaft»; A Nazi «Volksgemeinschaft»?.

69 Vgl. RGBl. I, 1934, S. 45–56.

70 Richard Kaselowsky an die IHK Bielefeld, 27. 9. 1934, in: WWA Dortmund, K3, Nr. 1002. Mit der hier zitierten Formel forderte Kaselowsky eine Identifikation mit dem NS ein, die über die eher formale Seite der Parteimitgliedschaft hinausging und die – ganz im Sinne nationalsozialistischer Erziehungsideologie – in breiten Teilen der Bevölkerung erst zu erarbeiten sei.

71 Paul Jung (2. Geschäftsführer der Firma Vogt & Wolf) an Albert Osthoff, 6. 9. 1934, in: OeFA, P15/150.

72 Im Jahre 1936 wurde Kaselowsky in den Wohnungs- und Siedlungsausschuss bei der Reichsgruppe Industrie berufen, außerdem war er Mitglied in deren Sozialwirtschaftlichem Ausschuss. Vgl. Hansgeorg Riese an den Wohnungs- und Siedlungsausschuss der Reichsgruppe Industrie, 1. 2. 1936, in: OeFA, P15/178; Reichsgruppe Industrie an Richard Kaselowsky und weitere Unternehmer, 3. 12. 1936, BArch Berlin, R 12 I/253.

73 Vgl. «Im Kreise der Arbeitskameradinnen», in: WNN, 21. 9. 1934; Richard Kaselowsky an Bösche, 17. 6. 1937, in: OeFA, P15/62; Festfolge für die Einweihungsfeier des Neubaues der Firma Dr. August Oetker, Bielefeld am 2. März 1937, in: OeFA, P1/168b, Nr. 177; «Ein Tag der Ehre und der Freude. Gauleiter Dr. Meyer bei der 50-Jahrfeier der Firma Dr. August Oetker», in: WNN, 14. 1. 1941; Hartwig, Buch der Gefolgschaft, S. 246, 271–292.

74 Vgl. Preußischer Minister für Wirtschaft und Arbeit an IHK Bielefeld, 1. 8. 1934, in: WWA Dortmund, K3, Nr. 990.

75 Heinrich Oberschelp an den Herrn Reichswirtschaftsminister, 11. 7. 1942, in: BArch Berlin, R 3101/9424; hier mit einem handschriftlichen Vermerk: «Später soll Theo Kaselowsky Präs. der Wi. Kammer Bielefeld werden (Wunsch des Gauleiters A. Meyer)»; Akte Präsidium Oberschelp (alte Reg.: 1140/4), in: Archiv der IHK Bielefeld, 1101,2 (Präsidenten der IHK), hier insbesondere: Otto Sartorius an die Mitglieder des Beirats der IHK Bielefeld, 17. 7. 1942; Otto Sartorius an Karl Stellbrink, 30. 12. 1942; Todesanzeige Dr. Richard Kaselowsky, in: Mitteilungen der Wirtschaftskammer Bielefeld im Bereich der Gauwirtschaftskammer Westfalen-Nord, Folge 10, 1. 12. 1944. Vgl. auch Sartorius, 100 Jahre Handelskammer Bielefeld, S. 86; sowie insgesamt zu den Ämtern Richard Kaselowskys Sawicki, Das Unternehmen Oetker in der Zeit des Nationalsozialismus, S. 153–163.

76 Vorschlagsliste der Ratsherren, 9. 5. 1934, in: StABi, 103,2/Hauptamt, Nr. 57; Verwaltungsbericht der Stadt Bielefeld für das Jahr 1935, Bielefeld 1936, in: StABi, 103,2/Hauptamt, Nr. 55; zum Rücktritt vgl. Richard Kaselowsky an Oberbürgermeister Fritz Budde, 15. 11. 1938, und Budde an Kaselowsky, 9. 12. 1938, in: StABi, 103,02/Hauptamt, Nr. 476.

77 Vgl. Fritz von Kuhlmann an Stabsleiter Owen, 26. 5. 1935, in: OeFA, P14/698; Korrespondenz zwischen Richard Kaselowsky, Fritz von Kuhlmann und dem «Haus der Reichsplanung», 16. 5. 1935, 18. 5. 1935, in: OeFA, P14/699. Vgl. zum Kontext Humann, «Arbeitsschlacht»; Bavaj, Die Ambivalenz der Moderne im Nationalsozialismus, S. 172; Leendertz, Ordnung schaffen, v. a. S. 126–142, 187–195; Kimpel, Agrarreform und Bevölkerungspolitik; Oberkrome, Stamm und Landschaft, S. 86 f.; Hinweise zur Strukturpolitik für den ländlichen Raum gibt z. B. Dix, Der Westwall; diese bezog sich allerdings weniger auf die Umsiedlung bestehender Anlagen als auf die Ansiedlung neuer Industrien.

78 Richard Kaselowsky an Kurt Kummer (Sonderbeauftragter für die Fragen der Neubildung deutschen Bauerntums im RMfEL), 27. 9. 1934, in: OeFA, P14/699.

79 Vgl. Richard Kaselowsky an Silvio Broedrich, 29. 7. 1935; Bericht über die Lehrwirtschaft Jeserig, o. D.; Fritz von Kuhlmann an Martin Reibisch, 5. 11. 1935, in: OeFA, P14/699.

80 Vgl. zum Kontext Haerendel, Kommunale Wohnungspolitik, S. 120 f.; Recker, Die Großstadt als Wohn- und Lebensbereich im Nationalsozialismus, S. 8–12; Durth, Architektur und Stadtplanung, S. 143 f., 152–158; Forndran, Die Stadt- und Industriegründungen Wolfsburg und Salzgitter, S. 62–71; Harlander, Zentralität und Dezentralisierung, S. 24–31; Walz, Wohnungsbau- und Industrieansiedlungspolitik, S. 93–100; schon Zitelmann, Hitler, S. 306–378, hat mit Blick auf Hitler selbst darauf hingewiesen, dass zwischen antimoderner Propaganda und Praxis unterschieden werden muss und dass die Weltanschauung Hitlers mitnichten auf eine Reagrarisierung Deutschlands zielte. Vielleicht wurde Kaselowsky durch die am 30. 5. 1934 von Gottfried Feder verkündeten Grundsätze für die «Neuordnung des deutschen Lebensraums» beeinflusst. Diese waren zum Zeitpunkt der Verkündung bereits überholt. Der kurzzeitige Staatssekretär im Reichswirtschaftsministerium und Reichskommissar für das Siedlungswesen wurde zum Ende des Jahres 1934 in den Ruhestand versetzt und politisch marginalisiert. Vgl. Bärnreuther, Berlin im Zugriff totalitärer Planung, S. 210 f.

81 Der Mangel an erschwinglichen und zumindest niedrigen Standards entsprechenden Arbeiterwohnungen war seit dem Kaiserreich ein Problem. Die Wohnungsbaupolitik der Weimarer Republik erwies sich seit 1924 sogar als relativ erfolgreich, allerdings gelang es nicht, den weiterhin steigenden Bedarf in den Städten zu decken. Vgl. Wirr, Inflation, S. 390–406; Haerendel, Kommunale Wohnungspolitik, S. 104–118; Kluge, Die Weimarer Republik, S. 89–92, 238–246.

82 Vgl. Vogelsang, Geschichte der Stadt Bielefeld, Bd. 3, S. 59 f., 81; Hartwig, Das Buch der Gefolgschaft, S. 243 f.; Führer, Anspruch und Realität, v. a. S. 230–248; zum «Schlagwort» «Sozialer Wohnungsbau» vgl. Hachtmann, Das Wirtschaftsimperium der Deutschen Arbeitsfront, S. 446–452, sowie umfassend S. 425–498 zur Entwicklung der DAF zum großen Bau- und Siedlungskonzern auf der Grundlage der von ihr übernommenen Genossenschaften.

83 Vgl. Kaselowsky an Edouard de Bary, 25. 9. 1933, in: OeFA, P15/345; Erinnerungen Gerhard Spellmeyer, in: LkA EKvW, Bielefeld, Bestand 3.54, Nachlass Gerhard Spellmeyer, 19.

84 Vgl. Harlander/Harter/Meiers, Arbeitslosigkeit und Wohnungsnot, S. 277–284; Harlander, Zwischen Heimstätte und Wohnmaschine, S. 31–37; Haerendel, Kommunale Wohnungspolitik, S. 120 f., 197–227. Die Ähnlichkeit zum Klein-

siedlungsprogramm des Reiches zeigte sich auch in den Bauformen (Satteldach, einstöckig mit Dachgeschoss, als Einzelhaus oder Doppelhaushälfte, erweiterbar, mit Integration ländlich-kleinbäuerlicher Raumfunktion, also mit Werkstatt, Hühnerstall etc.), wie sie etwa in Düsseldorf-Tannendorf realisiert wurden. Das Kleinsiedlungsprogramm wurde mit Varianten auch unter NS-Ägide beibehalten; vgl. Forndran, Die Stadt- und Industriegründungen Wolfsburg und Salzgitter, S. 72–77; Walz, Wohnungsbau- und Industrieansiedlungspolitik, S. 33–40; Harlander, Zwischen Heimstätte und Wohnmaschine, S. 45–85.

85 Vgl. programmatisch Schauff, Wer kann siedeln?, mit einer Einleitung von Max Sering (siehe unten), einem der Kontaktleute Kaselowskys in Siedlungsfragen. Vgl. zur Gartenstadtbewegung und ihren völkischen Varianten, die Teil einer einflussreichen Strömung der konservativen Moderne in der deutschen Architektur waren: Käpplinger, Wohnungsbau zwischen konservativer Moderne und Neuem Bauen, S. 227–235, 241 ff.; Puschner, Die völkische Bewegung im wilhelminischen Kaiserreich, S. 155–165; Bavaj, Die Ambivalenz der Moderne im Nationalsozialismus, S. 166–173; Schubert, Die Gartenstadtidee, S. 26–35; in dem Band von Will, Gartenstadt, insbesondere den Beitrag von Hafner, Die Geschichte der Deutschen Gartenstadtbewegung, sowie zur Querverbindung zu völkischem Gedankengut Nitschke, Lebensreform.

86 Vgl. Hartwig, Das Buch der Gefolgschaft, S. 118; Architekt Dipl.-Ing. W. Oldemeier, Grundriss und Baubeschreibung eines Kleinsiedlungsprojektes in Senne, 26. 11. 1931; Schreiben des Reichskommissars für die vorstädtische Kleinsiedlung betr. Zuschussantrag an den Reichsverkehrsminister Treviranus v. 1. 12. 1931, 15. 12. 1931, in: OeFA, P15/20.

87 Vgl. «44 neue Siedlungshäuser», in: WNN 16. 11. 1933; Hartwig, Das Buch der Gefolgschaft, S. 244. Dr. Oetker stellte für die Siedlung Senne fast eine halbe Million RM an Hypotheken zur Verfügung.

88 Rundschreiben der Gesellschaft für Treuhandgeschäfte und Wirtschaftsberatung mbH [1934], in: OeFA, P14/698.

89 Vgl. Fa. Dr. Oetker an Kommerzienrat Dr.-Ing. Beindorf, Hannover, 19. 2. 1934; Merkblatt der Gesellschaft für Treuhandgeschäfte und Wirtschaftsberatung mbH, o. D., in: OeFA, P14/698. Angeboten wurden (schlüsselfertig) eine Doppelhaushäfte, unterkellert, zwei Zimmer, mit einem ausbaubaren Dachboden und einem Stall, oder ein Einzelhaus mit drei Zimmern und ausbaubarem Dachboden, Keller und Stall.

90 Vgl. Fa. Dr. August Oetker an Provinzialobermedizinalrat Kaldewey, 28. 5. 1935, in: OeFA, P14/698; Bericht über mein Praktikum bei der Firma Dr. August Oetker in der Zeit vom 1. September bis 31. Dezember 42, S. 13, in: OeFA, P13/8529. Für die Planung der Siedlung am Kupferhammer und der Haustypen schrieb die Treuhandgesellschaft einen Architektenwettbewerb aus. Vgl. Wettbewerb Kleinsiedlung in Brackwede, 10. 4. 33, in: OeFA, P14/698; zu Ummeln vgl. den Vorgang in: LAV NRW OWL Detmold, M 1 I P, Nr. 1546.

91 Vgl. 5 Jahre Dr. August Oetker Nährmittelfabrik GmbH, Zweigfabrik Hamburg, Bielefeld 1949, S. 62–67, in: OeFA, P1/837; «Eine vorbildliche Weihnachtsfeier», in: Altonaer Nachrichten [20. 12. 1934], in: OeFA, P15/123, Kaselowsky an Edouard de Bary, 25. 9. 1933, in: OeFA, P15/345; Aktenvermerk betr. Betriebsverlagerungen vom nördlichen Elbufer, 6. 6. 1939, in: StA Hamburg, 322–2/A93.

92 Vgl. Vertrag zwischen der Fa. Dr. August Oetker und der Gesellschaft für Treuhandgeschäfte und Wirtschaftsberatung mbH (Entwurf), o. D., in: OeFA, P14/698; Kuhlmann an Kaselowsky, 19. 10. 1934, in: OeFA, P14/698. Die Erschließung der Siedlungen durch die chronisch klammen Gemeinden stieß wegen der Wirtschaftskrise immer wieder auf Probleme, sodass Louis Oetker 1932 bei dem aus Lippe stammenden, für das Reichssiedlungsamt zuständigen Reichsverkehrsminister Gottfried Treviranus (Konservative Volkspartei) zu intervenieren suchte. Vgl. Fritz von Kuhlmann an Kaselowsky, 23. 2. 1932; Louis Oetker an Gottfried Treviranus, 26. 2. 1932, in: ebd.

93 Vgl. Pastor Friedrich v. Bodelschwingh an Landwirt E. v. Bodelschwingh, 11. 3. 1936; Fritz von Kuhlmann an Pastor Fr. v. Bodelschwingh, 9. 4. 1936 und 19. 5. 1936; Pastor Fr. von Bodelschwingh an Pastor Hanke, Freistatt, 11. 6. 1936; in: Hauptarchiv Bethel, Bielefeld, 2/13–146b. Vgl. Rosemann, Moorburg, S. 188–191, der mangels Quellen zur NS-Zeit aber nur eine oberflächliche Bewertung vornehmen kann.

94 Vgl. Bericht über die Revision der Evangelischen Wohnungsnotgemeinschaft Bielefeld GmbH, 1. 8. 1940, in: OeFA, P15/352.

95 Vgl. Chronik der Werkfrauengruppe, hier S. 7–14, in: OeFA, P1/336; Hartwig, Das Buch der Gefolgschaft, S. 279.

96 Vgl. Alfred Bozi, Deutschlands Erneuerung (Manuskript) [1933], in: StABi, 200,008/Nachlass Bozi, Nr. 003.

97 Vgl. Schriftwechsel Fritz von Kuhlmann/Kaselowsky, 7. 8. 1936, 20. 8. 1936 mit Anlagen in Abschrift: Rudolf Stapenhorst an Gottfried Feder, 8. 5. 1934 (mit Anlagen); Stapenhorst an den RMfEL, 12. 2. 1935, 15. 7. 1935; Stapenhorst an den RAM, 21. 2. 1936, in: OeFA, P14/698; Oberkrome, Stamm und Landschaft, S. 86 f., sowie die weiteren Literaturhinweise zur Dezentralisierung zu Beginn dieses Abschnitts.

98 Vgl. Oberkrome, Stamm und Landschaft, S. 69–80, der von den «Kontaktstellen» zwischen «bürgerlich-honorige[m], honorationell getragene[m] Heimatschutz und den radikalvölkischen, deutschtumszentrierten Gruppen» spricht (S. 80); Oberkrome, Volksgeschichte, S. 108–111; Mai, «Rasse und Raum», S. 29–46; sowie insgesamt Bergmann, Agrarromantik und Großstadtfeindschaft. Knapp zu den Unterströmungen der nationalsozialistischen Agrarpolitik: Kluge, Deutsche Agrarpolitik im 20. Jahrhundert zwischen Protektionsimus und wirtschaftlicher Modernisierung, S. 300–305; Pyta, Das Dorf im Fadenkreuz der Politik, S. 212 ff.; Langthaler, ‹Landflucht›, Agrarsystem und Moderne, S. 111 ff.

99 Vgl. Kurt Kummer an Kaselowsky, 27. 9. 1933, in: OeFA, P14/699; zur «Neubildung deutschen Bauerntums» vgl. allgemein Oberkrome, Ordnung und Autarkie, S. 196–201; Mai, «Rasse und Raum», S. 58–69. Kummer war der Sonderbeauftragte für die Fragen der Neubildung deutschen Bauerntums im Reichsernährungsministerium und bei der Reichsleitung der NSDAP.

100 Vgl. Knipping an Kaselowsky, 25. 5. 1934, 8. 6. 1934, in: OeFA, P14/698. Die Bautätigkeit von Knippings Treuhandstelle für Bergmannswohnstätten hatte mit 27 000 Wohnungen (bis 1934) ganz andere Dimensionen erreicht als die Bielefelder Projekte. Knipping war nicht nur im Bereich der Arbeitersiedlung tätig, sondern streckte seine Fühler und wirtschaftlichen Interessen auch nach Osten aus. Vgl. Schriftwechsel Knipping/Kaselowsky, 6. 5. 1934, 25. 5. 1934, 1. 6. 1934, in: P14/698.

101 Vgl. Oberkrome, Ordnung und Autarkie, S. 196–201; Stoehr, Berliner Agrarökonomen im «Dritten Reich», S. 3–10; Sering, Einführung, S. 7 ff. Serings vehemente Kritik am Reichserbhofgesetz von 1933 und seiner verfehlten Tendenz zur Entkapitalisierung dürfte mit ein Grund gewesen sein, dass er bei Reichsernährungsminister Darré in Ungnade fiel.

102 Vgl. den Schriftwechsel zwischen der Forschungsstelle (Prof. Dr. Hoffmann) und Kaselowsky wegen der Mitgliederversammlung im Industrieklub Dortmund am 14. 10. 1935; Programm der Besichtigungsfahrt durch das Ravensberger Land am 18. Mai 1935, in: OeFA, P14/698. Vgl. programmatisch den bei der Münsteraner Stelle erschienenen Band Bruck, Die deutsche Siedlung, u. a. mit einem Beitrag Knippings zur Stadtrandsiedlung.

103 Vgl. Hansgeorg Riese an Wohnungs- und Siedlungsausschuss bei der Reichsgruppe Industrie, 1. 2. 1936; Übersicht über die Wirtschaftsgruppe Lebensmittelindustrie, 1. 8. 1936, in: OeFA, P15/178.

104 Vgl. «Notiz über meine [Fritz von Kuhlmanns] Besprechungen mit Herrn Tholens und Herrn Geh. Prof. Dr. Sering am 15. und 16. Juni 1933 in der Siedlungsangelegenheit Oetker», 17. 6. 1933; Schriftwechsel von Kuhlmann und Prof. Max Sering, 23. 6. 1933, 29. 6. 1933; Max Sering an den Reichsfinanzminister, 29. 6. 1933; Denkschrift über Stand, Fortführung und Kosten der Kartierungsarbeiten im Osthilfegebiet, 21. 12. 1932, in: OeFA, OP14/699. Sering war bereits im Ersten Weltkrieg mit der Erarbeitung von Siedlungskonzepten für die damals eroberten Ostgebiete befasst gewesen und witterte nach 1933 offenbar die Chance, hier wieder aktiv zu werden; vgl. Stoehr, Berliner Agrarökonomen im «Dritten Reich», S. 3–10.

105 Vgl. Notiz über meine Besprechungen mit Herrn Tholens und Herrn Geh. Prof. Dr. Sering am 15. und 16. Juni 1933 in der Siedlungsangelegenheit Oetker, 17. 6. 1933; Fritz von Kuhlmann an Tholens, 23. 6. 1933; Tholens an Kuhlmann 25. 7. 1933; Kuhlmann an Wirtschaftsdirektor Bromme (Börgermoor), in: OeFA, P14/699.
In Baracken der Landwirtschaftsverwaltung in Börgermoor wurde das erste der insgesamt 15 später sogenannten Emslandlager eingerichtet, die in der Region bald wegen der Gewalt und Willkür der SS-Wachmannschaften berüchtigt waren; auch die Presse berichtete – zustimmend – über die Lager. Als die Zahl der Schutzhäftlinge stark zurückging, übernahm die preußische Justizverwaltung 1934 die Lager und belegte sie mit Strafgefangenen, die ebenfalls im Moor arbeiten mussten. Bis 1938 gab es ein schwieriges Nebeneinander von Schutzhaft- und Strafgefangenenlagern einerseits und Lagern des Reichsarbeitsdienstes andererseits, bis der RAD sich aus dem Emsland zurückzog. Ob Kaselowsky im September 1933 überhaupt Börgermoor selbst besuchte, lässt sich nicht klären. Die bereits übergebenen Siedlungen, die er besichtigen wollte, stammten noch aus der Arbeit des FAD in der Gegend; vgl. Kosthorst/Walter, Konzentrations- und Straflager im Dritten Reich, Bd. 1, S. 127–131, 249–271, 529–536; Kosthorst/Walter, Konzentrations- und Strafgefangenenlager im Emsland, S. 121–134; 141–146; Suhr, Die Emslandlager, S. 28–37, 186–190, 207–212; Knoch, Die Emslandlager, S. 533 ff., 537–540, 551.

106 Vgl. Kaselowsky an den RMfEL, Walter Darré, 3. 8. 1933 (Entwurf), in: OeFA, P14/699. Versuche, mit dem ephemeren Beauftragten für das Siedlungswesen im Stab des Stellvertreters des Führers, Johann Wilhelm Ludowici, Kontakt auf-

zunehmen, scheiterten offenbar: Schriftwechsel Amt des Beauftragten für das Siedlungswesen im Stab des Stellvertreters des Führers/Fa. Dr. August Oetker, 8. 10. 1934, 10. 10. 1934, in: OeFA, P14/698.

107 Vgl. Kurt Kummer an Richard Kaselowsky, 22. 8. 1933; Fritz von Kuhlmann an Kaselowsky, 31. 8. 1933, in: OeFA, P14/699. Ob die beiden Zahlungen tatsächlich erfolgten, lässt sich aus den vorliegenden Unterlagen nicht rekonstruieren.

108 Vgl. Fritz von Kuhlmann an Silvio Broedrich, 7. 8. 1933, in: OeFA, P14/699. Die Publikationen Broedrichs aus den Kriegsjahren gaben den Ton vor: Broedrich, Kolonisationsmöglichkeiten im Ostseegebiete; Broedrich, Schnelle Besiedlung in Kurland; Broedrich/von Gayl/Keup, Bauernland im Osten; Broedrich/Pohle/Keup, Deutsche Bauern in Rußland. Während des Zweiten Weltkriegs stellte er in seinen Memoiren außerdem das Ziel seines gesamten Berufslebens klar: Broedrich[-Kurmahlen], Kampf um deutschen Lebensraum. Vgl. außerdem: Strazhas, Deutsche Ostpolitik im Ersten Weltkrieg, S. 51 f., 96 f., 101 f.; Neue Deutsche Biographie, Bd. 2, S. 628 f.; Mai, «Rasse und Raum», S. 22–29.

109 Vgl. Aktennotiz «Bauernsiedlung in Mecklenburg» (hs.), o. D.; Schriftwechsel Fritz von Kuhlmann und Silvio Broedrich, 26. 6. 1933, 30. 6. 1933 (hier die Zitate), in: OeFA, P14/699; Broedrich, Das neue Ostland. Das ehemalige Gut Schossin der Norddeutschen Ansiedlungs-AG, wo vertriebene russlanddeutsche Bauernfamilien sowie Landarbeiter- und Handwerkerfamilien aus der Region angesiedelt wurden, war ein Musterbeispiel für Broedrichs Siedlungskonzept, mit einem zentral gelegenen Dorf, das von den Neusiedlern in billiger Bauweise und mit hohem eigenen Arbeitsanteil errichtet wurde, um den Kapitalaufwand und die Zinslasten gering zu halten.

110 Vgl. Bericht des Vorstandes auf der Gesellschafterversammlung der Norddeutschen Ansiedlungs-AG, 2. 6. 1933, in: OeFA, 14/699.

111 Vgl. Aktennotiz [Kaselowskys], «Besprechung mit Dr. Kummer über das Siedlungsproblem», o. D., in: OeFA, P14/699; zur Problematisierung der polnischen Landarbeiter vgl. Langthaler, ‹Landflucht›, Agrarsystem und Moderne, S. 111 ff.

112 Vgl. Programm für eine «Reise durch den deutschen Osten», 7. 5. 1935; Protokoll «Siedlungs-Besichtigungsfahrt», o. D., in: OeFA, P1/65. Angesichts des begeisterten Berichts über einen Besuch des Gestüts Trakehnen und der Überlegungen, ob man von einem der besuchten Güter Zuchtbullen und Muttertiere nach Ebbesloh importieren könnte, dürfte es sich bei dem Autor um Kaselowsky persönlich gehandelt haben. Nebenbei besichtigte man auch die Niederlassung in Danzig (S. 1, 4, 6 f.).

113 Siedlungen der Ansiedlungs-AG bestanden in Schweez, Schossin, Beckendorf, Kobrow, Langensee, Bastorf-Ziddorf. Vgl. insgesamt Bericht des Vorstandes auf der Generalversammlung der Norddeutschen Ansiedlungs-AG, 2. 6. 1933; Silvio Broedrich an Fritz von Kuhlmann, 30. 7. 1933, 8. 8. 1933; Karl Lindenstromberg an Richard Kaselowsky (Revisionsbericht), 16. 9. 1933; von Kuhlmann an Kaselowsky, 18. 9. 1933; von Kuhlmann an Silvio Broedrich, 18. 9. 1933; von Kuhlmann an den Sonderbeauftragten für die Neubildung des deutschen Bauerntums im RMfEL, 29. 9. 1933; von Kuhlmann an Kaselowsky, 28. 11. 1933; Bilanz und Gewinn- und Verlustrechnung per 31. Dezember 1934 der Norddeutschen Ansiedlungs-Aktiengesellschaft; Liquidationseröffnungsbilanz am 2. 1. 1935, in: OeFA, P14/699; sowie Seraphim, Agrarkrisis und Siedlung in Mecklenburg und Pommern; rückblickend mit marxistischer Lesart: Bley, Zur Rolle der Siedlungs-

gesellschaften, S. 129 f. Mehrheitsaktionär war der Archivar der Dresdner Bank in Berlin, Schmidtlein (57 000 RM); ein größeres Aktienpaket war im Besitz des insolventen Grafen Ernst Albrecht von Schlieffen (nom. 26 000 RM); 17 000 RM waren im Eigenbesitz der Firma. Kaselowsky wollte die beiden letztgenannten Pakete erwerben, Schmidtlein würde einer Kapitalerhöhung durch Kaselowsky zustimmen und damit auf die Aktienmehrheit verzichten.

114 Vgl. Kaselowsky an Fritz von Kuhlmann, 13. 5. 1937, in: OeFA, P15/330; Zuverlässigkeitsprüfung der Siedlungsunternehmen; Granzow, Neubildung deutschen Bauerntums, S. 8 f.; zur «Säuberung» und «Vereinfachung» des Siedlungsverfahrens Backe, Agrar- und Siedlungspolitik, S. 13 f. Fritz von Kuhlmann und Kaselowsky bemühten sich um die Anerkennung der Kreditwürdigkeit durch das RMfEL und versuchten diese zu befördern, indem sie dem zuständigen Sonderbeauftragten Kurt Kummer einen Aufsichtsratsposten anboten. Kummer lehnte jedoch ab. Vgl. von Kuhlmann an den Sonderbeauftragten für die Neubildung des deutschen Bauerntums im RMfEL, 29. 9. 1933; Kaselowsky an Kummer, 30. 9. 1933; von Kuhlmann an Kaselowsky, 5. 10. 1933; Kummer an Kaselowsky, 3. 11. 1933, in: OeFA, P14/699.

115 Vgl. Fritz von Kuhlmann an Richard Kaselowsky, 5. 10. 1933; Silvio Broedrich an von Kuhlmann, 8. 11. 1933, 9. 11. 1933, in: OeFA, P14/699; NSDAP-Reichsleitung, Amt für Agrarpolitik, Stabsamt des Reichsbauernführers, Abt. Siedlung (Ltr. Kurt Kummer) an Richard Kaselowsky, 10. 11. 1933; Fritz von Kuhlmann an Kaselowsky: Bericht über die Besprechung in Sachen Ostsiedlung am 18. 11. 1933, 20. 11. 1933; Kuhlmann an Kaselowsky, 5. 1. 1934; Kuhlmann an Silvio Broedrich, 5. 1. 1934, in: OeFA, P14/699; Geschäftsbericht der Norddeutschen Ansiedlungsgesellschaft AG i. L., Schwerin für das Geschäftsjahr 1936, in: OeFA, P15/330; Fritz von Kuhlmann an Indubeg mbH, 1. 10. 1935, in: OeFA, P14/699; Fritz von Kuhlmann an Fa. Dr. August Oetker, 5. 6. 1939, in: OeFA, P15/330.

116 Die Ankündigung, Darré wolle die Landesbauernführer mittelfristig als Vorsitzende von Vorstand oder Aufsichtsrat aller Siedlungsgesellschaften installieren, war ein deutliches Zeichen dafür, dass privatwirtschaftliches Engagement auf zunehmende Hindernisse stoßen würde. Vgl. NSDAP-Reichsleitung, Amt für Agrarpolitik, Stabsamt des Reichsbauernführers, Abt. Siedlung (Ltr. Kurt Kummer) an Richard Kaselowsky, 10. 11. 19133, in: OeFA, P14/699. Die Ankündigung bezog sich vermutlich auf den wenige Wochen später publizierten Erlass Darrés als RMfEL v. 25. 11. 1933 über die Einschaltung der Landesbauernführer in das Verfahren zur Neubildung deutschen Bauerntums, abgedr. in: Neues Bauerntum 2 (1934), S. 496 f.

117 Vgl. Fritz von Kuhlmann an Richard Kaselowsky, 5. 1. 1934; Fritz von Kuhlmann an Indubeg mbH, 23. 6. 1934, in: OeFA, P14/699. Demnach wurden Güter in Faulenrost und Bärenwalde in Vorpommern erworben. Nach den Plänen sollten Güter in Schlesien, Pommern und Mecklenburg gekauft werden. Laut Überblick über die Neubildung deutschen Bauerntums war außerdem Gut Gresse bei Boizenburg im Besitz der Nordsiedlung. Eine weitere Siedlung lag vermutlich in Haugendorf (Kreis Namslau, Regierungsbezirk Breslau): vgl. Akte der Preußischen Landesanstalt für Wasser-, Boden- und Lufthygiene, Berlin-Dahlem, in: BArch Berlin, R 154/4144.

118 Vgl. Fritz von Kuhlmann an Oskar Lehnich, 29. 1. 1935, 6. 6. 1935; von Kuhlmann an Kaselowsky, 14. 3. 1935, 17. 4. 1935, 6. 6. 1935, in: OeFA, P14/699; zu Lehnich

vgl. Raberg, Wirtschaftspolitiker zwischen Selbstüberschätzung und Resignation; zu den Änderungen in der Siedlungspolitik: Oberkrome, Ordnung und Autarkie, S. 65–75, 90–114, 196–201.

119 Im Verwaltungsrat waren das RMfEL, das Land Württemberg, die Württembergische Landeskreditanstalt (2), die Württembergische Landwirtschaftskammer, die Landesbauernführer von Württemberg, Baden und Hessen sowie die Firma Dr. August Oetker vertreten. Der Verwaltungsrat entschied immer mit Stimmenmehrheit und war beschlussfähig bei Anwesenheit von vier Mitgliedern. Die Gesellschafterversammlung entschied grundsätzlich mit einfacher Mehrheit der abgegebenen Stimmen, solange gesetzliche Vorschriften nichts anderes verlangten. Da die Stimmenzahl nicht-öffentlich-rechtlicher Teilhaber auf 20 gedeckelt war, vertrat Oetker mit 37,5 % des Kapitals nur 16,6 % der Stimmen in der Gesellschafterversammlung. Vgl. Gesellschaftsvertrag der Firma Nordsiedlung GmbH, Berlin, o. D., in: OeFA, P14/699; dass das Ganze auf eine Beteiligung «auf rein kapitalistischer Basis» ohne Einfluss auf das operative Geschäft hinausliefe, hatte von Kuhlmann schon Anfang 1934 kommen sehen: Fritz von Kuhlmann an Silvio Broedrich, 5. 1. 1934, in: ebd. Zu den Plänen, einen westfälischen Amtsträger einzuschalten, vgl. Fritz von Kuhlmann an den Landesbauernführer für Westfalen, Albert Kost, 13. 3. 1934; Kost an von Kuhlmann, 14. 3. 1934; Silvio Broedrich an von Kuhlmann, 8. 4. 1934; von Kuhlmann an Indubeg mbH, 23. 6. 1934, in: ebd.

120 Fritz von Kuhlmann an Oskar Lehnich, 6. 6. 1935; Fa. Industrie-Beteiligungsgesellschaft Indubeg mbH an Fa. Nordsiedlung GmbH, 19. 6. 1935; Fritz von Kuhlmann an Oskar Lehnich, 19. 9. 1935; in: OeFA, P14/699. Mit dem Einverständnis der Oetker-Seite wurde allerdings noch ein neuer Geschäftsführer aus dem Umfeld des Agrarwissenschaftlers Sering berufen, Wilhelm Boyens. Nach Kriegsende wurde die Nordsiedlung GmbH i. L. auf 1 RM abgeschrieben: Property Control: Earnings Statement for 45 and Balance Sheet per Dec 31st 45, in: OeFA, P13/4925.

121 Kontakte hatte es vermutlich vorher schon gegeben, möglicherweise auch einen Besuch in einer der Siedlungen: vgl. Fritz von Kuhlmann an Silvio Broedrich, 13. 4. 1935, in: OeFA, P14/699. Zu der Verbindung zwischen Reibisch und Broedrich vgl. Schmitz, Die Artamanen, S. 94–99. Vgl. neben der im Folgenden zitierten Forschung den Literaturüberblick bei Brauckmann, «zur saat und tat», S. 10 ff.

122 Vgl. Kaienburg, Die Wirtschaft der SS, S. 61 ff., hier der Begriff des «Rekrutierungsfelds», sowie insgesamt Brauckmann, «zur saat und tat», S. 20–39; Kater, Die Artamanen; einigen älteren Qualifikationsarbeiten mangelt es entweder an Quellen oder an Distanz und Kontextualisierung, vgl. die Kommentare bei Brauckmann, Die Artamanen als völkisch-nationalistische Gruppierung, S. 177. Zur Frühgeschichte vgl. eine Dokumentensammlung des Hauptarchivs der NSDAP: BArch Berlin, NS 26/2032 und 1285. Kater gibt auch eine differenzierte Bewertung von Himmlers ephemerer Rolle bei den Artamanen, die gleichwohl stark auf diesen gewirkt habe (S. 622–638); vgl. auch Brauckmann, «zur saat und tat», S. 104 ff.; Longerich, Heinrich Himmler, S. 109 ff. Zu den ideologischen Kernelementen der Artamanen-Bewegung, zu denen die klassischen Anti-Motive gehörten (antimodern, antiplural, antidemokratisch, antikapitalistisch, antimarxistisch), vgl. Kater, Die Artamanen, S. 598–610; Bergmann, Agrarromantik und Großstadtfeindschaft, S. 247–296; Mües-Baron, Heinrich Himmler,

S. 355–369. Auch Rudolf Höß, der Kommandant des KZ Auschwitz, und Wolfram Sievers, der für die Ausprägung der germanentümelnden SS-Ideologie einflussreiche Geschäftsführer des «Ahnenerbe», waren Mitglieder und «Führer» bei Artamanen-Gruppen, Walter Darré galt zumindest als Förderer; zu Höß: Brauckmann, «zur saat und tat», S. 94–99.

123 Martin Reibisch an Kaselowsky, 29. 6. 1936, in: OeFA, P14/698; Kater, Die Artamanen, S. 592–595; über einzelne lokale Aktivistengruppen ging das Siedlungsprogramm der Artamanen jedoch nie hinaus. Zur Hochzeit des Bundes arbeiteten 2000 junge Männer auf 300 Gütern. Diese Zahl ist aber nicht mit der Zahl der Siedler zu verwechseln, sondern entsprach einem zeitlich begrenzten Arbeitsdienst, dem sich viele antislawistisch gesinnte junge Männer und manchmal auch Frauen in den wirtschaftlichen Krisenjahren der Republik freiwillig unterwarfen (ebd., S. 577 ff., 587 ff.).
Kaselowsky stand mit seinem Interesse an den Artamanen in Bielefeld nicht allein: Auch die Bodelschwingh'schen Anstalten in Bethel hatten mehrere Leute aus einem Umschulungsbetrieb in Sigmarshof/Hermannsheide bei den Artamanen in Koppelow und Groß Ridsenow untergebracht. Friedrich von Bodelschwingh III, Enkel des Gründers der Anstalten und in den Arbeitskolonien der Anstalt für den FAD zuständig, war nach eigener Auskunft seit 1932 mit diesen in Kontakt: Pastor Friedrich v. Bodelschwingh an Kaselowsky, 7. 7. 1935, in: OeFA, P14/699.

124 Vgl. Protokoll «Siedlungs-Besichtigungsfahrt», o. D., in: OeFA, P1/65, S. 3.

125 Vgl. etwa Martin Reibisch an Kaselowsky, 29. 6. 1936, 19. 6. 1936; Bericht «Artamsiedlung Koppelow» [1936], in: OeFA, P14/698; Martin Reibisch an Kaselowsky, 2. 9. 1935, in: OeFA, P14/699. Bericht der Deutschen Revisions- und Treuhand-AG, Berlin, über die bei den Artamsiedlungen Koppelow mit Augustenberg und Gross-Ridsenow in Mecklenburg vorgenommene Prüfung der Entwicklung und des Standes der Siedlungsverfahren 34/35, in: BArch Berlin, R 8135/4657, sowie beim Rechnungshof des Deutschen Reiches in: BArch Berlin, R 2301/3747; zu den Artam-Gruppen und Siedlungen in Mecklenburg vgl. Brauckmann, Die Artamanen in Mecklenburg, S. 71–76. Ziel des Werbens der Artamanen waren des Weiteren der Staatssekretär im Reichsministerium für Ernährung und Landwirtschaft, Herbert Backe, sowie Hans-Joachim Riecke, eine der zentralen Figuren im Ministerium und später in der Ernährungspolitik in den besetzten Ostgebieten; Riecke war zeitweilig Reichskommissar und Staatsminister in Lippe (1933–1936). Beide waren hochrangige SS-Führer. Problematisch war nach Ansicht der Wirtschaftsprüfer insbesondere die knappe gesetzliche Höchstdauer für die Zwischenbewirtschaftung von maximal vier Jahren, in der eine Besiedelung ohne Inanspruchnahme von Besiedelungskrediten und nur aus eigener Kraft kaum gelingen konnte.

126 Schriftwechsel zwischen Kaselowsky und Martin Reibisch, 17. 6. 1935 (hier das Zitat), 20. 7. 1935, 22. 7. 1935, in: OeFA, P14/699

127 Im Jahr 1935 betrug die Spendensumme insgesamt knapp 2000 RM. Vgl. Schriftwechsel zwischen Kaselowsky und Martin Reibisch, 17. 8. 1935, 21. 8. 1935, 28. 8. 1935, 22. 10. 1935, in: OeFA, P14/699.

128 Vgl. Schriftwechsel zwischen Kaselowsky und Martin Reibisch, 23. 9. 1935, 22. 10. 1935, 3. 11. 1935, 4. 11. 1935, in: OeFA, P14/699.

129 Vgl. «Das Bundesamt teilt mit», 10. 7. 1935, in: Artamanen-Blätter 8 (1935), Heft 7,

S. 7; zur Auflösung des Bundes: Artam-Blätter 8 (1935), Heft 11/12 mit mehreren Beiträgen.

130 Vgl. Martin Reibisch an Kaselowsky, 2. 9. 1935, in: OeFA, P14/699. Reibischs Aversion gegen die Siedlungsgesellschaften war nicht unbegründet. Eigentümer der von den Artamanen besiedelten Güter blieb bis zur Aufteilung die Siedlungsgesellschaft Ostland A. G., Güstrow. Reibisch fürchtete angesichts der steigenden Bodenpreise, dass diese die Flächen lieber in eigener Regie und auf eigene Rechnung verwerten wolle.

131 Überliefert ist nur die Antwort Kaselowskys: Richard Kaselowsky an Martin Reibisch, 19. 5. 1944, in: OeFA, P1/15.

132 Vgl. Münkel, Der lange Abschied vom Agrarland.

133 Vgl. Kaienburg, Die Wirtschaft der SS, S. 288 ff.; zum Konflikt zwischen «rassistischen Technokraten» und «völkischen Schwärmern» in der Agrar- und Siedlungspolitik vgl. Pyta, «Menschenökonomie», S. 33–52, 59 ff., 64–67, die Begriffe S. 64.

134 Vgl. insgesamt zum Prozess der Entökonomisierung Oberkrome, Ordnung und Autarkie, S. 92–98, 196–201; als autoritative Quellen: Backe, Agrar- und Siedlungspolitik, S. 8–11; sowie Stoehr, Berliner Agrarökonomen im «Dritten Reich», S. 21–28, mit Blick auf die Agrarwissenschaft, die weg von der nationalökonomischen und betriebszentrierten Sichtweise zur Raumplanung tendierte.

135 Kaselowsky an Reibisch, 26. 6. 1936, in: OeFA, P14/698.

136 Vgl. Hartwig, Das Buch der Gefolgschaft, S. 115–132, Zitate S. 115 f.

137 Vgl. zur Heterogenität des Begriffs und zur Abgrenzungsfunktion gegenüber anderen sozialpolitischen Akteuren (z. B. Kirche und Staat) Welskopp, Betriebliche Sozialpolitik im 19. und frühen 20. Jahrhundert; Fischer, Die Pionierrolle der betrieblichen Sozialpolitik; zu den Wurzeln in der Industrialisierungsphase Mitte des 19. Jahrhunderts vgl. Kocka, Arbeitsverhältnisse und Arbeiterexistenzen, S. 427–431. Zur Sozial- und Arbeiterpolitik im «Dritten Reich» vgl. auch die älteren Literaturberichte Frese, Zugeständnisse und Zwangsmaßnahmen sowie Frese, Betriebspolitik im «Dritten Reich»; außerdem Hachtmann, Industriearbeit im «Dritten Reich»; Schneider, Unterm Hakenkreuz.

138 Vgl. Betriebsordnung und Anlagen, 1. 1. 1938, in: OeFA, P15/52; Betriebsordnung des Zweigwerks Hamburg, 1. 5. 1943, in: OeFA, P1/343; Praktikumsbericht einer Sozialen Betriebsarbeiterin, 31. 12. 1942, in: OeFA, P13/8529; vgl. außerdem: Hartwig, Das Buch der Gefolgschaft, S. 121–124; Fotos vom Betriebsausflug zur Hohensyburg [1938], in: OeFA, OS1/1716.

139 Vgl. Altersmäßige Aufteilung der Gefolgschaftsmitglieder [1941], in: OeFA, P8/42. Zur weiblichen Erwerbstätigkeit im 20. Jahrhundert im Allgemeinen und während der Zeit des Nationalsozialismus vgl. Bajohr, Die Hälfte der Fabrik; Winkler, Frauenarbeit im «Dritten Reich»; Eiber, Frauen in der Kriegsindustrie.

140 Höcker, Erinnerungen, 1951, S. 55–65 sowie Anlagen 46 (Stundenlöhne, 25. 8. 1932), 47 (Stücklohnsätze, 1. 10. 1932) '66 (Rede unseres Herrn Dr. Kaselowsky anlässlich des Betriebs-Appells, 3. 1. 1938), 67 (Karl Höcker an Filiale Altona, 5. 1. 1938, 26. 1. 1938), in: OeFA, P1/168a und b; Betriebsordnung, 1. 1. 1938, in: OeFA, P15/52; Dr. August Oetker an die Fachgruppe Nährmittelindustrie, 24. 2. 1939, in: OeFA, P15/182; zu den Durchschnittsverdiensten vgl. Mason, Arbeiterklasse und Volksgemeinschaft, S. 1253, zur Lohnentwicklung allgemein ebd. S. 61–77, 1249–1252 sowie den Bericht des Statistischen Reichsamts über die Entwicklung der tatsächlichen Arbeitsverdienste im Jahre 1936, in: ebd., Dok. 15,

S. 15–246, insb. S. 245 f.; außerdem Siegel, Lohnpolitik im nationalsozialistischen Deutschland.

141 Vgl. Bekanntgabe Nr. 74/41, 9. 12. 1941, in: OeFA, P15/66; Höcker, Erinnerungen, 1951, S. 77 f. und Anlagen 118 ff. (Bekanntmachungen zur Weihnachtsvergütung, 9. 11. 1935, 8. 12. 1942, 10. 12. 1942), in: OeFA, P1/168a und b. Vgl. zu ritualisierten Jubiläumsaktionen Hilger, Sozialpolitik und Organisation, S. 260–265.

142 Vgl. Betriebsordnung, 1. 1. 1938, in: OeFA, P15/52. Diese Regelung galt ab einer Betriebszugehörigkeit von mindestens einem Jahr; Hachtmann, Industriearbeit im «Dritten Reich», S. 277; zur «Aushöhlung der Sozialversicherung» Preller, Sozialpolitik in der Weimarer Republik, S. 459–473, und die Notverordnungen vom 1. 12. 1930, in: RGBl. I, 1930, S. 517 und 5. 6. 1931, in: RGBl. I, 1931, S. 279.

143 Zunächst erhielten verheiratete Männer mit einem Monatseinkommen unter 135 RM während der Wintermonate 10 RM, seit 1936 bekamen alle Beschäftigten die Zulage, die männlichen über 21 Jahren in Höhe von 20 RM, die jüngeren und die weiblichen in Höhe von 10 RM. Seit 1938 wurde auch der Einkellerungszuschuss als Einmalzahlung und in Abhängigkeit vom Lohn bezahlt.

144 Vgl. für Hamburg die Betriebsordnung des Zweigwerks Hamburg, 1. 5. 1943, in: OeFA, P1/343; für Danzig-Oliva den Sozialbericht für das Jahr 1941, 17. 12. 1941, in: OeFA, P15/89; für Brünn die Kostenarten-Aufstellung per 30. 9. 1942, in: MZA, Brünn, H 1129, 22/1. Zur Einrichtung einer Pensionskasse in Danzig vgl. Korrespondenz Richard Kaselowsky und Karl Lindenstromberg, 22. 12. 1943–29. 2. 1944, in: OeFA, P15/97, zum Zugang zur Pensionskasse für die Mitarbeiter in Baden bei Wien Rundschreiben an die Belegschaft, 29. 12. 1939, in: OeFA, P13/5076.

145 Vgl. Hachtmann, Industriearbeit im «Dritten Reich», S. 268–275; Schneider, Unterm Hakenkreuz, S. 562, der von der «Lock-Wirkung» (S. 567) der vielfältigen Zulagen und der betrieblichen Sozialpolitik spricht.

146 Vgl. für die Zahlen zum Bielefelder Stammwerk Höcker, Erinnerungen, Anlage 54: Jahreslohnsummen der Jahre 1930 bis 1938, o. D., in: OeFA, P1/168b.

147 Höcker, Erinnerungen, 1951, Anlage 54: Jahreslohnsummen der Jahre 1930 bis 1938, o. D., in: OeFA, P1/168b; Hartwig, Das Buch der Gefolgschaft, S. 242. Die Zahlen in diesem Absatz beziehen, anders als im vorangegangenen, auch die Papierverarbeitung, die Werkstätten und den Gleisanschluss mit ein.

148 Vgl. Preller, Was wird für die betriebliche Sozialpolitik ausgegeben?, S. 31 f.; Kruedener, Die Überforderung der Weimarer Republik als Sozialstaat, S. 367; Hachtmann, Industriearbeit im «Dritten Reich», S. 262 f.; Zollitsch, Arbeiter zwischen Weltwirtschaftskrise und Nationalsozialismus, S. 114–128, insb. die Tabellen S. 118, 121, 126; Hachtmann, Industriearbeit im «Dritten Reich», S. 259, dort auch zu den methodischen Problemen des Vergleichs, etwa dass nicht eindeutig geregelt war, welche Ausgaben als freiwillige Sozialleistungen zu zählen waren.

149 Höcker, Erinnerungen, 1951, S. 77 f., 134 f., in: OeFA, P1/168a; Richard Kaselowsky an Zweigwerk Danzig-Oliva, 22. 2. 1935, in: OeFA, P15/83; Richard Kaselowsky an Walter Schell, 6. 1. 1936, in: OeFA, P15/98; Hartwig, Das Buch der Gefolgschaft, S. 280. Vgl. zur Altersfürsorge als betriebliche Sozialleistung Hachtmann, Industriearbeit im «Dritten Reich», S. 277–282.

150 Welskopp, Betriebliche Sozialpolitik im 19. und frühen 20. Jahrhundert, S. 342 f.

151 Vgl. zur konservativ-bürgerlichen Konstruktion des «ganzen Hauses» Gestrich, Geschichte der Familie, S. 6 f.

152 Höcker, Erinnerungen, 1951, S. 77 f. und Anlagen S. 105–111: Bekanntmachungen 1939–1944, in: OeFA, P1/168a und b; Richard Kaselowsky an Albert Vogelsang, 12. 10. 1939, in: OeFA, P15/130; Hartwig, Das Buch der Gefolgschaft, S. 127 f., 279.

153 Vgl. als Beispiele für frühe Verwendungen: Höcker, Erinnerungen, Anlagen 4 (Aufstellung der Arbeitsgebiete, 2. 1. 1934), 100 (Vortrag von Soziale Betriebsarbeit-Praktikantinnen am 16. 2. 1934 im Hellkopfheim), 192 (Gemeinsames Lied zum Hellkopf-Kameradschafts-Abend am 26. Mai 1934), in: OeFA, P1/168b. Zur Bedeutung der innerbetrieblichen Kommunikation in der Betriebsgemeinschaft durch sprachliche und mediale Repräsentation, Appelle und Kameradschaftsabende vgl. Schneider, Unterm Hakenkreuz, S. 568–576.

154 Hellkopffamilie: «Das helle Haus der Hellkopffamilie», in: WNN, 3. 3. 1937; Richard Kaselowsky, Die soziale Aufgabe des Unternehmers, in: Deutsche Allgemeine Zeitung, 31. 12. 1937, in: WWA Dortmund, K3, Nr. 1115; Rede Richard Kaselowskys anlässlich des 50. Firmenjubiläums, in: Hartwig, Das Buch der Gefolgschaft, S. 274. «Hellkopfvater: Die Menschen rufen: ‹Hier›», in: WNN, 26. 6. 1937; Postkarte der «Kurkinder» an den «lieben Hellkopfvater», 5. 5. 1940, in: OeFA, P15/67; Gedicht «Pax Britannica» in der Chronik der Werkfrauengruppe, Weihnachten 1941, in: OeFA, P1/336; Praktikumsbericht einer Sozialen Betriebsarbeiterin, 31. 12. 1942, in: OeFA, P13/8529. Hellkopfkinder: Schreiben der «dankbaren Hellkopfkinder» an Richard Kaselowsky [1940], in: OeFA, P15/67. Zur Idee eines «Hellkopf-Dorfes» vgl. S. 135 f.

155 Vgl. Richard Kaselowsky an Karl Lindenstromberg, 22. 9. 1939, in: OeFA, P15/87; Richard Kaselowsky an Wilhelm Hoffmann, 25. 11. 1940, in: OeFA, P15/277; Richard Kaselowsky an Hans Crampe, 29. 12. 1943, in: OeFA, P 15/107; Rede des Betriebsobmanns Otto Krüger anlässlich des 50. Firmenjubiläums, in: ebd., S. 287; vgl. auch «Ein Tag der Ehre und Freude», in: WNN, 14. 1. 1941.

156 Hartwig, Das Buch der Gefolgschaft, S. 116. Vgl. im selben Jahr auch Kaselowskys Zeitungsbeitrag über «Die soziale Aufgabe des Unternehmers» für die Deutsche Allgemeine Zeitung, 31. 12. 1937, in: WWA Dortmund, K3, Nr. 1115

157 Das galt selbstverständlich auch für die sozialpolitischen Maßnahmen als solche, die Lina Oetker sicherlich unterstützte; sie galt nicht nur als geschäftstüchtig und sparsam, sondern auch als sozial eingestellt. Vgl. Böcker-Lönnendonker, Die Ehrenbürgerin, S. 30 ff.

158 Vgl. S. 345; Oetker/Thomas, Vom Glück verwöhnt, S. 62.

159 Den Rationalisierungsaspekt betont etwa Schneider, Unterm Hakenkreuz, S. 496–499, 583–590, der die Funktion der Betriebsgemeinschaft als «Leistungsgemeinschaft» interpretiert (S. 583).

160 Vgl. Bericht des Gewerbeinspektors Bielefeld, 18. 9. 1919, in: LAV NRW OWL Detmold, M 1 G, Nr. 93; Gewerbeaufsichtsamt Bielefeld an den Regierungspräsidenten, 6./8. 12. 1921, 12. 12. 1921, in: LAV NRW OWL Detmold, D 3 Bielefeld, Nr. 576, Bl. 132 ff. Ein ähnlicher Versuch der Gewerkschaften, den geltenden Tarifvertrag 1924 auszuhebeln, scheiterte erneut. Vgl. ebd., Bl. 163–169.

161 Vgl. Telefonnotiz Anruf Albert Vogelsang bei Richard Kaselowsky, 10. 10. 1927; Kaselowsky an Vogelsang, 14. 10. 1927; Rechtsanwalt Punge an Fa. Dr. August Oetker, 29. 10. 1929; Anlage: Dr. A. Oetker an Deutscher Nahrungs- und Genussmittelarbeiter Verband (DENAG) Zahlstelle Hamburg (Entwurf); Richard Kaselowsky an DENAG, in: OeFA, P15/128.

162 Die Revolutionäre Gewerkschaftsopposition (RGO) hatte den Selbstmord einer jungen Arbeiterin in der Pförtnerloge zum Anlass genommen, um mit einer provisorischen «Betriebszeitung für den Betrieb Oetker» unter dem Titel «Rote Grütze» bei der Belegschaft gegen Firmenleitung und den angeblich arbeitgeberhörigen Betriebsrat zu agitieren. Der Hintergrund des Selbstmordes bleibt unklar. Angeblich war der Arbeiterin wegen Diebstahls mit Entlassung gedroht worden, was die Firmenleitung aber zurückwies. Die RGO stellte die Grundsatzfrage nach dem «Ausbeutersystem» und verknüpfte sie mit Spitzen gegen Kaselowsky: das «für sich […] Millionen hinaus wirft für Rennställe und Luxuswohnungen. Ein System, das Stiftungen macht (Oetkerhalle!) um in der Öffentlichkeit als soziale Firma zu erscheinen, scheut sich nicht, für 10 Pfg. ein Menschenleben in den Tod zu jagen.» Vgl. Zeitungsmeldung (ohne Angaben), 10. 2. 1932; «Rote Grütze. Betriebszeitung für den Betrieb Oetker», Nr. 1 [15. 2. 1932], in: OeFA, P1/350.

163 Vgl. Betriebsleitung an Lohnbüro, 1. 11. 1943, in: OeFA, P15/76.

164 In Abgrenzung dazu war es der Anspruch der protektoralistischen Variante, die Beschäftigten zur Selbstständigkeit zu erziehen, indem sie z. B. an der Verwaltung der Sozialeinrichtungen beteiligt wurden. Vgl. Schulz, Betriebliche Sozialpolitik in Deutschland seit 1850, S. 142 ff., der auch betont, dass sich paternalistische Verhaltensweisen in Familienunternehmen besonders lange hielten (S. 166). Vgl. zu den Funktionen von Vertrauensrat und Betriebsobmann Schneider, Unterm Hakenkreuz, S. 505–517. Zu deren Aktivitäten und etwa zu den Vertrauensratswahlen gibt es keine Quellen im Firmenarchiv. Der Betriebsobmann konnte seinen Einfluss durch Zusammenarbeit mit dem Betriebsführer geltend machen. Wo Unternehmensleitung oder Betriebsobmann nicht harmonierten, konnte der Funktionär die DAF-Hierarchie gegen den eigenen Betriebsführer in Stellung bringen, was ihn jedoch in einen Loyalitätskonflikt brachte. Vgl. Milert/Tschirbs, Die andere Demokratie, S. 304 f.; als Beispiel: Berghoff, Zwischen Kleinstadt und Weltmarkt, S. 457–463.

165 Vgl. Luks, Der Betrieb als Ort der Moderne, S. 155–169.

166 Vgl. Alfred Bozi, Lebenserinnerungen, in: StABi, 300,07/Kleine Erwerbungen, Nr. 0143, S. 144–154, Zitate S. 152 ff.; auf Bozi gehen Konzepte der Gerichtshilfe und der Resozialisierung Straffälliger zurück, vgl. Bozi, Das «Bielefelder System» in der sozialen Gerichtshilfe; Schauz, Strafen als moralische Besserung, S. 366 f., Rosenblum, Beyond the prison gates, S. 141–155, 162 f. Der parteiübergreifende Charakter der von Bozi inspirierten Sammlungsbewegung aus dem Geist des «Burgfriedens» zeigte sich auch in einem programmatischen Sammelband: Bozi/Heinemann, Recht, Verwaltung und Politik im Neuen Deutschland.

167 RGBl. I (1934), S. 45–56, Zitate S. 45.

168 Vgl. Spohn, Betriebsgemeinschaft und innerbetriebliche Herrschaft; Spohn, Zur «Betriebsverfassung» im nationalsozialistischen Deutschland; vgl. außerdem Spohn, Betriebsgemeinschaft und Volksgemeinschaft.

169 So Frese, Zugeständnisse und Zwangsmaßnahmen. Mit weiteren Literaturhinweisen zur Einordnung des «wirtschaftsfriedlichen» Betriebsgemeinschaftskonzepts vgl. Gehrig, Nationalsozialistische Rüstungspolitik und unternehmerischer Entscheidungsspielraum, S. 154 f.; Schneider, Unterm Hakenkreuz, S. 496–499. Zur Rezeption in Bielefeld vgl. Richard Kaselowsky an IHK Bielefeld, 27. 9. 1934; Kochs Adlernähmaschinen Werke AG an IHK Bielefeld, 1. 10. 1934; Dürkopp Werke AG an IHK Ostwestfalen, 4. 10. 1934; Bericht der IHK Bielefeld an den

Treuhänder der Arbeit für das Wirtschaftsgebiet Westfalen, 27. 10. 1934, in: WWA Dortmund, K3, Nr. 1002; vgl. Milert/Tschirbs, Die andere Demokratie, S. 248 ff., 257–267.

170 Richard Kaselowsky an Vorstand Chemische Fabrik Budenheim AG, 17. 2. 1931; Vorstand Chemische Fabrik Budenheim AG an Richard Kaselowsky, 26. 2. 1931, in: OeFA, P15/221.

171 Vgl. Bajohr, Die Hälfte der Fabrik, S. 219–227; Winkler, Frauenarbeit im «Dritten Reich», S. 26 ff. und 42–54; Schumann, «Die Frau aus dem Erwerbsleben wieder herausnehmen», S. 18–41; Humann, «Arbeitsschlacht», S. 152–158.

172 Referat betr. Tätigkeit der weiblichen Arbeiterschaft, 14. 10. 1940, in: OeFA, P15/76; vgl. auch Korrespondenz Richard Kaselowsky mit Albert Vogelsang und John Hauschildt, 18.2., 23.2., 26. 2. 1935, in: OeFA, P15/128; ähnliche Austauschprogramme boten auch andere Firmen an. Bei der Zigarettenfirma Reemtsma z. B. gab es allerdings keinen direkten Tausch – es wurden also nicht Frauen durch ihre Verlobten oder Ehegatten ersetzt. Durch finanzielle Anreize wurden Frauen zum Ausscheiden aus dem Betrieb bewogen und die Stellen durch Männer besetzt, die jedoch nicht in einer unmittelbaren Beziehung zueinander standen. Vgl. Humann, «Arbeitsschlacht», S. 130–133.

173 Vgl. zum «Arbeitskräfteaustausch» vor allem von Jugendlichen und jungen Arbeitern und Arbeiterinnen unter 24 Jahren zugunsten von älteren Männern: ebd., S. 212–238.

174 Das wurde von den zuständigen Stellen ausdrücklich anerkannt, als die Niederlassung in Hamburg sich 1936 unter Hinweis auf vorrangige Fälle weigerte, einen SA-Mann im Wege des Ehefrauenaustauschs einzustellen. Bezeichnenderweise beschwerte sich der SA-Mann auch nicht über die Betriebsleitung, sondern über den Betriebszellenobmann, den er für einen Gegner der SA hielt. Vgl. Lorenz Lorenzen an Richard Kaselowsky, 22. 5. 1936, und Albert Vogelsang an Richard Kaselowsky, 28. 5. 1936, in: OeFA, P15/129; vgl. zur Versorgung «alter Kämpfer» Mason, Arbeiterklasse und Volksgemeinschaft, S. 53 f.

175 Vgl. Pläne «Haus Ilse», 1936, in: OeFA, S14/443 und 444; Korrespondenz betr. Haus in Niendorf, 1936–1949, in: OeFA, P15/67; Postkarten von Mitarbeitern aus dem Sternhof, 1932 und 1936, in: OeFA, P10/295; Rundschreiben der Sozialen Betriebsarbeiterin, 1941, in: OeFA, P13/9181. Auch die Firma Siemens betrieb seit 1913/14 ein Erholungsheim in Ahlbeck. Vgl. Sachse, Siemens, der Nationalsozialismus und die moderne Familie, S. 174.

176 Bis 1930 hatte das Schloss dem ungarisch-jüdischen Kunstsammler Marczell von Nemes gehört, der hoch verschuldet starb. Lange gelang es den Gläubigerbanken nicht, das Schloss zu verwerten, bis Albert Hackelsberger 1936 zugriff. Dessen Witwe musste Tutzing vermutlich veräußern, um die Liquidität des bekannten Familienunternehmens J. Weck & Co. und die Rückzahlung fingierter Steuerschulden sicherzustellen, nachdem Albert Hackelsberger unter dem Vorwand von Devisenvergehen verhaftet worden war und schwerkrank in Haft starb. Der ehemalige Zentrumspolitiker war seit 1933 als Kontaktmann zwischen den deutschen Bischöfen und dem Heiligen Stuhl aktiv; möglicherweise wollten die NS-Behörden mit dem Prozess gegen ihn ein Exempel statuieren. Nach Sichtung der Quellen- und Literaturlage kann davon ausgegangen werden, dass die Witwe von Albert Hackelsberger das Schloss freihändig und ohne Einflussnahme von außen veräußern konnte. Vermutlich gab es bereits zuvor gesell-

schaftliche oder geschäftliche Kontakte zwischen den beiden Familien. Der von Oetker 1938 entrichtete Kaufpreis war fast doppelt so hoch wie Hackelsbergers Einstandspreis zwei Jahre zuvor. Seit 1942 waren in Tutzing verschiedene Nutzer einquartiert; über den ganzen Krieg hinweg diente es außerdem Verwandten als Heim. Das Schloss wurde 1949 an die Evangelische Landeskirche Bayern rechts des Rheins verkauft, die dort die Evangelische Akademie einrichtete. Vgl. insgesamt Ow, Schloß Tutzing und seine Besitzer; Roepke/Ow, Geschichte des Schlosses und seiner Bewohner; sowie die Vorgänge in OeFA, P15/68 und 69 zu Kauf und Nutzung des Schlosses. Verschiedentliche Hinweise auf die Suche nach einem Rittergut in Norddeutschland finden sich in OeFA, P14/699 im Kontext der Siedlungsprojekte der Firma.

177 Referat betr. Tätigkeit der weiblichen Arbeiterschaft, 14. 10. 1940, in: OeFA, P15/76.

178 Hartwig, Das Buch der Gefolgschaft, S. 120, 131 f.; Vertrag zwischen Lina Oetker und der Stadt Bielefeld, 13. 6. 1919, und Magistratsbeschluss betr. Annahme einer Schenkung über 30 000 RM zum Betrieb einer Kinderkrippe, 7. 7. 1919, in: OeFA, P13/154; Bericht über mein Praktikum bei der Firma Dr. August Oetker, 31. 12. 1942, in: OeFA, P13/8529; Höcker, Erinnerungen, Anlage 124: Bekanntmachung zur Eröffnung der Betriebs-Kinderkrippe, 6. 1. 1940, in: OeFA, P1/168b; Oetker/Thomas, Vom Glück verwöhnt, S. 59–62.

179 Vgl. zum Frauenbild und zur daran anknüpfenden Arbeitsmarktpolitik des NS: Winkler, Frauenarbeit versus Frauenideologie; Winkler, Frauenarbeit im «Dritten Reich»; Klinksiek, Die Frau im NS-Staat; Eichborn, Ehestandsdarlehen; Schumann, «Die Frau aus dem Erwerbsleben wieder herausnehmen».

180 Richard Kaselowsky an Albert Vogelsang, 18. 11. 1933, in: OeFA, P15/128. Vgl. außerdem Winkler, Frauenarbeit im «Dritten Reich», S. 48 f.; vgl. zu ähnlichen Maßnahmen anderer Unternehmen, u. a. der Zigarettenfirma Reemtsma, Humann, «Arbeitsschlacht», S. 130–133.

181 Vgl. Ausschuss für Soziale Betriebsarbeit an Gräfin Anni Mechthild v. Mersfeldt, 25. 7. 1933, in: LAV NRW W Münster, NS-Frauenschaft Westfalen Nord, Nr. 214; Hartwig, Das Buch der Gefolgschaft, S. 121.

182 Vgl. Wunderlich, Fabrikpflegerinnen; Wunderlich, Fabrikpflege; Schmidt-Kehl, Die deutsche Fabrikpflegerin; Hilger, Sozialpolitik und Organisation, S. 221–229; Sachse, Hausarbeit im Betrieb, S. 213–222.

183 So die Zusammenfassung der Grundidee der «Sozialen Betriebsarbeiterin» bei Hartwig, Das Buch der Gefolgschaft, S. 121 f. Vgl. zum Konzept programmatisch Ganzert, Soziale Betriebsarbeit, Zitate S. 343, 346 f., und Lotte Salm, Soziale Betriebsarbeit, in: Arbeiterwohlfahrt 5 (1930), S. 452–457.

184 Vgl. Soziale Betriebsarbeit, in: Dr. Oetker Nachrichten (1998), Nr. 6, in: OeFA, P13/5783.

185 Lotte Jahn hieß zuvor Lotte Salm, später Lotte Schaare. Vgl. Sachse, Siemens, der Nationalsozialismus und die moderne Familie, S. 78 ff., Zitat S. 78; Sachse, Hausarbeit im Betrieb, S. 222–231; Denkschrift des Geschäftsführers der Reichsgruppe Industrie, Herbert Studders, an den Vorsitzenden, Ernst Trendelenburg, 31. 8. 1935, in: BArch Berlin, R 12 I/252, dort auch der Vergleich zur evangelischen Diakonie. Den konfessionellen Hintergrund betont Thomas, Nichts tut mir leid, S. 13, die von ihrem dreimonatigen Praktikum 1929 bei Oetker berichtet; sie sei die erste katholische soziale Betriebsarbeiterin gewesen.

Offenbar bestanden aufseiten der dem katholischen Milieu zugehörigen christlichen Gewerkschaften erhebliche Vorbehalte gegen das Bielefelder Modell. Vgl. Sack, Zwischen religiöser Bindung und moderner Gesellschaft, S. 293 f.

186 Vgl. Kriegsaufgaben in der Fürsorge, hier S. 303; Richard Kaselowsky an Wirtschaftsgruppe Lebensmittelindustrie, 28. 10. 1936, in: OeFA, P15/178. Daneben gehörten zu den ersten Firmen, die Soziale Betriebsarbeiterinnen einsetzten, die Textilfirmen Bertelsmann & Niemann und die Spinnerei Vorwärts. Vgl. Hartwig, Das Buch der Gefolgschaft, S. 242.

187 Robert Ley, Anordnung Nr. 15/34, 12. 7. 1934, in: BArch Berlin, NS 22/769. Vgl. zur Reichsfrauenschaftsführerin Livi, Gertrud Scholtz-Klink.

188 Vgl. Ganzert, Soziale Betriebsarbeit, S. 343, 346 f.; vgl. auch Sachse, Siemens, der Nationalsozialismus und die moderne Familie, S. 78.

189 Nach dem Organisationsplan von 1940 unterstand die Stelle «Soziale Betriebsarbeit» der Hauptstelle I (Schulung), die von Anna Maria Hanne (später Hanne-Braun bzw. Braun) geleitet wurde. Vgl. Friedensmäßiger Organisationsplan des Frauenamts der DAF, 12. 10. 1940, in: BArch Berlin, NS 22/321.

190 Sozialer Einsatz für die schaffende Frau, in: Reichsarbeitsblatt (1943), Teil V, 5. 7. 1943, S. 295 ff.

191 Vereinbarung zwischen der Reichsgruppe Industrie und dem Frauenamt der DAF, 9. 12. 1935, in: BArch Berlin, R 12 I/252. Vgl. dazu die entsprechenden Korrespondenzen in BArch Berlin, R 12 I/252 und 253; Sachse, Siemens, der Nationalsozialismus und die moderne Familie, S. 79–83.

192 Richard Kaselowsky an Ilse Ganzert, 26. 10. 1933, in: LAV NRW W Münster, NS-Frauenschaft Westfalen Nord, Nr. 214; vgl. Ilse Ganzert an Gaufrauenschaftsleiterin Westfalen-Nord, 18. 10. 1933, 25. 7. 1933, in: LAV NRW W Münster, NS-Frauenschaft Westfalen Nord, Nr. 214.

193 Einladung der Reichsgruppe Industrie an 15 Unternehmer, 9. 10. 1935, in: BArch Berlin, R 12 I/252; Einladung der Reichsgruppe Industrie an 8 Unternehmer, 3. 12. 1936, in: BArch Berlin, R 12 I/253; Teilnehmerlisten und Aktenvermerke, 9.5., 11.5., 12.5., 21. 10. 1944, in: BArch Berlin, R 12 I/254; Mitgliederliste, 7. 10. 1944, in: BArch Berlin, R 12 I/136. Vgl. Gliederung der Reichsgruppe Industrie, S. 10.

194 Tagesplan des Ersten Schulungslagers für die Praktikantinnen der Sozialen Betriebsarbeit im Gau Westfalen-Nord, 31.10.–8. 11. 1933, in: LAV NRW W Münster, NS-Frauenschaft Westfalen Nord, Nr. 214; vgl. Hartwig, Das Buch der Gefolgschaft, S. 242; Chronik der Werkfrauengruppe, S. 2–6, in: OeFA, P1/336; Bericht über mein Praktikum bei der Firma Dr. August Oetker, 31. 12. 1942, in: OeFA, P13/8529.

195 Ilse Ganzert an Gräfin Anni Mechthild von Marsfeldt, 25. 7. 1933, und Korrespondenz zwischen Lotte Jahn und Gaufrauenschaftsleiterin Westfalen-Nord, 26. 7. 1933, 15. 8. 1933, 16. 8. 1933, 12. 10. 1934, in: LAV NRW W Münster, NS-Frauenschaft Westfalen Nord, Nr. 214. Hinweise dafür, dass das 1938 eingeführte «Pflichtjahr für Mädchen» auf diese Initiative Ida Kaselowskys zurückzuführen wäre, gibt es nicht. Laut Vogel, Das Pflichtjahr für Mädchen, S. 87, ging das Pflichtjahr auf eine mit der Reichsfrauenführung abgesprochene Initiative des Reichsnährstands zurück, erste Vorüberlegungen habe es im Oktober 1937 gegeben.

196 Vgl. «Gautagung der NS-Frauenschaft», in: WNN, 12. 9. 1934; «Wahrerin des Geistes, Trägerin der Zukunft», in: WNN, 20. 9. 1934; «Feststimmung in der

Oetkerhalle», in: ebd.; «Im Kreise der Arbeitskameradinnen», in: WNN, 21. 9. 1934. Vgl. zur lange Zeit weithin unterschätzten politischen Bedeutung der NS-Frauenschaft und der Gaufrauenschaftsführerinnen im NS-Herrschaftssystem Michel, «Führerinnen» im Dritten Reich, außerdem Klinksiek, Die Frau im NS-Staat, S. 210.

197 Rede Gertrud Scholtz-Klinks vor dem Sozialwirtschaftlichen Ausschuss der Reichsgruppe Industrie, 15. 5. 1936, in: BArch Berlin, R 12 I/253.

198 Chronik der Werkfrauengruppe, in: OeFA, P1/336; vgl. Anordnung Scholtz-Klink 3/36, Richtlinien für die Aufstellung von Frauen-Werkgruppen, 4. 7. 1936, in: BArch Berlin, NS 5 VI/7049; Sachse, Siemens, der Nationalsozialismus und die moderne Familie, S. 81 f.

199 Niederschrift über eine Sitzung der Betriebsleitung, 14. 8. 1945, in: OeFA, P15/4.

200 Verfügung des Führers: Auszeichnung «Nationalsozialistischer Musterbetrieb», 29. 8. 1936, in: Monatshefte für Nationalsozialistische Sozialpolitik 3 (1936), S. 461, außerdem Reulecke, Die Fahne mit dem goldenen Zahnrad, S. 250; Frese, Betriebspolitik im «Dritten Reich», S. 421–434.

201 Hupfauer, Der «Nationalsozialistische Musterbetrieb».

202 Vgl. Biallas, Die Nationalsozialistischen Musterbetriebe.

203 Vgl. Urkunde «Nationalsozialistischer Musterbetrieb», 1. 5. 1937, in: OeFA, S2/283; Urkunden für die folgenden Jahre in: S2/284–286. Oetker behielt die Auszeichnung vermutlich während des gesamten «Dritten Reiches». Vgl. Wirtschaftskammer Westfalen und Lippe an IHK Bielefeld, 6. 1. 1940 und 17. 12. 1942, in: WWA Dortmund, K3, Nr. 1115.

204 Krüger, Die «Hellkopf-Familie».

205 Reulecke, Die Fahne mit dem goldenen Zahnrad, S. 260.

206 NS-Musterbetrieb: Wichtigste Beurteilungsgrundsätze [1937], in: BArch Berlin, NS 5/IV/205.

207 Vgl. Vogelsang, Geschichte der Stadt Bielefeld, Bd. 3, S. 298.

208 Höcker, Erinnerungen, Anlage 60: Betriebsordnung, 1. 8. 1934, in: OeFA, P1/168b.

209 Verlängerungsvermerk zur Betriebsordnung, 2. 8. 1935, in: Höcker, Erinnerungen, Anlage 62, in: OeFA, P1/168b; außerdem ebd. die Anlagen 143 (Bekanntmachung vom 27. 1. 1937), 153 (Bekanntmachung vom 5. 10. 1939) und 161 (Tagessprüche, 2. 4.–20. 7. 1935). Vgl. auch Betriebsordnung und Anlagen, 1. 1. 1938, in: OeFA, P15/52, in der der Bezug auf die Erbgesundheit allerdings nicht mehr enthalten ist; Hartwig, Das Buch der Gefolgschaft, S. 251–255; Chronik der Werkfrauengruppe der Fa. Dr. August Oetker, 1935–1943, hier S. 7–14, in: OeFA, P1/336; auch in Hamburg: 25 Jahre Dr. August Oetker Nährmittelfabrik GmbH, Zweigfabrik Hamburg, Bielefeld 1949, in: OeFA, P1/837, S. 62–67.

210 Vgl. Ausbildungsgang des Puddingwerkers [1941], in: OeFA, P15/76.

211 Höcker, Erinnerungen, Anlage 66: Rede unseres Herrn Dr. Kaselowsky anlässlich des Betriebs-Appells, 3. 1. 1938, in: OeFA, P1/168b.

212 Vgl. Niederschrift über die Aufsichtsratssitzung, 24. 7. 1939, Richard Kaselowsky an Paul Jung, 7. 9. 1939, in: OeFA, P15/151, sowie verschiedener Schriftwechsel über das Preisverfahren; im Mai 1940 führte die Firma das Gaudiplom wieder: Kaselowsky an Jung, 16. 5. 1940, in: OeFA, P15/152.

213 Höcker, Erinnerungen, Anlage 88: Bekanntmachung 12/42, 25. 2. 1942, in: OeFA, P1/168b; vgl. auch Anlage 90: Bekanntmachung 46/42, 7. 9. 1942.

214 Vgl. Peukert, Volksgenossen und Gemeinschaftsfremde; Gruner, Öffentliche Wohlfahrt und Judenverfolgung; Schüler-Springorum, Masseneinweisungen in Konzentrationslager; Horath, Terrorinstrument der «Volksgemeinschaft»; Burleigh, Die Zeit des Nationalsozialismus, S. 397–441.

215 Höcker, Erinnerungen, Anlage 92 (Bekanntmachung 56/42, 5. 11. 1942, hier das Zitat), Anlage 108 (Aufstellung, o. D.), in: OeFA, P1/168b.

216 Kaselowsky lehnte das zeitaufwendige Ehrenamt unter Verweis auf seine Arbeitsbelastung ab. Vgl. DAF Bezirk Westfalen an den Regierungspräsidenten Minden, 28. 4. 1934, und Richard Kaselowsky an den Regierungspräsidenten Minden, 7. 5. 1934, in: LAV NRW OWL Detmold, M 1 S, Nr. 87. Die Gauwaltung Hamburg führte im März 1939 eine Reihe von neu ernannten konsularischen Vertretern, darunter Diplomaten Italiens, Portugals, Japans und der Türkei, durch den Hamburger Hafen und besichtigte dabei «verschiedene nationalsozialistische Einrichtungen» – darunter auch das Zweigwerk der Firma Oetker in Altona. DAF-Gauwaltung Hamburg an Fa. Oetker-Altona, 16. 3. 1939, in: OeFA, P15/130.

217 Höcker, Erinnerungen, Anlage 66: Rede unseres Herrn Dr. Kaselowsky anlässlich des Betriebs-Appells am 3. Januar 1938, in: OeFA, P1/168b.

218 Richard Kaselowsky an Paul Jung, 12. 5. 1937, 29. 7. 1937 und 3. 12. 1938, in: OeFA, P15/151; Richard Kaselowsky an Reese-Gesellschaft, 3. 12. 1939, in: OeFA, P15/171 (bei dem Doppelband handelte es sich um Biallas, Die Nationalsozialistischen Musterbetriebe); Urkunde «Nationalsozialistischer Musterbetrieb» (Baden bei Wien), 1. 5. 1941, in: OeFA, S2/290.

219 Das Gaudiplom erhielt der Bielefelder Betrieb zusammen mit der Ernennung zum NS-Musterbetrieb am 1. 5. 1937, die genannten Sonderauszeichnungen folgten später. Vgl. die Urkunden in OeFA, S2/290. Danzig erreichte mindestens 1938/39 und 1939/40 das Gaudiplom; nach der Annexion Danzigs strebte man die «Goldene Fahne» an: «Zum Kreistag der NSDAP in Oliva», in: Danziger Vorposten, 8./9. 7. 1939, in: OeFA, P15/87; Geschäftsführung Danzig-Oliva an Richard Kaselowsky, 17. 7. 1940, in: OeFA, P15/88; Sozialbericht für das Jahr 1941; Betriebsbericht Dr. Oertker Danzig-Oliva, 15. 12. 1941, in: OeFA, P15/89; Korrespondenz zwischen Zweigwerk Danzig-Oliva, DAF Danzig-Langfuhr und DAF Zentralbüro, 6. 3. 1940–6. 8. 1940, in: BArch Berlin, NS 5 IV/229. Zu Hamburg vgl. Albert Vogelsang an Rudolf-August Oetker, 20. 1. 1945; Oetker an Vogelsang, 5. 2. 1945, in: OeFA, P15/131.

220 Vgl. Hartwig, Das Buch der Gefolgschaft, S. 115–132 und 248 ff., sowie den Beitrag des Betriebszellenobmanns Otto Krüger in: Biallas, Die Nationalsozialistischen Musterbetriebe, Bd. 1, S. 102–105; «Die goldene Flagge. Auszeichnung der Fa. Dr. August Oetker als nationalsozialistischer Musterbetrieb», in: WNN, 30. 4. 1947; «Die ersten Musterbetriebe deutscher Arbeit. Der Führer verleiht die Auszeichnung in der Tagung der Reichsarbeitskammer», in: WNN, 1. 5. 1937; «Die Menschen rufen: ‹Hier›. Reichsbetriebsappell mit Dr. Ley im ersten Nationalsozialistischen Musterbetrieb Dr. August Oetker», in: WNN, 26. 6. 1937.

221 «Die soziale Aufgabe des Unternehmers», in: Deutsche Allgemeine Zeitung, 31. 12. 1937.

222 Vgl. Höcker, Erinnerungen, 1951, in: OeFA, P1/168a, S. 99.

223 Vgl. den Bestand in OeFA, P1/335a.

224 Höcker, Erinnerungen, Anlage 189: Schreiben der Werkfrauengruppe zum Gedicht Richard Kaselowskys, November 1943, in: OeFA, P1/168b. Vgl. allgemein

«Werkfrauen an der Heimatfront», in: Der Angriff, 10. 3. 1940, sowie «Ohne Werkfrauen geht es nicht! Jede Woche einen Stapel Feldpostpakete», in: Der Angriff, 13. 9. 1940, beide in: BArch Berlin, NS 5 VI/704.

225 Bericht über mein Praktikum bei der Firma Dr. August Oetker, 31. 12. 1942, in: OeFA, P13/8529.

226 Vgl. Dr. August Oetker, Bielefeld, an Dr. August Oetker, Danzig, 10. 3. 1940, in: OeFA, P15/89.

227 Höcker, Erinnerungen, Anlage 189: Gedicht Richard Kaselowskys an die Frontsoldaten, November 1943, in: OeFA, P1/168b. In OeFA, P1/335a findet sich ein ähnliches Gedicht zu Weihnachten 1942, das jedoch nicht eindeutig Kaselowsky zuzuschreiben ist.

228 Vgl. Friedrich Budde an Alfred Meyer, 27. 7. 1939, in: OeFA, P15/140, der nicht einmal die «primitivsten Anforderungen» erfüllt sah; ähnlich kritisch der Gaupresseamtsleiter, der sich nur «schaudernd» an die ersten Versuche erinnern mochte: Schröder, Mit der Partei vorwärts, S. 74–82, Zitat S. 75. Vgl. zur frühen nationalsozialistischen Presse Hale, Presse in der Zwangsjacke, S. 57–68; Koszyk, Deutsche Presse, S. 382–385; Pürer/Raabe, Presse in Deutschland, S. 93 f.; Frei/Schmitz, Journalismus im Dritten Reich, S. 96 f.; Stein, Die NS-Gaupresse. Zu freiwilligen Zusammenlegungen bürgerlicher Zeitungen mit NS-Blättern vgl. Frei, Nationalsozialistische Eroberung der Provinzpresse, S. 159 f.

229 Richard Kaselowsky an Alfred Meyer, 12. 6. 1935, in: OeFA, P15/138.

230 E. Gundlach A. G. an Friedrich Budde, 9. 5. 1933, in: OeFA, P15/136.

231 Vgl. die monatlichen Umsatzmeldungen der E. Gundlach AG an Richard Kaselowsky, 12/1933 bis 8/1935, in: OeFA, P15/136–138.

232 Karl Punge an Richard Kaselowsky, 26. 6. 1933, in: OeFA, P15/136.

233 Richtlinien für eine Einigung mit der NSDAP betr. Gründung eines Zeitungsverlags und Gesellschaftsvertragsentwurf [6/1933], in: OeFA, P15/136.

234 Vgl. Hale, Presse in der Zwangsjacke, S. 75–82; Friedrich Schaarschmidt an Richard Kaselowsky, 14. 9. 1933, in: OeFA, P15/136. Oetker hatte der «Volkswacht» eine Hypothek eingeräumt; Schaarschmidt hielt es für «gänzlich ausgeschlossen», dass dafür politische Gründe eine Rolle gespielt haben könnten. Vgl. auch Schröder, Mit der Partei vorwärts, S. 84. Zur Konzentration AG vgl. Eisfeld/Koszyk, Die Presse der deutschen Sozialdemokratie, S. 33–37. Vgl. zu den Modalitäten, zu denen sozialdemokratische Eigner Verlage abgeben mussten, Frei, Nationalsozialistische Eroberung der Provinzpresse, S. 116–122.

235 Hauptschriftleiter WNN an NSDAP-Hauptarchiv, 29. 9. 1937, in: BArch Berlin, NS 26/2165; vgl. Friedrich Budde an Alfred Meyer, 27. 7. 1939, in: OeFA, P15/140; Verlagsarchiv Zeitungsverlag für Westfalen an NSDAP-Hauptarchiv, 9. 3. 1936, in: BArch Berlin, NS 26/2165; Schröder, Mit der Partei vorwärts, S. 84.

236 Vgl. zur Person Amanns und zur Zentralisierung der Parteipresse Hale, Presse in der Zwangsjacke, S. 31–38, 101–107; Koszyk, Deutsche Presse, 1914–1945, S. 386.

237 Konstantin Brückner an Edgar Brinkmann, 9. 2. 1935, in: OeFA, P15/138. Brinkmann war 1925 mit der niedrigen Mitgliedsnummer 1668 in Hamburg der NSDAP beigetreten. Dort war er als Gaugeschäftsführer tätig gewesen, ehe er 1934 als Amtsleiter in die Reichsleitung der NSDAP wechselte. Vgl. Karteikarte zur Erhebung der Personendaten von NS-Funktionären und Persönlichkeiten des öffentlichen Lebens, in: BArch Berlin, R 55/23525; Koszyk, Deutsche Presse, 1914–1945, S. 386.

238 Aufsichtsratsprotokoll Gundlach, 12. 4. 1935, in: Gundlach FA, G 22; bemerkenswerterweise wurden einige Aufsichtsratsprotokolle, die die Zeitungsangelegenheit betrafen, getrennt von den übrigen, «in einem versiegelten Umschlag im Kassenschrank» aufbewahrt. Bei den übrigen Aufsichtsratsprotokollen findet sich eine leicht entschärfte Fassung. Vgl. Aufsichtsratsprotokoll Gundlach, 12. 4. 1935, in: Gundlach FA, G 12. Vgl. auch das Zitat in Eglau, Mit Gutenberg ins Internet, S. 24, wo die Bereitschaft Kaselowskys richtig dargestellt ist, während es im gleichen Band auf S. 160 fälschlich und im Widerspruch dazu heißt, die WNN seien «auf Anweisung der örtlichen Parteileitung» abgegeben worden.

239 Kampeter und Neumann an Konstantin Brückner, 15. 2. 1935, in: OeFA, P15/138.

240 Graupner an Edgar Brinkmann, 15. 5. 1935, in: StABi, 210,44/Westf. Neueste Nachrichten, Nr. 20,III; Vertrauensratsprotokoll, 17. 4. 1935, in: LAV NRW R Düsseldorf, NW 1057-Econ 7, 4304.

241 Graupner an Edgar Brinkmann, 15. 5. 1935, in: StABi, 210,44/Westf. Neueste Nachrichten, Nr. 20,III.

242 Aufsichtsratsprotokoll Gundlach, 15. 5. 1935, in: Gundlach FA, G 22; vgl. auch Richard Kaselowsky an Alfred Meyer, 12. 6. 1935, in: OeFA, P15/138.

243 Aktennotiz Konstantin Brückners über sein Treffen mit Friedrich Budde am 16. 5. 1935, 20. 5. 1935, in: OeFA, P15/138. Budde brachte als Alternative wohl die Möglichkeit ins Spiel, der Partei einen Sitz im Gundlach-Aufsichtsrat zu überlassen. Dies scheint Richard Kaselowsky – bei allem Willen, den Nationalsozialisten entgegenzukommen – denn doch zu weit gegangen zu sein; später war offenbar nie mehr davon die Rede. Tatsächlich bemühte sich Kaselowsky zwei Jahre später sogar kurzzeitig, das Gundlach-Aktienpaket abzustoßen. Vgl. Otto Stürken an Richard Kaselowsky, 26. 8. 1937, und Richard Kaselowsky an Otto Stürken, 30. 8. 1937, in: OeFA, P15/23; Jannsen an Richard Kaselowsky, 18. 1. 1938, in: OeFA, P15/26.

244 Vgl. Programm für eine Reise durch den Deutschen Osten, 7. 5. 1935, in: OeFA, P1/65.

245 Edgar Brinkmann an Albert Osthoff, 20. 5. 1935, in: OeFA, P15/138.

246 Alle drei Anordnungen finden sich abgedruckt in: Zeitungs-Verlag 36 (1935), 27. 4. 1935, S. 280–284. Vgl. Hale, Presse in der Zwangsjacke, S. 148–174; Frei, Nationalsozialistische Eroberung der Provinzpresse, S. 160 f.

247 Hale, Presse in der Zwangsjacke, S. 155. Zusammen mit den Anordnungen hatte der Reichsverband der deutschen Zeitungsverleger e. V. einen Fragebogen an seine Mitglieder versandt, in dem diese ausführlich Auskunft über ihre Abstammung geben mussten. Vgl. Fragebogen Nr. 3 des Reichsverbandes der deutschen Zeitungsverleger zum Rundschreiben vom 25. 4. 1934: Richard Kaselowsky, in: OeFA, P15/138.

248 Konstantin Brückner an Friedrich Budde, 21. 5. 1935, in: OeFA, P15/138.

249 Albert Osthoff an Richard Kaselowsky, 20. 5. 1935, in: OeFA, P15/138.

250 Hale, Presse in der Zwangsjacke, S. 152. Bis Ende 1936 verschwanden in einer «Welle von Schließungen, Zusammenschlüssen und Notverkäufen [...] etwa 500 bis 600 Zeitungen» vom Markt.

251 Friedrich Schaarschmidt an Richard Kaselowsky, 20. 5. 1935, in: OeFA, P15/138.

252 Konstantin Brückner an Friedrich Budde, 21. 5. 1935, in: OeFA, P15/138.

253 Vgl. Albert Osthoff an Richard Kaselowsky, 20. 5. 1935, in: OeFA, P15/138.

254 Konstantin Brückner an Friedrich Budde, 21. 5. 1935, in: OeFA, P15/138.

255 Vgl. Friedrich Schaarschmidt an Richard Kaselowsky, 21. 5. 1935, in: OeFA, P15/138.

256 Brückner an Kaselowsky, 22. 5. 1935, in: OeFA, P15/138. Als Sohn des gleichnamigen preußischen Generals hatte sich Dr. Rüdiger Graf von der Goltz (1894–1976), der im Ersten Weltkrieg ein Bein verloren hatte, in rechten und nationalsozialistischen Kreisen einen Namen als Verteidiger in mehreren Fememordprozessen und als Rechtsbeistand Goebbels' gemacht. 1933 wurde er zum preußischen Staatsrat ernannt, arbeitete seit 1934 als Anwalt und Notar in Berlin und amtierte als «Führer der Wirtschaft», ehe das Amt wegen des Dualismus mit dem Reichswirtschaftsminister wieder abgeschafft wurde. 1936 wurde er Mitglied des Reichstags (1943 legte er sein Mandat nieder) und der Strafrechtskommission des Reichsjustizministeriums. 1938 verteidigte er Werner von Fritsch, den vormaligen Oberbefehlshaber des Heeres, später seinen Cousin Dietrich Bonhoeffer und Hans von Dohnanyi. Ab 1945 war von der Goltz Rechtsanwalt in Düsseldorf. Vgl. Einträge zu «Graf von der Goltz, Rüdiger», in: Reichstagsalmanache. Schumacher, M. d. R., Sp. 317 f.

257 Konstantin Brückner an Albert Osthoff, 24. 5. 1935, in: OeFA, P15/138.

258 Alfred Meyer an Richard Kaselowsky, 24. 5. 1935, in: OeFA, P15/138.

259 Alfred Meyer an Richard Kaselowsky, 24. 5. 1935, in: OeFA, P15/138.

260 Konstantin Brückner an Richard Kaselowsky, 28. 5. 1935, in: OeFA, P15/138.

261 Albert Osthoff an Konstantin Brückner, 28. 5. 1935, in: OeFA, P15/138.

262 Aufsichtsratsprotokoll Gundlach, 28. 5. 1935, in: Gundlach FA, G 22 und OeFA, P15/138.

263 Richard Kaselowsky an Alfred Meyer, 12. 6. 1935, in: OeFA, P15/138, Unterstreichungen im Original.

264 Vgl. Aktennotiz betr. Verhandlungen über den Zusammenschluss W. N. N. – N. S. V., 14. 6. 1935, in: OeFA, P15/138.

265 Friedrich Schaarschmidt an Alfred Meyer, 6. 7. 1935, in: OeFA, P15/138. Zur Cura vgl. Hale, Presse in der Zwangsjacke, S. 107; Koszyk, Deutsche Presse, 1914–1945, S. 386; Frei, Nationalsozialistische Eroberung der Provinzpresse, S. 148; Pürer/Raabe, Presse in Deutschland, S. 94 f.

266 Aktenvermerk betr. Telefongespräch mit Dr. Schaarschmidt, 8. 7. 1935, in: OeFA, P15/138.

267 Aufsichtsratsprotokoll Gundlach, 16. 7. 1935, in: Gundlach FA, G 22.

268 Edgar Brinkmann an Albert Osthoff, 17. 7. 1935, in: OeFA, P15/138. Die Standarte GmbH diente als parteieigene Holdinggesellschaft für alle Gauverlagsgesellschaften. Vgl. Koszyk, Deutsche Presse, 1914–1945, S. 386; Hale, Presse in der Zwangsjacke, S. 102, 105; Frei, Nationalsozialistische Eroberung der Provinzpresse, S. 146 f.

269 Arno Schröder an Graupner, 22. 7. 1935 und 30. 7. 1935, in: StABi, 210,44/Westf. Neueste Nachrichten, Nr. 11.

270 Friedrich Budde an Richard Kaselowsky, 23. 7. 1935, in: OeFA, P15/138.

271 Aufsichtsratsprotokoll Gundlach, 9. 8. 1935, in: OeFA, P15/138. Vgl. hier S. 231.

272 Hauptschriftleiter WNN an NSDAP-Hauptarchiv, 29. 9. 1937, in: BArch Berlin, NS 26/2165.

273 Graupner an Edgar Brinkmann, 10. 9. 1935, in: StABi, 210,44/Westf. Neueste Nachrichten, Nr. 20,II; vgl. auch Graupner an Verlagsleiter Jahnke, 21. 9. 1935, in: StABi, 250,1/Nationalsozialistische Deutsche Arbeiterpartei, Nr. 18.

274 Vgl. Aufsichtsratsprotokolle Gundlach, 7.10.1936 und 13.9.1937, in: Gundlach FA, G 12.

275 Richard Kaselowsky an Konstantin Brückner, 30.7.1935 und 6.8.1935; Konstantin Brückner an Richard Kaselowsky, 17.8.1935; Richard Kaselowsky an Konstantin Brückner, 27.8.1935, in: OeFA, P15/138.

276 Vgl. Richard Kaselowsky an Konstantin Brückner, 27.8.1935, in: OeFA, P15/138; Richard Kaselowsky an Konstantin Brückner, 22.9.1939, in: OeFA, P15/110.

277 Vgl. Verlagsleitung WNN an Richard Kaselowsky, 22.6.1939, in: OeFA, P15/140. Laut einer Marginalie der Privatsekretärin Plücker sagte Kaselowsky ab; Aufsichtsratsprotokoll Gundlach, 11.7.1939, in: Gundlach FA, G 12; Aufsichtsratsprotokoll Gundlach, 29.5.1940, 11.7.1940, in: OeFA, P15/141.

278 Vgl. Friedrich Schaarschmidt an Ernst Tüscher, 20.2.1946, in: OeFA, P15/144.

279 Beschluss des Denazification Committee, E. Gundlach AG, 23.7.1946, in: LAV NRW R Düsseldorf, NW 1073, 920. Vgl. auch OeFA, P15/112 (Akte zur Entnazifizierung Schaarschmidt).

280 Begrüßung und Worte zum Fest, 1.8.1947, in: Gundlach FA, G 58.

281 Entnazifizierungsfragebogen Konstantin Brückner, 17.9.1947, in: LAV NRW R Düsseldorf, NW 1057-Econ 7, 4304; Case Summary, 6/1947, in: LAV NRW R Düsseldorf, NW 1057-Econ 7, 4304.

282 Hale, Presse in der Zwangsjacke, S. 206 f.

283 In einem Dossier zur Familie Kaselowsky, das sich im Stadtarchiv Bielefeld findet, heißt es, Kaselowsky habe «zusammen mit Rudolf Heß die Fusion» betrieben; eher trifft zu, dass Kaselowsky die Fusion mit Gauleiter Alfred Meyer betrieb, Heß dem Vorhaben grundsätzlich zustimmte und der Partei-Apparat um Amann in die Verhandlungen maßgeblich eingeschaltet war. Vgl. Familie Kaselowsky, o. D., StABi, 300,7/Kleine Erwerbungen, Nr. 1039. Die spätere Darstellung des Gaupresseamtsleiters Schröder, Heß habe «Pate gestanden», ist insofern nicht unrichtig, dass er aber «durch sein persönliches Eingreifen» die Fusion «beschleunigt» habe, lässt sich nach Aktenlage nicht belegen. Vgl. Schröder, Mit der Partei vorwärts, S. 92.

284 Hartwig, Das Buch der Gefolgschaft, S. 282. Vgl. auch Schröder, Mit der Partei vorwärts, S. 92.

285 Aufsichtsratsprotokoll Gundlach, 12.5.1938, in: Gundlach FA, G 12. Vgl. zur Lenkung der Zeitschriftenpresse Koszyk, Deutsche Presse, 1914–1945, S. 409–424, Zitat S. 411. Die möglichen Konsequenzen wurden im Gundlach-Aufsichtsrat erstmals im Mai 1936 erörtert. Vgl. Aufsichtsratsprotokoll Gundlach, 19.5.1936, in: Gundlach FA, G 12.

286 Vgl. Aufsichtsratsprotokolle Gundlach, 7.10.1936, 13.9.1937, 12.5.1938, 12.12.1940, in: Gundlach FA, G 12, sowie 28.7.1943, 13.3.1944, in: OeFA, P15/143 und 144.

287 Albert Osthoff an Richard Kaselowsky, 6.7.1939, in: OeFA, P15/140. Vgl. Korrespondenz zwischen Wilhelm Kebschull und Friedrich Schaarschmidt, 23.5.1939 und 6.7.1939, in: OeFA, P15/140. Vgl. Aufsichtsratsprotokolle Gundlach, 11.12.1942, 21.5.1943, 28.7.1943, in: OeFA, P15/143.

288 Vgl. «Ein Tag der Ehre und Freude. Gauleiter Dr. Meyer bei der 50-Jahrfeier der Firma Dr. August Oetker», in: WNN, 14.1.1941. Vgl. auch Hartwig, Das Buch der Gefolgschaft, S. 282. Die erste Einladung muss 1936 erfolgt sein. Für die Annahme von Jungbluth, Die Oetkers, S. 142 f., Kaselowsky habe bereits 1935 den

Reichsparteitag besucht, an die er Ausführungen zu den «Nürnberger Gesetzen» knüpft, fehlt es an Belegen. Die Fusion Mitte August 1935 dürfte für eine Einladung noch im gleichen Jahr ohnehin zu spät erfolgt sein. Der Parteitag fand vom 10. bis 16. September statt, sodass Meyer die Einladung in kürzester Zeit hätte bewirken müssen. Die Einladungslisten dürften zu diesem Zeitpunkt bereits geschlossen gewesen sein, wie der Vergleich mit 1936 zeigt: Der Stichtag für Vorschläge an Hitler war der 1. Juli, im Jahr 1939 sogar der 1. Juni. Vgl. Rundschreiben des Stellvertreters des Führers 81/36, 23. 6. 1936, in: BArch Berlin, NS 6/223; Rundschreiben des Stellvertreters des Führers 83/39, 19. 4. 1939, in: BArch Berlin, NS 6/232.
Für anderweitige Kompensationen, etwa im Kontext der «Arisierung» der Villa an der Hamburger Bellevue und des Nachbargrundstückes, wie sie in der Literatur angedeutet werden, gibt es keine Hinweise. Hamburgische Parteistellen dürften kaum Veranlassung gehabt haben, sich für Kaselowskys Entgegenkommen in Westfalen erkenntlich zu zeigen. Vgl. S. 230.
Die Besuche bei den Reichsparteitagen 1937 und 1938 sind gut belegt. Auch 1939 wollte Kaselowsky erneut nach Nürnberg reisen, jedoch wurde die Großveranstaltung wegen des geplanten Kriegsbeginns abgesagt. Vgl. Hartwig, Das Buch der Gefolgschaft, S. 282. In OeFA, P1/68–73 finden sich verschiedene Unterlagen zur Einladung als Ehrengast für den Reichsparteitag 1938, für 1937 ist die Teilnahme durch eine überlieferte Liste der Ehrengäste belegt: Liste der deutschen Ehrengäste, 9. 6. 1938, in: Akten der Partei-Kanzlei, Nr. 201–00466. Vgl. außerdem: Ilse Plücker an Max Brings, 5. 9. 1938, in: OeFA, P15/120; Korrespondenz Richard Kaselowsky mit Georg Wellershaus, 16. 9. 1938, 18. 9. 1938, 10. 8. 1939, in: OeFA, P15/170 und 171; sowie Richard Kaselowsky an Carl Vincent Krogmann, 4. 12. 1939, in: OeFA, P15/130.

289 Die Liste der deutschen Ehrengäste umfasst 24 Seiten zu je ca. 35 Namen, rund ein Drittel ist für die Ehefrauen der Ehrengäste in Anschlag zu bringen. Vgl. Liste der deutschen Ehrengäste, 9. 6. 1938, in: Heiber/Longerich, Akten der Partei-Kanzlei, Nr. 201–00466.

290 Rundschreiben des Stabsleiters des Stellvertreters des Führers, Martin Bormann, 27. 7. 1937, in: Heiber/Longerich, Akten der Parteikanzlei, Nr. 117–00818.

291 Vgl. Einladungsschreiben Fritz Kranefuß', 6. 12. 1943; Programm für den Besuch der Feldkommandostelle RF-SS am 12. Dezember 1943; Liste der Gäste am 12. Dezember 1943 (zwei gleichlautende Fassungen), in: BArch Berlin, NS 19/2219, Bl. 60, 62 f., 66 f.; mit zusätzlichen Angaben: Programm für die Tagung des Freundeskreises am 12. 12. 1943, in: IfZ-Archiv München, Nbg.-Dok., NI 8497; Vogelsang, Der Freundeskreis Himmler, S. 92 f.; Carl Vincent Krogmann, Reisebericht, o. D., Bl. 17, in: StA Hamburg, 622–1/153, C 15 XI/12, wo sich neben einem Exemplar des Programms auch die «Liederfolge für das Chorsingen» mit militärischem und SS-spezifischem Liedgut findet. Zunächst war für November ein Treffen in Posen angedacht gewesen, das aber nicht zustande kam: Fritz Kranefuß an Rudolf Brandt, 8. 9. 1943, in: IfZ-Archiv München, Nbg.-Dok., NI 8115.

292 Vgl. Bütow/Bindernagel, Ein KZ in der Nachbarschaft, S. 42–67, die eine Neubewertung der Rolle Kranefuß' in SS und Wirtschaftsleben vornehmen; Wildt, Himmlers Terminkalender aus dem Jahr 1937, S. 678 f.

293 Vgl. die sich ergänzenden Daten bei: Bütow/Bindernagel, Ein KZ in der Nachbarschaft, S. 48; Vogelsang, Der Freundeskreis Himmler, S. 139–144; Wildt, Himmlers Terminkalender aus dem Jahr 1937, S. 679 f.

294 Oswald Pohl, Nachtrag zur Eidesstattlichen Erklärung, in: IfZ-Archiv München, Nbg.-Dok., NI 399; vgl. Fritz Kranefuß an Karl Rasche, 5. 7. 1937, in: IfZ-Archiv München, Nbg.-Dok., NI 4265; Erklärung Karl Wolff, o. D., in: IfZ-Archiv München, Nbg.-Dok., NI 6025; Vogelsang, Der Freundeskreis Himmler, S. 61–70.

295 Vgl. Wildt, Himmlers Terminkalender aus dem Jahr 1937, S. 679 f. Von einem früheren Beitritt schon 1936 oder gar 1935 geht dagegen Jungbluth, Die Oetkers, S. 143, aus; dafür fehlen jedoch positive Belege. Ein Zusammenhang zur Übergabe der «Westfälischen Neuesten Nachrichten» ist unwahrscheinlich. Kaselowsky galt zum einen nach seiner Aufnahme als «immer bemüht», an den monatlichen «Zusammenkünften teilzunehmen» (Fritz Kranefuß an Rudolf Brandt, 14. 10. 1944, in: BArch Berlin, ehem. BDC, PK F-292). Zum anderen war er am 8./9. Februar 1937 nicht besonders beansprucht und auch nicht verreist, sondern erledigte normale Korrespondenz. Vgl. z. B. Richard Kaselowsky an Otto Künne, 9. 2. 1937, in: OeFA, P15/277.

296 Vgl. Liste der deutschen Ehrengäste, 9. 6. 1938, in: Akten der Partei-Kanzlei, Nr. 201-00466.

297 Vgl. Richard Kaselowsky an Carl V. Krogmann, 4. 12. 1939, sowie der weitere Schriftwechsel v. 29. 12. 1939, 5. 8. 1940, in: OeFA, P15/130. Rudolf-August Oetker gehörte erst ab Ende 1938 nach dem Erwerb seiner Villa an der Bellevue zu Krogmanns Hamburger Nachbarn. Auf diesem Umweg konnten sich die beiden 1938 in Nürnberg noch nicht kennen. Abgesehen von dem punktuellen Schriftwechsel 1939/40 gab es ausweislich des OeFA keinen weiteren Kontakt zu Krogmann.

298 Vgl. Richard Kaselowsky an Firma C. H. Knorr, 29. 4. 1939, in: OeFA, P15/154; Adressliste der Mitglieder des Freundeskreises, 30. 11. 1939, in: IfZ-Archiv München, Nbg.-Dok., NI-9971, abgedr. in: Vogelsang, Der Freundeskreis Himmler, S. 131–141.

299 Vgl. Vogelsang, Der Freundeskreis Himmler, S. 61–70; Otto Steinbrinck datiert den Bruch auf das Jahr 1935/36, als erstmals auch SS-Offiziere in den Kreis aufgenommen worden seien. Damals habe die Spendenpraxis begonnen: Aussage Otto Steinbrinck, 23. 1. 1947, in: IfZ-Archiv München, Nbg.-Dok., NI-5962.

300 Vgl. die Aufstellungen der Teilnehmer bei Wildt, Himmlers Terminkalender aus dem Jahr 1937, S. 679 f.; Vogelsang, Der Freundeskreis Himmler, S. 139–144. Einzig Karl Blessing (1900–1971), der zuvor lange unter Hjalmar Schacht bei der Reichsbank gearbeitet hatte, war kurzzeitig in einer ähnlichen Branche tätig. Seit 1939 war er Manager bei der Deutschen Margarine Union AG (Unilever-Konzern), wechselte aber zwei Jahre später weiter in den Vorstand der Kontinentalen Öl AG. Blessing war 1958–1969 Präsident der Deutschen Bundesbank. Vgl. Lindenlaub, Karl Blessing; Kopper, Bankiers unterm Hakenkreuz, S. 192–197.

301 «Elite-Netzwerk»: Bütow/Bindernagel, Ein KZ in der Nachbarschaft, S. 13 f., 50 ff., das Zitat S. 50.

302 So Bernhard Gotto, Information und Kommunikation, S. 262. Nach dem Krieg äußerte Otto Ohlendorf: «Einer der Vorteile, die die Mitgliedschaft in Himmlers Freundeskreis mit sich brachte, war, dass die Mitglieder durch die Partei und die Polizei irgendwie respektiert wurden.» Aussage Otto Ohlendorf, 28. 1. 1947, in: IfZ-Archiv München, Nbg.-Dok., NI-3510.

303 Bähr, Die Dresdner Bank in der Wirtschaft des Dritten Reiches, S. 483, spricht vom «Modell eines Herrenclubs».

304 Vgl. Kube, Pour le mérite und Hakenkreuz, S. 138; Vogelsang, Der Freundeskreis Himmler, S. 78 f., 117 ff.; Bähr, Die Dresdner Bank in der Wirtschaft des Dritten Reichs, S. 483 f.

305 Vgl. Vogelsang, Der Freundeskreis Himmler, S. 108–117; Kurt von Schröder an Heinrich Himmler, 21. 9. 1943, in: IfZ-Archiv München, Nbg.-Dok., EC 453, sowie in: BArch Koblenz, Z 42 IV, 1142, Bl. 38; Aufstellung Spenden auf Sonderkonto «S» im Jahr 1944 [Mai 1944], in: IfZ-Archiv München, Nbg.-Dok., NI-3809; Longerich, Heinrich Himmler, S. 269; Wildt, Himmlers Terminkalender aus dem Jahr 1937, S. 681 f. Nach Bütow/Bindernagel, Ein KZ in der Nachbarschaft, S. 49, summierten sich die jährlichen Spenden von 600 000 bis 1 Mio. RM auf insgesamt 8 Mio. RM bis Kriegsende.

306 Vgl. Bähr u. a., Der Flick-Konzern im Dritten Reich, S. 263; Aussage Oswald Pohl, 5. 8. 1945, in: IfZ-Archiv München, Nbg.-Dok., NI-382; Berliner Tageblatt, Abendausgabe, 12. 9. 1938; das SS-Biwak war eine Großveranstaltung für bis zu 1500 Gäste Himmlers.

307 Vgl. Fritz Kranefuß an Rudolf Brandt, 8. 9. 1943, in: IfZ-Archiv München, Nbg.-Dok., NI-8115; Aussage Otto Steinbrinck, 25. 1. 1947, in: IfZ-Archiv München, Nbg.-Dok., NI-3490.

308 Vgl. Vogelsang, Der Freundeskreis Himmler, S. 80 f.; Aussage Otto Steinbrinck, 27. 1. 1947, in: IfZ-Archiv München, Nbg.-Dok., NI-3490.

309 Aussage Oswald Pohl, 7. 10. 1946, in: IfZ-Archiv München, Nbg.-Dok., NI-1064; vgl. Vogelsang, Der Freundeskreis Himmler, S. 81.

310 Vgl. mit weiteren Hinweisen: S. 146–149; Kaienburg, Die Wirtschaft der SS, S. 61–64. Dass es hier einen frühen, direkten Kontakt gab, ist unwahrscheinlich: Himmler hatte sich schon 1930 von den Artamanen zurückgezogen, Kaselowsky suchte den Kontakt aber nicht vor 1934/35. Als Siedlungsträger und völkische Bewegung waren die Artamanen inzwischen marginalisiert oder in andere NS-Strömungen integriert worden.

311 Richard Kaselowsky an Albert Vogelsang, 20. 1. 1941, in: OeFA, P15/130. Es handelt sich vermutlich um das Büchlein «Deutsche Gewürze» des SS-Hauptsturmführers Rudolf Lucaß (Berlin 1940), des Referenten für Heil- und Gewürzpflanzenanbau in der SS. Lucaß war Mitarbeiter der Deutschen Versuchsanstalt für Ernährung und Verpflegung GmbH (DVA). Zur DVA bestand auch über das Hunsa-Projekt Kontakt, da die DVA die SS-Anteile an dem Gemeinschaftsunternehmen hielt. Vgl. Jacobeit/Kopke, Die biologisch-dynamische Wirtschaftsweise im KZ, S. 91 f.

312 Bähr, Die Dresdner Bank in der Wirtschaft des Dritten Reichs, S. 551; vgl. Bütow/Bindernagel, Ein KZ in der Nachbarschaft, S. 47–67. Die Frage nach der bevorzugten Versorgung der Mitglieder mit Informationen, damit aber auch nach der Mitwisserschaft an den Verbrechen der SS, ist durch die beiden Autoren stärker als bisher profiliert worden. Bislang einseitige Lesarten mancher Veranstaltungen wurden einer quellenkritischen Prüfung unterzogen. Damit rückt der Zirkel weitaus enger an die explizit verbrecherische Dimension des Regimes heran.

313 Bütow/Bindernagel, Ein KZ in der Nachbarschaft, S. 51, 54; Aussage Oswald Pohl, in: IfZ-Archiv München, Nbg.-Dok., NI-271; Bähr, Die Dresdner Bank in der Wirtschaft des Dritten Reichs, S. 550 f.

314 Eine Datierung ist nicht möglich. Die Angabe beruht auf der Mitteilung von Kaselowskys Bruder Theo in seinem Spruchgerichtsverfahren. Negatives habe Richard Kaselowsky – so erinnerte sich Theo nicht ohne Eigeninteresse – nicht zu berichten gehabt. Vgl. Protokoll der Vernehmung Dr. Theo Kaselowsky, 14. 8. 1947, in: BArch Koblenz, Z 42 IV, 1142, Bl. 23 f. Auf die Möglichkeit eines Besuches in Börgermoor im Jahr 1933 im Kontext der Urbarmachung der dortigen Moore wurde bereits hingewiesen: Vgl. hier S. 142.

315 Wildt, Himmlers Terminkalender aus dem Jahr 1937, S. 679 ff.; Programm der «Freundeskreis»-Tagung, in: IfZ-Archiv München, Nbg.-Dok., NI-9983, abgedr. in: Trials of War Criminals, Vol. VI, S. 240. Dieses Treffen wurde oben als *Terminus post quem* für die Mitgliedschaft Kaselowskys ausgemacht.

316 Bütow/Bindernagel, Ein KZ in der Nachbarschaft, S. 51; zur Planung Kranefuß an Rudolf Brandt, 15. 6. 1942, in: BArch Berlin, NS 19/2219; Kranefuß an Sievers, 3. 2. 1943, in: IfZ-Archiv München, Nbg.-Dok., NI-12194.

317 Vgl. Programm, 12. 7. 1944, in: IfZ-Archiv München, Nbg.-Dok., NI-12188. Eher zivil dürfte der zweite Programmpunkt des Treffens gewesen sein: Der Reichsbeauftragte für das WHW und Leiter des NSV, SS-Gruppenführer Erich Hilgenfeldt, referierte über die Lage in seinem Arbeitsgebiet.

318 Bütow/Bindernagel, Ein KZ in der Nachbarschaft, S. 42, Anmerkung 100, S. 61–64. Krogmann schildert ein längeres Gespräch während der Hochwald-Fahrt mit Obergruppenführer Wolff, der seit Juli 1943 nach dem Sturz Mussolinis Höherer SS- und Polizeiführer in Italien war, Wolff habe «sehr interessant über die dortigen Verhältnisse» berichtet. Krogmann, Reisebericht, o. D., Bl. 17, in: StA Hamburg, 622–1/153, C 15 XI/12.

319 Vgl. Bajohr/Pohl, Der Holocaust als offenes Geheimnis; Longerich, «Davon haben wir nichts gewusst!»; Dörner, Die Deutschen und der Holocaust.

320 Vgl. Fritz Kranefuß an Heinrich Himmler, 21. 4. 1943, in: BArch Berlin, NS 19/2219; Fritz Kranefuß an Rudolf Brandt, 14. 10. 1944, in: BArch Berlin, ehem. BDC, PK F-292; Richard Kaselowsky an Firma C. H. Knorr, 29. 4. 1939, in: OeFA, P15/154; Kaselowsky an Jung, 26. 2. 1942, in: OeFA, P15/152.

321 Vgl. Feldman, Die Allianz, S. 137, 404–406; Bütow-Bindernagel, Ein KZ in der Nachbarschaft, S. 47, 53–57.

322 Vgl. Schriftwechsel Richard Kaselowsky mit Dr. Mischke, 26. 8. 1944, 29. 8. 1944, 7. 9. 1944, in: OeFA, P15/144.

323 Richard Kaselowsky an Hans Crampe, 7. 7. 1943, in: OeFA, P15/106. Hans Kehrl und Carl von Schroeder waren sowohl Mitglieder des Freundeskreises als auch Aufsichtsräte bei der Phrix AG, Hamburg. Vgl. Kopke, Die «politisch denkende Gesundheitsführung», S. 223 f.

324 Vgl. Richard Kaselowsky an Fritz von Kuhlmann, 16. 5. 1940, in: OeFA, P15/231; Aufsichtsratsprotokoll Chemische Fabrik Budenheim AG, 28. 11. 1941, in: OeFA, P15/232. Bei einer Zahlung der CFB an die SS in Höhe von 5000 RM dürfte es sich um dessen Aufsichtsrats-Tantiemen handeln, die Kranefuß bei allen seinen Mandaten regelmäßig der SS zur Verfügung stellte: Aufstellung über die im ersten Halbjahr 1944 bei der Verwaltung Persönlicher Stab Reichsführer-SS auf Veranlassung von SS-Brigadeführer Kranefuß eingegangenen Spenden, 21. 8. 1944, in: BArch Berlin, NS 19/3996.

325 Otto Steinbrinck, zitiert nach: Gotto, Information und Kommunikation, in: Bähr u. a., Der Flick-Konzern im Dritten Reich, hier S. 263, sowie Vogelsang,

Der Freundeskreis Himmler, S. 93; Helfferich zitiert nach: Treue im Chor, in: Der Spiegel, 30. 10. 1965. Die Enttäuschung der Herren dürfte umso größer gewesen sein, als die meisten Manager allein aus «zweckrationalen und opportunistischen Gründen» den durchaus zeitaufwendigen Kontakt zu Himmler pflegten: Bütow/Bindernagel, Ein KZ in der Nachbarschaft, S. 53.

326 Vgl. Rudolf Brandt an Werner Naumann, 14. 12. 1943, in: IfZ-Archiv München, Nbg.-Dok., NI-8107; der Staatssekretär im Reichsministerium für Volksaufklärung und Propaganda war ebenfalls Mitglied des Freundeskreis und war bei dem Treffen verhindert. Vgl. zur Person Naumanns: Buchna, Nationale Sammlung an Rhein und Ruhr, S. 116 f.

327 Vgl. Rededisposition Himmlers, 12. 12. 1943, in: BArch Berlin, NS 19/4011. Himmler war am 20. August 1933 zum Nachfolger des langjährigen Reichsinnenministers Wilhelm Frick ernannt worden, der an Rückhalt bei Hitler eingebüßt hatte. Innenverwaltung und Polizei wurden damit endgültig in einer Hand vereint. Himmler zeigte aber nur begrenztes Interesse an seiner neuen Aufgabe und widmete sich vor allem der Personalpolitik und langfristigen Szenarien zur Reform von Beamtentum und Verwaltung, über die er sich auch bei dem Treffen in Hochwald ausgelassen haben dürfte: Lehnstaedt, Das Reichsministerium des Innern unter Heinrich Himmler; sowie Carl Vincent Krogmann, Reisebericht, o. D., Bl. 17, in: StA Hamburg, 622–1/153, C 15 XI/12, der umfangreiche Ausführungen Himmlers zur Kommunalpolitik und zur Personalauswahl von Bürgermeistern referiert.

328 So berichtete Krogmann über die Zugfahrt: «Abends noch sehr vergnügt zusammengesessen mit Dr. Bingel, Hilgenfeldt, Olscher, Staatsrat Lindemann, Bremen.» Carl Vincent Krogmann, Reisebericht, o. D., Bl. 17, in: StA Hamburg, 622–1/153, C 15 XI/12.

329 Richard Kaselowsky an Walter Schwarz, 14. 12. 1943, in: OeFA, P15/6. Ähnlich positiv erinnerte Krogmann den Besuch, Himmler habe «frisch» gewirkt, sei wie immer «sehr liebenswürdig» gewesen: Krogmann, Reisebericht, o. D., Bl. 17, in: StA Hamburg, 622–1/153, C 15 XI/12.

330 Richard Kaselowsky an Hermann Waldhecker, 16. 5. 1944, in: OeFA, P15/1. Hermann Waldhecker war einer der Direktoren der Reichsbank, in deren Gebäude das Treffen des Freundeskreises stattgefunden hatte. Letztmals hatte Kaselowsky am 13. September einer Veranstaltung beigewohnt: Fritz Kranefuß an Richard Kaselowsky, 14. 10. 1944, in: BArch Berlin, NS 19/1237 bzw. BArch Berlin, ehem. BDC, PK F-292.

331 Richard Kaselowsky an die IHK Bielefeld, 27. 9. 1934, in: WWA Dortmund, K3, Nr. 1002.

332 Vgl. Ansprache Richard Kaselowskys beim Betriebsappell, 13. 1. 1941, in: Hartwig, Das Buch der Gefolgschaft, S. 274; Vogelsang, Geschichte der Stadt Bielefeld, Bd. 3, S. 282.

333 Vgl. Wolkerstorfer, Baden 1941, S. 39.

334 Vgl. Planung/Programm Besuch der Alten Garde, 1939, in: StABi, 103,2/Hauptamt, Nr. 262, Bl. 29 ff.

335 Raphael, Radikales Ordnungsdenken und die Organisation totalitärer Herrschaft, S. 23 f., 28–31 (das Zitat S. 28); Raphael, Die nationalsozialistische Weltanschauung, S. 11, 28–32; Raphael, Die nationalsozialistische Ideologie, S. 17–20. Hachtmann, Wissenschaftsmanagement im «Dritten Reich», Bd. 1, S. 315 ff., benennt vier Säulen, die das Weltanschauungsfeld tragen: Antimarxismus und Gegnerschaft zur Arbeiterbewegung, Militarismus und Radikalnationalismus, Rassismus und Antisemitismus sowie das Leitbild eines rassisch und ethnisch homogenen Nationalstaats.

336 Aus der Rede des NSBO-Betriebszellenobmanns Lauenroth in der Filiale Hamburg, zit. nach: «Eine vorbildliche Weihnachtsfeier», in: Altonaer Nachrichten, 20. 12. 1934 (OeFA, P15/128).

337 Peukert, Volksgenossen und Gemeinschaftsfremde, S. 295.

338 Vgl. Kershaw, Hitler 1889–1936, S. 663.

339 Konstantin Brückner an Friedrich Budde, 21. 5. 1935, in: OeFA, P15/138.

340 Vgl. Kershaw, Der Hitler-Mythos.

5. «Arisierung» und «Germanisierung»

1 Vgl. Genschel, Die Verdrängung der Juden aus der Wirtschaft; Barkai, Vom Boykott zur «Entjudung»; Münzel, Die jüdischen Mitglieder der deutschen Wirtschaftselite; sowie grundlegend zur Verfolgung der Juden Longerich, Politik der Vernichtung; Friedländer, Das Dritte Reich und die Juden, Bd. 1; exemplarisch für den Umgang mit den eigenen jüdischen Mitarbeitern vgl. Die Dresdner Bank und die deutschen Juden, S. 11–118; zu den Verdrängungsmechanismen im Münchner Kunsthandel vgl. z. B. Hopp, Kunsthandel im Nationalsozialismus, S. 82–103.

2 Bajohr, Arisierung als gesellschaftlicher Prozeß, S. 15.

3 Vgl. aus der aktuellen Forschung Kopper, Wer waren die «Hauptprofiteure der Arisierungen»?; Drecoll, Der Fiskus als Verfolger; Kuller, Finanzverwaltung und Judenverfolgung; Friedenberger, Fiskalische Ausplünderung; Ziegler, Die Dresdner Bank und die deutschen Juden; James, Die Deutsche Bank und die «Arisierung».

4 Vgl. exemplarisch Wixforth, Die Expansion der Dresdner Bank in Europa; Feldman, Die Allianz, S. 409–480; Scholtyseck, Der Aufstieg der Quandts, S. 481–630; Frei u. a., Flick, S. 284–325.

5 Vgl. Vereinsbank in Hamburg an Richard Kaselowsky, 16. 7. 1938 und 17. 8. 1938; Richard Kaselowsky an Vereinsbank in Hamburg, 18. 8. 1938, in: OeFA, P15/23.

6 Vgl. Korrespondenz zwischen Richard Kaselowsky und Georg Wellershaus, 28. 1. 1938 und 4. 2. 1938, in: OeFA, P15/171.

7 Vgl. mit frühen Hinweisen Kaselowsky, Die rheinisch-westfälische Back- und Puddingpulverindustrie, S. 20–27.

8 Schreiben Hans Crampe an Richard Kaselowsky, 1. 10. 1940, in: OeFA, P15/104; vgl. zum Groninger Unternehmen sehr knapp und ohne Informationen zur «Arisierung» Berg/Wijsenbeek/Fischer, Venter, fabriqueur, fabrikant, S. 186; vgl. zu diesem Arisierungsvorgang auch BArch Berlin, R 3101/34444. Weitere Angebote aus dem Reichswirtschaftsministerium an Oetker, sich an «Arisierungen» in den besetzten Niederlanden zu beteiligen, sind nicht aktenkundig. Hinweise für ein konkretes Interesse in Bielefeld an weiteren Betrieben gibt es ebenfalls nicht. Vgl. Schreiben Hans Crampe an Walter Schell, 17. 4. 1941, in: OeFA, P15/98. Ohne Befund auch die Akten zur Arisiersung der holländischen Land- und Ernährungswirtschaft in BArch Berlin, R 17 VI/172.

9 Schreiben Hans Crampe an Richard Kaselowsky, 29. 10. 1940, in: OeFA, P15/104.

10 Vgl. Schreiben Hans Crampe an Richard Kaselowsky, 21. 5. 1941, in: OeFA, P15/105.

11 Schreiben Richard Kaselowsky an Hans Crampe, 23. 5. 1941, in: OeFA, P15/105.

12 Schreiben Hans Crampe an Richard Kaselowsky, 16. 8. 1941, in: OeFA, P15/105; Korrespondenz zwischen Richard Kaselowsky und Julius Ellerbrock, 14. 1. 1935, 15. 1. 1935, 17. 1. 1935, in: OeFA, P15/170; Schreiben Rudolf Flebbe an die Fachabteilung Back- und Puddingpulverindustrie, 1. 9. 1938, in: OeFA, P15/181.

13 Richard Kaselowsky an Julius Ellerbrook, 29. 5. 1941, in: OeFA, P15/171.

14 Vgl. den Vorgang in: BArch Berlin, R 3101/34444.

15 Vgl. Schreiben Karl Lindenstromberg und Alfred Wittlich an Richard Kaselowsky, 21. 1. 1936, in: OeFA, P15/93, Hervorhebung im Original.

16 Planung des Ausbaus der Danziger Verpackungsindustrie AG, Danzig, Februar 1941, Anlage 1: Begründung des Vorschlags, in: OeFA, P15/96.

17 Vgl. zu den Folgen am Beispiel des Bankensektors Loose, Kredite für NS-Verbrechen, S. 36 ff., Zitate S. 37; Schenk, Hitlers Mann in Danzig, S. 43 f., 51, 61; Die Juden der freien Stadt Danzig unter der Herrschaft des Nationalsozialismus, S. 14–50; Echt, Die Geschichte der Juden in Danzig, S. 135–161.

18 Vgl. Andrzejewski, Opposition und Widerstand in Danzig, S. 198. Das NS-Regime übte auf die in Berlin akkreditierten Gesandten von Staaten, die in Danzig dem NS-Regime nicht genehme Konsuln unterhielten, diplomatischen Druck aus, um deren Abberufung zu erreichen.

19 Vgl. Max Selige an Fritz von Kuhlmann, 22. 11. 1939 und 12. 12. 1939, in: OeFA, P15/330.

20 Aktenvermerk über eine Besprechung mit Herrn Zehentner, 8. 3. 1940, in: OeFA, P15/104; Hans Crampe an Richard Kaselowsky, 29. 4. 1940, in: OeFA, P15/104. Die Bilanz- und sonstigen Unterlagen der Firma aus Brünn bieten keinerlei Hinweise auf Kapitalinvestitionen im Protektorat. Vgl. die von den Bearbeitern geprüften Bestände des Firmenarchivs im Böhmischen Regionalarchiv: MZA, Brünn, H 1129.

21 Vorstand Vogt & Wolf an Richard Kaselowsky, 18. 10. 1939, in: OeFA, P15/151.

22 Vgl. Richard Kaselowsky an Vorstand Vogt & Wolf und Albert Osthoff an Richard Kaselowsky, 20. 10. 1939, 19. 10. 1939, in: OeFA, P15/151; zur Lage von Vogt & Wolf in der Zwischenkriegszeit vgl. die Unternehmensdaten und Berichte des Vorstands an Kaselowsky, die in einer vollständigen Aktenserie vorliegen: OeFA, P15/148–153.

23 Vgl. Schreiben Richard Kaselowsky an Hans Crampe, 26. 8. 1941, in: OeFA, P15/105. Die Straße heißt heute Rue Yves Toudic. Eine Anfrage wegen des Grundstücks an die französischen Behörden blieb ohne Ergebnis. Vgl. Umstellungsbilanz Straßburg/Eröffnungsbilanz Paris, 31. 12. 1942, die noch keine Werte für ein Grundstück enthält, sowie die Bilanz per 31. 12. 1943, in: OeFA, P13/2914; Jürgen Finger an Conservation des Hypothèques Paris, 23. 6. 2011.

24 Planung des Ausbaus der Danziger Verpackungsindustrie AG, Danzig, Februar 1941, Anlage 1: Begründung des Vorschlags, in: OeFA, P15/96.

25 Der Vorschlag vom 19. August 1940 ist eigenständig nicht erhalten. Ein späteres Schriftstück nimmt jedoch dezidiert auf ihn Bezug und fügt «diese Betrachtungen […] noch einmal an», sodass wir mindestens über den Inhalt, vermutlich sogar über den Wortlaut informiert sind: Planung des Ausbaus der Danziger Verpackungsindustrie AG, Danzig, Februar 1941, Anlage 1: Begründung des Vorschlags, in: OeFA, P15/96.

26 Vgl. zur Verwendung des «Germanisierungs»-Begriffes im Kontext der Vermö-

gensentziehung und wirtschaftlichen Neuordnung in den besetzten Gebieten: Wixforth, Die Expansion der Dresdner Bank, S. 483–496, 872 und passim. Problematisierend: Loose, Kredite für NS-Verbrechen, S. 16 f.

27 Vgl. Rosenkötter, Treuhandpolitik, S. 81–98, 112–116, 150–171. Die einschlägigen Aktenvorgänge der Treuhandstelle Posen sind überliefert; vgl. v. a. APP, 759/8263–8270, sowie einige weitere Aktensplitter. Vgl. Dingell, Zur Tätigkeit der Haupttreuhandstelle Ost.

28 Vgl. Aktenvermerk HTO Posen, B IV a, 30. 4. 1940, und Bericht über die Prüfung der Firma Rawitscher Wellpappen- und Kartonagenfabrik Fr. Durczewski, Rawitsch, 10. 2. 1940, in: APP, 759/8263 S. 5, wo es heißt, Oestreicher sen. sei «von den Polen verschleppt und im Verlaufe des Krieges bei Kutno erschossen» worden; Oestreicher an HTO Posen, 4. 3. 1940; HTO Posen an Oestreicher, 30. 4. 1940, und Bestallungsurkunde Max Gründer, 22. 11. 1939, in: APP, 759/8263; Gerhard Kohrig an Arthur Greiser, 9. 6. 1941, in: OeFA, P15/95.

29 Vgl. Max Gründer an HTO Posen, 10. 4. 1940, in: APP, 759/8263; Karl Oestreicher an den Landrat des Kreises Rawitsch, 2. 1. 1940, in: APP, 759/8263; Bericht über die Prüfung der Firma Rawitscher Wellpappen- und Kartonagenfabrik Fr. Durczewski, Rawitsch, 10. 2. 1940, S. 6, in: APP, 759/8263.

30 Vgl. Bericht über die Prüfung der Firma Rawitscher Wellpappen- und Kartonagenfabrik Fr. Durczewski, Rawitsch, 10. 2. 1940, in: APP, 759/8263; Bestallungsurkunde für kommissarische Verwalter Nr. 2547, 6. 6. 1940, und Grundstücks-Bestallungsurkunde Nr. 9344, 6.6.194[0], in: APP, 759/8265; Gerhard Kohrig an Arthur Greiser, 9. 6. 1941, in: OeFA, P15/95. Vgl. auch DVI an Treuhandstelle Posen, 7. 10. 1940, in: APP, 759/8263.

31 Vgl. Bericht über die Prüfung der Firma Rawitscher Wellpappen- und Kartonagenfabrik Fr. Durczewski, Rawitsch, 10. 2. 1940, S. 5 ff.; HTO Posen, B IV a 267/40 Th/Re., an Rawitscher Wellpappen und Kartonagen-Fabrik, 7. 10. 1941 und Antwortschreiben vom 13. 10. 1941, in: APP, 759/8263.

32 Der tagesgenaue Zeitpunkt ist nicht zu eruieren; aus einem späteren Bericht geht jedoch hervor, dass dies Mitte 1940 der Fall gewesen sein muss, denn im Oktober 1941 hatte Feilgenhauer diese Position seit eineinhalb Jahren inne. Vgl. Aktennotiz Lindenstromberg betr. Aufsichtsratssitzung betr. Erwerb der Wellpappenfabrik Rawitsch, 30. 10. 1941, in: OeFA, P15/95; Bericht über den Stand der Angelegenheit Rawitscher Wellpappen- und Kartonagenfabrik, Rawitsch/Gau Wartheland, 5. 1. 1942, in: OeFA, P15/95.

33 Vgl. Planung des Ausbaus der Danziger Verpackungsindustrie AG, Danzig, Februar 1941, Anlage 1: Begründung des Vorschlags, in: OeFA, P15/96.

34 Zu Greiser vgl. Epstein, Model Nazi.

35 Aktennotiz Lindenstromberg betr. Aufsichtsratssitzung betr. Erwerb der Wellpappenfabrik Rawitsch, 30. 10. 1941, in: OeFA, P15/95.

36 Schreiben Gerhard Kohrig an Arthur Greiser, 9. 6. 1941, in: OeFA, P15/95.

37 Schreiben Reichsstatthalter im Reichsgau Wartheland an Gerhard Kohrig, 20. 6. 1941, in: OeFA, P15/95.

38 Bericht über den Stand der Angelegenheit Rawitscher Wellpappen- und Kartonagenfabrik, Rawitsch/Gau Wartheland, 5. 1. 1942, in: OeFA, P15/95.

39 Schreiben Karl Lindenstromberg an Richard Kaselowsky, 18. 4. 1942, in: OeFA, P15/95. Lindenstromberg nimmt in diesem Schreiben eine detaillierte Abwägung der Vor- und Nachteile des Erwerbs und der ungeliebten Konstruktion

einer Kommanditgesellschaft vor. Vgl. auch Niederschrift Feilgenhauers über die Verhandlungen mit der Treuhandstelle Ost, 13. 4. 1942, und Schreiben RA Walter Bens an den Aufsichtsrat der DVI AG, 15. 4. 1942, in: OeFA, P15/95; Kaufvertrag zur Übernahme der Wellpappenfabrik Rawitsch (Entwurf), 15. 4. 1942, in: OeFA, P15/95.

40 Schreiben Karl Lindenstromberg an Gerhard Kohrig und Walter Feilgenhauer, 14. 5. 1942, in: OeFA, P15/95.

41 Schreiben Karl Lindenstromberg an Richard Kaselowsky, 21. 5. 1942; Gesellschaftsvertrag Rawitscher Wellpappen- und Kartonagenfabrik Kohrig & Co. in Rawitsch (Abschrift), 21. 8. 1942, in: OeFA, P15/95.

42 Schreiben Karl Lindenstromberg an Richard Kaselowsky, 18. 12. 1942, in: OeFA, P15/95.

43 Schreiben Treuhandstelle Posen an RA Walter Bens, 10. 12. 1942, in: OeFA, P15/95.

44 Schreiben Karl Lindenstromberg an Richard Kaselowsky, 19. 12. 1942, in: OeFA, P15/95.

45 Schreiben Richard Kaselowsky an Karl Lindenstromberg, 21. 12. 1942, in: OeFA, P15/93.

46 Vgl. Karl Lindenstromberg an Richard Kaselowsky, 15. 2. 1943, in: OeFA, P15/97; Dingell, Zur Tätigkeit der Haupttreuhandstelle Ost, S. 20, 115 f.

47 Aussage Schütze in der Strafsache gegen Feilgenhauer, in: APP, 759/8266. Die Wellpappenfabrik Rawitsch hatte gegen ihren ehemaligen Treuhänder Feilgenhauer im Streit um zwei Heftmaschinen Strafanzeige erstattet, die Feilgenhauer nach dem Ende seiner Treuhänderschaft bei der DVI behalten und nicht nach Rawitsch weitergegeben hatte. Das Verfahren wurde eingestellt. Vgl. den Vorgang in: APP Posen, 759/2001.

48 Kohrig übernahm nach Kriegsende einen Leitungsposten in der Verpackungsabteilung in Bielefeld. Vgl. Höcker, Erinnerungen, 1951, S. 4, in: OeFA, P1/168a.

49 Vgl. Aufsichtsratsprotokoll Gundlach AG, 12. 12. 1940, in: OeFA, P15/141.

50 Aufsichtsratsprotokoll Gundlach AG, 25. 6. 1941, in: OeFA, P15/141.

51 Schreiben Friedrich Schaarschmidt an Albert Osthoff, 30. 6. 1941, in: OeFA, P15/141.

52 Aufsichtsratsprotokoll Gundlach AG, 3. 7. 1942, in: OeFA, P15/141.

53 Die Transaktion des Jahres 1940 ist in der Literatur bereits als Arisierungsfall bekannt. Vgl. Bajohr, «Arisierung» in Hamburg, S. 294, sowie Jungbluth, Die Oetkers, S. 169 ff.

54 Oetker/Thomas, Vom Glück verwöhnt, S. 72–76.

55 Vgl. Jacobs, Rauch und Macht, S. 78; Lindner, Die Reemtsmas, S. 44 f., 135, 184 ff.

56 Oetker/Thomas, Vom Glück verwöhnt, S. 76.

57 Buch- und Betriebsprüfungsbericht Reemtsma 1935–1939, 16. 11. 1942, in: HIS-Archiv, PFR, 160,08, Eidesstattliche Aussage Kurt Heldern, 6. 5. 1947, in: HIS-Archiv, PFR, 360,05.

58 Vgl. Liegenschaftsverwaltung Hamburg, 8. 8. 1938, in: OeFA, P15/14. Die Firma Reemtsma übernahm von Heldern außerdem weitere vier Grundstücke in Hamburg und Trittau sowie Aktienbesitz im Wert von mehreren hunderttausend Reichsmark. Vgl. Rückerstattungsantrag Kurt und Ottilie Heldern, 19. 7. 1948, und Vergleichsprotokoll, 24. 11. 1949, in: StA Hamburg, 213–13, Z 623.

59 Rückerstattungsantrag Kurt und Ottilie Heldern, 19. 7. 1948, sowie Declaration by Present Owner, gez. v. Wilhelm Borgstedt und Walter Kraak, 15. 10. 1948 (hier das Zitat), in: StA Hamburg, 213–13, Z 623. Für einen Kontakt mit Heldern, der das Areal wegen der Bombenschäden angeblich nicht restituiert haben wollte, wie Rudolf-August Oetker in seinen Erinnerungen schreibt, gibt es keine Indizien. Vgl. Oetker/Thomas, Vom Glück verwöhnt, S. 76.

60 Vgl. zur «Arisierung» von jüdischen Grundstücken, die im Vergleich zur Übernahme jüdischer Unternehmen nach wie vor in der Forschung unterrepräsentiert ist: Bopf, Diskriminierung und Enteignung jüdischer Immobilienbesitzer. Außerdem, neben der erwähnten Studie von Bajohr für Hamburg: Balz, Die «Arisierung» von jüdischem Haus- und Grundbesitz; Bopf, «Arisierung» in Köln, S. 324–377; Metzger u. a., Kommunalverwaltung unterm Hakenkreuz, S. 169–228; Haerendel, Der Schutzlosigkeit preisgegeben; Klatt, Unbequeme Vergangenheit, S. 217–224. Mit Schwerpunkt auf der «Arisierung» durch Kommunen: Gruner, Die Grundstücke der «Reichsfeinde».

61 Vgl. Notarieller Kaufvertrag zwischen der H. F & Ph. F. Reemtsma Altona-Bahrenfeld Grundstücksverwaltung und der Firma Dr. August Oetker, 11. 10. 1938, in: OeFA, P15/14.

62 Vgl. Vergleich zwischen Kurt Heldern und Reemtsma, 24. 11. 1949, in: StA Hamburg, 213–13, Z 623; Eidesstattliche Aussage Kurt Heldern, 6. 5. 1947, in: HIS-Archiv, PFR, 160,08. Die Steuerprüfer des NS-Staates fanden beispielsweise Helderns Abfindung für das Ausscheiden aus der Reemtsma-Führung zu großzügig: Vgl. Buch- und Betriebsprüfungsbericht Reemtsma 1935–1939, 16. 11. 1942, in: HIS-Archiv, PFR, 360,05.

63 Sein Vater, der Kommerzienrat Erwin Hirschfelder, hatte das Grundstück im März 1918 erworben. Nach dessen Tod 1920 ging das Anwesen auf die Witwe über, deren Name nach einer Namensänderung zwischenzeitlich Heldern lautete. Vgl. Vertrag mit der Finanzdeputation Hamburg, 6. 6. 1894, mit Nachträgen vom 1. 6. 1918 und 30. 11. 1920; Steuererklärung Kurt Heldern, Abschrift, 26. 7. 1937, in: OeFA, P15/14; Vermögens-Zusammenstellung Rudolf-August Oetker, 6. 12. 1945, in: OeFA, P13/4841; zu den Unwägbarkeiten einer realistischen Bewertung der Preis- und Wertaspekte bei Transaktionen im Kontext der «Arisierung» bei Unfried, Stand der Forschungen, hier S. 37 ff.

64 Bajohr, Interessenkartell, S. 50. Vgl. Bopf, Diskriminierung und Enteignung, S. 184; Bopf, «Arisierung» in Köln, S. 338. Zur Zahl der Grundstücke in jüdischem Besitz in Hamburg im Jahr 1938 vgl. Bajohr, «Arisierung» in Hamburg, S. 288. Die Zahl der Grundstücksverkäufe stieg in Hamburg (unter Berücksichtigung der verschiedenen Eingliederungen durch das Groß-Hamburg-Gesetz) 1938 signifikant an. Vgl. Statistisches Jahrbuch für das Deutsche Reich 56 (1937), S. 204 f. und 57 (1938), S. 212 f. Vgl. zur Entwicklung des Immobilienmarktes in Bremen Balz, Die «Arisierung» von jüdischem Haus- und Grundbesitz, S. 37.

65 Vgl. Buch- und Betriebsprüfungsbericht Reemtsma 1935–1939, 16. 11. 1942, in: HIS-Archiv, PFR, 360,05; Vergleichsprotokoll, 24. 11. 1949, in: StA Hamburg, 213–13, Z 623.

66 Auch zu dem eigentlichen Villen-Grundstück der Lipmanns gab es nach 1945 ein komplexes Wiedergutmachungsverfahren; das Ehepaar hatte das Anwesen offenbar an einen Vertrauten zu einem Preis von 45 000 RM verkauft. 1948 erfolgte eine einvernehmliche Rückgabe. Vgl. insb. Hansestadt Hamburg, Devisenstelle

an den OFP, 28. 11. 1949, und Niederschrift des WGA bei dem LG Hamburg, Z 1268, Ellie Lipmann ./. Max Spiess, 28. 2. 1950, in: StA Hamburg, 314–15 (OFP, Abl. 1998), L 7, Leitakte 2.

67 Hansestadt Hamburg, Devisenstelle an den OFP, 28. 11. 1949, in: StA Hamburg, 314–15 (OFP, Abl. 1998), L 7, Leitakte 2; Rechtsanwalt Zahn an Amt für Wirtschaft, Hamburg, 31. 3. 1948, in: StA Hamburg, 351–11 Amt für Wiedergutmachung, 11 178 Ellie Lipmann.

68 Vgl. StA Hamburg, 314–15 (OFP, Abl. 1998), L 7, 8 WiK 124/53, Ellie Lipmann und Eduard Marsden ./. Deutsches Reich; C. H. Lipton an Amt für Wiedergutmachung, 25. 10. 1956, StA Hamburg, 351–11 Amt für Wiedergutmachung, 11 178 Ellie Lipmann.
Im April 1940, wenige Wochen nach der Grundstücks-Transaktion, ließen die Lipmanns in Genua zwei Lifts (Versandkisten für Möbel) und 20 Kisten einlagern. Auf Grund des Kriegsverlaufs konnte das Umzugsgut nicht mehr eingeschifft werden. Es verblieb in den Magazzini Generali di Arquata Scrivia. 1943 beschlagnahmte das italienische Ministero per gli Scambi e le Valute die eingelagerten Güter. Zum Jahreswechsel 1944/45, also im Zuge des deutschen Rückzuges, wurde das Hab und Gut der Lipmanns durch einen deutschen Militärverwaltungs-Oberinspektor in Begleitung eines italienischen Zoll-Oberinspektors mit dem Ziel Deutschland abtransportiert. Um den Wert des Umzugsgutes führte Ellie Lipmann jahrelang einen Rechtsstreit mit der erstattungspflichtigen Bundesrepublik Deutschland, der 1964 in einem Vergleich endete. Vgl. StA Hamburg, 213–13, Z 20175, 2 Wik 550/63, Rückerstattungssache Ellie Lipmann ./. Deutsches Reich, darin insb. Teil- und Zwischenbeschluss des LG Hamburg, 21. 10. 1960, und Protokoll der öffentlichen Sitzung der Wiedergutmachungskammer 2 des LG Hamburg vom 3. 8. 1964 mit Anlage: Schluß-Vergleich.

69 Vgl. Kaufvertrag Grundstück Scheffelstraße, 21. 3. 1940; Rechtskonsulent Kaufmann an Reichsstatthalter Hamburg, 28. 6. 1940, in: StA Hamburg, 621–1/84 Firma Ernst Kaufmann, 68 (Rechtsstreit Ellie Lipmann ./. Hamburgische Verwaltung für Handel, Schiffahrt und Gewerbe).

70 RGBl. I 1938, S. 1709–1712.

71 Bajohr, «Arisierung» in Hamburg, S. 292. Vgl. zu den bürokratischen Gepflogenheiten in anderen Städten Metzger u. a., Kommunalverwaltung unterm Hakenkreuz, S. 174; Balz, Die «Arisierung» von jüdischem Haus- und Grundbesitz, S. 61; Bopf, «Arisierung» in Köln, S. 344.

72 Kaufvertrag Grundstück Scheffelstraße, 21. 3. 1940, in: StA Hamburg, 621–1/84 Firma Ernst Kaufmann, 68. Vgl. zum Einheitswert des Grundstückes auch Vermögens-Zusammenstellung Rudolf-August Oetker, 6. 12. 1945, in: OeFA, P13/4841.

73 Rechtskonsulent Kaufmann an die Verwaltung für Handel, Schiffahrt und Gewerbe, 16. 7. 1940 sowie zwei Entwürfe vom 28. 6. 1940, in: StA Hamburg, 621–1/84 Firma Ernst Kaufmann, 68.

74 Vgl. Entwurf eines Schreibens des Rechtskonsulenten Kaufmann an die Verwaltung für Handel, Schiffahrt und Gewerbe, 28. 6. 1940, in: StA Hamburg, 621–1/84 Firma Ernst Kaufmann, 68. In der bereits zitierten Endfassung des Schreibens heißt es, bei einer geplanten Aufspaltung in Bauland habe es sogar Angebote von 19 RM gegeben.

75 Im Rahmen der Wiedergutmachungsverfahren nach dem Krieg stellten die zuständigen Gerichte Untersuchungen an mit dem Ergebnis, dass der Einheitswert in der Regel rund 15–25 Prozent unter dem tatsächlichen Verkehrswert lag. Vgl. Bopf, «Arisierung» in Köln, S. 348; Bopf, Diskriminierung und Enteignung, S. 194.

76 Entscheid der Staatsverwaltung der Hansestadt Hamburg, Wirtschafts-, Landwirtschafts- und Sozialabteilung, 5. 9. 1940, in: StA Hamburg, 621–1/84 Firma Ernst Kaufmann, 68.

77 Vgl. Bajohr, «Arisierung» in Hamburg, S. 155 f.; Drecoll, Der Fiskus als Verfolger, S. 125–129, 188–241.

78 Vgl. Balz, Die «Arisierung» von jüdischem Haus- und Grundbesitz, S. 68.

79 Dies zeigt auch der Vergleich zur Arisierung von jüdischen Firmen und Unternehmen, wo es dem Gauwirtschaftsberater «ein wichtiges Anliegen» war, «den Kaufpreis für die jüdischen Betriebe möglichst zu drücken»; vgl. Bajohr, «Arisierung» in Hamburg, S. 183 f.

80 Bajohr, «Arisierung» in Hamburg, S. 292 f. Vgl. Bopf, «Arisierung» in Köln, S. 356, 359; Metzger u. a., Kommunalverwaltung unterm Hakenkreuz, S. 180; Balz, Die «Arisierung» von jüdischem Haus- und Grundbesitz, S. 63; Kratzsch, Der Gauwirtschaftsapparat der NSDAP, S. 264.

81 Vgl. mit der gegenteiligen Bewertung als «krasse Form der Bereicherung»: Bajohr, «Arisierung» in Hamburg, S. 294. So ist es etwa wenig wahrscheinlich, dass Carl Vincent Krogmann beim Erwerb des Lipmann-Anwesens eine ausschlaggebende Rolle spielte. Der Hamburger Bürgermeister war Mitglied des Freundeskreises Reichsführer-SS und wohnte an der Bellevue 24. Fraglich ist, ob der zu diesem Zeitpunkt zugunsten Gauleiter Karl Kaufmanns entmachtete Krogmann überhaupt noch in der Position gewesen wäre, entsprechenden Einfluss zu nehmen. Vgl. Krogmann, Bellevue, S. 17; Krogmann, Geliebtes Hamburg, S. 79 f.; Bajohr, «Arisierung» in Hamburg, S. 65 f., 224.

82 Für die Vermutung bei Jungbluth, Die Oetkers, S. 171, die Herabsetzung sei als Anerkennung für das Entgegenkommen beim Verkauf der «Westfälischen Neuesten Nachrichten» erfolgt, spricht nur eine gewisse zeitliche Nähe zwischen dem Grundstückskauf und dem Verkauf der Anteile an der Zeitungsgesellschaft für Westfalen, in der zweiten Phase der endgültigen Übergabe der WNN an die NSDAP. Warum hätte der Hamburger Gauleiter Kaufmann (für dessen direktes Eingreifen es ohnehin keine Anzeichen gibt) sich für einen Vorgang in Westfalen erkenntlich zeigen sollen, der kaum von überregionaler Bedeutung war, mit dem er nichts zu tun hatte und von dem er oder sein Gau nicht profitierten?

83 Das Grundstück war 8641 Quadratmeter groß und lag in der Gemarkung «Auf'm Start». Vertreten wurde die Witwe Katz von dem Landmesser Hans Thun, die Firma Oetker von Prokurist Hermann Kandler. Vgl. Kaufvertrag (Abschrift), 5. 9. 1938, in: LAV NRW OWL Detmold, D 20 A, Nr. 8135; Nachweisung der durchgeführten Genehmigungsverfahren, 26. 2. 1941, in: LAV NRW OWL Detmold, M 1 I P, Nr. 1535; Erklärung des jetzigen Eigentümers oder Verwalters, 16. 10. 1948, in: LAV NRW OWL Detmold, D 27, Nr. 810.

84 Erklärung des jetzigen Eigentümers, 16. 10. 1948, in: LAV NRW OWL Detmold, D 27, Nr. 810; Fa. Dr. August Oetker an das Zentralamt für Vermögensverwaltung, Bad Nenndorf, 1. 2. 1949, in: LAV NRW OWL Detmold, D 20 A, Nr. 8135.

85 Die JTC war eine Treuhandstelle, deren Hauptaufgabe es war, erbenloses jüdisches Vermögen in Deutschland zu sichern. Gleichwohl lebte Emma Katz 1952 noch in den USA. Vgl. JTC an das Zentralamt für Vermögensverwaltung, Bad Nenndorf, 17. 11. 1950; Fa. Dr. August Oetker an das WGA beim LG Bielefeld, 27. 2. 1952, und Berthold Katz an JTC Hannover, 25. 6. 1952, in: LAV NRW OWL Detmold, D 20 A, Nr. 8135; Aktenvermerk, 14. 6. 1951, in: LAV NRW OWL Detmold, D 27, Nr. 810; zur Tätigkeit der JTC vgl. Kapralik, Charles I., The history of the work of the Jewish Trust Corporation in Germany, London 1971.

86 Vgl. Mitteilung über Eintragung eines Rückerstattungsvermerks, 19. 1. 1952, in: LAV NRW OWL Detmold, D 20 A, Nr. 8135, Bl. 10; vgl. auch RAe Nierhoff, Siegfried, Gromann an das WGA bei dem LG Bielefeld, 3. 4. 1952, JTC an das WGA bei dem LG Bielefeld, 23. 4. 1952, und Beschluss des WGA bei dem LG Bielefeld, 29. 5. 1952, in: LAV NRW OWL Detmold, D 20 A, Nr. 8135.

87 Berthold Katz an JTC Hannover, 25. 6. 1952, JTC an die WGK des LG Bielefeld, 3. 7. 1952, und Erwiderung RA Gromann an die WGK des LG Bielefeld, 22. 7. 1952, in: LAV NRW OWL Detmold, D 20 A, Nr. 8135.

88 So hatte Emma Katz versucht, das Genehmigungsverfahren zu beschleunigen, da der Kaufpreis der Begleichung der «Judenvermögensabgabe» diente, ohne die sie nicht ausreisen konnte: vgl. Bericht des Landrats von Bielefeld an den Regierungspräsidenten, 9. 2. 1939, in: LAV NRW OWL Detmold, M 1 I P, Nr. 1546, und passim.

89 Beschluss der WGK des LG Bielefeld, 24. 7. 1952, JTC an WGK Bielefeld, 14. 8. 1952, Vergleichsbeschluss der WGK des LG Bielefeld, 18. 9. 1952, und Benachrichtigung des Amtsgerichts über die Löschung des Rückerstattungsvermerks aus dem Grundbuch, 29. 9. 1952, in: LAV NRW OWL Detmold, D 20 A, Nr. 8135.

90 Aufsichtsratsprotokoll Gundlach AG, 5. 8. 1935, in: Gundlach FA, G 22. Querverweis. Die Angaben zu den Zeitschriften beruhen im Folgenden, sofern nicht anders angegeben, auf Recherchen in der online verfügbaren Zeitschriftendatenbank ZDB sowie auf Sperlings Zeitschriften- u. Zeitungs-Adreßbuch, Jgg. 56–61 (1929–1939); außerdem: Friedrich Schaarschmidt an Wilhelm Kebschull, 15. 6. 1939, und Umsatz- und Gewinnaufstellung der bei Gundlach verlegten Zeitschriften [7/1939], in: OeFA, P15/140; Übersicht zur Entwicklung der bei der E. Gundlach AG verlegten Fachzeitschriften während des Krieges, o. D., in: Gundlach FA, G 171. Eglau, Mit Gutenberg ins Internet, S. 160 f., gibt keine Hinweise auf die «Arisierungen», jedoch einige Informationen über die Geschichte einzelner Blätter.

91 Vgl. Erste Verordnung zur Durchführung des Reichskulturkammergesetzes, 1. 11. 1933, in: RGBl. I 1933, S. 797–800; Hale, Presse in der Zwangsjacke, S. 83–100; Adler-Rudel, Jüdische Selbsthilfe, S. 145; Koszyk, Deutsche Presse, S. 364, 367; Felber u. a., Ökonomie der Arisierung, Teil 2, S. 509; Müller, Ein bedeutendes Stück Verlagsgeschichte, S. 27 f.

92 Vgl. Anordnung zur Wahrung der Unabhängigkeit des Zeitschriftenverlagswesens, 30. 4. 1936, abgedr. in: Jux, Der Zeitschriftenverleger, S. 4. Querverweis; Aufsichtsratsprotokoll Gundlach AG, 7. 10. 1936, in: Gundlach FA, G 12.

93 Die Zeitschrift «Der Reichsmechaniker» hatte Gundlach noch vor 1933 erworben und dafür 50 000 RM aufgewandt. «Der Reichsmechaniker» erschien noch 1929 bei der Remeg mbH des Reichsverbandes Deutscher Mechaniker (auch:

Reichsverband des Mechanikergewerbes) in Bremen. Vgl. Korrespondenz Friedrich Schaarschmidt mit Wilhelm Kebschull, 15. 6. 1939 und 23. 5. 1939, in: OeFA, P15/140.

94 Die entsprechenden Jahrgänge der Zeitschriften wurden im Folgenden jeweils herangezogen.

95 Vgl. Die Chemische Fabrik 8 (1935), Heft 41/42, 16. 10. 1935, S. 405.

96 Sperlings Zeitschriften- u. Zeitungs-Adreßbuch, Jg. 69 (1935), S. 587, und die Impressen der im Folgenden behandelten Zeitschriften, die weiterhin von Berlin aus verlegt wurden.

97 Vgl. Das Rohproduktengewerbe 1 (1935), Heft 1; Köstering, «Pioniere der Rohstoffbeschaffung».

98 Vgl. Metall-Woche 1 (1935), Heft 1 vom 5. 10. 1935 und 2 (1936), Heft 68 vom 24. 8. 1935; Aufsichtsratsprotokoll Gundlach AG, 13. 9. 1937, in: Gundlach FA, G 12.

99 Impressum, in: Dental-Magazin 8 (1935), Heft 9. Die Zweigstelle der JTC in Hannover betrieb wegen dieses Zeitschriftentitels der Louis Borchardt-Verlagsgesellschaft 1952 ein Rückerstattungsverfahren, das aber vermutlich keine Folgen hatte. Vgl. JTC an IHK Bielefeld, Az. SM. Bielefeld III/21, 27. 2. 1952, und IHK Bielefeld an JTC Hannover, 13. 3. 1952, in: WWA Dortmund, K3, Nr. 1916.

100 Geleitwort des Verlags und der Schriftleitung sowie der Wirtschaftsgruppe Groß-, Ein- und Ausfuhrhandel, in: Dental-Magazin 8 (1935), Heft 9, S. 1. Die «gegnerischen Einflüsse» dürften sich möglicherweise auf den regelmäßigen Beiträger des Dental-Magazins und jüdischen Leitartikler Dr. Hans Abraham bezogen haben.

101 Vgl. Umsatz- und Gewinnaufstellung der bei Gundlach verlegten Zeitschriften [7/1939], in: OeFA, P15/140; Friedrich Schaarschmidt an Wilhelm Kebschull, 15. 6. 1939, in: OeFA, P15/140; Dental-Magazin 8 (1935), Heft 9.

102 Vgl. Handbuch der deutschen Aktiengesellschaften 48 (1943), Bd. 5, S. 4581; Hupfer, Zur Geschichte des antiquarischen Buchhandels in Wien, S. 169 ff.

103 Vgl. «An unsere Leser» und «An die Leser der ‹Deutschösterreichischen Nähmaschinen- und Fahrrad-Zeitung›», in: Deutschösterreichische Nähmaschinen- und Fahrrad-Zeitung 35 (1938), Heft Dez. 1938, S. 1, 4.

104 Vgl. Friedrich Schaarschmidt an Wilhelm Kebschull, 15. 6. 1939, in: OeFA, P15/140. Ausweislich einer solitär stehenden Fundstelle in einem Aufsichtsratsprotokoll kaufte Gundlach außerdem eine «Zeitschrift des Österreichischen Mechaniker-Gewerbes». Diese konnte in keiner der einschlägigen Datenbanken und in keinem der konsultierten zeitgenössischen Nachschlagewerke des Zeitschriftenwesens nachgewiesen werden, sodass von einem Fehler im Protokoll auszugehen ist. Vgl. Aufsichtsratsprotokoll Gundlach AG, 17. 1. 1939, in: Gundlach FA, G 12.

105 Die «Kontor-Rundschau» erschien fortan als «Büromaschinen-Mechaniker», ab 12/1939 als «Büromaschinenmechanik und Kontor-Rundschau».

106 Das Bestandsblatt «Radmarkt und Reichsmechaniker» war mit dem Reichsverband des Mechanikergewerbes verknüpft, die «Gummibereifung» war das Blatt des Reichsverbandes der Reifenhändler und Vulkaniseure, das «Dental-Magazin» fungierte als Organ der Fachgruppe Zahn-, Laboratoriums- und Krankenpflegebedarf in der Wirtschaftsgruppe Groß- und Außenhandel sowie der Wirtschaftlichen Vereinigung der Zahnwarengroßhändler Deutschlands. Die

«Röhren- und Armaturen-Zeitschrift» war zumindest nach der Abgabe an den Vulkan-Verlag das offizielle Organ der Fachgruppe Eisen- und Stahlhandel, möglicherweise auch schon zuvor. «Das Rohprodukten-Gewerbe» diente der Fachgruppe Alt- und Abfallstoffe als Organ, «Die Lokomotive» der Deutschen Lokomotiv-Vereinigung.

107 Aufsichtsratsprotokoll Gundlach AG, 7. 10. 1936, 13. 9. 1937 und 17. 1. 1939, in: Gundlach FA, G 12.

108 Vgl. Umsatz- und Gewinnaufstellung der bei Gundlach verlegten Zeitschriften [7/1939], in: OeFA, P15/140. Zwar verursachten das «Dental-Magazin» und «Westfalen im Bild» 1937 einen kurzzeitigen Einbruch bei der Rendite des Zeitschriftenverlags; insgesamt war die Umsatzrendite von 1934 bis 1938 aber stabil und sogar leicht wachsend. Sie stieg zwischen 1934 und 1938 von 7,8 % auf 8,1 %.

109 Vgl. Korrespondenz zwischen Richard Kaselowsky, Konstantin Brückner und Karl-Ullrich Mayer, 2.3.–17. 3. 1936, in: OeFA, P15/109. Stattdessen ging das Theater in das Eigentum von Erwin Dircks und der Maizena über. Vgl. Schema Maizena-Beteiligungen, 22. 8. 1942, in: BArch Berlin, R 2107 I/319.

110 Vgl. zu den hier geltenden Vorschriften des Restitutionsrechts z. B. Schwarz, Rückerstattung nach den Gesetzen der Alliierten Mächte, S. 118 ff.

111 Vgl. U.S. High Commission for Germany, Court of Restitution Appeals Reports, S. 143. Vgl. zur Firmengeschichte, zur Mittelstandsagitation und zu den Boykottmaßnahmen: James, Die Deutsche Bank und die «Arisierung», S. 83–90, hier v. a. S. 85 f.; Bräutigam, Mittelständische Unternehmer, S. 59–64, 255–260; Sudrow, Der Schuh im Nationalsozialismus, S. 458 ff.

112 Vgl. Bräutigam, Mittelständische Unternehmer, S. 257 f., 286.

113 Vgl. ebd., S. 40, 257–261, 344; mit weiteren Daten zu den Transaktionen: James, Die Deutsche Bank und die «Arisierung», S. 83–90, hier v. a. S. 85 f.; Bräutigam erwähnt leider nur die erste Transaktion 1933 und nennt ungenau 1933 als Jahr der «Arisierung», die tatsächlich schrittweise ablief. Ihrer summarischen Mitteilung, dass die Levi-Familie bereits 1933/34 ausgewandert sei, widerspricht Bräutigam selbst (S. 293, 326 ff.).

114 Vgl. Aktienaufstellung [Dezember 1945], in: OeFA, P15/55; Aufstellung des Vermögens von Rudolf-August Oetker [25. 10. 1945]; Aufstellung Aktien Rudolf-August Oetker, o. D., in: OeFA, P13/4841. Die erstgenannte Aufstellung nennt ein Stammkapital von 40 Mio. RM, die Literatur nennt für 1930 32 Mio. RM. Das ändert wenig an der Tatsache, dass Oetker hier nur ein Kleinaktionär war. Das Paket war auf Richard Kaselowsky (25 000), Rudolf-August Oetker (30 000) und Ursula Oetker (50 000) verteilt. Intern wurde der Wert der Aktien Ende 1945 mit einem Kurs von 136,2 % angesetzt.

115 Das Bankhaus Joseph Frisch bestand seit 1922 in der Königstraße in Stuttgart. Nach dem Tod des Bankiers 1953 wurde die Firma zunächst noch über eine Verwaltungsgesellschaft von der Familie gehalten. Die Firma erlosch am 5. Januar 1966. Vgl. Kollmer-von Oheimb-Loup/Hohmann, Einführung in die badenwürttembergische Bankengeschichte, S. 311 ff. Der unverzeichnete Firmennachlass des Bankhauses Joseph Frisch im Wirtschaftsarchiv Baden-Württemberg in Hohenheim (WABW, Y 320 Bankhaus Joseph Frisch) ist für die hier untersuchten Fälle nicht ergiebig: Sachakten zur Firma Dr. Oetker oder z. B. zur Klosterbrennerei Emmendingen sind laut Auskünften des WABW, Dr. Jeanette Godau,

vom 17. 8. 2010 und 20. 8. 2010 nicht vorhanden. Nach Angaben des Bankiers in einem Restitutionsverfahren war das Bankhaus von einen Bombenschaden betroffen und verfügte deshalb über keine älteren Unterlagen: vgl. Bankhaus Frisch an WGK beim LG Bielefeld, 29. 12. 1953, in: LAV NRW OWL Detmold, D 20 A, Nr. 6421, Bl. 428. Der Zusammenhang Oetker/Groterjan/Engelhardt wurde erstmals 1989 in einer journalistischen Darstellung hergestellt – noch ohne ins Detail zu gehen: Ludwig, Boykott, Enteignung, Mord, S. 82.

116 Nach einer Kapitalberichtigung Ende 1941 (Erhöhung um 30 %) betrug der Depotbestand zum 29. Juni 1943 891 000 RM (nom.) – also gut 34 % vom Stammkapital der Brauerei. Vgl. «Aufstellung über die von Antragsgegnerin bezogene Dividende», Anlage zu: RA Gromann an WGK beim LG Bielefeld, in: LAV NRW OWL Detmold, D 20 A, Nr. 6422, Bl. 15 f.; Dr. A. Oetker an RA Gromann, 11. 1. 1954, in: OeFA, P15/126.

117 Ignatz Nacher hatte seine vielfältigen Brauereiinteressen in drei von ihm beherrschten Gesellschaften organisiert. Die Borussia AG für Brauereibeteiligungen, die Bayerische Braubank AG, Bamberg, und die Gesellschaft für Brauerei-Interessen mbH, Berlin, waren Holdinggesellschaften ohne operatives Geschäft, im weitgehenden Eigentum Nachers und allein von dessen Weisungen abhängig. Im Besitz der Borussia AG befanden sich auch 527 000 RM Aktien der Groterjan AG, weitere 85 000 RM waren im Besitz der Bayerischen Braubank AG.
Die «Arisierung» des Engelhardt-Konzerns ist schon mehrfach aus verschiedenen Perspektiven in der Literatur beleuchtet worden: Ziegler, Nationalsozialisten im Kampf um die Beute; Ziegler, Die Dresdner Bank und die deutschen Juden, S. 292–325; Ziegler, Restitution als Investition; Münzel, Die jüdischen Mitglieder der deutschen Wirtschaftselite, S. 387–393.

118 Ziegler, Restitution als Investition, S. 369.

119 Münzel, Die jüdischen Mitglieder der deutschen Wirtschaftselite, S. 388.

120 Die Darstellung folgt – soweit nichts anderes angegeben – primär den folgenden Dokumenten: Niederschrift der nicht-öffentlichen Sitzung der WGK beim LG Bielefeld, Rü SP 46/51, 19. 9. 1951 (Zeugeneinvernahme Rudolf Nacher), in: OeFA, P15/125 (Abschrift); Eidesstattliche Versicherung G. P. Deacon, früher H. Danziger [ehem. Landgerichtsdirektor Berlin, Vorstandsmitglied der Engelhardt-Brauerei AG bis Dezember 1935, Emigration nach England Juni 1938], 14. 5. 1951, in: OeFA, P15/126; RA Hirschberg an WGK beim LG Bielefeld, 23. 6. 1951, in: LAV NRW OWL Detmold, D 20 A, Nr. 6420, Bl. 81–90; Niederschrift über die nicht-öffentliche Sitzung der WGK des LG Bielefeld in München, 25. 9. 1951, in: ebd., Bl. 205–234. Mit falscher Chronologie, da er vermutlich die beiden Phasen der Entziehung vermengt: Ludwig Kislinger an WGK beim LG Bielefeld, 3. 9. 1951, in: ebd., Bl. 237 f.

121 Vgl. zu den Vorgängen in Berlin: Ludwig, Korruption und Nationalsozialismus, S. 99–132, 279–311.

122 Eine erstinstanzliche Verurteilung durch das LG Berlin wurde am 14. 2. 1935 vom Reichsgericht aufgehoben. Das Verfahren wurde an die Tatsacheninstanz zurückverwiesen, wo es im Rahmen einer allgemeinen Amnestie niedergeschlagen wurde. Vgl. Exposé betreffend Rückerstattungsanspruch Nacher ./. Stadt Berlin, 13. 3. 1956, in: HADrB, 44744–2001,BE; Ludwig, Boykott, Enteignung, Mord, S. 35–46, 70; Ludwig, Korruption und Nationalsozialismus in Berlin 1924–1934, S. 295–307.

123 Vgl. Ziegler, Die Dresdner Bank und die deutschen Juden, S. 296–299, das Zitat S. 324.

124 Vgl. ebd., S. 299–306. Da Nacher die Tranche für die Stadt Berlin teilweise aus einer Holding entnommen hatte, an der wiederum die Engelhardt AG beteiligt war, behauptete die Engelhardt AG eine Schädigung. Vgl. zu Lippert: Kreutzmüller/Wildt, «Ein radikaler Bürger», S. 25–35.

125 Vgl. die plastische Schilderung der Generalversammlung bei Ludwig, Boykott, Enteignung, Mord, S. 51–54; Ziegler, Die Dresdner Bank und die deutschen Juden, S. 306–315.

126 Vgl. im Detail ebd., S. 315–318.

127 Vgl. Eidesstattliche Versicherung der Margret Husserl, geb. Rosenberg, 6. 3. 1950, in: LAV NRW OWL Detmold, D 20 A, Nr. 6420, Bl. 36 ff.; Eidesstattliche Versicherung der Margret Husserl, 23. 12. 1953, in: LAV NRW OWL Detmold, D 20 A, Nr. 6421, Bl. 476 ff.

128 Vgl. Hachtmann, Ein Koloss auf tönernen Füssen, S. 68 ff., hier das Zitat; Hachtmann, Das Wirtschaftsimperium der Deutschen Arbeitsfront, S. 147–152. Der Präsident des bayerischen Landesentschädigungsamtes Philipp Auerbach, der wegen der Münchner Verbindungen der Engelhardt-Affäre als Zeuge gehört wurde, sagte aus (vom Hörensagen), dass ein SS-Offizier auf Wunsch Sepp Dietrichs, des Kommandanten der Leibstandarte-SS Adolf Hitler, bei den Verhandlungen mit Nacher anwesend gewesen sei, angeblich Anton Karl. Hier verwechselte Auerbach offenbar die Personen. Vgl. Niederschrift über die nicht-öffentliche Sitzung der WGK des LG Bielefeld in München, 25. 9. 1951, in: LAV NRW OWL Detmold, D 20 A, Nr. 6420, Bl. 205–234, hier Bl. 226 f.

129 Kurzzeitig gab es sogar eine dritte Interessentengruppe, ein Konsortium unter Führung des Berliner Bankhauses Witzig & Co. («Schantung-Gruppe»), mit dem Nacher über die Ausübung eines Rückkaufrechts der an die Stadt Berlin abgetretenen Engelhardt-Aktien verhandelte. Deren Rechtsvertreter war der Kasseler Rechtsanwalt Oswald Freisler, der Bruder des Staatssekretärs im Reichsjustizministerium und späteren Präsidenten des Volksgerichtshofes, Roland Freisler. Vgl. Ziegler, Die Dresdner Bank und die deutschen Juden, S. 316 f.

130 Nacher erteilte in Haft dem Rechtsanwalt Dr. Aschoff eine Generalvollmacht, die dieser nutzte, um das Engelhardt-Paket an die Dresdner Bank zu verkaufen. Vgl. RA Hirschberg an WGK beim LG Bielefeld, 26. 7. 1951, in: LAV NRW OWL Detmold, D 20 A, Nr. 6420, Bl. 116–122 hier Bl. 120 f., ähnlich 130–137. Die 154. WGK beim LG Berlin neigte 1956 dazu, hier einen Entziehungstatbestand anzuerkennen, unabhängig von allen weiteren Erwägungen, allein weil die Generalvollmacht im Polizeigefängnis ausgestellt worden war. Vgl. Aktenvermerk RA Karl Aden, 16. 10. 1956, in: OeFA, P15/127.

131 Vgl. Ziegler, Die Dresdner Bank und die Juden, S. 317–321; Aktenvermerk der Dresdner Bank, 15. 9. 1954; Aktenvermerk, Besprechung am 22. 9. 1954, 23. 9. 1954, in: HADrB, 121039. Demnach war der Leiter der zuständigen Stapo-Leitstelle mit Giebel gut bekannt. Bei der zitierten Besprechung war der Anwalt der Oetker-Gruppe, RA Gromann, anwesend – die Oetker-Seite war also über die für die Dresdner Bank problematische Querverbindung zu Giebel und damit über den Ursprung der Verhaftungsordre durchaus orientiert. Zur Charakterisierung Giebels: Ziegler, Nationalsozialisten im Kampf um die Beute, S. 385 f.

132 Rattenhuber war zunächst Leiter des Führerschutzkommandos aus Mitgliedern

der bayerischen Polizei und dann der Gestapo, ab 1935 Leiter des daraus entstandenen Reichssicherheitsdiensts (RSD) und damit für den Personenschutz Hitlers zuständig; 1934 war er SS-Sturmbannführer, bis 1945 stieg er zum SS-Gruppenführer und Generalmajor der Polizei auf. Vgl. Dahm u. a., Die tödliche Utopie, S. 82 f., 170 f.

133 Diese Darstellung folgt einem Schriftsatz des Klägeranwalts, RA Hirschberg an WGA beim LG Bielefeld, 28. 10. 1950, in: LAV NRW OWL Detmold, D 20 A, Nr. 6420, Nr. 30–35. Die Zahlung der «Aufwandsentschädigung für die monatelange Tätigkeit in meinen [Nachers] Interessen» war sogar schriftlich niedergelegt worden; eine Abschrift wurde vom Rechtsanwalt der Antragsteller den Gerichtsakten beigegeben: ebd., Bl. 35.

134 Vgl. RA Hirschberg an WGA beim LG Bielefeld, 22. 1. 1951; RA Hirschberg an WGK beim LG Bielefeld, 30. 3. 1951, in: LAV NRW OWL Detmold, D 20 A, Nr. 6420, Bl. 40 ff., 58–62. Neben den Groterjan-Aktien verschafften sich die Münchner Konsorten ebenfalls Zugriff auf Anteile kleinerer bayerischer Brauereien, darunter der Hofbräu AG Bamberg-Erlangen sowie Henninger Reifbräu Erlangen, Bürgerbräu Lichtenfels AG, Bayerische Bierbrauerei Lichtenfels AG und Kloster Langheimer Urbräu.

135 Vgl. Protokoll der Sitzung des Aufsichtsrats der Malzbierbrauerei Groterjan & Co., Aktiengesellschaft am 19. 3. 1934 (begl. Abschrift), 19. 3. 1934, in: LAV NRW OWL Detmold, D 20 A, Nr. 6421, Bl. 283–286; Abschrift in: OeFA, P15/126. Konsequenterweise wurde Jacobssohn auf der Generalversammlung vom 12. Januar 1935 die Entlastung als Vorstand verweigert. Niederschrift der Generalversammlung der Malzbierbrauerei Groterjan & Co. AG v. 22. 1. 1935, in: LAV NRW OWL Detmold, D 20 A, Nr. 6421, Bl. 285 f.

136 Vgl. Eidesstattliche Versicherung der Margret Husserl, geb. Rosenberg, 6. 3. 1950, in: LAV NRW OWL Detmold, D 20 A, Nr. 6420, Bl. 36–38; Eidesstattliche Versicherung der Margret Husserl, 23. 12. 1953, in: LAV NRW OWL Detmold, D 20 A, Nr. 6421, Bl. 476–478. Der größte Teil des verbliebenen Vermögens wurde durch die Judenvermögensabgabe, Auswandererabgabe an die jüdische Gemeinde und Dego-Abgabe abgeschöpft, insgesamt rd. 1,7 Mio RM. Vgl. RA Hirschberg an WGL beim LG Bielefeld, 10. 12. 1951, in: LAV NRW OWL Detmold, D 20 A, Nr. 6421, Bl. 296–327, hier Bl. 298 ff.

137 Olga Nacher, die Witwe Ignatz Nachers, verstarb am 22. April 1946 in Zürich, sein Bruder Siegmund am 29. August 1940 in Berlin; Siegmunds Witwe und Tochter wurden am 27. November 1941 nach Riga deportiert und später für tot erklärt. Nachers Schwester und ihr Ehemann wurden am 18. Oktober 1941 ins Ghetto Litzmannstadt deportiert, wo sie ums Leben kamen. Ein weiterer Bruder aus Bielsko in Schlesien wurde am 9. März 1942 mit seiner Ehefrau Netka im Konzentrationslager Pistkoe/Pustków, nach anderen Angaben im Vernichtungslager Belzec ermordet. Im Restitutionsverfahren trat die Jewish Trust Corporation for Germany (JTC) an die Stelle der ermordeten Erben.
Die Angaben folgen grundsätzlich: Eidesstattliche Versicherung des RA Robert Meyer, Zürich (beglaubigte Abschrift), 20. 1. 1950, in: LAV NRW OWL Detmold, D 20 A, Nr. 6420, Bl. 10 ff.; JTC an WGK beim LG Bielefeld, 4. 11. 1953, in: LAV NRW OWL Detmold, D 20 A, Nr. 6421; Yad Vashem, The Central Database of Shoah Victims' Names (2011); Bundesarchiv, Gedenkbuch (online); Zentralinstitut für Sozialwissenschaftliche Forschung, Gedenkbuch Berlins.

138 Vgl. «Aufstellung über die von Antragsgegnerin bezogene Dividende», Anlage zu: RA Gromann an WGK beim LG Bielefeld, in: LAV NRW OWL Detmold, D 20 A, Nr. 6422, Bl. 15 f.; analog: Dr. A. Oetker an RA Gromann, 11. 1. 1954, in: OeFA, P15/126; Handbuch der deutschen Aktiengesellschaften, Bd. 48 (1943), S. 184.

139 Vgl. Aktenvermerk «Malzbierbrauerei Groterjan Aktien», o. D., in: OeFA, P15/125.

140 Vgl. zur Firmengeschichte: Antrag auf Rückerstattung gegen die Klosterbrennerei AG, o. D. (Abschrift), Bl. 2, in: OeFA, P15/165.

141 Vgl. ebd., Bl. 3 ff.

142 Vgl. das von der Familie Wertheimer in Auftrag gegebene Gutachten über die Bewertung der Unternehmen J. M. Wertheimer & Co. OHG Emmendingen und deren angeschlossenen Gesellschaften, 15. 5. 1937, in: StA Freiburg, F 196/1, 14259, Bl. 5–23, hier Bl. 11. Frisch beauftragte den Revisor Hans Falck, der 1949 ein zweites, für die Erwerber vorteilhaftes Gutachten für die Wiedergutmachungsverhandlungen verfasste: Hans Falck, Bericht über die Prüfung der geschäftlichen Lage der Firma I. M. Wertheimer & Co. in Emmendingen, 10. 5. 1937 (Abschrift), hier S. 1 f., 11 = Anlage 2 zu: ders., Bericht über den Erwerb der von der Firma I. M. Wertheimer in Emmendingen betriebenen Wein- und Edelbranntweinbrennerei (Anlagen), 22. 1. 1949, in: OeFA, P15/165.

143 Antrag auf Rückerstattung gegen die Klosterbrennerei Emmendingen, o. D. (Abschrift), Bl. 4, in: OeFA, P15/165.

144 Konsul Paul Rueff war Inhaber des Bankhauses Kapff aus Stuttgart. Vgl. Kollmer-von Oheimb-Loup/Hohmann, Einführung in die baden-württembergische Bankengeschichte, S. 186, 257–260; Köhler, Die «Arisierung» der Privatbanken, S. 77 f. Der Chemiker Dr. Guido Daur war Direktor und Vorstandsmitglied der Deutschen Gelatine-Fabriken AG (DGF) Göppingen-Schweinfurt, zu deren Gründern seine Familie gehörte. Vgl. Tode, Die Gelita Story, S. 84, 126.

145 Vgl. Notarieller Kaufvertrag, 3. 11. 1937 (Abschrift), in: Staatsarchiv Freiburg, F 166/8, Or 139/49 (Bl. 63–93); Satzung der Aktiengesellschaft [Klosterbrennerei, Erste Badische Wein- und Edelbranntweinbrennerei AG, Emmendingen], o. D., in: OeFA, P15/124. Eine Bewertung des Kaufvertrags findet sich bei: RA Nierhoff/RA Gromann, Bielefeld an Dr. A. Oetker, 30. 12. 1952, in: OeFA, P15/124.

146 Joseph Frisch an Ernst Tüscher, 28. 2. 1950, in: OeFA, P15/165d.

147 Vgl. Bankhaus Frisch an Indubeg GmbH, 20. 8. 1937, in: OeFA, P15/109; Aktienübersicht, Dezember 1945; Übersicht über die Beteiligungen, Dezember 1945, in: OeFA, P15/55. Das Paket war bis 1944 im Besitz von Richard Kaselowsky (36 000 RM), Rudolf-August und Ursula Oetker (jeweils 132 000). Die zweite Übersicht unterscheidet nach dem Tod Kaselowskys nur noch zwischen dem Anteil Rudolf-August Oetkers (132 000 RM) und dem Besitz der «Familie» (168 000 RM). Minna Oetker ließ sich im Rückerstattungsverfahren zeitweise von einem Wirtschaftsprüfer aus Hamburg vertreten. Dessen im Frühsommer 1949 verspätet einsetzende Bemühungen blockte Brückner mit Blick auf das geschlossene Abstimmungsverhalten der Oetker-Gruppe ab. Vgl. Schriftwechsel Otto Thies/Konstantin Brückner, 27. 4. 1949–5. 8. 1949, in: OeFA, P15/165b.

148 Vgl. Kaselowsky an Brückner, 22. 9. 1939, in: OeFA, P15/110. Dieses Paket blieb bis zur Restitution unverändert; bei der Hauptversammlung im Juli 1949 vertrat

Brückner 35 % der Aktien, also 420 000 RM: vgl. Konstantin Brückner an Kurt Dinger [7/1949]; Kurt Dinger an Konstantin Brückner [7/1949], in: OeFA, P15/165c. Die Bankiers Rueff und Frisch, zugleich Vorsitzender des Aufsichtsrats, vertraten vor allem Depotstimmrechte zahlreicher Kleinaktionäre, im Falle Frischs wohl insgesamt 24 Inhaber (Stand 1949). Vgl. Geschäftsbericht für das Jahr 1943/44; Geschäftsbericht für das Jahr 1944/45, in: OeFA, P15/124; Brückner an Tüscher, 26. 1. 1946, in: OeFA, P15/124; Dinger an Brückner, 28. 6. 1949, in: OeFA, P15/165c; Konstantin Brückner an Paul Rueff, 24. 1. 1950, in: OeFA, P15/165a.
Das gute Verhältnis zu Daur reichte so weit, dass Brückner 1949 auf der Hauptversammlung wohl auch dessen Anteile vertrat, insgesamt also 59 % des Kapitals (rd. 708 000 RM). Die Oetker-Gruppe unterstützte dementsprechend Daurs Wiederwahl in den Aufsichtsrat. Brückner sah sich mit Daur in einer vergleichbaren Position, auch dieser vertrete «treuhänderisch» das Kapital seiner Familie. Vgl. Konstantin Brückner an Rudolf-August Oetker, 18. 6. 1949, in: OeFA, P15/165b; Konstantin Brückner an Guido Daur, 20. 7. 1949 und 8. 10. 1948, in: OeFA, P15/165; Konstantin Brückner an Kurt Dinger, 4. 10. 1948, in: OeFA, P15/165c.

149 Konstantin Brückner an RA Maria Plum, 5. 11. 1948, in: OeFA, P15/165; vgl. Brückner an Indubeg, 30. 8. 1937, in: OeFA, P15/109.

150 Vgl. Brückner an Indubeg, 30. 8. 1937, in: OeFA, P15/109.

151 Joseph Frisch an Fabrikant Louis Wertheimer, 9. 11. 1937 (Abschrift), nicht nummerierte Anlage zu: Hans Falck, Bericht über den Erwerb der von der Firma I. M. Wertheimer in Emmendingen betriebenen Wein- und Edelbranntweinbrennerei, 22. 1. 1949, in: OeFA, P15/165.

152 Vgl. z. B. für Louis Wertheimer: Entschädigungssache Louis Werth/Wertheimer, in: StA Freiburg, F 196/1, 3782, Bl. 1–11, 31–41; LG Freiburg, Restitutionskammer: Louis Werth ./. Land Baden (Az. Or 965/49), in: StA Freiburg, F 166/8, Or 965/49. Die Einziehung des in Deutschland zurückgebliebenen Vermögens des «Juden Louis Israel Wertheimer in Emmendingen/Baden, Burgstraße Nr. 4 wohnhaft gewesen» durch Stapo-Leitstelle, Finanzamt und Reichssicherheitshauptamt ist durch Aktenauszüge ebenfalls in den Entschädigungsakten dokumentiert: StA Freiburg, F 196/1, 3782, Beiakt: Originale Beweismittel, Bl. 2, 13 und passim. Ähnliches widerfuhr seiner Schwägerin Julie Wertheimer, der Witwe des 1937 verstorbenen Fabrikanten Leopold Wertheimer: Entschädigungssache, Wertheimer, Julie, EF 5675, in StA Freiburg, F 196/1, 5675, v. a. Bl. 1, 3, 9 ff., 19–27, 111, 325 f.

153 Vgl. zur Witwe die Bescheide des Landesamts für Wiedergutmachung, in: StA Freiburg, F 196/1, 5675, Bl. 197 f., 267, 325; zu Rentenansprüchen Alfred Werths im Entschädigungsverfahren: StA Freiburg, F 196/1, 5821 (2 Bde.). Alfreds Bruder Kurt Arno Wertheimer, der in der Heil- und Pflegeanstalt Konstanz untergebracht war und am 21. Oktober 1940 in der Pflegeanstalt Grafeneck wahrscheinlich ermordet wurde, musste ebenfalls die Judenvermögensabgabe leisten. Vgl. Entschädigungssache Kurt Arno Wertheimer, in: StA Freiburg, F196/1, 5681. Vgl. zu Louis Wertheimer RA Pagener an Landesamt für Wiedergutmachung, 11. 8. 1958, in: StA Freiburg, F 196/1, 3782, Bl. 109. Die entsprechenden Entschädigungssummen wurden vom Landesamt für Wiedergutmachung auch anerkannt – allerdings war die Entschädigungssumme gesetzlich gedeckelt, und die

Behörde benötigte teilweise bis in die 1960er Jahre, um die Verfahren abzuschließen. Louis Werth und seine Erben erhielten letztlich eine Rente von 600 DM zugesprochen; in zahlreichen Einzelbescheiden wurden Vermögensschäden durch Sonderabgaben, Auswanderungskosten (Spedition), Transferverluste u. Ä. anerkannt (ebd., Bl. 43, 137, 151, 225, 263, 279, 345).

154 Oetker/Thomas, Vom Glück verwöhnt, S. 76.

155 Bajohr, «Arisierung» in Hamburg, S. 315–323, Zitate S. 317 f.; ders., «Arisierung» als gesellschaftlicher Prozess, S. 25 ff.

156 Erstmals in Barkai, Deutsche Unternehmer und Judenpolitik, hier S. 245; außerdem: Barkai, Die «stillen Teilhaber».

6. Dr. Oetker in der Wehr- und Kriegswirtschaft

1 Reichskriegsministerium/Wehrwirtschaftliche Abteilung, Überblick über die deutsche Wehrwirtschaft, zit. nach: Die Begriffe der Wehr-, Friedens- und Kriegswirtschaft, S. 251.

2 Tooze, Ökonomie der Zerstörung, S. 204.

3 Thamer, Verführung und Gewalt, S. 477; vgl. Stoff, Wirkstoffe, S. 266 f.; Thoß, Die Zeit der Weltkriege; Hirschfelder, Europäische Esskultur, S. 211–217; Hervorhebungen durch die Autoren.

4 Vgl. Triebel, Gesellschaftsverfassung und Mangelwirtschaft; Priemel, Lernversagen; Herbert, Was haben die Nationalsozialisten aus dem Ersten Weltkrieg gelernt?, S. 28; Gerlach, Kalkulierte Morde, S. 44–93, 231–370; Gerlach, Krieg, Ernährung, Völkermord, S. 167–257; Aly/Heim, Vordenker der Vernichtung, S. 366–392; Tooze, Ökonomie der Zerstörung, S. 619–633.

5 Vgl. Schriftwechsel Richard Kaselowsky mit Hugo Henkel, 14. 6. 1933, 20. 11. 1933 (hier das Zitat), 21. 11. 1933, 17. 1. 1935, in: OeFA, P15/311.

6 Vgl. Turner, Unternehmen unter dem Hakenkreuz, S. 17 ff.

7 Vgl. Tooze, Ökonomie der Zerstörung, S. 95–124, Zitate S. 95, 121 f.; Diehl, Von der Marktwirtschaft zur nationalsozialistischen Kriegswirtschaft, S. 44–55.

8 Vgl. Treue, Hitlers Denkschrift zum Vierjahresplan 1936; Tooze, Ökonomie der Zerstörung, S. 261–266; zum Vierjahresplan allgemein: Petzina, Autarkiepolitik im Dritten Reich.

9 Bericht über die Teilnahme an der Sitzung im Preußenhaus am 17. 12. 1936, in: OeFA, P1/66; ähnlich die Wiedergabe der Rede bei Münkel, Der lange Abschied vom Agrarland, S. 98: «Wir stehen bereits in der Mobilmachung und im Krieg, es wird nur noch nicht geschossen.» Vgl. auch Tooze, Ökonomie der Zerstörung, S. 267; Domarus, Hitler, Bd. 1, S. 658. Mit einigen grundsätzlichen Mitteilungen ohne Details auch die Mitteilung in einem Rundschreiben der Wirtschaftsgruppe Lebensmittelindustrie, 21. 12. 1936, in: OeFA, P15/178.
Hitlers ökonomische Vorstellungen fanden sich ähnlich bereits in seiner Rede vor den Reichswehr-Generälen kurz nach der Ernennung zum Reichskanzler, am 3. 2. 1933, und können noch weiter zurückverfolgt werden: vgl. Wirsching, «Man kann nur Boden germanisieren», S. 545 f.; Banken, «An der Spitze aller Künste steht die Staatskunst», S. 531–542. Zum Konzept der Großraumwirtschaft vgl. Teichert, Autarkie und Großraumwirtschaft; Kahrs, Von der «Großraumwirtschaft» zur «Neuen Ordnung»; Elvert, Mitteleuropa, sowie verschiedene Beiträge Hans-Erich Volksmanns in: Chiari, Ökonomie und Expansion.
Göring regte unter anderem mit Blick auf ausländische Filialen an, diese auf

Kosten deren Eigenkapitals zur Devisenbeschaffung zu nutzen, um die Rohstoffversorgung sicherzustellen. Dies war bei Oetker durch ein System von Lizenzzahlungen und die Verpflichtung der Auslandsfilialen zum Erwerb des Backpulvergrundstoffes Pyrophosphat bei der Chemischen Fabrik Budenheim bereits gängige Praxis. Kaselowsky forderte die Geschäftsleitung in Danzig gleich dazu auf, weiter im Sinne Görings am Devisenproblem zu arbeiten. Vgl. Kaselowsky an Dr. Oetker, Danzig-Oliva, 21.12.1936, in: OeFA, P15/84.

10 Zu den Festgenommenen gehörte der Syndikus der Handwerkskammer Bielefeld und spätere CDU-Politiker, Dr. Friedrich Holzapfel. Vgl. die Unterlagen des Dienststrafverfahrens in: LAV NRW OWL Detmold, M 1 I U, 345; sowie Beckmann, Friedrich Holzapfel, S. 132 ff.

11 Deutscher Markenverband e.V., Fünfzig Jahre Markenverband, S. 9–16.

12 Engelmann, Der Puddingprinz.

13 Vgl. Meldekarteikarte Fortomárovic, Malvine, in: Stadtarchiv München, EWK 65/F 157, und Polizeidirektion München an IHK München, 17. 2. 1936, in: BWA München, K1 XVA 106d, Fall 42. Vgl. zur Biographie auch Piwitt, Rothschilds, S. 175–179. Nach Kotlan-Werner, Otto Felix Kanitz und der Schönbrunner Kreis, S. 175–179, sei Fortomárovic «jüdisch-bürgerliche[r]» Herkunft gewesen. Dafür, dass Fortomárovic Jüdin gewesen sein könnte, gibt es in den Vorgängen keine weiteren Hinweise, obwohl es für die Behörden zweifellos relevant gewesen wäre. Vgl. auch Bericht von Fr. Lilli Beer-Jergitsch über die Arbeiterhochschule Oberhollabrunn, o. D., in: Österreichische Kinderfreunde Archiv, Wien. Dort heißt es irrtümlich, Fortomárovic habe gegen die I. G. Farben prozessiert. Nach dem Krieg galt sie den «Kinderfreunden» als verschollen. Ihre sozialistische Vergangenheit in Wien scheint den später mit der *causa* befassten deutschen Stellen von Staat, Justiz und Partei unbekannt gewesen zu sein – jedenfalls findet sich in der erhaltenen Überlieferung kein Hinweis, dass ihre politische Vergangenheit durch die NS-Behörden nachteilig gegen sie ausgelegt wurde.

14 Anfrage Sven Keller bei dem OLG Hamm vom 14.7.2010 mit Antwort vom 4.8.2010; Anfrage Sven Keller bei dem LG Bielefeld vom 14.7.2010 mit telefonischer Auskunft; Recherchen im Landesarchiv Detmold sowie im Oetker-Firmenarchiv blieben ohne Ergebnis. Vgl. auch Schreiben RA und Notar Pertram an das WGA beim LG Bielefeld, 30.10.1951, in: LAV NRW OWL Detmold, D 20 A, Nr. 7421. Ein damals angeblich erstattetes Rechtsgutachten ist nicht mehr vorhanden: Korrespondenz Sven Keller mit dem Archiv der Max-Planck-Gesellschaft betr. Gutachten der KWG für ausländisches öffentliches Recht und Völkerrecht, 14.7.–17.8.2010.

15 Vgl. Spruch der Abteilung zur Wahrung der Berufsmoral, 19.6.1934, in: BWA München, K1 XVA 106d, Fall 42.

16 So das Mitglied der Abteilung Carl Krecke, zit. nach: Ludwig, Korruption und Nationalsozialismus, S. 360; vgl. auch S. 358–362; Longerich, Hitlers Stellvertreter, S. 28.

17 Spruch der Abteilung zur Wahrung der Berufsmoral, 19.6.1934, in: BWA München, K1 XVA 106d, Fall 42.

18 Vgl. Aktenvermerk der Stadt Bielefeld vom 29.2.1936, in: BWA München, K1 XVA 106d, Fall 42.

19 Vgl. Beschluss des Kammergerichts Berlin (1b X 591.33) in der Handelssache Fortomárovic des AG Bielefeld (11 Gen. I.6.), 12.12.1933 (Abschrift); Beschluss des

LG Bielefeld (6 I 9/33) in der Handelssache Fortomárovic, 23. 5. 1934 (Abschrift), in: BWA München, K1 XVA 106d, Fall 42.

20 RA Harmsen an IHK München, 28. 2. 1936; Werbeflugblatt, o. D., in: BWA München, K1 XVA 106d, Fall 42; der Werberat der deutschen Wirtschaft wurde auf Grund des Gesetzes über das Werbewesen vom 12. September 1933 (RGBl. I, 1933, S. 625 f.) errichtet, nahm eine Schlüsselstellung in der Überwachung des gesamten Werbewesens ein und stand unter dem dominierenden Einfluss des Propagandaministeriums. Vgl. Sennebogen, Propaganda als Populärkultur, S. 126 f.

21 Der Oberbürgermeister der Stadt Bielefeld als Ortspolizeibehörde 60/2 an den Oberbürgermeister der Hauptstadt der Bewegung, München, Gewerbeamt, 7. 3. 1936, in: BWA München, K1 XVA 106d, Fall 42. Wie der weitere Verlauf zeigen wird, hielt sich Malvine Fortomárovic mindestens bis Anfang 1937 im Deutschen Reich auf. Selbst wenn sie danach nach Österreich ausgewiesen worden wäre, wäre sie nach dem «Anschluss» Österreichs spätestens zum 3. Juli 1938 aufgrund einer Verordnung Reichsbürgerin geworden.

22 Wiedergutmachungsantrag Fortomárovic, 12. 5. 1950, in: LAV NRW OWL Detmold, D 20 A, Nr. 7421, Bl. 2–5; vgl. Meldekarteikarte Fortomárovic, Malvine, in: Stadtarchiv München, EWK 65/F 157; OB Bielefeld, Steueramt, an Malvine Fortomárovic, 16. 10. 1935; Aktenvermerk der Stadt Bielefeld, 29. 2. 1936, in: BWA München, K1 XVA 106d, Fall 42.

23 Wiedergutmachungsantrag Fortomárovic, 12. 5. 1950, in: LAV NRW OWL Detmold, D 20 A, Nr. 7421, Bl. 2–5. Walter Krecke war als Vorstand des «Vereins gegen das Bestechungswesen e. V.» Mitglied der Abteilung Berufsmoral; vgl. Ludwig, Korruption und Nationalsozialismus, S. 358.
Im fraglichen Zeitraum amtierten Otto Rospatt und Otto Rudorff als Präsidenten des LG Bielefeld. Ein Verwandtschaftsverhältnis zu Ernst Schulze-Rudorff, den eine Oetker-Personalliste von 1933 ohne Funktionsbezeichnung aufführt, konnte nicht eruiert werden. Einen «Leiter der Auslandsabteilung» gab es zu diesem Zeitpunkt nicht. Vgl. Chronik des Landgerichts Bielefeld; Personalliste, 10. 10. 1933, in: OeFA, P1/289.
Beim Stab des Stellvertreters des Führers in München war Walther Sommer tatsächlich tätig, aber keineswegs als Leiter des «Braunen Hauses» – also der Parteizentrale der NSDAP. Er leitete die Abteilung III «Staatliche Angelegenheiten», die Rudolf Heß in seiner Eigenschaft als Reichsminister ohne Geschäftsbereich zuarbeitete und für die Einflussnahme der Partei auf Gesetzesvorhaben und die Zusammenarbeit mit den Reichsministerien zuständig war. Eine Verbindung zum Fall Fortomárovic war nicht zu belegen und ist unwahrscheinlich. Vgl. Marek, Walther Sommer; Rebentisch, Führerstaat und Verwaltung im Zweiten Weltkrieg, S. 83–86; Longerich, Hitlers Stellvertreter, passim.

24 Vgl. Wiedergutmachungsantrag Fortomárovic, 12. 5. 1950, in: LAV NRW OWL Detmold, D 20 A, Nr. 7421, Bl. 2–5; wenige Tage nach der Verleihung der Ehrenbürgerwürde an Lina Oetker spendete die Firma 500 000 RM und weitere 100 000 RM als Sachspende: «600 000 RM für die Winterhilfe. Die Spende der Firma Dr. A. Oetker», in: WNN vom 22. 10. 1934.

25 Vgl. Getreide-Wirtschaftsverband Bayern an IHK München, 6. 1. 1936; 1. Betriebsbesichtigungsbericht bei M. Forto [sic], München, 22. 1. 1936; IHK München an Polizeidirektion München, 24. 1. 1936; IHK München an IHK Bielefeld,

22.2.1936 und IHK München an Süddeutsche Nährmittelfabrik Otto Chur & Co, 22.2.1936, in: BWA München, K1 XVA 106d, Fall 42. Vgl. Verordnung zur Ordnung der Getreidewirtschaft, 14.7.1934, in: RGBl. I, 1934, S. 629–706.

26 1. Betriebsbesichtigungsbericht bei M. Forto, München, 22.1.1936, in: BWA München, K1 XVA 106d, Fall 42.

27 Vgl. IHK Ostwestfalen-Lippe Bielefeld an IHK München, 27.2.1936; RA Harmsen an IHK München, 28.2.1936; Fachgruppe Nahrungs- und Genußmittel (Rekofei), Bezirksfachgruppe Bayern an IHK München, 6.3.1936, und Gutachten der IHK München für den Getreidewirtschaftsverband Bayern, 10.3.1936; DAF-Gauwalter, Nahrung und Genuß LA/AI an IHK München, 27.3.1936; IHK München an RA Harmsen, 9.4.1936, in: BWA München, K1 XVA 106d, Fall 42; Karteikarte Fortomárovic, Malvine, in: Stadtarchiv München, Gewerbekartei.

28 Fortomárovic an LG München, 9. Zivilkammer, 21.2.1937, in: BWA München, K1 XVA 106d, Fall 42. Leider fehlt in der Akte der IHK München-Oberbayern eine Reihe von Anlagen, auf die im Originalantrag Bezug genommen wird. Vgl. auch die Stellungnahmen der IHK München: Erklärung Oberfrank, 31.3.1937, und Erklärung Friedrich Fischer, 31.3.1937, in: BWA München, K1 XVA 106d, Fall 42.

29 Fortomárovic an LG München, 9. Zivilkammer, 21.2.1937; Beschluss des LG München I, 9. Zivilkammer (9 OH 18/1937), 12.4.1937, und Fortomárovic an LG München, 2.10.1937, in: BWA München, K1 XVA 106d, Fall 42.

30 Wiedergutmachungsantrag Fortomárovic, 12.5.1950, in: LAV NRW OWL Detmold, D 20 A, Nr. 7421, Bl. 25.

31 Rückerstattungsantrag Fortomárovic, 20.11.1950, in: LAV NRW OWL Detmold, D 20 A, Nr. 7421, Bl. 6.

32 Malvine Fortomárovic an Wiedergutmachungsamt beim Landgericht Bielefeld, 23.9.1951; vgl. Beschluss in der Rückerstattungssache Fortomárovic, 13.11.1951, in: LAV NRW OWL Detmold, D 20 A,– Nr. 7421, Bl. 26 f. Ob sie als rückerstattungsberechtigt nach den Artikeln 1 bis 3 des Gesetzes Nr. 59 für die britische Zone vom 26.7.1949 zu gelten hatte, wurde gar nicht erst geprüft, da sie für die Verfolgung «aus Gründen der Rasse, des Glaubens und der Nationalität» keine «substantiierten Behauptungen aufgestellt» habe. Alle darüber hinaus angemeldeten Ansprüche fielen nicht in den Zuständigkeits- und Regelungsbereich des Rückerstattungsgesetzes. Staatliche Verfolgungsmaßnahmen – wie sie Fortomárovic letztlich behauptete – hätten höchstens über das Bundesentschädigungsgesetz reguliert werden können. Vgl. zu den gesetzlichen Verfolgungsgründen Schwarz, Rückerstattung nach den Gesetzen der Alliierten Mächte, S. 125–138.

33 Longerich, Hitlers Stellvertreter, S. 28. Einen Hinweis, dass Pietzsch der Fall bekannt war oder er gar Einfluss genommen haben könnte, gibt es selbst in den Akten der IHK München nicht.

34 Vgl. Banken, «An der Spitze aller Künste steht die Staatskunst», S. 511 f.

35 Vgl. Neebe, Großindustrie, Staat und NSDAP, S. 181–188; zum Wirtschaftsprogramm und zur nationalsozialistischen Ständeideologie vgl. Banken, «An der Spitze aller Künste steht die Staatskunst», S. 511 f., 523–531; Barkai, Das Wirtschaftssystem des Nationalsozialismus, S. 92–96.

36 Protokoll der Gründungssitzung des Reichsverbandes der Back- und Puddingpulverindustrie, 20.7.1933, in: OeFA, P15/175. Man ging bei Oetker davon aus, dass «die Zusammenhänge zwischen Oetker und Reese sicherlich bei manchen

amtlichen Stellen bekannt sind»; dies zeigt, dass die Verbindung wohl nicht allgemein bekannt, aber auch kein perfekt zu hütendes Geheimnis war. 1935 sorgte sich Kaselowsky um seine Glaubwürdigkeit, weil Reese einem Standpunkt zuwiderhandelte, den er im Verband vertrat; Richard Kaselowsky an Julius Ellerbrock, 17. 11. 1933 und 7. 5. 1935, in: OeFA, P15/170. Kaselowskys Stellvertreter Miede trat bereits Ende November von seinem Posten zurück, weil er «freiwillig auf die Weiterleitung der Mondamin-Gesellschaft verzichtet» habe. Die Hintergründe sind unklar; vgl. Hans Miede an Richard Kaselowsky, 26. 11. 1933, in: OeFA, P15/175.

Dr. August Oetker und der langjährige Generaldirektor von Knorr, Gustav Pielenz, hatten sich während der gemeinsamen Arbeit im Vorstand des Markenverbands kennen- und schätzen gelernt. Nach dem Tod des Firmengründers übertrug sich diese Freundschaft auf Louis Oetker; am 16. 5. 1938 wurde Richard Kaselowsky in den Knorr-Aufsichtsrat gewählt.

37 Dem Reichsverband der Back- und Puddingpulverindustrie angehörende Firmen, o. D., in: OeFA, P15/175.

38 R. Jungheinrich an Richard Kaselowsky, 28. 9. 1933, in: OeFA, P15/175.

39 Vgl. Korrespondenz Richard Kaselowsky und Fa. Josef Hösl, 30. 9. 1933, 5. 10. 1933, 7. 10. 1933 (dort das Zitat), in: OeFA, P15/175.

40 Richard Kaselowsky an Georg Rügemer, 15. 2. 1934, in: OeFA, P15/175; vgl. Richard Kaselowsky an Fa. Josef Hösl, 7. 10. 1933, in: OeFA, P15/175. Vgl. zum Reichsnährstand Reischle/Saure, Der Reichsnährstand; Gies, Die Rolle des Reichsnährstands; Corni/Gies, Brot, Butter, Kanonen.

41 Korrespondenz zwischen Georg Rügemer, Richard Kaselowsky und Hansgeorg Riese, 25. 4. 1934, 26. 4. 1934, 2. 5. 1934, und Korrespondenz Braunschweiger Nährmittelfabrik Brunsviga mit Richard Kaselowsky, 24. 4. 1934, 2. 5. 1934, 3. 5. 1934, in: OeFA, P15/175.

42 Julius Ellerbrock an Richard Kaselowsky, 9. 3. 1934, in: OeFA, P15/170.

43 Vgl. Korrespondenz Richard Kaselowsky mit Fa. Brunsviga, 11. 5. 1934, 17. 5. 1934, 23. 5. 1934 (dort das Zitat), 24. 5. 1934, 25. 5. 1934, in: OeFA, P15/175.

44 Georg Rügemer an Richard Kaselowsky, 13. 7. 1934, Richard Kaselowsky an Georg Rügemer, 24. 7. 1934, in: OeFA, P15/175.

45 Korrespondenz Richard Kaselowsky mit Georg Rügemer, 8. 10. 1934, 1. 12 1934, 21. 1. 1935, in: OeFA, P15/175.

46 Vgl. Gesetz zur Vorbereitung des organischen Aufbaus der deutschen Wirtschaft, 27. 11. 1934, in: RGBl. I 1934, S. 185 f.; Verordnung zur Durchführung der ersten Verordnung des Gesetzes zur Vorbereitung des organischen Aufbaus der deutschen Wirtschaft, in: RGBl. I 1934, S. 1194; Will, Selbstverwaltung der Wirtschaft, S. 345–352; James, Verbandspolitik im Nationalsozialismus, S. 84 f.; Köhler, Die «Arisierung» der Privatbanken, S. 75 f.

47 Vgl. Anordnung des Reichswirtschaftsministers, 6. 10. 1934, in: Reichsanzeiger Nr. 235, 8. 10. 1934; Vorlage für die Mitgliederversammlung der alten Fachgruppe Lebensmittelindustrie, 13. 12. 1934, Rundschreiben Nr. 119/34 an die Mitglieder der Wirtschaftsgruppe, in: OeFA, P15/176; Julius Zaiser an Richard Kaselowsky, 22. 11. 1934, in: OeFA, P15/175; Vollversammlung der Abteilung Back- und Puddingpulverindustrie, 2. 6. 1939, in: OeFA, P15/182; Aufbau der Wirtschaftsgruppe Lebensmittelindustrie, Stand 1. 3. 1936, in: BArch Berlin, R 13 XXVI/421; zur Gliederung der Reichsgruppe Industrie allgemein vgl. Gliederung der

Reichsgruppe Industrie, o. D., in: OeFA, P15/176; Teschemacher, Handbuch des Aufbaus der gewerblichen Wirtschaft, Bd. 1. Die Fachgruppe Nährmittelindustrie organisierte die Hersteller von Teigwaren, Suppen, Back-, Creme- und Puddingpulver, Backhilfsmitteln, diätetischen Nährmitteln sowie Gewürz- und Speisesoßen.

48 Vgl. Reichsamt für Wehrwirtschaftliche Planung, Die deutsche Industrie, S. 35. Maßstab ist der Nettoproduktionswert der Industriegruppe in Höhe von 2,96 Mrd. Reichsmark. Die beiden Großbranchen Brau- und Tabakindustrie allein steuerten bereits 1,4 Mrd. RM dazu bei. Nicht erfasst sind handwerkliche Kleinstbetriebe.
Ähnliche Daten liefert die allerdings umstrittene zeitgenössische Darstellung des «Rüstungswunders» durch Wagenführ, Die deutsche Industrie im Kriege, S. 14 f., wonach die Lebensmittelindustrie 1936 gut ein Drittel der gesamten Produktionsleistung der Verbrauchsgüterindustrie ausgemacht habe (3,5 von 10,7 Mrd. RM) beziehungsweise über 10 % der gesamten Industrieproduktion (31,7 Mrd. RM).

49 Vgl. Reichsamt für Wehrwirtschaftliche Planung, Die deutsche Industrie, S. 56, 58 f., 65, 69, 84, zu weiteren Indikatoren wie Beschäftigtenzahlen, Lohnsumme, Frauenanteil. Nach der Statistik waren in der Nährmittelindustrie von 10 908 Beschäftigten gut die Hälfte Männer (5656); von den 7187 Arbeitern war jedoch die deutliche Mehrheit weiblich (4163); die technischen Angestellten waren überwiegend Männer (240 von 291), bei den kaufmännischen Angestellten überwogen ebenfalls die Männer (2328 von insgesamt 3356).

50 Julius Ellerbrock an Richard Kaselowsky, 11. 1. 1940, in: OeFA, P15/171; Richard Kaselowsky an Hansgeorg Riese, 29. 1. 1943, in: OeFA, P15/184; Richard Kaselowsky an Alexander Knorr, 18. 1. 1944 und 20. 1. 1944, in: OeFA, P15/163. Vgl. Aufsichtsratsprotokoll C. H. Knorr AG, 15. 6. 1938, Schreiben Richard Kaselowsky an Gustav Pielenz, 5. 12. 1938, und Gustav Pielenz an Richard Kaselowsky, 5. 12. 1938, in: OeFA, P15/154.

51 Vgl. OeFA, P15/181–183; das Zitat in: Reichsgesundheitsamt an Reichsministerium des Innern, 18. 3. 1943, in: BArch Berlin, R 86/3887, Bd. 1, Bl. 234 f. (Entwurf, die Stelle ist von Hand gestrichen), sowie der ganze Aktenband und R 86/4055.

52 Vgl. Korrespondenz Richard Kaselowsky und Georg Rügemer, 29. 10. 1935, 31. 10. 1935, in: OeFA, P15/175; Rudolf Flebbe an Eugen Löhr, 10. 10. 1935.

53 Rudolf Flebbe an Fachabteilung Back- und Puddingpulverindustrie, 1. 9. 1938, in: OeFA, P15/181. Geäußert hatte den Verdacht in diesem Fall Werner Popkes von dem Puddingproduzenten Polak, mit dem Oetker später wegen einer potenziellen «Arisierung» in den Niederlanden in Konflikt geraten sollte. Vgl. S. 211.

54 Vgl. Aktenvermerk Rudolf Flebbe für Richard Kaselowsky, 24. 8. 1942, in: OeFA, P5/50; Hans Crampe an Kaselowsky, 23. 5. 1940, in: OeFA, P15/104 (hier zu den Vorzügen von Pektin gegenüber Gelatine).

55 Korrespondenz Richard Kaselowsky und Georg Rügemer, 25. 2. 1935, 17. 10. 1935, 18. 10. 1935, in: OeFA, P15/175.

56 Vgl. Steiner, Der Reichskommissar für die Preisbildung, S. 57 ff.; 66–69; Steiner, Von der Preisüberwachung zur staatlichen Preisbildung, S. 50–58; Diehl, Von der Marktwirtschaft zur nationalsozialistischen Kriegswirtschaft, S. 58 f.; Rauh-Kühne, Hitlers Hehler?, S. 9–15; Dichgans, Zur Geschichte des Reichskommis-

sars für die Preisbildung; Dichgans leitete 1938–1945 das Referat Eisen beim Reichskommissar für Preisbildung, unter Speer außerdem das Referat Rüstungspreise in der Grundsatzabteilung des Rüstungsministeriums. Vgl. Rauh, Schweizer Aluminium für Hitlers Krieg?, S. 290.

57 Dr. Riese an den Reichskommissar für Preisüberwachung, 1. 12. 1934, in: OeFA, P15/176; vgl. Diehl, Von der Marktwirtschaft zur nationalsozialistischen Kriegswirtschaft, S. 59–65.

58 Steiner, Der Reichskommissar für die Preisbildung, S. 100; Diehl, Von der Marktwirtschaft zur nationalsozialistischen Kriegswirtschaft, S. 58 f.

59 Vgl. Reichskommissar für die Preisbildung an die Reichsgruppe Industrie, 23. 6. 1937 (dort das Zitat), Besprechung der Fachgruppen in der Wirtschaftsgruppe, 8. 7. 1937, in: OeFA, P15/180; Löhr an die Beiräte der Fachgruppe Lebensmittelindustrie, 10. 7. 1937, in: OeFA, P15/179.

60 Fachgruppe Nährmittelindustrie an Wirtschaftsgruppe Lebensmittelindustrie, 20. 7. 1937, in: OeFA, P15/179.

61 Fachgruppe Nährmittel an Abteilung Back- und Puddingpulver-Industrie, 21. 10. 1937, in: OeFA, P15/179.

62 Vgl. Wirtschaftsgruppe Lebensmittelindustrie an Richard Kaselowsky, 30. 10. 1937; Richard Kaselowsky an Hansgeorg Riese, 1. 11. 1937; Dr. August Oetker an die Wirtschaftsgruppe Lebensmittelindustrie, 18. 11. 1937, in: OeFA, P15/180

63 Preisliste, 15. 6. 1939, in: OeFA, P1/313.

64 RGBl. I 1939, S. 1609–1613.

65 So zeitgenössisch der Wirtschaftswissenschaftler Günter Schmölders, zit. nach: Rauh, Schweizer Aluminium für Hitlers Krieg?, S. 290; vgl. zum Ersten Weltkrieg: Roth, Staat und Wirtschaft im Ersten Weltkrieg, S. 275–319.

66 Direktion Knorr an Richard Kaselowsky, 15. 5. 1940, Richard Kaselowsky an Geschäftsleitung Knorr, 17. 5. 1940, in: OeFA, P15/155; Richard Kaselowsky an Hans Crampe, 18. 5. 1940, in: OeFA, P15/104.

67 Vgl. Rauh-Kühne, Hitlers Hehler?, S. 9; Rauh, Schweizer Aluminium für Hitlers Krieg?, S. 290 f.; zur Konsequenz der Maßnahmen vgl. Henke, Die Dresdner Bank in der Wirtschaft des Dritten Reichs, S. 188 f.; Kredite für NS-Verbrechen, S. 421; Priemel, Flick, S. 527 ff.

68 Vgl. Richard Kaselowsky an Rudolf-August Oetker, 25. 1. 1941 und 4. 2. 1941, in: OeFA, P15/2; Richard Kaselowsky an den Reichskommissar für Preisbildung, 10. 2. 1941, in: OeFA, P15/54; Hans Crampe an die Geschäftsleitung, 14. 2. 1941, in: OeFA, P13/490; vgl. zur Preiskontrolle in der Lebensmittelindustrie auch BArch Berlin, R 2391/7161; vgl. Möller, Die Gewinnabführung 1943; Spoerer, Vom Scheingewinn zum Rüstungsboom, S. 89–92.

69 Vgl. Richard Kaselowsky an Rudolf-August Oetker, 2. 4. 1941, Reichskommissar für die Preisbildung an Wirtschaftsgruppe Lebensmittelindustrie/Fachgruppe Nährmittelundustrie, 7. 7. 1941, in: OeFA, P15/54. Vgl. auch Anleitung zur Abwendung der Gewinnrichtpunkte im Bereich der Wirtschaftsgruppe Lebensmittelindustrie, in: OeFA, P15/54. Die Oetker-Gewinnkalkulation für 1940 wies 8,75 % Normalgewinn aus, zu dem 1,25 % Branchenwagnis und 3 % Differentialgewinn addiert wurden; dazu war bei Unternehmergesellschaften noch ein Unternehmerlohn zu addieren, der sich aus der zwanzigsten Quadratwurzel des Umsatzes berechnete [sic]; vgl. Reese-Gesellschaft an Richard Kaselowsky, 3. 4. 1941, in: OeFA, P15/54.

70 Reichskommissar für die Preisbildung an Fa. Dr. August Oetker, 22. 8. 1941, in: OeFA, P13/490.

71 Richard Kaselowsky an Reichskommissar für die Preisbildung, 13. 10. 1941, Reichskommissar für die Preisbildung an Dr. August Oetker, 14. 5. 1942, Aktennotiz, 4. 6. 1942, Dr. August Oetker an seine Abnehmer, 2. 9. 1942, in: OeFA, P13/490.

72 Vgl. Diehl, Von der Marktwirtschaft zur nationalsozialistischen Kriegswirtschaft, S. 39–44.

73 Agrarpolitisches Amt der NSDAP an Richard Kaselowsky, 25. 7. 1933, Richard Kaselowsky an Agrarpolitisches Amt der NSDAP, 26. 7. 1933, in: OeFA, P15/175.

74 Entwurf für eine Denkschrift [1934], in: OeFA, P15/175.

75 Vgl. Hansgeorg Riese an Mitglieder der Fachgruppe Back- und Puddingpulver-Industrie, 17. 1. 1935, Eugen Löhr an Hansgeorg Riese, 25. 2. 1935; Richard Kaselowsky an Hansgeorg Riese, 9. 5. 1935, in: OeFA, P15/177. Zur Anbau- und Preisentwicklung bei Kartoffeln vgl. Hanau/Plate, Die deutsche landwirtschaftliche Preis- und Marktpolitik, S. 50–60.

76 Protokoll der Beiratssitzung der Fachgruppe Nährmittelindustrie, 22. 1. 1935 und Anlage: Eingabe der Fachgruppe Nährmittelindustrie an das Reichsernährungsministerium, in: OeFA, P15/177.

77 Vgl. Verordnung über den Zusammenschluss der Kartoffelwirtschaft, 18. 4. 1935, in: RGBl. I 1935, S. 550. Zur güterwirtschaftlichen Lenkung von Erzeugung und Verbrauch durch die Marktordnung des Reichsnährstandes vgl. Russel, Die Marktordnung im Reichsnährstandsgewerbe, zur Kartoffelwirtschaft insb. S. 702 ff.; Hasselbach, Marktordnung oder Zwangswirtschaft?; Reischle, Der Reichsnährstand und seine Marktordnung; Corni/Gies, Brot, Butter, Kanonen, zu den Hauptvereinigungen, insb. S. 157–162; Diehl, Von der Marktwirtschaft zur nationalsozialistischen Kriegswirtschaft, S. 87; Hanau/Plate, Die deutsche landwirtschaftliche Preis- und Marktpolitik.

78 HV Kartoffel an die Hersteller von Krem-, Back- und Puddingpulver, 10. 2. 1936, in: OeFA, P15/175.

79 Vgl. Bericht des Ausschusses für die Verteilung der Rohstoffe für die Back- und Puddingpulverindustrie, 5. 1. 1937, in: OeFA, P15/179.

80 Richard Kaselowsky an Eugen Löhr, 2. 2. 1937, in: OeFA, P15/179.

81 Vgl. Bericht des Ausschusses für die Verteilung der Rohstoffe für die Back- und Puddingpulverindustrie, 22. 2. 1937, in: OeFA, P15/179.

82 Vgl. Eugen Löhr an Richard Kaselowsky, 23. 3. 1937, in: OeFA, P15/179; Richard Kaselowsky an HV Kartoffel, 20. 4. 1937 und 28. 4. 1937, in: OeFA, P15/62.

83 Vgl. Richard Kaselowsky an die HV Kartoffel, 15. 5. 1937; HV Kartoffel an Richard Kaselowsky, in: OeFA, P15/62. Ähnliche Vorstöße unternahm Kaselowsky Ende Juni, vgl. Richard Kaselowsky an Eugen Löhr, 29. 6. 1937, in: OeFA, P15/179.

84 Eugen Löhr an Richard Kaselowsky, 24. 5. 1937, in: OeFA, P15/179.

85 Vgl. HV Kartoffel an Richard Kaselowsky, 24. 5. 1937, Eugen Löhr an Richard Kaselowsky, 24. 5. 1937 (dort das Zitat), Richard Kaselowsky an Bösche, 17. 6. 1937, in: OeFA, P15/62.

86 Korrespondenz Eugen Löhr und Richard Kaselowsky, 5. 8. 1937, 7. 8. 1937, 13. 8. 1937, in: OeFA, P15/179.

87 Vgl. Georg Rügemer an Eugen Löhr, 27. 8. 1937, in: OeFA, P15/179.

88 Richard Kaselowsky an Eugen Löhr, 11. 3. 1937, in: OeFA, P15/179; auch die Reisstärke, die Hoffmann's Stärke seit Jahren an Oetker lieferte, blieb aus: Die Stärkefabrik erhielt nicht die notwendigen Zuteilungen, da Reis in vollem Umfang ein Importprodukt war. Vgl. Aktennotiz, 10. 10. 1936, in: OeFA, P15/276. Wie groß die Engpässe waren, zeigt sich auch darin, dass Hoffmann's praktisch über Nacht über zwei Drittel seiner Produktionskapazitäten umstellen und zur Herstellung von Mais-, Weizen- und Kartoffelstärke zur Verfügung stellen musste, um die vom Regime selbst geschaffene Versorgungslücke der Nährmittelindustrie zu schließen. Vgl. Geschäftsbericht 12/36 des Vorstands von Hoffmann's Stärke an die Mitglieder des Aufsichtsrats, 1. 2. 1937, in: OeFA, P15/277. Neben der Stärke wurden auch andere Rohstoffe Mangelware. Dazu gehörte Pektin, ein pflanzliches Bindemittel, das zur Herstellung von Geliermittel verwendet wurde. Vgl. passim die Korrespondenz Richard Kaselowsky und Hans Crampe, in: OeFA, P15/2, 102–106; zum Import von Trockenpektin aus der Schweiz: OeFA, P1/770.

89 Richard Kaselowsky an Alexander Becker, 11. 12. 1936, in: OeFA, P15/13.

90 Vgl. Eugen Löhr an Richard Kaselowsky, 15. 2. 1937, in: OeFA, P15/179; Korrespondenz Richard Kaselowsky mit Hans Crampe, Februar bis Juni 1937, insb. 2. 2. 1937, 5. 2. 1937, in: OeFA, P15/102; Aktennotiz, 26. 2. 1935, in: OeFA, P15/53; Hans Crampe an Weiler, 19. 6. 1937, in: OeFA, P15/102; Hans Crampe an Richard Kaselowsky, 8. 10. 1937, in: OeFA, P15/101.

91 Richard Kaselowsky an Hans Crampe, 26. 11. 1937, in: OeFA, P15/102. Er habe, so Kaselowsky, Crampe ursprünglich ein Tafel-Service der Berliner Manufaktur schenken wollen, habe aber den Eindruck gewonnen, dass ihm mit Geld besser gedient sei. Vgl. außerdem Richard Kaselowsky an Hans Crampe, 24. 6. 1937, in: OeFA, P15/101.

92 Scheiben Richard Kaselowsky an Hans Crampe, 23. 12. 1937, in: OeFA, P15/102.

93 Richard Kaselowsky an Hans Crampe, 27. 11. 1937, in: OeFA, P15/102. Crampe nahm von Anfang an eine hervorgehobene Position im Unternehmen ein. Er war zunächst nur der Geschäftsleitung – bestehend aus Kaselowsky selbst und seinen Stellvertretern Karl Oetker und Hermann Kandler – unterstellt; die Gehaltsentwicklung legt nahe, dass er bereits ein Jahr nach seiner Einstellung auf eine Ebene mit den Stellvertretern rückte. Vermutlich 1943 erhielt er, wie Oetker und Kandler, Einzelprokura. Vgl. Gehälter der kaufmännischen Angestellten, 1931–1939, in: OeFA, P1/287 und Richard Kaselowsky an Hans Crampe, 25. 12. 1942, in: OeFA, P15/106. Im Februar und März 1938 besuchte Crampe verschiedene Zweigniederlassungen und mit Oetker verbundene Betriebe im In- und Ausland, darunter Budenheim und Straßburg. Vgl. Hans Crampe an Richard Kaselowsky, Februar/März 1938, in: OeFA, P15/102. Im Juli wurden Angestellte aus Bielefeld für das Berliner Büro abgestellt, wo dieser später sogar eine eigene Versuchsküche einrichtete. Vgl. Richard Kaselowsky an Hans Crampe, 5. 7. 1938, in: OeFA, P15/102; Kaselowsky an Crampe, 25. 12. 1942, in: OeFA, P15/106. Vgl. auch Zwischenzeugnis für Hans Crampe zur Vorlage bei der Rüstungsinspektion, 30. 11. 1942, in: OeFA, P15/107.

94 Vgl. den Hinweis in: Protokoll der Gesellschafterversammlung der Nährwert, 24. 3. 1944, in: OeFA, P15/61.

95 Hans Crampe an Richard Kasaelowsky, 11. 3. 1937, in: OeFA, P15/102; vgl. S. 355.

96 Hans Crampe an Richard Kaselowsky, 20. 11. 1939, in: OeFA, P15/103.

97 Stammkarte Hans Crampe, BArch-MA Freiburg, Kartei Kriegs-Reserve-Offiziere. Neben Crampe wurde auch Konstantin Brückner 1939 eingezogen und beim Chef des Generalstabes der Luftwaffe in der Abteilung 4, also beim Generalquartiermeister, eingesetzt. Auch Brückner versicherte Kaselowsky, er werde seine Aufgaben für die Indubeg weiterhin wahrnehmen können. Vgl. Schriftwechsel Richard Kaselowsky mit Konstantin Brückner, 22. 9. 1939, 24. 9. 1939, in: OeFA, P15/110.

98 Hartwig, Das Buch der Gefolgschaft, S. 205.

99 Schreiben Vorstand Chemische Fabrik Budenheim an Richard Kaselowsky, 15. 6. 1940, in: OeFA, P15/231. Zur Datierung: Nachdem sich beide am 4. Juli nachweislich bereits wieder in Berlin befanden, folgt daraus, dass der Aufenthalt in Paris unmittelbar nach der deutschen Eroberung der französischen Hauptstadt ins zeitliche Umfeld des Waffenstillstandsschlusses am 25. Juni zu datieren ist. Wohlgemerkt war Oetker damals noch als Privatperson mit von der Partie, er war zu diesem Zeitpunkt noch nicht zur Wehrmacht eingezogen. Vgl. Hans Crampe an Richard Kaselowsky mit einer Ergänzung Rudolf-August Oetkers, 4. 7. 1940, in: OeFA, P15/104.

100 Vgl. Ausschaltungsbestrebungen Hamburgs. Niederschrift über eine Besprechung bei der Industrie- und Handelskammer Düsseldorf, zit. nach: Roth, Ökonomie und politische Macht, S. 72.

101 Hans Crampe an Richard Kaselowsky, 4. 7.S. 501940, in: OeFA, P15/104.

102 Ziegelmayers Expertise auf dem Gebiet zeigte sich etwa in der Autorschaft einschlägiger Standardwerke und zahlreicher Aufsätze. Vgl. in Auswahl: Ziegelmayer u. a., Soldatenernährung und Gemeinschaftsverpflegung; ders., Unsere Lebensmittel und ihre Veränderungen; ders., Rohstofffragen der deutschen Volksernährung; ders., Die Feldküchengerichte. Als Beispiel für die wegen der spezifischen Bedürfnisse und Mengen der Truppenverpflegung notwendige Industrienähe: ders., Die Entwicklung industriell zubereiteter Lebensmittel durch die deutsche Wehrmacht; ders., Die Lebensmittelindustrie als Großküche in der Volksernährung.

103 Vgl. Richard Kaselowsky an Hans Crampe, 2. 6. 1943, Crampe an Kaselowsky, 27. 8. 1943; in: OeFA, P15/107; Anträge und Schriftverkehr Dr. Rudolf Flebbe mit Crampe, sowie Forschungsauftrag des Präsidenten des Reichsforschungsrates, 7. 7. 1944, in: OeFA, P5/34; Rudolf Mentzel an Crampe 24. 8. 1944 und passim, in: BArch Berlin, ehem. BDC, DS/Wissenschaftler B28/369, Chef der Sicherheitspolizei und des SD an den Leiter des Planungsamtes des Reichsforschungsrats, Prof. Osenberg, 26. 9. 1944, in: BArch Berlin, R 26 III/112, sowie die Förderakten der Arbeitsgemeinschaft für Nahrungsmitteltechnik: BArch Berlin, R 26 III/20; R 26 III/178.

104 Rundschreiben Reichsmarschall des Großdeutschen Reiches/Präsident des Reichsforschungsrats an die Mitglieder des Präsidialrats des Reichsforschungsrats, 1. 6. 1943, in: BArch Berlin, R 26 III/178; in dieser Akte zahlreiche Belege für das Ansehen und den guten Ruf Crampes als Experte; vgl. auch Richard Kaselowsky an Hans Crampe, 2. 6. 1943, in: OeFA, P15/107; Hans Crampe an den Reichsforschungsrat, 26. 11. 1943, in: BArch Berlin, R 26 III/178.

105 Rudolf-August Oetker an Georg A. Krause, 14. 12. 1944, in: OeFA, P15/57.

106 Wilhelm Schmitz-Scholl an Hans Crampe, 29. 1. 1945, in: OeFA, P15/61; Aktennotiz, 23. 3. 1945, in: OeFA, P15/28.

107 Tagebuch der Betriebsleitung, Eintrag 20. 8. 1945, Besprechung der Geschäftsleitung und der Teilhaber, 3. 12. 1945, in: OeFA, P15/4; Rudolf-August Oetker an Hans Crampe, 29. 1. 1946, Aktennotiz, 26. 4. 1946, in: OeFA, P15/106. Vgl. zur Entnazifizierung Crampes den Vorgang in: StA Freiburg, D 180/2, 217407, das Zitat in: Untersuchungsausschuss Stadtkreis Konstanz, Vorschlag zur Entscheidung im politischen Reinigungsverfahren, 17. 8. 1948, Bl. 33. Einwände der Militärregierung wegen des Titels eines «Wehrwirtschaftsführers» änderten nichts an der Einstufung; vgl. ebd., Bl. 38, 48 f.

108 Vgl. Kurt Bertsch (Fa. Knorr) an Rudolf-August Oetker, 1. 12. 1944, in: OeFA, P15/163; Rudolf-August Oetker an Crampe, 29. 1. 1946; Aktennotiz Ernst Tüscher, 26. 4. 1946, und passim, in: OeFA, P15/106; Crampe an Tüscher, 30. 6. 1947, in: OeFA, P15/795. Eine gewisse Zeit lang lief ein Teil des Geschäftsverkehrs mit der Französischen Zone und der Schweiz über Crampe, bis die Kommunikation über Zonen- und Außengrenzen hinweg wieder von Bielefeld aus übernommen wurde (vgl. OeFA, P1/349). Vermutlich 1952 trat Crampe dann auf Empfehlung Philipp Reemtsmas bei Haus Neuerburg ein, wo er unter anderem den Generationenwechsel begleiten sollte: vgl. Philipp Reemtsma an Norbert Handwerk, 2. 2. 1952, in: HIS-Archiv Hamburg, PFR, 407,12. Schriftwechsel Crampe mit Rudolf-August Oetker, 16. 4. 1952, 6. 12. 1956, 9. 3. 1957, in: OeFA, P15/108.

109 Reichskommissar für die Preisbildung, 26. 9. 1939, in: BArch Berlin, NS 5 VI/1.

110 Bis Kriegsbeginn bezog Oetker Vanillin von der I. G. Farben-Industrie und Hoffmann-La Roche. Teilweise behalf sich Dr. Oetker mit der Zugabe von Aethylvanillin, also mit einem billigeren Ersatzstoff des Vanille-Ersatzstoffes Vanillin. Vgl. ebenfalls OeFA, P1/770, sowie: Böcker (Büro Berlin) an Dr. A. Oetker, Labor, 28. 6. 1940, 29. 6. 1940, in: OeFA, P5/23; Hans Crampe an Richard Kaselowsky, 29. 1. 1943, 4. 2. 1943, 6. 2. 1943, 8. 3. 1943, in: OeFA, P15/107; Fachgruppe Nährmittelindustrie der Wirtschaftsgruppe Lebensmittelindustrie an das Reichsministerium für Ernährung und Landwirtschaft, 10. 6. 1942, in: BArch Berlin, R 3601/2094.

111 Fachgruppe Nährmittelindustrie an Reichsernährungsministerium, 10. 6. 1942, in: BArch Berlin, R 3601/2094.

112 Vgl. Richard Kaselowsky an Hans Crampe, 28. 1. 1943, in: OeFA, P15/107.

113 Hans Crampe an Richard Kaselowsky, 5. 9. 1939 und 16. 9. 1939, in: OeFA, P15/103; Richard Kaselowsky an Rudolf-August Oetker, 22. 9. 1939, in: OeFA, P15/2; Hans Crampe an Richard Kaselowsky, 26. 4. 1940, 3. 9. 1940, in: OeFA, P15/104. Vgl. Schmitz, Die Bewirtschaftung der Nahrungsmittel und Verbrauchsgüter.

114 Vgl. Hans Crampe an Richard Kaselowsky, 21. 2. 1942 und 11. 3. 1942 (dort das Zitat), in: OeFA, P15/107; die Kalkulation des Marktanteils auf Grundlage von Dr. August Oetker an die Wirtschaftsgruppe Lebensmittelindustrie, 18. 11. 1937, in: OeFA, P15/180.

115 Verordnung über die Sicherung des Gefolgschaftsstandes in der Kriegswirtschaft, 20. 5. 1942, in: RGBl. I 1942, S. 340; Richard Kaselowsky an Hansgeorg Riese, 29. 5. 1942, in: OeFA, P15/184; Oetker erhielt den Status zunächst für sein Bielefelder Werk, holte entsprechende Bescheinigungen aber auch für seine Zweigwerke im Reichsgebiet ein; vgl. Richard Kaselowsky an die Wirtschaftsgruppe Lebensmittelindustrie, 3. 6. 1942 und 6. 8. 1942, in: OeFA, P15/184.

116 Zwar gab es 1942/43 mit 54,4 Mio. Tonnen eine durchaus gute Kartoffelernte, ehe diese 1943/44 auf 42,5 Mio. Tonnen absackte – ein Tiefstand seit 1927. Gleichzeitig stieg der Verbrauch für menschlichen Verzehr von 33,7 % der verfügbaren Menge 1940/41 auf 50,3 % im Jahr 1943/44, während der Anteil der Kartoffeln, die für die technische Verarbeitung zur Verfügung standen, von 7,1 % auf 2,2 % zurückging. Bei den Stärkefabriken kamen 1943/44 nur noch 0,4 Mio. Tonnen Kartoffeln an, während es 1940/41 noch mehr als dreimal so viele gewesen waren. Vgl. Hanau/Plate, Die deutsche landwirtschaftliche Preis- und Marktpolitik, S. 55 ff.

117 Vgl. die Rezepte und Mischvorschriften für die verschiedenen Produkte und Fabrikationsstätten in: OeFA, P5/30, 31, 92, 94, 97 ff., 101, 103.

118 Vgl. Schriftwechsel Hans Crampe mit Richard Kaselowsky, 16. 1. 1943, 19. 1. 1943, 20. 1. 1943, 3. 3. 1943, 4. 3. 1943, in: OeFA, P15/107. Dieser «Backe-Plan», wie Crampe ihn bezeichnete, ist nicht zu verwechseln mit dem 1941 von Herbert Backe vorgelegten «Hungerplan» (auch «Backe-Plan»), der durch die systematische Ausbeutung der besetzten Ostgebiete den Hungertod von Millionen Menschen zumindest in Kauf genommen oder gezielt angestrebt hätte.

119 Vgl. zum Folgenden Denkschrift [1943], in: OeFA, P1/987, alle folgenden Zitate ebd., Hervorhebungen im Original. Der Autor spricht von den «vergangenen vier Kriegsjahren», was eine Datierung Ende 1943 nahelegt; zur früheren Argumentation z. B. Paul Sackewitz, Der heutige Stand der Oetker-Werbung, 31. 8. 1940, in: OeFA, P1/460.

120 Vgl. die Vielzahl «Zeitgemäßer» Rezepte und von Rezepten mit dem «Kohlenklau», z. B. OeFA, S10/4310, 5522; P13/2507–17 und passim; programmatisch: Paul Sackewitz, Der heutige Stand der Oetker-Werbung, 31. 8. 1940, in: OeFA, P1/460; sowie: Conrad, Werbung und Markenartikel, S. 148.

121 Vgl. das eigens dafür konzipierte Rezeptheft «Gebäcke für Feldpostsendungen» [1940], in: OeFA, S10/5617, sowie «Feldpostgebäck» [1942], in: OeFA, P13/2481.

122 Vgl. Meldungen aus dem Reich (Nr. 222), 22. 9. 1941, und Meldungen aus dem Reich (Nr. 227), 9. 10. 1941, in: Boberach, Meldungen aus dem Reich, Bd. 8, S. 2787–2795, hier S. 2791, sowie 2847–2864, hier S. 2861.

123 Vgl. Besprechungsniederschrift Betriebsleitung, 23. 1. 1945, in: OeFA, P15/4.

124 Zahlen nach den Aufstellungen in: OeFA, P13/4568.

125 Vgl. Memorandum, 8. 8. 1944, in: OeFA, P15/76, alle folgenden Zitate ebd. Das Dokument findet sich auch in: BArch Berlin, R 3101/11865.

126 Vgl. Stellungnahme der Fachgruppe Nährmittelindustrie, 23. 12. 1944, in: BArch Berlin, R 3101/11865.

127 Vgl. Reichswirtschaftsminister an Fachgruppe Nährmittelindustrie, 18. 1. 1945, Antwortschreiben v. 5. 3. 1945, in: BArch Berlin, R 3101/11865.

128 Vgl. Memorandum betreffend regionale Puddingpulver-Erzeugung, 7. 12. 1944, in: OeFA, O15/76.

7. Krieg und Profit

1 Vgl. Oetker/Thomas, Vom Glück verwöhnt, S. 63 f., 78 f., Zitat S. 63; Kershaw, Der Hitler-Mythos, S. 151–181; Wette, Ideologien, Propaganda und Innenpolitik als Voraussetzungen der Kriegspolitik des Dritten Reiches, S. 151–163; Steinert, Hitlers Krieg und die Deutschen, S. 51–87; Geiss, Deutschland und die historischen Voraussetzungen des Zweiten Weltkriegs.

2 Richard Kaselowsky an Konstantin Brückner, 22. 9. 1933, in: OeFA, P15/110; Richard Kaselowsky an Hans Crampe, 6. 9. 1939, in: OeFA, P15/103.

3 Richard Kaselowsky an Otto Stürker, 15. 3. 1940, in: OeFA, P15/24; Richard Kaselowsky an Reinhold Schell, 10. 10. 1940, in: OeFA, P15/66.

4 Richard Kaselowsky an Wilhelm Hoffmann, 25. 11. 1940, in: OeFA, P15/277; vgl. auch ein Jahr später Richard Kaselowsky an Hans Copien, 7. 1. 1941, in: OeFA, P15/6; vgl. Vorstand der Chemischen Fabrik Budenheim an Richard Kaselowsky, 15. 11. 1941, in: OeFA, P15/232; rückblickend Richard Kaselowsky an Hans Becker, 13. 6. 1942, in: OeFA, P15/233.

5 Richard Kaselowsky an Karl Altenhof, 6. 1. 1942, in: OeFA, P15/7.

6 Vgl. Richard Kaselowsky an Hansgeorg Riese, 18. 12. 1942, in: OeFA, P15/184.

7 Ausarbeitung der britischen Besatzungsbehörde: «Der Oetker-Konzern», 25. 3. 1946, und Überarbeitung, 25. 6. 1946, in: TNA: PRO London, FO 1013–2476.

8 Vgl. Hans Crampe an Richard Kaselowsky, 6. 11. 1942, und Richard Kaselowsky an Hans Crampe, 9. 11. 1942, in: OeFA, P15/107.

9 Richard Kaselowsky an Hans Crampe, 6. 3. 1943, in: OeFA, P15/107.

10 Vgl. dazu Crampes Reise in das besetzte Frankreich im Sommer 1940, die der Beschaffung von Rohstoffen und Maschinen diente, S. 281 f. Wenige Wochen später versuchte Crampe außerdem, Kaselowsky für eine Stärkefabrik in Belgien zu begeistern. Eine Reaktion Kaselowskys ist nicht überliefert. Vgl. Hans Crampe an Richard Kaselowsky, 4. 9. 1940, in: OeFA, P15/104.

11 So Wilhelm Ziegelmayer 1940 in einem Aufsatz, zit. nach Thoms, «Ernährung ist so wichtig wie Munition».

12 Vgl. Aktennotiz zur Besprechung mit Dr. K[aselowsky], 12. 10. 1937, in: OeFA, P15/101, die Notiz ist ungezeichnet, kann aber Crampe zugeordnet werden; Hans Crampe an Richard Kaselowsky, 11. 3. 1937 (Zitat), 18. 10. 1939, in: OeFA, P15/102 und 103.

13 Rudolf Flebbe an Hans Crampe, 31. 8. 1939, 6. 9. 1939, 16. 9. 1939, in: OeFA, P15/104. Ein Zubereitungsblatt für RAD- und Wehrmacht-Großpackungen belegt, dass der «Oetker-Trunk» tatsächlich ins Sortiment aufgenommen wurde. Vgl. Dr. Oetker Großpackungen. Berechnung für 1 Portion, o. D., in: OeFA, P13/1174.

14 Vgl. Aktennotiz zur Besprechung mit Dr. K[aselowsky], 12. 10. 1937, in: OeFA, P15/101; Julius Ellerbrock an Richard Kaselowsky, 5. 6. 1939, in: OeFA, P15/171. Zur «Kochpropaganda» zählten auch die Werbewagen, die teils mit einer eigenen Küche und einem Kostprobenraum ausgestattet waren. Die Werbewagen wurden nach Kriegsbeginn von der Wehrmacht requiriert und für die Kriegspropaganda eingesetzt. Bei Oetker wurde vermerkt, dass sie nun «die stolze Aufgabe, als Sprecher für großdeutsche Ziele zu wirken», erfüllten. Vgl. Hartwig, Das Buch der Gefolgschaft, S. 160 f., 164 f.

15 Hans Crampe an Richard Kaselowsky, 5. 9. 1938, in: OeFA, P15/102.

16 Hans Crampe an Richard Kaselowsky, 5. 9. 1939, in: OeFA, P15/103.

17 Hans Crampe an Richard Kaselowsky, 15. 9. 1939, in: OeFA, P15/103.

18 Pieszczek/Ziegelmayer, Die Feldküchengerichte, Zitat S. 5, Puddingrezepte und «süße Tunken» auf S. 81 ff.; Pieszczek, Etwas von der Rechenkunst in der Großküche, S. 9.

19 Vgl. Hans Crampe an Richard Kaselowsky, 18. 10. 1939, in: OeFA, P15/103 sowie die Korrespondenz zu den Zubereitungsversuchen mit Magermilchpulver, 12. 6. 1940 und 27. 7. 1940, in: OeFA, P5/35. An den Tests war auch Rudolf-Au-

gust Oetker beteiligt; vgl. zu den Tablettenversuchen: Hans Crampe an Richard Kaselowsky, 15. 5. 1943, in: OeFA, P15/106; vgl. außerdem Hans Crampe an Richard Kaselowsky, 26. 4. 1940, in: OeFA, P15/104, in dem Crampe betont, dass für die Soldaten des Ersatzheeres nunmehr einmal pro Woche Pudding auf dem Speiseplan stehe.

20 Richard Kaselowsky an den Hauptverband der Deutschen Kartoffelwirtschaft, 29. 11. 1939, in: OeFA, P15/62.

21 Richard Kaselowsky an Hans Crampe, 28. 8. 1940; Crampe an Kaselowsky, 30. 9. 1940, in: OeFA, P15/104.

22 Errechnet aus Monatserlösaufstellungen in: OeFA, P13/4568. Der Wert von 0,7 % für das Jahr 1944 findet sich auch in: Gewinn- und Verlustrechnung per 31. 12. 1944, in: OeFA, P1/790.

23 Vgl. SS-Wirtschafter beim HSSPF in Ungarn an Oetker Budapest, 19. 6. 1944, in: TNA: PRO London, FO 1013–2476; Ernst Schulte an Theodor Delius, 24. 5. 1946, in: ebd. Vgl. S. 389 f.

24 Hans Crampe an Richard Kaselowsky, 31. 8. 1939, in: OeFA, P15/103; Hans Crampe an Richard Kaselowsky, 21. 2. 1940 und 4. 7. 1940, in: OeFA, P15/104.

25 Hans Crampe an Wilhelm Ziegelmayer, 18. 1. 1940, in: OeFA, P15/104. Ziegelmayer war tatsächlich als Autor fachwissenschaftlicher Beiträge äußerst aktiv; der Hinweis auf Anregungen war mithin nicht gänzlich aus der Luft gegriffen, wie zwei einschlägige Handbücher zeigen: Ziegelmayer, Rohstoffragen der deutschen Volksernährung (1941 in 4. Auflage); Ziegelmayer/Schreiber/Kittel, Soldatenernährung und Gemeinschaftsverpflegung.

26 Postkarte Hans Crampe an Richard Kaselowsky, 21. 9. 1942, in: OeFA, P15/107.

27 Vgl. BArch-MA Freiburg, RW 55/1100, Ziegelmayer, Wilhelm [= PERS 15/1266] insb. Protokoll der Vernehmung des Dr. Ziegelmayer durch Oberintendanturrat Hostmann, 5. 2. 1942, Generalstaatsanwalt beim LG Berlin, Wehrmachtsverbindungsstelle, WAR 60/42, an OKW Abw. III Z. Arch, Oberst Dr. Schrader, 20. 5. 1942, und Gericht der Wehrmachtkommandantur Berlin, St. L. III 344/42, 29. 7. 1942.

28 Oswald Pohl an Heinrich Himmler, 12. 3. 1942, in: BArch Berlin, NS 19/1166. Vgl. Schenck, Ich sah Berlin sterben, S. 40, und Pohl an Himmler, 3. 2. 1942, in: BArch Berlin, NS 19/214, Bl. 2, wo Pohl Ziegelmayer als «verkalkten Techniker» und «A…pauker» bezeichnet, der sich «auf krummen Wegen heraufgemogelt» habe.

29 Schenck, Ich sah Berlin sterben, S. 40 ff., Zitat S. 41. Ziegelmayer richtete 1945 mit dem Berliner Festungsarzt ein Lazarett im Keller des Reichstags ein, wo er von Truppen der Roten Armee gefangen genommen wurde; sein Fachwissen in Ernährungsfragen wurde auch von der Sowjetischen Besatzungsverwaltung erkannt; 1950 musste er seine Tätigkeit an der Humboldt-Universität «aus politischen Gründen» aufgeben und starb Anfang 1951 im Alter von 53 Jahren. Vgl. Nachruf auf Wilhelm Ziegelmayer (Neue Presse, 8. 1. 1951), in: Institut für Stadtgeschichte Frankfurt a. M., Sammlungen S2/3123.

30 Vgl. zur Gründung vor allem die Korrespondenzen in: Institut für Stadtgeschichte Frankfurt a. M., Magistratsakten 8626; Dienstanweisung des Instituts für Kochwissenschaft, 10. 10. 1941, in: Universitätsarchiv Frankfurt am Main, Abt. 10, Nr. 145 (Kurator der Universität), Bl. 46; Brönner, Aus der Arbeit des Instituts für Kochwissenschaft.

31 Pohl an Himmler, 3. 2. 1942, in: BArch Berlin, NS 19/214, Bl. 2.

32 Im März 1941 war Ziegelmayer an die Wirtschaftsgruppe Lebensmittelindustrie herangetreten, hatte das Gründungsvorhaben (noch unter der Bezeichnung «Forschungsinstitut für Wehrmachtsverpflegung e V.») angekündigt und allgemein um Spenden gebeten. Vgl. Bericht Carl Schoregge über eine am 18. 3. 1941 abgehaltene Besprechung bei der Wirtschaftsgruppe Lebensmittelindustrie, 22. 3. 1941, in: OeFA, P15/54. Im Juli zeigte sich Crampe zunächst verwundert, dass Oetker nach der großzügigen Anschubfinanzierung auch noch um den Jahresbeitrag angegangen wurde; Kaselowsky war jedoch auch dazu bereit. Vgl. Korrespondenz Richard Kaselowsky und Hans Crampe, Juli und August 1941, in: OeFA, P15/105.

33 Hans Crampe an Richard Kaselowsky, 28. 10. 1941, in: OeFA, P15/105.

34 Vgl. Erinnerungen von Richard Kaselowsky über die ersten 15 Jahre seiner Zeit als Teilhaber der Fa. Dr. August Oetker, 1. 3. 1936, S. 4, 15–25, 34 f., in: OeFA, P1/62.

35 Vgl. etwa die Handelsgeschäfte, die Kaselowsky 1930 bis 1938 mit Max Brings (Fa. Lyssia) betrieb (OeFA, P15/119, 120), oder die Versorgungsprobleme im Zweiten Weltkrieg, als durch synthetische Zugaben (Äthylvanillin) der Vanillingeschmack verstärkt werden musste: Böcker (Büro Berlin) an Flebbe (Labor), 19. 6. 1940, 28. 6. 1940, in: OeFA, P5/23; zu den Lieferproblemen mit Vanillin im Zweiten Weltkrieg allgemein: OeFA, P15/107.

36 Vgl. Hans Crampe an Ernst Pieszczek, 9. 12. 1942, in: OeFA, P15/61.

37 Aktennotiz über die Besprechung vom 24. 10. 1939 über das Sardik-Verfahren, 27. 10. 1939, in: OeFA, P15/103. Zu Tengelmann und Wilhelm Schmitz-Scholl vgl. Urban, Die Gründer der Unternehmensgruppe Tengelmann sowie die Firmenfestschrift Baumeister, Ein Jahrhundert Tengelmann. Vgl. auch das aktuell laufende Forschungsprojekt an der Universität Jena, geleitet von Lutz Niethammer und bearbeitet von Dr. Almut Leh, Dr. Karin Hartewig und Dr. Daniela Rüther: <http://www.jenacenter.uni-jena.de/Forschungsprojekte/Tengelmann.html>.

38 Richard Kaselowsky an C. H. Knorr AG, 31. 10. 1939, in: OeFA, P15/154; vgl. C. H. Knorr AG an Richard Kaselowsky, 7. 11. 1939, in: OeFA, P15/103; Hans Crampe an Richard Kaselowsky, 20. 11. 1939, in: OeFA, P15/103. Vgl. zu C. H. Knorr Jacobi, 150 Jahre Knorr.

39 Hans Crampe an Richard Kaselowsky, 23. 11. 1939, in: OeFA, P15/103 sowie 1. 8. 1940, 25. 1. 1940, in: OeFA, P15/104.

40 Vgl. Hans Crampe an Richard Kaselowsky, 23. 11. 1939, in: OeFA, P15/103; Korrespondenz Hans Crampe mit Richard Kaselowsky, 25. 1. 1940, 26. 1. 1940, 16. 3. 1940, 1. 8. 1940, 4. 10. 1940, in: OeFA, P15/104; RA Walter Hoffmann an Dr. August Oetker, 14. 3. 1940; Protokoll der Gesellschafterversammlung, 17. 5. 1941, in: OeFA, P15/61; Rudolf-August Oetker an Richard Kaselowsky, 23. 1. 1941, in: OeFA, P15/2; Aktenvermerke in der Darlehensakte der Reichs-Kredit-Gesellschaft, 18. 5. 1942 und 6. 6. 1942, in: BArch Berlin, R 8136/3094. Der Beirat wurde im Mai 1943 aufgelöst. Vgl. Hans Crampe an die Gesellschafter der Gesellschaft für Nährwerterhaltung mbH, 26. 5. 1943, in: OeFA, P15/61; Fa. Dr. August Oetker an Reichs-Kredit-Gesellschaft, 29. 10. 1943, in: OeFA, P1/770.

41 Vgl. Aktennotizen Hans Crampes, 28. 3. 1940, 29. 3. 1940, 30. 3. 1940, in: OeFA, P15/61; Richard Kaselowsky an Hans Crampe, 2. 4. 1940, und Bericht über die Tätigkeit der Gesellschaft für Nährwerterhaltung mbH, 28. 11. 1940, in: OeFA,

P15/104; Speisekarte des Probeessens der Gesellschaft für Nährwerterhaltung zu Ehren des Minister Bakrianoff, 13. 10. 1940; Schreiben an das Reichswirtschaftsministerium, 28. 3. 1941, in: OeFA, P15/61; Aktenvermerk in der Darlehensakte der Reichs-Kredit-Gesellschaft, 18. 3. 1942, in: BArch Berlin, R 8136/3094.

42 Vgl. Rudolf-August Oetker an Richard Kaselowsky, 2. 4. 1941, in: OeFA, P15/54; Protokoll der Gesellschafterversammlung, 2. 4. 1941, in: OeFA, P15/61.

43 Vgl. Memorandum zur Frage der Nährwertgesellschaft [vermutlich: Amtsgruppe V III des HVA], [ca. Juni 1941]; Untersuchungsbericht des Pharmazeutischen-Chemischen Instituts der Militärärztlichen Akademie, 21. 1. 1941, in: OeFA, P15/61.

44 Hans Crampe an Richard Kaselowsky, 28. 10. 1941, in: OeFA, P15/105. Ende 1942 machte Crampe Kaselowsky auf die Möglichkeit aufmerksam, Bircher-Müsli ins Sortiment aufzunehmen, für das sich die getrockneten Obstpulver verwenden ließen. Kaselowsky beauftragte Crampe, diese Idee weiterzuverfolgen. Vgl. Richard Kaselowsky an Hans Crampe, 23. 11. 1942, in: OeFA, P15/107.

45 Hans Crampe an Richard Kaselowsky, 28. 10. 1941, in: OeFA, P15/105.

46 Vgl. Hans Crampe an Heinrich Neuerburg, 2. 3. 1942, in: OeFA, P15/107; Das SS-Wirtschaftshauptamt und die unter seiner Dienstaufsicht stehenden wirtschaftlichen Unternehmungen, in: NARA, Washington D.C., National Archives Record Group 238, NO 1573, abgedruckt in: Naasner, SS-Wirtschaft und SS-Verwaltung, S. 33–203, hier S. 163 f.

47 Hans Crampe an Richard Kaselowsky, 28. 10. 1941, in: OeFA, P15/105.

48 Vgl. Hans Crampe an Richard Kaselowsky, 4. 3. 1942 und 20. 5. 1942, in: OeFA, P15/61; Vollmacht zur Stimmausübung, 27. 5. 1942, in: OeFA, P15/61; Zeichnungsschein Gesellschaft für Nährwerterhaltung [6/1942], in: OeFA, P15/61; Richard Kaselowsky an Hans Crampe, 20. 5. 1942, in: OeFA, P15/61; Aktenvermerk in der Darlehensakte der Reichs-Kredit-Gesellschaft, 4. 8. 1942, in: BArch Berlin, R 8136/3094.

49 Vgl. Übersicht über die Bilanzen der Gesellschaft für Nährwerterhaltung mbH, 18. 3. 1942, in: BArch Berlin, R 8136/3094; Anlage zum Protokoll der Gesellschaftsversammlung, 24. 3. 1944, in: OeFA, P15/61.

50 Hans Crampe an Ernst Pieszczek, 9. 12. 1942, in: OeFA, P15/61.

51 Vgl. Aktenvermerk in der Darlehensakte der Reichs-Kredit-Gesellschaft, 25. 6. 1943, in: BArch Berlin, R 8136/3094; Aktenvermerke in der Darlehensakte der Reichs-Kredit-Gesellschaft, 7. 9. 1943 und 14. 9. 1943, in: BArch Berlin, R 8136/3094. Die Bayerische Zentral-Darlehenskasse hatte zunächst ebenfalls einen Rahmen von 10 Mio. RM zugesagt, zog dann aber zurück. Vgl. auch Kreditstatus zum 9. 2. 1944, in: BArch Berlin, R 8136/3094.

52 Fa. Dr. August Oetker an Reichs-Kredit-Gesellschaft, 29. 10. 1943, in: OeFA, P1/770.

53 Hans Crampe an Richard Kaselowsky, 6. 8. 1943, in: OeFA, P15/61.

54 Entwurf eines Schreibens von Dr. August Oetker an den Bevollmächtigten für Nahrungsmitteltechnik, 29. 12. 1943, in: OeFA, P5/34; vgl. ebd. auch die leicht veränderte, endgültige Fassung vom 31. 12. 1943.

55 Hans Crampe an Richard Kaselowsky, 29. 1. 1944, Richard Kaselowsky an Hans Crampe, 8. 2. 1944, Der Bevollmächtigte für Nahrungsmitteltechnik an Dr. August Oetker, 4. 4. 1944, in: OeFA, P5/34.

56 Anlage zum Protokoll der Gesellschaftsversammlung, 24. 3. 1944, in: OeFA, P15/61; Hans Crampe an Richard Kaselowsky, 27. 8. 1943, in: OeFA, P15/107.

57 Protokoll der Gesellschaftsversammlung, 24. 3. 1944, in: OeFA, P15/61; Aktennotiz betr. Tätigkeit Crampes für die Nährwert, 25. 7. 1944, in: OeFA, P15/61.

58 Vgl. Korrespondenz Richard Kaselowsky/Firma Dr. August Oetker und Ernst Hennig, 28. 8. 1944 bis 24. 11. 1944, in: OeFA, P15/61.

59 Vgl. Karl Schmitz-Scholl an Hans Campe, 29. 1. 1945, in: OeFA, P15/61.

60 Vgl. Wilhelm Borgstedt und Walter Kraak an Ernst Hennig, 19. 10. 1945, in: OeFA, P15/61; Wilhelm Borgstedt und Walter Kraak an Reichs-Kredit-Gesellschaft, 31. 10. 1945, Ernst Hennig an Ernst Tüscher, 12. 3. 1946, in: OeFA, P15/61.

61 Vgl. Fraunholz, «Verwertung des Wertlosen», S. 95–102; Neumann, Ernährungsphysiologische Humanexperimente in der deutschen Militärmedizin, S. 151–154; Kopke, Die «politisch denkende Gesundheitsführung», S. 158–164, 214–218. Vgl. zur Relevanz der Nahrungsmittelversorgung im Allgemeinen sowie im Denken führender Nationalsozialisten: Tooze, Ökonomie der Zerstörung, S. 201–211; exemplarisch für die zeitgenössische Argumentation ist der Artikel: Europas Fleischstand war «geborgt».

62 Fraunholz, «Verwertung des Wertlosen».

63 Vgl. BArch Berlin, R 3101/18375 und R 3601/3186; Neumann, Ernährungsphysiologische Humanexperimente in der deutschen Militärmedizin, S. 154–157.

64 Vgl. die Ausführungen des verantwortlichen Arztes, Prof. Dr. Dietrich (Kommissarischer Direktor der Medizin, Klinik der Univ. Kiel) in: Sitzungsbericht der Arbeitsgemeinschaft «Ernährung der Wehrmacht», 12. 12. 1941, S. 73–86, in: BArch-MA Freiburg, RH 12–23/1649. Sitzungsbericht der Arbeitsgemeinschaft (Arge) «Ernährung der Wehrmacht», 12. 12. 1941, in: BArch-MA Freiburg, RH 12–23/1649. Bei dieser 4. Tagung der Arge unter Generalleutnant Osterkamp waren sich die Anwesenden in der grundlegenden Bedeutung des Ausbaus der technischen Hefeproduktion einig. Bei der Sitzung war auch der Trocknungsexperte Georg A. Krause anwesend, der mit der Firma Oetker und mit Crampe bei der Nährwertgesellschaft kooperierte. Bei den Hungerversuchen wurden die Probanden gezielt ausgehungert, bis sie Hungerödeme ausbildeten; danach wurden Diäten unter Zusatz von Milcheiweiß, Sojaeiweiß oder Hefe erprobt. Ähnliche Versuchsreihen wurden im Kontext der Wehrmacht ab 1939 sowohl an deutschen Soldaten als auch an Kriegsgefangenen vorgenommen: Neumann, Ernährungsphysiologische Humanexperimente in der deutschen Militärmedizin, S. 154–160; Fraunholz, «Verwertung des Wertlosen», S. 105 f.; vgl. außerdem Protokoll über die Arbeitstagung des Arbeitsrings für Nahrungsmitteltechnik im Reichsforschungsrat, Baden-Baden, 20.–24. 11. 1943, S. 10 ff., in: BArch Berlin, R 26 III/178; Phrix Gesellschaft, Memorandum «Gewinnung von Eiweiß bei der Herstellung hochveredelter Kunstfaserzellstoffe durch Vorhydrolyse», o. D., in: OeFA, P5/42.

65 Die Phrix AG entstand 1941 aus fünf Unternehmen durch Zusammenführung ihres Kapitals: die Kurmärkische Zellwolle und Zellulose AG (Wittenberge), die Schlesische Zellwolle AG (Hirschberg/Rsgb.), die Rheinische Zellwolle AG (Siegburg), Rheinische Kunstseide AG (Krefeld-Uerdingen) und die Zellwolle und Zellulose AG (Küstrin/Oder): Kaienburg, Zwangsarbeit für das «deutsche Rohstoffwunder».
Bei dem Verfahren, das Phrix zur Hefegewinnung entwickelt hatte, wurde aus Stroh und Holz durch Vorhydrolyse Holzzucker ausgewaschen, der als Wachstumsgrundlage für die Hefekulturen diente. Vgl. zu den verschiedenen gängigen

Verfahren: Sitzungsbericht der Arbeitsgemeinschaft «Ernährung der Wehrmacht», 12. 12. 1941, Bl. 65–70, in: BArch-MA Freiburg, RH 12–23/1649; Aktenvermerk, RMfEL, 12. 11. 1942 (Entwurf), in: BArch Berlin, R 3601/3186, Bl. 90 f.; Kopke, Die «politisch denkende Gesundheitsführung», S. 216 f., 222. Neben Phrix waren vier weitere große Zellstoffproduzenten in diesem Bereich aktiv: Waldhof Mannheim, der Deutsche Zellwolle-Ring (Biosyn), Weimar, der Zellwolle- und Kunstseide-Ring, Berlin, und die IG Farben-Industrie, Wolfen/Bitterfeld. Vgl. Reichsamt für Wirtschaftsausbau .an Reichsgesundheitsamt, 21. 6. 1943, in: BArch R 86/3591, Bl. 160.

66 Die Überlieferung zum Hunsa-Projekt im Dr.-Oetker-Firmenarchiv ist begrenzt. Möglicherweise wurden Unterlagen bei einem Bombenangriff Ende 1943 im Berliner Büro zerstört, wo Hans Crampe auch als Hunsa-Geschäftsführer firmierte, oder Crampe nahm sie mit nach Konstanz (vgl. S. 283 f.). In den Akten verschiedener Reichsbehörden tauchen die Hunsa nie, die Phrix-Werke dagegen häufig auf. Die 1948 neu gegründete Phrix AG wurde 1967 von der BASF aufgekauft, binnen weniger Jahre aber stillgelegt. Ein Firmenarchiv scheint nicht überliefert. Vgl. Abelshauser, Die BASF, S. 561–569.
Das Archiv der Kurmärkischen Zellwolle und Zellulose AG, der Phrix-Tochtergesellschaft in Wittenberge, liegt im Brandenburgischen Landeshauptarchiv in Potsdam. Es wurde bereits umfassend ausgewertet. Vgl. Kurmärkische Zellwolle und Zellulose AG, Wittenberge, in: Eichholtz, Brandenburg in der NS-Zeit, S. 479–485; Rodegast, Zwangsarbeiter und KZ-Häftlinge; Kopke, Die «politisch denkende Gesundheitsführung»; Kaienburg, Zwangsarbeit für das «deutsche Rohstoffwunder».

67 Vgl. Hans Crampe, Denkschrift betr. «Gesellschaft für Nährwerterhaltung», 28. 10. 1941, in: OeFA, P15/105; zu den Verwendungsmöglichkeiten auch: Aktenvermerk Dr. Flebbe (Labor) für Richard Kaselowsky, 24. 8. 1942, in: OeFA, P5/50.

68 Vgl. Kaienburg, Zwangsarbeit für das «deutsche Rohstoffwunder», S. 13–16; Rodegast, Zwangsarbeiter und KZ-Häftlinge, S. 5 f.; Kopke, Die «politisch denkende Gesundheitsführung», S. 223 f. Zu Dörrs Kontakten im Freundeskreis gehörten neben den Bankiers Karl Rasche und Kurt Freiherr von Schröder auch Karl Krauch, der Generalbeauftragte für die Sonderfrage der chemischen Erzeugung (GB Chemie) in der Vierjahresplanbehörde, sowie Hans Kehrl, ein Multifunktionär in (halb)staatlichen Wirtschaftsbetrieben (u. a. der Ostfaser GmbH), beim Vierjahresplan und nicht zuletzt in den Aufsichtsräten der Phrix AG und der Kurmärkischen Zellwolle und Zellulose AG. Dörr selbst war Manager bei der BASF und I. G. Farben gewesen; er war Vorstandsvorsitzender der Phrix-Werke AG und leitete selbst die Fabriken in Hirschberg, Küstrin und Wittenberge.

69 Vgl. Hans Crampe an Richard Kaselowsky, 21. 2. 1942, in: OeFA, P15/107, hier: Entwurf zu einem Schreiben an Richard-Eugen Dörr, o. D.

70 Vgl. Hans Crampe an Richard Kaselowsky, 21. 2. 1942, hier: Entwurf zu einem Schreiben an Richard-Eugen Dörr, o. D.; Richard Kaselowsky an Hans Crampe, 24. 2. 1942; Crampe an Kaselowsky, 27. 2. 1942, in: OeFA, O15/107. Knorr sollte nur indirekt beliefert werden, um erstens selbst am Handelsgewinn beteiligt zu sein und um zweitens eine Beimischung in deren Konkurrenzprodukt «Mondamin» zu verhindern. Zur Pektin-Forschung Crampes in Verbindung mit der Phrix vgl. auch: Crampe an Kaselowsky, 4. 2. 1943, 9. 3. 1943, in: OeFA, P15/106.

71 Hans Crampe an Richard Kaselowsky, 27. 2. 1942; vgl. Richard Kaselowsky an Hans Crampe, 24. 8. 1942; Hans Crampe an Richard Kaselowsky, 6. 11. 1942, in: OeFA, P15/107. Für Kaselowsky war die Einführung eines neuen Produktes eine heikle Sache, erst recht wenn dafür Abnahmeverpflichtungen gegenüber der Phrix eingegangen werden sollten – vielleicht in Erinnerung an die Goldenberg-Affäre. Die ersten Preiskalkulationen (15 Pfennig je Beutel) waren zu hoch für ein «Zusatzmittel», das möglichst bei jeder Mahlzeit angewandt werden sollte.

72 Richard Kaselowsky an Hans Crampe, 9. 11. 1942, in: OeFA, P15/107.

73 Vgl. Konsortialvertrag zwischen der Phrix-Werke AG, Hamburg [...] und der OHG in Firma Dr. August Oetker, Bielefeld [...], 24. 2. 1943; Vertrag zwischen der Phrix-Arbeitsgemeinschaft, Hirschberg, und der Dr. August Oetker Nährmittelfabrik, Bielefeld, 17./19. 4. 1943, in: OeFA, P1/770. Die Hunsa Handels-GmbH stand demnach unter der Führung der Phrix-Werke, die Teilhaber aufseiten der Phrix-Gruppe (die Phrix AG selbst, die Direktoren Richard-Eugen Dörr und Adolf Grom und der Chemiker Hugo Koch) sowie der Oetker-Gruppe (die Bielefelder OHG selbst, Richard Kaselowsky, Hans Crampe und Theodor Delius) sollten jeweils einheitlich abstimmen; die Konsorten räumten sich außerdem ein gegenseitiges Vorkaufsrecht für die Anteile ein.

74 Vgl. Bircher, Hunsa; ein Auszug des Bircher-Buches mit handschriftlichen Vermerken unbekannter Herkunft befindet sich in einem Archivbestand des SS-Hauptamtes: Ralph Bircher, Aus dem Lebens des Hunsa-Volkes [1942], in: NS 31/437, hier v. a. Bl. 63–95, das Zitat Bl. 65.

75 Vgl. Heinrich Himmler an Oswald Pohl, 25. 1. 1943; Pohl an Rudolf Brandt, 20. 3. 1943; Reichsführer-SS (Persönlicher Stab) an Pohl, 19. 3. 1943, in: BArch Berlin, NS 19/38; einzelne Schreiben sind abgedruckt bei: Heiber, Reichsführer!, Dok. Nr. 197, 224.

76 Richard Kaselowsky an Hans Crampe, 25. 1. 1943, in: OeFA, P15/107. Kaselowsky spielte dabei an auf Bircher, Hunsa, S. 109, der kritisch über die Weißmehl und «größere Mengen von entmineralisiertem, entvitaminisiertem Fabrikzucker (dem unnatürlichsten und einseitigsten Nahrungsmittel, das wir kennen)» konsumierenden Völker urteilt.

77 Vgl. Hugo Koch (Phrix) an Hans Crampe, 28. 9. 1942, in: OeFA, P5/42; Hans Crampe an Richard Kaselowsky, 27. 2. 1942, in: OeFA, P15/107; Der Generalbeauftragte für Sonderfragen der chemischen Erzeugung an den Staatssekretär im RMfEL, Backe, 16. 11. 1942; 5. 2. 1943, in: BArch Berlin, R 3601/3186; zu den Lobby-Aktivitäten: Phrix-Werke an Reichskabinettsrat Franz Willuhn (Reichskanzlei), 16. 2. 1943, in: OeFA, P15/106; RMfEL an das Amt für Zentrale Planung im Reichsministerium für Bewaffnung und Munition, 13. 3. 1943; Hauptamt für Volksgesundheit (Wirz) an Hermann Speer, o. D.; Hauptamt für Volksgesundheit an RMfEL, 24. 2. 1943, in: BArch Berlin, R 3601/3186, Bl. 160 f., 163, 170–173 und passim. Zur Führer-Entscheidung vgl. Schnellbrief RMfEL an den Generalbeauftragten für Sonderfragen der chemischen Erzeugung, 25. 3. 1943, in: BArch R 3601/3186, Bl. 187; das Schreiben wurde auch an Generaldirektor Dörr zur Information weitergeleitet (12. 4. 1943, Bl. 191); Kaienburg, Zwangsarbeit für das «deutsche Rohstoffwunder», S. 23–26. Nach der Herbeiführung des Führerbefehls war kurzzeitig die Förderung des Hefeausbaus im «Chemischen Erzeugungsplan» festgeschrieben. Zumindest formal rangierte das Projekt damit auf einer Ebene mit Programmen zur Mineralölherstellung, Koh-

leveredelung oder etwa dem synthetischen Kautschuk Buna. Vgl. Denkschrift Weiterführung des Chemischen Erzeugungsplanes», 1.8.1943, S.15, in: BArch Berlin, R 3112/69; sowie verschiedener Schriftverkehr in: BArch Berlin, R 3601/3186, Bl. 190–208; zur «Hefe-Ausbauplanung» BArch Berlin, R 3101/ 32444. Anfang 1944 machte sich der Mangel an Arbeitskräften und Bau-Rohstoffen wieder bemerkbar: Der Ernährungsbeamte des Reichsgesundheitsführers (Hauptamt für Volksgesundheit der NSDAP), Wirz, an RMfEL, 13.1.1944, in: BArch Berlin, R 3601/3186, Bl. 310.

78 Vgl. Schenck, Ich sah Berlin sterben, S. 49. In Bezug auf ein anderes Verfahren zur Herstellung von Nährhefe, das von dritter Seite an Himmler herangetragen worden war, hatte dieser klargestellt, man müsse «möglichst bei irgendeiner Zellulose-Fabrik, in der diese Einrichtung noch nicht getroffen ist», einsteigen (Heiber, Reichsführer, Dok. Nr. 220).

79 Vgl. Kopke, «Wir wollen die Gärtner des Volkes sein», S. 186.

80 Vgl. Kaienburg, Zwangsarbeit für das «deutsche Rohstoffwunder», S. 18 f., 21 ff., 38; Kaienburg, Vernichtung durch Arbeit, S. 243 f.; Rodegast, Zwangsarbeiter und KZ-Häftlinge, S. 26 f., 31, 34 f., 44–54: Die Zahl der Arbeitskräfte in Wittenberge stieg von 1530 im Januar 1940 auf schließlich 4450 im September 1944, davon zuletzt 2757 Zwangsarbeiter, zeitweise auch Kriegsgefangene und KZ-Häftlinge. Zu den elenden Lebens- und Arbeitsbedingungen vgl. ebd., S. 26–34. Zur Entwicklung des KZ-Außenlagers, zu den Lebens- und Arbeitsbedingungen und zum Verhalten der örtlichen Phrix-Manager: Buggeln, Arbeit & Gewalt, S. 59–63, 119 und passim; sowie knapp: Buggeln, Wittenberge.

81 Eine Besprechung mit SS-Brif. Lörner wird erwähnt in: Hans Crampe an Richard Kaselowsky, 22.2.1943, in: OeFA, P15/107; zu Crampes Ansehen in der SS-Führung vgl. S. 302. Zum Besuch in Wittenberge: Hans Crampe an Richard Kaselowsky, 5.3.1943, in: OeFA, P15/106. Bei der Besichtigung waren zudem anwesend Phrix-Generaldirektor Dörr, SS-Brif. Georg Lörner und SS-Ernährungsinspekteur Ernst Schenck.

82 Vgl. Bericht über die Arbeiten der PHRIX-Unternehmungen im 1. Halbjahr 1943, S. 13 f., in: BArch Berlin, R 3191/32451, Bl. 13 f.; Generaldirektor Dörr (Phrix) an Prof. Wirz, 24.8.1943; Generaldirektor Dörr (Phrix) an RMfEL, 5.10.1943, in: BArch Berlin, R 3601/3186, Bl. 271, 273; Rodegast, Zwangsarbeiter und KZ-Häftlinge, S. 31, 48 f.; Buggeln beschreibt die Hinhaltetaktik der SS, für die das Projekt eine «Schwierige Kooperation ohne Prestige» gewesen sei (Buggeln, Arbeit & Gewalt, S. 59–63).

83 Richard Kaselowsky an Hans Crampe, 9.3.1943, in: OeFA, P15/106. Folglich war Kaselowsky über die Behebung des Arbeitermangels durch die SS orientiert; das galt auch für den Baufortschritt in Küstrin und Wittenberge: Hans Crampe an Richard Kaselowsky, 18.2.1943 (mit Anlage), in: ebd.

84 Hans Crampe an Richard Kaselowsky, 5.3.1943, in: OeFA, P15/106.

85 Vgl. hier und im Folgenden: Erläuterungen in der Präambel der Schiedsgerichtsvereinbarung vom 20.4.1943; Gesellschaftsvertrag der Toq-Handels-Gesellschaft mbH, o. D., in: OeFA, P1/770. Der Toq-Gesellschaftsvertrag liegt nur in einer unterschriebenen, jedoch nicht datierten Fassung vor. Trotz des Eintritts des jungen Oetker hatte sich an der grundsätzlichen Verteilung der Einlagen zwischen den Gruppen (Phrix 51 %, Oetker 49 %) nichts geändert. Persönlich haftende Gesellschafter waren nun Crampe für Oetker (6000 RM), der Chemi-

ker Hugo Koch (5000 RM) und Direktor Grom für Phrix (10 000); Kommanditisten waren Dörr (20 000 RM), Kaselowsky (10 000 RM), Theodor Delius (3000 RM), Rudolf-August Oetker (10 000) und die beiden Firmen Oetker (20 000) und Phrix (16 000). Der Begriff «Toq» bezeichnet laut Bircher steile Gras-Halden: Bircher, Hunsa, S. 81 f.

86 Vgl. Gesellschaftsvertrag der Hunsa-Forschungs-GmbH, 30. 7. 1943, in: OeFA, P1/770; Richard-Eugen Dörr an SS-Brif. Georg Lörner, 17. 4. 1943; Lörner an Dörr, 30. 4. 1943, in: BArch Berlin, NS 3/1439, Bl. 49 f.; knapp das Datenblatt zur Hunsa-Forschungs-Gesellschaft mbH aus dem SS-WVHA, o. D., in: BArch Berlin, NS 3/129, Bl. 214 ff. Zu den Zuständigkeiten innerhalb des SS-WVHA: Organigramm SS-Wirtschafts-Verwaltungshauptamt, o. D. [1942], in: BArch Berlin, NS 19/1166; sowie die Organigramme in: Kaienburg, Die Wirtschaft der SS, S. 406.
Die DVA unterhielt Mustergüter und erforschte neue Techniken der Lebensmittelverarbeitung. Sie beschäftigte sich mit der Pflanzen- und Tierzucht, mit «deutschen Gewürzen» und Heilpflanzen, aber auch der Gewinnung von Vitaminen aus Gladiolen. Sie verantwortete den berüchtigten «Kräutergarten» im Konzentrationslager Dachau und unterstand als Referat W V/1 der von SS-Obergruppenführer Oswald Pohl persönlich geleiteten Amtsgruppe W (Wirtschaftliche Unternehmungen) im Wirtschafts- und Verwaltungshauptamt der SS. Vgl. Kaienburg, Die Wirtschaft der SS, S. 771–856; Persönlicher Stab des RFSS an Reichsminister des Innern, 20. 10. 1944; Chef des Amtes W 5 (SS-Ostubaf. Vogel), Zusammenstellung der von der DVA durchgeführten laufenden und geplanten Forschungs- und Versuchsarbeiten und Prüfungen, o. D.; Stab W im SS-WVHA an DVA, 4. 5. 1944 betr. Satzung der DVA und Gegenstand des Unternehmens, in: BArch Berlin, NS 3, 1430, Bl. 10 f., 102–106, 143 sowie passim; Jacobeit/Kopke, Die biologisch-dynamische Wirtschaftsweise im KZ, S. 26–34; Kopke, Die «politisch denkende Gesundheitsführung», S. 113–131; Seidl, «Zwischen Himmel und Hölle», S. 59–65.

87 Vgl. Das SS-Wirtschaftshauptamt und die unter seiner Dienstaufsicht stehenden wirtschaftlichen Unternehmungen, in: NARA, Washington D. C., National Archives Record Group 238, NO 1573, abgedruckt in: Naasner, SS-Wirtschaft und SS-Verwaltung, S. 33–203, hier S. 187 f. Bezeichnenderweise wurde die Firma in dem Bericht (Kapitel V a 5) unter dem falschen Namen «Phrix-Forschungsgesellschaft mbH» aufgeführt.

88 Vgl. Hunsa-Forschungs-GmbH an die Mitglieder des Beirats, 11. 11. 1943; Hans Crampe an DVA, 7. 1. 1944; RA Dr. Wilhelm Schneider, Berlin, an Phrix-Werke AG; RA Schneider an Crampe, 9. 5. 1944, in: BArch Berlin, NS 3/1439, Bl. 8, 19, 58 f. sowie weitere Schreiben Bl. 62 f.; Datenblatt zur Hunsa-Forschungs-Gesellschaft mbH, SS-WVHA, o. D., in: BArch Berlin, NS 3/129, Bl. 214 ff., hier Bl. 216.
Ob bei den zahlreichen am Hefe-Ausbauprogramm beteiligten Reichsbehörden die beiden Firmengründungen Hunsa und Toq jemals bekannt wurden, muss bezweifelt werden, da sich in den konsultierten Akten nie Hinweise auf diese Firmen fanden. Dass die Firma Dr. A. Oetker jedoch mit dem Phrix-Nährhefeprojekt zu tun hatte, war etwa den Sachbearbeitern im Reichsministerium für Ernährung und Landwirtschaft sehr wohl bewusst, da Hans Crampe mehrmals dort vorsprach. Vgl. BArch Berlin, R 3601/3186, Bl. 144, 158, 222, 233.

89 Vgl. Kopke, Die «politisch denkende Gesundheitsführung», S. 228 f., 235–239; Hans Crampe an Richard Kaselowsky, 4. 2. 1943; 9. 3. 1943, in: OeFA, P15/106; Bericht über die Arbeiten der Phrix-Unternehmungen im 1. Halbjahr 1943, S. 15, in: BArch Berlin, R 101/32451; Bericht über die Arbeiten der Phrix-Unternehmungen im Geschäftsjahr 1943, 27. 2. 1944, Bl. 17, in: BArch Berlin, R 3101/32452, Bl. 28; Kurmärkische Zellwolle und Zellulose-AG an RMfEL, 22. 1. 1944, Antwortschreiben vom 17. 4. 1944, in: BArch Berlin, R 3601/3187, Bl. 47. Zu den völlig überzogenen Produktionszielen und Wachstumsprognosen auch der Behörden: Denkschrift «Weiterführung des Chemischen Erzeugungsplanes», 1. 8. 1943, in: BArch Berlin, R 3112/69, hier z. B. Schaubild S. 15; Denkschrift «Weiterführung des Chemischen Erzeugungsplanes», 1. 10. 1944, in: BArch Berlin, R 3112/73. Der Bombentreffer in Wittenberge betraf zwar die Zellstoffproduktion; ohne diese war aber auch die Nährhefeproduktionslinie lahmgelegt: Hans Crampe an Richard Kaselowsky, 15. 3. 1944, in: OeFA, P15/106. Auch Schenck zog nach dem Krieg ein pessimistisches Fazit des Hunsa-/Phrix-Projektes: Schenck, Ich sah Berlin sterben, S. 49 f.

90 Vgl. Richard Kaselowsky an Hans Crampe, 24. 8. 1942; Flebbe an Crampe, 18. 12. 1942, in: OeFA, P15/107; Kaselowsky an Dr. Thies (Labor Oetker), 20. 6. 1642; Büro Berlin an Dr. G. A. Krause, o. D.; Aktenvermerk Dr. Flebbe für Kaselowsky, 11. 12. 1942, in: OeFA, P5/42, sowie in der Akte P5/42 verschiedene Rezeptentwürfe sowie ein nicht datierter Fragebogen «Betr. Nähr-Hefe» für die hausinternen Anwender; außerdem Entwürfe für Verpackungsaufschriften. Vgl. Rodegast, Zwangsarbeiter und KZ-Häftlinge, S. 30, der als Produktionssoll für Wittenberge 40 000 jato (Jahrestonnen) angibt; Kopke, Die «politisch denkende Gesundheitsführung», S. 222, nennt «nur» 20 000 jato.

91 Vgl. Vortrag Dipl. Ing. Generaldirektor Dörr anlässlich der Einweihung des Instituts für Technologie der syntetischen [sic] Fasern, TH Breslau, 3. 3. 1942, abgedr. in: Fette und Seifen, 1942, S. 293 ff.; «Nahrung und Futter aus Holz», in: Frankfurter Zeitung, 30. 7. 1942; «Nährstoffe aus Holz gewonnen», in: Corriere della Sera, 12. 6. 1942 – Exemplare jeweils in: OeFA, P5/42. Das Reichsministerium für Ernährung und Landwirtschaft monierte allerdings solche Werbung, da man doch über das Stadium von Großversuchen bisher nicht hinausgekommen sei; vgl. Ertel (RMfEL), Aktenvermerk, Reise nach Hirschberg, 16. 6. 1942, in: BArch Berlin, R 3601/3186; zur behördlichen Zulassung: G. A. Krause an Hans Crampe, 24. 6. 1942; Crampe an Labor Dr. Oetker, 23. 6. 1942, in: OeFA, P5/42.

92 Da bis 1944 nicht einmal die Preisgestaltung von den zuständigen Behörden genehmigt war, ist davon auszugehen, dass das Speisehefe-Projekt zwar weiterverfolgt wurde, aber an eine Belieferung des zivilen Markts noch nicht zu denken war: vgl. Phrix AG an RMfEL, 2. 2. 1944, in: BArch Berlin, R 3601/31487, Bl. 73.

93 Vgl. Bericht über die Arbeiten der Phrix-Unternehmungen im 1. Halbjahr 1943, S. 8, in: BArch Berlin, R 3191/32451, Bl. 8. Nach anderen Angaben hatten die Versuchsanlagen in Wittenberge nur eine Kapazität von anfangs 20 kg, später 300 kg. Für Ende 1942 wird die Produktion mit 3,9 moto angegeben, 1943 immerhin 8,6 moto und 1944 bis zu 11 moto. Vgl. Rodegast, Zwangsarbeiter und KZ-Häftlinge, S. 35; Kopke, Die «politisch denkende Gesundheitsführung», S. 226. Nach Kopke (ebd. S. 224 f., 229 f.) erfolgte ab 1942 die Belieferung der Waffen-SS über einen SS-eigenen Betrieb, die Deutsche Lebensmittel GmbH. Die

Liefermengen mussten 1944 gedeckelt werden, da Hefe nun der Bewirtschaftung unterlag.

94 Vgl. Fraunholzer, «Verwertung des Wertlosen», S. 101.

95 Vgl. Kopke, Die «politisch denkende Gesundheitsführung», S. 227 ff.; Der Präsident des Reichsgesundheitsamts an den Reichsminister des Innern, 18. 6. 1943, in: BArch Berlin, R 86/3591, Bl. 43. Das OKH beschloss im Januar 1944, den Firmen, die Hefe-Extrakt an die Wehrmacht lieferten, Lieferbedingungen für Sulfithefe vorzuschreiben – mithin gab es Handlungsbedarf: OKH, Chef der Heeresrüstung und Befehlshaber des Ersatzheeres an Reichsgesundheitsamt, 25. 1. 1944, in: ebd., Bl. 28.

96 Vgl. Fleisch- und Fettkonzern A. Aengeneyndt KG, Köln, an Reichsamt für Wirtschaftsausbau, 19. 11. 1943; RMfEL an Aengeneyndt KG, 29. 2. 1944, in: BArch Berlin, R 3601/3187. Zur Maggi GmbH, Singen, vgl. Fachgruppe Nährmittelindustrie an RMfEL, 9. 11. 1943, in: BArch Berlin, R 3601/3186, Bl. 301; Fa. Maggi an Reichsgesundheitsamt, 5. 11. 1943; RMfEL an den Reichsfinanzminister, 26. 8. 1943, in: BArch Berlin, R 86/3591, Bl. 5, 8. Das Reichsgesundheitsamt lehnte die Einfuhr wegen des hohen Arsen- und Bleigehalts ab (Gutachten des Präsidenten des Reichsgesundheitsamts, 27. 4. 1944, in: ebd.). Die Genehmigung vom Juni 1944 betraf die Maggi GmbH (allein 200 t), die Liebig-Gesellschaft mbH, Köln, die Fleisch- und Fett-Konzern Aengeneyndt KG, Köln, die Nadena Nährmittelfabrik, Köln, und die Firma Schaumann, Hamburg. Vgl. Hauptvereinigung der deutschen Getreidewirtschaft an RMfEL, 18. 7. 1944, in: BArch Berlin, R 3601/3187.

97 Vgl. zum Einsatz in Apotheken das kritische Gutachten von Prof. Dr. W. Halden an das Reichsgesundheitsamt, 7. 10. 1943, in: BArch Berlin, R 86/3591, Bl. 35–38; zum zivilen Einsatz allgemein: Aktenvermerk RMfEL, 11. 9. 1944, in: BArch Berlin, R 3601/3187.

98 In der Literatur wurde mehrfach eine Verbindung zwischen der Hunsa und Hungerversuchen im KZ Mauthausen hergestellt. Da in öffentlichen Archiven fast nur Akten zum Gesellschaftsvertrag von 1943 vorliegen und über die Vorgeschichte der Unternehmensgründung bisher wenig bekannt war, wurde die Bedeutung der SS-Beteiligung regelmäßig überbewertet. Beim Thema Menschenversuche verlässt sich die jüngere Literatur leider auf die wenig zuverlässigen Darstellungen von Peter Ferdinand Koch. Vgl. z. B. Kaienburg, Die Wirtschaft der SS, S. 855 f.; Jungbluth, Die Oetkers, S. 186 ff.; Elsner, Heilkräuter, «Volksernährung», Menschenversuche, S. 86–89; nur vage dagegen Jacobeit/Kopke, Die biologisch-dynamische Wirtschaftsweise im KZ, S. 118 ff.
Die Angaben Kochs sind dürftig belegt. Vor allem stützt er sich auf eine «längliche Aktennotiz» Richard-Eugen Dörrs über eine Besprechung vom 17. 4. 1943, die er nach seinem Privatarchiv zitiert. Die Darstellung ist spekulativ und geprägt von offensichtlichem Unverständnis der Strukturen und handelnden Personen in Bielefeld. Vgl. Koch, Die Geldgeschäfte der SS, S. 149 ff. Bei der erwähnten Aktennotiz dürfte es sich handeln um: Richard-Eugen Dörr an SS-Brif. Georg Lörner, 17. 4. 1943, in: BArch Berlin, NS 3/1439, Bl. 50. Ohne weitere Belege erweitert Koch andernorts die Liste der Menschenversuche noch um Dachau, Ravensbrück und Auschwitz: Koch, Menschenversuche, S. 97–101. Ebenfalls weitgehend ohne Beleg: Koch, Die Dresdner Bank und der Reichsführer-SS, S. 125 ff. Eine von vielen überzeichneten Spekulationen Kochs ist, dass

Dr. Oetker durch diese marginale Firmenbeteiligung angestrebt habe, den Handel mit Nahrungsmitteln «langfristig [zu] monopolisier[en]».

99 Schenck, Ich sah Berlin sterben, S. 48–58, das Zitat S. 52; zu Schencks aktiver Nachkriegspublizistik: Kopke, Die «politisch denkende Gesundheitsführung», S. 11–16. Sowohl dem Deutschen Zellwolle-Ring unter Staatsrat Schieber als auch Dörrs Phrix-Konzern wurden von Schenck zu Recht enge Verbindungen zur Vierjahresplanbehörde «und zum Führer selbst» (v. a. Schieber) attestiert. Vgl. Ertel (RMfEL), Aktenvermerk, Reise nach Hirschberg, 16. 6. 1942, in: BArch Berlin, R 3601/3186.

100 Heinrich Himmler (RFSS) an Ogruf. Oswald Pohl (SS-WVHA), 11. 3. 1943, in: Heiber, Reichsführer!, Dok. Nr. 220; daran erinnert sich auch Schenck, Ich sah Berlin sterben, S. 50.

101 Bei Biosyn wurde die Sulfitablauge, also die Abwässer der Zellstoffproduktion, verwertet. Diese Sulfitablauge wurde mit Schimmelpilzen (*Oospora/Oidium lactis*, i. e. *Geotrichum candidum*) versetzt, um die Pilzmasse, das «Mycel», für das Biosyn-Produkt zu erhalten. Vgl. Aktenvermerk, Gespräch Hans Berge in Fa. Biosyn-Gesellschaft [im Reichsgesundheitsamt], 23. 7. 1942, in: BArch Berlin, R 86/3591; Sitzungsbericht der Arbeitsgemeinschaft «Ernährung der Wehrmacht», 12. 12. 1941, in: BArch-MA Freiburg, RH 12–23/1649, Bl. 65–70; Ertel (RMfEL), Aktenvermerk, Reise nach Hirschberg, 16. 6. 1942, in: BArch Berlin, R 3601/3186. Das Biosyn-Verfahren wurde zeitgenössisch beschrieben von Karl J. Demeter, «Biosyn»-Verfahren, in: Die Deutsche Molkerei- und Fettwirtschaft 2 (1944), H. 26; M. E. Peukert, Pilzmycele als Eiweißfuttermittel, in: Biedermanns Zentralblatt – B. Tierernährung 12 (1940), S. 411; zum technikgeschichtlichen Hintergrund: Fraunholz, «Verwertung des Wertlosen», S. 96–102.

102 Vgl. Aktenvermerk Staatsrat Schieber, 3. 3. 1943, in: BArch Berlin, R 3601/3188, Bl. 15; Aktenvermerk über eine Besprechung im Reichsernährungsministerium am Samstag den 17.7.[1943], in: BArch Berlin, R 3601/3186, Bl. 239. Geplant war die Beteiligung der Zellwolle Lenzing AG, der Westfälischen Zellstoff AG und der Schwäbischen Zellstoff AG. Zur Gründung kam es vermutlich nicht mehr, weil die direkte Beteiligung von Reichsbehörden an einer Firmengründung nicht erwünscht war.

103 Vgl. die Vorgänge in: BArch Berlin, R 3601/3188; ähnlich in der Akte des Reichsgesundheitsamtes: BArch Berlin, R 86/3591, teilweise mit kursorischer Erwähnung der Menschenversuche. Auch die Landesbauernschaft Bayern und der Milchwirtschaftsverband interessierten sich wegen der möglichen Verarbeitung von Molke.

104 Vgl. Präsident des Reichsgesundheitsamts an RMfEL, 11. 5. 1943, in: BArch Berlin, R 3601/3188, Bl. 28 ff.; Einzelurteile über Biosyn-Vegetabil-Wurst, BArch R 86/3591, Bl. 142; Wirz an RMfEL, 16. 7. 1943, und das Antwortschreiben v. 13. 8. 1943, in: BArch Berlin, R 3601/3188, Bl. 110–116; Eisenhut an Toepfer (Reichswirtschaftsministerium), 12. 8. 1943, in: BArch Berlin, R 3101/32444, Bl. 22.

105 Vgl. Hauptvereinigung der deutschen Getreide- und Futtermittelwirtschaft an RMfEL, 3. 8. 1943, in: BArch Berlin, B 361/3188, Bl. 134. Die Beschreibung der vermeintlichen «Leberstreichwurst» aus den Abwässern der Zellstoffproduktion geht regelmäßig auf die Aussagen Ernst Martins in einem Strafverfahren gegen Ernst Schenck zurück; Martin war Häftlingsschreiber beim SS-Standortarzt in

Mauthausen. Vgl. Elsner, Heilkräuter, «Volksernährung», Menschenversuche, S. 86–89, die ebenfalls die falsche Verbindung zu Hunsa/Oetker aufmacht; Jungbluth, Die Oetkers, S. 188; Fraunholz, «Verwertung des Wertlosen», S. 108 f.; Kopke, Die «politisch denkende Gesundheitsführung», S. 250–269; Bauer, «Einmal möchte ich mich noch satt essen», S. 136 ff.

106 Die hier zitierten Akten sowie weitere Vorgänge in Zusammenhang mit der Hefefabrikation im Zweiten Weltkrieg im Bundesarchiv wurden im Rahmen der Arbeit an dieser Studie umfassend geprüft. Sie enthielten ebenso wenig wie die vorliegende Literatur zu Ernährungsversuchen Hinweise auf die Verwendung der Hunsa-Hefe oder eine Verbindung zu dem Konkurrenzprodukt Biosyn. Vgl. Elsner, Heilkräuter, «Volksernährung», Menschenversuche, S. 65–89; Kopke, «Wir wollen die Gärtner des Volkes sein», S. 186 ff.; Bauer, «Einmal möchte ich mich noch satt essen», S. 134 f.; Fraunholz, «Verwertung des Wertlosen», S. 107 f.

107 Vgl. Niederschrift über die 3. TOQ-Besprechung am 2. März 1944 in Hamburg, in: Brandenburgisches Landeshauptarchiv, Pr. Br. Rep. 75, 265, zitiert nach Kopke, Die «politisch denkende Gesundheitsführung», S. 255. Bei der Besprechung wurde konstatiert, dass die Herstellung der «bekannten Biosyn-Wurst» in Lenzing untersagt worden sei; dagegen sei im Zellstoffwerk der an Biosyn/Bionahr beteiligten Westfälischen Zellstoff AG in Arnsberg-Wildshausen inzwischen eine Produktion nasser Mycel-Masse angelaufen, die im großen Stil an «K.Z. Läger» abgegeben werde.

108 Vgl. Vierteljahresbericht des SS-Standortarztes Trzebinski, 29. 3. 1945, abgedruckt in: Kaienburg, Das Konzentrationslager Neuengamme, S. 123–126, Hervorhebung durch die Verf.; der Hinweis findet sich auch in: Kaienburg, Vernichtung durch Arbeit, S. 378; Kaienburg, Die Wirtschaft der SS, S. 856; Buggeln Arbeit & Gewalt, S. 118, Anmerkung 44, weist den Bericht in den Nürnberger Dokumenten nach: 2169-PS.

109 Vgl. Protokoll Curio-Haus-Prozess, S. 385 f. Die Bestellungen aus Neuengamme erfolgten regelmäßig durch den dortigen Pathologen Dr. Hans Klein.

110 Vgl. Kaienburg, Vernichtung durch Arbeit, S. 350, 378; Kopke, Die «politisch denkende Gesundheitsführung», S. 227; Fritz, Die SS-Ärzte des KZ Neuengamme, S. 185 f. Aus der Zuständigkeit der Standortärzte in Neuengamme für Versorgungsfragen ergab sich deren direkter Kontakt zu Lieferanten wie der Phrix AG.

111 So die Vermutung von: Kaienburg, Die Wirtschaft der SS, S. 856.

112 Vgl. Aktennotiz betr. die Besprechungen bei der Zweigfabrik in Hamburg, 5./6. 3. 1945, in: OeFA, P15/131.

113 Vgl. Bilanz per 31. 12. 1944, S. 9; Gewinn- und Verlust-Rechnung per 31. 12. 1944, S. 7, in: OeFA, P1/790; Firmentagebuch, 25. 7. 1945, in: OeFA, P15/4.

114 Schriftwechsel Hans Crampe/Ernst Tüscher, 11. 7. 1946 bis 4. 2. 1947; Labor Dr. Oetker an Ernst Tüscher, 19. 7. 1946, in: OeFA, P15/113.

115 Richard Kaselowsky an Hans Crampe, 7. 7. 1943, in: OeFA, P15/106. Das Schreiben war allgemein formuliert. Da das Schreiben aus dem unmittelbaren zeitlichen Umfeld der Hunsa-Gesellschaftsgründung datiert, ist es durchaus angemessen, diese Einschätzung auf die Hunsa als erste und einzige Gemeinschaftsfirma mit der SS zu beziehen, bei der ein unternehmerischer Erfolg auf mittlere Sicht erwartet wurde.

116 Bericht des Gewerbeaufsichtsamts Bielefeld betr. Betriebsbesichtigung bei

Dr. August Oetker, 1. 9. 1944, in: LAV NRW OWL Detmold, D 3 Bielefeld, Nr. 108. Vgl. zur Zwangsarbeit in der Region Ostwestfalen Seichter/Pütz, Zwangsarbeiter in Ostwestfalen-Lippe; zu Bielefeld darin: Kühne, «Fremdarbeiter» in Bielefeld und ihr Schicksal nach 1945; außerdem: Kallmeyer, Der Feind als «Kollege und Nachbar».

117 Interne Mitteilung der Personalverwaltung der Fa. Dr. August Oetker betr. Einsatz von Ausländern in unserem Betriebsbereich während der Kriegszeit (39–45), 9. 4. 1998, in: OeFA, P14/2877; Höcker, Erinnerungen, 1951, Manuskript, S. 129, in: OeFA, P1/168a. Die Benteler-Werke betrieben ein Gemeinschaftslager. Vgl. Gemeinschaftslager im Kreise Bielefeld-Halle, Stand 1. 9. 1943, in: StABi, 101,12/Geschäftsstelle XII, Nr. 798.

118 Tamara Smoljakowa an den Leiter der Rechtsauskunftsstelle Fallingbostel, 4. 9. 1947 (Entnazifizierungsakte August Langenberg, Anlage 8 zum Spruchgerichtsverfahren), in: LAV NRW R Düsseldorf, NW 1073, 593.

119 Vgl. Karl Höcker, Erinnerungen 1911–1951, Manuskript, S. 129, in: OeFA, P1/168a.

120 Zwangsarbeit in der Hamburger Kriegswirtschaft 1939–1945. Vgl. auch Littmann, Ausländische Zwangsarbeiter in der Hamburger Kriegswirtschaft. Dass von Hamburg-Altona aus täglich Zwangsarbeiter in das Zweigwerk der Firma Dr. August Oetker transportiert wurden, das sich seit Ende 1941 rund zehn Kilometer entfernt am Grünen Deich in Hammerbrook und damit auf der anderen Seite der Hamburger Innenstadt befand, ist unwahrscheinlich. Die Quellenbelege, die in der Datenbank angeführt sind, ließen sich nur teilweise nachvollziehen und lieferten keine entsprechenden Hinweise. Anfragen an die Bearbeiterin Friederike Littmann blieben leider unbeantwortet. Der Dank der Verfasser gilt Herrn Thomas Käpernick, KZ-Gedenkstätte Neuengamme, der einen Rechercheauftrag zur Überprüfung der Belegstellen übernahm, sowie Frau Helga Mügge im Staatsarchiv Hamburg. Vgl. Thomas Käpernick, Bericht Recherche Oetker-Zwangsarbeit, im Besitz der Verfasser. Lediglich eine im Archiv der Handelskammer Hamburg verwahrte Aufstellung der Mitarbeiterzahlen von Betrieben mit mehr als 100 «Gefolgschaftsmitgliedern» verzeichnet für das Oetker-Zweigwerk nicht näher spezifizierte ausländische Mitarbeiter: Am 1. 4. 1944 waren von insgesamt 125 Mitarbeitern vier Ausländer, am 1. 4. 1945 gab es unter 227 Mitarbeitern drei ausländische Arbeitskräfte. Vgl. Firmen-Liste mit Anzahl der Gefolgschaftsmitglieder [1945], in: Archiv der Handelskammer Hamburg, 94. C.480.

121 M. Ziehmanis, Ein Tatsachenbericht über die Sklavenarbeit der Häftlinge (Nov. 1944–April 1945), in: Archiv der KZ-Gedenkstätte Neuengamme, Häftlingsberichte Nr. 1163, o. D., S. 28–31.

122 Karl Lindenstromberg und Alfred Wittrich an Richard Kaselowsky, 24. 11. 1942, in: OeFA, P15/95; Karl Lindenstromberg an Richard Kaselowsky, 13. 12. 1943 und 11. 9. 1944, in: OeFA, P15/97. Für die Niederlassung in Danzig-Oliva liegen umfangreiche Korrespondenzen und Berichte vor, die aber keinen Hinweis auf Zwangsarbeit enthalten. Vgl. OeFA, P15/72–92 für die Jahre 1926 bis 1947; auch für Straßburg, Baden b. Wien und Brünn gibt es keine Hinweise. Für Brünn wurden auch einschlägige Bestände im Mährischen Landesarchiv geprüft. Vgl. Moravský zemský archiv v Brně, Bestand H 1129. Anfragen beim Niederösterreichischen Landesarchiv und beim Stadtarchiv Baden blieben ebenfalls ohne Ergebnis.

123 Grafik: Altersmäßige Aufteilung der Gefolgschaftsmitglieder [1941], in: OeFA, P8/42; Bericht des Gewerbeaufsichtsamts Bielefeld betr. Betriebsbesichtigung bei Dr. August Oetker, 1. 9. 1944, in: LAV NRW OWL Detmold, D 3 Bielefeld, Nr. 108; Höcker, Erinnerungen, 1951, in: OeFA, P1/168a, S. 99.

124 Vgl. Hans Crampe an Ministerialrat Dr. Dietrich (RMfEL), 10. 9. 1941, in: BArch Berlin, R 3601/2094. Vgl. dort auch die weitere Korrespondenz, zuletzt Hans Crampe an RMfEL, 17. 12. 1941. Der Konflikt fiel just in die Phase, in der der Reichsarbeitsdienst der weiblichen Jugend (RADwJ) verstärkt ausgebaut und Freistellungen für Mädchen und junge Frauen mit Arbeitsplatz aufgehoben wurden. Vgl. dazu Morgan, Weiblicher Arbeitsdienst in Deutschland, S. 324–331; Watzke, «Ich war ein einsatzbereites Glied in der Gemeinschaft …», S. 108 f.

125 Vgl. Höcker, Erinnerungen, 1951, in: OeFA, P1/168a, S. 99; Stephenson, Women in Nazi Germany, S. 106–111; Bajohr, Die Hälfte der Fabrik, S. 251–262; Winkler, Frauenarbeit im «Dritten Reich», S. 87–101; Eiber, Frauen in der Kriegsindustrie, S. 574–579.

126 Vgl. RMfEL an Reichsminister für Bewaffnung und Munition, 28. 2. 1941, in: BArch Berlin, R 3601/2094, Bl. 155; Partei-Kanzlei an RMfEL, 26. 2. 1942, in: BArch Berlin, R 3601/2094, Bl. 122; Rundschreiben der Wirtschaftsgruppe Lebensmittelindustrie, 1. 9. 1942 und 4. 12. 1942, in: BArch Berlin, R 13/XXVI/443.

127 RMfEL an OKW, 7. 5. 1942, in: BArch Berlin, R 3601/2094, Bl. 22.

128 Vgl. OKW an RMfEL, 26. 5. 1942, in: BArch Berlin, R 3601/2094; Bayerischer Staatsminister für Wirtschaft, Landesernährungsamt an das RMfEL, 28. 7. 1942, in: BArch Berlin, R 3601/2094, Bl. 86; Aktenvermerk über eine Rücksprache mit Dr. Terstiege, Reichsnährstand, 9. 7. 1942, in: BArch Berlin, R 3601/2094, Bl. 72. In Abstufungen wurde das rassistisch aufgeladene hygienische Argument jedoch bis Kriegsende aufrechterhalten. So plädierte etwa die Betriebsleitung des Zellstoffwerkes der Phrix AG in Wittenberge, wo die Nährhefe des Hunsa-Projektes hergestellt wurde (vgl. Kapitel 7.3), gegen den Einsatz von KZ-Häftlingen in der Eiweißproduktion, da es sich um einen Nährmittelbetrieb handele: Gruner an Standartenführer Maurer (SS-WVHA, Amtsgruppe D), 17. 6. 1944, abgedruckt in: Rodegast, Zwangsarbeiter und KZ-Häftlinge, nicht paginierter Anhang.

129 Paul Jung an Richard Kaselowsky, 11. 7. 1942, in: OeFA, P15/152.

130 Auflistung über bei verschiedenen Arbeitgebern beschäftigte Ostarbeiter, 1946, in: LAV NRW OWL Detmold, M 1 I R, Nr. 13; Konstantin Brückner an Geschäftsleitung Dr. August Oetker, 6. 12. 1945, und Konstantin Brückner an Prof. Wörmann, 6. 12. 1945, in: OeFA, P15/55.

131 Vorstand Chemische Fabrik Budenheim an Richard Kaselowsky, 30. 12. 1941, in: OeFA, P15/233.

132 Vgl. Übersicht zum Beteiligungsbesitz [1945], in: OeFA, P1/759; Kriegstagebuch des Rüstungskommandos Bielefeld, Eintrag vom 10. 1. 1941 und darauffolgender Wochenbericht, in: BArch-MA Freiburg, RW 21–7/4.

133 Vgl. Kriegstagebuch des Rüstungskommandos Bielefeld, Eintrag vom 4. 3. 1943, in: BArch-MA Freiburg, RW 21–7/12; Eintrag vom April 1943, in: BArch-MA Freiburg, RW 21–7/13; Einträge vom August und September 1943, in: BArch-MA Freiburg, RW 21–7/14. Einträge vom Januar 1944 und März 1944, in: BArch-MA Freiburg, RW 21–7/15.

134 Bericht des Gewerbeaufsichtsamts Bielefeld, 22. 5. 1944, in: LAV NRW OWL

Detmold, D 3 Bielefeld, Nr. 108; vgl. Arbeitsamt Bielefeld an Gewerbeaufsichtsamt Bielefeld, 25. 10. 1941; Gewerbeaufsichtsamt Bielefeld an den Staatlichen Gewerbearzt Bielefeld, 29. 1. 1942; Gewerbeaufsichtsamt Bielefeld an Gesundheitsamt Bielefeld-Stadt, 23. 5. 1942, in: LAV NRW OWL Detmold, D 3 Bielefeld, Nr. 110; Gewerbeaufsichtsamt Bielefeld an den Regierungspräsidenten, Liste aller Gemeinschaftslager, 31. 10. 1941, in: LAV NRW OWL Detmold, M 1 I G, Nr. 563; Kriegstagebuch des Rüstungskommandos Bielefeld, Eintrag vom 21. 1. 1943, in: BArch-MA Freiburg, RW 21–7/12; Richard Hermann an Konstantin Brückner, 1. 3. 1946, in: OeFA, P15/132. In Kühne, «Fremdarbeiter» in Bielefeld und ihr Schicksal nach 1945, S. 46, wird die Zahl der Zwangsarbeiter mit 670 angegeben.

135 Eingabe der Belegschaft der Firma Koch's Adler Nähmaschinenwerke, 18. 2. 1946, in: OeFA, P15/132.

136 Konstantin Brückner an Ernst Tüscher, 4. 3. 1946, in: OeFA, P15/132. Hermann ersuchte selbst um seine Entlassung: vgl. Richard Hermann an Konstantin Brückner, 24. 2. 1946, in: OeFA, P15/132.

137 Protokoll Arbeitsausschuss-Sitzung C. H. Knorr, 27. 10. 1942, in: OeFA, P15/157; vgl. Beteiligungsübersicht [Dezember 1945], in: OeFA, P15/55; C. H. Knorr an RMfEL, 29. 8. 1942 sowie Folgekorrespondenz mit involvierten Dienststellen, u. a. Generalbeauftragter für den Arbeitseinsatz an RMfEL, 9. 9. 1942, in: BArch Berlin, R 3601/2094, Bl. 100–107.

138 Protokoll Verwaltungsratssitzung C. H. Knorr, 9. 6. 1944, in: OeFA, P15/163; vgl. Protokoll Aufsichtsratssitzung C. H. Knorr, 20. 5. 1943, in: OeFA, P15/158.

139 Vgl. Aufstellung des Aktienbesitzes [Dezember 1945], in: OeFA, P15/55; Vermerk Ernst Tüscher für Rudolf-August Oetker betr. Neubesetzung des Aufsichtsratspostens, 29. 1. 1946, in: OeFA, P15/161. Das Online-Kartenwerk «Zwangsarbeit in Hamburg» vermerkt unter «Gummiwarenfabrik Phoenix» die Existenz mehrerer Zwangsarbeiterlager. Die Lagerplätze, die mit Phoenix in Verbindung stehen, summieren sich auf bis zu 1800 Arbeiter. Vgl. Landeszentrale für politische Bildung Hamburg u. a., Zwangsarbeit in der Hamburger Kriegswirtschaft.

140 Vgl. S. 327.

141 Vgl. Rauh-Kühne, Hitlers Hehler?

142 Die Zitate in: Paul Jung an Richard Kaselowsky, 12. 8. 1943, in: OeFA, P15/152 bzw. Karl Lindenstromberg und Alfred Wittrich an Richard Kaselowsky, 24. 11. 1942, in: OeFA, P15/95; Kaselowsky war über Jungs Leistungsbericht mehr als erfreut; auf die Arbeiterthematik ging er nicht weiter ein (Richard Kaselowsky an Paul Jung, 14. 8. 1943).

143 Berichte Paul Jung an Richard Kaselowsky, 11. 8. 1941, 11. 7. 1942, 10. 10. 1942, 10. 11. 1942, 26. 1. 1943, 22. 2. 1944, in: OeFA, P15/152. Bis Februar 1944 stieg der Anteil ausländischer Arbeiter nochmals leicht an.

144 Vgl. Berichte Paul Jung an Richard Kaselowsky, 11. 1. 1939, 15. 1. 1940, 20. 1. 1941, 12. 11. 1941, 17. 1. 1942, 26. 1. 1943 und 21. 1. 1944, in: OeFA, P15/152 und 153.

145 Vgl. Rauh-Kühne, Hitlers Hehler?, S. 32–44; Spoerer, Zwangsarbeit unter dem Hakenkreuz, S. 151–166.

146 Paul Jung an Richard Kaselowsky, 8. 6. 1942, in: OeFA, P15/152; vgl. Paul Jung an Richard Kaselowsky, 11. 8. 1941, 10. 10. 1941, 12. 11. 1941, in: OeFA, P15/152.

147 Vgl. Aufsichtsratsprotokolle Gundlach, 3. 7. 1942, 11. 12. 1942 (Zitat) und 10. 11. 1943, in: OeFA, P15/142 und 143; zu Arntzen vgl. Kriegstagebuch des Rüstungskommandos Bielefeld, Eintrag 17.12.1940 und 10.1.1941, in: BArch-MA Freiburg, RW 21–7/4; Gemeinschaftslager im Kreis Bielefeld-Halle, Stand 1.6.1943, in: StABi, 101,12/Geschäftsstelle XII, Nr. 798. Vgl. außerdem Beckmann, Arntzen-Leichtbau KG, S. 30–53; Kühne, Kriegsbeute Arbeit, S. 53.

148 Vgl. Gemeinschaftslager im Kreis Bielefeld-Halle, Stand 1.6.1943, in: StABi, 101,12/Geschäftsstelle XII, Nr. 798. Vgl. Friedrich Schaarschmidt an Richard Kaselowsky, 30.3.1943, in: OeFA, P15/143; Zahlen aus: OeFA, P15/142–144.

149 Vgl. Eingabe an den Hauptentnazifizierungsausschuss, 16.5.1946, in: LAV NRW R Düsseldorf, NW 1073, 920.

150 Vgl. Aufsichtsratsprotokoll Gundlach, 28.7.1943, in: OeFA, P15/143; Kriegstagebuch des Rüstungskommandos Bielefeld, Bericht über eine Besprechung bei der E. Gundlach AG, 30.4.1943, in: BArch-MA Freiburg, RW 21–7/13.

151 Aufsichtsratsprotokoll Gundlach, 21.5.1943, in: OeFA, P15/143, Hervorhebung im Original; vgl. Aufsichtsratsprotokoll Gundlach, 10.11.1943, in: OeFA, P15/143.

152 Richard Kaselowsky an Gisela Vogelsang, 22.8.1944, in: OeFA, P15/1. Weitere Informationen waren nicht aufzufinden.

153 Richard Kaselowsky an Gisela Vogelsang, 22.8.1944, in: OeFA, P15/1.

154 Richard Kaselowsky an Axel Kaselowsky, 16.9.1944, in: OeFA, P15/1. Dementsprechend war der Anteil des Erlöses aus Rüstungsaufträgen am Gesamterlös für 1944 mit 0,5 Prozent noch sehr gering. Vgl. Gewinn- und Verlustrechnung per 31.12.1944, in: OeFA, P1/790; das Dokument wurde möglicherweise erst nach Kriegsende erstellt.

155 Besprechungsprotokoll der Betriebsleitung, 14.2.1945, in: OeFA, P15/4; vgl. Wilmanns, Dreißig Jahre Asta.

156 Vgl. Hans Crampe an Richard Kaselowsky, 21.9 1943, in: OeFA,P15/107.

157 Vgl. Höcker, Erinnerungen, 1951, S. 118–123, in: OeFA, P1/168a.

158 Spoerer, Zwangsarbeit unter dem Hakenkreuz, S. 237.

159 Ebd.; vgl. Heusler, Ausländereinsatz, S. 421 f. Einen aktuellen Überblick über die vielfältige Forschungslandschaft bieten die Beiträge in Heusler/Spoerer/Trischler, Rüstung, Kriegswirtschaft und Zwangsarbeit.

160 Hans Crampe an Richard Kaselowsky, 5.4.1943, in: OeFA, P15/106. Vgl. S. 317 f.

161 Vgl. Kühne, Kriegsbeute Arbeit, S. 106–113.

8. Der Unternehmenserbe: Rudolf-August Oetker

1 Todesanzeige, in: Völkischer Beobachter (Norddeutsche Ausgabe), 18.10.1944.

2 Vgl. Oetker/Thomas, Vom Glück verwöhnt, S. 96.

3 Vgl. S. 38 f., 45 f. Zur Anrede vgl. Oetker/Thomas, Vom Glück verwöhnt, S. 7; auch in Geschäftsbriefen sprach Rudolf-August Oetker Richard Kaselowsky als «lieber Vater» an, vgl. z. B. auf dem Briefpapier der Gesellschaft für Nährwerterhaltung m.b.H., 20.5.1941, in: OeFA, P15/61; vgl. auch Gespräch der Verfasser mit Dr. Alfred Oetker, 2.8.2012.

4 Oetker/Thomas, Vom Glück verwöhnt, S. 27, dort auch der Begriff der «Kronprinzenrolle».

5 Vgl. ebd., S. 12–23, Zitate S. 12, 16 f., 19 f., 23, sowie Gespräch der Verfasser mit Dr. h. c. August Oetker und Dr. Ingeborg von Schubert, 26.4.2010.

6 Vgl. 425 Jahre Ratsgymnasium Bielefeld; Vogelsang, Geschichte der Stadt Bielefeld, Bd. 3, S. 94–101. Der Anteil von Schülern aus der Arbeiterschaft an allen

höheren Schulen lag 1931 im Deutschen Reich bei gerade 5 %. Vgl. Zymek, Schulen, S. 164, 178 ff.

7 Oetker/Thomas, Vom Glück verwöhnt, S. 28 und 32 ff.

8 Hermann Hartwig an Richard Kaselowsky, 23. 7. 1944, in: OeFA, P15/1. Vgl. auch Richard Kaselowsky an Hermann Hartwig, 18. 8. 1943 und 6. 10. 1943, in: OeFA, P15/6; Hartwig, Das Buch der Gefolgschaft.

9 Gustav Köhler an Gerhard Spellmeyer, 11. 2. 1929, in: LkA EKvW, Bielefeld, Bestand 3.54, Nachlass Gerhard Spellmeyer, 19. Vgl. auch Hey, Gerhard Spellmeyer.

10 Gerhard Spellmeyer, Eigenhändige Bestandseinführung zum Vorlass [ca. 1975–1980], in: LkA EKvW, Bielefeld, Bestand 3.54, Nachlass Gerhard Spellmeyer, 19.

11 Vgl. das Titelbild von: Der Spiegel vom 18. 12. 1957. Oetker selbst vermerkte in seinen Erinnerungen, er habe «sein ganzes Leben nur Pfeife geraucht»: Oetker/Thomas, Vom Glück verwöhnt, S. 35.

12 Oetker/Thomas, Vom Glück verwöhnt, S. 40 ff.

13 Vgl. Böcker-Lönnendonker, Karoline Oetker, S. 98 f.

14 Vgl. Oetker/Thomas, Vom Glück verwöhnt, S. 43 f.

15 Ebd., S. 53.

16 Ebd., S. 7.

17 Vgl. Handschriftlicher Lebenslauf Rudolf-August Oetker, 1942, in: BArch Berlin, ehem. BDC, SSO 356A.

18 Oetker/Thomas, Vom Glück verwöhnt, S. 65 f.; Alexander Becker an Richard Kaselowsky, 12. 10. 1936, in: OeFA, P15/13.

19 Oetker/Thomas, Vom Glück verwöhnt, S. 67 f. Die Episode kannte bereits: Engelmann, Der Puddingprinz.

20 Handschriftlicher Lebenslauf Rudolf-August Oetker, 1942, in: BArch Berlin, ehem. BDC, SSO 356A; Oetker/Thomas, Vom Glück verwöhnt, S. 68.

21 Bavendamm, Die Oetkers in Bielefeld, Kap. 4, S. 17.

22 Handschriftlicher Lebenslauf Rudolf-August Oetker, 1942, in: BArch Berlin, ehem. BDC, SSO 356A. Vgl. Richard Kaselowsky an Geheimrat Löhr, 17. 8. 1937, in: OeFA, P15/179; Oetker/Thomas, Vom Glück verwöhnt, S. 69; Richard Kaselowsky an Hansgeorg Riese, 15. 4. 1937, in: OeFA, P15/180.

23 Richard Kaselowsky an Alexander Becker, 30. 9. 1936, in: OeFA, P15/13.

24 Vgl. Richard Kaselowsky an Wilhelm Huth, 6. 10. 1936, in: OeFA, P15/197; Krause, Die Commerz- und Disconto-Bank. Einer der Vorfahren betrieb den Kupferhammer in Brackwede (später Fa. Möller) und war im Großhandel tätig. Carl Ludwig Nottebohm (1870–1945) war zwischen 1930 und 1937 Mitglied und Vizepräses der Handelskammer Hamburg, 1931–1933 auch Kammerpräses – wäre mithin also ein Lehrherr mit hervorragenden Verbindungen in der hamburgischen Wirtschaftswelt gewesen.

25 Vgl. Richard Kaselowsky an Otto Stürken, 3. 8. 1937; Vereinsbank Hamburg an Richard Kaselowsky, 31. 8. 1937; Richard Kaselowsky an Vereinsbank Hamburg, 1. 9. 1937, und Vereinsbank Hamburg an Richard Kaselowsky, 20. 9. 1937, in: OeFA, P15/23; Oetker/Thomas, Vom Glück verwöhnt, S. 72. Oetker muss also bereits vor seiner Entlassung von der Wehrmacht freigestellt gewesen sein. Vgl. Vereinsbank Hamburg an Richard Kaselowsky, 11. 9. 1936, und Richard Kaselowsky an Vereinsbank Hamburg, 26. 9. 1936, in: OeFA, P15/197; Scholl/Matthies, 100 Jahre Vereinsbank Hamburg, S. 132.

26 Vgl. Kiekel, Die deutsche Handelsschifffahrt, S. 93 ff.
27 Vgl. ausführlich zu dem Grundstücksgeschäft S. 224.
28 Vgl. Krogmann, Bellevue, S. 17; Oetker/Thomas, vom Glück verwöhnt, S. 89.
29 Gespräch der Verfasser mit Dr. h. c. August Oetker und Dr. Ingeborg von Schubert, 26. 4. 2010; Oetker/Thomas, Vom Glück verwöhnt, S. 74 f., 77.
30 Ebd., S. 74.
31 Anlage 3 zum Entnazifizierungsbogen Rudolf-August Oetker [25. 8. 1946], in: LAV NRW R Düsseldorf, NW 1073, 715.
32 Oetker/Thomas, Vom Glück verwöhnt, S. 74 f.
33 Ebd., S. 78.
34 Vgl. Handschriftlicher Lebenslauf Rudolf-August Oetker, 1942, in: BArch Berlin, ehem. BDC, SSO 356A. Eine etwaige Aktenüberlieferung im Archiv der Unicredit Bank AG, München, das die Bestände der Vereinsbank Hamburg verwahrt, konnte leider weder hinsichtlich der Geschäftsbeziehungen mit der Firma Oetker noch bezüglich der Ausbildung Rudolf-August Oetkers konsultiert werden, da es trotz ausdauernder Bemühungen nicht gelang, Auskunft über den Aktenbestand oder die Zugangsmodalitäten zu erhalten. Die Bestände der Handelskammer Hamburg erwiesen sich als unergiebig.
35 Vgl. Oetker/Thomas, Vom Glück verwöhnt, S. 82 f.; Anlage 7 zum Entnazifizierungsfragebogen Rudolf-August Oetker [25. 8. 1946], in: LAV NRW R Düsseldorf, NW 1073, 715.
36 Vgl. Richard Kaselowsky an Alfred Wittrich, 15. 9. 1939, in: OeFA, P15/87.
37 Oetker/Thomas, Vom Glück verwöhnt, S. 84.
38 Vgl. zu Käthe Ahlmann Eifert, Deutsche Unternehmerinnen, passim; Marlene Ahlmann an Frau Julius Ahlmann, 1. 6. 1939, in: Privatarchiv Rosely Schweizer.
39 Oetker/Thomas, Vom Glück verwöhnt, S. 86; vgl. Immatrikulationsakt Universität Wien, in: Universität Wien, Archiv, Nationale der Rechtswissenschaftlichen Fakultät WS 1939/40, Juristen K–Q, Herbst 1939, Nationale von Rudolf Oetker.
40 Immatrikulationsakt Universität Hamburg, in: Universität Hamburg, Zentrum für Studierende/Archiv, Kartei, Reichs-Nr. 185 608; verstreute Angaben über eine Fortsetzung des Studiums in Berlin, möglicherweise während seiner Zeit beim OKH, ließen sich nicht verifizieren. Vgl. Berndt von Nolcken, Die Geschichte der Firma Dr. August Oetker, Masch. Ms. o. D., S. 63, 78, in: OeFA, P1/174; Handschriftlicher Lebenslauf Rudolf-August Oetker, 1942, in: BArch Berlin, ehem. BDC, SSO 3561A. Eine Anfrage an das Universitätsarchiv Berlin blieb trotz Nachfrage unbeantwortet: Jürgen Finger an Universitätsarchiv der Humboldt-Universität zu Berlin, 27. 7. 2010; Jürgen Finger an Winfried Schultze (Archivleiter), 1. 2. 2011.
41 Vgl. Oetker/Thomas, Vom Glück verwöhnt, S. 84, 93; Rudolf-August Oetker an Marlene Oetker, 17. 7. 1940, in: Privatarchiv Rosely Schweizer.
42 Ida Kaselowsky an Frau Julius Ahlmann, 2. 7. 1939, in: Privatarchiv Rosely Schweizer.
43 Vgl. Ehescheidungsurteil des Landgerichts Berlin, Az. 253. R. 636.40, 8. 2. 1941, in: Privatarchiv Rosely Schweizer. Bei der Scheidung ließ sich Rudolf-August Oetker von dem Anwalt und NS-Funktionär Rüdiger Graf von der Goltz vertreten, einem entfernten Verwandten Konstantin Brückners, der auch in der WNN-Angelegenheit tätig geworden war; außerdem: Oetker/Thomas, Vom

Glück verwöhnt, S. 93. Marlene kannte zum Zeitpunkt der Scheidung bereits ihren zweiten Mann, den Innsbrucker Mediziner Dr. Max-Josef Halhuber, und auch Oetker hatte seine zweite Ehefrau bereits kennengelernt.

44 Hans Crampe an Richard Kaselowsky, 26. 4. 1940 (hier das Zitat); Hans Crampe an Richard Kaselowsky, 27. 3. 1940; Richard Kaselowsky an Hans Crampe, 28. 3. 1940, und Hans Crampe an Richard Kaselowsky, 15. 4. 1940, in: OeFA, P15/104.

45 Hans Crampe an Richard Kaselowsky, 25. 1. 1940, in: OeFA, P15/104; vgl. Richard Kaselowsky an Hans Crampe, 16. 8. 1943, in: OeFA, P15/107.

46 Vgl. Oetker/Thomas, Vom Glück verwöhnt, S. 91; Aufsichtsratsprotokoll Chemische Fabrik Budenheim, 21. 7. 1943, in: OeFA, P15/234.

47 Vgl. die Korrespondenz zwischen Rudolf-August Oetker und Richard Kaselowsky zwischen August 1940 und Juni 1941, in: OeFA, P15/2.

48 Oetker/Thomas, Vom Glück verwöhnt, S. 90 ff.; vgl. Rudolf von Ribbentrop im Gespräch mit Jürgen Finger und Sven Keller, 6. 7. 2010; Gespräch der Verfasser mit Dr. h. c. August Oetker und Dr. Ingeborg von Schubert, 15. 11. 2010; vgl. Heiratsurkunde Nr. 339, Standesamt München III, Heiratsregister (Auszug), 26. 2. 1943, in: OeFA, P15/373 (Kopie).

49 Rudolf von Ribbentrop im Gespräch mit Jürgen Finger und Sven Keller, 6. 7. 2010.

50 Oetker/Thomas, Vom Glück verwöhnt, S. 89.

51 Ebd., S. 58 ff. Mit Blick auf Oetkers Zeit als Primaner muss das zwischen 1934 und 1936 gewesen sein.

52 Ebd., S. 63; vgl. Gerhard Spellmeyer, eigenhändige Bestandseinführung zum Nachlass [ca. 1975–1980], in: LkA EKvW, Bielefeld, Bestand 3.54, Nachlass Gerhard Spellmeyer, 19.

53 Vgl. Entnazifizierungsfragebogen Rudolf-August Oetker, 25. 8. 1946, in: LAV NRW R Düsseldorf, NW 1057-RFT, 258; Handschriftlicher Lebenslauf Rudolf-August Oetker, 1942, in: BArch Berlin, ehem. BDC, SSO 356A; Oetker/Thomas, Vom Glück verwöhnt, S. 42, 61.
Die Angabe bei Jungbluth, Die Oetkers, S. 166 f., Rudolf-August Oetker sei Mitglied der Reiter-SS gewesen, ist irrig. Prinzipiell mussten sich die Reitvereine der SA unterstellen oder auflösen. Zwar erhielt die SS (die vor dem Röhm-Putsch organisatorisch Teil der SA war) tatsächlich rund zehn Prozent der Reitvereinsmitglieder zugeteilt; dies traf auf Oetker jedoch nicht zu. Vgl. Hein, Himmlers Orden, S. 268 f. Vgl. zur Gleichschaltung in Bielefeld: Vogelsang, Geschichte der Stadt Bielefeld, Bd. 3, S. 184–188, 198–201; Emer, Bürgertum und «Machtergreifung» in Bielefeld, S. 16 f., 20.

54 Vgl. «Der Tag des Pferdes und Ergebnisse des Reit-, Spring- und Fahrturniers in Quelle», in: WNN, 11. 6. 1934, wo auch festgehalten wurde, dass im Jagdspringen der «Oetkerpreis» vergeben wurde; Jungbluth, Die Oetkers, S. 167 f.

55 Vgl. Oetker/Thomas, Vom Glück verwöhnt, S. 74. Anders als in seinem Entnazifizierungsverfahren angegeben, schied Oetker nicht 1936 nach Beendigung seiner Schulzeit aus der Reiter-SA aus. Die fortdauernde Mitgliedschaft bestätigt Immatrikulationsakt Universität Hamburg, in: Universität Hamburg, Zentrum für Studierende/Archiv, Kartei, Reichs-Nr. 185 608.

56 Oetker/Thomas, Vom Glück verwöhnt, S. 61.

57 Zit. nach: Bavendamm, Die Oetkers in Bielefeld, Kap. 4, S. 16.

58 Vgl. Gellately, Hingeschaut und weggesehen, S. 77–101; Longerich, «Davon haben wir nichts gewusst!», S. 34–38. Die paradoxe Mischung von Beschweigen und gleichzeitiger Öffentlichkeit der Konzentrationslager verstärkte die Repressionsdrohung des Regimes gegenüber seinen Gegnern sowie gegenüber der deutschen Gesellschaft insgesamt. Geflügelte Worte wie «Sei ruhig, sonst kommst du nach Dachau» in Bayern oder «Schweigen ist Gold – Reden Oranienburg» in Berlin zeigen, wie weit verbreitet das Wissen um die Konzentrationslager in der Gesellschaft war und dass jeder wusste, was sonst beschwiegen wurde (zit. nach Bauer, Nationalsozialismus, S. 219–220).

59 Oetker/Thomas, Vom Glück verwöhnt, S. 76.

60 Bavendamm berichtet, Oetker habe bei Bürgermeister Carl Vincent Krogmann, der einige Häuser weiter an der Bellevue wohnte, gegen «den verächtlichen Umgang mit dem Volksvermögen» protestiert; dieser habe ihn aufgefordert, sich mit politischer Kritik zurückzuhalten. Vgl. Bavendamm, Die Oetkers in Bielefeld, Kap. 4, S. 17. In Oetkers Erinnerungsbuch findet sich eine abweichende Version: Hier berichtet Oetker, er habe sich, ohne von den Ereignissen des Pogroms etwas mitbekommen zu haben, öffentlich beschwert. Damit sei er «beinahe der Gestapo in die Quere geraten», jedenfalls sei er zum Personalchef der Vereinsbank und zu Krogmann zitiert worden, der «eine schützende Hand über mich gehalten» habe. Oetker/Thomas, Vom Glück verwöhnt, S. 79 ff., Zitat S. 81.

61 Vgl. ausführlich zu dem Grundstücksgeschäft S. 224.

62 Oetker/Thomas, Vom Glück verwöhnt, S. 76.

63 Vgl. Wirsching, Die deutsche «Mehrheitsgesellschaft», S. 22; Kershaw, German Popular Opinion. Kritisch dagegen: Longerich, «Davon haben wir nichts gewusst», S. 145 f., 328, der den ostentativen Charakter dieser «Flucht in die Unwissenheit» betont, die nicht mit Desinteresse verwechselt werden dürfe; darin seien bereits die Grundlagen für die «Verdrängung» nach 1945 gelegt. Ähnlich betont Ulrich Herbert, dass es sich um einen bewussten Prozess der «Ausblendung und Ignorierung der antijüdischen Politik des Regimes» in der «Mitte der Gesellschaft» gehandelt habe; selbst bei der politischen Linken sei die Relevanz und Reichweite der Judenverfolgung unterschätzt worden: Herbert, Vernichtungspolitik, S. 38 ff.

64 Vgl. BArch Berlin, ehem. BDC, NSDAP-Ortsgruppenkartei, 3200/Q0021, Bild 0538; SS-Stammkarte Rudolf-August Oetker, in: BArch Berlin, ehem. BDC, SSO 356A. Anlage 1 zum Entnazifizierungsfragebogen Rudolf-August Oetker [25. 8. 1946], in: LAV NRW R Düsseldorf, NW 1073, 715. Der Aufnahmestopp galt bis zum 10. Mai 1939. Die Ausnahmeregelungen und die weiteren Lockerungen ab 1937 waren auf Rudolf-August Oetker nicht anwendbar (Mitglied der HJ, regelmäßiger SA-Dienst, aktive politische Bewährung in Gliederungen und angeschlossenen Verbänden des NS). Vgl. Bundesarchiv, Zum Mitgliedschaftswesen der NSDAP; Wetzel, Die NSDAP zwischen Öffnung und Mitgliedersperre, S. 74–82; Weigel, «Märzgefallene» und Aufnahmestopp im Frühjahr 1933.

65 Vgl. Richard Kaselowsky an Alfred Wittrich, 15. 9. 1939, in: OeFA, P15/87; Handschriftlicher Lebenslauf Rudolf-August Oetker, 1942, in: BArch Berlin, ehem. BDC, SSO 356A.

66 OKH (Chef H Rüst und BdE) 25g 24/26 Ag V III/1b an Wehrkreisbezirkskommando VI betr. Einstellung des Panzeroberschützen Rudolf Oetker, 13. 6. 1940, in: OeFA, P15/104.

67 Hans Crampe an Richard Kaselowsky, 15. 6. 1940; Richard Kaselowsky an Hans Crampe, 17. 6. 1940, in: OeFA, P15/104, hier die Zitate; vgl. Hans Crampe an Richard Kaselowsky betr. Gründung der Nährwert, 25. 1. 1940, in: OeFA, P15/105; RA Walter Hoffmann an Fa. Oetker; 14. 3. 1940, in: OeFA, P15/61; Hans Crampe an Richard Kaselowsky betr. Einziehung als Wehrwirtschaftsberater, 20. 11. 1939, in: OeFA, P15/103.

68 Vgl. Richard Kaselowsky an Konstantin Brückner, 4. 8. 1941, in: OeFA, P15/109.

69 Vgl. Handschriftlicher Lebenslauf Rudolf-August Oetker, 1942, in: BArch Berlin, ehem. BDC, SSO 356A. Hans Crampe an Richard Kaselowsky mit handschriftlichen Ergänzungen Rudolf-August Oetkers, 4. 7. 1940, in: OeFA, P15/104. Richard Kaselowsky an Wilhelm Hoffmann, 25. 11. 1940, in: OeFA, P15/277; Richard Kaselowsky an Schell, 10. 10. 1940, in: OeFA, P15/66.

70 Rudolf Oetker an Fa. Dr. Oetker, 12. 6. 1940, in: OeFA, P5/35; vgl. S. 281 f.

71 Zum Treffen mit Göring vgl. Oetker/Thomas, Vom Glück verwöhnt, S. 87. Göring befand sich im fraglichen Zeitraum in Paris: Er war zusammen mit Hitler im Wald von Compiègne, wo der Waffenstillstand mit Frankreich unterzeichnet wurde. Vgl. Mosley, Göring, S. 248. Auch später befand sich Göring im Zuge seiner Kunstraubzüge häufig in Paris. Vgl. Haase, Kunstraub und Kunstschutz, S. 269 f.; Notiz- und Terminkalender von Hermann Göring 1933, 1941, 1943, 1944, in: IfZ-Archiv, ED 180; der Jahrgang 1940 fehlt.

72 Das Itinerar lässt sich rekonstruieren aus: Hans Crampe an Richard Kaselowsky, 4. 10. 1940, in: OeFA, P15/104; Hans Crampe an Franz von Brentano, 20. 10. 1940, in: OeFA, P15/68 (hier der Verweis auf Frankreich); Hans Crampe an Richard Kaselowsky, 15. 11. 1940, in: OeFA, P15/104.

73 Rudolf-August Oetker regte an, mit den Behörden im Warthegau und in Danzig parallel zu verhandeln, denn noch vorteilhafter als eine Verlegung ins Landesinnere war die Errichtung einer Fabrik im Hafen von Danzig. Der Reichsstatthalter von Danzig-Westpreußen, Albert Forster, und seine Verwaltung entwickelten prompt große Initiative und unterstützten Dr. Oetker bei der Suche nach einer passenden Immobilie, um die Firma in der Stadt zu halten. Vgl. Dr. August Oetker Danzig an Richard Kaselowsky, 12. 10. 1940, mit Anlage: Aktenvermerk, 24. 9. 1949; Reichsstatthalter in Danzig-Westpreußen 19. 10. 1940 und Antwortschreiben v. 22. 10. 1940, in: OeFA, P15/88.

74 Vgl. Hans Crampe an Richard Kaselowsky, 12. 11. 1943, in: OeFA, P15/107.

75 Vgl. RA Maria Plum an Notar Bader, 10. 12. 1940, in: OeFA, P15/68.

76 Vgl. Auskunft der Deutschen Dienststelle (DDSt) zu Rudolf-August Oetker, 31. 8. 2009; Handschriftlicher Lebenslauf Rudolf-August Oetker, 1942, in: BArch Berlin, ehem. BDC, SSO 356A; Schreiben an den Wehrmachtskommandanten Bielefeld, 7. 8. 1941, in: OeFA, P15/2.

77 Vgl. Handschriftlicher Lebenslauf Rudolf-August Oetker, 1942, in: BArch Berlin, ehem. BDC, SSO 356A; Auskunft der DDSt zu Rudolf-August Oetker, 31. 8. 2009; Vollmacht zur Vertretung bei der Kapitalerhöhung der Fa. Dr. A. Oetker GmbH Budapest (Dr. Oetker A. kft.), 15. 3. 1942, in: OeFA, P1/770, beglaubigt von der Bodenständigen Heeresverpflegungsdienststelle 746 in Wilna; Oetker/Thomas, Vom Glück verwöhnt, S. 87; Kannapin, Die deutsche Feldpostübersicht, Bd. 1, S. 149. Die Einheit ist nicht aufgeführt in: Tessin, Verbände und Truppen.

78 Oetker/Thomas, Vom Glück verwöhnt, S. 88; im Februar 1942 freute sich Kaselowsky «über seine Stimmung» (Richard Kaselowsky an Frau Böcher, 7. 2. 1942,

in: OeFA, P15/107), und Crampe übersandte Kaselowsky einen – leider nicht überlieferten – «ausführlichen Bericht ihres Sohnes, der mir viel Freude gemacht hat» (Hans Crampe an Richard Kaselowsky, 17. 2. 1942, in: OeFA, P15/107).

79 «Man muß nur aufpassen, daß man am Leben bleibt», in: Die Welt, 17. 9. 1986. Das Gespräch mit Hans Baumann, dem «Chronisten des Wirtschaftswunders» («Der Mann, der den NRW-Teil erfand», in: Welt am Sonntag, 3. 8. 2008), und dessen beinahe hagiographisch anmutender Artikel entstanden im Vorfeld von Rudolf-August Oetkers 70. Geburtstag.

80 Sarunas Liekis fasst die sowjetische und jüdische Widerstands- und Partisanentätigkeit in Litauen wie folgt zusammen: «In 1941–42 there were only a few uncoordinated anti-Nazi activities [...], which did not cause larger concern to the occupying authorities. The full-fledged Soviet partisan movement failed to develop.» Erst seit 1943 kam es zu signifikanten Partisanenaktivitäten gegen die deutsche Besatzung: Liekis, Jewish Partisans and Soviet Resistance in Lithunia, S. 464. Vgl. auch Dieckmann, Deutsche Besatzungspolitik in Litauen, S. 416–448; Dieckmann, Deutsche und litauische Interessen, S. 72; Tegeler, Der litauische Partisanenkampf im Lichte sowjetischer Akten.

81 Priemel, Sommer 1941, S. 35.

82 Vgl. Krausnick/Wilhelm, Die Truppe des Weltanschauungskrieges, S. 182 f.; Ogorreck, Die Einsatzgruppen und die «Genesis der Endlösung», S. 125.

83 Vgl. BdS SK 3, Karl Jäger betr. Gesamtaufstellung der im Bereich des EK 3 bis zum 1. Dez. 1941 durchgeführten Exekutionen [Jäger-Bericht], Faksimile in: Bartusevičius/Tauber/Wette, Holocaust in Litauen, Dok. 1, S. 303–314. Vgl. zu Person und Karriere Karl Jägers: Wette, SS-Standartenführer Karl Jäger, sowie zum Geschehen am Beispiel des «Rollkommandos Hamann»: Heine, Die Ermordung der Juden in den ländlichen Gebieten Litauens, S. 91–102. Vgl. zum Holocaust in Litauen zwischen Juli und November 1941: Bubnys, The Holocaust in the Lithunian Province.

84 Vgl. zum Wissen von Angehörigen der Wehrmacht über den Holocaust vgl. zuletzt Neitzel/Welzer, Soldaten.

85 Die Angaben zum genauen Termin des Ausscheidens aus der Wehrmacht sind widersprüchlich. Vgl. Handschriftlicher Lebenslauf Rudolf-August Oetker, 1942, in: BArch Berlin, ehem. BDC, SSO 356A. Auskunft der DDSt zu Rudolf-August Oetker, 31. 8. 2009; SS-Stammkarte Rudolf-August Oetker, in: BArch Berlin, ehem. BDC, SSO 356A. Am 6. 6. 1942 nahm er an einer Gesellschafterversammlung der Nährwertgesellschaft in Berlin teil. Vgl. Protokoll, 6. 6. 1942, in: OeFA, P15/61. Am 27.5. hatte er Crampe noch eine Vollmacht zur Stimmausübung ausgestellt, dann aber doch an der Sitzung teilgenommen. Anfang Juli besuchte er die Gesellschafterversammlung der Reederei Bock, Godeffroy & Co. in Hamburg. Vgl. Vollmacht, 27. 5. 1942, in: OeFA, P15/61. Protokoll der ersten Gesellschafter-Versammlung von Bock, Godeffroy & Co. in Hamburg, 11. 7. 1942, in: OeFA, P15/190.

86 Auskunft der DDSt zu Rudolf-August Oetker, 31. 8. 2009. Zur Rekrutierungspraxis der Waffen-SS vgl. Rempel, Gottlob Berger and Waffen-SS Recruitment.

87 Vgl. die Korrespondenz Rudolf-August Oetkers mit Walter Kraak und Ilse Plücker zwischen Januar und April 1941, in: OeFA, P15/2. Dort auch Korrespondenz des Sekretariats Plücker mit verschiedenen kirchlichen Stellen aus dem gleichen Zeitraum.

88 Vgl. Merkblatt für die Dauer des Krieges für den Eintritt als Führerbewerber in die Waffen-SS, o. D., in: BArch Berlin, NS 33/171, Bl. 5.

89 Vgl. Heiratsurkunde Nr. 339, Standesamt München III, Heiratsregister (Auszug), 26. 2. 1943, in: OeFA, P15/373 (Kopie); Richard Kaselowsky an Ilse Heuser, 5. 5. 1943, in: OeFA, P15/6; Bavendamm, Die Oetkers in Bielefeld, Kap. 4, S. 16; Erfahrungsberichte über Lehrgänge für Unterführer des Verwaltungsdienstes der Waffen-SS in Dachau, in: BArch-MA Freiburg, RS 13/53. Die Berichte betreffen den 4. und den 6. Lehrgang, die Mitte November 1942 respektive Mitte März 1943 ausliefen. Die Dauer der Lehrgänge betrug jeweils 7–8 Wochen. Dies würde bedeuten, dass Oetker Absolvent eines der ersten Lehrgänge für Unterführer war, die dort durchgeführt wurden. Der Bericht für den 6. Lehrgang erwähnt für die Abschlussprüfung eine Durchfallquote von 25 %.

90 Vgl. Richard Kaselowsky an Hans Crampe, 2. 6. 1943, in: OeFA, P15/107; Herbert Schuster an Richard Kaselowsky, 23. 5. 1943, und Antwort Kaselowskys, 24. 5. 1943, in: OeFA, P15/6. Oetker/Thomas, Vom Glück verwöhnt, S. 89. Zur dortigen Junkerschule vgl. auch Stadt Braunschweig, Braunschweiger Schloss SS-Junkerschule.

91 Merkblatt: Laufbahnbestimmungen für die Dauer des Krieges für die aktive Führerlaufbahn und die Führerlaufbahn des Beurlaubtenstandes, 16. 1. 1941, in: BArch Berlin, NS 33/46, Bl. 5; vgl. SS-Führungshauptamt, Amtsgruppe B, Amt XI, 22 e 12 betr. Beförderung der Teilnehmer der Kriegs-Junker-Lehrgänge, 30. 3. 1943, in: BArch Berlin, NS 33/264, Bl. 111.

92 Oetker/Thomas, Vom Glück verwöhnt, S. 91; vgl. Entnazifizierungsfragebogen Rudolf-August Oetker, 25. 8. 1946, in: LAV NRW R Düsseldorf, NW 1057-RFT, 258; Richard Kaselowsky an Ferdinand E. Meyer, 17. 8. 1943, in: OeFA, P15/6. Kaselowsky an Hermann Hartwig, 18. 8. 1943, in: OeFA, P15/6. Der Hamburger Zweigstellenleiter Albert Vogelsang wurde mit den Spangen zum Eisernen Kreuz II. Klasse ausgezeichnet; zehn weitere Angehörige des Werksluftschutzes erhielten das Kriegsverdienstkreuz 2. Klasse mit Schwertern; vgl. Richard Kaselowsky an Albert Vogelsang, 4. 10. 1943 und 6. 10. 1943, in: OeFA, P15/130. Beim Kriegsverdienstkreuz 2. Klasse handelte es sich um einen «Allerweltsorden», der insgesamt 2,7 Mio. Mal verliehen wurde.

93 Vgl. Richard Kaselowsky an Hermann Hartwig, 10. 6. 1943; Richard Kaselowsky an Ferdinand Jantsch, 11/1943; Kaselowsky an Rita Delius, 28. 12. 1943, und Kaselowsky an Joachim Hans Copien, 30. 12. 1943, in: OeFA, P15/6.

94 Vgl. Ergänzungen und Richtlinien zu den Laufbahnbestimmungen für SS-Führerbewerber, 5. 2. 1943, in: BArch Berlin, NS 33/46.

95 Richard Kaselowsky an Dr. Hans Richter, 22. 3. 1944, in: OeFA, P15/1; vgl. SS-Stammkarte Rudolf-August Oetker, in: BArch Berlin, ehem. BDC, SSO 356A. Zur Führerschule in Arolsen vgl. Landesgeschichtliches Informationssystem Hessen, Arolsen, SS-Führerschule des Wirtschafts-Verwaltungsdienstes, Kaserne.

96 Vgl. Rundschreiben Rudolf-August Oetker, 18. 10. 1944, in: OeFA, P1/125.

97 Rudolf-August Oetker an Otto Stürken, 9. 1. 1945, in: OeFA, P15/25; Rudolf-August Oetker an Konstantin Brückner, 27. 11. 1944, in: OeFA, P15/110.

98 Pohl führte innerhalb des WVHA die Amtsgruppe W selbst, in der das «Wirtschaftsimperium der SS» die Arbeitskraft der KZ-Häftlinge ausnutzte und die «Vernichtung durch Arbeit» betrieb. Die Amtsgruppe D, der die Konzentra-

tionslager unterstellt waren, unterstand SS-Gruppenführer Richard Glücks. Vgl. vor allem die beiden einschlägigen Studien: Schulte, Zwangsarbeit und Vernichtung; Kaienburg, Die Wirtschaft der SS.

99 Vgl. Hans Crampe an Richard Kaselowsky, 12. 11. 1943, sowie die Antwort Kaselowskys, 15. 11. 1943, in: OeFA, P15/107.

100 Vgl. SS-Stammkarte Rudolf-August Oetker, in: BArch Berlin, ehem. BDC, SSO 356A. Zur Gliederung des WVHA vgl. das Organigramm bei Schulte, Zwangsarbeit und Vernichtung, S. 484 f. Pohl und Lörner waren 1947 im vierten Nürnberger Nachfolgeprozess gegen die Führungsebene des Wirtschafts- und Verwaltungshauptamtes angeklagt. Pohl wurde zum Tode verurteilt und hingerichtet; Lörner wurde zu lebenslanger Haft verurteilt, jedoch bereits 1954 entlassen. Vgl. Trials of War Criminals, Vol. V, S. 1015–1018. Zu Pohl: Schulte, Zwangsarbeit und Vernichtung, S. 32–44.

101 Anlage 2 zum Entnazifizierungsfragebogen Rudolf-August Oetker [25. 8. 1946], in: LAV NRW R Düsseldorf, NW 1073, 715. Vgl. Heinemann, Rasse, Siedlung, deutsches Blut, S. 50–65; Hein, Himmlers Orden, S. 274–277. Das Freiwilligenprinzip für die Werbung zur Waffen-SS wurde erst 1943 aufgegeben; es wurde zwar bereits zuvor inoffiziell von SS-Werbern durchbrochen, indem in Schulen, in der Hitlerjugend oder beim RAD Druck ausgeübt wurde. Für den Wehrmachtssoldaten Rudolf-August Oetker war dies offensichtlich nicht zutreffend, zumal er nicht zu den (jüngeren) Jahrgängen gehörte, die der Waffen-SS als Ergänzungspool zugewiesen waren. Vgl. Rempel, Gottlob Berger and Waffen-SS Recruitment.

102 Protokoll der Verhandlung vor dem Entnazifizierungsausschuss, 9. 4. 1947, in: LAV NRW R Düsseldorf, NW 1073, 715.

103 Anlage 2 zum Entnazifizierungsfragebogen Rudolf-August Oetker [25. 8. 1946], in: LAV NRW R Düsseldorf, NW 1073, 715. Dabei blieb Oetker auch in seinen Erinnerungen, vgl. Oetker/Thomas, Vom Glück verwöhnt, S. 88 f.

104 Protokoll der Verhandlung vor dem Entnazifizierungsausschuss, 9. 4. 1947, in: LAV NRW R Düsseldorf, NW 1073, 715.

105 Oetker/Thomas, Vom Glück verwöhnt, S. 89. Vgl. erneut die Angaben im Protokoll der Verhandlung vor dem Entnazifizierungsausschuss, 9. 4. 1947, in: LAV NRW R Düsseldorf, NW 1073, 715.

106 Auch Konstantin Brückner und Friedrich Schaarschmidt, die Kaselowsky als Mitarbeiter schätzte, waren Offiziere des Ersten Weltkriegs; Crampe war seit 1926 Oberleutnant der Reserve, wurde 1940 als Hauptmann der Reserve zum OKH dienstverpflichtet und war ab 1. 8. 1942 Major d. Res.

107 Bavendamm, Die Oetkers in Bielefeld, Kap. 4, S. 17, 19.

108 Ebd., S. 20 f.

109 Vgl. sein oben bereits erwähntes Logieren im Hotel Continental in München während eines Lehrganges, die Reisen und die Teilnahmen an Aufsichtsratssitzungen bis hin zu Bemühungen, im Oktober 1942 mehr Hundefutter für seinen Rassehund, einen Neufundländer, zu erhalten. Vgl. Oetker/Thomas, Vom Glück verwöhnt, S. 91; Rudolf-August Oetker an Karl-Stephan Rissmann, Reichsverband Hundewesen e. V., 9. 10. 1942, in: OeFA, P15/2; Bavendamm, Die Oetkers in Bielefeld, Kap. 4, S. 17.

110 Vgl. Hey, Gerhard Spellmeyer.

111 Richard Kaselowsky an Konstantin Brückner, 4. 8. 1941, in: OeFA, P15/109.

112 Vgl. das Hunsa-Joint venture S. 311.

113 Bavendamm, Die Oetkers in Bielefeld, Kap. 4, S. 20 f. Dafür spricht auch, dass sich Bavendamm nach Kräften mühte, die Organisation zu verharmlosen. So schreibt er unzutreffend, die Waffen-SS habe «organisatorisch weder etwas mit der Geheimen Staatspolizei (Gestapo) noch mit den Wachmannschaften und Mörderbanden in den Konzentrations- und Vernichtungslagern zu tun» gehabt – eine Sicht, die auch in den 1990er Jahren längst nicht mehr dem Stand der Forschung entsprach. Die Behauptung, die Waffen-SS sei anders als die Allgemeine SS in Nürnberg «nicht als ‹verbrecherische Organisation› verurteilt worden», ist schlicht falsch. Vgl. IMT XXII, S. 588 f.

114 Vgl. Oetker/Thomas, Vom Glück verwöhnt, S. 99.

115 Vgl. Ernst Schulte an Property Control Commission Düsseldorf, 16. 9. 1946, in: National Archives London, FO 1013–2476.

116 Kaienburg, Die Wirtschaft der SS, S. 108. Vgl. auch Wegner, Hitlers Politische Soldaten, S. 145, der auf den «Anspruch auf eine Militarisierung auch der nicht truppendienstlichen Bereiche der SS» verweist.

117 Wegner, Hitlers Politische Soldaten, S. 147.

118 Rudolf von Ribbentrop im Gespräch mit Jürgen Finger und Sven Keller, 6. 7. 2010. Ribbentrop hielt es für nicht unwahrscheinlich, dass dies der Grund für Oetkers Freiwilligenmeldung gewesen sei.

119 Merkblatt für die Zulassung zur Laufbahn eines SS-Führers des Verwaltungsdienstes der Waffen-SS, o. D., in: BArch Berlin, NS 33/171.

120 Richtlinien für die Ausbildung, o. D., in: BArch-MA Freiburg, RS 13/94; Unterrichtsmaterialien zu verschiedenen Fächern, in: BArch-MA Freiburg, RS 13/1; SS-Junkerschule Braunschweig, Schlussprüfung des 8. Kriegs-Junker-Lehrgangs, 11/1942, Zwischenprüfung des 8. Kriegs-Junker-Lehrgangs, 15. 8. 1942, und Zwischenprüfung des 9. Kriegsjunkerlehrgangs, 29. 3. 1943, in: BArch-MA Freiburg, RS 13/1; SS-Führerschule des Wirtschafts-Verwaltungsdienstes Arolsen, Fragen zur Prüfungsarbeit, 13. 1. 1945, und Vorprüfung des 11. Kriegs-Reserve-Junker-Lehrgangs, 16. 2. 1945, in: BArch-MA Freiburg, RS 13/94.

121 SS-Führerschule des Wirtschafts-Verwaltungsdienstes Arolsen, Ia/Az. e/12.6.44, Durchführungsbefehl zum Programm des Empfangs und der Gäste des SS-Obergruppenführers und Generals der Polizei Erbprinz zu Waldeck und Pyrmont am 19. Juni 1944, 17. 6. 1944, in: BArch-MA Freiburg, RS 13/100.

122 Gespräch der Verfasser mit Dr. h. c. August Oetker und Dr. Ingeborg von Schubert, 26. 4. 2010, sowie Gespräch der Verfasser mit Dr. Alfred Oetker, 30. 8. 2012.

123 Bavendamm, Die Oetkers in Bielefeld, Kap. 4, S. 21. Tatsächlich verlief zwischen dem Häftlingslager und der SS-Kaserne der schmale Würmkanal. Die SS-Führerschule des Verwaltungsdienstes lag etwas abseits; dagegen lagen alle für den Verwaltungsdienst interessanten Bereiche (Lager und Garagen, SS-Bekleidungswerke, Deutsche Ausrüstungs-Werke), in denen auch Häftlinge eingesetzt waren, sowie auch die Wohngebäude und Baracken für die SS-Mannschaften und deren Angehörigen direkt am Rande des Häftlingslagers.

124 Vgl. Konzentrationslager Dachau, S. 93 u. 138.

125 Vgl. Landesgeschichtliches Informationssystem Hessen, Arolsen, SS-Führerschule des Wirtschafts-Verwaltungsdienstes, Kaserne. In Arolsen bestand seit November 1943 ein KZ-Außenkommando in der Kaserne. Die Bewachung der in der Schule arbeitenden Häftlinge regelte die Schulführung. Vgl. Schulbefehl

29/44 der SS-Führerschule des WVD Arolsen [1944], in: BArch-MA Freiburg, RS 13/100.

126 Oetker/Thomas, Vom Glück verwöhnt, S. 61. Oetker folgte in dieser Haltung seinem Vater, der, will man Theo Kaselowskys Angaben im Rahmen seines Entnazifizierungsverfahrens glauben, sich nach einem Besuch des KZ Papenburg «sehr befriedigt über die dortigen Zustände» geäußert habe; insbesondere habe es von den Häftlingen keine Klagen gegeben. Die Behandlung sei «durchaus menschlich» gewesen. Vernehmungsprotokoll Theo Kaselowsky, 14. 8. 1947, in: BArch Koblenz, Z 42 IV, 1142.

127 Oetker/Thomas, Vom Glück verwöhnt, S. 94; vgl. Heiratsurkunde Nr. 339, Standesamt München III, Heiratsregister (Auszug), in: OeFA, P15/373 (Kopie).

128 Richard Kaselowsky an Dr. Hans Richter, 22. 3. 1944, in: OeFA, P15/1.

129 Vgl. Fritz von Kuhlmann an Richard Kaselowsky, Anlage: Vertragsentwurf, 6. 6. 1939, in: OeFA, P1/270; die Fassungen, Entwürfe und Korrespondenz zum Testament Lina Oetkers in OeFA, P1/272 und 273; Vertrag zur Änderung des Gesellschaftervertrags vom 13. 12. 1926 zwischen Lina Oetker, Richard Kaselowsky, Rudolf-August Oetker und Ursula Oetker, 1.3./10. 3. 1941, in: OeFA, P13/93. Die vorliegende Vertragsfassung ist von allen Gesellschaftern außer Kaselowsky gezeichnet; möglicherweise wurde der Vertrag auf Vorrat vorbereitet, für den Fall, dass Lina Oetker versterben würde oder Rudolf-August Oetker bei Wehrmacht oder Waffen-SS unabkömmlich wäre. Die Formulierung «nach Beendigung seiner Ausbildung» hatte im ersten Entwurf noch «nach Vollendung des 27. Lebensjahres» gelautet und war zunächst in «nach dem 1. 1. 1941» geändert worden; das Ausscheiden Lina Oetkers war für den 30. 6. 1939 vorgesehen. Auf solche konkreten Daten wurde in der Folge verzichtet. Vgl. Fritz von Kuhlmann an Richard Kaselowsky, Anlage: Vertragsentwurf, 6. 6. 1939, in: OeFA, P1/270.

130 Vgl. Vertrag zur Änderung des Gesellschaftsvertrags vom 13. 12. 1926 zwischen Lina Oetker, Richard Kaselowsky, Rudolf-August Oetker und Ursula Oetker, 25. 12. 1941, in: OeFA, P13/93. Die in der Akte vorliegende Abschrift enthält Vermerke über die Unterzeichnung durch alle vier Vertragspartner. Die Gewinnverteilung war entsprechend dem Kapitalstand noch mit 70 : 10 : 10 : 10 für Lina Oetker und ihre Vertragspartner geregelt. Das Ausscheiden eines Gesellschafters und dessen Auszahlung in höchstens zehn Jahresraten war freilich allgemein geregelt; die im Februar noch ausdrücklich auf Ursula bezogenen Regelungen fehlten nun.

131 Parallel zur Neufassung des Gesellschaftsvertrages verfasste Lina Oetker Ende 1940 auch ein neues Testament, in dem dies zum Ausdruck kam. Vgl. den in Kraft getretenen Entwurf des Testaments von Lina Oetker, 4. 11. 1940, in: OeFA, P1/272 sowie das am 15. 4. 1946 eröffnete Testament, in: Privatarchiv Arend Oetker. Vgl. auch «Einen besseren Vater könnte ich mir nicht vorstellen» [Interview mit Rudolf-August Oetker], in: Welt am Sonntag, 22. 11. 1998.

132 Vgl. Auszug aus dem Handelsregister A, Amtsgericht Bielefeld, Nr. 2739, in: BArch Berlin, NS 3/1439, Bl. 29–31.

133 Vertrag zur Änderung des Gesellschaftervertrags vom 13. 12. 1926 zwischen Lina Oetker, Richard Kaselowsky, Rudolf-August Oetker und Ursula Oetker, 31. 5. 1943, in: OeFA, P13/93.

134 Vgl. Eintragung ins Handelsregister, 6. 10. 1944, in: OeFA, P1/281; Rundschreiben Rudolf-August Oetker an die Gefolgschaft, 18. 10. 1944, in: OeFA, P1/125;

Aufsichtsratsprotokoll Budenheim, 21.7.1943, in: OeFA, P15/234; Fritz von Kuhlmann an Chemische Fabrik Budenheim, 25.11.1944, in: OeFA, P15/235; Kurt Bertsch an Rudolf-August Oetker, 1.12.1944, in: OeFA, P15/163.

135 Vgl. Richard Kaselowsky an Hans Crampe, 16.8.1943, in: OeFA, P15/107; Richard Kaselowsky an Rudolf-August Oetker, 24.6.1941, in: OeFA, P15/2.

136 Oetker/Thomas, Vom Glück verwöhnt, S. 49. Dabei vermittelte Kaselowsky Oetker auch eine Reihe von geschäftlichen und allgemeinen Lebensweisheiten, die Oetker in seinen Erinnerungen ausführlich thematisiert – erkennbar mit dem Ziel, seinerseits die nachfolgenden Generationen darauf zu verpflichten. Vgl. ebd., S. 8 ff., 49–52.

137 «Einen besseren Vater könnte ich mir nicht vorstellen» [Interview mit Rudolf-August Oetker], in: Welt am Sonntag, 22.11.1998.

138 Rudolf-August Oetker an Dr. Georg. A. Krause, 14.12.1944, in: OeFA, P15/57.

139 Oetker/Thomas, Vom Glück verwöhnt, S. 101 ff.

140 Vgl. Kurt Bertsch (Fa. Knorr) an Rudolf-August Oetker, 1.12.1944, in: OeFA, P15/163; Rudolf-August Oetker an Crampe, 29.1.1946, und Aktennotiz Ernst Tüscher, 26.4.1946, sowie passim, in: OeFA, P15/106; Crampe an Tüscher, 30.6.1947, in: OeFA, P15/795. Eine gewisse Zeit lang lief ein Teil des Geschäftsverkehrs mit der französischen Zone und der Schweiz allerdings noch über Crampe, bis die Kommunikation über Zonen- und Außengrenzen hinweg wieder von Bielefeld aus übernommen wurde (vgl. OeFA, P1/349).

141 Von den Familienmitgliedern, mit denen die Verfasser sprachen, konnte sich niemand an den Namen Hans Crampe erinnern. In seinen Erinnerungen erzählt Oetker von einer Reise nach Paris, die er in Begleitung Crampes unternahm – auch dort nennt er ihn lediglich «eine[n] Hauptmann». Vgl. Oetker/Thomas, Vom Glück verwöhnt, S. 86.

9. Besatzungszeit und Wiederaufbau

1 Vgl. zum Motiv der Unsicherheit und Offenheit der Situation mit Blick auf die Industrie etwa Henke, Die amerikanische Besetzung Deutschlands, S. 568 f.; Glaser, 1945 – Beginn einer Zukunft; zur Situation des Kriegsendes vgl. Keller, Volksgemeinschaft am Ende.

2 Lillteicher, Der NS-Staat und die Unternehmen, S. 17.

3 Vgl. zum Kriegsverlauf 1944/45 auch im Folgenden die Bände 7, 8 und 10/1 der im Auftrag des Militärischen Forschungsamts herausgegebenen Reihe «Das Deutsche Reich und der Zweite Weltkrieg» (München 2001–2008); außerdem Salewski, Kriegsjahr 1944; Harder-Gersdorff/Klönne/Stiller, Beiträge zur Geschichte der Bielefelder Arbeiterbewegung, S. 713–878, sowie insbesondere Henke, Die amerikanische Besetzung Deutschlands.

4 Vgl. Schoregge, Erinnerungen, 1947, S. 53, in: OeFA, P1/429; Scherner/Streb, Das Ende eines Mythos?; Tooze, Ökonomie der Zerstörung, S. 743 ff.

5 Vgl. den Bericht des Werkluftschutzleiters: Schoregge, Der Werkluftschutz der Firma Dr. August Oetker, 28.2.1948, in: OeFA, P1/411, S. 8–16. Die E. Gundlach AG sowie die Koch's Adler Nähmaschinenfabrik erlitten bei den Luftangriffen auf Bielefeld stärkere Schäden als das Oetker-Firmengelände. Vgl. Friedrich Schaarschmidt an Rudolf-August Oetker, 12.10.1944, in: OeFA, P15/144; Direktion Koch's Adler an Deutsche Bank, 12.3.1945, in: OeFA, P15/132.

6 Schoregge, Erinnerungen, 1947, S. 92 ff., in: OeFA, P1/429, S. 98 f.; Höcker, Er-

innerungen, Anlage 215, in: OeFA, P1/168b; Schoregge, Der Werkluftschutz der Firma Dr. August Oetker, 28. 2. 1948, in: OeFA, P1/411, S. 15; Zahlen in: OeFA, P13/4568.

7 Vgl. Probleme der Produktion, 5. 1. 1945, in: OeFA, P15/76; Schoregge, Der Werkluftschutz der Firma Dr. August Oetker, 28. 2. 1948, in: OeFA, P1/411, S. 15; vgl. auch die detaillierten Aufstellungen der Verluste von Rohstoffen, Pack- und Sackmaterial in: Höcker, Erinnerungen, Anlage 216–218, in: OeFA, P1/168b; zu den Problemen beim Rohstoffeingang vgl. bereits zwei Aktenvermerke betr. Auslastung der Produktion, o. D. und 30. 8. 1944, in: OeFA, P1/172 sowie Besprechungsniederschrift, 14. 2. 1945, in: OeFA, P15/4.

8 Vgl. Oetker/Thomas, Vom Glück verwöhnt, S. 102.

9 Vgl. Vogelsang, Geschichte der Stadt Bielefeld, Bd. 3, S. 324 ff.; Kühlwein, Die Kampfhandlungen um Brackwede 1945; essayistisch und ohne Belege: Sax-Demuth, Weiße Fahnen über Bielefeld.

10 Oetker/Thomas, Vom Glück verwöhnt, S. 104; Schoregge, Erinnerungen, 1947, S. 54, in: OeFA, P1/429; ein Hinweis darauf findet sich auch bei Sax-Demuth, Weiße Fahnen über Bielefeld, S. 78.

11 Oetker/Thomas, Vom Glück verwöhnt, S. 107.

12 Vgl. Vogelsang, Im Zeichen des Hakenkreuzes. Bielefeld 1933–1945, S. 329 f. Zur britischen Besatzungspolitik und Militärverwaltung vgl. Schneider, Nach dem Sieg, S. 47–64; Thies, What is going on in Germany?, S. 29–50. Zu ökonomischen Aspekten vgl. insbesondere Turner, Reconstruction in post-war Germany.

13 Vgl. zum *automatic arrest* das Standardwerk zur Entnazifizierung: Niethammer, Entnazifizierung in Bayern, S. 147, 255 f.; Amerikaner und Briten folgten hierbei den gleichen Vorgaben. Schick, Die Internierungslager, S. 303 f.; Meyer, Entnazifizierung von Frauen, S. 37–40. Oetker war einer von rund 68 500 Deutschen, die bis Ende 1946 in der britischen Zone interniert wurden. Vgl. Schneider, Nach dem Sieg, S. 59.

14 Praktischerweise hatte auch in der Todesanzeige für die beim Bombenangriff getöteten Familienmitglieder bei seinem Namen «z. Z. Wehrmacht» gestanden. Vgl. Todesanzeige, in: Völkischer Beobachter (Norddeutsche Ausgabe), 18. 10. 1944.

15 Die Chronologie ist indes fraglich, denn das Lager Staumühle wurde erst im Juli 1945 eingerichtet; auch die unten beschriebenen Bemühungen, Oetkers Entlassung zu erreichen, setzten erst Mitte Juli ein. Vgl. Oetker/Thomas, Vom Glück verwöhnt, S. 107; zur Räumung des britischen Okkupationsgebiets durch die Amerikaner: Henke, Die amerikanische Besetzung Deutschlands, S. 971; zum Lager Staumühle: Hüser, «Unschuldig» in britischer Lagerhaft?; Wember, Umerziehung im Lager, insb. S. 66–70; allgemein: Schick, Die Internierungslager; Meyer, Entnazifizierung von Frauen.

16 Oetker/Thomas, Vom Glück verwöhnt, S. 108.

17 Ebd.

18 Vgl. ebd., S. 109 f. Der beschriebene Dreischritt fand als «Buddenbrook-Effekt» Eingang in die unternehmensgeschichtliche Forschung und diente lange Zeit als Musterbeispiel dafür, dass Familienunternehmen im generationellen Wandel zum Scheitern verurteilt seien. Vgl. kritisch dazu: Priemel, Heldenepos und bürgerliches Trauerspiel.

19 Vgl. die mit einer – nicht lückenlosen – Laufzeit von Februar 1945 bis September

1946 als «Firmentagebuch» erhaltenen Besprechungsprotokolle der Firmenleitung, in: OeFA, P15/4, hier die Einträge vom 12. und 14. 7. 1945.

20 Oetker rekurriert mit diesem Begriff auf ein Erklärungsmodell, das in seinem Fall als Argument gegenüber den Briten verwendet worden sei, wobei er erklärt, er sei sich dessen selbst nicht sicher. Vgl. Oetker/Thomas, Vom Glück verwöhnt, S. 110 f.

21 Vgl. Firmentagebuch, Einträge vom 15. 8., 17. 8., 22. 8. und 19. 9. 1945, in: OeFA, P15/4; Release of Civilian Internment, 17. 1. 1946, in: OeFA, P1/796.

22 Oetker/Thomas, Vom Glück verwöhnt, S. 111.

23 Vgl. Lange, Entnazifizierung in Nordrhein-Westfalen, S. 18 f., sowie Anweisung der Militärregierung, Finanzabteilung, an finanzielle Unternehmen und Regierungsfinanzbehörden, Nr. 3 [o. D., *terminus ante quem* 24. 3. 1945], abgedr. ebd., S. 66–79, insb. Abschnitt IVa, S. 68. Diese ursprünglich nur auf den Finanzsektor zielende Anweisung wurde auch für andere Bereiche übernommen. Vgl. zur Entnazifizierung allgemein Niethammer, Entnazifizierung in Bayern, der über das amerikanische Beispiel hinaus Erkenntnisse liefert; Vollnhals, Entnazifizierung, sowie Rauh-Kühne, Die Entnazifizierung und die deutsche Gesellschaft. Zur britischen Besatzungszone und Nordrhein-Westfalen vgl. Krüger, Entnazifiziert; Turner, Denazification in the British Zone; Gödde, Entnazifizierung unter britischer Besatzung; Wember, Umerziehung im Lager, S. 405–426.

24 Vgl. Entnazifizierungsfragebogen Rudolf-August Oetker, 25. 8. 1946, in: LAV NRW R Düsseldorf, NW 1057-RFT, 258.

25 Vgl. Aktennotiz betr. Einrichtung des Ausschusses für die politische Überprüfung, 16. 5. 1946, in: OeFA, P15/4; Erinnerungen, 1951, S. 133, in: OeFA, P1/168b; IHK Bielefeld an die Dezernate, 10. 5. 1946, und Aktenvermerk, 11. 5. 1946, in: WWA Dortmund, K3, Nr. 1122. Laut der zitierten Oetker-Aktennotiz war es schwierig, überhaupt ein KPD-Mitglied oder einen den Kommunisten wenigstens nahestehenden Betriebsangehörigen für die Ausschussarbeit zu finden. Zwei Kandidaten lehnten von vornherein ab, ein dritter zog sich bald wieder zurück.

26 Vgl. Zonen-Exekutiv-Anweisung Nr. 54 der britischen Militärregierung, 30. 11. 1946, abgedr. in: Lange, Entnazifizierung in Nordrhein-Westfalen, S. 269–296.

27 Protokoll der Verhandlung vor dem Unterausschuss, 9. 4. 1947, in: LAV NRW R Düsseldorf, NW 1073, 715; vgl. Entnazifizierungs-Hauptausschuss für den Stadtkreis Bielefeld an Rudolf-August Oetker, 9. 7. 1947, in: OeFA, P1/796.

28 Vgl. Oetker/Thomas, Vom Glück verwöhnt, S. 115; Anlagen zum Entnazifizierungs-Fragebogen Rudolf-August Oetker, in: LAV NRW R Düsseldorf, NW 1073, 715, hier insbesondere Nr. 8–16; Schreiben Betriebsrat Dr. Oetker an Carl Severing, 24. 4. 1947, und Carl Severing an Betriebsrat Dr. Oetker, 2. 5. 1947, in: LAV NRW R Düsseldorf, NW 1057-RFT, 258.

29 Vgl. Case Summary and Appeal Summary, o. D., Intelligence Section Bielefeld to Public Safety (Special Branch), 514, Mil. gov. Det., C. C. G. (B. E) BAOR, 1521/PS/SB/136, 6. 5. 1947, in: LAV NRW R Düsseldorf, NW 1073, 715; Entnazifizierungs-Hauptausschuss für den Stadtkreis Bielefeld an Rudolf-August Oetker, 9. 7. 1947, Kreis GP HQ Bielefeld, 514 HQ CCG BAOR an Rudolf-August Oetker, 26. 7. 1947, Entlastungszeugnis Nr. 272, 4332/SK/BFD/RFT/258, 14. 8. 1947, in: OeFA, P1/796.

30 Vgl. Höcker, Erinnerungen, 1951, S. 133, in: OeFA, P1/168b.

31 Vgl. Eidesstattliche Versicherung Theodor Delius, 10. 6. 1946; Bescheinigung des Betriebsrats der Firma Dr. Oetker, 17. 5. 1946, in: LAV NRW R Düsseldorf, NW 1057-RFT, 384, sowie passim.

32 Vgl. Case Summary Karl Oetker, 1946/47, in: LAV NRW R Düsseldorf, NW 1057-RFT, 389. Oetkers Angabe im Fragebogen, er sei von 1937 bis 1945 «nur» Parteianwärter gewesen, dürfte im Ausschuss mangels besseren Wissens nicht hinterfragt worden sein. Tatsächlich gab es den Status des Parteianwärters nur in der kurzen Phase 1937 bis 1939; vgl. Wetzel, Die NSDAP zwischen Öffnung und Mitgliedersperre, S. 77 f. Seit Ende 1946 war Karl Oetker wieder zur Beschäftigung in der Firma zugelassen, im Sommer 1947 wurde er in Kategorie V (entlastet) eingestuft.

33 Vgl. Eidesstattliche Versicherungen Emil Berckemeyer, 4. 5. 1946; Paul Sackewitz, 10. 5. 1946; Albert Müller, 11. 5. 1946; Paul Asmussen 20. 5. 1946; August Steffens, 20. 5. 1946; Georg Schrewe, 31. 5. 1946; Bescheinigung des Betriebsrats der Firma Dr. August Oetker, 17. 5. 1946, in: LAV NRW R Düsseldorf, NW 1057-RFT, 389.

34 Vgl. hier und für den gesamten Abschnitt die Verfahrensakten der im Zuständigkeitsbereich des Landes NRW entnazifizierten Mitglieder der Firmenleitung: Konstantin Brückner (LAV NRW R Düsseldorf, NW 1057-Ecen 7, 4304), Theodor Delius (LAV NRW R Düsseldorf, NW 1057-RFT, 384), Walter Kraak (LAV NRW R Düsseldorf, NW 1057-RFT, 82), Karl Liedl (LAV NRW R Düsseldorf, NW 1057-RFT, 382), Karl Oetker (LAV NRW R Düsseldorf, NW 1057-RFT, 389), Carl Schoregge (LAV NRW R Düsseldorf, NW 1037-BV, 2444; LAV NRW R Düsseldorf, NW 1073, 963). Vgl. Bräutigam, Mittelständische Unternehmer, S. 365 ff.; Hetzer, Unternehmer und leitende Angestellte, S. 588.

35 Vgl. Ermittlungsverfahren gg. Langenberg, August, 1 Sp. Js 580/47 – Sp. Ss. 2127/48–1 Sp. Ls. 15/48, in: BArch Koblenz, Z 42 II, 393, hier insb.: Anklageschrift der Anklagebehörde beim Spruchgericht Benefeld-Bomlitz, 15. 1. 1948; Urteil des Spruchgerichts Benefeld-Bomlitz, 5. Spruchkammer, 11. 3. 1948. Zur wortwörtlichen «Entnazifizierung» Langenbergs in Bielefeld dann: Denazification Appeal Summary, o. D., sowie den Einreihungsbescheid v. 9. 2. 1949, in: LAV NRW R Düsseldorf, NW 1037-BV, 2474, sowie den ganzen Vorgang; daneben wurden weitere Verfahrensakten angelegt: LAV NRW R Düsseldorf, NW 1073, 593 und LAV NRW R Düsseldorf, NW 1057-RFT, 3208.

36 Vgl. zu den Geschlechtsspezifika des Entnazifizierungsverfahrens Meyer, Entnazifizierung von Frauen. Ernst Oetker begründete seinen Eintritt mit dem Druck der örtlichen NSDAP in Hornoldendorf – das bestätigte ihm der Nachkriegs-Bürgermeister. Vgl. zu den Parteimitgliedschaften: BArch Berlin, ehem. BDC, NSDAP-Ortsgruppenkartei, 3200/Q0021, Bild 0538 (Ursula Oetker); BArch Berlin, ehem. BDC, NSDAP-Ortsgruppenkartei, 3200/Q0021, Bild 0524 (Ernst Oetker); zur Entnazifizierung Ernst Oetkers: LAV NRW R Düsseldorf, NW 1060-JG 1947, 964.6. Richard Kaselowsky jun. scheint sich nicht um eine Aufnahme in die NSDAP bemüht zu haben. Vgl. Fragebogen, 30. 1. 1948; Bescheinigung Kreis-Entnazifizierungsausschuss/Hauptausschuss, 9. 2. 1948; Case Summary, o. D., in: LAV NRW R Düsseldorf, NW 1058, 2421.

37 Vgl. Formblatt zum Protokoll der Vernehmung Dr. Theo Kaselowsky, 14. 8. 1947, mit Anlage: Lebenslauf Theo Kaselowsky, 14. 8. 1947; Ermittlungsbericht Poli-

zeimeister [S]üllwald, 2. 4. 1948; in: BArch Koblenz, Z 42 IV, 1142, Bl. 23–28. Dagegen die abweichenden Verteidigungsstrategien bei: Eidesstattliche Erklärung der Kreiswirtschaftsberater in Camp Eselheide, 19. 11. 1947; RA Klasing an Anklagebehörde, 20. 12. 1947, 23. 3. 1948; Eidesstaatliche Erklärungen des Gauobmanns der DAF Westfalen-Nord, Ferdinand Schuermann, 16. 2. 1946; Eidesstattliche Erklärung des Gauwirtschaftsberaters Westfalen-Nord, Christian Franke, 15. 11. 1947; Erklärung des ehemaligen Gauwirtschaftsberaters Westfalen-Nord, Wolf Mittag, 10. 1. 1948, in: BArch Koblenz, Z 42 IV, 1142, Bl. 36 f., 62 f., 66. Die Kreiswirtschaftsberater waren bis 1943 keine Politischen Leiter der NSDAP und deshalb nicht Angehörige des Führerkorps der Partei. Theo Kaselowskys Angabe, er sei bereits Mitte der 1930er Jahre «Kreisamtsleiter für Wirtschaft» gewesen, lässt sich nicht verifizieren; dieses Amt war in der verbindlichen Organisationsstruktur der NSDAP nicht vorgesehen.

38 Vgl. Protokoll der Vernehmung Dr. Theo Kaselowsky, 14. 8. 1947, in: BArch Koblenz, Z 42 IV, 1142, Bl. 23 ff.; zur Rolle Kaselowskys bei der «Arisierung» punktuell: Meynert/Schäffer, Judenverfolgung in Bielefeld, S. 168, 182. Kaselowsky war als Kreiswirtschaftsberater routinemäßig an der Bewertung der Immobilien und an der Herabsetzung der Preise beteiligt, die letzte Entscheidung in dem bürokratischen Verfahren lag dann beim Gauwirtschaftsberater. In einigen für diese Studie geprüften Verfahren setzte Theo Kaselowsky Kaufpreise auf Betreiben der Käufer herunter. Über Gegenleistungen freute er sich, etwa wenn ein Käufer zusagte, «dem Kreisschulfonds der hiesigen NSDAP. eine Überweisung in Höhe von RM 2000.– zu machen». Das Zitat in: Kreiswirtschaftsberater an Möllermann, 12. 12. 1938, in: LAV NRW OWL Detmold, M 1 I P, Nr. 1545, Bl. 617, sowie in diesem Band drei weitere Einzelfälle Bl. 473–506, 507–585, 601–621, u. a. Kreiswirtschaftsberater an Oberbürgermeister Bielefeld, 22. 11. 1938, 10. 12. 1938 (Bl. 479 ff., 487); außerdem die Vorgänge in den Bänden LAV NRW OWL Detmold, M 1 I P, Nr. 1480, sowie LAV NRW OWL Detmold, M 1 I P, Nr. 1549, Bl. 150–226, hier v. a. Gauwirtschaftsberater an Regierungspräsident in Minden, 26. 4. 1939.

39 Vgl. die zahlreichen Leumundszeugnisse aus dem Sommer 1947, darunter auch ein Empfehlungsschreiben des Vorsitzenden des Entnazifizierungsausschusses der Stadt Bielefeld sowie: Ermittlungsbericht Polizeimeister Scholz, 17. 7. 1947; Niederschrift über die Zeugeneinvernahme Dir. Alfred Beelitz, 14. 7. 1947; Niederschrift über die Zeugeneinvernahme Handelskammer-Präsident Eduard Wolf, 16. 7. 1947; Polizeiliche Vernehmungsprotokolle [September 1947], in: BArch Koblenz, Z 42 IV, 1142, Bl. 10–17, 18–22, 26, 30–35, 50, sowie: Albert Schäfer, 6. 8. 1947, in: LAV NRW R Düsseldorf, NW 1057-Econ 15, 4443.

40 Vgl. Anklageschrift gegen Theo Kaselowsky, Spruchkammer Bielefeld, 2 Sp. Ls. 119/48, 2. 2. 1948; Beschluss des Spruchgerichts, 6. Spruchkammer, 8. 5. 1948 (rechtskräftig nach Ablehnung der dagegen erhobenen Beschwerden durch den Obersten Spruchgerichtshof in Hamm, per 10. 8. 1948), in: BArch Koblenz, Z 42 IV, 1142, Bl. 52 f., 70–77. Mit der Abweisung der Klage hatte man offenbar gerechnet: Drei Wochen nach der Anklageerhebung, noch vor den zitierten Beschlüssen, wurde Theo Kaselowsky am 23. Februar aus der Internierung entlassen. Zur Einrichtung und Tätigkeit der Spruchgerichte vgl. Wember, Entnazifizierung nach 1945; Drecktrah, Von Nürnberg in die Provinz.

41 Vgl. LAV NRW R Düsseldorf, NW 1057-Econ 15, 4443, hier neben den bereits

beim Spruchgericht vorgelegten Leumundszeugnissen v. a.: Einreihungsbescheid, o. D.

42 Brückner präsentierte zwei zeitgenössische Schreiben Kaselowskys, die ihn auf den ersten Blick zu entlasten schienen. Er unterließ es aber wohlweislich, weitere Unterlagen vorzulegen, die die tatsächlichen Hintergründe aufgedeckt hätten. Vgl. S. 178, sowie: Fragebogen, 17. 9. 1947; Erklärung Konstantin Brückner, o. D. (hier das Zitat); Brückner an den Hauptausschuss für Entnazifizierung, 9. 9. 1947; Richard Kaselowsky an Konstantin Brückner; 6. 6. 1935, 10. 8. 1935 (Abschriften), in: LAV NRW R Düsseldorf, NW 1057-Econ 7, 4304; sowie in der Akte die üblichen Leumundszeugnisse.

43 Die beiden fraglichen Leumundszeugnisse gehen wegen ihrer Autoren über das Übliche weit hinaus: Leumundszeugnis Margarethe von Hase, o. D.; Leumundszeugnis Dr. [Karl] Bonhoeffer, 14. 2. 1946, in: LAV NRW R Düsseldorf, NW 1057-Econ 7, 4304. Die Familie von Hase war der Anknüpfungspunkt für ein breites familiäres Netzwerk Brückners: Dietrich und Klaus Bonhoeffer waren die Söhne von Brückners Cousine Paula von Hase verh. Bonhoeffer; deren Schwiegersöhne waren Hans von Dohnanyi und Rüdiger Schleicher. Sohn einer anderen Cousine Brückners war Rüdiger von der Goltz, den Brückner beim WNN-Verkauf aktiviert hatte und der Rudolf-August Oetker in seiner Scheidungssache vertreten hatte. Vgl. Chowaniec, Der «Fall Dohnanyi», S. 56.

44 Vgl. Case summary, 1947; Einreihungsbescheid Kategorien III und IV, o. D.; Antrag an den Hauptausschuss 16. 8. 1947 und passim, in: LAV NRW R Düsseldorf, NW 1057-Econ 7, 4304.

45 Vgl. Protokoll der Berufungssitzung, 1. 12. 1948, in: LAV NRW R Düsseldorf, NW 1073, 963.

46 Vgl. S. 131 f. sowie Anhang IV.

47 Vgl. anonyme Eingabe an den Hauptentnazifizierungsausschuss, 16. 5. 1946; Schreiben des Denazification Committeee, E. Gundlach AG, 23. 7. 1946; Case Summary, 3. 9. 1946, in: LAV NRW R Düsseldorf, NW 1073, 920; Friedrich Schaarschmidt, Meine Einstellung zum Nationalsozialismus und zur NSDAP, 5. 8. 1946, in: LAV NRW R Düsseldorf, NW 1073, 920. In dieser Entlastungsschrift beschrieb Schaarschmidt seinen Weg in die Partei aus eigener Sicht: Sein damaliger Vorstandskollege Brückner sei entgegen einer Absprache und ohne Ankündigung der NSDAP beigetreten; nach einer Dienstreise habe er eine vorgefertigte Beitrittserklärung vorgefunden.

48 Vgl. LAV NRW R Düsseldorf, NW 1073, 920, hier vor allem Leumundszeugnis Karl Otte für Friedrich Schaarschmidt, 26. 11. 1946, sowie mit ähnlichem Tenor Theodor Streit, 27. 11. 1946; Paul Sackewitz, 13. 1. 1947; zu den Verhandlungen über Schaarschmidt Weiterverwendung: Aktennotiz des Betriebsrats der E. Gundlach AG, 19. 11. 1946; Protokoll über die Verhandlungen am 18. 1. 1947 und 20. 1. 1947, 27. 1. 1947; Antrag an den Betriebsrat v. 20. 1. 1947, mit Vermerk über die Ablehnung; Resolution des Betriebsrats, 23. 1. 1947; Resolution des Industrieverbandes Graphisches Gewerbe und Papierverarbeitung, 24. 1. 1947; «Once again the small are hung», in: Volksecho, 29. 1. 1947 (Übersetzung).

49 Vgl. Protokoll der Sitzung des Entnazifizierungsausschusses der Stadt Bielefeld, 12. 3. 1947; Case Summary, 1946/1947; W. G. Wildman, A. C. for Controller Paper and Printing, CCG, BE, Wirtschaftsabteilung an den Oberbürgermeister Bielefeld, o. D.; L. A. Rayneau, Brig., Ass. Controller, Paper & Printing Control,

64 HQ CCG Minden, 10. 12. 1946; Der Landrat Kreis Bielefeld an den Hauptgeschäftsführer des Verbandes der Papierverarbeitenden Industrie (Übersetzung), 23. 9. 1946; in: LAV NRW R Düsseldorf, NW 1073, 920; sowie: Fragebogen, 30. 3. 1946; Case Summary 1946/47; Einreihungsbescheid (nach Berufung) Kategorie IV, 11. 9. 1947, in: LAV NRW R Düsseldorf, NW 1057-Econ 7, 238; Aufsichtsratsprotokoll Gundlach AG, 21. 4. 1947, 13. 7. 1948 und 26. 8. 1948, in: OeFA, P15/146.

50 Vgl. Hetzer, Unternehmer und leitende Angestellte, S. 589.

51 Vgl. Oetker/Thomas, Vom Glück verwöhnt, S. 60, 100 f., 133 f.; zur Einstellung von SPD-Verantwortungsträgern vgl. etwa Ladebecks Grußwort zur 100-Jahr-Feier der Gundlach AG: Jahrhundertfeier der E. Gundlach Aktiengesellschaft Bielefeld, 1.8.47, Ansprachen, S. 22–25, in: Gundlach FA, G 58. In Bielefeld fand 1946 ein Vorkongress und 1947 der Gründungskongress des DGB in der britischen Zone statt. Der ehemalige «Gefolgschaftssaal» der Firma Oetker war einer der wenigen intakten Veranstaltungsräume der Stadt. Vgl. Klönne, Die Gründung des Deutschen Gewerkschaftsbundes, S. 261 f.

52 Oetker/Thomas, Vom Glück verwöhnt, S. 114; Gespräch der Verfasser mit Dr. h. c. August Oetker und Dr. Ingeborg von Schubert, 15. 11. 2010.

53 Ansprache Rudolf-August Oetkers zum Wiedereintritt in den Betrieb [8/1947], in: OeFA, P15/76.

54 In der britischen und amerikanischen Zone nach dem 8. Mai 1945 auch als Militärregierungsgesetz Nr. 52 bezeichnet; vgl. Schmoller/Tobler/Maier, Handbuch des Besatzungsrechts, Bd. 2, § 120; Gierlich, Gesetz Nr. 52.

55 Vgl. Oetker/Thomas, Vom Glück verwöhnt, S. 105. Die Schwestern Ilse und Ingeborg Kaselowsky waren mit ihren Eltern in der Villa umgekommen, Richard Kaselowsky jun. war deshalb der einzige überlebende Erbberechtigte aus der Ehe. Vgl. ebd., S. 213; Fritz von Kuhlmann an Rudolf-August Oetker, 3. 10. 1944, in: OeFA, P/270; Testament Richard und Ida Kaselowsky, 25. 1. 1944, in: OeFA, P1/274.

56 Vgl. Aktennotiz, 31. 7. 1945, Firmentagebuch, Eintrag vom 29. 10. 1945, in: OeFA, P15/4. Bereits am 25. 6. 1945 wurde nach Militärregierungsgesetz Nr. 53 eine Meldung der Devisenbestände und -außenstände vorgenommen. Vgl. Declaration of Assets and Obligations pursuant to Article II Military Government Law No. 53, Foreign Exchange Control, 25. 6. 1945, in: OeFA, P1/797.

57 Vgl. Firmentagebuch, Einträge vom 27. 7. 1945, 12. 9. 1945 und 26./27. 10. 1945, in: OeFA, P15/4.

58 Vgl. zur Einsetzung von Treuhändern bei anderen Unternehmen in der britischen Zone vor allem das gut erforschte Beispiel von Volkswagen: Turner, Das Volkswagenwerk; Lupa, Spurwechsel auf britischen Befehl; zum Treuhänder: Richter, Ivan Hirst. Zu einem Unternehmen der Konsumbranche – der Firma Henkel: Feldenkirchen/Hilger, Menschen und Marken, S. 110–115. Die britische Haltung zu Enteignung, Sozialisierung und Demontage von Industrieunternehmen ist vor allem am Beispiel der Rüstungsindustrie des Rhein-Ruhrgebiets erforscht, die natürlich einen Sonderfall darstellt, ebenso wie das DAF-eigene Volkswagenwerk in Wolfsburg. Vgl. allgemein Schmidt, Die verhinderte Neuordnung, S. 53–61; Lademacher, Die britische Sozialisierungspolitik im Rhein-Ruhr-Raum; Turner, British Policy Towards German Industry sowie als weiteres Fallbeispiel: Priemel, Flick, S. 598–602.

59 Vgl. Property Control Letter of Instructions gegen Rudolf Oetker einschließlich der Firma Dr. August Oetker, 23. 11. 1945, in: OeFA, P1/777. Des Weiteren wurden die Bielefelder Organgesellschaften zwei Tage später unter Kontrolle gestellt: die Trocknungswerke, die Gleisanschlussgesellschaft, die Vereinigten Oetker-Werkstätten, 25. 11. 1945, in: OeFA, P1/78–80. Am 3. Dezember nahm der neu bestellte Treuhänder erstmals an einer Besprechung der Geschäftsleitung teil, bei der auch Ursula Oetker anwesend war. Vgl. Protokoll der Besprechung der Geschäftsleitung, 3. 12. 1945, in: OeFA, P15/4. Im Mai 1946 wurde Tüscher außerdem zum Treuhänder für die E. Gundlach AG und die Oteka ernannt. Vgl. Ernst Tüscher an verschiedene Adressaten, 29. 5. 1946, in: OeFA, P15/145; Property Control, Letters of Appointment of Custodian, 9. 10. 1946, in: OeFA, P1/793; Aktennotiz Ernst Tüscher, 9. 5. 1946, in: OeFA, P15/144.

60 Vgl. Sassin, Liberale im Widerstand, S. 130, 396; Bavendamm, Die Oetkers in Bielefeld, S. 27; Oetker/Thomas, Vom Glück verwöhnt, S. 122, 144. Demnach war Tüscher außerdem wohl mit Hugo Ratzmann befreundet, einem Vorstand des Bankhauses Hardy & Co. Dort hatte Rudolf-August Oetker bis 1945 im Aufsichtsrat gesessen. Diese persönliche Ebene, von der die Alliierten nichts wissen konnten, dürfte auf lange Sicht die Zusammenarbeit erleichtert haben.

61 Vgl. Aktenvermerk, 3. 12. 1945, in: OeFA, P15/4.

62 Vgl. verschiedene Berichte und Übersichten, die für Tüscher erstellt wurden: zum Aktienbesitz, zu den Beteiligungen und Aufsichtsratsmandaten sowie eine Bilanz und eine Gewinn- und Verlustrechnung per 31. 12. 1944 [12/1945], in: OeFA, P15/55.

63 Vgl. Besprechungsniederschriften der Betriebsleitung, 1945/46, in: OeFA, P15/4. Aus der Zeit, in der Rudolf-August Oetker zwischen Herbst 1944 und Frühjahr 1945 an der Spitze des Unternehmens stand, sind leider nur zwei Besprechungsniederschriften überliefert (23. 1. und 14. 2. 1945), nur an einer der Besprechungen nahm Oetker selbst teil. Aus den Monaten vor der Übernahme der Treuhänderschaft durch Tüscher (Juni bis Dezember 1945) liegen in der gleichen Akte zahlreiche Niederschriften vor, außerdem findet sich für diese Zeit ein Tagebuch der Betriebsleitung, das detailliert einzelne Ereignisse verzeichnet. Für die Zeit unter Tüschers Führung liegen Niederschriften bis April 1946 vor. Da die Teilnehmerliste in den Protokollen hierarchisch sortiert ist, lässt sich Tüschers Vorrangstellung schon daran ablesen.

64 Vgl. Ernst Tüscher an Rudolf-August Oetker, 24. 1. 1946 und 25. 1. 1946, in: OeFA, P15/2; Ernst Tüscher an Wilhelm Diekmeyer, 8. 10. 1946, in: OeFA, P15/191.

65 Vgl. Ernst Tüscher an Military Government Bielefeld, 11. 10. 1946, in: TNA: PRO London, FO 1013–2476.

66 Vgl. Ernst Schulte an Theodor Delius, 24. 5. 1946; Aktennotiz Ernst Schulte, 27. 5. 1946; Oberfinanzpräsident Münster an Fa. Dr. August Oetker, 4. 8 1944; Ernst Schulte an Ernst Tüscher, 20. 9. 1946, und Gutschriftbeleg der Reichsbank, 31. 1. 1945, in: TNA: PRO London, FO 1013–2476.

67 Vgl. Aktennotiz Ernst Schulte, 27. 5. 1946, in: TNA: PRO London, FO 1013–2476.

68 Vgl. ebd. mit Anlage 2; Ernst Schulte an Theodor Delius, 24. 5. 1946, und Ernst Schulte an Erich Schulte, 10. 10. 1946, in: TNA: PRO London, FO 1013–2476.

69 Vgl. Ernst Schulte an Ernst Tüscher, 20. 9. 1946, in: TNA: PRO London, FO 1013–2476.

70 Zwar war es zu Treffen zwischen Crampe und Tüscher in Konstanz und andernorts gekommen. Dabei ging es jedoch um dringend benötigte Pektin-Lieferungen von der Schweizer Unipektin, deren größter Abnehmer Oetker war. Vgl. etwa Ernst Tüscher an Borgstedt und Kötter, 11. 10. 1946, in: OeFA, P15/113; Hans Crampe an Tüscher, 4. 2. 1947, mit anliegendem Zeitungsartikel «Enthüllungen über Hofmeiers Millionen», in: National-Zeitung, 14. 1. 1947, in: OeFA, P15/106, der die guten Geschäfte der Unipektin mit dem Deutschen Reich und Oetker auch während des Krieges durchleuchtet.

71 Ernst Schulte an Property Control Commission Düsseldorf, 16. 9. 1946, in: TNA: PRO London, FO 1013–2476. Hervorhebung im Original.

72 Ernst Schulte an Erich Schulte, 10. 10. 1946, in: TNA: PRO London, FO 1013–2476. Wie der Privatbrief zwischen den Brüdern zu den Akten der Militärregierung gelangte, ist nicht bekannt.

73 Vgl. Capt. D. C. Lee an Special Investigation Branch, Finance Division, 30. 10. 1946, in: TNA: PRO London, FO 1013–2476.

74 Aktenvermerk des J. S. F. D., 24. 1. 1947, in: TNA: PRO London, FO 1013–2476.

75 Vgl. ebd. und Berichte von Mitgliedern der Militärregierung über Besuche in Bielefeld, 3. 5. 1946, 21. 5. 1946, 16. 8. 1946, Ernst Tüscher an J. S. F. D., 25. 5. 1946, Zusammenfassung, 21. 8. 1946, in: TNA: PRO London, FO 1013–2476. In Sachen Danzig war offenbar bei der Vermögensanmeldung ein Fehler unterlaufen, für den Tüscher vor allem den als Rechtsberater hinzugezogenen, seit Langem immer wieder für Oetker tätigen Rechtsanwalt Wilhelm Diekmeyer verantwortlich machte. Vgl. Ernst Tüscher an Wilhelm Diekmeyer, 27. 1. 1947 und 29. 1. 1947, in: Privatarchiv Arend Oetker.

76 Ernst Tüscher an Ernst Oetker, 9. 4. 1947, in: Privatarchiv Arend Oetker. Die zeitweise divergierenden Auffassungen erwähnt Ernst Tüscher an Ernst Oetker, 9. 4. 1947, in: Privatarchiv Arend Oetker.

77 Vgl. Ernst Tüscher an RA Wilhelm Diekmeyer, 29. 1. 1947, in: Privatarchiv Arend Oetker. Ursprünglich wollten die Briten Tüscher am 5. 12. 1946 sogar zum «managing director» ernennen; da es eine vergleichbare Position für einen Nicht-Gesellschafter in einer oHG nicht geben konnte, wurde Tüscher aufgrund einer Verfügung der Militärbehörden per 31. 1. 1946 Einzelprokura erteilt.

78 Rudolf-August Oetker an Ernst Tüscher, 1. 2. 1947, in: Privatarchiv Arend Oetker.

79 Vgl. ebd. Diese Forderung nach ostentativer Distanzierung nahm Oetker später zurück, weil diese Offenlegung der Vermögenskontrolle gegenüber Geschäftspartnern und Behörden der Firma schaden konnte.

80 Vgl. Rudolf-August Oetker an Ernst Tüscher, 1. 2. 1947, in: Privatarchiv Arend Oetker.

81 Vgl. Ernst Tüscher an Rudolf-August Oetker und Ursula Oetker, 3. 4. 1947, mit einem Entwurf vom 7. 3. 1947, in: Privatarchiv Arend Oetker; Rudolf-August Oetker an Captain D. C. Lee, 12. 9. 1947, in: OeFA, P1/796.

82 Oetker/Thomas, Vom Glück verwöhnt, S. 111.

83 Mehrere Schreiben KreisGp HQ Bielefeld 514 HQ CCG (BE), BAOR (Minden) an Ernst Tüscher, 19. 9. 1947, in: OeFA, P1/786 und 789. Damit endete auch die Treuhänderschaft bei den Organgesellschaften der Bielefelder oHG (Gleisanschluss, Oteka, Werkstätten und Trocknungswerke). Die Treuhänderschaft bei Gundlach blieb wegen einer ausländischen Beteiligung länger bestehen als

bei Oetker. Nach der Aufhebung der Vermögenskontrolle gegen Rudolf-August Oetker ging das Amt des Gundlach-Treuhänders deshalb auf Erwin Dircks über, den Direktor der Maizena Werke AG in Hamburg, die sich in amerikanischem Besitz befand und Anteile an Gundlach besaß. Vgl. Aufsichtsratsprotokoll Gundlach, 26. 8. 1948, in: OeFA, P15/65 und OeFA, P15/147.

84 Vgl. Broszat/Henke/Woller, Von Stalingrad zur Währungsreform; Abelshauser, Deutsche Wirtschaftsgeschichte seit 1945, S. 22–28.

85 Vgl. Schmidt, Die verhinderte Neuordnung, S. 12–24; Eschenburg, Deutschland in der Politik der Alliierten; zur Wirtschaftspolitik in der britischen Besatzungszone die Beiträge in: Turner, Reconstruction in post-war Germany; Petzina/Euchner, Wirtschaftspolitik im britischen Besatzungsgebiet.

86 Vgl. Vogelsang, Geschichte der Stadt Bielefeld, Bd. 3, S. 375; Monatliche Übersicht der Verkaufszahlen, hier für 1944 und 1945 [o. D.], in: OeFA, P13/4568.

87 Bemühungen zum Erhalt des Danziger Filialbetriebs gab es offenbar nicht. Umso aktiver war die Oetker-Führung bei dem Versuch, aus Danzig transferierte Geldbeträge vor der Beschlagnahme durch die Militärregierung zu bewahren. Strittig war, ob es sich um eine rechtlich eigenständige Firma gehandelt habe (sie mithin also nun Auslandsvermögen darstelle) oder um eine von Bielefeld völlig abhängige Zweigniederlassung. Vgl. Berichte über Besuche von Vertretern der Militärregierung in Bielefeld, 3. 5. 1946, 21. 5. 1946, 16. 8. 1946, sowie beim Amtsgericht Bielefeld, 16. 8. 1946; Schreiben Tüscher an J. S. F. D. betr. Zweigniederlassung Danzig-Oliva, 25. 5. 1946, in: TNA: PRO London, FO 1013–2476 und passim; Ernst Tüscher an RA Wilhelm Diekmeyer, 27. 1. 1947, in: Privatarchiv Arend Oetker. Tatsächlich wurde Danzig zwar wie eine Zweigniederlassung geführt; buchhalterisch und bilanztechnisch wurde die im Danziger Handelsregister eingetragene oHG jedoch immer als eigenständig behandelt.

88 Vgl. zur Nationalverwaltung und Beschlagnahmung die Vorgänge in MZA, Brno, Fond H 1129, Bd. 22. Die Verfasser danken dem Mährischen Staatsarchiv für die Gelegenheit, den noch unbearbeiteten Bestand einsehen zu können, sowie Frau Prof. Dr. Sarah Scholl-Schneider, ohne deren Sprachkenntnis die Sichtung der großteils tschechischen Dokumente nicht so effizient hätte erfolgen können.

89 Zu Ancel Paris/Strasbourg vgl. Aktennotiz, 16. 3. 1946, in: OeFA, P15/4; Aktennotiz, 29. 6. 1948; Schriftwechsel Adolphe Ancel S. A. und Rudolph-August Oetker, 29. 6. 1948, 20. 8. 1948, 11. 2. 1949; Besprechungsnotiz 2. 5. 1950, in: OeFA, P15/66. Die neue Firma Ancel war in Folge der Enteignung durch den französischen Staat zwar auch in den Besitz der Markenrechte für Frankreich gelangt, die ehemaligen Oetker-Angestellten bemühten sich jedoch um gute Beziehungen zum ehemaligen Mutterhaus und wollten an dem Lizenzvertrag aus den 1920er Jahren festhalten. Ancel war bereits 1950 wieder der zweitgrößte Marktteilnehmer in Frankreich. Vgl. außerdem S. 389–392 zur Budapester Firma, wo nach 1945 wie im Danziger Fall der Schwerpunkt auf den Bemühungen lag, von dort transferierte Gelder vor alliierter Beschlagnahme zu bewahren.

90 Vgl. Bericht Fräulein Schiemann und Fräulein Lewon, 1. 11. 1945, in: OeFA, P15/4; «Backpulverfabrik Oetker in das Eigentum der Sowjetunion übernommen», in: Wiener Kurier, 28. 2. 1950. Die Enteignung beruhte auf einer Urkunde des Oberbefehlshabers der sowjetischen Besatzungstruppen in Österreich, wurde aber erst durch die entsprechende Eintragung ins Handelsregister im Jahr

1950 öffentlich bekannt. Durch den Österreichischen Staatsvertrag fiel die Firma an den österreichischen Staat. Nach langen Verhandlungen wurde die Firma aufgeteilt: Ein Viertel verblieb beim Staat Österreich, je ein Viertel fiel an die Backag AG, an die Fa. König & Komp., die der ehemalige Badener Leiter Walter König gegründet hatte, und an die Firma Oetker. Vgl. Bauprojekt Villach [*terminus non ante* 1958], in: OeFA, P1/762.

91 Vgl. Oetker Brno an Fa. Karel Pokorny & Co., 2.10.1948, und Fa. Karel Pokorny & Co. an Oetker Brno, 10.9.1948, in: MZA, Brno, Fond H 1129, Bd. 12; Niederschrift, 26.11.1948, in: MZA, Brno, Fond H 1129, Bd. 11.

92 Vgl. Ausarbeitung der britischen Besatzungsbehörde: «Der Oetker-Konzern», 25.3.1946, und Überarbeitung, 25.6.1946, in: TNA: PRO London, FO 1013–2476; Begründungen zur Anfechtung des Steuerbescheids des Finanzamts Bielefeld, mehrere Dokumente, 13. und 15.5.1948, in: OeFA, P4/1. Ebenfalls als Totalverlust musste die Beteiligung an der Firma Seidel & Naumann in Dresden abgeschrieben werden, obwohl Tüscher sich bemühte, die Enteignung abzuwenden; vgl. die Vorgänge in OeFA, P15/167. Bei der Reedereibeteiligung Bock, Godeffroy & Co. war lange Zeit unklar, was mit den noch vorhandenen Schiffen geschehen würde. Auch hier stand die Beschlagnahmung durch die Alliierten im Raum; vgl. Firmentagebuch, 24.–26.7.1945, in: OeFA, P15/4. Bei der Hochseefischereifirma Hermann Söhle & Co. hatte kein einziger der vier Fischkutter den Krieg überstanden; vgl. Aktennotiz, 5.10.1945, in: OeFA, P15/4.

93 Die hier geschilderten Schwierigkeiten betrafen auch die Reese KG in Hameln; vgl. Ellerbrock, Julius, Historischer Überblick über die Firma Reese, 1949, S. 10–13, in: OeFA, P1/799.

94 Interner Jahresrückblick 1946, 25.7.1947, in: Privatarchiv Arend Oetker; Aktennotiz, 6.1.1947, in: OeFA, P15/172; Schoregge, Erinnerungen, 31.12.1947, S. 100 f., in: OeFA, P1/429; Ernst Tüscher an 514 HQ Military Government, 12.12.1946, in: OeFA, P1/786.

95 Korrespondenz betr. Kauf eines Lastkraftwagens, 8/1945, in: StABi, 103,01/Besatzungsamt, Nr. 25, II; Verfügung Tüscher, 26.2.1946, und Anweisung Tüscher, 2.4.1946, in: OeFA, P15/113.

96 Vgl. Götze, Die westdeutsche Stärkewirtschaft; einzig die Herstellung von Reisstärke war völlig in der britischen Besatzungszone zentralisiert, nämlich bei Hoffmann's Stärke – das Vorhandensein von Reis vorausgesetzt. Reisstärke machte jedoch keine 2 % des reichsdeutschen Stärkemarktes aus.

97 Zahlen nach: Rohrbach, Im Schatten des Hungers, S. 302; Wolfrum, Die Bundesrepublik Deutschland 1949–1990, S. 188–191; vgl. zur Versorgungslage in der britischen Zone auch Stüber, Der Kampf gegen den Hunger; Wildt, Der Traum vom Sattwerden; Trittel, Hunger und Politik; Steinert, Food and the food crisis in post-war Germany; Ingenbleek, Die britische Gewerkschaftspolitik in der britischen Besatzungszone 1945–1949, S. 462–481.

98 Dies entsprach dem britischen Prinzip der *indirect rule*, die zur «Perpetuierung einer Staatlichkeit ohne Souveränität» führte: Schneider, Nach dem Sieg, S. 63. Zur Kontinuität in Landwirtschaft und Ernährungssektor vgl. Rohrbach, Im Schatten des Hungers; Trittel, Von der «Verwaltung des Mangels» zur «Verhinderung der Neuordnung»; Trittel, Das Scheitern der Bodenreform im «Schatten des Hungers»; Farquharson, The Western allies. Zum Lebensmittelmarkensystem vgl. Schmitz, Die Bewirtschaftung der Nahrungsmittel und Verbrauchs-

güter. Das für Oetker vor allem maßgebliche Landesernährungsamt Westfalen hatte seinen Sitz in Unna. Die Zentralstelle für Ernährung und Landwirtschaft (seit 11. 3. 1946 Zentralamt für Ernährung und Landwirtschaft), die Aufgaben der aufgelösten Fachgruppen des Reichsverbands der deutschen Industrie übernahm und die Militärregierung beriet, hatte ihren Sitz in Obernkirchen. Vgl. Bericht über eine Reise nach Obernkirchen, 30. 10. 1945, in: OeFA, P15/4; Vogel, Westdeutschland 1945–1950, S. 126 f., 130–133.

99 Schoregge, Erinnerungen, 1947, S. 47 f., in: OeFA, P1/429.

100 Bericht über Reise nach Unna, 8. 10. 1945, in: OeFA, P15/4.

101 Vgl. Schoregge, Erinnerungen, 1947, S. 55 f., in: OeFA, P1/429; Höcker, Erinnerungen, 1951, S. 4, in: OeFA, P1/168a; darüber hinaus z. B. Bericht über eine Reise nach Unna, 8. 10. 1945, Bericht über eine Reise nach Unna, 9. 1. 1946, in: OeFA, P15/4.

102 Besprechungsniederschrift der Betriebsleitung, 8. 10. 1945 und 9. 1. 1946, in: OeFA, P15/4; Plumpe, Vom Plan zum Markt, S. 53–82, 143–159.

103 Besprechungsniederschrift der Betriebsleitung, 27. 2. 1946, in: OeFA, P15/4.

104 Ernst Tüscher an Gouvernement Militaire de la Zone Française d'Occupation, Production Industrielle, Section Chimie, 28. 1. 1946; Aktennotiz betr. Besprechung mit Commandant Demagny, Baden-Baden, 6. 2. 1946, in: OeFA, P15/236.

105 Schoregge, Erinnerungen, 1947, S. 47, in: OeFA, P1/429; Bericht über eine Reise nach Unna, 30. 8. 1945, in: OeFA, P15/4.

106 Besprechungsniederschrift, 5. 9. 1945, in: OeFA, P15/4.

107 Besprechungsniederschriften, 3. 9. 1945 und 5. 9. 1945, in: OeFA, P15/4; Schoregge, Erinnerungen, 1947, S. 56, in: OeFA, P1/429.

108 Bericht über Reise nach Unna, 9. 1. 1946, in: OeFA, P15/4; Ellerbrock, Auf Stärke gebaut, S. 175–184.

109 Besprechungsniederschrift der Betriebsleitung, 12. 6. 1945, 19. 2. 1946, 5. 3. 1946, 9. 4. 1946; Firmentagebuch, 23. 7. 1945, 21. 8. 1945, 22. 8. 1945; Bericht über eine Reise nach Nienburg, Rehburg, Stadthagen, 17. 8. 1945; Bericht über eine Reise nach Lippstadt und Unna, 17. 8. 1945; Bericht über eine Reise zu Chemiefabriken in Süd- u. Süd-West-Deutschland, 3.–12. 9. 1945; Bericht über eine Reise zum Landeswirtschaftsamt Münster, 7. 11. 1945; Bericht über Reise nach Unna, 9. 1. 1946; Friedrich Rüter an Landesernährungsamt Westfalen, 18. 1. 1946; Bericht über eine Fahrt zum Getreidewirtschaftsverband Unna, 21. 1. 1946, Aktennotiz, 25. 5. 1946, in: OeFA, P15/4; Korrespondenz Ernst Tüscher und Albert Vogelsang, 18. 7. 1946, 26. 7. 1946 und 28. 9. 1946, in: OeFA, P15/131; zur Relevanz der Kompensationsgeschäfte für die Nachkriegswirtschaft vgl. Plumpe, Vom Plan zum Markt.

110 Vgl. Schoregge, Erinnerungen, 1947, S. 56, in: OeFA, P1/429.

111 Vgl. den gesamten Vorgang in: OeFA, P1/349. Die Ende 1947/Anfang 1948 so umgesetzten fast 600 000 Päckchen machten gerade einmal zwei Promille der Jahresproduktion von 1947 aus. Auf die anfallenden «Gegengaben» in Höhe von etwa 10 % der Rechnungssumme wollte man aber offenbar gleichwohl nicht verzichten, z. B. 100 kg Röstkaffee, 6 kg Rinderfett, 20 kg Reis, 207 kg Seife; außerdem 6000 kg Zucker und 1250 kg Kakao für die Herstellung von Schokoladen-Puddingpulver im Gegenzug für eine der Lieferungen.

112 Plumpe, Vom Plan zum Markt, S. 184 f.

113 Vgl. die Übersicht bei Schoregge, Erinnerungen, 1947, S. 49 ff., in: OeFA, P1/429.

114 Vgl. Besprechungsniederschrift der Betriebsleitung, 17. 7. 1945, und Laborbericht, Juli 1945, in: OeFA, P15/4; Vertrag zwischen Fa. Dr. Oetker und Dr. Gerhard Riehl, 11. 8. 1945, in: OeFA, P15/4.

115 Bericht über eine Reise nach Lippstadt und Unna, 17. 8. 1945, in: OeFA, P15/4.

116 Oetker/Thomas, Vom Glück verwöhnt, S. 117.

117 Vgl. Rudolf Flebbe an Büro Berlin, 20. 8. 1941, in: OeFA, P5/33; Hans Crampe an Richard Kaselowsky, 11. 11. 1942; Richard Kaselowsky an Hans Crampe, 13. 11. 1942, in: OeFA, P15/107; Dr. A. Oetker an den Bevollmächtigten für Nahrungsmitteltechnik (Entwurf), 29. 12. 1943, in: OeFA, P5/34.

118 Vgl. Korrespondenz zwischen Richard Kaselowsky und Hans Crampe, 29. 12. 1943, 31. 12. 1943, 29. 1. 1944, 8. 2. 1944, 17. 3. 1944, 4. 4. 1944, in: OeFA, P5/34, und 11. 9. 1944, 18. 9. 1944 (hier das Zitat), in: OeFA, P15/106; Besprechungsniederschrift der Betriebsleitung, 14. 2. 1945, und Firmentagebuch, 2. 8. 1945, in: OeFA, P15/4. Die Cepha war der Verband der Chemisch-Pharmazeutischen Großindustrie, der 1933 aufgelöst wurde. Sie ging in der Reichsfachschaft Pharmazeutische Industrie auf, aus der später die Fachgruppe Pharmazeutische Industrie der Wirtschaftsgruppe Chemische Industrie wurde. 1936 bildeten die ehemaligen Cepha-Mitglieder in Abgrenzung dazu den Reichsverband der Pharmazeutischen Industrie. Welche Organisation hier genau gemeint ist, ist nicht zu klären. Vgl. Kobrak, National cultures and international competition, S. 249 f.

119 Besprechungsniederschrift der Geschäftsleitung, 17. 7. 1945, in: OeFA, P15/4; Betriebstagebuch, 18. 7. 1945, in: OeFA, P15/4.

120 Vgl. Richard Kaselowsky an Julius Ellerbrock, 12. 11. 1942, in: OeFA, P15/171; diverse Forschungsanträge: Dr. August Oetker an Hans Crampe, 6. 7. 1944, in: OeFA, P5/34; Besprechungsniederschriften, 6. 9. 1945, 2. 10. 1945, 13. 10. 1945, in: OeFA, P15/4; Vertrag, 11. 2. 1946, in: OeFA, P1/770; Besprechungsniederschrift der Betriebsleitung, 12. 2. 1946, in: OeFA, P15/4.

121 Vgl. «Sparpackungen», 5. 3. 1946, in: OeFA, P15/4.

122 Vgl. Ansprache Rudolf-August Oetker [8/1947], in: OeFA, P15/76.

123 Vgl. Schoregge, Erinnerungen, 1947, S. 49, in: OeFA, P1/429.

124 Wengenroth, Die Flucht in den Käfig, S. 53.

125 Vgl. Plumpe, Vom Plan zum Markt, S. 189, 190–197; Ingenbleek, Die britische Gewerkschaftspolitik in der britischen Besatzungszone 1945–1949, S. 462–481.

126 Oetker/Thomas, Vom Glück verwöhnt, S. 117; zu den «ausgesprochenen Kriegserzeugnissen» bereits: Richard Kaselowsky an Hans Crampe, 18. 9. 1944, in: OeFA, P15/106.

127 Wildt, Am Beginn der «Konsumgesellschaft», S. 28–37, 76–82, zur Abgrenzung vom problematischen Begriff der «Fresswelle» vgl. insb. S. 76 f., zur Veränderung der Backkultur in den 1950er Jahren S. 80 f.; Wildt, Vom kleinen Wohlstand, S. 77 f.; Wildt, «Wohlstand für alle», S. 306.

128 Demnach war in 73 % aller befragten Haushalte Puddingpulver vorhanden, in 61 % der befragten Haushalte auch Backpulver. Das waren im Vergleich hohe Werte, nur Speiseöl und Margarine oder etwa einfache Hygiene-Artikel (Seife, Zahnpasta) erreichten höhere Verbreitungswerte. Vgl. Noelle/Neumann, Jahrbuch der öffentlichen Meinung 1947–1955, S. 38 f.

129 Wildt, Plurality of Taste, S. 107; Ellerbrock, Auf Stärke gebaut, S. 182 f. Das bedeutete freilich nicht, dass der Backpulverabsatz zusammenbrach. Zudem

erfuhren andere Produkte einen unerwarteten Aufschwung, etwa Tortenguss, der mit fertigen Kuchenböden vom Bäcker oder aus der Industrie einfach anzuwenden war.

10. Die Selbstmobilisierung eines Familienunternehmers: Ein Fazit

1 Vgl. Leserbriefe «Stadtväter dürfen nicht nachgeben» (Zitat) und «Von der Zone gesteuert», in: NW, 25. 9. 1968. Vgl. Aktenvermerk der Staatskanzlei NRW über ein Telefonat mit Joachim Wolfgang von Moltke, 9. 9. 1968, in: LAV NRW R Düsseldorf, NW 393, 89. Zur Ostberichterstattung vgl. Meldung des Allgemeinen Deutschen Nachrichtendienstes ADN, 9. 8. 1969, abgedr. in einem Telex der Hamburg Süd AG an Dr. A. Oetker, 9. 8. 1968, in: OeFA, P1/108. Über verschiedenen Schriftverkehr (Aktenvermerk Krause, 5. 8. 1968; Willy Büchel an den Präsidenten der Volkskammer der DDR, Johannes Dieckmann (Abschrift), 23. 8. 1968, in: OeFA, P1/108) lässt sich auch eine Meldung der sowjetischen Nachrichtenagentur TASS, der Parteizeitung «Prawda» (13. 8. 1968), des DDR-Rundfunks sowie des «Neuen Deutschland» («Blüten der Unkultur», 19. 8. 1968) nachweisen.

2 Vgl. Braunbuch (1968); weitere Presseberichte über den «Freundeskreis Himmler» gehen ebenfalls auf Kaselowsky nicht weiter ein, selbst nicht im Herbst 1968, als es wegen des Kunsthallen-Streits eigentlich nahelag: «‹Freundeskreis Himmler› kommandiert Wirtschaft und Politik im Bonner Staat», in: Neues Deutschland, 11. 9. 1968; «Siemens – Vom ‹Freundeskreis Himmler› zum ‹Freundeskreis Strauss›», in: Horizont, Nr. 31, Juli 1970.

3 «Pudding, Nazis & Moneten», in: «Für Dich. Illustrierte Wochenzeitung für die Frau», Dezember 1968, Heft 2, der Artikel dieser Frauenzeitschrift war elementarer Teil des Wissensbestandes der Stasi: BStU, MfS HA IX/11, PA 2408. Dr. Alexander Elbrächter war seit 1953 Mitglied des Bundestags, zunächst für die rechtskonservative Deutsche Partei (DP), ab 1961 für die CDU. Vgl. Ausschuss für deutsche Einheit, Wer regiert in Bonn?, S. 156, 168–172; BStU, MfS HA IX/11, PA 1266, Bl. 7; Pritzkoleit, Die neuen Herren, S. 180, 184, 188, 201. Vgl. zu marxistischen Deutungen insgesamt: Osterloh, Die Monople und ihre Herren.

4 Vgl. BStU, MfS HA IX/11, PA 2408 und AS 53/68; BArch Berlin, NS 19/1237. Vgl. zur Abteilung X der Hauptverwaltung Aufklärung im MfS Knabe, Westarbeit des MfS, S. 74, 83–86, 155–163; Knabe, Die unterwanderte Republik, S. 106–110, 124–138; Engelmann, Zur «Westarbeit» der Staatssicherheit in den fünfziger Jahren, S. 143–152; Bohnsack/Brehmer, Auftrag: Irreführung, S. 58–61, 191–203.

5 «Die ‹verschaukelten Arbeiterinnen›», in: Wochenpost, 29. 12. 1969.

6 Vgl. «Das Goldene Pulver», o. D., in: OeFA, P1/25; die Jahreszuschreibung im OeFA (1965) ist nicht nachzuvollziehen. Vgl. zu weiteren Verschreibungen und Missverständnissen: fehlerhafter Verweis der Suchkartei des MfS in: BStU, MfS HA IX/11, PA 2408, Bl. 11, sowie dazu BArch Berlin, SS Verschiedene Provenienzen (ehem. Deutsches Zentralarchiv Potsdam), Film 2906 (Bestandsergänzungsfilme), Bild 4356584; Vermerk Keppler-Kreis und Aufstellung Privatwirtschaftlicher Sektor der Enquête-Kommission des Rats der Vereinigung der Verfolgten des Naziregimes, in: BArch Berlin, BY 6/V 280/92.

7 Vgl. [Engelmann], Der Pudding-Prinz, in: Der Spiegel, 18. 12. 1957; gekürzt wieder abgedruckt in: Engelmann/Wallraff, Ihr da oben – wir da unten, S. 264–

270; außerdem ausführlich Engelmann, Die Macht am Rhein, Bd. 2, S. 114–137; wieder abgedruckt als: ders., Der alte Reichtum: Oetker. Daneben eine Reihe ephemerer Erwähnungen in den genannten und weiteren Büchern, etwa: ders., O wie oben, S. 60, 71, 146 f., 149, 176. Immer wieder war Engelmann auf Parallelisierungen zwischen NS-Vergangenheit und bundesrepublikanischer Gegenwart bedacht. So brachte er damals die Missstände der noch ungenügend geregelten Parteienfinanzierung mit den Spenden an den Freundeskreis Himmler in Verbindung: ders., Das Schwarze Kassenbuch, S. 19, 86–89. Engelmann war ehemaliger Häftling der Konzentrationslager Flossenbürg und Dachau, der im Stahlwerk Maxhütte des Flick-Konzerns Zwangsarbeit hatte leisten müssen; vgl. Frei u. a., Flick, S. 727.

8 Vgl. Wachs, Eine Kampagne als sinnstiftendes Gemeinschaftswerk des Ostens, S. 202 ff.; ders., Der Fall Theodor Oberländer, S. 447–456; Knabe, Der diskrete Charme der DDR, S. 306–318; sowie die Erwähnungen Engelmanns in der Anklage des Generalbundesanwalts vom 3. 11. 1994 gg. Rolf Günther Wagenbreth u. a. (Az. 3 StE 12/93–4), in: Marxen/Werle, Spionage, S. 485 ff., 498 f.

9 Vgl. Piwitt, Rothschilds, S. 47.

10 Der Spiegel kannte die familiären und freundschaftlichen Beziehungen zum NPD-Landesvorsitzenden von NRW, Karl Walrad Prinz zu Salm, bei dem Oetker auf den NPD-Chef Fritz Thielen traf. Der hamburgische NPD-Landesvorsitzende Horst Günter Schweimer besuchte eine Gesellschaft im Hamburger Haus Oetkers; vgl. «Trinkgeld für Ober», «Weich wie Pudding», «Festung mit Kranz», in: Der Spiegel, 13. 2. 1967, 10. 8. 1970, 21. 11. 1972; «Neonazis im Vormarsch», in: Die Zeit, 3. 5. 1968; nach Aktenlage wurde die NPD-Verbindung selbst in der Kunsthallen-Diskussion nur einmal erwähnt: VVN, Landesverband NRW an Herbert Hinnendahl, 23. 9. 1968, in: StABi, 200,96/Nachlass Herbert Hinnendahl, Nr. 21.

11 Vgl. Bähr, Die Dresdner Bank in der Wirtschaft des Dritten Reichs, S. 610; Wixforth, Die Expansion der Dresdner Bank in Europa, S. 256 f., 498, 504, 522, 531, 883; Dingell, Zur Tätigkeit der Haupttreuhandstelle Ost, S. 148 f.; Loose, Kredite für NS-Verbrechen, S. 101, 108 f., 134; Sawicki/Schöber, Die Oetker-Gruppe, Bd. 2, S. 80–84; Lemma «Bankhaus Lampe», in: Pohl, Handbook, S. 346–349. Vgl. zum Hardy-Aufsichtsrat S. 350 f. Eine zusätzliche Querverbindung bestand über den Treuhänder Ernst Tüscher: Dieser kannte Ratzmann von seiner Tätigkeit beim Henckel-Donnersmarck-Konzern. Vgl. Oetker/Thomas Vom Glück verwöhnt, S. 144 f.

12 Vgl. Dingell, Zur Tätigkeit der Haupttreuhandstelle Ost, S. 150–158. Milbradt war bis 1942 zum SS-Sturmbannführer aufgestiegen; 1943 wurde er zum Wehrdienst einberufen und tat als SS-Funker Dienst; 1944 war er zeitgleich mit Rudolf-August Oetker SS-Führerbewerber. Melien war in der Treuhandstelle Posen zunächst Hauptreferent für Vermögenserfassung und Beschlagnahme (Referat A I) und später für das Treuhandwesen (A II) gewesen, schließlich Abteilungsleiter B.

13 Vgl. Schriftwechsel Rudolf von Ribbentrop mit Rudolf-August Oetker, 5. 1. 1967, 10. 1. 1957, in: OeFA, P15/111. So hatte Helene Elisabeth Prinzessin von Isenburg, die Gründerin und Nestorin der Organisation, die sich vor allem in ihren Anfangsjahren der Unterstützung konservativer bürgerlicher Kreise und der beiden Kirchen erfreuen konnte, Ende 1954 eine Spende von 1000 DM erhalten. Vgl.

zur «Stillen Hilfe»: Schröm/Röpke, Stille Hilfe für braune Kameraden, S. 42 ff.; Bohr, Lobby eines Kriegsverbrechers, S. 425 f. Die betroffenen SS-Leute waren von der amerikanischen Besatzungsmacht in Dachau vor ein Militärgericht gestellt worden; vgl. Sigel, Die Dachauer Prozesse und die deutsche Öffentlichkeit; Sigel, Im Interesse der Gerechtigkeit, S. 128–158. Hinweise auf Kontakte zur Hilfsgemeinschaft auf Gegenseitigkeit der Angehörigen der ehemaligen Waffen-SS (HIAG) gibt es nicht; vgl. allgemein Wilke, Die «Hilfsgemeinschaft auf Gegenseitigkeit».

14 Breker war einer der einflussreichsten bildenden Künstler des «Dritten Reichs» und erhielt zahlreiche öffentliche Aufträge. In der Bundesrepublik arbeitete er vor allem für private Auftraggeber, darunter viele prominente Unternehmer. Rudolf-August Oetker beauftragte ihn 1963/64, eine Büste Richard Kaselowskys für den Eingangsbereich der Kunsthalle zu fertigen. Aufgestellt wurde sie schließlich, ergänzt um ein Bildnis des Firmengründers August Oetker und seines Sohnes Rudolf Oetker vom gleichen Künstler, im Eingangsbereich der Oetker-Zentralverwaltung. Der junge Architekt Cäsar Pinnau war ein Mitarbeiter Albert Speers. Seit 1950 entwarf er für die Reederei Hamburg Süd, an der Oetker beteiligt war, Schiffseinrichtungen und war mehrfach für Rudolf-August Oetker tätig. Vgl. Aktenvermerk, Gespräch zwischen Dr. v. Moltke und Rudolf-August Oetker, 28. 12. 1967, in: OeFA, P1/88; sowie die Fotos im Bildarchiv: S1/1353 f., S1/45, Vgl. Hoppe, Die zweite Hälfte des Lebens; Deuter, Cäsar Pinnau; sowie den von der Witwe Pinnaus herausgegebenen Band: Fest, Cäsar Pinnau. Joachim C. Fest gehörte zu den Auftraggebern Pinnaus und betonte den vermeintlich unpolitischen Wunsch des Architekten, seinen Planungen und Projekten Geltung zu schaffen – auch im «Dritten Reich».

15 Vgl. als Überblick Frei, Karrieren im Zwielicht.

16 Vgl. insgesamt den Band von Gall/Pohl, Unternehmen im Nationalsozialismus, insbesondere Turner, Unternehmen unter dem Hakenkreuz, S. 17–19; Mommsen, Erfahrungen mit der Geschichte, S. 52–53; Rauh, Wirtschaftsbürger im «Doppelstaat».

17 In diesem Sinne fehlte Kaselowsky die unternehmerische Monomanie, die erfolgreichen Wirtschaftsführern häufig zugeschrieben wird; vgl. Plumpe, Funktionen der Unternehmerschaft, S. 56; Finger/Keller, Erhalt als Erfolg.

18 Der einzige Beleg für eine Distanzierung Lina Oetkers zum Nationalsozialismus vgl. Böcker-Lönnendonker, Die Ehrenbürgerin, S. 38 f.; Bavendamm, Die Oetkers in Bielefeld, Kap. 3, S. 58. Grundlage ist jeweils die Überlieferung Rudolf-August Oetkers, der sich erinnerte, seine Großmutter habe von den «fiesen Nazis» gesprochen.

19 Der Begriff der Selbstmobilisierung wurde erstmals von Ludwig, Technik und Ingenieure im Dritten Reich, S. 241–245, 251–271, vor allem mit Blick auf die letzten Kriegsjahre geprägt. Er hat sich in der Wissenschaftsgeschichte für die Vorkriegsjahre und die Anfangsphase des Krieges weitgehend durchgesetzt, um eigeninitiative Motivationsstrukturen zu beschreiben. Vgl. Mehrtens, Wissenschaftspolitik im NS-Staat, S. 261–265; Stoff, Wirkstoffe, S. 77 ff. Intrinsische Motive, die den genuin unternehmerischen Zielen Kaselowskys entsprangen, sind integraler Teil des Konzepts der Selbstmobilisierung, das die komplexe Gemengelage von Motiven, Strategien, Hintergedanken, Funktionalisierungen, Interaktionen und gegenseitigen Instrumentalisierungen mit berücksichtigt.

Vgl. wieder mit Blick auf die Prozesse in der deutschen Wissenschaftslandschaft: Ash, Wissenschaft und Politik als Ressourcen für einander, S. 40 f.; Szöllösi-Janze, Politisierung der Wissenschaften, S. 82–85, 97 ff.; Hachtmann, Wissenschaftsmanagement im «Dritten Reich», S. 445–569, 1211–1215.

20 Vgl. S. 182.

21 Vgl. Ash, Wissenschaft und Politik als Ressourcen für einander. Vgl. dagegen die Diskussion um die Gewichtung von Zwangsfaktoren in der NS-Wirtschaft: Buchheim/Scherner, Corporate Freedom of Action in Nazi Germany; Hayes, Corporate Freedom of Action in Nazi Germany.

22 Henke, Die Dresdner Bank im Dritten Reich, S. 18.

23 Feldman, Financial Institutions, S. 30 («abnormal business opportunities», «normal and acceptable business»).

24 Vgl. zum Spannungsfeld «Ökonomische Rationalität, Regimenähe, Mittäterschaft» Henke, Die Dresdner Bank im Dritten Reich, S. 11–27.

25 Vgl. zur systemstabilisierenden Wirkung von (in diesem Fall administrativer) Normalität: Gotto, Nationalsozialistische Kommunalpolitik; zur Wirtschaft: Henke, Die Dresdner Bank im Dritten Reich, S. 20 f.

26 Vgl. S. 133, 176 f., 202.

27 Vgl. etwa die Thesen von Mommsen, Erfahrungen mit der Geschichte, S. 52 f., 69; zu Recht kritisch: Recker, Beweggründe und Zwangslagen.

28 Zur Haltung Ursula Oetkers zum Nationalsozialismus vgl. Gespräch Jürgen Finger und Sven Keller mit Dr. Arend Oetker, 5. 9. 2012.

Anhang Teil IV

1 Höcher war Mitglied des Entnazifizierungsausschusses in der Firma.

2 Übertritt zur Reese KG, Hameln.

3 Nach Walter Schell an Karl Höcker, 21.6.1934, in. OeFA, O15/82, war Walter Schell damals seit „fast" 30 Jahren bei Oetker. 1913 wechselte er zur Dr. Oetker Baden bei Wien (Gesamtprokura) und 1922 zur Dr. Oetker in Danzig (Einzelpokura).

4 Vgl. S. 76 f.

5 Wittrich war 1934 Zellenwalter der NSBO; 1939 wurde er Leiter der Fachgruppe Nahrungs- und Genussmittelindustrie für das Gebiet der Freien Stadt Danzig (auf Vorschlag der IHK und mit Bestätigung des Gauleiters) und 1941 Mitarbeiter der Wirtschaftskammer. Vgl. Rudolf Knigge an Richard Kaselowsky, 8.4.1934, in: OeFA, P15/82; Wittrich an Kaselowsky, 19.2.1941 in: OeFA, 15/89; Wittrich an Kaselowsky, 1.3.1939, in: OeFA, P15/87.

6 Aufnahme abgelehnt und in der Mitgliederkartei gestrichen lt. Verfügung des Gaus Südhannover-Braunschweig 1.35/97.

Abkürzungen

abgedr.	abgedruckt
Abl.	Ablieferung
a. D.	außer Dienst
AfS	Archiv für Sozialgeschichte
AD	Archives Départementales
ADGB	Allgemeiner Deutscher Gewerkschaftsbund
AG	Aktiengesellschaft
AGer	Amtsgericht
Alfaha	Algemeene Fabriek en Handelsonderneming Mij.
AOG	Gesetz zur Ordnung der nationalen Arbeit
APP	Archiwum Państwowe w Poznaniu
A/S	Aktieslskap (dän.) bzw. Aksjeselskap (norw.)
BAOR	British Army of the Rhine
BArch	Bundesarchiv
BArch-MA	Bundesarchiv-Militärarchiv
BASF	Badische Anilin- & Soda-Fabrik
BDC	Berlin Document Center
BdE	Befehlshaber des Ersatzheeres
BdS	Befehlshaber der Sicherheitspolizei und des SD
betr.	betreffend
bfrcs	Belgische Francs
Brif.	Brigadeführer
BStU	Bundesbeauftragter für die Unterlagen des Staatssicherheitsdienstes der ehemaligen Deutschen Demokratischen Republik
BVP	Bayerische Volkspartei
BWA	Bayerisches Wirtschaftsarchiv
CCG (BE)	Control Commission Germany (British Element)
CDU	Christlich Demokratische Union
CFB	Chemische Fabrik Budenheim AG
ChHRüst	Chef der Heeresrüstung
Cía	Companía
CIC	Counter Intelligence Corps
Cie.	Compagnie
Co.	Compagnie
CSU	Christlich-Soziale Union

d. R./d. Res.	der Reserve
DAF	Deutsche Arbeitsfront
DDP	Deutsche Demokratische Partei
DDSt	Deutsche Dienststelle für die Benachrichtigung der nächsten Angehörigen von Gefallenen der ehemaligen Wehrmacht (vormals: WASt, Wehrmachtsauskunftsstelle)
Dego	Deutsche Golddiskontbank
DG	Danziger Gulden
dkr	Dänische Kronen
DM	Deutsche Mark
Dok.	Dokument
DP	Deutsche Partei
DVA	Deutsche Versuchsanstalt für Ernährung und Verpflegung GmbH
DVI	Danziger Verpackungsindustrie AG
DVP	Deutsche Volkspartei
EH	Ersatz- und Heereswesen
EK	Einsatzkommando
FA	Firmenarchiv
Fa.	Firma
FAD	Freiwilliger Arbeitsdienst
FES	Friedrich-Ebert-Stiftung, Bonn
Ffrs	Französische Francs
GB Chemie	Generalbeauftragter für Sonderfragen der chemischen Erzeugung
GbR	Gesellschaft bürgerlichen Rechts
Gestapo	Geheime Staatspolizei
GG	Geschichte und Gesellschaft
GmbH	Gesellschaft mit beschränkter Haftung
GWU	Geschichte in Wissenschaft und Unterricht
HADrB	Historisches Archiv der Dresdner Bank
hfl.	Niederländische Gulden
Hasüda	Hamburg-Südamerikanische Dampfschiffahrts AG
HIS-Archiv	Hamburger Institut für Sozialforschung, Archiv
HJ	Hitlerjugend
HPM	Historisch-Politische Mitteilungen
HQ	Headquarter
hs.	handschriftlich
HSSPF	Höherer SS- und Polizeiführer
HTO	Haupttreuhandstelle Ost
HV Getreide	Hauptvereinigung der deutschen Getreidewirtschaft
HV Kartoffel	Hauptvereinigung der deutschen Kartoffel
HVA	Heeresverwaltungsamt
HVBl.	Heeres-Verordnungsblatt
HVD	Heeresverpflegungsdienststelle
HZ	Historische Zeitschrift
i. E.	im Erscheinen
IfZ	Institut für Zeitgeschichte
IG	Interessengemeinschaft
IHK	Industrie- und Handelskammer

i. L.	in Liquidation
IMT	International Military Tribunal
Indubeg	Industrie-Beteiligungs-Gesellschaft mbH
J.S.F.D.	Joint Special Financial Detachment
jato	Jahrestonne
JTC	Jewish Trust Corporation
Kč	Tschechische Kronen
KdF	Kraft durch Freude
KdS	Kommandeur der Sicherheitspolizei und des SD
Kft.	Korlátolt felelőosségű társaság
KG	Kommanditgesellschaft
KGer	Kammergericht
KreisGp	Kreis-Group
kv	kriegsverwendungsfähig
KWG	Kaiser-Wilhelm-Gesellschaft
KZ	Konzentrationslager
LAV NRW OWL	Landesarchivverwaltung NRW, Abteilung Ostwestfalen-Lippe (ehem. StA Detmold)
LAV NRW R	Landesarchivverwaltung NRW, Abteilung Rheinland (ehem. StA Düsseldorf)
LAV NRW W	Landesarchivverwaltung NRW, Abteilung Westfalen (ehem. StA Münster)
LG	Landgericht
LkA EKvW	Landeskirchliches Archiv der Evangelischen Kirche von Westfalen
MdR	Mitglied des Reichstags
MfS	Ministerium für Staatssicherheit
MGM	Militärgeschichtliche Mitteilungen
Mij.	Maatschappij
mot.	motorisiert
moto	Monatstonne
Ms.	Manuskript
MZA	Moravský zemský archiv (Mährisches Landesarchiv, Brünn)
NARA	National Archives and Records Administration
Nbg.-Dok.	Nürnberger Dokument
nkr	Norwegische Kronen
nom.	nominell
NPD	Nationaldemokratische Partei Deutschlands
NRW	Nordrhein-Westfalen
NSBO	Nationalsozialistische Betriebszellenorganisation
NSDAP	Nationalsozialistische Deutsche Arbeiterpartei
NSV	Nationalsozialistische Volkswohlfahrt
N. V.	Naamloze Vennootschap (niederländische Aktiengesellschaft)
o. D.	ohne Datum/Datierung
OeFA	Firmenarchiv Dr. August Oetker, Bielefeld
OFP	Oberfinanzpräsident
Ogruf.	Obergruppenführer
OHG/oHG	Offene Handelsgesellschaft

OKH	Oberkommando des Heeres
OKW	Oberkommando der Wehrmacht
o. O.	ohne Ort
o. P.	ohne Paginierung
Ostubaf.	Obersturmbannführer
p. a.	per anno
Pg	Ungarische Pengö
Pg.	Parteigenosse/Parteigenossin
RA	Rechtsanwalt/Rechtsanwältin
RAD	Reichsarbeitsdienst
REG	Rückerstattungsgesetz
Rekofei	Reichsverband Deutscher Kaufleute, des Kolonialwaren-, Feinkost- und Lebensmittel-Einzelhandels
RFSS	Reichsführer-SS
RGBl.	Reichsgesetzblatt
RGI	Reichsgruppe Industrie
RKG	Reichs-Kredit-Gesellschaft
RM	Reichsmark
RMfEL	Reichsministerium für Ernährung und Landwirtschaft
RSD	Reichssicherheitsdienst
RSHA	Reichssicherheitshauptamt
S. A.	Société anonyme
SA	Sturmabteilung
S. A. I.	Società Anonima Italiana
SBZ	Sowjetische Besatzungszone
SD	Sicherheitsdienst des Reichsführers-SS
SHAEF	Supreme Headquarters Allied Expeditionary Forces
SPD	Sozialdemokratische Partei Deutschlands
SS	Schutzstaffel
StA	Staatsarchiv
StABi	Stadtarchiv Bielefeld
Stasi	(Ministerium für) Staatssicherheit
StdF	Stellvertreter des Führers
StK	Stammkapital
TNA: PRO	The National Archives: Public Records Office, Großbritannien
uk	unabkömmlich
Unicheco	Universeele Chemische Export Cie., Amsterdam
Uschaf	Unterscharführer
USD	US-Dollar
Ustuf	Untersturmführer
V.-Bl. d. W.-SS.	Verordnungsblatt der Waffen-SS
VfZ	Vierteljahrshefte für Zeitgeschichte
VJP	Vierjahresplan
vorm.	vormals
VSWG	Vierteljahrschrift für Sozial- und Wirtschaftsgeschichte
VVN-BdA	Vereinigung der Verfolgten des Naziregimes – Bund der Antifaschistinnen und Antifaschisten
WGA	Wiedergutmachungsamt

WGK	Wiedergutmachungskammer
WHW	Winterhilfswerk
WNN	Westfälische Neueste Nachrichten
WVD	Wirtschaftsverwaltungsdienst
WVHA	Wirtschaftsverwaltungshauptamt
WWA	Westfälisches Wirtschaftsarchiv
Wwe.	Witwe
z. b. V.	zur besonderen Verfügung/Verwendung
ZDB	Zeitschriftendatenbank
ZfG	Zeitschrift für Geschichtswissenschaft
Zł	Polnische Złoty
ZUG	Zeitschrift für Unternehmensgeschichte

Quellen

Die nachfolgende Übersicht weist alle Archive aus, deren einschlägige Bestände für das Forschungsprojekt überprüft und gegebenenfalls konsultiert wurden. Dabei ergaben sich auch vielfach Fehlanzeigen, die nicht gesondert dokumentiert sind. Soweit es sich nur um einzelne Akten handelt, werden die Bestandsgruppen in der Liste nicht ausgewiesen.

Ohne Antwort blieben die Anfragen an die folgenden Archive: Archiv města Brna (Stadtarchiv Brünn); Archivio della Camera di Commercio di Milano; Universitätsarchiv der Humboldt-Universität, Berlin. Keine einschlägigen Bestände gab es laut Auskunft in folgenden Archiven: Archivio dello Stato di Milano; Niederösterreichisches Landesarchiv, St. Pölten; Státní Oblastní Archiv v Litoměřicích, Liberec (Kreisarchiv Leitmeritz). Trotz Bemühungen der Bearbeiter war es nicht möglich, vom Archiv der UniCredit Bank, München (ehem. Vereinsbank), Auskünfte zu erhalten.

Archives Départementales de la Haute-Vienne, Limoges, Frankreich

Akten aus den Beständen 13 U 369, 187 W 252, I/L 109

Archives Départementales du Bas-Rhin, Strasbourg, Frankreich

Akten aus den Beständen 460 D, 683 D, 98 AL

Archives Municipales de Strasbourg, Frankreich

Akten aus den Beständen 43 MW, 277 MW, 734 W

Archiwum Pañstwowe w Poznaniu

299 Namiestnik Rzeszy W Okręgu Kraju Warty [Reichsstatthalter im Reichsgau Wartheland]
471 Urząd Wojewódzki Poznański [Woiwodschaftsamt Posen]
759 Urząd Powierniczy w Poznaniu [Treuhandstelle Posen]

Bundesarchiv Berlin

Ehemaliges Berlin Document Center (Personenbezogene Akten)

DS/Wissenschaftler	Diverse Sammlungen/Wissenschaftler
OPG-Akten	Oberstes Parteigericht, Akten
OPG-NA	Oberstes Parteigericht, Nachsortierung
PK	Parteikorrespondenz

RK/RSK II	Reichskulturkammer/Reichsschrifttumskammer, Personal- und Sachakten A–Z
RS	Rasse- und Siedlungshauptamt der SS
SA-P	SA-Personalakten
SSO	SS-Führerpersonalakten
Reichskartei der NSDAP	
Ortsgruppenkartei der NSDAP	

NS-Archiv des MfS

SS Verschiedene Provenienzen: Bestandsergänzungsfilme, ehem. Deutsches Zentralarchiv der DDR, Potsdam

NS 1	Reichsschatzmeister der NSDAP
NS 3	SS-Wirtschafts- und Verwaltungshauptamt
NS 4	Konzentrationslager
NS 5	Deutsche Arbeitsfront (DAF)
NS 5 I	DAF Restakten
NS 5 IV	DAF Zentralbüro
NS 5 V	DAF Fachämter
NS 5 VI	DAF Arbeitswissenschftliches Institut
NS 6	Partei-Kanzlei der NSDAP
NS 19	Persönlicher Stab Reichsführer-SS
NS 22	Reichsorganisationsleiter der NSDAP
NS 26	Hauptarchiv der NSDAP
NS 31	SS-Hauptamt
NS 33	SS-Führungshauptamt
NS 48	Sonstige zentrale Dienststellen der SS
R 2	Reichsfinanzministerium
R 3	Reichsministerium für Rüstung und Kriegsproduktion
R 8	Reichsstellen für die gewerbliche Wirtschaft
R 8 VIII	Reichsstelle für Chemie
R 11	Deutscher Industrie- und Handelstag/Reichswirtschaftskammer
R 12 I	Reichsgruppe Industrie
R 13	Wirtschaftsgruppen
R 13 XXVI	Wirtschaftsgruppe Lebensmittelindustrie
R 13 XII	Wirtschaftsgruppe Chemische Industrie
R 13 XIX	Wirtschaftsgruppe Druck
R 13 XXVIII	Wirtschaftsgruppe Papier, Pappen-, Zellstoff- und Holzstofferzeugung
R 13 XXXIII	Papierverarbeitung
R 16	Reichsnährstand
R 17	Hauptvereinigungen der Ernährungswirtschaft
R 17 II	Hauptvereinigung der deutschen Milch-, Fett- und Eierwirtschaft
R 17 IV	Hauptvereinigung der deutschen Kartoffelwirtschaft
R 17 VI	Hauptvereinigung Getreide- und Futtermittelwirtschaft
R 26	Beauftragter für den Vierjahresplan
R 26 I	Zentralstelle
R 26 II	Reichskommissar für Preisbildung
R 26 III	Reichsforschungsrat
R 26 IV	Geschäftsgruppe Ernährung
R 36	Deutscher Gemeindetag

R 55	Reichsministerium für Volksaufklärung und Propaganda
R 63	Südosteuropa-Gesellschaft e. V.
R 73	Deutsche Forschungsgemeinschaft
R 86	Reichsgesundheitsamt
R 88 I	Handelsaufbau Ost GmbH
R 88 II	Auffanggesellschaft für Kriegsteilnehmerbetriebe des Handels im Reichsgau Danzig-Westpreußen GmbH, Gotenhafen
R 91	Gebietskommissare im Geschäftsbereich des Reichskommissars für das Ostland
R 901	Auswärtiges Amt
R 154	Reichsanstalt für Wasser- und Luftgüte
R 2107	Oberfinanzpräsident Berlin-Brandenburg, Außenstelle für feindliches Vermögen, Einzelfallakten
R 2107 I	Oberfinanzpräsident Berlin-Brandenburg, Außenstelle für feindliches Vermögen, Generalia
R 2202	Reichstreuhandgesellschaft AG
R 2301	Reichsrechnungshof
R 3101	Reichswirtschaftsministerium
R 3112	Reichsamt für Wirtschaftsausbau
R 3601	Reichsministerium für Ernährung und Landwirtschaft
R 3901	Reichsarbeitsministerium
R 4701	Reichspostministerium
R 5002	Reichsausschuss für volkswirtschaftliche Aufklärung
R 8135	Deutsche Revisions- und Treuhand AG
R 8136	Reichskreditgesellschaft AG
RY 56	Deutscher Club

Stiftung Archiv der Parteien und Massenorganisationen der DDR im Bundesarchiv:

BY 6	Rat der Vereinigung der Verfolgten des Naziregimes/Sekretariat des Rates

Bundesarchiv Koblenz

B 142	Bundesministerium für Gesundheit
B 240	Amt für Wertpapierbereinigung
Z 4	Länderrat des Vereinigten Wirtschaftsgebietes
Z 7	Geschäftsstelle der Minister für Landwirtschaft und Ernährung in der französischen Zone
Z 42 IV	Spruchgericht Bielefeld

Entnazifizierungsakten

Bundesarchiv-Militärarchiv Freiburg

N 756	Nachlass Wolfgang Vopersal
RH 12–23	Heeressanitätsinspektion (San In)/Chef des Wehrmachtssanitätswesens
RH 9	OKH/Heeresverwaltungsamt
RH 17	Schulen des Heeres
RS 8	Personalverwaltende Stellen der Waffen-SS
RS 13	Schulen der Waffen-SS
RW 20–6	Rüstungsinspektion VI Münster
RW 20–10	Rüstungsinspektion X Hamburg

RW 21–7	Rüstungskommando Bielefeld
RW 21–26	Rüstungskommando Hamburg I
RW 21–64	Rüstungskommando Wiesbaden
RW 22	Rüstungsdienststellen im Protektorat Böhmen und Mähren
RW 23	Rüstungsdienststellen im Generalgouvernement

Beauftragter für die Unterlagen des Staatssicherheitsdienstes der ehemaligen DDR

MfS HA IX/11

Bayerisches Wirtschaftsarchiv, München

K1	Industrie- und Handelskammer für München und Oberbayern

Deutsche Dienststelle (DDSt)

Firmenarchiv Dr. August Oetker, Bielefeld

Die Bestände des Firmenarchivs wurden umfassend überprüft. Als besonders ergiebig erwiesen sich die Bestände P1–P5 und P13–P15 sowie die Fotosammlung S1/S2 und OS1.

Firmenarchiv Gundlach, Bielefeld

Bestand G

Hauptarchiv Bethel, Bielefeld

Historisches Archiv der Commerzbank, Frankfurt am Main

Bestandsgruppe Dresdner Bank

Hamburger Institut für Sozialforschung, Hamburg

PFR	Firmenarchiv Philipp F. Reemtsma

Handelskammer Hamburg, Hamburg

Industrie- und Handelskammer Ostwestfalen zu Bielefeld, Bielefeld

Institut für Stadtgeschichte, Frankfurt am Main

Institut für Zeitgeschichte München-Berlin, Archiv

Kinderfreunde-Archiv, Wien

Archiv der KZ-Gedenkstätte Neuengamme, Hamburg

Landesarchiv NRW, Abteilung Ostwestfalen-Lippe, Detmold

D 3 Bielefeld	Gewerbeaufsichtsamt Bielefeld
D 20 A	Landgericht Bielefeld
D 27	Ämter für gesperrte Vermögen
D 52 Bielefeld	Arbeitsamt Bielefeld

D 72 A. Meyer	Nachlass Alfred Meyer
D 100 Bielefeld	Kreisverwaltung Bielefeld
M 1 Pr	Regierung Minden – Präsidialregistratur
M 1 I E	Regierung Minden – Kommunalaufsicht
M 1 I G	Regierung Minden – Gewerbe
M 1 I P	Regierung Minden – Polizei
M 1 I R	Regierung Minden – Bezirksflüchtlingsamt
M 1 I S	Regierung Minden – Sozialwesen
M 1 I U	Regierung Minden – Handels- und Gewerbeaufsicht
M 1 I W	Regierung Minden – Wohnungs- und Siedlungswesen
M 1 II B	Regierung Minden – Schulabteilung
M 2 Bielefeld	Kreisverwaltung Bielefeld
M 4	Polizeipräsident Bielefeld
M 15	Bezirksleitung/Gauinspektion III Bielefeld der NSDAP
M 18	SD Bielefeld

Landesarchiv NRW, Abteilung Rheinland, Düsseldorf

NW 270	Büro des Ministerpräsidenten Kühn
NW 393	Kultusministerium: Kulturförderung und Kunstpreise
NW 451	Büro des Ministerpräsidenten Kühn
NW 1037	Entnazifizierungsakten
NW 1057-ECON	Entnazifizierungsakten
NW 1057-F	Entnazifizierungsakten
NW 1057-RFT	Entnazifizierungsakten
NW 1058	Entnazifizierungsakten
NW 1060-JG	Entnazifizierungsakten
NW 1073	Entnazifizierungsakten

Landesarchiv NRW, Abteilung Westfalen, Münster

DAF
NSDAP Gauleitung Westfalen-Nord, Hauptleitung
NSDAP Gauleitung Westfalen-Nord, Gauinspekteure
NSDAP Gauleitung Westfalen-Nord, Gauschulungsamt
NSDAP Gauleitung Westfalen-Nord, Gauschatzamt
NSDAP Gauleitung Westfalen-Nord, Gauamt für Volkswohlfahrt
NS-Frauenschaft Westfalen-Nord
Landesbauernschaft Westfalen
Oberpräsidium, Dienststellenverwaltung
Oberpräsidium, Chef der Zivilverwaltung
Oberpräsidium, Reichsverteidigungskommissar
Oberpräsidium, Polizei
Oberpräsidium, Wirtschaft
Oberpräsidium, Fürsorge und Wohlfahrtswesen, Arbeitsvermittlung

Landeskirchliches Archiv der Evangelischen Kirche von Westfalen, Bielefeld

3.54	Nachlass Gerhard Spellmeyer
4.4140	Anleihen

Max-Planck-Gesellschaft, Berlin

I. Abt., Rep. IA	Generalverwaltung der Kaiser-Wilhelm-Gesellschaft

Moravský zemský archiv v Brně (Mährisches Landesarchiv in Brünn)

H 1129	Dr. A. Oetker

Privatarchiv Arend Oetker, Berlin

Privatarchiv Ingeborg von Schubert, Bielefeld

Privatarchiv Rosely Schweizer, Murrhardt

Saarländische Universitäts- und Landesbibliothek – Literaturarchiv Saar-Lor-Lux-Elsass

Nachlass Ludwig Wöhrle

Staatsarchiv Freiburg

D 180/2	Spruchkammer Südbaden (DNZ-Akten)
F 166/8	Restitutionskammer bei dem Landgericht Freiburg
F 196/1	Landesamt für die Wiedergutmachung, Außenstelle Freiburg Einzeldokumente

Staatsarchiv Hamburg

113-1 II	Senatskanzlei II
113-5	Staatsverwaltung, Allgemeine Abt.
131-3	Senatskanzlei, Verwaltungsabt.
131-5	Senatskanzlei, Verwaltungsbeschwerden
134-3 I	Rechtsamt I
213-13	Wiedergutmachungskammer bei dem Landgericht Hamburg
221–11	Entnazifizierungsakten
311-2	Finanzdeputation IV
314-15	Oberfinanzpräsident Abl. 1998
322-3	Architekt Konstanty Gutschow, Architekt für die Neugestaltung der Hansestadt Hamburg
351–11	Amt für Wiedergutmachung
352-3	Medizinalkollegium
353-2 II	Wohnungsamt II
371-8 II	Deputation für Handel, Schiffahrt und Gewerbe/Sonderbeauftragter für Wirtschaftsförderung und für den Vierjahresplan
621–1/71	Phoenix AG
621–1/84	Firma Ernst Kaufmann
622-1/153	Nachlass Carl Vincent Krogmann
Z 480/109	Der Bahrenfelder. Nachrichtenblatt des Zeitfreiwilligen-Korps «Groß-Hamburg»

Staatsarchiv Sigmaringen

Stadtarchiv Baden bei Wien

Stadtarchiv Bielefeld

101,1/Geschäftsstelle I
101,3/Geschäftsstelle III
101,12/Geschäftsstelle XII
101,13/Geschäftsstelle XIII
102,1/Oberbürgermeister
102,2/Oberstadtdirektor
102,3/Magistrat Verschiedenes
103,1/Besatzungsamt
103,2/Hauptamt
103,5/Presse- und Verkehrsamt
107,1/Kulturdezernat
107,4/Kunsthalle
108,2/Magistratsbauamt
108,3/Magistratsbaupolizei
109,4/Ernährungs- und Wirtschaftsamt
120,1/Kreis Bielefeld
140/Protokolle
200,8/Nachlass Alfred Bozi
200,34/Nachlass Heinrich Hollmann
200,96/Nachlass Herbert Hinnendahl
210,44/Westfälische Neueste Nachrichten
240,1/Jüdische Kultusgemeinde
240,32/Nachlass Heydenreich
250,1/Nationalsozialistische Deutsche Arbeiterpartei
250,2/SPD Ostwestfalen-Lippe
270,5/Deutscher Gewerkschaftsbund
300,6/Autographen
300,7/Kleine Erwerbungen
400,1/Sammlung Westermann
400,3/Fotosammlung

Stadtarchiv München

The National Archives (Public Records Office), Kew, UK

FO	Foreign Office
WO	War Office

Universitätsarchiv Goethe-Universität, Frankfurt am Main

Universitätsarchiv Universität Wien

Universität Hamburg/Zentrum für Studierende

Westfälische Neueste Nachrichten
Jahrgänge 1930–1945

Westfälisches Wirtschaftsarchiv, Dortmund
K3 IHK Bielefeld

Wirtschaftsarchiv Baden-Württemberg, Stuttgart-Hohenheim

Gedruckte Quellen und Literatur

200 Jahre Gesellschaft Ressource, Bielefeld 1995.
425 Jahre Ratsgymnasium Bielefeld, Bielefeld 1983.
Abelshauser, Werner, Deutsche Wirtschaftsgeschichte seit 1945, München 2004.
Abelshauser, Werner, Die BASF. Eine Unternehmensgeschichte, München 2002.
Abelshauser, Werner/Hesse, Jan-Otmar/Plumpe, Werner (Hrsg.), Wirtschaftsordnung, Staat und Unternehmen. Neue Forschungen zur Wirtschaftsgeschichte des Nationalsozialismus, Essen 2003.
Achterberg, Erich/Preusker, Victor Emanuel, Berliner Banken im Wandel der Zeit. Wirtschaftsbilanz eines Jahrhunderts. Eine Schrift zum 75jährigen Bestehen des Bankhauses Hardy & Co. GmbH, Frankfurt a. M. 1956.
Adler-Rudel, S., Jüdische Selbsthilfe unter dem Naziregime 1933–1939. Im Spiegel der Berichte der Reichsvertretung der Juden in Deutschland, Tübingen 1974.
Ahrens, Ralf, Die Dresdner Bank 1945–1957. Konsequenzen und Kontinuitäten nach dem Ende des NS-Regimes, München 2007.
Aly, Götz/Heim, Susanne, Vordenker der Vernichtung. Auschwitz und die deutschen Pläne für eine neue europäische Ordnung, Frankfurt a. M. 1993.
Andrzejewski, Marek, Opposition und Widerstand in Danzig, 1933 bis 1939, Bonn 1994.
Ash, Mitchell G., Wissenschaft und Politik als Ressourcen für einander, in: Bruch/Kaderas, Wissenschaft und Wissenschaftspolitik, S. 32–51.
Ausschuss für deutsche Einheit (Hrsg.), Wer regiert in Bonn? Die wahren Herren der Bundesrepublik, Berlin 1957.
Backe, Herbert, Agrar- und Siedlungspolitik (Grundlagen, Aufbau und Wirtschaftsordnung des nationalsozialistischen Staates, Bd. 3: Die Wirtschaftsordnung des nationalsozialistischen Staates, Lieferung 48), Berlin 1935.
Bähr, Johannes u. a., Der Flick-Konzern im Dritten Reich, München 2008.
Bähr, Johannes, Die Dresdner Bank in der Wirtschaft des Dritten Reichs, München 2006.
Bähr, Johannes/Banken, Ralf (Hrsg.), Wirtschaftssteuerung durch Recht im Nationalsozialismus. Studien zur Entwicklung des Wirtschaftsrechts im Interventionsstaat des «Dritten Reichs», Frankfurt a. M. 2006.
Bajohr, Frank, «Arisierung» in Hamburg. Die Verdrängung der jüdischen Unternehmer 1933–1945, Hamburg 1998.
Bajohr, Frank, Arisierung als gesellschaftlicher Prozeß. Verhalten, Strategien und Handlungsspielräume jüdischer Eigentümer und «arischer» Erwerber, in: Wojak/Hayes, «Arisierung» im Nationalsozialismus, S. 15–30.

Bajohr, Frank, Interessenkartell, personale Netzwerke und Kompetenzausweitung, in: Hirschfeld/Jersak, Karrieren im Nationalsozialismus, S. 45–56.

Bajohr, Frank/Pohl, Dieter, Der Holocaust als offenes Geheimnis. Die Deutschen, die NS-Führung und die Alliierten, München 2006.

Bajohr, Frank/Wildt, Michael (Hrsg.), Volksgemeinschaft. Neue Forschungen zur Gesellschaft des Nationalsozialismus, Frankfurt a. M. 2009.

Bajohr, Stefan, Die Hälfte der Fabrik. Geschichte der Frauenarbeit in Deutschland 1914 bis 1945, Marburg 1979.

Balz, Hanno, Die «Arisierung» von jüdischem Haus- und Grundbesitz in Bremen. Die Beteiligten bei der «Arisierung» und Konfiszierung jüdischen Vermögens, Bremen 2004.

Banken, Ralf, «An der Spitze aller Künste steht die Staatskunst». Das Protokoll der NSDAP-Wirtschaftsbesprechungen Februar/März 1931, in: Bähr/Banken, Wirtschaftssteuerung durch Recht im Nationalsozialismus, S. 511–557.

Banken, Ralf, Kurzfristiger Boom oder langfristiger Forschungsschwerpunkt? Die neuere deutsche Unternehmensgeschichte und die Zeit des Nationalsozialismus, in: GWU 56 (2005), S. 183–196.

Banken, Ralf, Vom «Verschweigen» über die «Sonderkonjunktur» hin zur «Normalität»? Der Nationalsozialismus in der Unternehmensgeschichte der Bundesrepublik, in: Mentel, Zeithistorische Konjunkturen, o. P.

Barkai, Avraham, Das Wirtschaftssystem des Nationalsozialismus. Der historische und ideologische Hintergrund 1933–1936, Köln 1977.

Barkai, Avraham, Die «stillen Teilhaber» des NS-Regimes, in: Gall/Pohl, Unternehmen im Nationalsozialismus, S. 117–123.

Barkai, Avraham, Die deutschen Unternehmer und die Judenpolitik im «Dritten Reich», in: GG 15 (1989), S. 227–247.

Barkai, Avraham, Vom Boykott zur «Entjudung». Der wirtschaftliche Existenzkampf der Juden im Dritten Reich 1933–1943, Frankfurt a. M. 1988.

Bärnreuther, Andreas, Berlin im Zugriff totalitärer Planung. Städtebaulicher Funktionalismus im Spannungsfeld von Großstadtfeindlichkeit, Megalomanie und Ordnungsvorstellungen neuer Größenordnung, in: Scheer, Stadt der Architektur – Architektur der Stadt, S. 201–211.

Bartusevičius, Vincas/Tauber, Joachim/Wette, Wolfram (Hrsg.), Holocaust in Litauen. Krieg, Judenmorde und Kollaboration im Jahre 1941, Köln 2003.

Bauer, Kurt (Hrsg.), Nationalsozialismus. Ursprünge, Anfänge, Aufstieg und Fall, Wien, Köln, Weimar 2008.

Bauer, Martina, «Einmal möchte ich mich noch satt essen». Lebensmittelversorgung, Hunger und Hungerkrankheit am Beispiel des Konzentrationslagers Mauthausen in der Zeit von 1938 bis 1945, Diplomarbeit Universität Wien, Wien 2009.

Baumeister, Rosemarie, Ein Jahrhundert Tengelmann. Geschichte, Gegenwart und Zukunft, Mülheim an der Ruhr 1993.

Bavaj, Riccardo, Die Ambivalenz der Moderne im Nationalsozialismus. Eine Bilanz der Forschung, München 2003.

Bavendamm, Dirk, Die Oetkers in Bielefeld. Vier Generationen tragen ein Unternehmen, ungedrucktes Manuskript, 1996.

Beaugrand, Andreas/Krull, Regine/Dürkopp, Nikolaus (1842–1918), in: Kocka/Vogelsang, Rheinisch-Westfälische Wirtschaftsbiographien, Bd. 14, S. 307–320.

Becker, Heinrich, Das Städtische Kunsthaus in Bielefeld. Anfänge und Wachstum, in: Moltke/Weisner, Gemälde, S. 2–6.

Beckmann, Christopher, Friedrich Holzapfel (1900–1969), in: HPM 12 (2005), S. 129–155.

Beckmann, Karl, Arntzen-Leichtbau KG. Geschichte eines Brackweder Unternehmens, in: Brackweder Heimatblätter 51 (2004), S. 7–63.

Below, Irene, «Um Schaden von unserer Stadt und allen Beteiligten abzuwenden». Die symbolische Ordnung der Geschlechter im Streit um die Bielefelder Kunsthalle, in: Frauen Kunst Wissenschaft. Zeitschrift für Geschlechterforschung und visuelle Kultur 27 (1999), S. 6–24.

Below, Irene, Die Kunsthalle Bielefeld – ein ‹großer Gedenkstein› für Täter und Opfer?, in: Kunst und Politik. Jahrbuch der Guernica-Gesellschaft 2 (2000), S. 175–196.

Benad, Matthias/Winkler, Kerstin (Hrsg.), Bethels Mission. Bethel im Spannungsfeld von Erweckungsfrömmigkeit und öffentlicher Fürsorge. Beiträge zur Geschichte der v. Bodelschwinghschen Anstalten Bethel, Bielefeld 2001.

Benz, Wolfgang (Hrsg.), Wie wurde man Parteigenosse? Die NSDAP und ihre Mitglieder, Frankfurt a. M. 2009.

Benz, Wolfgang/Distel, Barbara (Hrsg.), Der Ort des Terrors. Geschichte der nationalsozialistischen Konzentrationslager, Bd. 1: Die Organisation des Terrors, München 2005.

Benz, Wolfgang/Distel, Barbara (Hrsg.), Der Ort des Terrors. Geschichte der nationalsozialistischen Konzentrationslager, Bd. 2: Frühe Lager, Dachau, Emslandlager, München 2005.

Benz, Wolfgang/Distel, Barbara (Hrsg.), Der Ort des Terrors. Geschichte der nationalsozialistischen Konzentrationslager, Bd. 5: Hinzert, Auschwitz, Neuengamme, München 2007.

Berendes, Julius, Das Apothekerwesen. Seine Entstehung und geschichtliche Entwicklung bis zum 20. Jahrhundert, Hildesheim 1967.

Berg, Hetty/Wijsenbeek, Thera/Fischer, Eric, Venter, fabriqueur, fabrikant. Joodse ondernemers en ondernemingen in Nederland, 1796–1940, Amsterdam 1994.

Berghoff, Hartmut (Hrsg.), Wirtschaft im Zeitalter der Extreme. Beiträge zur Unternehmensgeschichte Deutschlands und Österreichs. Im Gedenken an Gerald D. Feldman, München 2010.

Berghoff, Hartmut, Zwischen Kleinstadt und Weltmarkt. Hohner und die Harmonika 1857–1961. Unternehmensgeschichte als Gesellschaftsgeschichte, Paderborn 2006.

Berghoff, Hartmut/Rauh-Kühne, Cornelia, Fritz K. Ein deutsches Leben im zwanzigsten Jahrhundert, Stuttgart 2000.

Bergmann, Klaus, Agrarromantik und Großstadtfeindschaft, Meisenheim am Glan 1970.

Biallas, Hans (Hrsg.), Die Nationalsozialistischen Musterbetriebe 1937/38, Bayreuth 1938.

Bircher, Ralph, Hunsa. Das Volk, das keine Krankheit kennt, Bern 1942.

Blaich, Fritz, Wirtschaft und Rüstung im «Dritten Reich», Düsseldorf 1987.

Bley, Hermannfried, Zur Rolle der Siedlungsgesellschaften bei der Verhinderung einer Agrarreform, in: Wissenschaftliche Zeitschrift der Universität Rostock – Gesellschafts- und Sprachwissenschaftliche Reihe 21 (1972), S. 123–130.

Boberach, Heinz (Hrsg.), Meldungen aus dem Reich. Die geheimen Lageberichte des Sicherheitsdienstes der SS 1938–1945, 17 Bde., Herrsching 1984.

Böcker-Lönnendonker, Hiltrud, «Meine geliebte Heimatstadt». Die Unternehmerin Karoline Friederike Oetker (1867–1945), in: Sunderbrink, Frauen in der Bielefelder Geschichte, S. 43–53.
Böcker-Lönnendonker, Hiltrud, Die Ehrenbürgerin. Karoline Friederike Oetker, geb. Jacobi, in: Ravensberger Blätter (2009), H. 1, S. 18–48.
Böcker-Lönnendonker, Hiltrud, Karoline Oetker. Die Ehrenbürgerin, Bielefeld 2010.
Bohnenkamp, Björn (Hrsg.), Generation als Erzählung. Neue Perspektiven auf ein kulturelles Deutungsmuster, Göttingen 2009.
Bohnsack, Günter/Brehmer, Herbert, Auftrag: Irreführung. Wie die Stasi Politik im Westen machte, Hamburg 1992.
Bohr, Felix Nikolaus, Lobby eines Kriegsverbrechers. Offizielle und «stille» Hilfe aus der Bundesrepublik Deutschland für den Häftling Herbert Kappler, in: Quellen und Forschungen aus italienischen Archiven und Bibliotheken 90 (2010), S. 415–436.
Bopf, Britta, «Arisierung» in Köln, Köln/Bonn 2004.
Bopf, Britta, Diskriminierung und Enteignung jüdischer Immobilienbesitzer im Nationalsozialismus, in: Stengel, Vor der Vernichtung, S. 182–203.
Bourdieu, Pierre, Die biographische Illusion, in: BIOS 3 (1990), S. 75–81.
Bozi, Alfred, Das «Bielefelder System» in der sozialen Gerichtshilfe, in: Schoneweg, Das Buch der Stadt, S. 241–243.
Bozi, Alfred/Hugo Heinemann (Hrsg.), Recht, Verwaltung und Politik im Neuen Deutschland, Stuttgart 1916.
Brauckmann, Stefan, «zur saat und tat» – Die Artamanen als Gruppierung innerhalb der völkisch-nationalistischen Strömungen 1924–1935. Universität Hamburg. Sozial- und Wirtschaftsgeschichte, Magisterarbeit, Hamburg 2005.
Brauckmann, Stefan, Die Artamanen als völkisch-nationalistische Gruppierung innerhalb der deutschen Jugendbewegung 1924–1935, in: Historische Jugendforschung 2 (2005), S. 176–196.
Brauckmann, Stefan, Die Artamanen in Mecklenburg, in: Zeitgeschichte regional 12 (2008), H. 2, S. 68–78.
Braunbuch. Kriegs- und Naziverbrecher in der Bundesrepublik und in Westberlin. Staat, Wirtschaft, Verwaltung, Armee, Justiz, Wissenschaft, Berlin-Ost 1968.
Bräutigam, Petra, Mittelständische Unternehmer im Nationalsozialismus. Wirtschaftliche Entwicklungen und soziale Verhaltensweisen in der Schuh- und Lederindustrie Badens und Württembergs, München 1997.
Brenneke, Gisbert (Hrsg.), «Es gilt, die Arbeit zu befreien». Geschichte der Bielefelder Gewerkschaftsbewegung, Köln 1989.
Broedrich, Silvio, Das neue Ostland. Als Handschrift gedruckt – Nicht für die Presse, Charlottenburg 1915.
Broedrich, Silvio, Kolonisationsmöglichkeiten im Ostseegebiete Rußlands und in Litauen, in: Broedrich/von Gayl/Keup (Hrsg.), Bauernland im Osten (Schriften zur Förderung der inneren Kolonisation, 19), Berlin 1915, S. 20–28.
Broedrich, Silvio, Schnelle Besiedlung in Kurland – vor und nach dem Kriege, in: Broedrich/Pohle/Keup, Deutsche Bauern in Rußland, S. 6–10.
Broedrich, Silvio/Freiherr von Gayl/Keup (Hrsg.), Bauernland im Osten, Berlin 1915.
Broedrich, Silvio/Richard Pohle/Keup (Hrsg.), Deutsche Bauern in Rußland, Berlin 1916.
Broedrich[-Kurmahlen], Silvio, Kampf um deutschen Lebensraum. Masch. Ms., o. O. [1943].

Brönner, Aus der Arbeit des Instituts für Kochwissenschaft Frankfurt am Main, in: Angewandte Kochwissenschaft 18 (1943), H. 24, S. 160–162.

Broszat, Martin, Soziale Motivation und Führerbindung im Nationalsozialismus, in: VfZ 18 (1970), S. 392–409.

Broszat, Martin/Fröhlich, Elke/Grossmann, Anton (Hrsg.), Bayern in der NS-Zeit, Bd. III: Herrschaft und Gesellschaft im Konflikt. Teil B, München 1981.

Broszat, Martin/Henke, Klaus-Dietmar Henke/Woller, Hans (Hrsg.), Von Stalingrad zur Währungsreform. Zur Sozialgeschichte des Umbruchs in Deutschland, München 1989.

Bruch, Rüdiger vom/Kaderas, Brigitte (Hrsg.), Wissenschaften und Wissenschaftspolitik. Bestandsaufnahmen zu Formationen, Brüchen und Kontinuitäten im Deutschland des 20. Jahrhunderts, Stuttgart 2002.

Bruck, W. F. (Hrsg.), Die deutsche Siedlung 1932, Münster 1932.

Bubnys, Arunas, The Holocaust in the Lithunian Province in 1941. The Kaunas District, in: Gaunt/Levine/Palosuo, Collaboration and resistance during the Holocaust, S. 283–312.

Buchheim, Christoph, Unternehmen in Deutschland und NS-Regime 1933–1945. Versuch einer Synthese, in: HZ 282 (2006), S. 351–390.

Buchheim, Christoph/Scherner, Jonas, Corporate Freedom of Action in Nazi Germany. A Response to Peter Hayes, in: Bulletin of the German Historical Institute (2009), H. 45, S. 43–50.

Buchna, Kristian, Nationale Sammlung an Rhein und Ruhr. Friedrich Middelhauve und die nordrhein-westfälische FDP 1945–1953, München 2010.

Buchner, Jens, Geschichte der Gesellschaft Ressource von 1918 bis heute, in: 200 Jahre Gesellschaft Ressource, Bielefeld 1995, S. 56–125.

Buggeln, Marc, Arbeit & Gewalt. Das Außenlagersystem des KZ Neuengamme, Göttingen 2009.

Buggeln, Marc, Wittenberge, in: Benz/Distel, Der Ort des Terrors, Bd. 5, S. 539–543.

Bundesarchiv, Gedenkbuch. Opfer der Verfolgung der Juden unter der nationalsozialistischen Gewaltherrschaft in Deutschland 1933–1945 (Stand 2010), URL: http://www.bundesarchiv.de/gedenkbuch/index.html (1. 3. 2011).

Bundesarchiv, Zum Mitgliedschaftswesen der NSDAP, URL: http://www.bundesarchiv.de/oeffentlichkeitsarbeit/bilder_dokumente/00757/index-0.html (12. 8. 2012).

Burhop, Carsten, Wirtschaftsgeschichte des Kaiserreichs 1871–1918, Göttingen 2011.

Burkhart, Dagmar, Eine Geschichte der Ehre, Darmstadt 2006.

Burleigh, Michael, Die Zeit des Nationalsozialismus. Eine Gesamtdarstellung, Frankfurt a. M. 2000.

Bütow, Tobias/Bindernagel, Franka, Ein KZ in der Nachbarschaft. Das Magdeburger Außenlager der Brabag und der «Freundeskreis Himmler», Köln 2003.

Châles de Beaulieu, Franz, Der klassische Sport. Ein Beitrag zur Geschichte des Rennsports und der Vollblutzucht, Berlin 1942.

Chaussy, Ulrich, Nachbar Hitler. Führerkult und Heimatzerstörung am Obersalzberg, Berlin 2007.

Chiari, Bernhard (Hrsg.), Ökonomie und Expansion. Grundzüge der NS-Wirtschaftspolitik. Ausgewählte Schriften von Hans-Erich Volkmann, München 2003.

Chowaniec, Elisabeth, Der «Fall Dohnanyi» 1943–1945. Widerstand, Militärjustiz, SS-Willkür, München 1991.

Chronik des Landgerichts Bielefeld, URL: http://www.lg-bielefeld.nrw.de/wir_ueber_uns/Chronik/index.php (1. 3. 2011).

Clarke, David B. u. a. (Hrsg.), The consumption reader, London, New York 2003.

Conrad, Hans-Gerd, Werbung und Markenartikel am Beispiel der Firma Dr. Oetker von 1891 bis 1975 in Deutschland, Berlin 2002.

Conrades, Rudolf (Hrsg.), Zur Diskussion gestellt: der Bildhauer Arno Breker, Schwerin 2006.

Conrads, Hinderk/Lohff, Brigitte, Carl Neuberg – Biochemie, Politik und Geschichte. Lebenswege und Werk eines fast verdrängten Forschers, Wiesbaden 2006.

Corni, Gustavo/Gies, Horst, Brot, Butter, Kanonen. Die Ernährungswirtschaft in Deutschland unter der Diktatur Hitlers, Berlin 1997.

Ciupke, Paul/Jelich, Franz-Josef (Hrsg.), Weltanschauliche Erziehung in Ordensburgen des Nationalsozialismus. Zur Geschichte und Zukunft der Ordensburg, Essen 2006.

Dahm, Volker u. a. (Hrsg.), Die tödliche Utopie. Bilder, Texte, Dokumente, Daten zum Dritten Reich, Berlin 2010.

Dähnhardt, Heinrich, Die Bahrenfelder. Geschichte des Zeitfreiwilligenkorps Groß-Hamburg in den Jahren 1919/20, Hamburg 1925.

Das Horsford-Liebig'sche Backpulver. Deutsche Vierteljahrsschrift für öffentliche Gesundheitspflege 3 (1871), S. 150.

Daubach, Helia-Verena (Hrsg.), Leipzig – Nürnberg – Den Haag. Neue Fragestellungen und Forschungen zum Verhältnis von Menschenrechtsverbrechen, justizieller Säuberung und Völkerstrafrecht, Düsseldorf 2008.

Deist, Wilhelm u. a., Ursachen und Voraussetzungen des Zweiten Weltkrieges, Frankfurt a. M. 1989.

Deuter, Jörg, Cäsar Pinnau, in: Neue Deutsche Biographie, Bd. 20 (2001), S. 453 f., URL: http://www.deutsche-biographie.de/pnd11859446X.html (18. 2. 2013).

Dichgans, Hans, Zur Geschichte des Reichskommissars für die Preisbildung, Düsseldorf 1977.

Die Begriffe der Wehr-, Friedens- und Kriegswirtschaft, in: Militärwissenschaftliche Rundschau 1 (1936), S. 248–260.

Die Familie Kaselowsky. Ein Motor der vielfältigen Wirtschaftsentwicklung in Bielefeld, in: Radmarkt 97 (1986), H. 4, S. 65 f.

Die Finanzen der NPD, in: Flechtheim, Dokumente zur parteipolitischen Entwicklung in Deutschland, Bd. 8, S. 311–320 (Dok. 842).

Dieckmann, Christoph, Deutsche Besatzungspolitik in Litauen. 1941–1944, Göttingen 2011.

Dieckmann, Christoph, Deutsche und litauische Interessen. Grundlinien der Besatzungspolitik in Litauen 1941–1944, in: Bartusevičius/Tauber/Wette, Holocaust in Litauen, S. 63–76.

Diehl, Markus Albert, Von der Marktwirtschaft zur nationalsozialistischen Kriegswirtschaft. Die Transformation der deutschen Wirtschaftsordnung 1933–1945, Stuttgart 2005.

Dingell, Jeanne, Zur Tätigkeit der Haupttreuhandstelle Ost, Treuhandstelle Posen 1939 bis 1945, Frankfurt a. M./New York 2003.

Ditt, Karl, Industrialisierung, Arbeiterschaft und Arbeiterbewegung in Bielefeld. 1850–1914, Dortmund 1982.

Ditt, Karl, Zweite Industrialisierung und Konsum. Energieversorgung, Haushaltstechnik und Massenkultur am Beispiel nordenglischer und westfälischer Städte 1880–1939, Paderborn 2011.

Ditt, Karl/Pollard, Sidney (Hrsg.), Von der Heimarbeit in die Fabrik. Industrialisierung und Arbeiterschaft in Leinen- und Baumwollregionen Westeuropas während des 18. und 19. Jahrhunderts, Paderborn 1992.

Dix, Andreas, Der Westwall im Rahmen von Raumplanung und Strukturpolitik in der NS-Zeit, in: Fings/Müller, Zukunftsprojekt Westwall, S. 59–66.

Dohms, Heinz-Roger, Das Schweigen deutscher Firmen zur NS-Vergangenheit, in: Financial Times Deutschland, 22. 11. 2007.

Domarus, Max, Hitler. Reden und Proklamationen 1932–1945, 2 Bde., Würzburg-Aumühle 1962/63.

Dörner, Bernward, Die Deutschen und der Holocaust. Was niemand wissen wollte, aber jeder wissen konnte, Berlin 2007.

Dr. Oetker, Unternehmen, Geschichte 1890–1899, URL: http://www.oetker.de/oetker/unternehmen/geschichte/1890.html (9. 3. 2012).

Drecktrah, Volker Friedrich, Von Nürnberg in die Provinz. Das Spruchgericht Stade 1946–1948, in: Daubach, Leipzig – Nürnberg – Den Haag, S. 117–129.

Drecoll, Axel, Der Fiskus als Verfolger. Die steuerliche Diskriminierung der Juden in Bayern 1933–1941/42, München 2009.

Durth, Werner, Architektur und Stadtplanung im Dritten Reich, in: Prinz/Zitelmann, Nationalsozialismus und Modernisierung, S. 139–171.

Ebbinghaus, Angelika/Linne, Karsten (Hrsg.), Kein abgeschlossenes Kapitel. Hamburg im «Dritten Reich», Hamburg 1997.

Echt, Samuel, Die Geschichte der Juden in Danzig, Leer/Ostfriesland 1972.

Eglau, Hans-Otto, Mit Gutenberg ins Internet. 150 Jahre Gundlach, Bielefeld 1997.

Eiber, Ludwig, Frauen in der Kriegsindustrie. Arbeitsbedingungen, Lebensumstände und Protestverhalten, in: Broszat/Fröhlich/Grossmann, Bayern in der NS-Zeit, Bd. III, Teil B, S. 569–644.

Eiber, Ludwig/Sigel, Robert (Hrsg.), Dachauer Prozesse. NS-Verbrechen vor amerikanischen Militärgerichten in Dachau 1945–1948, Göttingen 2007.

Eichborn, Ulrike, Ehestandsdarlehen. Dem Mann den Arbeitsplatz, der Frau Heim, Herd und Kinder, in: Kuhn, Frauenleben im NS-Alltag, S. 48–64.

Eichholtz, Dietrich (Hrsg.), Brandenburg in der NS-Zeit. Studien und Dokumente, Potsdam 1993.

Eifert, Christiane, Deutsche Unternehmerinnen im 20. Jahrhundert, München 2011.

Eine neue süddeutsche Siedlungsgesellschaft, in: Neues Bauerntum 26 (1934), S. 74.

Eisfeld, Gerhard/Kurt Koszyk, Die Presse der deutschen Sozialdemokratie. Eine Bibliographie, Bonn 1980.

Ellerbrock, Karl-Peter, Auf Stärke gebaut. Geschichte der Fa. Crespel & Deiters 1858 bis 2008. Ein unternehmensgeschichtlicher Beitrag zur Geschichte der deutschen Weizenstärkeindustrie im 19. und 20. Jahrhundert, Münster 2008.

Ellerbrock, Karl-Peter, Geschichte der deutschen Nahrungs- und Genußmittelindustrie 1750–1914, Stuttgart 1993.

Ellerbrock, Karl-Peter, Im Räderwerk der deutschen Geschichte. Von Dr. Volkmar Klopfers Nährmittelfabrik in Dresden zum VEB Weizenin (1900–1959/97), in: Food & History 6 (2008), S. 31–66.

Elsner, Gine, Heilkräuter, «Volksernährung», Menschenversuche. Ernst Günther Schenck (1904–1998): eine deutsche Arztkarriere, Hamburg 2010.

Elster, Ludwig u. a. (Hrsg.), Handwörterbuch der Staatswissenschaften, Bd. 8: Tarifvertrag – Zwecksteuern, Jena 1928.
Elvert, Jürgen, Mitteleuropa! Deutsche Pläne zur europäischen Neuordnung 1918–1945, Stuttgart 1999.
Emer, Wolfgang, Bürgertum und «Machtergreifung» in Bielefeld, in: Emer/Horst/Schuler-Jung, Provinz unterm Hakenkreuz, S. 1–27.
Emer, Wolfgang/Horst, Uwe/Schuler-Jung, Helga (Hrsg.), Provinz unterm Hakenkreuz. Diktatur und Widerstand in Ostwestfalen-Lippe, Bielefeld 1984.
Ende, Gerd von, Berliner Pferderennsport, Erfurt 2007.
Engelmann, Bernt, Auf gut deutsch. Ein Bernt-Engelmann-Lesebuch, München 1981.
Engelmann, Bernt, Das schwarze Kassenbuch. Die heimlichen Wahlhelfer der CDU/CSU, Köln 1973.
Engelmann, Bernt, Der alte Reichtum: Oetker, in: Engelmann, Auf gut deutsch, S. 209–236.
Engelmann, Bernt, Der Puddingprinz, in: Der Spiegel (1957), H. 51.
Engelmann, Bernt, Die Macht am Rhein. Meine Freunde, die Geldgiganten, München 1972.
Engelmann, Bernt, O wie oben. Wie man es schafft, ganz oben zu sein, Frankfurt a. M. 1977.
Engelmann, Bernt/Günter Wallraff, Ihr da oben – wir da unten, Reinbek b. Hamburg 1977.
Engelmann, Roger, Zur «Westarbeit» der Staatssicherheit in den fünfziger Jahren, in: Herbstritt/Müller-Enbergs, Das Gesicht dem Westen zu, S. 143–152.
Epstein, Catherine, Model Nazi. Arthur Greiser and the Occupation of Western Poland, Oxford u. a. 2010.
Eschenburg, Theodor, Deutschland in der Politik der Alliierten, in: Foschepoth, Kalter Krieg und deutsche Frage, S. 35–49.
Europas Fleischstand war «geborgt». Das eingeführte Getreide war hauptsächlich Viehfutter, in: Gemeinschaftsverpflegung und Kochwissenschaft 2 (1943), H. 15, S. 349–350.
Fabrikneubau Dr. August Oetker, Bielefeld. Architekt Prof. Paul Griesser, Bielefeld, in: Moderne Bauformen. Monatshefte für Architektur und Raumkunst 36 (1937), S. 607–616.
Farquharson, John E., The Western allies and the politics of food. Agrarian management in postwar Germany, Leamington Spa u. a 1985.
Feiber, Albert A., «Filiale von Berlin». Der Obersalzberg im Dritten Reich, in: Dahm u. a., Die tödliche Utopie, S. 53–111.
Felber, Ulrike u. a. (Hrsg.), Ökonomie der Arisierung. Teil 2: Wirtschaftssektoren, Branchen, Falldarstellungen, Wien/München 2004.
Feldenkirchen, Wilfried/Susanne Hilger, Menschen und Marken. 125 Jahre Henkel 1876–2001, Düsseldorf 2001.
Feldman, Gerald D., Die Allianz und die deutsche Versicherungswirtschaft im Nationalsozialismus 1933–1945, München 2001.
Feldman, Gerald D., Financial Institutions in Nazi Germany: Reluctant or Willing Collaborators?, in: Nicosia/Huener, Business and Industry, S. 15–42.
Feldman, Gerald D., The Great Disorder. Politics, Economics and Society in the German Inflation 1914–1924, New York, Oxford 1993.
Fest, Joachim C., Cäsar Pinnau. Architekt, hrsg. von Ruth I. Pinnau, 1982.

Findeisen, Franz, Die Markenartikel im Rahmen der Absatzökonomik der Betriebe, Berlin 1924.

Finger, Jürgen/Keller, Sven, Erhalt als Erfolg. Richard Kaselowsky an der Spitze des Familienunternehmens Dr. Oetker, in: Plumpe, Unternehmer – Fakten und Fiktionen (i. E.).

Finger, Jürgen/Keller, Sven, Mäzenatentum, Memoria und NS-Vergangenheit im Hause Oetker: Der Bielefelder Kunsthallenstreit 1968, in: Osterloh/Wixforth, Unternehmer und NS-Verbrechen, i. E.

Finger, Jürgen/Keller, Sven, Handlungsspielräume und Systemzwänge unternehmerischen Handelns. Das Familienunternehmen Dr. Oetker im NS-Regime. Abschlussbericht zu NS-spezifischen Problemkomplexen der Firmengeschichte und zur Biographie Rudolf-August Oetkers (unveröffentliches Ms.), Augsburg 2012.

Fings, Karla/Frank Müller (Hrsg.), Zukunftsprojekt Westwall. Wege zu einem verantwortungsbewussten Umgang mit den Überresten der NS-Anlage, Weilerswist 2008.

Fisch, Stefan/Rudloff, Wilfried (Hrsg.), Experten und Politik. Wissenschaftliche Politikberatung in geschichtlicher Perspektive, Berlin 2004.

Fischer, Wolfram u. a. (Hrsg.), Exodus von Wissenschaften aus Berlin. Fragestellungen, Ergebnisse, Desiderate. Entwicklungen vor und nach 1933, Berlin/New York 1994.

Fischer, Wolfram, Die Pionierrolle der betrieblichen Sozialpolitik im 19. und beginnenden 20. Jahrhundert, in: Pohl, Betriebliche Sozialpolitik deutscher Unternehmen, S. 34–51.

Flechtheim, Ossip K. (Hrsg.), Dokumente zur parteipolitischen Entwicklung in Deutschland seit 1945. Bd. 8: A. Parteienfinanzierung. B. Zwischenparteiliche Beziehungen, Berlin 1970.

Forndran, Erhard, Die Stadt- und Industriegründungen Wolfsburg und Salzgitter. Entscheidungsprozesse im nationalsozialistischen Herrschaftssystem, Frankfurt a. M. 1984.

Foschepoth, Josef (Hrsg.), Kalter Krieg und deutsche Frage. Deutschland im Widerstreit der Mächte 1945–1952, Göttingen u. a. 1985.

Foschepoth, Josef/Steininger, Rolf (Hrsg.), Die britische Deutschland- und Besatzungspolitik 1945–1949, Paderborn 1985.

Fraunholz, Uwe, «Verwertung des Wertlosen». Biotechnologische Surrogate aus unkonventionellen Eiweißquellen im Nationalsozialismus, in: Dresdener Beiträge zur Geschichte der Technikwissenschaften 32 (2008), 95–116.

Frei, Norbert u. a., Flick. Der Konzern, die Familie, die Macht, München 2009.

Frei, Norbert, Karrieren im Zwielicht. Hitlers Eliten nach 1945, Frankfurt a. M. u. a. 2001.

Frei, Norbert, Nationalsozialistische Eroberung der Provinzpresse. Gleichschaltung, Selbstanpassung und Resistenz in Bayern, Stuttgart 1980.

Frei, Norbert/Schmitz, Johannes, Journalismus im Dritten Reich, München 1989.

Frei, Norbert/Schanetzky, Tim (Hrsg.), Unternehmen im Nationalsozialismus. Zur Historisierung einer Forschungskonjunktur, Göttingen 2010.

Frese, Matthias, Betriebspolitik im «Dritten Reich». Deutsche Arbeitsfront, Unternehmer und Staatsbürokratie in der westdeutschen Großindustrie 1933–1939, Paderborn 1991.

Frese, Matthias, Zugeständnisse und Zwangsmaßnahmen. Neuere Studien zur nationalsozialistischen Sozial- und Arbeitspolitik, in: NPL 32 (1987), S. 53–85.

Freundeskreis des Bielefelder Kunsthauses, Ausstellung aus Bielefelder Privatbesitz vom 21. September bis 19. September 1930 im Städtischen Kunsthause Hindenburgstr., Bielefeld 1930.

Frey, Barbara, «Eine geistig ungemein lebendige, hochgebildete Frau». Henriette Weber, geb. Nottebohm (1792–1886) vom Kupferhammer in Brackwede, in: Ravensberger Blätter (2009), H. 1, S. 1–17.

Friedenberger, Martin, Fiskalische Ausplünderung. Die Berliner Steuer- und Finanzverwaltung und die jüdische Bevölkerung 1933–1945, Berlin 2008.

Friedländer, Saul u. a. (Hrsg.), Bertelsmann im Dritten Reich, München 2002.

Friedländer, Saul, Das Dritte Reich und die Juden, Bd. 1: Die Jahre der Verfolgung 1933–1939, München 1998.

Fritsch, Jocelyne, Les Séductions de Miss Ancel, in: Saisons d'Alsace (1993), H. 119, S. 95–101.

Fritz, Sven, Die SS-Ärzte des KZ Neuengamme. Praktiken und Karriereverläufe, in: von Wrochem, Das KZ Neuengamme und seine Außenlager, S. 181–198.

Führer, Karl-Christian, Anspruch und Realität. Das Scheitern der nationalsozialistischen Wohnungsbaupolitik 1933–1945, in: VfZ 45 (1997), S. 225–256.

Fünfzig Jahre Markenverband, Wiesbaden 1953.

Gall, Lothar u. a., Die Deutsche Bank 1870–1995, München 1995.

Gall, Lothar/Pohl, Hans (Hrsg.), Unternehmen im Nationalsozialismus, München 1998.

Ganzert, Ilse, Soziale Betriebsarbeit, in: Die Frau 36 (1928/29), H. 6, S. 341–348.

Gaunt, David/Levine, Paul A./Palosuo, Laura (Hrsg.), Collaboration and resistance during the Holocaust. Belarus, Estonia, Latvia, Lithuania, Bern/New York 2004.

Gehl, Günter (Hrsg.), Kriegsende. Befreiung oder Niederlage für die Deutschen?, Weimar 2006.

Gehrig, Astrid, Nationalsozialistische Rüstungspolitik und unternehmerischer Entscheidungsspielraum. Vergleichende Fallstudien zur württembergischen Maschinenbauindustrie, München 1996.

Geiss, Imanuel, Deutschland und die historischen Voraussetzungen des Zweiten Weltkriegs, in: Kleßmann, Nicht nur Hitlers Krieg, S. 7–23.

Gellately, Robert, Hingeschaut und weggesehen. Hitler und sein Volk, Stuttgart, München 2002.

Genschel, Helmut, Die Verdrängung der Juden aus der Wirtschaft im Dritten Reich, Göttingen 1966.

Gerlach, Christian, Kalkulierte Morde. Die deutsche Wirtschafts- und Vernichtungspolitik in Weißrußland 1941 bis 1944, Hamburg 1998.

Gerlach, Christian, Krieg, Ernährung, Völkermord. Forschungen zur deutschen Vernichtungspolitik im Zweiten Weltkrieg, Hamburg 1998, S. 167–257.

Gerstein, Barbara, Lemma «Kaselowsky, Ferdinand», in: Neue Deutsche Biographie, Bd. 11 (1977), S. 315.

Gestrich, Andreas, Geschichte der Familie im 19. und 20. Jahrhundert, München 1999.

Geyer, Martin H., Verkehrte Welt. Revolution, Inflation und Moderne. München 1914–1924, Göttingen 1998.

Gierlich, Kurt, Gesetz Nr. 52. Kurzkommentar für die Praxis in der britischen Besatzungszone, Bad Oeynhausen 1947.

Gies, Horst, Die Rolle des Reichsnährstands im nationalsozialistischen Herrschaftssystem, in: Hirschfeld/Kettenacker, Der «Führerstaat», S. 270–304.

Glaser, Hermann, 1945 – Beginn einer Zukunft. Bericht und Dokumentation, Frankfurt a. M. 2005.

Gliederung der Reichsgruppe Industrie, Leipzig 1939.

Gödde, Joachim, Entnazifizierung unter britischer Besatzung. Problemskizze zu einem vernachlässigten Kapitel der Nachkriegsgeschichte, in: Geschichte im Westen 6 (1991), S. 62–73.

Gosewinkel, Dieter (Hrsg.), Wirtschaftskontrolle und Recht in der nationalsozialistischen Diktatur, Frankfurt a. M. 2005.

Gotto, Bernhard, Information und Kommunikation. Die Führung des Flick-Konzerns 1933–1945, in: Bähr, Johannes u. a., Der Flick-Konzern im Dritten Reich, München 2008, S. 165–294.

Gotto, Bernhard, Nationalsozialistische Kommunalpolitik. Administrative Normalität und Systemstabilisierung durch die Augsburger Stadtverwaltung 1933–1945, München 2006.

Gotto, Bernhard/Steber, Martina (Hrsg.), A Nazi «Volksgemeinschaft»? German Society in the Third Reich, London 2013 (i. E.).

Götze, Wilfried, Die westdeutsche Stärkewirtschaft in Vergangenheit und Gegenwart, in: Die Stärke 2 (1950), S. 17–21.

Granzow, Walter, Neubildung deutschen Bauerntums, in: Neues Bauerntum 26 (1934), S. 6–10.

Graubuch. Expansionspolitik und Neonazismus in Westdeutschland. Hintergründe, Ziele, Methoden, Berlin-Ost 1967.

Gruner, Wolf, Die Grundstücke der «Reichsfeinde». Zur «Arisierung» von Immobilien durch Städte und Gemeinden, in: Wojak/Hayes, «Arisierung» im Nationalsozialismus, S. 125–156.

Gruner, Wolf, Öffentliche Wohlfahrt und Judenverfolgung. Wechselwirkungen lokaler und zentraler Politik im NS-Staat (1933–1942), München 2002.

Haar, Ingo, Zur Sozialstruktur und Mitgliederentwicklung der NSDAP, in: Benz, Wie wurde man Parteigenosse?, S. 60–73.

Haase, Günther, Kunstraub und Kunstschutz. Eine Dokumentation, Norderstedt 2008.

Hachtmann, Rüdiger (Hrsg.), Ein Koloss auf tönernen Füssen. Das Gutachten des Wirtschaftsprüfers Karl Eicke über die Deutsche Arbeitsfront vom 31. Juli 1936, München 2006.

Hachtmann, Rüdiger (Hrsg.), Hitlers Kommissare. Sondergewalten in der nationalsozialistischen Diktatur, Göttingen 2006.

Hachtmann, Rüdiger, Das Wirtschaftsimperium der Deutschen Arbeitsfront 1933–1945, Göttingen 2012.

Hachtmann, Rüdiger, Industriearbeit im «Dritten Reich». Untersuchungen zu den Lohn- und Arbeitsbedingungen in Deutschland 1933–1945, Göttingen 1989.

Hachtmann, Rüdiger, Wissenschaftsmanagement im «Dritten Reich». Geschichte der Generalverwaltung der Kaiser-Wilhelm-Gesellschaft, 2 Bde., Göttingen 2007.

Haerendel, Ulrike, Der Schutzlosigkeit preisgegeben. Die Zwangsveräußerung jüdischen Immobilienbesitzes und die Vertreibung der Juden aus ihren Wohnungen, in: Baumann/Heusler, München «arisiert», S. 105–126.

Haerendel, Ulrike, Kommunale Wohnungspolitik im Dritten Reich. Siedlungsideologie, Kleinhausbau und «Wohnraumarisierung» am Beispiel Münchens, München 1999.

Hafner, Thomas, Die Geschichte der Deutschen Gartenstadtbewegung, in: Will, Gartenstadt, S. 84–95.
Hale, Oron James, Presse in der Zwangsjacke. 1933–1945, Düsseldorf 1965.
Hanau, Arthur/Plate, Roderich, Die deutsche landwirtschaftliche Preis- und Marktpolitik im Zweiten Weltkrieg, Stuttgart 1975.
Handbuch der deutschen Aktiengesellschaften, Berlin 1896/97–1998/98, hier 1933–1945.
Hanel, Rudolf (Hrsg.), Industrie-Compass 1939/1940. Deutsches Reich: Österreich, Wien 1939.
Hanel, Rudolf (Hrsg.), Industrie-Compass 1939/40. Protektorat Böhmen und Mähren, Slowakei, Karpatho-Rußland, Prag 1939.
Hanel, Rudolf (Hrsg.), Industrie-Compass 1940/41. Protektorat Böhmen und Mähren, Slowakei, Prag 1940.
Hanel, Rudolf (Hrsg.), Industrie-Compass. Österreich 1938/39, Wien, Berlin 1939.
Hansen, Peter, Der Markenartikel. Analyse seiner Entwicklung und Stellung im Rahmen des Markenwesens, Berlin 1970.
Harder-Gersdorff, Elisabeth/Klönne, Arno/Stiller, Karl-Theodor (Hrsg.), Beiträge zur Geschichte der Bielefelder Arbeiterbewegung, Bielefeld 1981.
Hardtwig, Wolfgang (Hrsg.), Ordnungen in der Krise. Zur politischen Kulturgeschichte Deutschlands 1900–1933, München 2007.
Hardy & Co. wird verselbständigt, in: Bank-Archiv (1943), H. 3, S. 56.
Harlander, Tilman, Zentralität und Dezentralisierung. Großstadtentwicklung und städtebauliche Leitbilder im 20. Jahrhundert, in: Zimmermann, Zentralität und Raumgefüge der Großstädte, S. 23–40.
Harlander, Tilman, Zwischen Heimstätte und Wohnmaschine. Wohnungsbau und Wohnungspolitik in der Zeit des Nationalsozialismus, Basel 1995.
Harlander, Tilman/Hater, Katron/Meiers, Franz, Arbeitslosigkeit und Wohnungsnot. Die Stadtrandsiedlung für Erwerbslose 1931/32, in: Schildt/Sywottek, Massenwohnung und Eigenheim, S. 268–287.
Hartwig, Hermann, Das Buch der Gefolgschaft. Aus der Geschichte der Firma Dr. August Oetker, Bielefeld [1941].
Haupt, Heinz-Gerhard, Konsum und Handel. Europa im 19. und 20. Jahrhundert, Göttingen 2003.
Haupt, Heinz-Gerhard/Torp, Claudius (Hrsg.), Die Konsumgesellschaft in Deutschland 1890–1990. Ein Handbuch, Frankfurt a. M. 2009.
Hayes, Peter, Corporate Freedom of Action in Nazi Germany, in: Bulletin of the German Historical Institute (2009), H. 45, S. 29–42.
Hayes, Peter, Die Degussa im Dritten Reich. Von der Zusammenarbeit zur Mittäterschaft, München 2005.
Heiber, Helmut (Hrsg.), Reichsführer! … Briefe an und von Himmler, Stuttgart 1968.
Heiber, Helmut/Longerich, Peter (Hrsg.), Akten der Parteikanzlei. Rekonstruktion eines verlorengegangenen Bestandes, München u. a. 1983.
Heidbrink, Ludger/Seele, Peter (Hrsg.), Unternehmertum. Vom Nutzen und Nachteil einer riskanten Lebensform, Frankfurt a. M. 2010.
Hein, Bastian, Himmlers Orden. Das Auslese- und Beitrittsverfahren der Allgemeinen SS, in: VfZ 59 (2011), S. 263–280.
Heine, Eric, Die Ermordung der Juden in den ländlichen Gebieten Litauens, in: Bartusevičius/Tauber/Wette, Holocaust in Litauen, S. 91–102.

Heinemann, Isabel, Rasse, Siedlung, deutsches Blut. Das Rasse- und Siedlungshauptamt der SS und die rassenpolitische Neuordnung Europas, Göttingen 2003.

Heinig, Kurt, Querschnitt durch die industriellen Selbstkosten, in: Die Arbeit. Zeitschrift für Gewerkschaftspolitik und Wirtschaftskunde 4 (1927), S. 759–769.

Henke, Klaus-Dietmar (Hrsg.), Die Dresdner Bank in der Wirtschaft des Dritten Reichs, München 2006.

Henke, Klaus-Dietmar (Hrsg.), Die Dresdner Bank im Dritten Reich 1933–1945. Ökonomische Rationalität, Regimenähe, Mittäterschaft, München 2006.

Henke, Klaus-Dietmar, Die amerikanische Besetzung Deutschlands, München 1995.

Herbert, Ulrich (Hrsg.), Nationalsozialistische Vernichtungspolitik 1939–1945. Neue Forschungen und Kontroversen, Frankfurt a. M. 1998.

Herbert, Ulrich, Vernichtungspolitik. Neue Antworten und Fragen zur Geschichte des «Holocaust», in: Herbert, Nationalsozialistische Vernichtungspolitik, S. 9–66.

Herbert, Ulrich, Was haben die Nationalsozialisten aus dem Ersten Weltkrieg gelernt?, in: Krumeich, Nationalsozialismus und Erster Weltkrieg, S. 21–32.

Herbst, Ludolf, Der Totale Krieg und die Ordnung der Wirtschaft. Die Kriegswirtschaft im Spannungsfeld von Politik, Ideologie und Propaganda 1939–1945, Stuttgart 1982.

Herbstritt, Georg/Müller-Enbergs, Helmut (Hrsg.), Das Gesicht dem Westen zu ... DDR-Spionage gegen die Bundesrepublik Deutschland, Bremen 2003.

Hermann, F., Markenschutz und Schutzmarken, in: Die Umschau 15 (1911), S. 119–124.

Hesse, Jan-Otmar, «Familieninteresse geht vor Eigeninteresse». Das Problem der Unternehmernachfolge am Beispiel des Schweizer Ringier-Konzerns, in: Kollmer-von Oheimb-Loup/Wischermann, Unternehmernachfolge in Geschichte und Gegenwart, S. 125–151.

Hetzer, Gerhard, Unternehmer und leitende Angestellte zwischen Rüstungseinsatz und politischer Säuberung, in: Broszat/Henke/Woller, Von Stalingrad zur Währungsreform, S. 552–591.

Heusler, Andreas, Ausländereinsatz. Zwangsarbeit für die Münchner Kriegswirtschaft: 1939–1945, München 1996.

Heusler, Andreas/Spoerer, Mark/Trischler, Helmuth (Hrsg.), Rüstung, Kriegswirtschaft und Zwangsarbeit im «Dritten Reich», München 2010.

Hey, Bernd (Hrsg.), Kirche in der Kriegszeit, 1939–1945, Bielefeld 2005.

Hey, Bernd, Gerhard Spellmeyer – Ein westfälischer Pfarrer an der Ostfront, in: Hey, Kirche in der Kriegszeit, S. 123–138.

Hiemisch, Max, Der nationalsozialistische Kampf um Bielefeld. Die Geschichte der N.S.D.A.P. Bielefeld, Bielefeld 1933.

Hildebrand, Klaus, Das Dritte Reich, München 2009.

Hilger, Susanne, Sozialpolitik und Organisation. Formen betrieblicher Sozialpolitik in der rheinisch-westfälischen Eisen- und Stahlindustrie seit der Mitte des 19. Jahrhunderts bis 1933, Stuttgart 1996.

Hilger, Susanne/Soénius, Ulrich S. (Hrsg.), Familienunternehmen im Rheinland im 19. und 20. Jahrhundert. Netzwerke – Nachfolge – soziales Kapital, Köln 2009.

Hirschfeld, Gerhard/Kettenacker, Lothar (Hrsg.), Der «Führerstaat»: Mythos und Realität. Studien zur Struktur und Politik des Dritten Reiches, Stuttgart 1981.

Hirschfelder, Gunther, Europäische Esskultur. Geschichte der Ernährung von der Steinzeit bis Heute, Frankfurt a. M., New York 2001.

Hoffmann, Walther, Das Wachstum der deutschen Wirtschaft seit der Mitte des 19. Jahrhunderts, Berlin 1965.
Hofmann, Wolfgang/Gerd Kuhn (Hrsg.), Wohnungspolitik und Städtebau 1900–1930, Berlin 1993.
Holtfrerich, Carl-Ludwig, Die deutsche Inflation 1914–1923, Ursachen und Folgen in internationaler Perspektive, Berlin 1980.
Hopp, Meike, Kunsthandel im Nationalsozialismus. Adolf Weinmüller in München und Wien, Köln, Weimar, Wien 2012.
Hoppe, Bernhard M., Die zweite Hälfte des Lebens. Arno Breker und die deutsche Öffentlichkeit nach 1945, in: Conrades, Zur Diskussion gestellt, S. 160–183.
Horath, Julia, Terrorinstrument der «Volksgemeinschaft». KZ-Haft für «Asoziale» und «Berufsverbrecher», in: ZfG 60 (2012), S. 513–132.
Humann, Detlev, «Arbeitsschlacht». Arbeitsbeschaffung und Propaganda in der NS-Diktatur 1933–1939, Göttingen 2011.
Hupfauer, Theo, Der «Nationalsozialistische Musterbetrieb», in: Schönheit der Arbeit 2 (1937), H. 2, S. 50–52.
Hupfer, Georg, Zur Geschichte des antiquarischen Buchhandels in Wien, Diplomarbeit, Universität 2003.
Hüser, Karl, «Unschuldig» in britischer Lagerhaft? Das Internierungslager No. 5 Staumühle 1945–1948, Köln 1999.
Ingenbleek, Anja, Die britische Gewerkschaftspolitik in der britischen Besatzungszone 1945–1949, Essen 2010.
Institut für Kochwissenschaft. Gemeinschaftswerk des Oberkommandos des Heeres und der Hermann Esser-Forschungsgemeinschaft für Fremdenverkehr in Frankfurt/Main [Festschrift zur Eröffnung], Frankfurt a. M. 1942.
Jacobeit, Wolfgang/Christoph Kopke, Die biologisch-dynamische Wirtschaftsweise im KZ. Die Güter der «Deutschen Versuchsanstalt für Ernährung und Verpflegung» der SS von 1939 bis 1945, Berlin 1999.
Jacobi, Uwe, 150 Jahre Knorr 1838–1988, Heilbronn 1988.
Jacobs, Tino, Rauch und Macht. Das Unternehmen Reemtsma 1920 bis 1961, Göttingen 2008.
James, Harold, Die Deutsche Bank und die «Arisierung», München 2001.
James, Harold, Die Rolle der Banken im Nationalsozialismus, in: Gall/Pohl, Unternehmen im Nationalsozialismus, S. 25–36.
James, Harold, The German Slump. Politics and Economics 1924–1936, Oxford 1986.
James, Harold, Verbandspolitik im Nationalsozialismus. Von der Interessenvertretung zur Wirtschaftsgruppe: der Centralverband des Deutschen Bank- und Bankiergewerbes 1932–1945, München 2001.
Jansen, Michael/Saathoff, Günter (Hrsg.), «Gemeinsame Verantwortung und moralische Pflicht». Abschlussbericht zu den Auszahlungsprogrammen der Stiftung «Erinnerung, Verantwortung und Zukunft», Göttingen 2007.
Jung, Bettina, August Oetker, Berlin 1999.
Jungbluth, Rüdiger, Die Oetkers. Geschäfte und Geheimnisse der bekanntesten Wirtschaftsdynastie Deutschlands, Bergisch Gladbach 2006.
Just, Flemming/Trentmann, Frank (Hrsg.), Food and conflict in Europe in the age of the two world wars, Basingstoke 2006.
Jux, Hubert, Der Zeitschriftenverleger und die Anordnungen der Reichspressekammer, Berlin 1936.

Kahn, Daniela, Die Steuerung der Wirtschaft durch Recht im nationalsozialistischen Deutschland. Das Beispiel der Reichsgruppe Industrie, Frankfurt a. M. 2006.

Kahrs, Horst, Von der «Großraumwirtschaft» zur «Neuen Ordnung». Zur strategischen Orientierung der deutschen Eliten 1932–1943, in: Kahrs/Ahlrich/Esch, Modelle für ein deutsches Europa. Berlin 1992, S. 9–28.

Kahrs, Horst/Aly, Götz (Hrsg.), Modelle für ein deutsches Europa. Ökonomie und Herrschaft im Großwirtschaftsraum, Berlin 1992.

Kahrs, Horst/Meyer, Ahlrich/Esch, Michael G. (Hrsg.), Modelle für ein deutsches Europa. Ökonomie und Herrschaft im Großwirtschaftsraum, Berlin 1992.

Kaienburg, Hermann, Das Konzentrationslager Neuengamme 1938–1945, Bonn 1997.

Kaienburg, Hermann, Die Wirtschaft der SS, Berlin 2003.

Kaienburg, Hermann, Vernichtung durch Arbeit. Der Fall Neuengamme. Die Wirtschaftsbestrebungen der SS und ihre Auswirkungen auf die Existenzbedingungen der KZ-Gefangenen, Bonn 1990.

Kaienburg, Hermann, Zwangsarbeit für das «deutsche Rohstoffwunder». Das Phrix-Werk Wittenberge im Zweiten Weltkrieg, in: 1999. Zeitschrift für Sozialgeschichte des 20. Jahrhunderts 9 (1994), H. 3, S. 12–41.

Kallmeyer, Johannes, Der Feind als «Kollege und Nachbar». Ausländische Arbeitskräfte im Raum Bielefeld, in: Meynert/Klönne, Verdrängte Geschichte, S. 15–38.

Kämper, Heidrun, Der Schulddiskurs in der frühen Nachkriegszeit. Ein Beitrag zur Geschichte des sprachlichen Umbruchs nach 1945, Berlin 2005.

Kannapin, Norbert, Die deutsche Feldpostübersicht 1939–1945. Vollständiges Verzeichnis der Feldpostnummern in numerischer Folge und deren Aufschlüsselung. Bearbeitet nach den im Bundesarchiv-Militärarchiv verwahrten Unterlagen des Heeresfeldpostmeisters, Osnabrück 1980–1982.

Käpplinger, Claus, Wohnungsbau zwischen konservativer Moderne und Neuem Bauen, in: Hofmann/Kuhn, Wohnungspolitik und Städtebau, S. 222–244.

Kaselowsky, Richard, Der rheinisch-westfälische Kuxenmarkt, Berlin 1920.

Kaselowsky, Theo, Die rheinisch-westfälische Back- und Puddingpulverindustrie, Univ.-Diss., Universität zu Köln, Köln 1923.

Kater, Michael H., Die Artamanen. Völkische Jugend in der Weimarer Republik, in: HZ 213 (1971), S. 577–638.

Kaudelka-Hanisch, Karin, Preußische Kommerzienräte in der Provinz Westfalen und im Regierungsbezirk Düsseldorf (1810–1918), Dortmund 1993.

Keller, Sven, Volksgemeinschaft am Ende. Gesellschaft und Gewalt 1944/45, München 2013 (i. E.).

Kershaw, Ian, Der Hitler-Mythos. Führerkult und Volksmeinung, Stuttgart 1999.

Kershaw, Ian, German Popular Opinion and the «Jewish Question» 1939–1943. Some further Reflections, in: Paucker, Die Juden im nationalsozialistischen Deutschland, S. 365–386.

Kiekel, Stefan, Die deutsche Handelsschifffahrt im Nationalsozialismus. Unternehmerinitiative und staatliche Regulierung im Widerstreit 1933 bis 1940/41, Bremen 2010.

Kimpel, Ulrich, Agrarreform und Bevölkerungspolitik. Bäuerliche Siedlungspolitik, rassische Auslese und Agrarstrukturänderung durch den Reichsnährstand und das Reichsministerium für Ernährung und Landwirtschaft, in: Kahrs/Aly, Modelle für ein deutsches Europa, S. 124–145.

Kißener, Michael/Scholtyseck, Joachim (Hrsg.), Die Führer der Provinz. NS-Biographien aus Baden und Württemberg, Konstanz 1997.

Klatt, Marlene, Unbequeme Vergangenheit. Antisemitismus, Judenverfolgung und Wiedergutmachung in Westfalen 1925–1965, Paderborn 2008.

Klee, Ernst, Das Personenlexikon zum Dritten Reich. Wer war was vor und nach 1945, Koblenz 2008.

Kleßmann, Christoph (Hrsg.), Nicht nur Hitlers Krieg. Der Zweite Weltkrieg und die Deutschen, Düsseldorf 1989.

Klinksiek, Dorothee, Die Frau im NS-Staat, Stuttgart 1982.

Klönne, Arno, Die Gründung des Deutschen Gewerkschaftsbundes (Britische Zone) im April 1946 in Bielefeld, in: Harder-Gersdorff/Klönne/Stiller, Beiträge zur Geschichte der Bielefelder Arbeiterbewegung, S. 261–266.

Klönne, Arno/Otto, Karl A./Roth, Karl Heinz (Hrsg.), Fluchtpunkte. Das soziale Gedächtnis der Arbeiterbewegung, Hamburg 2003.

Klönne, Arno/Vogt, Willi, Demokratie im Klassenkonflikt. Bielefelder Gewerkschaften in der Weimarer Republik, in: Brenneke, «Es gilt, die Arbeit zu befreien», S. 137–210.

Kluge, Ulrich, Deutsche Agrarpolitik im 20. Jahrhundert zwischen Protektionismus und wirtschaftlicher Modernisierung. Ausklang des Agrarischen?, in: Münkel, Der lange Abschied vom Agrarland, S. 290–314.

Kluge, Ulrich, Die Weimarer Republik, Stuttgart 2006.

Knabe, Hubertus, Der diskrete Charme der DDR. Stasi und Westmedien, Berlin/München 2001.

Knabe, Hubertus, Die unterwanderte Republik. Stasi im Westen, München 2001.

Knabe, Hubertus, West-Arbeit des MfS. Das Zusammenspiel von «Aufklärung» und «Abwehr», Berlin 1999.

Knetsch, Stefanie, Das konzerneigene Bankinstitut der Metallgesellschaft im Zeitraum von 1906 bis 1928. Programmatischer Anspruch und Realisierung, Stuttgart 1998.

Knoch, Habbo, Die Emslandlager 1933–1945, in: Benz/Distel, Der Ort des Terrors, Bd. 2, S. 533–570.

Knortz, Heike, Wirtschaftsgeschichte der Weimarer Republik. Eine Einführung in Ökonomie und Gesellschaft der ersten Deutschen Republik, Göttingen 2010.

Kobrak, Christopher, National cultures and international competition. The experience of Schering AG, 1851–1950, Cambridge 2002.

Koch, Peter-Ferdinand, Die Dresdner Bank und der Reichsführer-SS, Hamburg 1987.

Koch, Peter-Ferdinand, Die Geldgeschäfte der SS. Wie deutsche Banken den schwarzen Terror finanzierten, Reinbek b. Hamburg 2002.

Koch, Peter-Ferdinand, Menschenversuche. Die tödlichen Experimente deutscher Ärzte, München 1996.

Kocka, Jürgen, Arbeitsverhältnisse und Arbeiterexistenzen. Grundlagen der Klassenbildung im 19. Jahrhundert, Bonn 1990.

Kocka, Jürgen/Vogelsang, Reinhard (Hrsg.), Rheinisch-Westfälische Wirtschaftsbiographien, Bd. 14: Bielefelder Unternehmer des 18. bis 20. Jahrhunderts, Münster 1991.

Kocka, Jürgen/Vogelsang, Reinhard, Einleitung, in: Kocka/Vogelsang, Rheinisch-Westfälische Wirtschaftsbiographien, Bd. 14, S. 1–6.

Köhler, Ingo, Die «Arisierung» der Privatbanken im Dritten Reich. Verdrängung, Ausschaltung und die Frage der Wiedergutmachung, München 2008.

Köhler, Ingo/Rossfeld, Roman, Pleitiers und Bankrotteure. Geschichte des ökonomischen Scheiterns vom 18. bis 20. Jahrhundert, Frankfurt a. M. 2012.

Kollmer-von Oheimb-Loup, Gerd/Wischermann, Clemens (Hrsg.), Unternehmernachfolge in Geschichte und Gegenwart, Ostfildern 2008.

Kollmer-von Oheimb-Loup, Gerd/Wilhelm Hohmann (Hrsg.), Einführung in die baden-württembergische Bankengeschichte des 19. und 20. Jahrhunderts. Kompendium der Privatbanken in Stuttgart 1865 bis Ende der 1980er Jahre, Stuttgart 2009.

Konzentrationslager Dachau 1933 bis 1945. Text- und Bilddokumente zur Ausstellung, mit CD, Dachau 2005.

Koop, Volker, Hitlers fünfte Kolonne. Die Auslands-Organisation der NSDAP, Berlin 2009.

Kopke, Christoph, «Wir wollen die Gärtner des Volkes sein». Der Mediziner Ernst Günther Schenck, das Schwabinger Krankenhaus und das KZ Dachau, in: Oberbayerisches Archiv 131 (2007), S. 179–190.

Kopke, Christoph, Die «politisch denkende Gesundheitsführung». Ernst Günther Schenck (1904–1998) und der Nationalsozialismus, Berlin, Freie Universität, Diss. 2008.

Kopper, Christopher, «Effizienz» der ideologischen Postulate in der Ökonomie, in: Gall/Pohl, Unternehmen im Nationalsozialismus, S. 41–44.

Kopper, Christopher, Bankiers unterm Hakenkreuz, München 2008.

Kopper, Christopher, Wer waren die «Hauptprofiteure der Arisierungen»? Zu neuen Forschungen über eine alte Kontroverse, in: Berghoff, Wirtschaft im Zeitalter der Extreme, S. 298–315.

Koselleck, Reinhart, «Erfahrungsraum» und «Erwartungshorizont» – Zwei historische Kategorien, in: ders., Vergangene Zukunft. Zur Semantik geschichtlicher Zeiten, Frankfurt a. M. 2000, S. 349–375.

Köster, Roman, Hugo Boss 1924–1945. Die Geschichte einer Kleiderfabrik zwischen Weimarer Republik und «Drittem Reich», München 2011.

Köstering, Susanne, «Pioniere der Rohstoffbeschaffung». Lumpensammler im Nationalsozialismus, 1934–1939, in: WerkstattGeschichte 17 (1997), S. 45–65.

Kosthorst, Erich/Walter, Bernd, Konzentrations- und Strafgefangenenlager im Emsland 1933–1945. Zum Verhältnis von NS-Regime und Justiz. Darstellung und Dokumentation, Düsseldorf 1985.

Kosthorst, Erich/Walter, Bernd, Konzentrations- und Straflager im Dritten Reich. Beispiel Emsland. Dokumentation und Analyse zum Verhältnis von NS-Regime und Justiz, mit einem Zusatzteil Kriegsgefangenenlager, Düsseldorf 1983.

Koszyk, Kurt, Deutsche Presse, 1914–1945, Berlin 1972.

Kotlan-Werner, Henriette, Otto Felix Kanitz und der Schönbrunner Kreis. Die Arbeitsgemeinschaft sozialistischer Erzieher 1923–1934, Wien 1982.

Kratzsch, Gerhard, Der Gauwirtschaftsapparat der NSDAP. Menschenführung, «Arisierung», Wehrwirtschaft im Gau Westfalen-Süd: eine Studie zur Herrschaftspraxis im totalitären Staat, Münster 1989.

Kratzsch, Gerhard, Der Gauwirtschaftsberater im Gau Westfalen-Süd, in: Rebentisch/Teppe, Verwaltung contra Menschenführung, S. 173–207.

Krause, Detlef, Die Commerz- und Disconto-Bank 1870–1920/23, Stuttgart 2004.

Krausnick, Helmut/Wilhelm, Hans-Heinrich, Die Truppe des Weltanschauungskrieges. Die Einsatzgruppen der Sicherheitspolizei und des SD, 1938–1942, Stuttgart 1981.

Kreutzmüller, Christoph/Wildt, Michael, «Ein radikaler Bürger». Julius Lippert – Chefredakteur des «Angriff» und Staatskommissar zur besonderen Verwendung in Berlin, in: Hachtmann/Schaarschmidt/Süß, Berlin im Nationalsozialismus, S. 19–38.

Kriegsaufgaben in der Fürsorge für die werktätigen Menschen, in: Nachrichtendienst des deutschen Vereins für öffentliche und private Fürsorge 20 (1939), H. 10, S. 302–304.

Krogmann, Carl Vincent, Bellevue. Die Welt von damals, Hamburg [1960].

Krogmann, Carl Vincent, Geliebtes Hamburg. Vom Werden meiner Vaterstadt, Hamburg 1955.

Kruedener, Jürgen von, Die Überforderung der Weimarer Republik als Sozialstaat, in: GG 11 (1985), S. 358–376.

Krüger, Otto, Die «Hellkopf-Familie». Urzelle der «Sozialen Betriebsarbeit», in: Biallas, Die Nationalsozialistischen Musterbetriebe, S. 102–105.

Krüger, Wolfgang, Entnazifiziert. Zur Praxis der politischen Säuberung in Nordrhein-Westfalen, Wuppertal 1982.

Krumeich, Gerd (Hrsg.), Nationalsozialismus und Erster Weltkrieg, Essen 2010.

Kube, Alfred, Pour le mérite und Hakenkreuz. Hermann Göring im Dritten Reich, München 1987.

Kühlwein, Fritz, Die Kampfhandlungen um Brackwede 1945, in: Triebold, 800 Jahre Brackwede, S. 157–164.

Kuhn, Annette (Hrsg.), Frauenleben im NS-Alltag, Pfaffenweiler 1994.

Kühn, Dietrich, Der Markenartikel, Wesen und Begriff. Seine Entwicklung in der Literatur, Univ.-Diss., Freie Universität Berlin, Berlin 1963.

Kühne, Hans-Jörg, «Fremdarbeiter» in Bielefeld und ihr Schicksal nach 1945, in: Seichter/Pütz, Zwangsarbeiter in Ostwestfalen-Lippe, S. 46–62.

Kühne, Hans-Jörg, Kriegsbeute Arbeit. Der «Fremdarbeitereinsatz» in der Bielefelder Wirtschaft 1939–1945, Bielefeld 2002.

Kühne, Thomas, Handbuch der Wahlen zum preußischen Abgeordnetenhaus 1867–1918. Wahlergebnisse, Wahlbündnisse und Wahlkandidaten, Düsseldorf 1994.

Kuller, Christiane, Finanzverwaltung und Judenverfolgung. Die Entziehung jüdischen Vermögens in Bayern während der NS-Zeit, München 2008.

Kurlander, Eric, The price of exclusion. Ethnicity, national identity, and the decline of German liberalism 1898–1933, New York u. a. 2006.

Kusche, Christoph, Der Oetker-Report, in: Blätter des Bielefelder Jugend Kultur-Rings (1974), H. 273, S. 5–18.

Lademacher, Horst, Die britische Sozialisierungspolitik im Rhein-Ruhr-Raum, in: Foschepoth/Steininger, Die britische Deutschland- und Besatzungspolitik, S. 101–117.

Landesgeschichtliches Informationssystem Hessen, Arolsen, SS-Führerschule des Wirtschafts-Verwaltungsdienstes, Kaserne, in: Topographie des Nationalsozialismus in Hessen, URL: http://www.lagis-hessen.de/de/subjects/idrec/sn/nstopo/id/2723 (18. 5. 2011).

Lange, Irmgard, Entnazifizierung in Nordrhein-Westfalen. Richtlinien, Anweisungen, Organisation, Siegburg 1976.

Langewiesche, Dieter/Tenorth, Heinz-Elmar (Hrsg.), Handbuch der deutschen Bildungsgeschichte, Bd. 5. 1918–1945. Die Weimarer Republik und die nationalsozialistische Diktatur, München 1989.

Langthaler, Ernst, ‹Landflucht›, Agrarsystem und Moderne. Deutschland 1933–1939, in: Oltmer, Nationalsozialistisches Migrationsregime, S. 111–136.

Laudowicz, Edith/Pollmann, Dorlies (Hrsg.), Weil ich das Leben liebe. Persönliches und Politisches aus dem Leben engagierter Frauen, Köln 1981.

Leendertz, Ariane, Ordnung schaffen. Deutsche Raumplanung im 20. Jahrhundert, Göttingen 2008.

Lehnstaedt, Stephan, Das Reichsministerium des Innern unter Heinrich Himmler 1943–1945, in: VfZ 54 (2006), S. 639–672.

Levine, Herbert S., Hitler's Free City. A history of the Nazi Party in Danzig 1925–1939, Chicago/London 1973.

Lichtenstein, Erwin, Die Juden der freien Stadt Danzig unter der Herrschaft des Nationalsozialismus, Tübingen 1973.

Liebold, Christel, «Marie-Louise Haase bürgt für Qualität». Die Leiterin der Dr. Oetker Versuchsküche Marie Louise Haase (1921–2004), in: Sunderbrink, Frauen in der Bielefelder Geschichte, S. 361–365.

Liekis, Sarunas, Jewish Partisans and Soviet Resistance in Lithunia, in: Gaunt/Levine/Palosuo, Collaboration and resistance during the Holocaust, S. 459–478.

Lillteicher, Jürgen (Hrsg.), Profiteure des NS-Systems? Deutsche Unternehmen und das «Dritte Reich», Berlin 2006.

Lillteicher, Jürgen, Der NS-Staat und die Unternehmen. Die Wechselwirkung zwischen historischer Forschung und der Bewertung der NS-Vergangenheit in Öffentlichkeit, Justiz und Politik von 1945 bis heute, in: Lillteicher, Profiteure des NS-Systems?, S. 10–29.

Lindenlaub, Dieter, Karl Blessing (1900–1971), in: Pohl, Deutsche Bankiers des 20. Jahrhunderts, S. 13–34.

Lindner, Erik, Die Reemtsmas. Geschichte einer deutschen Unternehmerfamilie, Hamburg 2007.

Littmann, Friederike, Ausländische Zwangsarbeiter in der Hamburger Kriegswirtschaft 1939–1945, München 2006.

Livi, Massimiliano, Gertrud Scholtz-Klink: Die Reichsfrauenführerin. Politische Handlungsräume und Identitätsprobleme der Frauen im Nationalsozialismus am Beispiel der «Führerin aller deutschen Frauen», Münster 2005.

Longerich, Peter, «Davon haben wir nichts gewusst!» Die Deutschen und die Judenverfolgung 1933–1945, München 2006.

Longerich, Peter, Heinrich Himmler. Biographie, München 2008.

Longerich, Peter, Hitlers Stellvertreter. Führung der Partei und Kontrolle des Staatsapparates durch den Stab Heß und die Partei-Kanzlei Bormann, München u. a. 1992.

Longerich, Peter, Politik der Vernichtung. Eine Gesamtdarstellung der nationalsozialistischen Judenverfolgung, München u. a. 1998.

Loose, Ingo, Kredite für NS-Verbrechen. Die deutschen Kreditinstitute in Polen und die Ausraubung der polnischen und jüdischen Bevölkerung 1939–1945, München 2007.

Lorenzen, Till, BMW als Flugmotorenhersteller 1926–1940. Staatliche Lenkungsmaßnahmen und unternehmerische Handlungsspielräume, München 2008.

Ludwig, Cordula, Korruption und Nationalsozialismus in Berlin 1924–1934, Frankfurt a. M. 1998.

Ludwig, Johannes, Boykott, Enteignung, Mord. Die «Entjudung» der deutschen Wirtschaft, Hamburg 1989.

Ludwig, Karl-Heinz, Technik und Ingenieure im Dritten Reich, Düsseldorf 1974.

Luks, Timo, Der Betrieb als Ort der Moderne. Zur Geschichte von Industriearbeit. Ordnungsdenken und Social Engineering im 20. Jahrhundert, Bielefeld 2010.

Lundgren, Peter, Ferdinand Kaselowsky (1816–1877), in: Kocka/Vogelsang, Rheinisch-Westfälische Wirtschaftsbiographien, Bd. 14, S. 163–187.

Lupa, Markus, Spurwechsel auf britischen Befehl. Der Wandel des Volkswagenwerks zum Marktunternehmen 1945–1949, Wolfsburg 2010.

Mai, Uwe, «Rasse und Raum». Agrarpolitik, Sozial- und Raumplanung im NS-Staat, Paderborn 2002.

Marek, Dieter, Walther Sommer (1893–1945) – Die Karriere eines Thüringer Juristen im Dritten Reich, in: Wahl, «Ältestes bewahrt mit Treue, freundlich aufgefasstes Neue», S. 502–522.

Marxen, Klaus/Werle, Gerhard (Hrsg.), Strafjustiz und DDR-Unrecht, Bd. 4,1: Spionage, Berlin 2004.

Mason, Timothy W., Arbeiterklasse und Volksgemeinschaft. Dokumente und Materialien zur deutschen Arbeiterpolitik 1936–1939, Opladen 1975.

Mehrtens, Herbert, Wissenschaftspolitik im NS-Staat. Strukturen und regionalgeschichtliche Aspekte, in: Fischer, Exodus von Wissenschaften aus Berlin, S. 245–266.

Mentel, Christian (Hrsg.), Zeithistorische Konjunkturen: Auftragsforschung und NS-Aufarbeitung in der Bundesrepublik, in: Zeitgeschichte-online, Dezember 2012, URL: http://www.zeitgeschichte-online.de/thema/zeithistorische-konjunkturen-auftragsforschung-und-ns-aufarbeitung-der-bundesrepublik (20. 3. 2013).

Metzger, Karl-Heinz u. a., Kommunalverwaltung unterm Hakenkreuz. Berlin-Wilmersdorf 1933–1945, Berlin 1992.

Meyer, Kathrin, Entnazifizierung von Frauen. Die Internierungslager der US-Zone Deutschlands 1945–1952, Berlin 2004.

Meynert, Joachim/Schäffer, Friedhelm, Judenverfolgung in Bielefeld, in: Emer/Horst/Schuler-Jung, Provinz unterm Hakenkreuz, S. 165–190.

Michel, Anette, «Führerinnen» im Dritten Reich. Die Gaufrauenschaftsleiterinnen der NSDAP, in: Steinbacher, Volksgenossinnen, S. 115–137.

Milert, Werner/Tschirbs, Rudolf, Die andere Demokratie. Betriebliche Interessenvertretung in Deutschland 1848 bis 2008, Essen 2012.

Möller, Hans, Die Gewinnabführung 1943 als neuer Steuertyp: Ein Beitrag zur Theorie der Steuerwirkungen, in: Weltwirtschaftliches Archiv 61 (1945), S. 129–142.

Moltke, Joachim Wolfgang von/Weisner, Ulrich (Hrsg.), Gemälde. Richard Kaselowsky Haus – Kunsthalle der Stadt Bielefeld, Bielefeld 1968.

Mommsen, Hans, Erfahrungen mit der Geschichte der Volkswagenwerk GmbH im Dritten Reich, in: Gall/Pohl, Unternehmen im Nationalsozialismus, S. 45–54.

Mooser, Josef, Maschinensturm und Assoziation. Wirtschaftliche und politische Mentalitäten der Spinner und Weber in der Krise des Leinengewerbes in Ravensberg 1840–1870, in: Ditt/Pollard, Von der Heimarbeit in die Fabrik, S. 290–358.

Morgan, Dagmar G., Weiblicher Arbeitsdienst in Deutschland, Darmstadt 1978.

Mosley, Leonard, Göring. Eine Biographie, München 1975.

Mües-Baron, Klaus, Heinrich Himmler. Aufstieg des Reichsführers SS (1900–1933), Göttingen 2011.

Müller, Cornelia Michaela, Ein bedeutendes Stück Verlagsgeschichte. Die Trennung der Verlage Suhrkamp und S. Fischer im Jahre 1950, Univ.-Diss., Universität Heidelberg, Heidelberg 1989.

Müller, Rolf-Dieter, Der Manager der Kriegswirtschaft. Hans Kehrl. Ein Unternehmer in der Politik des Dritten Reiches, Essen 1999.

Müller, Rolf-Dieter, Hans Kehrl. Ein Parteibuch-Industrieller im «Dritten Reich»?, in: Jahrbuch für Wirtschaftsgeschichte (1999), H. 2, S. 195–213.

Münkel, Daniela (Hrsg.), Der lange Abschied vom Agrarland. Agrarpolitik, Landwirtschaft und ländliche Gesellschaft zwischen Weimar und Bonn, Göttingen 2000.

Münzel, Martin, Die jüdischen Mitglieder der deutschen Wirtschaftselite 1927–1955. Verdrängung – Emigration – Rückkehr, Paderborn 2006.

Naasner, Walter (Hrsg.), SS-Wirtschaft und SS-Verwaltung. «Das SS-Wirtschafts-Verwaltungshauptamt und die unter seiner Dienstaufsicht stehenden wirtschaftlichen Unternehmungen» und weitere Dokumente, Düsseldorf 1998.

Neebe, Reinhard, Großindustrie, Staat und NSDAP 1930–1933. Paul Silverberg und der Reichsverband der Deutschen Industrie in der Krise der Weimarer Republik, Göttingen 1981.

Neitzel, Sönke/Welzer, Harald, Soldaten. Protokolle vom Kämpfen, Töten und Sterben, Frankfurt a. M. 2011.

Neumann, Alexander, Ernährungsphysiologische Humanexperimente in der deutschen Militärmedizin 1939–1945, in: Eckart/Neumann, Medizin im Zweiten Weltkrieg, S. 151–170.

Nicosia, Francis R./Huener, Jonathan (Hrsg.): Business and industry in Nazi Germany, New York u. a. 2004.

Niedergerke, W., Zur Geschichte der Aschoffschen Apotheke, Niedernstraße 3, in: Schoneweg, Das Buch der Stadt, S. 588–589.

Niethammer, Lutz (Hrsg.), Wohnen im Wandel. Beiträge zur Geschichte des Alltags in der bürgerlichen Welt, Wuppertal 1979.

Niethammer, Lutz, Entnazifizierung in Bayern. Säuberung und Rehabilitierung unter amerikanischer Besatzung, Frankfurt a. M. 1972.

Nitschke, Thomas, Lebensreform, neudeutsche Bewegung und völkisches Gedankengut im jungen Hellerau, in: Will, Gartenstadt, S. 118–127.

Noelle, Elisabeth/Neumann, Erich Peter, Jahrbuch der öffentlichen Meinung 1947–1955, Allensbach 1956.

Norden, Albert, Lehren deutscher Geschichte. Zur politischen Rolle des Finanzkapitals und der Junker, Berlin-Ost 1950.

Oberkrome, Willi, Ordnung und Autarkie. Die Geschichte der deutschen Landbauforschung, Agrarökonomie und ländlichen Sozialwissenschaft im Spiegel von Forschungsdienst und DFG (1920–1970), Stuttgart 2009.

Oberkrome, Willi, Stamm und Landschaft. Heimatlicher Tribalismus und die Projektionen einer «völkischen Neuordnung» Deutschlands 1920–1950, in: Hardtwig, Ordnungen in der Krise, S. 69–94.

Oberkrome, Willi, Volksgeschichte. Methodische Innovation und völkische Ideologisierung in der deutschen Geschichtswissenschaft 1918–1945, Göttingen 1993.

Oetker, August, Zeigt der Pollen in den Unterabtheilungen der Pflanzen-Familien charakteristische Unterschiede?, Berlin 1888.

Oetker, Rudolf-August/Thomas, Gina, Vom Glück verwöhnt. Rudolf-August Oetker erzählt aus seinem Leben. Aufgezeichnet auf Wunsch seiner Kinder von Gina Thomas, Bielefeld 2006.

Oetker, Rudolf-August/Thomas, Gina, Vom Glück verwöhnt. Rudolf-August Oetker

erzählt aus seinem Leben. Aufgezeichnet auf Wunsch seiner Kinder von Gina Thomas, 2. überarb. Auflage, Bielefeld [2009].
Ogorreck, Ralf, Die Einsatzgruppen und die «Genesis der Endlösung», Berlin 1996.
Oltmer, Jochen (Hrsg.), Nationalsozialistisches Migrationsregime und ‹Volksgemeinschaft›, Paderborn 2012.
Osterloh, Jörg, Die Monopole und ihre Herren. Marxistische Interpretationen, in: Frei/Schanetzky, Unternehmen im Nationalsozialismus, S. 36–47.
Osterloh, Jörg/Wixforth, Harald, Unternehmer und NS-Verbrechen, i. E.
Otto, Karl A., Der Fabrikdirektor Kaselowsky. Bielefeld und die bürgerliche Last der Vergangenheit, in: Klönne/Otto/Roth, Fluchtpunkte, S. 74–86.
Ow, Meinrad von, Schloß Tutzing und seine Besitzer in den letzten 200 Jahren. Ein Beitrag zur Bau- und Sozialgeschichte einer bayerischen Hofmark, in: Oberbayerisches Archiv 107 (1982), S. 185–234.
Paucker, Arnold (Hrsg.), Die Juden im nationalsozialistischen Deutschland. The Jews in Nazi Germany 1933–1943, Tübingen 1986.
Paul, Hinrich/Pingel, Falk, Unter dem Faschismus. Arbeiter ohne Gewerkschaften, in: Brenneke, «Es gilt, die Arbeit zu befreien», S. 287–342.
Petzina, Dietmar, Autarkiepolitik im Dritten Reich. Der nationalsozialistische Vierjahresplan, Stuttgart 1968.
Petzina, Dietmar/Euchner, Walter (Hrsg.), Wirtschaftspolitik im britischen Besatzungsgebiet, 1945–1949, Düsseldorf 1984.
Peukert, Detlev J. K., Volksgenossen und Gemeinschaftsfremde. Anpassung, Ausmerze und Aufbegehren unter dem Nationalsozialismus, Köln 1982.
Peukert, Detlev J. K./Reulecke, Jürgen (Hrsg.), Die Reihen fast geschlossen. Beiträge zur Geschichte des Alltags unterm Nationalsozialismus, Wuppertal 1981.
Pierenkemper, Toni, «Moderne» Unternehmensgeschichte auf vertrauten (Irr)Wegen?, in: ZUG 57 (2012), S. 70–85.
Pieszczek, Ernst, Etwas von der Rechenkunst in der Großküche, in: Volksernährung und Kochwissenschaft 19 (1944), H. 2, S. 9.
Pieszczek, Ernst/Wilhelm Ziegelmayer, Die Feldküchengerichte. Nach dem Original-Feldkochbuch des OKW 1941, mit einem Geleitwort von Geh. Reg.-Rat Ernst Pieszczek, Generalstabsintendant, Amtsgruppenchef im Heeresverwaltungsamt des OKH, und einer Einführung: Der Grundgedanke der Feldküchengerichte von Dr. W. Ziegelmayer, Oberregierungsrat beim Oberkommando des Heeres, Berlin 1942.
Piwitt, Hermann Peter, Rothschilds, Reinbek b. Hamburg 1972.
Plumpe, Werner (Hrsg.), Unternehmer – Fakten und Fiktionen. Wirtschafts- und unternehmenshistorische Perspektiven, München 2013 (i. E.).
Plumpe, Werner, Der Reichsverband der Deutschen Industrie und die Krise der Weimarer Republik, in: Wirsching, Herausforderungen der parlamentarischen Demokratie, S. 129–157.
Plumpe, Werner, Funktionen der Unternehmerschaft. Fiktionen, Fakten, Realitäten, in: Heidbrink/Seele, Unternehmertum, S. 43–60.
Plumpe, Werner, Vom Plan zum Markt. Wirtschaftsverwaltung und Unternehmerverbände in der britischen Zone, Düsseldorf 1987.
Plumpe, Werner, Unternehmen im Nationalsozialismus. Eine Zwischenbilanz, in: Abelshauser/Hesse/Plumpe, Wirtschaftsordnung, Staat und Unternehmen, S. 243–266.
Pohl, Hans (Hrsg.), Betriebliche Sozialpolitik deutscher Unternehmen seit dem

19. Jahrhundert. Referate und Diskussionsbeiträge des wissenschaftlichen Symposiums der Gesellschaft für Unternehmensgeschichte e. V. am 25. November 1977 in Hamburg, Wiesbaden 1978.
Pohl, Hans (Hrsg.), Staatliche, städtische, betriebliche und kirchliche Sozialpolitik vom Mittelalter bis zur Gegenwart. Referate der 13. Arbeitstagung der Gesellschaft für Sozial- und Wirtschaftsgeschichte vom 28. März bis 1. April 1989 in Heidelberg, Stuttgart 1991.
Pohl, Manfred (Hrsg.), Handbook on the history of European banks, Aldershot 1994.
Pohl, Manfred, Die Geschichte der Rationalisierung. Das RKW 1921 bis 1996, o. O. [2001], URL: <http://www.rkw-kompetenzzentrum.de/fileadmin/media/Kompetenzzentrum/Dokumente/Meta-Navigation/1996_RKW_Geschichte.pdf> (31. 1. 2013).
Pollard, Sidney/Möller, Roland, Dr. August Oetker (1862–1918), in: Kocka/Vogelsang, Rheinisch-Westfälische Wirtschaftsbiographien, Bd. 14, S. 356–377.
Preller, Ludwig, Sozialpolitik in der Weimarer Republik, Stuttgart 1949.
Preller, Ludwig, Was wird für die betriebliche Sozialpolitik ausgegeben?, in: Soziale Praxis 47 (1938), S. 27–36.
Pressler, Florian, Die erste Weltwirtschaftskrise. Eine kleine Geschichte der Großen Depression, München 2013.
Priemel, Kim Christian, Flick. Eine Konzerngeschichte vom Kaiserreich bis zur Bundesrepublik, Göttingen 2008.
Priemel, Kim Christian, Heldenepos und bürgerliches Trauerspiel. Unternehmensgeschichte im generationellen Paradigma, in: Bohnenkamp, Generation als Erzählung, S. 107–128.
Priemel, Kim Christian, Lernversagen. Der Erste Weltkrieg und die nationalsozialistische Wirtschaftspolitik, in: Krumeich, Nationalsozialismus und Erster Weltkrieg, S. 299–322.
Priemel, Kim Christian, Sommer 1941. Die Wehrmacht in Litauen, in: Bartusevičius/Tauber/Wette, Holocaust in Litauen, S. 26–39.
Priemel, Kim Christian, Wider die Typologie. Entrepreneure, Familien und Manager – Flick 1912–1985, in: Hilger/Soénius, Familienunternehmen im Rheinland im 19. und 20. Jahrhundert, Köln 2009, S. 139–158.
Prinz, Michael/Zitelmann, Rainer (Hrsg.), Nationalsozialismus und Modernisierung, Darmstadt 1994.
Pritzkoleit, Kurt, Die neuen Herren. Die Mächtigen in Staat und Wirtschaft, Wien, München, Basel 1955.
Protokoll des vor dem britischen Militärgericht abgehandelten Prozesses gegen die 14 Hauptverantwortlichen des Konzentrationslagers Neuengamme in der Zeit vom 18. März bis 3. Mai 1946 – Curio-Haus-Prozess, Hamburg 1969.
Pürer, Heinz/Raabe, Johannes, Presse in Deutschland, Konstanz 2007.
Puschner, Uwe, Die völkische Bewegung im wilhelminischen Kaiserreich. Sprache – Rasse – Religion, Darmstadt 2001.
Pyta, Wolfram, «Menschenökonomie». Das Ineinandergreifen von ländlicher Sozialraumgestaltung und rassenbiologischer Bevölkerungspolitik im NS-Staat, in: HZ 213 (2003), H. 1, S. 31–94.
Pyta, Wolfram, Das Dorf im Fadenkreuz der Politik. Politische Willensbildung und Milieuwandel im ländlichen Lebenskreis 1918 bis 1945, in: Münkel, Der lange Abschied vom Agrarland, Göttingen 2000, S. 209–226.

Pyta, Wolfram, Vernunftrepublikanismus in den Spitzenverbänden der deutschen Industrie, in: Wirsching, Vernunftrepublikanismus in der Weimarer Republik, S. 87–108.
Raberg, Frank, Wirtschaftspolitiker zwischen Selbstüberschätzung und Resignation. Oswald Lehnich, Württembergischer Wirtschaftsminister, in: Kißener/Scholtyseck, Die Führer der Provinz, S. 333–359.
Raphael, Lutz, Die nationalsozialistische Ideologie, in: Ciupke/Jelich, Weltanschauliche Erziehung in Ordensburgen des Nationalsozialismus, S. 15–32.
Raphael, Lutz, Die nationalsozialistische Weltanschauung. Profil, Verbreitungsformen, Nachleben, in: Gehl, Kriegsende 1945, S. 27–42.
Raphael, Lutz, Radikales Ordnungsdenken und die Organisation totalitärer Herrschaft: Weltanschauungseliten und Humanwissenschaftler im NS-Regime, in: GG 27 (2001), S. 5–40.
Rauh, Cornelia, Schweizer Aluminium für Hitlers Krieg? Zur Geschichte der «Alusuisse» 1918–1950, München 2009.
Rauh, Cornelia, Wirtschaftsbürger im «Doppelstaat». Zur Kritik der neueren Forschung, in: Frei/Schanetzky, Unternehmen im Nationalsozialismus, S. 100–115.
Rauh-Kühne, Cornelia, Die Entnazifizierung und die deutsche Gesellschaft, in: AfS 35 (1995), S. 35–70.
Rauh-Kühne, Cornelia, Hitlers Hehler? Unternehmerprofite und Zwangsarbeiterlöhne, in: HZ 275 (2002), S. 1–55.
Rebentisch, Dieter, Führerstaat und Verwaltung im Zweiten Weltkrieg. Verfassungsentwicklung und Verwaltungspolitik 1939–1945, Stuttgart 1989.
Rebentisch, Dieter/Teppe, Karl (Hrsg.), Verwaltung contra Menschenführung im Staat Hitlers. Studien zum politisch-administrativen System, Göttingen 1986.
Reckendrees, Alfred, Was du darfst, darf ich auch? Reflektionen zum Thema Wissenschaft, Unternehmensgeschichte und Auftragsforschung, in: Akkumulation 31 (2011), S. 11–17.
Recker, Marie-Luise, Beweggründe und Zwangslagen des VW-Managements, in: Gall/Pohl, Unternehmen im Nationalsozialismus, S. 58–60.
Recker, Marie-Luise, Die Großstadt als Wohn- und Lebensbereich im Nationalsozialismus. Zur Gründung der «Stadt des KdF-Wagens», Frankfurt a. M. 1981.
Reichardt, Sven/Nolzen, Armin, Faschismus in Italien und Deutschland. Studien zu Transfer und Vergleich, Göttingen 2005.
Reichsamt für Wehrwirtschaftliche Planung, Die deutsche Industrie. Gesamtergebnisse der amtlichen Produktionsstatistik, Berlin 1939.
Reichstagsalmanache, in: Bayerische Staatsbibliothek, Datenbank der deutschen Reichstagsabgeordneten. Parlamentsalmanache/Reichstagshandbücher 1867–1938. URL: http://www.reichstag-abgeordnetendatenbank.de (7. 2. 2011).
Reischle, Hermann, Der Reichsnährstand und seine Marktordnung. Grundlagen, Aufbau und Wirtschaftsordnung des nationalsozialistischen Staates, Bd. 3: Die Wirtschaftsordnung des nationalsozialistischen Staates, Lieferung 49, Berlin 1938.
Reischle, Hermann/Saure, Wilhelm, Der Reichsnährstand. Aufbau, Aufgaben und Bedeutung, Berlin 1940.
Rempel, Gerhard, Gottlob Berger and Waffen-SS Recruitment, in: MGM 27 (1980), S. 107–147.
Reulecke, Jürgen, Die Fahne mit dem goldenen Zahnrad: der «Leistungskampf der deutschen Betriebe» 1937–1939, in: Peukert/Reulecke, Die Reihen fast geschlossen, S. 245–269.

Richter, Ralf, Ivan Hirst. Britischer Offizier und Manager des Volkswagenaufbaus, Wolfsburg 2003.

Rischbieter, Julia Laura, «Er würde, wie man so sagt, kaltgestellt»: Scheitern in kaufmännischen Kooperationen um 1900, in: Köhler/Rossfeld, Pleitiers und Bankrotteure, S. 153–181.

Roberts, Richard, Schroders. Merchants & Bankers, Basingstoke u. a. 1992.

Robertson, Paul L., Authority and control in modern industry. Theoretical and empirical perspectives, London 1999.

Rodegast, Günther, Zwangsarbeiter und KZ-Häftlinge. Kurmärkische Zellwolle und Zellulose AG. Aus der Geschichte eines Wittenberger Phrix-Werkes, Wittenberge 2000.

Roepke, Claus-Jürgen (Hrsg.), Schloß und Akademie Tutzing, München 1986.

Roepke, Claus-Jürgen/Meinrad von Ow, Geschichte des Schlosses und seiner Bewohner. Im Besitz von Adel und Bürgertum, in: Roepke, Schloß und Akademie Tutzing, S. 10–70.

Rohrbach, Justus, Im Schatten des Hungers. Dokumentarisches zur Ernährungspolitik und Ernährungswissenschaft in den Jahren 1945–1949, Hamburg 1955.

Rosemann, Helmut, Moorburg, ein Fürsorgeerziehungsheim besonderer Art 1903–1973, in: Benad/Winkler, Bethels Mission, S. 161–196.

Rosenblum, Warren, Beyond the prison gates. Punishment & welfare in Germany, 1850–1933, Chapel Hill, NC 2008.

Rosenkötter, Bernhard, Treuhandpolitik. Die «Haupttreuhandstelle Ost» und der Raub polnischer Vermögen 1939–1945, Essen 2003.

Roth, Claudia, Parteikreis und Kreisleiter der NSDAP unter besonderer Berücksichtigung Bayerns, München 1997.

Roth, Karl Heinz, Ökonomie und politische Macht. Die Firma Hamburg 1930–1945, in: Ebbinghaus/Linne, Kein abgeschlossenes Kapitel, S. 15–176.

Roth, Regina, Staat und Wirtschaft im Ersten Weltkrieg. Kriegsgesellschaften als kriegswirtschaftliche Steuerungsinstrumente, Berlin 1997.

Russel, Claire, Die Marktordnung im Reichsnährstandsgewerbe, in: Zeitschrift für die gesamte Staatswissenschaft 96 (1936), S. 695–730.

Sachse, Carola u. a., Angst, Belohnung, Zucht und Ordnung. Herrschaftsmechanismen im Nationalsozialismus, Opladen 1982.

Sachse, Carola, Hausarbeit im Betrieb. Betriebliche Sozialpolitik unter dem Nationalsozialismus, in: Sachse, Angst, Belohnung, Zucht und Ordnung, S. 209–274.

Sachse, Carola, Revisited: Primat der Politik, Primat der Ökonomie, in: Frei/Schanetzky, Unternehmen im Nationalsozialismus, S. 48–61.

Sachse, Carola, Siemens, der Nationalsozialismus und die moderne Familie. Eine Untersuchung zur sozialen Rationalisierung in Deutschland im 20. Jahrhundert, Hamburg 1990.

Sack, Birgit, Zwischen religiöser Bindung und moderner Gesellschaft. Katholische Frauenbewegung und politische Kultur in der Weimarer Republik (1918/19–1933), Münster u. a. 1998.

Salewski, Michael (Hrsg.), Kriegsjahr 1944. Im Großen und im Kleinen, Stuttgart 1995.

Sartorius, Otto, 100 Jahre Handelskammer Bielefeld, Bielefeld 1949.

Sassin, Horst R., Liberale im Widerstand. Die Robinsohn-Strassmann-Gruppe 1934–1942, Hamburg 1993.

Sawicki, Czesłav, Das Unternehmen Oetker in der Zeit des Nationalsozialismus, in: Emer/Horst/Schuler-Jung, Provinz unterm Hakenkreuz, S. 153–163.
Sawicki, Czesłav, Die Oetker-Gruppe, Bd. 1. Soziale, ökonomische und politische Aspekte der Entstehung des Unternehmens Oetker von der Gründung bis zum Jahre 1945, Bielefeld 1981.
Sawicki, Czesłav/Schöber, Peter, Die Oetker-Gruppe, Bd. 2. Analyse einiger Aspekte eines Misch-Konzerns mit Sitz in Bielefeld, Bielefeld 1981.
Sax-Demuth, Waltraut, Weiße Fahnen über Bielefeld. Untergang und Neubeginn, Herford 1981.
Schäfer, Michael, Familienunternehmen und Unternehmerfamilien. Zur Sozial- und Wirtschaftsgeschichte der sächsischen Unternehmer 1850–1940, München 2007.
Schäfer, Michael, Herren im eigenen Haus. Leipziger Unternehmerfamilien und Familienunternehmen zwischen Jahrhundertwende und 1920er Jahren, in: Ziegler, Großbürger und Unternehmer, S. 144–166.
Schanetzky, Tim, Jubiläen und Skandale. Die «lebhafte Kampfsituation» der achtziger Jahre, in: Frei/Schanetzky, Unternehmen im Nationalsozialismus, S. 68–78.
Scharf, Claus (Hrsg.), Die Deutschlandpolitik Großbritanniens und die Britische Zone. 1945–1949, Wiesbaden 1979.
Schauff, Johannes (Hrsg.), Wer kann siedeln? Berufskreise und Bauernsiedlung, mit einer Einführung von Geheimrat Sering, Berlin 1932.
Schauz, Désirée, Strafen als moralische Besserung. Eine Geschichte der Straffälligenfürsorge 1777–1933, München 2008.
Scheer, Thorsten (Hrsg.), Stadt der Architektur – Architektur der Stadt. Berlin 1900–2000, Berlin 2000.
Schenck, Ernst Günther, Ich sah Berlin sterben. Als Arzt in der Reichskanzlei, Herford 1970.
Schenk, Dieter, Hitlers Mann in Danzig. Albert Forster und die NS-Verbrechen in Danzig-Westpreußen, Bonn 2000.
Scherner, Johannes/Jochen Streb, Das Ende eines Mythos? Albert Speer und das so genannte Rüstungswunder, in: VSWG 93 (2006), S. 172–196.
Scherner, Jonas, Anreiz statt Zwang. Wirtschaftsordnung und Kriegswirtschaft im «Dritten Reich», in: Frei/Schanetzky, Unternehmen im Nationalsozialismus, S. 140–155.
Scherner, Jonas, Das Verhältnis zwischen NS-Regime und Industrieunternehmen – Zwang oder Kooperation?, in: ZUG 51 (2006), H. 2, S. 166–190.
Scherner, Jonas, Die Logik der Industriepolitik im Dritten Reich. Die Investitionen in die Autarkie- und Rüstungsindustrie und ihre staatliche Förderung, Stuttgart 2008.
Schick, Christa, Die Internierungslager, in: Broszat/Henke/Woller, Von Stalingrad zur Währungsreform, S. 301–325.
Schildt, Axel/Sywottek, Arnold (Hrsg.), Massenwohnung und Eigenheim. Wohnungsbau und Wohnen in der Großstadt seit dem Ersten Weltkrieg, Frankfurt a. M. 1988.
Schindelbeck, Dirk, Marken, Moden, Kampagnen. Illustrierte deutsche Konsumgeschichte, Darmstadt 2003.
Schmidt, Eberhard, Die verhinderte Neuordnung 1945–1952. Zur Auseinandersetzung um die Demokratisierung der Wirtschaft in den westlichen Besatzungszonen und in der Bundesrepublik Deutschland, Frankfurt a. M. u. a. 1975.
Schmidt-Kehl, Ludwig, Die deutsche Fabrikpflegerin, Berlin 1923.

Schmiechen-Ackermann, Detlef (Hrsg.), «Volksgemeinschaft»: Mythos, wirkungsmächtige soziale Verheißung oder soziale Realität im «Dritten Reich»? Zwischenbilanz einer kontroversen Debatte, Paderborn u. a. 2012.

Schmitz, Hubert, Die Bewirtschaftung der Nahrungsmittel und Verbrauchsgüter 1939–1950. Dargestellt an dem Beispiel der Stadt Essen, Essen 1956.

Schmitz, Peter, Die Artamanen. Landarbeit und Siedlung bündischer Jugend in Deutschland 1924–1935, Bad Neustadt a. d. Saale 1985.

Schmoller, Gustav von/Tobler, Achim/Maier, Hedwig (Hrsg.), Handbuch des Besatzungsrechts, Bd. 2, Tübingen 1957.

Schneider, Michael, Unterm Hakenkreuz. Arbeiter und Arbeiterbewegung 1933 bis 1939, Bonn 1999.

Schneider, Ullrich, Nach dem Sieg: Besatzungspolitik und Militärregierung 1945, in: Foschepoth/Steininger, Die britische Deutschland- und Besatzungspolitik, S. 47–64.

Scholl, C. Franz/Matthies, Walter, 100 Jahre Vereinsbank Hamburg 1856–1956, Hamburg 1956.

Scholtyseck, Joachim, Der Aufstieg der Quandts. Eine deutsche Unternehmerdynastie, München 2011.

Schoneweg, Eduard (Hrsg.), Das Buch der Stadt, Bielefeld 1926.

Schramm, Percy Ernst, Neun Generationen. Dreihundert Jahre deutscher ‹Kulturgeschichte› im Lichte der Schicksale einer Hamburger Bürgerfamilie (1648–1948), Göttingen 1964.

Schröder, Arno, Mit der Partei vorwärts. Zehn Jahre Gau Westfalen-Nord, Detmold 1940.

Schröm, Oliver/Röpke, Andreas, Stille Hilfe für braune Kameraden. Das geheime Netzwerk der Alt- und Neonazis, Berlin 2006.

Schubert, Dirk, Die Gartenstadtidee zwischen reaktionärer Ideologie und pragmatischer Umsetzung. Theodor Fritschs völkische Version der Gartenstadt, Dortmund 2004.

Schüler-Springorum, Stefanie, Masseneinweisungen in Konzentrationslager. Aktion «Arbeitsscheu Reich», Novemberpogrom, Aktion «Gewitter», in: Benz/Distel, Der Ort des Terrors, Bd. 1, S. 156–164.

Schulte, Jan Erik, Zwangsarbeit und Vernichtung: Das Wirtschaftsimperium der SS. Oswald Pohl und das SS-Wirtschafts-Verwaltungshauptamt 1933–1945, Paderborn u. a. 2001.

Schultze, Ernst, Organisatoren und Wirtschaftsführer, Leipzig 1923.

Schulz, Gerhard, Betriebliche Sozialpolitik in Deutschland seit 1850, in: Pohl, Staatliche, städtische, betriebliche und kirchliche Sozialpolitik, S. 137–176.

Schumacher, Martin (Hrsg.), M.d.R. Die Reichstagsabgeordneten der Weimarer Republik in der Zeit des Nationalsozialismus. Politische Verfolgung, Emigration und Ausbürgerung 1933–1945; eine biographische Dokumentation; mit einem Forschungsbericht zur Verfolgung deutscher und ausländischer Parlamentarier im nationalsozialistischen Herrschaftsbereich, Düsseldorf 1994.

Schumann, Dirk, Buddenbrooks Revisited. The firm and the enterpreneurial family in Germany during the 19th and early 20th centuries, in: Robertson, Authority and control in modern industry, S. 221–239.

Schumann, Silke, «Die Frau aus dem Erwerbsleben wieder herausnehmen». NS-Propaganda und Arbeitsmarktpolitik in Sachsen 1933–1939, Dresden 2000.

Schumpeter, Joseph, Lemma «Unternehmer», in: Elster/Weber/Wieser, Handwörterbuch der Staatswissenschaften, Bd. 8: Tarifvertag – Zwecksteuern. 4. Aufl. Jena 1928, S. 476–487.
Schütz, Annegret, Machtergreifung und Gleichschaltung in Bielefeld. Pädagogische Hochschule Westfalen-Lippe, Schriftl. Hausarbeit zur Ersten Staatsprüfung für das Lehramt an der Grund- und Hauptschule, Bielefeld 1976.
Schwarz, Hans-Peter, Zum Beispiel Bielefeld – Kulturpolitik im Zeichen der Monopole, in: Arbeitstagung der DKP zu Fragen der Bildenden Kunst 31.5.–3.6.73 in Neuß. Referate, Diskussionsbeiträge, Materialien, München 1973, S. 90–95.
Schwarz, Walter (Hrsg.), Rückerstattung nach den Gesetzen der Alliierten Mächte, München 1974.
Schwarzmüller, Theo, Zwischen Kaiser und «Führer». Generalfeldmarschall August von Mackensen. Eine politische Biographie, München 2001.
Schwedt, Georg, Liebig und seine Schüler. Die neue Schule der Chemie, Berlin, New York 2002.
Seichter, Carsten/Pütz, Hans-Georg (Hrsg.), Zwangsarbeiter in Ostwestfalen-Lippe 1939–1945. Stand der Forschung, Spurensuche vor Ort, Umsetzung im Unterricht, Essen 2002.
Seidl, Daniella, «Zwischen Himmel und Hölle». Das Kommando «Plantage» des Konzentrationslagers Dachau, München 2008.
Sennebogen, Waltraud, Propaganda als Populärkultur? Werbestrategien und Werbepraxis im faschistischen Italien und in NS-Deutschland, in: Reichardt/Nolzen, Faschismus in Italien und Deutschland, S. 119–147.
Seraphim, Hans-Jürgen, Agrarkrisis und Siedlung in Mecklenburg und Pommern (Veröffentlichungen des Deutschen Forschungsinstituts für Agrar- und Siedlungswesen, Abt. Rostock), Berlin 1933.
Sering, Max, Einführung, in: Schauff, Wer kann siedeln?, S. 5–10.
Siegel, Tilla, Lohnpolitik im nationalsozialistischen Deutschland, in: Sachse, Angst, Belohnung, Zucht und Ordnung, S. 54–139.
Sieger und Platzierte der Rennen um die Goldene Peitsche, URL: http://galopp-sieger.de/galoppsieger/sieger?rennkz=DBGoP (5. 1. 2012).
Sigel, Robert, Die Dachauer Prozesse und die deutsche Öffentlichkeit, in: Eiber/Sigel, Dachauer Prozesse, S. 67–85.
Sigel, Robert, Im Interesse der Gerechtigkeit. Die Dachauer Kriegsverbrecherprozesse 1945–1948, Frankfurt a. M. 1992.
Sodeikat, Ernst, Die Verfolgung und der Widerstand der Juden in der Freien Stadt Danzig von 1933 bis 1945, in: Bulletin des Leo Baeck Instituts 8 (1965), S. 107–149.
Soénius, Ulrich S./Danylow, Peter (Hrsg.), Otto Wolff. Ein Unternehmen zwischen Wirtschaft und Politik, München 2005.
Sombart, Werner, Der Bourgeois. Zur Geistesgeschichte des modernen Wirtschaftsmenschen, München 1920.
Sperlings Zeitschriften- u. Zeitungs-Adreßbuch. Handbuch der deutschen Presse. Die wichtigsten deutschen Zeitschriften und politischen Zeitungen Deutschlands, Österreichs und des Auslandes, Leipzig 1929–1939.
Spiekermann, Uwe, Basis der Konsumgesellschaft. Entstehung und Entwicklung des modernen Kleinhandels in Deutschland 1850–1914, München 1999.
Spoerer, Mark, Vom Scheingewinn zum Rüstungsboom. Die Eigenkapitalrentabilität der deutschen Industrieaktiengesellschaften 1925–1941, Bonn 1995.

Spoerer, Mark, Zwangsarbeit unter dem Hakenkreuz. Ausländische Zivilarbeiter, Kriegsgefangene und Häftlinge im Deutschen Reich und im besetzten Europa 1939–1945, Stuttgart 2001.

Spohn, Wolfgang, Betriebsgemeinschaft und innerbetriebliche Herrschaft, in: Sachse, Angst, Belohnung, Zucht und Ordnung, S. 140–208.

Spohn, Wolfgang, Betriebsgemeinschaft und Volksgemeinschaft. Die rechtliche und institutionelle Regelung der Arbeitsbeziehungen im NS-Staat, Freie Universität Berlin, Diss. 1980.

Spohn, Wolfgang, Zur «Betriebsverfassung» im nationalsozialistischen Deutschland, in: Gewerkschaftliche Monatshefte 35 (1984), H. 9, S. 545–555.

Stadt Braunschweig, Braunschweiger Schloss SS-Junkerschule, URL: http://www.vernetztes-gedaechtnis.de/schlossausbildung.htm (18. 5. 2011).

Stamm, Isabel/Schmiade, Nicole/Kohli, Martin, Von Generation zu Generation. Der Nachfolgeprozess im Familienunternehmen, in: Hilger/Soénius, Familienunternehmen im Rheinland, S. 177–187.

Statistisches Jahrbuch für das Deutsche Reich, Bde. 56 und 57, Berlin 1937 und 1938.

Stein, Peter, Die NS-Gaupresse 1925–1933. Forschungsbericht – Quellenkritik – neue Bestandsaufnahme, München 1987.

Steinbacher, Sybille (Hrsg.), Volksgenossinnen. Frauen in der NS-Volksgemeinschaft, Göttingen 2007.

Steiner, André (Hrsg.), Preispolitik und Lebensstandard. Nationalsozialismus, DDR und Bundesrepublik im Vergleich, Köln u. a. 2006.

Steiner, André, Der Reichskommissar für die Preisbildung – «eine Art wirtschaftlicher Reichskanzler»?, in: Hachtmann, Hitlers Kommissare, S. 93–115.

Steiner, André, Von der Preisüberwachung zur staatlichen Preisbildung. Verbraucherpreispolitik und ihre Konsequenzen für den Lebensstandard unter dem Nationalsozialismus in der Vorkriegszeit, in: Steiner, Preispolitik und Lebensstandard, S. 23–85.

Steinert, Johannes-Dieter, Food and the food crisis in post-war Germany 1945–1948, in: Just/Trentmann, Food and conflict in Europe in the age of the two world wars, S. 266–288.

Steinert, Marlis, Hitlers Krieg und die Deutschen. Stimmung und Haltung der deutschen Bevölkerung im Zweiten Weltkrieg, Düsseldorf u. a. 1970.

Stephenson, Jill, Women in Nazi Germany, London 1975.

Stoehr, Irene, Berliner Agrarökonomen im «Dritten Reich». Von Max Sering zu Konrad Meyer. Ein «machtergreifender» Generationswechsel in der Agrar- und Siedlungswissenschaft, Berlin 2001.

Stoff, Heiko, Wirkstoffe. Eine Wissenschaftsgeschichte der Hormone, Vitamine und Enzyme 1920–1970, Stuttgart 2012.

Straßer, Gregor/Renteln, Adrian von, Wirtschaftliches Sofortprogramm der N.S.D.A.P. Ausgearbeitet von der Hauptabteilung IV (Wirtschaft) der Reichsorganisationsleitung der N.S.D.A.P., München 1932.

Strazhas, Abba, Deutsche Ostpolitik im Ersten Weltkrieg. Der Fall Ober Ost 1915–1917, Wiesbaden 1993.

Streb, Jochen, Möglichkeiten und Grenzen der Schumpeterschen Diversifizierung eines Unternehmens. Die Entwicklung der Firma Freudenberg & Co. Weinheim vom spezialisierten Ledererzeuger zum Kunststoffverarbeiter mit breiter Angebotspalette, in: ZUG 46 (2001), S. 131–159.

Stremmel, Ralf, Kammern der gewerblichen Wirtschaft im «Dritten Reich», Dortmund 2005.
Stüber, Gabriele, Der Kampf gegen den Hunger 1945–1950. Die Ernährungslage in der britischen Zone Deutschlands, insbesondere in Schleswig-Holstein und Hamburg, Neumünster 1984.
Sudrow, Anne, Der Schuh im Nationalsozialismus. Eine Produktgeschichte im deutsch-britisch-amerikanischen Vergleich, Göttingen 2010.
Suhr, Elke, Die Emslandlager. Die politische und wirtschaftliche Bedeutung der emsländischen Konzentrations- und Strafgefangenenlager 1933–1945, Bremen 1985.
Sunderbrink, Bärbel (Hrsg.), Frauen in der Bielefelder Geschichte, Bielefeld 2010.
Szöllösi-Janze, Margit, Politisierung der Wissenschaften – Verwissenschaftlichung der Politik. Wissenschaftliche Politikberatung zwischen Kaiserreich und Nationalsozialismus, in: Fisch/Rudloff, Experten und Politik, S. 78–100.
Tegeler, Tillmann, Der litauische Partisanenkampf im Lichte sowjetischer Akten, München 2001.
Teichert, Eckart, Autarkie und Großraumwirtschaft in Deutschland 1930–1939. Außenwirtschaftspolitische Konzeptionen zwischen Wirtschaftskrise und Zweitem Weltkrieg, München 1984.
Tenfelde, Klaus, Die Gesellschaft Ressource von 1795. Bielefelder Kaufleute und Vereinswesen im Übergang zur Industriegesellschaft, in: Jahresbericht des Historischen Vereins für die Grafschaft Ravensberg 83 (1996), S. 49–64.
Teschemacher, Hermann (Hrsg.), Handbuch des Aufbaus der gewerblichen Wirtschaft, Bd. 1. Reichsgruppe Industrie, Reichsgruppe, Bd. 2: Reichsgruppe Handel, Leipzig 1937.
Tessin, Georg, Verbände und Truppen der deutschen Wehrmacht und Waffen-SS im Zweiten Weltkrieg 1939–1945. Bearbeitet auf Grund der Unterlagen des Bundesarchivs-Militärarchivs. Herausgegeben mit Unterstützung des Bundesarchivs und des Arbeitskreises für Wehrforschung, Osnabrück 1967–1998.
Thies, Jochen, What is going on in Germany? Britische Militärverwaltung in Deutschland 1945/46, in: Scharf, Die Deutschlandpolitik Großbritanniens und die Britische Zone, S. 29–50.
Thomas, Christa, Nichts tut mir leid, in: Laudowicz/Pollmann, Weil ich das Leben liebe, S. 11–24.
Thompson, Jonathan M., The Orpington Ducks. A cautionary tale, in: Aviculture Europe 6 (2010), Heft 5, http://www.aviculture-europe.nl/nummers/10E05A10.pdf (20. 1. 2013).
Thoms, Ulrike, «Ernährung ist so wichtig wie Munition». Die Verpflegung der deutschen Wehrmacht 1933–1945, in: Eckart/Neumann, Medizin im Zweiten Weltkrieg, S. 207–229.
Thoß, Bruno, Die Zeit der Weltkriege. Epochen als Erfahrungseinheit?, in: Thoß/Volkmann, Erster Weltkrieg – Zweiter Weltkrieg, S. 7–30.
Thoß, Bruno/Volkmann, Hans-Erich, Erster Weltkrieg – Zweiter Weltkrieg. Ein Vergleich. Krieg, Kriegserlebnis, Kriegserfahrung in Deutschland, Paderborn u. a. 2002.
Tode, Sven, Die Gelita Story. 125 Jahre DGF Stoess AG, Hamburg 2003.
Tooze, J. Adam, Ökonomie der Zerstörung. Die Geschichte der Wirtschaft im Nationalsozialismus, München 2007.
Treue, Wilhelm, Hitlers Denkschrift zum Vierjahresplan 1936, in: VfZ 3 (1955), S. 184–210.

Trials of War Criminals before the Nuernberg Military Tribunals under Control Council Law No. 10. Volume V: The RuSHA Case, The Pohl Case, Washington 1950.

Trials of War Criminals before the Nuernberg Military Tribunals under Control Council Law No. 10. Volume VI: The Flick Case, Washington 1952.

Triebel, Armin, Gesellschaftsverfassung und Mangelwirtschaft in Staat und Gemeinde. 30 Jahre neues Denken in Weltkriegszeiten?, in: Krumeich, Nationalsozialismus und Erster Weltkrieg, S. 411–436.

Triebold, Karl (Hrsg.), 800 Jahre Brackwede 1151–1951. Festschrift, Bielefeld 1951.

Trittel, Günter J., Das Scheitern der Bodenreform im «Schatten des Hungers», in: Foschepoth/Steininger, Die britische Deutschland- und Besatzungspolitik, S. 153–170.

Trittel, Günter J., Hunger und Politik. Die Ernährungskrise in der Bizone (1945–1949), Frankfurt a. M. u. a. 1990.

Trittel, Günter J., Von der «Verwaltung des Mangels» zur «Verhinderung der Neuordnung». Ein Überblick über die Hauptprobleme der Wirtschaftspolitik in der britischen Zone, in: Scharf, Die Deutschlandpolitik Großbritanniens und die Britische Zone, S. 129–149.

Turner, Henry A., Die Großunternehmer und der Aufstieg Hitlers, Berlin 1985.

Turner, Henry A., Unternehmen unter dem Hakenkreuz, in: Gall/Pohl, Unternehmen im Nationalsozialismus, S. 15–23.

Turner, Ian D. (Hrsg.), Reconstruction in post-war Germany. British occupation policy and the Western Zones, 1945–55, Oxford, München 1989.

Turner, Ian D., British Policy Towards German Industry, 1945–9: Reconstruction, Restriction or Exploitation?, in: Turner, Reconstruction in post-war Germany, S. 67–91.

Turner, Ian D., Das Volkswagenwerk – ein deutsches Unternehmen unter britischer Kontrolle, in: Foschepoth/Steininger, Die britische Deutschland- und Besatzungspolitik, S. 281–300.

Turner, Ian D., Denazification in the British Zone, in: Turner, Reconstruction in post-war Germany, S. 239–267.

U.S. High Commission for Germany, Court of Restitution Appeals Reports [Digitalisat] 1 (1951)-5 (1955), URL: http://www.law.harvard.edu/library/special/exhibits/digital/court-of-restitutions-appeals-reports.html (20. 8. 2011).

Überblick über die Neubildung deutschen Bauerntums in Mecklenburg im Jahre 1934, in: Neues Bauerntum 26 (1934), S. 374–375.

Unfried, Berthold, Stand der Forschungen und Zugang zum Forschungsthema, in: Felber u. a., Ökonomie der Arisierung, Teil 1, S. 24–39.

Urban, Thomas, Die Gründer der Unternehmensgruppe Tengelmann – Die Familie Schmitz-Scholl, in: Wessel/Urban, Mülheimer Unternehmer, S. 219–231.

Verband der Nahrungs- und Getränkearbeiter, Die Nahrungs- und Genußmittelindustrie in der Betriebszählung vom Jahr 1925, Berlin 1929.

Verwaltungsgebäude der Reese-Gesellschaft mbH Hameln a. d. Weser, in: Moderne Bauformen. Monatshefte für Architektur und Raumkunst 36 (1937), S. 621–622.

Vogel, Angela, Das Pflichtjahr für Mädchen. Nationalsozialistische Arbeitseinsatzpolitik im Zeichen der Kriegswirtschaft, Frankfurt a. M. u. a. 1997.

Vogel, Walter, Westdeutschland 1945–1950. Der Aufbau von Verfassungs- und Verwaltungseinrichtungen über den Ländern der drei westlichen Besatzungszonen, Teil I, Boppard am Rhein 1956.

Vogelsang, Albert/Philipowitz, Martin (Hrsg.), 25 Jahre Dr. Oetker Nährmittelfabrik GmbH Zweigwerk Hamburg, Bielefeld 1949.
Vogelsang, Reinhard, Der Freundeskreis Himmler, Göttingen 1972.
Vogelsang, Reinhard, Geschichte der Stadt Bielefeld, Bd. 3: Von der Novemberrevolution 1918 bis zum Ende des 20. Jahrhunderts, Bielefeld 2005.
Vogelsang, Reinhard, Im Zeichen des Hakenkreuzes. Bielefeld 1933–1945. Eine Ausstellung des Stadtarchivs in der Studiengalerie der Kunsthalle 28. Jan.–20. März 1983, Bielefeld 1983.
Vollnhals, Clemens (Hrsg.), Entnazifizierung. Politische Säuberung und Rehabilitierung in den vier Besatzungszonen 1945–1949, München 1991.
Vorländer, Herwart (Hrsg.), Die NSV. Darstellung und Dokumentation einer nationalsozialistischen Organisation, Boppard am Rhein 1988.
Wachs, Philipp-Christian, Der Fall Theodor Oberländer (1905–1998). Ein Lehrstück deutscher Geschichte, Frankfurt a. M. 2000.
Wachs, Philipp-Christian, Eine Kampagne als sinnstiftendes Gemeinschaftswerk des Ostblocks. Der Fall Theodor Oberländer, in: Herbstritt/Müller-Enbergs, Das Gesicht dem Westen zu, S. 181–203.
Wagenführ, Rolf, Die deutsche Industrie im Kriege 1939–1945, Berlin 1955.
Wahl, Volker, «Ältestes bewahrt mit Treue, freundlich aufgefasstes Neue». Festschrift für Volker Wahl zum 65. Geburtstag, Rudolstadt 2008.
Walz, Manfred, Wohnungsbau- und Industrieansiedlungspolitik in Deutschland 1933–1939. Dargestellt am Aufbau des Industriekomplexes Wolfsburg-Braunschweig-Salzgitter, Frankfurt a. M. 1979.
Watzke-Otte, Susanne, «Ich war ein einsatzbereites Glied in der Gemeinschaft …». Vorgehensweise und Wirkungsmechanismen nationalsozialistischer Erziehung am Beispiel des weiblichen Arbeitsdienstes, Frankfurt a. M. u. a. 1999.
Wegner, Bernd, Hitlers Politische Soldaten. Die Waffen-SS 1933–1945. Leitbild, Struktur und Funktion einer nationalsozialistischen Elite, Paderborn u. a. 2008.
Wehler, Hans-Ulrich, Deutsche Gesellschaftsgeschichte, Bd. 4.: Vom Beginn des Ersten Weltkriegs bis zur Gründung der beiden deutschen Staaten 1914–1949, München 2003.
Weigel, Björn, «Märzgefallene» und Aufnahmestopp im Frühjahr 1933. Eine Studie über den Opportunismus, in: Benz, Wie wurde man Parteigenosse?, S. 91–109.
Welskopp, Thomas, Betriebliche Sozialpolitik im 19. und frühen 20. Jahrhundert. Eine Diskussion neuerer Forschungen und Konzepte und eine Branchenanalyse der deutschen und amerikanischen Eisen- und Stahlindustrie von den 1870er bis zu den 1930er Jahren, in: AfS 34 (1994), S. 333–374.
Wember, Heiner, Entnazifizierung nach 1945. Die deutschen Spruchgerichte in der britischen Zone, in: GWU 43 (1992), S. 405–426.
Wember, Heiner, Umerziehung im Lager. Internierung und Bestrafung von Nationalsozialisten in der britischen Besatzungszone Deutschlands, Essen 1991.
Wengenroth, Ulrich, Die Flucht in den Käfig. Wissenschafts- und Innovationskultur in Deutschland 1900–1960, in: vom Bruch/Kaderas, Wissenschaften und Wissenschaftspolitik, S. 52–59.
Wenzel, Georg, Deutsche Wirtschaftsführer. Lebensgänge deutscher Wirtschaftspersönlichkeiten, Hamburg 1929.
Werner, Constanze, Kriegswirtschaft und Zwangsarbeit bei BMW, München 2005.
Wessel, Horst A./Urban, Thomas (Hrsg.), Mülheimer Unternehmer, Pioniere der

Wirtschaft. Unternehmergeschichte in der Stadt am Fluss seit dem Ende des 18. Jahrhunderts, Essen 2006.

Wette, Wolfram, Ideologien, Propaganda und Innenpolitik als Voraussetzungen der Kriegspolitik des Dritten Reiches, in: Deist, Ursachen und Voraussetzungen des Zweiten Weltkrieges, S. 25–208.

Wette, Wolfram, SS-Standartenführer Karl Jäger, Kommandeur der Sicherheitspolizei (KdS) in Kaunas, in: Bartusevičius/Tauber/Wette, Holocaust in Litauen, S. 77–89.

Wetzel, Juliane, Die NSDAP zwischen Öffnung und Mitgliedersperre, in: Benz, Wie wurde man Parteigenosse?, S. 74–90.

Wildt, Michael, «Wohlstand für alle». Das Spannungsfeld von Konsum und Politik in der Bundesrepublik, in: Haupt/Torp, Die Konsumgesellschaft in Deutschland, S. 305–317.

Wildt, Michael, Am Beginn der «Konsumgesellschaft». Mangelerfahrung, Lebenshaltung, Wohlstandshoffnung in Westdeutschland in den fünfziger Jahren, Hamburg 1994.

Wildt, Michael, Der Traum vom Sattwerden. Hunger und Protest, Schwarzmarkt und Selbsthilfe, Hamburg 1986.

Wildt, Michael, Himmlers Terminkalender aus dem Jahr 1937, in: VfZ 52 (2004), S. 671–691.

Wildt, Michael, Plurality of Taste. Food and Consumption in West Germany During the 1950s, in: Clarke u. a., The consumption reader, S. 107–112.

Wildt, Michael, Vom kleinen Wohlstand. Eine Konsumgeschichte der fünfziger Jahre, Frankfurt a. M. 1996.

Wilke, Karsten, Die «Hilfsgemeinschaft auf Gegenseitigkeit» (HIAG) 1950–1990. Veteranen der Waffen-SS in der Bundesrepublik, Paderborn 2011.

Will, Martin, Selbstverwaltung der Wirtschaft. Recht und Geschichte der Selbstverwaltung in den Industrie- und Handelskammern, Handwerksinnungen, Kreishandwerkerschaften, Handwerkskammern und Landwirtschaftskammern, Tübingen 2010.

Will, Thomas (Hrsg.), Gartenstadt. Geschichte und Zukunftsfähigkeit einer Idee, Dresden 2012.

Wilmanns, Hilmar, Dreißig Jahre Asta 1919–1949, [Brackwede] 1949.

Winkler, Dörte, Frauenarbeit im «Dritten Reich», Hamburg 1977.

Winkler, Dörte, Frauenarbeit versus Frauenideologie. Probleme der weiblichen Erwerbstätigkeit in Deutschland 1930–1945, in: AfS 17 (1977), S. 99–126.

Wirr, Peter-Christian, Inflation, Wohnungszwangswirtschaft und Hauszinssteuer. Die Regelung von Wohnungsbau und Wohnungsmarkt in der Weimarer Republik, in: Niethammer, Wohnen im Wandel, S. 385–407.

Wirsching, Andreas (Hrsg.), Das Jahr 1933. Die nationalsozialistische Machteroberung und die deutsche Gesellschaft, Göttingen 2009.

Wirsching, Andreas (Hrsg.), Herausforderungen der parlamentarischen Demokratie. Die Weimarer Republik im europäischen Vergleich, München 2007.

Wirsching, Andreas (Hrsg.), Vernunftrepublikanismus in der Weimarer Republik. Politik, Literatur, Wissenschaft, Stuttgart 2008.

Wirsching, Andreas, «Man kann nur Boden germanisieren». Eine neue Quelle zu Hitlers Rede vor den Spitzen der Reichswehr am 3. Februar 1933, in: VfZ 49 (2001), S. 517–550.

Wirsching, Andreas, Die deutsche «Mehrheitsgesellschaft» und die Etablierung des NS-Regimes im Jahre 1933, in: Wirsching, Das Jahr 1933, S. 9–29.

Wirsching, Andreas, Die Weimarer Republik. Politik und Gesellschaft, München 2008.

Wirsching, Andreas, Richard Kaselowsky (1888–1944). Eine biographische Skizze (unveröffentliches Ms.), Augsburg 2012.

Wixforth, Harald, Die Expansion der Dresdner Bank in Europa, München 2006.

Wixforth, Harald, Industriekredit und Kapitalmarktfinanzierung zwischen Reichsgründung und Weltwirtschaftskrise, in: Bankhistorisches Archiv, Beiheft 40 (2002): Bankkredit oder Kapitalmarkt. Alternativen der Industriefinanzierung in Deutschland, S. 15–38.

Wixforth, Harald, Ostwestfalen. Streifzug durch die Wirtschaftsgeschichte, München 1999.

Wojak, Irmtrud/Hayes, Peter (Hrsg.), «Arisierung» im Nationalsozialismus. Volksgemeinschaft, Raub und Gedächtnis, Frankfurt a. M., New York 2000.

Wolfrum, Edgar, Die Bundesrepublik Deutschland 1949–1990, Stuttgart 2005.

Wolkerstorfer, Otto, Baden 1941. Dem Sieg, dem Krieg verpflichtet, Baden bei Wien 2001.

Wunderlich, Frieda, Fabrikpflege. Ein Beitrag zur Betriebspolitik, Berlin 1926.

Wunderlich, Frieda, Fabrikpflegerinnen, in: Archiv für Frauenarbeit 8 (1920), S. 93–131.

Yad Vashem, The Central Database of Shoah Victims' Names, URL: http://www.yadvashem.org/wps/portal/IY_HON_Welcome (1. 3. 2011).

Zeitschriftendatenbank ZDB, URL: http://www.zeitschriftendatenbank.de (3. 2. 2011).

Zentralinstitut für Sozialwissenschaftliche Forschung an der Freien Universität Berlin (Hrsg.), Gedenkbuch Berlins der jüdischen Opfer des Nationalsozialismus, Berlin 1995.

Ziegelmayer, Wilhelm u. a. (Hrsg.), Soldatenernährung und Gemeinschaftsverpflegung, Dresden, Leipzig 1939.

Ziegelmayer, Wilhelm, Die Entwicklung industriell zubereiteter Lebensmittel durch die deutsche Wehrmacht in Europa und ihr Einfluß auf England und Amerika. Aus der Gruppe Entwicklung im Oberkommando des Heeres, in: Angewandte Kochwissenschaft 2 (1943), H. 1, S. 1–4.

Ziegelmayer, Wilhelm, Die Feldküchengerichte. Nach dem Original-Feldkochbuch des OKW 1941. Der Grundgedanke der Feldküchengerichte, Berlin 1943.

Ziegelmayer, Wilhelm, Die Lebensmittelindustrie als Großküche in der Volksernährung. Vortrag im Forschungsbeirat des Instituts für Lebensmittelforschung, Forschungsstelle der Wehrmacht in Verbindung mit der Lebensmittel- und Verpackungsindustrie e. V., in: Volksernährung und Kochwissenschaft 19 (1944), H. 1, S. 3–5.

Ziegelmayer, Wilhelm, Rohstoffragen der deutschen Volksernährung, Dresden, Leipzig 1941.

Ziegelmayer, Wilhelm, Unsere Lebensmittel und ihre Veränderungen, Dresden 1940.

Ziegelmayer, Wilhelm/Schreiber, Walter/Kittel, Walther (Hrsg.), Soldatenernährung und Gemeinschaftsverpflegung, Dresden, Leipzig 1939.

Ziegler, Dieter (Hrsg.), Großbürger und Unternehmer. Die deutsche Wirtschaftselite im 20. Jahrhundert, Göttingen 2000.

Ziegler, Dieter, Die Dresdner Bank und die deutschen Juden, München 2006.

Ziegler, Dieter, Nationalsozialisten im Kampf um die Beute. Der «Arisierungsfall» der

Engelhardt-Brauerei AG, in: Abelshauser/Hesse/Plumpe, Wirtschaftsordnung, Staat und Unternehmen, S. 363–388.

Ziegler, Dieter, Restitution als Investition: Der Engelhardt-Brauereikonzern, in: Ahrens, Die Dresdner Bank 1945–1957, S. 369–381.

Zimmermann, Clemens (Hrsg.), Zentralität und Raumgefüge der Großstädte im 20. Jahrhundert, Stuttgart 2006.

Zitelmann, Rainer, Hitler. Selbstverständnis eines Revolutionärs, Stuttgart 1987.

Zollitsch, Wolfgang, Arbeiter zwischen Weltwirtschaftskrise und Nationalsozialismus. Ein Beitrag zur Sozialgeschichte der Jahre 1928 bis 1936, Göttingen 1990.

Zuschlag, Christoph, «Entartete Kunst». Ausstellungsstrategien in Nazi-Deutschland, Worms 1995.

Zuverlässigkeitsprüfung der Siedlungsunternehmen, in: Neues Bauerntum 26 (1934), S. 73.

Zwangsarbeit in der Hamburger Kriegswirtschaft 1939–1945 (Datenbank), URL: http://www.zwangsarbeit-in-hamburg.de (22. 6. 2011).

Zymek, Bernd, Schulen, in: Langewiesche/Tenorth, Handbuch der deutschen Bildungsgeschichte, Bd. 5, S. 155–208.

Bildnachweis

S. 28 *Allerlei «helle Köpfe»: Dr. Oetker-Schutzmarken.* Hermann, Markenschutz und Schutzmarken, in: Die Umschau 15 (1911) S. 123. **S. 30/31** *Werksgelände der Firma Dr. August Oetker an der Lutterstraße, Bielefeld.* OeFA, P1/411. Firmenarchiv Dr. Oetker Bielefeld. **S. 39** *Lina Oetker.* OeFA, OS1/2296. Firmenarchiv Dr. Oetker Bielefeld. **S. 62** *Richard Kaselowsky.* OeFA, S1/15. Firmenarchiv Dr. Oetker Bielefeld. **S. 67** *Der Oetker-Neubau von 1937.* OeFA, OS1/170. Firmenarchiv Dr. Oetker Bielefeld. **S. 72** *Dr. August Oetker – Organisationsplan 1943.* OeFA, P13/5018. Firmenarchiv Dr. Oetker Bielefeld. **S. 109** *Richard Kaselowsky mit Rennpferd.* OeFA, S1/13. Firmenarchiv Dr. Oetker Bielefeld. **S. 112** *Hermann Göring überreicht Richard Kaselowsky die Goldene Peitsche.* Châles de Beaulieu, Der klassische Sport, Berlin 1943, S. 117. **S. 121** *Richard Kaselowsky und Karl Oetker während des Aufmarsches zum 1. Mai 1933.* OeFA, S1/589. Firmenarchiv Dr. Oetker Bielefeld. **S. 134** *Robert Ley im Betrieb der Fa. Oetker.* OeFA, S1/205. Firmenarchiv Dr. Oetker Bielefeld. **S. 152** *«Mädchen» des Tanzkreises während des Betriebsausflugs 1938.* OeFA, OS1/1716. Firmenarchiv Dr. Oetker Bielefeld. **S. 161** *Die Oetker-«Gefolgschaft» marschiert zum 1. Mai.* OeFA, S1/1665. Firmenarchiv Dr. Oetker Bielefeld. **S. 172** *Urkunde «NS-Musterbetrieb».* OeFA, S2/283. Firmenarchiv Dr. Oetker Bielefeld. **S. 175** *Betriebsappell im Zweigwerk Hamburg.* OeFA, P15/128. Firmenarchiv Dr. Oetker Bielefeld. **S. 193** *Richard Kaselowsky beim Freundeskreis Reichsführer-SS (1).* StA Hamburg, 622–1/153, C 15 XI/12, Bild 79a. Staatsarchiv Hamburg. **S. 193** *Richard Kaselowsky beim Freundeskreis Reichsführer-SS (2), mit Heinrich Himmler.* StA Hamburg, 622–1/153, C 15 XI/12, Bild 70. Staatsarchiv Hamburg. **S. 203** *Betriebsjubiläum 1941.* OeFA, S1/1684. Firmenarchiv Dr. Oetker Bielefeld. **S. 203** *Betriebsjubiläum 1941 (2).* OeFA, S1/46. Firmenarchiv Dr. Oetker Bielefeld. **S. 204** *«Braune Messe».* OeFA, S/1684. Firmenarchiv Dr. Oetker Bielefeld. **S. 267** *Die Organisation der Gewerblichen Wirtschaft im NS-Staat (Ernährungswirtschaft).* Vgl. Organigramm des Aufbaus der deutschen Nahrungswirtschaft, Dezember 1942, in: OeFA, P1/75. Firmenarchiv Dr. Oetker Bielefeld. **S. 289** *Zeitgemäße Rezepte.* OeFA, P13/5432. Firmenarchiv Dr. Oetker Bielefeld. **S. 299** *Pudding für die Wehrmacht.* Ausstellungskatalog «Armeen werden versorgt», S. 57, in: OeFA, P1/1038. Firmenarchiv Dr. Oetker Bielefeld. **S. 344** *Lina Oetker und Rudolf-August Oetker.* OeFA, S1/799. Firmenarchiv Dr. Oetker Bielefeld. **S. 408** *DDR-Schrift «Goldpulver».* OeFA, P1/25. Firmenarchiv Dr. Oetker Bielefeld.

Personenregister

Unternehmensregister

Ortsregister